김종욱

# Excel 2019를 활용한 데이터 분석

신영사

# 머리말

컴퓨터와 인터넷의 발달이 기업에 가져다준 큰 변화의 하나는 기업이 경영과 관련된 많은 데이터를 보유하게 되었다는 점이다. POS를 통해 수집되는 판매 관련 자료나 구매 관련 정보, 그리고 수많은 기업 내 활동들에 대한 내부 데이터 등 그야말로 데이터의 홍수 속에 살게 되었다는 말이 무리는 아닐 것이다. 문제는 어떻게 그러한 데이터들을 적절히 활용하여 기업의 활동에 도움이 되고 올바른 의사결정이 이루어지도록 뒷받침하느냐 하는 것이다.

2010년대 초반 시작된 빅데이터의 진전 이후 Data Analytics란 이름으로 데이터의 처리와 분석에 대한 많은 기법과 내용들이 새로이 개발되었다. 1990년대 가장 성공적인 경영혁신으로 불린 데이터베이스 마케팅 이후 과거 CRM 등 여러 데이터 분석기법에 대한 시도가 있었으나 기대만큼 성과를 거두지 못한 것이 사실이다. 그러나 2010년대 중반 이후 AI의 진전과 데이터 분석이 경영 일선에서 실질적인 성과를 거두기 시작하면서 각 기업마다 최고 데이터 책임자의 직책이 생겨나고 데이터 관리와 분석의 실행이 최근 크게 증대되었다.

이러한 데이터들을 처리함에 있어서 통계처리나 고객관계 분석, 또는 R이나 Python과 같은 빅데이터 프로그램 등 각 용도별로 많은 전문 소프트웨어들도 유용하나, 엑셀처럼 범용적이며 자료처리에 기본이 되는 소프트웨어는 없다고 할 수 있을 것이다. 따라서 일반적인 기업의 업무처리에 있어서 엑셀의 활용은 개개인의 업무처리의 효율성과 성과 제고에 필수적인 도구라 할 수 있다. 이제 업무와 관련된 데이터를 적절한 분석 소프트웨어를 이용하여 체계적이고 과학적으로 분석하여 의사결정의 근거로 삼는 것은 기업 업무의 ABC가 되고 있다. 따라서 엑셀을 통한 데이터 분석의 교육은 현재 기업에서 근무하고 있는 사람들뿐만 아니라 향후 기업에서 일할 학생들에게도 매우 중요한 일이라 할 수 있다. 이러한 관점에서 본서는 대학에서 미래를 준비하는 학생들과 직장에서 데이터를 처리하고 분석하고자 하는 사람들에게 엑셀을 활용한 능률적인 데이터 관리 능력을 함양하는 데 도움을 주고자 하는 바람으로 준비되었다.

먼저 제1장 엑셀 알아보기에서는 엑셀을 본격적으로 사용하기 위한 전 단계로서 엑셀의 기초적인 사용법과 여러 가지 유용한 기능들을 제시하였다. 엑셀의 사용 경험이 전혀 없는 사람들도 제1장을 학습하면 어느 정도 엑셀에 대한 자신감을 가질 수 있을 것이라 생각된다.

일반적으로 엑셀을 처음 시작하는 사람들에게도 데이터베이스와 관련한 기능은 인터랙션을 통하여 이루어지므로 비교적 쉽게 느껴지기 때문에 제2장 데이터베이스를 먼저 소개하여 엑셀에 익숙해질 수 있도록 하였다. 제2장에서는 데이터베이스 형태를 가지는 데이터에 대한 정렬, 필터링, 피벗 기능을 실습하여 테이블 형태의 데이터에 대한 처리능력을 향상하도록 하였다.

제3장 엑셀함수에서는 데이터 처리시 반드시 필요한 엑셀의 여러 가지 함수들을 연습함으로써 본격적인 엑셀 실력 향상의 기초가 되도록 구성하였다. 제3장 엑셀함수 부분에서는 필요하다고 생각되는 함수 부분만을 골라 수업할 수도 있을 것이다. 나머지 부분들은 과제로 부여하여 학생들이 스스로 학습하도록 할 수 있을 것으로 생각된다. 그리고 제3장의 내용을 토대로 제4장 실무 예제에서는 견적서나 주문서 등 실제 서류를 다루는 예제를 포함하였다.

제5장 선형계획법에서는 선형계획과 관련된 다양한 문제들을 엑셀의 해찾기 기능을 통하여 최적해를 구할 수 있게 구성하였다. 다음으로는 제6장 예측과 제7장 회귀분석을 통하여 판매예측 등 예측과 관련된 내용을 엑셀을 이용하여 풀이할 수 있는 방법을 제시하였다. 제8장 의사결정모델에서는 실제 상황을 가상하고 데이터 표, 조건부 서식 등 엑셀 기능과 함께, 적정 가격의 선택, 재고보충에 대한 경영활동과 관련된 내용을 엑셀을 통하여 해결하는 방안을 연습하도록 하였다.

엑셀을 활용한 데이터 분석기법을 제시하고자 하는 본서의 특징은 다음과 같다. 첫째, 엑셀을 모르는 사람도 이 책을 무리 없이 공부할 수 있도록 제1장에서 엑셀 파일의 열기에서부터 시작하여 엑셀의 기본적인 사용법을 자세히 설명하였다. 예를 들어 그래프 그리기도 처음 공부하는 사람들이 따라할 수 있도록 순차적으로 구성하였다. 둘째, 본서의 특징은 엑셀을 통한 실습에 있다고 해야 할 것이다. 책을 읽는 것만으로는 충분하지 않으므로 학생들은 각 장의 엑셀 예제 파일들을 실제 구동하여 책의 설명대로 차근차근 따라해 보는 것이 중요하다. 수업에서도 실습에 많은 비중을 두는 것이 중요하다고 할 수 있다. 왜냐하면 결국 본서의 학습내용은 실습을 통하여 체험하고 배우는 것이기 때문이다. 마지막으로, 본서는 기본적으로 엑셀을 통한 데이터 처리와 분석을 위한 제반 기법을 학습하는 책이라 할 수 있다. 그러나 엑셀을 사용하는 기능을 익히는 것과 함께, 주어진 문제를 엑셀을 이용하여 어떻게 해결하는가 하는 경영문제 해결 측면에 더 큰 목표를 두고자 한다. 따라서 엑셀의 사용법과 함께 선형계획, 예측, 회귀분석 등 경영문제 해결을 위한 기법들을 설명하려고 노력하였다.

끝으로 본서의 원고작성을 도와준 이정섭 박사님과 박상철 교수님, 그리고 본서의 출간을 흔쾌히 허락하시고 물심양면으로 후원해 주신 신영사의 권영섭 사장님과 편집에 큰 수고를 하신 편집부 여러분께 진심으로 감사를 드린다.

2020년 여름

저자 씀

# 차 례

## CHAPTER 1 엑셀 알아보기



## CHAPTER 2 데이터베이스

CHAPTER 3

# 엑셀함수

## CHAPTER 4 실무 예제-견적서 작성하기



## CHAPTER 5 선형계획법

CHAPTER 6

# 예측

CHAPTER 7

# 회귀분석



CHAPTER 8

# 의사결정모델

CHAPTER

# 1

# 엑셀 알아보기

# 1. 엑셀 시작하기

엑셀(Excel)은 마이크로소프트사가 만든 스프레드시트(spreadsheet) 소프트웨어의 대표적 프로그램이다. 스프레드시트 프로그램을 이용하면 수식의 계산은 물론, 차트 작성 외에 업무문서의 작성, 선형계획법의 실행, 상관분석, 회귀분석 등의 통계처리, 그리고 다양한 What-If 분석 등을 수행할 수 있기 때문에 일반 사무처리는 물론 기업에서의 의사결정에 필요한 심도 있는 데이터 분석과 모델링 작업을 할 수 있다. 개인과 부서의 문제는 물론이고, 기업 차원의 문제에 대해서도 과학적이고 강력한 문제해결 모형과 자료분석 도구를 제공함으로써 오늘날 엑셀은 투자분석, 마케팅 계획 수립, 수익률 분석, 생산관리, 예산관리, 인사관리 등의 기업 업무의 전 분야에 걸쳐 다양하게 응용되어 업무능력과 생산성의 비약적 향상을 가져오는 도구가 되고 있다.

## (1) 엑셀 시작하기

윈도우 10 화면의 왼쪽 가장 아래에 있는 시작 버튼 을 클릭하면 그 위로 설치한 프로그램들이 알파벳 순서대로 나타나는데, 여기에서 Excel 을 클릭하면,

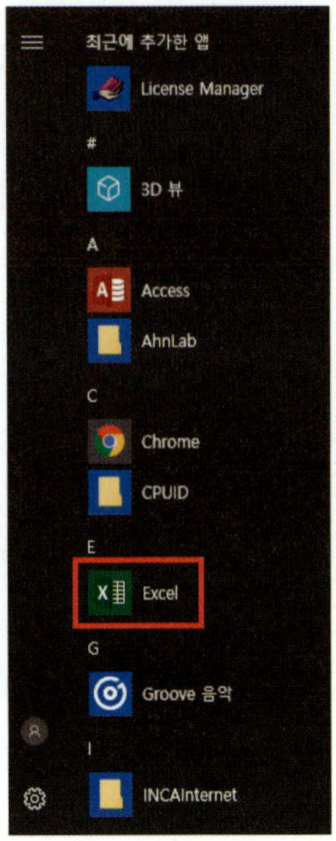


엑셀이 실행되어 아래와 같이 엑셀의 다양한 서식창이 나타난다.

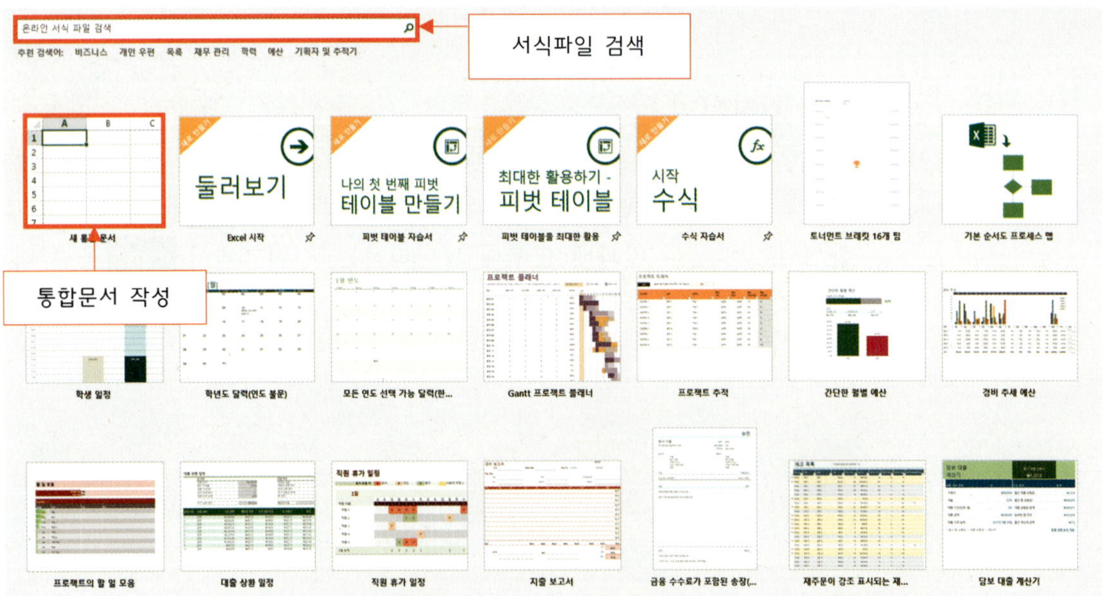


'서식파일 검색'란에 사용하고자 하는 서식이름을 입력하면 이와 관련한 서식들이 제시된다. 이 중 원하는 서식을 선택하여 사용하면 처음부터 서식을 일일이 다 작성할 필요가 없어 생산성을 올릴 수 있다. 예를 들어 '재고'라고 입력할 경우,

재고 관리와 관련되어 다양하게 미리 작성된 재고 서식을 찾아볼 수 있다.

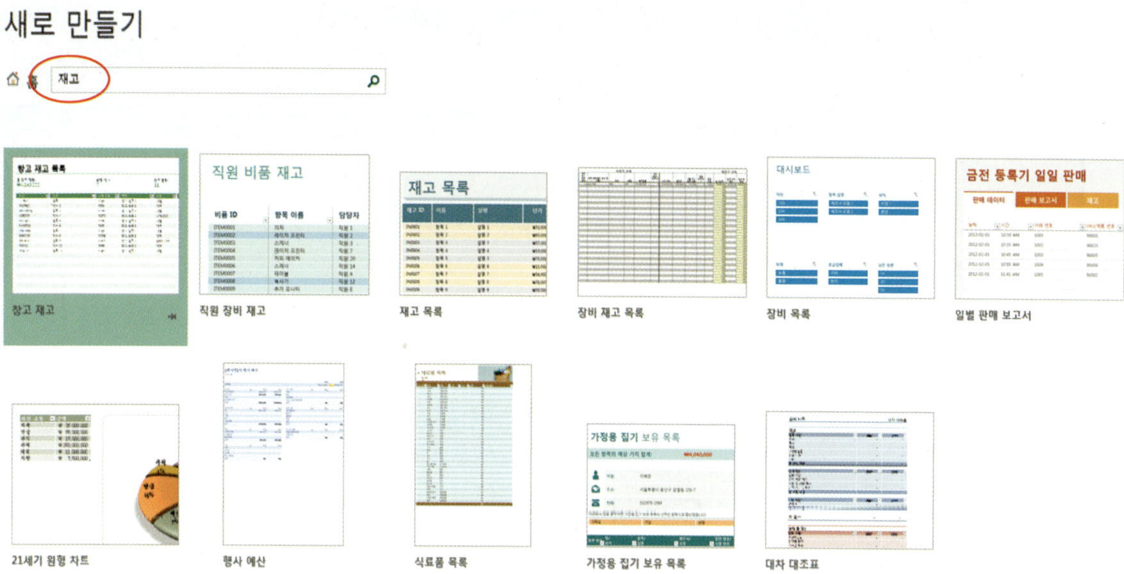


이전 처음의 화면에서 '새 통합문서' 그림 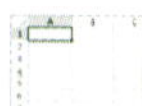 을 클릭하면 아래와 같이 엑셀 워크시트가 나타난다. 이 워크시트에서 여러 가지 작업을 함으로써 다양한 업무를 효율적으로 처리할 수 있다.

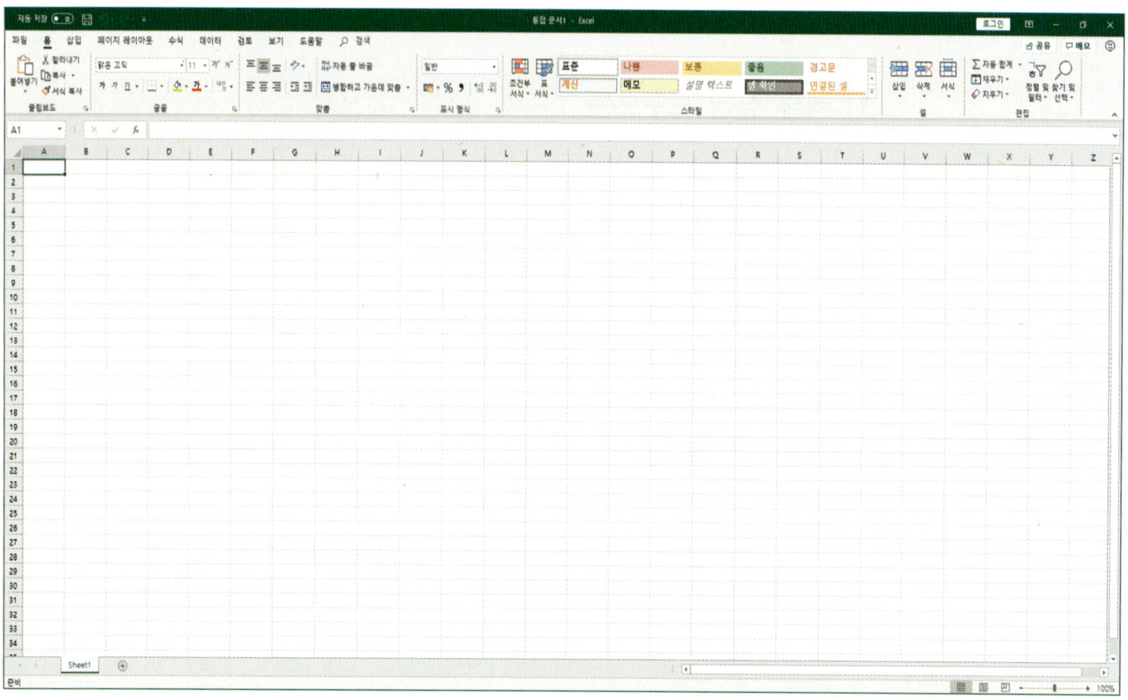

## (2) 엑셀의 초기화면 구성

엑셀 2019의 초기화면을 설명하면 아래와 같다.

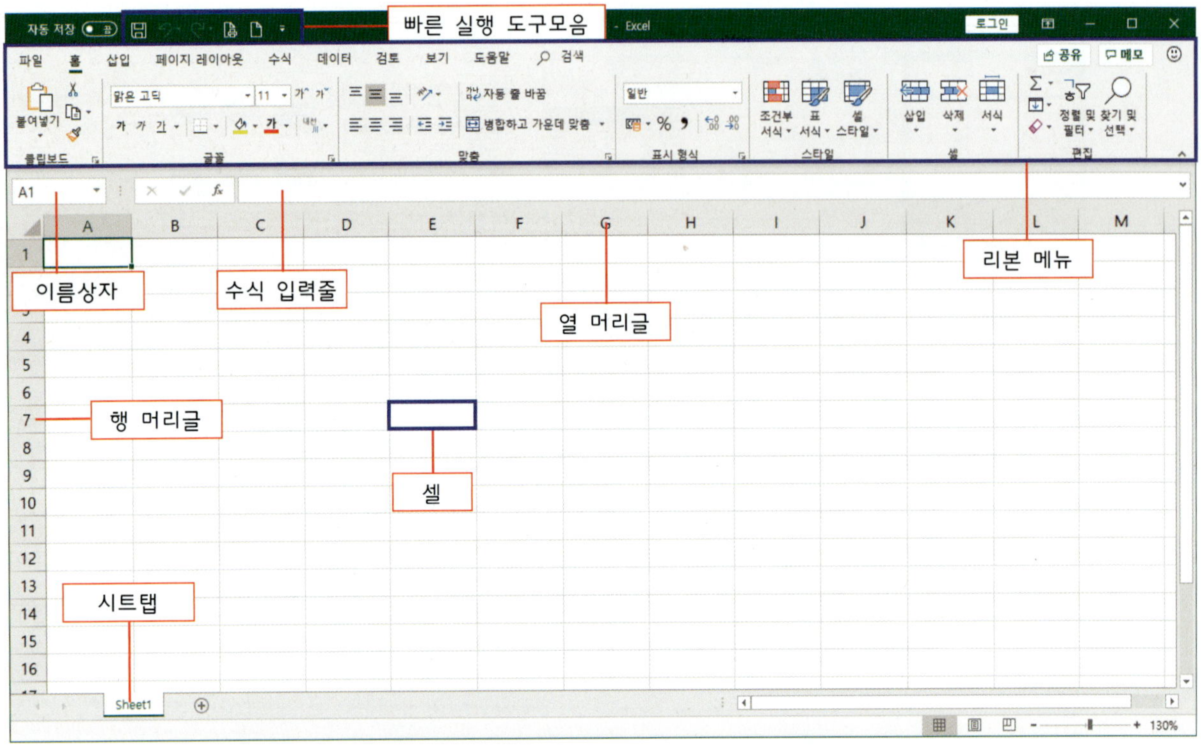


### 1) 빠른 실행 도구모음

'빠른 실행 도구모음'은 자주 사용하는 엑셀의 명령을 빠르게 실행할 수 있도록 왼쪽 상단에 도구모음 형태로 모아 놓은 곳이다. 통상 처음 설치 시에는 저장, 열기, 실행 취소, 다시 실행 도구로만 구성되어 있으나, 사용자가 마음대로 엑셀의 모든 명령을 이곳에 구성할 수 있다.

아래 그림에서 보는 바대로 '사용자 지정' 버튼을 클릭하면 새로 만들기, 빠른 인쇄 등의 도구가 나열되는데, 해당 도구를 클릭(☑)하면 '빠른 실행 도구모음'으로 지정된다.

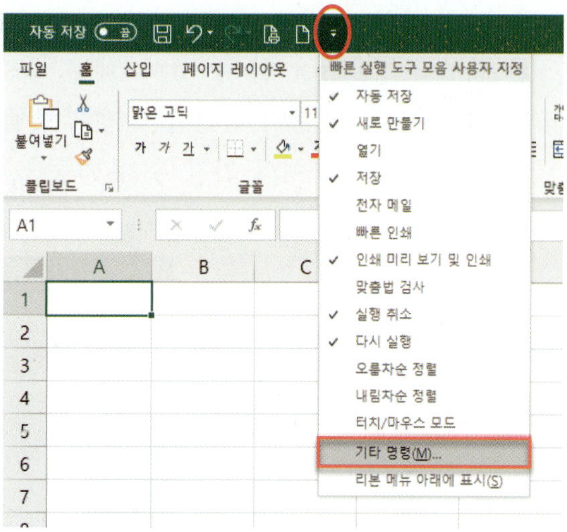


또한 위의 '기타 명령(M)'을 클릭하면 아래 그림과 같이 빠른 실행 도구모음의 '사용자 지정' 창이 나타나는데, 여기에서 도구들의 위치를 바꾸거나 삭제할 수도 있고 또 다른 여러 가지 명령들을 빠른 실행으로 추가하여 설정할 수도 있다.

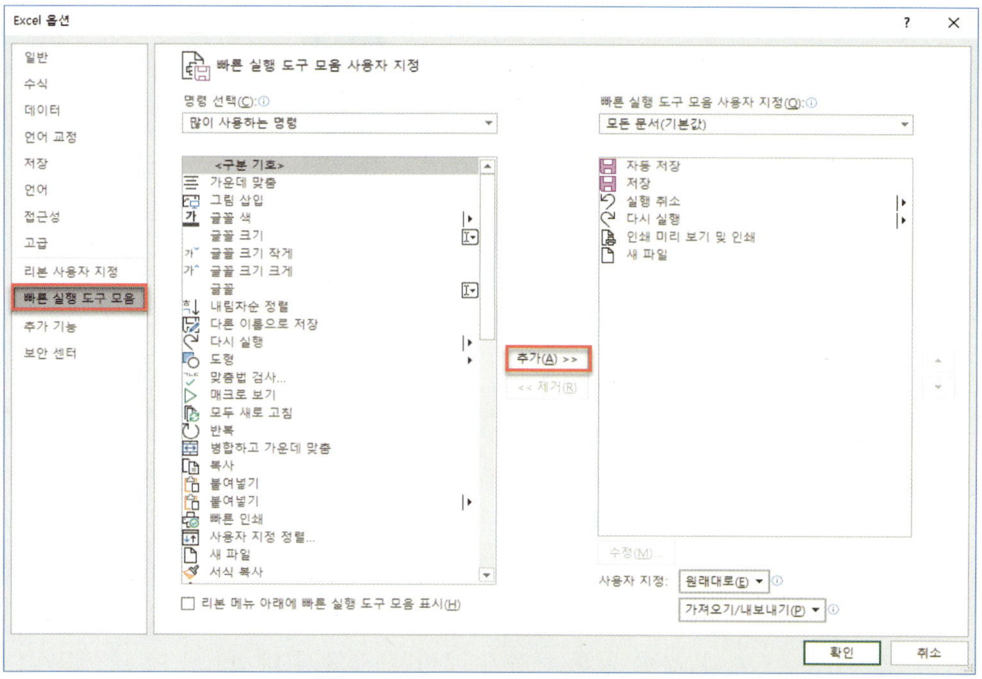

## 2) 파일 메뉴

탭 메뉴 중 상단의 '파일' 메뉴를 클릭하면 초록색 서브 메뉴가 나타나는데, '새로 만들기', '열기' 등 빠른 실행에서 나타난 여러 실행 도구들을 메뉴를 통해 실행할 수 있게 한다. 그리고 아래쪽에 위치한 서브 메뉴인 '계정'에서는 제품 인증과 관련된 엑셀의 정보들을 볼 수 있다. 제일 아래쪽에 있는 서브 메뉴인 '옵션'에서는 일반 사항, 수식, 저장과 관련된 다양한 엑셀 환경을 지정할 수 있고 해찾기, 통계처리, 파워 피벗 등 여러 가지 추가 기능을 설치할 수 있다.

## 3) 리본 메뉴

'리본 메뉴'는 탭, 그룹, 도구의 세 가지로 구성되어 있다. 탭은 메뉴의 역할을 하는 것으로 홈, 삽입, 페이지 레이아웃, 수식, 데이터, 검토, 보기의 기본적으로 7개의 탭으로 구성된다. '리본 메뉴'는 워크시트의 넓은 작업공간 확보를 위하여 필요한 경우 최소화(안 보이게 함)할 수 있다. 탭 부분에 마우스 포인터를 대고 오른쪽 마우스 버튼을 클릭하면 단축메뉴가 나타나는데, '리본 메뉴 축소'를 선택하면 다음의 화면과 같이 리본 메뉴가 보이지 않게 된다.

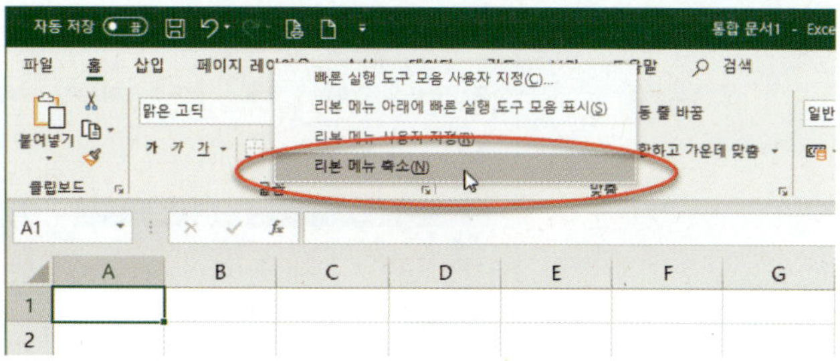


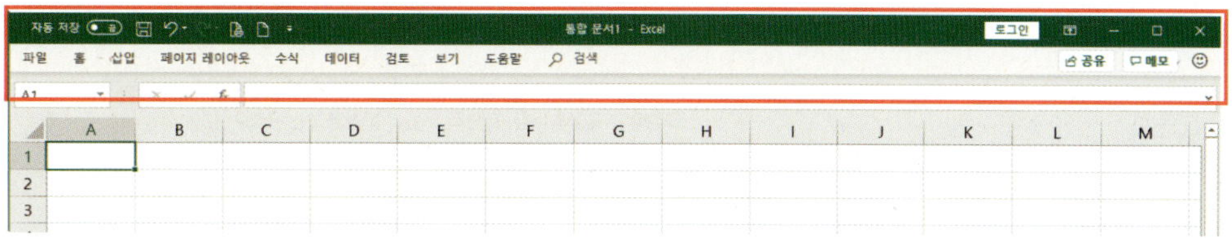

각 탭에는 그룹들이 있는데 이는 관련된 명령들을 모아 묶어 놓은 것으로, [홈] 탭의 경우 클립보드, 글꼴, 맞춤, 표시형식, 스타일, 셀, 편집의 그룹들이 있다.

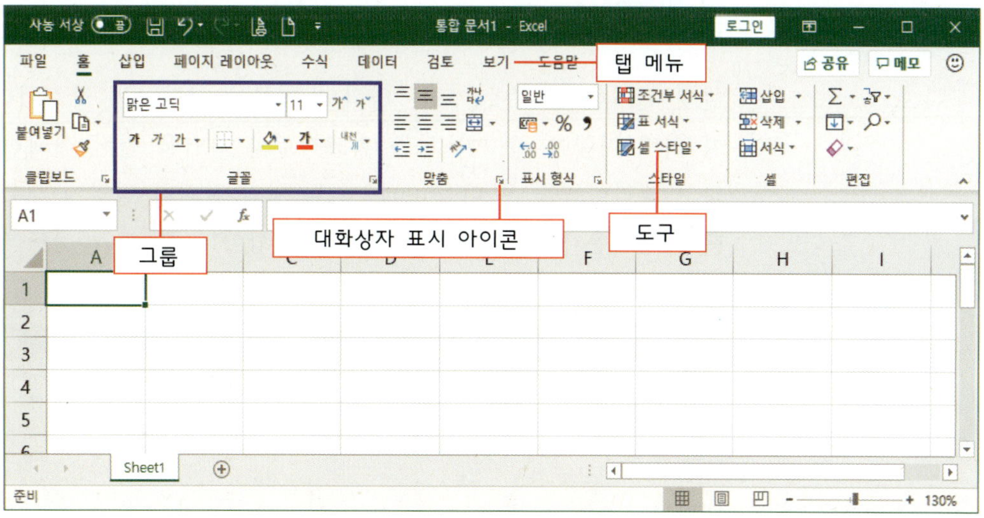


각 그룹의 아래에 있는 '대화상자 표시 아이콘'을 클릭하면 그룹에 보이지 않던 다른 명령들을 수행할 수 있다. 예를 들어 '글꼴' 그룹의 '대화상자 표시 아이콘'을 클릭하면 다음과 같이 '셀 서식' 창이 나타나 글꼴 서식을 더 자세하게 설정할 수 있다. 단축키로 Ctrl 키와 숫자 1을 동시에 클릭하면 셀 서식 창이 나타난다.
(Ctrl 키+1 : 셀 서식 창)

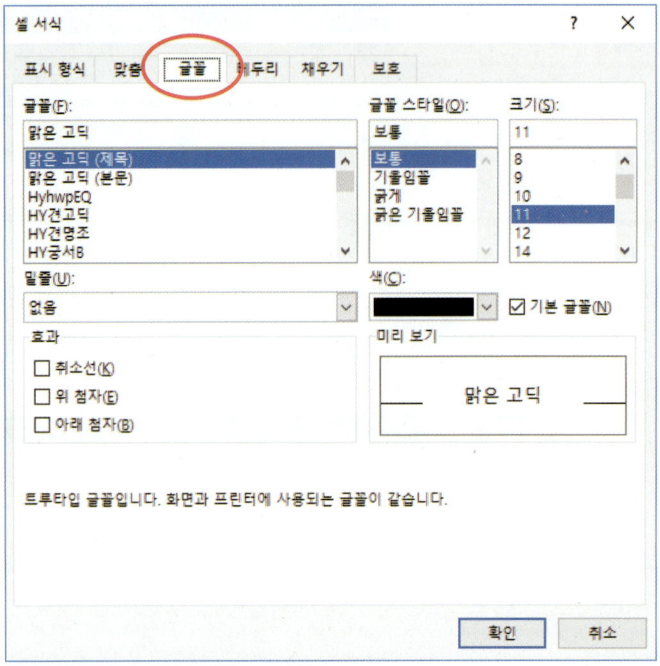


('글꼴' 그룹의 '대화상자 표시 아이콘'을 클릭한 경우 '셀 서식' 창이 나타남)

### 4) 이름상자

현재 선택한 셀 주소, 또는 영역의 이름이 나타나는 장소이다. 영역이름을 만들고자 하면 이름을 주고자 하는 워크시트의 영역을 먼저 선택한 후, 이름상자를 클릭하고 영역이름을 쓴 다음 Enter 키를 치면 선택한 영역에 대한 이름이 지정된다. 선택한 영역은 일반적으로 여러 셀의 집합이나 한 개의 셀도 영역이 될 수 있다.

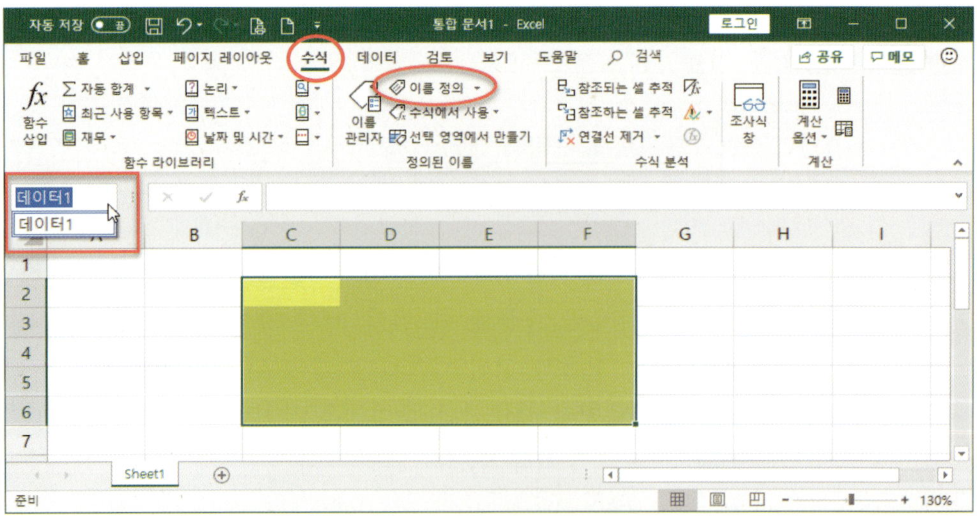

또한 영역이름은 '[수식]탭-이름정의'를 이용해서도 지정할 수 있다. 먼저 영역을 선택하고(노란색 부분), 앞의 그림에서 '이름정의'를 클릭하면 아래와 같이 영역이름을 지정할 수 있다(아래는 '데이터1'이라는 영역이름을 준 경우임).

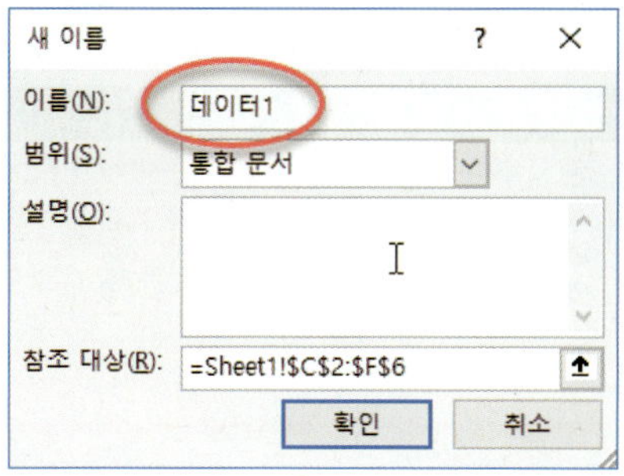


'[수식]탭'에서 '정의된 이름' 그룹의 '이름 관리자'를 이용하면 이미 지정한 영역에 대하여 이름 변경, 편집, 삭제 등을 할 수 있다.

## 5) 수식 입력줄

셀에 입력된 숫자, 문자, 수식을 보여준다. 수식의 경우 셀에는 계산 결과인 숫자만 나타나지만 '수식 입력줄'에는 원래의 수식이 모두 나타난다. 수식 입력줄에 커서를 위치시키고 직접 이곳에서 데이터나 수식을 입력할 수 있다. C2셀을 클릭하고 =5+32를 수식 입력줄에서 입력한 후 Enter 키를 치면 C2셀의 값은 37이 된다. 그러나 수식 입력줄에서 이 값을 만든 원식인 =5+32를 확인할 수 있다. '=' 기호는 엑셀이 그 뒤에 오는 수식 내용을 해석하여 수행하라는 기능을 하므로 반드시 붙여 주어야 한다. 그냥 5+32라고 입력하면 "5+32"라는 문자열이 된다.

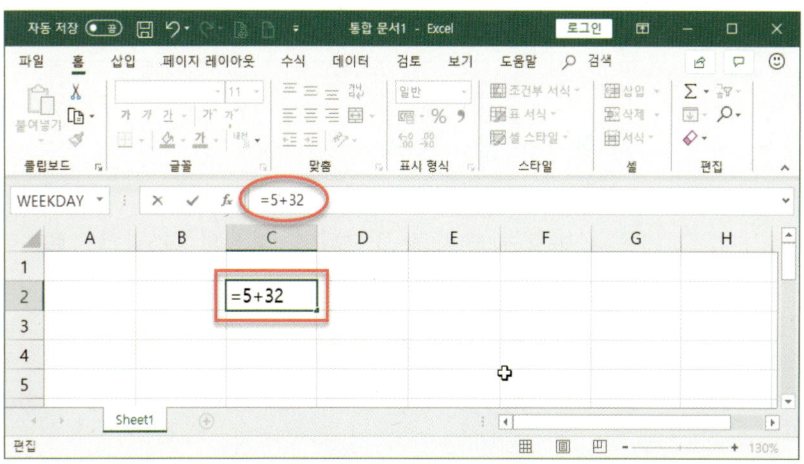

### 6) 열 머리글

열의 번호는 알파벳으로 표시되며, 엑셀의 한 워크시트는 A~Z, AA~AZ, BA~BZ, … ZA~ZZ, AAA~XFD까지 2의 14승인 16,384개의 열로 구성되어 있다.

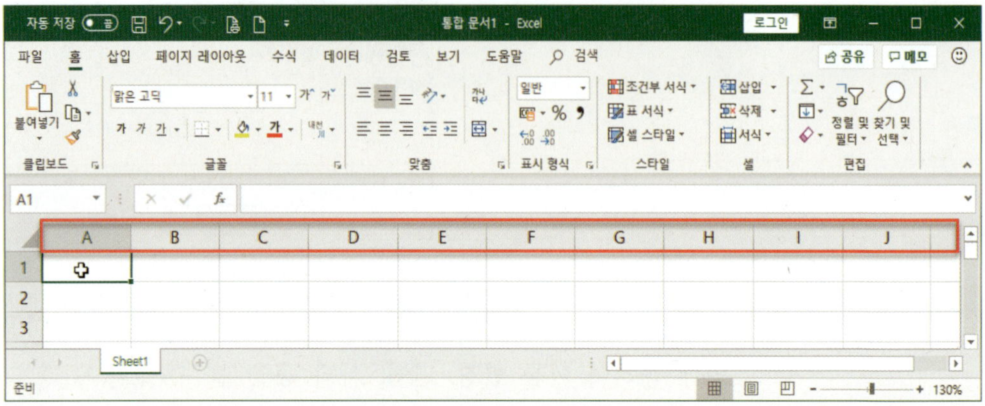

이름상자에 XFD1을 입력하고 Enter 키를 치면 실제 XFD1셀로 이동한다.

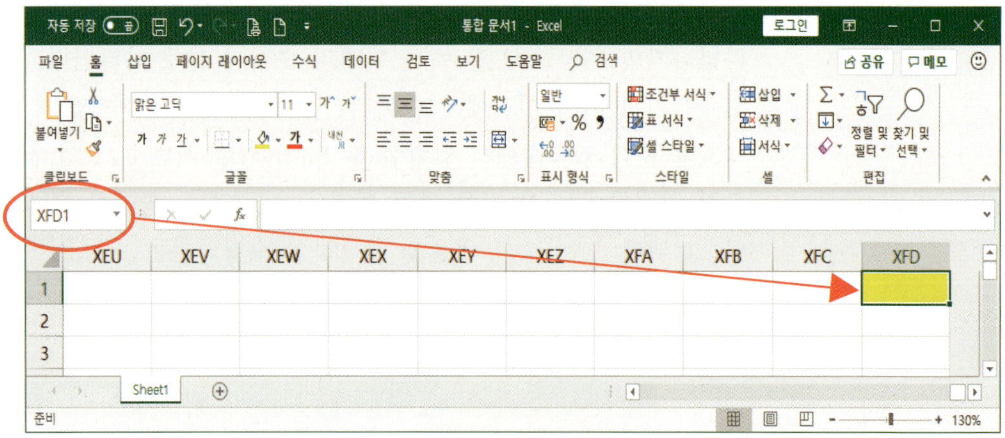

### 7) 행 머리글

행의 번호는 숫자로 표시되며, 엑셀의 한 워크시트는 1에서 2의 20승인 1,048,576까지의 행으로 구성되어 있다.

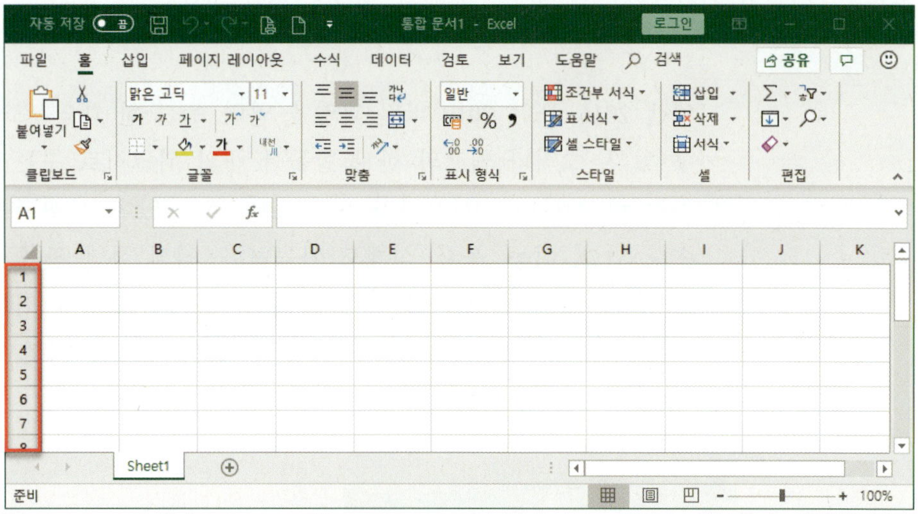


## 8) 셀

셀은 행과 열이 교차하는 지점으로, 엑셀의 한 워크시트에는 17,179,869,184개의 셀이 있다. 셀 주소는 '열번호+행번호'로 구성되는데 첫 셀의 경우 'A1'이 되며 가장 마지막 셀의 주소는 'XFD1048576'이 된다. 빈 엑셀 워크시트에서 'Ctrl 키+→(오른쪽 화살표)'를 같이 누른 후, 'Ctrl 키+↓(아래쪽 화살표)'를 다시 같이 누르면 'XFD1048576' 셀로 이동하게 된다. 아래 워크시트에서 초록색 테두리 셀은 워크시트에서 가장 마지막 셀 주소인 'XFD1048576'을 보여준다. 셀에는 숫자와 문자, 수식, 그리고 매크로 코드를 입력할 수 있어 이를 이용하여 계산을 할 수 있고 다양한 수리모델을 작성할 수도 있다.

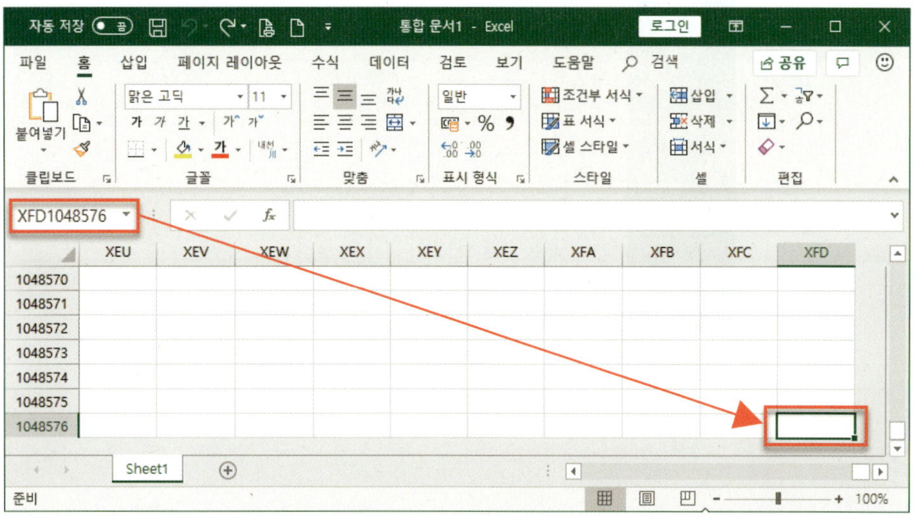

## 9) 워크시트

엑셀 2016, 또는 2019 버전 파일을 열면 우선 한 개의 워크시트가 나와 있음을 알 수 있다. 그러나 엑셀의 한 통합문서 내의 워크시트 수는 컴퓨터의 메모리가 허용하는 한 무한대로 사용자가 추가 삽입할 수 있다. 또한 워크시트의 이름을 변경할 수도 있고, 이동, 복사, 삭제도 가능하다. 엑셀 화면 왼쪽 상단의 '파일' 메뉴를 눌러 '옵션-일반'의 '포함할 시트 수'에서 새 엑셀 파일을 만들 때 포함되는 워크시트 수를 사용자가 원하는 대로 지정할 수 있는데, 아래 엑셀 파일을 열 때 바로 이 조정이 적용된다.

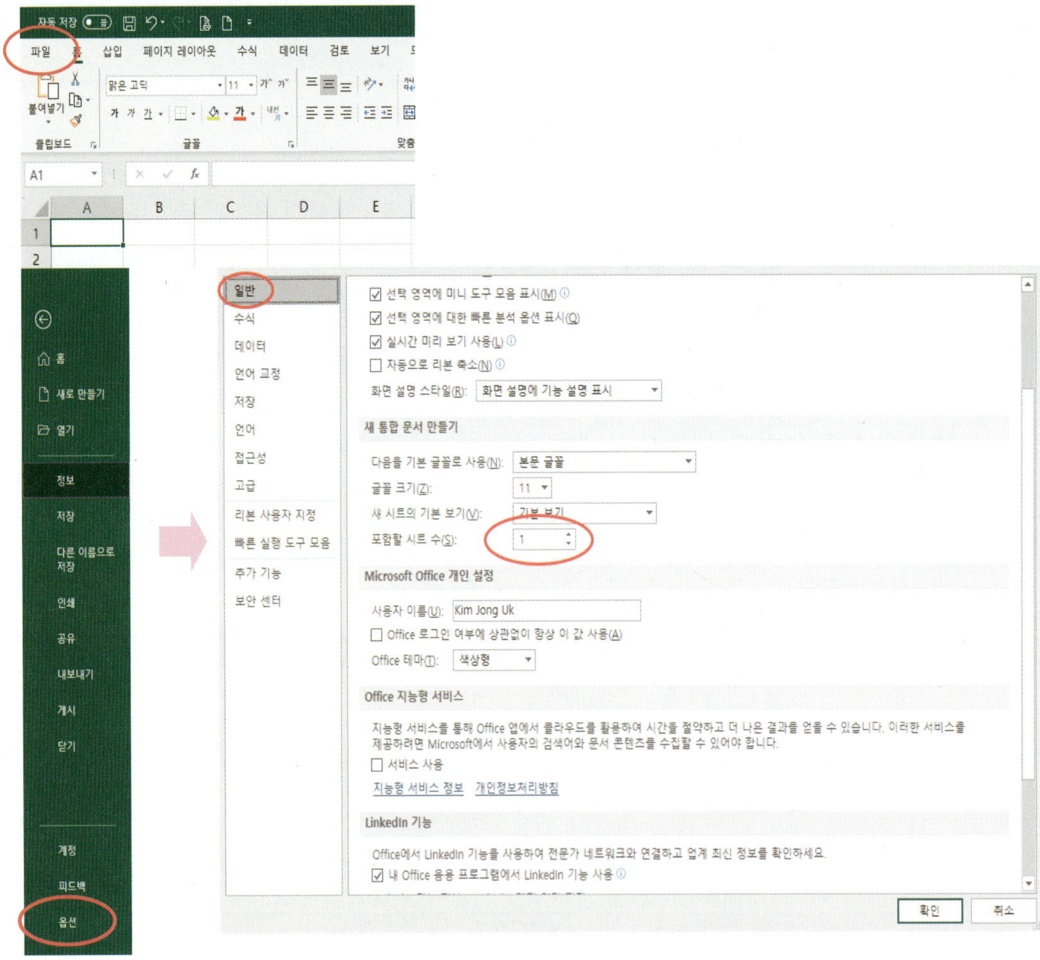

## (3) 엑셀의 구조

### 1) 통합문서(book)

하나의 엑셀 파일을 말하며 .xlsx의 확장자를 가진다. 하나의 통합문서는 여러 개의 워크시트를 가질 수 있으며 엑셀의 가장 상위 개념으로 생각하면 된다.

### 2) 워크시트(worksheet)

자료를 저장하고 분석하는 기본 작업장소이다. 여러 개의 워크시트를 연결하여 작업할 수도 있으며 하나의 워크시트는 약 171억개의 셀로 구성된다. 한 통합문서 내에는 컴퓨터의 메인 메모리가 허락하는 한 이론적으로 무한대의 워크시트가 들어갈 수 있다.

### 3) 열(column), 행(row)

워크시트는 기본적으로 열과 행으로 구성되며, 전체 열(행)을 선택하려면 열 머리글(행 머리글)을 선택하면 된다. 하나의 워크시트는 16,384개의 열과 1,048,576개의 행을 가진다.

### 4) 영역(range)

둘 이상의 셀의 집합을 말한다. 영역은 셀 주소 간의 범위로 표현되며 직사각형의 모양을 가진다. 영역의 주소는 왼쪽 최상단의 셀 주소와 오른쪽 최하단의 셀 주소로 나타내는데, 정확히 표시하면 '왼쪽 최상단의 셀 주소 : 오른쪽 최하단의 셀 주소'의 형태로 표시한다. 아래와 같은 경우 영역의 주소는 'B2:D5'가 된다.

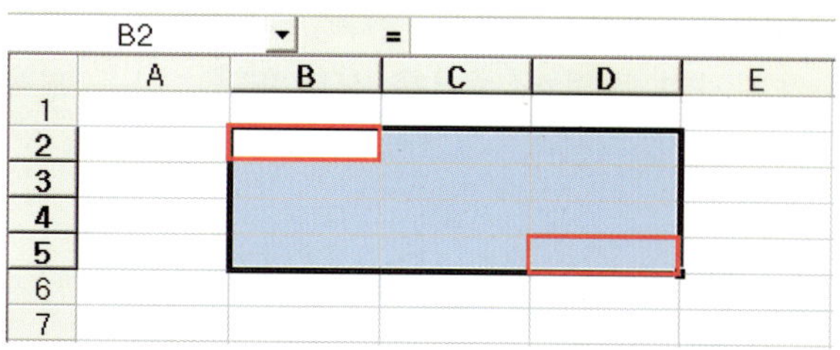

◑ 연속하지 않는 영역의 선택

여러 개의 떨어진 영역을 동시에 선택해야 하는 경우가 있는데, 이때는 Ctrl 키를 사용한다. 한 영역을 우선 선택하고, Ctrl 키를 누른 상태에서 다른 영역들을 선택하면 떨어진 여러 개의 영역을 동시에 선택할 수 있다. 노란색으로 된 부분이 동시에 선택된 영역들이다.

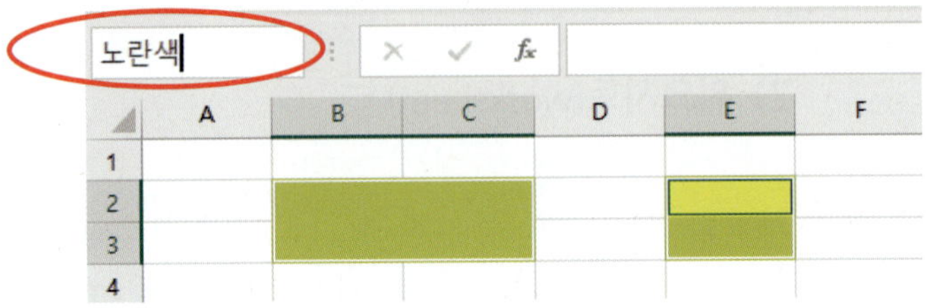


위의 노란색의 영역을 셀 주소로 표기하면 'B2:C3, E2:E3'이 된다. 앞에서 설명한 대로 영역을 영역이름을 주어 지정할 수 있는데, 리본 메뉴에서 '[수식] 탭-이름정의'를 이용하여 줄 수도 있고 바로 '이름상자'를 클릭하여 지정할 수도 있다. 영역이름을 사용하면 영역을 셀 주소 형식으로 하여 지정할 때보다 편리할 때가 많다.

#### 5) 셀(cell)

엑셀의 가장 작은 단위로 숫자, 문자, 수식, 매크로 코드를 입력할 수 있는 부분이다.

## (4) 엑셀 저장과 끝내기

### 1) 엑셀 파일의 저장

가장 오른쪽 상단의 '파일' 메뉴를 클릭하여 '저장' 또는 '다른 이름으로 저장'을 지정하고 적절한 폴더를 선택한 후, 다음 창에서 파일 이름을 지정하여 저장한다.

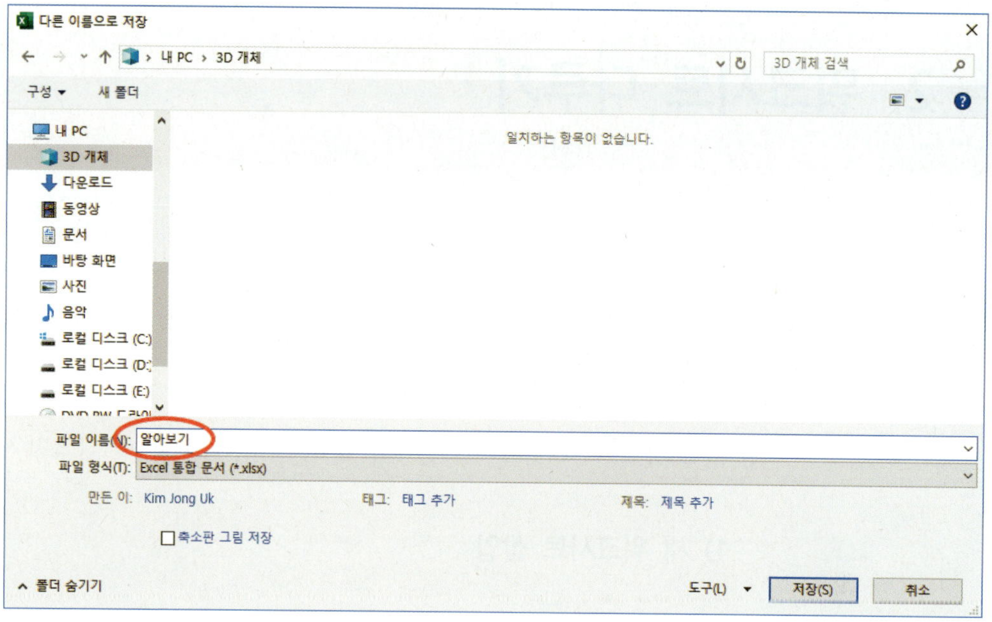


## 2) 엑셀 끝내기

엑셀을 끝내기 위해서는 현재까지의 편집을 저장하고 아래 그림과 같이 '파일' 메뉴를 선택한 후 '닫기'를 클릭한다.

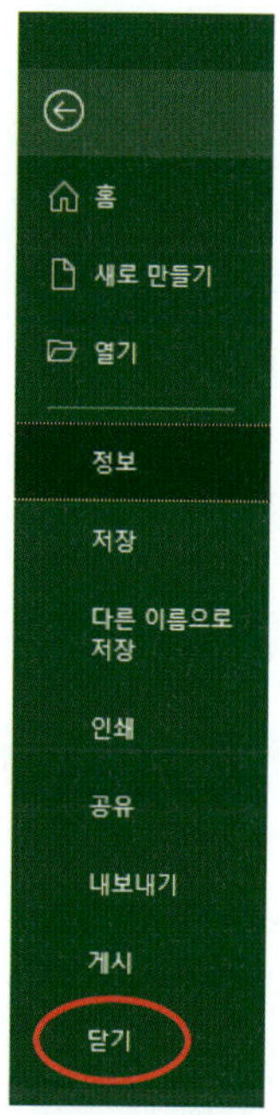

# 2. 워크시트 다루기

## (1) 워크시트

엑셀 파일의 워크시트는 추가로 삽입, 삭제, 복사할 수 있으며 이름을 변경할 수 있다.

### 1) 새 워크시트 삽입

- 마우스 포인터를 워크시트의 이름부분에 위치하고 오른쪽 마우스 버튼을 클릭하면 아래와 같이 단축메뉴가 나타난다. 이때 '삽입'을 선택한다.

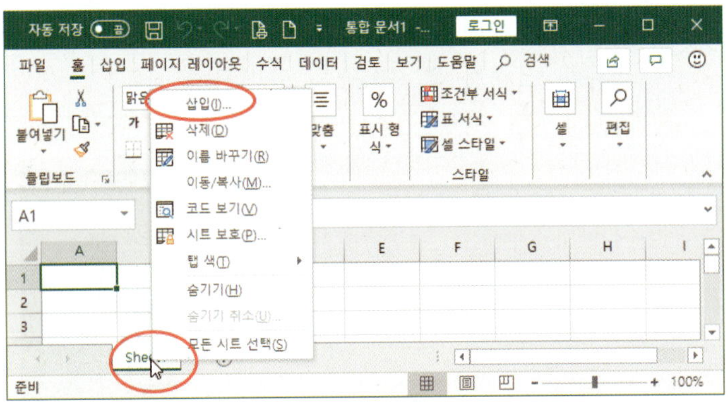


- '삽입' 창이 나타나면 '워크시트'를 선택하고 아래의 '확인' 버튼을 클릭한다.

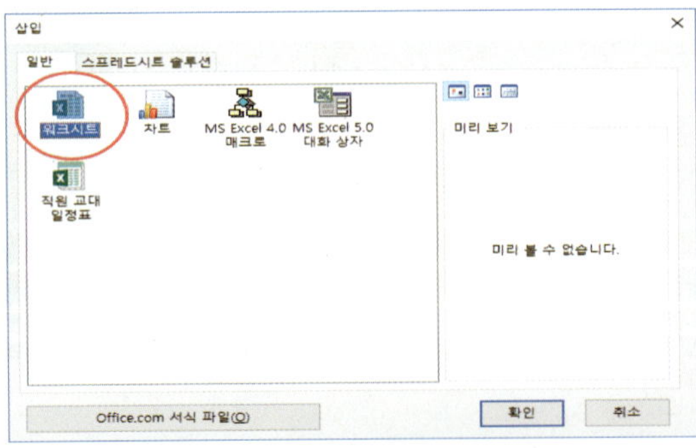

◑ ‘Sheet2’라는 새 워크시트가 새로이 삽입되었다. ‘삽입’ 창을 이용하면 새로운 워크시트가 삽입되는 위치는 처음 마우스 포인터를 위치한 워크시트의 바로 왼쪽이 된다. 예제에서는 ‘Sheet1’ 워크시트에 마우스 포인터를 두고 오른쪽 마우스 버튼을 눌렀기 때문에 아래 그림과 같이 ‘Sheet1’ 시트의 바로 왼쪽에 ‘Sheet2’ 시트가 삽입되었음을 알 수 있다.

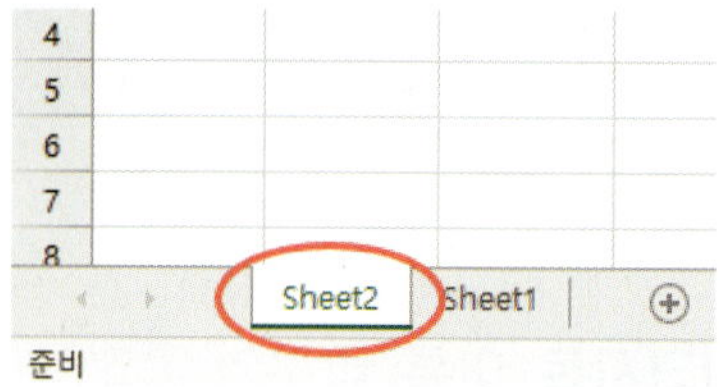


### 단축메뉴

단축메뉴는 마우스의 오른쪽 마우스 버튼을 눌렀을 때 나타나는 작은 메뉴를 말한다. 리본 메뉴도 많이 사용하지만 단축메뉴를 이용하면 빠르고 편리하게 작업을 실행할 수 있다. 단축메뉴는 “마우스 포인터가 어디에 위치하였느냐”에 따라 나타나는 메뉴가 달라지므로 혼동되지 않도록 주의해야 한다. 아래 그림은 마우스 포인터를 ‘열’ 머리글과 ‘셀’에 두고 각각 단축메뉴를 불러낸 경우를 나타낸다.

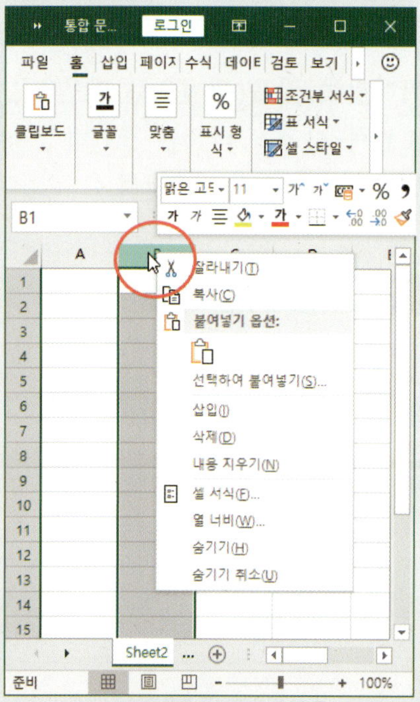


[열 머리글 단축메뉴]

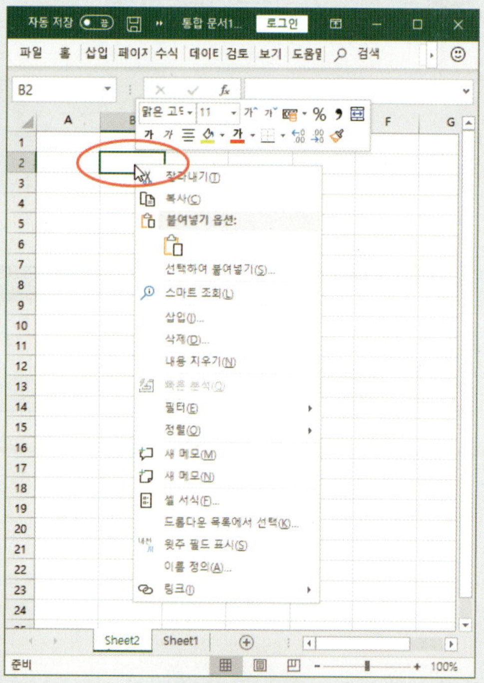


[셀 단축메뉴]

- 또는 워크시트 탭 오른쪽의 ⊕ 버튼('워크시트 삽입' 버튼)을 클릭해도 새로운 워크시트를 삽입할 수 있다. ⊕ 버튼을 클릭하면 현재 워크시트의 오른쪽에 새 워크시트가 삽입된다.

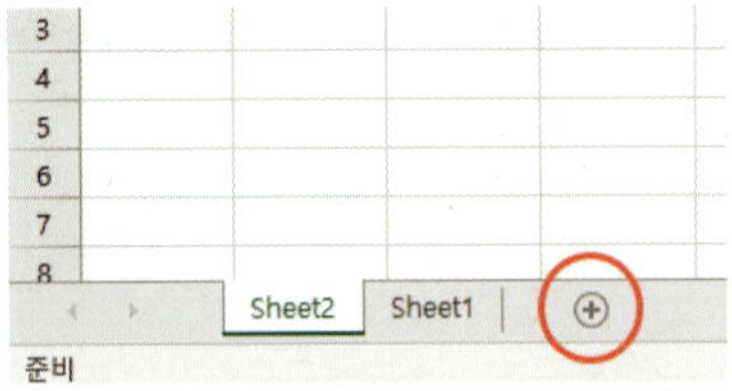

## 2) 워크시트 이름 바꾸기

이름을 바꾸고자 하는 워크시트의 이름 부분을 더블 클릭한 후, 워크시트 이름부분이 검은색으로 변하면 직접 새 이름을 입력한다.

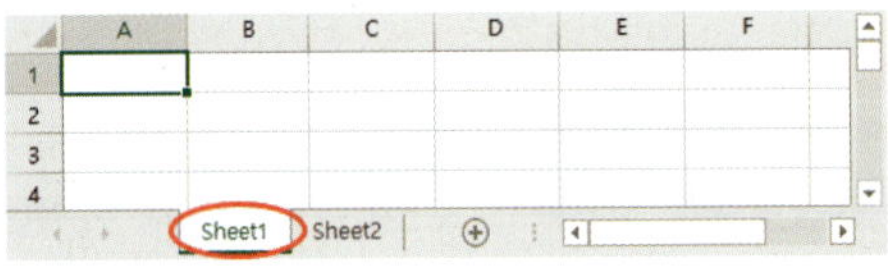

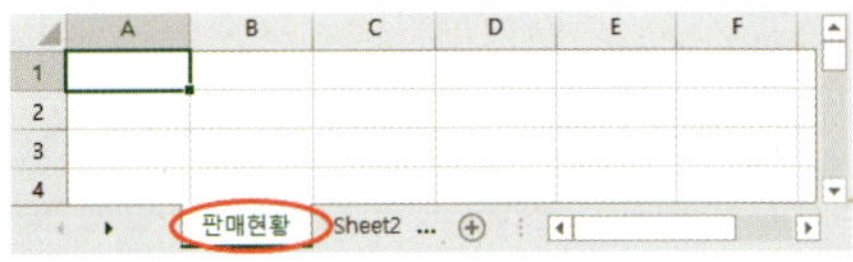

## 3) 워크시트 삭제

- '판매현황' 워크시트를 삭제하기 위해서는 같은 방법으로 마우스를 '판매현황' 워크시트의 이름에 위치하고 오른쪽 마우스 버튼을 클릭하면 아래와 같이 단축메뉴가 나타난다. 이때 '삭제'를 선택하여 클릭한다.

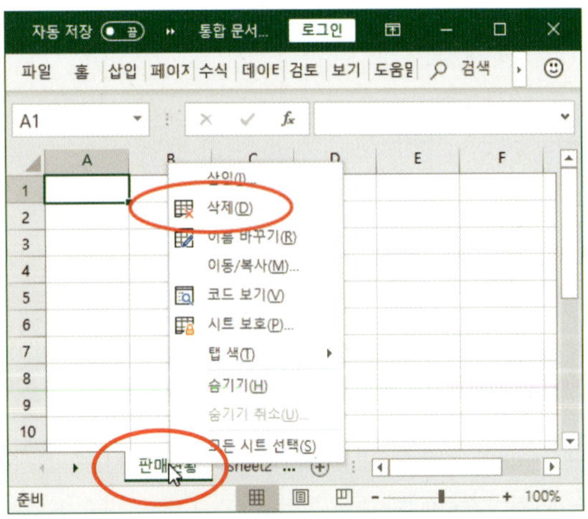

◑ 데이터가 있는 경우 확인 창이 나타나는데 '삭제' 버튼을 누르면 '판매현황' 워크시트가 삭제되어 없어진다.

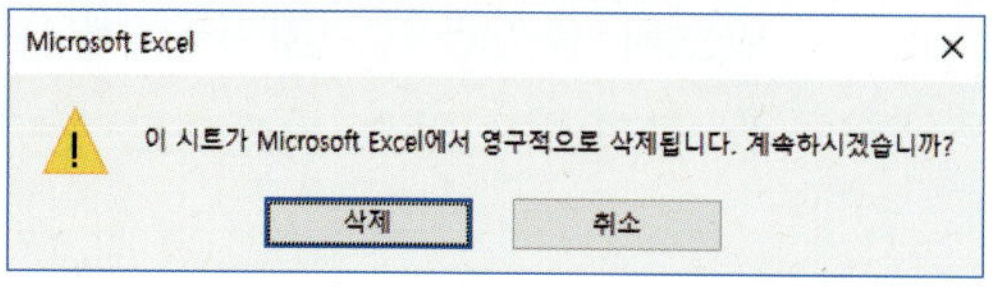


## 4) 워크시트 복사

◑ 아래 그림에서 보듯이 '명세서' 워크시트를 복사하고자 하면, '명세서' 워크시트를 선택하고 단축메뉴의 '이동/복사'를 선택한다.

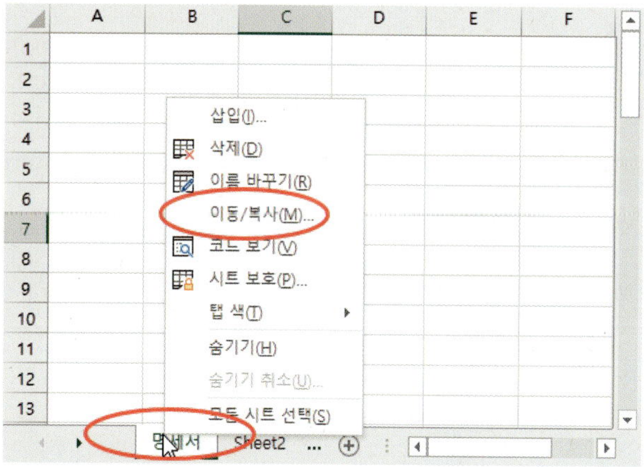

- 아래 그림에서 보는 바와 같이 '대상 통합문서'에서 복사해 갈 대상 통합문서를 선택하고(본 예제에서는 같은 통합문서에 복사함), '다음 시트의 앞에(B)'에서 복사할 위치를 '(끝으로 이동)'으로 지정한다. '복사본 만들기(C)' 체크박스에 반드시 클릭한 후 '확인' 버튼을 클릭한다. 이때 '복사본 만들기(C)' 체크박스를 클릭하지 않고 빈칸으로 두면 복사가 아니라 워크시트의 이동이 된다.

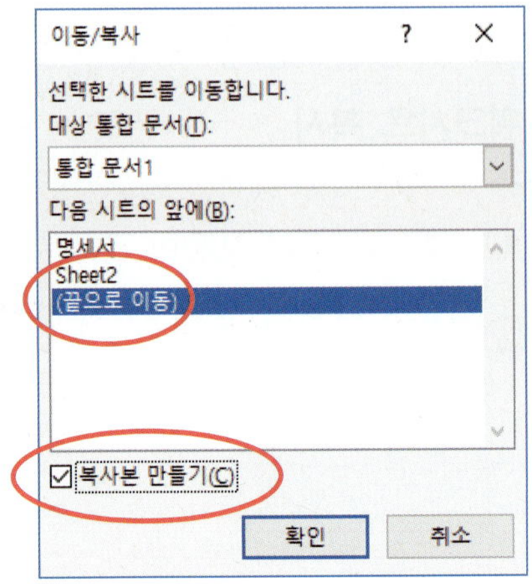


- 복사 결과 아래와 같이 '명세서' 워크시트가 '명세서 (2)'라는 이름으로 제일 오른쪽에 복사된다.

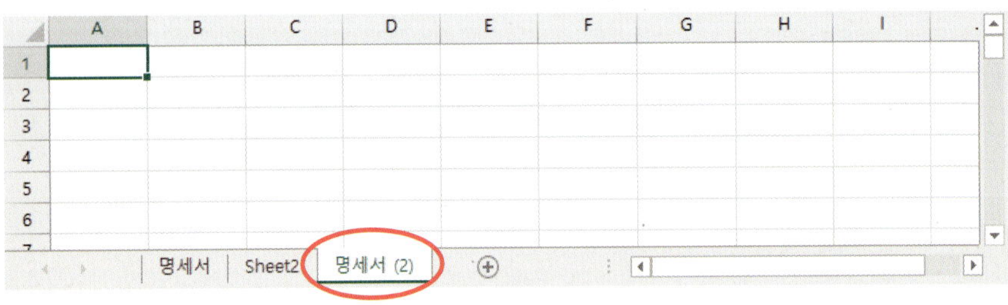

## 5) 워크시트 위치 이동

- 워크시크가 많은 경우 시트 탭 줄에 모든 워크시트가 나타나지 않게 된다. 원하는 워크시트를 선택하려면 해당 워크시트로 이동하여 보이게 해야 하는데, 이때 '시트 탭 이동도구'를 사용하게 된다.

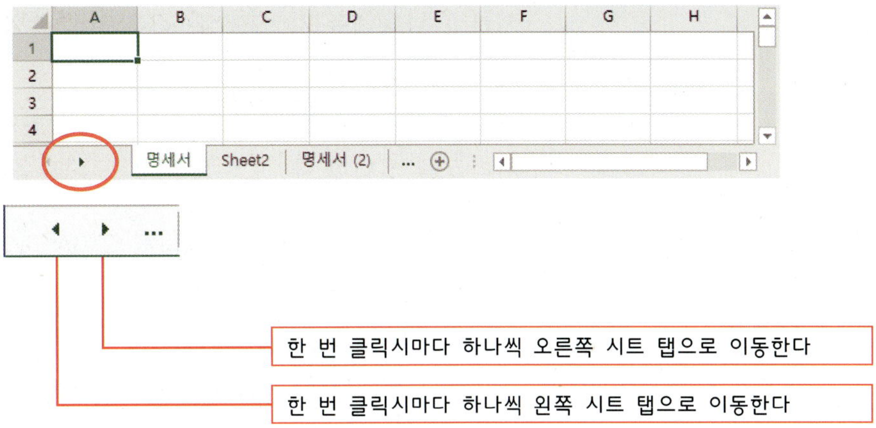

## (2) 열

### 1) 열의 삽입과 삭제

① 열의 삽입

- 새로운 열을 삽입하고자 하는 경우에는 '열 머리글'에 마우스 포인터를 위치하고 단축메뉴의 '삽입'을 이용하여 빈 열을 삽입한다. 새로 삽입되는 열은 선택한 열의 왼쪽에 삽입된다.
- 아래 그림에서 H열과 I열 사이에 새로운 열을 삽입하려고 한다면 I열의 열 머리글을 선택한 후 오른쪽 마우스 버튼을 눌러 단축메뉴의 '삽입'을 선택한다.

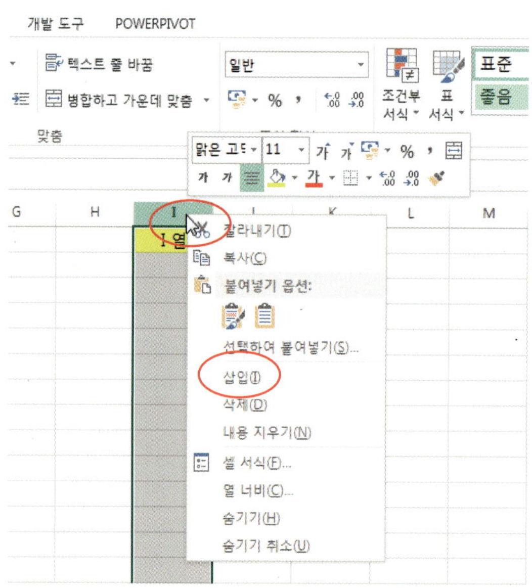


- 기존의 I열은 오른쪽으로 하나 밀려나 J열이 되고 새로운 빈 열이 삽입되어 I열이 되었다.

- 중요한 것은 워크시트 내에서 I열의 셀을 참조하는 식이 있으면 그 식의 'I열 셀 주소'는 자동으로 'J열 셀 주소'로 바뀐다는 사실이다. 아래 그림에서 보듯이 먼저 'I2'셀에 'I열'이라고 입력한다. 그리고 아래 그림과 같이 열 삽입 전 G2셀에 '=I2'라고 입력한다. 이는 G2셀이 I2셀을 참조하는 것인데 참조라는 의미는 '지정한 셀의 값을 가지고 온다'는 의미로, G2셀에 '=I2'라고 적으면 'I2셀의 값을 가지고 와서 G2셀의 값으로 하라'는 명령이 된다. 여기에서 '='를 먼저 적어 주어야 하는데, 이것은 '=' 뒤를 단순한 텍스트가 아니라 셀 주소나 수식으로 인식하여 수식 등을 수행하게 하라는 것이다.

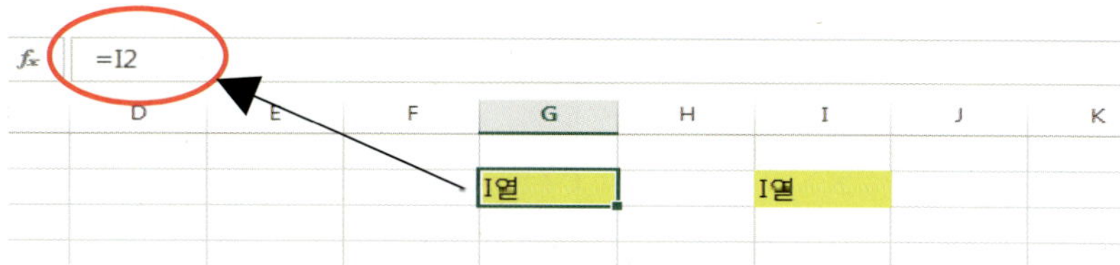


[열 삽입 전]

열 삽입 후 G2셀의 수식을 보면 '=I2' 수식이 자동으로 '=J2'로 바뀐 것을 알 수 있다. 이는 작업 중간에 새로운 열이 삽입되어도 사용자는 기존의 식에서 이미 참조하고 있는 셀의 주소를 바꾸어 줄 필요 없이 엑셀이 알아서 자동으로 이에 맞게 셀 주소를 수정하는 것을 의미한다. 처음 사용자는 어렵게 느껴지겠지만 엑셀에서 열, 행을 마음 놓고 삽입, 삭제할 수 있게 하는 기능이다.

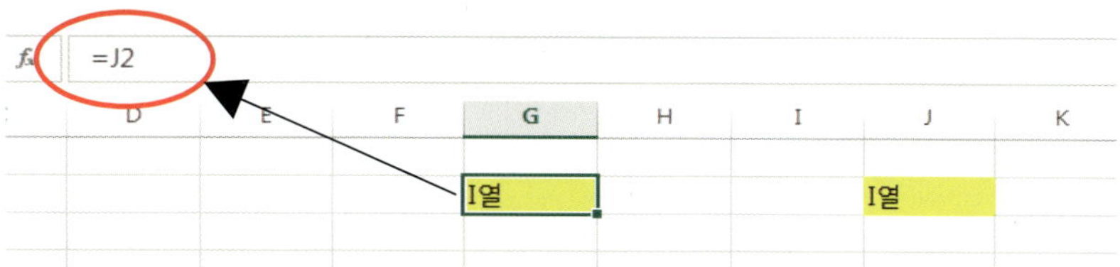


[열 삽입 후]

② 열의 삭제

- 열을 삭제하고자 하는 경우에는 해당 열의 열 머리글 번호를 선택한 후 단축메뉴의 '삭제'를 이용하여 삭제한다. H열을 삭제하면 기존의 I열이 이제 H열이 되었음을 알 수 있다.

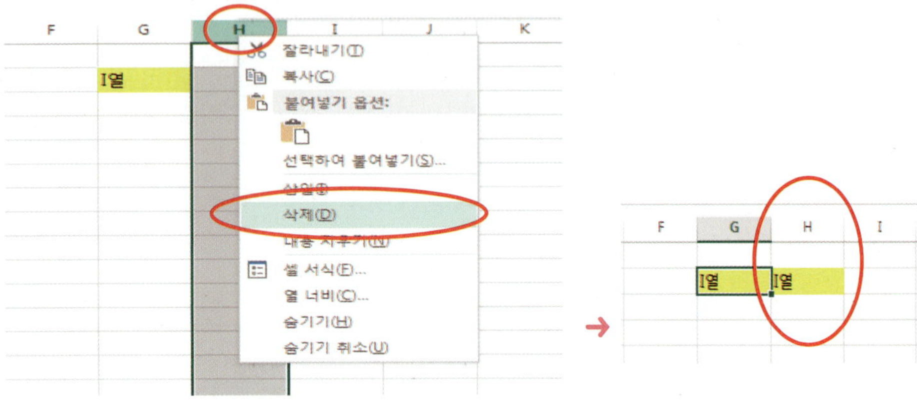


## 2) 열의 조정

① 열 너비의 조정

- 열 너비를 조정하는 방법은 두 가지가 있다. 첫 번째 방법은 마우스를 이용하여 너비를 조정하고자 하는 열번호의 사이에 위치시키면 마우스 포인터가 '십자'로 변하는데, 이때 좌우로 드래그하여 열의 너비를 원하는 대로 조정할 수 있다. 이때 마우스 포인터의 왼쪽 열의 너비가 조정된다.

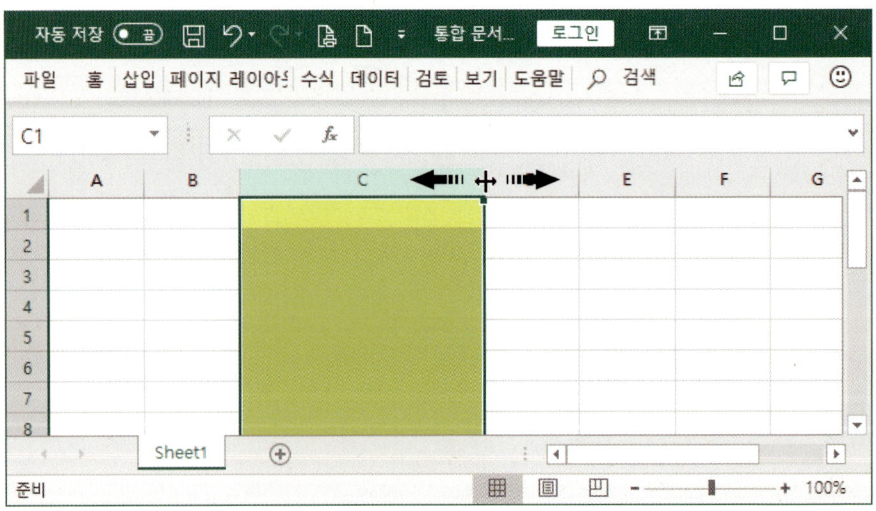

- 두 번째 방법은 너비를 조정하고자 하는 열의 '열 머리글'에 마우스 포인터를 대고 단축메뉴를 불러 열의 너비를 숫자로 지정하는 것이다.

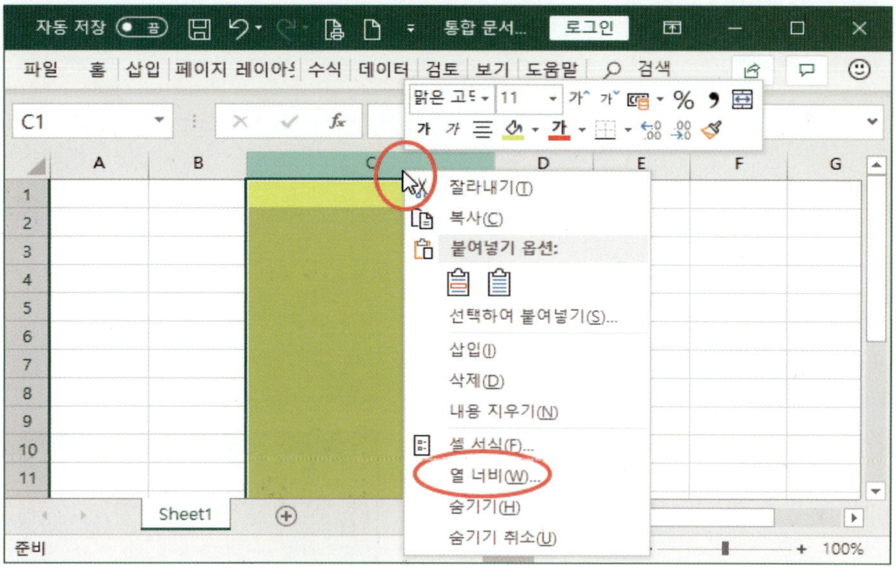


그러면 아래와 같이 '너비' 창이 나타나는데 이때 열의 너비를 입력한다. 열의 너비는 보이는 표준문자 수를 나타내는데, 엑셀의 기본 열 너비는 8.38 문자이다. 열의 너비는 0에서 255까지 가능하다.

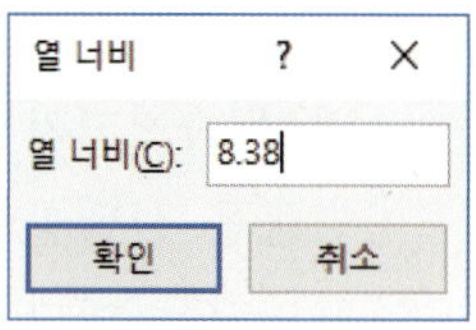


숫자의 경우 셀 내용에 비해 열의 너비가 충분하지 않으면 '#########' 표시가 나타나는데, 이때 열의 너비를 크게 해 주면 원래의 데이터를 볼 수 있다. 여러 개의 열을 같은 너비로 조정하려면 해당 열의 머리글들을 동시에 선택하고 '너비' 창에서 열 너비를 지정하거나 또는 앞의 방법으로 드래그하여 조정해도 된다.

② 열 숨기기/숨기기 취소 ('엑셀 알아보기 예제-1.xlsx' 열-행 시트)

일부 열을 보이지 않게 하고 싶을 때 열의 일부를 숨길 수 있다. 그러나 숨겨진 열에 계산식이 있는 경우 계산을 수행하면 숨겨진 열이라도 보이는 열과 같이 계산이 수행된다. 단지 열 전체가 보이지 않으므로 결과가 보이지 않을 뿐이다.

◑ 열 숨기기

- 아래 성적표에서 학생의 성명, 학과, 학점만 보고 싶다고 하자. 그렇다면 이때 C열(성별), D열(학번), F열(학년)을 숨겨야 할 필요가 있다.

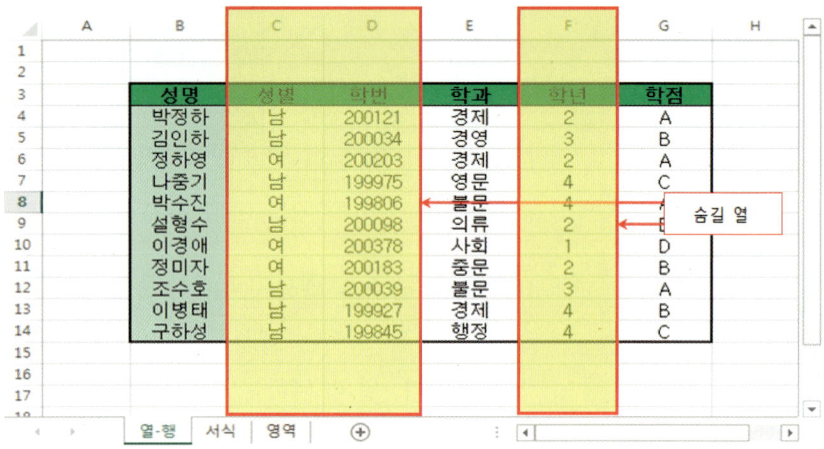


- 먼저 숨기고자 하는 열 머리글(C, D, F열)들을 선택한다. 인접하지 않은 열들을 선택할 때에는 Ctrl 키를 사용한다. 선택한 열 중 하나에 마우스 포인터를 대고 단축메뉴를 눌러 '숨기기'를 클릭한다.

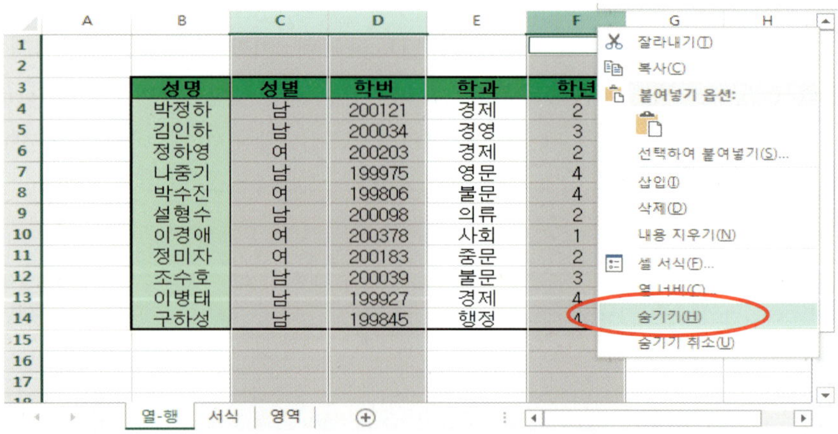

• 이제 아래와 같이 C, D, F열이 보이지 않고 B, E, G열만 보이는 시트를 얻게 된다. 숨긴 열의 열번호가 보이지 않기 때문에 어떤 열이 숨겨졌는가를 쉽게 알 수 있다.

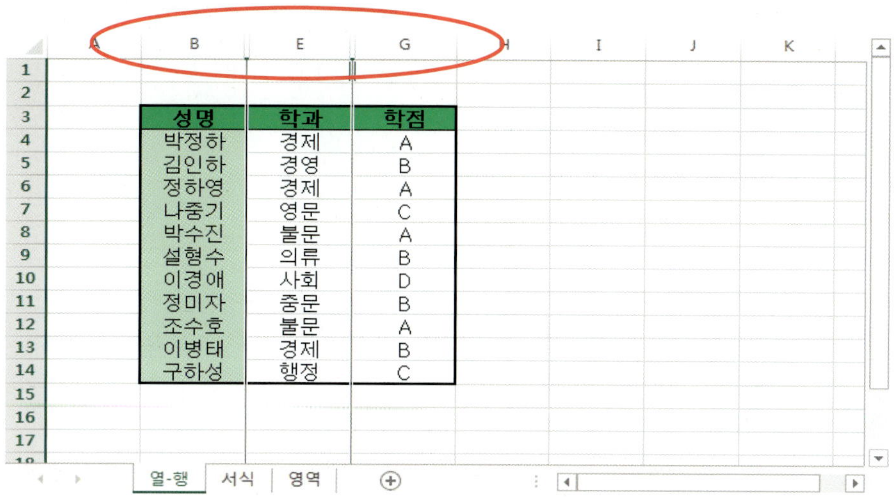

### ◑ 열 숨기기 취소

• 먼저 숨겨진 열의 양쪽 열, 여기에서는 B, E, G열의 열 머리글을 함께 선택한 뒤 단축메뉴에서 '숨기기 취소'를 선택하면 숨겨진 열들이 다시 나타난다.

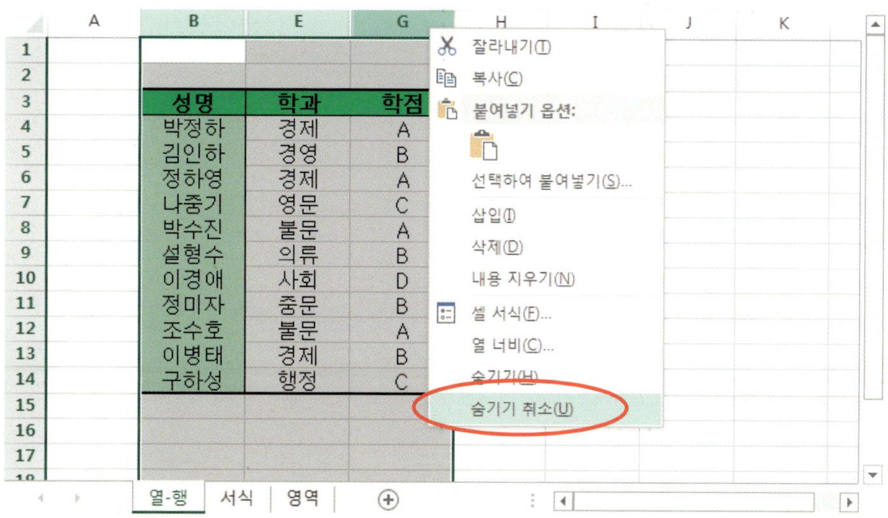

• 이제 숨겼던 C, D, F열이 다시 나타난 것을 볼 수 있다.

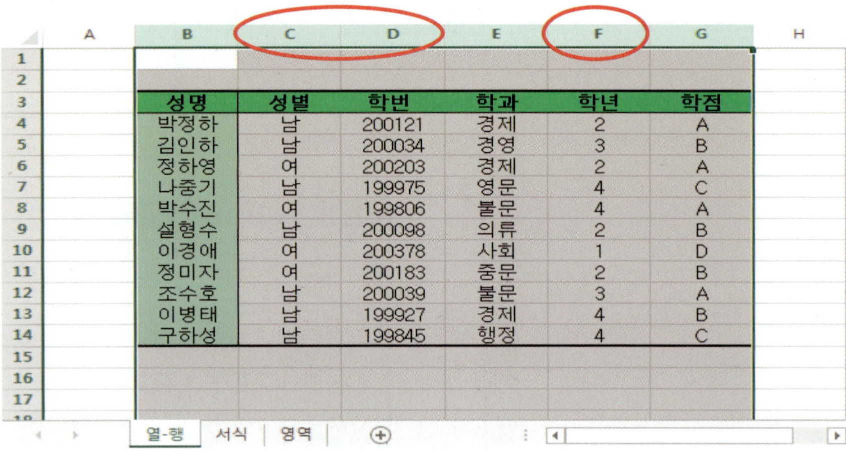


## (3) 행

### 1) 행의 삽입과 삭제

① 행의 삽입

- 행의 삽입/삭제는 열의 삽입/삭제와 유사하다. 새로운 행을 삽입하고자 하는 경우에는 '행 머리글'에 마우스 포인터를 위치하고 단축메뉴의 '삽입'을 이용하여 빈 행을 삽입한다. 새로 삽입되는 행은 선택한 행의 위쪽에 삽입된다.
- 아래 그림에서 2행과 3행 사이에 새로운 행을 삽입하려고 한다면 3행의 행번호를 선택한 후 오른쪽 마우스 버튼을 눌러 단축메뉴의 '삽입'을 선택한다.

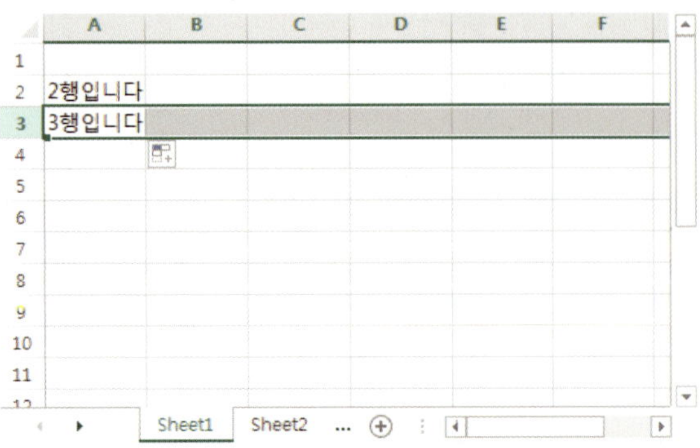


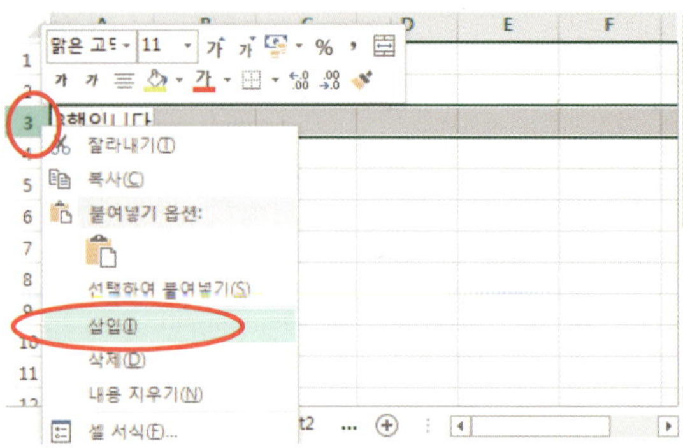

- 기존의 3행은 4행으로 바뀌고 새로 삽입된 행이 3행이 된다. 즉 이전 3행 위에 새로운 행이 삽입된 것이다.

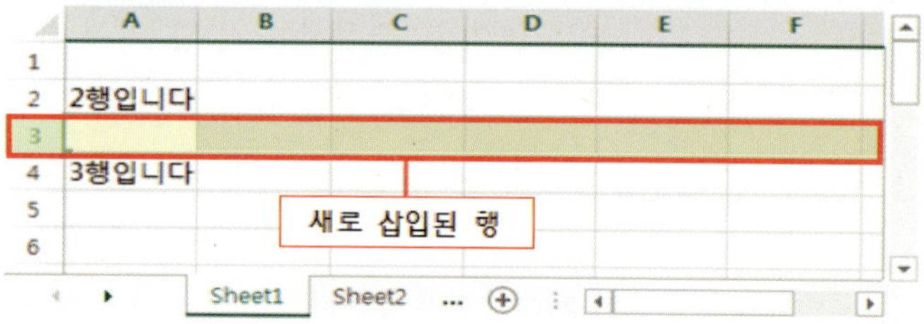


② 행의 삭제

- 행을 삭제하고자 하는 경우에는 해당 행의 행 머리글 번호를 선택한 후 단축메뉴의 '삭제'를 이용하여 삭제한다. 아래 왼쪽 그림에서 새로 삽입된 행(3행)의 행 머리글에 마우스 포인터를 대고 단축메뉴에서 '삭제'를 클릭한다.

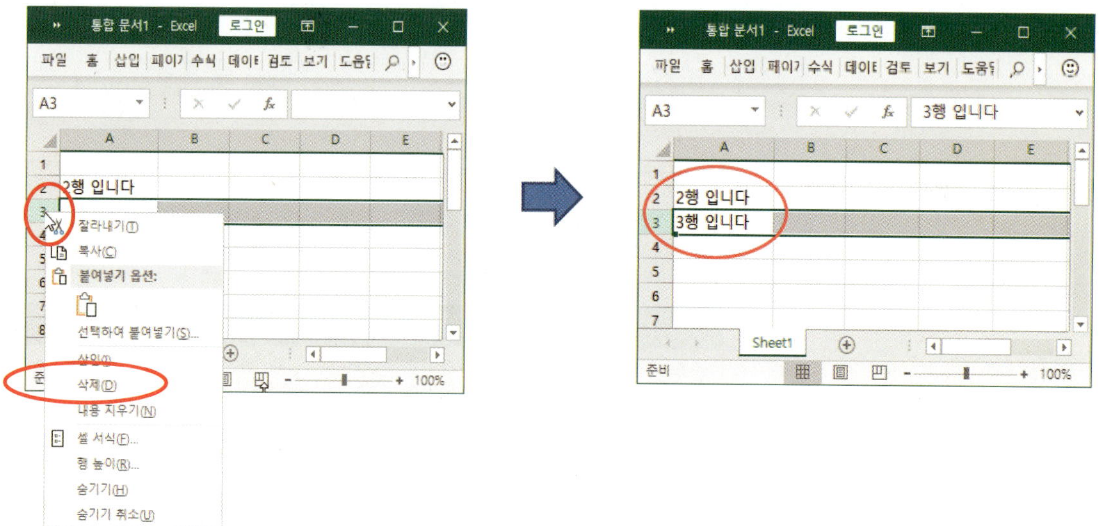

## 2) 행의 조정

① 행 높이의 조정

- 행 높이를 조정하는 방법 역시 두 가지로 할 수 있다. 첫 번째 방법은 마우스를 이용하여 높이를 조정하고자 하는 행번호의 사이에 위치하면 마우스 포인터가 '십자'로 변하는데, 이때 상하로 드래그하여 행의 높이를 원하는 대로 조정할 수 있다. 마우스 포인터의 위쪽에 있는 행의 높이를 조정하게 된다.

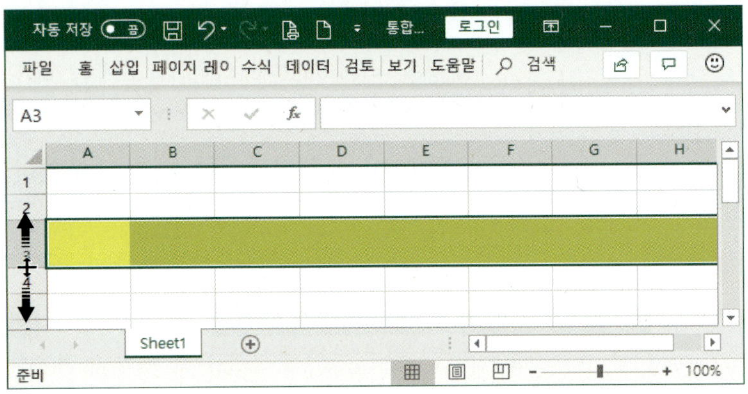


- 두 번째 방법은 높이를 조정하고자 하는 행의 '행 머리글'에 마우스 포인터를 대고 단축메뉴를 불러 행의 높이를 숫자로 지정하는 것이다.

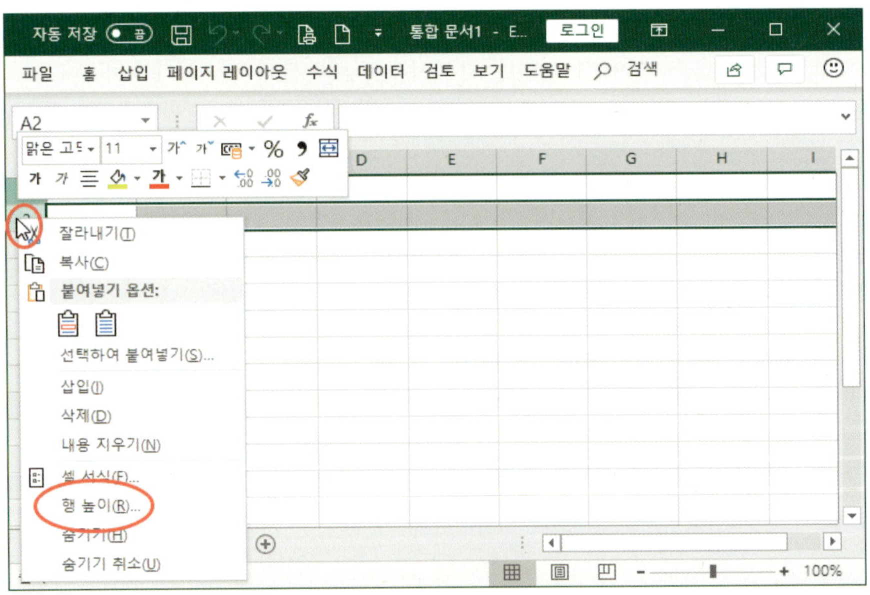

'행 높이' 창이 나타나면 높이를 입력하는데, 행 높이의 단위는 포인트(pt)이다. 한 포인트는 1/72인치로 0.35146mm가 된다.

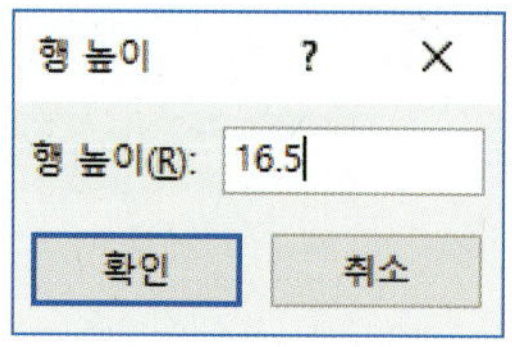


행의 높이는 열의 너비와 달리 사용된 글꼴의 가장 큰 크기에 맞게 자동 조정되는데 11 포인트 Arial 글꼴의 경우 16.5 포인트로 높이가 설정된다. 행 높이의 경우 0에서 409 포인트까지 높이를 조절할 수 있다. 여러 개의 행을 같은 높이로 조정하려면 해당 행의 머리글을 함께 선택하고 '행 높이' 창에서 행 높이를 포인트(pt)로 지정하거나 또는 앞의 방법으로 드래그하여 한꺼번에 조정할 수 있다.

② 행 숨기기/숨기기 취소 ('엑셀 알아보기 예제-1.xlsx' 열-행 시트)

일부 행을 보이지 않게 하고 싶을 때 행의 일부를 숨길 수 있다. 열과 마찬가지로 계산식이 있는 경우 계산을 수행하면 숨겨진 행이라도 보이지 않을 뿐 계산이 수행된다.

◑ 행 숨기기

- 아래 성적표에서 5, 8, 11행을 숨기려고 한다.

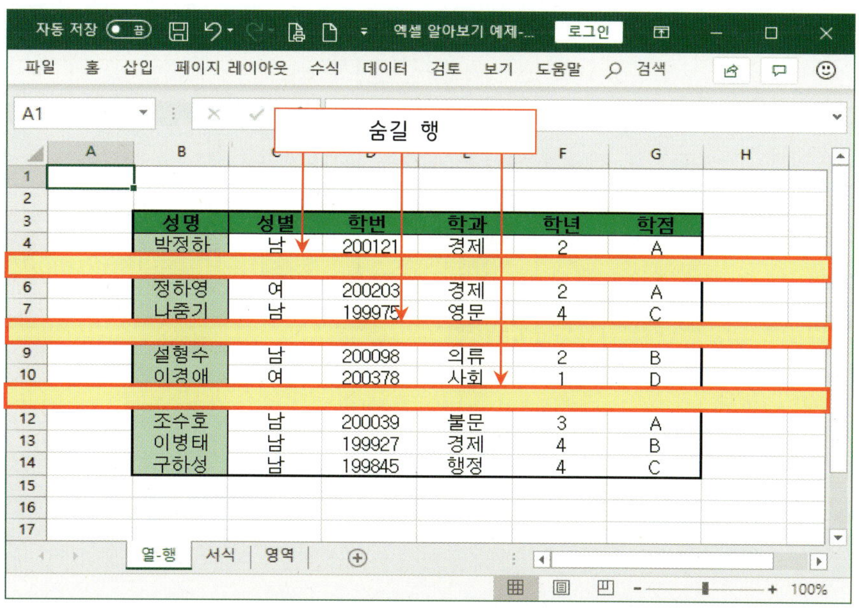

• 먼저 숨기고자 하는 행 머리글(5, 8, 11행)들을 선택한다. 인접하지 않은 행들을 선택할 때에는 Ctrl 키를 사용한다. 선택한 행 중 하나에 마우스 포인터를 대고 단축메뉴를 눌러 '숨기기'를 클릭한다.

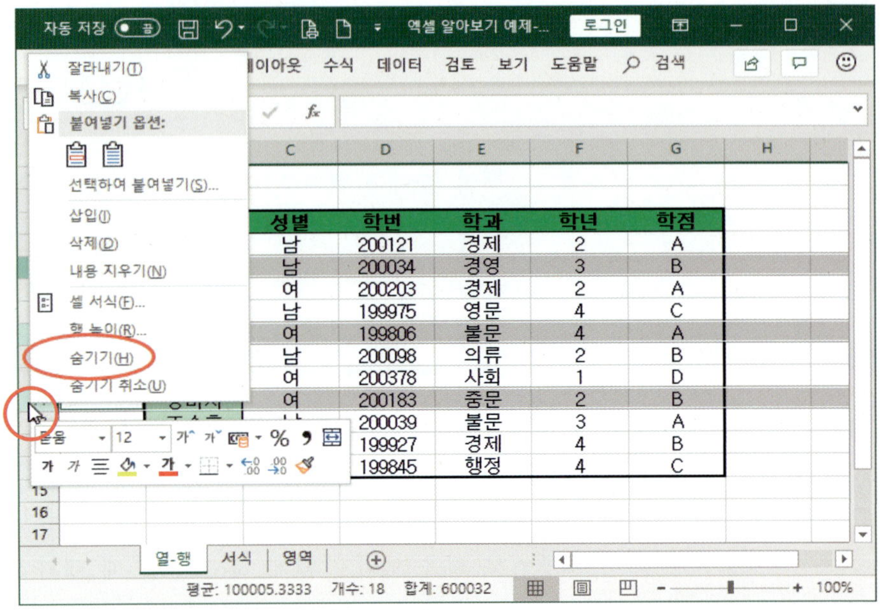

• 이제 아래와 같이 5, 8, 11행이 보이지 않는 것을 알 수 있다.

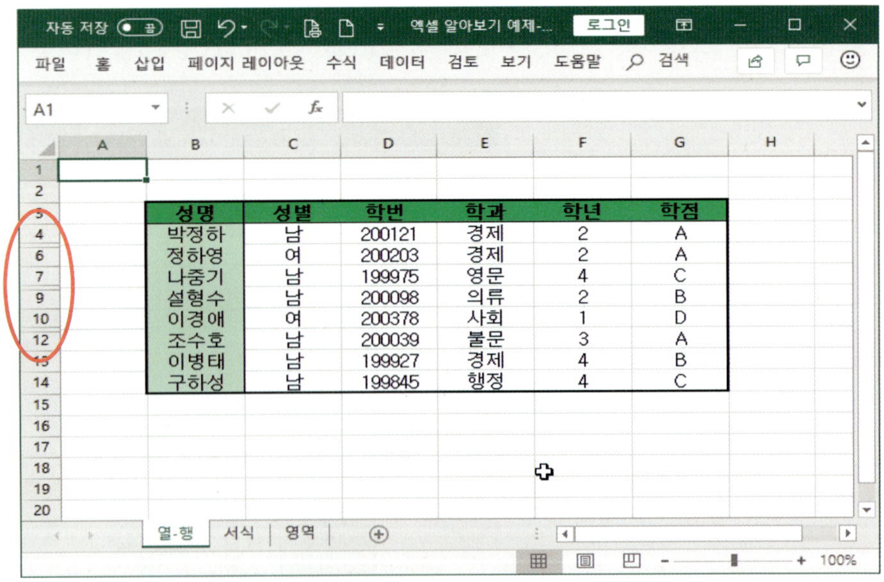

### ◑ 행 숨기기 취소

- 먼저 숨겨진 행들의 위 아래쪽 열, 여기에서는 4행에서 12행까지의 행 머리글을 드래그하여 선택한 뒤 단축메뉴에서 '숨기기 취소'를 클릭하면 숨겨진 행들이 다시 나타난다.

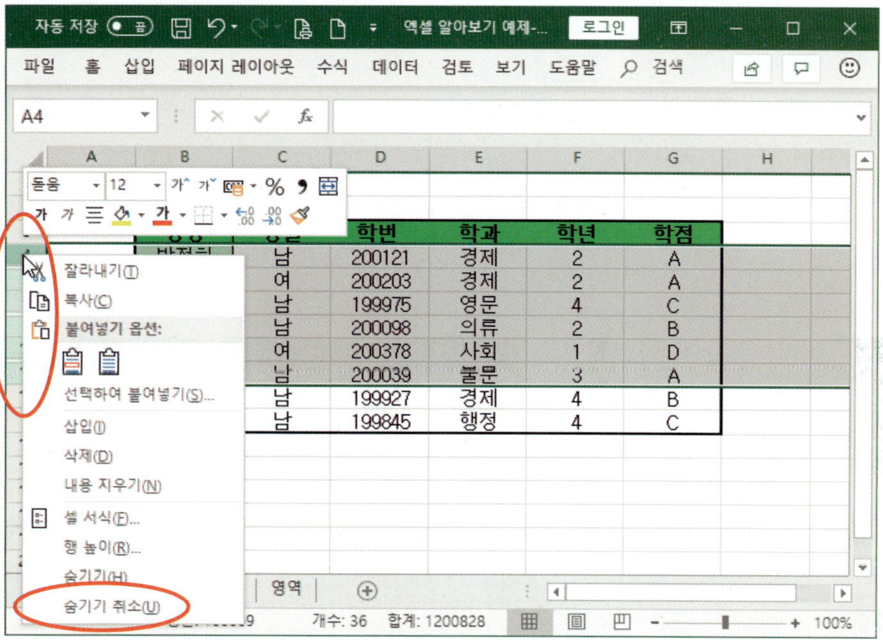

- 이제 숨겨졌던 5, 8, 11행이 모두 다시 나타난 것을 볼 수 있다.

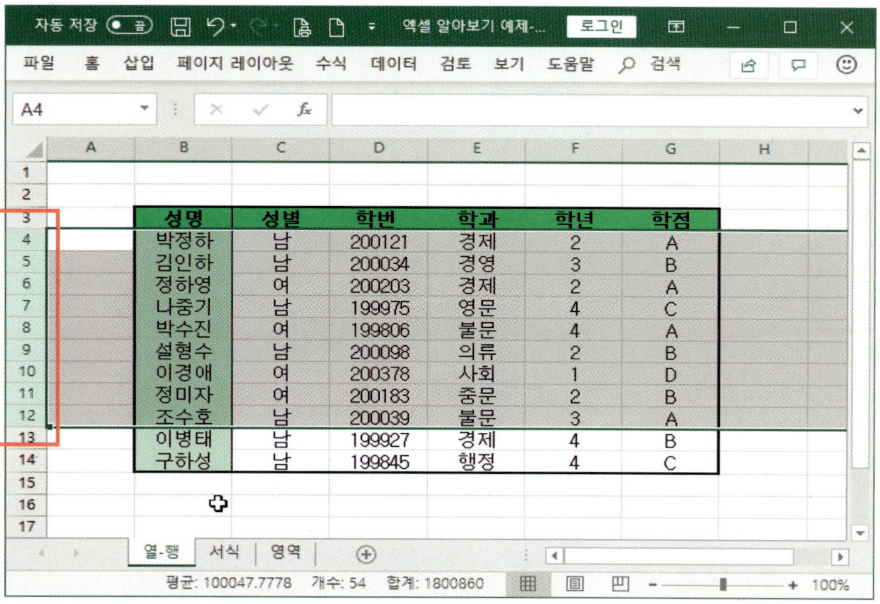

## (4) 셀('엑셀 알아보기 예제-1.xlsx' 서식 시트)

엑셀 역시 워드(MS-WORD)와 같이 문서의 형식, 글자의 크기, 글꼴, 그리고 테두리 등을 지정하는 다양한 서식 기능이 있다. 서식 기능은 리본 메뉴에서 '[홈]탭'의 '글꼴', '맞춤', '표시형식' 그룹을 통해서 간단하게 처리할 수도 있고, 단축메뉴의 '셀 서식'을 이용하여 편리하게 지정할 수도 있다.

### 1) 글꼴 지정

글꼴을 지정할 영역(아래에서 왼쪽 빨간색 글자 부분)을 선택하고 '[홈]탭'의 '글꼴' 그룹에서 원하는 서식을 설정한다.

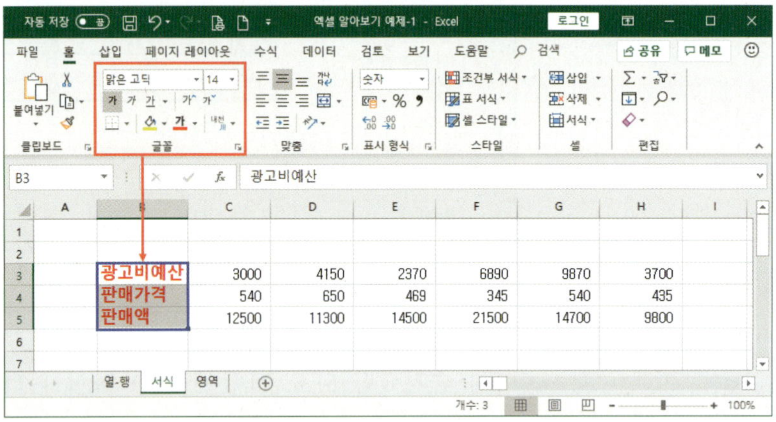


글꼴은 '맑은 고딕', 크기는 14, 스타일은 '굵게', 글씨 색깔은 '빨간색'으로 변한 것을 알 수 있다. 단축메뉴의 '셀 서식'을 통해서도 글꼴을 정해 줄 수 있다.

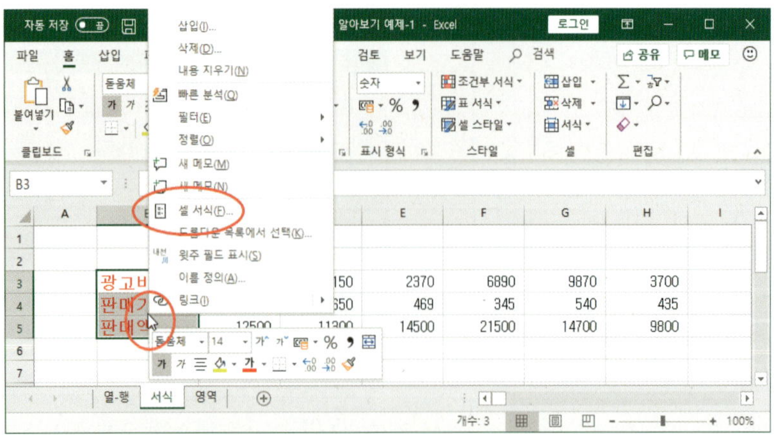

'셀 서식' 창이 나타나면 '[글꼴]탭'을 선택하고 모양, 스타일, 크기 등을 지정한다.

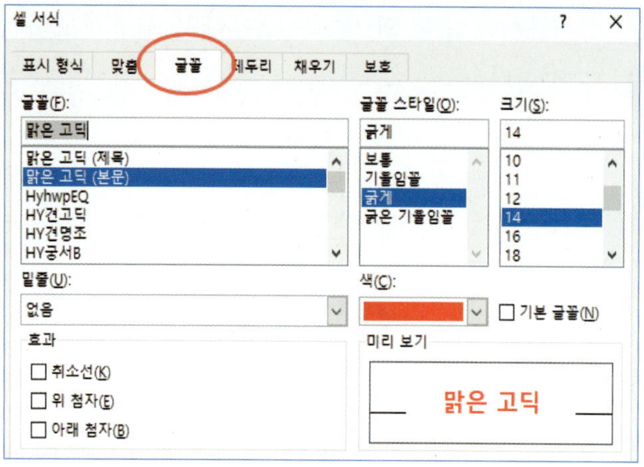

글꼴과 같이 '표시형식', '맞춤', '테두리' 등도 '[홈]탭'의 해당 그룹을 통하여 지정할 수 있고 단축메뉴의 '셀 서식'을 통해서도 지정할 수 있다. 일반적으로 '[홈]탭'보다 단축메뉴의 '셀 서식'을 통하여 보다 자세하게 지정할 수 있다.

## 2) 숫자의 표시형식 지정

지정할 범위를 정한 뒤 단축메뉴를 이용한다. '셀 서식' 창에서 '[표시형식]탭'의 '숫자' 범주를 이용하여 숫자의 소수 자릿수, 1,000단위마다의 구분 기호(,) 표시 여부, 음수의 표시형식을 지정한다.

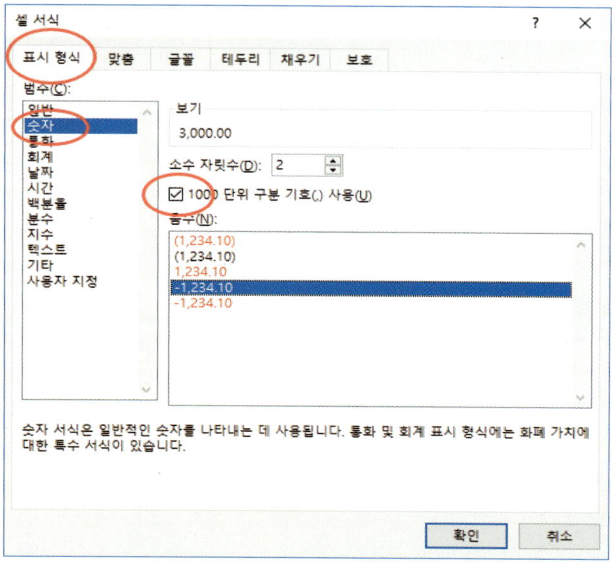

### 3) 통화 양식 정하기

'[표시형식]탭'의 '통화' 범주에서 사용하고자 하는 통화의 종류와 소수 자릿수를 지정한다.

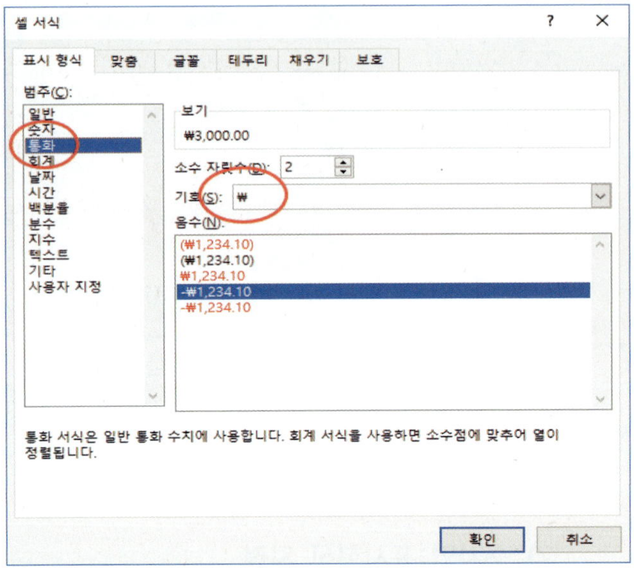


또는 간단히 '[홈]탭-표시형식' 그룹의  버튼을 클릭해도 된다.

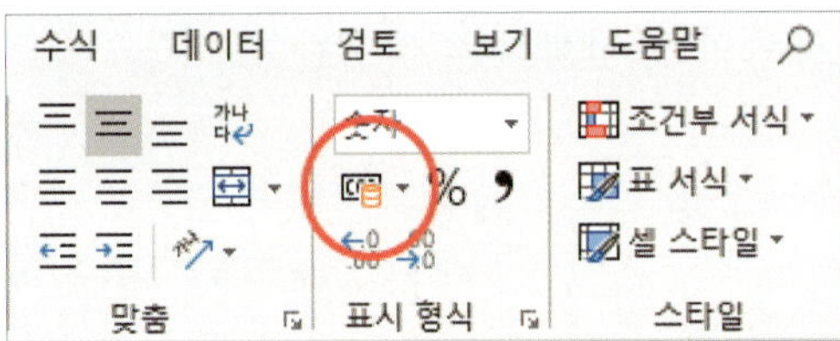

## 4) 백분율로 지정

셀의 수치가 백분율로 나타나게 하려면 '[표시형식]탭'의 '백분율' 범주를 선택한다.

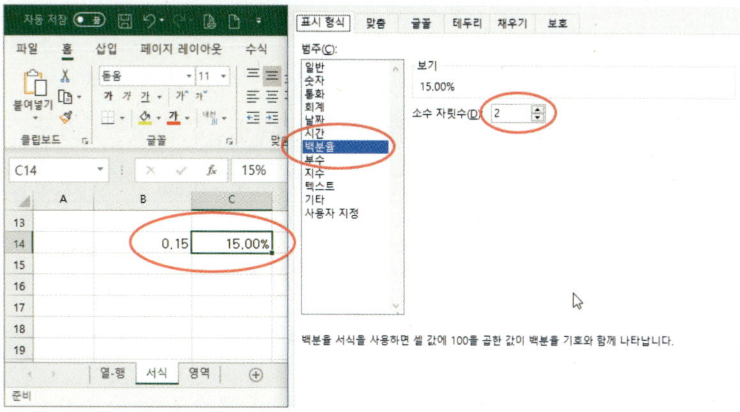

위의 그림에서 B14셀과 C14셀은 실제 값은 같은 0.15이지만 백분율로 지정한 C14셀의 값은 "15.00%"로 나타난다.

## 5) 테두리 지정

테두리의 경우 '셀 서식'에서 '테두리' 기능을 이용할 수도 있고 '[홈]탭-글꼴' 그룹의 테두리 도구()를 사용할 수도 있다. 간단하게 테두리를 지정하고자 할 때에는 '[홈]탭'을 사용하는 것이 편리하다. 우선 테두리를 정할 범위를 선택하고 원하는 '테두리'를 선택한다(여기에서는 '모든 테두리'를 선택한다).

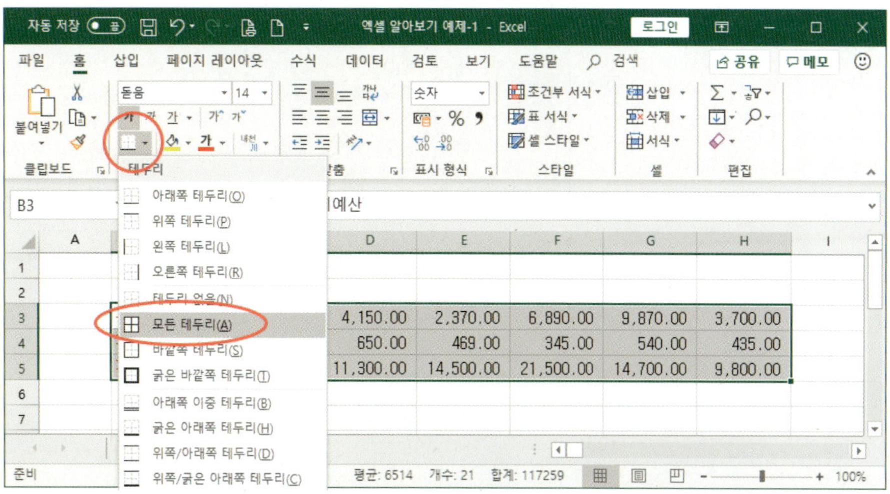

아래에 지정한 대로 '모든 테두리'가 실행되었음을 알 수 있다.

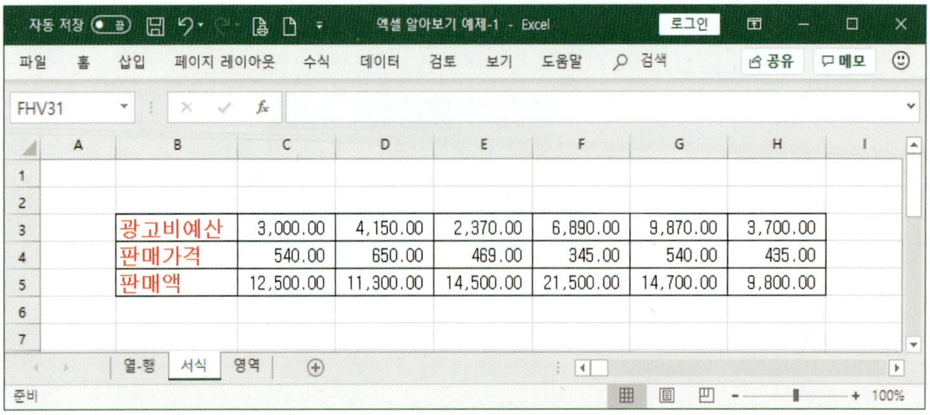


## 6) 내용의 이동과 복사

① 셀, 영역의 내용 이동

- 셀이든 영역이든 이동하는 방법은 동일하다. 아래의 B2에서 B6셀 영역의 자료를 E2에서 E6셀 영역으로 이동하려고 한다면 우선 B2:B6 영역을 선택하고 단축메뉴의 '잘라내기'를 선택한다. 단축키는 Ctrl 키+X이다.

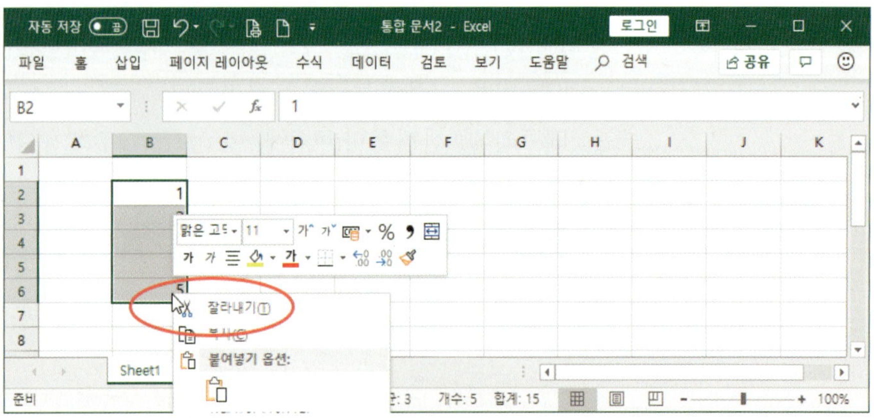

- 우선 이동할 위치를 선택해야 하는데, E2:E6 영역으로 이동하고 싶다면 영역의 첫 셀인 E2를 선택하고 단축메뉴를 불러 '붙여넣기'를 클릭한다.

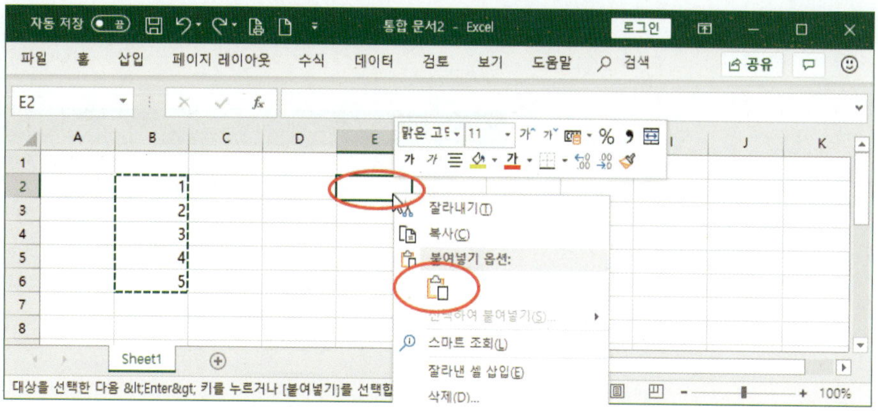


- 이제 B2:B6셀의 내용이 E2:E6셀로 이동해 온 것을 볼 수 있다(B2:B6 영역의 내용은 없어졌음).

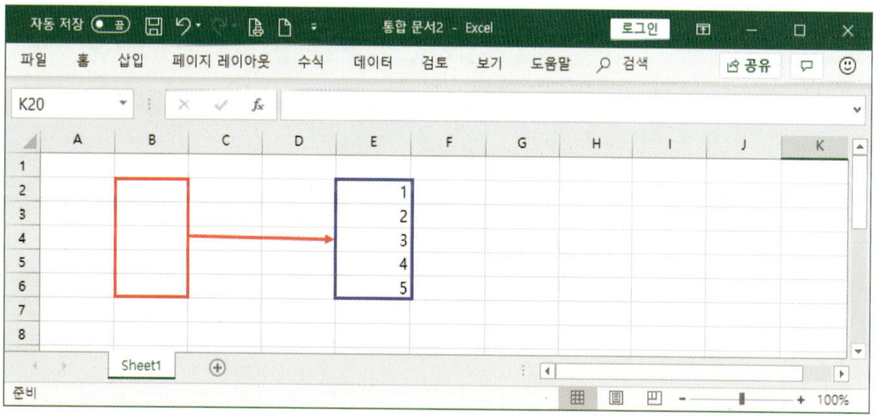


엑셀에서 '잘라내기'를 하거나 '복사'를 실행하면 대상 영역이 반짝거리는데, 이것은 윈도우의 이동, 또는 복사할 내용을 잠시 저장하는 공간인 클립보드에 그 내용을 임시로 저장하였다는 것이다. 반짝거리는 동안에는 '붙여쓰기'를 하면 언제든 복사가 가능하다는 의미이다. 더 이상 복사하고 싶지 않으면 클립보드에 들어 있는 내용을 지우면 되는데, 내용을 클립보드에서 지우려면 Esc 키를 누르면 된다.

② 셀, 영역의 내용 복사

- 아래에서 보는 바와 같이 C2:C5 영역의 내용을 F2:F5 영역에도 복사하려고 한다. 우선 복사하려고 하는 C2:C5 영역을 선택하고 '[홈]탭-클립보드' 그룹의 '복사' 도구를 클릭한다.

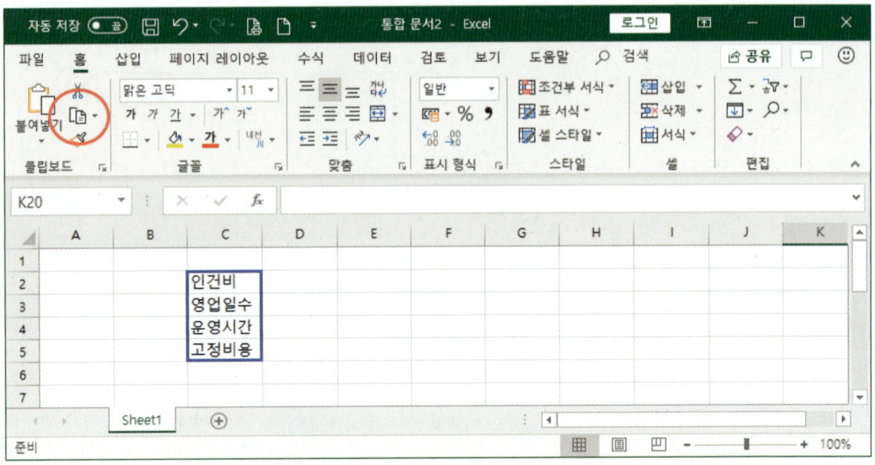


- 복사하고자 하는 첫 위치인 F2셀을 먼저 선택하고, 왼쪽에 있는 '[홈]탭-클립보드' 그룹의 '붙여넣기' 도구를 클릭한다.

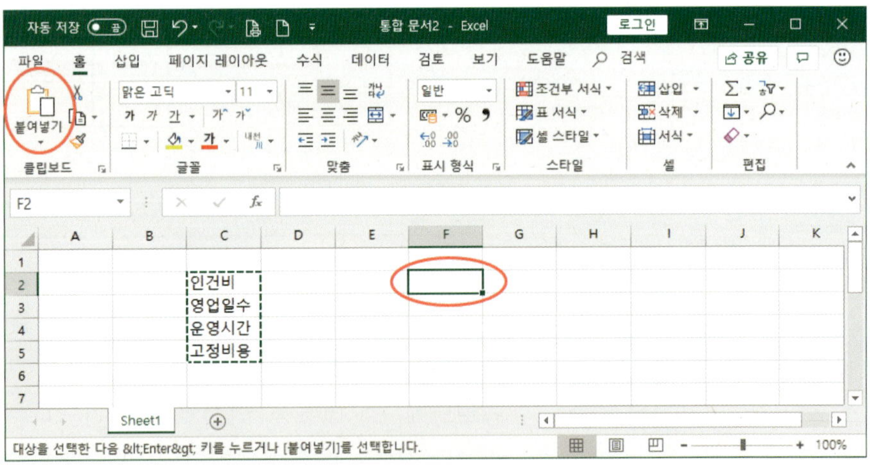

- C2:C5 영역의 내용이 F2:F5 영역에 그대로 복사된 것을 볼 수 있다.

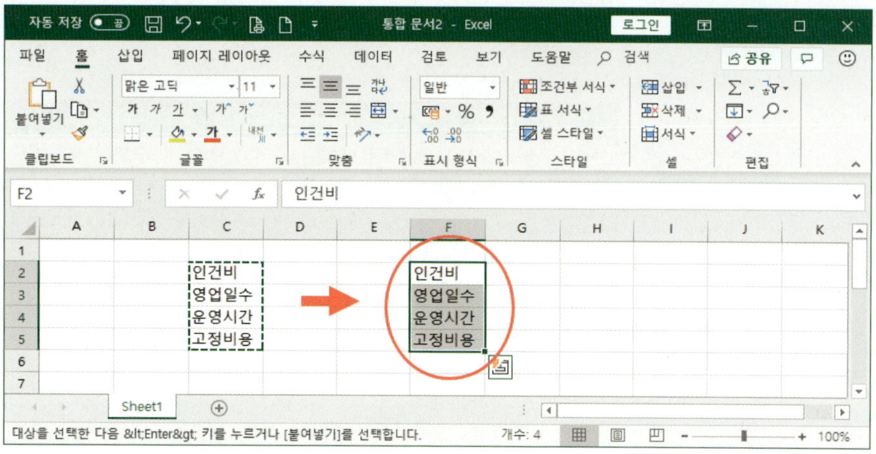


## 7) 셀 또는 선택한 영역의 내용 지우기

선택한 셀 또는 영역의 내용을 지울 때에는 키보드의 'Delete' 키를 사용하거나 단축메뉴의 '내용 지우기'를 이용한다. 이때에는 셀에 있는 내용만 지워질 뿐이므로 기존 열이나 행 자체가 삭제되는 것과 구별해야 한다.

아래 그림은 B2:B4 영역을 선택하고 단축키를 눌러 '내용 지우기'를 하는 과정을 보여준다.

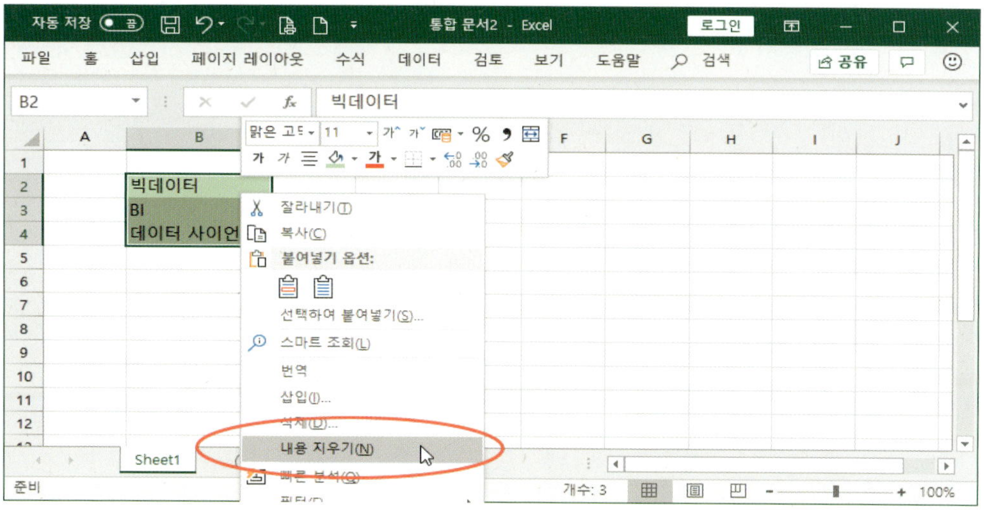

'내용 지우기'를 하면 B2:B4 영역에 입력되어 있던 내용이 삭제된다. 또는 'Delete' 키를 눌러도 같은 방법으로 셀의 내용이 지워진다. 그러나 내용만 삭제될 뿐 서식(글자의 크기, 셀의 채우기 색 등)은 그대로 남아 있음에 유의해야 한다.

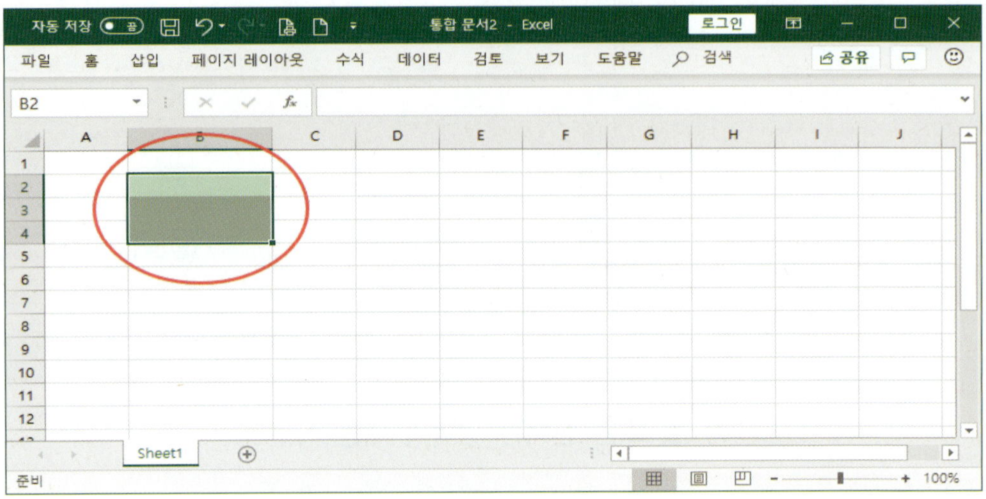

### (5) 영역('엑셀 알아보기 예제-1.xlsx' 영역 시트)

영역의 경우 두 가지의 표시 방식이 있다. 하나는 A2:C5 같이 셀 주소로 주는 방식이고 다른 하나는 영역을 이름을 정하여 지정할 수 있다. 특히 다른 워크시트의 영역을 참조할 때에는 이름을 정하여 사용하는 것이 편리할 때가 많다.

## 1) 영역이름 지정

아래와 같이 거래기업에 대한 정보(주황색 부분)를 이름으로 지정하려고 한다. 해당 데이터 부분(주황색 부분)을 먼저 선택하고 '[수식]탭-정의된 이름-이름정의'를 클릭한다.

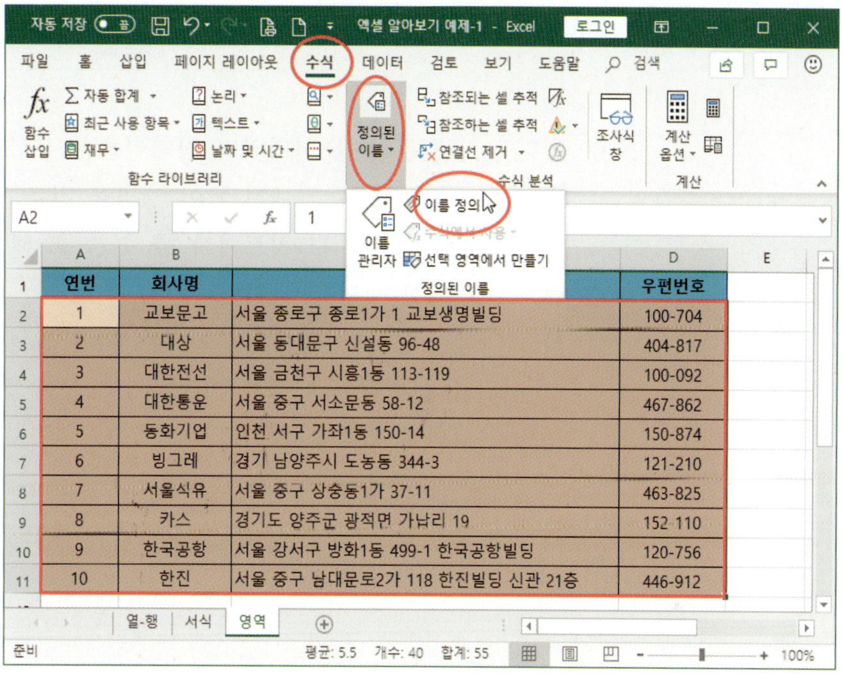


'새 이름' 창이 나타나면 다음과 같이 입력한다.

① 이름 : 영역의 이름을 지정한다. 여기에서는 "거래기업"이란 이름으로 지정하였다. 나중에 이 이름을 사용하면 영역의 셀 주소를 주지 않고도 지정된 데이터 부분을 참조할 수 있다. 이름은 다음과 같이 주어져야 한다.

- 이름은 문자나 밑줄로 시작하며, 숫자, 밑줄, 마침표 등을 사용할 수 있다.
- 중간에 공백이 들어갈 수 없고, 최대 255자까지 가능하다.
- 영문자 대, 소문자 모두 가능하나 이를 구별하지 않는다.
- 범위를 '통합문서'로 지정하면 하나의 통합문서(xlsx 파일)에서 같은 이름을 두 번 이상 사용할 수 없다.

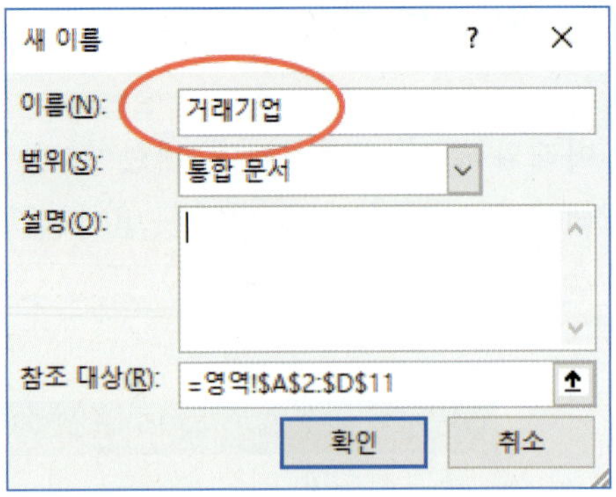


② 범위 : '통합문서'를 선택하면 영역이름은 통합문서 전체에서 하나만 있어야 하고 어떤 워크시트에서든 이 영역을 참조할 수 있다. 워크시트를 지정하면 같은 이름을 워크시트마다 줄 수 있고 해당 워크시트에서만 불린다.

③ 설명 : 필요한 설명을 기입한다.

④ 참조 대상 : 영역이 위치한 워크시트와 셀 범위를 지정한다. 여기에서는 이미 범위를 선택하여 이름을 지정하기 때문에 선택한 영역의 셀 범위가 자동으로 나타나 있음을 알 수 있다.

이제 '이름상자'를 클릭해 보면 '거래기업'이라는 영역이 지정되어 있음을 알 수 있다.

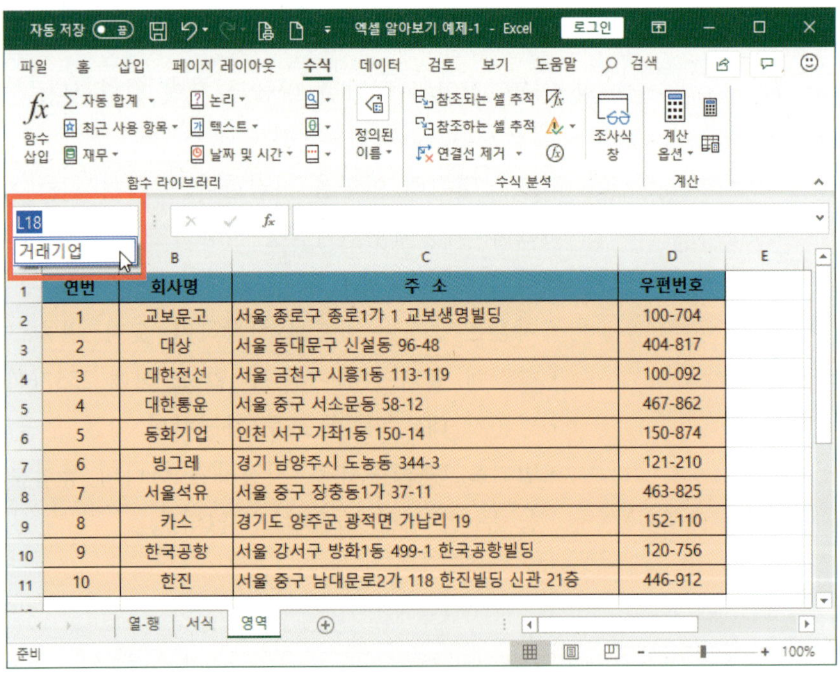

## 2) 영역이름 변경 및 삭제

지정된 영역의 이름, 범위를 수정할 수 있고 삭제도 가능하다. '[수식]탭-이름 관리자'를 클릭한다.

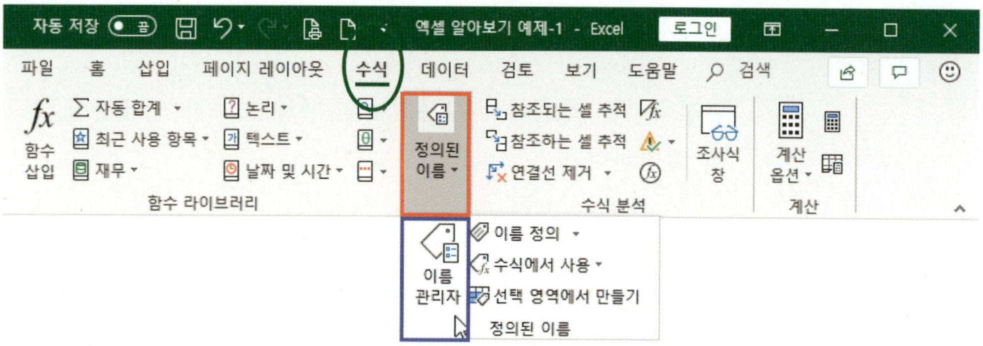


'이름 관리자' 창이 나타나는데, 대상 영역을 선택한 후 '편집', '삭제' 버튼을 이용하여 영역 범위를 다시 바꿀 수도 있고 이름을 바꿀 수도 있으며(편집), 설정한 영역 자체를 삭제할 수도 있다.

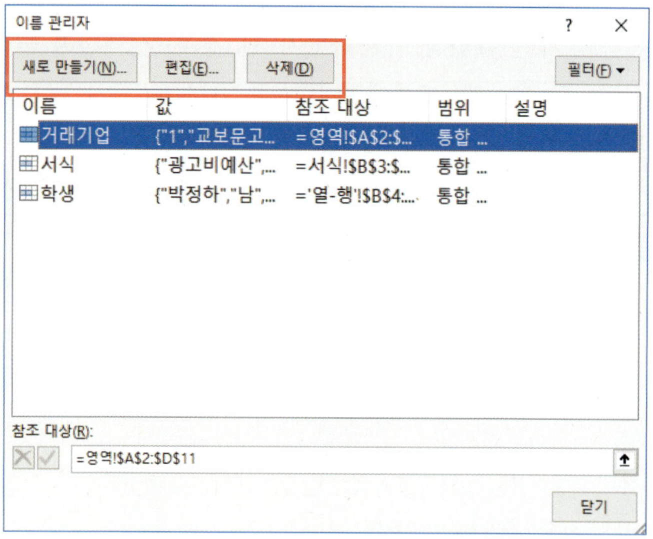

# 3. 엑셀의 기능

본절에서는 엑셀에서 사용되는 다양한 기능과 인쇄방법, 사용 환경의 지정에 대하여 설명한다.

## (1) 선택하여 붙여넣기

### 1) 셀, 영역 내용의 결과값만 복사하기

수식이 입력된 셀을 다른 셀에 복사하면 수식의 계산 결과로 나타난 값이 복사되는 것이 아니라 수식 자체가 복사된다. 그렇게 되면 셀의 참조 주소가 달라지게 되므로 원하는 값을 얻지 못하거나 에러가 발생하게 되는 때가 많다. 이때 계산된 결과인 값만을 복사하고자 할 경우 '선택하여 붙여넣기'를 사용한다.

아래 B5셀에는 B2셀과 B3셀의 합을 구하는 수식('=B2+B3')이 입력되어 있다. 이제 수식의 실행 결과인 '5'를 C5셀에도 넣기 위하여 B5셀을 복사하여 C5셀에 붙여넣기를 하면, C5셀에 '5'가 아니라 '0' 값이 나타나는 것을 볼 수 있다. 그리고 C5셀의 수식 입력줄에는 '=B2+B3'이 아니라 '=C2+C3'이 입력되어 있음을 알 수 있다. 이것은 셀을 복사해 오면서 엑셀이 자동으로 참조하는 셀을 알아서 바꾸어 오기 때문이다. C5셀의 값이 '0'이 되는 것은 아무것도 입력하지 않은 C2셀과 C3셀의 값을 계산식에서는 '0'으로 인식하기 때문이다.

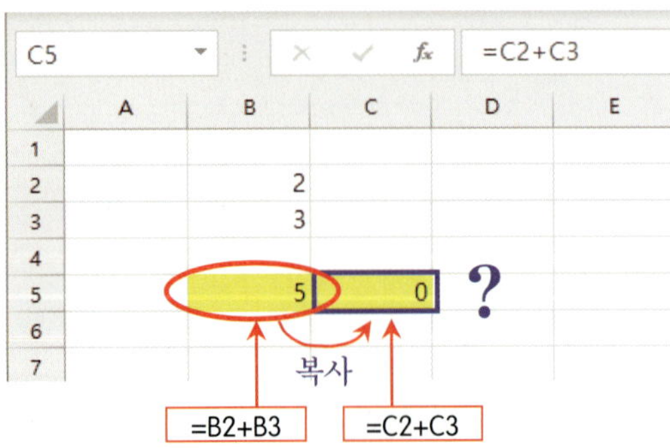

그런데 이때 수식이 아닌 '5' 값을 그대로 가져오고 싶다면 B5셀 값을 복사한 후에 아래 그림과 같이 '선택하여 붙여넣기'를 사용한다.

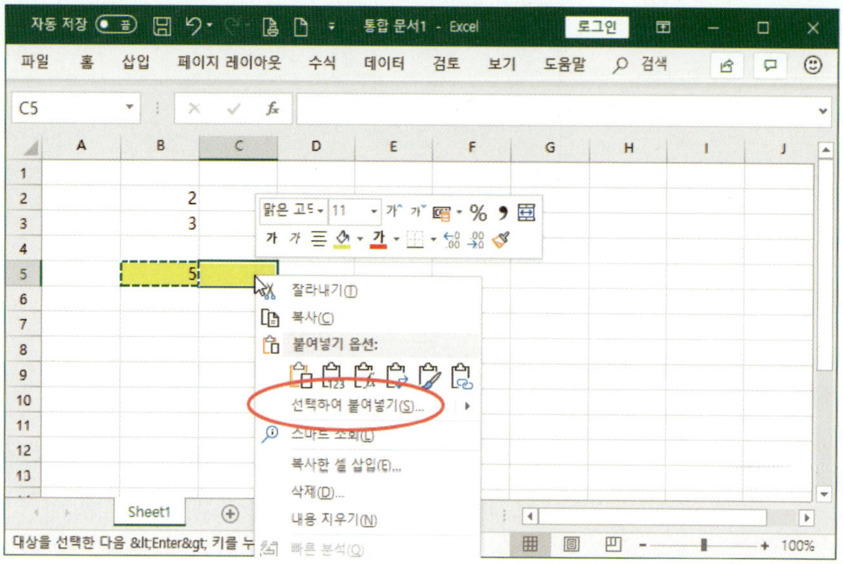


'선택하여 붙여넣기' 창이 나타나면 다음과 같이 '모두' 대신 '값'을 클릭한 후 '확인' 버튼을 누른다. C5셀에는 수식이 아닌 '5' 값이 들어 있는 것을 알 수 있다. 즉 수식계산의 결과인 '5'만을 복사하여 가져온 것이다.

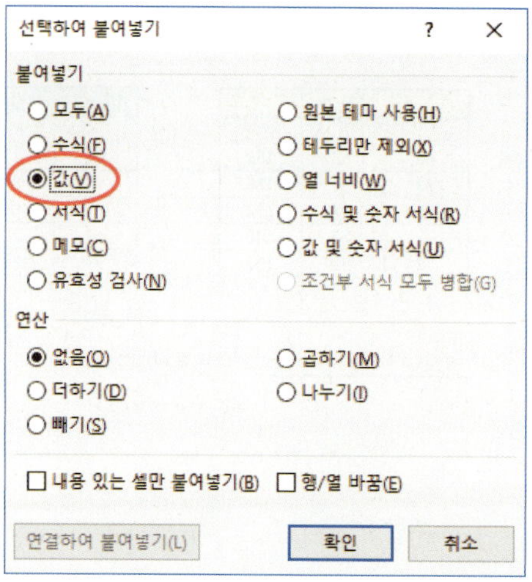


그리고 이제 C5셀 값을 보면 B5셀 같이 수식이 아니라 그냥 숫자 '5'가 복사되어 있는 것을 확인할 수 있다. 왜냐하면 수식을 복사한 것이 아니라 수식 계산의 결과인 값만 복사하여 왔기 때문이다.

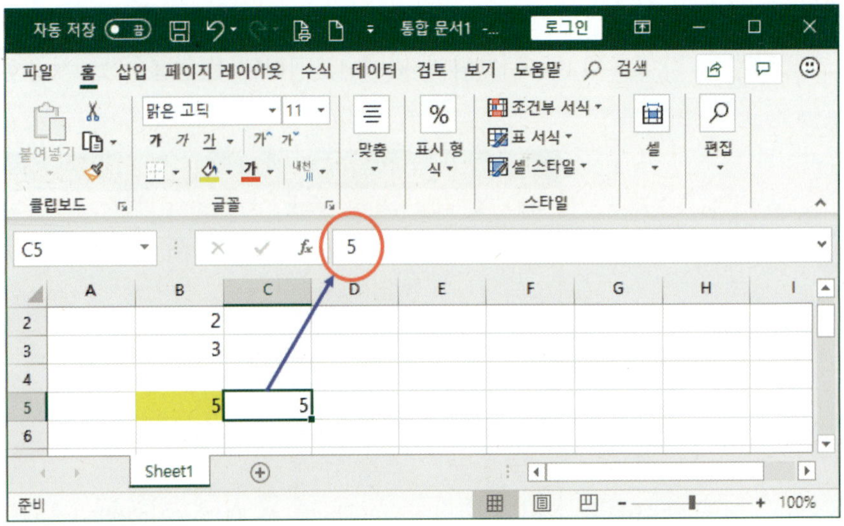

● '엑셀 알아보기 예제-2.xlsx' 선택하여 붙여넣기-결과값 시트

1, 2학기의 중간, 기말고사 합계를 J, K열에 각각 복사하려고 한다. 그냥 복사할 경우 틀린 값이 들어오게 되기 때문에 '선택하여 붙여넣기'를 수행해야 한다. 2학기 시험 합계의 경우, 복사하고자 하는 H4:H8 부분을 선택하여 복사하고, 복사하여 넣을 첫 셀인 K4셀을 선택한 후, 단축메뉴에서 '선택하여 붙여넣기'를 선택하여 '값'만 붙여넣기를 지정한다(또는 아래와 같이 '값만 붙여넣기' 아이콘을 클릭해도 됨).

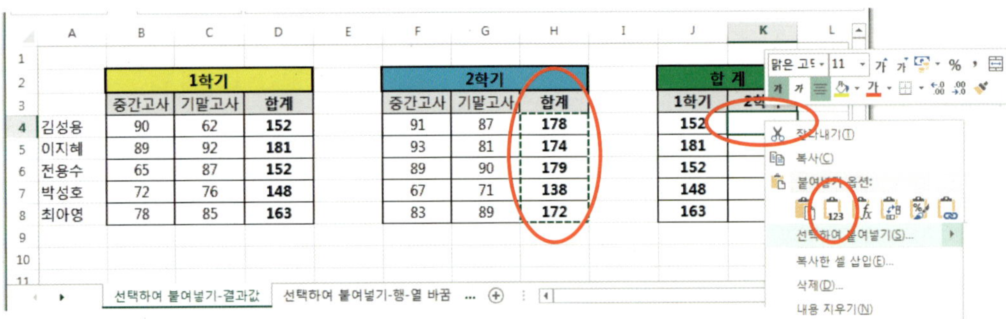

**참조**

엑셀에서 셀의 참조는 해당 셀의 값을 가져오는 것을 의미한다. 예를 들어 B5셀에 '=B2+B3'이라고 입력하였다면 B2셀과 B3셀을 참조한 것인데, 참조는 B2셀의 값과 B3셀의 값을 가져와 계산하는 것을 말한다. 엑셀에서는 직접 숫자를 이용해 수식을 작성하는 경우보다 셀에 숫자를 저장해 놓고 셀에 저장된 숫자를 불러서 계산하는 일이 많은데, 이것이 참조의 의미이다. 참조에는 상대참조와 절대참조의 방법이 있는데, 추후 설명하기로 한다.

## 2) 행/열 바꿈('엑셀 알아보기 예제-2.xlsx' 선택하여 붙여넣기-행/열 바꿈 시트)

행으로 구성된 자료를 열로 바꾼다든가, 또는 열로 구성된 자료를 행으로 변경해야 할 필요가 있을 경우에 사용한다.

아래와 같이 광고비예산, 판매가격, 판매액의 자료가 행으로 구성된 경우, 이를 열 자료로 바꾸고자 한다면 바꾸고자 하는 자료영역을 복사한 후 '선택하여 붙여넣기'를 수행한다.

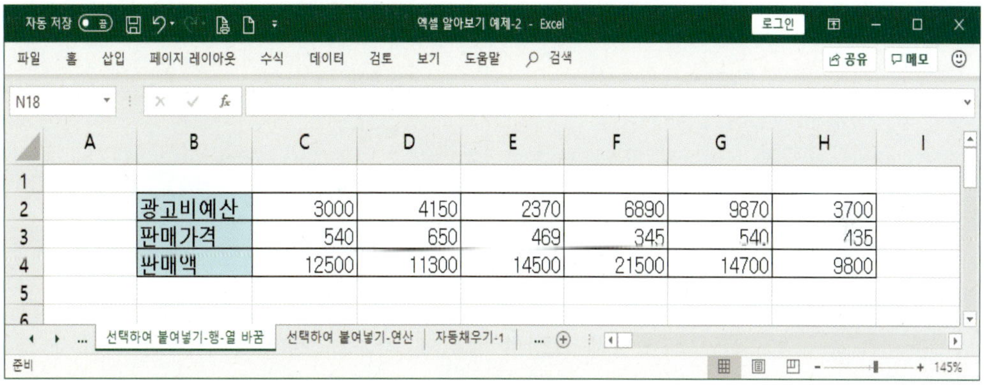

- 먼저 행/열을 바꿀 대상 영역인 B2:H4 영역을 복사한다.
- 행/열을 바꾸어 복사할 첫 위치를 선택한다. 여기서는 임의로 B7셀을 정하여 클릭한다.
- 단축메뉴에서 '선택하여 붙여넣기'를 클릭한다.

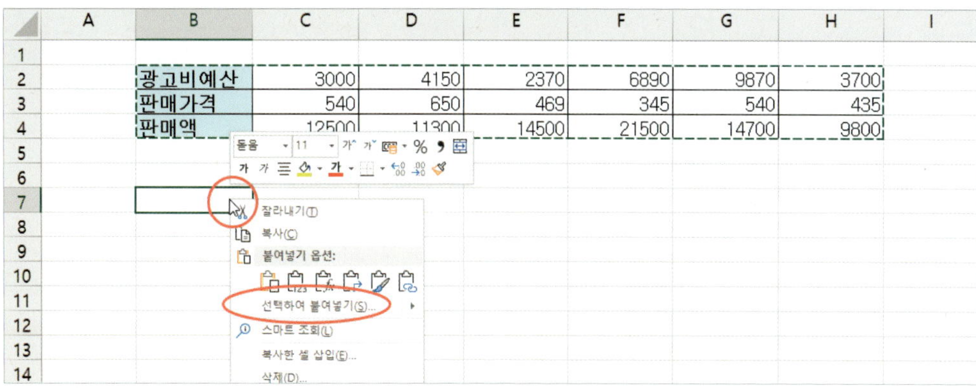

• '선택하여 붙여넣기' 창이 나타나면 아래와 같이 '행/열 바꿈' 난을 클릭하고 '확인' 버튼을 누른다.

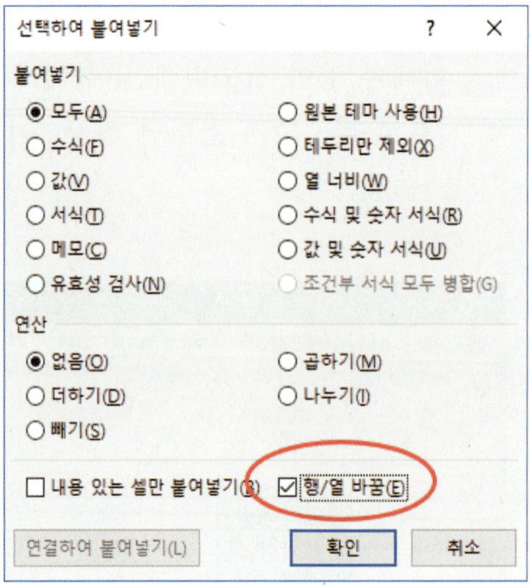


• 이제 B2:H4 영역에 가로로 정렬되어 있던 자료가 행열을 바꾸어 B7:D13에 세로로 복사된 것을 볼 수 있다.

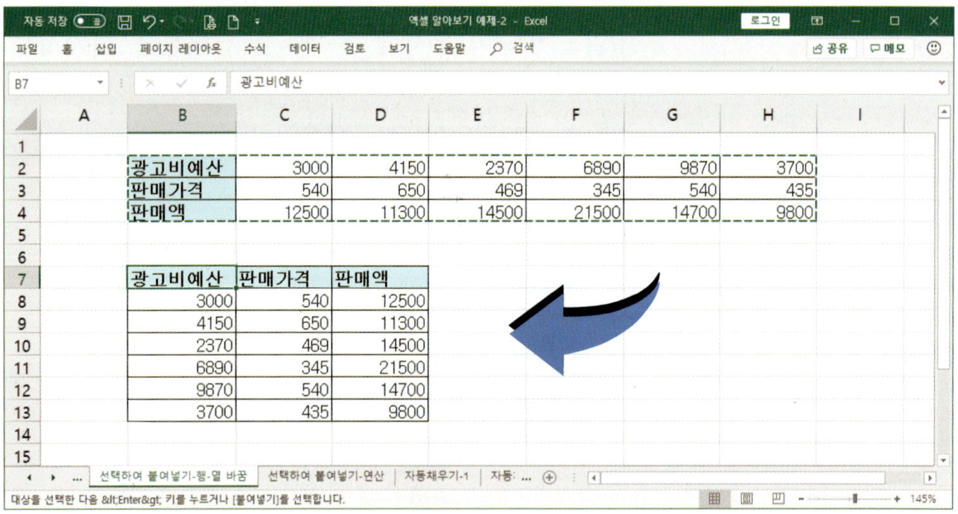

- 또는 아래와 같이 '붙여넣기 옵션'에서 바로 '행/열 바꿈' 버튼을 클릭해도 된다.

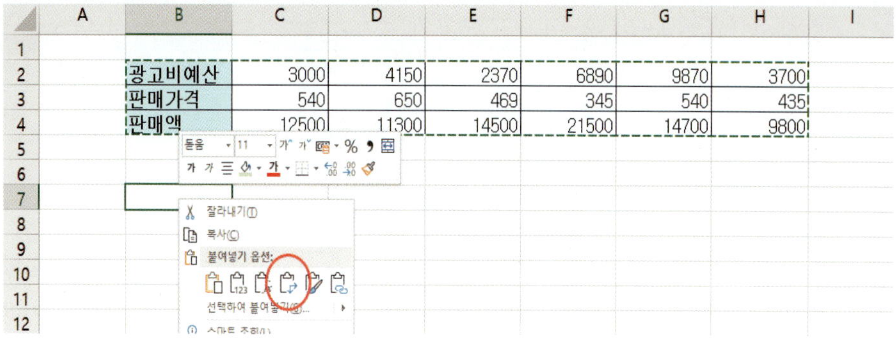


## 3) 선택하여 붙여넣기-연산('엑셀 알아보기 예제-2.xlsx' 선택하여 붙여넣기-연산 시트)

'선택하여 붙여넣기'에서 연산 기능은 여러 숫자들에서 같은 수를 더하거나 곱하는 등의 동시 연산을 할 때 사용한다. 즉, 복사한 수를 여러 숫자를 대상으로 더하거나 곱하기 등 같은 연산을 수행하는 것이다. 아래 그림에서 '5'를 복사한 후 붙여넣기를 할 때 정해진 연산을 하고자 한다.

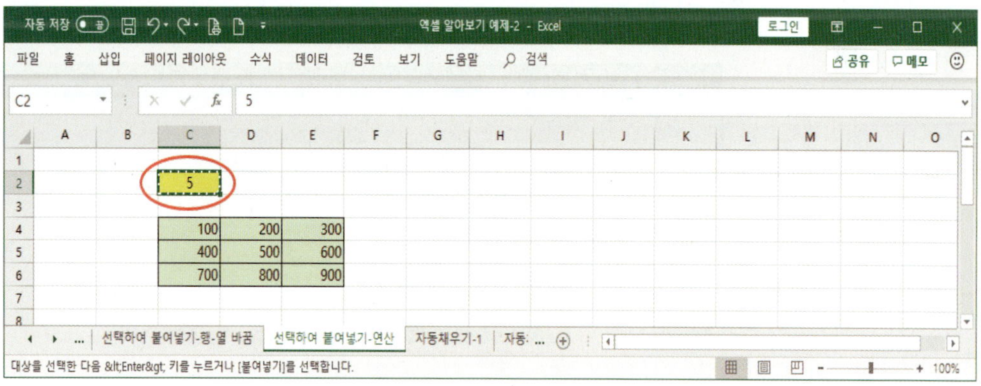


C4:E6 영역의 모든 숫자에 '5'를 곱하고자 한다.

- C2셀의 '5'를 복사한 후, 연산을 행할 대상 숫자인 C4:E6 영역을 선택한다.
- 단축메뉴에서 '선택하여 붙여넣기'를 열어 아래에서 보듯이 '곱하기'를 선택하고 '확인' 버튼을 클릭한다.

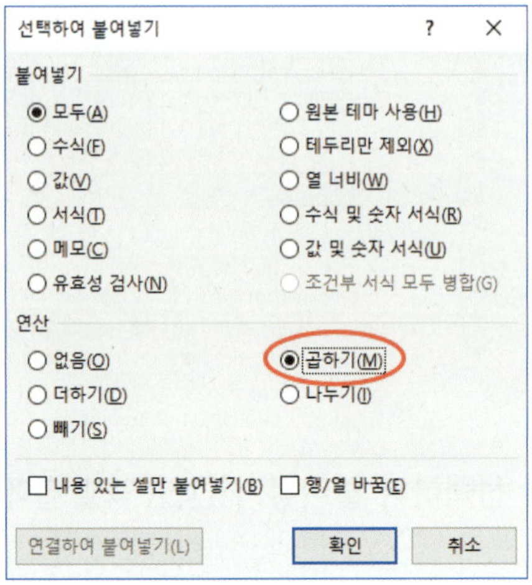


- 모든 숫자에 '5'가 곱해진 것을 볼 수 있다. 즉 C4셀의 '100'은 '5'가 곱해져서 '500'이 되었고, E6셀의 '900'은 '5'가 곱해져서 '4500'이 되었다. 그리고 '붙여넣기'를 하였기 때문에 연산뿐 아니라 서식(셀의 색이 노란색으로 변함)도 함께 복사된 것을 알 수 있다.

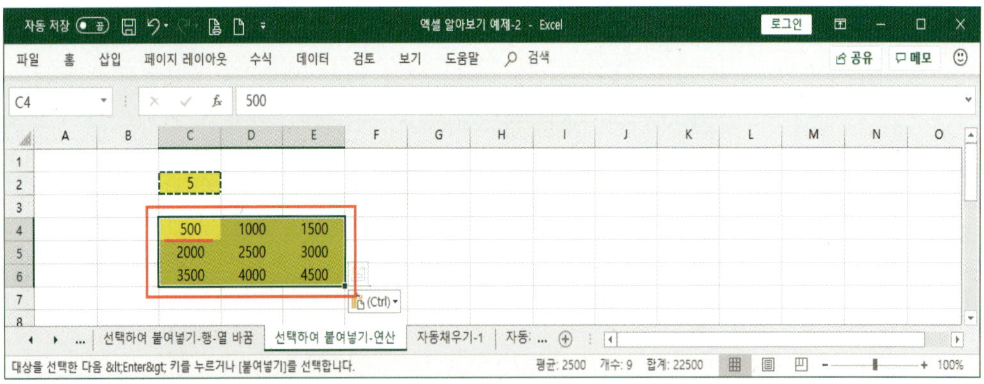

- 만일 '더하기'를 선택하면 복사된 값 '5'가 더해져서 C4셀의 '100'은 '105'가 된다. 다른 셀의 숫자에도 모두 '5'가 더해진다.

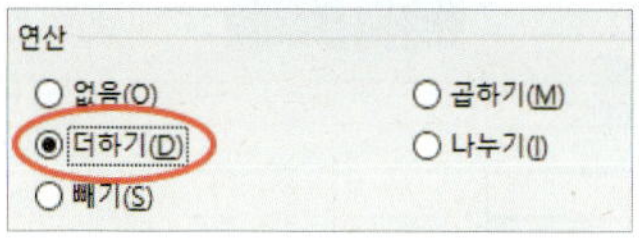

## (2) 자동 기능

### 1) 자동채우기('엑셀 알아보기 예제-2.xlsx' 자동채우기-1,2 시트)

자동채우기는 요일, 숫자 등의 연속된 자료를 손쉽게 입력할 때 사용하는 기능으로 엑셀에서 돋보이는 기능 중의 하나이다. 아래 그림에서 B2셀(Mon)을 선택하면 셀의 오른쪽 하단에 작은 사각형(■)이 보이는데 이것이 자동채우기를 할 때 사용하는 '자동채우기 핸들'이다. 자동채우기 핸들에 마우스 포인터를 가져가면 마우스 포인터가 십자모양(**+**)으로 변하는데, 이때 오른쪽으로 H2셀까지 드래그하면 Tue, Wed, …이 입력되는 것을 알 수 있다. 물론 그 이상 드래그하면 계속하여 Mon, Tue,… 식으로 계속된다. 또 요일뿐 아니라 월(月)도 자동으로 입력되는 것을 알 수 있다.

연속된 숫자나 수열을 입력할 때에는 두 셀을 동시에 선택하면 영역의 오른쪽 끝에 자동채우기 핸들이 위치한다. B10:C10 셀을 동시에 선택하고 드래그하면 1, 3, 5,…의 순으로 입력되는 것을 알 수 있다. 또한 1, 2, 3,…으로 쓰려고 하면 B12셀을 선택한 뒤 Ctrl 키를 누르면서 드래그하면 1, 2, 3,…의 순서로 기입할 수 있다. 자동채우기는 꼭 오른쪽뿐만 아니라 상하좌우 어느 쪽으로건 드래그하여 자동으로 채울 수 있다.

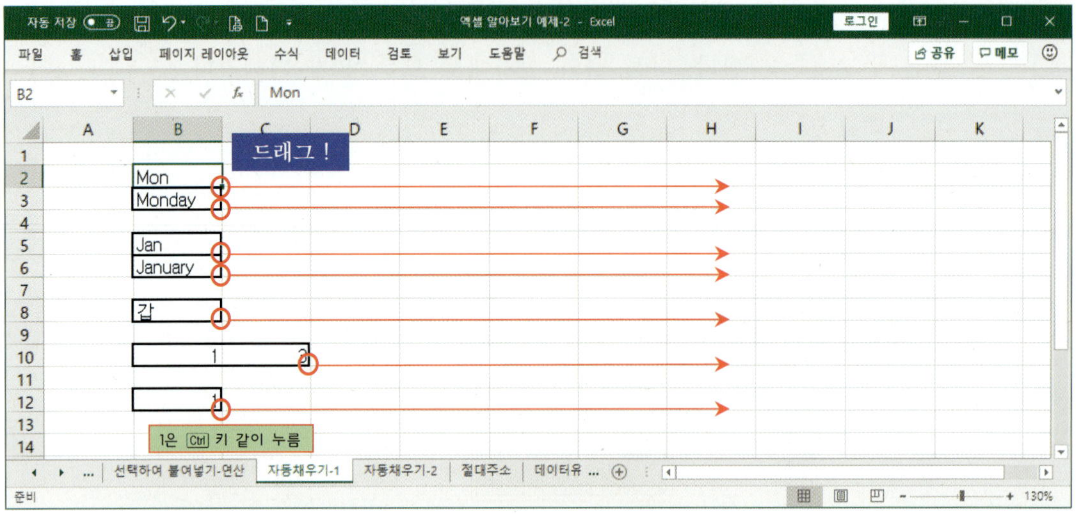
드래그 !
Mon
Monday
Jan
January
갑
1
3
1
1은 Ctrl 키 같이 누름

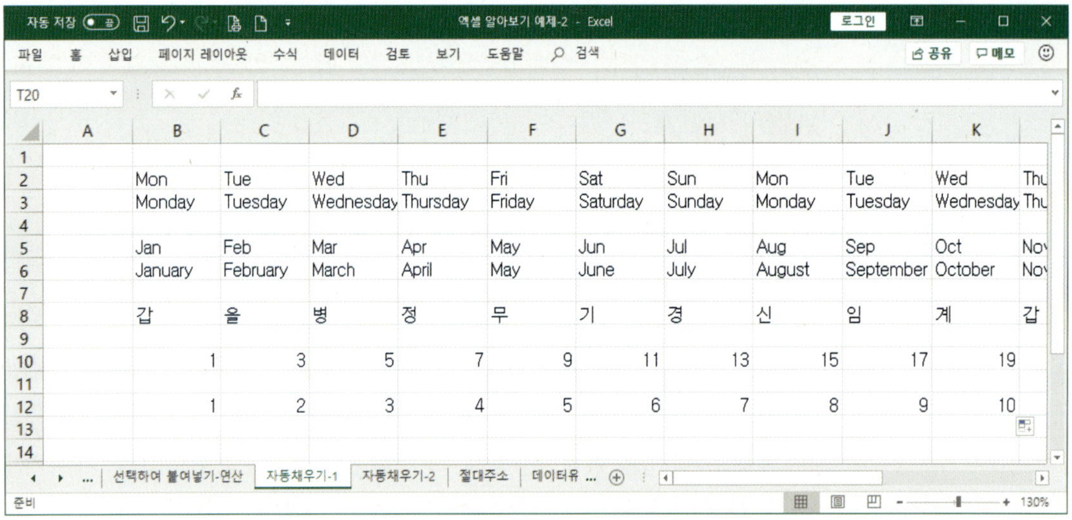
Mon Tue Wed Thu Fri Sat Sun Mon Tue Wed
Monday Tuesday Wednesday Thursday Friday Saturday Sunday Monday Tuesday Wednesday
Jan Feb Mar Apr May Jun Jul Aug Sep Oct
January February March April May June July August September October
갑 을 병 정 무 기 경 신 임 계 갑
1 3 5 7 9 11 13 15 17 19
1 2 3 4 5 6 7 8 9 10

아래 표에서 2020년 5월 7일 이후의 일자를 일일이 입력하지 않고 자동채우기 기능을 이용하여 자동으로 입력할 수 있다. B3셀을 선택하고 드래그하여 내리면 날짜가 자동으로 입력된다. 요일도 마찬가지 방법으로 드래그하여 C13셀까지 요일을 자동으로 입력하면 된다.

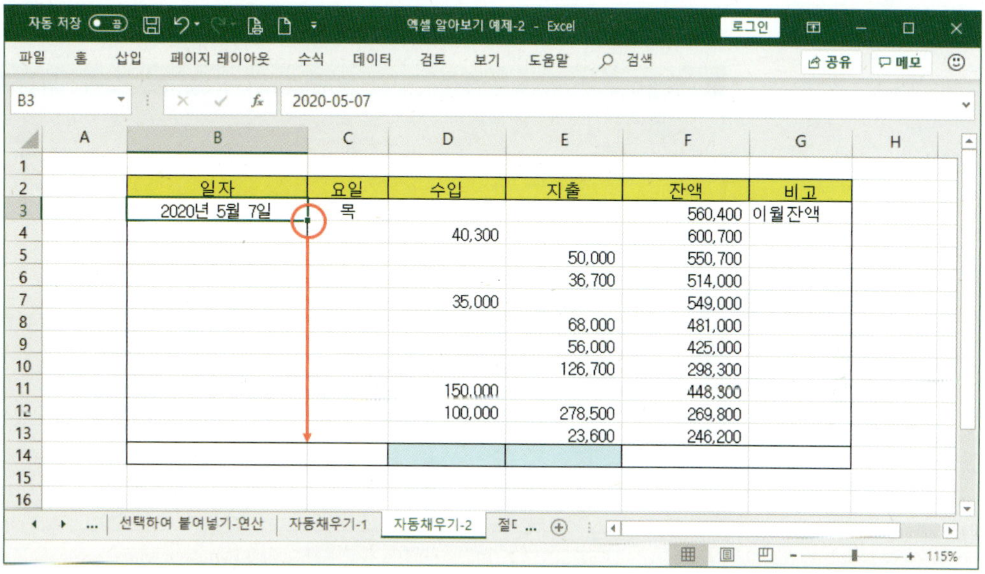


| 일자 | 요일 | 수입 | 지출 | 잔액 | 비고 |
|---|---|---|---|---|---|
| 2020년 5월 7일 | 목 | | | 560,400 | 이월잔액 |
| | | 40,300 | | 600,700 | |
| | | | 50,000 | 550,700 | |
| | | | 36,700 | 514,000 | |
| | | 35,000 | | 549,000 | |
| | | | 68,000 | 481,000 | |
| | | | 56,000 | 425,000 | |
| | | | 126,700 | 298,300 | |
| | | 150,000 | | 448,300 | |
| | | 100,000 | 278,500 | 269,800 | |
| | | | 23,600 | 246,200 | |

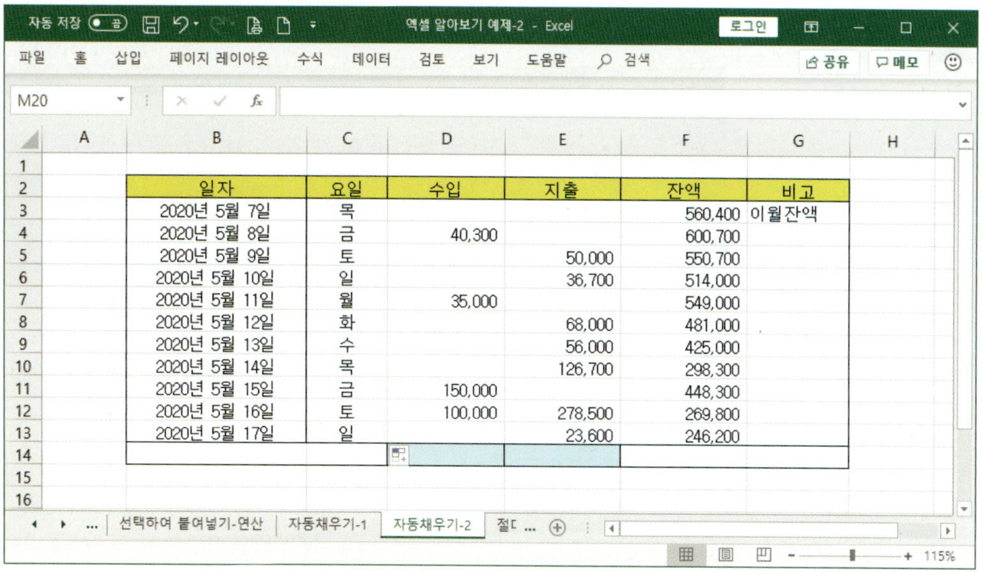


| 일자 | 요일 | 수입 | 지출 | 잔액 | 비고 |
|---|---|---|---|---|---|
| 2020년 5월 7일 | 목 | | | 560,400 | 이월잔액 |
| 2020년 5월 8일 | 금 | 40,300 | | 600,700 | |
| 2020년 5월 9일 | 토 | | 50,000 | 550,700 | |
| 2020년 5월 10일 | 일 | | 36,700 | 514,000 | |
| 2020년 5월 11일 | 월 | 35,000 | | 549,000 | |
| 2020년 5월 12일 | 화 | | 68,000 | 481,000 | |
| 2020년 5월 13일 | 수 | | 56,000 | 425,000 | |
| 2020년 5월 14일 | 목 | | 126,700 | 298,300 | |
| 2020년 5월 15일 | 금 | 150,000 | | 448,300 | |
| 2020년 5월 16일 | 토 | 100,000 | 278,500 | 269,800 | |
| 2020년 5월 17일 | 일 | | 23,600 | 246,200 | |

## 2) 자동합계

자동합계는 '[홈]탭'의 '자동합계' 아이콘(Σ)을 사용한다. 합계할 숫자의 영역과 합계가 입력될 셀까지 모두 포함하여 선택한 후, Σ 아이콘을 클릭하면 선택한 영역의 숫자의 합계가 자동으로 계산된다.

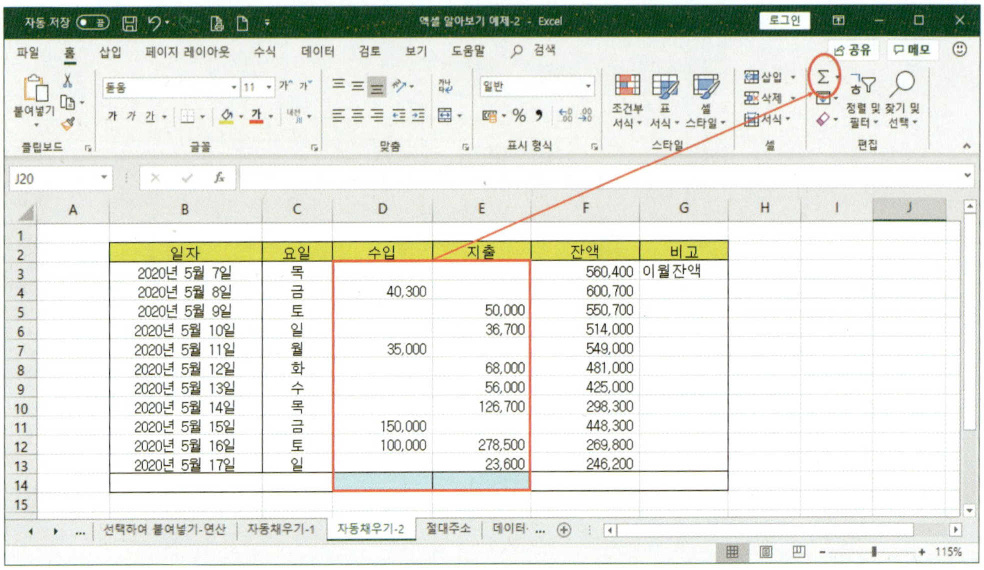


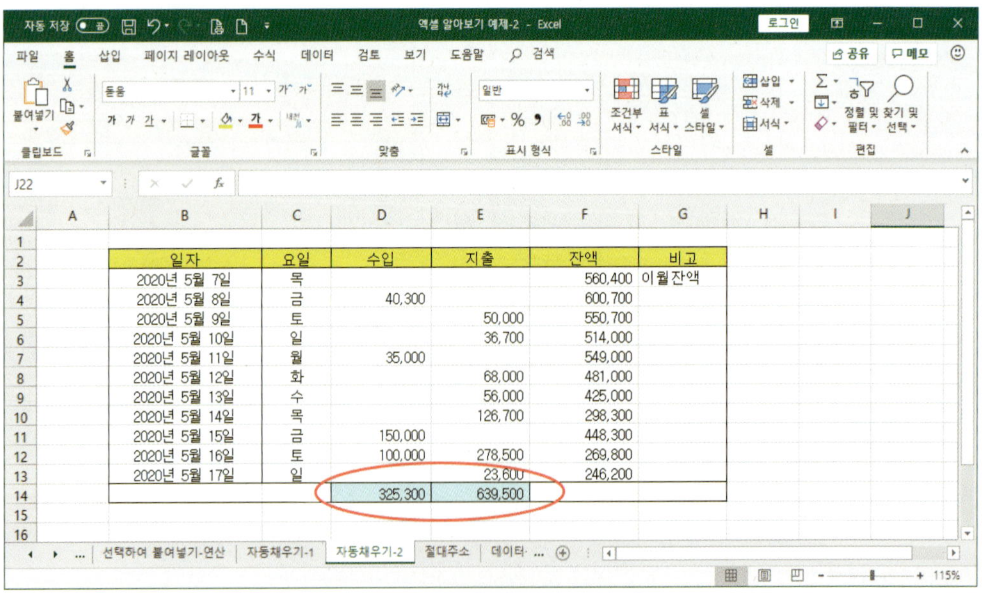

### 3) 사용자 지정목록

셀의 값이 '숫자+텍스트'일 경우(예를 들면 '1주일') 숫자가 하나씩 증가하면서 자동 채우기를 실행한다('2주일', '3주일'로 됨). 그러나 January, MON 같은 월이나 요일의 경우 엑셀에서 미리 만들어 놓은 '사용자 지정목록'에서 가지고 와 자동으로 채우기를 한다. '사용자 지정목록'을 살펴보기 위해 우선 제일 왼쪽 상단의 파일을 클릭하고 제일 아래의 '옵션'을 클릭하면, 'Excel 옵션' 창이 나타난다. 이때 '고급'을 선택한 후 창의 오른쪽에 있는 수직바를 제일 아래로 내리면 아래와 같은 화면이 나타나는데, 여기서 사용자 지정 목록 편집(O)... 버튼을 클릭한다.

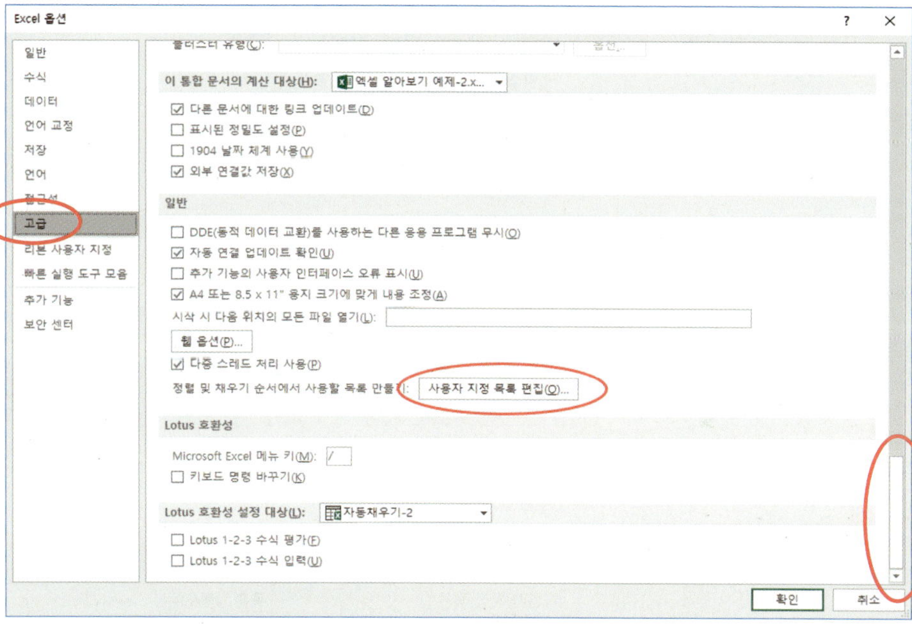

'사용자 지정목록' 창에서 다른 목록들은 이미 만들어진 것이므로 수정이나 삭제가 불가능하다. 그러나 사용자가 직접 자신의 목록을 만들 수 있는데, '새 목록'을 선택하고 아래 그림과 같이 입력한 후 '추가' 버튼을 클릭하면, 아래 창에서 보듯이 '경영, 경제, 사회, 국문, 영문, 정보통신'이라는 사용자만의 새 목록이 만들어진다.

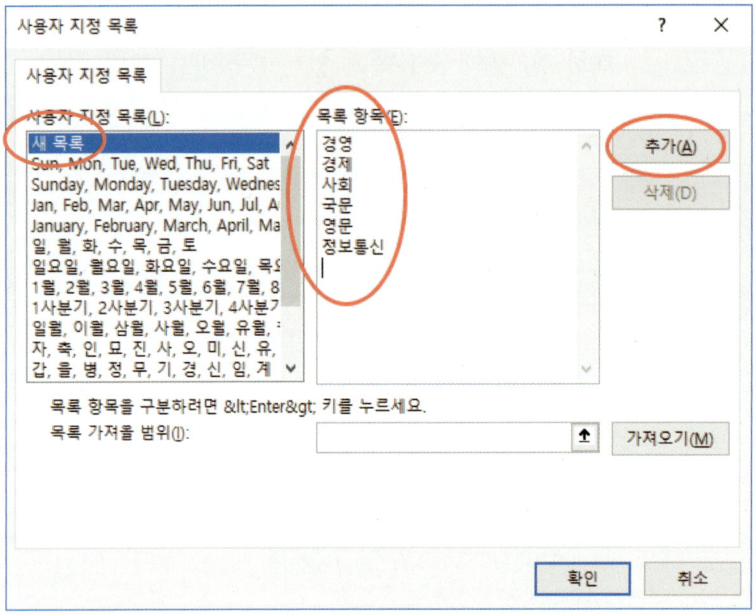


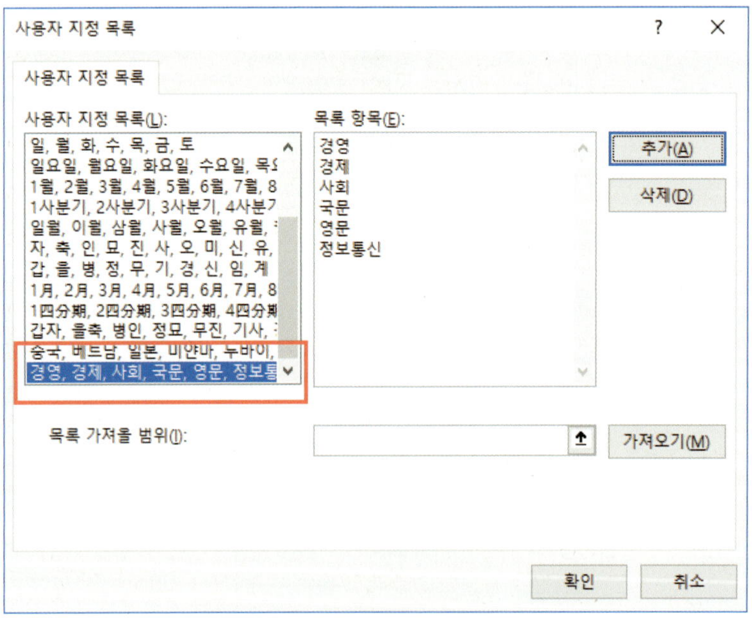

엑셀의 셀에서 '경영'이라고만 입력한 후 자동채우기를 하면 일일이 학과명을 입력하지 않고서도 목록에 있는 대로 '경영, 경제, 사회, 국문, 영문, 정보통신'의 순으로 자동으로 입력할 수 있다. 오른쪽으로뿐 아니라, 상하, 좌우 방향 모두 드래그하여 자동채우기를 할 수 있다.

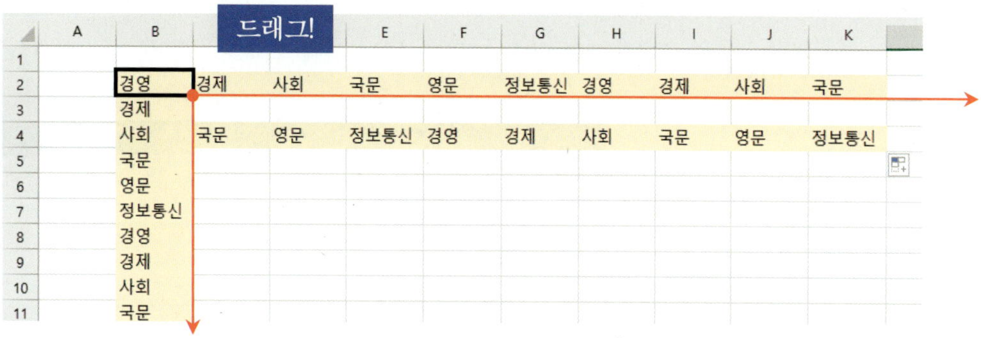


## (3) 다른 워크시트나 파일 간 참조

엑셀에서는 같은 워크시트 내의 셀뿐만 아니라 다른 파일이나 워크시트의 셀 또는 영역의 내용을 참조할 수 있다. 즉 다른 워크시트의 주소를 지정함으로써 자기 워크시트뿐만 아니라 다른 워크시트에 있는 셀의 내용을 가져오거나 수식을 이용할 수 있다.

### 1) 워크시트 내 참조

같은 워크시트이므로 그냥 셀 주소만 적어 주면 된다.

=셀 주소

### 2) 워크시트 간 참조

하나의 엑셀 파일 내에서 다른 워크시트에 있는 셀을 참조할 수 있는데, 다음과 같이 워크시트 이름을 명시하여 표기한다.

=시트이름!셀 주소

직접 워크시트 명을 입력해도 되지만 다른 워크시트의 셀을 클릭하면 자동으로 시트이름과 셀번호를 가져오게 된다. 이제 'Sheet1' 워크시트의 A1셀을 'Sheet2' 시트의 A1셀에서 참조하는 과정을 살펴보도록 한다. 현재 'Sheet1' 워크시트의 A1셀에는 다음과 같은 내용이 입력되어 있다.

**Sheet1 :**

A1셀 : "Sheet1-A1셀" (""는 실제 입력된 내용이 아니라 텍스트를 표시하기 위함임)

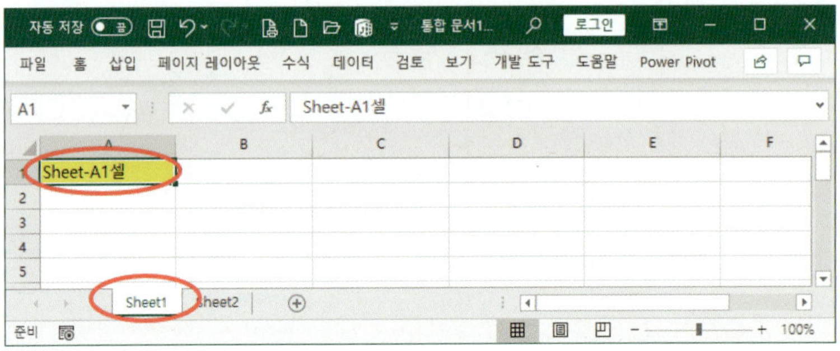

① 'Sheet2' 워크시트의 A1셀에 '='을 입력한 다음, 화면 아래의 'Sheet1' 워크시트를 선택한다.

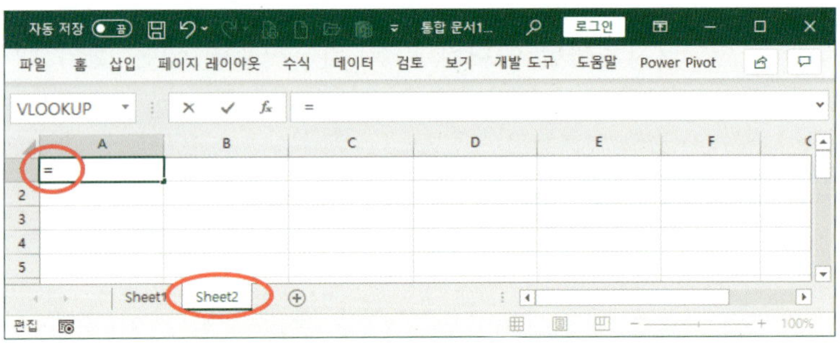

② 'Sheet1' 워크시트의 A1셀을 클릭하면, 수식 입력줄에 '=Sheet1!A1'이 입력된 것을 볼 수 있다.

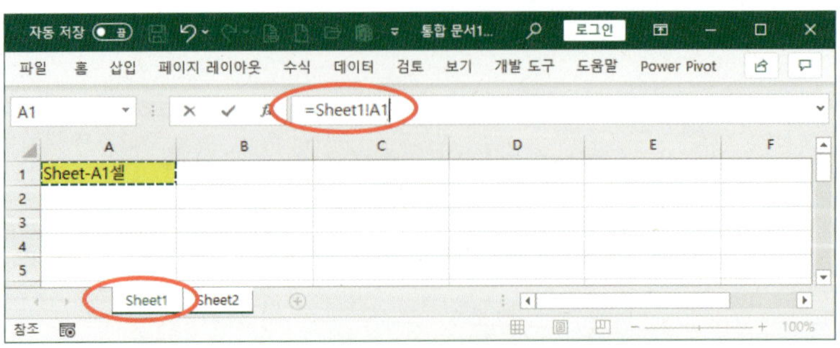

③ 그리고 Enter 키를 누르면 원래의 'Sheet2' 워크시트로 돌아와 있고 'Sheet2' 워크시트의 A1셀에 'Sheet1' 시트의 A1셀의 값인 'Sheet1-A1셀'이 나타난 것을 알 수 있다.

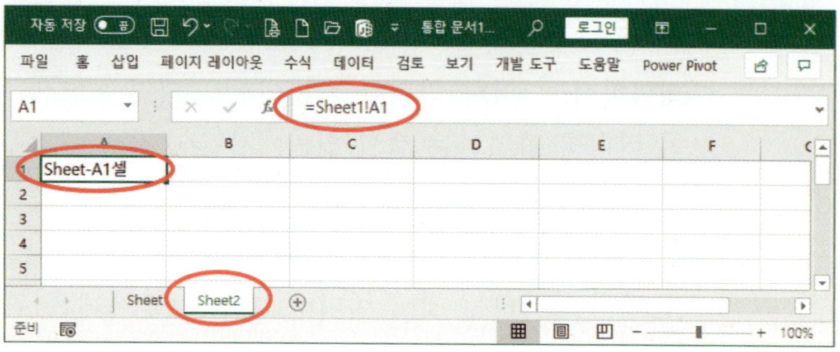

### 3) 파일 간 참조

다른 파일의 셀을 참조할 수 있는데, 형식은 다음과 같다.

= [통합문서 이름] 시트이름 ! 셀 주소

만일 '매출' 파일의 '1월 매출' 워크시트의 B27셀을 참조하고자 한다면 다음과 같이 입력하면 된다.

= '[매출] 1월 매출' ! B27

위와 같이 파일이나 워크시트 이름에 빈칸이나 ?, - 등과 같이 특수문자가 있는 경우에는 ' '(작은 따옴표)를 파일과 워크시트 이름의 양 끝에 사용하여 하나의 이름이라는 것을 나타내 주어야 한다.

= '[엑셀 기초.xlsx] 1장 엑셀의 기초' ! $B$3

## (4) 상대주소와 절대주소('엑셀 알아보기 예제-2.xlsx' 절대주소 시트)

### 1) 상대주소

상대주소는 A2, C5와 같이 일반적으로 사용하는 '열번호+행번호'로 된 셀 주소를 의미한다. 그러나 엄밀한 의미에서 말하면 'C5'라는 주소는 C5라는 절대적인 주소가 아니라 참조하는 셀의 위치에서 상대적으로 좌우, 상하로 얼마 떨어진 셀이라는 것을 의미할 뿐이다.

예를 들어 아래 그림과 같이 C3셀에서 A2셀을 참조한다면 A2셀은 절대적인 A2셀을 의미하는 것이 아니라, 자신(C3셀)에게서 위로 한 칸, 왼쪽으로 두 칸 떨어진 셀을 의미하는 것이다. 다시 말하면 다른 셀을 참조할 때 'A2'와 같이 일반적인 '열번호+행번호'의 상대주소 형식으로 표현한다면 항상 참조하는 셀에서 본 상대적인 위치를 언급하는 것이다. 즉 우리가 통상 쓰는 셀 주소 형식은 실제로 상대주소 형식이다.

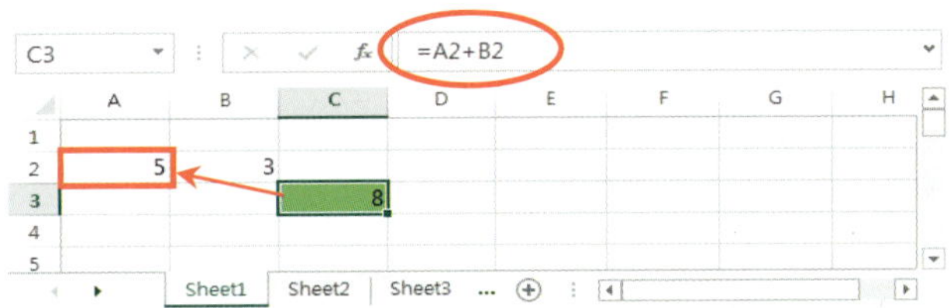


따라서 C3에 입력된 수식인 '=A2+B2'의 의미는, 위로 한 칸, 왼쪽으로 두 칸 떨어진 셀(A2)의 값과 위로 한 칸, 왼쪽으로 한 칸 떨어진 셀(B2)의 값을 더하라는 의미이다.

또 하나 주의할 사항은 셀의 수식을 다른 셀로 복사하면 상대주소로 입력된 주소를 엑셀이 복사된 셀에서의 위치에 맞게 자동으로 바꾸어 놓는다는 점이다. 자동채우기 핸들을 이용하여 C3의 셀을 D3셀로 복사하면, 주소가 가지는 상대적인 셀을 참조하게 되므로 D3셀에는 '=A2+B2'가 아닌 '=B2+C2'가 입력되고 따라서 나타난 결과도 8이 아닌 3이 된다.

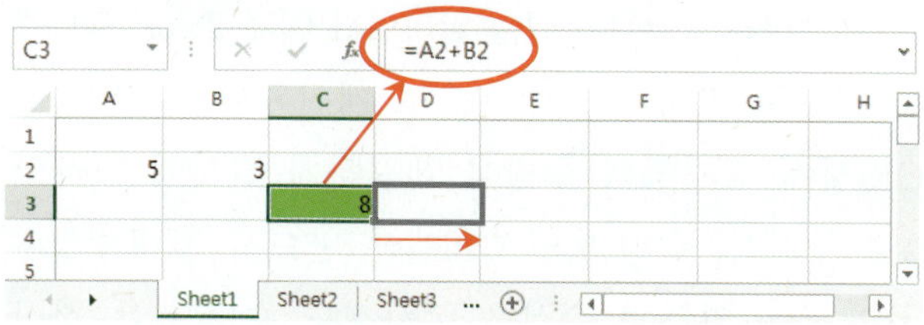


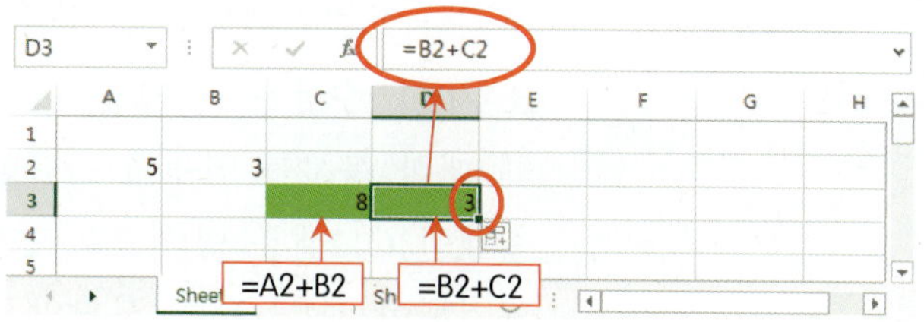


## 2) 절대주소

절대주소는 참조하는 셀이 어디에 있든지 항상 같은 셀을 참조하도록 하는 셀 주소 표기방식이다. 열번호와 행번호 앞에 각각 '$'을 붙여 표시한다. 따라서 B7을 절대주소로 표기하면 $B$7이 된다.

참조시 주소를 입력하는 대신 셀을 직접 클릭하면 수식 입력줄에 셀 주소가 입력되는데 이때 상대주소가 입력된다. 이 주소를 절대주소로 바꾸려면 'F4' 키를 눌러 주면 된다.

아래 그림에서 이제 C3셀에 '=$A$2+$B$2'의 절대주소로 표기하였다. 그리고 D3셀에 수식을 복사하면 이제는 절대주소를 참조한 것이므로 참조하는 셀의 위치가 C3셀에서 D3셀로 바뀌었어도 참조되는 셀의 주소($A$2+$B$2)가 바뀌지 않으며 따라서 값도 달라지지 않았음을 알 수 있다.

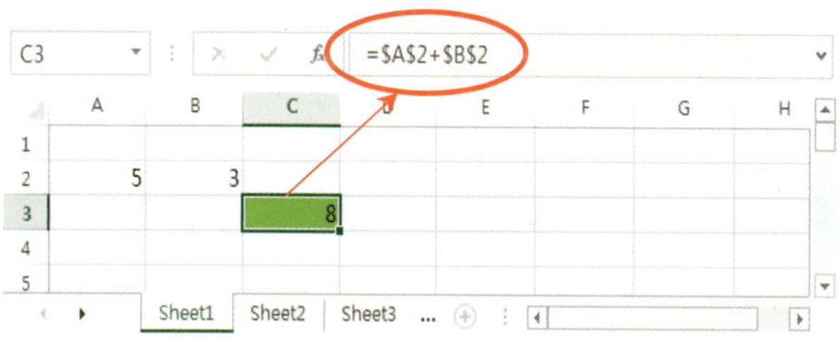


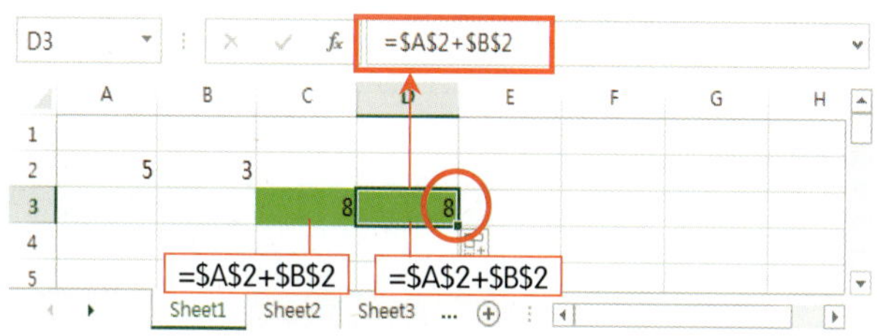


영역의 경우 셀 주소를 상대주소가 아닌 절대주소 방식으로 가지고 있기 때문에 복사해도 참조하는 영역이 바뀌거나 하지 않는다. 즉 영역의 셀 주소는 예를 들어, 상대주소 방식인 B2:F7이 아니라 절대주소로 표기된 $B$2:$F$7의 셀 주소를 가진다고 보면 된다.

아래 그림에서 상반기 수당을 계산하려고 한다('엑셀 알아보기 예제-2.xlsx' 절대주소 시트). 수당은 각 영업사원별로 '판매액 합계×수당(%)'으로 계산된다. 다른 사원에 대한 복사를 염두에 둔다면, C13셀에 김지영의 수당을 계산하기 위하여 판매액 합계인 C12셀은 상대주소 형식으로 두지만, 수당 %인 C16셀은 반드시 절대주소로 표기해야 한다. 다른 사원의 수당 계산을 위하여 수식을 복사해도 수당 %는 항상 C16셀을 참조해야 하기 때문이다. 즉 다른 사원의 수당을 계산하기 위하여 김지영의 계산식을 복사하여 사용한다면, '=C12*$C$16'으로 하여 C16셀은 절대주소로 표기해야 수당 %는 모든 영업사원에게 C16셀의 값을 가지고 오게 해야 한다.

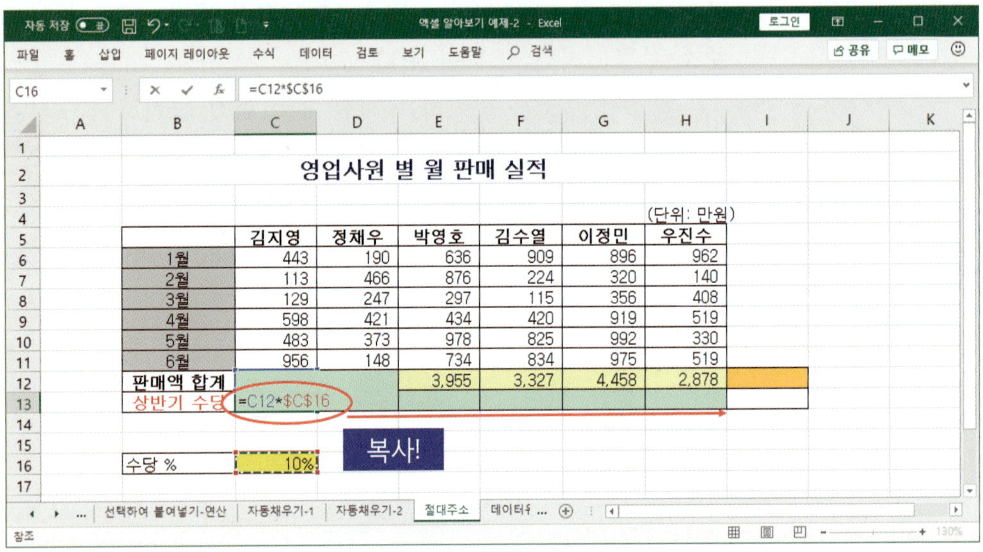


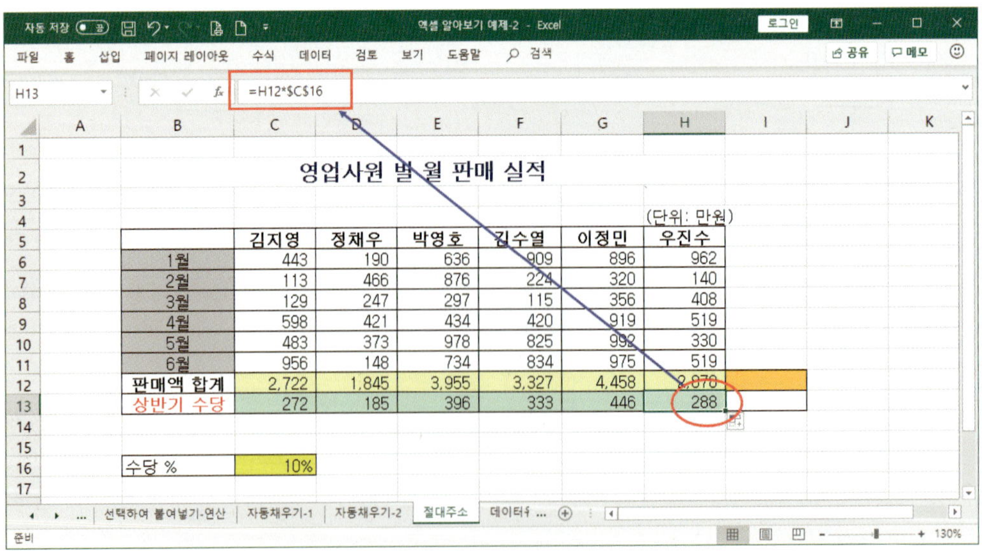

I12, I13 셀은 자동합계를 이용하여 판매액 전체 합계, 상반기 수당 전체 합계를 구한다.

| 판매액 합계 | 2,722 | 1,845 | 3,955 | 3,327 | 4,458 | 2,878 | 19,185 |
|---|---|---|---|---|---|---|---|
| 상반기 수당 | 272 | 185 | 396 | 333 | 446 | 288 | 1,919 |

## (5) 데이터 유효성('엑셀 알아보기 예제-2.xlsx' 데이터 유효성 시트)

'데이터 유효성 검사' 기능을 사용하면 주민등록번호와 같이 숫자만 들어가야 하는 셀에 문자 입력을 아예 금지하거나, 또 다른 셀에는 입력하는 글자의 숫자 범위를 지정할 수도 있다. 데이터 유효성 검사는 '[데이터]탭'에 있다.

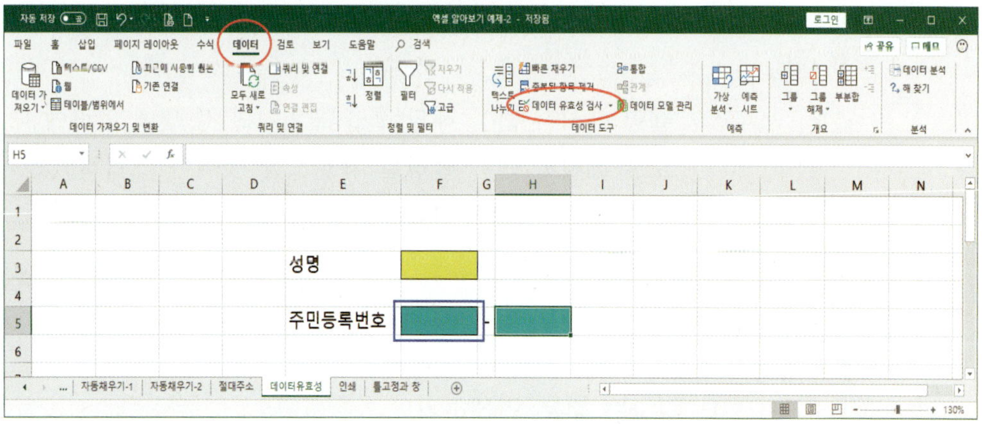


창이 나타나면 F5셀의 경우 아래와 같이 '설정'에서 '정수'를 선택한다.

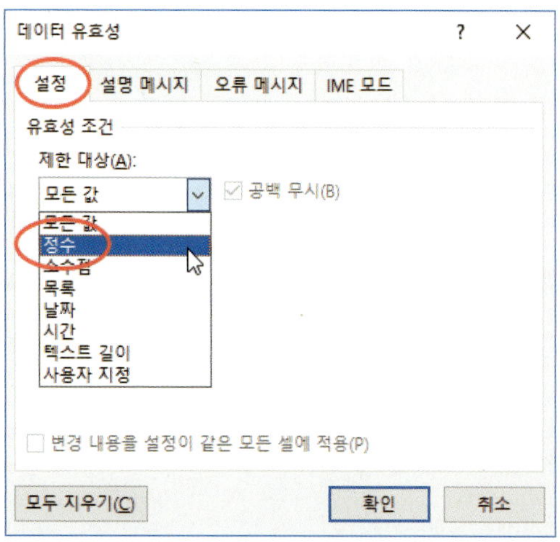

최소값과 최대값 항목을 이용하여 입력할 수 있는 숫자 크기의 범위를 지정할 수 있는데 반드시 입력해야 한다.

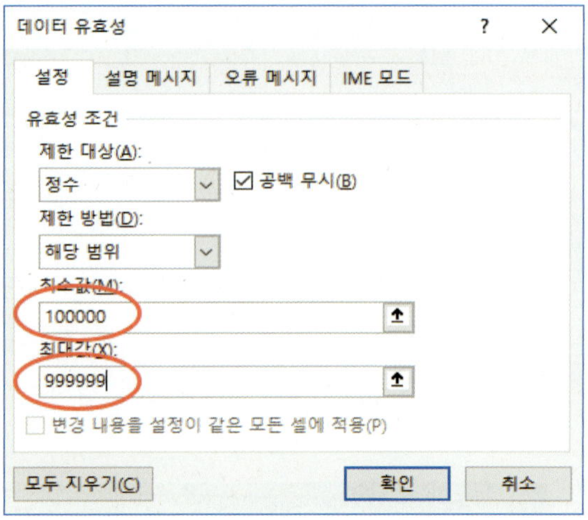


설명 메시지 탭 : 해당 셀을 클릭하면 셀 옆에 입력에 대한 도움말을 기입한다.
오류 메시지 탭 : 설정된 제한값을 벗어나 입력하였을 때 오류창에 나타나는 안내 메시지를 기입한다.

## (6) 인쇄('엑셀 알아보기 예제-2.xlsx' 인쇄 시트)

### 1) 원하는 부분 인쇄하기

엑셀에서 인쇄는 기본(default)적으로 엑셀이 설정한 쪽에 따라 인쇄된다. 그러나 사용자들은 종종 자신이 작업하였거나 원하는 부분만 인쇄하고 싶을 때가 있을 것이다. 다음과 같은 순서에 따라 현재 사용자들이 작업한 부분만을 인쇄할 수 있다.

- 먼저 인쇄할 영역인 2007년도 자료만 선택한 후, '[페이지 레이아웃]탭'의 '인쇄 영역 설정' 버튼을 눌러 2007년도 자료를 인쇄할 부분으로 지정한다.

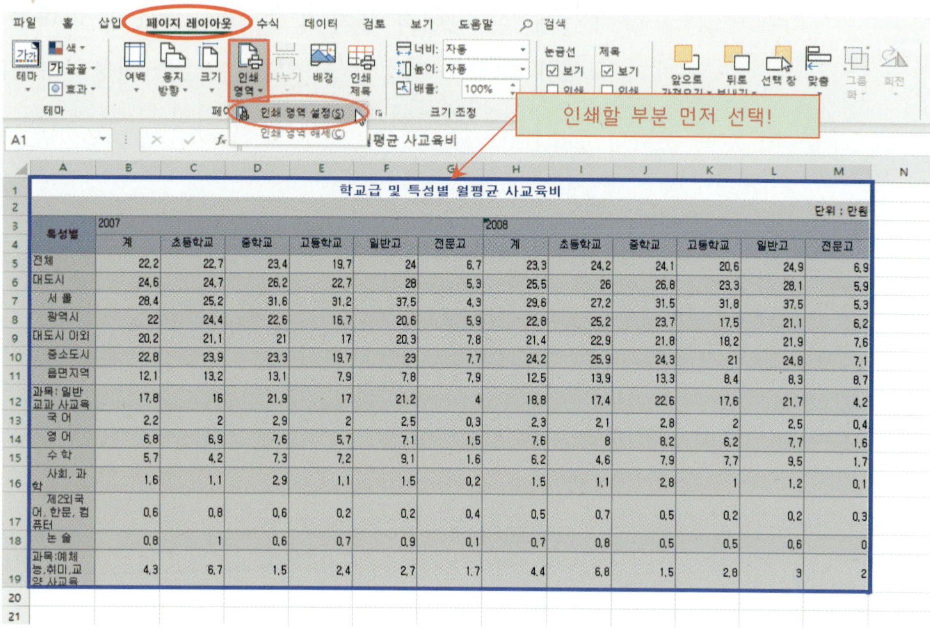


학교급 및 특성별 월평균 사교육비

단위 : 만원

| 특성별 | 2007 계 | 초등학교 | 중학교 | 고등학교 | 일반고 | 전문고 | 2008 계 | 초등학교 | 중학교 | 고등학교 | 일반고 | 전문고 |
|---|---|---|---|---|---|---|---|---|---|---|---|---|
| 전체 | 22.2 | 22.7 | 23.4 | 19.7 | 24 | 6.7 | 23.3 | 24.2 | 24.1 | 20.6 | 24.9 | 6.9 |
| 대도시 | 24.6 | 24.7 | 26.2 | 22.7 | 28 | 5.3 | 25.5 | 26 | 26.8 | 23.3 | 28.1 | 5.9 |
| 서 울 | 28.4 | 25.2 | 31.6 | 31.2 | 37.5 | 4.3 | 29.6 | 27.2 | 31.5 | 31.8 | 37.5 | 5.3 |
| 광역시 | 22 | 24.4 | 22.6 | 16.7 | 20.6 | 5.9 | 22.8 | 25.2 | 23.7 | 17.5 | 21.1 | 6.2 |
| 대도시 이외 | 20.2 | 21.1 | 21 | 17 | 20.3 | 7.8 | 21.4 | 22.9 | 21.8 | 18.2 | 21.9 | 7.6 |
| 중소도시 | 22.8 | 23.9 | 23.3 | 19.7 | 23 | 7.7 | 24.2 | 25.9 | 24.3 | 21 | 24.8 | 7.1 |
| 읍면지역 | 12.1 | 13.2 | 13.1 | 7.9 | 7.8 | 7.9 | 12.5 | 13.9 | 13.3 | 8.4 | 8.3 | 8.7 |
| 과목: 일반교과 사교육 | 17.8 | 16 | 21.9 | 17 | 21.2 | 4 | 18.8 | 17.4 | 22.6 | 17.6 | 21.7 | 4.2 |
| 국 어 | 2.2 | 2 | 2.9 | 2 | 2.5 | 0.3 | 2.3 | 2.1 | 2.8 | 2 | 2.5 | 0.4 |
| 영 어 | 6.8 | 6.9 | 7.6 | 5.7 | 7.1 | 1.5 | 7.6 | 8 | 8.2 | 6.2 | 7.7 | 1.6 |
| 수 학 | 5.7 | 4.2 | 7.3 | 7.2 | 9.1 | 1.6 | 6.2 | 4.6 | 7.9 | 7.7 | 9.5 | 1.7 |
| 사회, 과학 | 1.6 | 1.1 | 2.9 | 1.1 | 1.5 | 0.2 | 1.5 | 1.1 | 2.8 | 1 | 1.2 | 0.1 |
| 제2외국어, 한문, 컴퓨터 | 0.6 | 0.8 | 0.6 | 0.2 | 0.2 | 0.4 | 0.5 | 0.7 | 0.5 | 0.2 | 0.2 | 0.3 |
| 논 술 | 0.8 | 1 | 0.6 | 0.7 | 0.9 | 0.1 | 0.7 | 0.8 | 0.5 | 0.5 | 0.6 | 0 |
| 과목:예체능,취미,교양 사교육 | 4.3 | 6.7 | 1.5 | 2.4 | 2.7 | 1.7 | 4.4 | 6.8 | 1.5 | 2.8 | 3 | 2 |

◎ '빠른 실행 도구모음'에서 의 '인쇄 미리 보기' 버튼을 누르면 아래 그림과 같이 2007년도 자료만 인쇄대상으로 화면이 나오며, '인쇄' 비튼을 클릭하면 사용자가 지정한 영역인 2007년도 자료만이 인쇄된다.

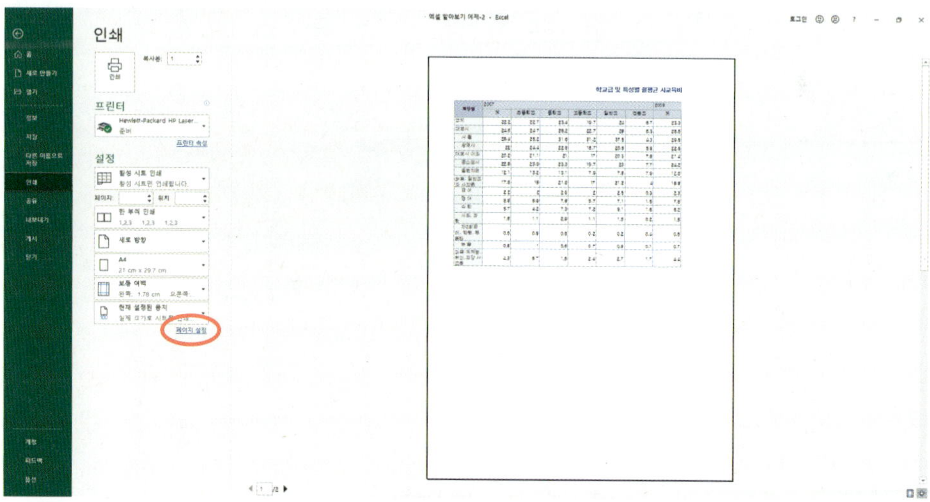


◎ 추가적으로, '인쇄 미리 보기'는 실제로 인쇄되는 모양을 그대로 보여주는 관계로 사용자들은 '인쇄 미리 보기' 화면에서 여러 옵션들을 사용하여 자신에게 맞는 인쇄를 편리하게 지정할 수 있다. 다음 그림은 '인쇄 미리 보기' 아래쪽에 있는 '페이지 설정' 버튼을 클릭하면 나타나는 '페이지 설정' 창을 보여

주는데, 이 창에서 용지 방향, 여백, 머리글/바닥글, 그리고 시트의 전반적인 모양에 대하여 지정할 수 있다. 이들을 이용하여 자신이 원하는 형태를 보다 세부적으로 지정하여 인쇄할 수 있다.

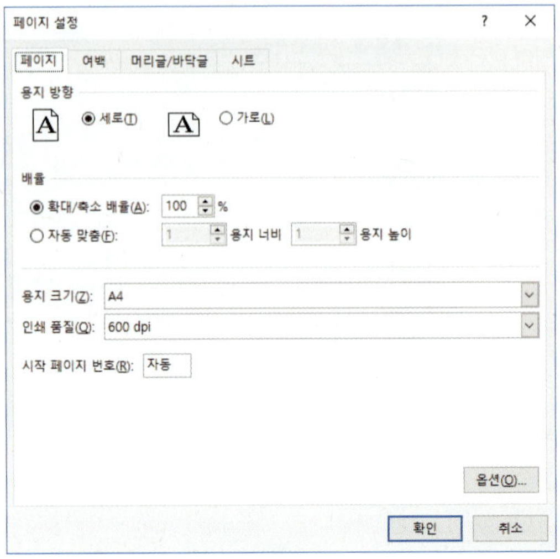


- '인쇄 미리 보기'에서 왼쪽 상단의 ⓔ 버튼을 누르면 이전 화면으로 돌아간다. 또한, '인쇄 영역' 버튼을 눌러 '인쇄 영역 해제'를 선택하면 사용자가 지정한 인쇄 영역은 해제되어 엑셀에서 기본적으로 설정된 인쇄 영역으로 되돌아간다.

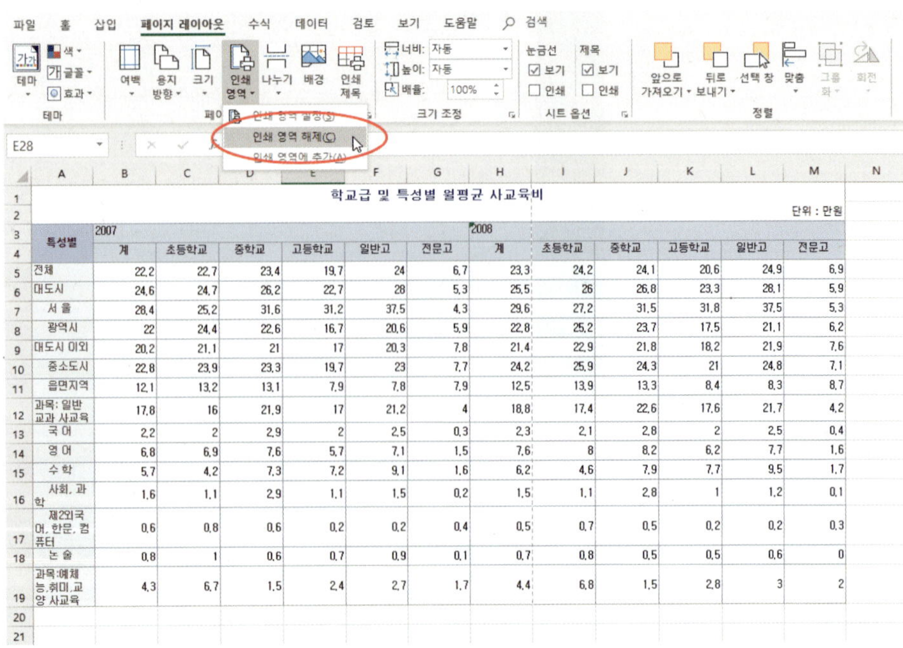

## 2) 인쇄 설정

인쇄의 모든 부분은 '페이지 설정'에서 지정할 수 있다. 페이지 설정은 '빠른 실행 도구모음'의 '인쇄 미리 보기'를 통하여 열 수 있다.

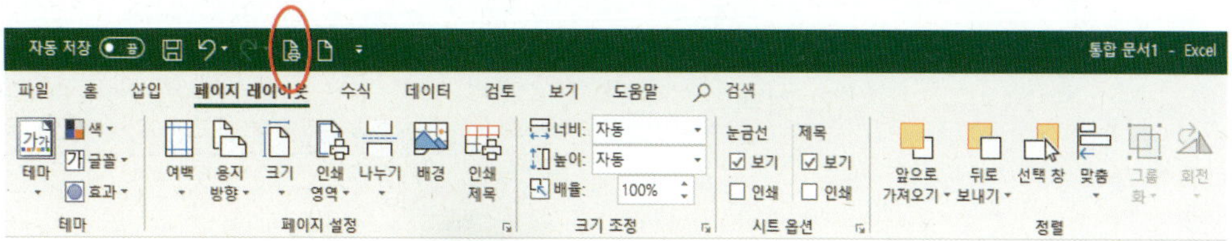


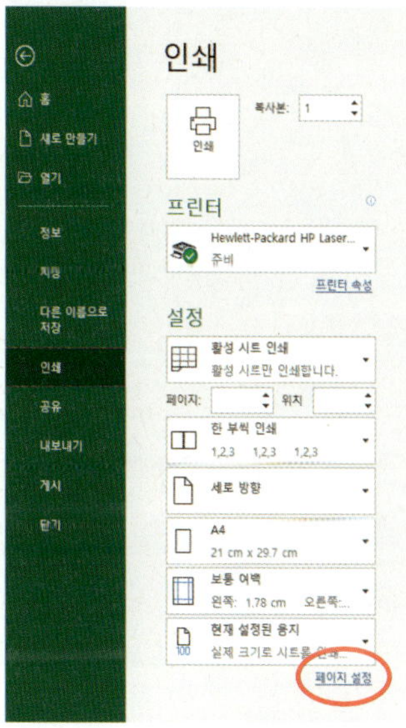


① 페이지

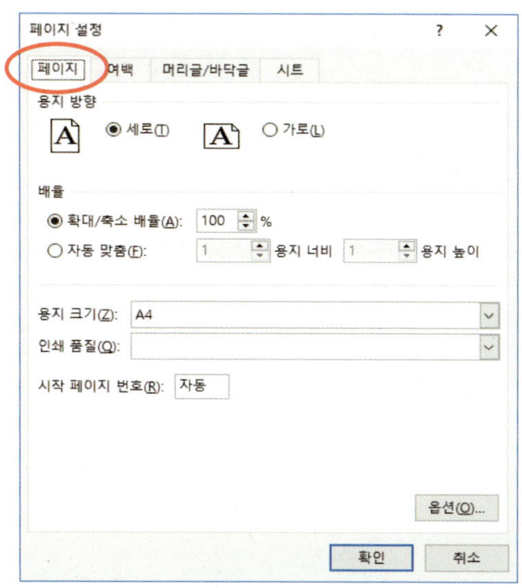

- 용지 방향 : 용지의 방향 중 세로와 가로 방향을 결정한다.
- 확대/축소 배율 : 인쇄할 내용의 크기를 실제 크기의 퍼센트로 확대/축소 할 수 있다.
- 시작 페이지 번호 : 시작 페이지 번호를 '자동' 대신 3이라고 입력하면 3쪽부터 3, 4, 5…쪽 순으로 출력된다.

② 여백

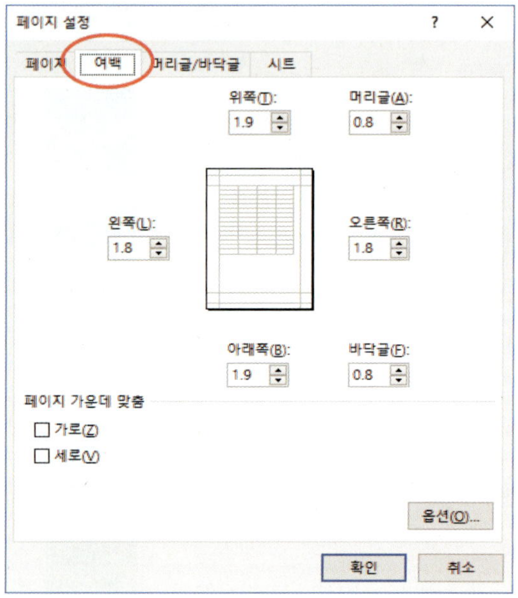


- 각 방향에 대하여 여백의 크기를 지정한다. 머리글은 머리글 내용이 들어갈 공간을, 바닥글은 바닥글이 들어갈 공간의 크기를 지정한다. 여백을 '인쇄 미리 보기'에서 직접 마우스로 드래그하여 지정할 수도 있다.
- 페이지 가운데 맞춤 : '가로'에 체크 표시를 하면 인쇄될 내용이 용지의 가로 방향으로 가운데 맞추어지며, '세로'에 체크 표시를 하면 용지의 세로 방향으로 가운데 맞추어진다.

③ 머리글/바닥글

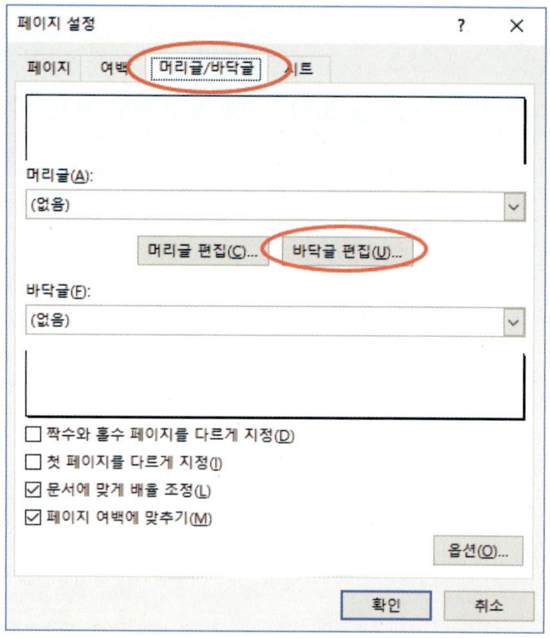


- 머리글이나 바닥글에 넣고 싶은 내용을 입력하거나 삽입할 수 있다. 예를 들어 '바닥글' 부분에 내용을 입력하기 위하여 '바닥글 편집' 버튼을 클릭하면, 아래와 같은 바닥글 대화상자 창이 나온다.

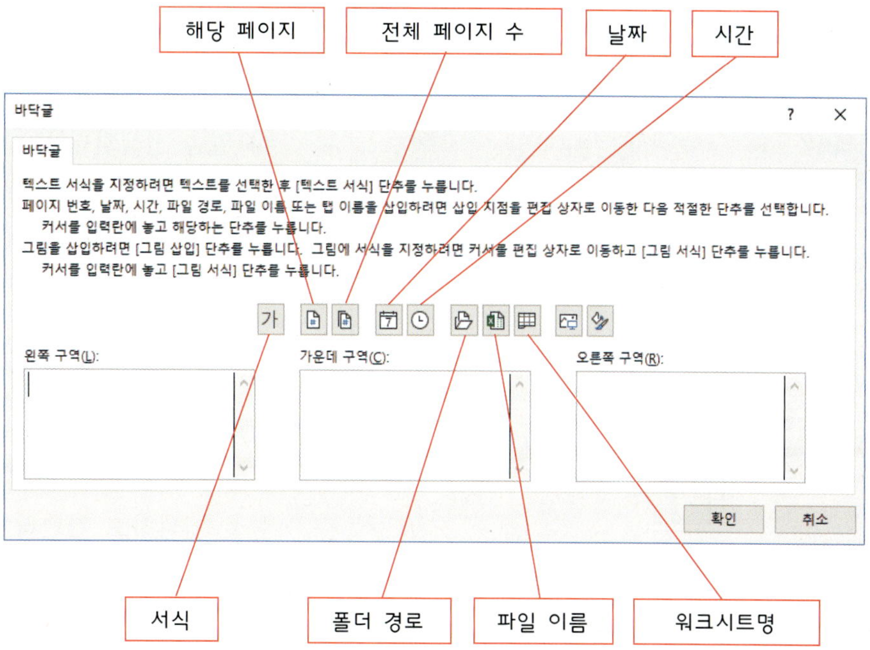

- 바닥글을 넣고 싶은 구역(왼쪽, 가운데, 오른쪽)을 클릭하여 내용을 직접 입력하면 된다. 입력 내용의 서식을 지정할 수 있는데, 가 버튼을 클릭하면 글자의 크기, 색깔 등을 정해 줄 수 있다.
- 또한 아래 그림에서 보는 바와 같이 페이지 번호, 전체 문서의 페이지 수, 문서를 작성한 일자, 시간, 엑셀 파일이 위치한 폴더 경로, 파일 이름, 현재의 워크시트 이름 등을 해당 버튼을 클릭하여 바로 삽입할 수 있다. 확인 버튼을 클릭하면 입력된 바닥글의 모습을 볼 수 있다.

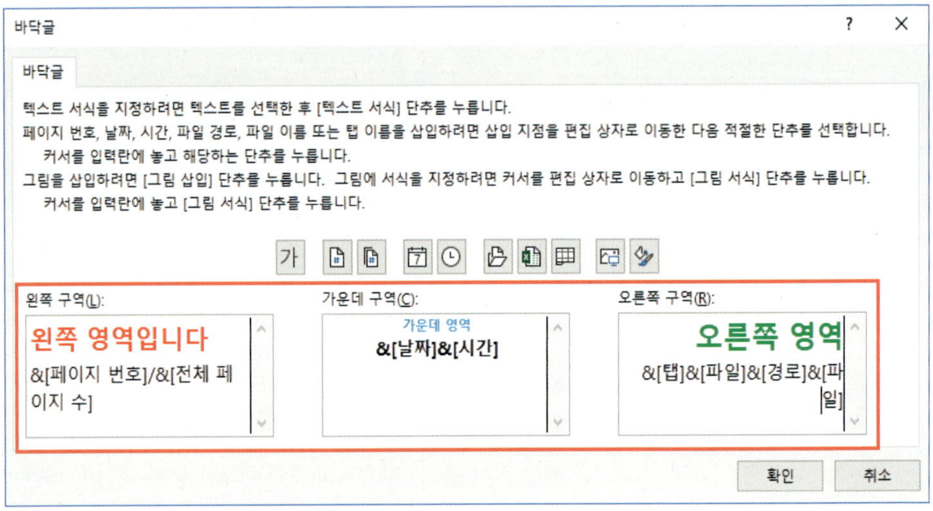


④ 시트

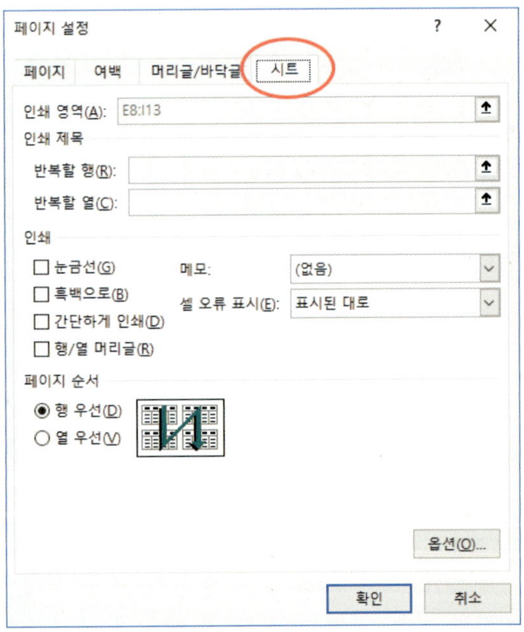


- 인쇄 제목 : 매쪽마다 반복해서 인쇄하고자 하는 행이나 열을 선택한다.
- 눈금선 : 실제 워크시트에는 테두리를 하지 않지만 인쇄 때에는 테두리가 있는 것이 보기 편리하다. 눈금선에 체크하면 인쇄시에만 '모든 테두리'(⊞)로 설정한 것처럼 인쇄된다. 또는 '[페이지 레이아웃]탭'의 '인쇄 제목'에서 매 페이지마다 반복할 인쇄 제목을 설정할 수 있다.
- 간단하게 인쇄 : 워크시트 내의 구분선이나 그림 개체 등을 제외하고 간단하게 워크시트 내용만 인쇄한다.

## (7) 틀 고정과 창 나누기('엑셀 알아보기 예제-2.xlsx' 틀 고정과 창 시트)

### 1) 틀 고정

한 워크시트의 데이터가 많은 행과 열로 구성된 경우, 먼 위치의 셀로 이동해 버리면 행이나 열의 제목이 있더라도 제목행, 제목열이 보이지 않게 되어 불편할 때가 많다. 다른 행이나 열로 이동해 가도 제목 등은 고정하여 보이게 하는 기능이 '틀 고정' 기능이다.

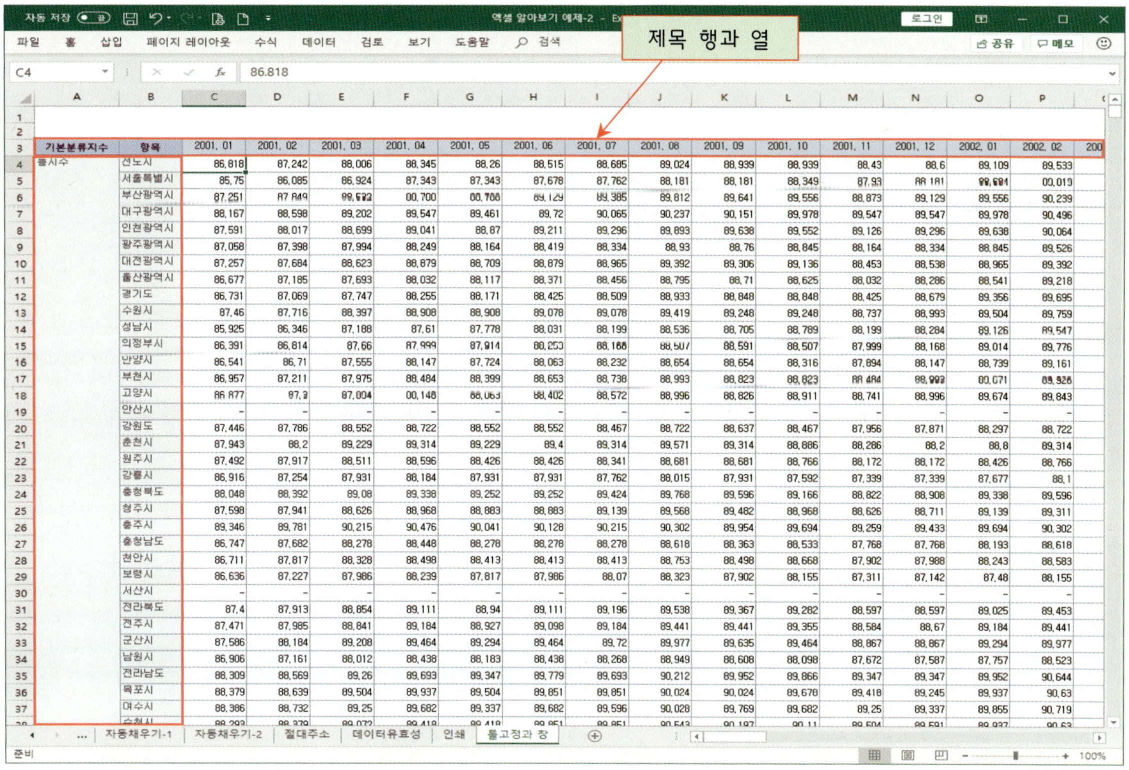

아래 화면은 오른쪽 열이나 아래 행으로 멀리 이동할 경우 제목행과 제목열이 보이지 않아 자료의 이해가 어려운 것을 알 수 있다.

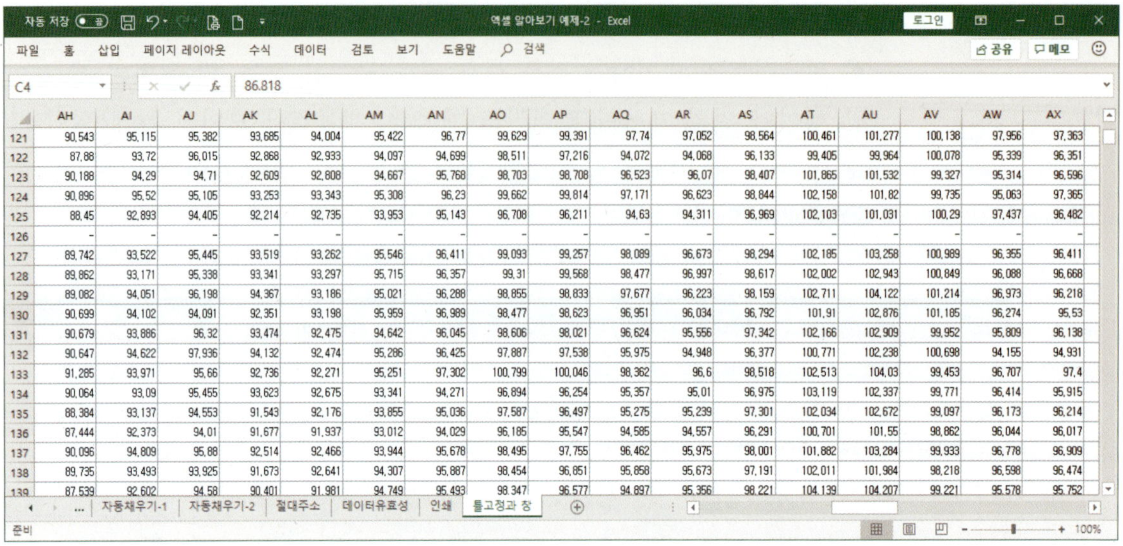


따라서 아래 그림에서 제목행과 제목열을 다 볼 수 있게 C4셀을 클릭하고 틀 고정을 한다. 틀 고정은 항상 클릭한 셀의 왼쪽 상단 포인트를 기점으로 지정된다(● 부분). 따라서 본 워크시트에서 행제목과 열제목을 모두 고정하기 위해서는 C4셀을 기준으로 틀 고정을 해야 한다.

틀 고정을 하기 위해서는 '[보기]탭'의 '틀 고정' 버튼을 클릭한다. 또한 화면에서 보듯이 첫 행만 고정할 수도 있고 첫 열만 고정할 수도 있다.

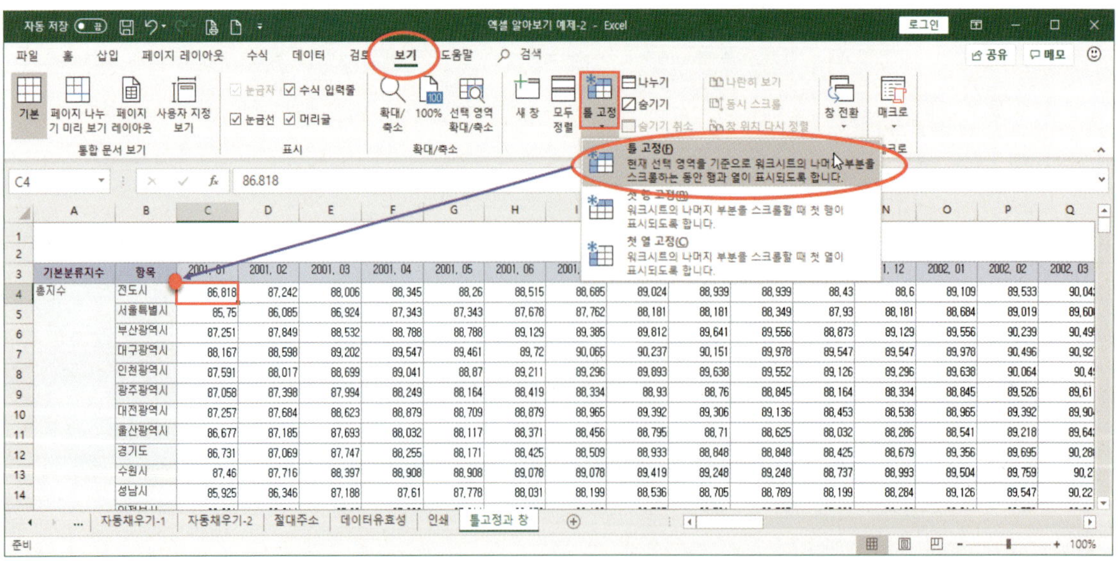

이제 데이터가 오른쪽이나 아래로 이동해도 행제목과 열제목이 그대로 보이는 것을 알 수 있다.

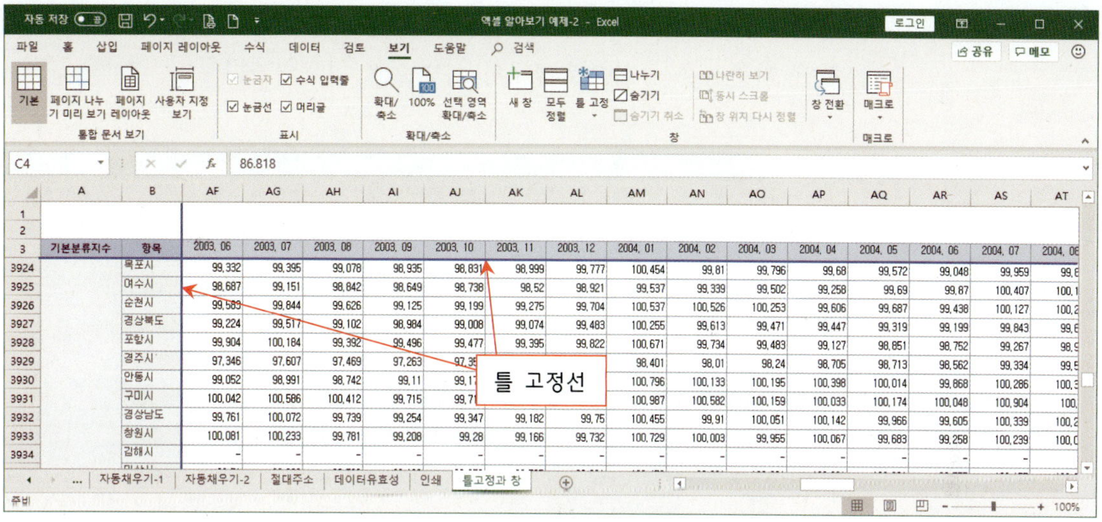


틀 고정을 취소하려면 다시 '틀 고정-틀 고정 취소'를 선택하면 된다. 이때 반드시 처음 틀 고정을 지정할 때 선택하였던 C4셀을 선택해야 할 필요는 없다.

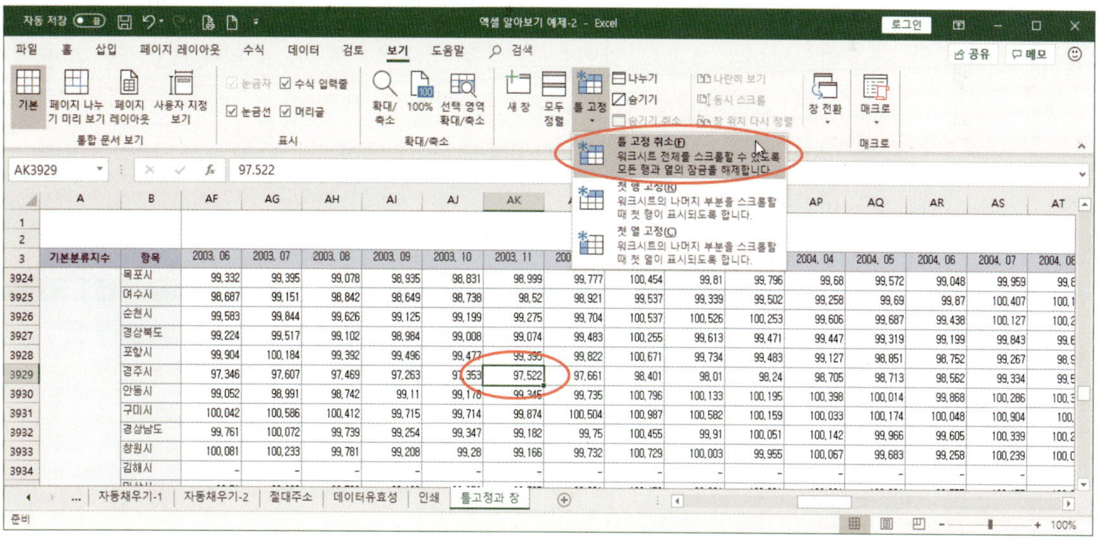

## 2) 창 나누기

창 나누기는 한 모니터에서 엑셀화면을 4개로 나누는 기능을 한다. 창 나누기 역시 선택한 셀의 왼쪽 상단을 기준으로 나누어진다. '[보기]탭'의 '나누기' 버튼을 클릭하면 기준점을 중심으로 4개의 화면으로 나누어진다.

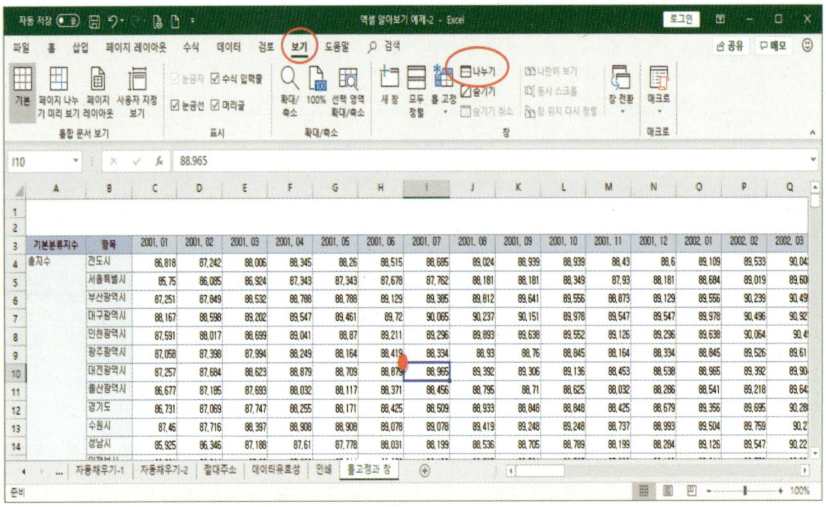

화면을 나눈 창 나누기 선을 드래그하여 움직이면 화면의 크기를 조정할 수 있다. 그리고 4개의 화면으로 나누어졌지만 같은 파일이므로 한 화면에서 수정하면 다른 화면에서도 같은 내용으로 바뀌는 것을 알 수 있다. 즉 어떤 화면에서 수정하여도 파일에 수정이 실제 적용되는 것이다. 창 나누기를 취소하려면 다시 '나누기' 버튼을 클릭하면 된다.

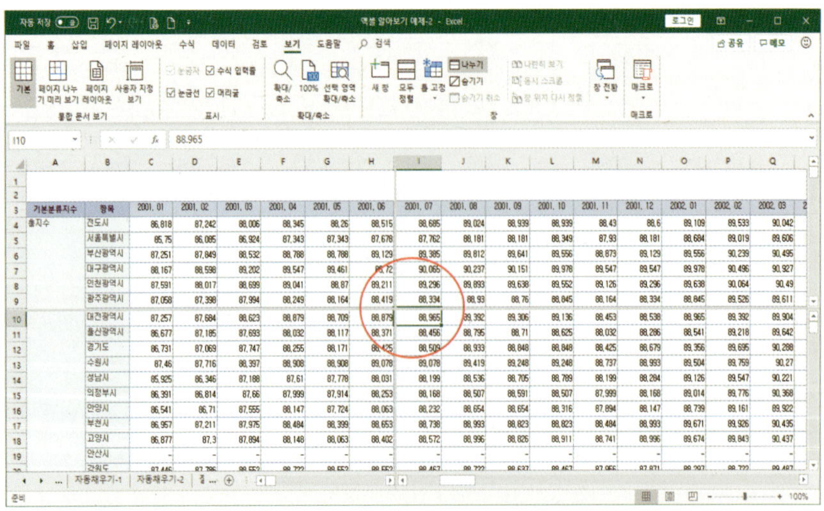

## (8) 엑셀 환경의 지정(Excel 옵션)

엑셀화면이나 기능은 자동으로 설정되어 있지만, 이들 중 사용자가 수정할 수 있는 설정도 있는데 '옵션'에서 이들을 다시 지정할 수 있다. 즉 화면의 색상, 글꼴, 파일을 열 때 워크시트의 수, 편집기능의 조정, 머리글, 수직바, 수평바 등 화면보기도 사용자 편의대로 지정이 가능하다. '옵션'은 엑셀의 기본 사용 환경을 지정하는 것으로, 수정을 한 후에는 경우에 따라 엑셀을 새로 실행해야 수정한 내용이 반영되기도 한다. 왼쪽 상단의 '파일' 아이콘을 클릭하고 아래에 위치한 '옵션'을 클릭하면 'Excel 옵션' 창이 나타나는데, 여기에서 각 환경 구분별로 설정할 수 있다.

### 1) 일반 설정

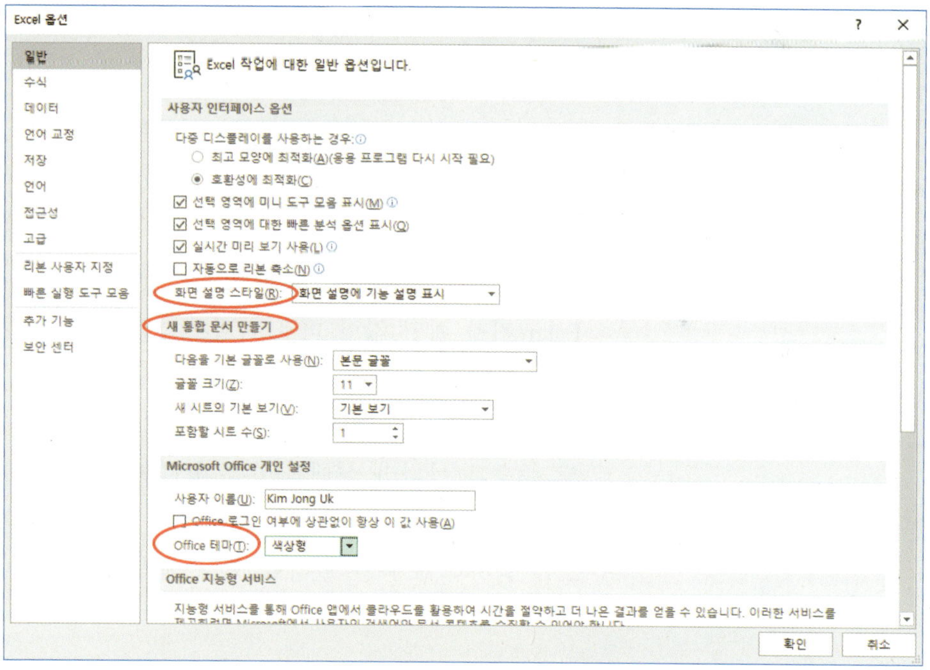


① 화면 설명 스타일 : 메뉴의 아이콘에 마우스 포인터를 대면 아이콘에 대한 명칭과 설명이 나오게 하거나 또는 나오지 않게 지정할 수 있다.

② 새 통합문서 만들기 : 기본 글꼴의 폰트와 크기, 시트의 보기, 기본 워크시트의 수를 지정한다. 시트 수는 현재 1개이나 여기에서 지정하면 엑셀을 열었을 때 지정한 수의 워크시트가 만들어진다.

③ Office 테마 : 엑셀의 배경화면 색을 현재 배경색 외에 어두운 회색, 검정, 흰색으로 변경하여 지정할 수 있다.

## 2) 수식 설정

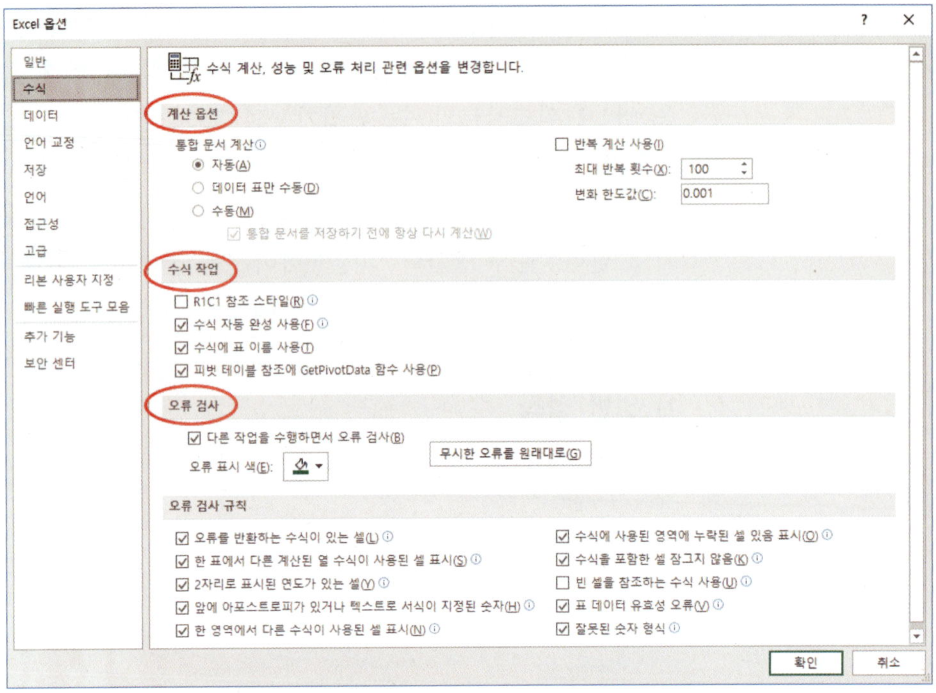

① 계산 옵션 : 엑셀 식에 포함된 값이 바뀌면 결과 값이 바뀌게 되는데, 이때 Enter 키를 치면 값이 바로 바뀔지(자동), Enter 키를 쳐도 바뀌지 않고 F9 키를 누르면 바뀌게 할지(수동)를 결정할 수 있다.

② 수식 작업 : R1C1 참조 스타일을 체크할 경우, 참조하는 셀 주소가 B5 등의 셀 주소가 아니라 상대적인 위치 형태로 표현된다. 수식 자동 완성 사용은 함수식의 앞부분만 써도 관련된 함수들을 보여주는 기능이다.

③ 오류 검사 : 오류가 발생할 때의 색을 변경할 수 있다.

## 3) 고급 설정

① '편집' 옵션

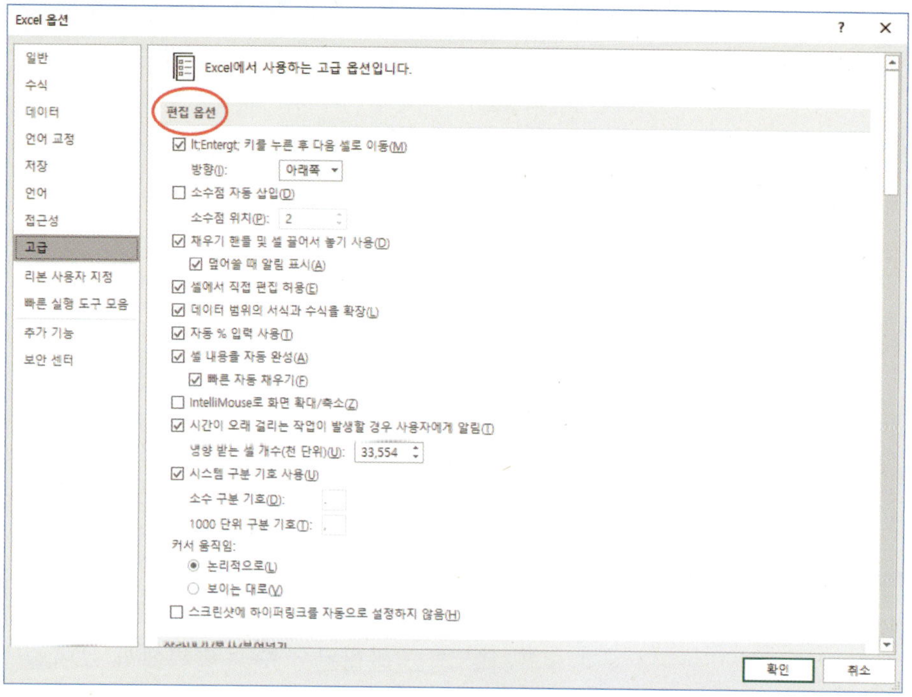


- 〈Enter〉 키를 누른 후 다음 셀로 이동 : Enter 키를 누르면 커서가 아래 셀로 이동하게 원래 설정되어 있으나 오른쪽 셀, 왼쪽 셀로도 커서 이동을 지정할 수 있다.
- 소수점 자동 삽입 : 소수점을 모든 셀에 고정 자릿수(예를 들면 소수점 둘째 자리)로 일정하게 지정할 수 있으나 특별한 목적이 없는 한 그대로 두는 것이 좋다.
- 채우기 핸들 및 셀 끌어서 놓기 사용 : 체크 표시가 된 경우 자동채우기를 할 수 있고 데이터를 선택한 가장자리를 드래그하여 이동, 복사할 수 있다.
- 셀에서 직접 편집 허용 : 체크 표시가 된 경우 수식줄이 아니라 셀에서 내용을 바로 편집할 수 있다.

② ‘표시’ 및 ‘이 통합문서의 표시 옵션’

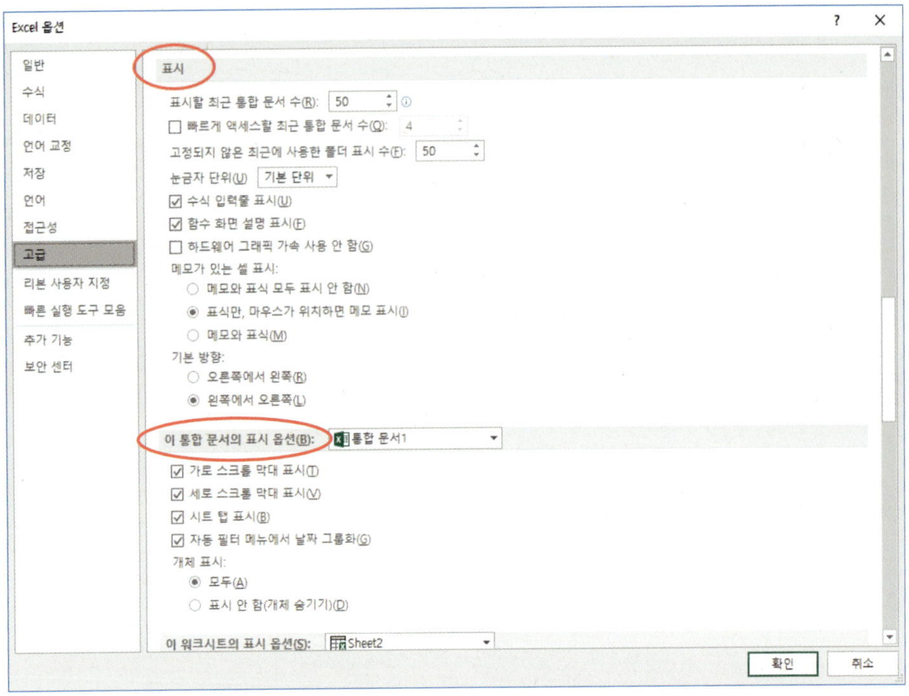


- 표시할 최근 통합문서 수 : 열기에서 보여줄 ‘최근 사용한 통합문서’의 수를 나타낸다.
- 수식 입력줄 표시 : 체크 표시한 경우 ‘수식 입력줄’이 표시되며, 해제한 경우 ‘수식 입력줄’이 나타나지 않는다.
- 함수 화면 설명 표시 : 체크 표시한 경우, 함수 사용시 함수의 인수 등에 대한 안내 내용을 자동으로 보여준다.
- 메모가 있는 셀 표시 : 기본 설정은 표식만 보이고 마우스 포인터를 가져갈 때에만 메모 내용이 보인다. 그러나 표식도 안 보이게 설정할 수도 있고(‘메모와 표식 모두 표시 안 함’에 체크), 메모 내용이 언제나 화면에 보이게끔 설정할 수도 있다(‘메모와 표식’에 체크).
- 기본 방향
  - 왼쪽에서 오른쪽 : 디폴트 값으로 왼쪽에서 오른쪽으로 열의 순서가 A, B,…로 표시된다.
  - 오른쪽에서 왼쪽 : 다음 그림에서 보는 대로 오른쪽에서 왼쪽으로 열의 순서가 A, B,…로 표시된다. 기본 방향을 바꾼 경우 다음 엑셀을 열 때 바로 적용된다.

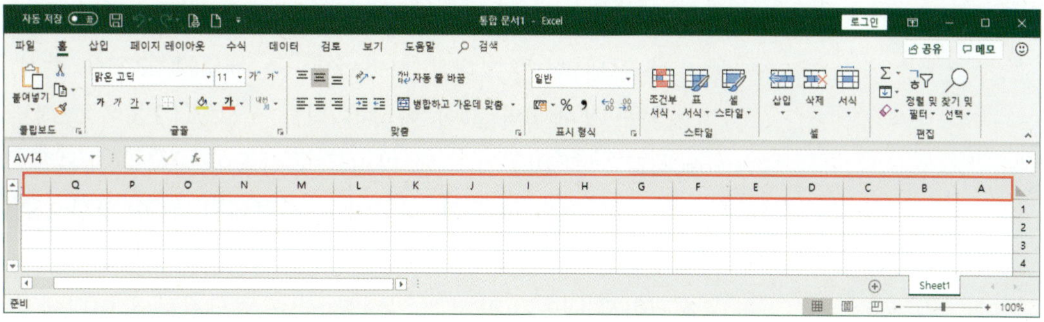


- 가로, 세로 스크롤 막대 표시 : 체크 표시한 경우, 가로 또는 세로 스크롤 막대가 보이며, 해제하면 이 막대들이 보이지 않는다.
- 시트 탭 표시 : 해제한 경우, 워크시트의 탭 메뉴 자체를 보여주지 않는다.
- 개체 표시 : '모두'로 선택한 경우, 엑셀 시트 위에 그린 그림 등의 개체가 보이나, '표시 안 함'으로 지정한 경우 그림 등은 보이지 않고 시트 셀의 내용만 나타난다.

③ '이 워크시트의 표시 옵션'

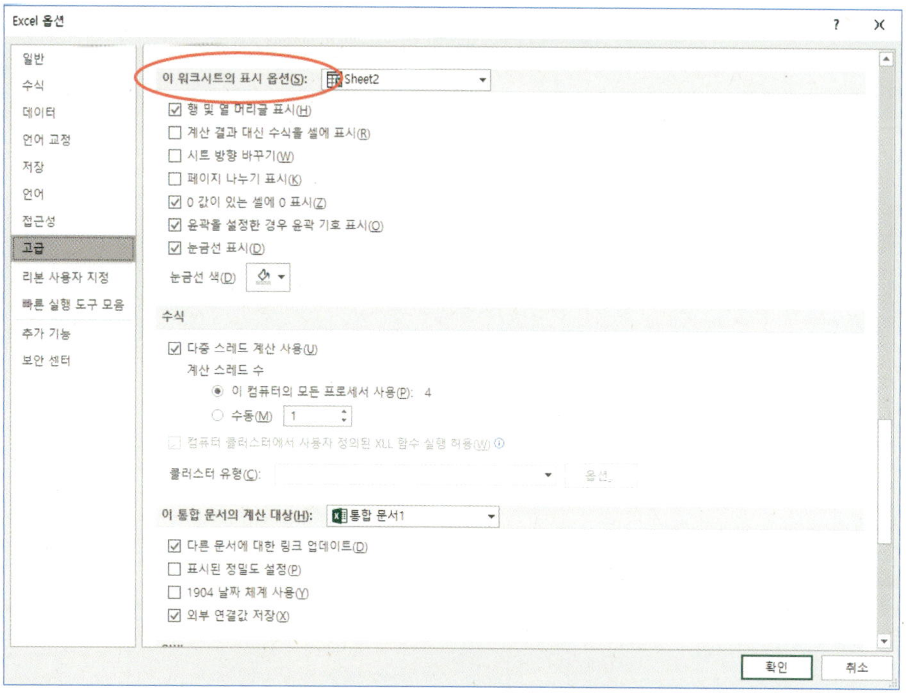


- 행 및 열 머리글 표시 : 체크 표시한 경우 회색으로 된 행과 열의 머리글이 보인다. 체크를 해제할 경우 행과 열의 머리글이 보이지 않는다.

- **계산 결과 대신 수식을 셀에 표시** : 체크 표시한 경우 셀에 계산 결과 값이 아닌 식이 그대로 나타난다. 즉 =SUM(1,2,3)을 수식 입력줄에 입력한 경우, 셀에 6의 값이 아니라 식인 =SUM(1,2,3)이 그대로 나타난다.
- **시트 방향 바꾸기** : 행 머리글이 왼쪽이 아니라 오른쪽에 나타나며, 열 머리글을 보면 좌우가 바뀌어 오른쪽에서 왼쪽 방향으로 A, B, C,… 열이 나타난다.
- **페이지 나누기 표시** : 인쇄할 경우 워크시트의 어디에서 페이지가 나누어지는지 점선으로 화면에 언제나 표시한다.
- **0 값이 있는 셀에 0 표시** : 체크한 경우, 0의 값을 입력하면 0이 표시된다. 그러나 체크를 해제한 경우에는 0이 나타나지 않고 그냥 빈칸으로 표시된다.
- **윤곽을 설정한 경우 윤곽 기호 표시** : 체크한 경우 부분합 등에서의 윤곽이 보이나, 해제한 경우 윤곽이 표시되지 않는다. 따라서 일반적으로 체크하여 윤곽이 보이게 한다.
- **눈금선 표시** : 현재 워크시트에 대하여, 해제한 경우 셀간의 눈금선이 보이지 않는다. 그리고 아래에서 눈금선의 색을 지정할 수 있다.

④ '일반' 옵션

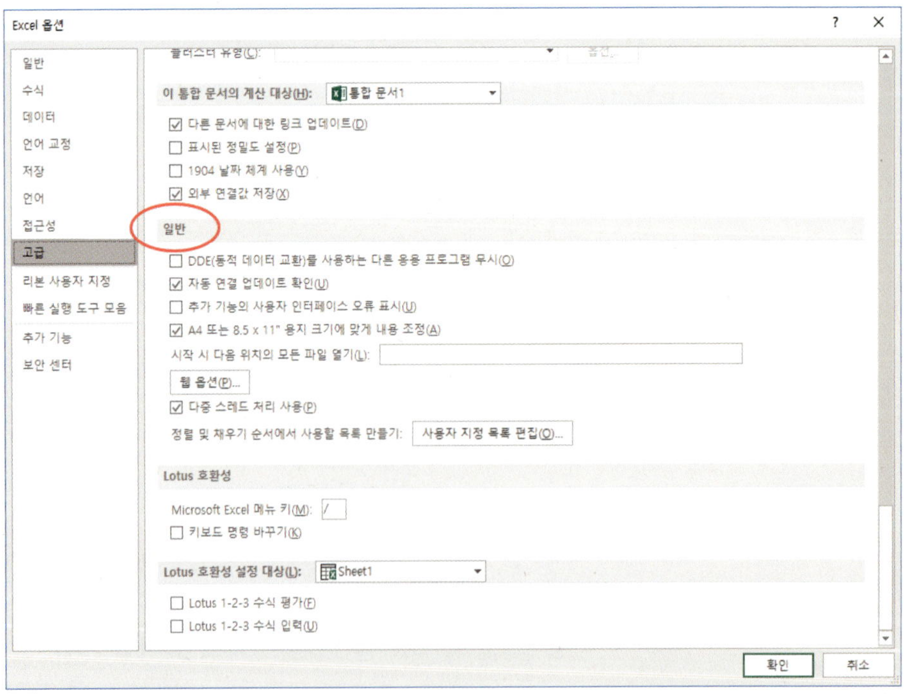

- **사용자 지정목록 편집** : 자동채우기 등에서 사용할 수 있는 사용자목록을 만들 수 있다.

### 4) 리본 사용자 지정

리본 메뉴에서 새 '탭'과 '그룹'을 사용자가 마음대로 만들 수 있다. '그룹'에 별도의 '명령'을 추가할 수 있다. 또한 아래와 같이 '많이 사용하는 명령' 외에 '리본 메뉴에 없는 명령', '모든 명령' 등을 선택하여 '명령'을 추가할 수도 있다. 또한 아래 그림의 오른쪽 파란색 원이 표시하는 기능을 이용하면 특정 탭을 숨길 수도 있고, 위치를 변경시킬 수도 있다.

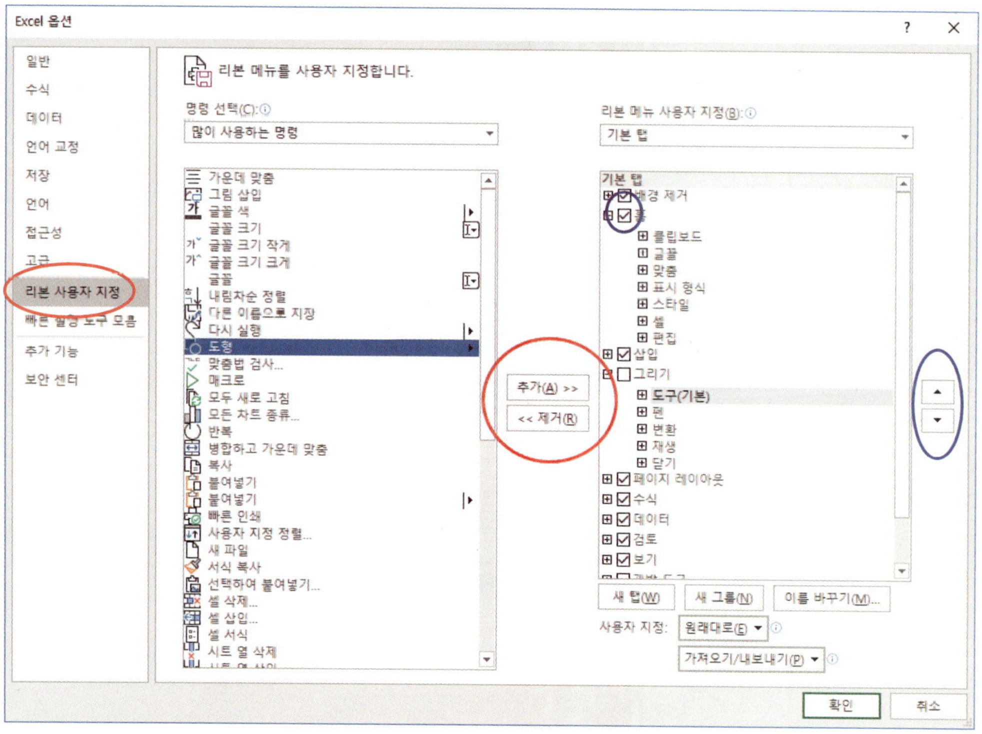

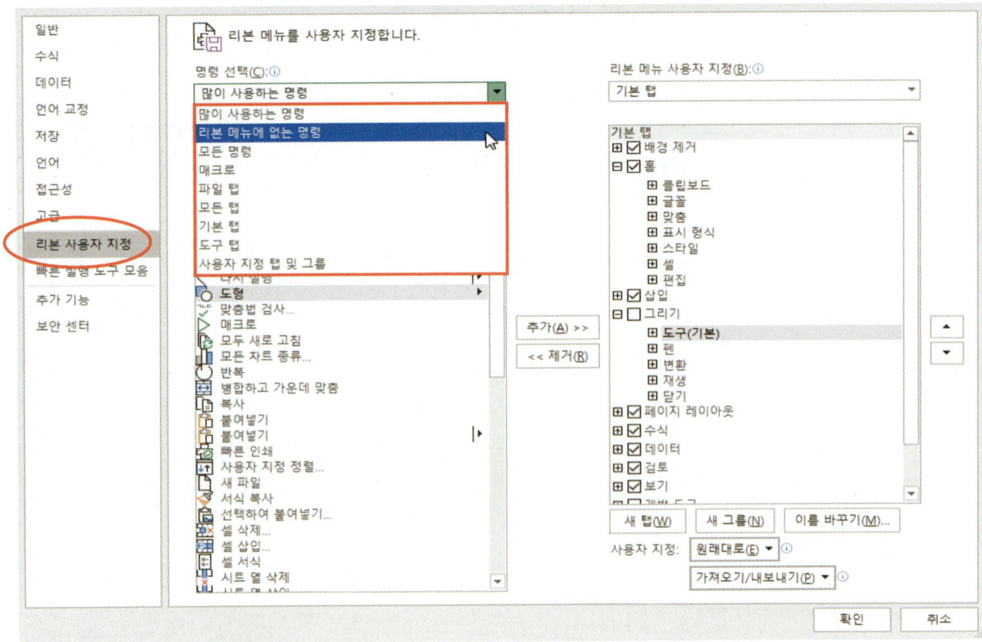


## 5) 빠른 실행 도구모음

엑셀의 모든 명령을 '빠른 실행 도구모음'으로 옮길 수 있다. 많이 사용하는 기능 등을 모아 '빠른 실행 도구모음'에 위치시킨다.

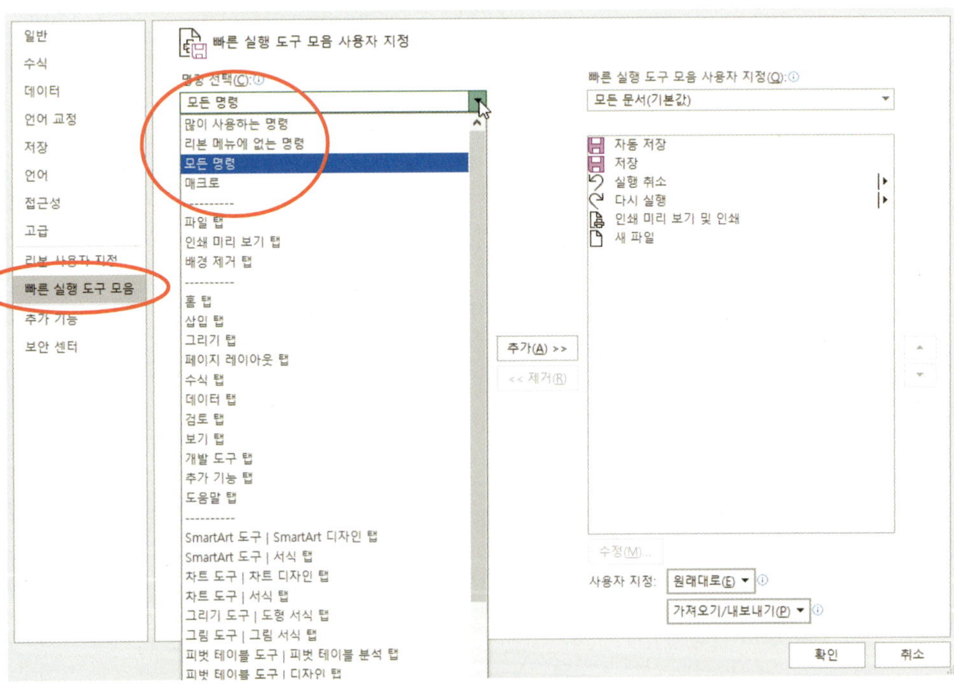

## 6) 추가 기능

통계처리를 할 때 사용되는 '분석 도구'와 해찾기를 할 때 사용되는 '해찾기 추가 기능' 등을 설치하고자 하는 경우, 해당 기능을 선택하고 아래의 '이동' 버튼을 눌러 추가 설치한다. 엑셀 CD 없이 가능하며 약간의 시간이 소요된다.

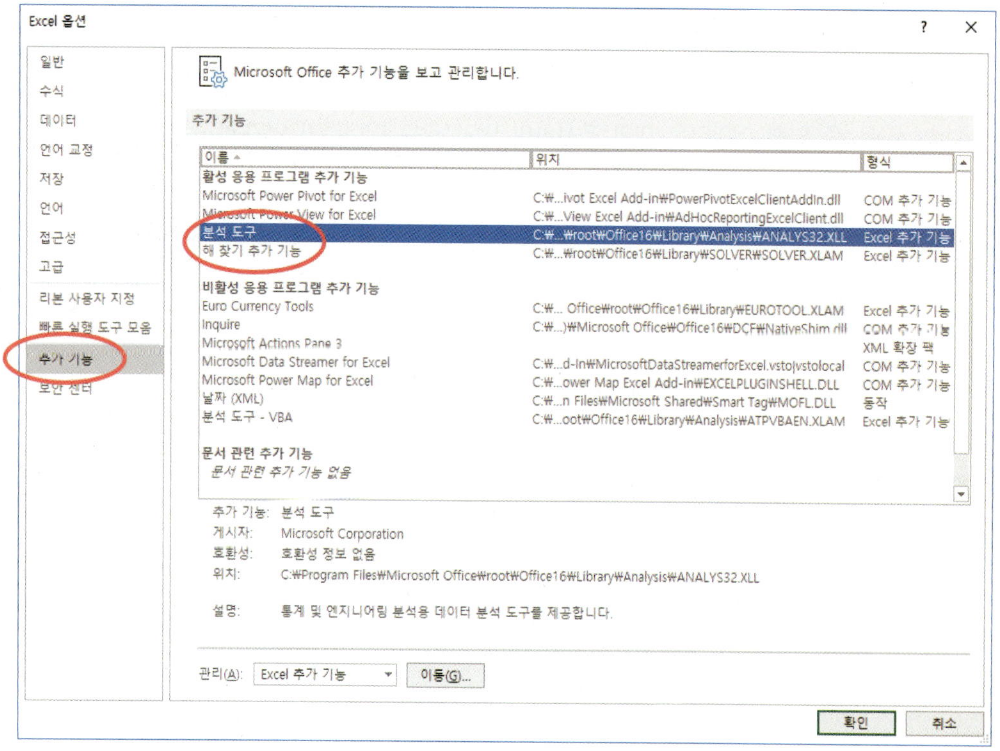

# 연습문제

Chapter 1

## A. 다음 중 가장 맞는 것을 고르시오.

**1.** 다음 중 입력 데이터를 미리 조사하여 맞지 않는 데이터의 입력을 방지하는 기능은? ( )

① 시트 보호
② 데이터 유효성
③ 텍스트 상자
④ 통합

**2.** 다음 중 인쇄에 대한 설명으로 맞는 것은? ( )

① 인쇄 영역을 인쇄 전 미리 정할 수 있으나 이를 다시 해제할 수는 없다.
② 인쇄에서 파일 이름은 인쇄에 포함할 수 있으나 폴더 이름은 인쇄할 수 없다.
③ 여백은 숫자로도 줄 수도 있고 드래그하여 줄 수도 있다.
④ 인쇄시 배율은 80~200%로 고정되어 있다.

**3.** 다음 중 엑셀에서 사용자가 지정할 수 없는 기능은? ( )

① 파일을 열었을 때 파일이 포함하는 워크시트 수
② 워크시트의 전체 행수, 또는 전체 열수
③ 가로 스크롤 막대 표시의 여부
④ 리본 메뉴에서 특정 탭의 위치 변경과 숨김(예를 들면 [홈]탭을 안 보이게 함)
⑤ 파일을 열었을 때 글꼴과 글꼴 크기

**4.** 다음 중 '선택하여 붙여넣기' 기능으로 할 수 없는 것은? ( )

① 결과 값만 복사하기
② 행 높이 복사하기
③ 서식만 복사하기
④ 행/열 바꿈

**5.** 다음 중 절대주소에 대한 설명으로 틀린 것은? ( )

① 한 수식 안에 상대주소와 절대주소를 같이 쓸 수 없다(예를 들면 '=상대주소+절대주소*2').
② 셀의 상대주소를 선택한 후 F4 키를 누르면 절대주소로 변환된다.

③ A5의 절대주소는 '$A$5'와 같이 표시한다.

④ 절대주소로 표기하면 복사할 경우에도 참조하는 셀의 위치에 관계없이 항상 그 절대주소가 가리키는 셀의 값을 가져온다.

**6.** 다음 중 다른 워크시트의 셀을 참조하는 것으로 맞는 것은? ( )

① =결산@F21

② =제-1-분기!E3

③ ='판매총계-1분기'!C5

④ ='결산!H30'

**7.** 다음 중 엑셀 화면/구성에 대한 설명으로 틀린 것은? ( )

① 첫 셀의 주소는 A1이며 마지막 셀의 주소는 XFD1048576이다.

② 워크시트는 행, 열, 셀 그리고 영역으로 구성되어 있다.

③ 리본 메뉴는 탭, 도구로 구성된다.

④ 식을 입력한 경우 셀에는 결과 값이 나타나지만, 수식 입력줄에는 입력한 내용이 그대로 나타난다.

**8.** 다음 중 '빠른 실행 도구모음'을 설명한 것으로 틀린 것은? ( )

① 엑셀의 자주 사용하는 명령을 빠르게 실행할 수 있도록 모아 놓은 것이다.

② 엑셀의 여러 기능이나 도구를 빠른 실행 도구모음에 추가할 수 있다.

③ 추가로 기능이나 도구를 구성한 후 삭제할 수도 있다.

④ 엑셀 옵션에서 '추가 기능'을 통하여 여러 가지 기능이나 도구를 추가로 지정할 수 있다.

**9.** 다음 중 워크시트에 대한 설명으로 맞는 것은? ( )

① 엑셀의 한 파일 내의 워크시트의 수는 이론적으로 컴퓨터의 메모리가 허용하는 한 무한대로 추가 삽입할 수 있다.

② 엑셀의 한 파일 내의 워크시트의 수는 '엑셀 옵션-사용자지정' 내의 '포함할 시트 수'에서 원하는 대로 지정할 수 있다.

③ 한 워크시트에는 약 30억개의 셀이 있다.

④ 한번 정한 워크시트의 이름은 변경할 수 없다.

**10.** 엑셀 옵션에 관한 다음 설명 중 맞는 것은? ( )

① 엑셀에서 열의 순서가 오른쪽에서 A, B, C,… 순으로 나타나게 할 수 없다.

② 셀에 계산 결과 값이 아니라 계산식 자체가 나타나게 할 수는 없다.

③ 워크시트의 시트 탭을 보이지 않게 할 수 있다.

④ 워크시트의 눈금선을 보이지 않게 할 수는 있으나 눈금선의 색을 바꿀 수는 없다.

## B. 다음 중 맞는 것은 ○표, 틀리는 것은 ×표 하시오.

1. 엑셀에서 셀의 계산은 항상 자동으로 수행된다. ( )
2. 엑셀에서 행 머리글과 열 머리글은 중요하므로 숨길 수 없도록 되어 있다. ( )
3. '########'는 계산이 잘못된 경우에 나타나는 오류이다. ( )
4. 인쇄에서 머리글과 바닥글에 모두 현재 시간과 날짜를 삽입할 수 있다. ( )
5. 다른 파일의 셀을 참조하는 것은 해당 파일이 열려 있지 않아도 가능하다. ( )
6. '#NAME!' 오류는 0으로 나누는 경우에 나타나는 오류이다. ( )
7. '틀을 고정'할 때 항상 현재 선택된 셀의 오른쪽 아래 포인트를 기준으로 틀이 나누어진다. ( )
8. '엑셀 옵션'을 이용하면 엑셀에 기본적으로 적용되는 폰트의 종류, 크기 등을 사용자가 마음대로 수정할 수 있다. ( )
9. '자동채우기'는 목록이 기본적으로 '사용자 지정목록'에 미리 지정되어 있기 때문에 가능한 것이다. ( )
10. 삽입된 메모의 표식뿐만 아니라 메모 전체가 항상 보이게끔 지정할 수 있다. ( )
11. 한 엑셀 파일에 삽입할 수 있는 워크시트의 수는 256개까지이다. ( )
12. 특정 행이나 열을 숨길 경우, 숨긴 행, 열에서는 계산이 잠시 수행되지 않고 있다가 숨기기 취소 후 비로소 계산이 수행되므로 주의해야 한다. ( )
13. 기본적인 엑셀의 셀 주소 표기방식은 '상대주소' 표기방식이다. ( )
14. '행/열 바꿈' 기능은 '선택하여 붙여넣기' 창에서 수행할 수 있다. ( )
15. 엑셀에서 뒤의 내용이 단순한 텍스트가 아니라 수행할 수식이라는 것을 나타내기 위한 문자는 '&'이다. ( )
16. 열을 삽입할 때 기존의 열은 오른쪽으로 하나 밀려난다(즉 기존의 H열은 I열이 됨). ( )
17. 통상 실무에서 절대주소 표기방식이 상대주소 표기방식보다 더 많이 사용된다. ( )
18. 열의 전체 삭제는 해당 열 머리글에 마우스 포인터를 위치시키고 단축메뉴에서 '삭제'를 선택하여 실행한다. ( )

19. 숫자의 경우 소수 자릿수, 음수의 표시, 1,000단위 구분 기호(,)를 지정할 수 있다. ( )

20. 영역이름의 지정은 리본 메뉴에 없어서 이름상자에서만 줄 수 있으나, 삭제 또는 편집은 '수식-이름 관리자'를 이용하여 수행할 수 있다. ( )

CHAPTER

# 2

# 데이터베이스

1. 데이터베이스의 개요
2. 데이터베이스 실습

# 1. 데이터베이스의 개요

데이터베이스(database)는 일반적으로 '사용자들이 자신들의 정보처리 욕구를 충족하기 위하여 특정목적 하에 서로 관련 있는 데이터를 최소한의 중복으로 통합해 놓은 데이터(혹은 정보)의 집합체'로 정의된다. 너무 어렵게 들릴지 모르겠지만 흔히 보는 사원목록이나 전화번호로 구성된 사내 비상연락망, 회원명부, 판매현황, 월별 입고량, 재고현황 등이 데이터베이스의 한 예라고 할 수 있다. 따라서 기업에서 사용하는 많은 데이터가 데이터베이스의 형태를 가지고 있다고 볼 수 있다.

위 예들의 공통점은 모두 행과 열로 구성되는 테이블 모양을 하고 있다는 것이다. 데이터베이스는 한 개 이상의 테이블로 구성된다. 실제 기업정보시스템에서는 통상 수백 개의 테이블 정보가 서로 연결되어 거래를 기록하고 필요한 정보를 제공한다. 그러나 여기에서 우리는 데이터베이스를 간단히 테이블과 동의어로 정의하도록 한다. 왜냐하면 엑셀의 데이터베이스 기능은 대부분 하나의 테이블만을 대상으로 하는 것이기 때문이다.

아래에 보이는 지역별 대리점의 판매현황이 데이터베이스의 한 예이다.

| 이름 | 지역 | 판매연도 | 판매월 | 제품 | 판매금액 |
|---|---|---|---|---|---|
| 김하늘 | 중부 | 2001 | 6월 | MP3 | ₩360,000 |
| 김하늘 | 중부 | 2001 | 7월 | 선풍기 | ₩60,000 |
| 김하늘 | 중부 | 2001 | 4월 | 오디오 | ₩204,000 |
| 박성찰 | 서부 | 2002 | 4월 | MP3 | ₩1,260,000 |
| 박성찰 | 서부 | 2001 | 6월 | 난방기 | ₩840,000 |
| 박성찰 | 서부 | 2002 | 6월 | 난방기 | ₩288,000 |
| 박성찰 | 서부 | 2002 | 2월 | 오디오 | ₩112,000 |
| 유길승 | 남부 | 2000 | 6월 | 난방기 | ₩585,000 |
| 유길승 | 남부 | 2000 | 7월 | 선풍기 | ₩900,000 |
| 유길승 | 남부 | 2000 | 4월 | 선풍기 | ₩240,000 |
| 유길승 | 남부 | 2000 | 2월 | 오디오 | ₩105,000 |
| 윤기상 | 서부 | 2003 | 2월 | MP3 | ₩600,000 |
| 윤기상 | 서부 | 2000 | 4월 | 난방기 | ₩150,000 |
| 윤기상 | 서부 | 2000 | 6월 | 오디오 | ₩40,000 |
| 이기성 | 남부 | 2001 | 1월 | 난방기 | ₩160,000 |
| 이기성 | 남부 | 2001 | 2월 | 선풍기 | ₩280,000 |
| 이승기 | 중부 | 2002 | 6월 | MP3 | ₩450,000 |
| 이승기 | 중부 | 2003 | 2월 | 선풍기 | ₩925,000 |
| 이승기 | 중부 | 2002 | 7월 | 오디오 | ₩525,000 |
| 장대기 | 남부 | 2003 | 4월 | MP3 | ₩48,000 |
| 장대기 | 남부 | 2003 | 6월 | 난방기 | ₩390,000 |
| 장대기 | 남부 | 2003 | 6월 | 선풍기 | ₩672,000 |
| 장대기 | 남부 | 2003 | 7월 | 오디오 | ₩400,000 |

데이터베이스는 다음과 같은 구성요소를 가진다.

## (1) 필 드

테이블에서의 열을 말한다. 열에는 필요한 데이터 항목을 기입하는데, 예를 들어 '지역별 대리점의 판매현황'을 만들고자 할 때 필요한 데이터 항목이 이름, 소속지역, 판매연도, 판매월, 제품, 판매금액이라고 하면 이들이 각각 독립적인 필드가 된다. 엑셀에서 한 필드(field)는 한 열을 차지하며 따라서 다음의 판매현황 테이블은 6개의 필드를 가진다.

즉 판매기록에 대하여 회사가 필요로 하는 데이터인 이름(A3), 지역(B3), 판매연도(C3), 판매월(D3), 제품(E3), 판매금액(F3)으로 각 열을 구성하고 있음을 볼 수 있다. 물론 필드명이 없으면 정렬 외에는 테이블로서의 기능을 할 수 없는 관계로(예를 들어 필드명 없이 피벗 보고서를 만들 수 없음) 테이블의 첫 행에는 반드시 필드명을 기입하여 특정 열이 어떤 필드를 의미하는 것인지 명시하도록 한다.

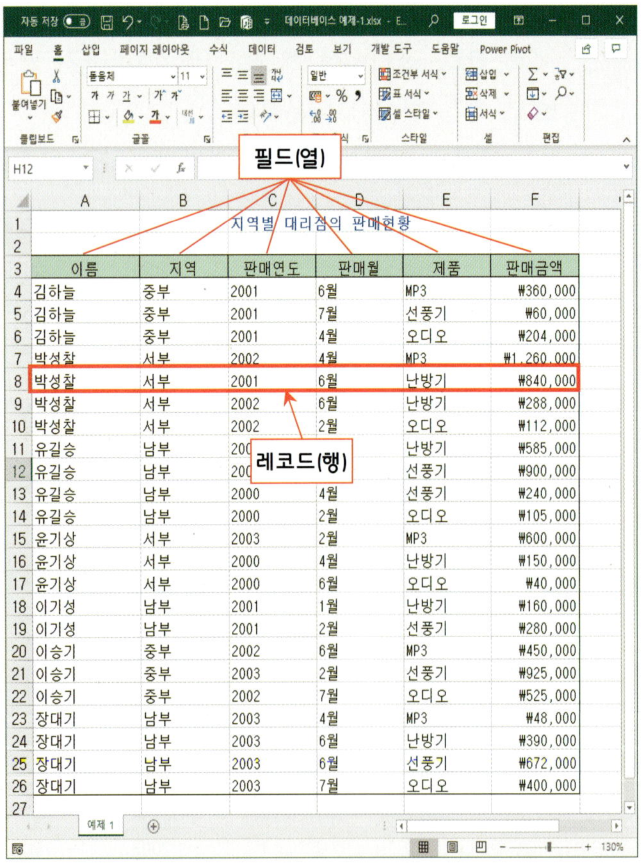


지역별 대리점의 판매현황

| 이름 | 지역 | 판매연도 | 판매월 | 제품 | 판매금액 |
|---|---|---|---|---|---|
| 김하늘 | 중부 | 2001 | 6월 | MP3 | ₩360,000 |
| 김하늘 | 중부 | 2001 | 7월 | 선풍기 | ₩60,000 |
| 김하늘 | 중부 | 2001 | 4월 | 오디오 | ₩204,000 |
| 박성찰 | 서부 | 2002 | 4월 | MP3 | ₩1,260,000 |
| 박성찰 | 서부 | 2001 | 6월 | 난방기 | ₩840,000 |
| 박성찰 | 서부 | 2002 | 6월 | 난방기 | ₩288,000 |
| 박성찰 | 서부 | 2002 | 2월 | 오디오 | ₩112,000 |
| 유길승 | 남부 | 200[illegible] | [illegible] | 난방기 | ₩585,000 |
| 유길승 | 남부 | 200[illegible] | [illegible] | 선풍기 | ₩900,000 |
| 유길승 | 남부 | 2000 | 4월 | 선풍기 | ₩240,000 |
| 유길승 | 남부 | 2000 | 2월 | 오디오 | ₩105,000 |
| 윤기상 | 서부 | 2003 | 2월 | MP3 | ₩600,000 |
| 윤기상 | 서부 | 2000 | 4월 | 난방기 | ₩150,000 |
| 윤기상 | 서부 | 2000 | 6월 | 오디오 | ₩40,000 |
| 이기성 | 남부 | 2001 | 1월 | 난방기 | ₩160,000 |
| 이기성 | 남부 | 2001 | 2월 | 선풍기 | ₩280,000 |
| 이승기 | 중부 | 2002 | 6월 | MP3 | ₩450,000 |
| 이승기 | 중부 | 2003 | 2월 | 선풍기 | ₩925,000 |
| 이승기 | 중부 | 2002 | 7월 | 오디오 | ₩525,000 |
| 장대기 | 남부 | 2003 | 4월 | MP3 | ₩48,000 |
| 장대기 | 남부 | 2003 | 6월 | 난방기 | ₩390,000 |
| 장대기 | 남부 | 2003 | 6월 | 선풍기 | ₩672,000 |
| 장대기 | 남부 | 2003 | 7월 | 오디오 | ₩400,000 |

## (2) 레코드

레코드(record)는 테이블에서 한 행을 말한다. 위의 판매현황에서 하나의 판매기록이 한 행을 차지하며 레코드가 되는 것을 볼 수 있는데, 총 23개의 레코드를 가지고 있다(열 제목은 데이터베이스의 레코드가 아님에 주의). 추가로 판매가 일어날 경우 레코드는 테이블에 추가되어 27행에 새 판매에 대한 정보를 기록하게 된다.

## (3) 테이블

### 1) 테이블의 영역

테이블의 영역은 열과 레코드들의 집합체를 의미한다. 판매현황 테이블(Table)의 범위는 열의 제목을 포함하며, 따라서 A3:F26 영역이 테이블의 영역이 된다.

### 2) 데이터베이스 작성시 주의사항

① 필드명은 반드시 테이블의 첫 행에 기입한다. 그리고 아래와 같이 두 행에 걸쳐 기입하지 말아야 한다.

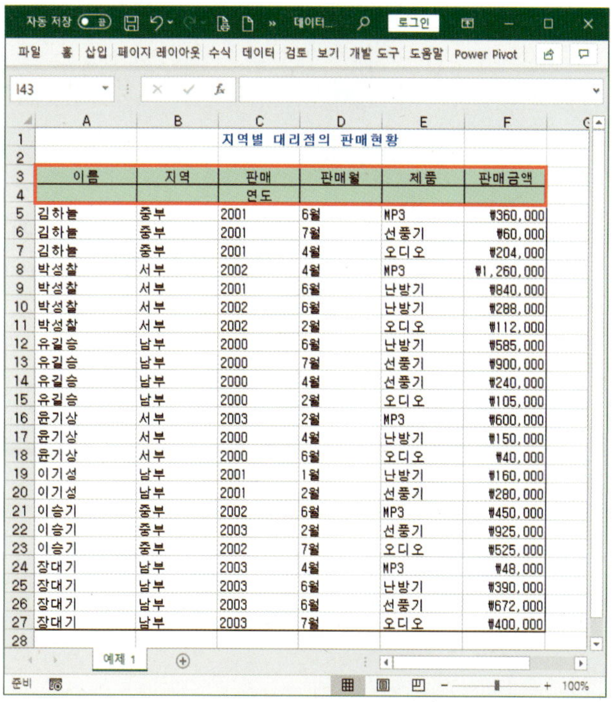


| | A | B | C | D | E | F |
|---|---|---|---|---|---|---|
| 1 | | | 지역별 대리점의 판매현황 | | | |
| 2 | | | | | | |
| 3 | 이름 | 지역 | 판매 | 판매월 | 제품 | 판매금액 |
| 4 | | | 연도 | | | |
| 5 | 김하늘 | 중부 | 2001 | 6월 | MP3 | ₩360,000 |
| 6 | 김하늘 | 중부 | 2001 | 7월 | 선풍기 | ₩60,000 |
| 7 | 김하늘 | 중부 | 2001 | 4월 | 오디오 | ₩204,000 |
| 8 | 박성찰 | 서부 | 2002 | 4월 | MP3 | ₩1,260,000 |
| 9 | 박성찰 | 서부 | 2001 | 6월 | 난방기 | ₩840,000 |
| 10 | 박성찰 | 서부 | 2002 | 6월 | 난방기 | ₩288,000 |
| 11 | 박성찰 | 서부 | 2002 | 2월 | 오디오 | ₩112,000 |
| 12 | 유길승 | 남부 | 2000 | 6월 | 난방기 | ₩585,000 |
| 13 | 유길승 | 남부 | 2000 | 7월 | 선풍기 | ₩900,000 |
| 14 | 유길승 | 남부 | 2000 | 4월 | 선풍기 | ₩240,000 |
| 15 | 유길승 | 남부 | 2000 | 2월 | 오디오 | ₩105,000 |
| 16 | 윤기상 | 서부 | 2003 | 2월 | MP3 | ₩600,000 |
| 17 | 윤기상 | 서부 | 2000 | 4월 | 난방기 | ₩150,000 |
| 18 | 윤기상 | 서부 | 2000 | 6월 | 오디오 | ₩40,000 |
| 19 | 이기성 | 남부 | 2001 | 1월 | 난방기 | ₩160,000 |
| 20 | 이기성 | 남부 | 2001 | 2월 | 선풍기 | ₩280,000 |
| 21 | 이승기 | 중부 | 2002 | 6월 | MP3 | ₩450,000 |
| 22 | 이승기 | 중부 | 2003 | 2월 | 선풍기 | ₩925,000 |
| 23 | 이승기 | 중부 | 2002 | 7월 | 오디오 | ₩525,000 |
| 24 | 장대기 | 남부 | 2003 | 4월 | MP3 | ₩48,000 |
| 25 | 장대기 | 남부 | 2003 | 6월 | 난방기 | ₩390,000 |
| 26 | 장대기 | 남부 | 2003 | 6월 | 선풍기 | ₩672,000 |
| 27 | 장대기 | 남부 | 2003 | 7월 | 오디오 | ₩400,000 |
| 28 | | | | | | |

만일 필드명이 첫 행에 있지 않거나 두 행에 걸쳐 기입되면 데이터베이스와 관련된 함수를 사용할 수 없으므로 첫 행에만 기입해야 한다.

② 한 열에는 반드시 하나의 정보만 기입해야 한다.

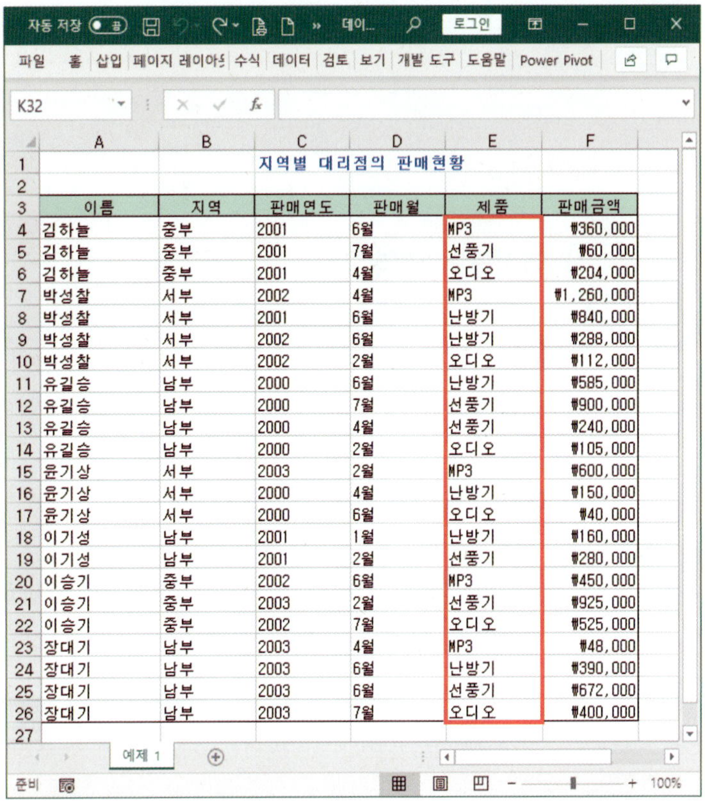
지역별 대리점의 판매현황

| 이름 | 지역 | 판매연도 | 판매월 | 제품 | 판매금액 |
|---|---|---|---|---|---|
| 김하늘 | 중부 | 2001 | 6월 | MP3 | ₩360,000 |
| 김하늘 | 중부 | 2001 | 7월 | 선풍기 | ₩60,000 |
| 김하늘 | 중부 | 2001 | 4월 | 오디오 | ₩204,000 |
| 박성찰 | 서부 | 2002 | 4월 | MP3 | ₩1,260,000 |
| 박성찰 | 서부 | 2001 | 6월 | 난방기 | ₩840,000 |
| 박성찰 | 서부 | 2002 | 6월 | 난방기 | ₩288,000 |
| 박성찰 | 서부 | 2002 | 2월 | 오디오 | ₩112,000 |
| 유길승 | 남부 | 2000 | 6월 | 난방기 | ₩585,000 |
| 유길승 | 남부 | 2000 | 7월 | 선풍기 | ₩900,000 |
| 유길승 | 남부 | 2000 | 4월 | 선풍기 | ₩240,000 |
| 유길승 | 남부 | 2000 | 2월 | 오디오 | ₩105,000 |
| 윤기상 | 서부 | 2003 | 2월 | MP3 | ₩600,000 |
| 윤기상 | 서부 | 2000 | 4월 | 난방기 | ₩150,000 |
| 윤기상 | 서부 | 2000 | 6월 | 오디오 | ₩40,000 |
| 이기성 | 남부 | 2001 | 1월 | 난방기 | ₩160,000 |
| 이기성 | 남부 | 2001 | 2월 | 선풍기 | ₩280,000 |
| 이승기 | 중부 | 2002 | 6월 | MP3 | ₩450,000 |
| 이승기 | 중부 | 2003 | 2월 | 선풍기 | ₩925,000 |
| 이승기 | 중부 | 2002 | 7월 | 오디오 | ₩525,000 |
| 장대기 | 남부 | 2003 | 4월 | MP3 | ₩48,000 |
| 장대기 | 남부 | 2003 | 6월 | 난방기 | ₩390,000 |
| 장대기 | 남부 | 2003 | 6월 | 선풍기 | ₩672,000 |
| 장대기 | 남부 | 2003 | 7월 | 오디오 | ₩400,000 |

‘제품’이 입력되는 E열에는 제품의 종류만 입력해야 하며, 다른 정보, 즉 사원의 이름이나 판매연도 등 다른 성격의 정보를 E열에 입력해서는 안 된다.

③ 테이블에는 아래와 같이 중간에 빈 행이나 빈 열이 있어서는 안 된다.

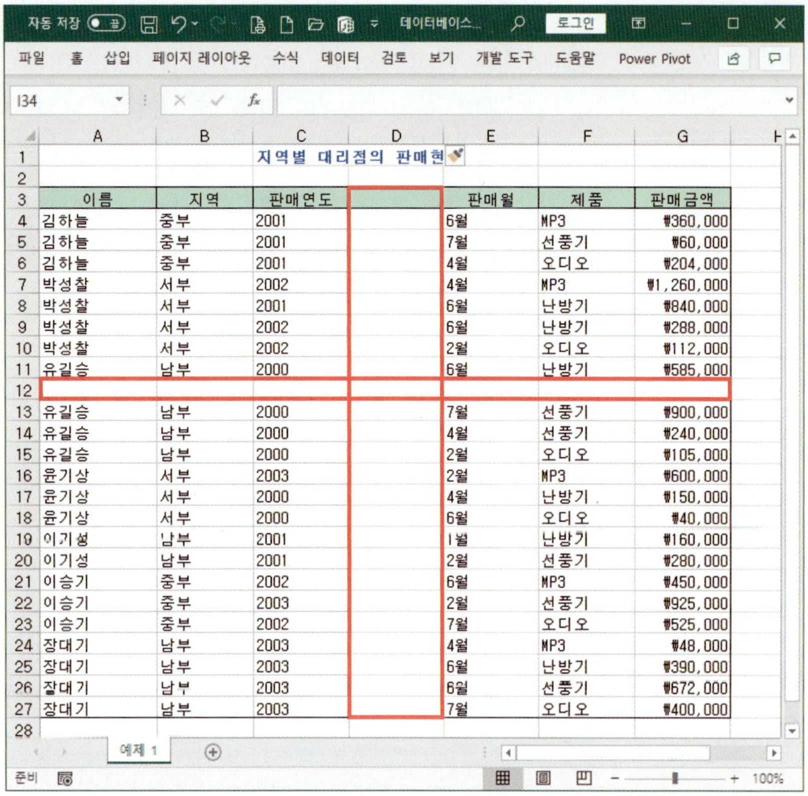

지역별 대리점의 판매현

| 이름 | 지역 | 판매연도 | | 판매월 | 제품 | 판매금액 |
|---|---|---|---|---|---|---|
| 김하늘 | 중부 | 2001 | | 6월 | MP3 | ₩360,000 |
| 김하늘 | 중부 | 2001 | | 7월 | 선풍기 | ₩60,000 |
| 김하늘 | 중부 | 2001 | | 4월 | 오디오 | ₩204,000 |
| 박성찰 | 서부 | 2002 | | 4월 | MP3 | ₩1,260,000 |
| 박성찰 | 서부 | 2001 | | 6월 | 난방기 | ₩840,000 |
| 박성찰 | 서부 | 2002 | | 6월 | 난방기 | ₩288,000 |
| 박성찰 | 서부 | 2002 | | 2월 | 오디오 | ₩112,000 |
| 유길승 | 남부 | 2000 | | 6월 | 난방기 | ₩585,000 |
| | | | | | | |
| 유길승 | 남부 | 2000 | | 7월 | 선풍기 | ₩900,000 |
| 유길승 | 남부 | 2000 | | 4월 | 선풍기 | ₩240,000 |
| 유길승 | 남부 | 2000 | | 2월 | 오디오 | ₩105,000 |
| 윤기상 | 서부 | 2003 | | 2월 | MP3 | ₩600,000 |
| 윤기상 | 서부 | 2000 | | 4월 | 난방기 | ₩150,000 |
| 윤기상 | 서부 | 2000 | | 6월 | 오디오 | ₩40,000 |
| 이기성 | 남부 | 2001 | | 1월 | 난방기 | ₩160,000 |
| 이기성 | 남부 | 2001 | | 2월 | 선풍기 | ₩280,000 |
| 이승기 | 중부 | 2002 | | 6월 | MP3 | ₩450,000 |
| 이승기 | 중부 | 2003 | | 2월 | 선풍기 | ₩925,000 |
| 이승기 | 중부 | 2002 | | 7월 | 오디오 | ₩525,000 |
| 장대기 | 남부 | 2003 | | 4월 | MP3 | ₩48,000 |
| 장대기 | 남부 | 2003 | | 6월 | 난방기 | ₩390,000 |
| 장대기 | 남부 | 2003 | | 6월 | 선풍기 | ₩672,000 |
| 장대기 | 남부 | 2003 | | 7월 | 오디오 | ₩400,000 |

테이블의 빈 행이나 빈 열은 별도의 테이블로 인식하게 되므로 계산오류를 일으킨다. 테이블의 범위는 테이블 내의 한 셀을 클릭하면 자동으로 전체 테이블 범위를 엑셀이 인식하므로 범위를 따로 선택할 필요는 없다. 만일 전체 테이블 범위를 선택하고자 하면 단축키로 'Ctrl 키+A'를 사용하면 된다.

### 3) 테이블 작성시 열의 결정

① 가능한 한 열은 데이터를 가장 세분화한 단위가 좋다. 예를 들어 성명, 직위의 두 개 열이 좋으며, 한 열에 성명과 직위가 함께 있는 것은 피해야 한다. 예를 들어 '이성주, 과장' 식으로 필드를 만들게 되면 성명별로, 직급별로 따로는 데이터를 집계하지 못하게 된다.

② 숫자, 금액, 일자 열을 정할 때 단위는 넣지 않는다. 즉 단순히 숫자 '1000000'으로 입력하면 된다. '1000000원'으로 하여 한 열에 숫자와 텍스트를 혼합시키면 계산이 불가능하게 된다.

③ 행을 대표하는 필드가 있으면 테이블의 가장 왼쪽에 놓는 것이 좋다. 예를 들어 학번, 사번, 사용자 아이디 같은 것은 가장 왼쪽 열로 위치시키는 것이 좋다. 이것은 나중에 VLOOKUP함수를 원활히 사용하기 위함이다.

④ 날짜는 연-월-일(예 : 2022-9-1)로 한 열만 차지하게 하면 된다. 굳이 연 필드, 월 필드, 일자 필드를 따로 둘 필요가 없다. YEAR 등 DATE 관련 함수를 사용하여 연, 월, 일을 분리할 수 있다.

⑤ 성별(남, 여), 직위(사원, 대리, 팀장, …) 등과 같이 종류가 있는 필드는 가능한 한 그 종류를 미리 정해 보는 것이 좋다. 나중에 분류를 고려하여 미리 나누어 놓아야 원하는 현황을 만들 수 있다.

그러면, 다음 절에서 엑셀의 '[데이터]탭'을 활용하여

- 정렬
- 필터링
- 피벗 테이블

등을 실행해 보기로 한다.

# 2. 데이터베이스 실습 (데이터베이스 예제-1.xlsx)

## (1) 데이터 정렬

데이터 정렬(sorting)은 특정 필드의 값에 따라 레코드의 순서를 다시 나열하는 것을 말한다. 수백 명의 학생이 수강하는 수업에서 출석부의 명단이 무작위로 작성되어 있다면 특정학생을 찾기가 쉽지 않을 것이다. 이런 경우 이름이나 학번 순으로 나열하면 편리하게 학생을 찾을 수 있다.

데이터 정렬에는 세 가지 방법이 있다. 첫 번째는 '[데이터]탭'의 '오름차순 정렬', '내림차순 정렬' 아이콘을 이용하여 정렬하는 방법이다. 두 번째는 '[데이터]탭'의 '정렬' 창을 사용하는 것이다. 사용자들이 원하는 형태로 마음대로 정렬하는 방법이라고 할 수 있다. 세 번째는 '사용자 지정목록'을 이용하여 정렬하는 방법이다.

### 1) '[데이터]탭'의 '오름차순 정렬', '내림차순 정렬' 아이콘을 이용한 정렬방법

① 오름차순 정렬

판매현황을 '제품' 이름 순(가나다 순, 즉 오름차순)으로 정렬하고자 한다면 다음과 같이 처리한다.

- 먼저 데이터베이스 내에서 정렬의 기준이 되는 필드(열)를 선택한다. 제품명 순으로 레코드를 정렬하고자 하므로 E3셀에서 E26셀까지의 셀 중 하나를 선택한다. 여기에서는 E11셀을 클릭하였다.

- '[데이터]탭'의 '오름차순 정렬' 아이콘을 클릭한다.

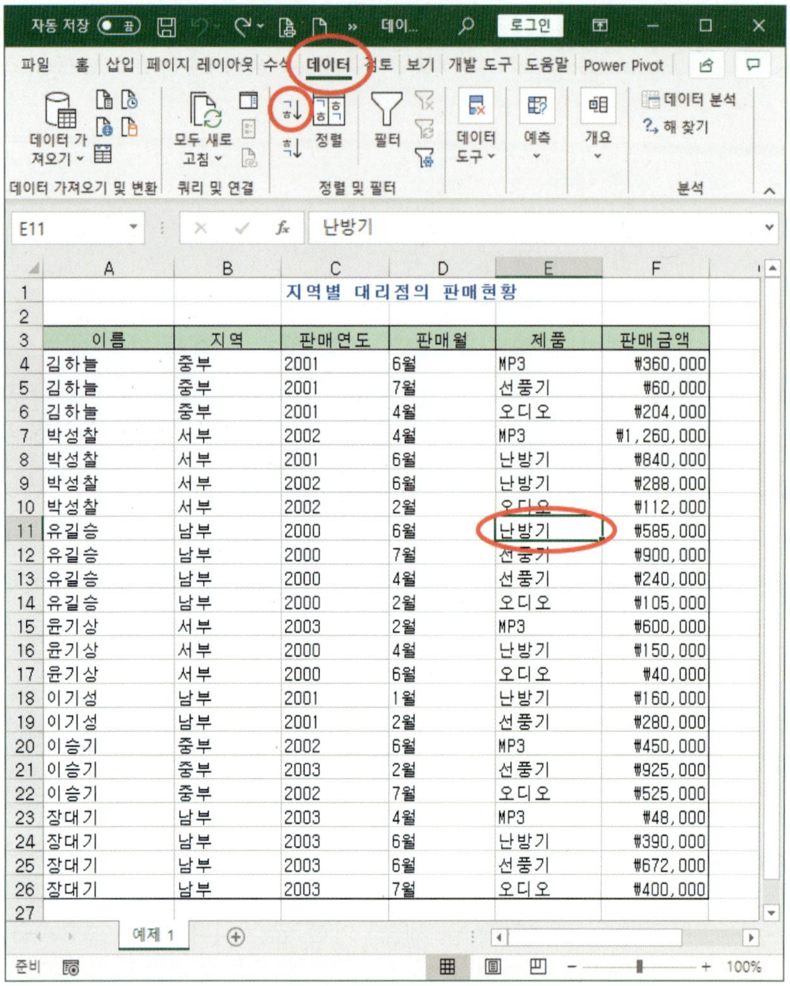


| | A | B | C | D | E | F |
|---|---|---|---|---|---|---|
| 1 | | | 지역별 대리점의 판매현황 | | | |
| 2 | | | | | | |
| 3 | 이름 | 지역 | 판매연도 | 판매월 | 제품 | 판매금액 |
| 4 | 김하늘 | 중부 | 2001 | 6월 | MP3 | ₩360,000 |
| 5 | 김하늘 | 중부 | 2001 | 7월 | 선풍기 | ₩60,000 |
| 6 | 김하늘 | 중부 | 2001 | 4월 | 오디오 | ₩204,000 |
| 7 | 박성찰 | 서부 | 2002 | 4월 | MP3 | ₩1,260,000 |
| 8 | 박성찰 | 서부 | 2001 | 6월 | 난방기 | ₩840,000 |
| 9 | 박성찰 | 서부 | 2002 | 6월 | 난방기 | ₩288,000 |
| 10 | 박성찰 | 서부 | 2002 | 2월 | 오디오 | ₩112,000 |
| 11 | 유길승 | 남부 | 2000 | 6월 | 난방기 | ₩585,000 |
| 12 | 유길승 | 남부 | 2000 | 7월 | 선풍기 | ₩900,000 |
| 13 | 유길승 | 남부 | 2000 | 4월 | 선풍기 | ₩240,000 |
| 14 | 유길승 | 남부 | 2000 | 2월 | 오디오 | ₩105,000 |
| 15 | 윤기상 | 서부 | 2003 | 2월 | MP3 | ₩600,000 |
| 16 | 윤기상 | 서부 | 2000 | 4월 | 난방기 | ₩150,000 |
| 17 | 윤기상 | 서부 | 2000 | 6월 | 오디오 | ₩40,000 |
| 18 | 이기성 | 남부 | 2001 | 1월 | 난방기 | ₩160,000 |
| 19 | 이기성 | 남부 | 2001 | 2월 | 선풍기 | ₩280,000 |
| 20 | 이승기 | 중부 | 2002 | 6월 | MP3 | ₩450,000 |
| 21 | 이승기 | 중부 | 2003 | 2월 | 선풍기 | ₩925,000 |
| 22 | 이승기 | 중부 | 2002 | 7월 | 오디오 | ₩525,000 |
| 23 | 장대기 | 남부 | 2003 | 4월 | MP3 | ₩48,000 |
| 24 | 장대기 | 남부 | 2003 | 6월 | 난방기 | ₩390,000 |
| 25 | 장대기 | 남부 | 2003 | 6월 | 선풍기 | ₩672,000 |
| 26 | 장대기 | 남부 | 2003 | 7월 | 오디오 | ₩400,000 |
| 27 | | | | | | |

◑ 이제 아래 그림과 같이 레코드가 제품명의 오름차순으로 정렬된 것을 볼 수 있다. 이때 다른 열은 움직이지 않고 제품 열만 오름차순으로 정리된 것이 아니라 레코드 전체가 이동하여 순서가 재배열되었음을 유의해야 한다.

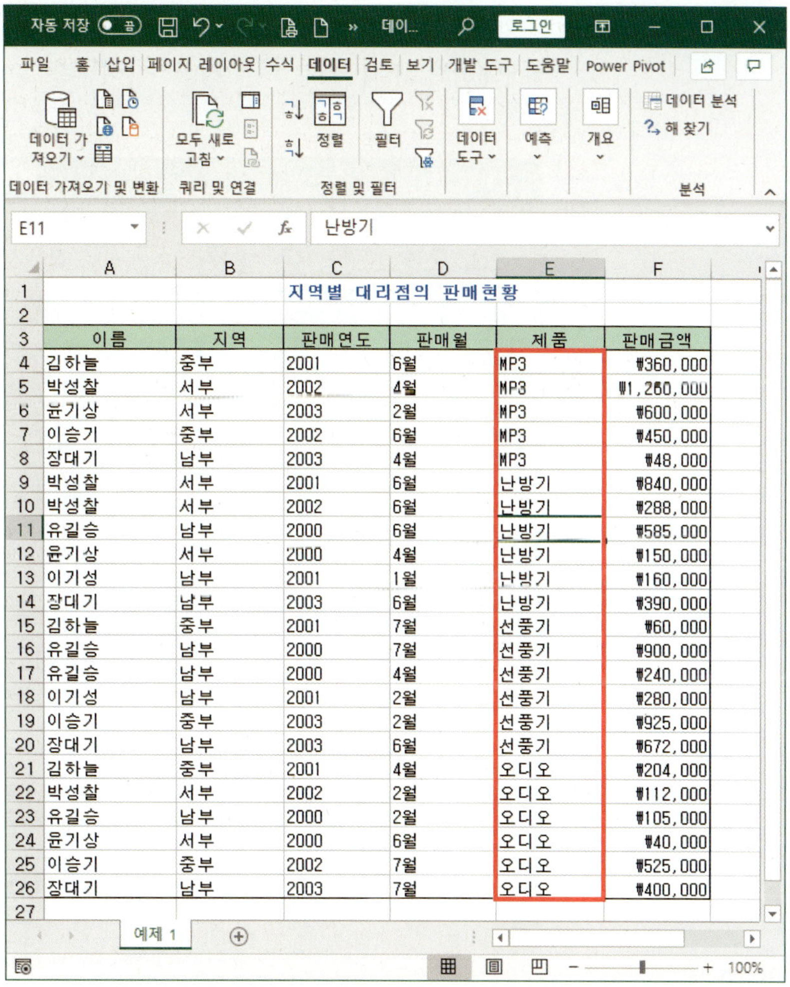

② 내림차순 정렬

'제품' 이름 순으로 레코드가 정렬된 아래 판매현황을 '판매금액'의 내림차순으로 정렬하고자 한다면 다음과 같이 처리한다.

- 정렬기준이 되는 필드('판매금액' 필드)의 필드명인 F열의 데이터가 있는 임의의 셀(F9셀)을 클릭한다.
- '[데이터]탭'의 '내림차순 정렬' 아이콘을 클릭한다.

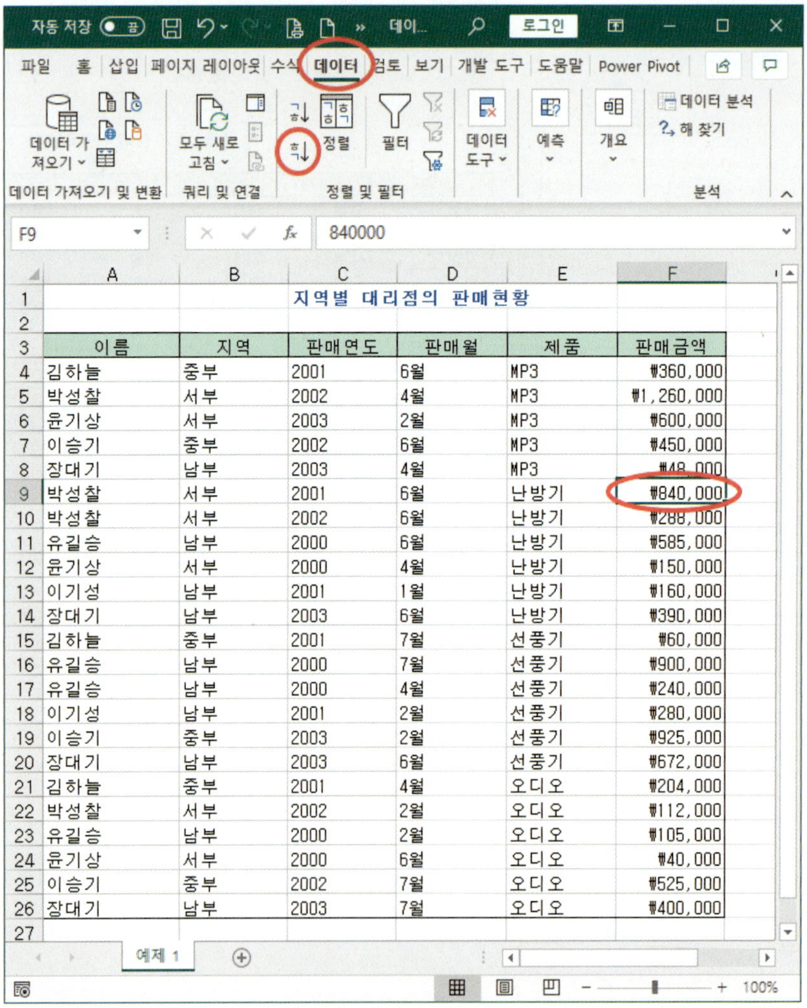


지역별 대리점의 판매현황

| 이름 | 지역 | 판매연도 | 판매월 | 제품 | 판매금액 |
|---|---|---|---|---|---|
| 김하늘 | 중부 | 2001 | 6월 | MP3 | ₩360,000 |
| 박성찰 | 서부 | 2002 | 4월 | MP3 | ₩1,260,000 |
| 윤기상 | 서부 | 2003 | 2월 | MP3 | ₩600,000 |
| 이승기 | 중부 | 2002 | 6월 | MP3 | ₩450,000 |
| 장대기 | 남부 | 2003 | 4월 | MP3 | ₩48,000 |
| 박성찰 | 서부 | 2001 | 6월 | 난방기 | ₩840,000 |
| 박성찰 | 서부 | 2002 | 6월 | 난방기 | ₩288,000 |
| 유길승 | 남부 | 2000 | 6월 | 난방기 | ₩585,000 |
| 윤기상 | 서부 | 2000 | 4월 | 난방기 | ₩150,000 |
| 이기성 | 남부 | 2001 | 1월 | 난방기 | ₩160,000 |
| 장대기 | 남부 | 2003 | 6월 | 난방기 | ₩390,000 |
| 김하늘 | 중부 | 2001 | 7월 | 선풍기 | ₩60,000 |
| 유길승 | 남부 | 2000 | 7월 | 선풍기 | ₩900,000 |
| 유길승 | 남부 | 2000 | 4월 | 선풍기 | ₩240,000 |
| 이기성 | 남부 | 2001 | 2월 | 선풍기 | ₩280,000 |
| 이승기 | 중부 | 2003 | 2월 | 선풍기 | ₩925,000 |
| 장대기 | 남부 | 2003 | 6월 | 선풍기 | ₩672,000 |
| 김하늘 | 중부 | 2001 | 4월 | 오디오 | ₩204,000 |
| 박성찰 | 서부 | 2002 | 2월 | 오디오 | ₩112,000 |
| 유길승 | 남부 | 2000 | 2월 | 오디오 | ₩105,000 |
| 윤기상 | 서부 | 2000 | 6월 | 오디오 | ₩40,000 |
| 이승기 | 중부 | 2002 | 7월 | 오디오 | ₩525,000 |
| 장대기 | 남부 | 2003 | 7월 | 오디오 | ₩400,000 |

- 이제 아래 그림과 같이 모든 레코드가 판매금액의 내림차순으로 정렬된 것을 볼 수 있다.

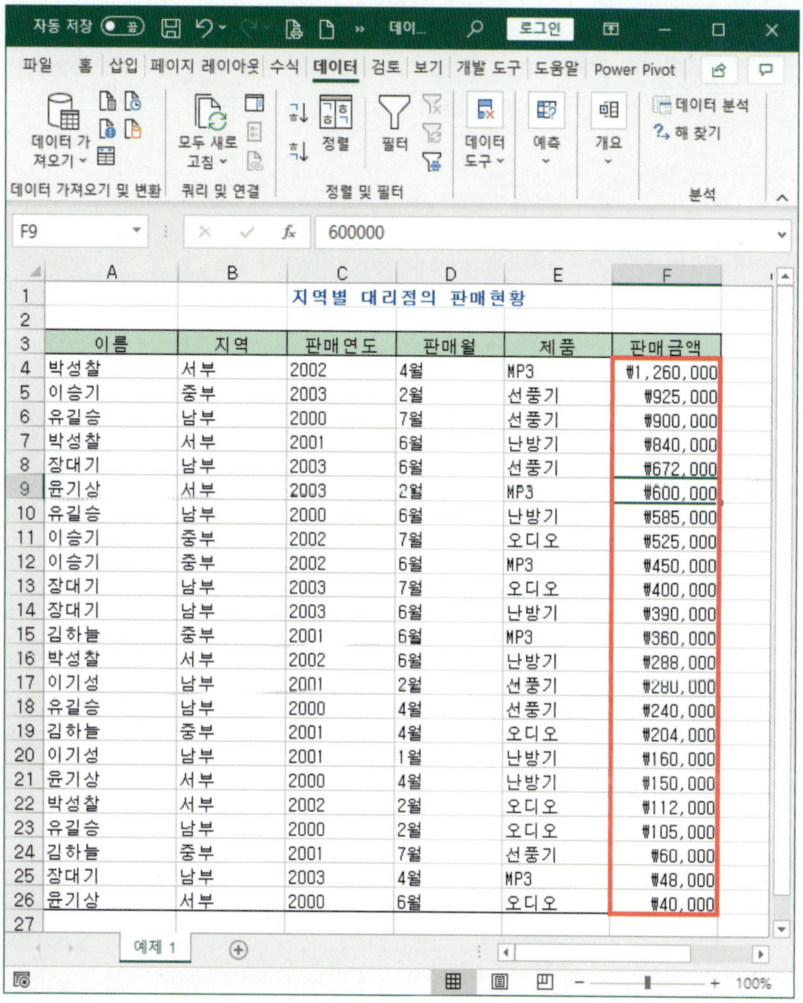

| 이름 | 지역 | 판매연도 | 판매월 | 제품 | 판매금액 |
|---|---|---|---|---|---|
| 박성찰 | 서부 | 2002 | 4월 | MP3 | ₩1,260,000 |
| 이승기 | 중부 | 2003 | 2월 | 선풍기 | ₩925,000 |
| 유길승 | 남부 | 2000 | 7월 | 선풍기 | ₩900,000 |
| 박성찰 | 서부 | 2001 | 6월 | 난방기 | ₩840,000 |
| 장대기 | 남부 | 2003 | 6월 | 선풍기 | ₩672,000 |
| 윤기상 | 서부 | 2003 | 2월 | MP3 | ₩600,000 |
| 유길승 | 남부 | 2000 | 6월 | 난방기 | ₩585,000 |
| 이승기 | 중부 | 2002 | 7월 | 오디오 | ₩525,000 |
| 이승기 | 중부 | 2002 | 6월 | MP3 | ₩450,000 |
| 장대기 | 남부 | 2003 | 7월 | 오디오 | ₩400,000 |
| 장대기 | 남부 | 2003 | 6월 | 난방기 | ₩390,000 |
| 김하늘 | 중부 | 2001 | 6월 | MP3 | ₩360,000 |
| 박성찰 | 서부 | 2002 | 6월 | 난방기 | ₩288,000 |
| 이기성 | 남부 | 2001 | 2월 | 선풍기 | ₩280,000 |
| 유길승 | 남부 | 2000 | 4월 | 선풍기 | ₩240,000 |
| 김하늘 | 중부 | 2001 | 4월 | 오디오 | ₩204,000 |
| 이기성 | 남부 | 2001 | 1월 | 난방기 | ₩160,000 |
| 윤기상 | 서부 | 2000 | 4월 | 난방기 | ₩150,000 |
| 박성찰 | 서부 | 2002 | 2월 | 오디오 | ₩112,000 |
| 유길승 | 남부 | 2000 | 2월 | 오디오 | ₩105,000 |
| 김하늘 | 중부 | 2001 | 7월 | 선풍기 | ₩60,000 |
| 장대기 | 남부 | 2003 | 4월 | MP3 | ₩48,000 |
| 윤기상 | 서부 | 2000 | 6월 | 오디오 | ₩40,000 |

## 2) '[데이터]탭'의 '정렬'을 이용한 정렬방법

'[데이터]탭-정렬'을 이용하면 좀더 다양한 방법으로 자료를 정렬할 수 있다. 정렬 아이콘을 사용한 경우 하나의 필드만을 대상으로 정렬할 수 있으나, 정렬 대화상자를 이용할 경우 정렬 기준 필드의 수를 64개까지 줄 수 있다.

① 테이블 내의 아무 곳이나 임의의 셀(필드명 부분도 포함)을 클릭한다. 이때 꼭 테이블 전체 범위를 선택할 필요는 없다. 왜냐하면 테이블의 범위를 엑셀이 알고 있기 때문이다. 그러나 전체 범위를 선택하고 싶으면 'Ctrl 키+A'를 클

릭하면 테이블 전체가 선택된다.

② '[데이터]탭-정렬'을 선택하여 아래 그림과 같이 정렬 대화상자를 불러온다.

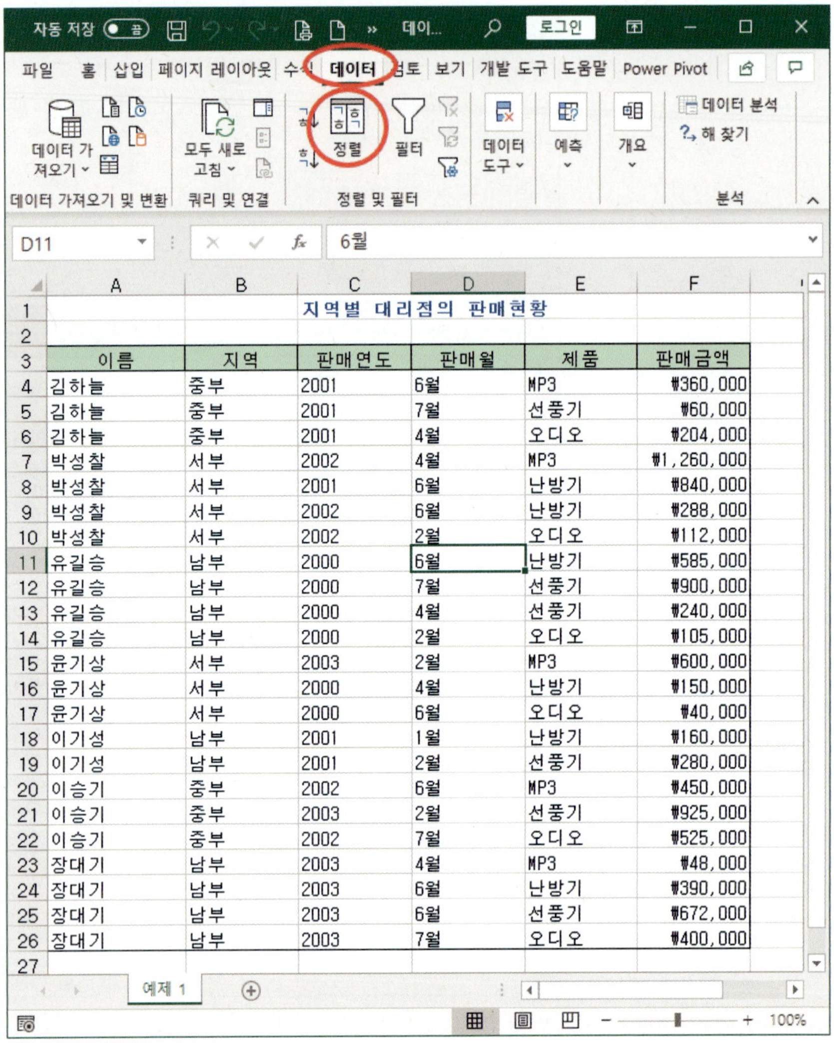

| | A | B | C | D | E | F |
|---|---|---|---|---|---|---|
| 1 | | | 지역별 대리점의 판매현황 | | | |
| 2 | | | | | | |
| 3 | 이름 | 지역 | 판매연도 | 판매월 | 제품 | 판매금액 |
| 4 | 김하늘 | 중부 | 2001 | 6월 | MP3 | ₩360,000 |
| 5 | 김하늘 | 중부 | 2001 | 7월 | 선풍기 | ₩60,000 |
| 6 | 김하늘 | 중부 | 2001 | 4월 | 오디오 | ₩204,000 |
| 7 | 박성찰 | 서부 | 2002 | 4월 | MP3 | ₩1,260,000 |
| 8 | 박성찰 | 서부 | 2001 | 6월 | 난방기 | ₩840,000 |
| 9 | 박성찰 | 서부 | 2002 | 6월 | 난방기 | ₩288,000 |
| 10 | 박성찰 | 서부 | 2002 | 2월 | 오디오 | ₩112,000 |
| 11 | 유길승 | 남부 | 2000 | 6월 | 난방기 | ₩585,000 |
| 12 | 유길승 | 남부 | 2000 | 7월 | 선풍기 | ₩900,000 |
| 13 | 유길승 | 남부 | 2000 | 4월 | 선풍기 | ₩240,000 |
| 14 | 유길승 | 남부 | 2000 | 2월 | 오디오 | ₩105,000 |
| 15 | 윤기상 | 서부 | 2003 | 2월 | MP3 | ₩600,000 |
| 16 | 윤기상 | 서부 | 2000 | 4월 | 난방기 | ₩150,000 |
| 17 | 윤기상 | 서부 | 2000 | 6월 | 오디오 | ₩40,000 |
| 18 | 이기성 | 남부 | 2001 | 1월 | 난방기 | ₩160,000 |
| 19 | 이기성 | 남부 | 2001 | 2월 | 선풍기 | ₩280,000 |
| 20 | 이승기 | 중부 | 2002 | 6월 | MP3 | ₩450,000 |
| 21 | 이승기 | 중부 | 2003 | 2월 | 선풍기 | ₩925,000 |
| 22 | 이승기 | 중부 | 2002 | 7월 | 오디오 | ₩525,000 |
| 23 | 장대기 | 남부 | 2003 | 4월 | MP3 | ₩48,000 |
| 24 | 장대기 | 남부 | 2003 | 6월 | 난방기 | ₩390,000 |
| 25 | 장대기 | 남부 | 2003 | 6월 | 선풍기 | ₩672,000 |
| 26 | 장대기 | 남부 | 2003 | 7월 | 오디오 | ₩400,000 |
| 27 | | | | | | |

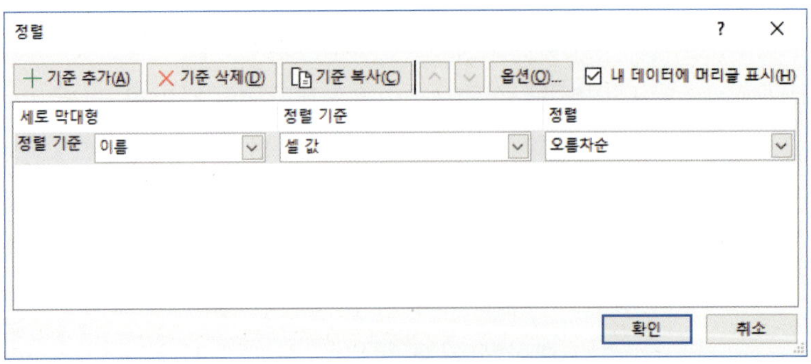

③ 정렬기준은 [+ 기준 추가(A)] 버튼을 클릭하면 아래로 하나씩 늘어나게 되며 64개까지 추가할 수 있다. 추가한 기준을 없애고자 하면 오른쪽의 [× 기준 삭제(D)] 버튼을 클릭하여 삭제하면 된다.

④ '지역' 순으로 정렬하되 지역이 같은 경우 '이름' 순으로 정렬하려고 한다. 우선 정렬기준 열은 '지역', 그리고 정렬기준은 셀 색이나 글꼴 색 등이 아닌 '셀 값'을 대상으로 하고, '오름차순'으로 정렬한다.

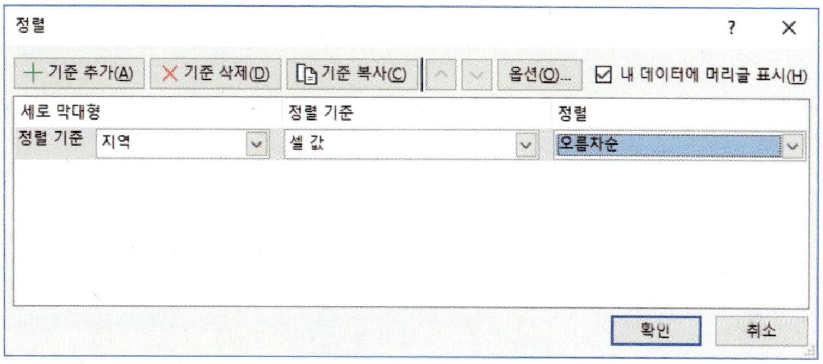


⑤ '지역'이 같은 경우 '이름' 순으로 정렬해야 하므로 기준을 하나 더 추가해야 한다. [+ 기준 추가(A)] 버튼을 눌러 기준을 추가하고, 정렬기준 열은 '이름', 정렬기준은 '셀 값', 그리고 정렬방법은 판매사원의 이름 순으로 보는 것이 자연스러우므로 '오름차순'으로 설정한다.

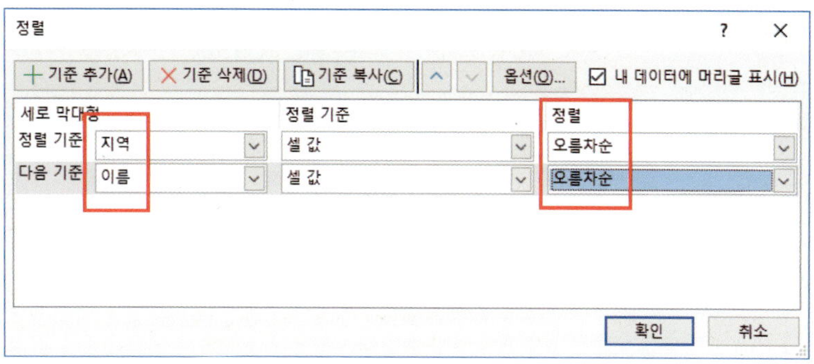

⑥ 이제 정렬에 대한 모든 설정이 끝났으므로 '확인' 버튼을 클릭하면 아래와 같이 데이터베이스가 정렬됨을 알 수 있다. 이때 지역과 이름 열만 새로 정렬되는 것이 아니라 레코드가 같이 움직인다는 것을 상기해야 한다.

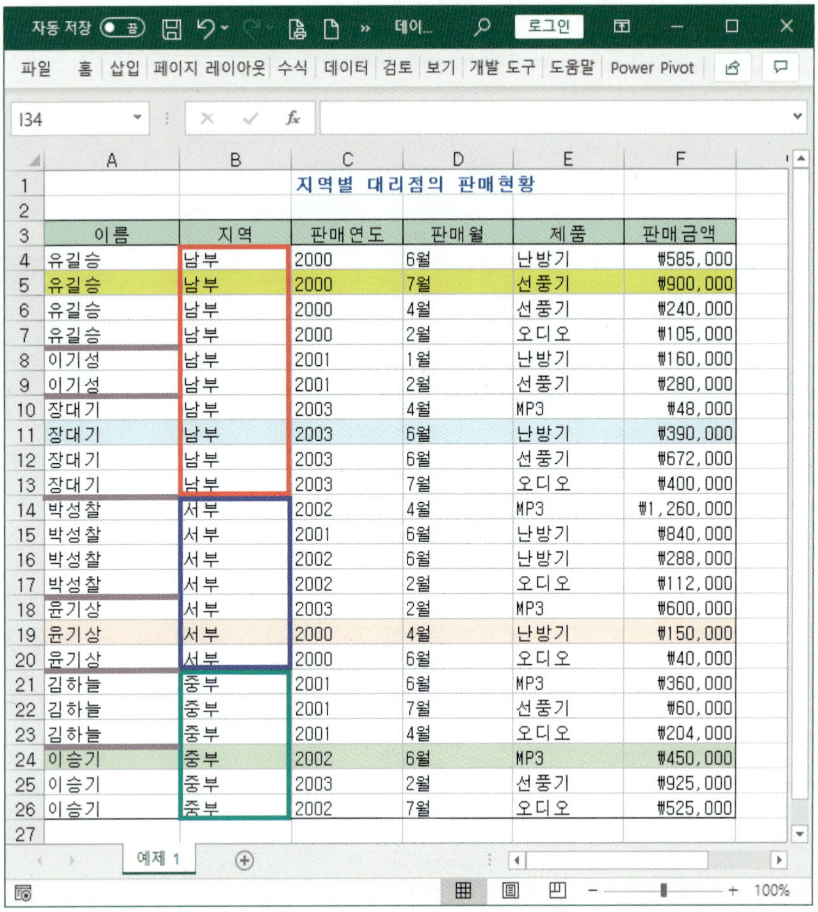

지역별 대리점의 판매현황

| 이름 | 지역 | 판매연도 | 판매월 | 제품 | 판매금액 |
|---|---|---|---|---|---|
| 유길승 | 남부 | 2000 | 6월 | 난방기 | ₩585,000 |
| 유길승 | 남부 | 2000 | 7월 | 선풍기 | ₩900,000 |
| 유길승 | 남부 | 2000 | 4월 | 선풍기 | ₩240,000 |
| 유길승 | 남부 | 2000 | 2월 | 오디오 | ₩105,000 |
| 이기성 | 남부 | 2001 | 1월 | 난방기 | ₩160,000 |
| 이기성 | 남부 | 2001 | 2월 | 선풍기 | ₩280,000 |
| 장대기 | 남부 | 2003 | 4월 | MP3 | ₩48,000 |
| 장대기 | 남부 | 2003 | 6월 | 난방기 | ₩390,000 |
| 장대기 | 남부 | 2003 | 6월 | 선풍기 | ₩672,000 |
| 장대기 | 남부 | 2003 | 7월 | 오디오 | ₩400,000 |
| 박성찰 | 서부 | 2002 | 4월 | MP3 | ₩1,260,000 |
| 박성찰 | 서부 | 2001 | 6월 | 난방기 | ₩840,000 |
| 박성찰 | 서부 | 2002 | 6월 | 난방기 | ₩288,000 |
| 박성찰 | 서부 | 2002 | 2월 | 오디오 | ₩112,000 |
| 윤기상 | 서부 | 2003 | 2월 | MP3 | ₩600,000 |
| 윤기상 | 서부 | 2000 | 4월 | 난방기 | ₩150,000 |
| 윤기상 | 서부 | 2000 | 6월 | 오디오 | ₩40,000 |
| 김하늘 | 중부 | 2001 | 6월 | MP3 | ₩360,000 |
| 김하늘 | 중부 | 2001 | 7월 | 선풍기 | ₩60,000 |
| 김하늘 | 중부 | 2001 | 4월 | 오디오 | ₩204,000 |
| 이승기 | 중부 | 2002 | 6월 | MP3 | ₩450,000 |
| 이승기 | 중부 | 2003 | 2월 | 선풍기 | ₩925,000 |
| 이승기 | 중부 | 2002 | 7월 | 오디오 | ₩525,000 |

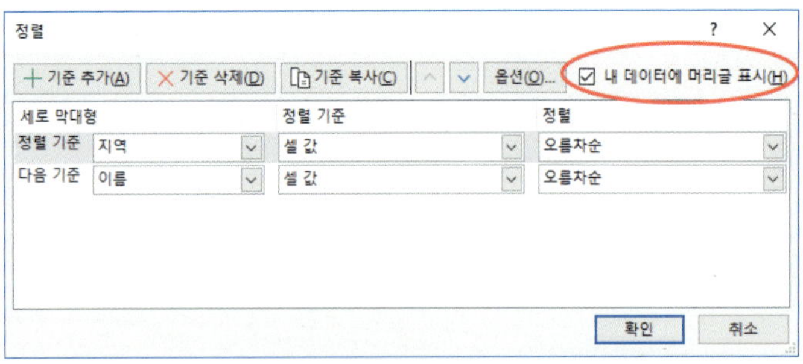


판매현황 테이블은 필드명 행이 있기 때문에 정렬시 반드시 ☑ 내 데이터에 머리글 표시(H) 에 ☑를 하여, 필드명 행은 정렬되는 행 데이터에 포함되지 않게 주의해야 한다.

즉 ☑를 하면 테이블의 첫 번째 행은 필드명이니 첫 행은 그대로 두고 두 번째 행부터 정렬을 하라는 의미이다.

### 3) 사용자 지정목록을 이용한 정렬방법

판매지역에 따라 정렬하고자 한다면 항상 오름차순(남부, 서부, 중부)이나 내림차순(중부, 서부, 남부)의 순으로 정렬할 수밖에 없다. 그러나 회사에서 항상 순서를 '중부, 남부, 서부'의 순으로 정렬하는 것이 관례화되어 있다면 정렬 아이콘이나 정렬 대화창을 이용해서는 원하는 순서대로 정렬을 실행할 수 없다. 따라서 이런 경우에는 '사용자 지정목록'에 정렬할 순서(즉, 중부, 남부, 서부의 순)를 먼저 지정하고 정렬해야 한다.

① 엑셀의 옵션에서 '사용자 지정목록 편집'을 클릭하면 '사용자 지정목록' 창이 나타난다.

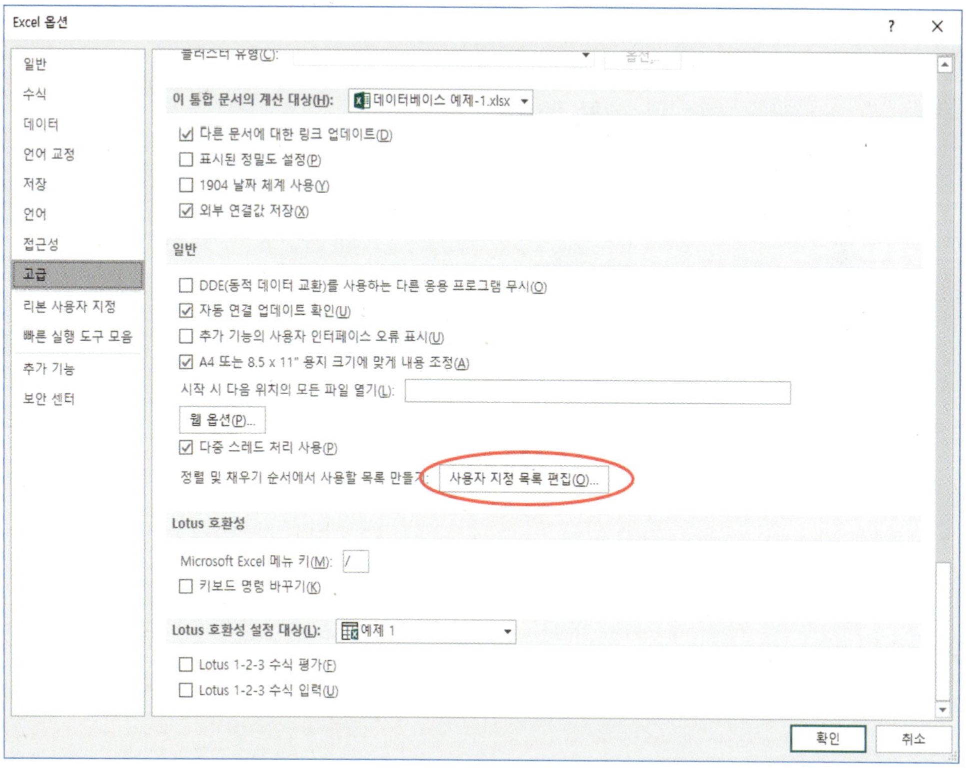

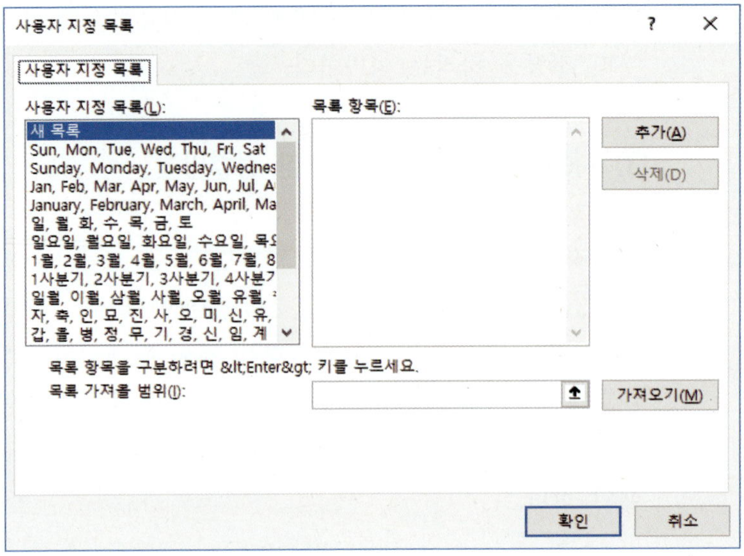


② 왼쪽의 '새 목록'란을 선택하면 오른쪽 '목록 항목'란에 커서가 나타난다. 여기에 정렬하고자 하는 순서인 중부, 남부, 서부를 차례로 입력하고, 오른쪽의 '추가' 버튼을 클릭한다.

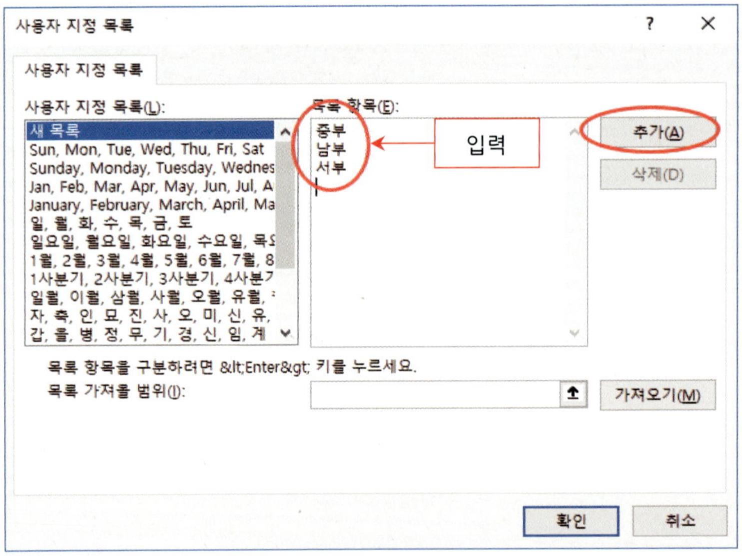

③ 사용자 지정목록의 제일 아래쪽에 '중부, 남부, 서부'가 입력된 것을 확인해 볼 수 있다. 이제 '확인' 버튼을 클릭하여 '사용자 지정목록'을 완성하도록 한다.

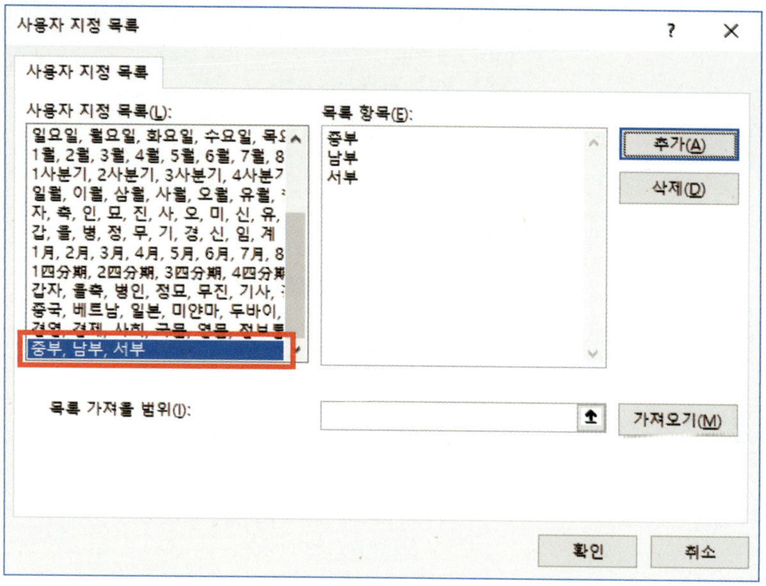


④ 다시 엑셀의 판매현황 워크시트로 돌아가서 '중부, 남부, 서부'의 순으로 정렬해 본다. 데이터베이스 내의 임의의 셀을 선택하고 '정렬' 도구를 클릭한다. 정렬 대화상자가 나타나면 정렬기준 열로 '지역'을 선택하고, 정렬방법을 클릭하여 '사용자 지정목록...'을 선택한다.

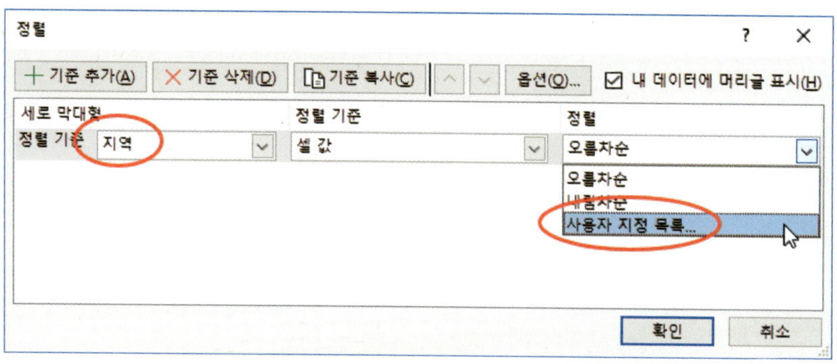

⑤ '사용자 지정목록' 창이 나타나면 가장 아래로 이동하여 '중부, 남부, 서부'의 목록을 선택하고 '확인' 버튼을 클릭한다.

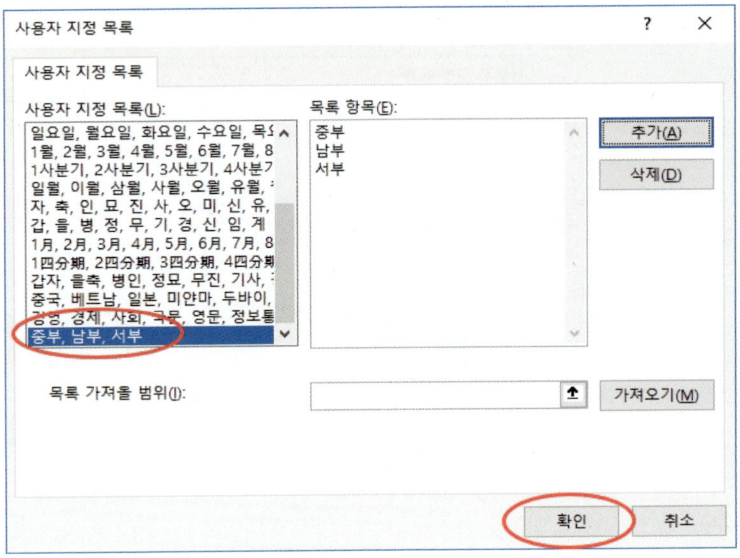


⑥ 이제 정렬의 순서가 '중부, 남부, 서부'로 지정된 것을 알 수 있다. 여기에서 주의할 사항은 이렇게 목록을 주어 정렬 순서를 지정한 경우, 가장 앞에 있는 '중부'가 가장 낮은 알파벳 값을 가진다는 것이다(즉, ㄱ에 해당함).

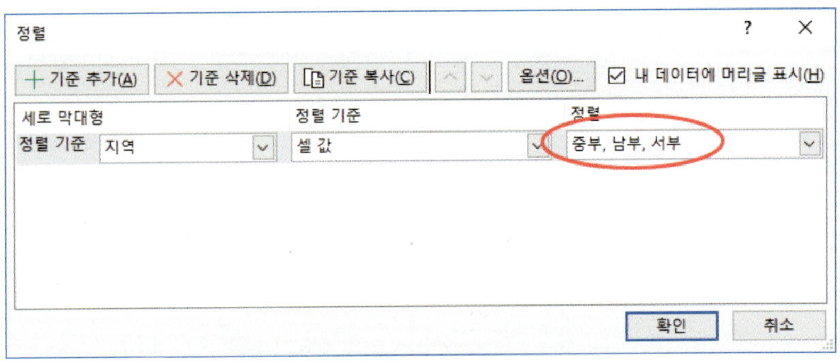

⑦ '확인' 버튼을 누르면 이제 아래와 같이 레코드가 '중부, 남부, 서부'의 순으로 정렬된 것을 볼 수 있다.

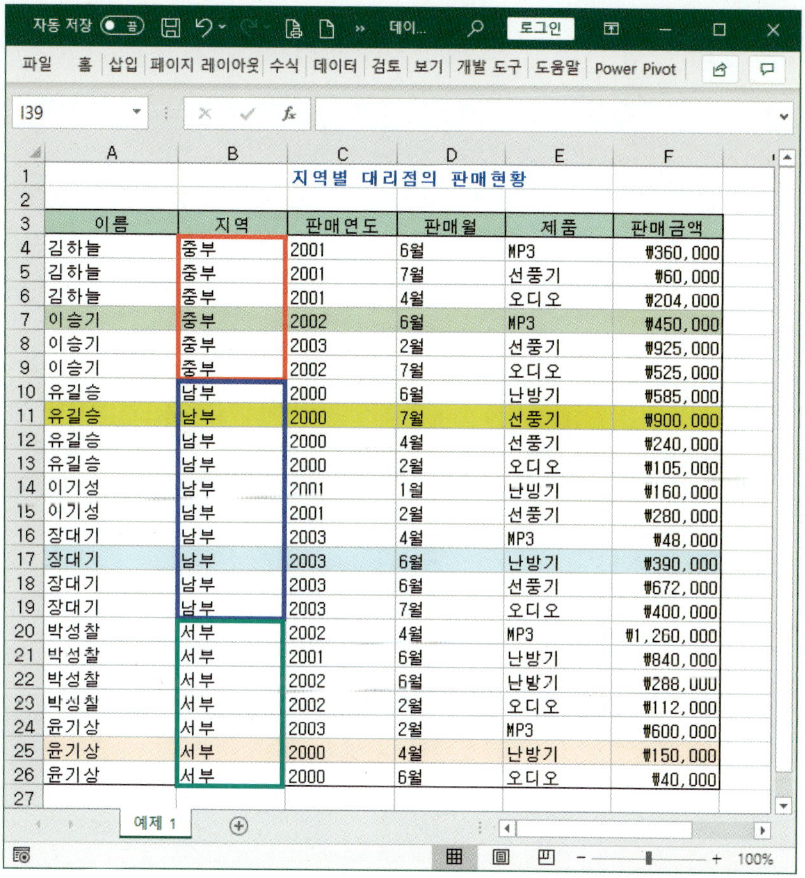

지역별 대리점의 판매현황

| 이름 | 지역 | 판매연도 | 판매월 | 제품 | 판매금액 |
|---|---|---|---|---|---|
| 김하늘 | 중부 | 2001 | 6월 | MP3 | ₩360,000 |
| 김하늘 | 중부 | 2001 | 7월 | 선풍기 | ₩60,000 |
| 김하늘 | 중부 | 2001 | 4월 | 오디오 | ₩204,000 |
| 이승기 | 중부 | 2002 | 6월 | MP3 | ₩450,000 |
| 이승기 | 중부 | 2003 | 2월 | 선풍기 | ₩925,000 |
| 이승기 | 중부 | 2002 | 7월 | 오디오 | ₩525,000 |
| 유길승 | 남부 | 2000 | 6월 | 난방기 | ₩585,000 |
| 유길승 | 남부 | 2000 | 7월 | 선풍기 | ₩900,000 |
| 유길승 | 남부 | 2000 | 4월 | 선풍기 | ₩240,000 |
| 유길승 | 남부 | 2000 | 2월 | 오디오 | ₩105,000 |
| 이기성 | 남부 | 2001 | 1월 | 난방기 | ₩160,000 |
| 이기성 | 남부 | 2001 | 2월 | 선풍기 | ₩280,000 |
| 장대기 | 남부 | 2003 | 4월 | MP3 | ₩48,000 |
| 장대기 | 남부 | 2003 | 6월 | 난방기 | ₩390,000 |
| 장대기 | 남부 | 2003 | 6월 | 선풍기 | ₩672,000 |
| 장대기 | 남부 | 2003 | 7월 | 오디오 | ₩400,000 |
| 박성찰 | 서부 | 2002 | 4월 | MP3 | ₩1,260,000 |
| 박성찰 | 서부 | 2001 | 6월 | 난방기 | ₩840,000 |
| 박성찰 | 서부 | 2002 | 6월 | 난방기 | ₩288,000 |
| 박성찰 | 서부 | 2002 | 2월 | 오디오 | ₩112,000 |
| 윤기상 | 서부 | 2003 | 2월 | MP3 | ₩600,000 |
| 윤기상 | 서부 | 2000 | 4월 | 난방기 | ₩150,000 |
| 윤기상 | 서부 | 2000 | 6월 | 오디오 | ₩40,000 |

### 사용자 지정목록을 데이터에서 가져오기

목록 항목을 직접 입력하는 것이 아니라, 셀에 기 입력된 리스트를 사용자 지정목록으로 지정할 수도 있다. 예를 들어 제품명의 명칭이 길거나 복잡한 경우 이미 셀에 쓰여진 리스트를 가져와서 목록으로 지정할 수 있다.

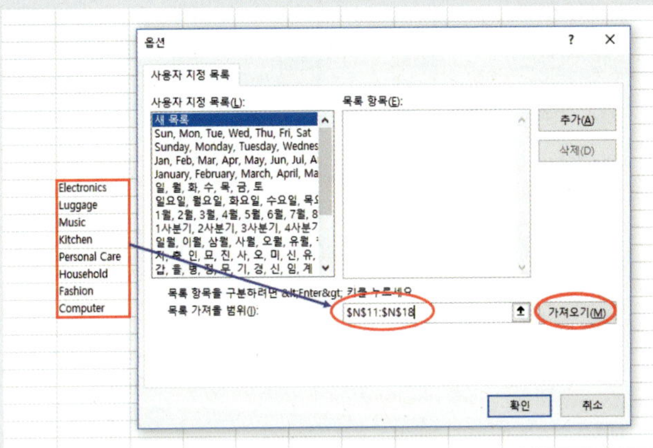


목록의 정해진 리스트를 옵션 항목의 가져올 범위에 드래그하여 정해주면 영역 범위가 입력된다. 오른쪽의 가져오기 버튼을 클릭하면 제품명 리스트가 아래와 같이 사용자 지정목록으로 지정된다. 이를 사용하여 제품명과 관련한 정렬을 수행할 수 있다.

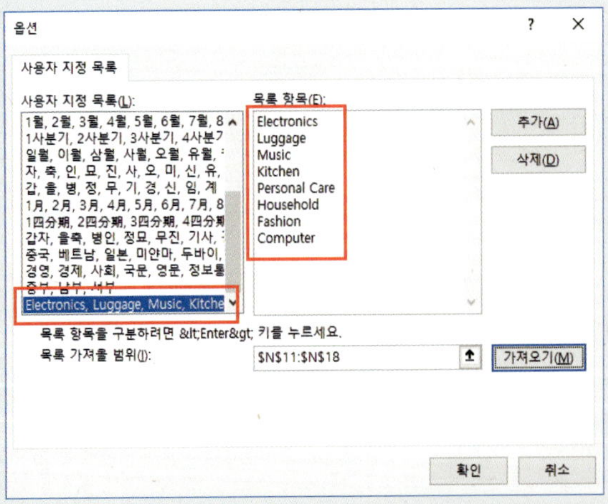

## (2) 필 터

엑셀에서 필터는 데이터 추출과 검색을 위한 유용한 도구이다. 필터를 이용하면 지정된 조건에 따라 조건을 만족하는 레코드만을 보여준다. 엑셀의 필터기능에는 크게 필터와 고급필터가 있는데 본장에서는 필터 부분만을 학습한다. 필터에는 세부적으로 텍스트 필터, 숫자 필터, Top 10 필터, 날짜 필터, 사용자 지정 필터 등이 있다. 주의할 것은 필터를 사용할 때에는 데이터 정렬에서와 같이 데이터베이스 내의 임의의 한 셀을 선택하고 있어야 한다는 점이다. 그래야 엑셀이 데이터베이스의 범위를 알 수 있다.

### 1) 필터 실행과 해제

필터는 엑셀에서 현재의 데이터 세트에 맞추어 필드명이 자동 지정되는 경우로 쉽게 필터기능을 실행할 수 있다.

① 메뉴의 '[데이터]탭'에서 상단의 '필터'를 클릭한다.

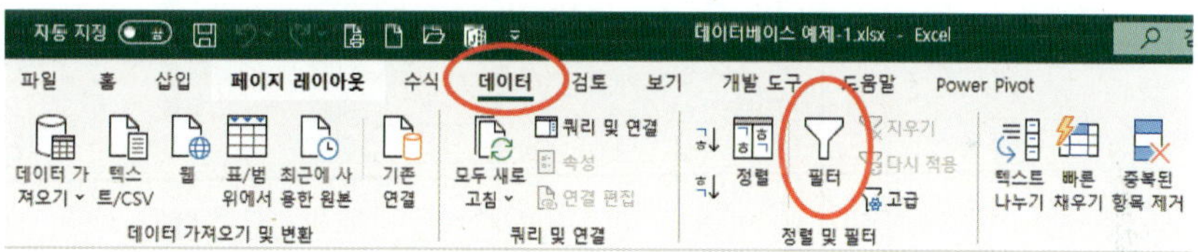

② '필터'를 수행하면 아래 그림과 같이 각 필드명 옆에 ▾ 버튼이 생기는 것을 볼 수 있다.

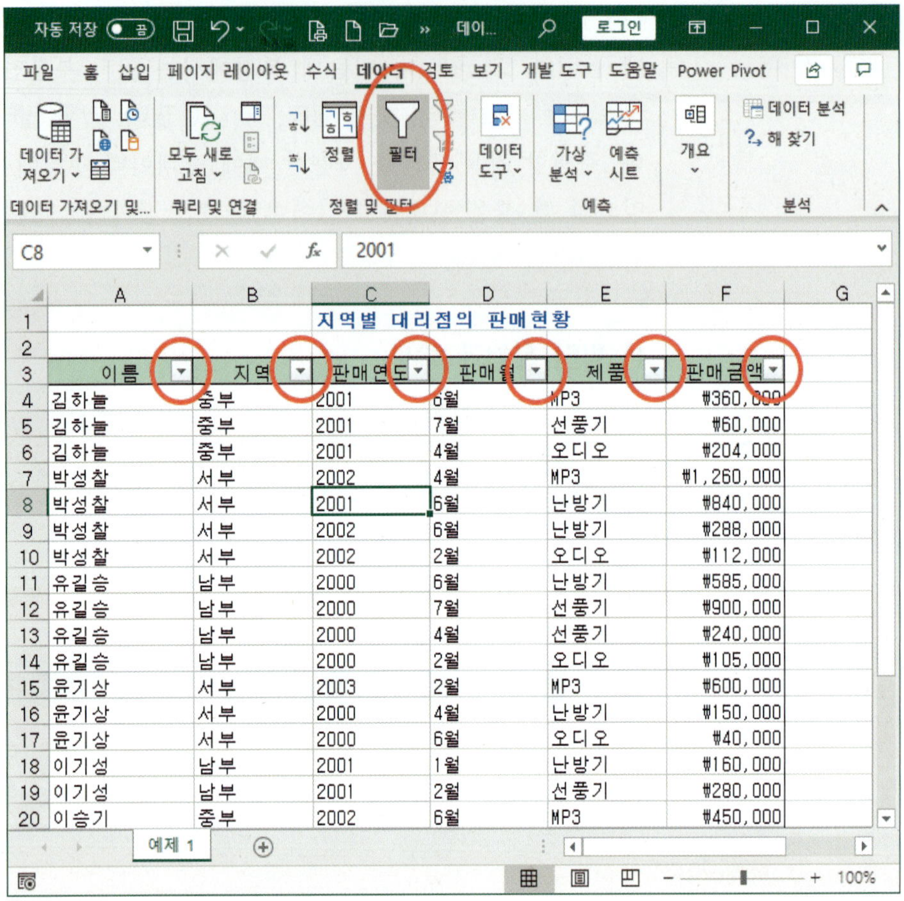

| | A | B | C | D | E | F |
|---|---|---|---|---|---|---|
| 1 | | | 지역별 대리점의 판매현황 | | | |
| 2 | | | | | | |
| 3 | 이름 | 지역 | 판매연도 | 판매월 | 제품 | 판매금액 |
| 4 | 김하늘 | 중부 | 2001 | 6월 | MP3 | ₩360,000 |
| 5 | 김하늘 | 중부 | 2001 | 7월 | 선풍기 | ₩60,000 |
| 6 | 김하늘 | 중부 | 2001 | 4월 | 오디오 | ₩204,000 |
| 7 | 박성찰 | 서부 | 2002 | 4월 | MP3 | ₩1,260,000 |
| 8 | 박성찰 | 서부 | 2001 | 6월 | 난방기 | ₩840,000 |
| 9 | 박성찰 | 서부 | 2002 | 6월 | 난방기 | ₩288,000 |
| 10 | 박성찰 | 서부 | 2002 | 2월 | 오디오 | ₩112,000 |
| 11 | 유길승 | 남부 | 2000 | 6월 | 난방기 | ₩585,000 |
| 12 | 유길승 | 남부 | 2000 | 7월 | 선풍기 | ₩900,000 |
| 13 | 유길승 | 남부 | 2000 | 4월 | 선풍기 | ₩240,000 |
| 14 | 유길승 | 남부 | 2000 | 2월 | 오디오 | ₩105,000 |
| 15 | 윤기상 | 서부 | 2003 | 2월 | MP3 | ₩600,000 |
| 16 | 윤기상 | 서부 | 2000 | 4월 | 난방기 | ₩150,000 |
| 17 | 윤기상 | 서부 | 2000 | 6월 | 오디오 | ₩40,000 |
| 18 | 이기성 | 남부 | 2001 | 1월 | 난방기 | ₩160,000 |
| 19 | 이기성 | 남부 | 2001 | 2월 | 선풍기 | ₩280,000 |
| 20 | 이승기 | 중부 | 2002 | 6월 | MP3 | ₩450,000 |

③ 각 필드에서 특정 레코드들만 보고 싶다면 해당 필드명 옆의 ▼ 버튼을 클릭하여 값을 선택한다. 예를 들어, 영업사원 중 '김하늘'의 판매기록만 보고 싶다면 '이름' 필드명 옆의 ▼ 버튼을 클릭하고 이름목록 중에서 '(모두 선택)' 항을 클릭하여 전체를 해제한 후 '김하늘' 만을 선택한다.

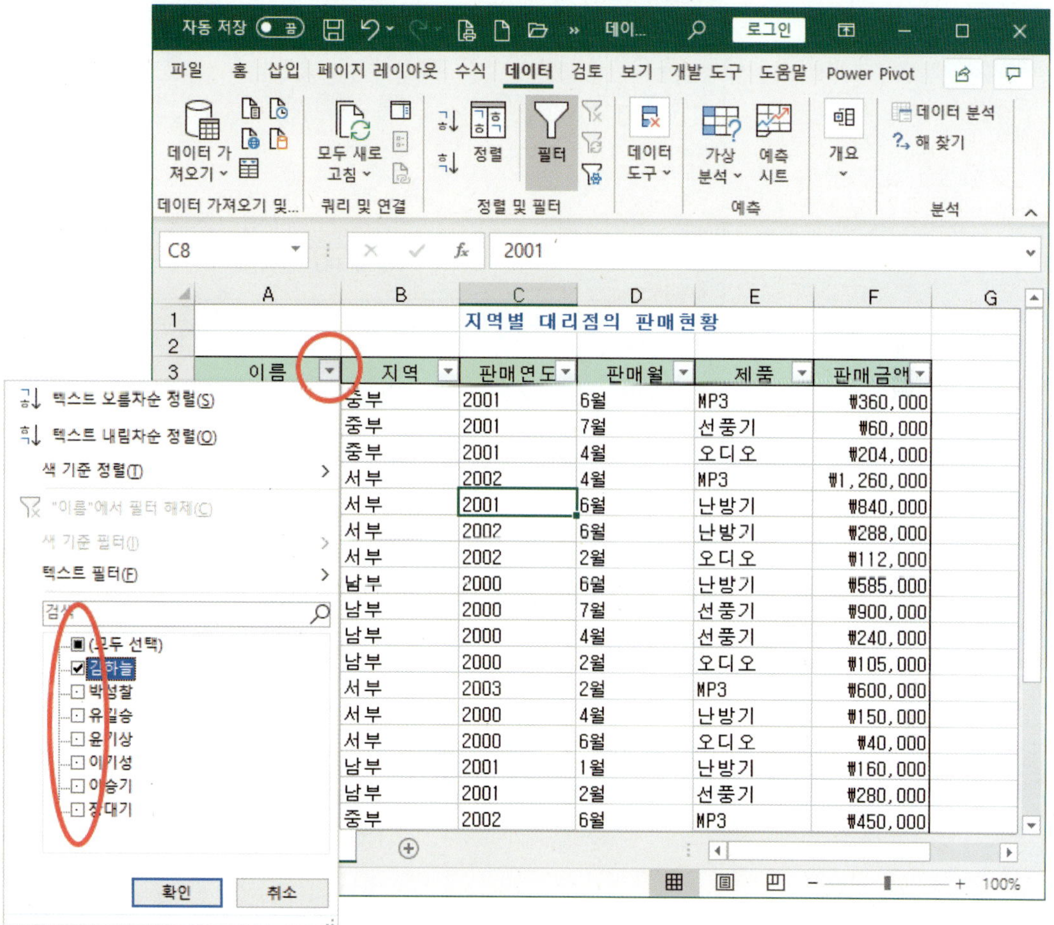

④ 이제 '확인' 버튼을 누르면 아래와 같이 '김하늘'의 판매기록만 필터링되어 나타난 것을 볼 수 있다. 또한 이름 필드의 버튼이 버튼으로 모양이 변한 것을 알 수 있다.

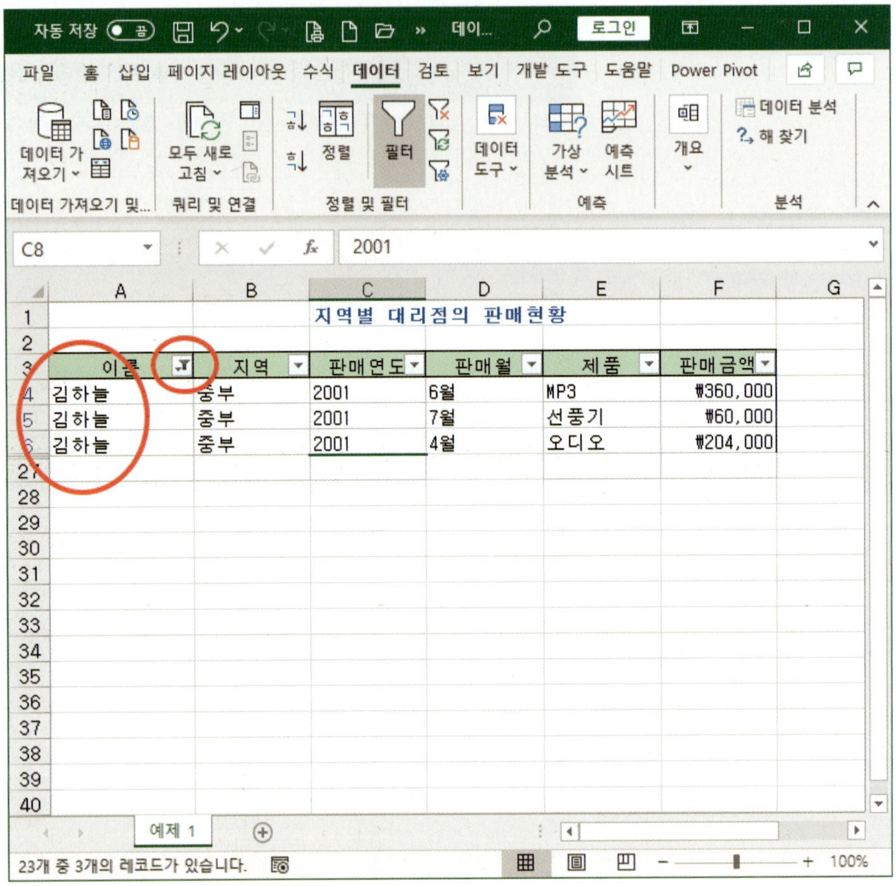


⑤ 필터 기능을 해제하고 원래의 데이터베이스 전체로 돌아가려면 다시 '[데이터]탭'에서 '필터'나 그 오른쪽의 '지우기'를 클릭하면 된다.

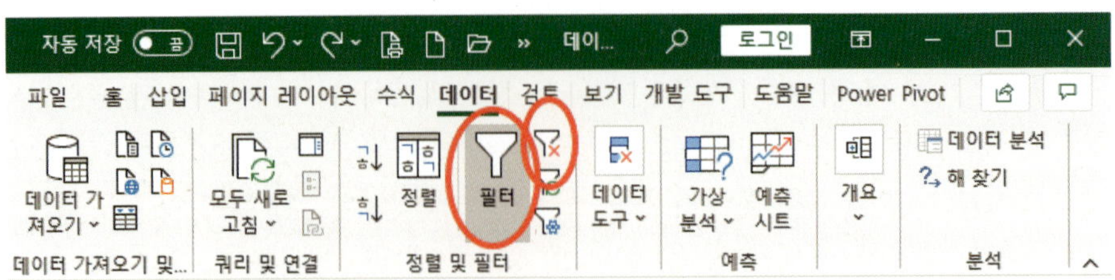

## 2) 텍스트 필터

텍스트를 데이터 값으로 하는 열을 대상으로 필터링을 수행하며, 특정조건(예를 들어 첫자가 '이'로 시작)을 만족하는 레코드만을 보여준다. 텍스트 데이터로는 이름, 지역 등 판매금액을 제외한 모든 열들이 텍스트 데이터 열이라고 할 수 있다. 그중 이름 열을 대상으로 다음과 같이 필터링을 수행해 보도록 한다.

① 성씨가 '이'씨인 판매사원이 판매한 기록만 보고자 한다.

- 이 경우 '이름' 열에서 첫 글자가 '이'자로 시작하는 레코드들만 선별하는 것과 같다.
- '이름' 열의 ▼ 버튼을 클릭하고 아래 메뉴에서 '텍스트 필터-시작 문자'를 선택한다.

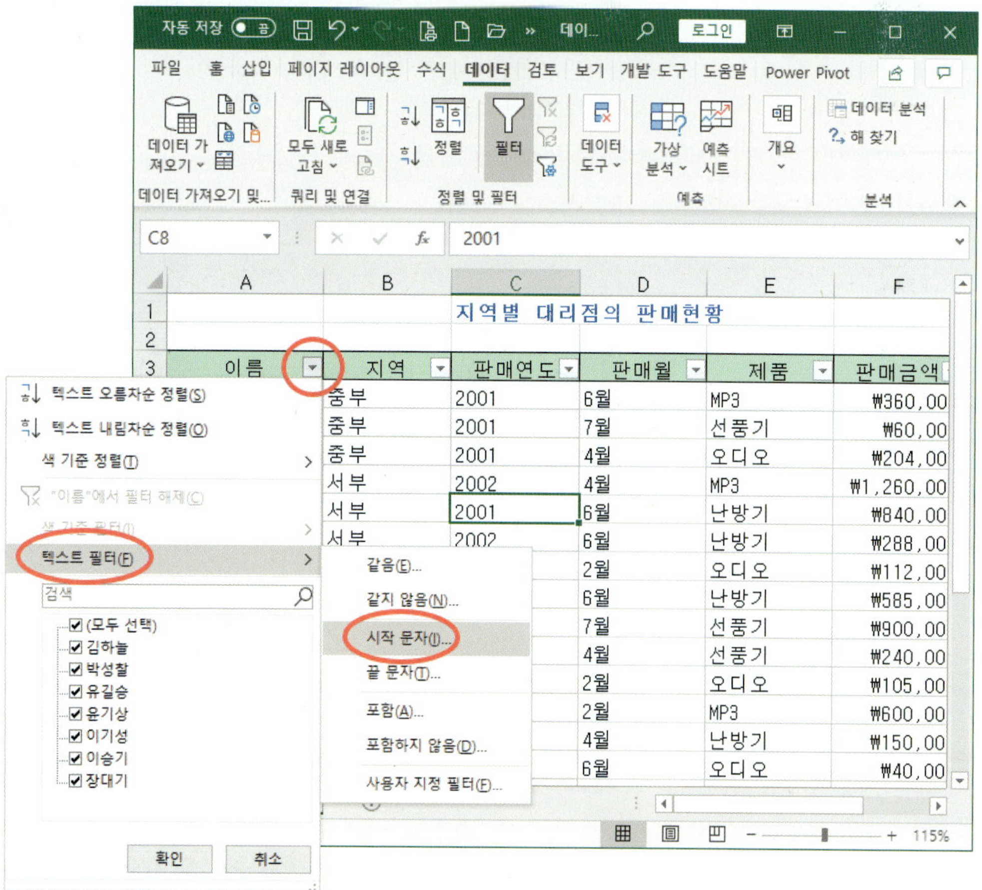

- ‘사용자 지정 자동 필터’ 창이 나타나면 ‘시작 문자’에 ‘이’를 입력한다.

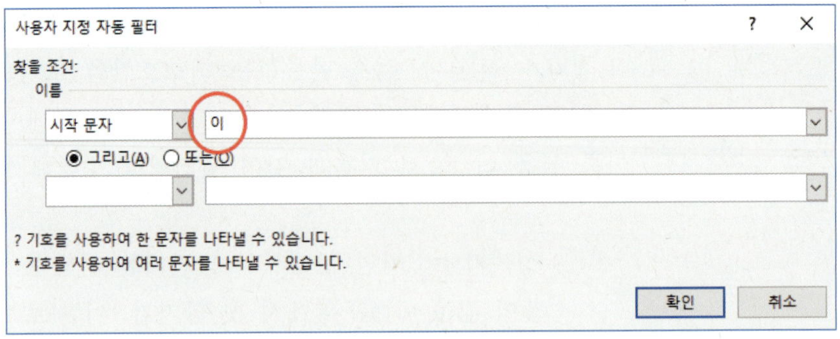


- 아래와 같이 성씨가 ‘이’씨인 판매사원(이기성, 이승기)의 레코드만 보인다.

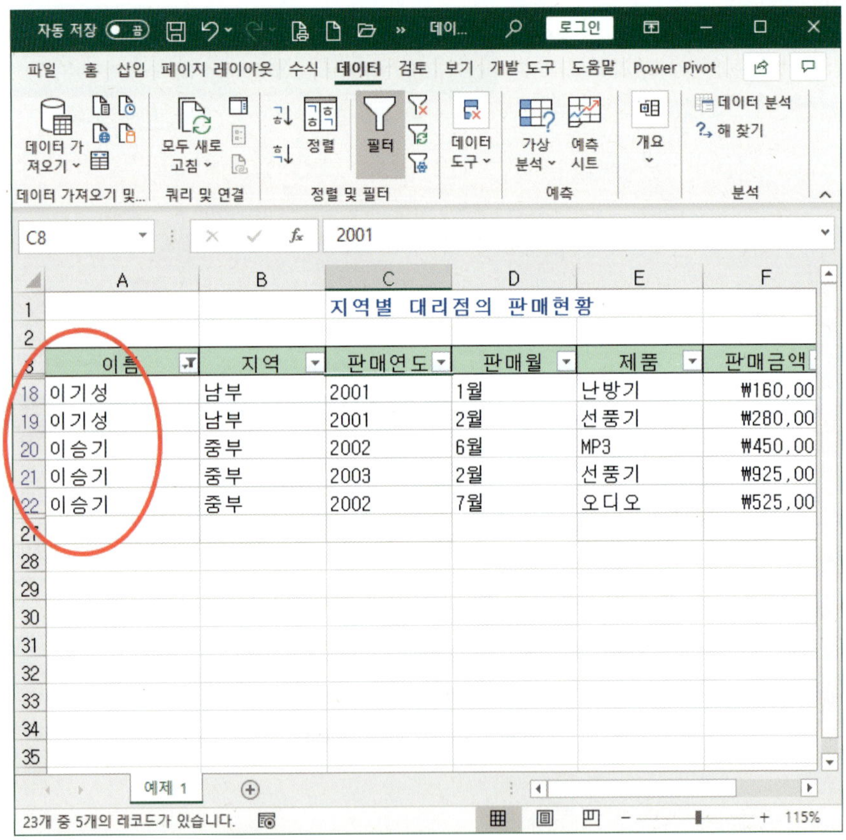


② 이름이 ‘이’자로 시작하면서 이름에 ‘승’자를 포함하는 판매사원의 판매기록만 보고자 한다.

- '이름' 열의 [▼] 버튼을 클릭하고 아래 메뉴에서 '텍스트 필터-시작 문자'를 선택한다. '시작 문자'에 '이'를 기입하고, 그리고 '승'자를 포함해야 하므로 '그리고' 버튼을 선택한다. 두 번째 조건을 '포함'으로 하고 '승'자를 기입한 후 '확인' 버튼을 클릭한다.

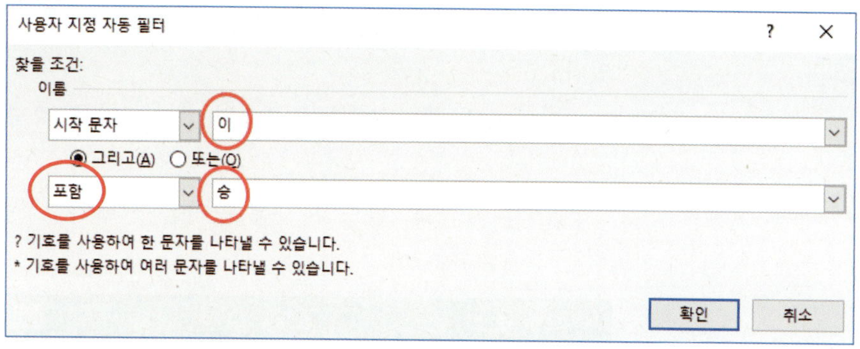


- 성씨가 '이'씨이면서 이름에 '승'자를 포함하는 판매사원은 '이승기'뿐임을 알 수 있고 그의 판매기록을 볼 수 있다.

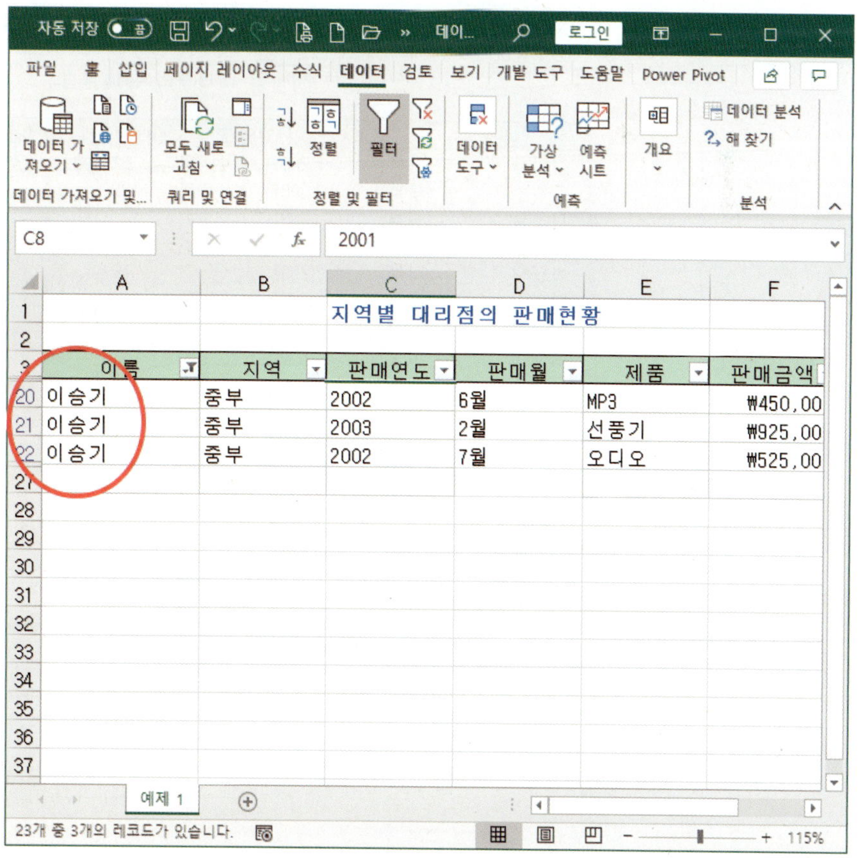

### 3) 숫자 필터-상위 10 자동 필터

숫자로 된 데이터 열의 필터 중 '상위 10 자동 필터'가 있다. 현재의 데이터 세트에서 특정의 데이터 필드를 기준으로 상위/하위 얼마를 뽑아내는 기능을 수행한다. 본 데이터베이스에서 숫자 필드는 '판매금액'뿐이므로 '판매금액' 열에 대한 필터링이 대상이다. '숫자 필터-상위 10'을 선택하여 상위 또는 하위의 레코드들을 볼 수 있다.

판매금액 중 금액이 큰 5개의 레코드만을 보고자 한다.

① '판매금액' 필드의 자동 필터를 선택하고 '숫자 필터-상위 10'을 선택한다.

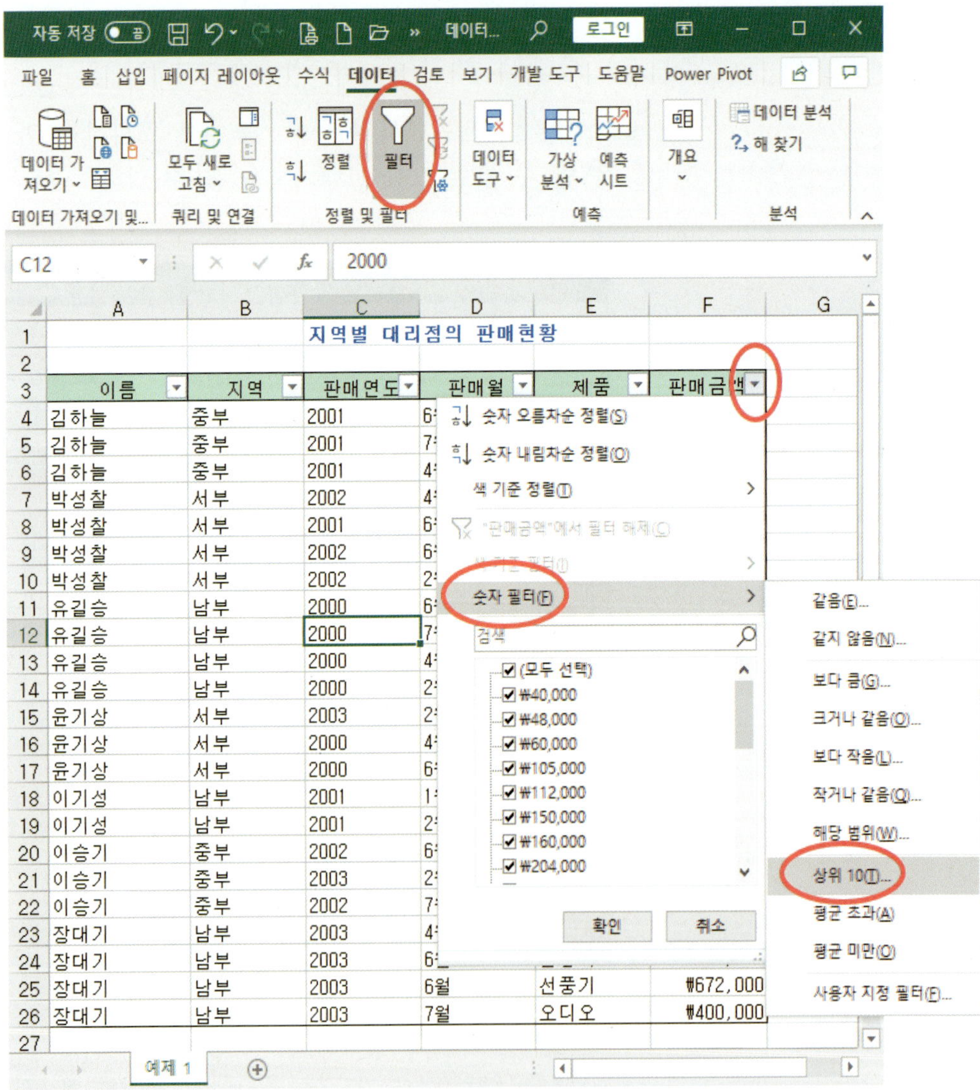

② 아래와 같이 '상위 10 자동 필터' 창이 나타나면 다음과 같이 '5' 항목으로 조정한다.

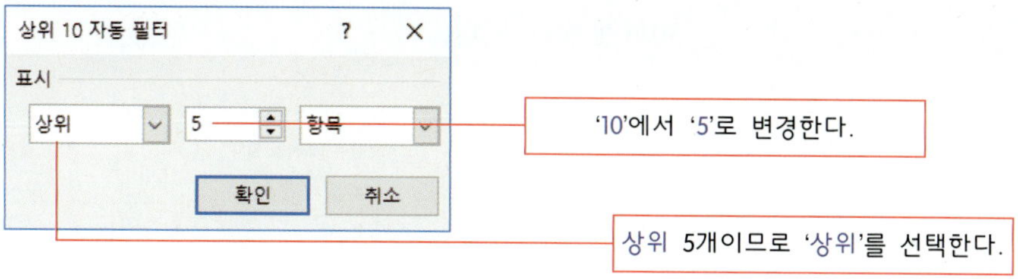


③ 아래와 같이 판매금액 상위 5개의 레코드만 나타나는데, 숫자 내림차순으로 정렬하면 다음과 같이 보여진다.

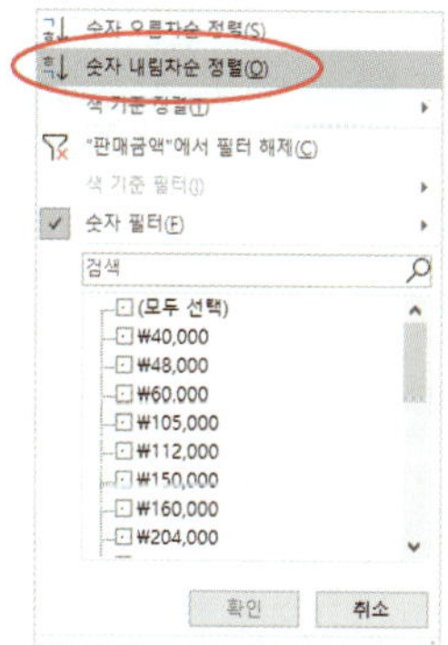


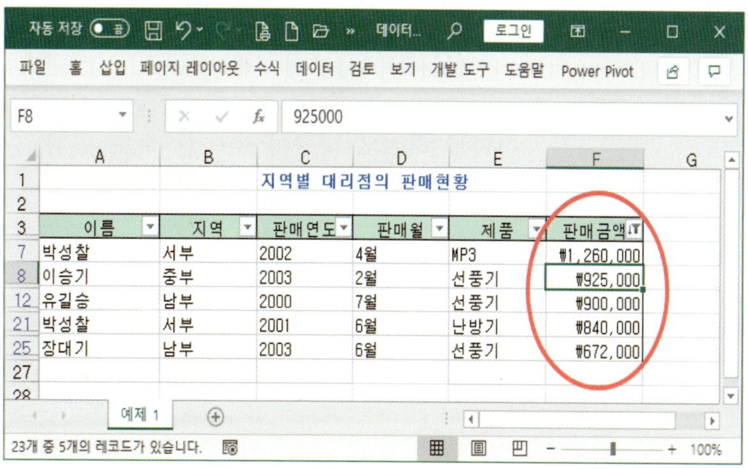

④ 퍼센트(%)로도 설정할 수도 있는데, 아래 그림과 같이 지정할 경우 판매금액이 큰 레코드 중 상위 30퍼센트를 나타내라는 의미이다. 이때 나타나는 레코드의 개수는 전체 레코드의 수에 따라 달라지는데, 전체 레코드 수의 30퍼센트가 된다.

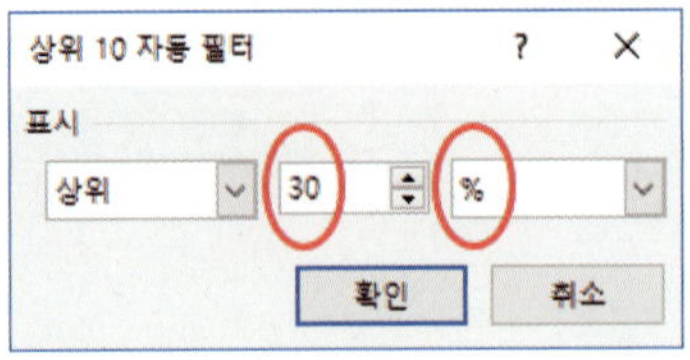


이제 아래와 같이 6개의 레코드가 판매금액 상위 30%로 나타난다.

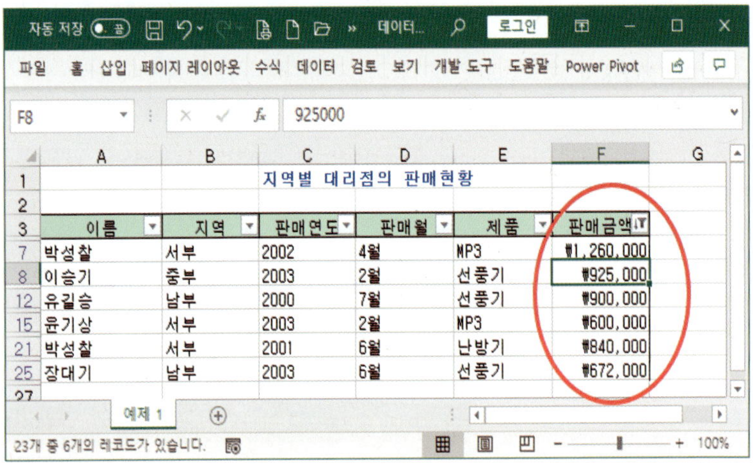


상위를 하위로 바꾸어 추출할 수도 있다.

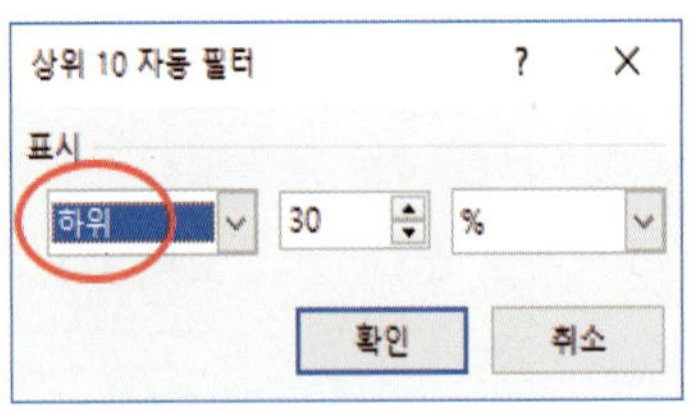


판매금액이 작은 순서로 전체 레코드의 30%인 6개의 레코드가 마찬가지로 나타난다.

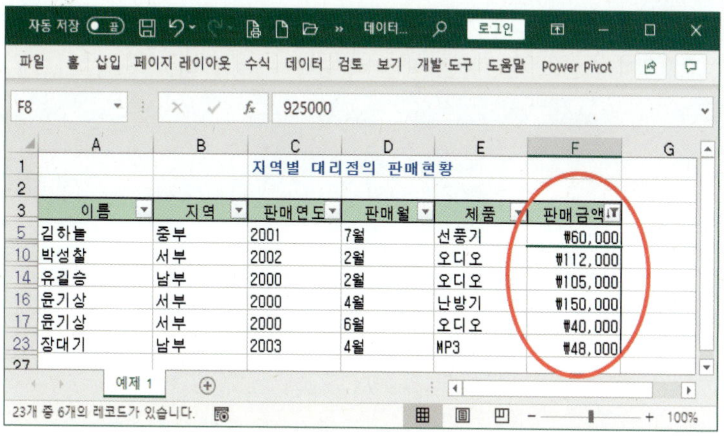


## 4) 숫자 필터-사용자 지정 필터

사용자는 자신이 원하는 레코드를 추출하고자 할 경우 '사용자 지정 필터'를 사용할 수 있다.

① 예를 들어 '사용자 지정 필터' 창을 이용하여 판매금액 ₩500,000 이상의 레코드를 산출하고자 한다.

- '판매금액' 필드의 자동 필터를 선택하고 '숫자 필터-크거나 같음'을 선택한다.

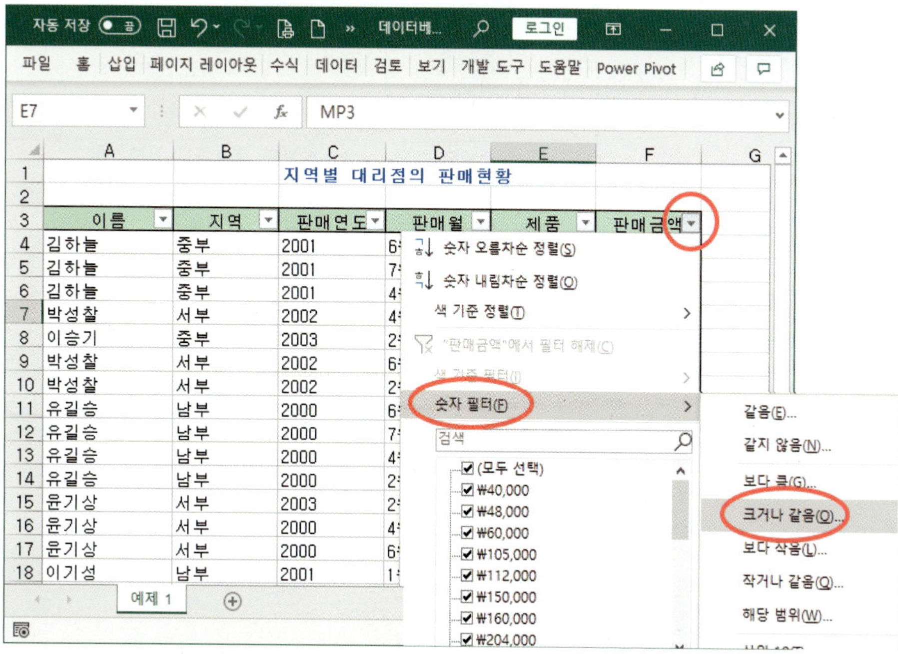

- '크거나 같음' 창이 나타나면 아래와 같이 ₩500,000 이상의 판매금액 레코드만 보이도록 조정한다.

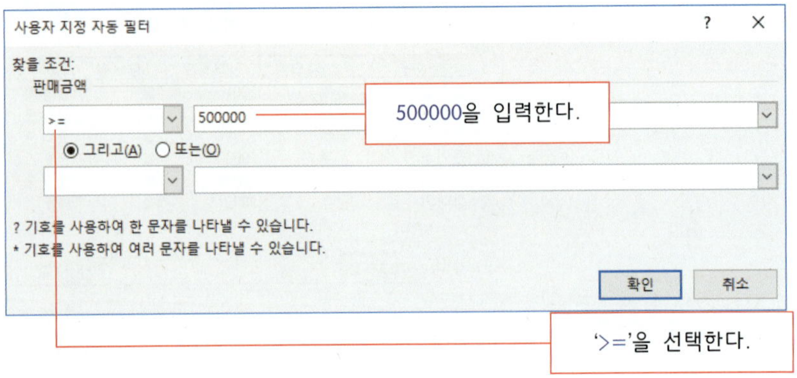


원래 테이블의 금액이 왼쪽에 있고 이것이 ₩500,000 이상인 것을 만족하게끔 부등호를 지정한다(여기에서는 >=).

레코드 금액 >= 500,000

- 이제 오름차순 정렬을 하고 보면, ₩500,000 이상의 판매금액을 가지는 레코드만 보이는 것을 확인할 수 있다.

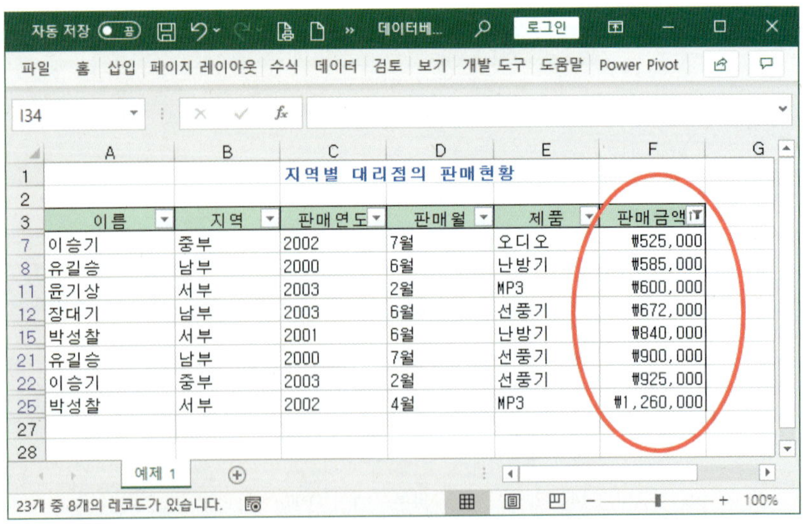

② 판매금액 ₩300,000 이상, ₩1,000,000 미만의 레코드만을 보여주고자 한다.

- ‘해당 범위’ 창에서 ‘그리고(AND)’ 연산과 ‘또는(OR)’ 연산을 사용하여 복합적인 조건을 가지는 레코드들을 보이게 할 수도 있다.
- ‘판매금액’ 필드의 자동 필터를 선택하고 ‘해당 범위’ 창에서 아래와 같이 기입한다(**₩300,000≦판매금액＜₩1,000,000**).

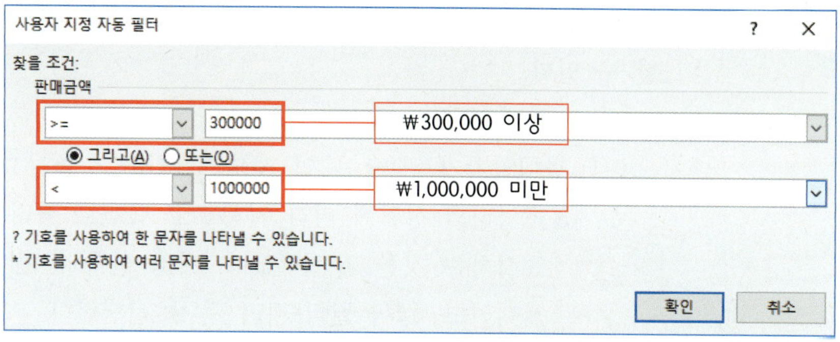


- ‘확인’ 버튼을 누르면 아래와 같이 위의 조건에 해당하는 레코드들만을 보여준다.

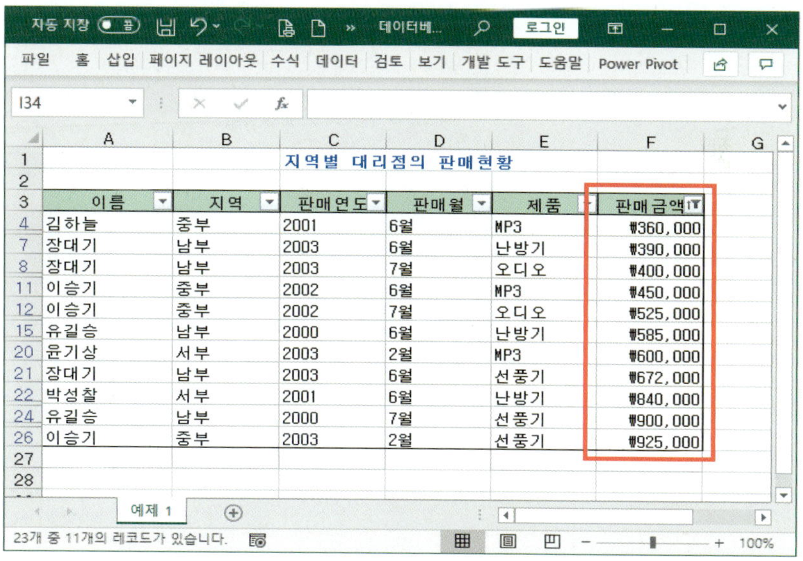


| | 이름 | 지역 | 판매연도 | 판매월 | 제품 | 판매금액 |
|---|---|---|---|---|---|---|
| 4 | 김하늘 | 중부 | 2001 | 6월 | MP3 | ₩360,000 |
| 7 | 장대기 | 남부 | 2003 | 6월 | 난방기 | ₩390,000 |
| 8 | 장대기 | 남부 | 2003 | 7월 | 오디오 | ₩400,000 |
| 11 | 이승기 | 중부 | 2002 | 6월 | MP3 | ₩450,000 |
| 12 | 이승기 | 중부 | 2002 | 7월 | 오디오 | ₩525,000 |
| 15 | 유길승 | 남부 | 2000 | 6월 | 난방기 | ₩585,000 |
| 20 | 윤기상 | 서부 | 2003 | 2월 | MP3 | ₩600,000 |
| 21 | 장대기 | 남부 | 2003 | 6월 | 선풍기 | ₩672,000 |
| 22 | 박성찰 | 서부 | 2001 | 6월 | 난방기 | ₩840,000 |
| 24 | 유길승 | 남부 | 2000 | 7월 | 선풍기 | ₩900,000 |
| 26 | 이승기 | 중부 | 2003 | 2월 | 선풍기 | ₩925,000 |

- 단, ‘그리고(A)’ 버튼을 선택해야 한다. 왜냐하면 특정액 사이의 금액은 두 가지 조건을 다 만족하는 금액이기 때문이다. ‘또는(O)’을 선택하면 모든 레코드가 나타난다. 왜냐하면 어떤 금액이든 한 가지 조건은 만족하기 때문이다. 즉, 10만원은 30만원 이상은 아니지만 100만원 미만 조건은 만족

한다. 124만원은 100만원 미만은 아니지만 30만원 이상 조건은 만족한다. 따라서 '또는(O)'을 선택하면 적어도 한 가지 조건은 만족하게 되어 결과적으로 OR 조건을 만족하게 되므로 모든 금액이 다 나타나게 된다.

### 5) 날짜 필터(데이터베이스 예제-2.xlsx)

'날짜 필터'를 이용하면 날짜 데이터를 대상으로 원하는 날의 레코드를 쉽게 추출할 수 있다.

① 판매일자가 '지난 주'인 레코드들만을 추출하고자 한다.

- 데이터의 성격에 따라 자동으로 텍스트 필터, 숫자 필터, 날짜 필터 등을 표시하는 것을 알 수 있다. 제일 왼쪽의 '판매일자' 필드의 자동 필터를 선택하고 '날짜 필터-지난 주'를 선택한다.

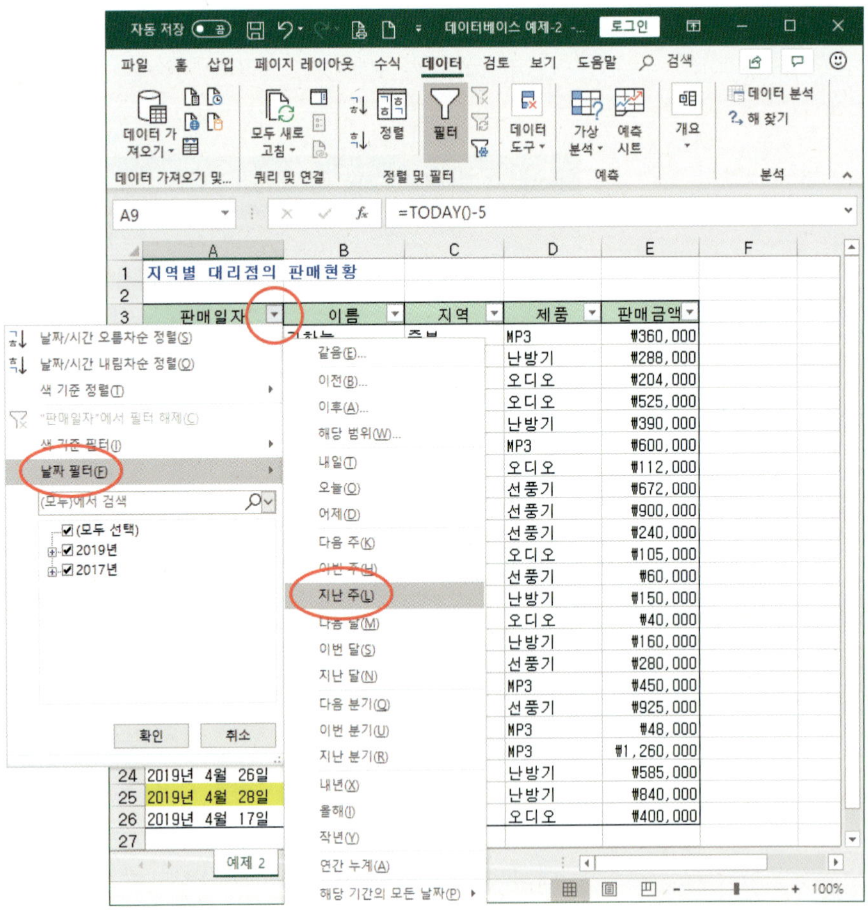

- 지난주 판매된 기록만 보이는 것을 확인할 수 있다(교재에서 오늘은 2019년 4월 27일(토)을 나타낸다. 그러므로 지난주는 4월 14일(일)에서 4월 20일(토)까지이다).

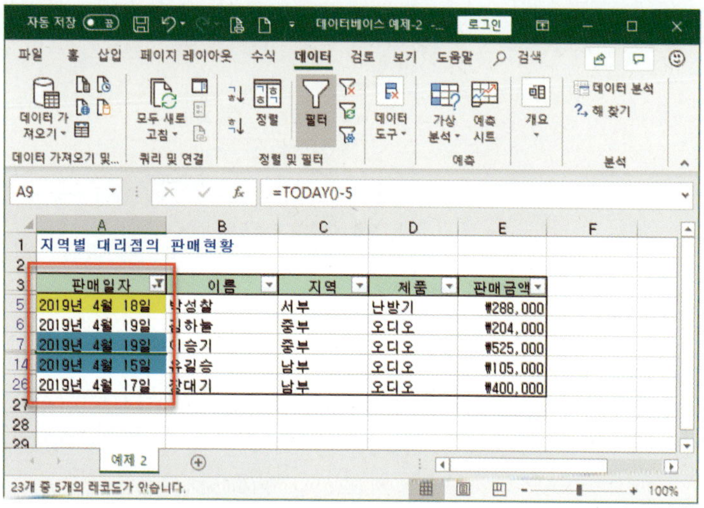

> (참고) 엑셀에서 날짜는 1900년 1월 1일을 1로 시작하여 하루마다 1씩 더해진다. 1900년 1월 2일은 2, 3일은 3이 되는 방식으로 기록한다. 1900년 1월 1일을 셀 서식을 이용하여 숫자 양식으로 나타내면 1이 되고, 1900년 1월 2일은 2가 된다. 날짜의 서식을 숫자로 변환하면 이렇게 1900년 1월 1일부터 며칠이 되었는가를 숫자로 표시한다. 따라서 뒤에 오는 날짜(예를 들어, 2000년 2월 1일)가 앞선 날짜(예를 들어 2000년 1월 1일)보다 더 크다. 숫자로 하면 2000년 2월 1일은 36,557, 2000년 1월 1일은 36,526이 된다.
> TODAY( ) 함수는 1900년 1월 1일을 기준일(즉, 첫째 날)로 하였을 때 오늘의 날짜 수를 나타낸다. 오늘 날짜는 PC에 설정된 날짜를 말한다. 2019년 4월 27일은 43,582가 된다. 따라서 2019년 4월 27일을 오늘로 하였을 때 '=TODAY( )-1'을 숫자로 구하면 43,581이 된다. 그리고 이것(숫자 43,581)을 날짜 양식으로 나타내면 2019년 4월 26일 금요일이 된다.

② 판매일자가 2019년 4월 5일부터 오늘(교재에서 오늘은 2019년 4월 27일임) 이전까지인 레코드들 만을 보여주고자 한다.

- 날짜 필터의 '사용자 지정 자동 필터' 창에서 '그리고(AND)' 연산과 '또는(OR)' 연산을 사용하여 복합적인 조건을 가지는 레코드들을 보이게 할 수 있다.

- '판매일자' 필드의 자동 필터를 선택하고 '사용자 지정 자동 필터' 창에서 아래와 같이 지정한다.

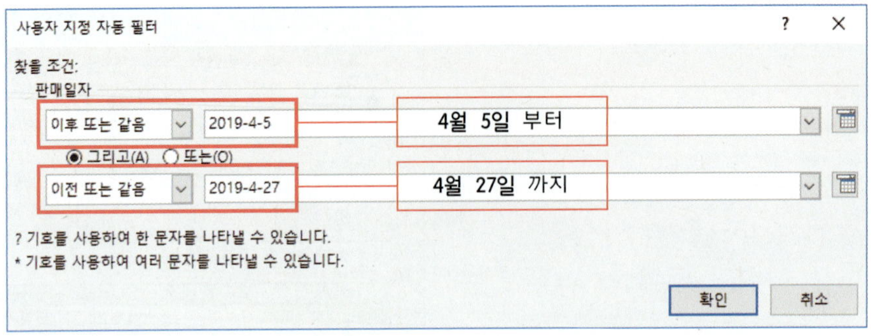


- 아래와 같이 4월 5일부터 4월 27일까지의 날짜 조건에 해당하는 판매 레코드들만 보이는 것을 알 수 있다. 필터링된 레코드들을 다시 날짜의 오름차순으로 정렬하였다.

(※ 교재에서는 오늘 날짜를 2019년 4월 27일로 지정하였다. 그러나 독자들이 교재를 볼 때에는 현재 날짜를 오늘로 하여 날짜가 지정되므로 다른 날짜들이 표시되는 것에 유의해야 한다)

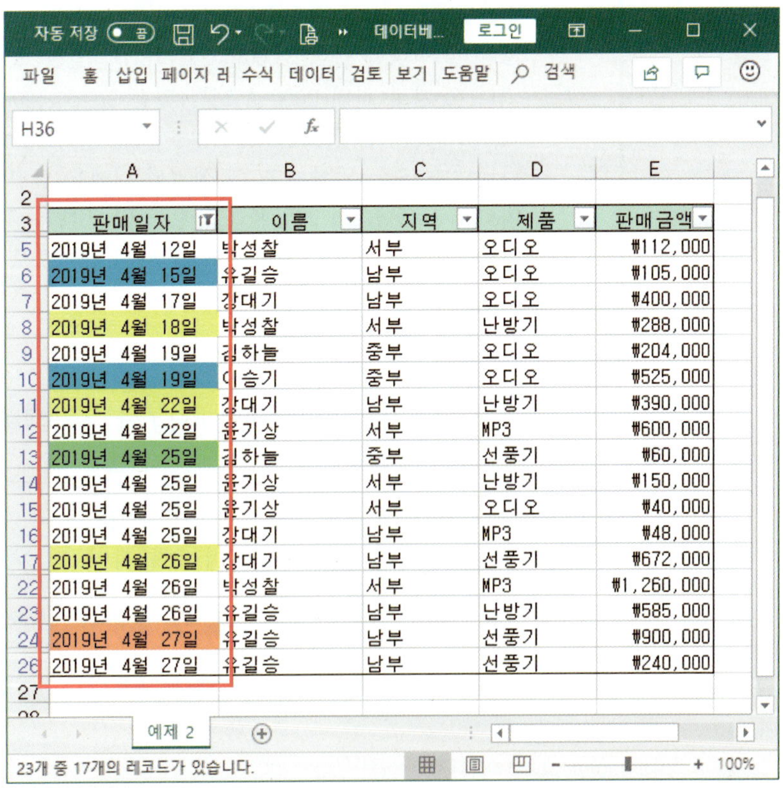

| | A | B | C | D | E |
|---|---|---|---|---|---|
| 3 | 판매일자 | 이름 | 지역 | 제품 | 판매금액 |
| 5 | 2019년 4월 12일 | 박성찰 | 서부 | 오디오 | ₩112,000 |
| 6 | 2019년 4월 15일 | 유길승 | 남부 | 오디오 | ₩105,000 |
| 7 | 2019년 4월 17일 | 강대기 | 남부 | 오디오 | ₩400,000 |
| 8 | 2019년 4월 18일 | 박성찰 | 서부 | 난방기 | ₩288,000 |
| 9 | 2019년 4월 19일 | 김하늘 | 중부 | 오디오 | ₩204,000 |
| 10 | 2019년 4월 19일 | 이승기 | 중부 | 오디오 | ₩525,000 |
| 11 | 2019년 4월 22일 | 강대기 | 남부 | 난방기 | ₩390,000 |
| 12 | 2019년 4월 22일 | 윤기상 | 서부 | MP3 | ₩600,000 |
| 13 | 2019년 4월 25일 | 김하늘 | 중부 | 선풍기 | ₩60,000 |
| 14 | 2019년 4월 25일 | 윤기상 | 서부 | 난방기 | ₩150,000 |
| 15 | 2019년 4월 25일 | 윤기상 | 서부 | 오디오 | ₩40,000 |
| 16 | 2019년 4월 25일 | 강대기 | 남부 | MP3 | ₩48,000 |
| 17 | 2019년 4월 26일 | 강대기 | 남부 | 선풍기 | ₩672,000 |
| 22 | 2019년 4월 26일 | 박성찰 | 서부 | MP3 | ₩1,260,000 |
| 23 | 2019년 4월 26일 | 유길승 | 남부 | 난방기 | ₩585,000 |
| 24 | 2019년 4월 27일 | 유길승 | 남부 | 선풍기 | ₩900,000 |
| 26 | 2019년 4월 27일 | 유길승 | 남부 | 선풍기 | ₩240,000 |

## 6) 색 기준 필터

셀 색이나 글꼴 색에 따라 필터링할 수 있다. 판매일자 필드에서 셀 색이 노란색인 레코드만을 추출하고자 한다.

① '판매일자' 필드의 자동 필터를 선택하고 '색 기준 필터-[노란색]'을 선택한다.

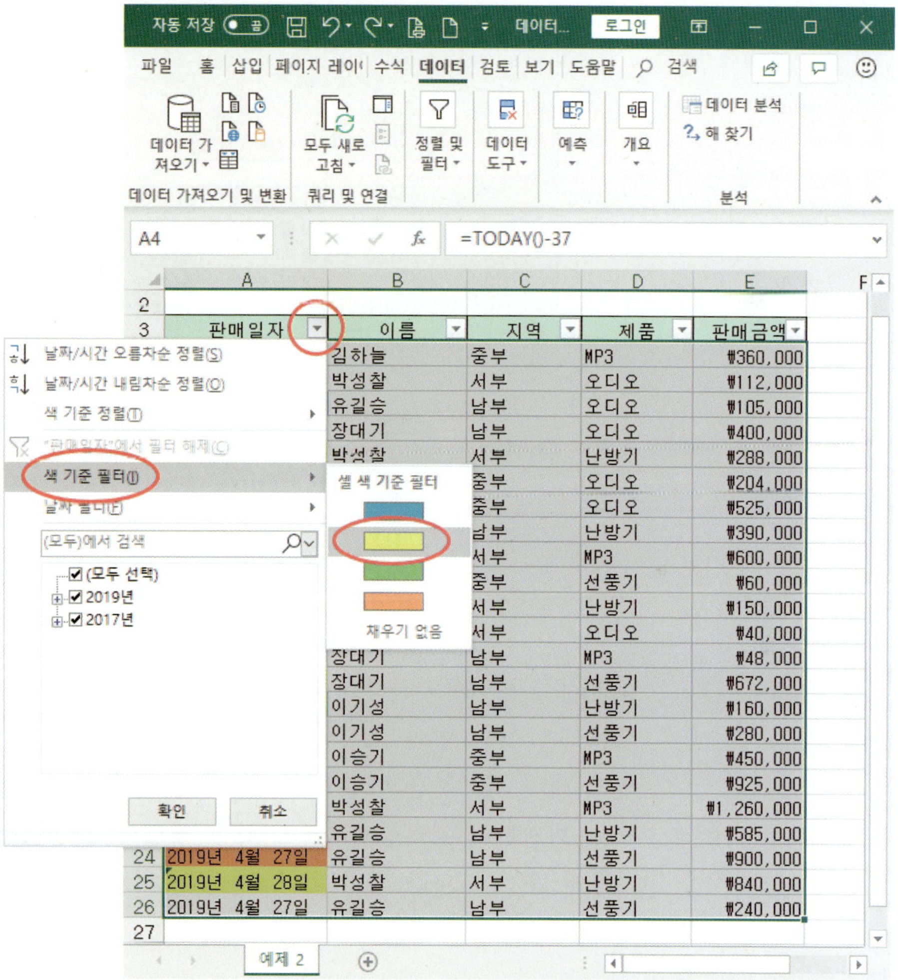

② '확인' 버튼을 클릭하면 아래와 같이 '판매일자' 열의 셀 색이 노란색인 레코드만 나타나는 것을 알 수 있다. 셀의 색이 없는 행들만 필터링하여 볼 수도 있다.

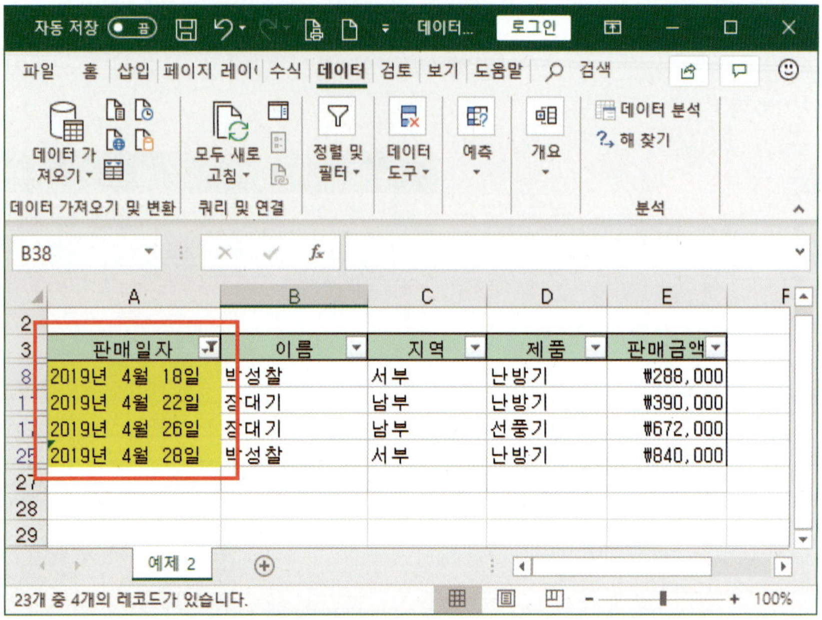


## (3) 피벗 테이블('데이터베이스 예제-3.xlsx')

피벗(pivot)은 '회전'한다는 뜻을 갖고 있다. 엑셀에서 피벗 테이블은 데이터를 일목요연하게 행과 열의 보고서 형태로 보여주는 기능을 수행한다. 즉, 사용자들이 엑셀의 피벗 테이블을 이용하면 간단하게 데이터를 자신의 요구에 맞게 행과 열 축으로 회전하여 정리함으로써 원하는 대로의 현황을 마음대로 작성해 볼 수 있다. 다음의 순서에 따라 피벗 테이블을 실습해 보기로 한다.

### 1) 마법사를 이용한 피벗 테이블 생성

① 우선 현재 데이터 테이블의 임의의 셀을 선택한 후 '[삽입]탭-피벗 테이블'을 실행한다.

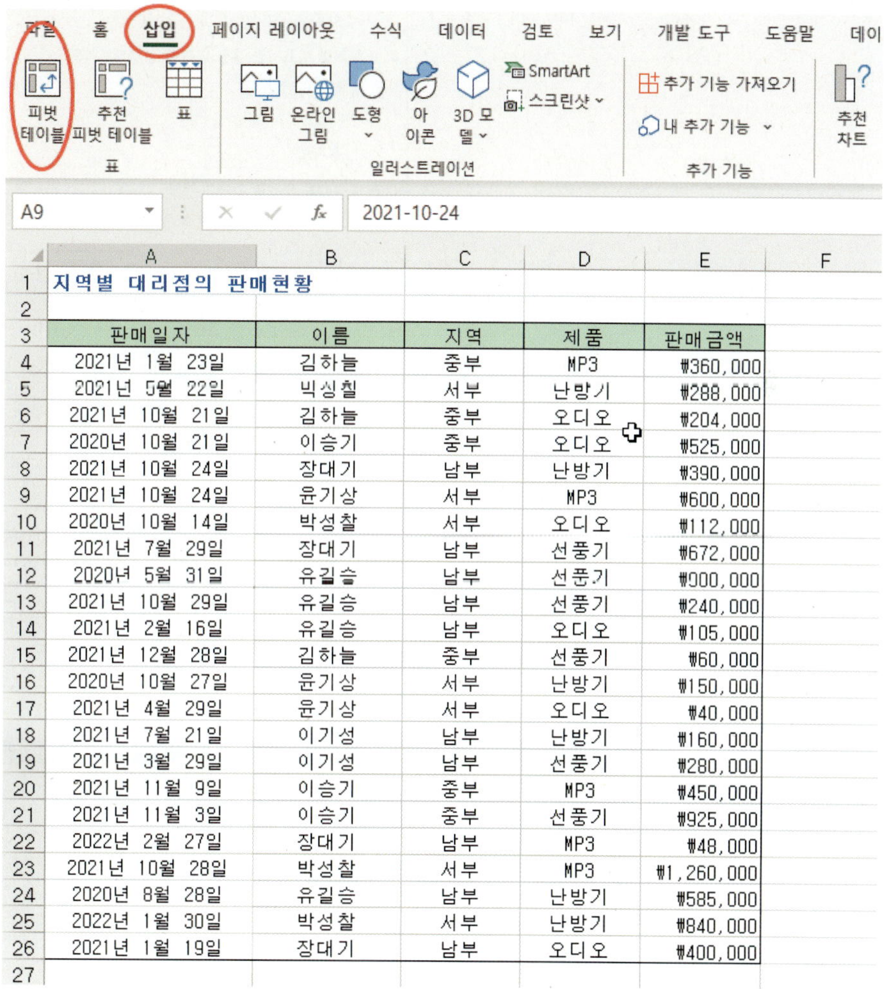


| | A | B | C | D | E |
|---|---|---|---|---|---|
| 1 | 지역별 대리점의 판매현황 | | | | |
| 2 | | | | | |
| 3 | 판매일자 | 이름 | 지역 | 제품 | 판매금액 |
| 4 | 2021년 1월 23일 | 김하늘 | 중부 | MP3 | ₩360,000 |
| 5 | 2021년 5월 22일 | 빅싱칠 | 서부 | 난방기 | ₩288,000 |
| 6 | 2021년 10월 21일 | 김하늘 | 중부 | 오디오 | ₩204,000 |
| 7 | 2020년 10월 21일 | 이승기 | 중부 | 오디오 | ₩525,000 |
| 8 | 2021년 10월 24일 | 장대기 | 남부 | 난방기 | ₩390,000 |
| 9 | 2021년 10월 24일 | 윤기상 | 서부 | MP3 | ₩600,000 |
| 10 | 2020년 10월 14일 | 박성찰 | 서부 | 오디오 | ₩112,000 |
| 11 | 2021년 7월 29일 | 장대기 | 남부 | 선풍기 | ₩672,000 |
| 12 | 2020년 5월 31일 | 유길승 | 남부 | 선풍기 | ₩900,000 |
| 13 | 2021년 10월 29일 | 유길승 | 남부 | 선풍기 | ₩240,000 |
| 14 | 2021년 2월 16일 | 유길승 | 남부 | 오디오 | ₩105,000 |
| 15 | 2021년 12월 28일 | 김하늘 | 중부 | 선풍기 | ₩60,000 |
| 16 | 2020년 10월 27일 | 윤기상 | 서부 | 난방기 | ₩150,000 |
| 17 | 2021년 4월 29일 | 윤기상 | 서부 | 오디오 | ₩40,000 |
| 18 | 2021년 7월 21일 | 이기성 | 남부 | 난방기 | ₩160,000 |
| 19 | 2021년 3월 29일 | 이기성 | 남부 | 선풍기 | ₩280,000 |
| 20 | 2021년 11월 9일 | 이승기 | 중부 | MP3 | ₩450,000 |
| 21 | 2021년 11월 3일 | 이승기 | 중부 | 선풍기 | ₩925,000 |
| 22 | 2022년 2월 27일 | 장대기 | 남부 | MP3 | ₩48,000 |
| 23 | 2021년 10월 28일 | 박성찰 | 서부 | MP3 | ₩1,260,000 |
| 24 | 2020년 8월 28일 | 유길승 | 남부 | 난방기 | ₩585,000 |
| 25 | 2022년 1월 30일 | 박성찰 | 서부 | 난방기 | ₩840,000 |
| 26 | 2021년 1월 19일 | 장대기 | 남부 | 오디오 | ₩400,000 |
| 27 | | | | | |

② 그러면 다음 그림과 같이 '피벗 테이블 만들기' 창이 나오는데, 1) 데이터의 범위와 2) 피벗 테이블 보고서를 넣을 위치를 선택하게 된다. 현재의 피벗 테이블 창은 일반화된 기본 설정(default)을 그대로 유지하기 때문에 현재 선택대로 그대로 한 뒤 '확인' 버튼을 클릭한다.

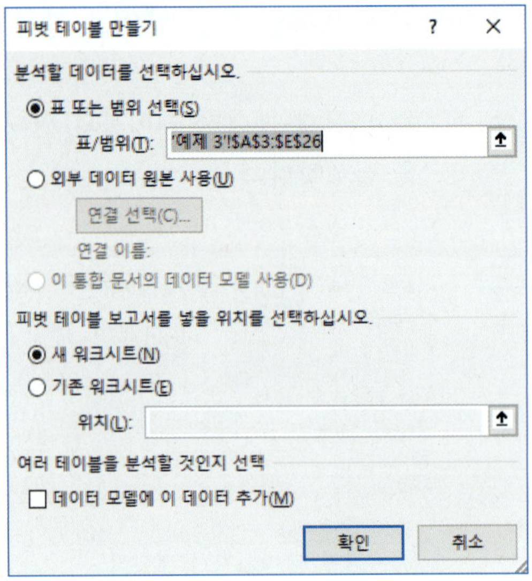


데이터가 있는 '예제 3' 워크시트에 피벗 테이블을 넣고자 하면, 하단의 피벗 테이블 보고서를 넣을 위치 선택에서 '기존 워크시트(E)'를 선택하고 적절한 셀을 클릭하면 된다.

③ 이제 새로운 워크시트(피벗 보고서 워크시트)가 만들어지고 오른쪽에 피벗 테이블 필드 목록을 볼 수 있다. 특히 상단 기존 리본 메뉴 탭의 오른쪽으로 새로운 탭이 만들어지는데 '[피벗 테이블 분석]탭'과 '[디자인]탭'을 볼 수 있다(일부 버전의 경우 [테이블 분석]탭임).

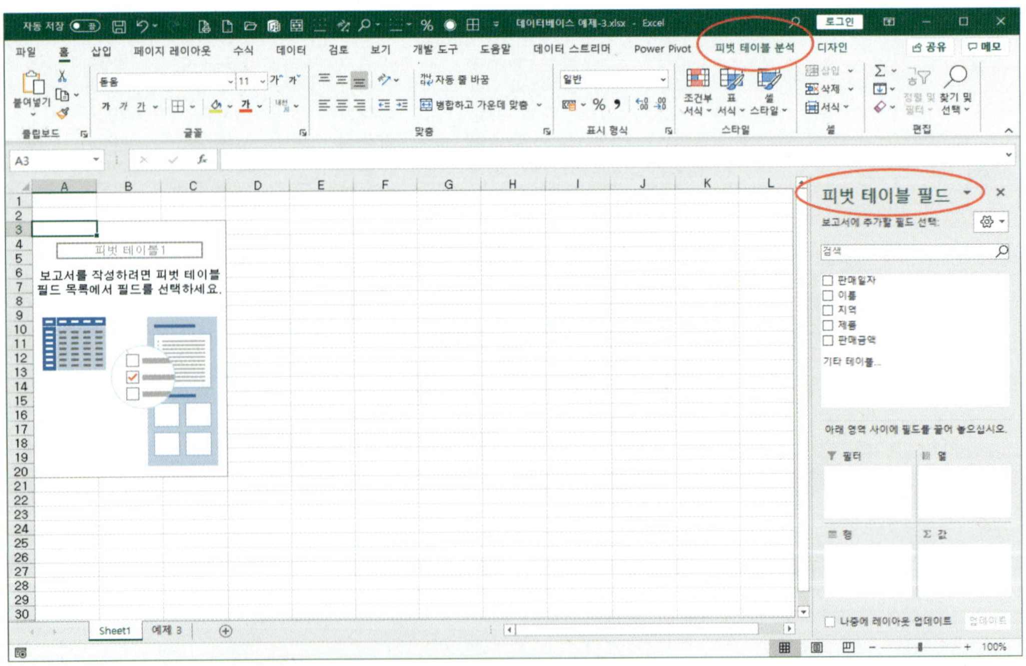

④ 이제 'sheet 1'이 만들어졌고 여기에 피벗 보고서 부분과 피벗 테이블 필드 창이 나타남을 알 수 있다.

- 피벗 보고서(왼쪽) : 오른쪽 필드 목록에서 피벗 테이블의 열, 행 등의 항목을 지정하면 피벗 보고서가 작성된다.
- 피벗 테이블 필드(오른쪽) : '보고서에 추가할 필드 선택'란에 원 테이블의 필드명이 나타난 것을 볼 수 있다. 아래의 피벗 테이블의 '필터', '열', '행', 'Σ 값' 영역에 지정하고자 하는 필드를 드래그하여 끌어다 놓음으로써 간단히 피벗 보고서를 작성할 수 있다. 또 '[피벗 테이블 분석]탭'과 '[디자인]탭'의 아이콘들을 이용하여 다양하게 피벗 보고서를 작성할 수 있다.
  - 필터 : 열과 행으로 구성된 보고서를 페이지별로 구성할 필드를 나타낸다. 아래와 같은 피벗 테이블 보고서에서 제품이 이에 해당한다.
  - 행 : 보고서에서 세로축에 나타낼 필드를 말한다. 영업사원(이름)이 이에 해당한다.
  - 열 : 보고서에서 가로축에 나타낼 필드를 말한다. 아래 그림에서 지역이 이에 해당한다.
  - Σ 값 : 계산의 대상이 되는 필드를 말한다. 판매금액이 이에 해당한다. 숫자 필드가 대상이 되는데, 만일 텍스트 필드를 넣으면 해당 레코드의 개수를 나타낸다.

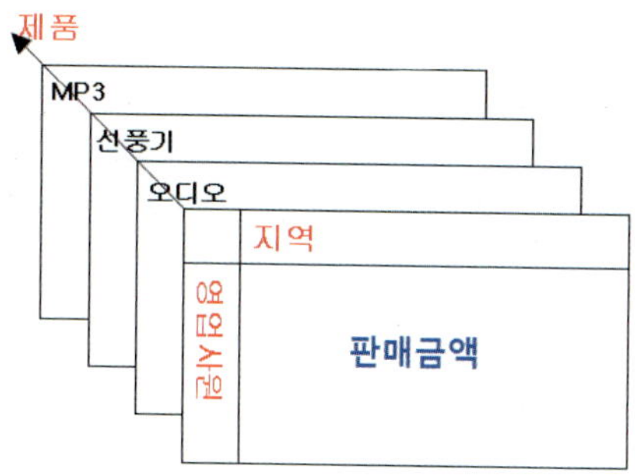


## 2) 피벗 테이블을 이용한 현황 작성

① 영업사원(이름)별 제품판매 현황 작성

예를 들어 영업사원별로 어떤 제품을 얼마나 판매하였는지 알고 싶다고 하자. 그렇다면 관리자는 세로로 영업사원의 이름이 늘어서고, 가로로 제품명이 늘어선 현황을 작성하면 될 것이다. 이 현황을 작성해 보기로 하자.

- 필드 갖다놓기
  - 오른쪽의 피벗 테이블 필드에서 '제품' 필드를 드래그하여 '열' 영역 내에 끌어다 놓는다.
  - 필드 목록에서 '이름' 필드를 드래그하여 '행' 영역 내에 끌어다 놓는다.
  - 필드 목록에서 계산의 대상이 되는 '판매금액' 필드를 드래그하여 'Σ 값' 영역 내에 끌어다 놓는다.

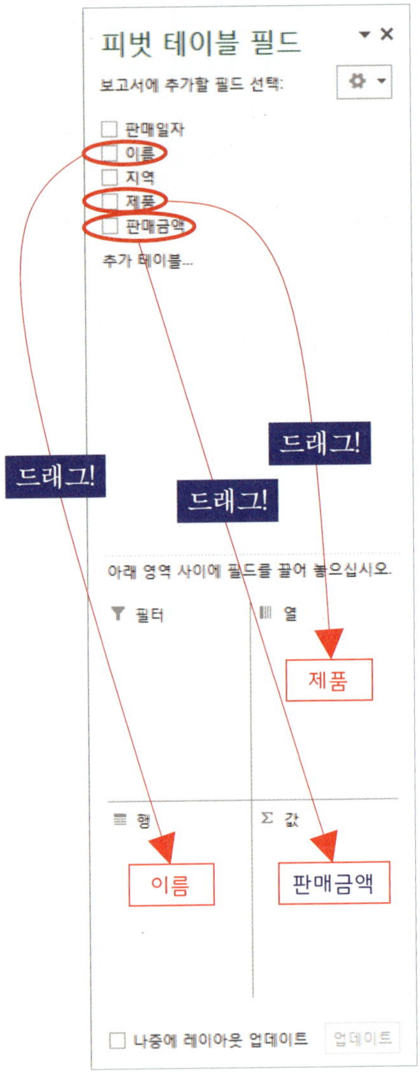

◑ 이제 수행 결과 아래와 같이 판매사원별 제품 판매 현황이 나타났음을 알 수 있다.

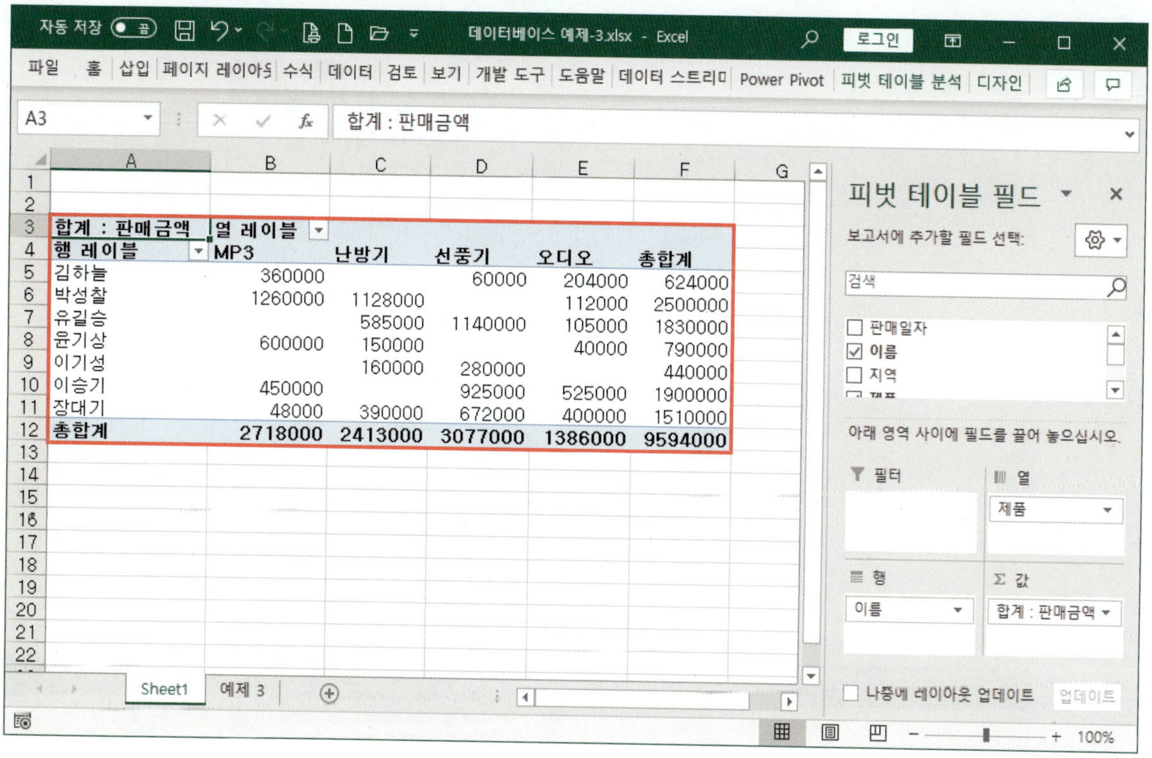


(주의) 커서가 왼쪽의 피벗 보고서 내에 위치할 때에만 오른쪽의 '피벗 테이블 필드' 목록이 나타난다.

### ② 영업사원별, 판매일자별 영업실적 현황 작성

◑ 가로축의 열 필드로 '판매일자'를 설정하기 위하여, 먼저 현재 열 필드인 '제품' 필드를 다시 상단의 필드 항목 영역으로 드래그하여 '제품' 필드를 취소한다. 또는 필드 목록에서 취소하고자 하는 필드의 ☑ 버튼을 직접 클릭하여 취소하면 열, 행에 설정된 필드가 취소된다.

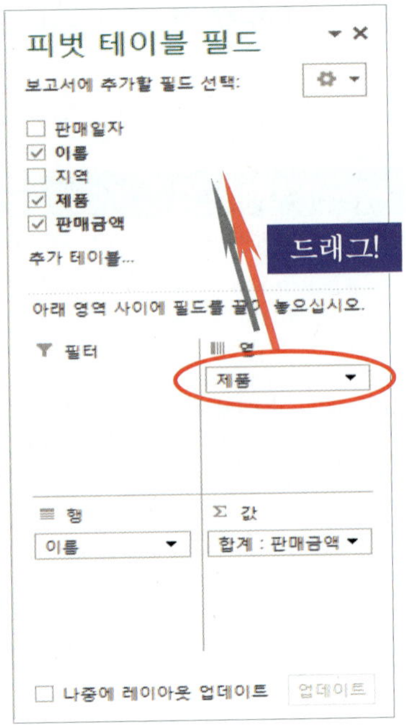


◑ 이제 '판매일자' 필드를 드래그하여 가로축, 즉 '열'에 가져다 놓는다.

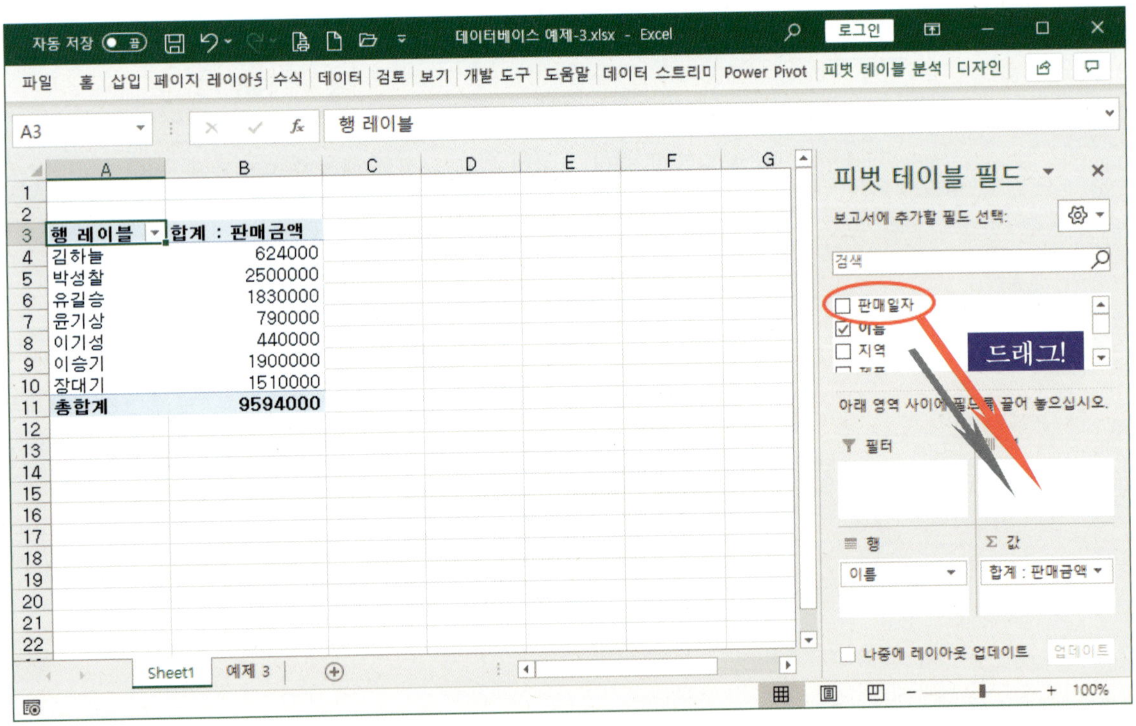

- 그러면 아래와 같이 사원별 판매연도별로 판매성과를 볼 수 있는 현황이 작성되었음을 알 수 있다. 날짜 필드는 2016 이상 버전에서는 연도별로 나타나고, 2013 이하 버전에서는 일자별로 나타난다.

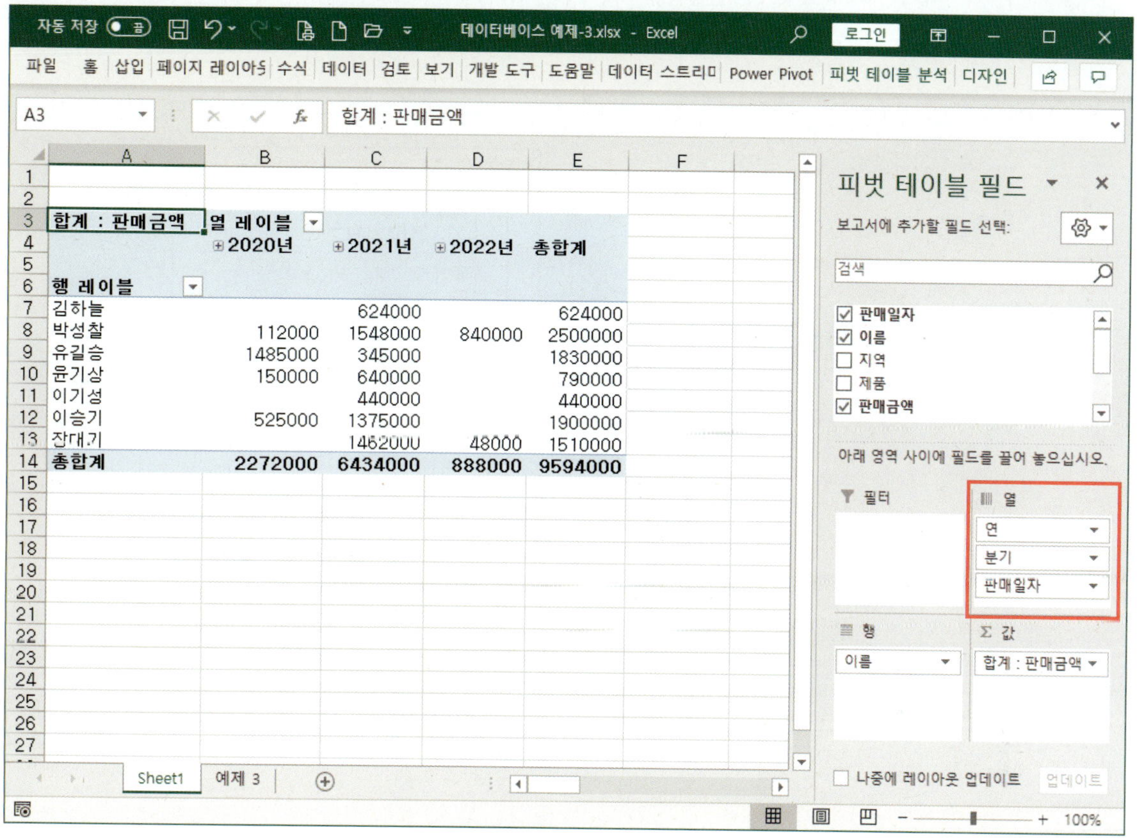

③ 제품별, 영업사원별, 판매일자별 영업 현황 작성(페이지별 작성)

- ②번의 영업현황을 제품별로 나누어 보고 싶다고 하자. 즉 아래 그림과 같이 3차원의 현황을 작성하고자 하는 것이다. 그러면 '제품' 필드는 이제 페이지를 나타내는 '필터' 필드로 설정되어야 한다.

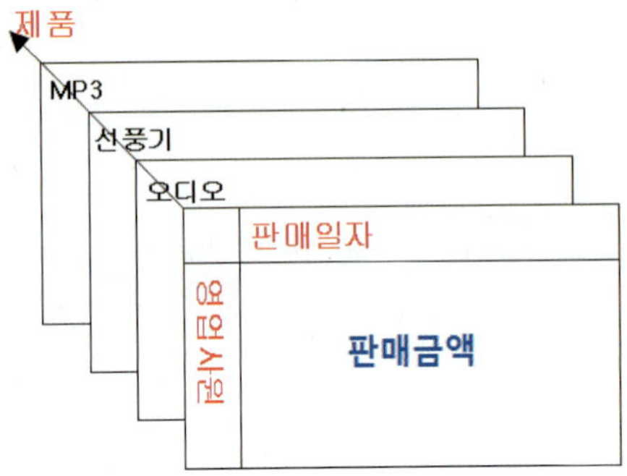


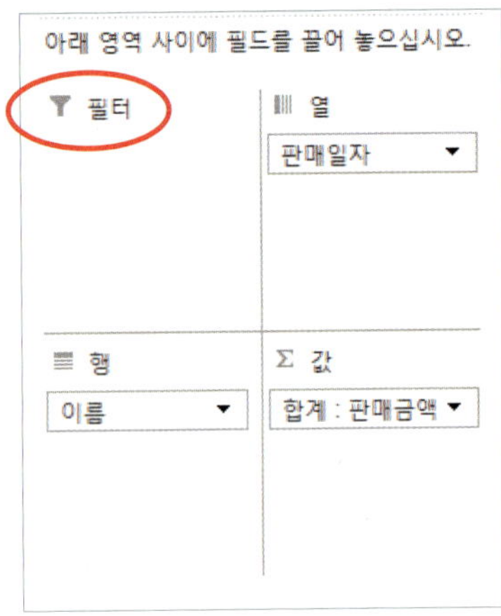

◐ '제품' 필드를 '필터' 영역으로 드래그하면 아래 그림과 같이 '(모두)'를 포함하여 제품별 선택 버튼이 나타나는 것을 볼 수 있다. 원하는 제품을 선택하면 해당 제품에 대한 판매사원별, 판매일자별 영업실적 현황만 작성된다. 난방기 제품의 영업실적 현황을 볼 수 있다.

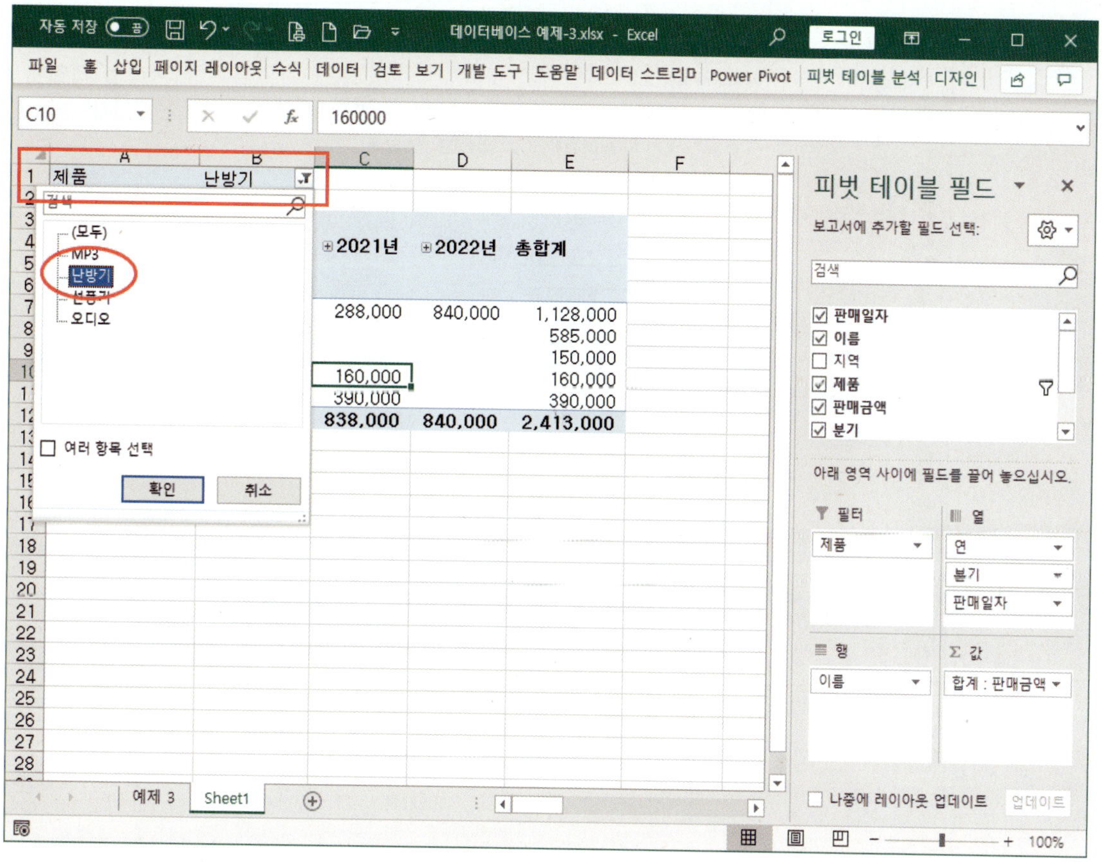

그리고 아래 그림에서는 '여러 항목 선택'을 이용하여 난방기와 선풍기 두 제품만의 영업실적 현황을 볼 수 있다.

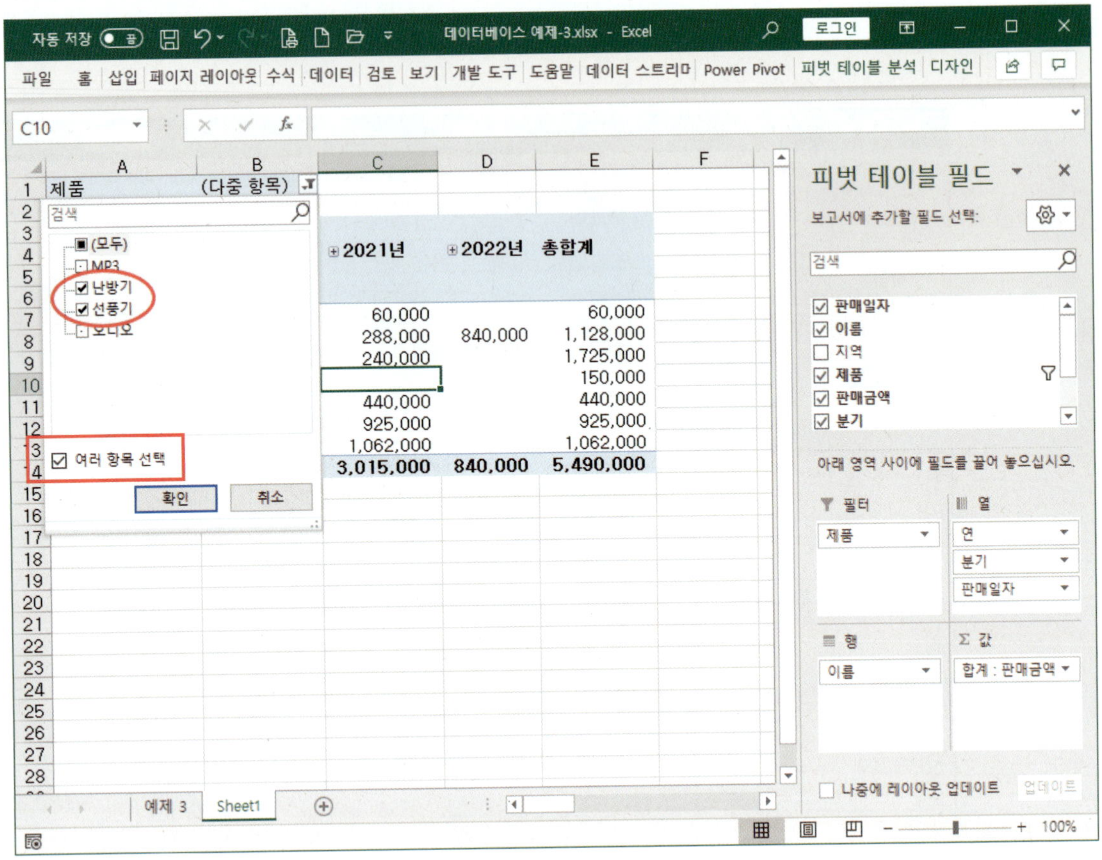

### 3) 피벗 테이블의 수정

피벗 테이블의 수정은 여러 차원에서 가능하다. 먼저 수행한 바와 같이 가로, 세로에 설정된 필드를 바꿀 수도 있고, 그 외에도 다음과 같이 피벗 테이블을 수정할 수 있다.

① '이름' 필드의 ▾ 버튼과 ☑을 이용한 수정

- '이름' 필드에서 ▾ 버튼을 눌러 특정 영업사원의 ☑을 해제시키고 '확인' 버튼을 누르면, 해제된 영업사원은 보고서에 나타나지 않고 원하는 사람만 산출할 수 있다. 아래에서 박성찰, 유길승의 ☑을 해제한다.

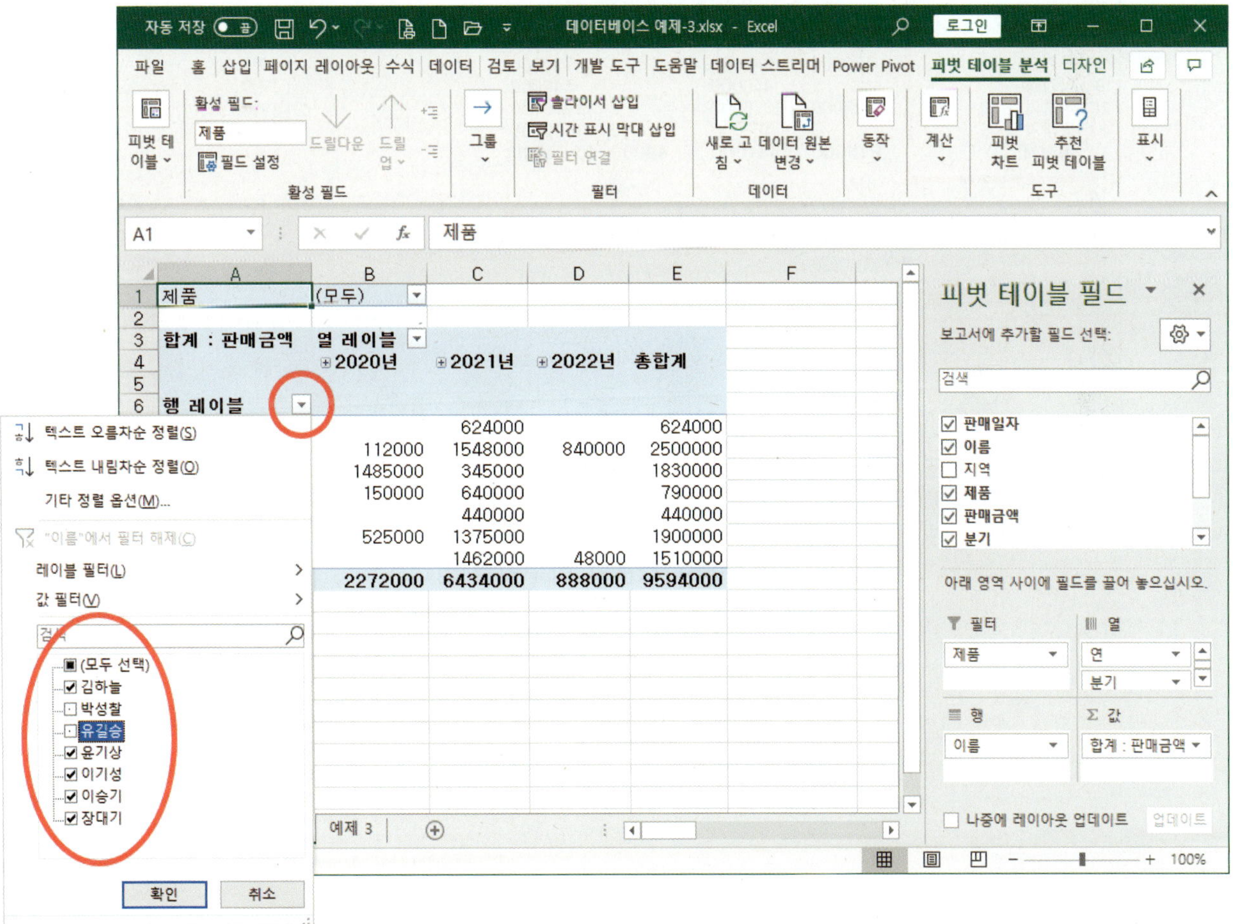

- '확인' 버튼을 클릭하면 아래와 같이 ☑을 해제한 영업사원(박성찰, 유길승)의 실적은 나타나지 않는다.

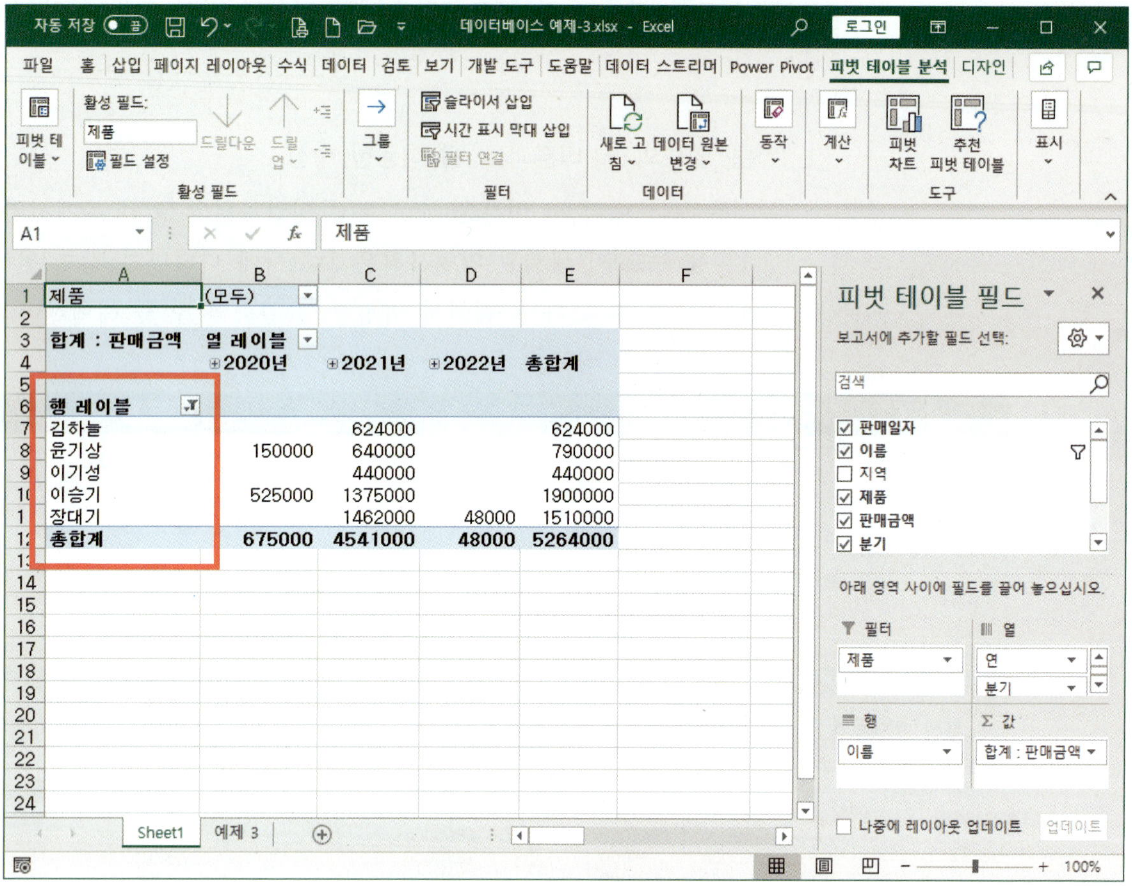


② 현황의 결과값에서 사용할 함수의 지정

- 지금까지는 현황의 합계(SUM)를 작성하였으나 합계(SUM) 뿐만 아니라 평균(AVERAGE), 개수(COUNTA), 최대값(MAX), 최소값(MIN), 곱(PRODUCT), 표준편차(STDEVP), 표본표준편차(STDEV), 분산(VARP), 표본분산(VAR), 수치개수(COUNT)의 총 11개의 함수를 사용하여 현황을 작성할 수 있다.

- '[피벗 테이블 분석]탭'을 선택하고 판매금액 영역의 임의의 셀을 선택해야 하는 것에 주의해야 한다. 그러면 아래와 같이 판매금액이 '활성 필드'가 됨을 알 수 있다.

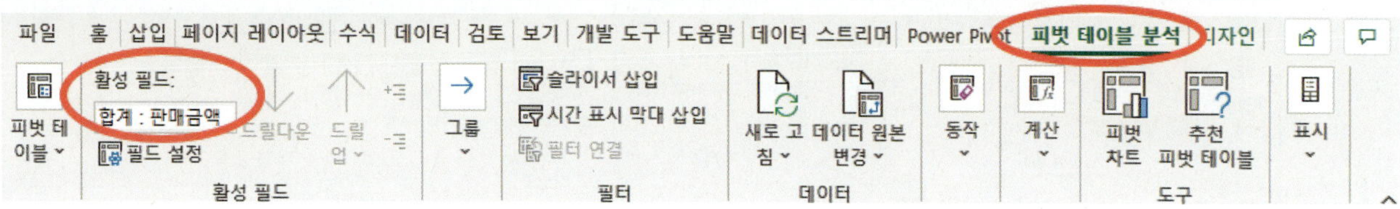


- 그 아래의 '필드 설정' 버튼을 클릭하면 '값 필드 설정' 창이 나타나 계산을 위한 함수를 설정할 수 있다. '합계' 대신에 각 일자에 판매사원이 판매한 건수를 알고 싶다면 아래 화면과 같이 '개수'를 선택한다.

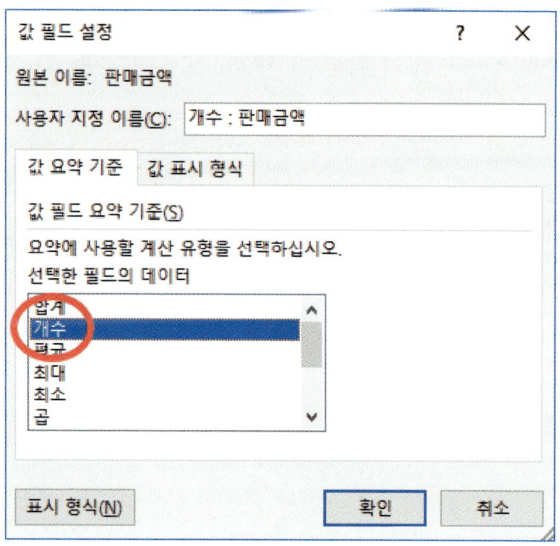

- 아래 화면에서 나타난 바와 같이 판매금액의 합계 대신에 '판매건수', 즉 개수가 나타난 것을 알 수 있다.

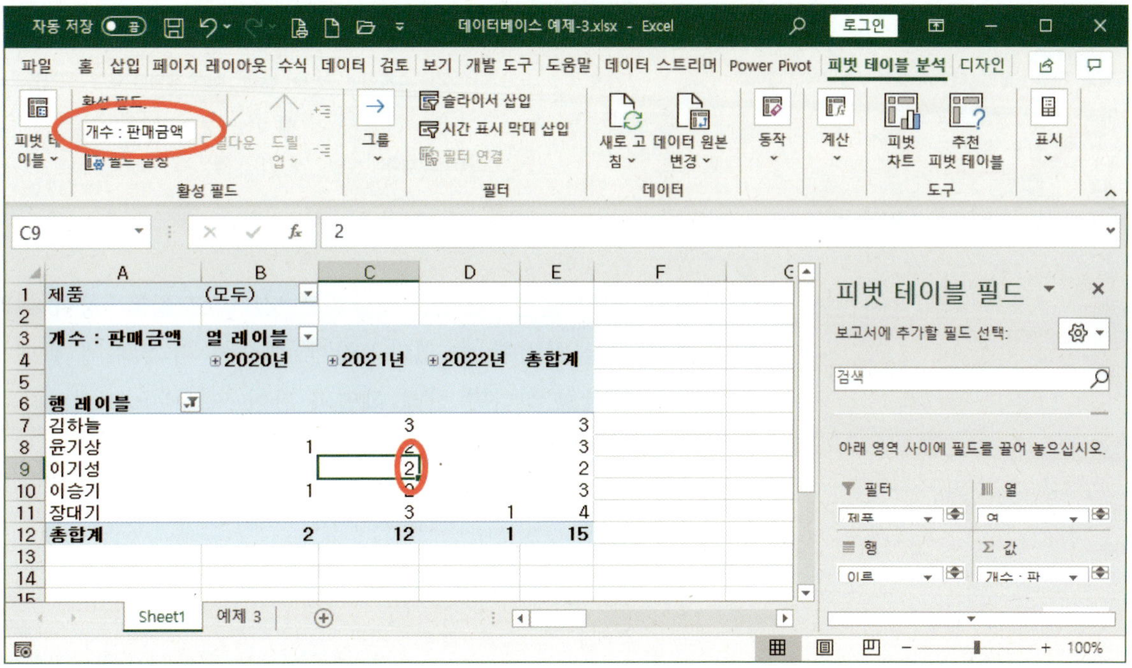

### ③ 현황의 결과값 서식의 변경

- 현황의 결과값에서 서식은 변경이 가능하다. 일반서식처럼 백분율 값으로 나타낼 수도 있고, 천단위마다 구분 기호(,)를 표시하거나 소수점의 자릿수를 일정하게 지정할 수도 있다.
- 결과값 내의 임의의 셀을 선택하고, 단축키를 눌러 '필드 표시 형식'을 선택한다.

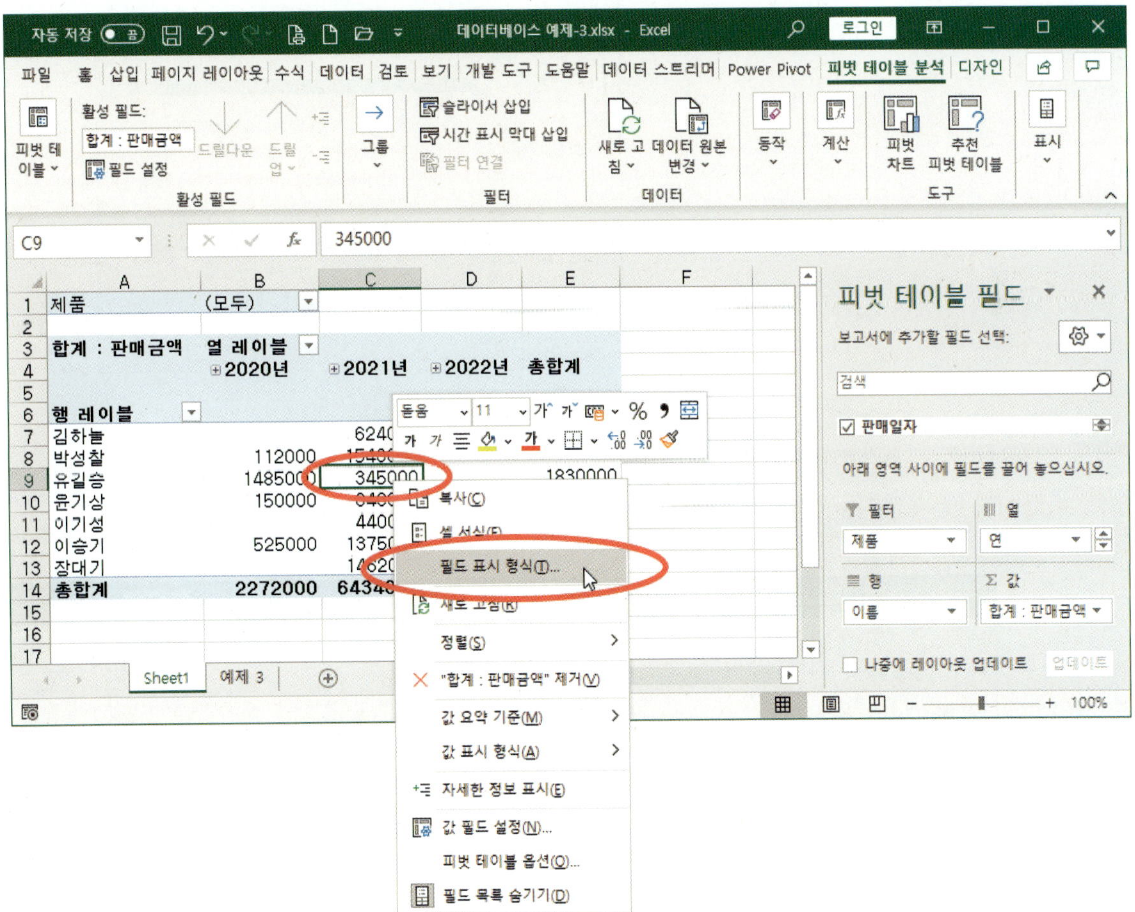

- '셀 서식' 창이 나타나면 적절한 서식을 지정하고 '확인' 버튼을 클릭한다. 여기에서는 '판매금액' 합계 데이터에 대한 서식을 아래와 같이 설정하였다.

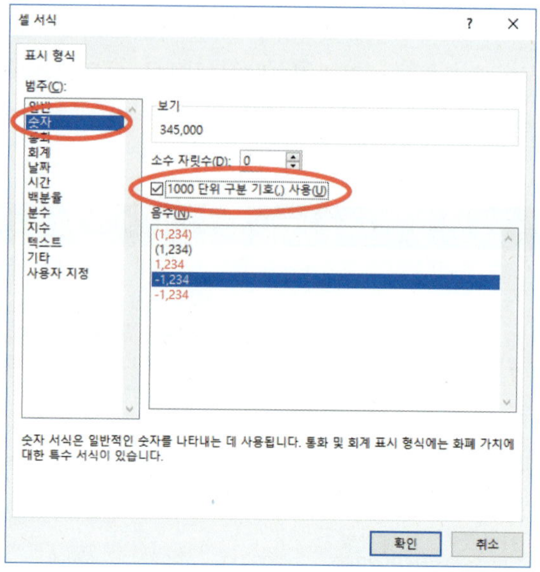


- '확인' 버튼을 클릭하면 결과값의 서식이 지정된 형태로 표시되는 것을 알 수 있다.

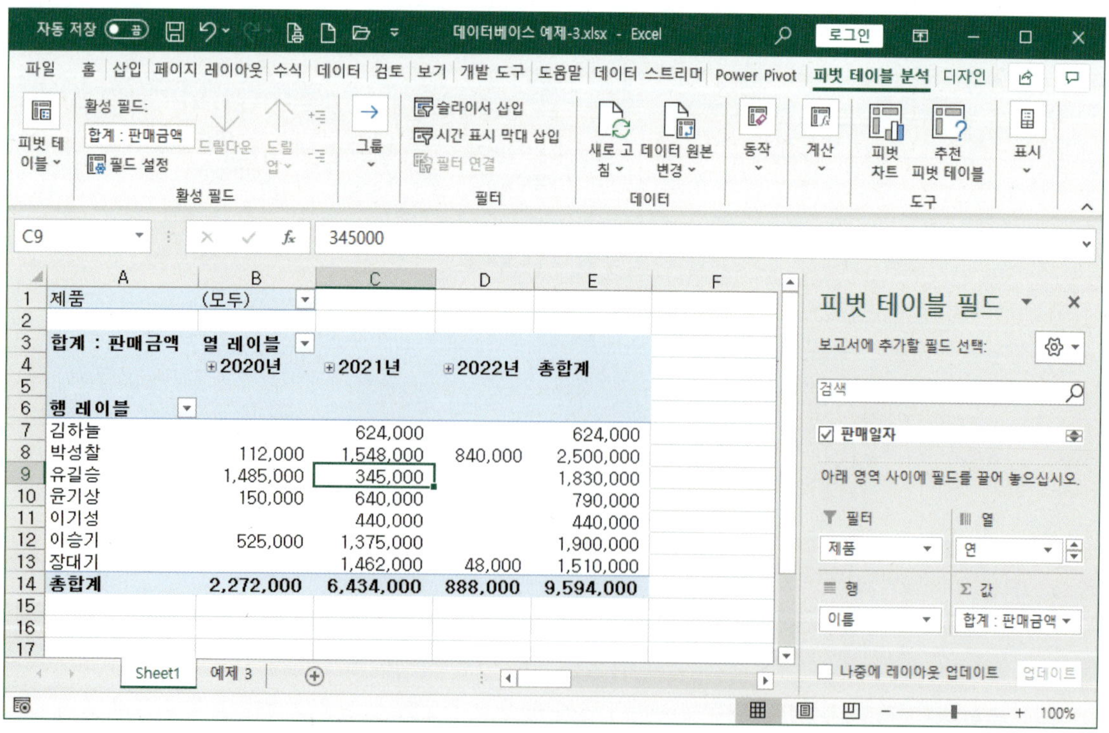

④ 수식의 생성

'[피벗 테이블 분석]탭-필드, 항목 및 집합-계산 필드'를 선택하면 기존의 숫자 필드를 이용하여 사용자들이 원하는 새로운 수식을 생성할 수 있다. 즉, 사용자들은 피벗 테이블의 구성과 함께 필요한 함수, 계산 기능 등을 수행할 수 있다.

이제 각 영업사원이 제품별 차년도 판매목표를 정한다고 하고, 그 목표치를 현재 판매금액의 125%라고 하자. 그 목표액을 현황에 삽입하기로 한다.

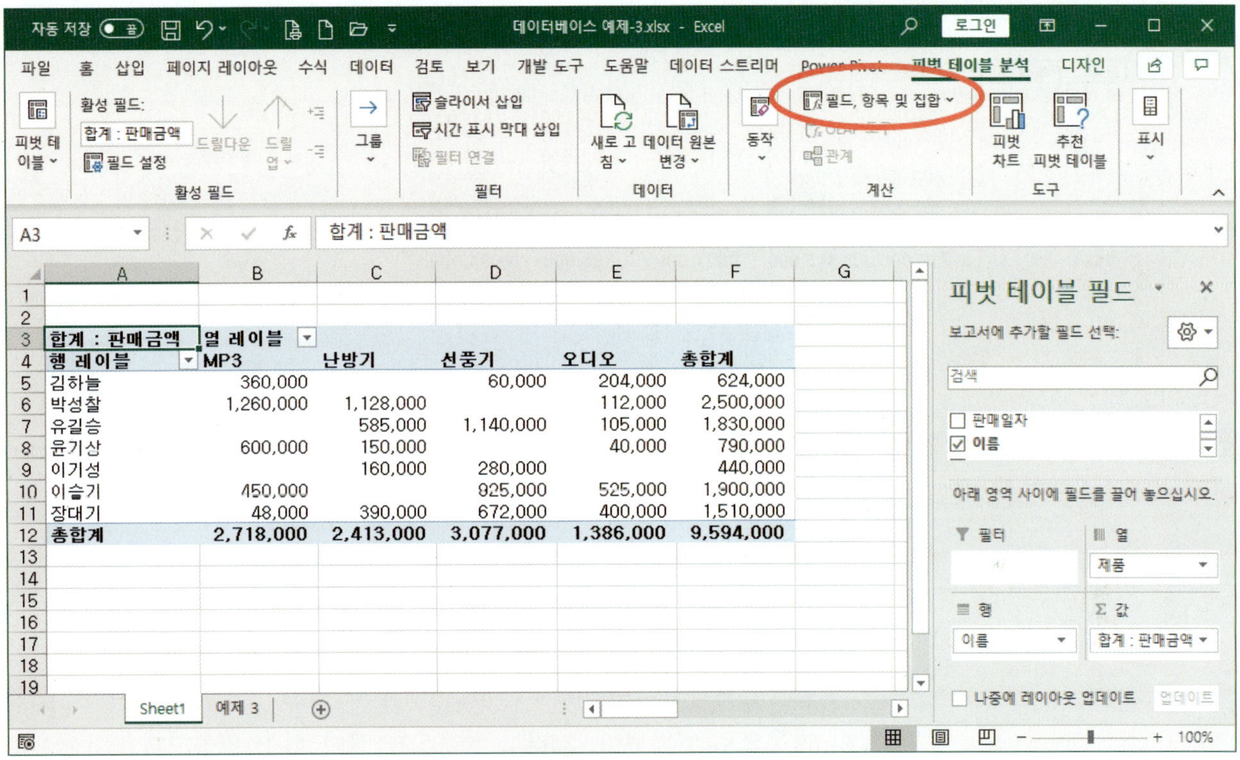

- '[피벗 테이블 분석]탭-필드, 항목 및 집합-계산 필드'를 선택하여 클릭한다.

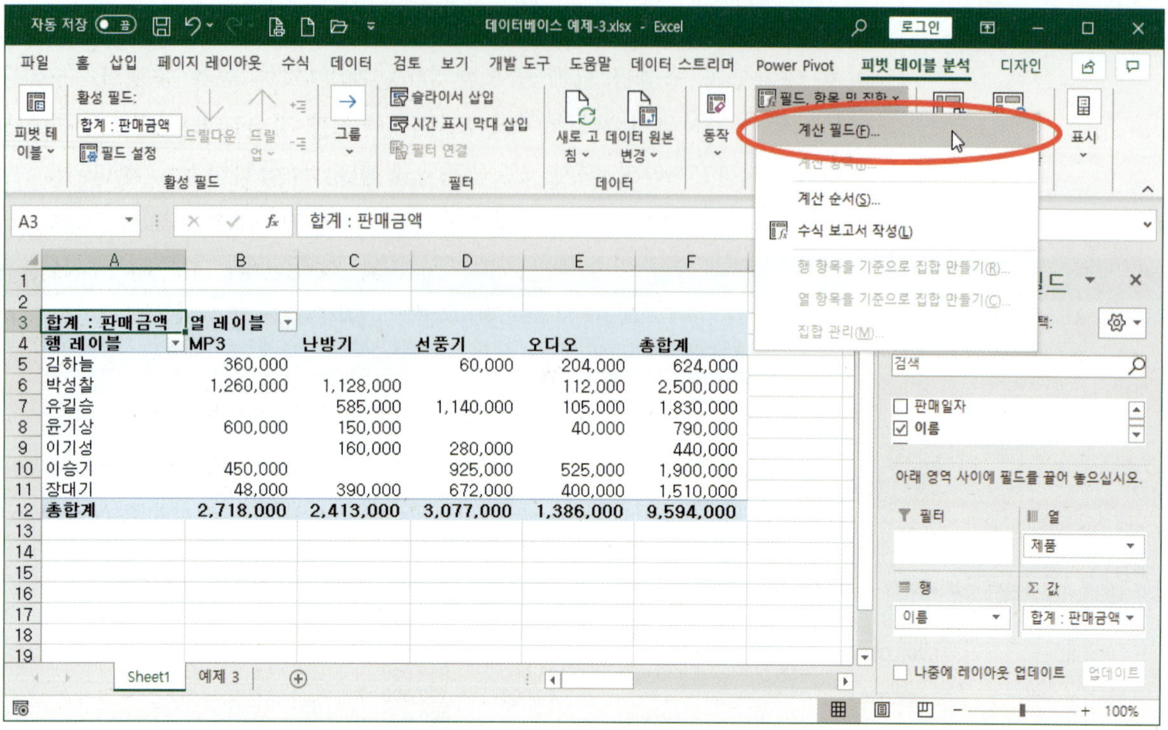


- '계산 필드 삽입' 창이 나타나면 다음과 같이 입력한다.
  - 이름 : '목표액'으로 지정한다.
  - 수식 : 아래 '필드(F)' 란에서 '판매금액' 필드를 선택한 뒤, '필드 삽입' 버튼을 클릭하면, '수식(M)' 란에 '판매금액' 필드가 올라가 '=판매금액'이 자동으로 입력된다. 그리고 '*1.25'를 적어 식을 완성한다.

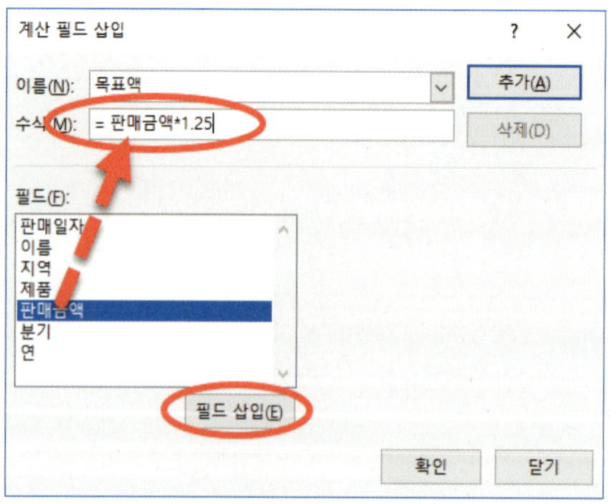

• '추가' 버튼을 클릭하면 아래와 같이 '목표액'이 하나의 필드로 추가된 것을 볼 수 있다. '확인' 버튼을 클릭하면 아래와 같이 '목표액'이 추가된 화면이 나타난다.

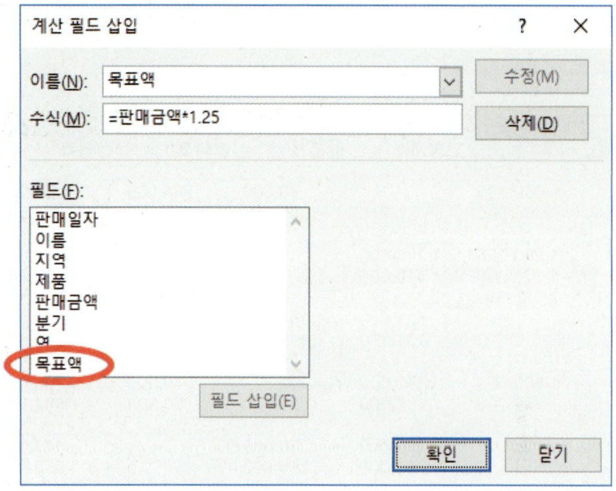


• '목표액'의 서식을 조정한 후, 아래 '열' 필드에 있는 'Σ 값' 필드를 '행' 필드로 가져가면 '목표액'이 현재 금액 아래에 있어 보기가 좀더 쉽게 된다.

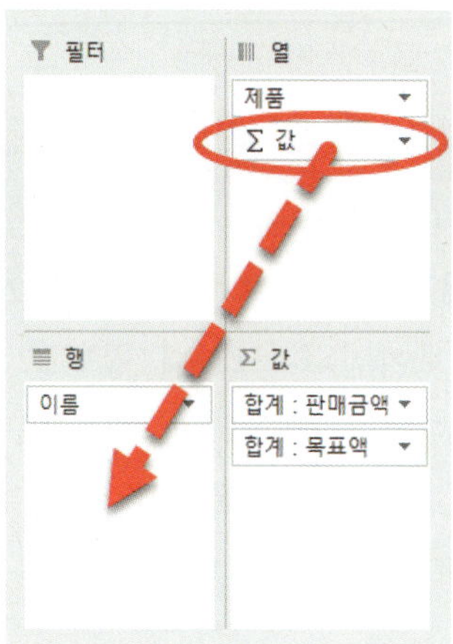

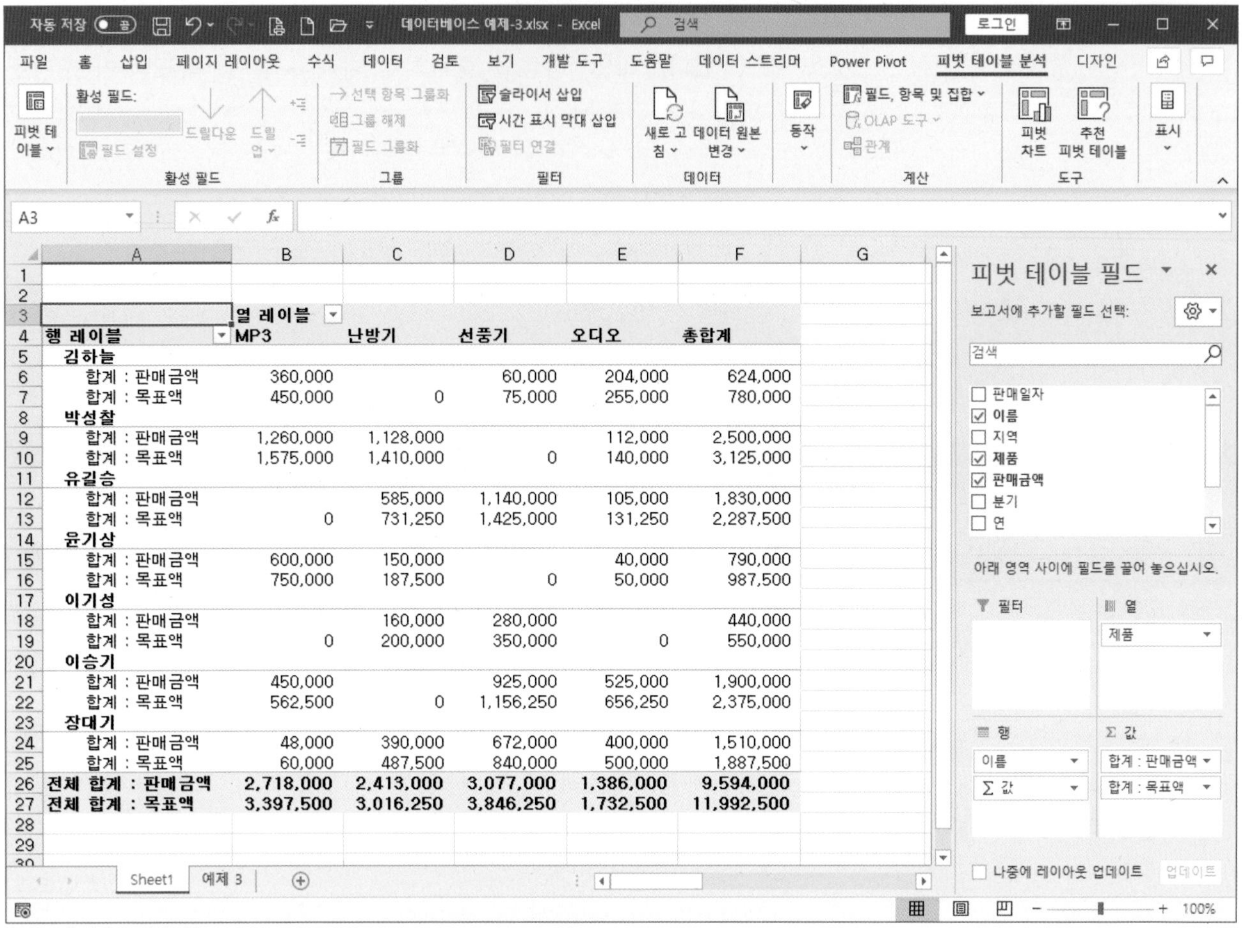

| 행 레이블 | MP3 | 난방기 | 선풍기 | 오디오 | 총합계 |
|---|---|---|---|---|---|
| **김하늘** | | | | | |
| 합계 : 판매금액 | 360,000 | | 60,000 | 204,000 | 624,000 |
| 합계 : 목표액 | 450,000 | 0 | 75,000 | 255,000 | 780,000 |
| **박성찰** | | | | | |
| 합계 : 판매금액 | 1,260,000 | 1,128,000 | | 112,000 | 2,500,000 |
| 합계 : 목표액 | 1,575,000 | 1,410,000 | 0 | 140,000 | 3,125,000 |
| **유길승** | | | | | |
| 합계 : 판매금액 | | 585,000 | 1,140,000 | 105,000 | 1,830,000 |
| 합계 : 목표액 | 0 | 731,250 | 1,425,000 | 131,250 | 2,287,500 |
| **윤기상** | | | | | |
| 합계 : 판매금액 | 600,000 | 150,000 | | 40,000 | 790,000 |
| 합계 : 목표액 | 750,000 | 187,500 | 0 | 50,000 | 987,500 |
| **이기성** | | | | | |
| 합계 : 판매금액 | | 160,000 | 280,000 | | 440,000 |
| 합계 : 목표액 | 0 | 200,000 | 350,000 | 0 | 550,000 |
| **이승기** | | | | | |
| 합계 : 판매금액 | 450,000 | | 925,000 | 525,000 | 1,900,000 |
| 합계 : 목표액 | 562,500 | 0 | 1,156,250 | 656,250 | 2,375,000 |
| **장대기** | | | | | |
| 합계 : 판매금액 | 48,000 | 390,000 | 672,000 | 400,000 | 1,510,000 |
| 합계 : 목표액 | 60,000 | 487,500 | 840,000 | 500,000 | 1,887,500 |
| **전체 합계 : 판매금액** | **2,718,000** | **2,413,000** | **3,077,000** | **1,386,000** | **9,594,000** |
| **전체 합계 : 목표액** | **3,397,500** | **3,016,250** | **3,846,250** | **1,732,500** | **11,992,500** |

⑤ 날짜 데이터의 그룹화

‘[피벗 테이블 분석]탭-그룹-선택항목 그룹화’를 클릭하면 날짜 데이터에 대한 그룹을 생성할 수 있다. 엑셀 2016 버전부터는 개별 판매일자가 아니라 연도로 묶어서 보여진다. 그러나 월별로, 또는 분기별로 보고 싶다면 현재의 데이터에서 그룹화 항목을 달리하면 쉽게 월별, 분기별 보고서를 생성할 수 있다. 즉, 피벗 테이블의 그룹화 기능을 사용하면 원래의 날짜 데이터를 가지고 간단하게 월 또는 분기별로 바꿀 수 있다.

◑ 행을 '판매일자', 열을 '제품', Σ 값을 '판매금액'으로 설정하고 피벗 테이블을 작성한 후, 판매연도가 있는 열(즉 A열)의 임의의 셀을 클릭한다.

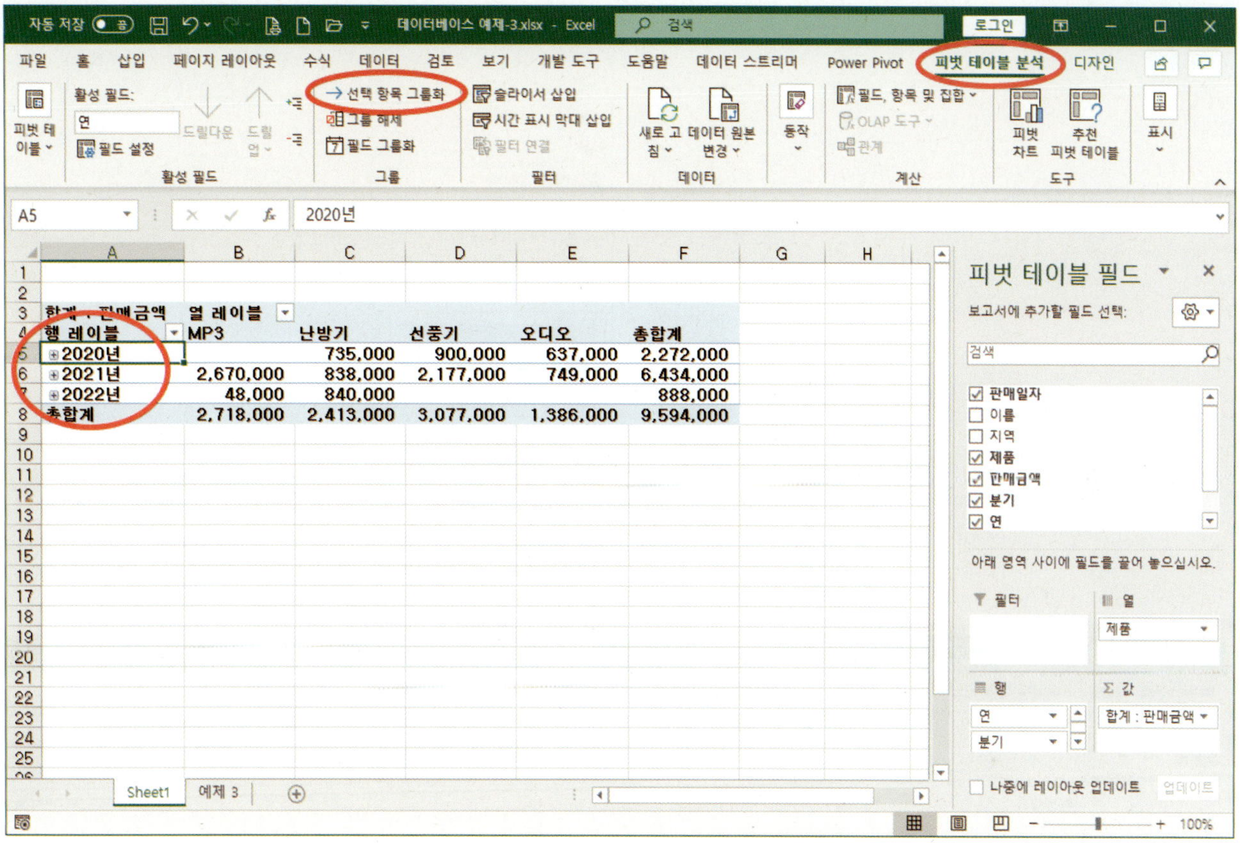

- '[피벗 테이블 분석]탭-그룹-선택항목 그룹화'를 클릭하면 날짜 데이터에 대한 그룹창이 나타난다. 이때 월, 분기, 연이 이미 선택되어 있는데 연-월별로 판매 데이터를 보고 싶다면 분기는 해제하고 '월'과 '연'만 함께 선택한다.

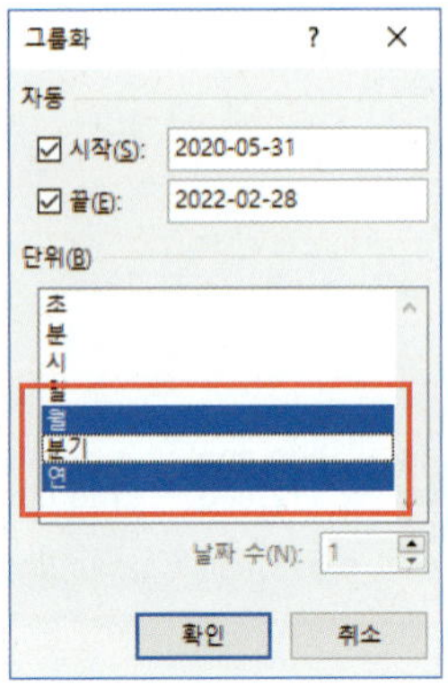


- 그러면 아래와 같이 연-월별로 된 판매현황을 볼 수 있다.

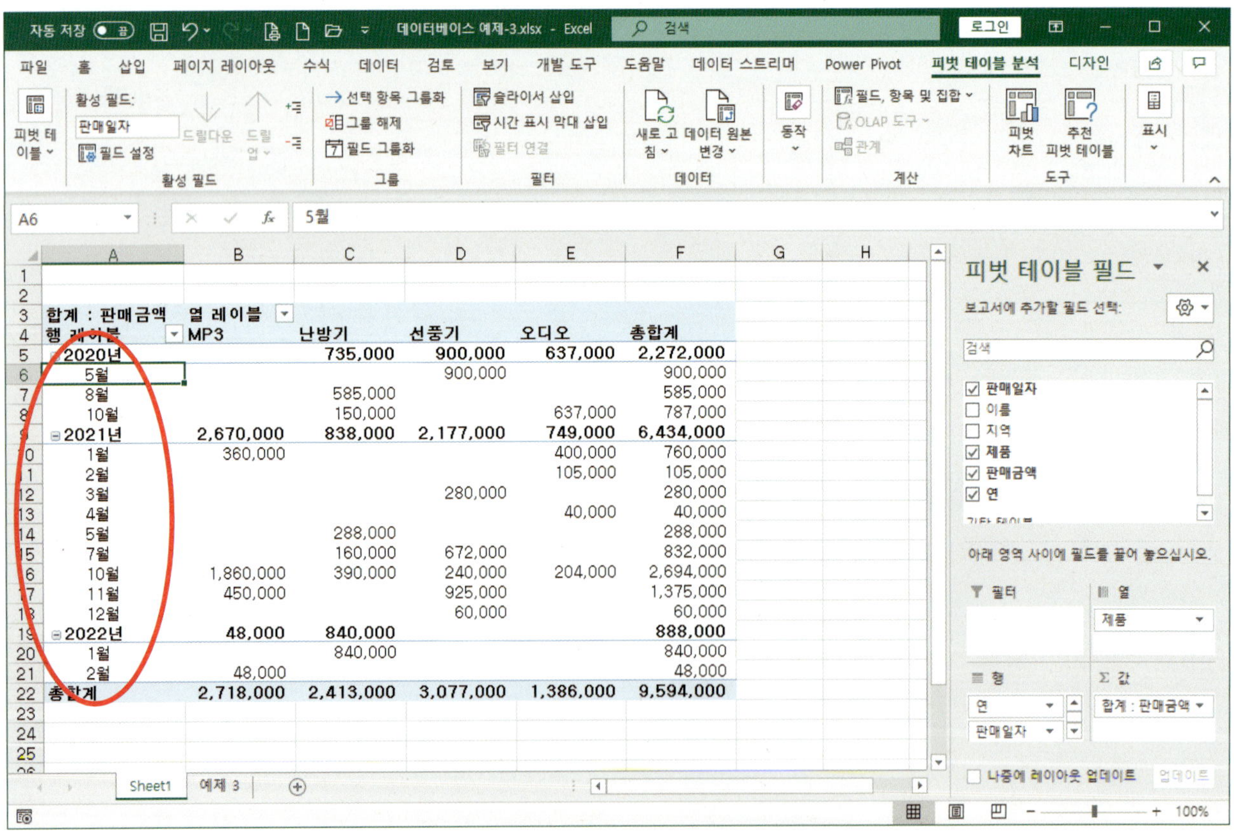

- 이제 연-분기별로 판매 데이터를 보고 싶다면 월을 해제하고, 분기와 연을 함께 선택한다. 그러면 아래와 같이 연도별-분기별로 판매현황을 볼 수 있다.

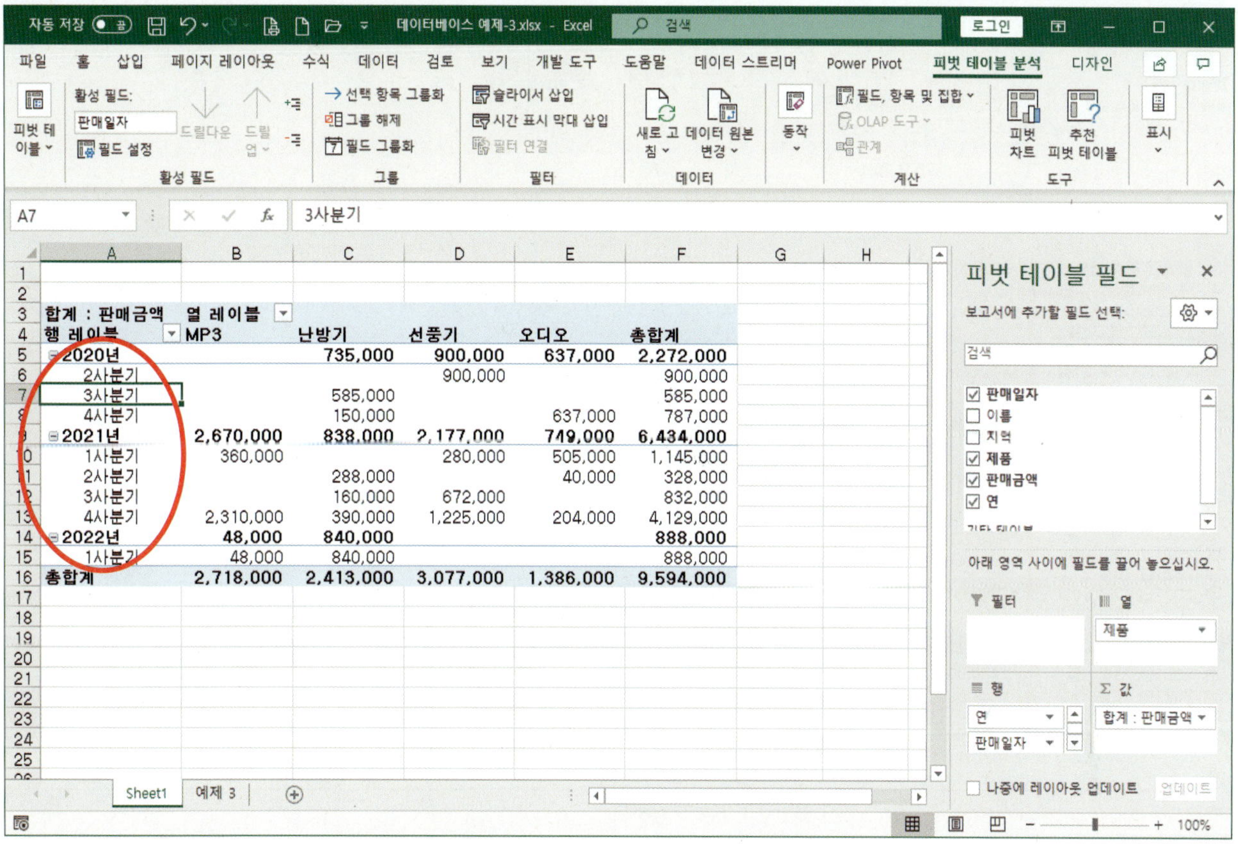

- 그룹을 해제하고 원래의 일자별 데이터로 보려면 아래의 '그룹 해제' 버튼을 클릭하면 된다.

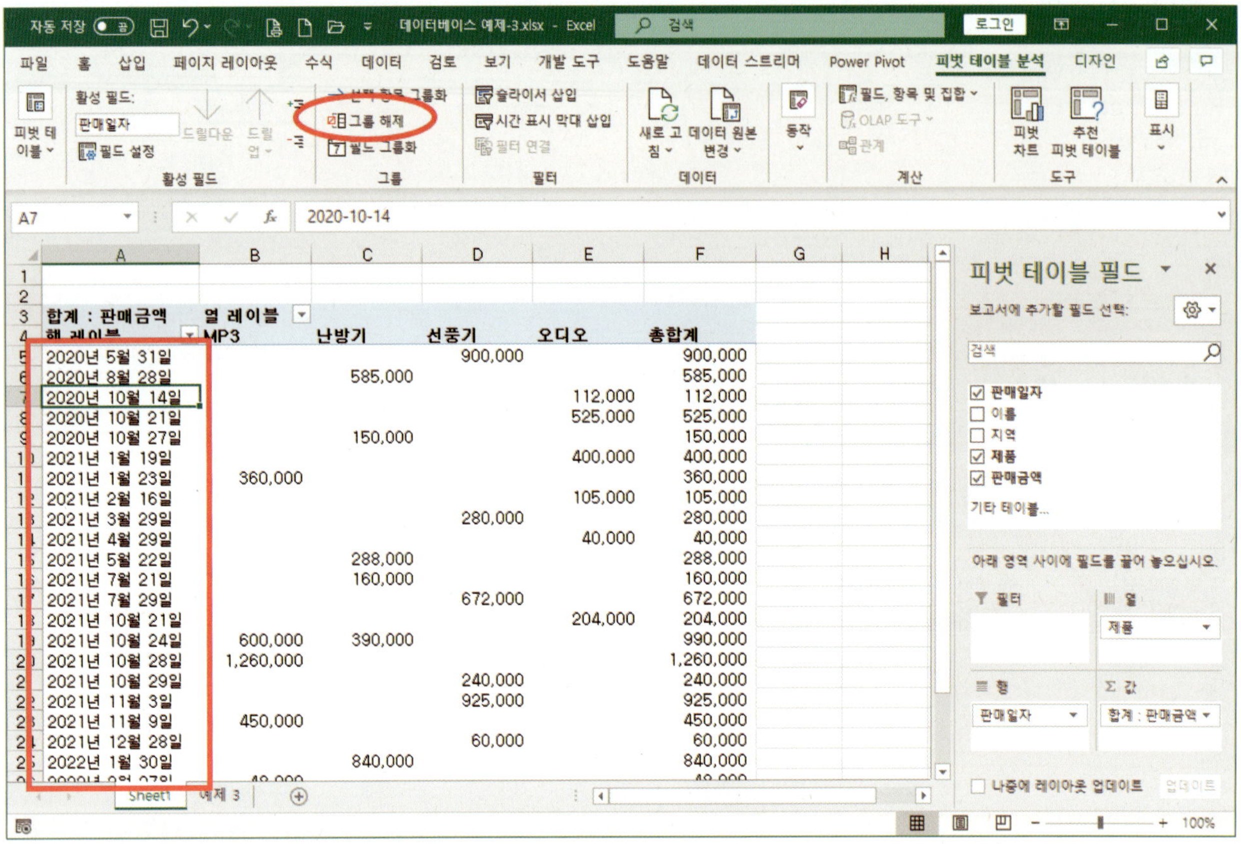

### ⑥ 피벗 데이터에서의 정렬

피벗 테이블에서 데이터는 열과 행의 알파벳 오름차순 정렬 순서대로 나타나기 때문에 열과 행의 총합계 금액은 정렬된 순서가 아니게 된다. 그러나 만일 판매 총합계가 큰 순서대로 보고 싶거나, 열과 행을 내림차순 순서대로 보고 싶다면 '[데이터]탭'의 '정렬 기능'을 이용하면 된다.

- ⑤번의 연-분기별 판매현황에서 판매금액이 큰 제품 순서대로 보고자 하면 우선 아래와 같이 제품별 총합계란 행의 임의의 셀을 선택한다.

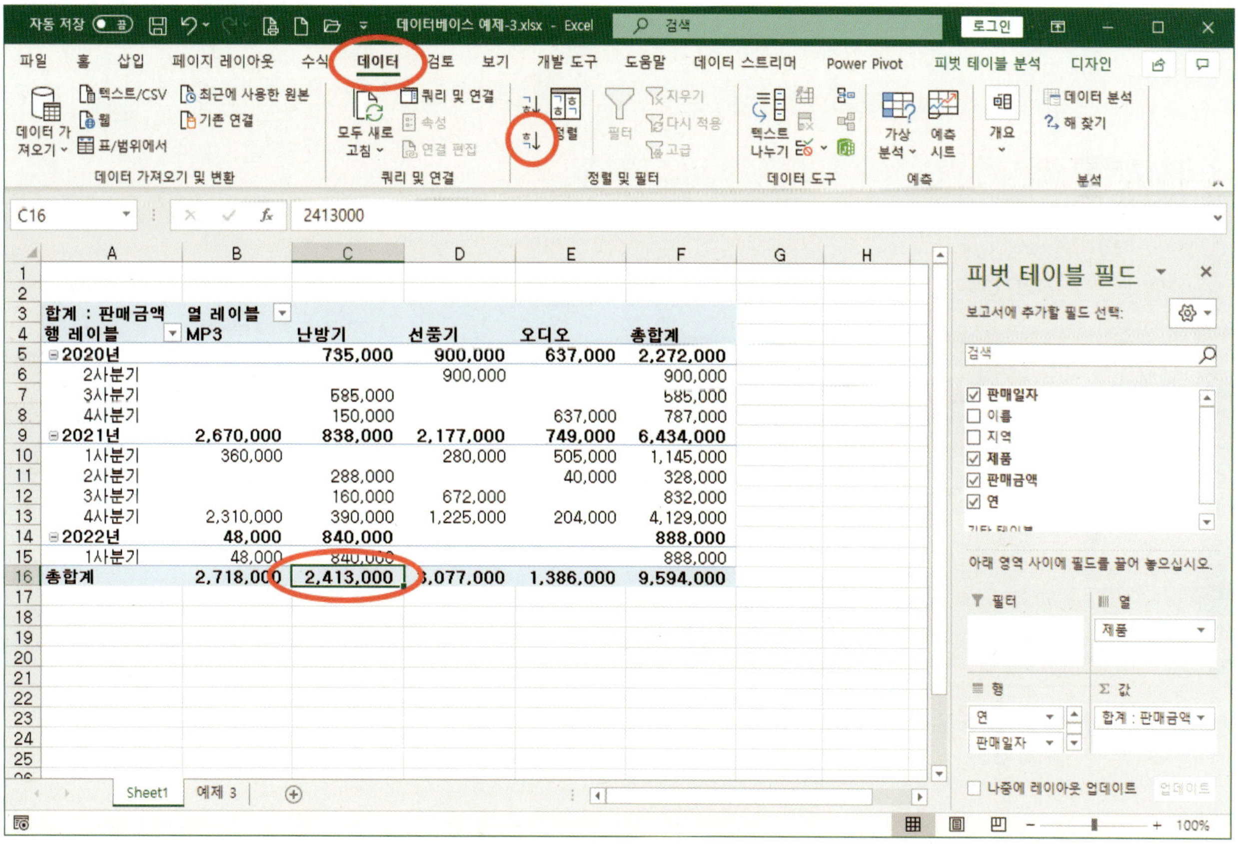

◑ 금액이 큰 순서대로 정렬하고자 하면 '[데이터]탭'의 '정렬' 그룹에서 '내림차순 정렬' 버튼( )을 클릭한다. 이제 제품의 순서가 제품명 순이 아니라 총합계 금액의 내림차순 순서대로 정렬된 것을 알 수 있다. 반면에 오름차순( )으로 정렬할 경우에는, 총합계 금액이 1,386,000원으로 가장 작은 오디오가 피벗 보고서의 가장 왼쪽 편에 오게 된다.

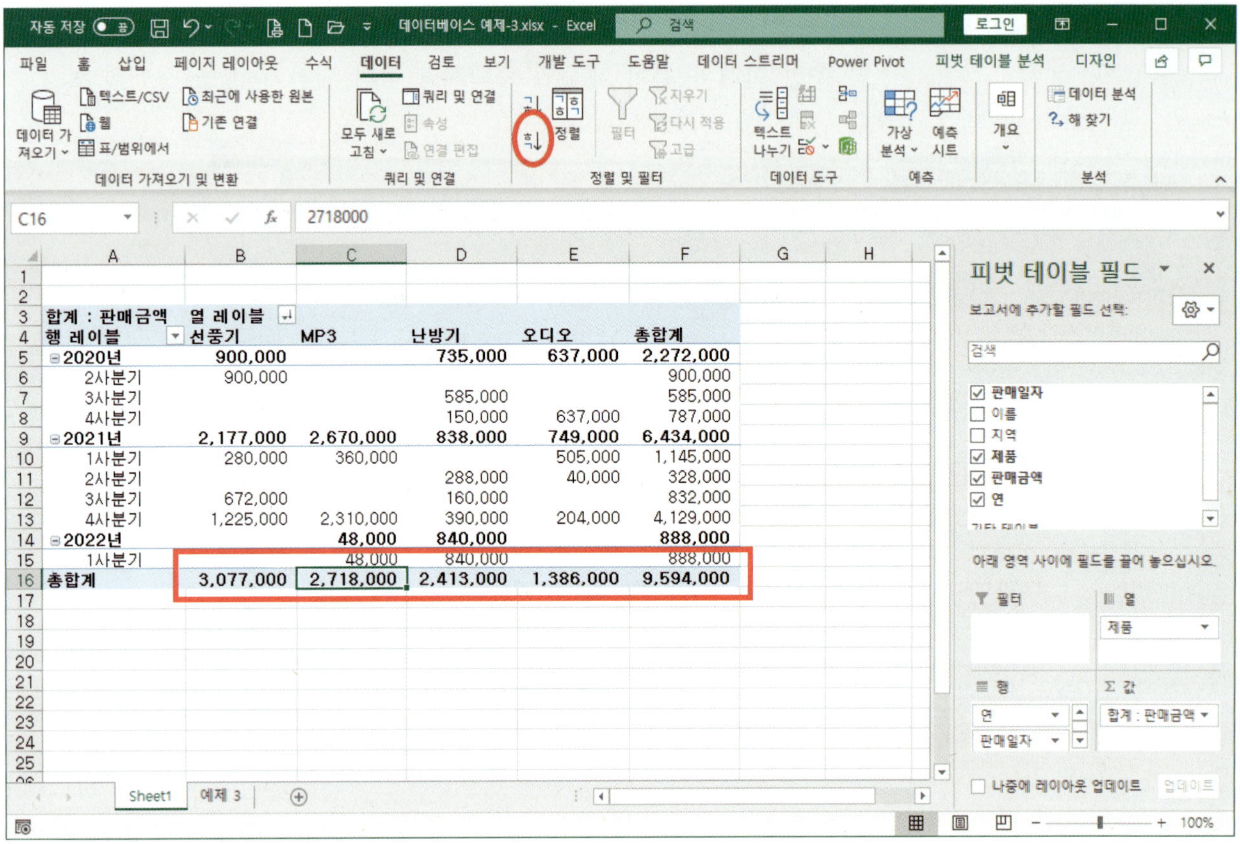

### 4) 비율 작성과 슬라이서('데이터베이스 예제-4.xlsx')

① 피벗 테이블에서 전체 판매금액에 대한 비율 등을 알아보고자 한다.

- 업체별, 기종별로 판매금액과 함께 총 판매금액에 대한 비율을 알아보고자 한다. 먼저 '열'에 '기종명' 필드, '행'에 '업체명' 필드, 그리고 'Σ 값'에 '판매금액(천원)' 필드로 하여 피벗을 작성한다.

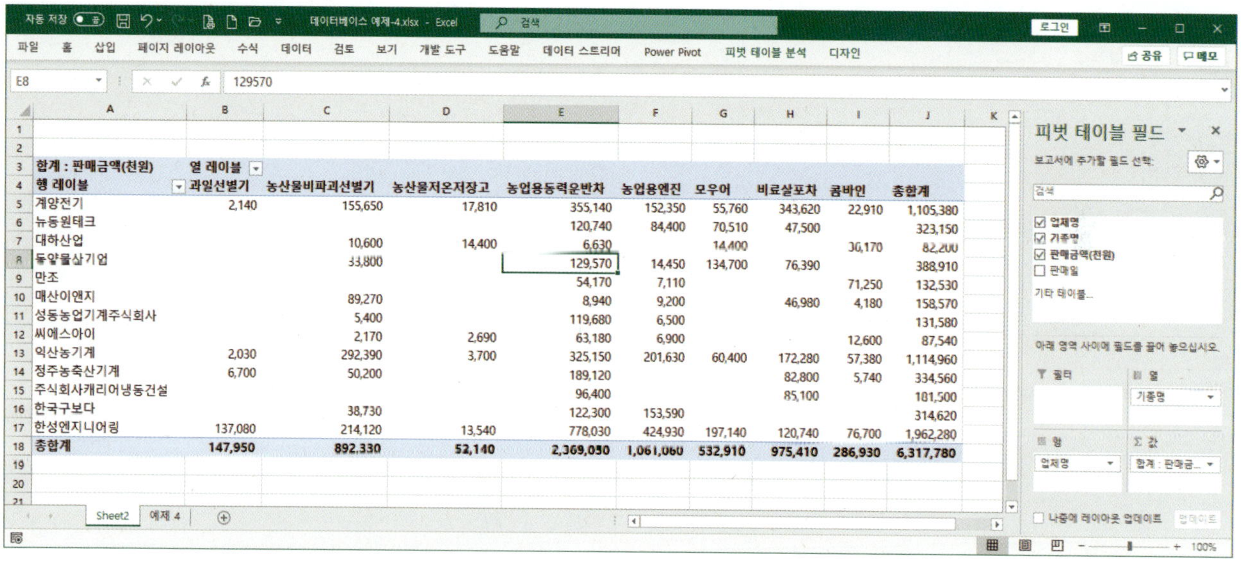

| 합계 : 판매금액(천원) | 열 레이블 | | | | | | | | |
|---|---|---|---|---|---|---|---|---|---|
| 행 레이블 | 과일선별기 | 농산물비파괴선별기 | 농산물저온저장고 | 농업용동력운반차 | 농업용엔진 | 모우어 | 비료살포차 | 콤바인 | 총합계 |
| 계양전기 | 2,140 | 155,650 | 17,810 | 355,140 | 152,350 | 55,760 | 343,620 | 22,910 | 1,105,380 |
| 뉴동원테크 | | | | 120,740 | 84,400 | 70,510 | 47,500 | | 323,150 |
| 대하산업 | | 10,600 | 14,400 | 6,630 | | 14,400 | | 36,170 | 82,200 |
| 동양물산기업 | | 33,800 | | 129,570 | 14,450 | 134,700 | 76,390 | | 388,910 |
| 만조 | | | | 54,170 | 7,110 | | | 71,250 | 132,530 |
| 매산이앤지 | | 89,270 | | 8,940 | 9,200 | | 46,980 | 4,180 | 158,570 |
| 성동농업기계주식회사 | | 5,400 | | 119,680 | 6,500 | | | | 131,580 |
| 씨에스아이 | | 2,170 | 2,690 | 63,180 | 6,900 | | | 12,600 | 87,540 |
| 익산농기계 | 2,030 | 292,390 | 3,700 | 325,150 | 201,630 | 60,400 | 172,280 | 57,380 | 1,114,960 |
| 정주농축산기계 | 6,700 | 50,200 | | 189,120 | | | 82,800 | 5,740 | 334,560 |
| 주식회사캐리어냉동건설 | | | | 96,400 | | | 85,100 | | 181,500 |
| 한국구보다 | | 38,730 | | 122,300 | 153,590 | | | | 314,620 |
| 한성엔지니어링 | 137,080 | 214,120 | 13,540 | 778,030 | 424,930 | 197,140 | 120,740 | 76,700 | 1,962,280 |
| 총합계 | 147,950 | 892,330 | 52,140 | 2,369,050 | 1,061,060 | 532,910 | 975,410 | 286,930 | 6,317,780 |

◑ '판매금액(천원)' 필드를 'Σ 값' 영역에 하나 더 삽입한다. 그리고 '열' 영역 내의 'Σ 값'을 '행' 영역으로 이동하여 보고서를 보기 좋게 한다.

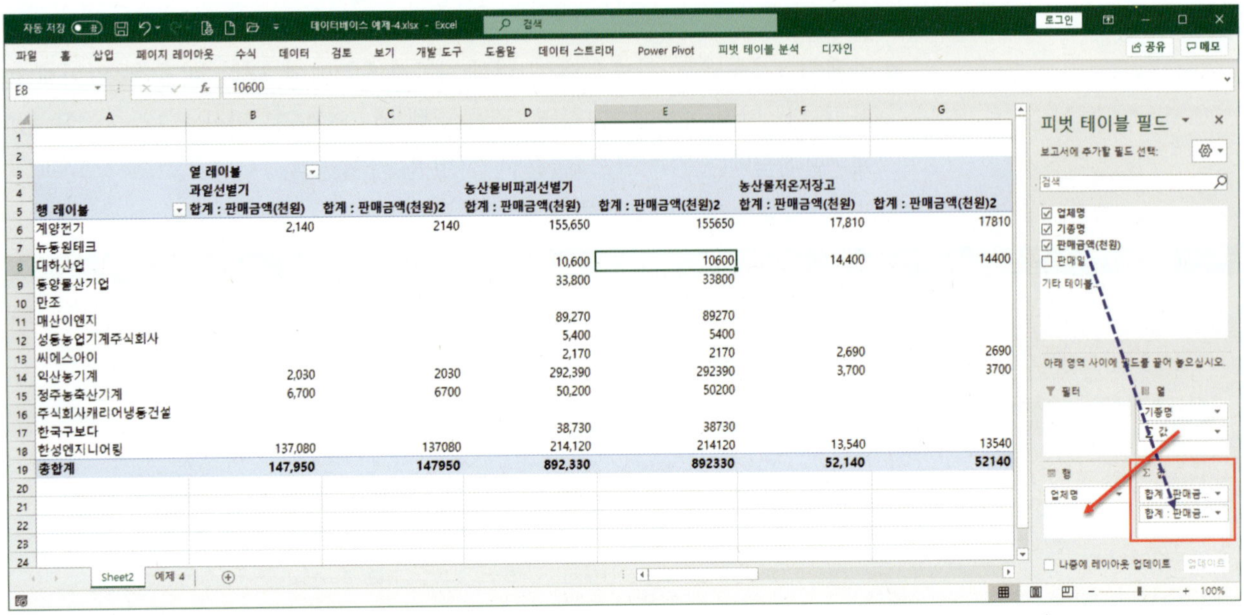

◑ 아래 그림과 같이 보고서에 새로 생긴 두 번째 '판매금액(천원)2' 임의의 값에 단축메뉴를 표시하여 '값 표시형식'-'총 합계비율'을 선택한다.

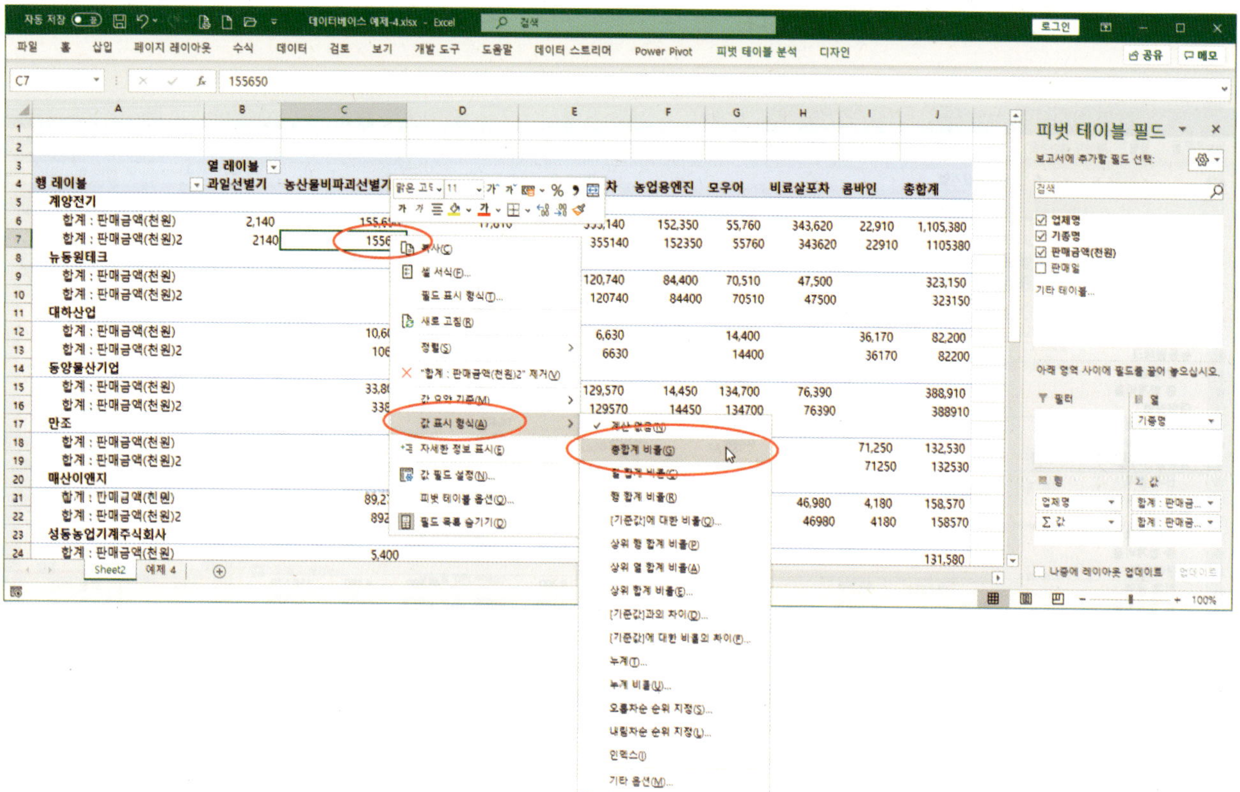

그러면 아래와 같이 열 합계비율이 나타나는데 과일선별기의 열 합계비율 1.45%는 과일선별기 전체 판매금액 147,950천원 중 계양전기가 판매한 2,140천원의 비율을 나타낸다. 또한 농산물비파괴선별기의 열 합계비율 17.44%는 농산물비파괴선별기 전체 판매금액인 892,330천원 중 계양전기가 판매한 155,650천원의 비율을 나타낸다.

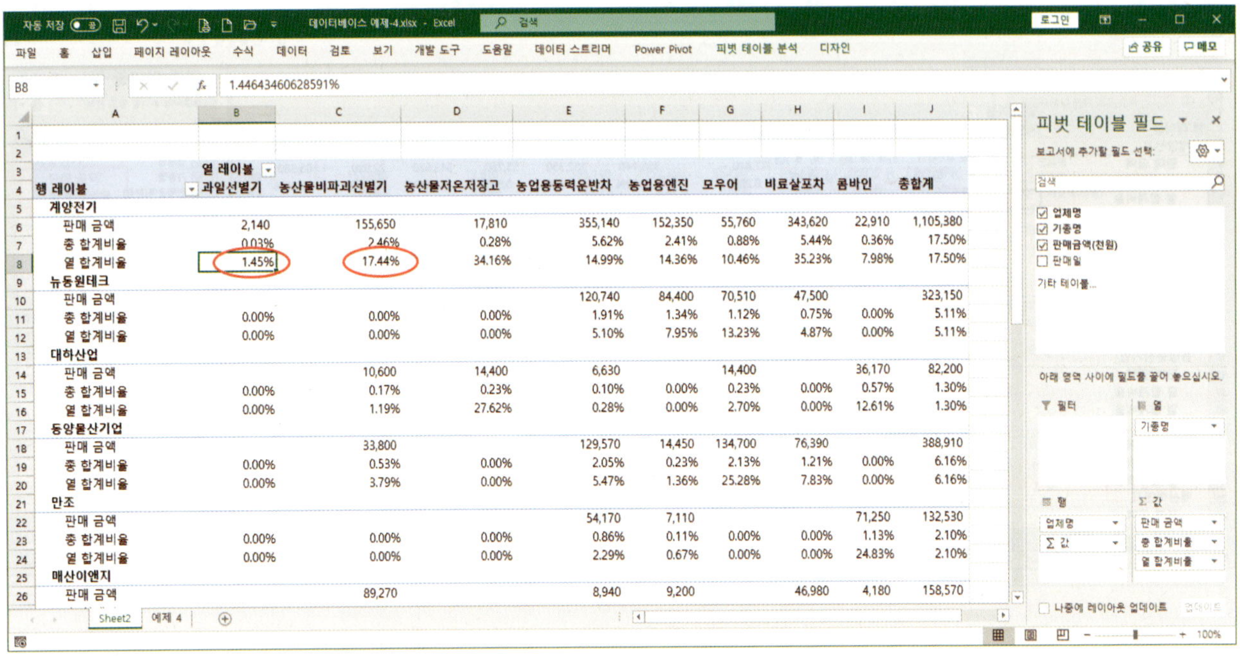

B8 1.44643460628591%

| 행 레이블 | 과일선별기 | 농산물비파괴선별기 | 농산물저온저장고 | 농업용동력운반차 | 농업용엔진 | 모우어 | 비료살포차 | 콤바인 | 총합계 |
|---|---|---|---|---|---|---|---|---|---|
| 계양전기 | | | | | | | | | |
| 판매 금액 | 2,140 | 155,650 | 17,810 | 355,140 | 152,350 | 55,760 | 343,620 | 22,910 | 1,105,380 |
| 총 합계비율 | 0.03% | 2.46% | 0.28% | 5.62% | 2.41% | 0.88% | 5.44% | 0.36% | 17.50% |
| 열 합계비율 | 1.45% | 17.44% | 34.16% | 14.99% | 14.36% | 10.46% | 35.23% | 7.98% | 17.50% |
| 뉴동원테크 | | | | | | | | | |
| 판매 금액 | | | | 120,740 | 84,400 | 70,510 | 47,500 | | 323,150 |
| 총 합계비율 | 0.00% | 0.00% | 0.00% | 1.91% | 1.34% | 1.12% | 0.75% | 0.00% | 5.11% |
| 열 합계비율 | 0.00% | 0.00% | 0.00% | 5.10% | 7.95% | 13.23% | 4.87% | 0.00% | 5.11% |
| 대하산업 | | | | | | | | | |
| 판매 금액 | | 10,600 | 14,400 | 6,630 | | 14,400 | | 36,170 | 82,200 |
| 총 합계비율 | 0.00% | 0.17% | 0.23% | 0.10% | 0.00% | 0.23% | 0.00% | 0.57% | 1.30% |
| 열 합계비율 | 0.00% | 1.19% | 27.62% | 0.28% | 0.00% | 2.70% | 0.00% | 12.61% | 1.30% |
| 동양물산기업 | | | | | | | | | |
| 판매 금액 | | 33,800 | | 129,570 | 14,450 | 134,700 | 76,390 | | 388,910 |
| 총 합계비율 | 0.00% | 0.53% | 0.00% | 2.05% | 0.23% | 2.13% | 1.21% | 0.00% | 6.16% |
| 열 합계비율 | 0.00% | 3.79% | 0.00% | 5.47% | 1.36% | 25.28% | 7.83% | 0.00% | 6.16% |
| 만조 | | | | | | | | | |
| 판매 금액 | | | | 54,170 | 7,110 | | | 71,250 | 132,530 |
| 총 합계비율 | 0.00% | 0.00% | 0.00% | 0.86% | 0.11% | 0.00% | 0.00% | 1.13% | 2.10% |
| 열 합계비율 | 0.00% | 0.00% | 0.00% | 2.29% | 0.67% | 0.00% | 0.00% | 24.83% | 2.10% |
| 매산이앤지 | | | | | | | | | |
| 판매 금액 | | 89,270 | | 8,940 | 9,200 | | 46,980 | 4,180 | 158,570 |

◐ 다음으로 행의 판매금액 합계에 대한 각 판매금액의 비율을 알아보고자 한다. '판매금액(천원)' 필드를 'Σ 값' 영역에 하나 더 삽입한다. '행 합계 비율'을 선택하여 각 행에 대한 판매비율을 구하고, 같은 방식으로 필드명을 변경한다.

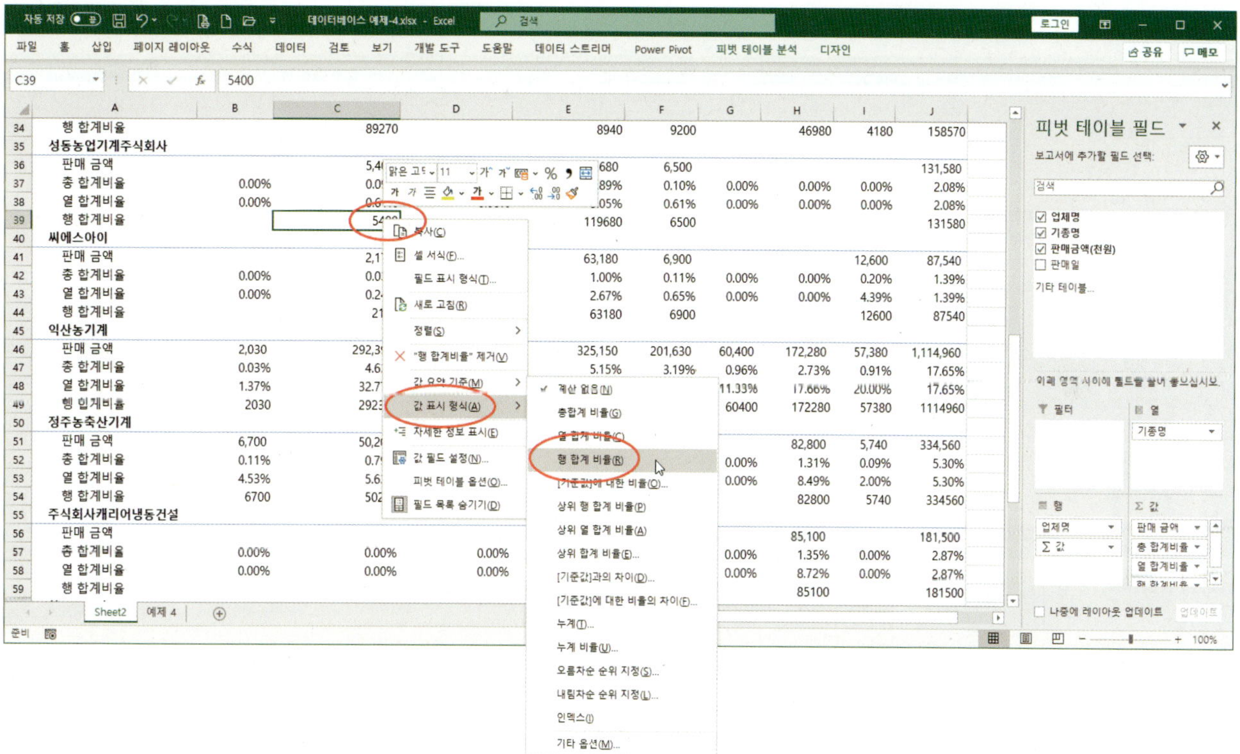

그러면 아래와 같이 행 합계비율이 나타나는데 과일선별기의 행 합계비율 0.19%는 계양전기 전체 판매금액 1,105,380천원 중 과일선별기의 판매금액 2,140천원의 비율을 나타낸다. 또한 농산물비파괴선별기의 열 합계비율 14.08%는 계양전기 전체 판매금액 1,105,380천원 중 농산물비파괴선별기의 판매금액 155,650천원의 비율을 나타낸다.

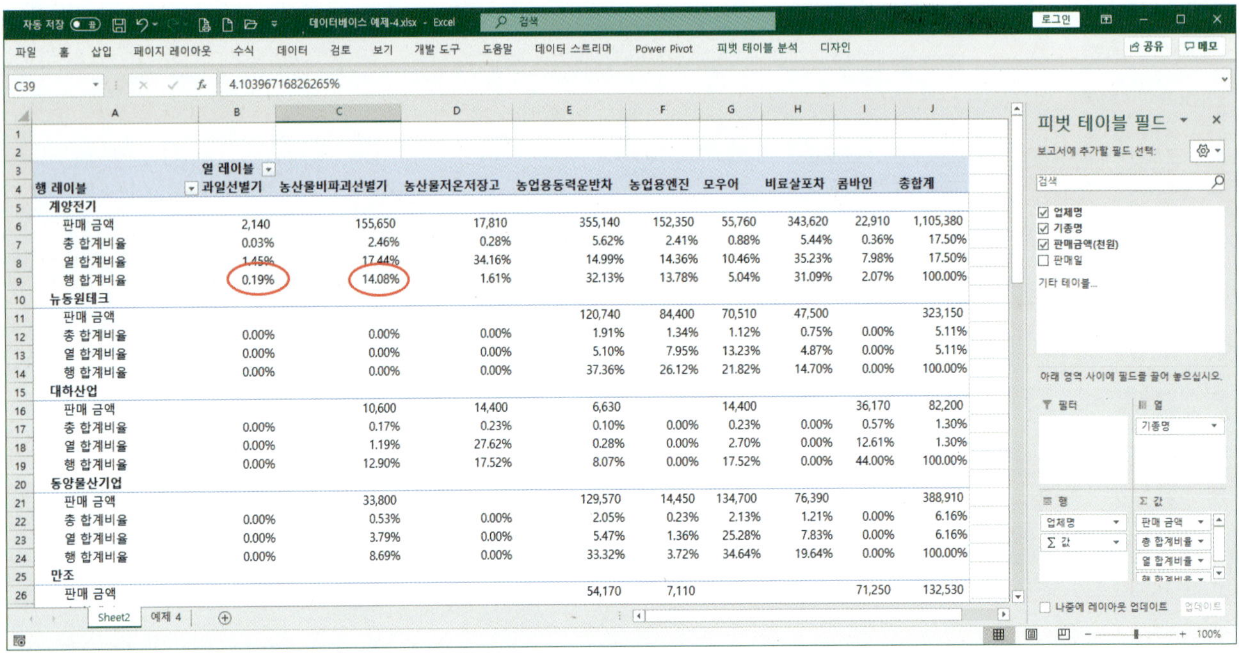

| 행 레이블 | 과일선별기 | 농산물비파괴선별기 | 농산물저온저장고 | 농업용동력운반차 | 농업용엔진 | 모우어 | 비료살포차 | 콤바인 | 총합계 |
|---|---|---|---|---|---|---|---|---|---|
| **계양전기** | | | | | | | | | |
| 판매 금액 | 2,140 | 155,650 | 17,810 | 355,140 | 152,350 | 55,760 | 343,620 | 22,910 | 1,105,380 |
| 총 합계비율 | 0.03% | 2.46% | 0.28% | 5.62% | 2.41% | 0.88% | 5.44% | 0.36% | 17.50% |
| 열 합계비율 | 1.45% | 17.44% | 34.16% | 14.99% | 14.36% | 10.46% | 35.23% | 7.98% | 17.50% |
| 행 합계비율 | 0.19% | 14.08% | 1.61% | 32.13% | 13.78% | 5.04% | 31.09% | 2.07% | 100.00% |
| **뉴동원테크** | | | | | | | | | |
| 판매 금액 | | | | 120,740 | 84,400 | 70,510 | 47,500 | | 323,150 |
| 총 합계비율 | 0.00% | 0.00% | 0.00% | 1.91% | 1.34% | 1.12% | 0.75% | 0.00% | 5.11% |
| 열 합계비율 | 0.00% | 0.00% | 0.00% | 5.10% | 7.95% | 13.23% | 4.87% | 0.00% | 5.11% |
| 행 합계비율 | 0.00% | 0.00% | 0.00% | 37.36% | 26.12% | 21.82% | 14.70% | 0.00% | 100.00% |
| **대하산업** | | | | | | | | | |
| 판매 금액 | | 10,600 | 14,400 | 6,630 | | 14,400 | | 36,170 | 82,200 |
| 총 합계비율 | 0.00% | 0.17% | 0.23% | 0.10% | 0.00% | 0.23% | 0.00% | 0.57% | 1.30% |
| 열 합계비율 | 0.00% | 1.19% | 27.62% | 0.28% | 0.00% | 2.70% | 0.00% | 12.61% | 1.30% |
| 행 합계비율 | 0.00% | 12.90% | 17.52% | 8.07% | 0.00% | 17.52% | 0.00% | 44.00% | 100.00% |
| **동양물산기업** | | | | | | | | | |
| 판매 금액 | | 33,800 | | 129,570 | 14,450 | 134,700 | 76,390 | | 388,910 |
| 총 합계비율 | 0.00% | 0.53% | 0.00% | 2.05% | 0.23% | 2.13% | 1.21% | 0.00% | 6.16% |
| 열 합계비율 | 0.00% | 3.79% | 0.00% | 5.47% | 1.36% | 25.28% | 7.83% | 0.00% | 6.16% |
| 행 합계비율 | 0.00% | 8.69% | 0.00% | 33.32% | 3.72% | 34.64% | 19.64% | 0.00% | 100.00% |
| **만조** | | | | | | | | | |
| 판매 금액 | | | | 54,170 | 7,110 | | | 71,250 | 132,530 |

② 피벗 보고서를 작성하고 '슬라이서'를 사용하여 필터링을 하고자 한다. '슬라이서'는 '필터' 기능과 유사하나 보다 편리하게 피벗 보고서를 필터링할 수 있다.

- '열'에 '연' 필드, '행'에 '기종명' 필드, 그리고 'Σ 값'에 '판매금액(천원)' 필드로 하여 아래와 같이 피벗 보고서를 작성한다.

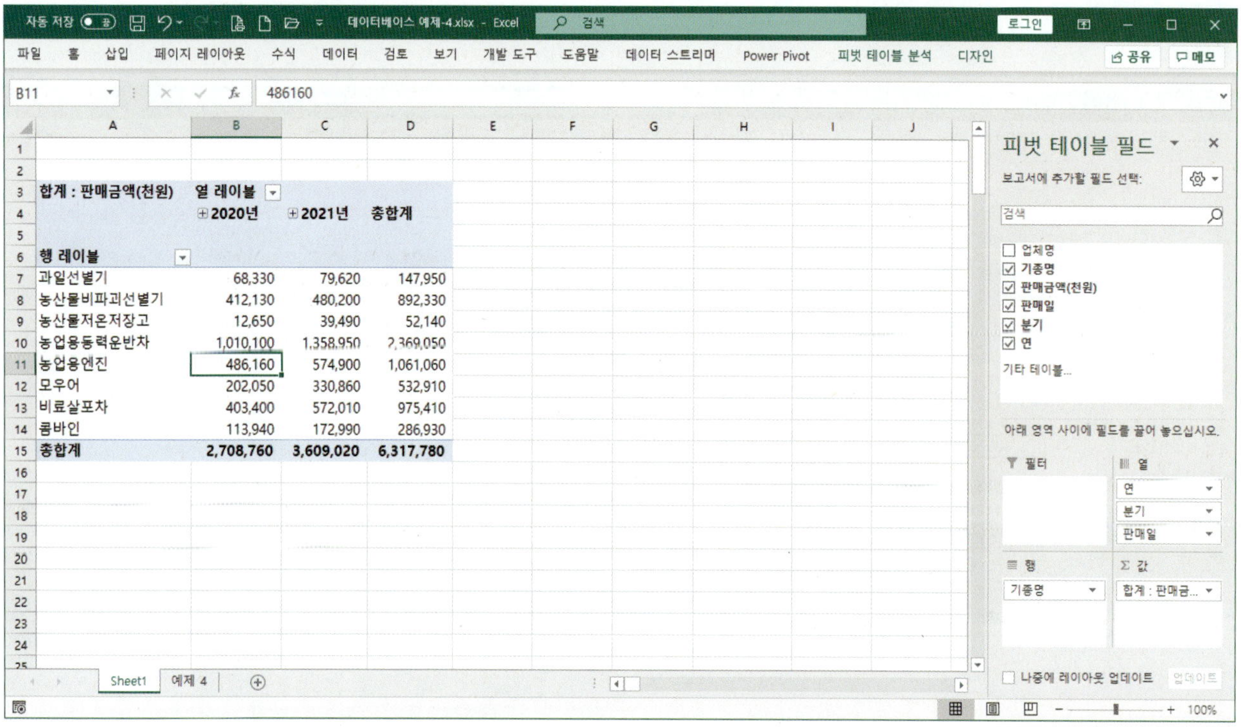

- '피벗 테이블 분석'-'슬라이서 삽입'을 선택하여 아래와 같이 슬라이서 삽입 창을 열고, 필드 중에서 '업체명'을 선택한다.

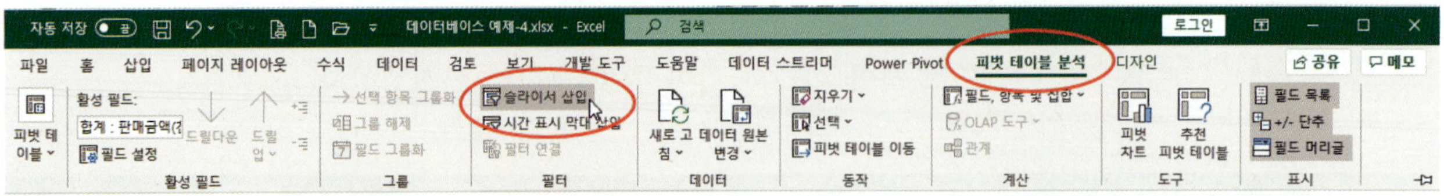


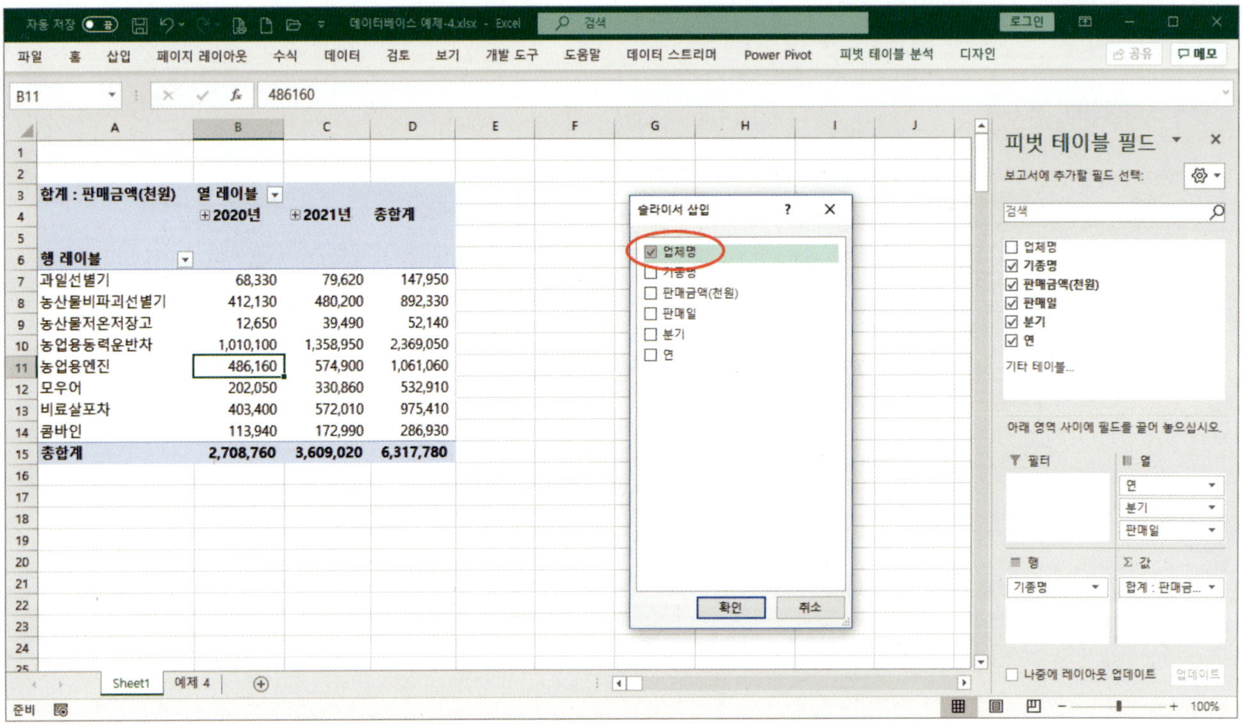

◎ '슬라이서'를 선택하면 '[슬라이서]탭'이 생기는데, 이 탭을 선택하여 슬라이서의 색을 연두색으로 변경하고, 아래 그림과 같이 슬라이서 열의 수를 2개로 조정한다.

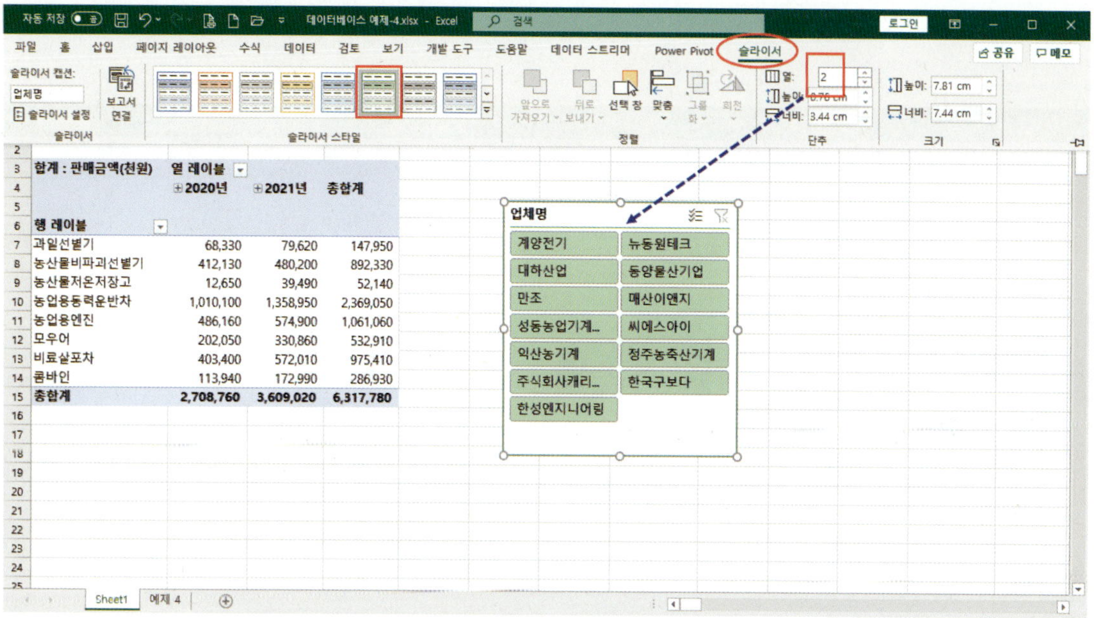


◎ 그리고 특정 업체명을 클릭하여 해당하는 업체의 판매금액만 살펴본다. 이때 아래 그림에서 보는 바와 같이 복수개의 업체를 선택할 수 있다.

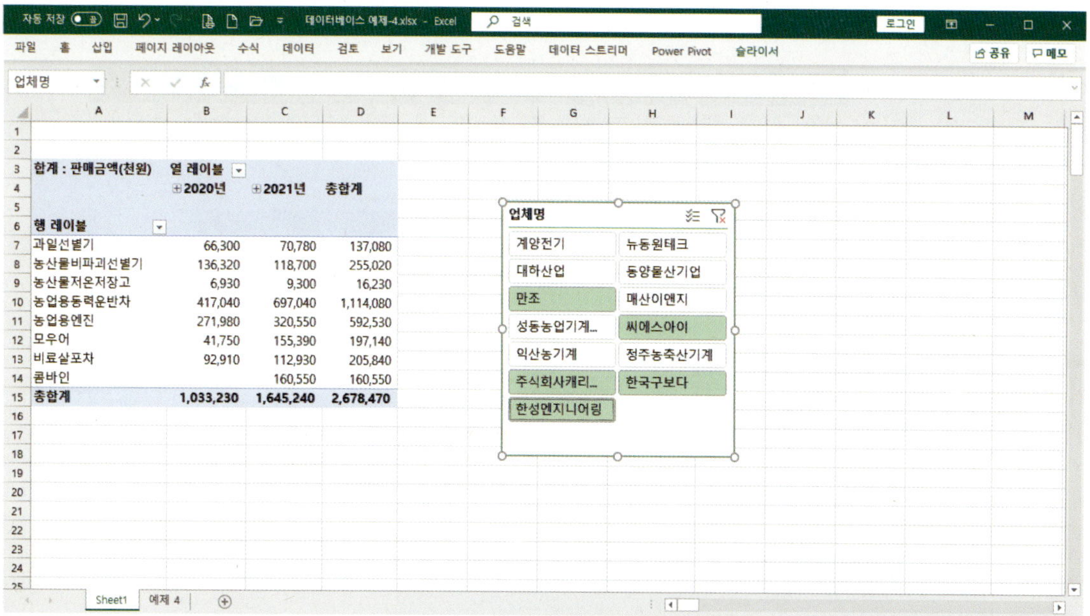

그리고 이때 2021년 '과일선별기'의 판매거래 기록을 알아보고자 하면, 아래 그림에서 해당 판매금액 셀(C7셀, 70,780)을 더블클릭하면 이의 해당 원본 레코드가 새로운 워크시트에 작성된다. 2021년 '과일선별기'는 아래와 같이 '한성엔지니어링'에서 판매된 3개의 판매거래로 구성된 것을 알 수 있다.

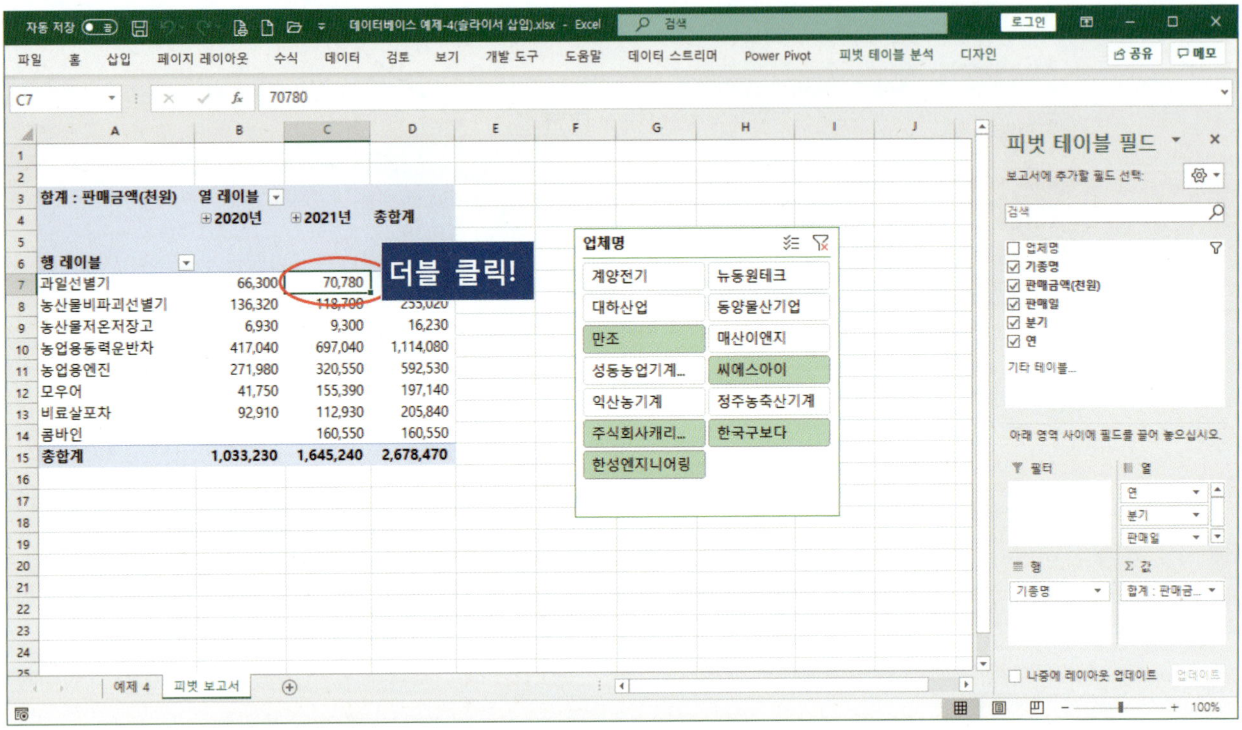


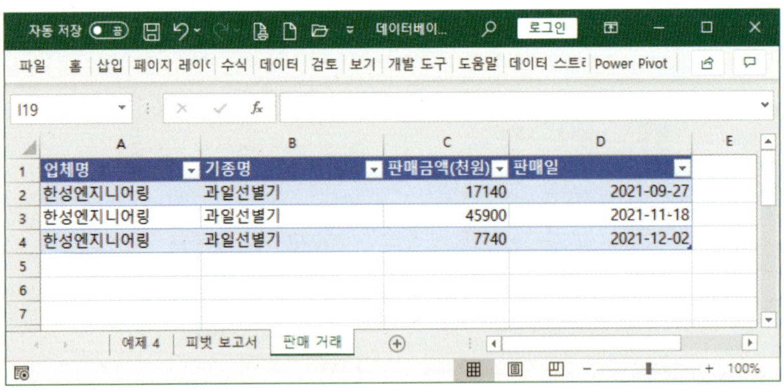

# 연습문제

Chapter 2

**데이터베이스 연습문제 파일들을 보고 각 워크시트 별로 다음을 수행하시오.**

**1.** [데이터베이스 연습문제-1.xlsx]

1) 판매사원-오름차순, 가격-내림차순으로 정렬하시오.
2) 제품-오름차순, 지역본부-서부, 남부, 수도권으로 정렬, 판매금액-내림차순으로 정렬하시오.

**2.** [데이터베이스 연습문제-2.xlsx]

1) 판매금액은 상위 30개에 해당하면서, 동시에 가격은 상위 20%에 해당하는 레코드들만 필터링하시오.
2) 수도권과 서부 지역에서 판매된 건으로, 판매금액이 150만원 이상 300만원 미만 레코드들만 필터링하시오. 그리고 판매금액의 오름차순으로 정렬하시오.
3) 판매일자가 2017년 판매 건으로, 가격이 100만원을 초과하는 판매 레코드만 필터링하고, 판매일지 순으로 오름차순으로 정렬하시오.

**3.** [데이터베이스 연습문제-3.xlsx] 할인점 워크시트는 스마일마트 세 지점의 판매현황을 나타낸다. 각 문제에 대하여 할인점 워크시트를 복사하여 다음 문제에 있는 대로 필터링하시오.

1) 양재점과 성북점에서 판매한 음향, 잡화, 의류 제품그룹의 판매만 나타내시오.
2) 판매금액이 상위 30%인 판매만을 보여주되 판매금액의 내림차순으로 정렬하시오.
3) 판매일이 지난주였던 것만 필터링하여 날짜순으로 오름차순 정렬하시오.
4) 사용자 지정 필터를 이용하여 판매금액이 7만원 이상 20만원 미만인 판매만 판매금액의 오름차순으로 나타내시오.

**4.** [데이터베이스 연습문제-4.xlsx] 판매 워크시트는 강원도 단위농협의 과일출하 현황을 나타낸다. 다음 문제에 대하여 각각 별도의 피벗 테이블을 작성하시오.

1) 열 필드를 '조합', 행 필드를 '품목-출하지', Σ 값 필드를 '수량'으로 하여 피벗 테이블을 작성하시오.
2) 열 필드를 '출하지', 행 필드를 '조합', Σ 값 필드를 '수량'으로 하되, 품목 중 수박, 복숭아, 바나나의 출하만 나타내시오.
3) 열 필드를 '출하지-조합', 행 필드를 '품목-연-분기'별로 나타내되, '수량'을 2021년 1월 1일 출하분부터 나타내시오.

**5.** [데이터베이스 연습문제-5.xlsx] 판매 워크시트는 강원도 단위농협의 과일출하 현황을 나타낸다. 다음 문제에 대하여 피벗 테이블을 작성하고 슬라이서를 삽입하시오.

1) 열 필드를 '품목', 행 필드를 '출하지', Σ 값 필드를 '판매금액'으로 하여 피벗 테이블을 작성하시오.
2) 각 판매금액 별로 총 합계비율, 열 합계비율, 행 합계비율을 산출하시오.
3) '조합'을 슬라이서로 하여 삽입하고, 열의 수를 2개로 조정하시오. 그리고 봉평, 원주, 충주 조합에서 판매된 판매금액만 보이게 하고 이에 해당하는 각 판매비율을 산출하시오.

CHAPTER

3

# 엑셀함수

본장에서는 기업에서 의사결정을 위하여 모델링 도구로 사용하는 엑셀의 함수(function)를 학습하기로 한다. 엑셀에서 다양한 계산이나 조작을 하려고 할 때 함수를 사용하면 매우 편리할 뿐만 아니라 시간과 노력을 절약할 수 있다. 가령 평균을 계산한다든가, 또는 현금흐름의 현재가나 미래의 가치를 결정하려고 할 때 사용자가 일일이 식을 만들어 계산하려고 한다면 많은 시간을 소모하게 된다. 그러므로 이러한 사용자의 노력과 시간을 줄이기 위하여 엑셀에는 보편적으로 사용자들이 많이 사용하고 또 유용하다고 생각되는 함수들을 준비해 놓고 있다. 우리는 각 함수들의 용법을 잘 알아 사용하면 강력한 엑셀의 기능들을 사용할 수 있게 되는 것이다. 사실 엑셀을 사용할 때 단순히 문서를 꾸미는 것이 아니라면 많은 부분이 적절한 함수를 사용하여 이루어지므로 엑셀을 잘 사용하기 위해서는 함수를 잘 공부해 놓아야 한다.

엑셀의 함수는 셀에서 =(equal)로부터 시작하며 함수명과 괄호 안에 함수별로 인수(parameter)를 기입한다. 가령 최소값(MIN함수)을 계산하는 함수를 소개하면 다음과 같다.

함수명 인수(parameter)

=MIN(35, 78, 983, 21, 89)

Equal 사인 : 함수의 시작

앞의 단어를 엑셀의 임의의 셀에 그대로 기입해 보면 셀에는 최소값인 21이 나타나게 될 것이다. 여기에서 함수명은 MIN이고 괄호 안에는 숫자를 쉼표로 구분하면서 255개까지 넣을 수 있다.

MIN함수의 경우 또 다른 인수 입력방법으로 데이터 셀의 범위를 기입하는 방법이 있다. 예를 들어 C3에서 C25셀의 숫자 중에서 가장 작은 수를 찾으려고 한다면 위와 같이 셀 주소나 숫자를 일일이 입력할 수도 있지만 간단히 시작 셀 주소, 콜론( : ), 그리고 끝 셀 주소를 기입하면 된다.

= MIN(C3:C25)

함수는 영문자로 되어 있는데, PC에서는 대문자와 소문자를 구별하지 않으므로

= miN(c3:C25)

로 기입해도 계산 결과는 동일하다. 그리고 = 사인과 함수명(MIN) 사이의 빈칸은 있어도 되고 없어도 된다.

그러나 함수는 사용법이 제각기 모두 다른데, 모든 함수의 사용법을 이렇게 일일이 기억하여 입력한다는 것은 불가능하므로 우리는 주로 엑셀에서 제공하는 함수마법사를 이용하도록 한다. 함수마법사는 엑셀의 '수식 입력줄' 왼쪽에 있는데, 함수들을 공부할 때 많이 이용하게 될 것이다.

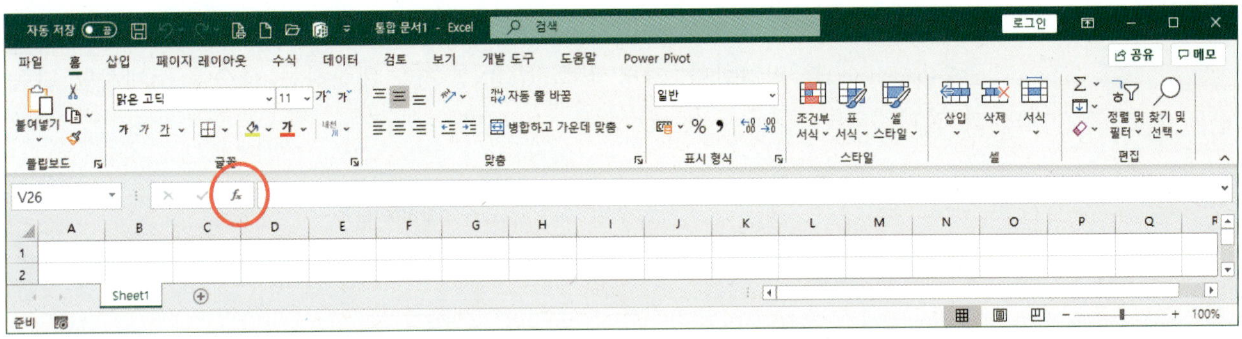


본 교재에서는 아래 아홉 가지의 함수를 공부하기로 한다.

1. 통계함수(엑셀함수 예제-1.xlsx)
2. 수학함수(엑셀함수 예제-2.xlsx)
3. 찾기함수(엑셀함수 예제-3.xlsx)
4. 논리함수(엑셀함수 예제-4.xlsx)
5. 정보함수(엑셀함수 예제-5.xlsx)
6. 재무함수(엑셀함수 예제-6.xlsx)
7. 데이터베이스함수(엑셀함수 예제-7.xlsx)
8. 텍스트함수(엑셀함수 예제-8.xlsx)
9. 기타함수(엑셀함수 예제-9.xlsx)

# 1. 통계함수(엑셀함수 예제-1.xlsx)

본절에서 설명할 통계함수는 다음과 같다.

| 함수명 | 설 명 |
|---|---|
| AVERAGE | 산술평균을 구한다(=합계/n). |
| MEDIAN | 주어진 숫자들의 중앙(中央)값을 구한다. |
| MODE.SNGL | 주어진 숫자들의 최빈(最頻)값을 구한다. |
| MAX | 주어진 숫자들 중 가장 큰 값을 구한다. |
| MIN | 주어진 숫자들 중 가장 작은 값을 구한다. |
| LARGE | 주어진 숫자들 중 n번째로 큰 값을 구한다. |
| SMALL | 주어진 숫자들 중 n번째로 작은 값을 구한다. |
| RANK.EQ | 주어진 숫자들 중 특정수가 몇 번째인지 순위를 정해준다. |
| COUNT | 숫자가 포함된 셀의 개수를 구한다. |
| COUNTA | 공백이 아닌 셀의 개수를 구한다. |
| COUNTBLANK | 셀의 값이 공백인 셀의 개수를 구한다. |

## (1) AVERAGE(숫자1, 숫자2, ...)

**정의**

주어진 숫자들의 산술평균을 구해준다. 산술평균이란 숫자들의 총합을 숫자들의 개수로 나누어 준 값을 말한다(즉, $\Sigma X/n$).

**인수설명**

- =AVERAGE(숫자1, 숫자2, ..., 숫자255) : 괄호 안의 숫자들의 산술평균을 구하며 숫자는 255개까지 입력할 수 있다.
  예) = AVERAGE(74, 86, 91, 75, 93)
- =AVERAGE(셀의 범위) : 셀의 범위 안에 있는 숫자들의 산술평균을 구한다.
  예) = AVERAGE(C3:C12)

**함수마법사 사용**

함수마법사를 사용하는 방법은 두 가지가 있는데, 하나는 함수마법사 아이콘을 직접 클릭하는 것이고, 다른 한 가지 방법은 리본 메뉴를 선택하여 사용하는 것이다.

- 아이콘 클릭 : 엑셀의 함수마법사( *fx* ) 아이콘을 클릭한다. 일반적으로 메뉴보다 아이콘을 사용하는 방법이 편리하다.
- 메뉴 사용 : 엑셀에서 '[수식]탭-함수삽입'을 선택한다.

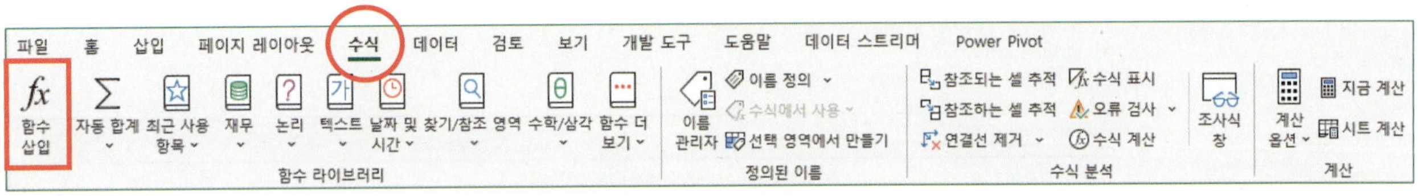


아래 함수마법사 창이 나타나는데 함수의 기능과 종류에 따라 '범주'별로 구성된다.

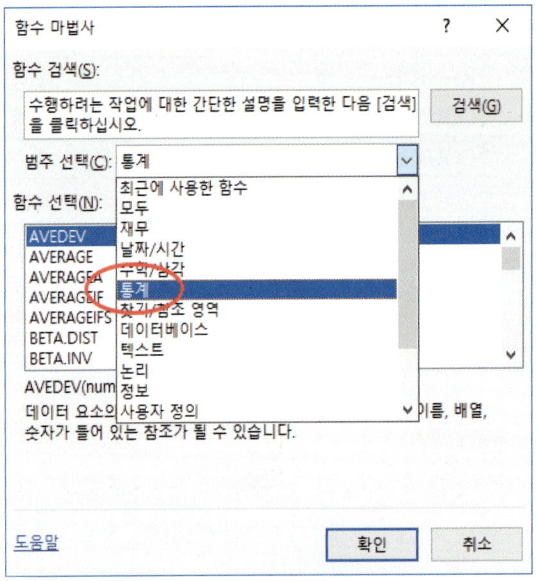


본절에서 사용하는 함수들은 '통계' 범주에 속한다. 혹시 어떤 함수가 어디에 속하는지 잘 모를 경우 위에서 두 번째의 '모두' 범주를 선택하면, 모든 함수들이 알파벳 순서대로 나열되어 편리하게 원하는 함수를 찾을 수 있다. '최근에 사용한 함수' 범주는 최근에 사용한 함수들만 포함되어 있으므로 반복하여 사용하는 경우에 유용하게 사용할 수 있다. 이제 '통계' 범주에서 사용하고자 하는 AVERAGE함수를 사용하기로 한다.

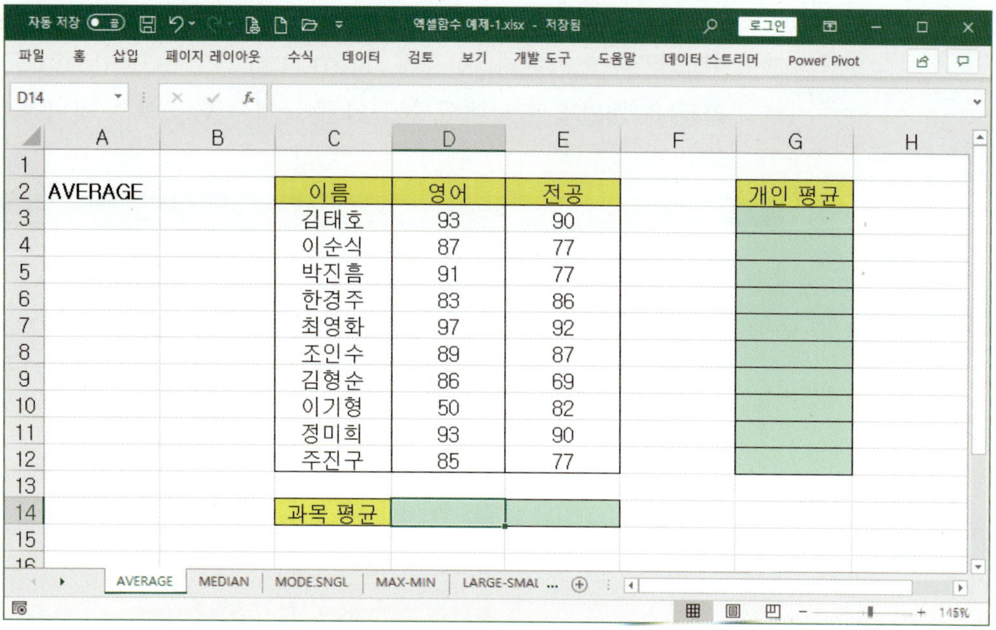


우선 평균을 입력하고자 하는 셀을 먼저 클릭해야 한다. 전체 학생들의 영어과목의 평균을 구하고자 한다면, AVERAGE 워크시트에서 D14셀이 영어의 평균을 입력하는 셀이므로 D14셀을 먼저 클릭하여 선택한다. 그리고 '통계' 범주에서 'AVERAGE'를 클릭하면 아래와 같이 AVERAGE함수창이 나타난다.

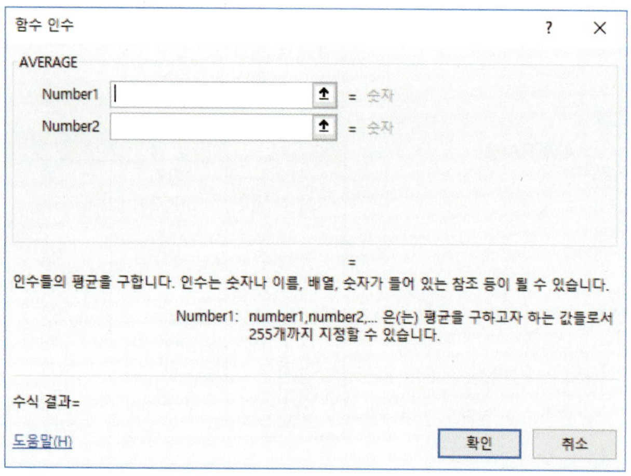


숫자를 직접 입력하는 경우 Number1, Number2, ...(더 입력하면 계속 늘어남)에 한 숫자씩 입력하면 된다. 만일 범위를 입력하고자 하는 경우에는 Number1 칸에 키보드를 이용하여 범위를 직접 입력하거나(D3:D12), 또는 워크시트의 D3:D12 영역을 마우스로 드래그하면 범위가 자동으로 입력된다. 영어의 평균을 구하고자 하는 경우에는 김태호의 점수(93)부터 주진구의 점수(85)까지 드래그하면 아래와 같이 'D3:D12'가 입력된다. 전공의 평균(E14셀)도 같은 방법으로 구한다. 오른쪽의 '개인 평균'은 개인별로 영어와 전공의 평균점수를 구하는 것이다.

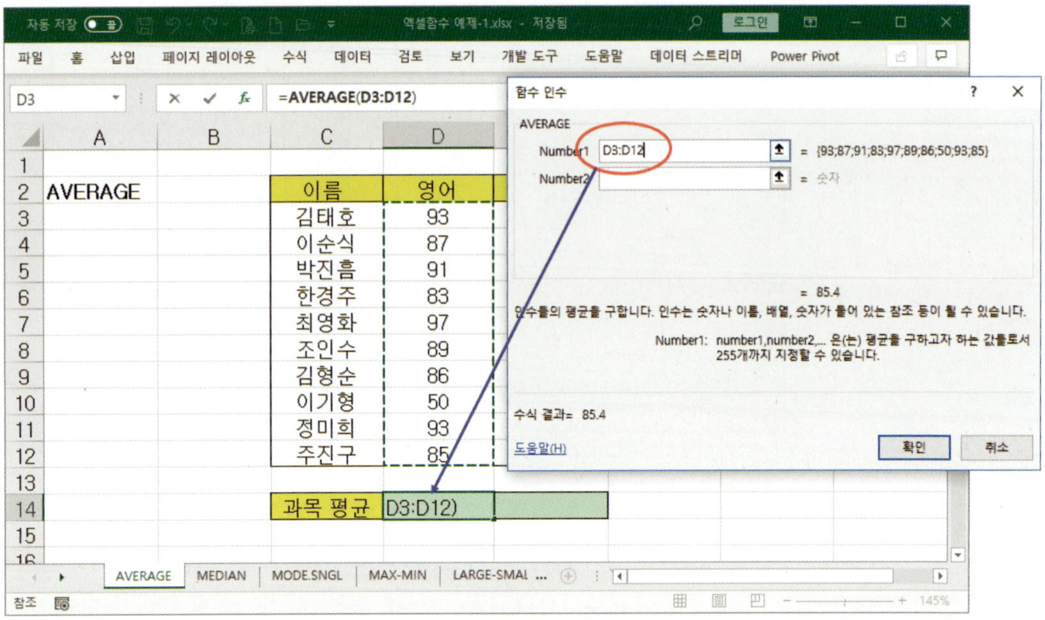


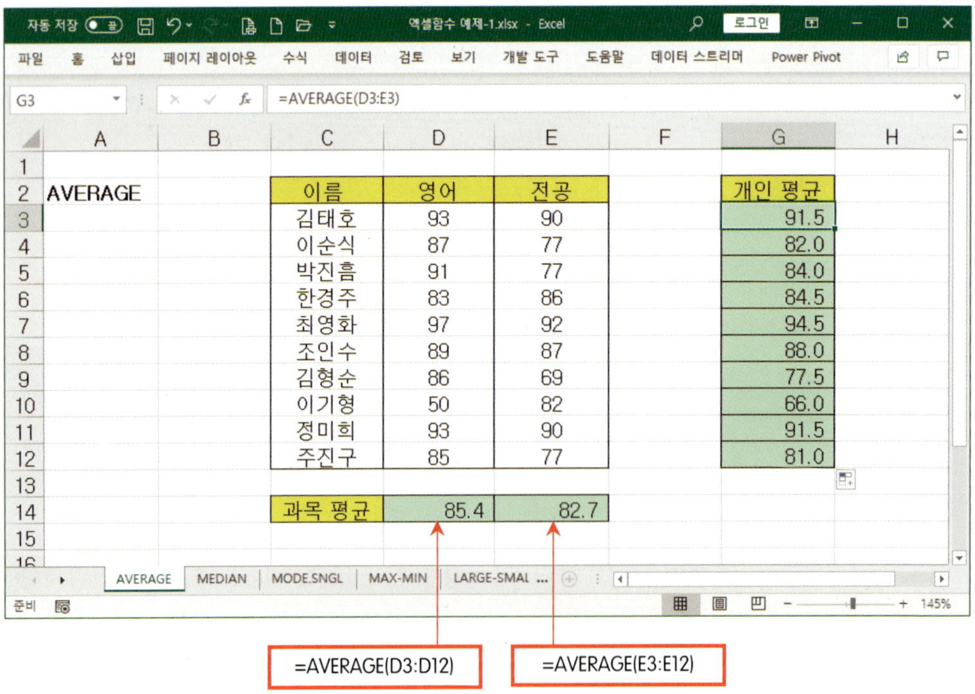

## (2) MEDIAN(숫자1, 숫자2, ...)

**정의**

주어진 숫자들의 중앙값을 구해준다. 중앙값이란 숫자를 오름차순으로 나열하였을 때 가장 가운데 위치하는 숫자를 말한다. 숫자들의 개수가 홀수개이면 가운데 위치하는 숫자가 되고, 숫자들의 개수가 짝수개이면 가운데 있는 두 숫자의 산술평균을 구해준다. 예를 들어 2, 7, 20의 중앙값은 7이고, 2, 7, 20, 50의 중앙값은 (7+20)/2, 즉 13.5가 된다. MEDIAN함수는 극단값들이 존재하는 상황에서 이들의 영향을 배제하고 보다 대표적인 경향을 파악하고자 할 때 사용한다.

**인수설명**

- =MEDIAN(숫자1, 숫자2, ..., 숫자255) : 괄호 안의 숫자들의 중앙값을 구하며 숫자는 255개까지 입력할 수 있다.
- =MEDIAN(셀의 범위) : 셀의 범위 안에 있는 숫자들의 중앙값을 구한다.

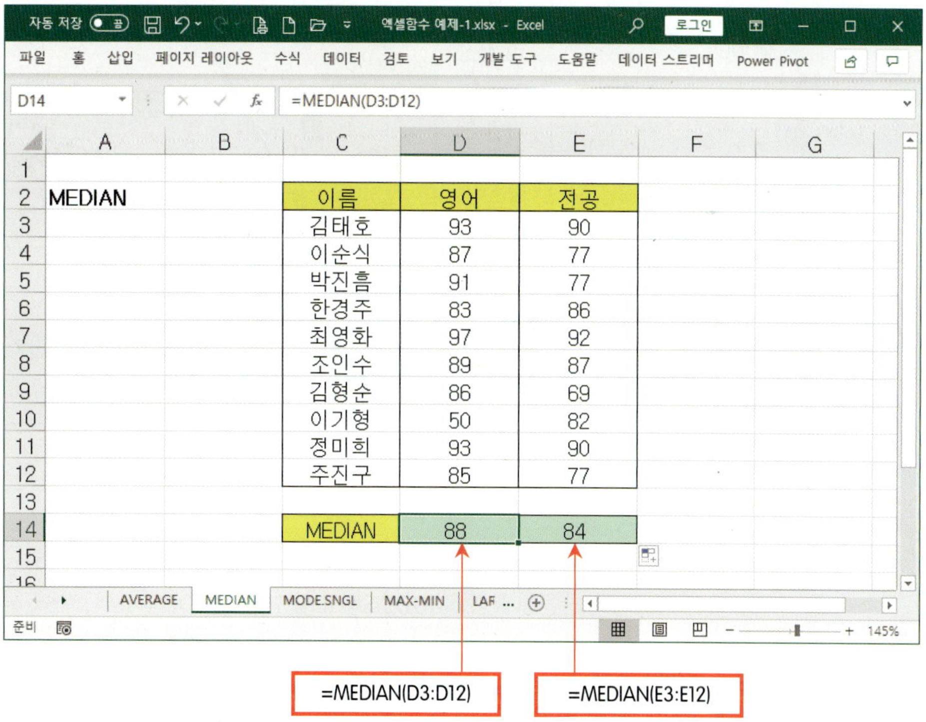

## (3) MODE.SNGL(숫자1, 숫자2, ...)

**정의**

주어진 숫자들 중 가장 많이 나타나는 최빈값을 구해준다. 만일 2개 이상 중복되어 있는 수가 없으면 '#N/A' 에러가 발생한다.

**인수설명**

- =MODE.SNGL(숫자1, 숫자2, ..., 숫자255) : 괄호 안의 숫자들의 최빈값을 구하며 숫자는 255개까지 입력할 수 있다.
- =MODE.SNGL(셀의 범위) : 셀의 범위 안에 있는 숫자들 중 가장 많이 나타나는 수를 찾아준다.

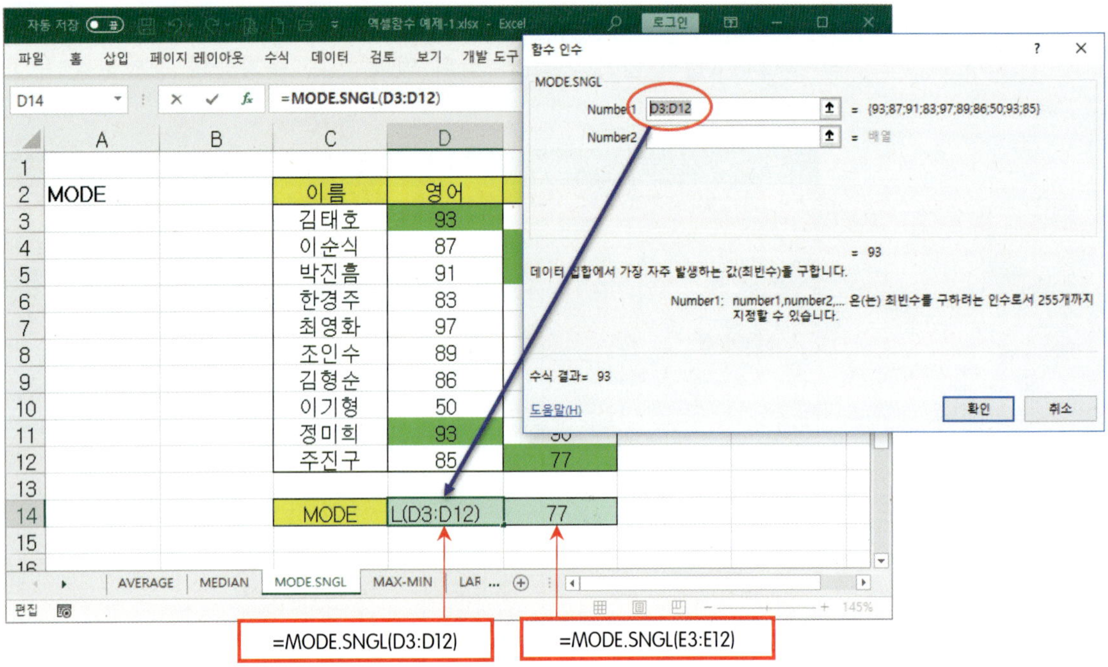


(참고) 엑셀 2010 버전부터 MODE함수 외에 MODE.SNGL함수와 MODE.MULT함수가 별도로 만들어졌다. MODE.SNGL함수는 MODE함수와 같이 최빈값이 여러 개 있어도 그 중 하나만 반환하지만, MODE.MULT함수는 같은 최빈값이 여러 개일 경우 이 여러 개를 배열로 반환할 수 있다. 본 교재에서는 MODE.SNGL함수만 학습한다.

## (4) MAX(숫자1, 숫자2, ...)

**정의**

주어진 숫자들 중 가장 큰 값을 구해준다. 범위의 값이 모두 문자인 경우에는 '0'(zero) 값이 된다.

**인수설명**

- =MAX(숫자1, 숫자2, ..., 숫자255) : 괄호 안의 숫자들 중 가장 큰 값을 구하며 숫자는 255개까지 입력할 수 있다.
- =MAX(셀의 범위) : 셀의 범위 안에 있는 숫자들 중 가장 큰 값을 구해준다.

## (5) MIN(숫자1, 숫자2, ...)

**정의**

주어진 숫자들 중 가장 작은 값을 구해준다. 범위의 값이 모두 문자인 경우에는 MAX와 같이 역시 '0'(zero) 값이 된다.

**인수설명**

- =MIN(숫자1, 숫자2, ..., 숫자255) : 괄호 안의 숫자들 중 가장 작은 값을 구하며 숫자는 255개까지 입력할 수 있다.
- =MIN(셀의 범위) : 셀의 범위 안에 있는 숫자들 중 가장 작은 값을 구해준다.

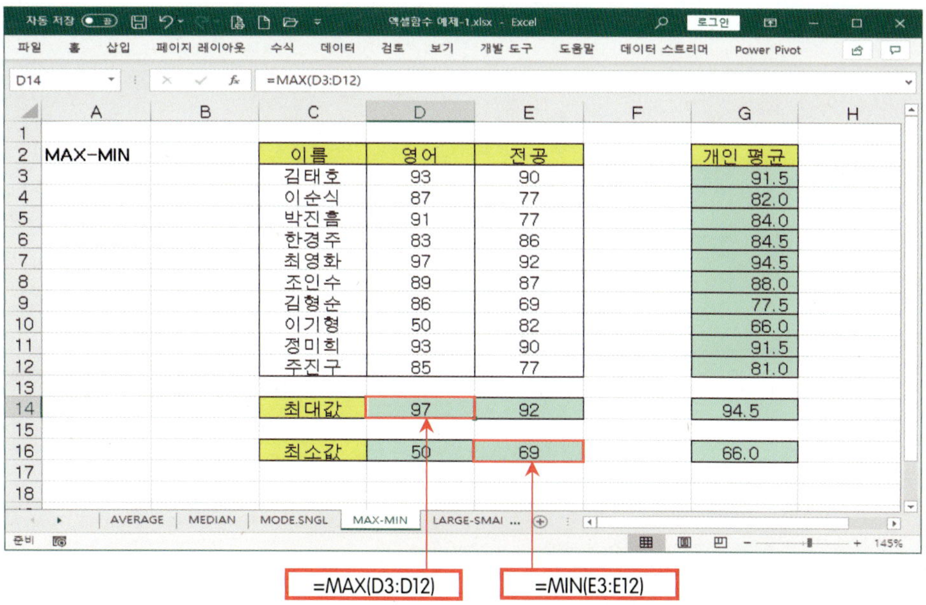

D14: =MAX(D3:D12)

| | A | B | C | D | E | F | G |
|---|---|---|---|---|---|---|---|
| 2 | MAX-MIN | | 이름 | 영어 | 전공 | | 개인 평균 |
| 3 | | | 김태호 | 93 | 90 | | 91.5 |
| 4 | | | 이순식 | 87 | 77 | | 82.0 |
| 5 | | | 박진흠 | 91 | 77 | | 84.0 |
| 6 | | | 한경주 | 83 | 86 | | 84.5 |
| 7 | | | 최영화 | 97 | 92 | | 94.5 |
| 8 | | | 조인수 | 89 | 87 | | 88.0 |
| 9 | | | 김형순 | 86 | 69 | | 77.5 |
| 10 | | | 이기형 | 50 | 82 | | 66.0 |
| 11 | | | 정미희 | 93 | 90 | | 91.5 |
| 12 | | | 주진구 | 85 | 77 | | 81.0 |
| 14 | | | 최대값 | 97 | 92 | | 94.5 |
| 16 | | | 최소값 | 50 | 69 | | 66.0 |

## (6) LARGE(array, k)

**정의**

주어진 숫자들 중 k번째로 큰 숫자를 구해준다.

**인수설명**

- ARRAY : k번째 큰 수를 구하고자 하는 숫자들의 전체 범위를 정해준다.
- K : 숫자들 중 몇 번째로 큰 수를 구하는지 지정해 준다.

  (예) 1 : 가장 큰 수, 2 : 두 번째 큰 수

  예제와 같이 직접 숫자를 입력해도 되고, 숫자가 입력된 셀 주소를 입력해도 된다.

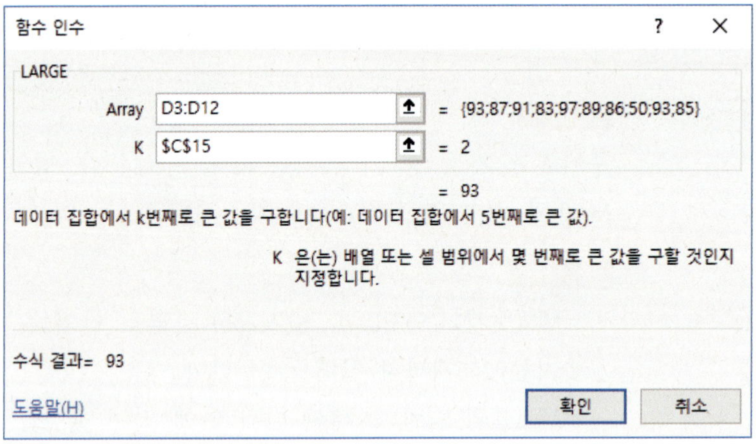

## (7) SMALL(array, k)

**정의**

주어진 숫자들 중 k번째로 작은 숫자를 구해준다.

**인수설명**

범위에서 k번째로 작은 수를 찾아준다. SMALL함수의 인수는 LARGE함수와 동일하다.

- ARRAY : k번째 작은 수를 구하고자 하는 숫자들의 전체 범위를 정해준다.
- K : 숫자들 중 몇 번째로 작은 수를 구하는지 지정해 준다.

  (예) 1 : 가장 작은 수, 2 : 두 번째로 작은 수, 또는 등수가 있는 셀 주소를 지정할 수도 있다.

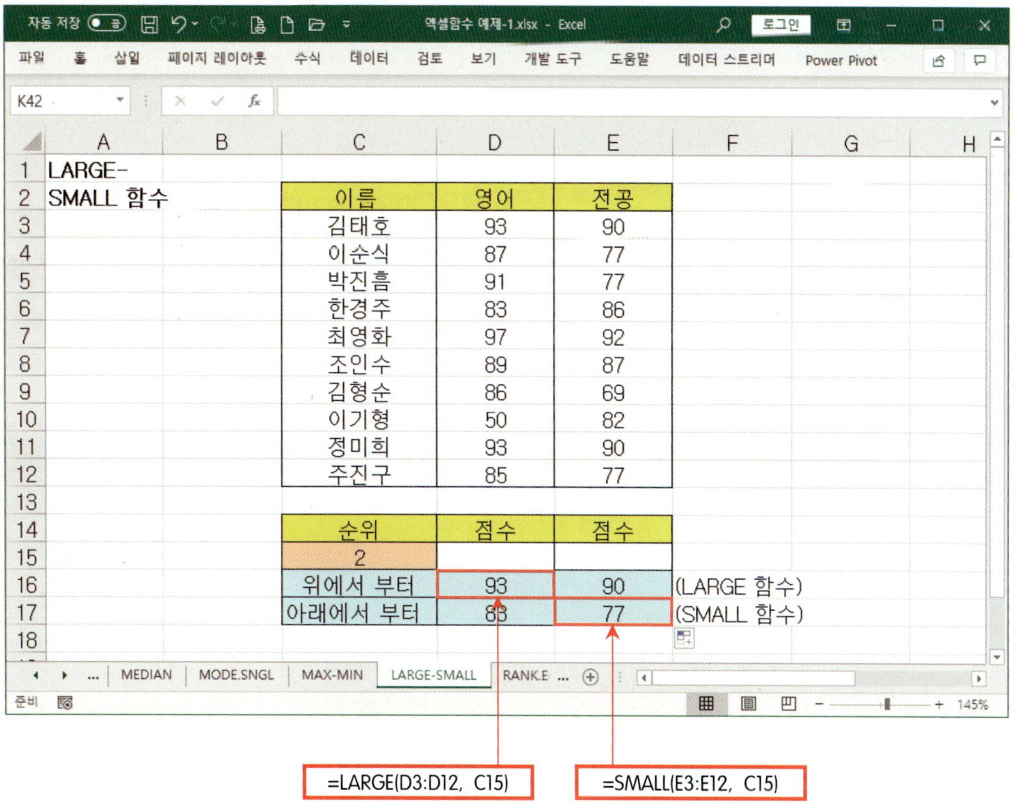

## (8) RANK.EQ(해당 숫자, 범위, 차순)

**정의**

주어진 범위의 숫자들 중에서 해당 숫자가 몇 번째 순위인지를 구해준다. 세 번째 인수인 차순에 따라 내림차순, 오름차순에 따른 순위를 구할 수 있다.

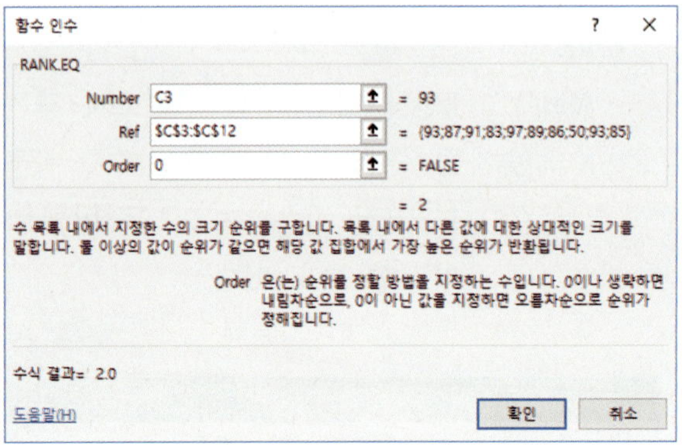


**인수설명**

- 해당 숫자(Number) : 순위를 구하고자 하는 특정숫자
- 범위(Ref) : 전체 데이터 범위를 나타낸다.
- 차순(order) : 0과 1 값 중 하나를 입력한다.
  0 : 내림차순(석차를 구하고자 할 경우에는 내림차순을 사용한다)
  1 : 오름차순

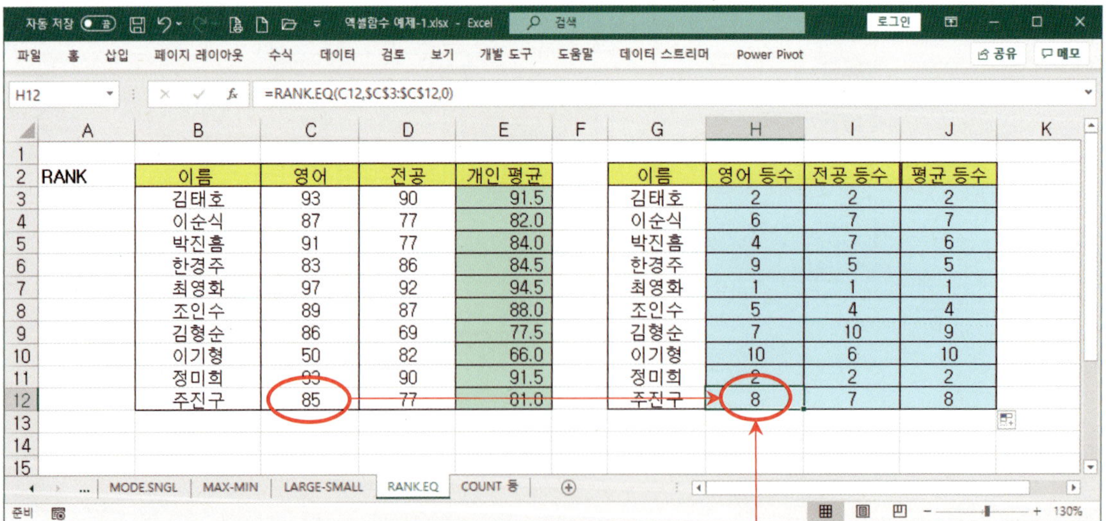


| 이름 | 영어 | 전공 | 개인 평균 |
|---|---|---|---|
| 김태호 | 93 | 90 | 91.5 |
| 이순식 | 87 | 77 | 82.0 |
| 박진흠 | 91 | 77 | 84.0 |
| 한경주 | 83 | 86 | 84.5 |
| 최영화 | 97 | 92 | 94.5 |
| 조인수 | 89 | 87 | 88.0 |
| 김형순 | 86 | 69 | 77.5 |
| 이기형 | 50 | 82 | 66.0 |
| 정미희 | 93 | 90 | 91.5 |
| 주진구 | 85 | 77 | 81.0 |

| 이름 | 영어 등수 | 전공 등수 | 평균 등수 |
|---|---|---|---|
| 김태호 | 2 | 2 | 2 |
| 이순식 | 6 | 7 | 7 |
| 박진흠 | 4 | 7 | 6 |
| 한경주 | 9 | 5 | 5 |
| 최영화 | 1 | 1 | 1 |
| 조인수 | 5 | 4 | 4 |
| 김형순 | 7 | 10 | 9 |
| 이기형 | 10 | 6 | 10 |
| 정미희 | 2 | 2 | 2 |
| 주진구 | 8 | 7 | 8 |

=RANK.EQ(C12, C3:C12, 0)

RANK.EQ 워크시트는 '주진구'의 영어성적점수 85점의 등수가 8등임을 나타내고 있다.

(참고) 엑셀 2010 버전부터 RANK함수를 더 세분하여 RANK.EQ함수와 RANK.AVG함수로 구분하였는데, RANK.EQ함수는 같은 순위가 복수일 경우 둘 다 같은 순위를 부여하지만, RANK.AVG함수는 평균값으로 순위를 부여한다. 즉 '98, 95, 95, 90'의 점수의 경우, 내림차순시 RANK.EQ함수는 '1, 2, 2, 4'의 순위를 부여하지만, RANK.AVG함수는 '1, 2.5, 2.5, 4'의 순위를 부여하는 점이 다르다.

## (9) COUNT, COUNTA, COUNTBLANK(숫자1, 숫자2, ...)

정의

COUNT함수는 영역에서 숫자가 있는 셀의 개수를 구해준다.

COUNTA함수는 영역에서 숫자를 포함하여 텍스트 셀 등 빈 셀이 아닌 셀의 개수를 보여준다. 에러가 난 셀도 빈 셀이 아닌 것으로 간주하여 더해준다.

COUNTBLANK함수는 영역에서 순수한 빈 셀의 개수를 구해준다.

인수설명

- =COUNT(셀1, 셀2, ..., 셀255) : 셀의 값이 숫자인 셀의 개수를 구해준다. 셀의 수는 255개까지 입력할 수 있다.
- =COUNT(셀의 범위) : 범위 내 숫자가 있는 셀의 개수를 구해준다.
  COUNTA함수, COUNTBLANK함수의 인수도 같은 구조를 가진다.

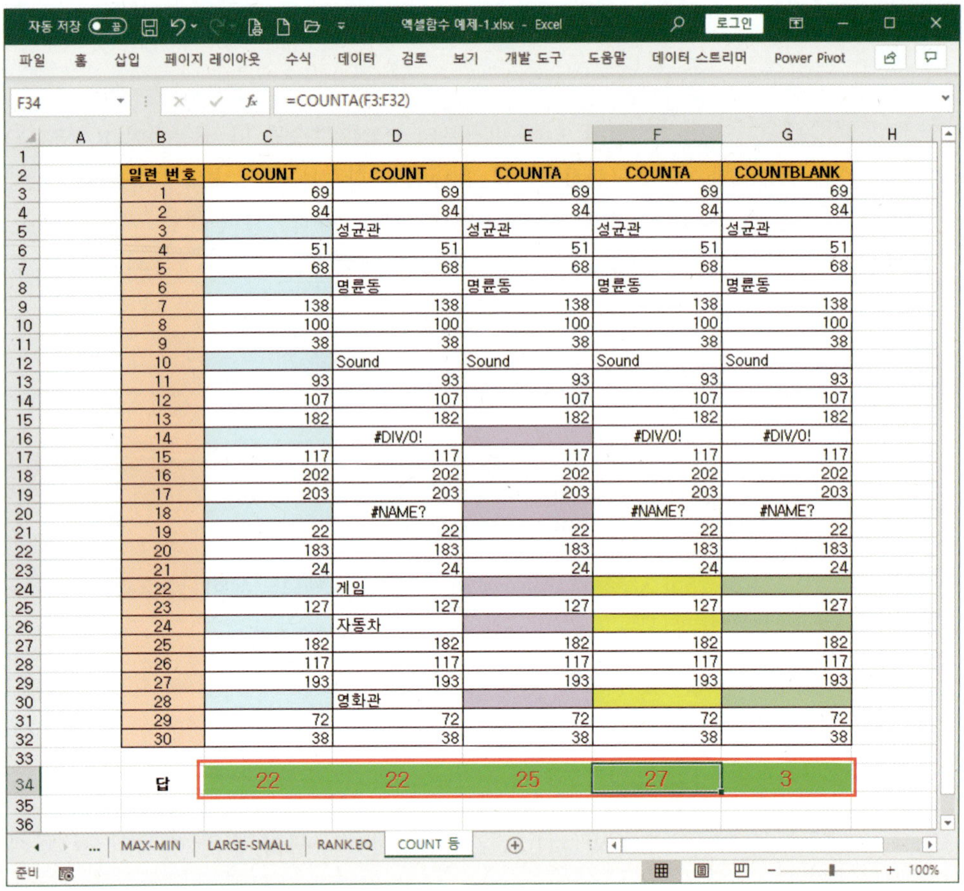


| 일련 번호 | COUNT | COUNT | COUNTA | COUNTA | COUNTBLANK |
|---|---|---|---|---|---|
| 1 | 69 | 69 | 69 | 69 | 69 |
| 2 | 84 | 84 | 84 | 84 | 84 |
| 3 | | 성균관 | 성균관 | 성균관 | 성균관 |
| 4 | 51 | 51 | 51 | 51 | 51 |
| 5 | 68 | 68 | 68 | 68 | 68 |
| 6 | | 명륜동 | 명륜동 | 명륜동 | 명륜동 |
| 7 | 138 | 138 | 138 | 138 | 138 |
| 8 | 100 | 100 | 100 | 100 | 100 |
| 9 | 38 | 38 | 38 | 38 | 38 |
| 10 | | Sound | Sound | Sound | Sound |
| 11 | 93 | 93 | 93 | 93 | 93 |
| 12 | 107 | 107 | 107 | 107 | 107 |
| 13 | 182 | 182 | 182 | 182 | 182 |
| 14 | | #DIV/0! | | #DIV/0! | #DIV/0! |
| 15 | 117 | 117 | 117 | 117 | 117 |
| 16 | 202 | 202 | 202 | 202 | 202 |
| 17 | 203 | 203 | 203 | 203 | 203 |
| 18 | | #NAME? | | #NAME? | #NAME? |
| 19 | 22 | 22 | 22 | 22 | 22 |
| 20 | 183 | 183 | 183 | 183 | 183 |
| 21 | 24 | 24 | 24 | 24 | 24 |
| 22 | | 게임 | | | |
| 23 | 127 | 127 | 127 | 127 | 127 |
| 24 | | 자동차 | | | |
| 25 | 182 | 182 | 182 | 182 | 182 |
| 26 | 117 | 117 | 117 | 117 | 117 |
| 27 | 193 | 193 | 193 | 193 | 193 |
| 28 | | 영화관 | | | |
| 29 | 72 | 72 | 72 | 72 | 72 |
| 30 | 38 | 38 | 38 | 38 | 38 |
| 답 | 22 | 22 | 25 | 27 | 3 |

**값 설명**

- C34 (COUNT함수) : 총 30개의 셀 중 숫자값을 가진 셀의 수는 22개가 된다. 나머지 8개의 셀은 모두 빈 셀로 숫자 개수에서 제외된다.
- D34 (COUNT함수) : 총 30개의 셀 중 숫자값을 가진 셀의 수는 22개가 된다. 나머지 8개의 셀은 모두 글자, 또는 함수식(에러가 난 셀)이 있는 셀이다.
- E34 (COUNTA함수) : 총 30개의 셀 중 숫자, 글자가 들어 있는 셀의 수는 25개가 된다. 나머지 5개의 셀은 모두 빈 셀이다.
- F34 (COUNTA함수) : 총 30개의 셀 중 숫자, 글자, 함수식이 들어 있는 셀의 수는 27개가 된다. 나머지 3개의 셀은 모두 빈 셀이다. F16, F20셀의 경우 에러가 났지만 식으로 간주하여 COUNTA함수의 개수에 포함된다.
- G34 (COUNTBLANK함수) : 총 30개의 셀 중 숫자, 글자, 함수식이 들어 있지 않은 빈 셀의 수는 3개이다.

# 2. 수학함수(엑셀함수 예제-2.xlsx)

본절에서 설명할 수학함수는 다음과 같다.

| 함수명 | 설 명 |
|---|---|
| SUM | 주어진 숫자의 합을 구한다. |
| PRODUCT | 주어진 숫자의 곱을 구한다. |
| SUMIFS | 다중 조건의 합계를 구한다. |
| COUNTIFS | 다중 조건의 개수를 구한다. |
| AVERAGEIFS | 다중 조건의 평균을 구한다. |
| MAXIFS | 다중 조건의 최대값을 구한다. |
| MINIFS | 다중 조건의 최소값을 구한다. |
| SUMPRODUCT | 셀 범위끼리 곱한 값을 합산한다. |
| MMULT | 셀 범위끼리 곱한 값을 합산한다(셀 범위가 같은 방향이 아닐 때 사용되며, 두 개의 셀 범위만 허용된다). |
| AGGREGATE | 테이블에서 부분합을 구한다. |

## (1) SUM(숫자1, 숫자2, ...)

**정의**

주어진 숫자들의 합을 구한다.

**인수설명**

- =SUM(숫자1, 숫자2, ..., 숫자255) : 괄호 안의 숫자들의 합을 구하며 숫자는 255개까지 입력할 수 있다.
- =SUM(셀의 범위) : 셀의 범위 안에 있는 숫자들의 합을 구한다.

**'SUM' 시트**

아래 시트는 판매지역별, 분기별 판매실적(억원)을 나타내고 있다. 합계와 총합계란을 완성하시오.

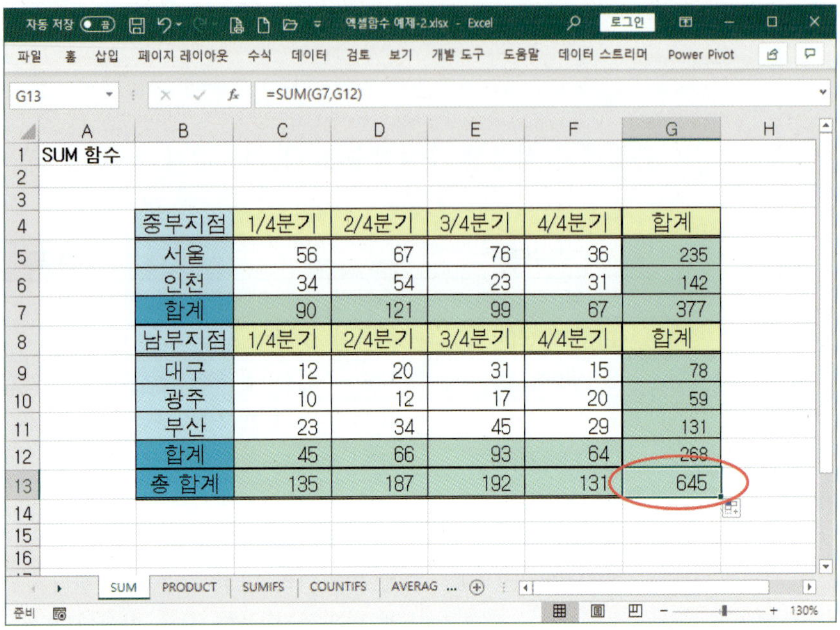


| 중부지점 | 1/4분기 | 2/4분기 | 3/4분기 | 4/4분기 | 합계 |
|---|---|---|---|---|---|
| 서울 | 56 | 67 | 76 | 36 | 235 |
| 인천 | 34 | 54 | 23 | 31 | 142 |
| 합계 | 90 | 121 | 99 | 67 | 377 |
| 남부지점 | 1/4분기 | 2/4분기 | 3/4분기 | 4/4분기 | 합계 |
| 대구 | 12 | 20 | 31 | 15 | 78 |
| 광주 | 10 | 12 | 17 | 20 | 59 |
| 부산 | 23 | 34 | 45 | 29 | 131 |
| 합계 | 45 | 66 | 93 | 64 | 268 |
| 총 합계 | 135 | 187 | 192 | 131 | 645 |

중부지점의 경우 다음과 같이 SUM함수를 사용한다.

C7셀 : = SUM(C5:C6)    D7셀 : = SUM(D5:D6)
E7셀 : = SUM(E5:E6)    F7셀 : = SUM(F5:F6)
G5셀 : = SUM(C5:F5)    G6셀 : = SUM(C6:F6)
G7셀 : = SUM(C7:F7)

남부지점도 같은 방법으로 계산하며, 단 13행 총합계를 나타내는 경우는 다음과 같다.

C13셀 : = SUM(C7, C12)    D13셀 : = SUM(D7, D12)
E13셀 : = SUM(E7, E12)    F13셀 : = SUM(F7, F12)
G13셀 : = SUM(G7, G12)

식을 직접 기입할 수도 있고, 범위가 연속적인 경우에는 '[홈]탭-합계' 아이콘을 이용하여 쉽게 SUM함수식을 입력할 수 있다.

## (2) PRODUCT(숫자1, 숫자2, ...)

**정의**

인수 또는 배열 내의 모든 숫자의 곱을 계산한다.

**인수설명**

- =PRODUCT(숫자1, 숫자2, ..., 숫자255) : 괄호 안의 숫자들의 전체 곱을 구하며 숫자는 255개까지 입력할 수 있다.
- =PRODUCT(셀의 범위) : 셀의 범위 안에 있는 숫자들의 곱을 구한다.

C3에서 E4셀까지의 전체 숫자의 곱을 구하면 아래와 같이 3,600이 됨을 알 수 있다.

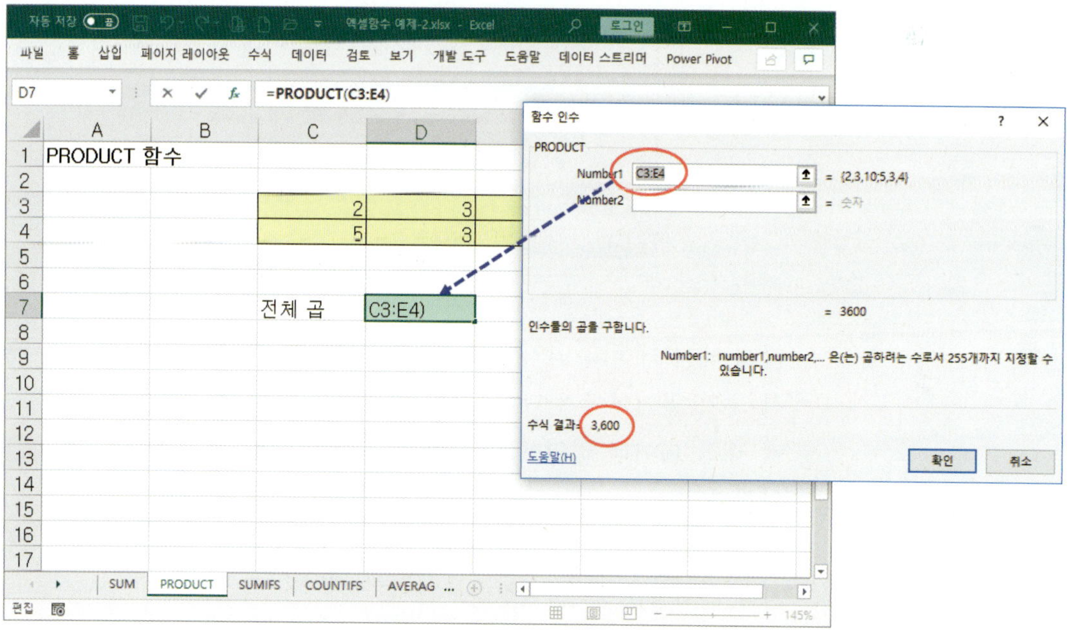


D7셀 : = PRODUCT(C3:E4) = 3,600

✓ 2×3×10×5×3×4 = 3,600

## (3) SUMIFS(합계 대상 데이터 영역, 조건 데이터 영역1, 조건1, 조건 데이터 영역2, 조건2, ...)

정의

테이블에서 복수 개의 조건에 맞는 데이터의 합계를 구한다.

✓ SUMIFS함수는 반드시 데이터베이스 데이터(즉 테이블 데이터)에서만 적용이 가능하다.

인수설명

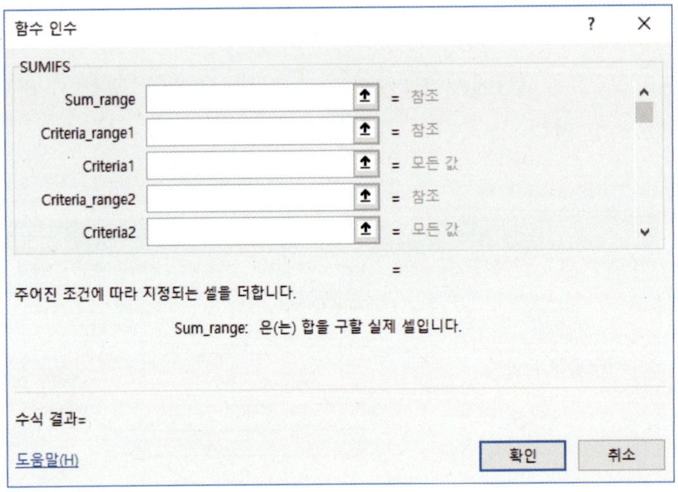


· 합계 대상 데이터 영역(Sum_range) : 합계의 대상이 되는 데이터 열. 따라서 반드시 숫자 열이어야 한다. 조건이 일치하는 행을 골라 그 행의 숫자를 합계한다. 합계 대상 데이터 영역은 SUMIFS함수에서 제일 처음 인수로 한 번만 지정됨을 유의한다.

· 조건 데이터 영역1(Criteria_range1) : 조건의 대상이 되는 첫 번째 열 영역(예 : 부서, 지역, 생년월일 등)을 말한다.

✓ 이때 열의 제목은 포함하지 않는다.

· 조건1(Criteria1) : 합계하고자 하는 첫 번째 조건. 숫자나 문자 외에 식으로도 기입이 가능하다.

✓ 조건 데이터 영역과 조건은 복수 개를 줄 수 있으며 127개 조건까지 줄 수 있다. 함수 마법사에서 다음 조건을 입력할 칸이 보이지 않으면 Tab 키를 클릭하면 된다.

✓ 주어진 복수 개의 조건을 모두 만족하는 행의 합계 대상 데이터만 합계하여 답을 산출한다. 즉, 조건을 모두 만족하는 행들을 필터링한 후 합계 대상 데이터를 합산하는 것이다.

**'SUMIFS' 시트**

① M26셀에 부서가 '경리' 부서인 '서울' 본적의 사원들의 월 급여 합계를 구하시오.

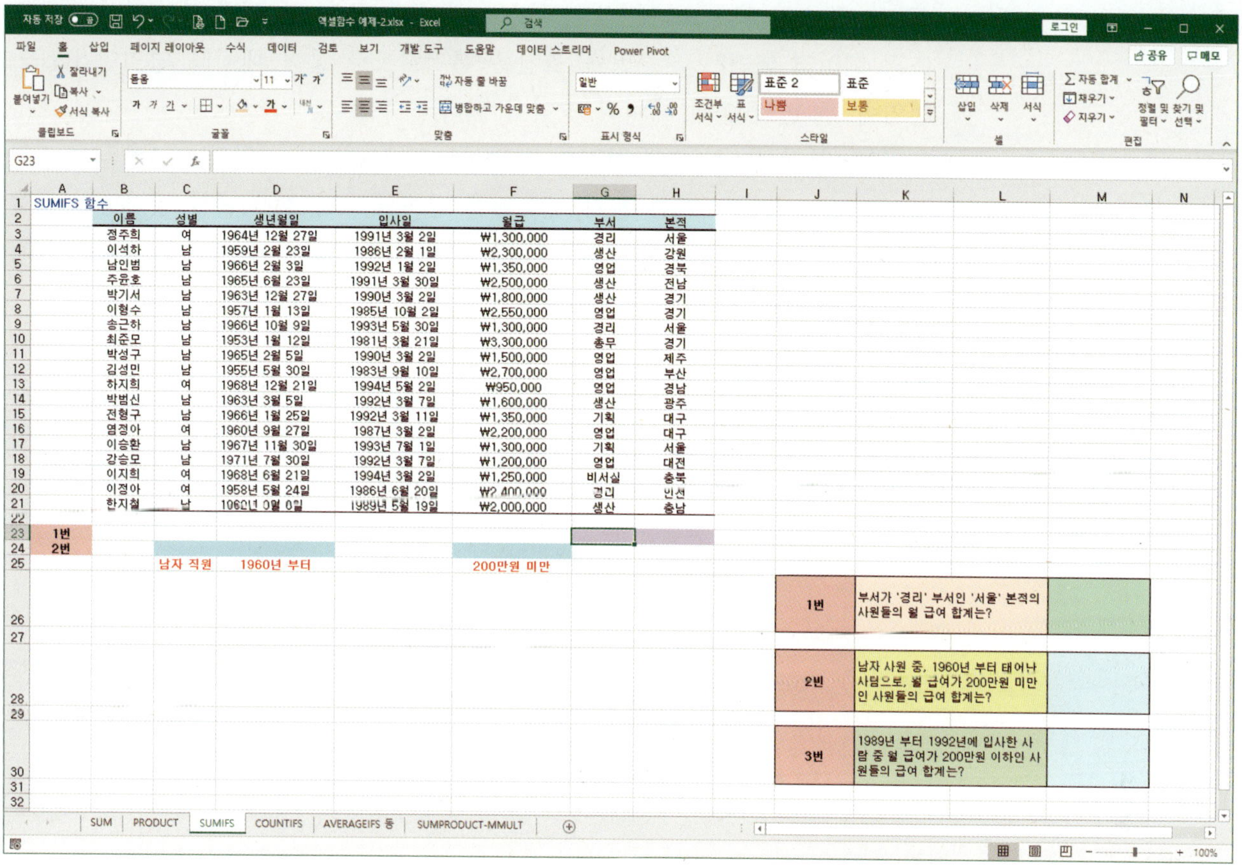

SUMIFS 함수

| 이름 | 성별 | 생년월일 | 입사일 | 월급 | 부서 | 본적 |
|---|---|---|---|---|---|---|
| 정주희 | 여 | 1964년 12월 27일 | 1991년 3월 2일 | ₩1,300,000 | 경리 | 서울 |
| 이석하 | 남 | 1959년 2월 23일 | 1986년 2월 1일 | ₩2,300,000 | 생산 | 강원 |
| 남인범 | 남 | 1966년 2월 3일 | 1992년 1월 2일 | ₩1,350,000 | 영업 | 경북 |
| 주윤호 | 남 | 1965년 6월 23일 | 1991년 3월 30일 | ₩2,500,000 | 생산 | 전남 |
| 박기서 | 남 | 1963년 12월 27일 | 1990년 3월 2일 | ₩1,800,000 | 생산 | 경기 |
| 이형수 | 남 | 1957년 1월 13일 | 1985년 10월 2일 | ₩2,550,000 | 영업 | 경기 |
| 송근하 | 남 | 1966년 10월 9일 | 1993년 5월 30일 | ₩1,300,000 | 경리 | 서울 |
| 최준모 | 남 | 1953년 1월 12일 | 1981년 3월 21일 | ₩3,300,000 | 총무 | 경기 |
| 박성구 | 남 | 1965년 2월 5일 | 1990년 3월 2일 | ₩1,500,000 | 영업 | 제주 |
| 김성민 | 남 | 1955년 5월 30일 | 1983년 9월 10일 | ₩2,700,000 | 영업 | 부산 |
| 하지희 | 여 | 1968년 12월 21일 | 1994년 5월 2일 | ₩950,000 | 영업 | 경남 |
| 박범신 | 남 | 1963년 3월 5일 | 1992년 3월 7일 | ₩1,600,000 | 생산 | 광주 |
| 전형구 | 남 | 1966년 1월 25일 | 1992년 3월 11일 | ₩1,350,000 | 기획 | 대구 |
| 염정아 | 여 | 1960년 9월 27일 | 1987년 3월 2일 | ₩2,200,000 | 영업 | 대구 |
| 이승환 | 남 | 1967년 11월 30일 | 1993년 7월 1일 | ₩1,300,000 | 기획 | 서울 |
| 강승모 | 남 | 1971년 7월 30일 | 1992년 3월 7일 | ₩1,200,000 | 영업 | 대전 |
| 이지희 | 여 | 1968년 6월 21일 | 1994년 3월 2일 | ₩1,250,000 | 비서실 | 충북 |
| 이정아 | 여 | 1958년 5월 24일 | 1986년 6월 20일 | ₩2,400,000 | 경리 | 인천 |
| 한지철 | 남 | 1960년 0월 0일 | 1989년 5월 19일 | ₩2,000,000 | 생산 | 충남 |



이를 위해 부서와 본적을 G23셀, H23셀에 기입한 후 이에 해당하는 사원들의 급여 합계를 구하고자 한다. 따라서 G23셀에 "경리", H23셀에 "서울"을 기입한다. 조건의 대상이 텍스트인 경우, 이렇게 "경리"나 "영업"과 같이 텍스트로 해당 조건을 적으면 된다. 이때 셀에 적은 글자는 그 자체가 텍스트 데이터임을 잘 이해해야 한다.

SUMIFS, COUNTIFS 등 IFS함수는 조건이 여러 개일 경우, 이 조건들을 모두 만족하는 행만 필터링한 후 처리하는 AND 조건임에 유의해야 한다.

이 문제의 경우 조건식(IF)은 두 개가 있다.

- 합계 대상 데이터 영역 : 급여의 합계이므로 급여 데이터가 있는 F3:F21 영역이 합계 대상 데이터 영역이 된다.

· 조건 데이터 영역1 : 부서가 조건이므로 부서 영역인 G3:G21 영역이 첫 번째 조건 데이터 영역이 된다.

· 조건1 : "경리" 부서 사람이므로 "경리"가 입력된 G23셀을 클릭한다. 그러면 "경리"라는 글자로 조건을 받아들이고 부서가 "경리"인 행만 필터링한다.

· 조건 데이터 영역2 : 두 번째 조건은 본적이므로 본적 데이터 영역인 H3:H21 영역이 두 번째 조건 데이터 영역이 된다.

· 조건2 : 본적이 "서울"인 사람만 해당하므로 "서울"이 기입된 H23셀을 클릭한다. 그러면 "서울"이라는 글자로 조건을 받아들이고, 조건1에서 필터링된 행들 중 본적이 "서울"인 행만 재차 필터링하여 최종 필터링된 행으로 한다. 이 필터링된 행들을 대상으로 이제 전체 급여를 합계하는 것이다.

이러한 조건을 기입한 함수마법사를 보면 아래와 같이 작성된다.

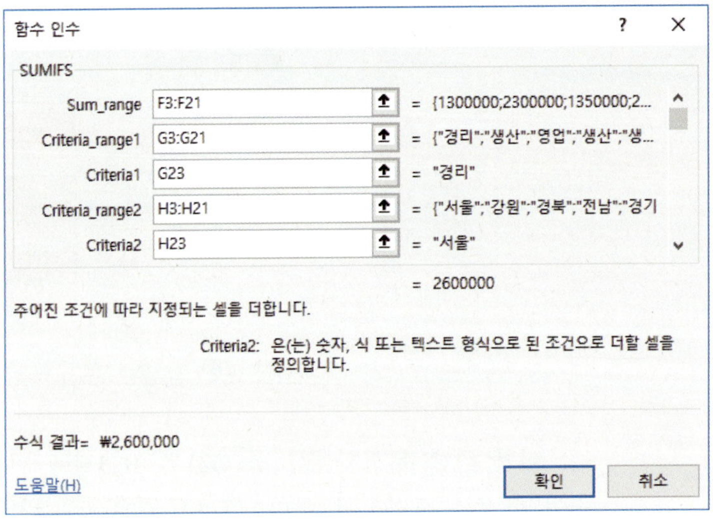


이렇게 하여 M26셀에 작성되는 함수식은 다음과 같고, 급여 합계는 2,600,000원이 된다.

M26셀 : = SUMIFS(F3:F21, G3:G21, G23, H3:H21, H23)

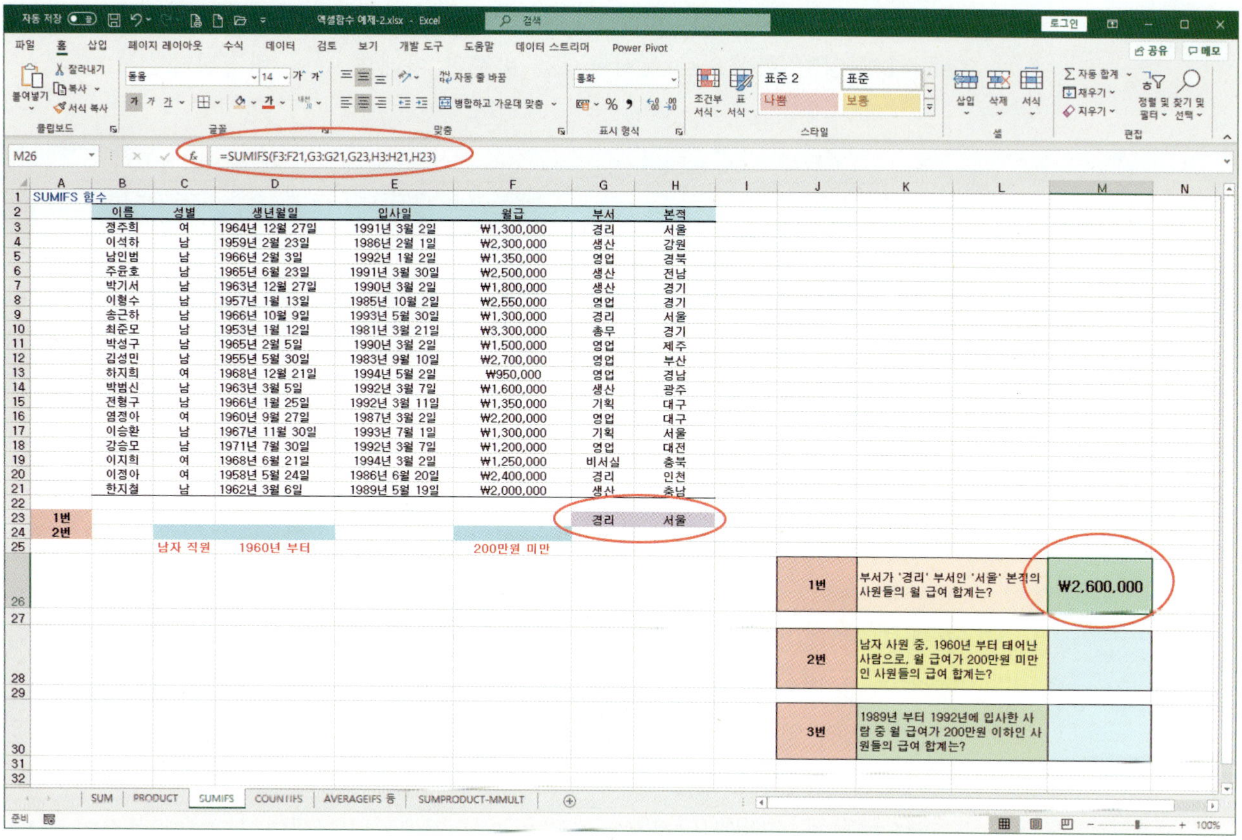


② M28셀에 남자 사원 중에서 1960년부터 태어난 사람으로, 월 급여가 200만원 미만인 사원들의 급여 합계를 구하시오.

조건을 기입하기 위하여 24행의 해당 각 셀에 아래와 같이 기재한다.

C24셀 : 남자 직원이므로 "남"으로 기재한다.

D24셀 : '1960년부터'는 1960년 1월 1일부터 그 이후 일자를 말한다. 따라서 이 조건에 예를 들어, 1965년 6월 23일이 생일인 사람은 해당되고, 1958년 5월 24일이 생일인 사람은 해당되지 않는다.

엑셀에서 일자는 1900년 1월 1일을 1로 하여 하루가 지날 때마다 1씩 증가한다. 1900년 1월 2일은 숫자값으로는 2가 된다. 따라서 후의 일자가 앞의 일자보다 더 큰 값을 가진다. 2022년 1월 1일의 경우 44,562의 값을 가지게 된다. 일자를 기재하고, 이를 숫자 표시형식으로 바꾸면 해당 일에 대응하는 숫자값으로 바뀐다.

예를 들어 2023년 9월 10일을 그대로 복사한 후 일자 형식으로, 다시 숫자 형식으로, 다시 일자 형식으로 표시형식을 바꾸면 아래와 같이 변경된다.

| 일자 형식 | | 숫자 형식 | | 일자 형식 |
|---|---|---|---|---|
| 2023-09-10 | → | 45,179 | → | 2023-09-10 |

일자의 비교시 엑셀은 내부에서 이를 숫자로 치환한 후 비교 논리식을 수행한다. 1960년 1월 1일을 포함하여 그 이후 일자를 말하므로 크기가 1960년 1월 1일 이상인 일자를 말한다. 따라서 D24셀을 조건식으로 하여 >=1960-1-1로 기재한다.

F24셀 : 월 급여가 200만원 미만이어야 하므로, 조건식으로 <2000000으로 기재한다.

이 문제의 경우 조건식(IF)은 세 개가 있다.

- 합계 대상 데이터 영역 : 급여의 합계가 대상이므로 급여 영역인 F3:F21 영역이 합계 대상 데이터 영역이 된다.
- 조건 데이터 영역1 : 남자 사원을 찾으므로 첫 번째 조건 데이터 영역은 성별을 나타내는 데이터가 있는 C3:C21 영역이 된다.
- 조건1 : 남자 사원을 말하므로 "남"이라고 기재된 C24셀이 첫 번째 조건이 된다.
- 조건 데이터 영역2 : 두 번째 조건은 생년월일이므로 생년월일 데이터 영역인 D3:D21 영역이 두 번째 조건 데이터 영역이 된다.
- 조건2 : 1960년 1월 1일부터의 일자이므로 두 번째 조건인 D24셀의 값은 ">=1960-1-1"이 된다.
- 조건 데이터 영역3 : 월 급여가 200만원 미만이어야 하는 조건이므로 조건 데이터 영역은 급여 데이터 영역인 F3:F21 영역이 된다.
- 조건3 : 월 급여가 200만원 미만이어야 하므로 세 번째 조건인 F24셀의 값은 "<2000000"이 된다.

따라서 이러한 조건을 기입한 함수마법사를 보면 다음과 같이 작성된다.

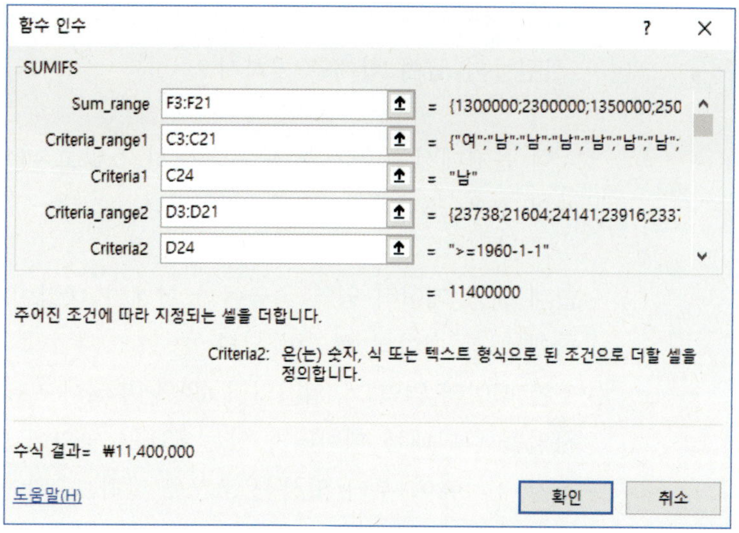


이렇게 하여 M28셀에 작성되는 함수식은 다음과 같고, 조건에 해당하는 사람들의 급여 합계는 11,400,000원이 된다.

M28셀 : = SUMIFS(F3:F21, C3:C21, C24, D3:D21, D24, F3:F21, F24)

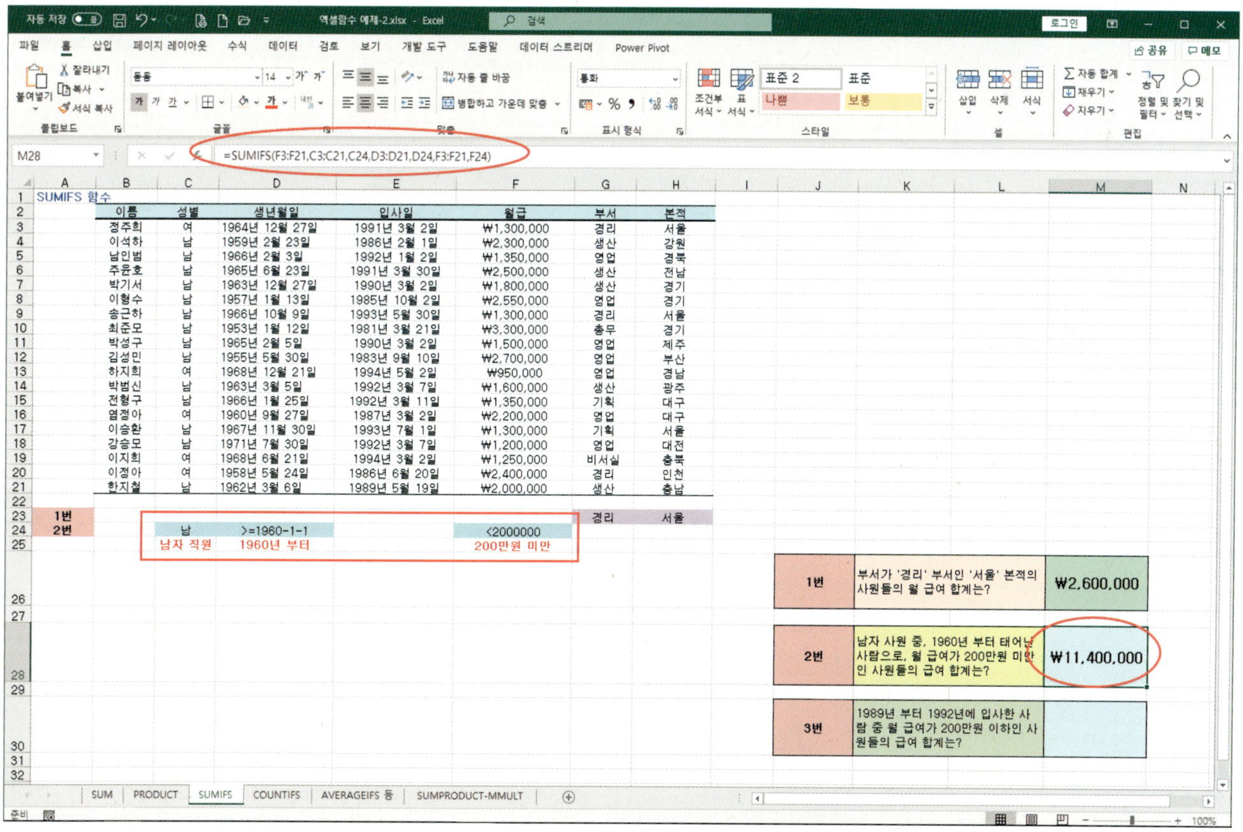

③ M30셀에 1989년부터 1992년 사이에 입사한 사람 중 월 급여가 200만원 이하인 사원들의 급여 합계를 구하시오.

이 문제에서는 조건을 셀에 기입하지 않고 바로 함수식에 기입하도록 한다. 이 문제의 경우 조건식(IF)은 세 개가 된다.

- 합계 대상 데이터 영역 : 급여의 합계가 대상이므로 급여 영역인 F3:F21 영역이 합계 대상 데이터 영역이 된다.
- 조건 데이터 영역1 : 입사일이 1989년부터이므로 첫 번째 조건 데이터 영역은 입사일을 나타내는 데이터가 있는 E3:E21 영역이 된다.
- 조건1 : 1989년부터 입사한 조건을 말하므로 “>=1989-1-1”이 된다.
- 조건 데이터 영역2 : 입사일이 1989년 이후라고만 하면 1994년이나 1995년 입사한 사람도 해당이 되므로 입사일의 마지막 날이 1992년 12월 31일이 되게 해야 한다. 그러므로 역시 입사일을 나타내는 E3:E21 영역이 두 번째 조건 데이터 영역이 된다.
- 조건2 : 1992년까지 입사한 조건을 말하므로 “<=1992-12-31”이 된다.
- 조건 데이터 영역3 : 월 급여가 200만원 이하이어야 하는 조건이므로 조건 데이터 영역은 급여 데이터 영역인 F3:F21 영역이 된다.
- 조건3 : 월 급여가 200만원 이하이어야 하므로 세 번째 조건의 값은 “<= 2000000”이 된다.

따라서 이러한 조건을 기입한 함수마법사를 보면 아래와 같이 작성된다(Criteria3 더 있음).

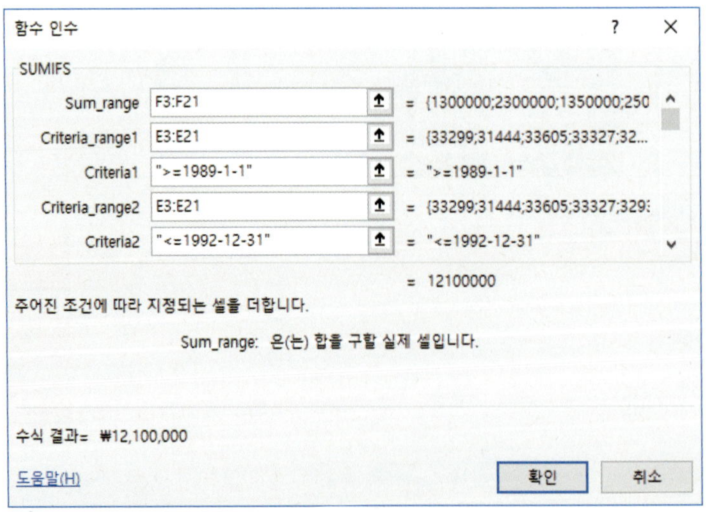

이렇게 하여 M30셀에 작성되는 함수식은 다음과 같고, 조건에 해당하는 사람들의 급여 합계는 12,100,000원이 된다.

M30셀 : = SUMIFS(F3:F21, E3:E21, ">=1989-1-1", E3:E21, "<=1992-12-31", F3:F21, "<=2000000")

③번 문제에서는 같은 필드가 조건으로 여러 번 반복될 수 있다는 것을 보여준다.

또 하나 주의사항으로, 셀에 조건을 적을 때에는 큰따옴표("")가 필요 없으나 함수식에 직접 조건을 기입할 때에는 반드시 조건 양 끝에 큰따옴표("")를 붙이는 것에 유의해야 한다.

1989년 1월 1일부터의 입사자일 경우 해당 조건식은 ">=1989-1-1"이 된다. ①, ②번 문제와 같이 셀에 이 조건식을 써줄 때에는 큰따옴표("")가 필요 없이 >=1989-1-1로 기입하면 되나, 함수식에 조건식을 직접 기입할 때에는 반드시 조건의 양 끝에 큰따옴표("")를 붙여 ">=1989-1-1"로 해야 한다. 즉, 조건식을 셀의 값으로 참조하지 않고 함수식에 직접 쓰는 경우 항상 양끝에 " "를 붙여야 한다.

②번 문제에서 1960년부터 출생자의 조건을 적는 경우, D24셀과 같이 셀에 미리 조건을 표기하지 않고, 함수식에 직접 조건식을 기입한다면 >=1960-1-1이 아닌 ">=1960-1-1"로 함수식에 기입해야 한다.

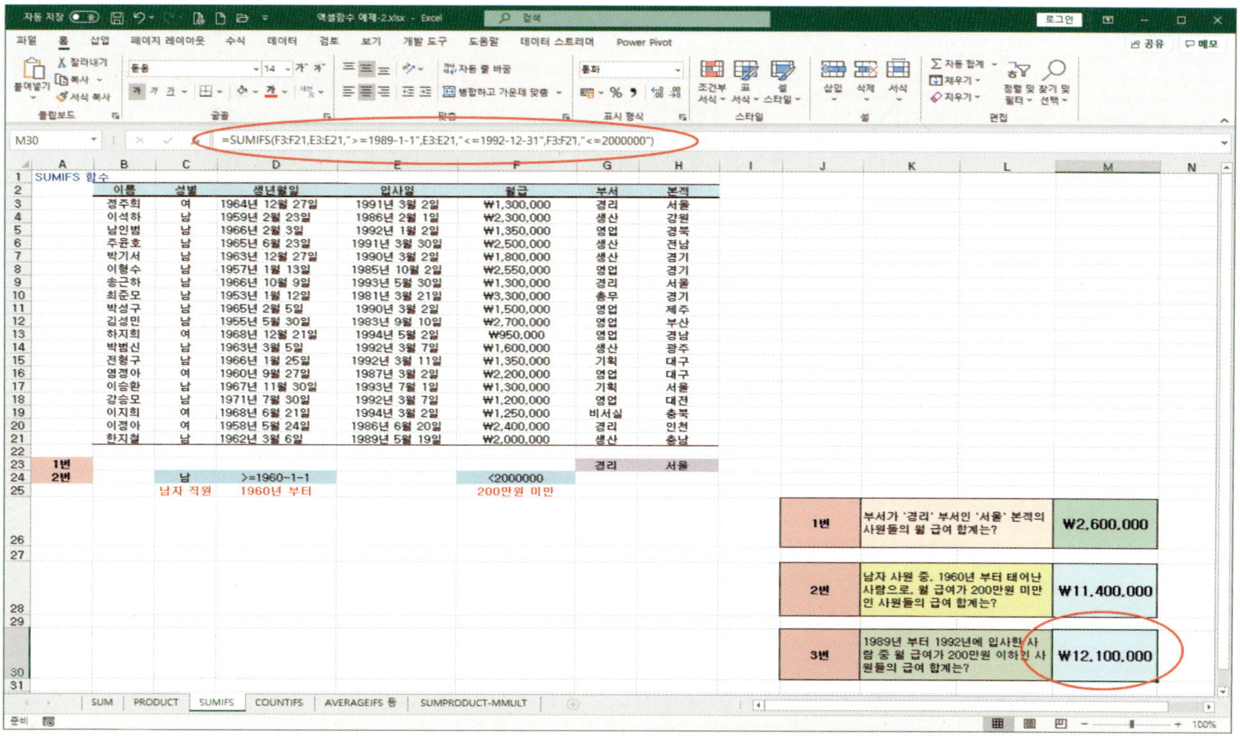

## (4) COUNTIFS(조건 데이터 영역1, 조건1, 조건 데이터 영역2, 조건2, ...)

**정의**

테이블에서 복수 개의 조건에 맞는 데이터의 개수(즉, 행의 수)를 구한다.

✓ COUNTIFS함수는 반드시 데이터베이스 데이터(즉 테이블 데이터)에서만 적용이 가능하다.

✓ COUNTIFS함수는 함수마법사에서 통계 범주에 있다.

**인수설명**

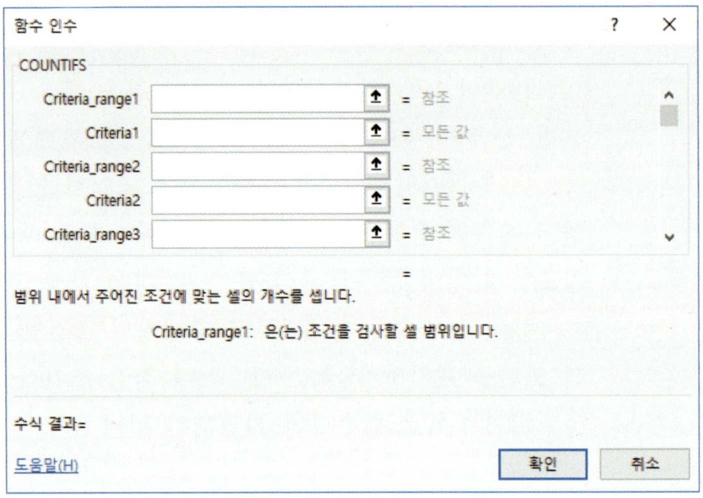


· 조건 데이터 영역1(Criteria_range1) : 조건의 대상이 되는 첫 번째 열 영역(예 : 부서, 지역, 입사일 등)을 말한다.

✓ 이때 열의 제목은 포함하지 않는다.

· 조건1(Criteria1) : 카운트하고자 하는 첫 번째 조건. 숫자나 문자 외에 조건식으로도 가능하다.

✓ 조건 데이터 영역과 조건은 복수 개를 줄 수 있으며 127개 조건까지 줄 수 있다. 함수마법사에서 다음 조건을 입력할 칸이 보이지 않으면 Tab 키를 클릭하면 된다.

✓ 주어진 복수 개의 조건을 모두 만족하는 행의 개수를 산출한다.

**'COUNTIFS' 시트**

① F23셀에 남자 사원 중 본적이 경기인 사람이 몇 명인지 구하시오.

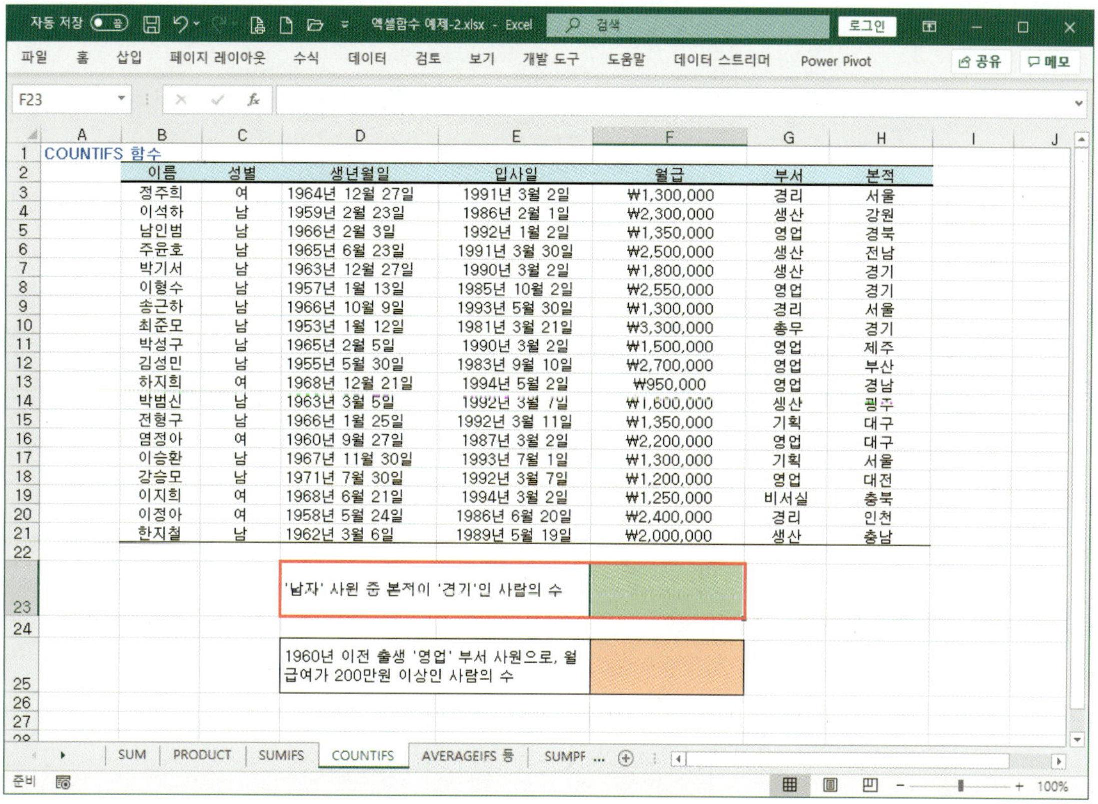

COUNTIFS 함수

| 이름 | 성별 | 생년월일 | 입사일 | 월급 | 부서 | 본적 |
|---|---|---|---|---|---|---|
| 정주희 | 여 | 1964년 12월 27일 | 1991년 3월 2일 | ₩1,300,000 | 경리 | 서울 |
| 이석하 | 남 | 1959년 2월 23일 | 1986년 2월 1일 | ₩2,300,000 | 생산 | 강원 |
| 남인범 | 남 | 1966년 2월 3일 | 1992년 1월 2일 | ₩1,350,000 | 영업 | 경북 |
| 주윤호 | 남 | 1965년 6월 23일 | 1991년 3월 30일 | ₩2,500,000 | 생산 | 전남 |
| 박기서 | 남 | 1963년 12월 27일 | 1990년 3월 2일 | ₩1,800,000 | 생산 | 경기 |
| 이형수 | 남 | 1957년 1월 13일 | 1985년 10월 2일 | ₩2,550,000 | 영업 | 경기 |
| 송근하 | 남 | 1966년 10월 9일 | 1993년 5월 30일 | ₩1,300,000 | 경리 | 서울 |
| 최준모 | 남 | 1953년 1월 12일 | 1981년 3월 21일 | ₩3,300,000 | 총무 | 경기 |
| 박성구 | 남 | 1965년 2월 5일 | 1990년 3월 2일 | ₩1,500,000 | 영업 | 제주 |
| 김성민 | 남 | 1955년 5월 30일 | 1983년 9월 10일 | ₩2,700,000 | 영업 | 부산 |
| 하지희 | 여 | 1968년 12월 21일 | 1994년 5월 2일 | ₩950,000 | 영업 | 경남 |
| 박범신 | 남 | 1963년 3월 5일 | 1992년 3월 7일 | ₩1,600,000 | 생산 | 광주 |
| 전형구 | 남 | 1966년 1월 25일 | 1992년 3월 11일 | ₩1,350,000 | 기획 | 대구 |
| 염정아 | 여 | 1960년 9월 27일 | 1987년 3월 2일 | ₩2,200,000 | 영업 | 대구 |
| 이승환 | 남 | 1967년 11월 30일 | 1993년 7월 1일 | ₩1,300,000 | 기획 | 서울 |
| 강승모 | 남 | 1971년 7월 30일 | 1992년 3월 7일 | ₩1,200,000 | 영업 | 대전 |
| 이지희 | 여 | 1968년 6월 21일 | 1994년 3월 2일 | ₩1,250,000 | 비서실 | 충북 |
| 이정아 | 여 | 1958년 5월 24일 | 1986년 6월 20일 | ₩2,400,000 | 경리 | 인천 |
| 한지철 | 남 | 1962년 3월 6일 | 1989년 5월 19일 | ₩2,000,000 | 생산 | 충남 |

| | |
|---|---|
| '남자' 사원 중 본적이 '경기'인 사람의 수 | |
| 1960년 이전 출생 '영업' 부서 사원으로, 월급여가 200만원 이상인 사람의 수 | |

한 행에 한 사람이므로 해당 조건의 행의 개수를 구하면 되기 때문에 COUNTIFS 함수를 사용한다. COUNTIFS함수는 합계 대상 데이터 영역이 필요 없다. 따라서 SUMIFS함수와 다른 것은, 인수가 제일 앞의 합계 대상 데이터 영역만 없다는 것이고, 나머지 조건 인수들은 동일하다.

이 문제의 경우 조건식(IF)은 두 개가 있다.

- 조건 데이터 영역1 : 성별이 조건이므로 성별 영역인 C3:C21 영역이 첫 번째 조건 데이터 영역이 된다.
- 조건1 : 남자 사원을 말하므로 해당 조건은 "남"이 된다.
- 조건 데이터 영역2 : 본적을 말하므로 본적 데이터 영역인 H3:H21 영역이 두 번째 조건 데이터 영역이 된다.
- 조건2 : '경기'가 본적인 사원들만을 대상으로 하므로 두 번째 조건은 "경기"가 된다.

따라서 이러한 조건을 기입한 함수마법사를 보면 아래와 같이 작성된다.

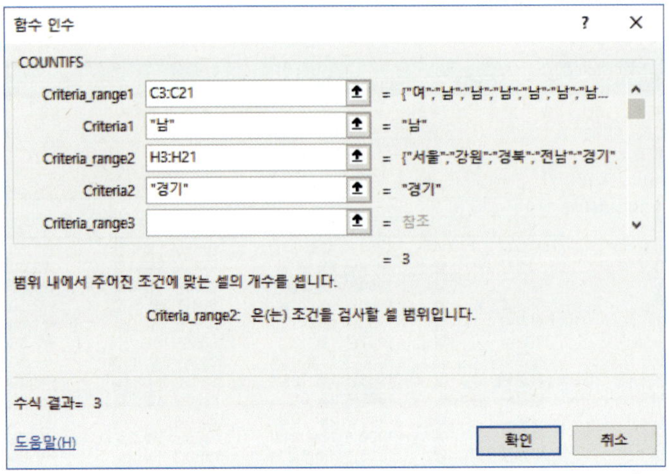


이렇게 하여 F23셀에 작성되는 함수식은 다음과 같고, 함수식 결과는 3명이 된다.

F23셀 : = COUNTIFS(C3:C21, "남", H3:H21, "경기")

② F25셀에 1960년 이전 출생인 영업부서 사람으로, 월 급여가 200만원 이상인 사람의 수를 구하시오.

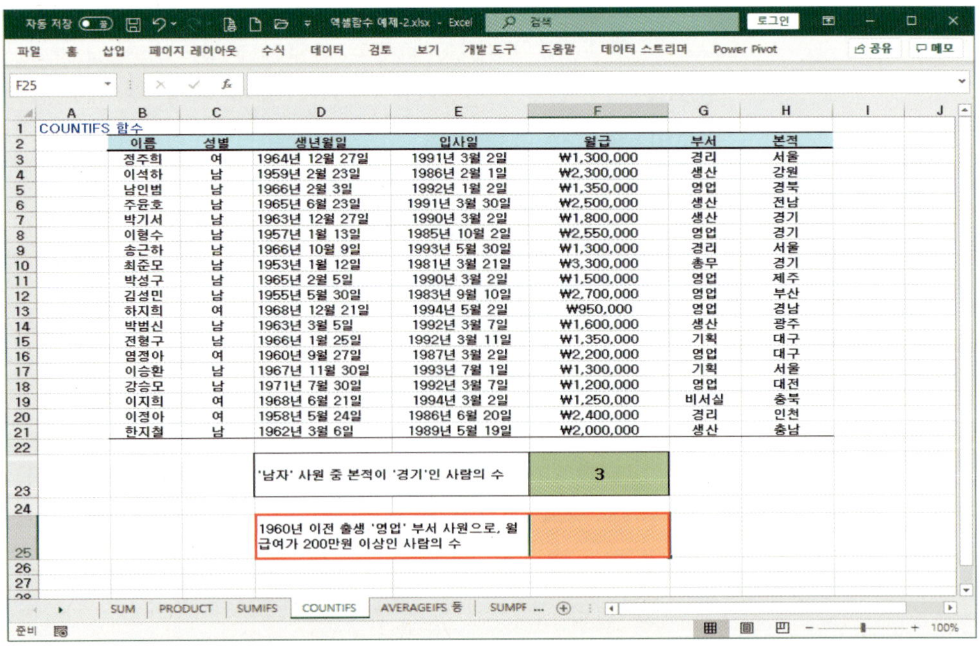


| 이름 | 성별 | 생년월일 | 입사일 | 월급 | 부서 | 본적 |
|---|---|---|---|---|---|---|
| 정주희 | 여 | 1964년 12월 27일 | 1991년 3월 2일 | ₩1,300,000 | 경리 | 서울 |
| 이석하 | 남 | 1959년 2월 23일 | 1986년 2월 1일 | ₩2,300,000 | 생산 | 강원 |
| 남인범 | 남 | 1966년 2월 3일 | 1992년 1월 2일 | ₩1,350,000 | 영업 | 경북 |
| 주윤호 | 남 | 1965년 6월 23일 | 1991년 3월 30일 | ₩2,500,000 | 생산 | 전남 |
| 박기서 | 남 | 1963년 12월 27일 | 1990년 3월 2일 | ₩1,800,000 | 생산 | 경기 |
| 이형수 | 남 | 1957년 1월 13일 | 1985년 10월 2일 | ₩2,550,000 | 영업 | 경기 |
| 송근하 | 남 | 1966년 10월 9일 | 1993년 5월 30일 | ₩1,300,000 | 경리 | 서울 |
| 최준모 | 남 | 1953년 1월 12일 | 1981년 3월 21일 | ₩3,300,000 | 총무 | 경기 |
| 박성구 | 남 | 1965년 2월 5일 | 1990년 3월 2일 | ₩1,500,000 | 영업 | 제주 |
| 김성민 | 남 | 1955년 5월 30일 | 1983년 9월 10일 | ₩2,700,000 | 영업 | 부산 |
| 하지희 | 여 | 1968년 12월 21일 | 1994년 5월 2일 | ₩950,000 | 영업 | 경남 |
| 박범신 | 남 | 1963년 3월 5일 | 1992년 3월 7일 | ₩1,600,000 | 생산 | 광주 |
| 전형구 | 남 | 1966년 1월 25일 | 1992년 3월 11일 | ₩1,350,000 | 기획 | 대구 |
| 염정아 | 여 | 1960년 9월 27일 | 1987년 3월 2일 | ₩2,200,000 | 영업 | 대구 |
| 이승환 | 남 | 1967년 11월 30일 | 1993년 7월 1일 | ₩1,300,000 | 기획 | 서울 |
| 강승모 | 남 | 1971년 7월 30일 | 1992년 3월 7일 | ₩1,200,000 | 영업 | 대전 |
| 이지희 | 여 | 1968년 6월 21일 | 1994년 3월 2일 | ₩1,250,000 | 비서실 | 충북 |
| 이경아 | 여 | 1958년 5월 24일 | 1986년 6월 20일 | ₩2,400,000 | 경리 | 인천 |
| 한지철 | 남 | 1962년 3월 6일 | 1989년 5월 19일 | ₩2,000,000 | 생산 | 충남 |

| | |
|---|---|
| '남자' 사원 중 본적이 '경기'인 사람의 수 | 3 |
| 1960년 이전 출생 '영업' 부서 사원으로, 월 급여가 200만원 이상인 사람의 수 | |

이 문제의 경우 조건식(IF)은 세 개가 있다.

- 조건 데이터 영역1 : 생년월일을 조건 대상으로 하므로 생년월일 데이터 영역인 D3:D21 영역이 첫 번째 조건 데이터 영역이 된다.
- 조건1 : 1960년 1월 1일 이전 출생자를 조건으로 하므로 해당 조건은 "<1960-1-1"이 된다.
- 조건 데이터 영역2 : 두 번째 조건은 부서이므로 부서 데이터 영역인 G3:G21 영역이 두 번째 조건 데이터 영역이 된다.
- 조건2 : 영업부서 사람에만 해당하므로 "영업"으로 두 번째 조건을 기입한다.
- 조건 데이터 영역3 : 월 급여가 200만원 이상이어야 하는 조건이므로 조건 데이터 영역은 급여 데이터 영역인 F3:F21 영역이 된다.
- 조건3 : 월 급여가 200만원 이상이어야 하므로 세 번째 조건은 ">=2000000"이 된다.

따라서 이러한 조건을 기입한 함수마법사를 보면 아래와 같이 작성된다.

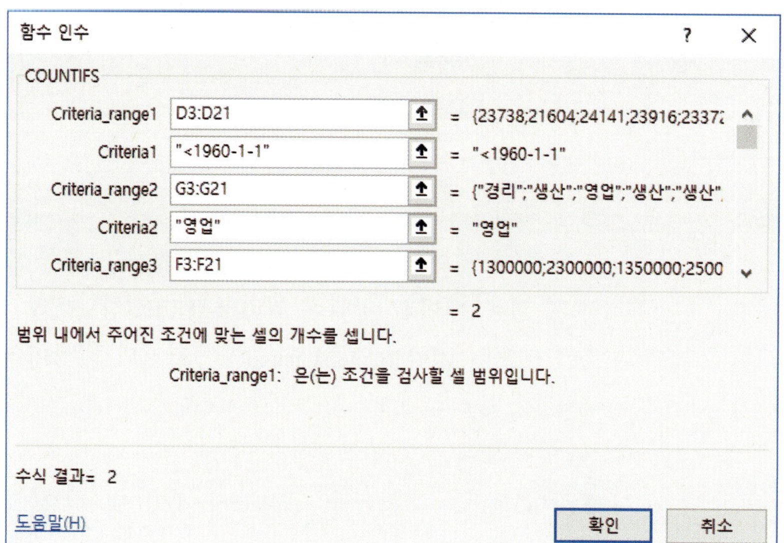


이렇게 하여 F25셀에 작성되는 함수식은 다음과 같고, 조건에 해당하는 사람들의 수는 2명이 된다.

F25셀 : = COUNTIFS(D3:D21, "<1960-1-1", G3:G21, "영업", F3:F21, ">=2000000")

## (5) AVERAGEIFS(평균 대상 데이터 영역, 조건 데이터 영역1, 조건1, 조건 데이터 영역2, 조건2, ...)

**정의**

테이블에서 복수 개의 조건에 맞는 데이터의 평균을 구한다.

✓ 이들 함수는 반드시 데이터베이스 데이터(즉 테이블 데이터)에서만 적용이 가능하다.

✓ AVERAGEIFS함수는 함수마법사에서 통계 범주에 있다.

**인수설명**

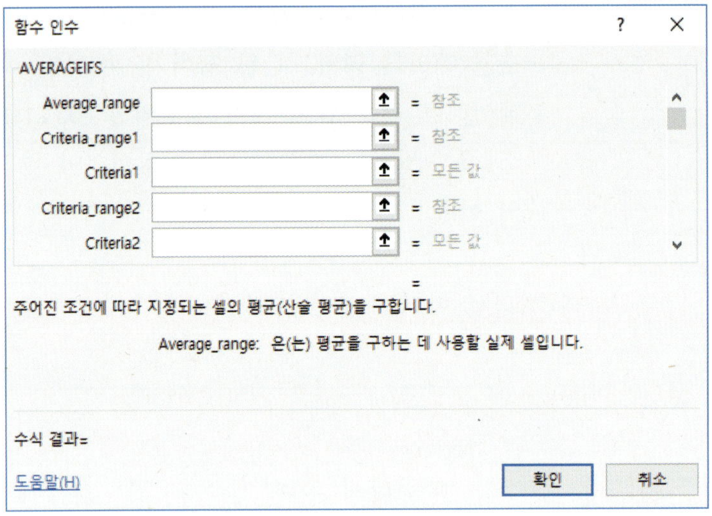


· 평균 대상 데이터 영역(Average_range) : 평균의 대상이 되는 데이터 열. 따라서 반드시 숫자 열이어야 한다. 조건이 일치하는 행을 골라 그 행의 숫자의 평균을 구한다. 평균 데이터 영역은 AVERAGEIFS함수에서 한 번만 지정됨을 유의한다.

· 조건 데이터 영역1(Criteria_range1) : 조건의 대상이 되는 첫 번째 열 영역(예 : 제품, 구입장소 등)

✓ 이때 열의 제목은 포함하지 않는다.

· 조건1(Criteria1) : 평균을 구하고자 하는 첫 번째 조건. 숫자나 문자 외에 식으로도 가능하다.

✓ 조건 데이터 영역과 조건은 복수 개를 줄 수 있으며 127개 조건까지 줄 수 있다. 함수마법사에서 다음 조건을 입력할 칸이 보이지 않으면 Tab 키를 클릭하면 된다.

✓ 주어진 복수 개의 조건을 모두 만족하는 행의 데이터만 대상으로 평균을 계산하여 답을 산출한다.

**'AVERAGEIFS' 시트**

① 소비자단체에서는 유통점에 따라 제품별로 가격이 어떻게 나타나는지 조사하였다. 왼쪽 테이블을 보고 F4셀의 제품을 G4셀 온라인에서 구입할 때의 평균 가격을 H4셀에 구하시오.

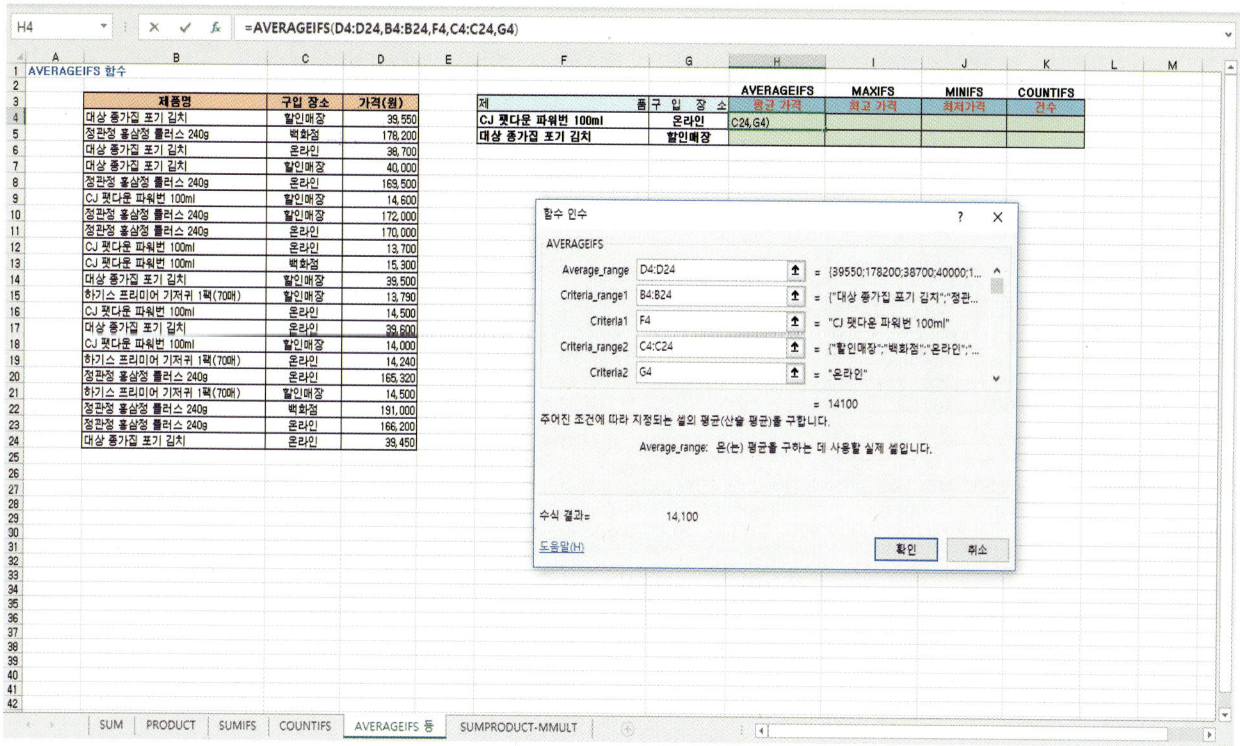


이 문제의 경우 조건식(IF)은 두 개가 있다.

- 평균 대상 데이터 영역 : 가격의 평균을 구하고자 하므로 가격 영역인 D4:D24 영역이 평균 대상 데이터 영역이 된다.
- 조건 데이터 영역1 : 특정제품을 찾으므로, 첫 번째 조건 데이터 영역은 제품명을 나타내는 데이터가 있는 B4:B24 영역이 된다.
- 조건1 : F4셀의 제품이 첫 번째 조건이 된다.
- 조건 데이터 영역2 : 두 번째 조건은 구입장소이므로 구입장소 데이터 영역인 C4:C24 영역이 두 번째 조건 데이터 영역이 된다.
- 조건2 : 두 번째 조건은 G4셀의 구입장소가 되며, 온라인에서 구입한 조건이 된다.

H4셀 : = AVERAGEIFS(D4:D24, B4:B24, F4, C4:C24, G4)

이때 평균 가격은 14,100원이 된다.

② F5셀의 제품을 G5셀 할인매장에서 구입할 때의 평균 가격을 H5셀에 구하시오.

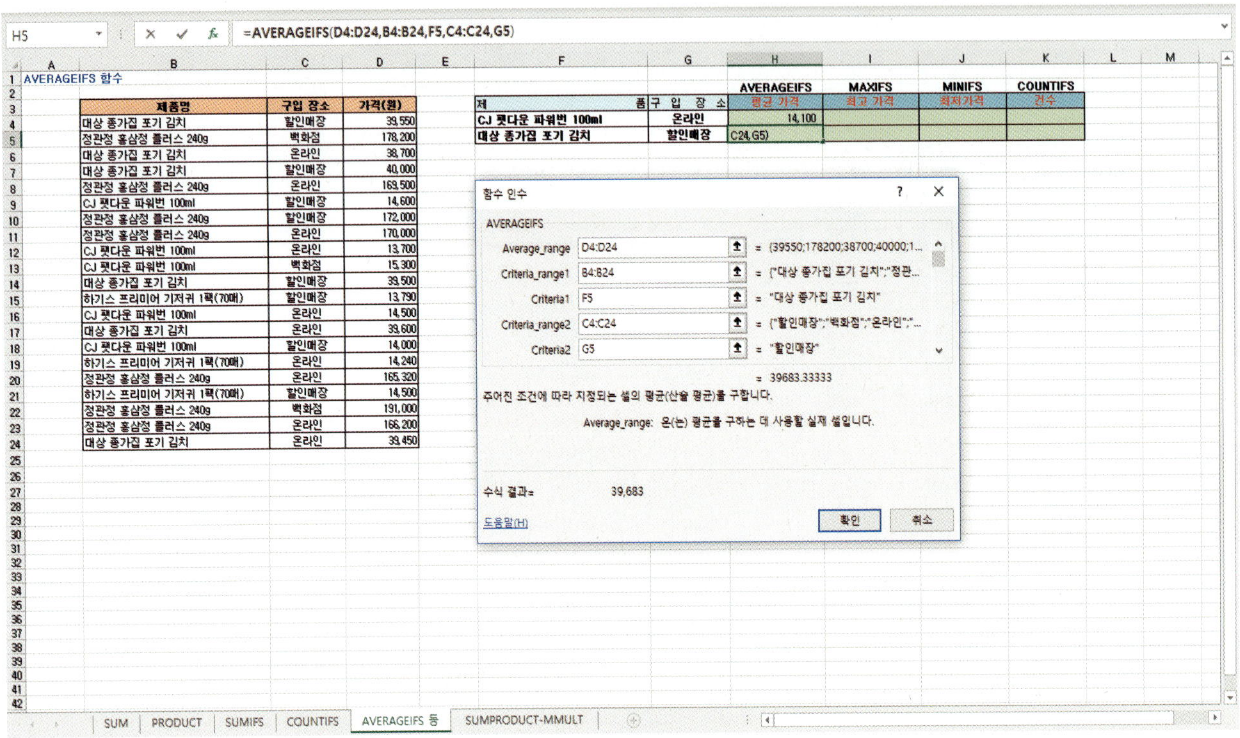


H5셀 : = AVERAGEIFS(D4:D24, B4:B24, F5, C4:C24, G5)

이때 평균 가격은 39,683원이 된다.

## (6) MAXIFS, MINIFS(최대/최소 대상 데이터 영역, 조건 데이터 영역1, 조건1, 조건 데이터 영역2, 조건2, ...)

**정의**

테이블에서 복수 개의 조건에 맞는 데이터의 최대값/최소값을 구한다.

✓ 이들 함수는 반드시 데이터베이스 데이터(즉 테이블 데이터)에서만 적용이 가능하다.

✓ MAXIFS, MINIFS 함수는 함수마법사에서 통계 범주에 있다.

✓ MAXIFS, MINIFS 함수의 인수 구조는 동일하다.

**인수설명**

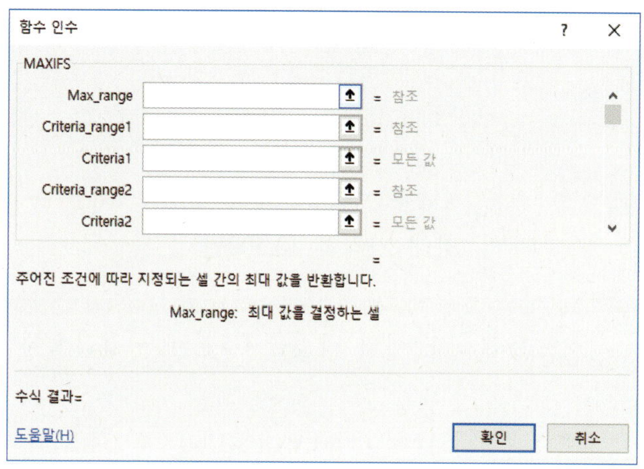


· 최대/최소 대상 데이터 영역(Max_range/Min_range) : 최대값/최소값의 대상이 되는 데이터 열. 따라서 반드시 숫자 열이어야 한다. 조건이 일치하는 행을 골라 그 행의 숫자의 최대값/최소값을 구한다. 최대/최소 데이터 영역은 MAXIFS, MINIFS 함수에서 한 번만 지정됨을 유의한다.

· 조건 데이터 영역1(Criteria_range1) : 조건의 대상이 되는 첫 번째 열 영역(예 : 제품, 구입장소 등)

✓ 이때 열의 제목은 포함하지 않는다.

· 조건1(Criteria1) : 최대값/최소값을 구하고자 하는 첫 번째 조건. 숫자나 문자 외에 식으로도 가능하다.

✓ 조건 데이터 영역과 조건은 복수 개를 줄 수 있으며 127개 조건까지 줄 수 있다. 함수마법사에서 다음 조건을 입력할 칸이 보이지 않으면 Tab 키를 클릭하면 된다.

✓ 주어진 복수 개의 조건을 모두 만족하는 행의 데이터만 대상으로 최대값/최소값을 계산하여 답을 산출한다.

① I4셀 : F4셀의 제품을 G4셀의 구입장소에서 구입한 경우의 최대값을 적으시오.

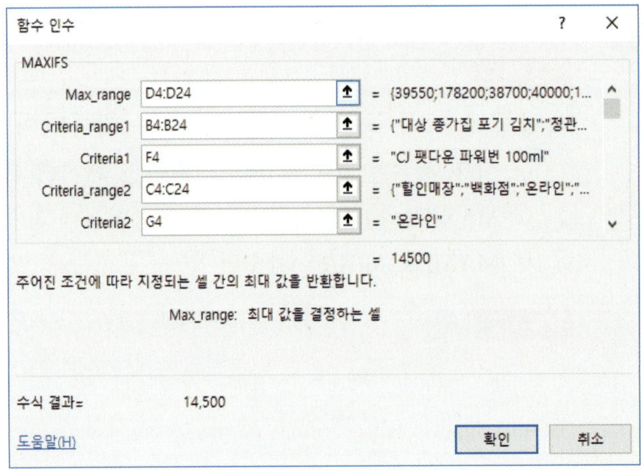


I4셀 : = MAXIFS(D4:D24, B4:B24, F4, C4:C24, G4)
최대 가격 : 14,500원

② I5셀 : F5셀의 제품을 G5셀의 구입장소에서 구입한 경우의 최대값을 적으시오.

I5셀 : = MAXIFS(D4:D24, B4:B24, F5, C4:C24, G5)
최대 가격 : 40,000원

③ J4셀 : F4셀의 제품을 G4셀의 구입장소에서 구입한 경우의 최소값을 적으시오.

J4셀 : = MINIFS(D4:D24, B4:B24, F4, C4:C24, G4)
최소 가격 : 13,700원

④ J5셀 : F5셀의 제품을 G5셀의 구입장소에서 구입한 경우의 최소값을 적으시오.

J5셀 : = MINIFS(D4:D24, B4:B24, F5, C4:C24, G5)
최소 가격 : 39,500원

참고로 COUNTIFS함수를 이용하여 제품과 구입장소에 해당하는 행의 개수를 구해 본다.

⑤ K4셀 : F4셀의 제품을 G4셀의 구입장소에서 구입한 횟수를 구하시오.

K4셀 : = COUNTIFS(B4:B24, F4, C4:C24, G4)
구입 횟수 : 2건

⑥ K5셀 : F5셀의 제품을 G5셀의 구입장소에서 구입한 횟수를 구하시오.

K5셀 : = COUNTIFS(B4:B24, F5, C4:C24, G5)
구입 횟수 : 3건

## (7) SUMPRODUCT(array1, array2, ...)

**정의**

행 요소들, 열 요소들 간의 곱을 합산한다.

**인수설명**

- 배열1, 배열2, ... : 행 또는 열로 구성된 배열에서 같은 열(행)에 있는 요소들간의 곱을 구한 뒤 전체의 합을 구한다.

〈주의사항〉

✓ 배열은 행, 열 데이터 모두 가능하지만, 반드시 전부가 행 데이터이거나, 또는 전부가 열 데이터로만 구성되어야 한다. 즉, 곱하는 셀들을 아래 방향으로 배치할 수도 있고, 옆으로 배치할 수도 있다.
✓ 반드시 각 배열은 같은 수의 셀을 가져야 한다.
✓ 입력할 수 있는 배열의 수는 2개에서 255개까지이다.

아래 두 행의 해당 요소끼리 곱하여 합산하면

| 1 | 2 | 3 |
|---|---|---|
| 2 | 3 | 1 |

$1\times2 + 2\times3 + 3\times1 = 11$이 된다.

**'SUMPRODUCT-MMULT' 시트**

각 문구류의 가격과 도시별 주문 수는 아래와 같다.

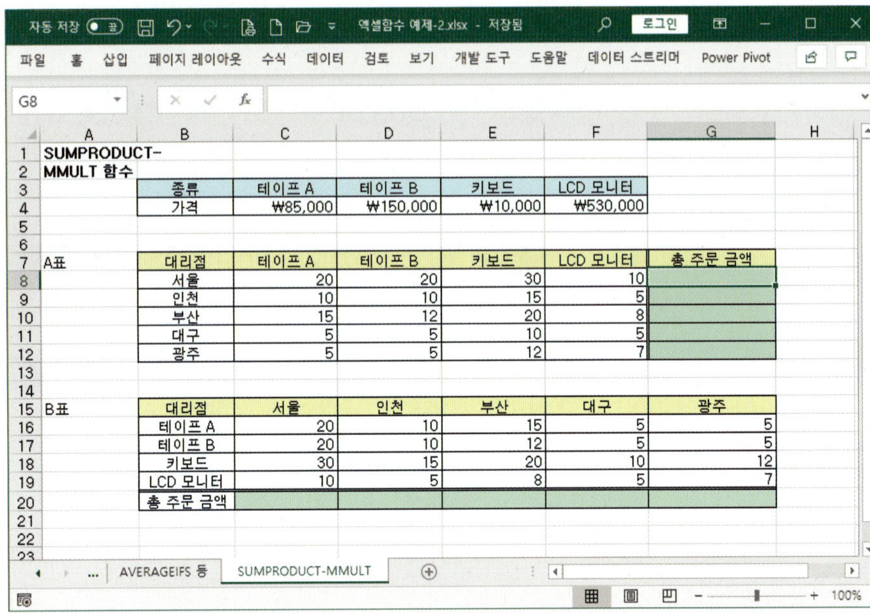

SUMPRODUCT-MMULT 함수

| 종류 | 테이프 A | 테이프 B | 키보드 | LCD 모니터 |
|---|---|---|---|---|
| 가격 | ₩85,000 | ₩150,000 | ₩10,000 | ₩530,000 |

A표

| 대리점 | 테이프 A | 테이프 B | 키보드 | LCD 모니터 | 총 주문 금액 |
|---|---|---|---|---|---|
| 서울 | 20 | 20 | 30 | 10 | |
| 인천 | 10 | 10 | 15 | 5 | |
| 부산 | 15 | 12 | 20 | 8 | |
| 대구 | 5 | 5 | 10 | 5 | |
| 광주 | 5 | 5 | 12 | 7 | |

B표

| 대리점 | 서울 | 인천 | 부산 | 대구 | 광주 |
|---|---|---|---|---|---|
| 테이프 A | 20 | 10 | 15 | 5 | 5 |
| 테이프 B | 20 | 10 | 12 | 5 | 5 |
| 키보드 | 30 | 15 | 20 | 10 | 12 |
| LCD 모니터 | 10 | 5 | 8 | 5 | 7 |
| 총 주문 금액 | | | | | |

A표에 각 지역 도시별로 문구류별 주문 수가 표시되어 있고 G8에서 G12셀에 각 도시별로 총주문금액의 합계를 표시하고자 한다. 이를 SUMPRODUCT함수를 이용하여 표시하시오.

## 풀이

우선 G8셀에 대하여 SUMPRODUCT함수의 함수마법사를 통하여 계산하고자 하는 범위를 입력하면 아래와 같다.

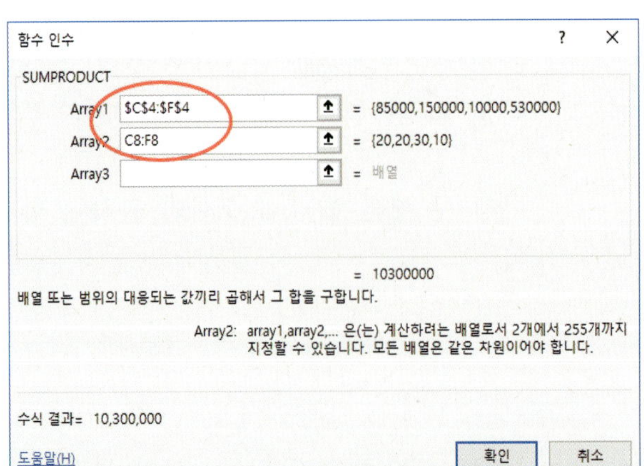

여기에서 문구류의 가격(Array1)은 자동채우기 핸들을 사용하기 위하여 절대주소로 표시하였다. '확인'을 클릭하면 G8셀에는 다음과 같은 수식이 입력되고, 서울 지역의 총주문금액은 10,300,000원이 된다.

G8셀 : = SUMPRODUCT($C$4:$F$4, C8:F8)

같은 방법으로 G9에서 G12셀까지의 수식을 입력하면 다음과 같다.

G9셀 : = SUMPRODUCT($C$4:$F$4, C9:F9)
G10셀 : = SUMPRODUCT($C$4:$F$4, C10:F10)
G11셀 : = SUMPRODUCT($C$4:$F$4, C11:F11)
G12셀 : = SUMPRODUCT($C$4:$F$4, C12:F12)

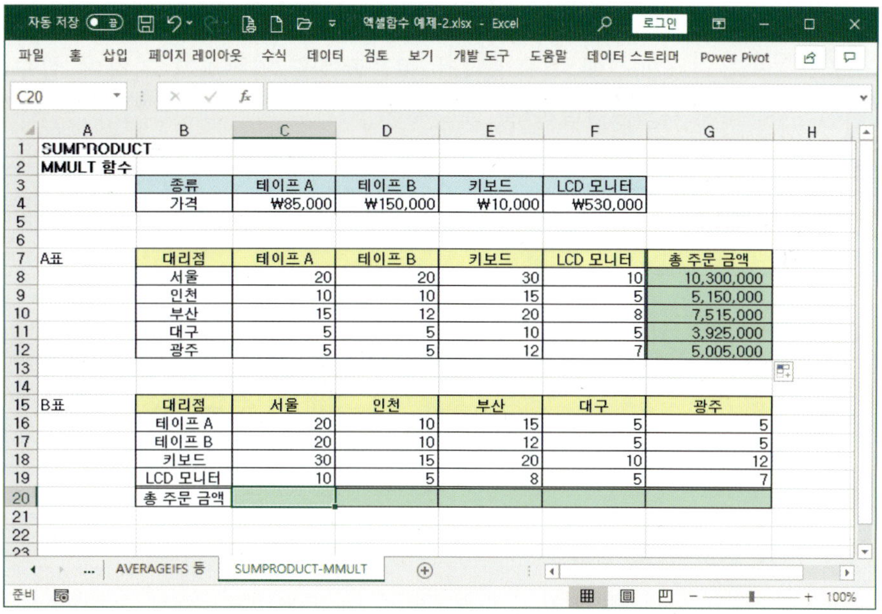

| | A | B | C | D | E | F | G |
|---|---|---|---|---|---|---|---|
| 1 | SUMPRODUCT | | | | | | |
| 2 | MMULT 함수 | | | | | | |
| 3 | | 종류 | 테이프 A | 테이프 B | 키보드 | LCD 모니터 | |
| 4 | | 가격 | ₩85,000 | ₩150,000 | ₩10,000 | ₩530,000 | |
| 5 | | | | | | | |
| 6 | | | | | | | |
| 7 | A표 | 대리점 | 테이프 A | 테이프 B | 키보드 | LCD 모니터 | 총 주문 금액 |
| 8 | | 서울 | 20 | 20 | 30 | 10 | 10,300,000 |
| 9 | | 인천 | 10 | 10 | 15 | 5 | 5,150,000 |
| 10 | | 부산 | 15 | 12 | 20 | 8 | 7,515,000 |
| 11 | | 대구 | 5 | 5 | 10 | 5 | 3,925,000 |
| 12 | | 광주 | 5 | 5 | 12 | 7 | 5,005,000 |
| 13 | | | | | | | |
| 14 | | | | | | | |
| 15 | B표 | 대리점 | 서울 | 인천 | 부산 | 대구 | 광주 |
| 16 | | 테이프 A | 20 | 10 | 15 | 5 | 5 |
| 17 | | 테이프 B | 20 | 10 | 12 | 5 | 5 |
| 18 | | 키보드 | 30 | 15 | 20 | 10 | 12 |
| 19 | | LCD 모니터 | 10 | 5 | 8 | 5 | 7 |
| 20 | | 총 주문 금액 | | | | | |

## (8) MMULT(행, 열)

**정의**

행과 열의 각 해당 요소 간의 곱을 합산한다.

**인수설명**

· 행, 열 : 행과 열에서 각 요소끼리 곱한 뒤 전체 합을 계산한다.

<주의사항>

✓ 반드시 행 데이터가 첫 번째 인수로 오고, 열 데이터가 두 번째 인수로 와야 한다.

✓ 행과 열은 같은 수의 셀을 가진다.

✓ MMULT함수는 원래 행렬의 곱을 구하기 위한 함수이지만, 본 예제에서는 한 행과 한 열의 곱을 계산하는 데 사용한다.

### 'SUMPRODUCT-MMULT' 시트

B표는 A표와 동일하지만, 단지 표의 방향이 다르다. 그런데 B표에서는 곱하는 두 개의 배열이 모두 행이 아니므로 SUMPRODUCT함수를 사용할 수 없다. SUMPRODUCT함수와 동일한 기능을 수행하되 행과 열의 곱을 합산하는 함수가 바로 MMULT함수이다. MMULT함수를 이용하여 B표의 도시별 주문금액을 C20에서 G20셀에 기입하시오.

### 풀이

C20셀에 서울지역의 주문금액을 입력하기 위하여 함수마법사를 이용하여 아래와 같이 입력한다.

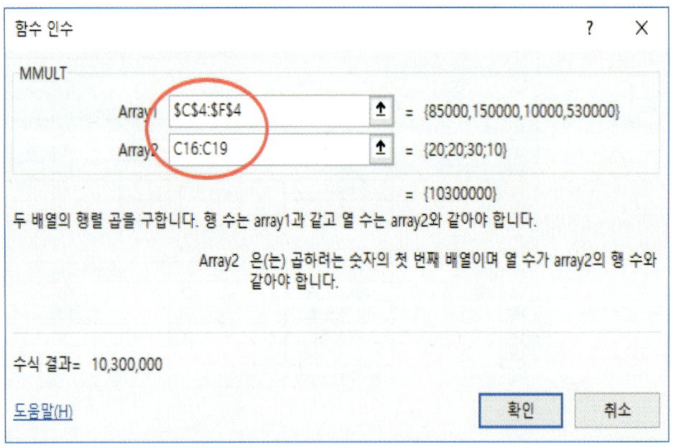


문구류의 가격(Arrary1)은 자동채우기 핸들을 사용하기 위하여 절대주소로 표시하였다. '확인'을 클릭하면 C20셀에는 다음과 같은 수식이 입력되고, 서울지역의 총 주문금액은 10,300,000원이 된다.

C20셀 : = MMULT($C$4:$F$4, C16:C19)

같은 방법으로 D20에서 G20셀까지의 수식을 입력하면 다음과 같다.

D20셀 : = MMULT($C$4:$F$4, D16:D19)
E20셀 : = MMULT($C$4:$F$4, E16:E19)
F20셀 : = MMULT($C$4:$F$4, F16:F19)
G20셀 : = MMULT($C$4:$F$4, G16:G19)

입력 후 최종 시트는 아래와 같이 나타난다.

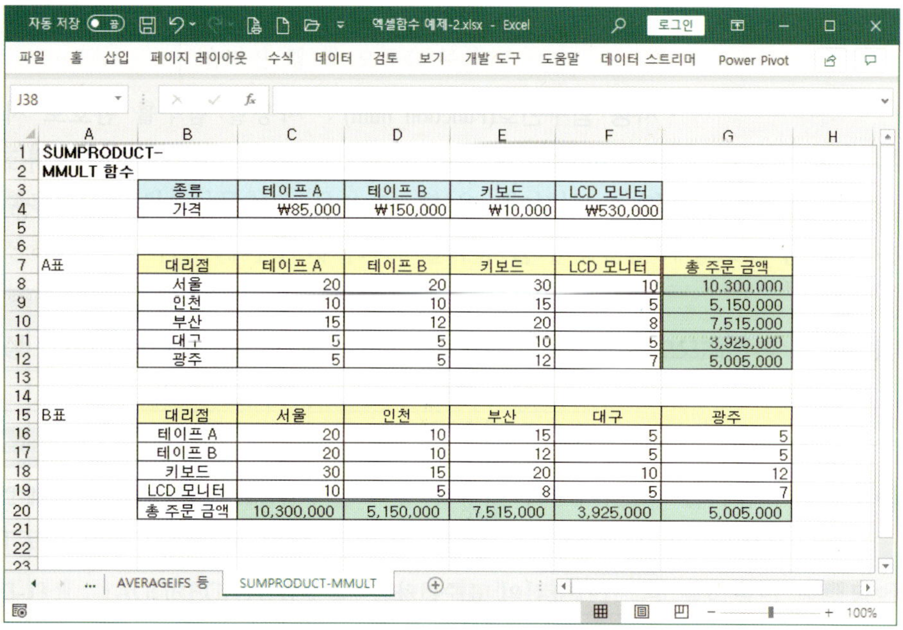

| | A | B | C | D | E | F | G |
|---|---|---|---|---|---|---|---|
| 1 | SUMPRODUCT- | | | | | | |
| 2 | MMULT 함수 | | | | | | |
| 3 | | 종류 | 테이프 A | 테이프 B | 키보드 | LCD 모니터 | |
| 4 | | 가격 | ₩85,000 | ₩150,000 | ₩10,000 | ₩530,000 | |
| 5 | | | | | | | |
| 6 | | | | | | | |
| 7 | A표 | 대리점 | 테이프 A | 테이프 B | 키보드 | LCD 모니터 | 총 주문 금액 |
| 8 | | 서울 | 20 | 20 | 30 | 10 | 10,300,000 |
| 9 | | 인천 | 10 | 10 | 15 | 5 | 5,150,000 |
| 10 | | 부산 | 15 | 12 | 20 | 8 | 7,515,000 |
| 11 | | 대구 | 5 | 5 | 10 | 5 | 3,925,000 |
| 12 | | 광주 | 5 | 5 | 12 | 7 | 5,005,000 |
| 13 | | | | | | | |
| 14 | | | | | | | |
| 15 | B표 | 대리점 | 서울 | 인천 | 부산 | 대구 | 광주 |
| 16 | | 테이프 A | 20 | 10 | 15 | 5 | 5 |
| 17 | | 테이프 B | 20 | 10 | 12 | 5 | 5 |
| 18 | | 키보드 | 30 | 15 | 20 | 10 | 12 |
| 19 | | LCD 모니터 | 10 | 5 | 8 | 5 | 7 |
| 20 | | 총 주문 금액 | 10,300,000 | 5,150,000 | 7,515,000 | 3,925,000 | 5,005,000 |

## (9) AGGREGATE(사용 함수번호, 집계 방식, 데이터 영역1, 데이터 영역2, ...)

정의

하나의 함수로 다양한 방식으로 데이터를 집계한다.

- ✓ AGGREGATE함수는 함수마법사에서 수학/삼각 범주에 있다.
- ✓ AGGREGATE함수는 2010 버전부터 적용이 가능하며, 하나의 함수로 19개의 다양한 방식의 집계를 할 수 있다. 특히 수식 오류가 나는 경우 이를 제외하고 계산할 수 있는 옵션을 제공한다.

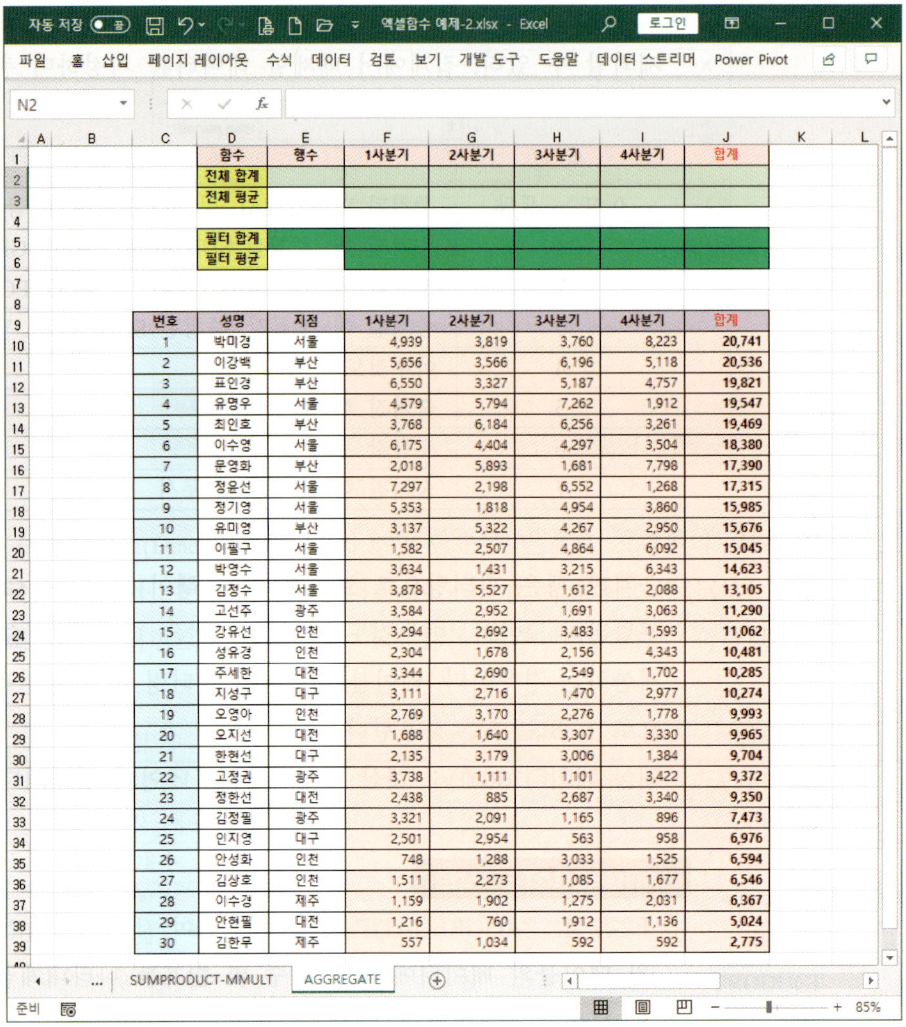


① E2셀 : 함수마법사 창에서 배열이 아닌 범위로 인수를 주는 두 번째 방식을 선택한다.

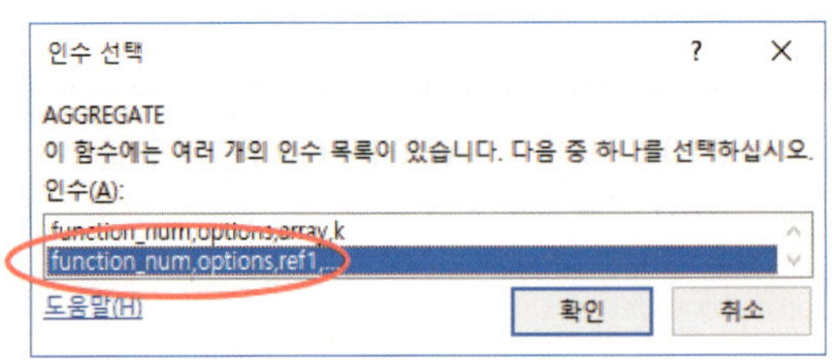


AGGREGATE함수로 함수번호는 'COUNTA함수'를 나타내는 3, 옵션은 '아무것도 무시하지 않는' 4를 선택하여 필터링이 되어도 원래의 30개의 레코드에 대한 값을 계산한다. 범위는 비어 있지 않은 열이면 되는데, 여기에서는 성명 열인 D

열을 선택하여 D10:D39를 입력한다.

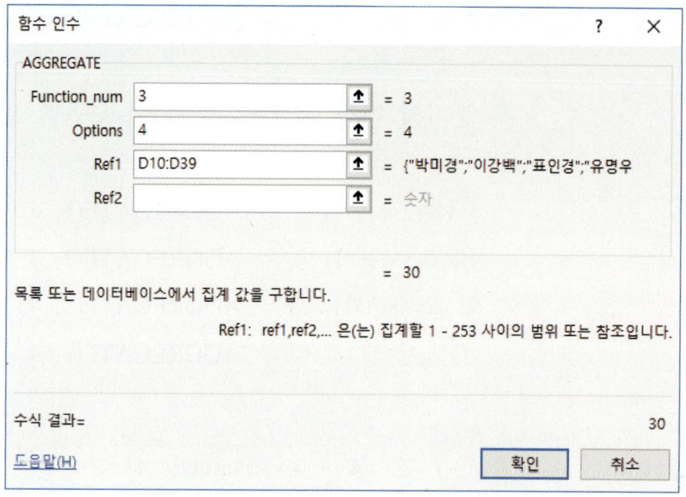


= AGGREGATE(3, 4, D10:D39)

F2셀(합계) : 1사분기 매출 합계를 숨겨진 데이터도 포함하여 AGGREGATE함수로 계산한다.

· 함수번호 : 합계를 구하는 것이므로 9로 한다.

· 옵션 : 원 데이터에 대한 계산을 하는 것이므로 4가 된다.

· 데이터 영역 : 1사분기의 전체 합계이므로 데이터 영역은 F10:F39가 된다.

= AGGREGATE(9, 4, F10:F39)

이후 분기의 매출 합계는 복사하여 다음과 같이 완성한다.

G2셀(2사분기) : = AGGREGATE(9, 4, G10:G39)
H2셀(3사분기) : = AGGREGATE(9, 4, H10:H39)
I2셀(4사분기) : = AGGREGATE(9, 4, I10:I39)
J2셀(합계) : = AGGREGATE(9, 4, J10:J39)

② F3셀(평균) : 1사분기 매출 평균을 숨겨진 데이터도 포함하여 계산한다.

· 함수번호 : 평균을 구하는 것이므로 1이 된다.

· 옵션 : 원 데이터에 대한 계산을 하는 것이므로 4가 된다.

· 데이터 영역 : 1사분기의 전체 평균이므로 데이터 영역은 F10:F39가 된다.

= AGGREGATE(1, 4, F10:F39)

이후 분기의 매출 평균은 복사하여 다음과 같이 완성한다.

G3셀(2사분기) : = AGGREGATE(1, 4, G10:G39)
H3셀(3사분기) : = AGGREGATE(1, 4, H10:H39)
I3셀(4사분기) : = AGGREGATE(1, 4, I10:I39)
J3셀(합계) : = AGGREGATE(1, 4, J10:J39)

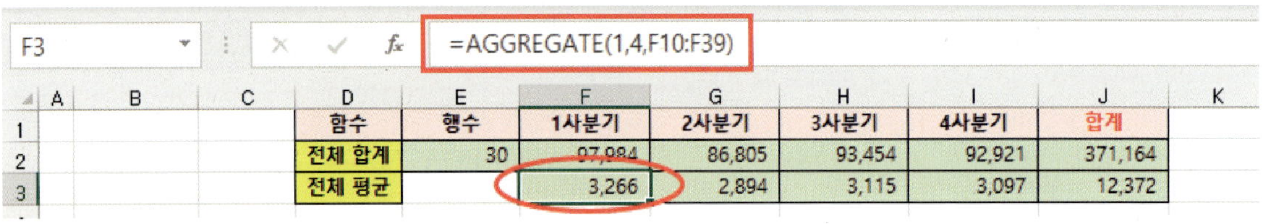


③ E5셀 : 마찬가지로 함수마법사 창에서 배열이 아닌 범위로 인수를 주는 두 번째 방식을 선택한다.

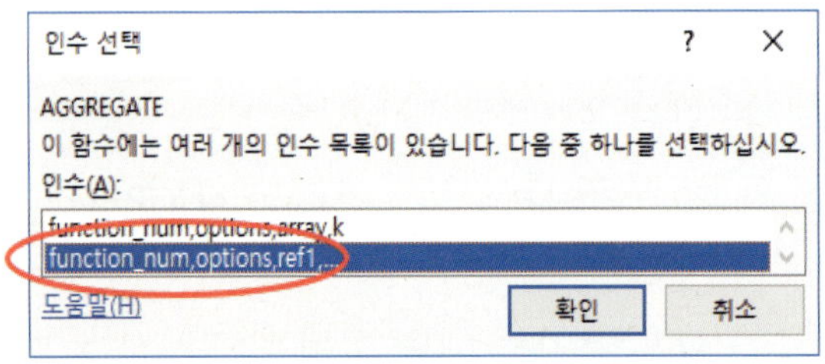


AGGREGATE함수로 함수번호는 'COUNTA함수'를 나타내는 3, 옵션은 '숨겨진 행은 무시하는' 5를 선택하여 필터링 후 필터링된 행에 대해서만 값을 계산한다. 범위는 마찬가지로 비어 있지 않은 열이면 되는데, 여기에서도 성명 열인 D열을 선택하여 D10:D39를 입력한다. 따라서 AGGREGATE함수는 다음과 같이 작성된다.

= AGGREGATE(3, 5, D10:D39)

F5셀(합계) : 1사분기 매출 합계를 필터링된 데이터를 대상으로 계산한다.

· 함수번호 : 합계를 구하는 것이므로 9가 된다.
· 옵션 : 필터링되어 숨겨진 데이터는 포함하지 않으므로 5가 된다.
· 데이터 영역 : 1사분기의 전체 합계이므로 데이터 영역은 F10:F39가 된다.

= AGGREGATE(9, 5, F10:F39)

이후 분기의 매출 합계는 복사하여 다음과 같이 완성한다.

G5셀(2사분기) : = AGGREGATE(9, 5, G10:G39)
H5셀(3사분기) : = AGGREGATE(9, 5, H10:H39)
I5셀(4사분기) : = AGGREGATE(9, 5, I10:I39)
J5셀(합계) : = AGGREGATE(9, 5, J10:J39)

④ F6셀(평균) : 1사분기 매출 평균을 숨겨진 데이터는 제외하고 필터링된 데이터만 대상으로 하여 계산한다.
· 함수번호 : 평균을 구하는 것이므로 1이 된다.
· 옵션 : 필터링된 데이터에 대해서만 계산을 하는 것이므로 5가 된다.
· 데이터 영역 : 1사분기의 전체 평균이므로 데이터 영역은 F10:F39가 된다.

= AGGREGATE(1, 5, F10:F39)

이후 분기의 매출 평균은 복사하여 다음과 같이 완성한다.

G6셀(2사분기) : = AGGREGATE(1, 5, G10:G39)
H6셀(3사분기) : = AGGREGATE(1, 5, H10:H39)
I6셀(4사분기) : = AGGREGATE(1, 5, I10:I39)
J6셀(합계) : = AGGREGATE(1, 5, J10:J39)

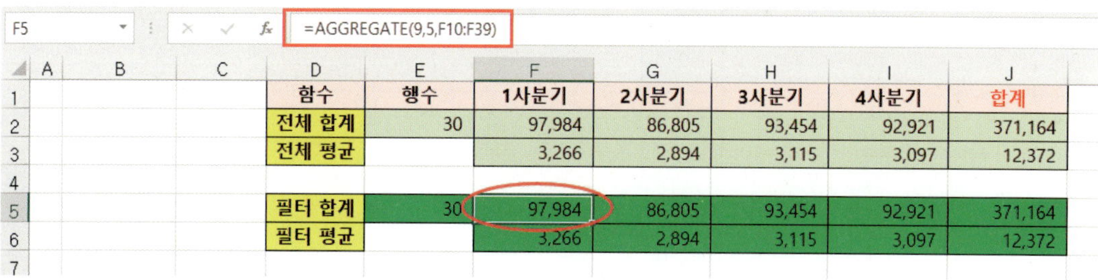
F5 =AGGREGATE(9,5,F10:F39)

| | A | B | C | D | E | F | G | H | I | J |
|---|---|---|---|---|---|---|---|---|---|---|
| 1 | | | | 함수 | 행수 | 1사분기 | 2사분기 | 3사분기 | 4사분기 | 합계 |
| 2 | | | | 전체 합계 | 30 | 97,984 | 86,805 | 93,454 | 92,921 | 371,164 |
| 3 | | | | 전체 평균 | | 3,266 | 2,894 | 3,115 | 3,097 | 12,372 |
| 4 | | | | | | | | | | |
| 5 | | | | 필터 합계 | 30 | 97,984 | 86,805 | 93,454 | 92,921 | 371,164 |
| 6 | | | | 필터 평균 | | 3,266 | 2,894 | 3,115 | 3,097 | 12,372 |
| 7 | | | | | | | | | | |

이제 테이블을 자동 필터링한 후, 아래와 같이 E열 지점을 대전, 인천, 제주만 대상으로 필터링한다.

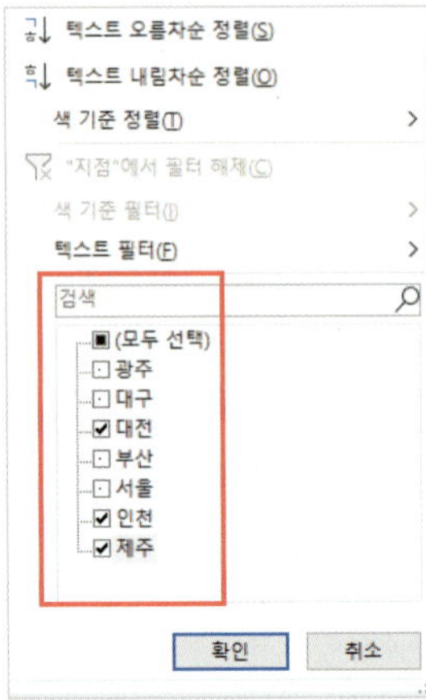


필터링된 행만을 대상으로 계산한 결과를 보면 아래 그림에서 5, 6행에서 보는 바와 같다. 이제 E5셀에서 보는 바와 같이 11개의 행만이 계산 대상이 되며, 5, 6행의 행수, 합계, 평균 금액이 전체 데이터와 달리 필터링되어 실제 보이는 행만을 대상으로 계산된 것임을 알 수 있다.

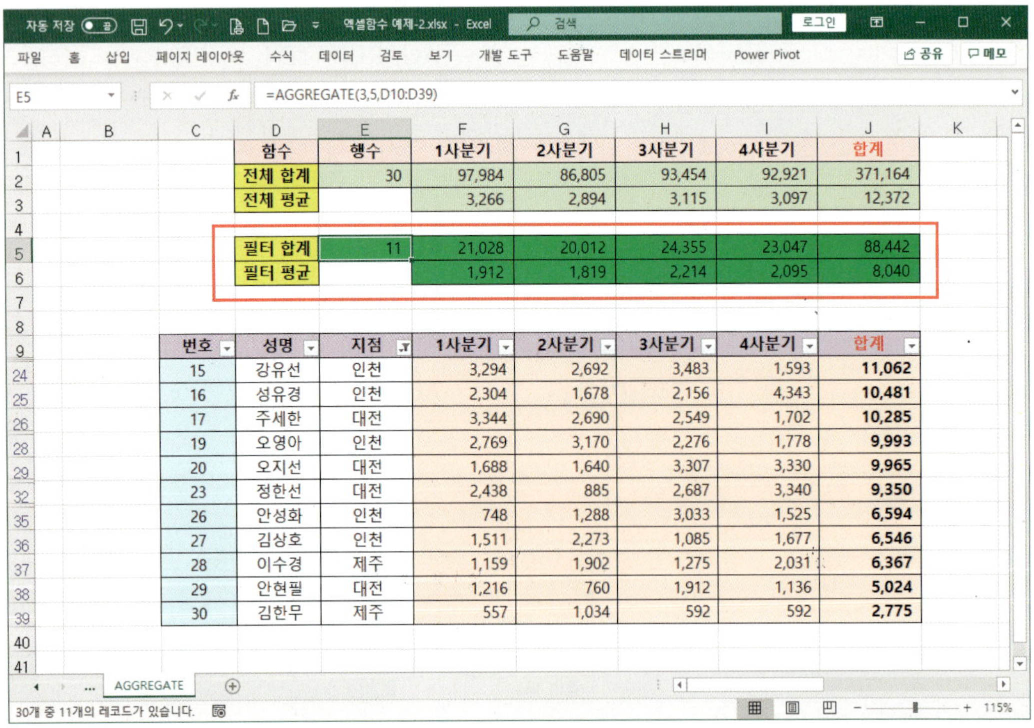


| | C | D | E | F | G | H | I | J |
|---|---|---|---|---|---|---|---|---|
| 1 | | 함수 | 행수 | 1사분기 | 2사분기 | 3사분기 | 4사분기 | 합계 |
| 2 | | 전체 합계 | 30 | 97,984 | 86,805 | 93,454 | 92,921 | 371,164 |
| 3 | | 전체 평균 | | 3,266 | 2,894 | 3,115 | 3,097 | 12,372 |
| 4 | | | | | | | | |
| 5 | | 필터 합계 | 11 | 21,028 | 20,012 | 24,355 | 23,047 | 88,442 |
| 6 | | 필터 평균 | | 1,912 | 1,819 | 2,214 | 2,095 | 8,040 |
| 7 | | | | | | | | |
| 8 | | | | | | | | |
| 9 | 번호 | 성명 | 지점 | 1사분기 | 2사분기 | 3사분기 | 4사분기 | 합계 |
| 24 | 15 | 강유선 | 인천 | 3,294 | 2,692 | 3,483 | 1,593 | 11,062 |
| 25 | 16 | 성유경 | 인천 | 2,304 | 1,678 | 2,156 | 4,343 | 10,481 |
| 26 | 17 | 주세한 | 대전 | 3,344 | 2,690 | 2,549 | 1,702 | 10,285 |
| 28 | 19 | 오영아 | 인천 | 2,769 | 3,170 | 2,276 | 1,778 | 9,993 |
| 29 | 20 | 오지선 | 대전 | 1,688 | 1,640 | 3,307 | 3,330 | 9,965 |
| 32 | 23 | 정한선 | 대전 | 2,438 | 885 | 2,687 | 3,340 | 9,350 |
| 35 | 26 | 안성화 | 인천 | 748 | 1,288 | 3,033 | 1,525 | 6,594 |
| 36 | 27 | 김상호 | 인천 | 1,511 | 2,273 | 1,085 | 1,677 | 6,546 |
| 37 | 28 | 이수경 | 제주 | 1,159 | 1,902 | 1,275 | 2,031 | 6,367 |
| 38 | 29 | 안현필 | 대전 | 1,216 | 760 | 1,912 | 1,136 | 5,024 |
| 39 | 30 | 김한무 | 제주 | 557 | 1,034 | 592 | 592 | 2,775 |

E5셀에서 이들 세 개 지점의 매출 행의 수는 11개이며, J5셀에서 매출액 합계는 88,442인 것을 알 수 있다. 다른 지점들로 다시 필터링하면 이들 행들을 대상으로 행의 수(E5), 합계(F5-J5), 평균(F6-J6)이 필터링된 행만을 대상으로 다시 계산된다.

⑤ C10-C39셀(일련번호) : 위의 그림에서 볼 수 있듯이 테이블에서 일련번호는 필터링하면 해당 번호만 보이게 되므로 일련번호가 아니게 된다. 이를 일련번호로 하기 위하여 C10-C39셀에 다음과 같이 AGGREGATE함수를 작성한다.

- 함수번호 : 성명 열(D열)에서 COUNTA함수를 사용하여, 범위 내에 있는 빈셀이 아닌 셀의 개수를 구하는 것이므로 3이 된다.
- 옵션 : 필터링된 데이터에 대해서만 계산을 하는 것이므로 5가 된다.
- 데이터 영역 : 해당 행의 일련번호를, COUNTA함수(3)를 이용하여 첫 행에서 해당 행까지의 범위로 주어 알아낸다. 즉, C10셀의 경우 범위를 D10:D10으로 하면 COUNTA함수의 결과가 1이 되어 일련번호가 1이 되고, C11셀의 경우에 범위를 D10:D11로 하면 2가 되는 방식이다. 이때 복사를 할 것이므로 시작하는 첫 셀인 D10셀의 주소는 항상 절대주소로 표기하고, 해당 행의 주소는 상대주소로 표기한다. 이 범위를 데이터 영역의 인수로 주는 것이다. 그러면 옵션을 5로 하였기 때문에 필터링된 행만을 대상으로 일련번호가 작성된다.

아래에서 보는 바와 같이 C10셀의 경우, 데이터 영역을 $D$10:D10으로 표기한다.

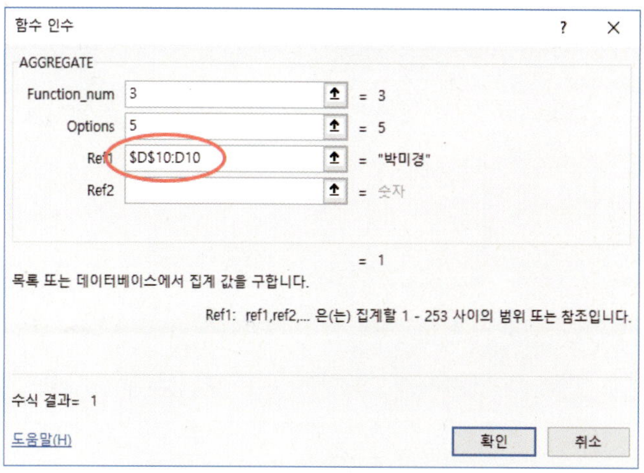


C10셀 : = AGGREGATE(3, 5, **$D$10:D10**)

이제 마지막 행까지 복사하면, 마지막 행인 C39셀의 식은 다음과 같이 작성된다.

C39셀 : = AGGREGATE(3, 5, **$D$10:D39**)

이제 대전, 인천, 제주만 대상으로 하여 필터링하면 C열에 아래와 같이 일련번호가 자동으로 작성된 것을 알 수 있다.

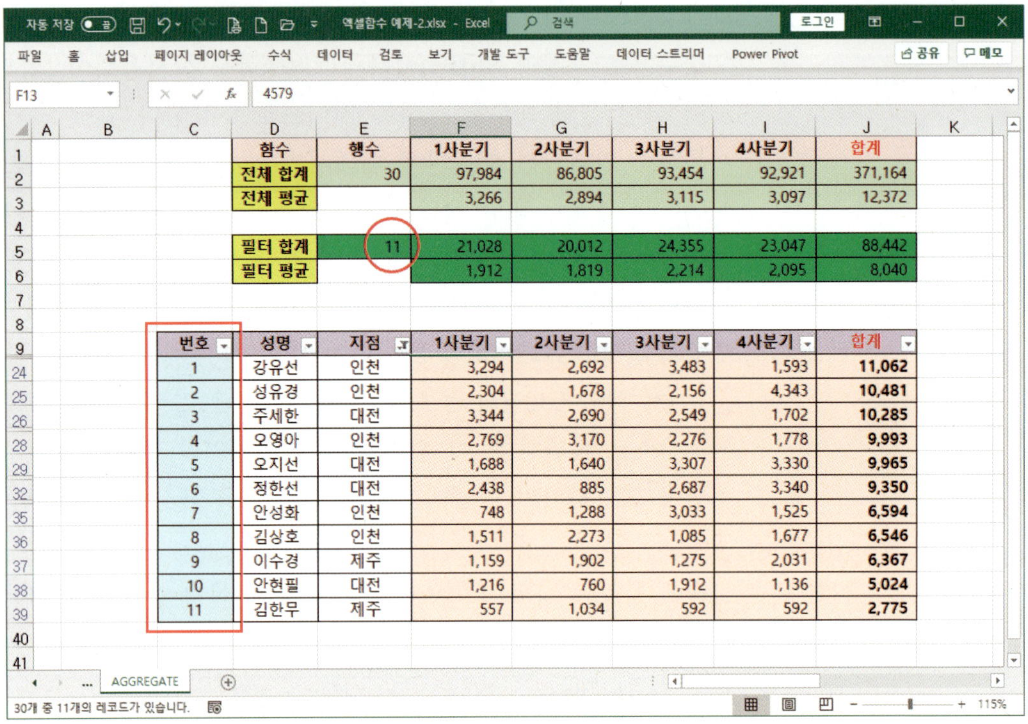

# 3. 찾기함수(엑셀함수 예제-3.xlsx)

찾기함수는 테이블 형태의 자료에서만 사용된다. 다른 함수에 비하여 좀 어려운 점은 있으나 실무에서 아주 유용하게 사용할 수 있는 함수이다.

## (1) VLOOKUP(찾는 값, 검색테이블 영역, 열번호, 검색논리값)

**정의**

VLOOKUP함수는 테이블에서 주어진 값을 이용하여 필요한 정보를 찾는 기능을 한다.

**인수설명**

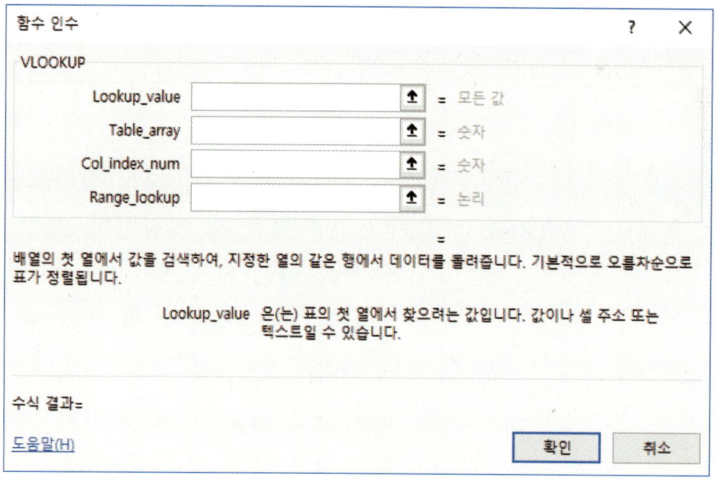


· 찾는 값(Lookup_value) : 항상 검색테이블 영역의 가장 왼쪽 열에 위치하며, 자료를 찾기 위하여 사용자가 지정한 검색값이다.

〈주의사항〉

✓ 검색논리값(마지막 인수 설명 참조)이 FALSE인 경우
- 왼쪽 열의 값이 오름차순으로 정렬되어 있지 않아도 된다.

✓ 검색논리값(마지막 인수 설명 참조)이 TRUE인 경우

- 왼쪽 열의 값은 반드시 오름차순으로 정렬되어 있어야 한다. 그렇지 않을 경우 원하는 값을 찾아오지 못한다.

✓ 찾는 값을 이용하여 검색테이블 영역의 찾고자 하는 행을 결정한다.

· 검색테이블 영역(Table-array) : 자료를 찾고자 하는 전체 검색영역이다.

〈주의사항〉

✓ 검색테이블 영역은 테이블의 제목행을 포함하지 말아야 한다.

· 열번호(Col_index_num) : 찾고자 하는 자료가 있는 열을 지정하는 역할을 한다. 검색테이블 영역의 왼쪽에서부터의 열번호를 주면 된다. 예를 들어 검색테이블 영역의 왼쪽에서 다섯 번째 열에 있는 자료를 찾고 싶으면 5로 주면 된다.

· 검색논리값(Range_lookup) : 찾는 값이 검색테이블 영역의 가장 왼쪽 열의 자료와 정확히 일치하는 자료를 찾는지, 아니면 구간을 찾는지에 따라 FALSE 또는 TRUE의 둘 중 하나를 지정한다.

- FALSE : ① 찾는 값과 검색테이블 영역의 가장 왼쪽 열의 값 중 정확하게 일치하는 값만을 찾는다.
  ② 찾는 값이 검색테이블 영역의 가장 왼쪽 열에 있는 값 중 하나와 반드시 일치해야 한다. 그렇지 않을 경우 '#N/A' 오류가 일어난다.
  ③ 검색테이블 영역의 가장 왼쪽 열이 반드시 오름차순으로 되어 있을 필요가 없다.
  ④ FALSE 대신 숫자 0을 기입해도 된다.
- TRUE : ① 구간값을 찾을 때 지정한다. 찾는 값이 검색테이블 영역의 가장 왼쪽 열에 있는 값과 반드시 일치할 필요가 없다.
  ② 검색테이블 영역의 가장 왼쪽 열이 반드시 오름차순으로 되어 있어야 한다.
  ③ 찾는 값과 검색테이블 영역의 가장 왼쪽 열의 값이 정확하게 일치하는 값이 없을 경우, 같거나 작은 값 중에서 가장 큰 값을 찾는다.
  ④ 생략할 경우 TRUE로 인식한다(default 값). 또는 TRUE 대신 숫자 1을 기입해도 된다.

**처리순서** 검색논리값이 FALSE인 경우

1) 첫 번째 인수인 '찾는 값'을 이용하여 검색테이블 영역의 가장 왼쪽 열의 값을 조사하여 같은 값을 찾아 아래로 내려간다. 그리고 같은 값이 있는 검색테이블 영역의 행번호를 기억한다.

2) 기억한 행에서 오른쪽으로 세 번째 함수인수인 '열번호'에 해당하는 셀에 있는 값을 가져온다.

'VLOOKUP' 시트

| 사번 | 성명 | 성별 | 부서 | 소속팀장 | 입사일 | 구내전화 |
|---|---|---|---|---|---|---|
| 151 | 송근하 | 남 | 생산2팀 | 송명호 | 1998-05-20 | 1528 |
| 39 | 하지희 | 여 | 관리팀 | 박성술 | 1993-05-01 | 1106 |
| 129 | 주윤호 | 남 | 생산1팀 | 황규성 | 1997-11-19 | 1519 |
| 24 | 한준석 | 남 | 기획관리팀 | 한준석 | 1991-01-09 | 1102 |
| 5 | 정하진 | 남 | 경영기획본부 | 정하진 | 1991-06-01 | 1005 |
| 89 | 최영숙 | 여 | 영업팀 | 유재술 | 1996-03-01 | 1227 |
| 2 | 김민재 | 남 | 사장실 | 김민재 | 1984-01-01 | 1002 |
| 45 | 이석하 | 남 | 생산2팀 | 송명호 | 1994-12-01 | 1523 |
| 33 | 남인범 | 남 | 생산1팀 | 황규성 | 1992-10-15 | 1515 |
| 78 | 최준모 | 남 | 영업팀 | 유재술 | 1996-01-01 | 1205 |
| 16 | 황규성 | 남 | 생산1팀 | 황규성 | 1986-07-01 | 1501 |
| 11 | 유재술 | 남 | 영업팀 | 유재술 | 1985-05-12 | 1201 |
| 205 | 이신아 | 여 | 기획관리팀 | 한준석 | 1999-06-10 | 1105 |

위의 테이블은 한국전자의 사원 자료를 나타낸다. 'VLOOKUP' 시트에서 J3셀에 임의로 사번을 주었을 때, 그 사번에 해당하는 사원의 부서, 팀장, 입사일을 VLOOKUP함수를 사용하여 구하시오.

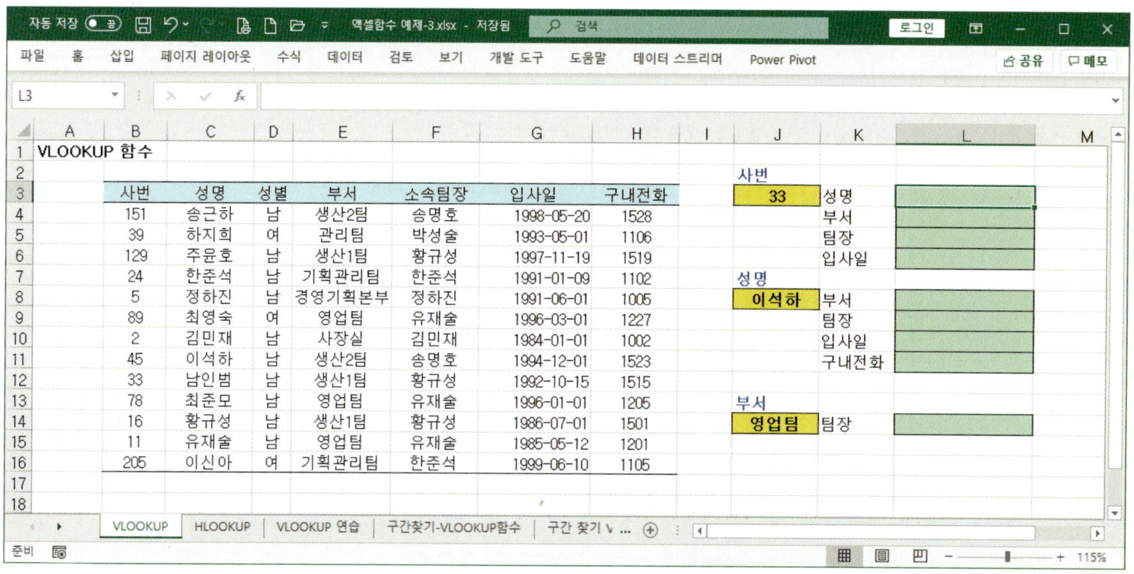

**풀이**

1) 찾기/참조영역 범주에서 VLOOKUP함수를 찾는다.

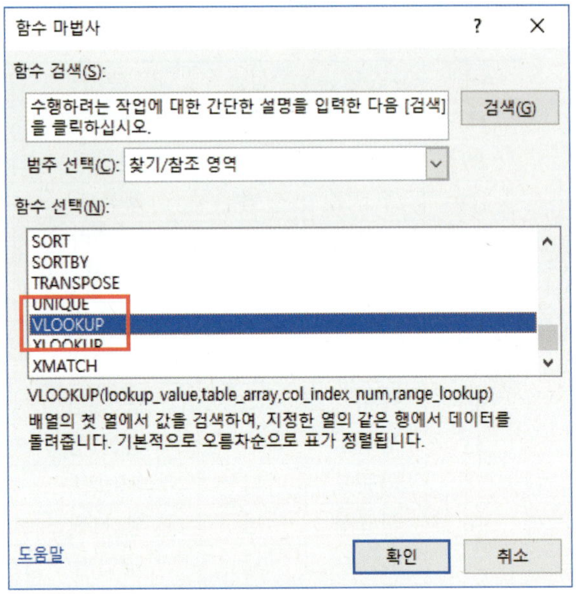


2) J3셀에 있는 사번의 부서를 찾기 위하여 L3셀에 다음과 같이 입력한다. J3셀의 사번(33번)인 사람을 찾는데, 검색테이블 영역은 B4:H16이다. 중요한 것은 VLOOKUP함수는 J3의 값을 가지고 함수의 두 번째 인수인 검색테이블 영역(Table_array)의 가장 왼쪽 열을 내려가면서 같은 값을 찾기 때문에 반드시 검색테이블 영역의 가장 왼쪽 열이 찾는 값(Lookup-value)의 데이터와 같은 종류(즉, 사번이면 사번, 성명이면 성명)이어야 한다는 것이다.

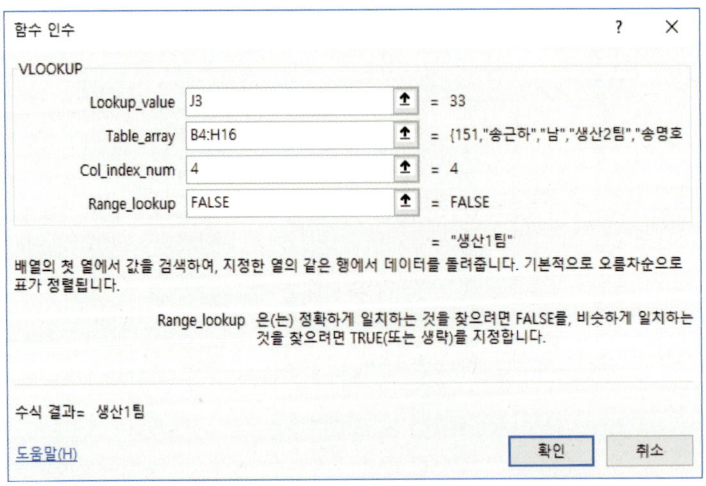

그리고 부서가 검색테이블 영역의 왼쪽에서 네 번째 열에 위치하므로 열번호에 4를 입력한다. 그리고 반드시 같은 사번을 가진 사람을 찾아야 하므로 검색논리값을 FALSE로 둔다. 그러면 아래와 같이 사번 33번의 부서는 '생산1팀'임을 알 수 있다.

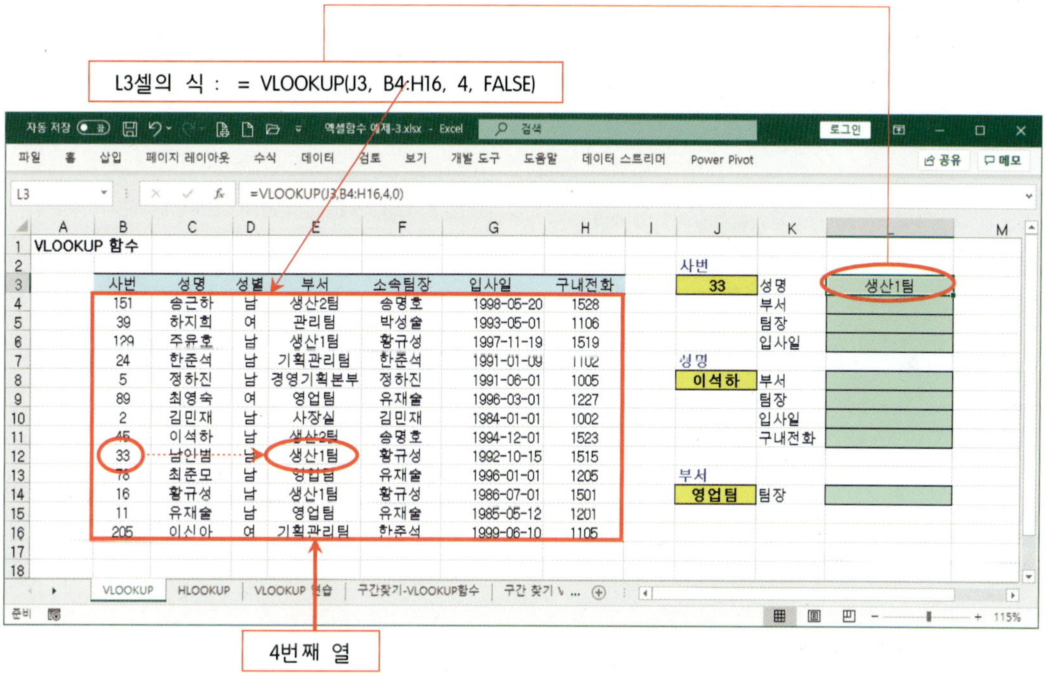


① 테이블의 맨 왼쪽 열에서 '33'번에 해당하는 사번을 찾는다. 이 사번이 있는 테이블의 행을 기억한다.

② 검색테이블에서 해당 행의 4번째 열에 있는 셀의 값을 가져온다. 그러면 '생산1팀'이라는 것을 알 수 있다.

✓ 데이터베이스나 파일에서 키값으로 해당 레코드를 찾아 필드를 검색하는 기능을 엑셀에서 가능하도록 하는 함수라는 것을 알 수 있다.

다음 사번의 팀장, 입사일을 구하는 VLOOKUP함수를 쓰면 다음과 같다.

팀장 : 황규성 ⇨ = VLOOKUP(J3, B4:H16, 5, FALSE)
입사일 : 1992년 10월 15일 ⇨ = VLOOKUP(J3, B4:H16, 6, FALSE)

그리고 이제 J3셀의 사번을 33번에서 24번으로 바꾸어 보면 24번 사원의 부서, 팀장, 입사일을 찾아줄 것이다.

다음 '사원의 이름'이 주어졌을 때 부서, 팀장, 입사일, 구내전화 등을 찾는 문제에서 주의할 점은, 찾는 값이 반드시 검색테이블 영역의 가장 왼쪽 열이 되어야 하므로 이때 VLOOKUP함수의 검색테이블 영역은 이제 B4:H16의 영역이 아니라 C4:H16의 영역이 되어야 한다. 왜냐하면 이름으로 찾기 때문에 검색테이블 영역의 가장 왼쪽 열은 반드시 성명 열이 되어야 하기 때문이다. 그리고 열번호는 전체 테이블이 아니라 검색테이블 영역의 왼쪽에서부터 열이 위치한 순서라는 것을 기억하는 것이 중요하다.

**해답**

이름으로 찾기

부　　서 : L8셀 : = VLOOKUP(J8, C4:H16, 3, FALSE)

팀　　장 : L9셀 : = VLOOKUP(J8, C4:H16, 4, FALSE)

입 사 일 : L10셀 : = VLOOKUP(J8, C4:H16, 5, FALSE)

구내전화 : L11셀 : = VLOOKUP(J8, C4:H16, 6, FALSE)

부서로 찾기

팀　　장 : L14셀 : = VLOOKUP(J14, E4:H16, 2, FALSE)

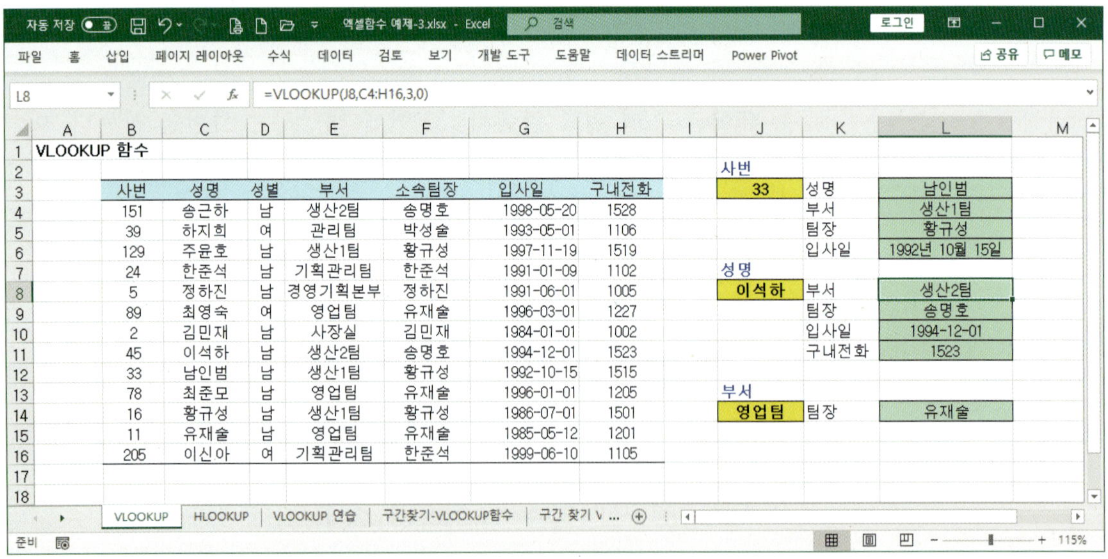
L8 =VLOOKUP(J8,C4:H16,3,0)

VLOOKUP 함수

| 사번 | 성명 | 성별 | 부서 | 소속팀장 | 입사일 | 구내전화 |
|---|---|---|---|---|---|---|
| 151 | 송근하 | 남 | 생산2팀 | 송명호 | 1998-05-20 | 1528 |
| 39 | 하지희 | 여 | 관리팀 | 박성술 | 1993-05-01 | 1106 |
| 129 | 주윤호 | 남 | 생산1팀 | 황규성 | 1997-11-19 | 1519 |
| 24 | 한준석 | 남 | 기획관리팀 | 한준석 | 1991-01-09 | 1102 |
| 5 | 정하진 | 남 | 경영기획본부 | 정하진 | 1991-06-01 | 1005 |
| 89 | 최영숙 | 여 | 영업팀 | 유재술 | 1996-03-01 | 1227 |
| 2 | 김민재 | 남 | 사장실 | 김민재 | 1984-01-01 | 1002 |
| 45 | 이석하 | 남 | 생산2팀 | 송명호 | 1994-12-01 | 1523 |
| 33 | 남인범 | 남 | 생산1팀 | 황규성 | 1992-10-15 | 1515 |
| 78 | 최준모 | 남 | 영업팀 | 유재술 | 1996-01-01 | 1205 |
| 16 | 황규성 | 남 | 생산1팀 | 황규성 | 1986-07-01 | 1501 |
| 11 | 유재술 | 남 | 영업팀 | 유재술 | 1985-05-12 | 1201 |
| 205 | 이신아 | 여 | 기획관리팀 | 한준석 | 1999-06-10 | 1105 |

| J | K | L |
|---|---|---|
| 사번 | | |
| 33 | 성명 | 남인범 |
| | 부서 | 생산1팀 |
| | 팀장 | 황규성 |
| | 입사일 | 1992년 10월 15일 |
| 성명 | | |
| 이석하 | 부서 | 생산2팀 |
| | 팀장 | 송명호 |
| | 입사일 | 1994-12-01 |
| | 구내전화 | 1523 |
| 부서 | | |
| 영업팀 | 팀장 | 유재술 |

VLOOKUP함수에서 세 번째 인수인 열번호는 오른쪽으로만 찾아 가는 값이다. 따라서 이름으로 왼쪽에 있는 사번을 찾을 수 없다. 이 경우 사번을 복사하여 이름의 오른쪽에 위치시켜야 이름으로 사번을 찾을 수 있다.

## (2) HLOOKUP(찾는 값, 검색테이블 영역, 행번호, 검색논리값)

**정의**

HLOOKUP함수는 VLOOKUP함수와 같이 테이블에서 주어진 값을 이용하여 필요한 정보를 찾는 기능을 한다. 단지 다른 점은 VLOOKUP함수는 찾는 값을 위, 아래(즉 수직, Vertical)로 찾아가는 데 반하여, HLOOKUP함수는 좌우(즉 수평, Horizontal)로 찾아간다는 것이다. 인수의 숫자와 원리는 두 함수가 동일하다.

**인수설명**

· 찾는 값 : 항상 검색테이블 영역의 가장 위의 행에 위치하며, 자료를 찾기 위하여 사용자가 지정한 검색값이다.

〈주의사항〉

✓ 검색논리값(마지막 인수 설명 참조)이 FALSE인 경우
- 검색테이블 영역의 가장 위의 행의 값이 오름차순으로 정렬되어 있지 않아도 된다.

✓ 검색논리값(마지막 인수 설명 참조)이 TRUE인 경우
- 검색테이블 영역의 가장 위의 행의 값이 반드시 오름치순으로 정렬되어 있어야 한다. 그렇지 않을 경우 원하는 값을 찾아오지 못한다.

✓ 찾는 값을 이용하여 검색테이블 영역의 열을 결정한다.

· 검색테이블 영역 : 자료를 찾고자 하는 전체 검색영역이다.

〈주의사항〉

✓ 검색테이블 영역은 행의 제목을 포함하지 않는다.

· 행번호 : 찾고자 하는 자료가 있는 행을 지정하는 역할을 한다. 검색테이블 영역의 위에서부터의 행번호를 주면 된다. 예를 들어 위에서 세 번째 행에 있는 자료를 찾고 싶으면 3으로 주면 된다. 이는 테이블을 보고, 찾고자 하는 데이터가 몇 번째 행에 있는지를 알려주는 역할을 한다.

· 검색논리값 : 찾는 값이 검색테이블 영역의 가장 위의 행의 데이터와 정확히 일치하는 자료를 찾는지 아니면 구간을 찾는지에 따라 TRUE 또는 FALSE 두 개의 값 중 하나를 지정한다.

- FALSE : ① 찾는 값과 검색테이블 영역의 가장 위의 행의 값 중 정확하게 일치하는 값만을 찾는다.

② 찾는 값이 검색테이블 영역의 가장 위의 행에 있는 값 중 하나와 반드시 일치해야 한다. 그렇지 않을 경우 '#N/A' 오류가 일어난다.

③ 검색테이블 영역의 가장 위의 행 값들이 반드시 오름차순으로 정렬되어 있을 필요가 없다.

④ FALSE 대신 숫자 0을 기입해도 된다.

- TRUE : ① 찾는 값이 검색테이블 영역의 가장 위의 행에 있는 값과 반드시 일치할 필요가 없다.

② 검색테이블 영역의 가장 위의 행의 값들이 반드시 오름차순으로 정렬되어 있어야 한다.

③ 찾는 값과 검색테이블 영역의 가장 위의 값 중 정확하게 일치하는 값이 없을 경우, 같거나 작은 값 중에서 가장 큰 값을 찾는다.

④ 생략할 경우 TRUE로 인식한다(default 값). 또는 TRUE 대신 숫자 1을 기입해도 된다.

**처리순서** 검색논리값이 FALSE인 경우

1) 첫 번째 인수인 '찾는 값'을 이용하여 검색테이블 영역의 가장 위의 행의 값을 조사하여 원하는 값을 오른쪽으로 찾아간다. 그리고 그 값이 있는 검색테이블 영역의 열번호를 기억한다.
2) 기억한 열에서 아래쪽으로 세 번째 함수인수인 '행번호'만큼 내려가 해당 셀에 있는 값을 가져온다.

**'HLOOKUP' 시트**

한국전자는 강원도 스키장의 콘도에서 1박 2일 단합대회를 열기로 하였다. 다음 표는 관리팀이 작성한 아침 행사표로, 자신이 좋아하는 것을 골라 참가할 수 있다. 다음 시트에서 D13셀의 행사에 대하여 ① 출발시간, ② 집합장소, ③ 예약 전화번호를 HLOOKUP함수를 이용하여 찾아내시오.

| | 등산 | 골프 | 레프팅 | 민속마을관광 | 수영 | 사우나 |
|---|---|---|---|---|---|---|
| 출발시간 | 오전 7시 | 오전 6시 | 오전 7시 | 오전 8시 | 자유시간 | 자유시간 |
| 집합장소 | 블루동 입구 | 콘도본부 앞 | 콘도본부 앞 | 그린동 입구 | 수영장 | 사우나 |
| 인원제한 | 없음 | 20명 | 30명 | 없음 | 없음 | 없음 |
| 예약여부 | 필요 없음 | 예약 필요 | 예약 필요 | 예약 필요 | 필요 없음 | 필요 없음 |
| 예약전화 | 3012 | 1201 | 1528 | 1515 | 1519 | 1520 |
| 기타 | 물, 수건 준비 | 선착순 | 선착순 | | | |

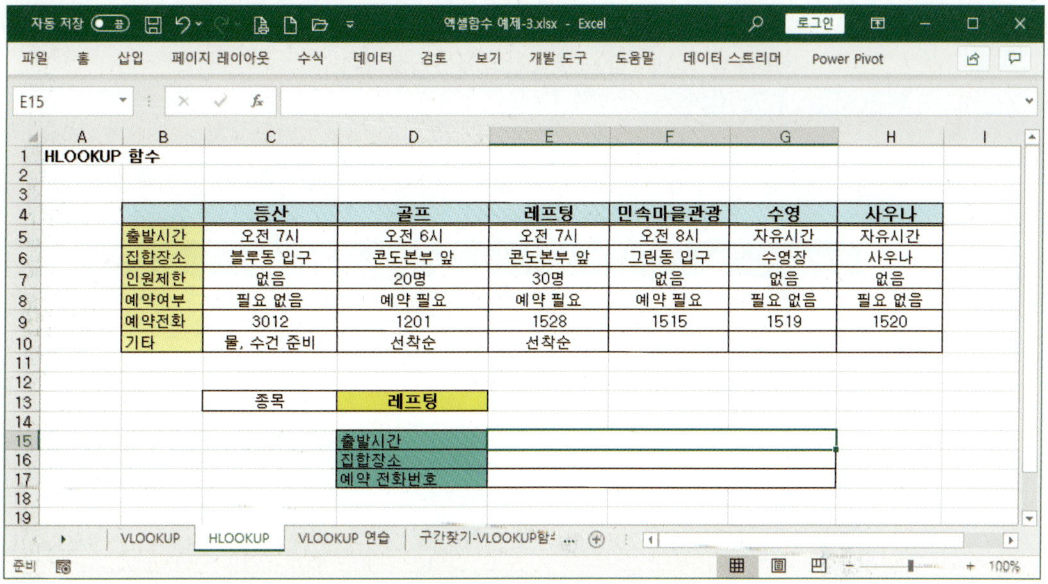

| | A | B | C | D | E | F | G | H |
|---|---|---|---|---|---|---|---|---|
| 1 | HLOOKUP 함수 | | | | | | | |
| 2 | | | | | | | | |
| 3 | | | | | | | | |
| 4 | | | 등산 | 골프 | 레프팅 | 민속마을관광 | 수영 | 사우나 |
| 5 | | 출발시간 | 오전 7시 | 오전 6시 | 오전 7시 | 오전 8시 | 자유시간 | 자유시간 |
| 6 | | 집합장소 | 블루동 입구 | 콘도본부 앞 | 콘도본부 앞 | 그린동 입구 | 수영장 | 사우나 |
| 7 | | 인원제한 | 없음 | 20명 | 30명 | 없음 | 없음 | 없음 |
| 8 | | 예약여부 | 필요 없음 | 예약 필요 | 예약 필요 | 예약 필요 | 필요 없음 | 필요 없음 |
| 9 | | 예약전화 | 3012 | 1201 | 1528 | 1515 | 1519 | 1520 |
| 10 | | 기타 | 물, 수건 준비 | 선착순 | 선착순 | | | |
| 11 | | | | | | | | |
| 12 | | | | | | | | |
| 13 | | | 종목 | 레프팅 | | | | |
| 14 | | | | | | | | |
| 15 | | | | 출발시간 | | | | |
| 16 | | | | 집합장소 | | | | |
| 17 | | | | 예약 전화번호 | | | | |

### 풀이

1) 출발시간

함수마법사를 이용하여 E15셀에 아래와 같이 입력한다.

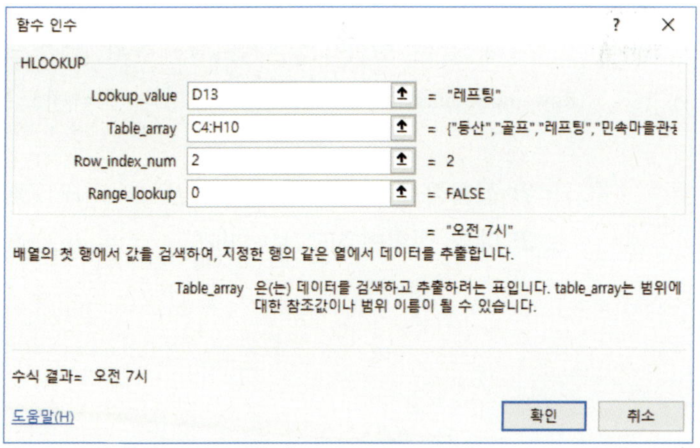


E15셀에 '오전 7시'라고 나타남을 알 수 있다. 이때 검색테이블 영역은 열의 제목은 포함하되 행의 제목을 포함하지 않는 C4:H10의 영역임을 주의해야 한다. 찾는 방법은 수평으로 오른쪽으로 찾아간다. D13의 값을 가지고 C4셀에서부터 시작하여 오른쪽 수평 방향으로 같은 값이 있는가를 찾아간다. 그러다가 같은 '레프팅'의 값을 가진 E4셀에서 멈추게 된다. 그리고 찾고자 하는 출발시간은 전체 테이블영역의 두 번째 아래 행이므로 행번호(Row_index_num)는 2를 입력한다. 행사 제목은 완전히

일치해야 하므로 검색논리값은 'FALSE'가 되어야 한다. 그렇게 되면 E5셀의 값을 가지고 오게 되는 것이다(즉, '오전 7시').

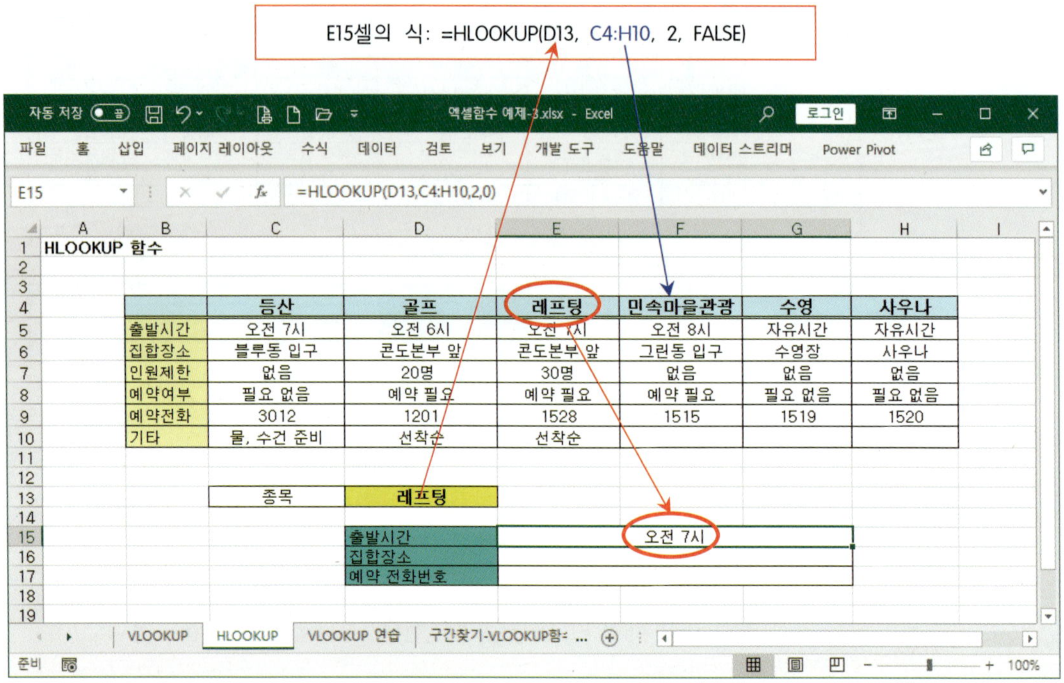


이제 같은 방식으로 다른 문제들의 답을 구하면 다음과 같다. 특히 행번호(Row_index_num)가 정보의 종류에 따라 달라지므로 이에 주의하여 작성한다.

2) 집합장소(E16셀)-"콘도본부 앞" : = HLOOKUP(D13, C4:H10, 3, FALSE)

3) 예약 전화번호(E17셀)-"1528" : = HLOOKUP(D13, C4:H10, 6, FALSE)

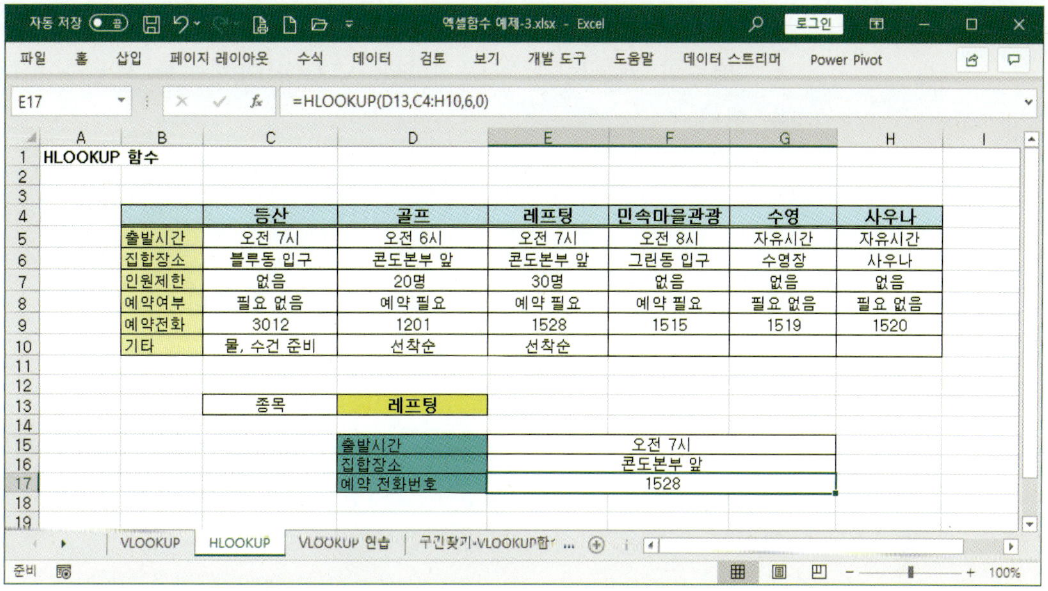


## 'VLOOKUP 연습' 시트

아래 문제에서 노란색 H4셀의 맥주의 1) 재고와, 2) 주 판매점의 전화번호를 알아보고자 한다.

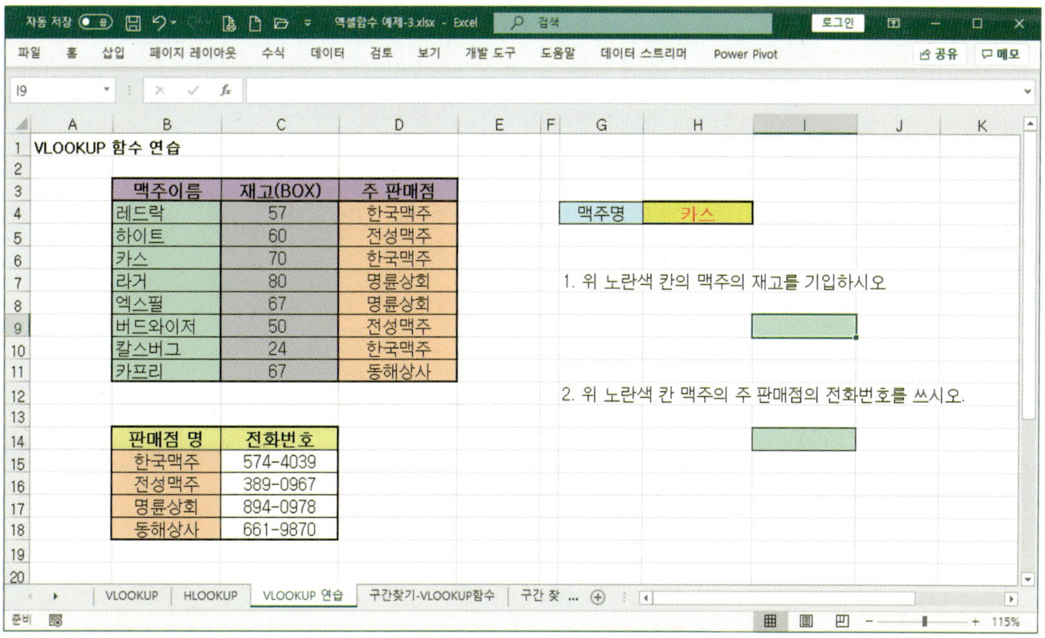

1) 재 고

맥주의 재고는 쉬운 문제이다. VLOOKUP함수를 사용하여 다음과 같이 구할 수 있다.

I9셀의 식 : = VLOOKUP(H4, B4:D11, 2, FALSE)

라고 하면 70으로 '카스' 맥주의 재고를 구해 준다.

2) 주 판매점 전화번호

해당 맥주의 판매점을 아는 것은 쉽지만 그 전화번호는 두 개의 테이블을 연결시켜야만 알 수 있다. I14셀에 들어갈 VLOOKUP함수의 주 테이블은 아래에 있는 테이블이 되는 것에 유의해야 한다.

첫 번째 인수인 '찾는 값'에 맥주의 판매점 이름을 가져와야 하는데, 이렇게 하기 위해서는 첫 번째 인수에 단순값을 주는 것이 아니라 VLOOKUP함수를 사용하여 H4셀의 맥주명으로부터 그 판매점의 이름을 알아내어야 한다. 이때 대상 테이블은 첫 번째 테이블이 된다.

찾는 값(첫 번째 인수) : VLOOKUP(H4, B4:D11, 3, FALSE)

이제 판매점의 이름을 알았으므로 그 다음 인수들은 두 번째 테이블을 사용하여 다음과 같이 기입한다.

검색테이블 영역(두 번째 인수) : B15:C18, 열번호(세 번째 인수) : 2
검색논리값(네 번째 인수) : FALSE

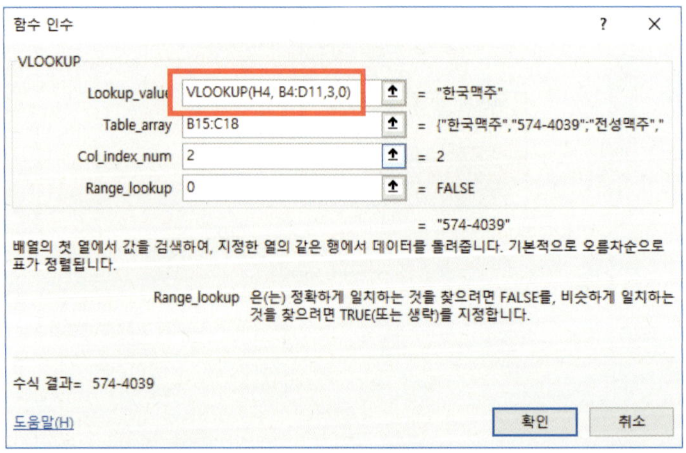

그 결과 '카스' 맥주의 판매점인 '한국맥주'의 전화번호인 '574-4039'를 찾아냄을 알 수 있다.

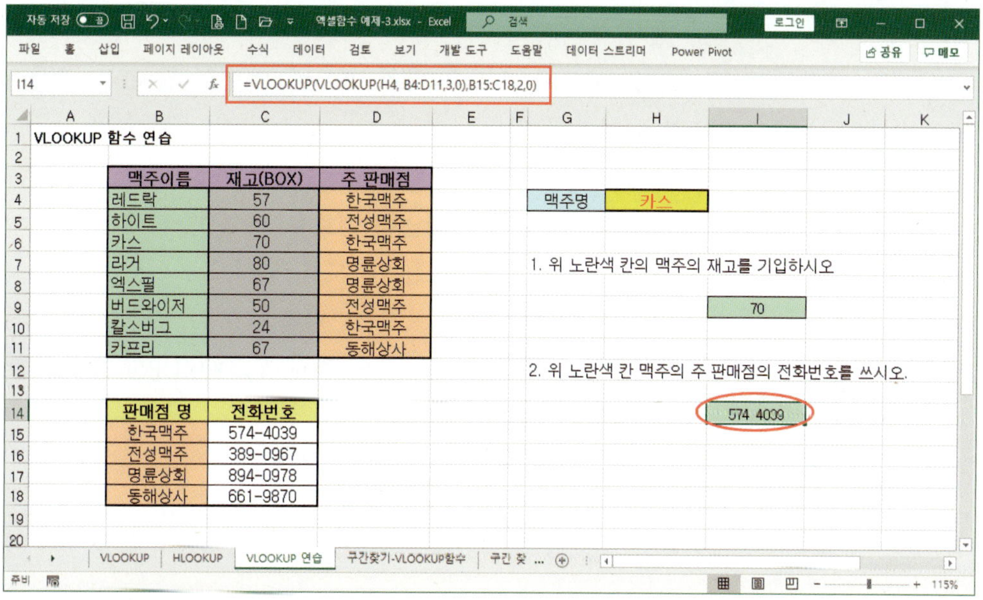


## '구간찾기-VLOOKUP함수' 시트

'구간찾기-VLOOKUP함수' 워크시트에서는 한 작업라인에서 10명으로 구성되는 조를 각 조장이 담당하고 있음을 보여준다. 아래 표는 각 조별 작업대 번호와 조장이름을 보여주고 있다.

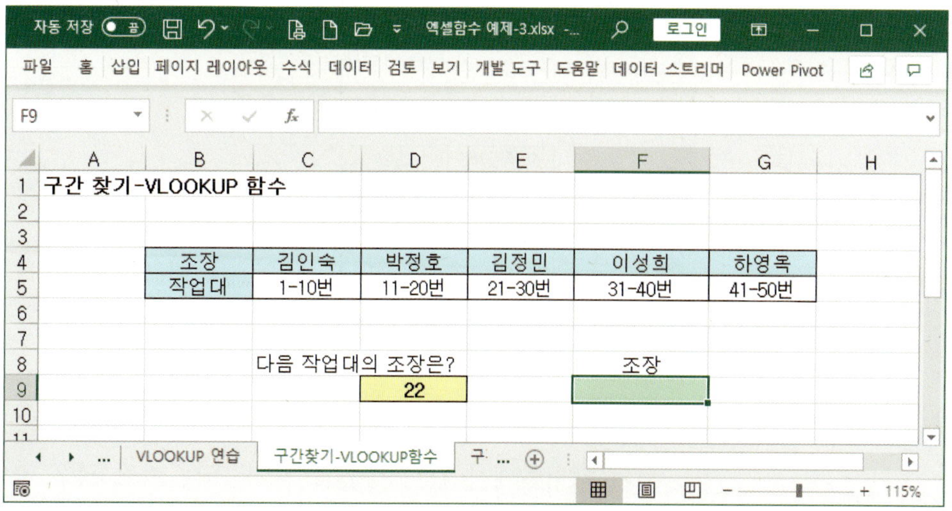

VLOOKUP함수를 이용하여, D9셀에 작업대 번호를 입력하면 F9셀에 조장의 이름이 나타나도록 처리하시오.

### 풀이

구간값을 사용해 조장을 찾기 때문에 별도로 된 표를 준비해야만 한다. 이때 유의할 점은 다음과 같다.

① 조장의 가장 첫 작업대 번호를 쓰고 그 옆에 조장의 이름을 쓴다. 왜 이렇게 하는지는 나중에 설명하도록 한다.

② 작업대 번호는 반드시 '오름차순'으로 정렬되어야 한다. 내림차순으로 정렬하거나 무작위로 정렬할 경우 VLOOKUP함수의 구간찾기 기능이 작용하지 않음에 유의해야 한다.

이에 따라 아래와 같은 표를 워크시트 아랫부분(B12-C17)에 별도로 준비한다.

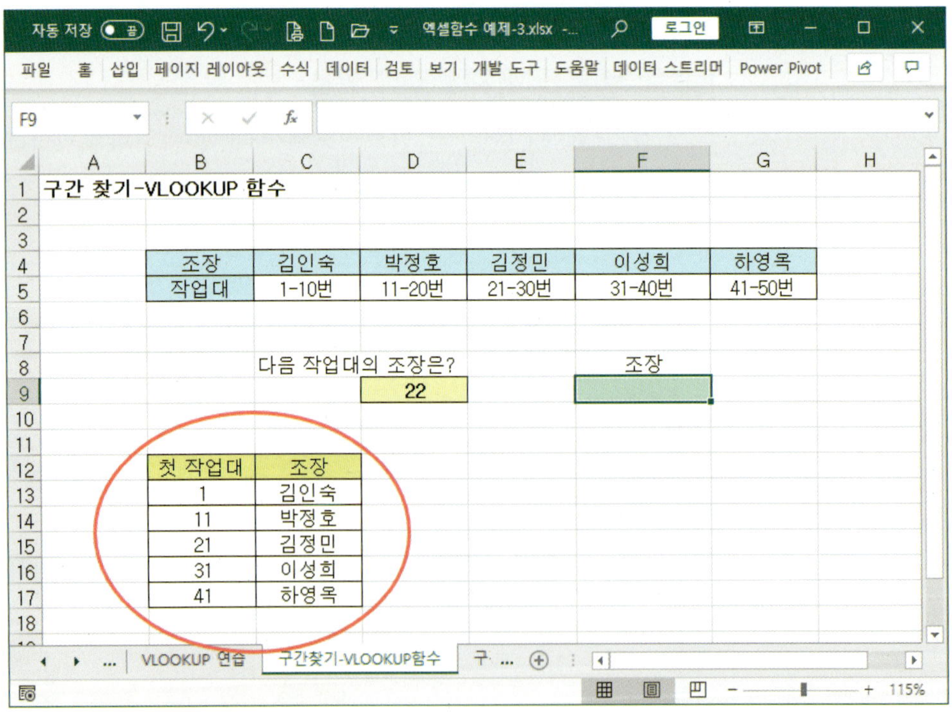


위의 테이블에서 각 조장별로 자기 조의 가장 낮은 작업대 번호와 해당 조장 이름을 기입한다. 이제 VLOOKUP함수에서 검색논리값을 TRUE로 하면 자신보다 낮은 번호 중에서 가장 큰 번호의 행을 택하고 테이블에서 두 번째 열에 있는 셀의

값을 가져오면 조장의 이름이 된다. 검색테이블 영역은 다음 엑셀 워크시트에서 보는 대로 B13:C17의 영역이 된다. 열의 제목은 빠지기 때문에 B12, C12셀을 검색테이블 영역으로 넣지 않도록 주의한다.

F9셀에 입력할 식 : = VLOOKUP(D9, B13:C17, 2, TRUE)

검색논리값이 TRUE인 경우 VLOOKUP함수의 작동원리를 설명하면, 주어진 작업대 번호인 22의 값으로 검색테이블 영역의 가장 왼쪽 열에서 아래로 내려간다. 찾는 값(22)보다 작은 값(본 예에서는 1, 11, 21)을 만나면 계속 아래로 내려간다. 비로소 큰 값(본 예에서는 31)을 만나면 다시 한 행 위로 올라와서 그 행을 가리킨다. 크기가 같은 값을 만날 경우에는 바로 그 행에서 멈추고 선다. 이제 세 번째 인수인 열번호가 2이므로 바로 오른쪽 열에서 조장의 이름을 가져오게 된다. 이러한 작동원리를 가지므로 검색논리값이 TRUE인 경우, 검색테이블 영역의 가장 왼쪽 열은 반드시 오름차순으로 정렬되어 있어야 한다.

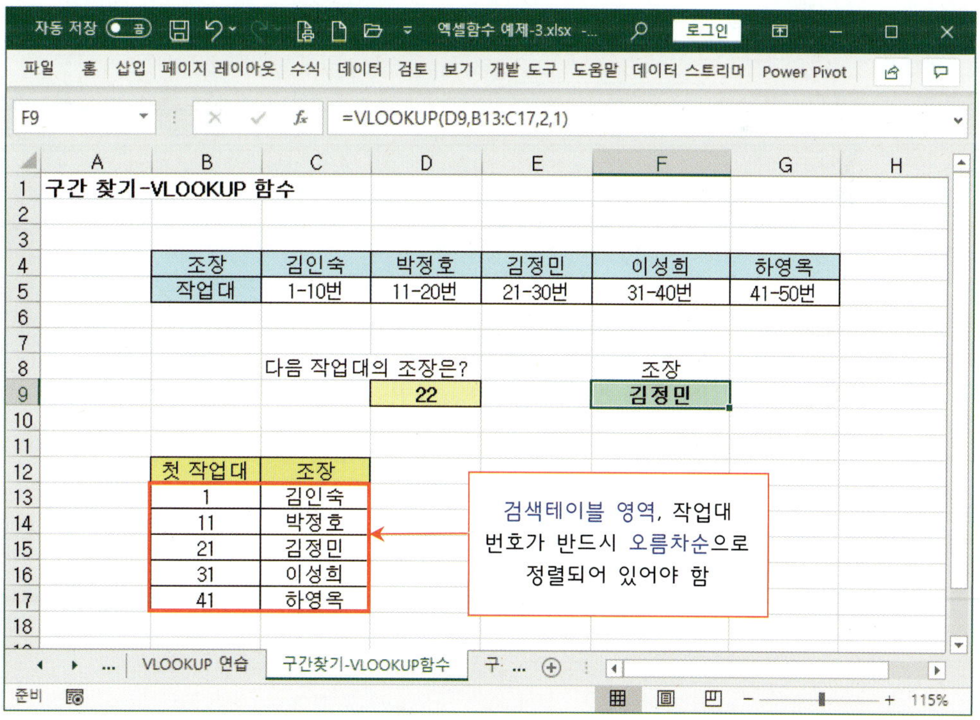

**'구간찾기-VLOOKUP함수 연습' 시트**

VLOOKUP함수를 이용하여, 오른쪽 〈학점 기준표〉에 따라 C12셀의 점수에 대한 학점을 D12셀에 기재하시오. 그리고 점수가 101점 이상인 경우 '해당 없음'으로 표기하시오. 점수는 모두 0점 이상으로 주어진다.

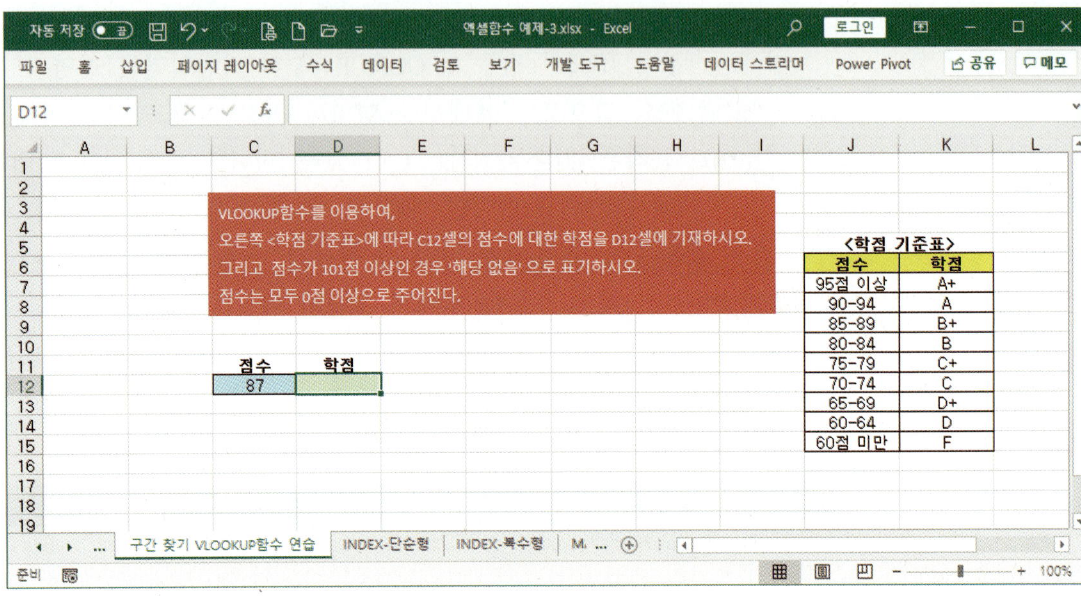


각 학점별로 가장 낮은 점수를 기재한다. 즉 A+는 95점, A는 90점, B+는 85점, ..., F학점의 가장 낮은 점수는 0점이 된다. 그리고 점수는 0점에서 100점까지만 주어지므로 '해당 없음'의 가장 낮은 점수는 101점이 된다. 또한 무엇보다 중요한 것은 각 학점의 가장 낮은 점수들이 오름차순으로 정렬되어야 한다는 것이다.

이렇게 하여 학점 결정 구간찾기 VLOOKUP함수를 위한 테이블은 다음과 같다.

| 점수 | 학점 |
|---|---|
| 0 | F |
| 60 | D |
| 65 | D+ |
| 70 | C |
| 75 | C+ |
| 80 | B |
| 85 | B+ |
| 90 | A |
| 95 | A+ |
| 101 | 해당 없음 |

그리고

D12셀에 입력할 식 : = VLOOKUP(C12, M7:N16, 2, TRUE)

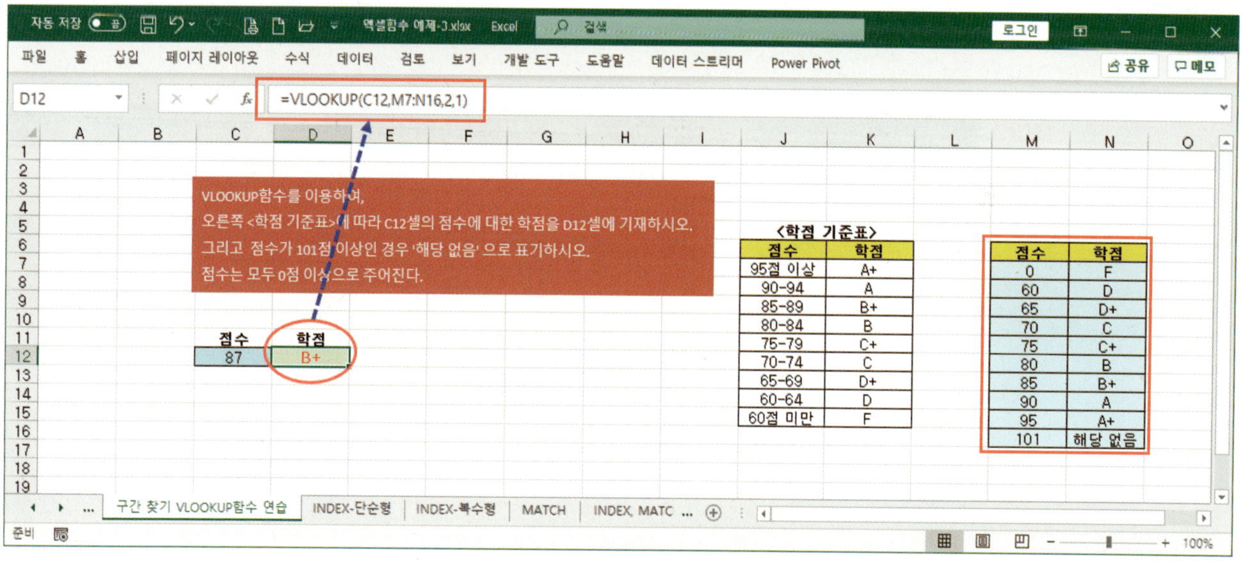

## (3) INDEX((검색테이블 영역), 행번호, 열번호, 테이블번호)

INDEX함수는 두 가지 종류가 있다. 기본적으로 테이블의 특정 행, 특정 열 셀의 값을 가져오는 기능을 한다. 그러나 한 개의 테이블을 대상으로 할지, 여러 개의 테이블을 대상으로 할지에 따라 다른 포맷의 INDEX함수를 사용한다.

**정의**

INDEX함수는 검색테이블 영역에서 지정한 행과 열이 교차하는 셀의 값을 가져온다.

1) 단순형(하나의 테이블에서만 특정셀값 가져오기)

INDEX(검색테이블 영역, 행번호, 열번호)

**인수설명**

- 검색테이블 영역 : 자료를 찾고자 하는 전체 검색영역이다.
- 행번호 : 찾고자 하는 자료가 있는 행을 지정하는 역할을 한다.
- 열번호 : 찾고자 하는 자료가 있는 열을 지정하는 역할을 한다.

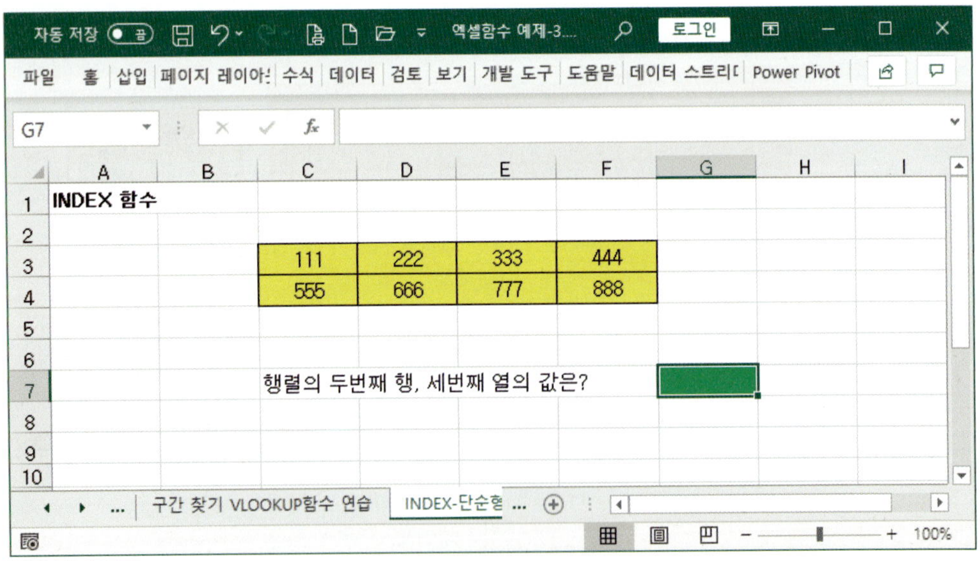

함수마법사에서 INDEX함수를 클릭하면 아래와 같은 확인창이 나오는데, 하나의 테이블만 대상으로 하므로 첫 번째 옵션을 선택한다.

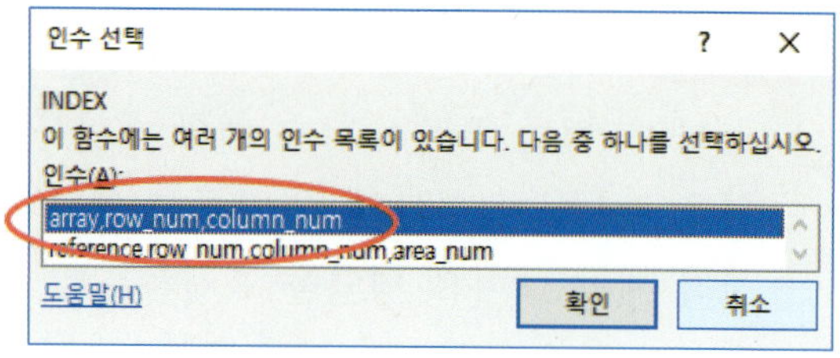


입력창에서 아래와 같이 입력한다. 행번호를 먼저 쓰고, 그 다음에 열번호를 기입한다.

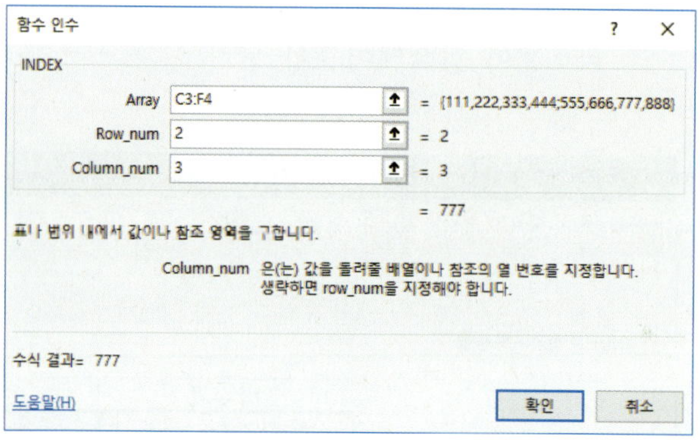


G7셀에 들어갈 식은 다음과 같다.

G7셀 : = INDEX(C3:F4, 2, 3)

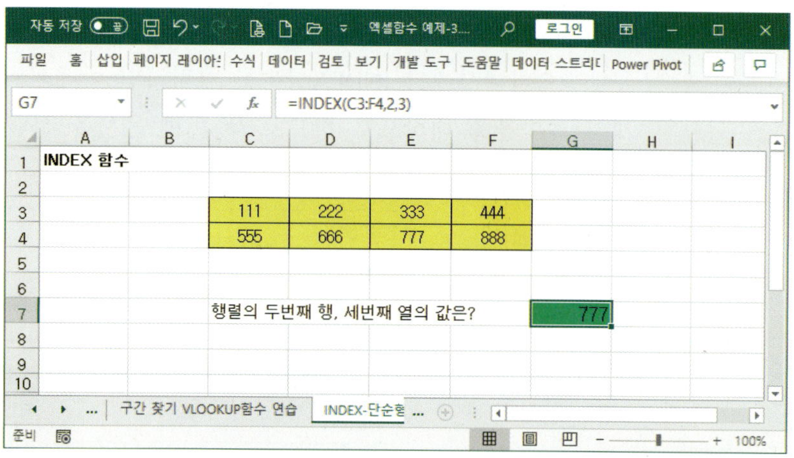

2) 복수형(두 개 이상의 테이블에서 특정셀 값 가져오기)

INDEX((검색테이블들 영역), 행번호, 열번호, 테이블번호)

**인수설명**

- 검색테이블들 영역 : 복수 개의 테이블 영역이다. 인접하지 않은 여러 테이블 영역을 표시하기 위하여 각 테이블 영역 사이에 쉼표(,)로 분리하여 표시한다. 또한 여러 개의 테이블 영역을 표시하므로 이들을 괄호로 묶어야 한다.
- 행번호 : 찾고자 하는 자료가 있는 행을 지정하는 역할을 한다.
- 열번호 : 찾고자 하는 자료가 있는 열을 지정하는 역할을 한다.
- 테이블번호 : 검색테이블들 영역에서 표시된 테이블 중 몇 번째 테이블에서 셀값을 가져오는가를 숫자로 지정한다. 예를 들어 테이블이 총 3개이면 1, 2, 3의 값이 올 수 있고, 테이블번호가 2이면 첫 번째 인수인 검색테이블들 영역의 두 번째 테이블이 검색테이블이 된다.

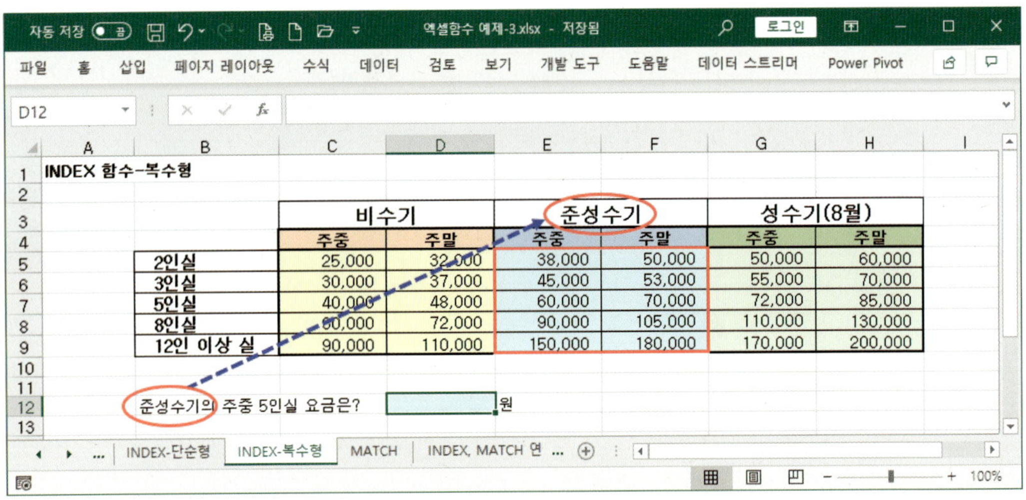

INDEX 함수-복수형

| | 비수기 | | 준성수기 | | 성수기(8월) | |
|---|---|---|---|---|---|---|
| | 주중 | 주말 | 주중 | 주말 | 주중 | 주말 |
| 2인실 | 25,000 | 32,000 | 38,000 | 50,000 | 50,000 | 60,000 |
| 3인실 | 30,000 | 37,000 | 45,000 | 53,000 | 55,000 | 70,000 |
| 5인실 | 40,000 | 48,000 | 60,000 | 70,000 | 72,000 | 85,000 |
| 8인실 | 60,000 | 72,000 | 90,000 | 105,000 | 110,000 | 130,000 |
| 12인 이상 실 | 90,000 | 110,000 | 150,000 | 180,000 | 170,000 | 200,000 |

준성수기의 주중 5인실 요금은? 원

함수마법사에서 INDEX함수를 클릭하면 아래와 같은 확인창이 나오는데, 복수 개의 테이블을 대상으로 하므로 두 번째 옵션을 선택한다.

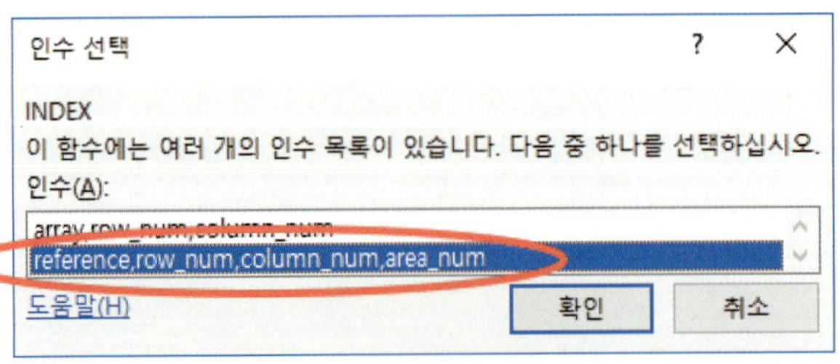

입력창에서 아래와 같이 입력한다. 비수기, 준성수기, 성수기의 요금을 각기 다른 테이블로 분리하여 처리한다. 두 번째 테이블인 준성수기의 요금을 찾기 때문에 테이블번호는 2가 된다.

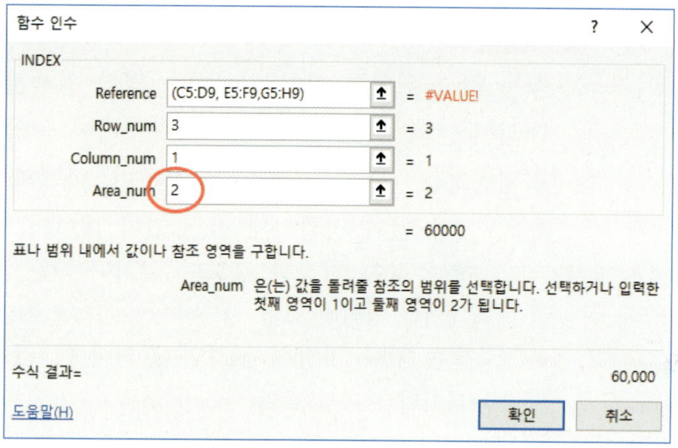


D12셀에 들어갈 식은 다음과 같다.

D12셀 : = INDEX((C5:D9, E5:F9, G5:H9), 3, 1, 2)

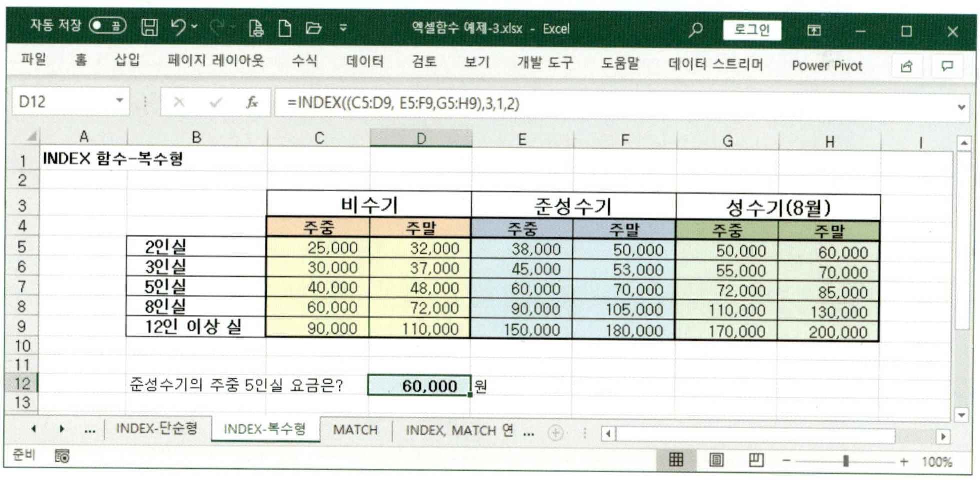

## (4) MATCH(찾는 값, 데이터 영역, 검색논리값)

**정의**

MATCH함수는 찾는 값이 데이터 영역에서 몇 번째에 위치하고 있는지 알려준다.

**인수설명**

- 찾는 값 : 위치를 찾기 위하여 지정한 검색값이다.
- 데이터 영역 : 찾으려는 값이 있는 데이터 영역이다.
- 검색논리값 : 0, 1, -1의 값을 가지며, 아래와 같이 찾는 방법을 지정한다.

0 : 찾는 값과 정확하게 같은 값이 데이터 영역에서 몇 번째에 있는지 찾는다.

1 : 찾는 값이 지정한 값보다 같거나 작은 값 중에서 최대값을 찾는다.
(데이터 영역의 값이 반드시 오름차순으로 정렬되어 있어야 한다)

-1 : 찾는 값이 지정한 값보다 같거나 큰 값 중에서 최소값을 찾는다.
(데이터 영역의 값이 반드시 내림차순으로 정렬되어 있어야 한다)

1) 검색논리값이 0일 때(즉, 같은 값을 찾을 때)

**문제 1** MATCH, INDEX 함수를 이용하여 E18셀에 해당 고속버스 요금을 나타내시오.

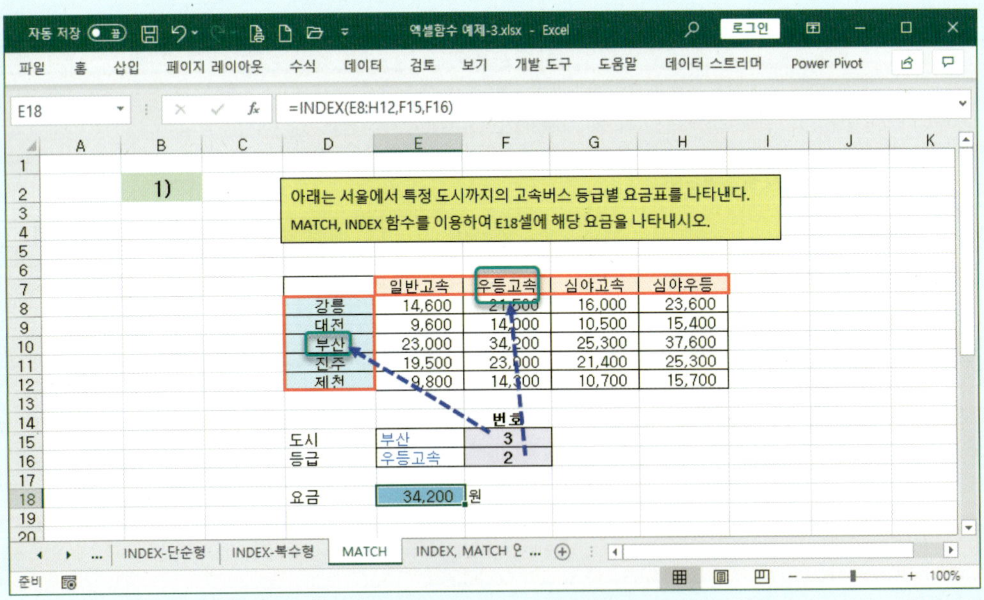


- 도시(F15셀) : '강릉'에서 '제천'까지 도시를 나타내는 영역인 D8:D12 영역에서 E15셀의 '부산'이 몇 번째 있는가를 아래로 찾는다. '부산'은 도시 중 세 번째에 위치한다.

F15셀: = MATCH(E15, D8:D12, 0)

· 등급(F16셀) : ‘일반고속’에서 ‘심야우등’까지 ‘우등고속’ 등급이 몇 번째인가를 옆으로 찾는다. E16셀의 ‘우등고속’은 두 번째에 위치한다.

F16셀: = MATCH(E16, E7:H7, 0)

· 요금(E18셀) : INDEX함수를 사용하여 MATCH함수로 찾은 도시 행번호와 등급의 열번호를 사용하여 가져오면 요금은 34,200원이 된다.

E18셀: = INDEX(E8:H12, F15, F16)

2) 검색논리값이 1일 때(즉, 같거나 작은 값 중 최대값을 찾을 때)

**문제 2** MATCH함수와 오른쪽의 테이블을 이용하여 E33셀에 E32셀의 요금에 대한 할인율을 구하시오.

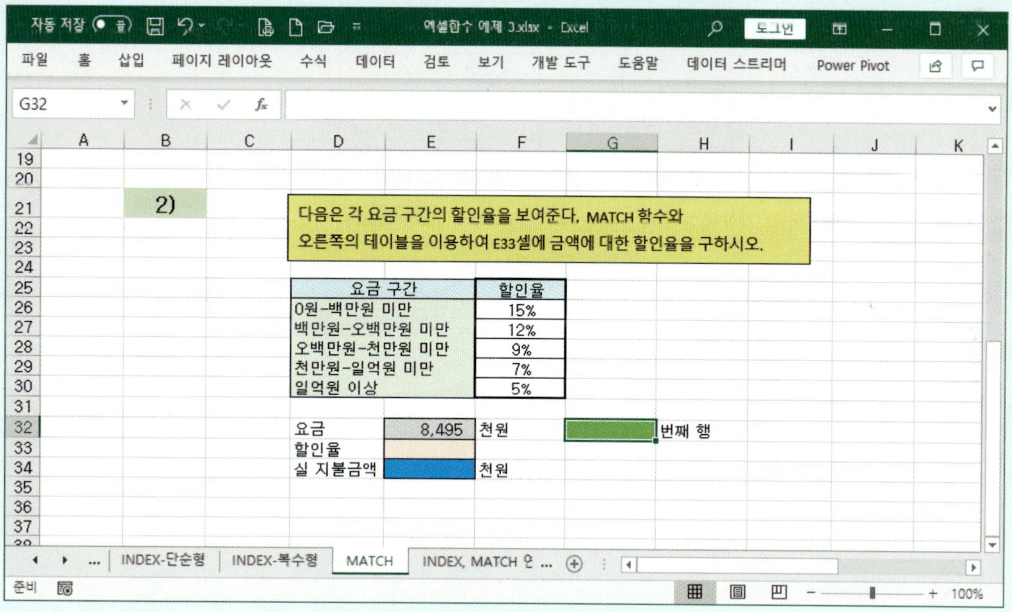


· 위치한 행 구하기(G32셀) : 요금에 맞는 할인율이 위치한 행을 구하기 위하여 각 요금 구간의 최소값의 ‘오름차순’으로 정렬된 아래와 같은 표를 G열에 작성한다.

| 요금(천원) |
|---:|
| 0 |
| 1,000 |
| 5,000 |
| 10,000 |
| 100,000 |

다음과 같이 G32셀에 MATCH함수를 사용하면, VLOOKUP함수의 구간값 찾기와 같은 방법으로 해당 금액이 몇 번째 구간에 속하는지 알 수 있다.

= MATCH(E32, G26:G30, 1)

8,495천원은 오백만원보다는 크고 천만원보다는 작기 때문에 세 번째 요금 구간에 속한다.

· 할인율(E33셀) : INDEX함수를 사용하여 할인율 영역(F26:F30)에서 MATCH함수를 사용하여 구한 세 번째 할인율인 9%를 구하게 된다.

= INDEX(F26:F30, G32, 1)

· 실 지불금액(E34셀) : 요금*(1-할인율)의 식을 적용하여 실 지불금액을 구한다. 엑셀식은 다음과 같다.

= E32 * (1 - E33)

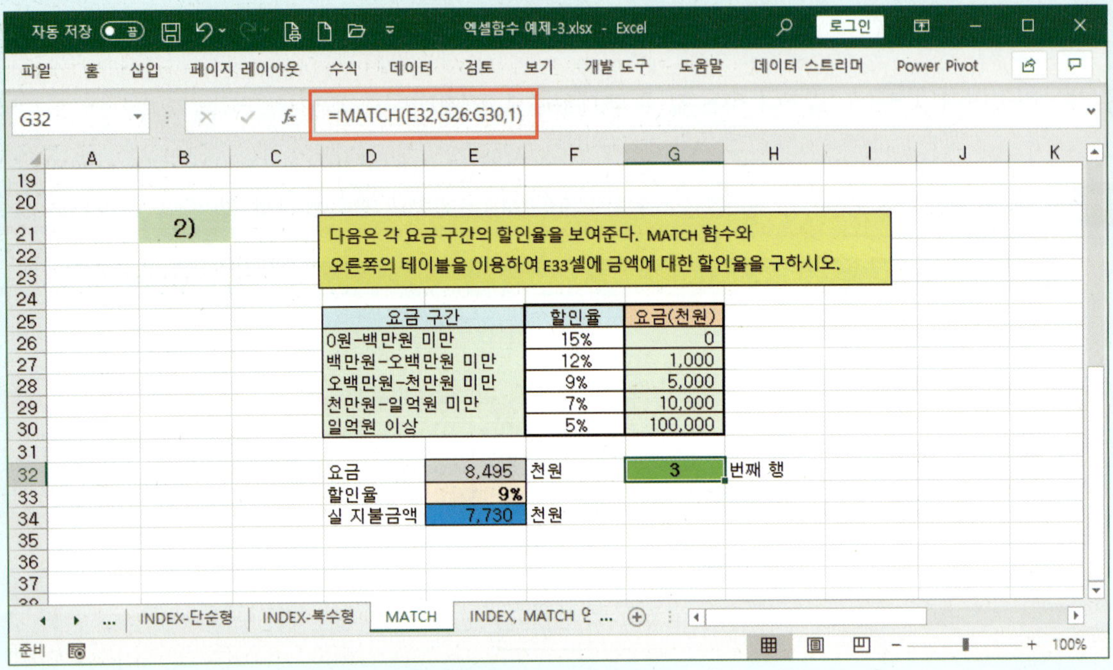

**'INDEX, MATCH 연습' 시트**

테이블 자료에서 INDEX함수와 MATCH함수를 이용하여 편리하게 원하는 정보를 찾아낼 수 있다. 아래와 같이 사번과 이름이 가장 왼쪽에 있지 않고 중간이나 오른쪽에 위치할 경우에는 VLOOKUP함수로는 특정 사번이나 이름으로 부서나 성별 데이터를 찾을 수 없다. 그러나 INDEX함수와 MATCH함수를 이용하면 테이블을 변경하지 않고 사번이나 이름으로 다른 데이터를 찾을 수 있다.

영 역

| | A | B | C | D | E | F | G | H | I | J |
|---|---|---|---|---|---|---|---|---|---|---|
| 1 | | | | | | | | | | |
| 2 | | | | | | | | | | |
| 3 | | 성별 | 구내전화 | 부서 | 소속팀장 | 직급 | 사번 | 성명 | 입사일 | |
| 4 | | 남 | 1528 | 생산2팀 | 송명호 | 팀장 | 151 | 송근하 | 1998-05-20 | |
| 5 | | 여 | 1106 | 관리팀 | 박성술 | 차장 | 39 | 하지희 | 1993-05-01 | |
| 6 | | 남 | 1519 | 생산1팀 | 황규성 | 내리 | 129 | 주윤호 | 1997-11-19 | |
| 7 | | 남 | 1102 | 기획관리팀 | 한준석 | 팀장 | 24 | 한준석 | 1991-01-09 | |
| 8 | | 남 | 1005 | 경영기획본부 | 정하진 | 본부장 | 5 | 정하진 | 1991-06-01 | |
| 9 | | 여 | 1227 | 영업팀 | 유재술 | 과장 | 89 | 최영숙 | 1996-03-01 | |
| 10 | | 남 | 1002 | 사장실 | 김민재 | 대표이사 | 2 | 김민재 | 1984-01-01 | |
| 11 | | 남 | 1523 | 생산2팀 | 송명호 | 차장 | 45 | 이석하 | 1994-12-01 | |
| 12 | | 남 | 1515 | 생산1팀 | 황규성 | 부장 | 33 | 남인범 | 1992-10-15 | |
| 13 | | 남 | 1205 | 영업팀 | 유재술 | 과장 | 78 | 최순모 | 1996-01-01 | |
| 14 | | 남 | 1501 | 생산1팀 | 황규성 | 팀장 | 16 | 황규성 | 1986-07-01 | |
| 15 | | 남 | 1201 | 영업팀 | 유재술 | 팀장 | 11 | 유새술 | 1985-05-12 | |
| 16 | | 여 | 1105 | 기획관리팀 | 한준석 | 사원 | 205 | 이신아 | 1999-06-10 | |
| 17 | | | | | | | | | | |

성별부터 입사일까지를 영역으로 하고 INDEX함수를 이용하여 행번호, 열번호로 원하는 정보를 가져오고자 한다. 만일 G열의 사번으로 찾는다면 MATCH함수를 이용하여 특정 사번이 몇 번째 행인지 알 수 있다. 그리고 정보의 종류(성별, 구내전화 등)는 MATCH함수를 이용하여 원하는 정보의 종류가 몇 번째 열인지 알 수 있다.

행 : = MATCH(89, G4:G16, 0) ⇨ 6번째 행
열 : = MATCH("부서", B3:I3, 0) ⇨ 3번째 열

따라서 89번 사번 사원의 부서를 찾기 위하여 다음과 같이 입력한다.

= INDEX( B4:I16, MATCH(89, G4:G16, 0), MATCH("부서", B3:I3, 0) )

89번 사원의 부서는 "영업팀"인 것을 알 수 있다.

INDEX, MATCH 연습 워크시트의 N4, N8셀의 함수식은 아래와 같다.

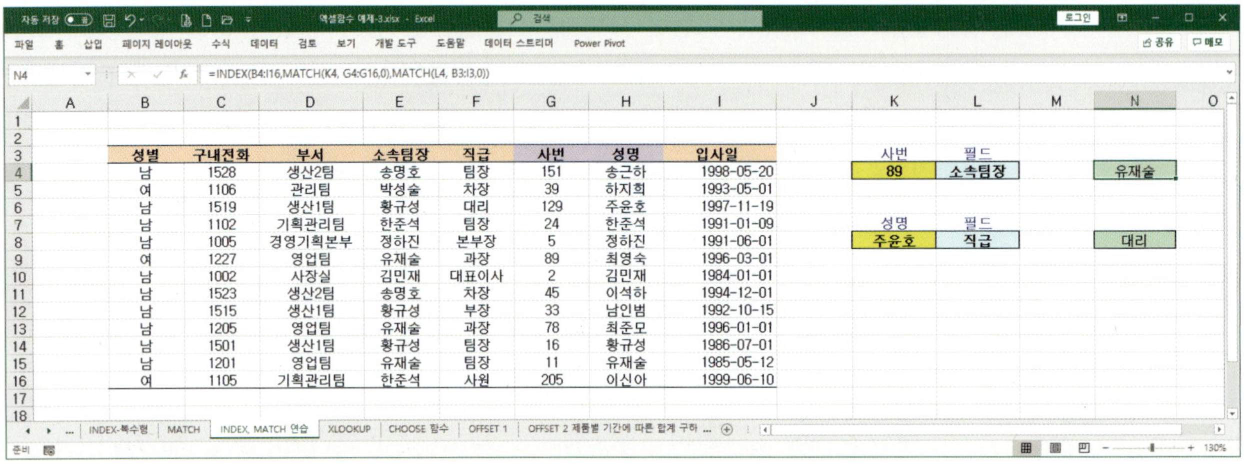
N4 =INDEX(B4:I16,MATCH(K4, G4:G16,0),MATCH(L4, B3:I3,0))

| | 성별 | 구내전화 | 부서 | 소속팀장 | 직급 | 사번 | 성명 | 입사일 |
|---|---|---|---|---|---|---|---|---|
| 4 | 남 | 1528 | 생산2팀 | 송명호 | 팀장 | 151 | 송근하 | 1998-05-20 |
| 5 | 여 | 1106 | 관리팀 | 박성술 | 차장 | 39 | 하지희 | 1993-05-01 |
| 6 | 남 | 1519 | 생산1팀 | 황규성 | 대리 | 129 | 주윤호 | 1997-11-19 |
| 7 | 남 | 1102 | 기획관리팀 | 한준석 | 팀장 | 24 | 한준석 | 1991-01-09 |
| 8 | 남 | 1005 | 경영기획본부 | 정하진 | 본부장 | 5 | 정하진 | 1991-06-01 |
| 9 | 여 | 1227 | 영업팀 | 유재술 | 과장 | 89 | 최영숙 | 1996-03-01 |
| 10 | 남 | 1002 | 사장실 | 김민재 | 대표이사 | 2 | 김민재 | 1984-01-01 |
| 11 | 남 | 1523 | 생산2팀 | 송명호 | 차장 | 45 | 이석하 | 1994-12-01 |
| 12 | 남 | 1515 | 생산1팀 | 황규성 | 부장 | 33 | 남인범 | 1992-10-15 |
| 13 | 남 | 1205 | 영업팀 | 유재술 | 과장 | 78 | 최준모 | 1996-01-01 |
| 14 | 남 | 1501 | 생산1팀 | 황규성 | 팀장 | 16 | 황규성 | 1986-07-01 |
| 15 | 남 | 1201 | 영업팀 | 유재술 | 팀장 | 11 | 유재술 | 1985-05-12 |
| 16 | 여 | 1105 | 기획관리팀 | 한준석 | 사원 | 205 | 이신아 | 1999-06-10 |

| 사번 | 필드 | | 결과 |
|---|---|---|---|
| 89 | 소속팀장 | | 유재술 |
| **성명** | **필드** | | |
| 주윤호 | 직급 | | 대리 |

N4셀 : 사번 : MATCH(K4, G4:G16, 0)

소속팀장 : MATCH(L4, B3:I3, 0)

= INDEX(B4:I16, MATCH(K4, G4:G16, 0), MATCH(L4, B3:I3, 0))

N8셀 : 성명 : MATCH(K8, H4:H16, 0)

직급 : MATCH(L8, B3:I3, 0)

= INDEX(B4:I16, MATCH(K8, H4:H16, 0), MATCH(L8, B3:I3, 0))

아래 K4, L4 셀의 필드가 변하면 이에 따라 맞는 정보를 가져온다.

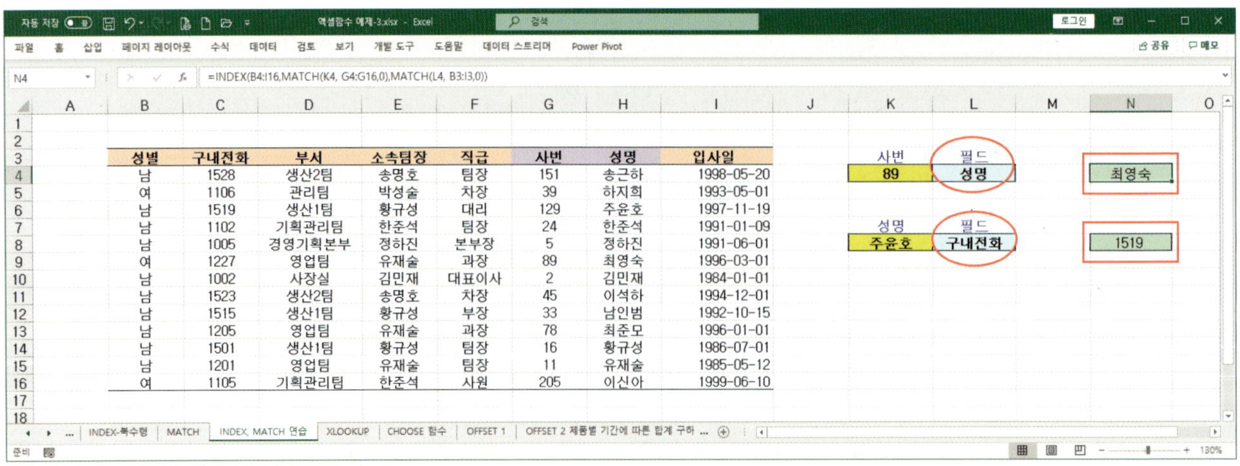
N4 =INDEX(B4:I16,MATCH(K4, G4:G16,0),MATCH(L4, B3:I3,0))

| | 성별 | 구내전화 | 부서 | 소속팀장 | 직급 | 사번 | 성명 | 입사일 |
|---|---|---|---|---|---|---|---|---|
| 4 | 남 | 1528 | 생산2팀 | 송명호 | 팀장 | 151 | 송근하 | 1998-05-20 |
| 5 | 여 | 1106 | 관리팀 | 박성술 | 차장 | 39 | 하지희 | 1993-05-01 |
| 6 | 남 | 1519 | 생산1팀 | 황규성 | 대리 | 129 | 주윤호 | 1997-11-19 |
| 7 | 남 | 1102 | 기획관리팀 | 한준석 | 팀장 | 24 | 한준석 | 1991-01-09 |
| 8 | 남 | 1005 | 경영기획본부 | 정하진 | 본부장 | 5 | 정하진 | 1991-06-01 |
| 9 | 여 | 1227 | 영업팀 | 유재술 | 과장 | 89 | 최영숙 | 1996-03-01 |
| 10 | 남 | 1002 | 사장실 | 김민재 | 대표이사 | 2 | 김민재 | 1984-01-01 |
| 11 | 남 | 1523 | 생산2팀 | 송명호 | 차장 | 45 | 이석하 | 1994-12-01 |
| 12 | 남 | 1515 | 생산1팀 | 황규성 | 부장 | 33 | 남인범 | 1992-10-15 |
| 13 | 남 | 1205 | 영업팀 | 유재술 | 과장 | 78 | 최준모 | 1996-01-01 |
| 14 | 남 | 1501 | 생산1팀 | 황규성 | 팀장 | 16 | 황규성 | 1986-07-01 |
| 15 | 남 | 1201 | 영업팀 | 유재술 | 팀장 | 11 | 유재술 | 1985-05-12 |
| 16 | 여 | 1105 | 기획관리팀 | 한준석 | 사원 | 205 | 이신아 | 1999-06-10 |

| 사번 | 필드 | | 결과 |
|---|---|---|---|
| 89 | 성명 | | 최영숙 |
| **성명** | **필드** | | |
| 주윤호 | 구내전화 | | 1519 |

## (5) XLOOKUP(찾는 값, 참조범위, 반환범위, 오류 처리값, 일치옵션, 검색방향)

정의

XLOOKUP함수는 VLOOKUP함수를 대신하는 새로운 함수로, 2020년 2월 엑셀 2019에 새로운 기능으로 추가되었다. 테이블 데이터에서 INDEX함수, MATCH함수를 사용하여 찾는 기능을 대신할 수 있으며, 따라서 찾는 값의 열이 찾고자 하는 자료열의 오른쪽에 있어도 자료를 찾을 수 있다.

또한 VLOOKUP함수와 같이 전체 테이블을 검색대상으로 하지 않아 검색속도가 빠르고, 아래에서부터 위의 방향으로도 검색가능하다. 와일드카드를 이용한 검색기능도 추가되었다. 그리고 인수로 열번호를 기입하지 않으므로, 대상 테이블의 열이 삭제되거나 추가되어도 문제가 없게 되는 장점도 있다.

또한 HLOOKUP함수와 같이 옆으로도 검색할 수 있으며, 찾는 값이 여러 개일 경우 결과를 배열(여러 개의 값)로 가져다준다. 이러한 다양한 장점으로 향후 VLOOKUP함수, HLOOKUP함수를 대체할 것으로 예상된다.

인수설명

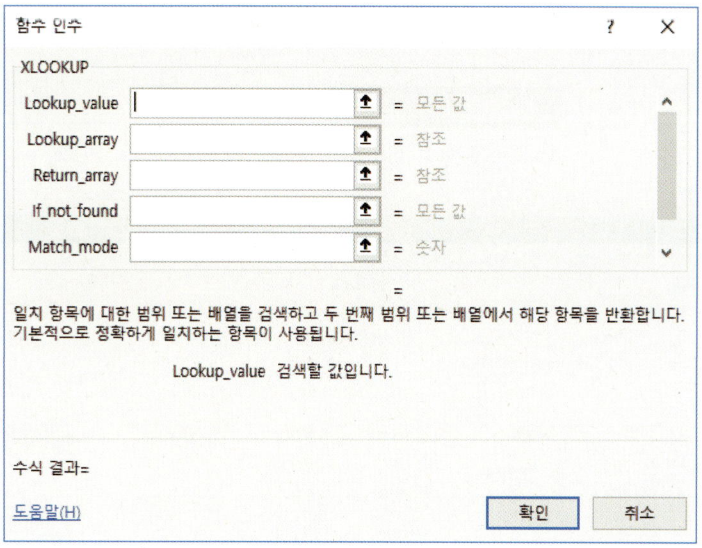


- 찾는 값(Lookup_value) : 자료를 찾기 위하여 사용자가 지정한 검색값으로, VLOOKUP함수에서와 같이 항상 검색테이블 영역의 왼쪽 편에 위치할 필요가 없다. 사번, 학번 같은 것이 예가 된다. 찾는 값이 한 개의 셀이 아니라 여러 개의 셀일 수 있으며, 이때 수행 결과 역시 여러 개의 값을 배열로 가져다준다.
- 참조 범위(Lookup-array) : 테이블에서 찾는 값이 있는 범위로 VLOOKUP함수와 같이 테이블 전 범위가 아니라 1개의 열이 범위가 된다. 열의 제목을 포함하면 안

된다.

· 반환 범위(Return-array) : 테이블에서 가져오고자 하는 값이 있는 범위로 항상 1개의 열이 범위가 된다. 열의 제목을 포함하면 안 된다.

· 오류 처리값(If_not_found) : 찾는 값이 참조 범위에 없을 경우, #N/A 오류 대신 출력할 값을 기재한다. 찾는 값이 참조 범위에 없고 이 값이 공란이면, 함수 수행 결과는 #N/A 오류를 나타낸다.

· 일치 옵션(Match_mode) : 0, 1, -1 외에 와일드카드로 찾는 옵션의 값으로 2가 추가 되었다.
  - 0 : 정확하게 일치하는 값을 말하며, 없는 경우 #N/A 오류를 반환한다.
  - 1 : 같거나 작은 값 중 가장 큰 값을 반환한다.
  - -1 : 같거나 큰 값 중 가장 작은 값을 반환한다.
  - 2 : 와일드카드를 이용하여 부분 일치하는 값을 검색한다.

· 검색 방향(Search_mode) : 검색 방향을 지정한다. VLOOKUP함수의 경우 반드시 위에서 아래로만 찾아 갔으나 아래에서 위로 찾게끔 지정할 수도 있다.
  - 1 : 위에서 아래로 검색한다(기존 방향).
  - -1 : 아래에서 위로 검색한다.

**'XLOOKUP' 시트**

1) I4-K4셀 : G4셀의 제품번호에 대한 가격, 제품명, 배송사를 구하시오.

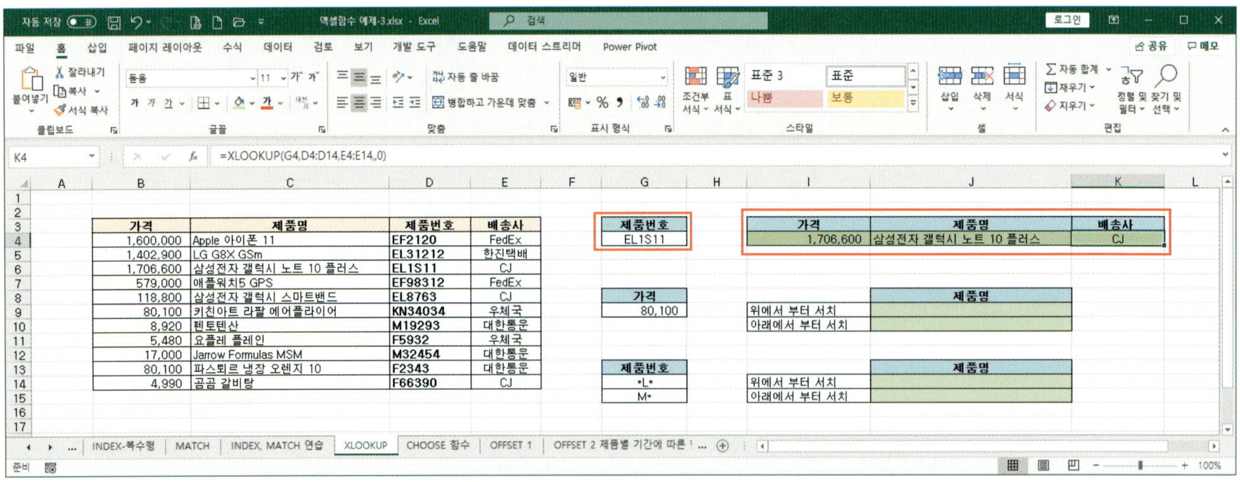

① I4셀 : 가격 구하기 = XLOOKUP(G4, D4:D14, B4:B14,, 0)

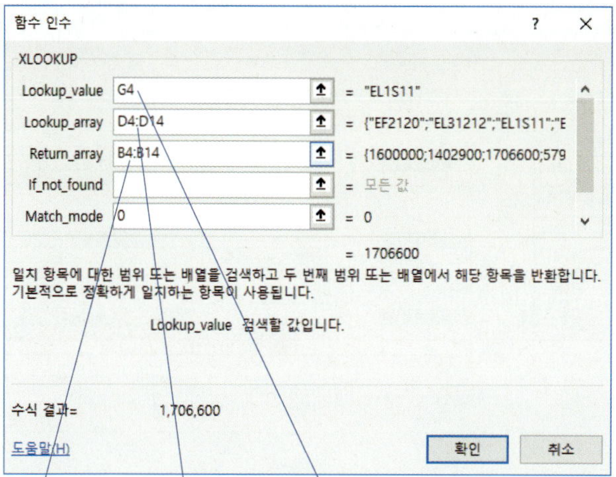


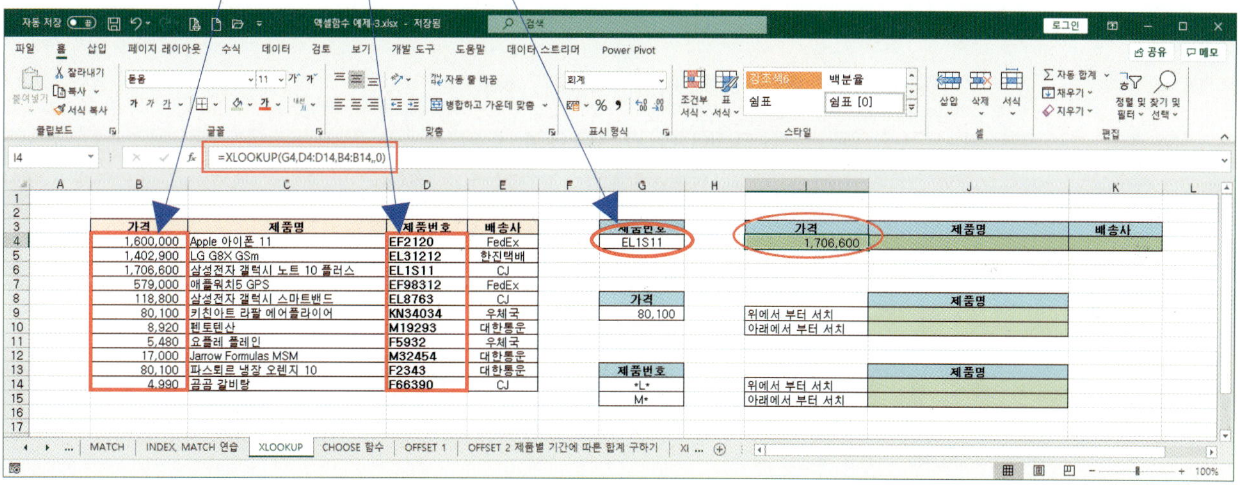


- 찾는 값(Lookup_value) : G4셀의 제품번호가 된다.
- 참조 범위(Lookup_array) : D4:D14로 테이블 영역에서 제품번호들이 있는 열이 된다.
- 반환 범위(Return_array) : B4:B14로 테이블 영역에서 가격이 있는 열이 된다.
- 일치 옵션(Match_mode) : 0으로 완전히 일치하는 제품번호를 찾는다.
- 검색 방향(Search_mode) : 위에서부터 아래로 검색하는 경우이므로 빈칸으로 두거나 1을 기입한다.

② J4셀 : 제품명 구하기 = XLOOKUP(G4, D4:D14, C4:C14,, 0)

③ K4셀 : 배송사 구하기 = XLOOKUP(G4, D4:D14, E4:E14,, 0)

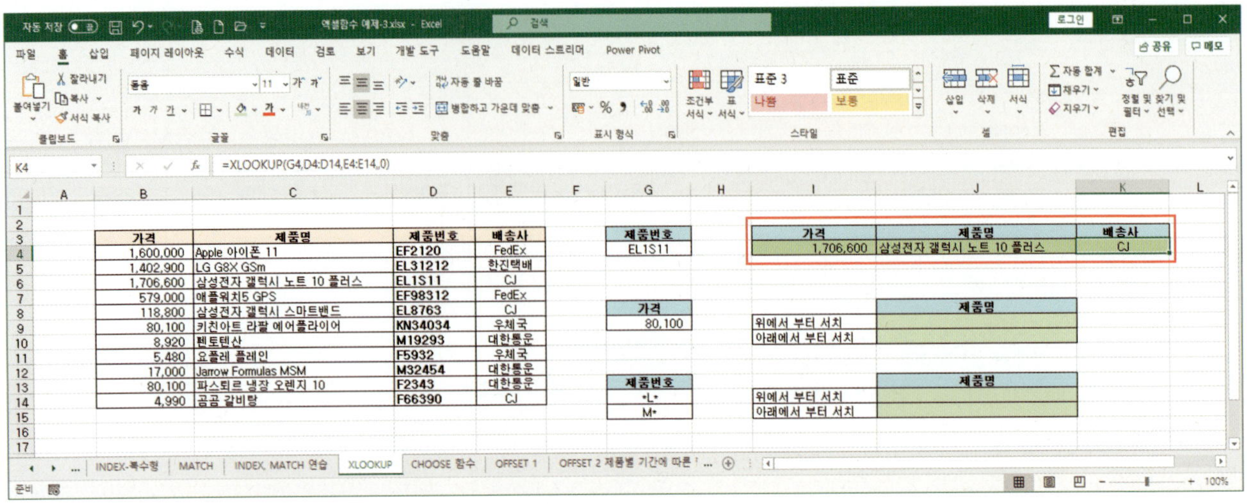


2) J9-J10셀 : G9셀의 가격에 대한 제품명을 구하시오.

① J9셀 : 제품명 구하기(위에서부터 검색)

= XLOOKUP(G9, B4:B14, C4:C14,, 0, **1**)

② J10셀 : 제품명 구하기(아래에서부터 검색)

= XLOOKUP(G9, B4:B14, C4:C14,, 0, **-1**)

둘 다 같은 인수를 가지나 검색방향에 따라, 위에서부터 아래로 검색할 때에는 1, 아래에서부터 위로 검색할 때에는 -1이 된다.

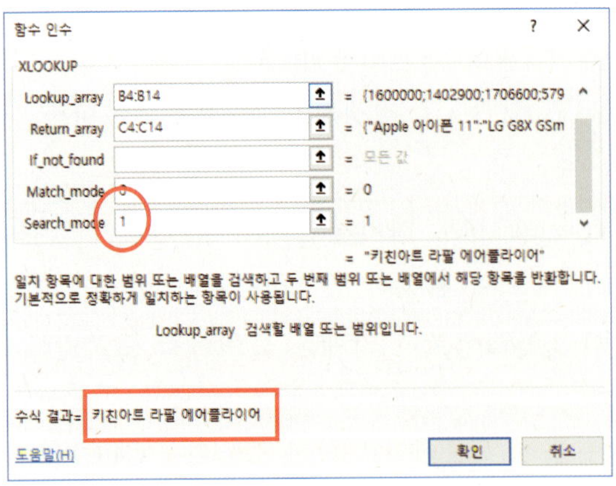


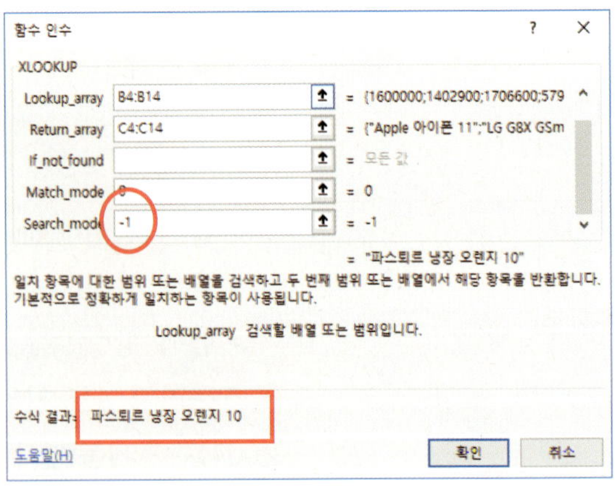

아래 그림에서 보듯이 80,100원의 가격을 가진 제품이 2개가 있는데, 위에서부터 찾을 때와 아래에서부터 찾을 때의 제품이 각각 다른 것을 알 수 있다. 그러나 80,100원의 가격을 가진 것이 3개가 있다면 중간에 위치한 제품은 XLOOKUP함수로도 찾을 수 없게 된다.

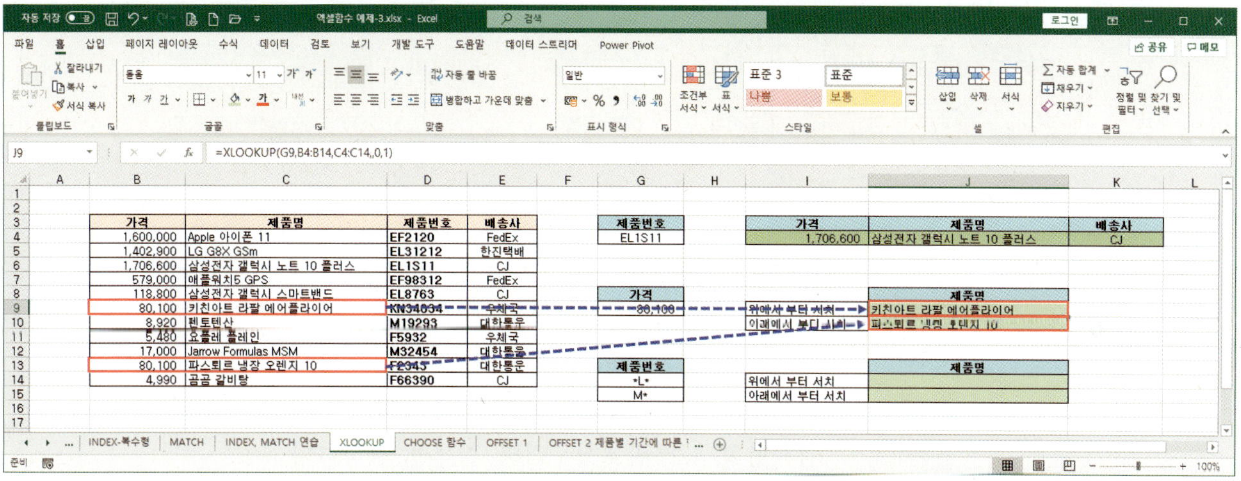

3) J14-J15셀 : G14, G15셀의 부분 제품번호에 대한 제품명을 구하시오(와일드카드 검색).

이제 와일드카드를 이용한 검색을 살펴보고자 한다. 이때 일치옵션(Match_mode)의 값을 2로 지정한다.

(참고) 와일드카드 기호의 종류

* : 글자수에 관계없이 모든 문자를 대체한다.

? : 문자 1개를 대체한다.

?? : 문자 2개를 대체한다.

예) 전체 검색 대상 문자열 : 박성호, 성한수, 박성, 안지박, 수박값

박* : 박성호, 박성 (안지박은 뒤에 글자가 없으므로 안 됨)

*박 : 안지박 (박성호, 박성, 수박값은 뒤에 글자가 있으므로 안 됨)

박? : 박성

박?? : 박성호

?박 : 해당 문자열 없음 (수박값은 뒤에 글자가 있어 안 됨)

*성* : 박성호, 성한수, 박성 (성자만 있으면 됨)

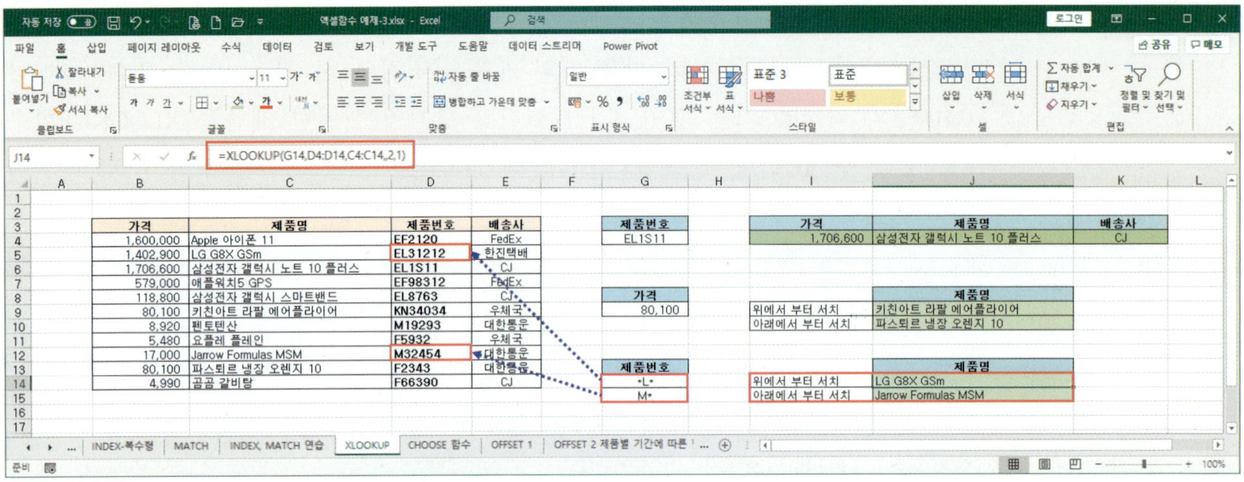


① J14셀 : 제품명 구하기(위에서부터 검색)

= XLOOKUP(G14, D4:D14, C4:C14,, 2, 1)

일치옵션 2 : 와일드카드 검색을 의미한다.

검색방향 1 : 위에서부터의 검색을 지정한다.

*L*이라고 주면 'EL31212'가 이에 처음으로 해당하는 문자열이다.

② J15셀 : 제품명 구하기(아래에서부터 검색)

= XLOOKUP(G15, D4:D14, C4:C14,, 2, -1)

일치옵션 2 : 와일드카드 검색을 의미한다.

검색방향 -1 : 아래에서부터의 검색을 지정한다.

M*이라고 주면 'M32454'가 아래에서부터 찾을 때 이에 처음으로 해당하는 문자열이다.

## (6) CHOOSE(인덱스 번호, 값1, 값2, ... , 값254)

**정의**

CHOOSE함수는 인덱스 번호를 이용하여 특정 번째 있는 값(들)을 찾는다.

**인수설명**

- 인덱스 번호 : 값 인수 중 몇 번째 값을 찾는지를 지정한다.
- 값 : 찾으려는 값을 순서에 맞추어 반드시 쉼표(,)로 분리하여 나열한다. 254개까지 나열할 수 있다.

CHOOSE함수의 결과는 VLOOKUP함수 등과는 달리 하나의 셀값을 가져오는 것이 아니라 여러 개의 셀값이 될 수 있다.

**문 제** MATCH, CHOOSE 함수를 이용하여 C16셀에 C15 제품의 판매 합계를 계산하시오.

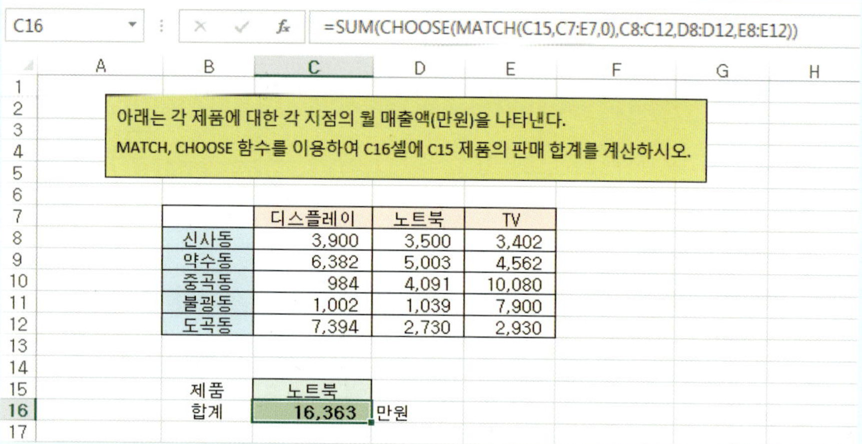
C16 =SUM(CHOOSE(MATCH(C15,C7:E7,0),C8:C12,D8:D12,E8:E12))

아래는 각 제품에 대한 각 지점의 월 매출액(만원)을 나타낸다.
MATCH, CHOOSE 함수를 이용하여 C16셀에 C15 제품의 판매 합계를 계산하시오.

| | 디스플레이 | 노트북 | TV |
|---|---|---|---|
| 신사동 | 3,900 | 3,500 | 3,402 |
| 약수동 | 6,382 | 5,003 | 4,562 |
| 중곡동 | 984 | 4,091 | 10,080 |
| 불광동 | 1,002 | 1,039 | 7,900 |
| 도곡동 | 7,394 | 2,730 | 2,930 |

| | | |
|---|---|---|
| 제품 | 노트북 | |
| 합계 | 16,363 | 만원 |

우선 MATCH함수를 이용하여 C15셀의 제품인 '노트북'이 테이블의 왼쪽에서 몇 번째 제품인지 알아낸다. 그러면 두 번째 제품이 됨을 알 수 있다.

MATCH(C15, C7:E7, 0)

CHOOSE함수에서 '값' 인수로 각 제품의 판매 데이터 영역을 순서대로 표시하고, 인덱스 번호에 '노트북'의 순서를 위의 MATCH함수를 이용하여 적어준다.

CHOOSE(MATCH(C15, C7:E7, 0), C8:C12, D8:D12, E8:E12)

그러면 결국 하나의 판매 데이터 영역이 선택되는데(즉, 두 번째 영역), SUM함수를 이용하여 이 영역의 숫자를 모두 더해주면, C15셀에 명기된 제품(여기에서는 노트북)의 판매 합계를 구하게 된다.

= SUM(CHOOSE(MATCH(C15, C7:E7, 0), C8:C12, D8:D12, E8:E12))

## (7) OFFSET(시작셀, 이동행수, 이동열수, 참조행수, 참조열수)

**정의**

OFFSET함수는 시작셀에서 수직, 수평 방향으로 이동하여, 이동한 셀을 기준으로 특정 영역의 값들을 배열로 가져올 수 있다. 엑셀함수 중에서 난이도가 높은 편이나 이를 이용하여 엑셀로 자동화 작업을 할 수 있다.

**인수설명**

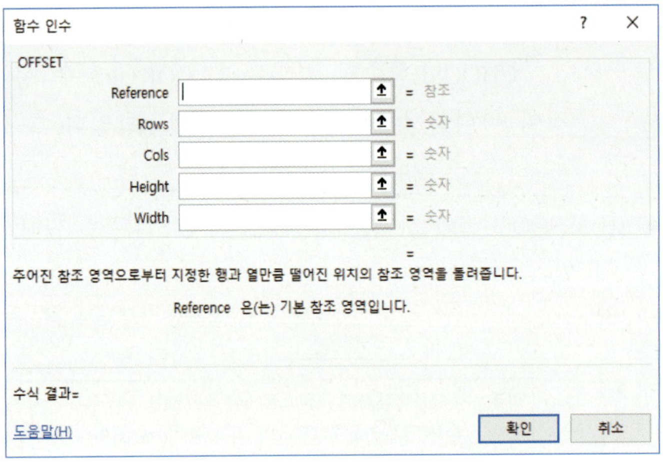


· 시작셀(Reference) : 이동을 할 때 시작을 하는 셀 주소이다. 이 셀을 중심으로 위 아래, 좌우로 이동하여 원하는 셀이나 영역을 지정할 수 있다.

· 이동행수(Rows) : 시작셀에서 위아래로 이동하는 행의 수를 말해 준다. 이동하지 않을 때는(즉 시작셀 행의 위치에 그대로 있을 때) 0이 된다. 아래로 한 칸 내려가면 1, 위로 한 칸 올라가면 -1이 된다. 0을 포함하여 양수, 음수 모두 될 수 있다.

· 이동열수(Cols) : 시작셀에서 좌우로 이동하는 열의 수를 말해 준다. 이동하지 않을 때는(즉 기준셀 열의 위치에 그대로 있을 때) 0이 된다. 오른쪽으로 한 칸 가면 1, 왼쪽으로 한 칸 가면 -1이 된다. 0을 포함하여 양수, 음수 모두 될 수 있다.

· 참조행수(Height) : 이동한 기준셀을 기준으로 참조하는 행의 수(높이)를 지정한다. 만일 3이라고 하면 이동한 현재 셀과 아래 2개의 행을 포함하여 전체 3개의 행이 된다. 주의할 것은 3이라고 할 때 현재 기준셀 아래로 다음 행부터 시작하여 3개의 행을 가리키지 않는다는 것이다. 생략시 1이 되며, 1 이상의 정수값만 가진다.

· 참조열수(Width) : 이동한 기준셀을 기준으로 참조하는 열의 수(넓이)를 지정한다. 만일 3이라고 하면 이동한 현재 셀과 오른쪽 2개의 열을 포함하여 전체 3개의 열이 된다. 주의할 것은 3이라고 할 때 현재 기준셀 오른쪽으로 다음 열부터 시작

하여 3개의 열을 가리키지 않는다는 것이다. 생략시 1이 되며, 1 이상의 정수값만 가진다.

**'OFFSET 1' 시트**

① K7셀 : C5셀 시작셀부터 시작하여 F7:G9셀의 범위를 지정하시오.

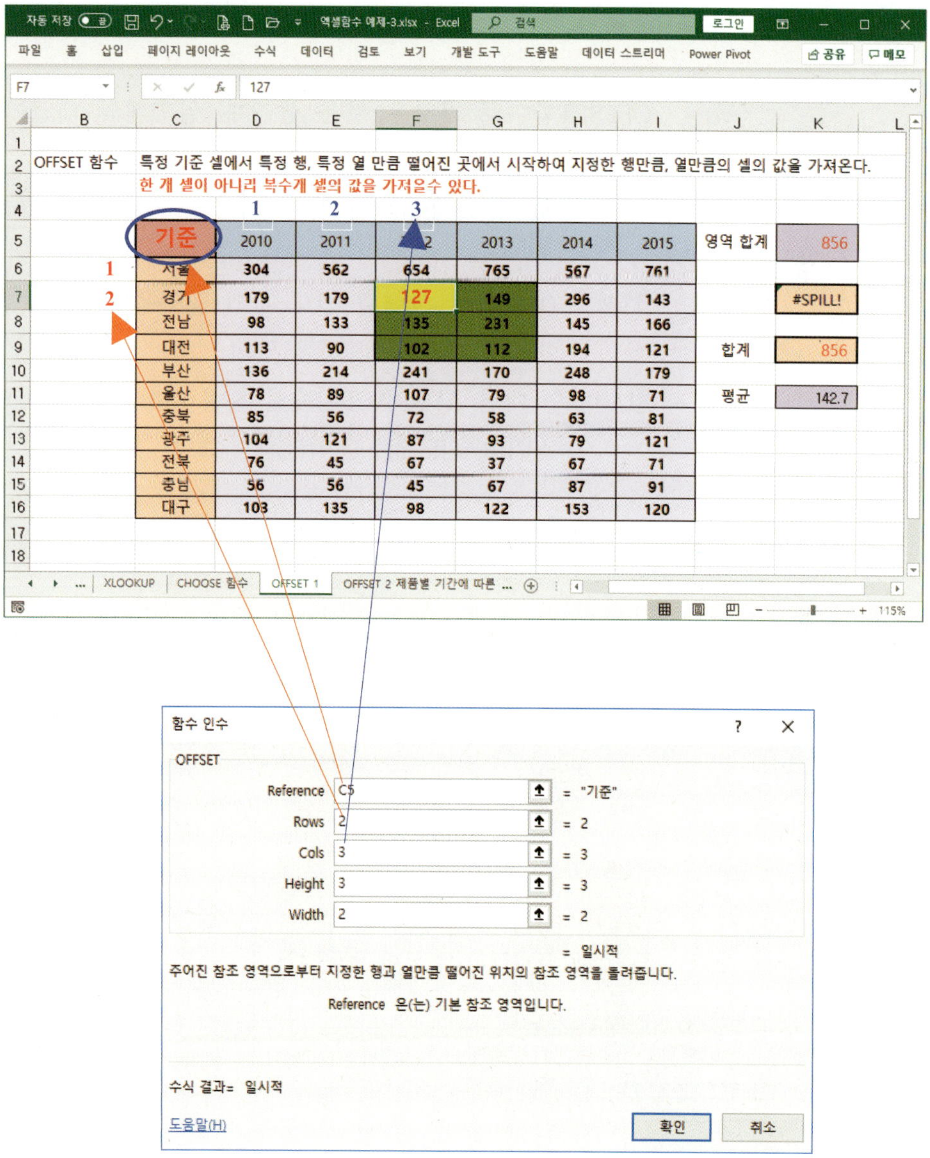


시작셀은 C5가 된다. 이동행수(Rows)는 영역의 기준셀 행이 7행(F7셀)이어야 하므로 아래로 2행 이동해야 하여 2가 된다. 이동열수(Cols)는 C열에서 오른쪽으로 3칸 이동해야 F열이 되므로 3이 된다. 이제 F7 기준셀을 포함하여 아래로 3행, 오른쪽으로 2행의 영역인 F7:G9셀 영역을 가져와야 하므로 참조행수(Height)는 3, 참조열수(Width)는 2가 된다. 참조행수, 참조열수는 자신을 포함한 행, 열수를 가리키는 것을 유의해야 한다.

현재 OFFSET함수의 결과값은 범위(배열)인데, 그 범위에 다른 값이 있으므로 K7셀에 #SPILL! 에러가 난 것을 볼 수 있다.

② K9셀 : ①번에서 선택된 셀의 값의 합계를 구하시오.

OFFSET함수로 가져온 것은 행 3개, 열 2개의 배열이므로 이들 셀의 합계를 SUM함수를 사용하여 구한다.

= SUM(OFFSET(C5, 2, 3, 3, 2))

③ K11셀 : ①번에서 선택된 셀의 값의 평균을 구하시오.

SUM함수 대신 AVERAGE함수를 사용하여 해당 영역의 평균을 구한다.

= AVERAGE(OFFSET(C5, 2, 3, 3, 2))

**'OFFSET 2' 시트**

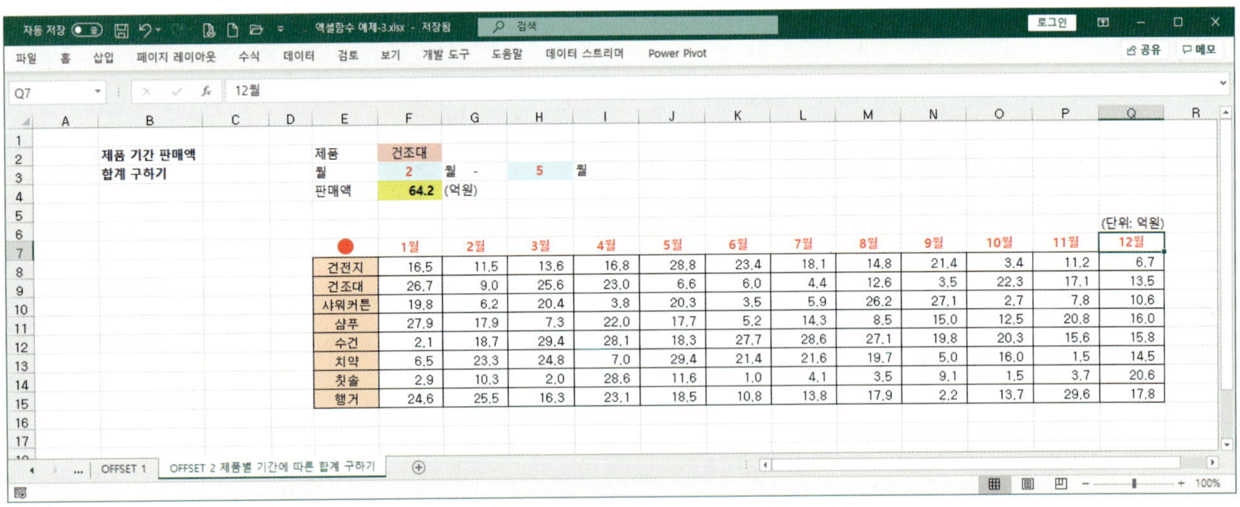


| | 1월 | 2월 | 3월 | 4월 | 5월 | 6월 | 7월 | 8월 | 9월 | 10월 | 11월 | 12월 |
|---|---|---|---|---|---|---|---|---|---|---|---|---|
| 건전지 | 16.5 | 11.5 | 13.6 | 16.8 | 28.8 | 23.4 | 18.1 | 14.8 | 21.4 | 3.4 | 11.2 | 6.7 |
| 건조대 | 26.7 | 9.0 | 25.6 | 23.0 | 6.6 | 6.0 | 4.4 | 12.6 | 3.5 | 22.3 | 17.1 | 13.5 |
| 샤워커튼 | 19.8 | 6.2 | 20.4 | 3.8 | 20.3 | 3.5 | 5.9 | 26.2 | 27.1 | 2.7 | 7.8 | 10.6 |
| 샴푸 | 27.9 | 17.9 | 7.3 | 22.0 | 17.7 | 5.2 | 14.3 | 8.5 | 15.0 | 12.5 | 20.8 | 16.0 |
| 수건 | 2.1 | 18.7 | 29.4 | 28.1 | 18.3 | 27.7 | 28.6 | 27.1 | 19.8 | 20.3 | 15.6 | 15.8 |
| 치약 | 6.5 | 23.3 | 24.8 | 7.0 | 29.4 | 21.4 | 21.6 | 19.7 | 5.0 | 16.0 | 1.5 | 14.5 |
| 칫솔 | 2.9 | 10.3 | 2.0 | 28.6 | 11.6 | 1.0 | 4.1 | 3.5 | 9.1 | 1.5 | 3.7 | 20.6 |
| 행거 | 24.6 | 25.5 | 16.3 | 23.1 | 18.5 | 10.8 | 13.8 | 17.9 | 2.2 | 13.7 | 29.6 | 17.8 |

F4셀 : F2셀 제품에 대하여 F3셀 월부터 H3셀 월까지 판매액 합계를 구하시오.

1) 이동행수, 열수 구하기

우선 판매 테이블에서 F2셀 제품의 행이 테이블 내에서 몇 번째 행에 있는지를 알아야 한다. 예를 들면, 건조대의 행은 2이고, 수건의 행은 5가 된다. E7셀을 시작셀로 하면 MATCH함수를 이용하여 쉽게 이 위치를 구할 수 있다. 건조대로 이동하려면 2가 이동행수가 되어야 한다. 따라서 제품명이 있는 E8:E15 영역을 대상으로 특정제품의 위치를 MATCH함수로 구하면 F2셀 제품의 행으로 이동하는 이동행수를 구할 수 있게 된다. 따라서 다음과 같이 구할 수 있다.

시작셀 : E7
이동행수 : MATCH(F2, E8:E15, 0)

이동열수는 시작월인 F3셀의 월수와 같다. 2월부터인 경우 G열의 값부터 집계하므로 F3셀의 값이 이동열수가 된다.

이동열수 : F3

2) 참조행수, 열수 구하기

항상 제품 하나만을 합계액 대상으로 하므로 참조행수는 1이 된다. 즉, 판매 테이블에서 F2셀의 제품과 같은 제품 행이 된다. 그러나 참조열수는 F3셀의 시작월에서 H3셀의 최종월까지이므로 가져올 열의 수는 (H3-F3)의 값에 1을 더해야 한다. 왜냐하면 H3셀 월의 판매금액도 포함되기 때문이다. 따라서 참조행수와 열수를 아래와 같이 구할 수 있다.

참조행수 : 1
참조열수 : (H3-F3)+1

3) 최종 OFFSET 함수식

따라서 최종 OFFSET함수식은 다음과 같다.

= OFFSET(E7, MATCH(F2,E8:E15,0), F3, 1, (H3-F3)+1)

판매액 합계는 이들 셀들의 값을 더해 준 것이므로, 아래와 같이 SUM함수를 이용하여 판매 합계액을 구한다.

= SUM(OFFSET(E7, MATCH(F2,E8:E15,0), F3, 1, (H3-F3)+1))

# 4. 논리함수(엑셀함수 예제-4.xlsx)

본절에서 학습할 논리함수는 다음과 같다.

| 함수명 | 설 명 |
|---|---|
| IF | 조건의 검사 결과 참, 거짓에 따라 다른 식을 수행한다. |
| AND | 인수의 조건이 모두 참일 때 TRUE가 된다. |
| OR | 인수의 조건이 하나만 참이면 TRUE가 된다. |
| NOT | 인수의 조건이 참이면 FALSE, 거짓이면 TRUE가 된다. |
| IFERROR | 수행한 식이 에러가 나면 두 번째 인수에 있는 식을 수행한다. |

## (1) IF(조건, 참일 때 수행, 거짓일 때 수행)

**정의**

IF함수는 첫 번째 인수인 조건을 검사하여, 조건 검사 결과 참(TRUE)이 되면 두 번째 인수를 수행하고, 거짓(FALSE)이 되면 세 번째 인수를 수행한다.

**인수설명**

- 조건 : 테스트의 대상이 되는 검사식으로 결과는 TRUE와 FALSE의 두 가지 중 하나가 된다. 반드시 이 둘 중 하나가 되며, TRUE, FALSE 모두 해당되는 일도 없고, TRUE도 FALSE도 아닌 경우도 없다.

  예) 7 > 5 : TRUE, 8>=8 : TRUE, (7-3) > 5 : FALSE, 5=3 : FALSE

  (참고) 조건식에 ?를 붙여 물어본다고 생각하면 된다(**7 > 5?**). 그러면 결과는 맞느냐, 틀리느냐의 TRUE, FALSE로 나타난다. 이 경우 TRUE가 된다.

실제적인 예를 더 들면, C3>=80(C3셀의 값이 80 이상인가?), G10="경영"(G10셀의 값이 "경영"인가?), A5^3+B5>=C5+D5(A5셀의 3승+B5셀의 값이 C5+D5의 값 이상인가?)(결과는 셀값에 따라 결정됨)와 같은 경우들이 있을 수 있다.

· 참일 때 수행 : 조건 테스트의 결과가 참(TRUE)일 때 수행되는 식이나 값

· 거짓일 때 수행 : 조건 테스트의 결과가 거짓(FALSE)일 때 수행되는 식이나 값

(참고) 1. IF함수는 첫 번째 인수인 조건을 테스트한 결과에 따라 두 번째, 또는 세 번째 인수의 식이 수행된다. 그러므로 문법적으로 오류가 없다면, IF함수를 수행하면 두 번째 인수나 세 번째 인수 둘 중 하나가 반드시 수행된다.

2. IF함수의 어려움은 첫 번째 인수의 작성에 있다. 원하는 상황에 따라 첫 번째 인수인 조건식을 어떻게 작성하느냐가 중요한데, 구분이 되는 점을 잘 파악하여 작성하도록 한다.

✓ 식에서 비교시의 논리부호

| 논리부호 | 의 미 | 예 |
|---|---|---|
| = | 같다 | X = Y |
| > | 크다 | X > Y |
| >= | 이상이다 | X >= Y |
| < | 작다 | X < Y |
| <= | 이하이다 | X <= Y |
| < > | 다르다 | X < > Y |

✓ 식에서 연산자의 의미

| 연산자 | 의 미 |
|---|---|
| * | 곱하기 |
| / | 나누기 |
| + | 더하기 |
| - | 빼기 |
| ( ) | 괄호 안의 수식을 먼저 계산 |
| ^ | 지수(승) |
| % | 백분율(1/100) |
| & | 문자열 연산 |
| =, < >, >, <, >=, <= | 비교 연산 |

**'IF–단순' 시트**

IF함수를 사용하여 성적이 70점 이상이면 '합격', 미만이면 '불합격'이라고 '판정'란에 기재하시오.

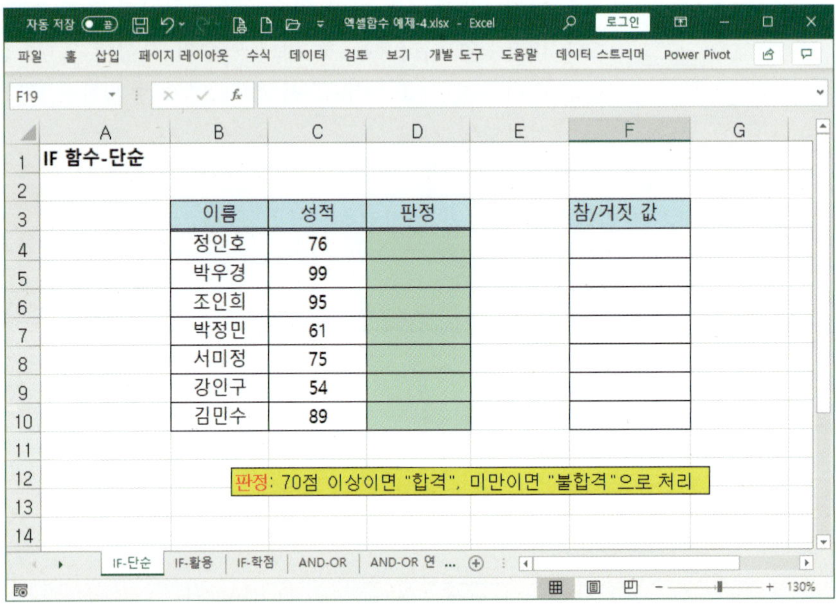


'IF-단순' 시트의 D4셀(정인호의 성적을 판정하는 셀)에 다음과 같이 IF함수를 사용하여 합격, 불합격을 판정한다.

첫 번째 인수인 조건식을 잘 작성해야 하는데, '70점 이상이면 "합격"'의 조건이므로 70점보다 크다, 작다로 조건식에서 구분이 되어야 한다. 따라서 70점을 기준으로 그 이상이면, D4>=70으로 작성한다. 왜냐하면 90이나 80점 같이 70점 이상이면 90>=70이 되어 조건식 테스트 결과 TRUE가 되고, 60이나 50점 같이 70점 미만이면 60>=70이 되어 테스트 결과가 FALSE가 되기 때문에, 70점을 기준으로 구분이 되게 조건식을 작성해야 하는 것이다. 70점 이상인 경우는 테스트 결과가 TRUE가 되어서 두 번째 인수를 수행하므로 두 번째 인수에 합격이라고 기입한다. 그리고 30점 같이 70점 미만인 경우는 테스트 결과가 FALSE가 되어 세 번째 인수를 수행하므로 세 번째 인수에 불합격이라고 기입한다.

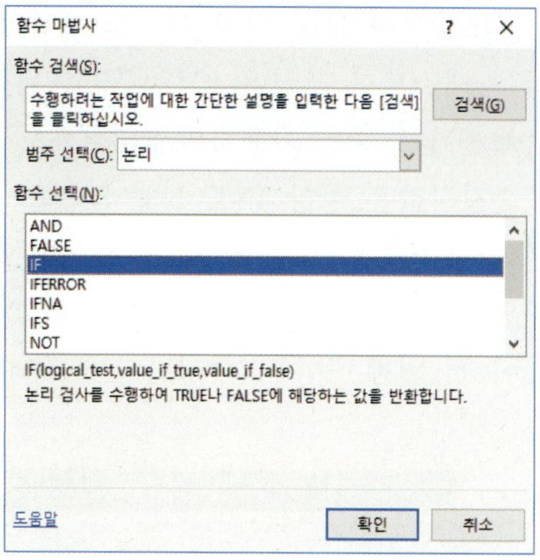


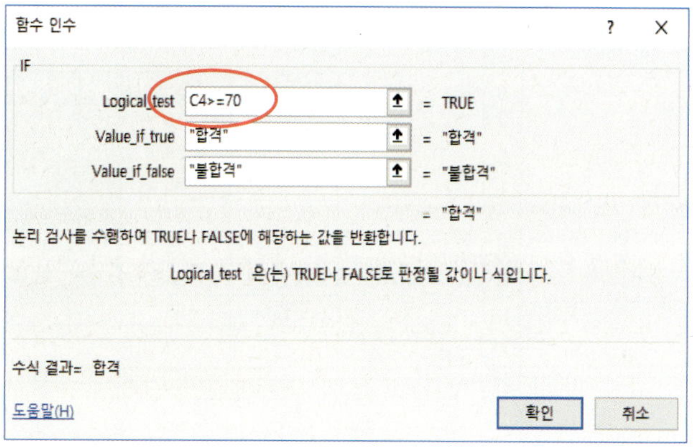


D4셀에 IF함수로 합격, 불합격을 처리하였으면 그 이하 셀(D5~D10셀)들은 자동채우기 핸들을 사용하여 처리하면 된다.

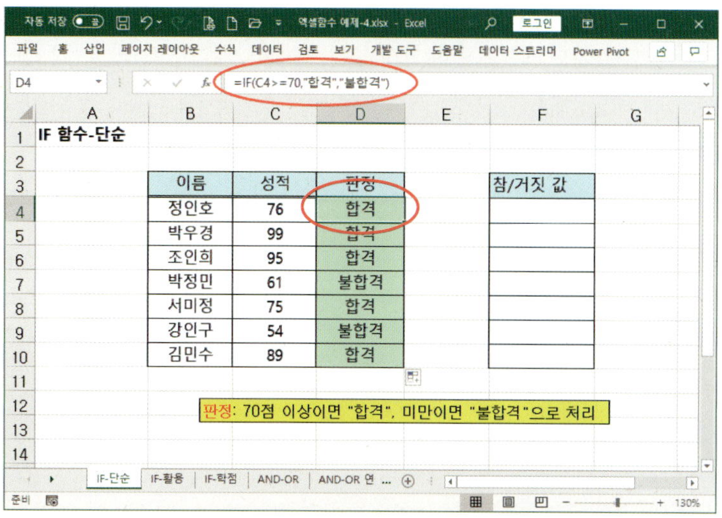

IF함수에서 첫 번째 인수를 테스트하는 조건만을 수행해 보자. 가령 정인호의 경우 테스트할 조건은 'C4>=70'이 된다. 이것을 F4셀에 기재한 후 마찬가지로 자동채우기 핸들을 사용하여 F10셀까지 완성하도록 한다.

결과값은 항상 TRUE 또는 FALSE 중의 하나가 되는데 TRUE, FALSE를 논리연산의 결과로 나오는 값으로 '논리값'이라고 한다. 그리고 논리값을 계산하는 함수인 AND, OR 함수들을 '논리함수'라고 한다. 결국 합격, 불합격은 F열에 보인 바와 같이 첫 번째 인수의 수행결과에 따라 정해진 것임을 알 수 있다.

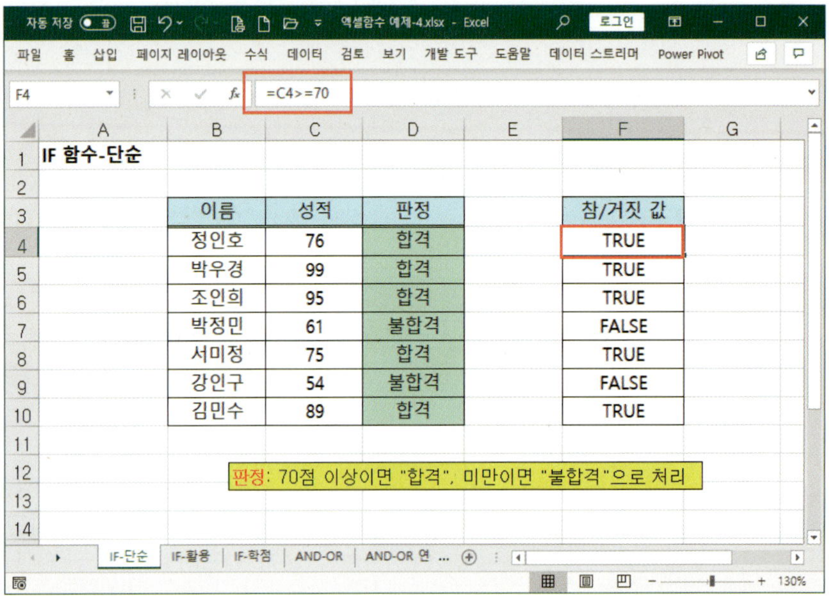


**'IF-활용' 시트**

IF함수를 사용하여 성적이 전체 평균 이상이면 '합격', 미만이면 '불합격'이라고 판정란에 기재하시오.

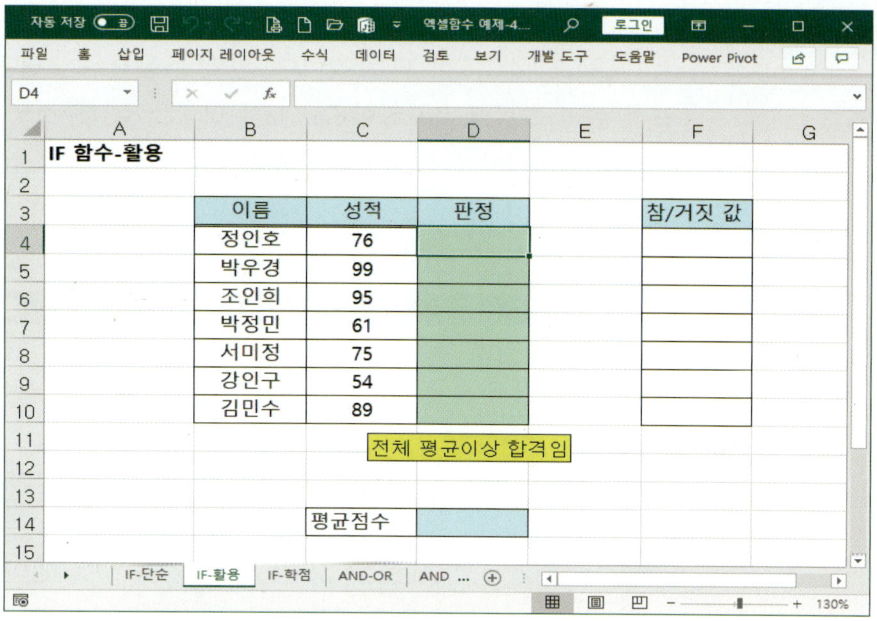


이 문제에서는 전체 평균을 어떻게 처리할지가 문제이다.

1) 평균을 다른 셀에 구해놓고 그 셀을 참조하여 크기를 비교한다.
2) 해당 셀에서 바로 평균을 구하여 크기를 비교한다.

본 문제에서는 2)번의 방법을 택하여 합격, 불합격을 판정하도록 한다. 정인호의 성적을 판정하는 D4셀에 들어갈 함수마법사의 창은 아래와 같다.

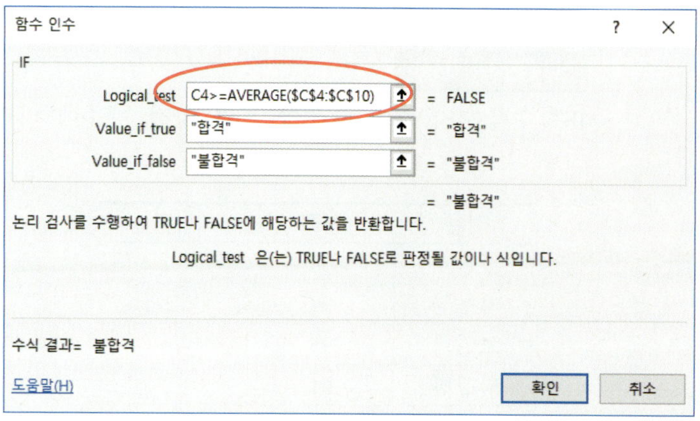


D4셀 : = IF(C4>=AVERAGE($C$4:$C$10), "합격", "불합격")

전체의 평균을 표현하면 AVERAGE(C4:C10)이 된다. 따라서 IF함수의 식은 C4>=AVERAGE(C4:C10)이 되는 것이다. 만일 자동채우기 핸들을 사용하려고 한다면 반드시 위의 그림에서와 같이 C4:C10의 영역을 절대주소로 바꾸어 주어야 한다. 절대주소로 표기해야 아래로 드래그하여도 평균을 구하는 범위인 C4에서 C10셀까지의 범위가 바뀌지 않는다.

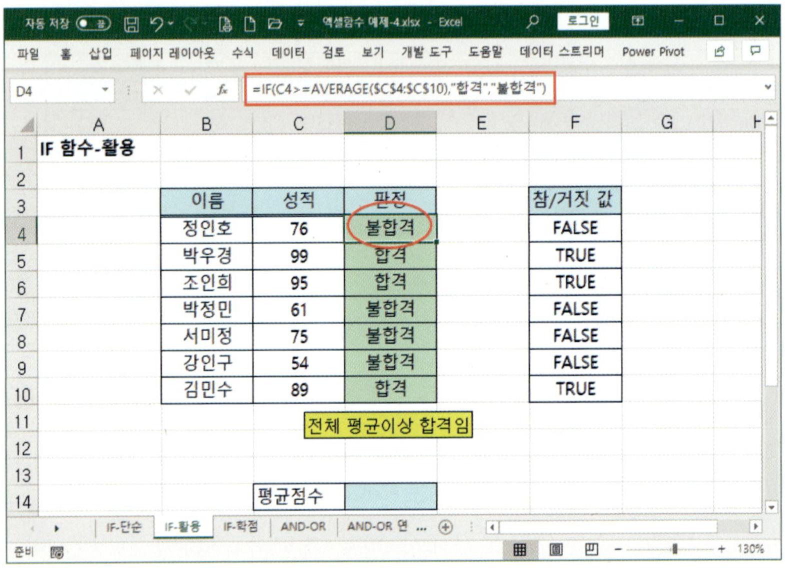


시트의 아랫부분에 평균을 계산해 보고 왜 각 점수들의 판정이 합격, 불합격이 되었는지를 검토해 보면 될 것이다. 그리고 F4셀에는 IF함수의 식, 즉 '=C4>=AVERAGE($C$4:$C$10)'이 들어가도록 한다.

### 'IF-학점' 시트

IF함수를 사용하여 오른쪽 표의 학점 기준에 따라 학점을 결정하시오.

| 이름 | 성적 | 학점 |
|---|---|---|
| 정인호 | 76 | |
| 박우경 | 99 | |
| 조인희 | 95 | |
| 박정민 | 61 | |
| 서미정 | 75 | |
| 강인구 | 54 | |
| 김민수 | 89 | |

| 학점 기준 | |
|---|---|
| 점수대 | 학점 |
| 60점 미만 | F |
| 60점 이상 | D |
| 70점 이상 | C |
| 80점 이상 | B |
| 90점 이상 | A |

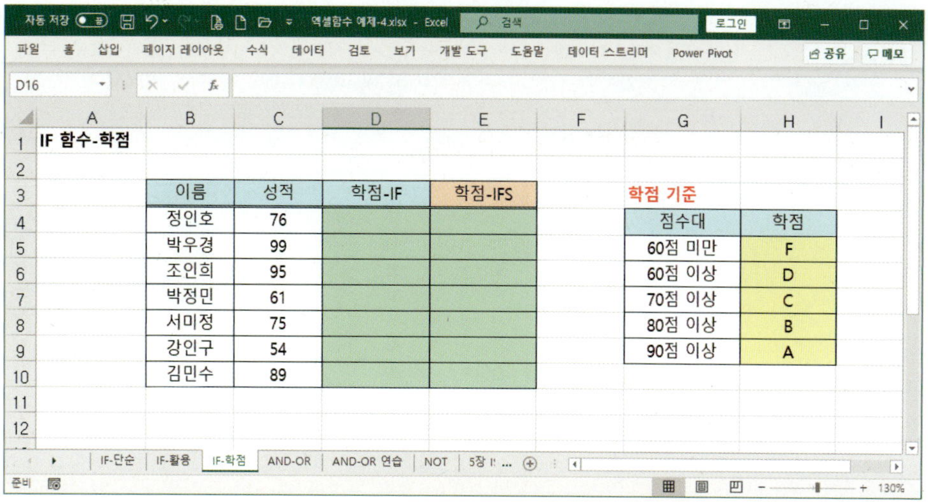


학점 구분이 2개를 넘으므로 여러 개의 IF함수를 이용하여 학점을 결정한다. D4셀에 들어갈 식을 작성하는데, 우선 90점 이상을 'A', 90점 미만을 '보통'이라고 하면 다음과 같이 작성된다.

= IF(C4>=90, "A", "보통")

이제 '보통' 부분을 다시 80점 이상과 미만(80점 미만은 '저조'로 표시함)으로 구분하면 다음과 같이 된다.

= IF(C4>=90, "A", IF(C4>=80, "B", "저조"))

이때 세 번째 인수인 빨간색 IF식에서는 90점 이상은 이미 두 번째 인수인 "A"를 적고 끝났기 때문에 없으므로, 80점 이상으로 식을 작성해도 실제는 80점에서 89점까지의 점수만 대상으로 하게 된다.

다시 이것을 70, 60점 이상에 대하여 구분하여 D4셀에 들어갈 최종 함수식을 작성하면 다음과 같다.

D4셀 : = IF(C4>=90, "A", IF(C4>=80, "B", IF(C4>=70, "C", IF(C4>=60, "D", "F"))))

그리고 IF함수식에서 항상 열린 괄호와 닫힌 괄호의 수는 같아야 함을 명심하고 닫힌 괄호의 수를 열린 괄호의 수와 맞추어 주어야 한다.

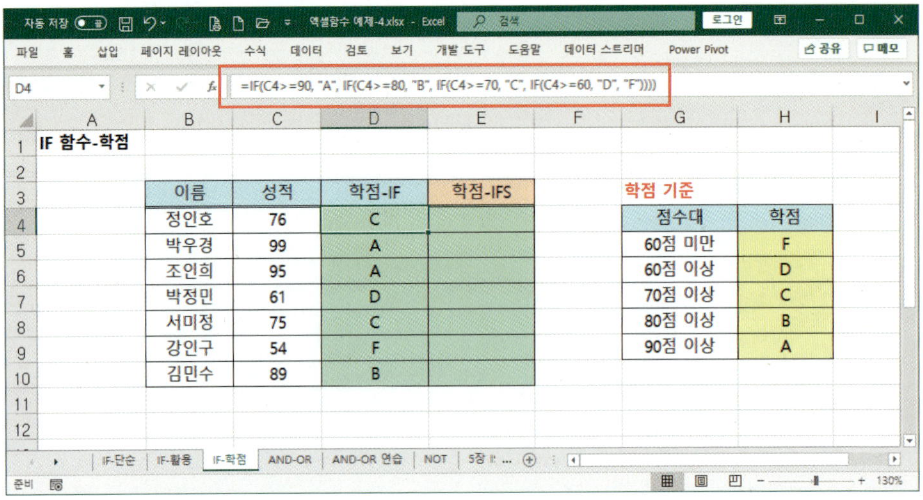


이렇게 IF함수식을 IF함수식 내에 적는 것을 'Nested-IF'문이라고 하는데 작성과 함께 특히 읽기에 어려운 점이 있어 엑셀 2019 버전에는 IFS함수가 새로이 추가되었다. 이는 경우의 수를 하나씩 적어가면 되므로 IF함수를 여러 개 적는 것보다 쉽게 작성할 수 있다.

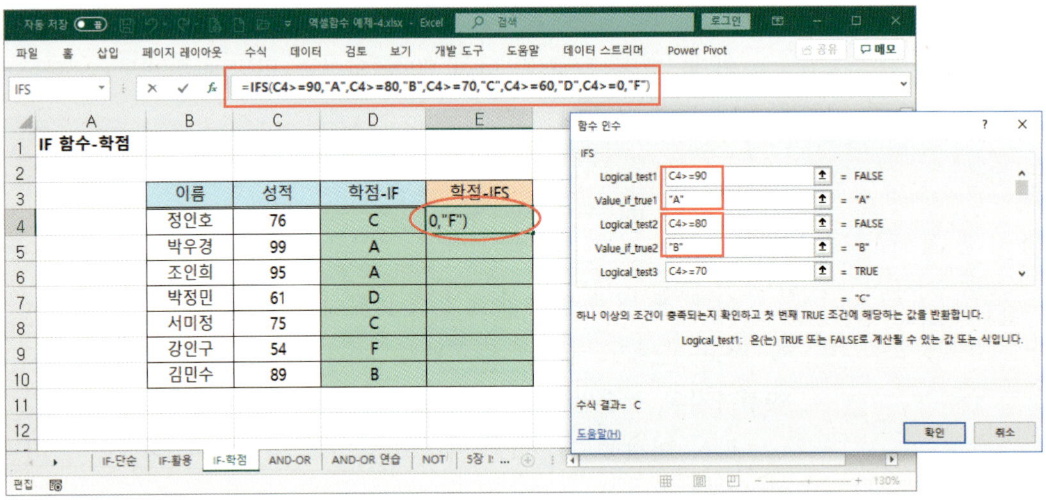


조건식과 이 조건식이 TRUE가 될 때의 값으로 한 쌍이 되어 127개의 조건식까지 지정할 수 있다. 그러나 순차적으로 테스트하여 가는데 만일 조건식이 TRUE가 되면 다음 인수에 적은 식(또는 값)을 수행하고 IFS문을 바로 끝내게 된다. 여기에서는 위의 식과 같이 적을 경우, 제일 처음의 C4>=90 조건식을 통하여 C4셀이 90점 이상인지 테스트하게 된다. 만일 C4셀의 값이 95점이라면 다음 인수값인 A학점을 적고 IFS문을 끝내게 된다. 그러나 현재의 경우 C4셀의 값이 76점이므로 FALSE가

되고 이 경우 다음 조건식으로 넘어 가게 된다. 다음 조건식인 C4>=80을 만나 테스트하는데, 그러나 이 경우도 FALSE이므로 다음 조건식인 C4>=70으로 넘어간다. 이제 76>=70이 TRUE가 되므로 C학점을 적고 IFS문을 끝내게 된다.

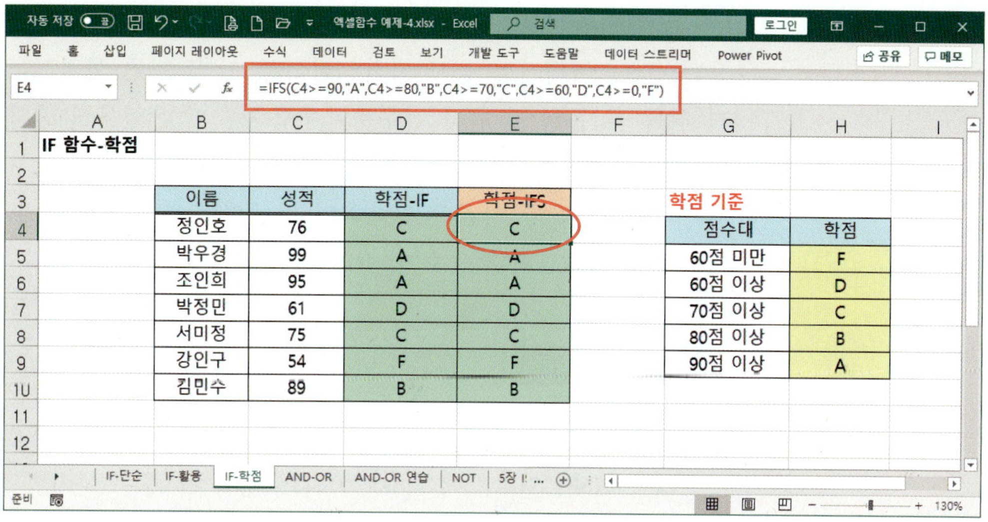


## (2) AND(논리값, 논리값...), OR(논리값, 논리값...)

**정의**

1) AND함수는 모두 TRUE이어야 TRUE가 된다.

예를 들면,

AND(5>3, TRUE, 7*5>30) ⇨ AND(TRUE, TRUE, TRUE) ⇨ TRUE

AND(5>3, TRUE, 35<30) ⇨ AND(TRUE, TRUE, FALSE) ⇨ FALSE

AND함수의 수행 결과는 TRUE, 또는 FALSE 둘 중의 하나이다. 이의 사용 예를 들면, 기업의 입사 지원시 면접대상 합격자 조건을, 학사학위 취득자로서 영어성적이 토익 750점 이상이며, 학점 평점이 3.5 이상의 세 가지 조건을 모두 만족하는 사람을 대상으로 할 때, 이는 모든 조건을 만족해야 하는 것이므로 AND함수를 사용하여 이를 수행할 수 있다. 한 가지 조건만 만족하지 못하여도 AND함수 수행 결과값은 FALSE가 된다.

2) 반면에 OR함수는 하나만 TRUE이어도 TRUE가 된다.

OR(5>3, FALSE, 35<30) ⇨ OR(TRUE, FALSE, FALSE) ⇨ TRUE

OR(5<3, 2^3=9, 35<30) ⇨ OR(FALSE, FALSE, FALSE) ⇨ FALSE

OR함수의 수행 결과 역시 TRUE, 또는 FALSE 둘 중의 하나이다. 이의 사용 예를 들면, 기사 자격시험 응시 자격요건으로, 대학 관련 학과 졸업자이거나, 기능사 자격 취득 후 동일 및 유사 직무분야에서 3년 이상 실무에 종사한 경우 등 여러 가지가 있는데 이 중 하나만 만족하면 자격요건이 되는 것으로 판정시 OR함수를 이용할 수 있다. 즉 한 가지만 만족하면 전체가 만족되는 경우에 사용한다. 한 가지 조건만 만족해도 OR함수 수행 결과값은 TRUE가 된다.

## 'AND-OR' 시트

1) AND 문제

다음 AND 열(F열)에 '40세 이하의 남자'인 경우 '선발', 그렇지 않은 경우에는 '비선발'이라고 기입하시오.

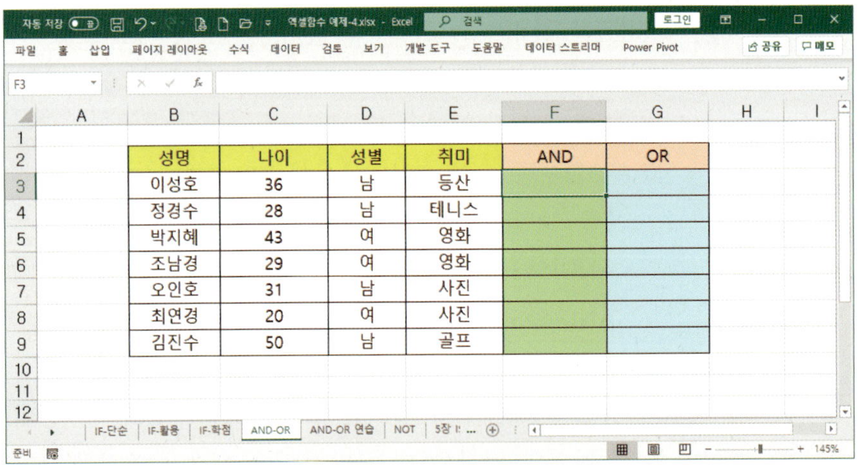

| 성명 | 나이 | 성별 | 취미 | AND | OR |
|---|---|---|---|---|---|
| 이성호 | 36 | 남 | 등산 | | |
| 정경수 | 28 | 남 | 테니스 | | |
| 박지혜 | 43 | 여 | 영화 | | |
| 조남경 | 29 | 여 | 영화 | | |
| 오인호 | 31 | 남 | 사진 | | |
| 최연경 | 20 | 여 | 사진 | | |
| 김진수 | 50 | 남 | 골프 | | |

두 개의 조건('성별이 남자'와 '40세 이하')을 동시에 만족해야 하므로 AND함수를 사용한다. 이때 조건은 ,(comma)로 구분하며 255개까지 입력할 수 있다.

AND(C3<=40, D3="남")

그리고 이 조건을 만족하는 경우와 만족하지 않는 경우로 나누어야 하므로 IF 함수를 사용하여 '선발', '비선발'을 기입하도록 한다.

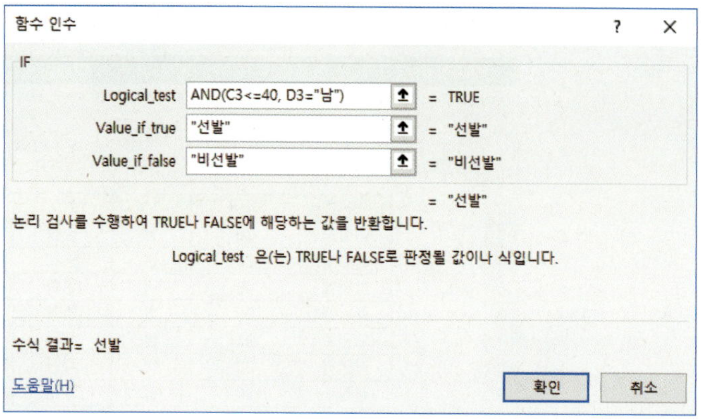


= IF(AND(C3<=40, D3="남"), "선발", "비선발")

아래로 드래그하여 모든 칸을 채우면 아래와 같이 나타난다.

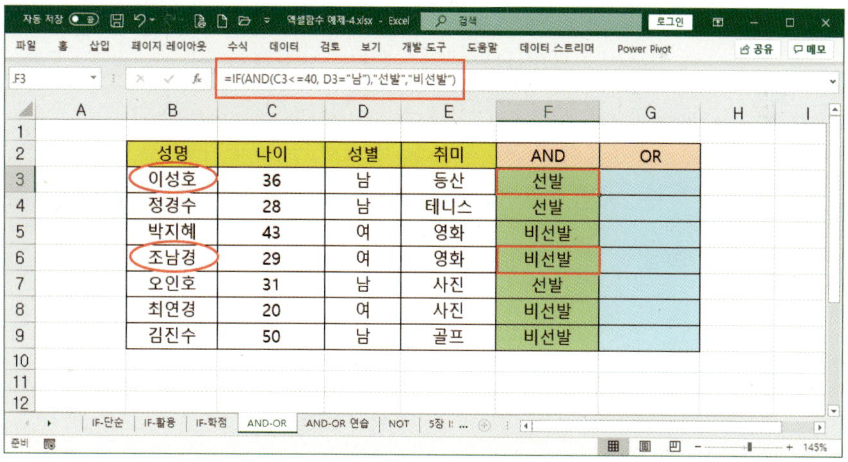


'이성호'의 경우에는, AND(36<=40, "남"="남") ⇨ AND(TRUE, TRUE) ⇨ TRUE가 되어 모든 조건을 만족하므로 두 번째 인수가 수행되어 "선발"이 기입된다. 그러나 '조남경'의 경우에는, AND(29<=40, "여"="남") ⇨ AND(TRUE, FALSE) ⇨ FALSE로 두 번째 조건의 결과가 만족되지 못하므로 최종적으로 AND함수의 결과가 FALSE가 되어 세 번째 인수가 수행되어 "비선발"이 기입된다.

### 2) OR 문제

아래 OR 열(G열)에 '여자이거나 또는 취미가 사진'인 사람은 '대상', 그렇지 않은 사람은 '비대상'이라고 기입하시오.

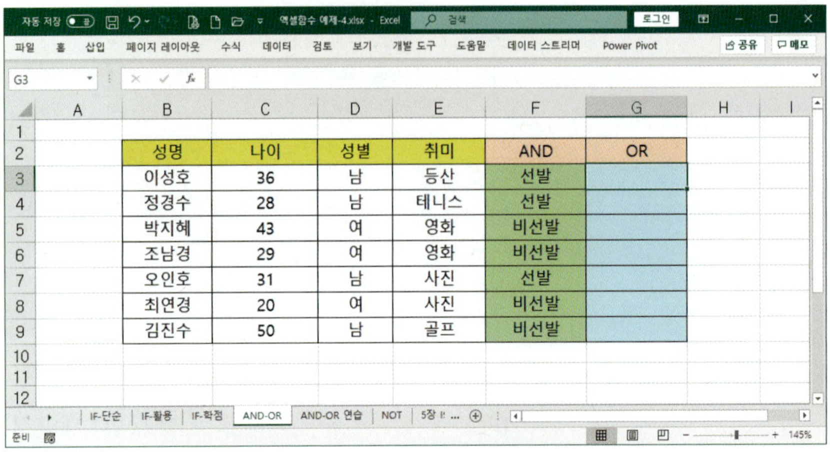


두 개의 조건('성별이 여자'와 '취미가 사진')을 하나만 만족하면 되므로 OR함수를 사용한다. 이때 조건은 ,(comma)로 구분하며 255개까지 입력할 수 있다.

OR(D3="여", E3="사진")

그리고 이 조건을 만족하는 경우와 만족하지 않는 경우로 나누어야 하므로 같은 방법으로 IF함수를 사용하여 '대상', '비대상'을 각각 기입하도록 한다.

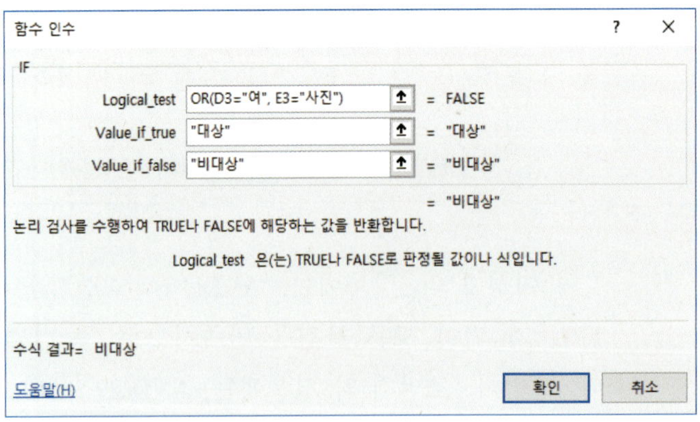


따라서 IF함수는 다음과 같다.

= IF(OR(D3="여", E3="사진"), "대상", "비대상")

아래로 드래그하여 모든 칸을 채우면 아래와 같이 나타난다.

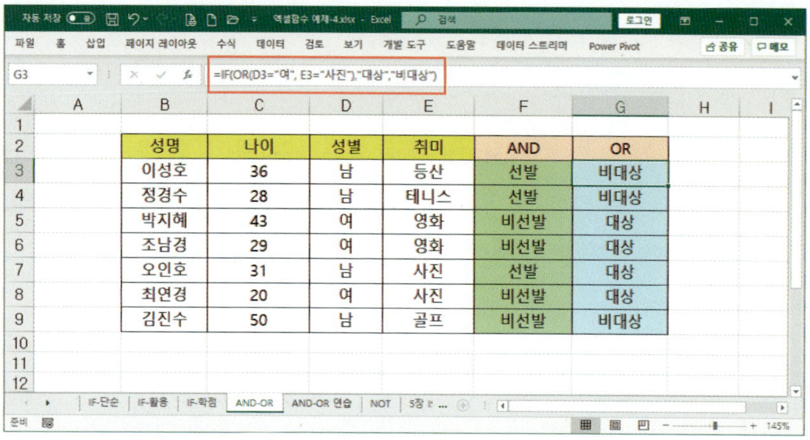

=IF(OR(D3="여", E3="사진"),"대상","비대상")

| 성명 | 나이 | 성별 | 취미 | AND | OR |
|---|---|---|---|---|---|
| 이성호 | 36 | 남 | 등산 | 선발 | 비대상 |
| 정경수 | 28 | 남 | 테니스 | 선발 | 비대상 |
| 박지혜 | 43 | 여 | 영화 | 비선발 | 대상 |
| 조남경 | 29 | 여 | 영화 | 비선발 | 대상 |
| 오인호 | 31 | 남 | 사진 | 선발 | 대상 |
| 최연경 | 20 | 여 | 사진 | 비선발 | 대상 |
| 김진수 | 50 | 남 | 골프 | 비선발 | 비대상 |

**'AND-OR 연습' 시트**

① 왼쪽 F열 구분1란에 품목이 '냉장고'이면서 개수가 20개 이상이면 "배송", 그렇지 않으면 "해당없음"이라고 쓰시오.

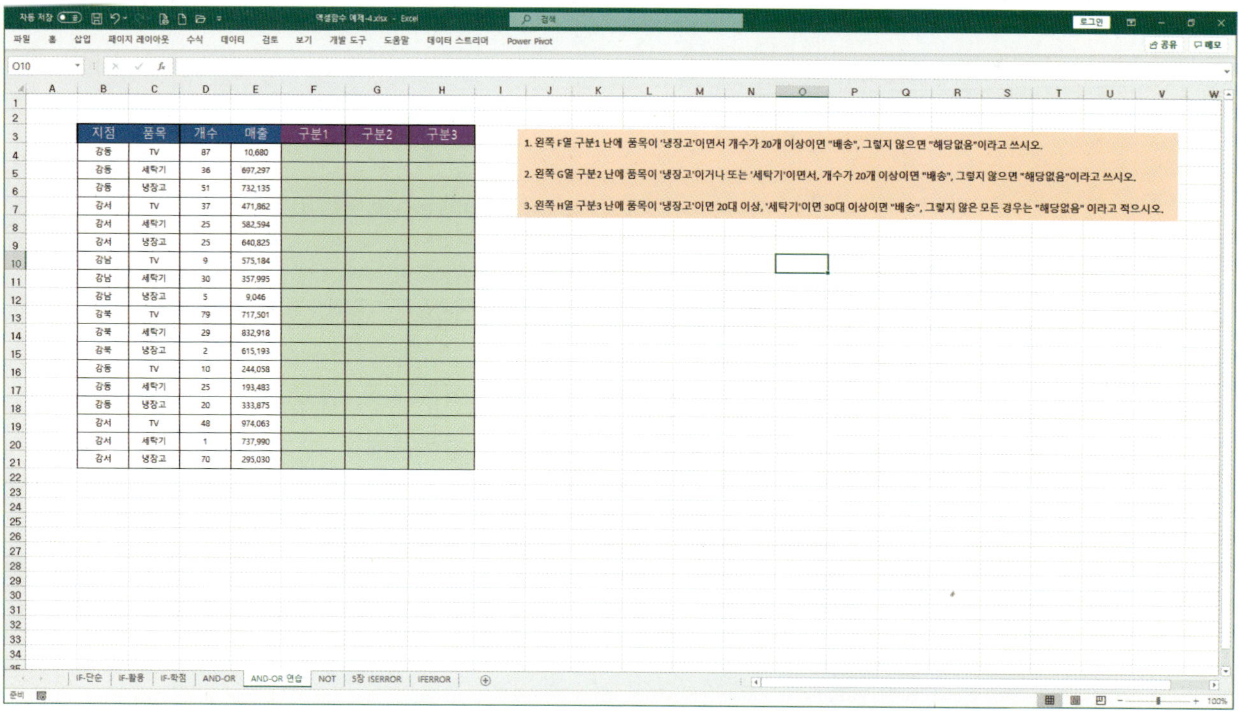

| 지점 | 품목 | 개수 | 매출 | 구분1 | 구분2 | 구분3 |
|---|---|---|---|---|---|---|
| 강동 | TV | 87 | 10,680 | | | |
| 강동 | 세탁기 | 36 | 697,297 | | | |
| 강동 | 냉장고 | 51 | 732,135 | | | |
| 강서 | TV | 37 | 471,862 | | | |
| 강서 | 세탁기 | 25 | 582,594 | | | |
| 강서 | 냉장고 | 25 | 640,825 | | | |
| 강남 | TV | 9 | 575,184 | | | |
| 강남 | 세탁기 | 30 | 357,995 | | | |
| 강남 | 냉장고 | 5 | 9,046 | | | |
| 강북 | TV | 79 | 717,501 | | | |
| 강북 | 세탁기 | 29 | 832,918 | | | |
| 강북 | 냉장고 | 2 | 615,193 | | | |
| 강동 | TV | 10 | 244,058 | | | |
| 강동 | 세탁기 | 25 | 193,483 | | | |
| 강동 | 냉장고 | 20 | 333,875 | | | |
| 강서 | TV | 48 | 974,063 | | | |
| 강서 | 세탁기 | 1 | 737,990 | | | |
| 강서 | 냉장고 | 70 | 295,030 | | | |

1. 왼쪽 F열 구분1 난에 품목이 '냉장고'이면서 개수가 20개 이상이면 "배송", 그렇지 않으면 "해당없음"이라고 쓰시오.
2. 왼쪽 G열 구분2 난에 품목이 '냉장고'이거나 또는 '세탁기'이면서, 개수가 20개 이상이면 "배송", 그렇지 않으면 "해당없음"이라고 쓰시오.
3. 왼쪽 H열 구분3 난에 품목이 '냉장고'이면 20대 이상, '세탁기'이면 30대 이상이면 "배송", 그렇지 않은 모든 경우는 "해당없음" 이라고 적으시오.

두 조건을 모두 만족해야 하므로 AND함수를 사용한다. AND함수의 수행결과는 TRUE, 또는 FALSE이므로 AND함수는 IF문의 첫 번째 인수가 될 수 있다.

품목이 '냉장고'이면서 개수가 20개 이상을 동시에 만족해야 TRUE가 되어야 하면 다음과 같이 AND함수를 작성하면 된다.

AND(C4="냉장고", D4>=20)

그리고 배송 여부를 판정하기 위하여 이 AND문을 IF문의 첫 번째 인수로 하고, 둘 다 만족하면 AND함수의 수행 결과 TRUE가 되므로 두 번째 인수에 "배송", 세 번째 인수에 "해당없음"을 기재한다.

F4셀 : = IF(AND(C4="냉장고", D4>=20), "배송", "해당없음")

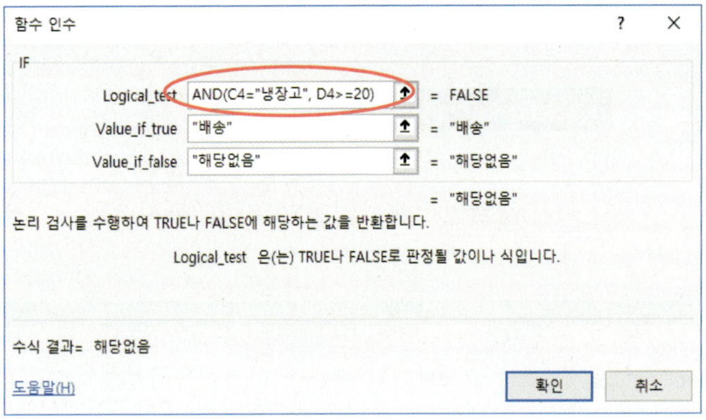


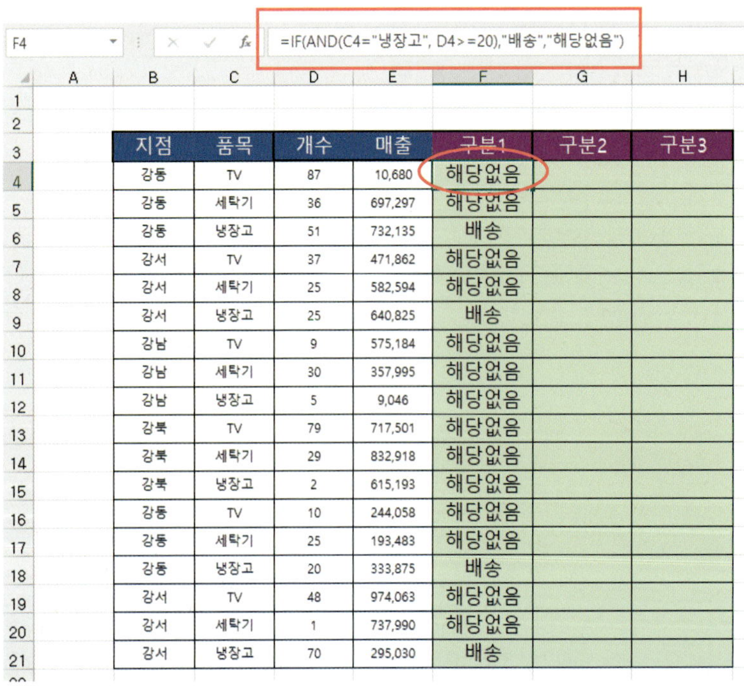


| 지점 | 품목 | 개수 | 매출 | 구분1 | 구분2 | 구분3 |
|---|---|---|---|---|---|---|
| 강동 | TV | 87 | 10,680 | 해당없음 | | |
| 강동 | 세탁기 | 36 | 697,297 | 해당없음 | | |
| 강동 | 냉장고 | 51 | 732,135 | 배송 | | |
| 강서 | TV | 37 | 471,862 | 해당없음 | | |
| 강서 | 세탁기 | 25 | 582,594 | 해당없음 | | |
| 강서 | 냉장고 | 25 | 640,825 | 배송 | | |
| 강남 | TV | 9 | 575,184 | 해당없음 | | |
| 강남 | 세탁기 | 30 | 357,995 | 해당없음 | | |
| 강남 | 냉장고 | 5 | 9,046 | 해당없음 | | |
| 강북 | TV | 79 | 717,501 | 해당없음 | | |
| 강북 | 세탁기 | 29 | 832,918 | 해당없음 | | |
| 강북 | 냉장고 | 2 | 615,193 | 해당없음 | | |
| 강동 | TV | 10 | 244,058 | 해당없음 | | |
| 강동 | 세탁기 | 25 | 193,483 | 해당없음 | | |
| 강동 | 냉장고 | 20 | 333,875 | 배송 | | |
| 강서 | TV | 48 | 974,063 | 해당없음 | | |
| 강서 | 세탁기 | 1 | 737,990 | 해당없음 | | |
| 강서 | 냉장고 | 70 | 295,030 | 배송 | | |

② 왼쪽 G열 구분2란에 품목이 '냉장고'이거나 또는 '세탁기'이면서, 동시에 개수가 20개 이상이면 "배송", 그렇지 않으면 "해당없음"이라고 쓰시오.

우선 품목은 '냉장고'나 '세탁기' 중 하나이면 되므로 다음과 같이 OR함수를 사용한다.

OR(C4="냉장고", C4="세탁기")

그러나 품목 조건과 개수 조건은 두 조건을 모두 만족해야 하므로 이들의 조건 연결은 AND함수를 사용한다.

AND(OR(C4="냉장고", C4="세탁기"), D4>=20)

이제 G4셀에 "배송" 여부를 판정하기 위한 IF문을 작성하면 다음과 같다.

= IF(AND(OR(C4="냉장고", C4="세탁기"), D4>=20), "배송", "해당없음")

G4 =IF(AND(OR(C4="냉장고", C4="세탁기"), D4>=20),"배송","해당없음")

| 지점 | 품목 | 개수 | 매출 | 구분1 | 구분2 | 구분3 |
|---|---|---|---|---|---|---|
| 강동 | TV | 87 | 10,680 | 해당없음 | 해당없음 | |
| 강동 | 세탁기 | 36 | 697,297 | 해당없음 | 배송 | |
| 강동 | 냉장고 | 51 | 732,135 | 배송 | 배송 | |
| 강서 | TV | 37 | 471,862 | 해당없음 | 해당없음 | |
| 강서 | 세탁기 | 25 | 582,594 | 해당없음 | 배송 | |
| 강서 | 냉장고 | 25 | 640,825 | 배송 | 배송 | |
| 강남 | TV | 9 | 575,184 | 해당없음 | 해당없음 | |
| 강남 | 세탁기 | 30 | 357,995 | 해당없음 | 배송 | |
| 강남 | 냉장고 | 5 | 9,046 | 해당없음 | 해당없음 | |
| 강북 | TV | 79 | 717,501 | 해당없음 | 해당없음 | |
| 강북 | 세탁기 | 29 | 832,918 | 해당없음 | 배송 | |
| 강북 | 냉장고 | 2 | 615,193 | 해당없음 | 해당없음 | |
| 강동 | TV | 10 | 244,058 | 해당없음 | 해당없음 | |
| 강동 | 세탁기 | 25 | 193,483 | 해당없음 | 배송 | |
| 강동 | 냉장고 | 20 | 333,875 | 배송 | 배송 | |
| 강서 | TV | 48 | 974,063 | 해당없음 | 해당없음 | |
| 강서 | 세탁기 | 1 | 737,990 | 해당없음 | 해당없음 | |
| 강서 | 냉장고 | 70 | 295,030 | 배송 | 배송 | |

③ 왼쪽 H열 구분3란에 품목이 '냉장고'이면서 20대 이상, '세탁기'이면서 30대 이상이면 "배송", 그렇지 않은 모든 경우는 "해당없음"이라고 적으시오.

이 경우에는 '냉장고'에 대한 배송 조건과 '세탁기'에 대한 배송 조건을 AND함수로 각자 적고, 이 둘 중의 하나만 만족하면 되므로 이를 OR함수로 연결하도록 한다.

= OR(AND(C4="냉장고", D4>=20), AND(C4="세탁기", D4>=30))

그리고 이를 IF문의 첫 번째 인수로 하여 배송 여부를 판단하도록 한다.

= IF( **OR(AND(C4="냉장고", D4>=20), AND(C4="세탁기", D4>=30))**, "배송", "해당없음" )

H4 =IF(OR(AND(C4="냉장고", D4>=20), AND(C4="세탁기", D4>=30)),"배송","해당없음")

| 지점 | 품목 | 개수 | 매출 | 구분1 | 구분2 | 구분3 |
|---|---|---|---|---|---|---|
| 강동 | TV | 87 | 10,680 | 해당없음 | 해당없음 | 해당없음 |
| 강동 | 세탁기 | 36 | 697,297 | 해당없음 | 배송 | 배송 |
| 강동 | 냉장고 | 51 | 732,135 | 배송 | 배송 | 배송 |
| 강서 | TV | 37 | 471,862 | 해당없음 | 해당없음 | 해당없음 |
| 강서 | 세탁기 | 25 | 582,594 | 해당없음 | 배송 | 해당없음 |
| 강서 | 냉장고 | 25 | 640,825 | 배송 | 배송 | 배송 |
| 강남 | TV | 9 | 575,184 | 해당없음 | 해당없음 | 해당없음 |
| 강남 | 세탁기 | 30 | 357,995 | 해당없음 | 배송 | 배송 |
| 강남 | 냉장고 | 5 | 9,046 | 해당없음 | 해당없음 | 해당없음 |
| 강북 | TV | 79 | 717,501 | 해당없음 | 해당없음 | 해당없음 |
| 강북 | 세탁기 | 29 | 832,918 | 해당없음 | 배송 | 해당없음 |
| 강북 | 냉장고 | 2 | 615,193 | 해당없음 | 해당없음 | 해당없음 |
| 강동 | TV | 10 | 244,058 | 해당없음 | 해당없음 | 해당없음 |
| 강동 | 세탁기 | 25 | 193,483 | 해당없음 | 배송 | 해당없음 |
| 강동 | 냉장고 | 20 | 333,875 | 배송 | 배송 | 배송 |
| 강서 | TV | 48 | 974,063 | 해당없음 | 해당없음 | 해당없음 |
| 강서 | 세탁기 | 1 | 737,990 | 해당없음 | 해당없음 | 해당없음 |
| 강서 | 냉장고 | 70 | 295,030 | 배송 | 배송 | 배송 |

## (3) NOT

**정의**

논리값의 반대를 나타낸다. 즉 논리값이 TRUE이면 FALSE가 되고, FALSE이면 TRUE가 된다.

= NOT(TRUE) ⇨ FALSE

= NOT(FALSE) ⇨ TRUE

= NOT(50>70) ⇨ TRUE

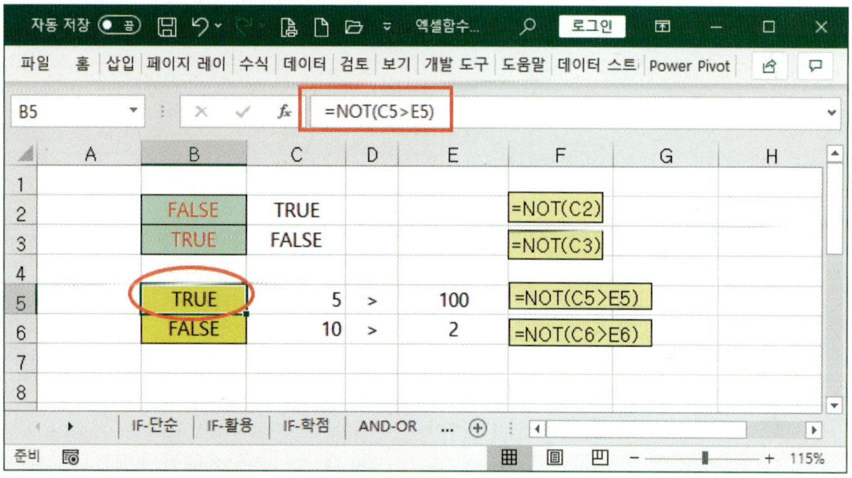


위의 B5셀에 'C5>E5'(즉, '5>100')라는 조건의 반대를 입력하려면 '=NOT(C5>E5)'가 된다. 그런데 '5>100'이 거짓이 되므로 이의 반대는 참이 되어 B5셀에는 TRUE가 나타난다.

## (4) IFERROR(수행식, 첫 수행식 오류시 수행식)

**정의**

함수식의 수행에서 에러가 난 경우, 다음 인수로 지정한 함수식을 수행한다.

**인수설명**

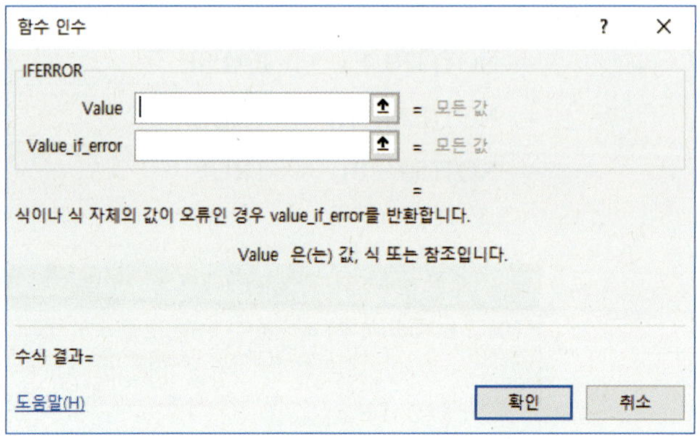


- 검사수식(Value) : 우선 수행되는 식으로 오류가 없는 경우 이 식의 수행만으로 끝나고 두 번째 인수는 수행되지 않는다.
- 반환수식(Value_if_error) : 첫 번째 인수인 검사수식이 오류가 난 경우에는 두 번째 인수인 반환수식이 수행된다.

IFERROR함수는 한 수식이 오류가 난 경우 처리할 방안을 마련한 함수이다. IF와 ERROR의 합성어로 첫 번째 검사수식이 오류가 난 경우 두 번째 인수인 반환수식을 수행한다는 것이다. 반환수식마저 오류가 나면 반환수식의 오류로 함수의 수행이 끝난다.

**'IFERROR' 시트**

① 비율=본사 판매수량/타사 판매수량으로 하여 본사의 실적을 알아보고자 한다. 그런데 B사의 경우처럼 판매량이 0인 경우에는 #DIV/0! 오류가 발생한다. 이 경우 "판매량 없음"으로 적고자 한다.

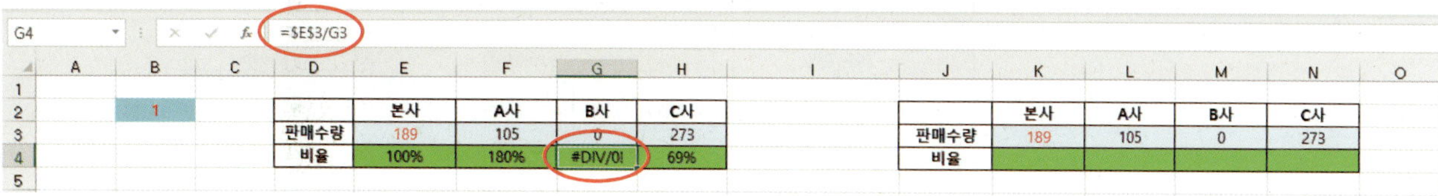


K4셀 : 아래와 같이 첫 번째 수행식이 오류가 난 경우 실행하는 값을 두 번째 인수에 적는다.

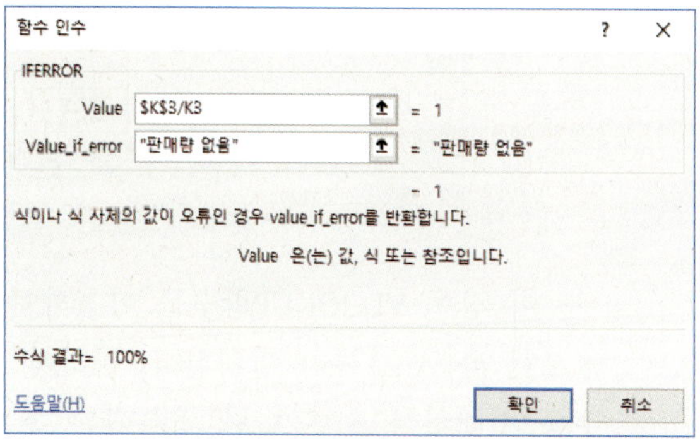


그리고 오른쪽 테이블에서 다른 열에 복사하면 아래와 같이 수행된다. B사의 경우 오류가 발생하므로 이제 두 번째 인수의 값인 "판매량 없음"이 기재된다.

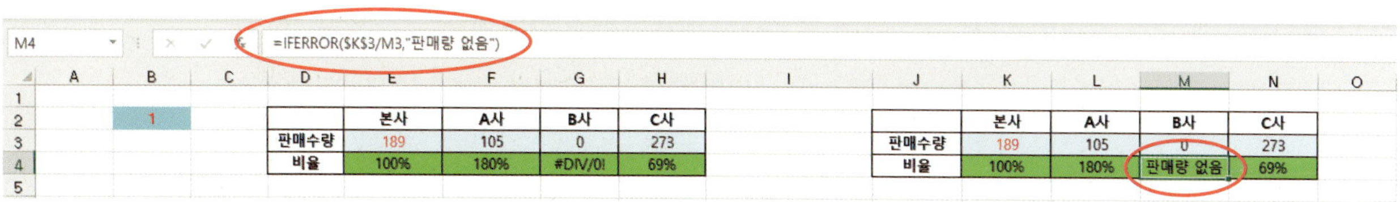


IFERROR함수에서 검사하는 오류는 #N/A, #VALUE!, #REF!, #DIV/0!, #NUM!, #NAME?, #NULL! 오류 등 모든 오류를 포함한다.

② H9셀의 산 이름이 왼쪽 테이블에 있으면 I9셀에 그 산의 높이를 적고, 없으면 "없음"이라고 적으시오.

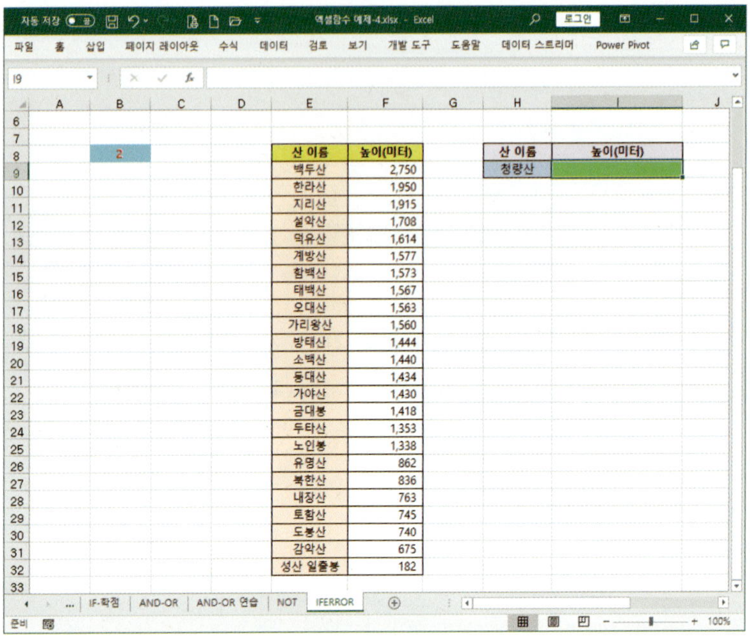


이 경우 VLOOKUP함수를 이용하여 산을 찾는데, 만일 찾는 산이 테이블에 없으면 #N/A 오류가 발생한다. 따라서 IFERROR함수를 이용하여 VLOOKUP함수를 수행하여 오류가 난 경우에는 찾는 산이 없는 것이므로 두 번째 인수에 "없음"이라고 기재하면 된다.

첫 번째 인수 : VLOOKUP(H9,E9:F32,2,0)
두 번째 인수 : "없음"

I9셀 식 : = IFERROR(VLOOKUP(H9,E9:F32,2,0), "없음")

아래에서 도봉산은 테이블에 산 이름이 있어 740미터의 높이를 가져오나, 청량산은 산 이름이 없으므로 VLOOKUP함수의 수행 결과 #N/A 오류가 나고, 따라서 두 번째 인수인 "없음"을 적게 된다.

| 산 이름 | 높이(미터) |
|---|---|
| 도봉산 | 740 |

| 산 이름 | 높이(미터) |
|---|---|
| 청량산 | 없음 |

# 5. 정보함수(엑셀함수 예제-5.xlsx)

정보함수는 데이터에 대한 확인기능을 수행한다. 예를 들면 셀의 값이 숫자인가, 빈칸인가 등을 확인하는 역할을 수행하는 것이다. IS-로 시작되는 정보함수의 결과는 논리값을 가진다. 즉 TRUE 또는 FALSE로 반드시 두 값 중의 하나가 된다.

✓ 영어 문장에서 Is … ?로 물었다고 생각하고 TRUE나 FALSE가 답이 된다고 기억하자.

| 함수명 | 설 명 |
|---|---|
| ISTEXT | 인수가 문자인지 확인한다. |
| ISNUMBER | 인수가 숫자인지 확인한다. |
| ISODD | 인수가 홀수인지 확인한다. |
| ISEVEN | 인수가 짝수인지 확인한다. |
| ISBLANK | 인수가 NULL값인지 확인한다.<br>NULL값은 새 시트의 셀처럼 아무 값도 들어 있지 않은 것으로 스페이스바를 눌러 만든 SPACE는 NULL값이 아님에 유의해야 한다. |
| ISLOGICAL | 인수가 논리값(TRUE 또는 FALSE)인지 확인한다. |
| ISERROR | 인수가 오류인지 확인한다. |
| ISREF | 인수가 셀 주소, 또는 범위(이름상자에 있는 범위)인지 확인한다. |

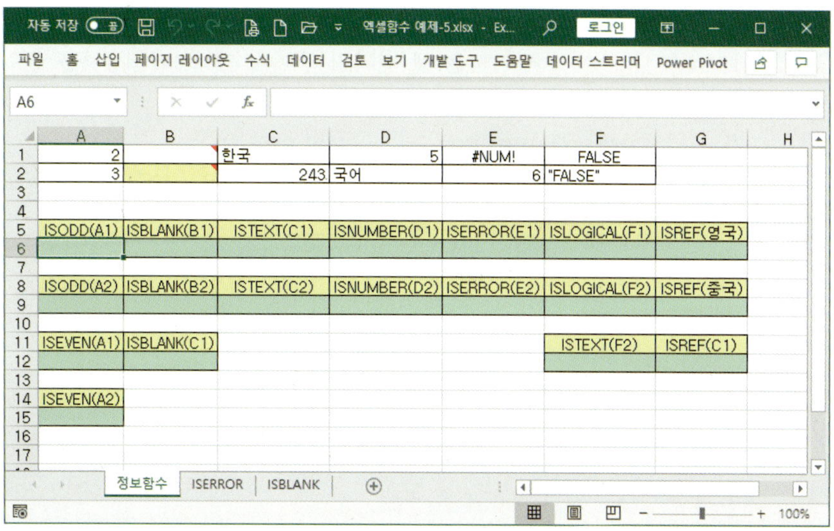

A6셀 : ISODD(A1) = ISODD(2) = FALSE

A9셀 : ISODD(A2) = ISODD(3) = TRUE

A12셀 : ISEVEN(A1) = ISEVEN(2) = TRUE

A15셀 : ISEVEN(A2) = ISEVEN(3) = FALSE

---

B6셀 : ISBLANK(B1) = ISBLANK() = TRUE

* B1의 값은 NULL이다.

B9셀 : ISBLANK(B2) = ISBLANK(" ") = FALSE

* B2의 값은 SPACE이다. 그러므로 ISBLANK함수에 FALSE가 된다.

B12셀 : ISBLANK(C1) = ISBLANK("한국") = FALSE

---

C6셀 : ISTEXT(C1) = ISTEXT("한국") = TRUE

C9셀 : ISTEXT(C2) = ISTEXT(243) = FALSE

* C2셀의 243은 숫자임

---

D6셀 : ISNUMBER(D1) = ISNUMER(5) = TRUE

D9셀 : ISNUMBER(D2) = ISNUMBER("국어") = FALSE

---

E6셀 : ISERROR(E1) = ISERROR(#NUM!) = TRUE

E9셀 : ISERROR(E2) = ISERROR(6) = FALSE

---

F6셀 : ISLOGICAL(F1) = ISLOGICAL(FALSE) = TRUE

F9셀 : ISLOGICAL(F2) = ISLOGICAL("FALSE") = FALSE

* "FALSE"는 논리값이 아니라 문자이다.

F12셀 : ISTEXT(F2) = ISTEXT("FALSE") = TRUE

---

G6셀 : ISREF(영국) = TRUE

* 영국은 셀 범위로 주어져 있다. 이름상자를 클릭하여 확인하면 H1:J3의 범위를 가지는 영역이다.

G9셀 : ISREF(중국) = FALSE

* 중국은 영역이나 셀 범위로 지정되지 않았다.

G12셀 : ISREF(C1) = TRUE

* C1은 셀 주소이므로(즉, 참조의 대상) TRUE가 된다.

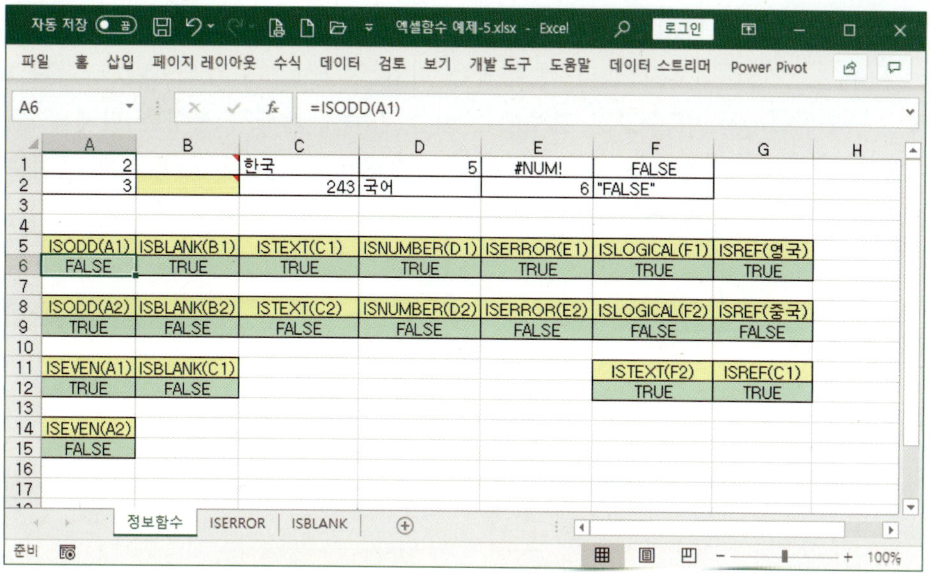


사용자들은 엑셀의 셀에서 수식 계산시에 종종 오류(예 : #VALUE!)를 발견할 수 있다. 계산으로 인한 오류뿐만 아니라 여러 차원의 오류들이 존재하는데, 대표적으로 나음 표와 같은 오류의 유형들이 존재한다.

| 오류 표시 | 원 인 |
|---|---|
| #VALUE! | 셀의 인수 지정이 잘못된 경우로 사용자가 정확하게 지정할 경우 해결될 수 있다. |
| #REF! | 참조했던 영역을 삭제한 경우에 발생한다. 삭제한 영역은 어디인가를 확인해 본다. |
| #DIV/0! | 나누기를 잘못한 경우로 0값(혹은 빈 셀)으로 나누지 않았는가를 확인해 본다. |
| #NAME? | 존재하지 않는 함수명이나 셀 이름을 참조하는 경우로 정확하게 함수명과 셀 이름을 확인할 경우 해결될 수 있다. |
| #N/A | 부적절한 인수를 참조할 경우로 인수의 의미 검토와 정확한 인수를 지정하면 해결될 수 있다. |
| #NUM! | 수식 결과값을 표시하기 곤란하거나 숫자를 정확하게 사용하지 않은 경우에 발생되어 수식이 제대로 작성되었는가를 확인해 본다. |
| ###### | 열의 너비가 좁아 입력된 내용이 모두 보이지 못하는 경우로 열 너비를 넓혀주면 간단히 해결된다. (계산 오류는 아님) |

**'ISERROR' 시트**

F9-F11셀의 세 과목은 기업 입사시 시험과목이다. 그러나 대학에서 해당 과목을 이미 수강한 경우에는 이들 과목에 대해서 시험을 면제해 준다고 한다. 내가 아래 과목들을 수강하였는지 ISERROR함수 등을 이용하여 알아보고, 미수강한 과목인 경우 "미수강"으로 표기하시오.

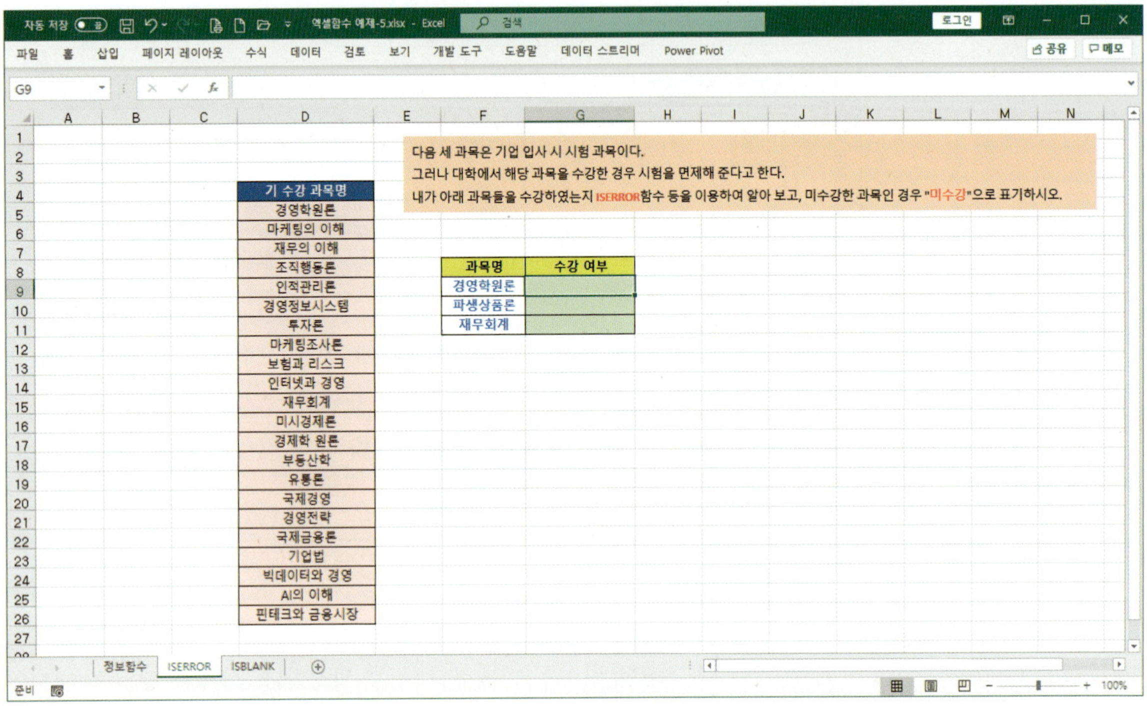


시험과목이 있는지를 알기 위하여 VLOOKUP함수를 사용할 수 있다. 오류가 나면 해당 과목이 기 수강 과목 리스트에 없다는 뜻이므로 "미수강"으로 기재하면 된다. 따라서 ISERROR함수와 VLOOKUP함수를 이용하여 오류가 난 경우 "미수강"으로 처리한다. 즉, IF문의 첫 인수가 ISERROR함수가 된다.

G9셀 : = IF(ISERROR(VLOOKUP(F9, $D$5:$D$26, 1, 0)), "미수강", "")

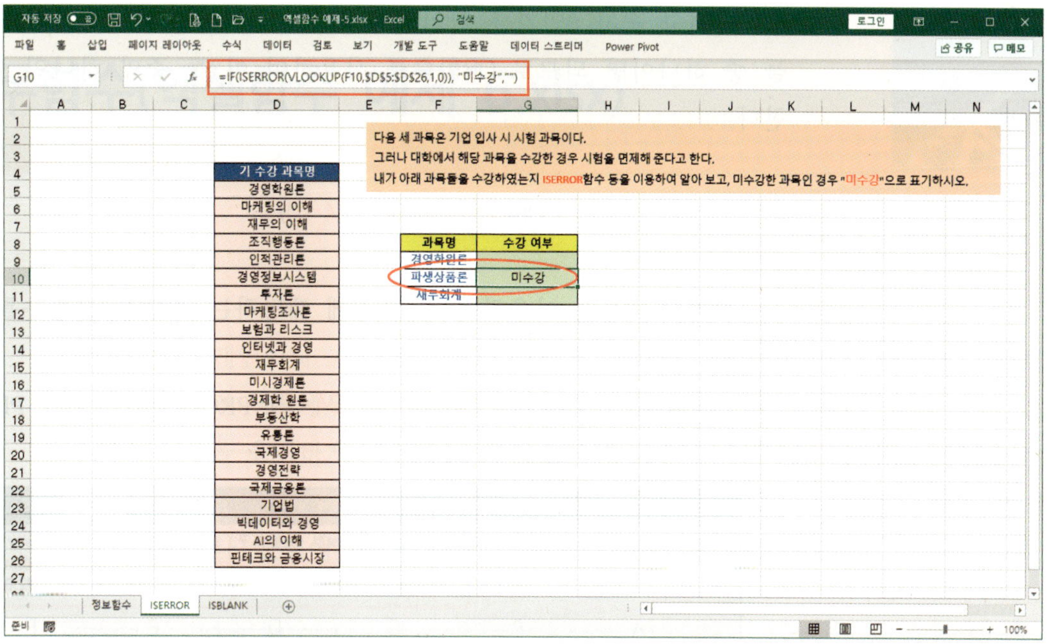


## 'ISBLANK' 시트

B4셀이 빈칸이거나 숫자 0인 경우에는 PRODUCT함수를 이용하여 B6셀에 B2와 B3셀의 곱을 적고, B4셀이 그렇지 않은 경우에는 PRODUCT함수를 이용하여 B2, B3, B4셀의 곱을 적으시오.

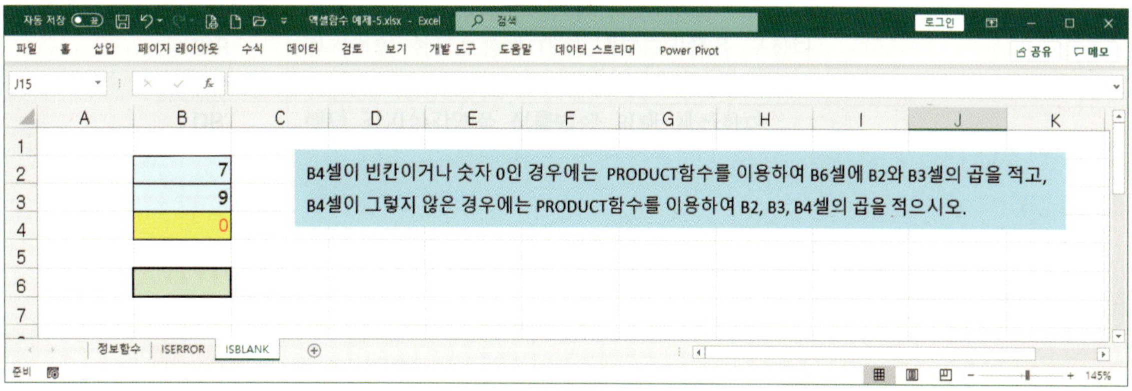


우선 B4셀이 빈칸인가를 알기 위하여 다음과 같이 ISBLANK함수를 사용한다.

ISBLANK(B4)

**인수설명**

· 이자율 : 해당 기간 동안의 이자율을 의미하며 모든 기간에 있어 동일해야 한다.

· 기간 : 총기간을 의미한다. 일반적으로 연수를 의미하지만 월, 일 등이 될 수도 있다. 이자율은 이 기간에 맞춘 이자율을 의미한다. 따라서 연이자율이 6%인 경우에 기간을 월로 하면 이자율은 '6%÷12개월', 즉 0.5%가 된다.

· 정기불입액 : 해당 기간 동안 매 기간 불입하는 금액을 말한다. '정기예금'을 계산하는 경우에는 정기불입금이 없으므로 '0'이 된다.

· 투자원금 : 현 시점에서 일시불로 예금하는 금액을 말한다. '정기적금'을 계산하는 경우에는 투자원금이 없으므로 '0'이 된다.

· 납입시기 : 정기불입액을 기간의 초에 불입하는지 말에 불입하는지를 지정한다. '0' 또는 생략하는 경우 기간 말에 불입하는 것을 의미하며, '1'은 기간 초에 불입하는 것을 의미한다.

〈주의사항〉

✓ FV와 PV 함수는 총기간 동안 이자율, 정기불입액, 불입간격이 모두 일정한 경우 사용 가능하다.

✓ 금액의 입력시 나한테서 돈이 나가면 '−' 사인을 붙이고, 들어오면, '+' 사인을 붙인다고 생각하면 된다.

FV함수를 이용하기 위해서는 아래와 같이 엑셀함수의 재무범주를 먼저 선택하고 다음에 FV함수를 클릭하면 함수마법사 창이 나타난다.

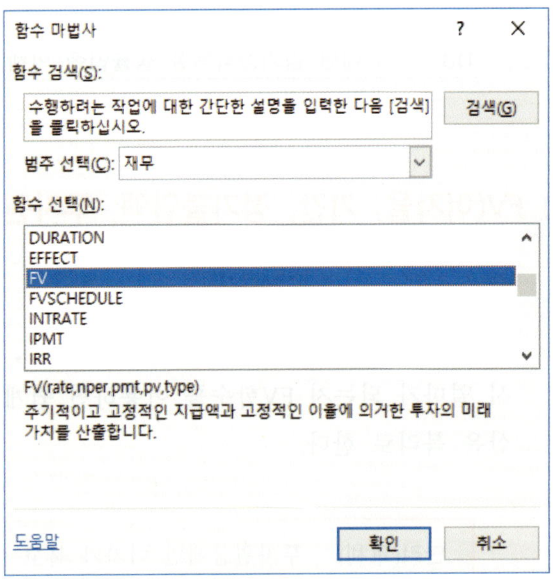

만약 연이자율 6%로 현재 100만원을 예금하고, 그 후 매년 말 10만원씩 불입하면, 5년 후 찾는 금액은 얼마일까? 이러한 현금흐름을 그림으로 나타내면 아래와 같다. 5년 말 10만원을 불입하는 시점과 전체 금액을 찾는 시점은 동일하다.

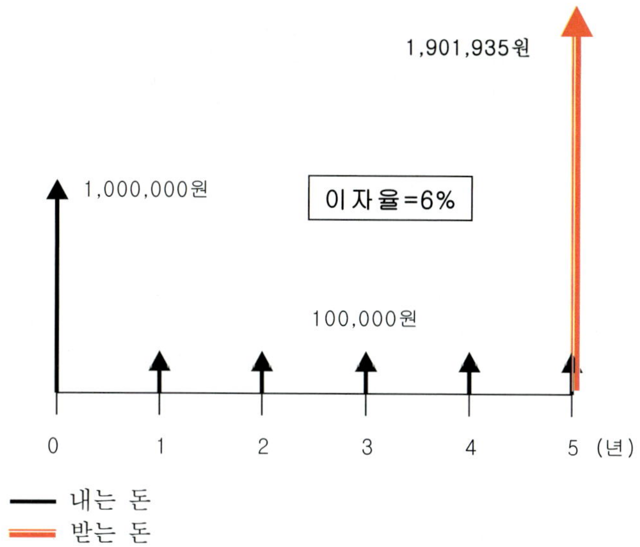


FV함수의 마법사를 이용하여 상기의 현금흐름에 대한 미래값을 구하려면 아래와 같이 입력하면 된다. 그러면 FV함수의 결과 미래값은 1,901,935원이 됨을 나타낸다.

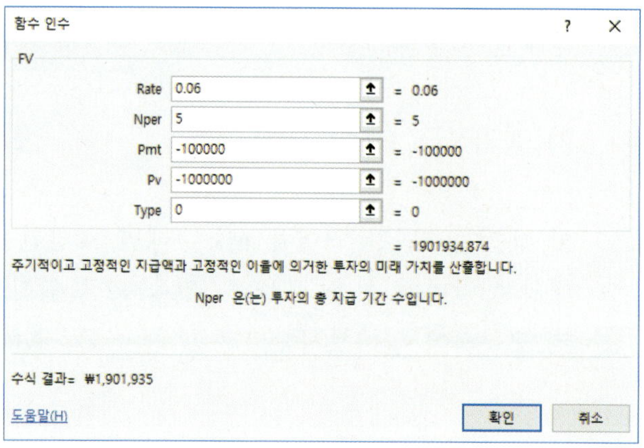


이제 FV함수를 이용하여 정기적금과 정기예금을 계산하는 예를 공부하도록 한다.

## 1) 정기예금('FV-1' 시트)

영업팀의 이 대리는 5년간 연이율 6%로 300만원을 정기예금하려고 한다. 5년 후에 이 대리는 얼마나 받을 수 있을까?

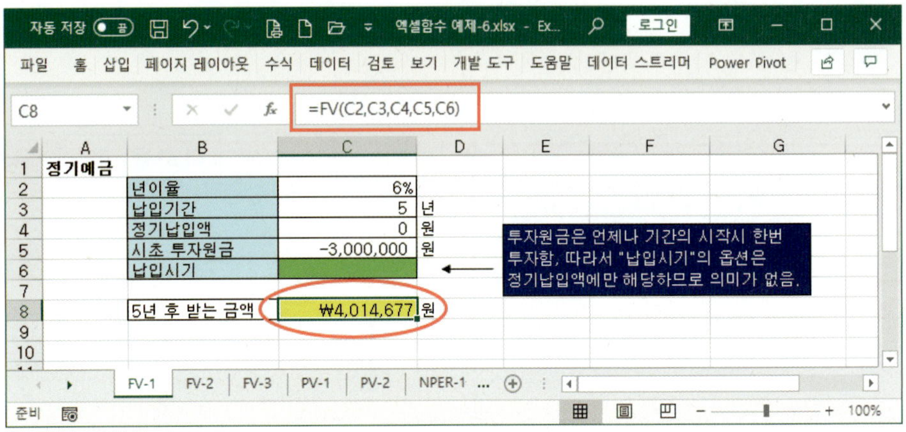


이 대리는 5년 후 4,014,677원을 받게 된다. 시초 투자원금은 시초에 한 번만 불입하기 때문에 다섯 번째 인수인 '납입시기'는 의미가 없음에 주의해야 한다. 정기예금이므로 정기납입액은 '0'이 된다. 그리고 300만원은 지출이므로 '−'금액으로 표시되었음에 유의하도록 한다. 그러면 결과는 '+'값으로 나오는데, 이는 지금 3,000,000원이 지금 내 주머니에서 은행으로 나가면(−), 5년 후에 은행이 내 주머니로 4,014,677원을 돌려준다고(+) 해석할 수 있는 것이다. 그리고 '납입시기'는 '정기납입액'의 납입시기만 의미하므로 '정기납입액'이 없을 경우 입력하지 않아도 된다.

## 2) 정기적금('FV-2' 시트)

이 대리는 5년간 연이율 6%로 매년 30만원을 정기적금하려고 한다. 5년 후에 이 대리는 얼마나 돈을 모을 수 있을까? 불입시기가 '매년 초'일 때와 '매년 말'일 때로 구분하여 알아보시오.

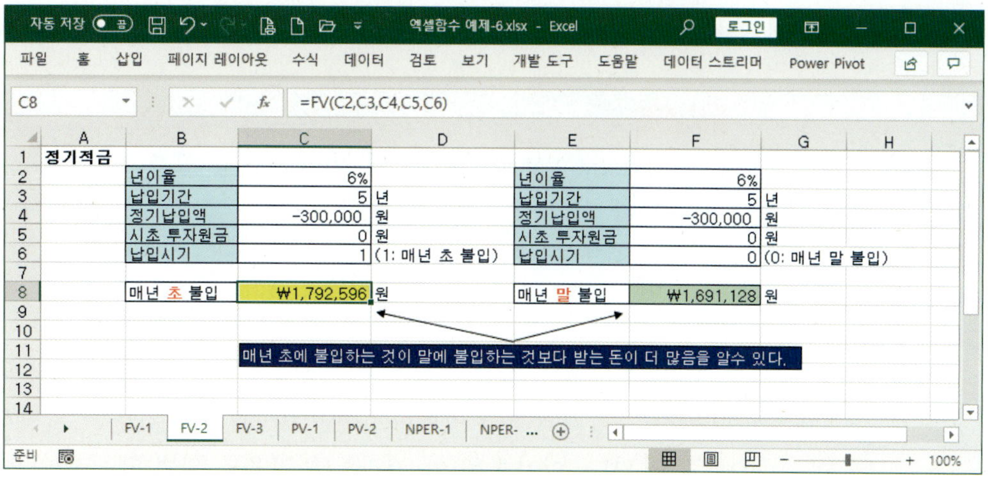


이 대리가 5년 후 받는 돈은 '매년 초'에 불입하는 경우에는 1,792,596원이 되며 '매년 말'에 불입하는 경우에는 이보다 작아 1,691,128원이 된다.

### 3) 정기예금과 정기적금을 함께 계산하는 경우('FV-3' 시트)

이 대리의 정기예금과 정기적금 저축액을 FV함수를 한 번만 사용하여 계산하는 방법은 없을까?

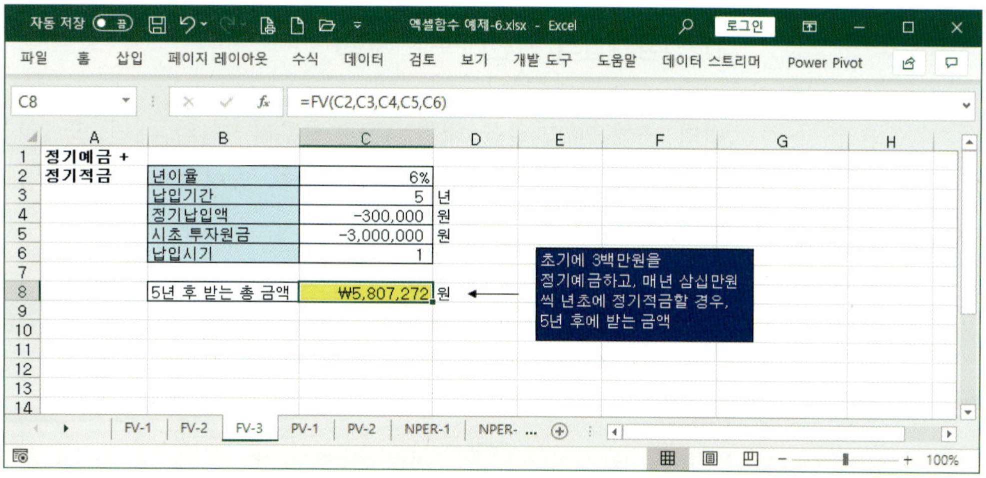


위의 그림에서 FV함수를 사용하면 이 대리의 저축액을 한 번에 계산할 수 있음을 알 수 있다. 여기에서는 정기납입금의 납입시기가 연초인 경우만 산출하였다. 앞의 문제 1), 2)의 금액을 합쳐보면 5,807,272원임을 알 수 있다(4,014,677원+1,792,596원=5,807,272원).

## (2) PV(이자율, 기간, 정기불입액, 투자원금, 정기불입액의 납입시기)

**정의**

PV는 Present Value(현재가치)를 의미하는데, 향후 받는 돈을 현재가치로 환산하면 얼마가 될 것인가를 계산해 준다.

**인수설명**

PV함수의 모든 인수는 FV함수와 동일하다.

- 이자율 : 해당 기간 동안의 이자율을 의미하며 모든 기간에 있어 동일해야 한다.
- 기간 : 총기간을 의미한다. 이때 일반적으로 연수를 의미하지만 월, 일 등이 될 수도 있다. 이자율은 이 기간의 이자율을 의미한다. 따라서 연이자율이 6%인 경우에 기간을 월로 하면 이자율은 0.5%가 된다.
- 정기불입액 : 해당 기간 동안 매 기간 불입하는 금액을 말한다. '정기예금'을 계산하는 경우 정기불입액은 '0'이 된다.
- 투자원금 : 미래시점에서 일시불로 불입하는 금액을 말한다. '정기적금'을 계산하는 경우 미래 일시불 금액은 '0'이 된다.
- 납입시기 : 정기불입액을 기간의 초에 불입하는지 말에 불입하는지를 지정한다. '0' 또는 생략하는 경우 기간 말에 불입하는 것을 의미하며, '1'은 기간 초에 불입하는 것을 의미한다.

### 1) 연금가입의 판단('PV-1' 시트)

내년 초에 200만원을 내면, 내년 말부터 7년간 매년 말 20만원씩 받고 또 7년 후 한 번 목돈으로 150만원을 받는 연금이 있다고 한다. 이자율을 연 5%로 한다고 할 때 이 연금에 가입하는 것이 유리한지 판단해 보자.

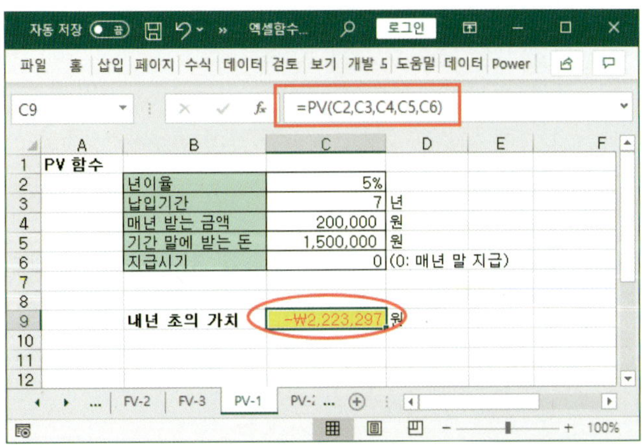

이전 그림에서 알 수 있듯이 이 연금을 내년 초의 가치로 환산하면 2,223,297원이 된다. 따라서 내년 초를 기준으로 하였을 때 현재시점으로 변환한 가치가 200만원을 넘기 때문에 연금에 드는 것이 유리하다.

## 2) 보험가입 여부 결정('PV-2' 시트)

이제 35세인 생산1팀의 박 과장은 친지가 권하는 보험을 들어야 할지 고민하고 있다. 이 보험의 내용을 살펴보면, 지금부터 15년간 매월 12만원을 불입하면 60세가 되는 25년 후부터 20년간 매월 30만원을 받을 수 있다고 한다(물론 박 과장은 최소한 80세까지 산다고 가정한다). 이자율을 연 6%로 가정할 때 보험에 가입하는 것이 좋은지 결정하시오(모든 납입/지급 시기는 매월 말로 가정한다).

우선 매월 내게 되므로 PV함수를 사용하기 전에 납입간격의 단위를 연에서 월로 변환해야 한다. 6%를 12개월로 나누면 월이자율은 0.5%가 된다. 그리고 불입기간 15년을 월로 바꾸면 15×12=180개월이 된다. 이 문제에서 중요한 것은 금액의 시점을 같은 시점에서 비교한다는 것이다. 여기에서는 현재 시점으로 내는 금액과 받는 금액을 치환한다.

이에 따라 PV함수를 이용하여 이 불입금액의 현재가치(박 과장이 35세일 때)를 구하면 아래와 같이 14,220,422원이 됨을 알 수 있다. 즉 박 과장이 35세일 때의 시점으로 환산하면 불입한 금액의 가치는 14,220,422원이 된다.

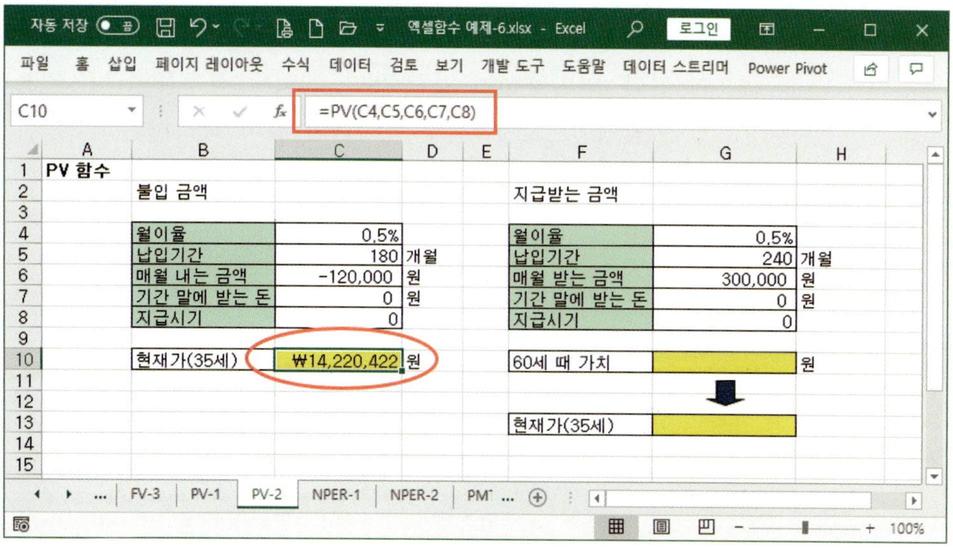

이제 60세 이후 20년간 매월 30만원씩 받는 금액을 박 과장이 60세일 때 가치로 치환해 보자(PV함수를 두 번 사용하는 이유는 60세 이전에는 매월 받는 금액이 없기 때문이다). 20년이므로 총기간을 월로 치환하면 20×12는 240개월이 된다. PV함수를 이용하여 계산하면 박 과장이 60세일 때 이 금액의 가치는 아래와 같이 41,874,232원이 된다. 아래 그림에서 41,874,232원이 '–'값이 되는 이유는 매월 받는 돈에 대하여 지불한다면 얼마가 될까를 계산하였기 때문이다.

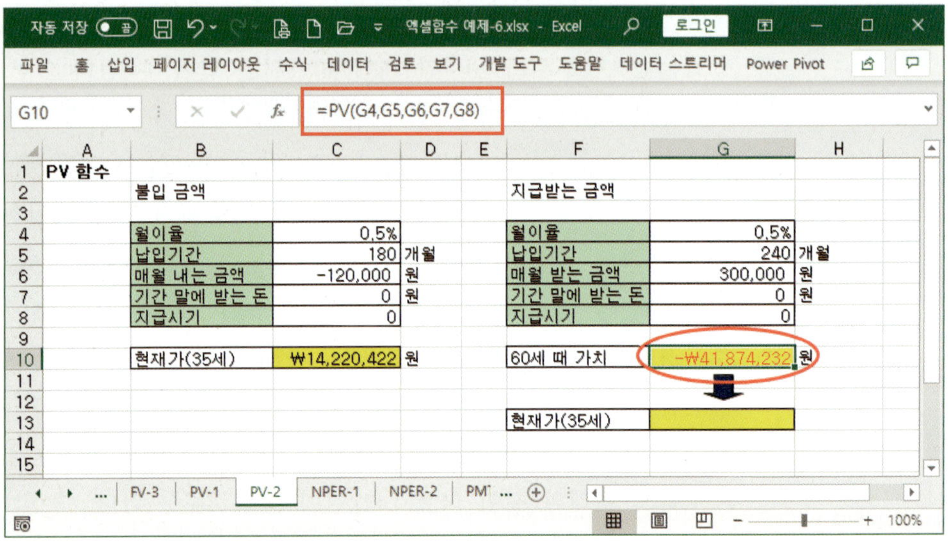


그런데 이 금액은 박 과장이 60세일 때를 기준으로 한 금액가치이므로, 이제 이를 현재의 시점(박 과장이 35세일 때)으로 다시 환산하면 다음과 같이 9,378,391원이 된다. 연이율 6%, 기간 25년, 그리고 정기불입금은 없으며 미래가치는 G10셀에 있는 금액이므로 PV함수는 아래와 같이 작성한다.

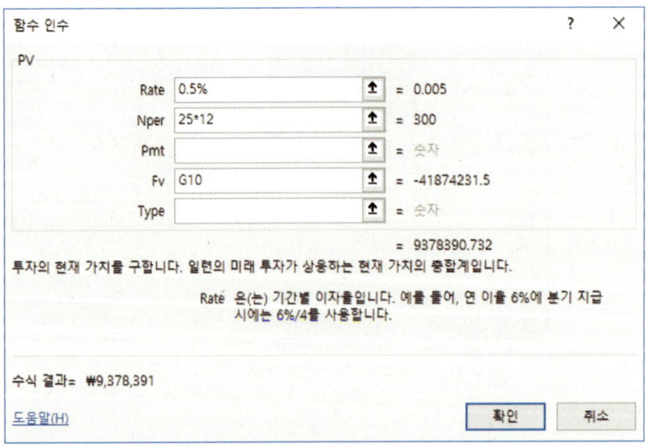

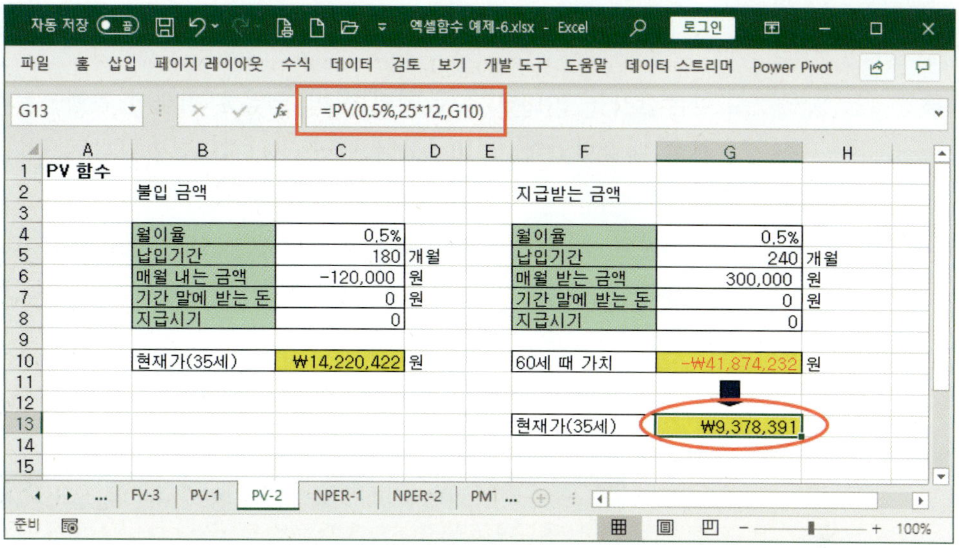


이는 60세 이후 20년간 매월 30만원씩 받는 금액이 현재 35세일 때의 가치로 따지면 9,378,391원이 된다는 것을 의미한다. 그런데 불입하는 금액의 총가치는 현재 35세일 때의 가치로 따져서 오히려 이보다 훨씬 높은 14,220,422원이므로, 박 과장은 이 보험을 들게 되면 상당한 손해를 보는 셈이다.

## (3) NPER(이자율, 정기불입액, 현재가치, 미래가치, 납입시기)

**정의**

NPER함수는 매 기간 일정액을 불입할 경우 현재의 투자금액을 다 갚거나, 또는 미래에 필요한 소요금액을 조달하기 위하여 필요한 기간을 산정한다.

**인수설명**

- 이자율 : 해당 기간 동안의 이자율을 의미하며 모든 기간에 있어 동일해야 한다.
- 정기불입액 : 매 기간 불입하는 금액을 의미한다. 불입금액은 전체 기간 동안 일정해야 한다.
- 현재가치 : 갚고자 하는 금액이 현재가인 경우 현재가치를 기입한다. 그렇지 않고 미래에 소요되는 금액이면 미래가치란에 기입한다.
- 미래가치 : 미래에 필요한 소요금액을 입력한다.
- 납입시기 : 정기불입액을 기간의 초에 불입하는지 말에 불입하는지를 지정한다. '0' 또는 생략하는 경우 기간 말에 불입하는 것을 의미하며, '1'은 기간 초에 불입하는 것을 의미한다.

### 1) 현재 투자금액을 갚기 위하여 필요한 기간 구하기('NPER-1' 시트)

한국전자는 2010년 초에 최신 설비 도입을 위하여 은행으로부터 연이율 4%로 20억원을 대출받았다. 2010년부터 매년 말 1억 5천만원씩 갚는다면 모두 갚는 데 몇 년이 걸릴까?

위의 문제는 이자율 4%, 정기납입액 1억 5천만원, 그리고 현재가치로 계상한 투자원금 20억원의 상환기간 계산에 관한 문제로, 미래가치는 없으므로 '0'으로 입력한다.

이를 엑셀 시트로 나타내면 아래와 같다.

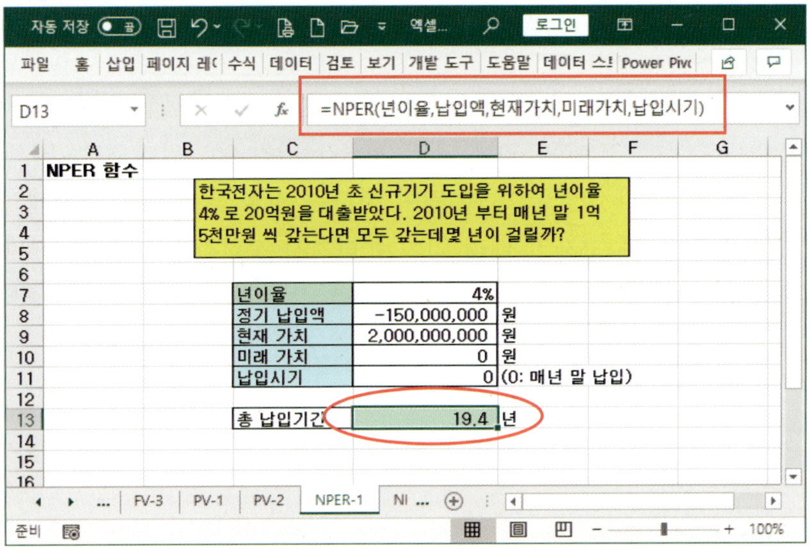


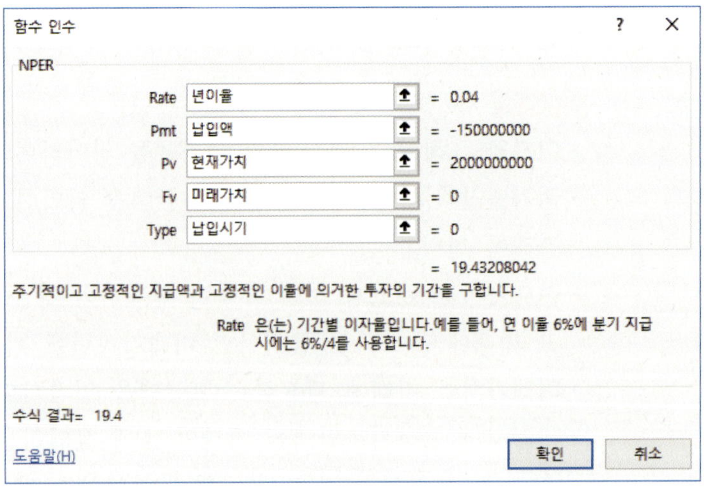

NPER함수를 이용하여 계산한 결과 20억원을 모두 갚는 데 19.4년이 소요됨을 알 수 있다(위의 NPER함수 창에서 셀번호 대신 영역 이름이 나온 것은, D7-연이율, D8-납입액, D9-현재가치, D10-미래가치, D11-납입시기로 셀 주소 대신 영역 이름을 주었기 때문이다).

## 2) 미래 소요금액을 갚기 위하여 필요한 기간 구하기('NPER-2' 시트)

박 과장은 아들에게 200만원짜리 컴퓨터를 사주려고 한다. 이자율 연 5%인 상황에서 박 과장이 매월 10만원씩 돈을 모은다면(매월 초에 불입한다) 언제쯤 컴퓨터를 사줄 수 있을까?

위의 문제는 미래 소요금액을 계산하기 위한 것이다. 따라서 현재가치는 '0'이 되며 미래가치가 200만원이 되는 문제라 할 수 있다. 불입기간이 月(월)이므로 연이율인 5%를 12로 나누어 월이자율을 산정한 뒤 소요되는 월수를 구하도록 한다.

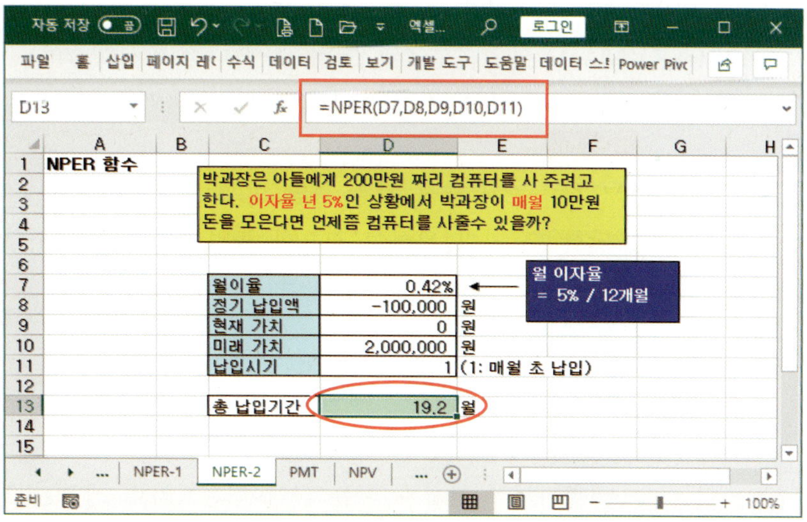


이를 계산하기 위하여 'NPER-2' 워크시트의 D13셀을 클릭하고 NPER함수 창을 열어 다음과 같이 입력한다.

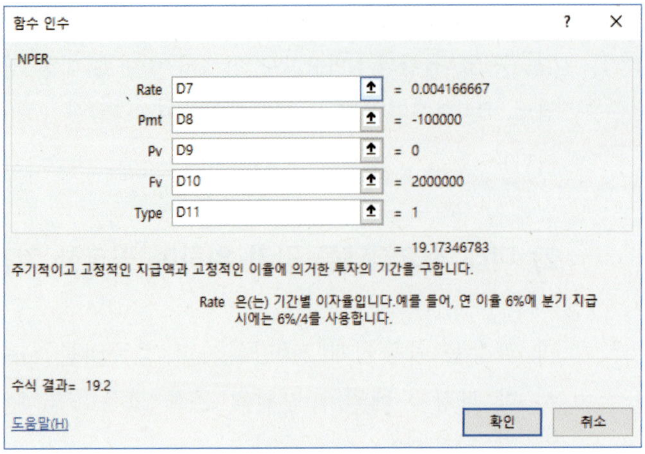


매월 초 10만원을 불입할 경우 200만원을 조달하기 위한 총소요기간은 연이율 5%에서 19.2개월이 된다.

## (4) PMT(이자율, 기간, 현재가치, 미래가치, 납입시기)

**정의**

PMT함수는 정해진 기간 동안 현재 투자금액을 다 갚거나, 또는 미래 소요금액을 조달할 수 있기 위하여 필요한 불입액을 산정한다. NPER함수가 기간을 구한다면 PMT함수는 정기불입액을 구하는 함수이다.

**인수설명**

- 이자율 : 해당 기간 동안의 이자율을 의미하며 모든 기간에 있어 동일해야 한다.
- 기간 : 불입기간을 의미한다.
- 현재가치 : 갚고자 하는 금액이 현재가로 계상된 경우 현재가치를 기입한다.
- 미래가치 : 미래에 소요되는 금액을 의미한다.
- 납입시기 : 정기불입액을 기간의 초에 불입하는지 말에 불입하는지를 지정한다. ‘0’ 또는 생략하는 경우 기간 말에 불입하는 것을 의미하며, ‘1’은 기간 초에 불입하는 것을 의미한다.

## 'PMT' 시트

박 과장은 1년 후 아들에게 200만원짜리 컴퓨터를 사주려고 한다. 이자율 연 5%인 상황에서 박 과장은 매월 얼마를 저축해야 할까? 매월 말에 저축한다고 가정한다. 연이자율 5%를 월이자율로 변환하여 기간단위를 월로 바꾼 다음, 월 불입액을 구하도록 한다. 따라서 주어진 기간 1년은 12개월이 된다.

PMT함수 워크시트에서 아래와 같이 입력하여 월 불입액을 계산하면 박 과장은 아들에게 1년 후 컴퓨터를 사주기 위하여 매월 162,882원을 불입해야 함을 알 수 있다.

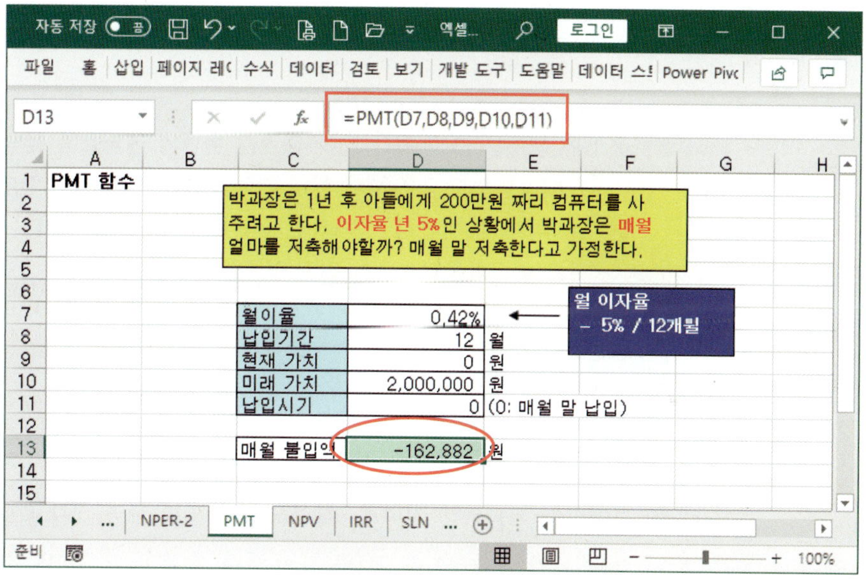


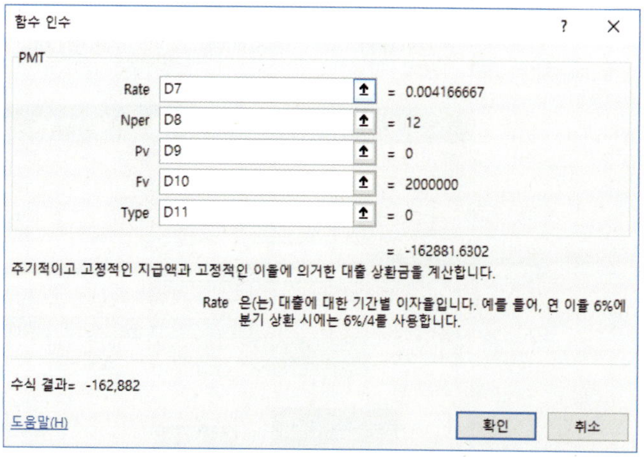

## (5) NPV(이자율, 현금흐름)

**정의**

NPV는 Net Present Value(순현가)를 의미하는데, 크기가 일정하지 않은 현금흐름의 현재가를 계산한다.

**인수설명**

- 이자율 : 해당 기간 동안의 이자율을 의미하며 모든 기간에 있어 동일해야 한다. 또한 이자율은 기간단위와 동일해야 한다.
- 현금흐름 : 기간 동안의 현금흐름을 의미한다. 254개까지 지정가능하며 셀 범위로 입력할 수도 있다.

〈주의사항〉

✓ NPV함수는 PV함수와 달리 총기간 동안의 현금흐름 금액의 크기가 다를 수 있다. 그러나 NPV함수도 이자율과 현금흐름 기간은 동일해야 한다.

✓ NPV함수의 계산시 '현재라는 시점'에 주의해야 한다. NPV함수가 계산하는 현재는 '최초 현금흐름의 1단위 기간(연, 월 등) 전'이다.

**'NPV' 시트**

2015년 1월 1일 20만원을 지불한 후 매년 초 받는 현금흐름이 다음과 같을 때 연이자율 6%에서 각각 순현가를 계산하시오(NPV함수는 첫 현금흐름 시점의 한 단위 기간(여기에서는 연) 전인 2014년 1월 1일을 현재로 하여 구해준다).

| 2015.1.1 | 2016.1.1 | 2017.1.1 | 2018.1.1 | 2019.1.1 |
|---|---|---|---|---|
| −₩200,000 | ₩100,000 | ₩100,000 | ₩30,000 | ₩30,000 |
| −₩200,000 | ₩30,000 | ₩30,000 | ₩100,000 | ₩100,000 |

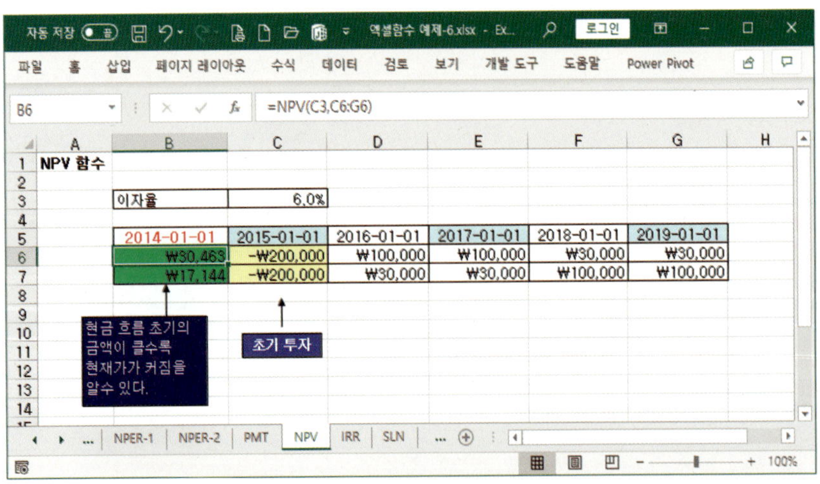

B6셀 : = NPV(C3, C6:G6)

B7셀 : = NPV(C3, C7:G7)

최초 현금흐름이 2015년 1월 1일이므로 NPV함수가 구하는 현재가는 2014년 1월 1일의 가치이다. 현금흐름 셀의 전체 범위를 입력함으로써 현금흐름을 입력한다. 제일 위의 날짜 행은 발생일자를 알려주기 위하여 사용하였을 뿐이므로 NPV함수에서 입력하는 것은 아니다.

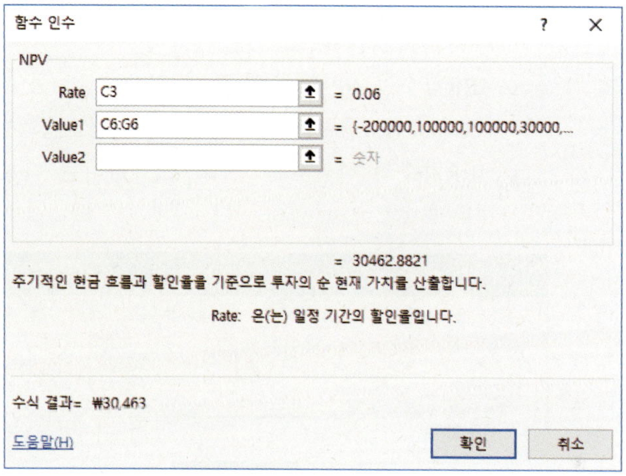


## (6) IRR(현금흐름, 이자율 근사치)

정의

IRR은 Internal Rate of Return의 약자로 '내부수익률'로 번역된다. NPV함수가 주어진 현금흐름의 순현가를 구한다면 IRR함수는 순현가가 '0'이 되게 하는 이자율을 구한다. 즉 특정안에 투자했을 때 수입과 지출을 일치하게 하는 이자율을 구해주는 것이다. 이 이자율이 현행 금리보다 높다면 투자해 볼 만한 투자안이 될 것이나, 현행 금리보다 낮다면 투자해 볼 가치가 없다고 판단하면 된다. IRR함수 역시 NPV함수와 같이 현금흐름의 납입간격은 일정해야 한다.

**인수설명**

- 현금흐름(Values) : 총기간 동안의 현금흐름을 의미한다. 254개까지 지정가능하며 셀의 범위로만 입력해야 한다.
- 이자율 근사치(Guess) : 엑셀이 이자율을 계산하기 위해서 사용하는 최초 이자율을 지정한다. IRR 계산을 하기 위하여 엑셀은 최대 20번의 반복 계산을 수행하는데, 0.0001 이내의 오차가 발생할 때까지 이자율을 계산한다. 만일 20번의 계산 내에서 0.0001 오차 이내로 수렴하지 않으면 #NUM! 오류가 발생하므로 근사치를 다시 주고 실행해야 한다. 주지 않는 경우 0.1(10%)로 인식한다.

〈주의사항〉

✓ IRR함수는 NPV함수와 같이 전체 기간 동안의 **현금흐름 금액의 크기는** 다를 수 있다. 그러나 IRR함수 역시 **이자율과 현금흐름의 지불간격은** 동일해야 한다.

✓ IRR함수의 현금흐름 중 최소한 하나는 다른 부호(+/−)를 가지고 있어야 한다.

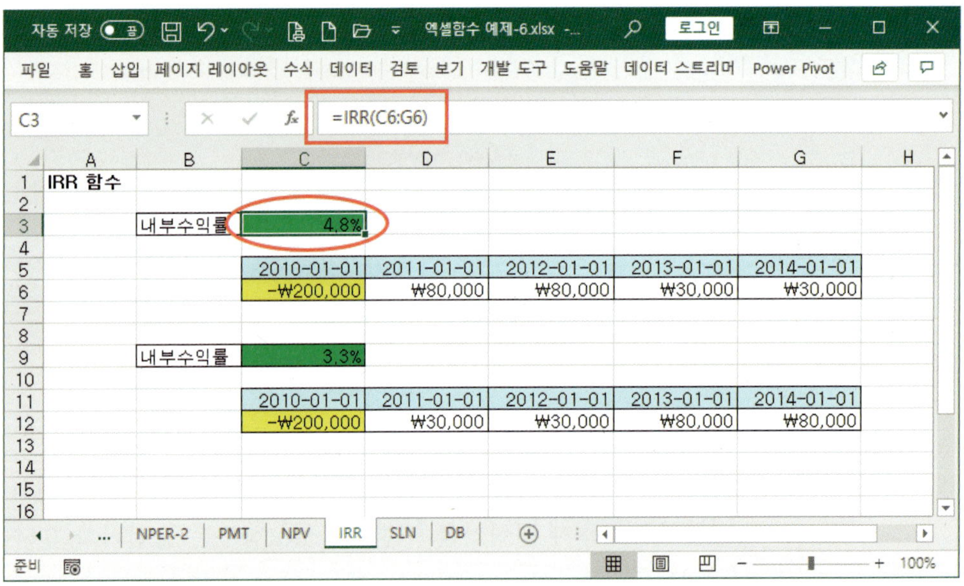


C3셀 : = IRR(C6:G6, 0.1)

C9셀 : = IRR(C12:G12, 0.1)

위의 현금흐름에 대한 IRR을 계산하기 위하여 함수마법사 창에 입력하는 내용은 다음과 같다. 현금흐름(Values)란에 C6에서 G6셀까지의 범위를 입력하였고 초기 이자율은 10%(0.1)를 입력하였다.

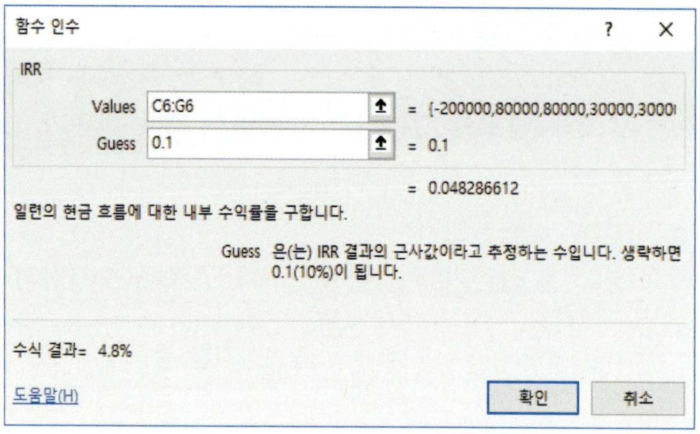


위의 결과 시트에서 알 수 있듯이, 투자 후 받는 총액의 명목상의 합계는 22만 원으로 같더라도 먼저 많은 수입이 있는 현금흐름(위의 안)이 더 내부수익률이 높으며, 따라서 경제적으로 보다 투자매력이 높은 것을 알 수 있다. 그리고 현금흐름(value)은 범위로 하여 입력하였음에 주의하자. 특히 IRR함수의 현금흐름은 항상 영역범위에 의해서만 입력할 수 있음을 상기할 필요가 있다.

## (7) SLN(취득원가, 잔존가액, 내용연수)

SLN함수와 다음에 나올 DB함수는 고정자산의 감가상각액의 계산에 사용된다.

### 1) 감가상각

기계나 장비 등의 경우 시간이 흘러감에 따라 일정기간 후에는 효용가치를 다하여 더 이상 경제적 효익을 제공하지 못하게 된다. 따라서 취득시에는 자산이 되지만 효용가치가 다한 후에는 그 자산이 모두 없어지게 된다. 따라서 이를 미리 예상하고 취득시 모두 비용으로 처리하면 그해에만 너무 많은 비용이 발생하게 되므로 전 사용기간에 걸쳐 고르게 배분하는 것이 보다 타당하다. 이렇게 세법에서 정한 대로 매년마다 조금씩 취득원가를 비용으로 계상하는 것을 '감가상각'이라 하고 그 액수를 '감가상각액'이라고 한다. 우리의 관심은 매년의 감가상각액의 계산에 있는데, 여러 가지 방법이 있으나 보통 정액법과 정률법이 주로 사용된다. 정액법은 매년 상각되는 액수가 일정하게끔 상각액을 정하는 방법이고, 정률법은 매년 상각률이 일정하게끔 상각액을 정하는 방법이다.

### 2) 감가상각액의 결정요소

당해 연도의 감가상각액은 취득원가, 잔존가액, 내용연수에 의해 결정된다.

- 취득원가 : 구입시의 가격을 말한다.
- 잔존가액 : 내용연수가 종료하는 시점의 자산의 가치를 말한다.

| 감가상각할 총금액 = 취득원가 − 잔존가액 |
|---|

- 내용연수 : 자산이 경제적 활동에 사용될 수 있다고 하는 기간으로 '경제수명'이라고도 한다. 자산의 종류에 따라 세법에서 정하는 감가상각을 행하는 연수를 말한다(예 : 사무용가구 5년). 실제 자산의 사용기간과는 무관하다.

### 3) 감가상각방법

- 정액법 : 매 기간 동일한 금액을 상각하는 방법으로 직선법(straight-line method)이라고도 부른다. 정액법에서의 매년 감가상각액은 다음과 같다(SLN함수로 계산함).

| 감가상각액 = (취득원가 − 잔존가액) / 내용연수 |
|---|

- 정률법 : 고정자산의 장부가액에 매년 같은 상각률을 적용하여 상각액을 결정하는 방법이다. 정률법(fixed-percentage-of-declining-balance method)을 사용하면 초기에 많은 금액이 상각되고 갈수록 상각액은 감소하게 된다. 정률법하에서의 당해 연도의 감가상각액은 다음의 공식에 따라서 결정된다(DB함수로 계산함).

| 감가상각액 = 前期의 장부가액 × 감가상각률 |
|---|

$$\text{상각률} = 1 - \sqrt[\text{내용연수}]{\frac{\text{잔존가액}}{\text{취득원가}}}$$

(상각률을 구하는 엑셀함수는 없다)

### 4) SLN(취득원가, 잔존가액, 내용연수)

**정의**

정액법에 의한 감가상각액을 구한다.

**인수설명**

· 취득원가 : 고정자산의 취득가를 말한다.
· 잔존가액 : 내용연수가 종료하는 시점의 자산의 가치를 말한다. 통상 취득가의 %로 표시된다.
· 내용연수 : 감가상각을 행하는 총연수를 말한다.

**'SLN' 시트**

100만원에 산 기계의 내용연수가 5년이고 그때의 잔존가액은 10만원(취득원가의 10%)이다. 감가상각을 정액법으로 한다면, 매년 상각해야 할 감가상각액은 얼마인가?

매년 감가상각액 = (100－10)/5 = 18만원

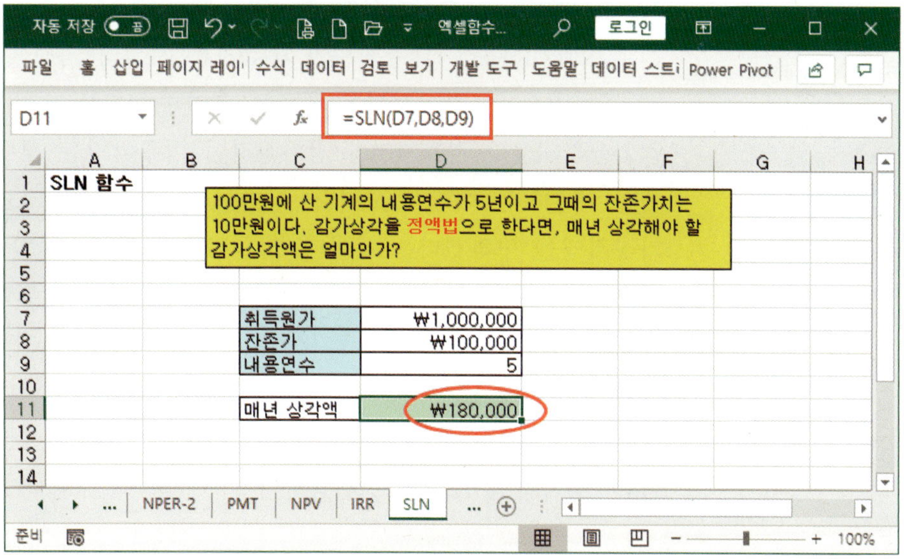

## (8) DB(취득원가, 잔존가액, 내용연수, 감가상각대상 기간, 첫해의 사용개월수)

**정의**

정률법에 의한 감가상각액을 구한다.

**인수설명**

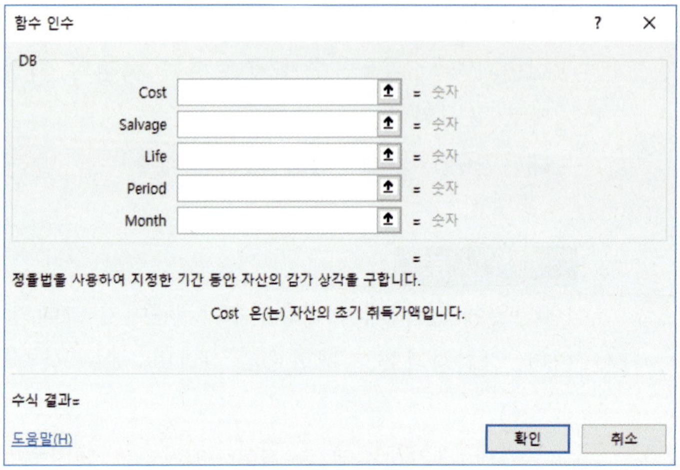


- 취득원가(Cost) : 고정자산의 취득가를 말한다.
- 잔존가액(Salvage) : 내용연수가 종료하는 시점의 자산의 가치를 말한다.
- 내용연수(Life) : 감가상각을 행하는 총연수(세법상 정한 연수임에 유의)를 말한다.
- 감가상각대상 기간(Period) : 감가상각이 이루어지는 햇수를 말한다. 즉 감가상각액을 계산하는 대상 연도이다. 감가상각대상 기간이 '3'이라는 것은 3년째의 감가상각액을 구하겠다는 것이다. 정률법으로 감가상각할 때에는 기간마다 상각액이 달라지므로 감가상각대상 연도가 중요한 인수가 된다.
- 첫해의 사용개월수(Month) : 자산을 취득한 해의 사용개월수이다. 1월 1일 취득하였다면 첫해에 12개월 사용하였으므로 12가 된다. 그러나 만일 8월 1일 취득하였다면 5개월 사용하였으므로 5가 된다. 첫해에 사용한 만큼만 상각해야 하기 때문이다. 생략하면 12개월로 취급한다.

**'DB' 시트**

100만원에 산 기계의 내용연수가 5년이고 그때의 잔존가액은 10만원이다. 감가상각을 정률법으로 한다면, 매년 상각해야 할 감가상각액은 얼마인가? 사례 1과 사례 2에 대하여 모두 답하시오.

사례 1 : 첫해에 12개월 모두 사용한 경우

사례 2 : 첫해에 8개월만 사용한 경우

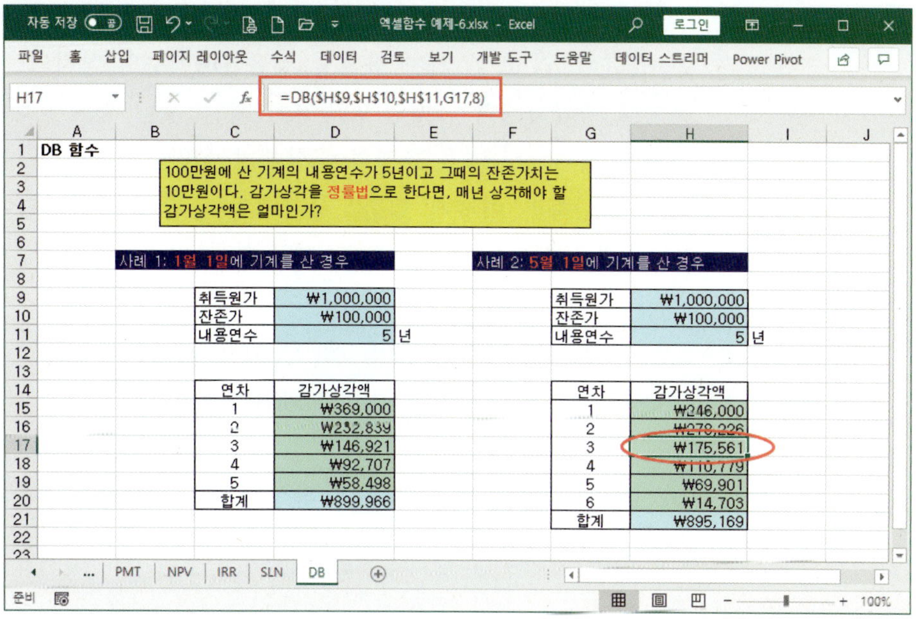


D15셀 : = DB($D$9, $D$10, $D$11, C15, 12)

H15셀 : = DB($H$9, $H$10, $H$11, G15, 8)

아래는 위의 사례 2 중 1년차의 상각액을 계산하기 위한 DB함수의 창을 보여주고 있다. 마지막 개월수가 8인 것은 첫해의 사용개월수가 8개월이기 때문이다.

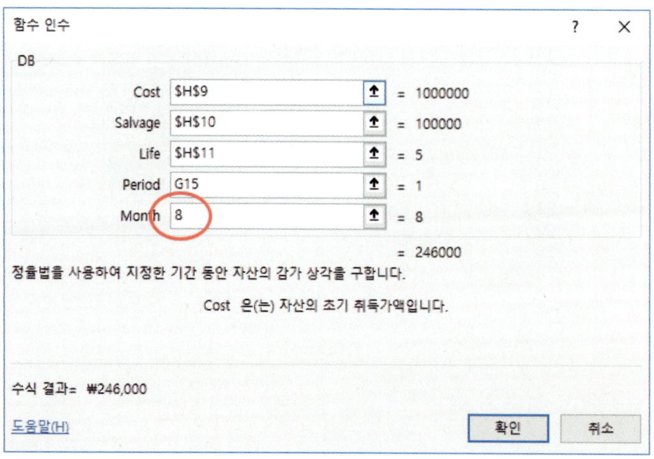

사례 2에서 왜 감가상각이 내용연수인 5년보다 많은 6년에 걸쳐 이루어지는지 생각해 보자. 첫해 8개월 사용하고 나머지 4개월을 6년차에 상각하기 때문이다(이는 우리나라 회계기간이 1월 1일에 시작하여 12월 31일에 끝나기 때문이다). 따라서 6년차에는 연수도 나중인 데다가 4개월치만 상각되기 때문에 특히 상각액이 작음을 알 수 있다. 그리고 한 가지 유의할 것은 DB함수의 상각액을 다 합하면 소수점 등의 문제로 총감가상각 금액인 90만원이 되지 않는 경우가 대부분이다. 그러나 이것은 마지막 해의 상각액을 조정하여 합계가 90만원이 되도록 함이 원칙이다. 이를 엑셀에서 실행하면 어떻게 될까? 상각액의 총합계가 90만원이 되도록 각자 D19셀과 H20셀에 들어갈 식을 작성하면 다음과 같다.

D19셀 : = (D9-D10)-SUM(D15:D18)

H20셀 : = (H9-H10)-SUM(H15:H19)

D19셀, H20셀을 위와 같이 작성하면 감가상각액 총합계가 모두 90만원이 되는 것을 알 수 있다.

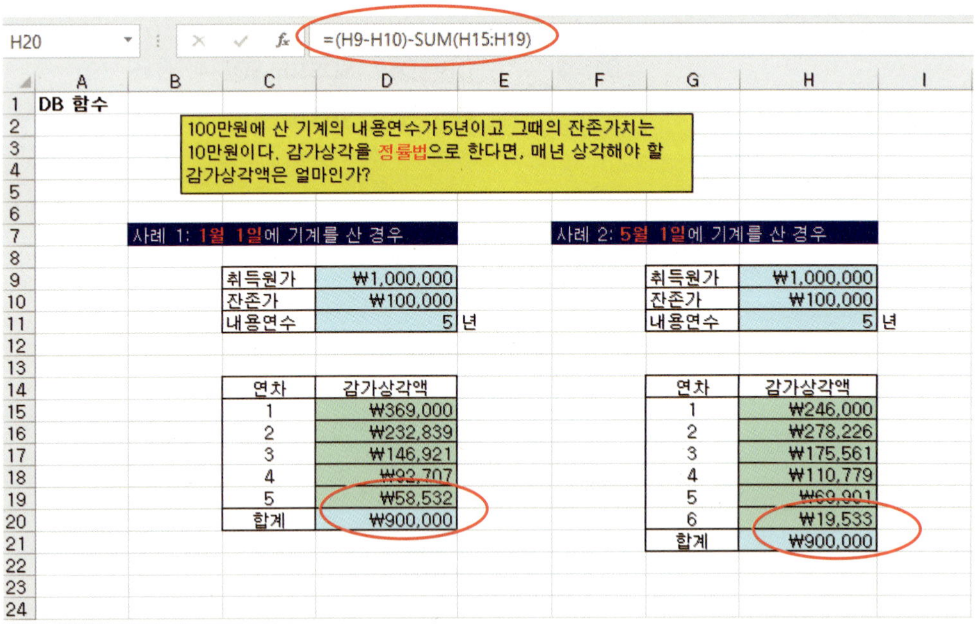

# 7. 데이터베이스함수(엑셀함수 예제-7.xlsx)

데이터베이스함수는 VLOOKUP함수나 SUMIF, COUNTIF 함수와 같이 테이블 형태의 자료에서만 사용된다. 별도의 조건 테이블을 따로 작성해야 하는 등 용법이 좀 특이한 점이 있어 이해하기 어려운 면은 있으나, 조건을 주어 정보를 찾을 때 아주 유용하게 사용할 수 있는 장점이 있다. 복수 개의 특정조건을 만족할 때의 개수, 합계 등을 구할 수 있어 SUMIFS, COUNTIFS 함수의 역할을 수행할 수도 있으며, 이들 조건을 만족하는 경우의 평균, 최대값, 최소값 등을 구할 수도 있다. 무엇보다 SUMIFS 등의 함수에서 할 수 없는 또는(OR) 조건으로 행을 필터링하여 원하는 값의 합계, 평균, 개수, 표준편차 등을 구할 수 있다. 데이터베이스함수는 테이블에서 열의 제목이 연결 역할을 수행하므로 열의 제목을 인수에서 정확히 기재하는 것이 필요하다.

## (1) DCOUNTA(테이블 영역(열제목 포함), 필드명, 조건 영역)

**정의**

DCOUNTA함수는 테이블의 주어진 조건에 맞는 행의 수를 계산한다.

〈주의사항〉

✓ 실제 DCOUNTA함수는 조건을 만족하면서 지정된 열의 데이터가 빈칸이 아닌 행의 개수를 가져온다.

**인수설명**

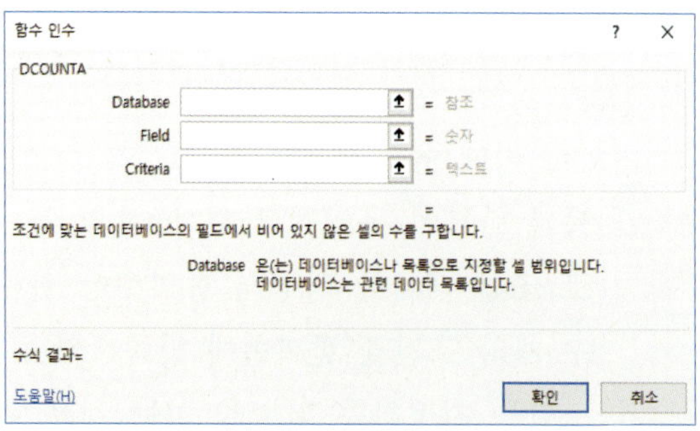

· 테이블 영역(Database) : 값을 찾아내거나 계산하고자 하는 대상이 되는 테이블이 된다. 반드시 열제목을 포함해야 한다. 테이블의 열제목이 데이터베이스함수에 있어서는 핵심적인 연결고리 역할을 한다.

· 필드(Field) : 첫 번째 인수인 테이블 영역에서 계산의 대상이 되는 열을 지정한다. 열의 제목을 함수식에 직접 쓸 경우에는 반드시 열제목을 큰따옴표("")로 표시해야 한다. 또는 테이블의 왼쪽에서 몇 번째 열인지 숫자로 기입해도 된다. 숫자로 기입할 때에는 큰따옴표("")를 붙일 필요가 없다.

· 조건 테이블(Criteria) : 세 번째 인수는 열의 제목을 포함한 테이블로 구성된다. 첫 행에는 조건을 주고 싶은 테이블 영역의 열제목을 적고, 두 번째 행부터는 해당 조건을 적는다. 같은 행에서 여러 개의 열에 조건을 적으면 복수 개의 조건을 지정할 수 있다. 예를 들어, 다음 가전 판매 테이블 영역(첫 번째 인수가 됨)에서 어떤 조건을 열거하고자 하면,

테이블 영역

| 담당부서 | 제품 | 가격(원) |
|---|---|---|
| 가전 | 삼성TV | 3,500,000 |
| 핸드폰 | LG | 900,000 |
| 가전 | 삼성TV | 6,500,000 |
| 오디오 | SONY | 700,000 |
| 핸드폰 | 삼성 | 1,000,000 |
| 가전 | 냉장고 | 1,500,000 |

다음과 같이 조건을 담는 조건 테이블(세 번째 인수가 됨)을 만들면 된다.

조건 테이블

| 담당부서 | 제품 | 가격(원) |
|---|---|---|
| 가전 | 삼성TV | >=2,000,000 |

위의 조건 테이블은 '가전'부서가 판매한 '삼성TV'의 경우 가격이 '200만원 이상'인 것이 몇 건인가를 묻는 조건을 제시한다(DSUM 등 다른 데이터베이스함수를 사용하면 이들의 판매액 합계, 평균, 최대값, 최소값 등을 구할 수 있다).

이때 유의할 사항은 작성하는 조건 테이블에서 열제목은 테이블 영역의 열제목과 반드시 동일해야 한다. 특히 열제목의 띄어쓰기 등도 반드시 동일해야 하므로 조건 테이블 작성시 유의해야 한다. 여러 개의 열제목과 조건을 기재하면 복수 개의 조건을 한꺼번에 만족시키는 값들을 구하게 된다. 데이터베이스함수에서 조건을 지정하는 역할을 하는 것은 위와 같이 따로 만드는 조건 테이블이다.

그러나 다른 행에 조건을 쓰면 OR조건이 된다.

조건 테이블

| 담당부서 | 제품 | 가격(원) |
|---|---|---|
| 핸드폰 | | <500,000 |
| 가전 | LG | |

위의 조건 테이블은 '핸드폰'부서가 판매한 건 중 50만원 미만 판매 건이거나, 또는 '가전'부서가 판매한 LG제품 건이 총 몇 건인가를 묻는 조건을 제시한다. 즉 두 행의 조건 중 한 행의 조건만 만족하면 해당 행이 DCOUNTA함수의 대상으로 포함되는 것이다. 따라서 데이터베이스함수의 큰 장점은 AND조건뿐 아니라 OR조건을 만족하는 행을 원하는 대로 필터링할 수 있다는 점에 있다.

**문제 1** 아래 네이터에서 '동부'지역에서 판매된 '귤'의 판매횟수를 K5셀에 구하시오.

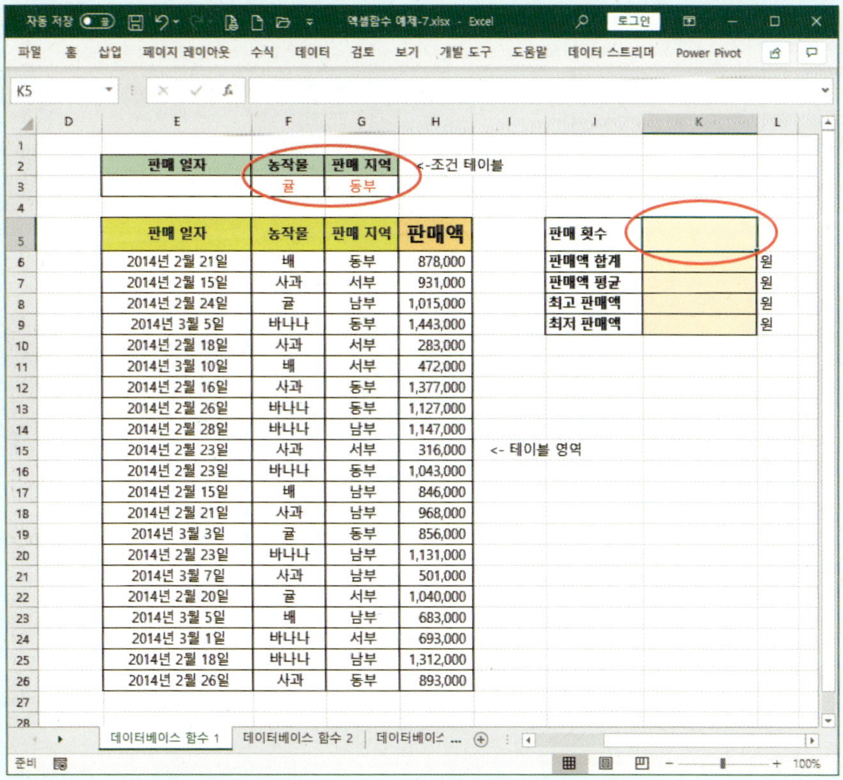


| 판매 일자 | 농작물 | 판매 지역 |
|---|---|---|
| | 귤 | 동부 |

| 판매 일자 | 농작물 | 판매 지역 | 판매액 |
|---|---|---|---|
| 2014년 2월 21일 | 배 | 동부 | 878,000 |
| 2014년 2월 15일 | 사과 | 서부 | 931,000 |
| 2014년 2월 24일 | 귤 | 남부 | 1,015,000 |
| 2014년 3월 5일 | 바나나 | 동부 | 1,443,000 |
| 2014년 2월 18일 | 사과 | 서부 | 283,000 |
| 2014년 3월 10일 | 배 | 서부 | 472,000 |
| 2014년 2월 16일 | 사과 | 동부 | 1,377,000 |
| 2014년 2월 26일 | 바나나 | 동부 | 1,127,000 |
| 2014년 2월 28일 | 바나나 | 남부 | 1,147,000 |
| 2014년 2월 23일 | 사과 | 서부 | 316,000 |
| 2014년 2월 23일 | 바나나 | 동부 | 1,043,000 |
| 2014년 2월 15일 | 배 | 남부 | 846,000 |
| 2014년 2월 21일 | 사과 | 남부 | 968,000 |
| 2014년 3월 3일 | 귤 | 동부 | 856,000 |
| 2014년 2월 23일 | 바나나 | 남부 | 1,131,000 |
| 2014년 3월 7일 | 사과 | 남부 | 501,000 |
| 2014년 2월 20일 | 귤 | 서부 | 1,040,000 |
| 2014년 3월 5일 | 배 | 남부 | 683,000 |
| 2014년 3월 1일 | 바나나 | 서부 | 693,000 |
| 2014년 2월 18일 | 바나나 | 남부 | 1,312,000 |
| 2014년 2월 26일 | 사과 | 동부 | 893,000 |

| 판매 횟수 | | |
|---|---|---|
| 판매액 합계 | | 원 |
| 판매액 평균 | | 원 |
| 최고 판매액 | | 원 |
| 최저 판매액 | | 원 |

1) 테이블 영역 : 아래쪽의 판매 테이블이 되며 반드시 열제목을 포함해야 한다. 따라서 테이블 영역은 E5:H26이 된다.
2) 필드 : DCOUNTA함수는 조건을 만족하는 숫자만 세므로 빈칸이 없는 열 중에서 아무 열이나 지정해 주면 된다. 따라서 모든 열이 다들 빈칸이 없지만 첫 번째 열을 선택하여 1, 또는 "판매 일자"로 주어

도 된다. 여기에서는 필드명 셀을 주어서, 필드명이 '농작물'인 F5셀을 지정한다. DSUM함수 등은 계산을 하게 되므로 지정되는 열은 반드시 숫자 열이어야 한다.

3) 조건 테이블 : 특정열에서 만족해야 하는 조건을 지정한다. 이때 조건 테이블의 열제목과 테이블 영역의 열제목은 반드시 동일해야 한다. 조건은 여러 개일 수 있는데, 여러 조건을 옆으로 동일 행에 기재하면 동시에 여러 조건을 모두 만족하는 행만을 추출하여 합계를 계산하거나 조건을 만족하는 행의 개수를 가져온다.

데이터베이스함수는 특정조건을 지정하는 열에서 빈칸으로 남겨두면 해당 조건이 없는 것으로 간주한다. 현재 조건 테이블을 보면, 판매일자에 대한 조건은 기재되어 있지 않으므로 언제 판매한 것이어야 한다는 조건은 없어 모든 날짜가 해당된다.

조건 테이블 인수값으로 전체 조건 테이블 영역인 E2:G3을 기재한다.

동부에서 판매한 귤의 판매횟수를 알고자 하므로, F3셀에 귤, G3셀에 동부를 기재한다.

따라서 함수마법사를 이용하면 K5셀의 작성내용은 다음과 같다. 그리고 결과값은 1이 되는데, 이는 테이블 영역에서 동부에서 생산한 귤 조건을 만족하는 판매 행이 한 행뿐이라는 것을 의미한다.

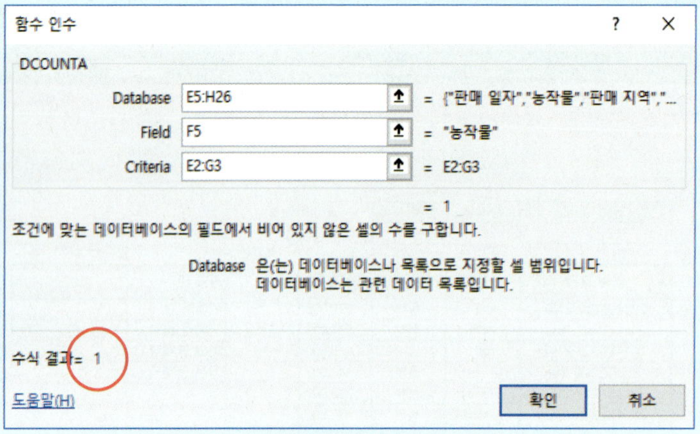

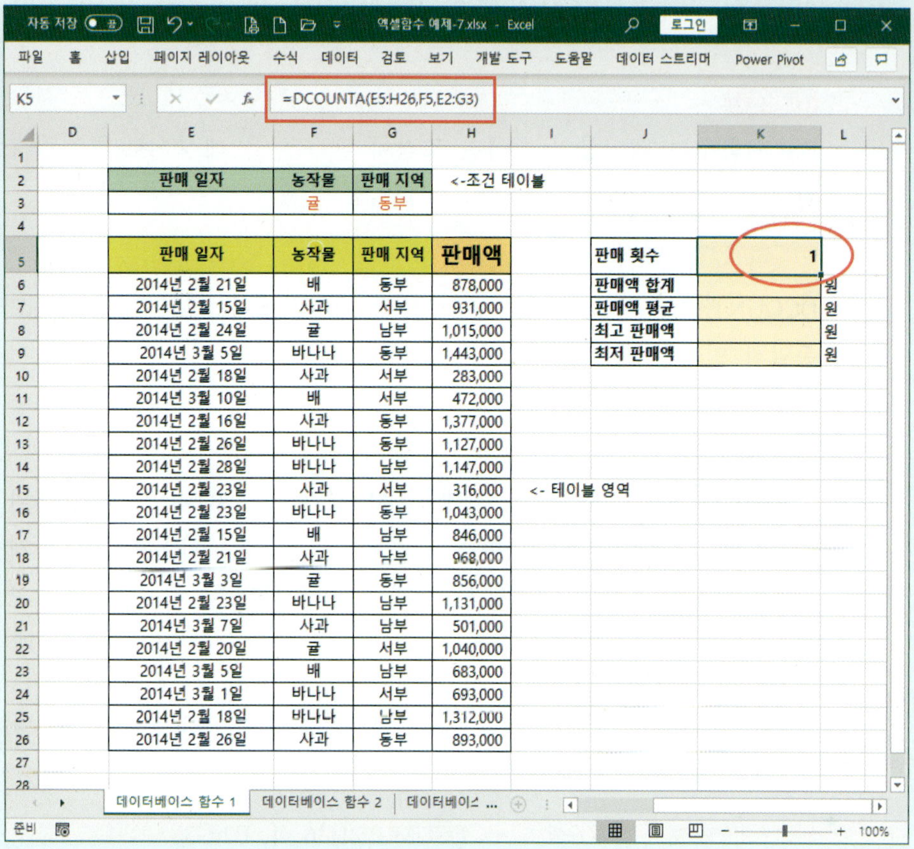


| 판매 일자 | 농작물 | 판매 지역 |
|---|---|---|
| | 귤 | 동부 |

| 판매 일자 | 농작물 | 판매 지역 | 판매액 |
|---|---|---|---|
| 2014년 2월 21일 | 배 | 동부 | 878,000 |
| 2014년 2월 15일 | 사과 | 서부 | 931,000 |
| 2014년 2월 24일 | 귤 | 남부 | 1,015,000 |
| 2014년 3월 5일 | 바나나 | 동부 | 1,443,000 |
| 2014년 2월 18일 | 사과 | 서부 | 283,000 |
| 2014년 3월 10일 | 배 | 서부 | 472,000 |
| 2014년 2월 16일 | 사과 | 동부 | 1,377,000 |
| 2014년 2월 26일 | 바나나 | 동부 | 1,127,000 |
| 2014년 2월 28일 | 바나나 | 남부 | 1,147,000 |
| 2014년 2월 23일 | 사과 | 서부 | 316,000 |
| 2014년 2월 23일 | 바나나 | 동부 | 1,043,000 |
| 2014년 2월 15일 | 배 | 남부 | 846,000 |
| 2014년 2월 21일 | 사과 | 남부 | 968,000 |
| 2014년 3월 3일 | 귤 | 동부 | 856,000 |
| 2014년 2월 23일 | 바나나 | 남부 | 1,131,000 |
| 2014년 3월 7일 | 사과 | 남부 | 501,000 |
| 2014년 2월 20일 | 귤 | 서부 | 1,040,000 |
| 2014년 3월 5일 | 배 | 남부 | 683,000 |
| 2014년 3월 1일 | 바나나 | 서부 | 693,000 |
| 2014년 2월 18일 | 바나나 | 남부 | 1,312,000 |
| 2014년 2월 26일 | 사과 | 동부 | 893,000 |

| | | |
|---|---|---|
| 판매 횟수 | 1 | |
| 판매액 합계 | | 원 |
| 판매액 평균 | | 원 |
| 최고 판매액 | | 원 |
| 최저 판매액 | | 원 |

## (2) DSUM(테이블 영역(열제목 포함), 필드명, 조건 영역) 외

**정의**

DSUM함수는 테이블의 주어진 조건에 맞는 행을 대상으로 특정열 값의 합을 계산한다.

**인수설명**

DCOUNTA함수와 같은 인수를 가진다. 데이터베이스함수는 총 12개가 있는데, 모두 동일한 인수를 가진다.

데이터베이스함수는 실제 개수를 세는 함수(COUNTA, COUNT)뿐만 아니라 합계(DSUM), 평균(DAVERAGE), 최대값(DMAX), 최소값(DMIN) 등 12개의 함수가 있다(DCOUNT함수는 조건을 만족하는 행 중에서 특정열의 값이 숫자인 행의 개수를 가져온다).

이들을 이용하여 동부에서 판매된 귤의 합계액, 평균, 그리고 판매건 중 최대값, 최소값을 계산하면 다음과 같다. 단, 이들 함수의 경우에는 판매액을 대상으로 계산하기 때문에 계산 대상 열이 테이블 영역의 네 번째 열이므로, 두 번째 인수는 4로 기입하거나, 필드명 셀인 H5셀, 또는 열제목인 "판매액"으로 기입해야 한다.

| | | |
|---|---|---|
| 합계 | K6셀 : | = DSUM(E5:H26, 4, E2:G3) |
| 평균 | K7셀 : | = DAVERAGE(E5:H26, "판매액", E2:G3) |
| 최고값 | K8셀 : | = DMAX(E5:H26, "판매액", E2:G3) |
| 최저값 | K9셀 : | = DMIN(E5:H26, H5, E2:G3) |

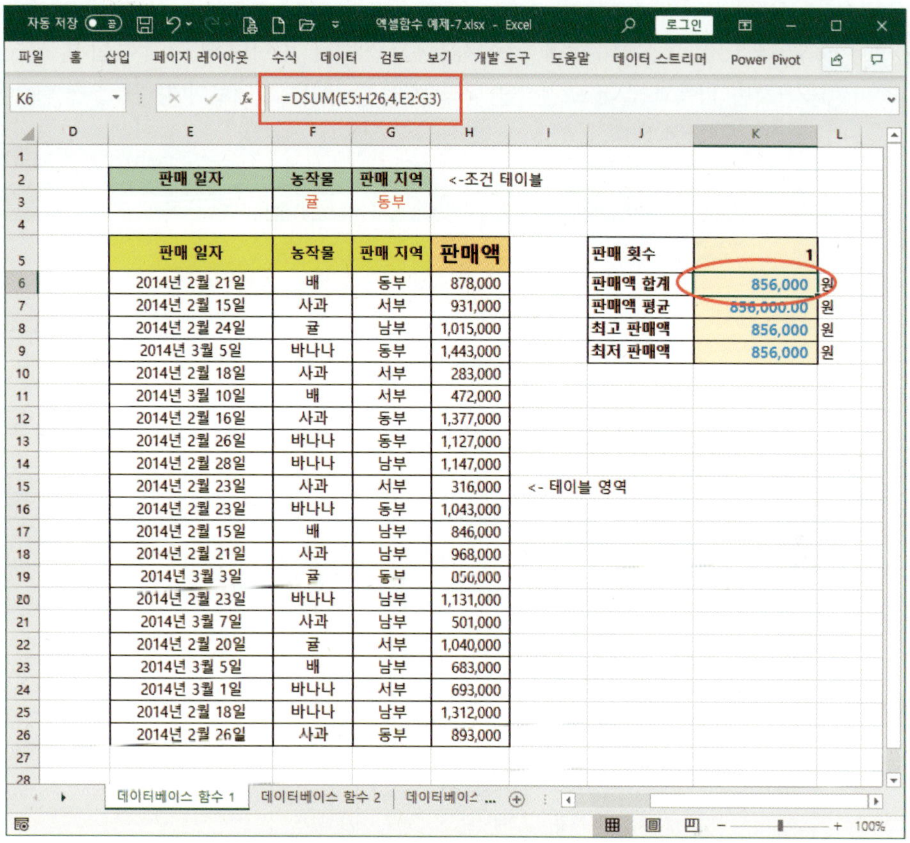


위의 함수식에서 알 수 있듯이 조건이 달라지면 조건 테이블에서 조건만 달라질 뿐, 실제 함수에서의 인수내용은 모두 같은 것에 유의해야 한다.

**문제 2** '2014년 2월 20일 이후'에 '남부'지역에서 판매된 '바나나'의 판매액 합계, 평균, 최고값, 최저값을 구하고자 하면 다음과 같이 조건식을 나타낸다. 함수식은 그대로이며, 단 조건 테이블의 두 번째 행인 조건만 달리 기재하면 된다.

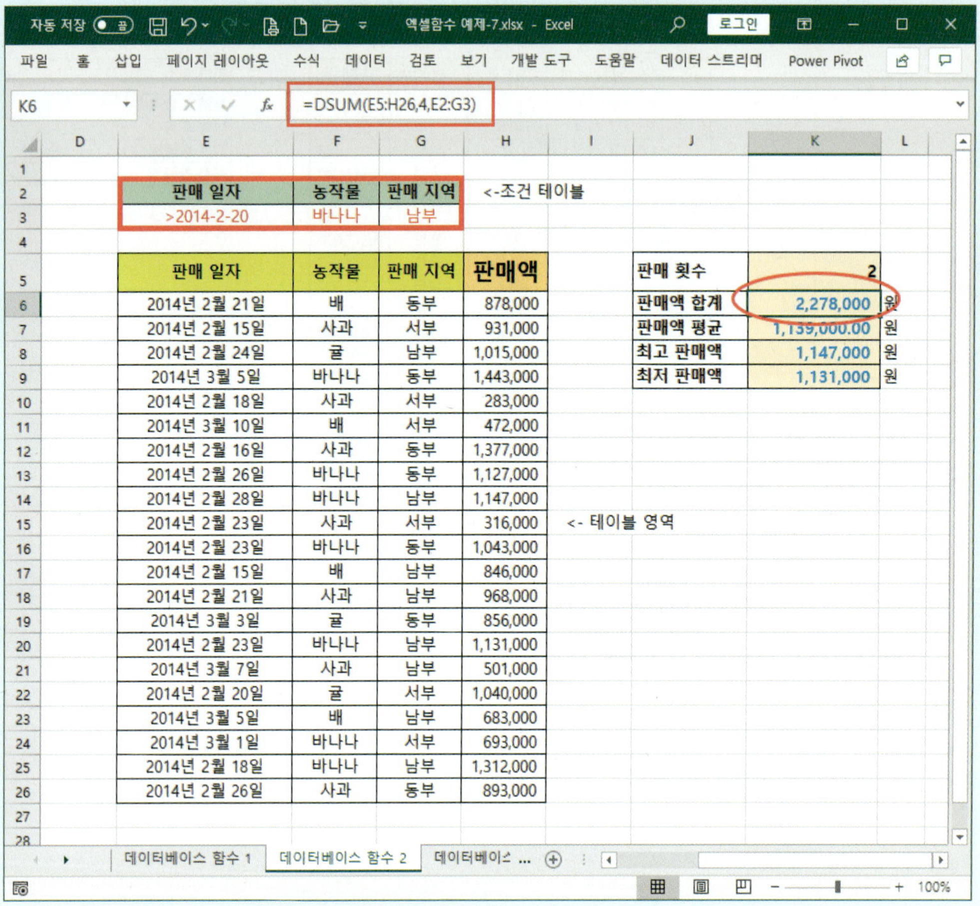


| 판매 일자 | 농작물 | 판매 지역 |
|---|---|---|
| >2014-2-20 | 바나나 | 남부 |

| 판매 일자 | 농작물 | 판매 지역 | 판매액 |
|---|---|---|---|
| 2014년 2월 21일 | 배 | 동부 | 878,000 |
| 2014년 2월 15일 | 사과 | 서부 | 931,000 |
| 2014년 2월 24일 | 귤 | 남부 | 1,015,000 |
| 2014년 3월 5일 | 바나나 | 동부 | 1,443,000 |
| 2014년 2월 18일 | 사과 | 서부 | 283,000 |
| 2014년 3월 10일 | 배 | 서부 | 472,000 |
| 2014년 2월 16일 | 사과 | 동부 | 1,377,000 |
| 2014년 2월 26일 | 바나나 | 동부 | 1,127,000 |
| 2014년 2월 28일 | 바나나 | 남부 | 1,147,000 |
| 2014년 2월 23일 | 사과 | 서부 | 316,000 |
| 2014년 2월 23일 | 바나나 | 동부 | 1,043,000 |
| 2014년 2월 15일 | 배 | 남부 | 846,000 |
| 2014년 2월 21일 | 사과 | 남부 | 968,000 |
| 2014년 3월 3일 | 귤 | 동부 | 856,000 |
| 2014년 2월 23일 | 바나나 | 남부 | 1,131,000 |
| 2014년 3월 7일 | 사과 | 남부 | 501,000 |
| 2014년 2월 20일 | 귤 | 서부 | 1,040,000 |
| 2014년 3월 5일 | 배 | 남부 | 683,000 |
| 2014년 3월 1일 | 바나나 | 서부 | 693,000 |
| 2014년 2월 18일 | 바나나 | 남부 | 1,312,000 |
| 2014년 2월 26일 | 사과 | 동부 | 893,000 |

|  |  | |
|---|---|---|
| 판매 횟수 | 2 | |
| 판매액 합계 | 2,278,000 | 원 |
| 판매액 평균 | 1,139,000.00 | 원 |
| 최고 판매액 | 1,147,000 | 원 |
| 최저 판매액 | 1,131,000 | 원 |

**문제 3** 이제 OR조건을 만족하는 행의 합계, 개수 등을 구하도록 한다.

1) 다음 두 조건 중 하나를 만족하는 판매들의 합계를 구하고자 한다.

- 조건1 : 제품그룹 : 가전, 판매일자 : 2022년 1월 1일부터 (동시에 만족해야 함)
- 조건2 : 지역본부 : 수도권, 가격 : 200만원 이상 (동시에 만족해야 함)

다음과 같이 조건 테이블을 작성하고 N3셀에 다음과 같이 DSUM함수를 작성한다. 그리고 조건 테이블의 작성은 L5:T7의 테이블과 같이 작성한다.

N3셀 : = DSUM(A1:I101, I1, L5:T7)

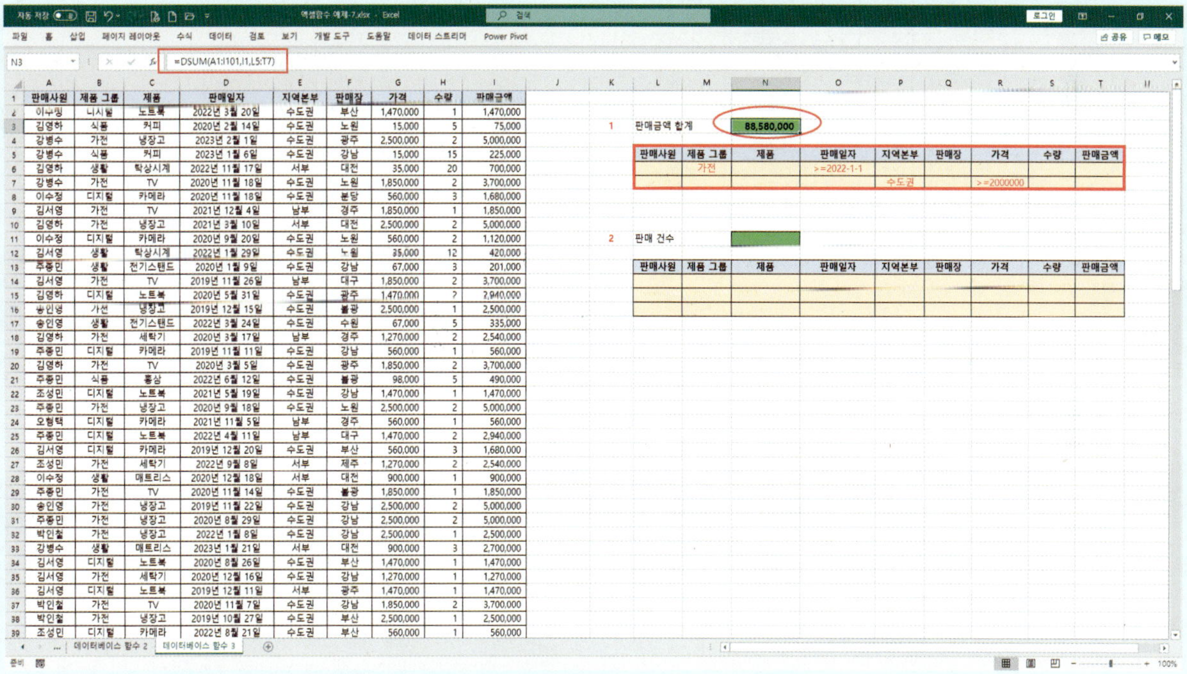

N3: =DSUM(A1:I101,I1,L5:T7)

| | 판매사원 | 제품 그룹 | 제품 | 판매일자 | 지역본부 | 판매장 | 가격 | 수량 | 판매금액 |
|---|---|---|---|---|---|---|---|---|---|
| 2 | 이수정 | 디지털 | 노트북 | 2022년 3월 20일 | 수도권 | 부산 | 1,470,000 | 1 | 1,470,000 |
| 3 | 김영하 | 식품 | 커피 | 2020년 2월 14일 | 수도권 | 노원 | 15,000 | 5 | 75,000 |
| 4 | 강병수 | 가전 | 냉장고 | 2023년 2월 1일 | 수도권 | 광주 | 2,500,000 | 2 | 5,000,000 |
| 5 | 강병수 | 식품 | 커피 | 2023년 1월 6일 | 수도권 | 강남 | 15,000 | 15 | 225,000 |
| 6 | 김영하 | 생활 | 탁상시계 | 2022년 11월 17일 | 서부 | 대전 | 35,000 | 20 | 700,000 |
| 7 | 강병수 | 가전 | TV | 2020년 11월 18일 | 수도권 | 노원 | 1,850,000 | 2 | 3,700,000 |
| 8 | 이수정 | 디지털 | 카메라 | 2020년 11월 18일 | 수도권 | 분당 | 560,000 | 3 | 1,680,000 |
| 9 | 김서영 | 가전 | TV | 2021년 12월 4일 | 남부 | 경주 | 1,850,000 | 1 | 1,850,000 |
| 10 | 김영하 | 가전 | 냉장고 | 2021년 3월 10일 | 서부 | 대전 | 2,500,000 | 2 | 5,000,000 |
| 11 | 이수정 | 디지털 | 카메라 | 2020년 9월 20일 | 수도권 | 노원 | 560,000 | 2 | 1,120,000 |
| 12 | 김서영 | 생활 | 탁상시계 | 2022년 1월 29일 | 수도권 | 노원 | 35,000 | 12 | 420,000 |
| 13 | 주종민 | 생활 | 전기스탠드 | 2020년 1월 9일 | 수도권 | 강남 | 67,000 | 3 | 201,000 |
| 14 | 김서영 | 가전 | TV | 2019년 11월 26일 | 남부 | 대구 | 1,850,000 | 2 | 3,700,000 |
| 15 | 김영하 | 디지털 | 노트북 | 2020년 5월 31일 | 수도권 | 광주 | 1,470,000 | 2 | 2,940,000 |
| 16 | 송인영 | 가전 | 냉장고 | 2019년 12월 15일 | 수도권 | 볼광 | 2,500,000 | 1 | 2,500,000 |
| 17 | 송인영 | 생활 | 전기스탠드 | 2022년 3월 24일 | 수도권 | 수원 | 67,000 | 5 | 335,000 |
| 18 | 김영하 | 가전 | 세탁기 | 2020년 3월 17일 | 남부 | 경주 | 1,270,000 | 2 | 2,540,000 |
| 19 | 주종민 | 디지털 | 카메라 | 2019년 11월 11일 | 수도권 | 강남 | 560,000 | 1 | 560,000 |
| 20 | 김영하 | 가전 | TV | 2020년 3월 5일 | 수도권 | 광주 | 1,850,000 | 2 | 3,700,000 |
| 21 | 주종민 | 식품 | 홍삼 | 2022년 6월 12일 | 수도권 | 볼광 | 98,000 | 5 | 490,000 |
| 22 | 조성민 | 디지털 | 노트북 | 2021년 5월 19일 | 수도권 | 강남 | 1,470,000 | 1 | 1,470,000 |
| 23 | 주종민 | 가전 | 냉장고 | 2020년 9월 18일 | 수도권 | 노원 | 2,500,000 | 2 | 5,000,000 |
| 24 | 오형택 | 디지털 | 카메라 | 2021년 11월 5일 | 남부 | 경주 | 560,000 | 1 | 560,000 |
| 25 | 주종민 | 디지털 | 노트북 | 2022년 4월 11일 | 남부 | 대구 | 1,470,000 | 2 | 2,940,000 |
| 26 | 김서영 | 디지털 | 카메라 | 2019년 12월 20일 | 수도권 | 부산 | 560,000 | 3 | 1,680,000 |
| 27 | 조성민 | 가전 | 세탁기 | 2022년 9월 8일 | 서부 | 제주 | 1,270,000 | 2 | 2,540,000 |
| 28 | 이수정 | 생활 | 매트리스 | 2020년 12월 18일 | 서부 | 대전 | 900,000 | 1 | 900,000 |
| 29 | 주종민 | 가전 | TV | 2020년 11월 14일 | 수도권 | 볼광 | 1,850,000 | 1 | 1,850,000 |
| 30 | 송인영 | 가전 | 냉장고 | 2019년 11월 22일 | 수도권 | 강남 | 2,500,000 | 2 | 5,000,000 |
| 31 | 주종민 | 가전 | 냉장고 | 2020년 8월 29일 | 수도권 | 강남 | 2,500,000 | 2 | 5,000,000 |
| 32 | 박인철 | 가전 | 냉장고 | 2022년 1월 8일 | 수도권 | 강남 | 2,500,000 | 1 | 2,500,000 |
| 33 | 강병수 | 생활 | 매트리스 | 2023년 1월 21일 | 서부 | 대전 | 900,000 | 3 | 2,700,000 |
| 34 | 김서영 | 디지털 | 노트북 | 2020년 8월 26일 | 수도권 | 부산 | 1,470,000 | 1 | 1,470,000 |
| 35 | 김서영 | 가전 | 세탁기 | 2020년 12월 16일 | 수도권 | 강남 | 1,270,000 | 1 | 1,270,000 |
| 36 | 김서영 | 디지털 | 노트북 | 2019년 12월 11일 | 서부 | 광주 | 1,470,000 | 1 | 1,470,000 |
| 37 | 박인철 | 가전 | TV | 2020년 11월 7일 | 수도권 | 강남 | 1,850,000 | 2 | 3,700,000 |
| 38 | 박인철 | 가전 | 냉장고 | 2019년 10월 27일 | 수도권 | 부산 | 2,500,000 | 1 | 2,500,000 |
| 39 | 조성민 | 디지털 | 카메라 | 2022년 8월 21일 | 수도권 | 부산 | 560,000 | 1 | 560,000 |

1 판매금액 합계 88,580,000

| 판매사원 | 제품 그룹 | 제품 | 판매일자 | 지역본부 | 판매장 | 가격 | 수량 | 판매금액 |
|---|---|---|---|---|---|---|---|---|
| | 가전 | | >=2022-1-1 | | | | | |
| | | | | 수도권 | | >=2000000 | | |

2 판매 건수

| 판매사원 | 제품 그룹 | 제품 | 판매일자 | 지역본부 | 판매장 | 가격 | 수량 | 판매금액 |
|---|---|---|---|---|---|---|---|---|
| | | | | | | | | |
| | | | | | | | | |
| | | | | | | | | |

데이터베이스 함수 2 | 데이터베이스 함수 3

2) 다음 세 조건 중 하나를 만족하는 판매들의 판매건수를 구하고자 한다.

- 조건1 : 제품 : 냉장고
- 조건2 : 지역본부 : 서부, 판매금액 : 200만원 이상 (동시에 만족해야 함)
- 조건3 : 제품 그룹 : 디지털, 판매장 : 강남 (동시에 만족해야 함)

다음과 같이 조건 테이블을 작성하고 N11셀에 다음과 같이 DCOUNT함수를 작성한다. 그리고 조건 테이블의 작성은 L13:T16의 테이블과 같이 작성한다.

N11셀 : = DCOUNT(A1:I101, I1, L13:T16)

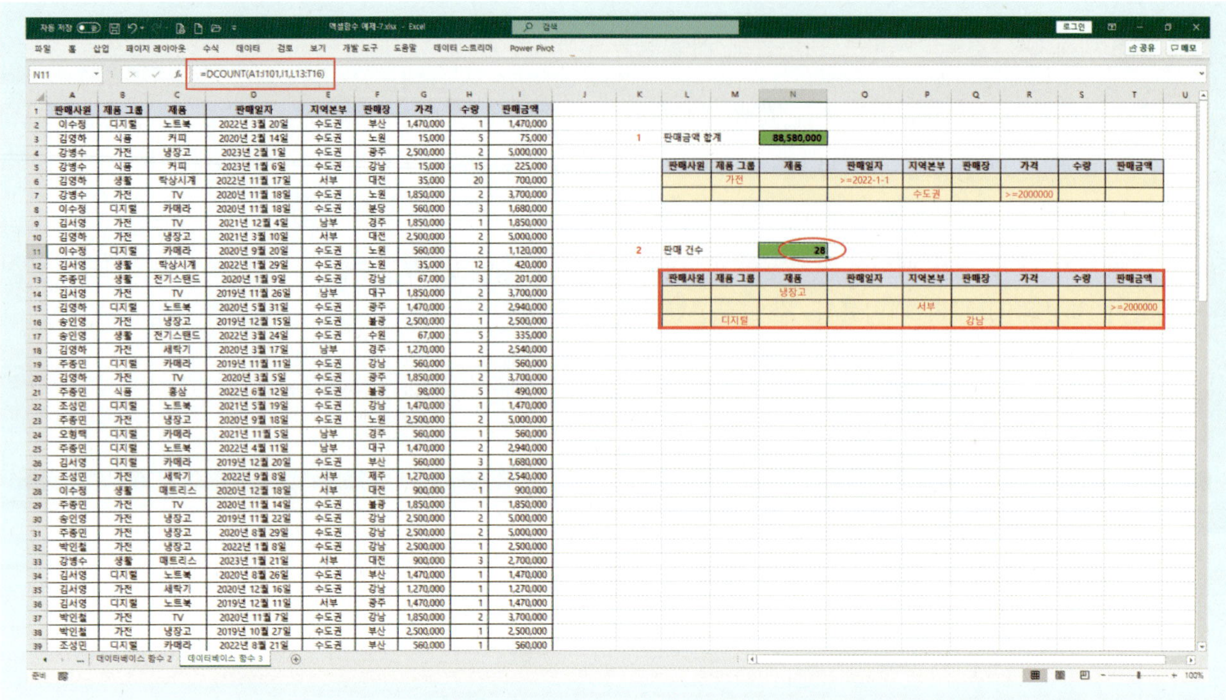
=DCOUNT(A1:I101,I1,L13:T16)
판매금액 합계
88,580,000
판매 건수
28

# 8. 텍스트함수(엑셀함수 예제-8.xlsx)

본절에서 학습할 텍스트함수는 다음과 같다.

| 함수명 | 설 명 |
|---|---|
| REPT | 특정 문자열을 원하는 만큼 반복한다. |
| LOWER, UPPER | 영문자의 대/소문자를 소/대문자로 변경한다. |
| LEFT | 문자열의 왼쪽 글자들을 가져온다. |
| RIGHT | 문자열의 오른쪽 글자들을 가져온다. |
| LEN | 문자열의 길이를 나타낸다. |
| FIND | 문자열에서 특정문자의 해당 위치를 알려준다.<br>(왼쪽에서부터 몇 번째 글자인지 알려줌) |
| MID | 문자열에서 특정위치에서 지정한 문자수만큼의 글자를 추출한다. |
| SUBSTITUTE | 문자열의 일부를 다른 문자열로 바꾼다. |

## (1) REPT(문자열, 반복횟수)

정의

문자열을 원하는 만큼 반복한다.

인수설명

- 문자열 : 반복하고자 하는 문자열을 말한다.
- 반복횟수 : 특정 문자열을 반복하고자 하는 횟수를 말한다. 0보다 큰 수를 지정한다.

REPT(5, 10) = 5555555555

REPT("음악", 5) = 음악음악음악음악음악

REPT(★-, 100) = ★-★-★-★-★-★-★-..........★- (100번 반복)

## (2) LOWER, UPPER(영문자열)

**정의**

영문자의 대/소문자를 소/대문자로 변환한다. 한글, 숫자, 특수문자는 변환되지 않는다.

**인수설명**

- 영문자열 : 영어 문자열을 말한다.

LOWER("ABC") = abc
LOWER("Miss Kim") = miss kim
LOWER("국어") = 국어 (변화 없음)

UPPER("Miss Kim") = MISS KIM
UPPER(1829) = 1829 (변화 없음)
UPPER("나라사랑!") = 나라사랑! (변화 없음)

## (3) LEFT(문자열, 추출할 문자수)

**정의**

문자열에서 왼쪽에서부터 원하는 수만큼의 문자를 추출한다.

**인수설명**

- 문자열 : 추출할 문자가 포함된 문자열을 말한다.
- 추출할 문자수 : 추출할 문자수를 말하며, 0 이상의 숫자가 되어야 한다.

LEFT("서울시 중구 동화동 푸르지오 아파트 100-746", 3) = 서울시
LEFT("부산시 수영구 수영동 352 613-830", 7) = 부산시 수영구
LEFT("core data element", 6) = core d

## (4) RIGHT(문자열, 추출할 문자수)

**정의**

문자열에서 오른쪽에서부터 원하는 수만큼의 문자를 추출한다.

**인수설명**

- 문자열 : 추출할 문자가 포함된 문자열을 말한다.
- 추출할 문자수 : 추출할 문자수를 말하며, 0 이상의 숫자가 되어야 한다.

RIGHT("서울시 중구 동화동 푸르지오 아파트 100-746", 3) = 746
RIGHT("부산시 수영구 수영동 352 613-830", 7) = 613-830

## (5) LEN(문자열)

**정의**

문자열의 길이를 나타낸다.

**인수설명**

- 문자열 : 글자수를 알고자 하는 문자열이 인수가 된다.

LEN("서울특별시") = 5
LEN("Jung Ho") = 7
LEN("서울시 중구 동화동 푸르지오 아파트 100-746") = 27
LEN(10784) = 5

## (6) FIND(찾고자 하는 문자, 문자열, 찾기 시작할 위치)

**정의**

문자열에서 특정한 문자가 있는 위치를 알려준다. 찾는 특정한 문자는 한 글자 이상일 수도 있다.

**인수설명**

- 찾고자 하는 문자 : 문자열에서 위치를 알고자 하는 특정한 문자를 말한다.
- 문자열 : 특정한 문자가 포함된 문자열을 말한다.

· 찾기 시작할 위치 : 특정한 문자를 문자열의 첫 자부터 찾을지, 아니면 몇 번째 글자 이후부터 찾을지를 지정한다. 생략하면 첫 자부터 찾는다.

5라고 하면 5번째 글자부터 같은 글자가 있는지 찾는다. 만일 찾는 글자가 문자열의 3, 8번째 글자인 경우, 5라고 적을 때에는 3번째 글자는 찾지 않고 8번째 글자를 찾았기 때문에 8을 돌려준다.

FIND("시", "서울시 중구 동화동 푸르지오 아파트 100-746") = 3

FIND("연", "연지동에 있는 연구소는 연두색 빌딩") = 1
FIND("연", "연지동에 있는 연구소는 연두색 빌딩", 6) = 9
FIND("연", "연지동에 있는 연구소는 연두색 빌딩", 12) = 14
FIND("연", "연지동에 있는 연구소는 연두색 빌딩", 14) = 14
FIND("연", "연지동에 있는 연구소는 연두색 빌딩", 15) = #VALUE
(지정한 글자를 찾지 못하였기 때문에 에러가 발생함)

◑ 전체 영문명에서 last name만 가져오기

LEFT("Kim, So Young", FIND(",", "Kim, So Young")-1) = Kim

last name의 바로 다음에 모두 쉼표(",")가 오게 되어 있으므로, LEFT함수를 사용하여 왼쪽에서부터 "," 자의 위치의 -1번째되는 문자열을 가져온다.

## (7) MID(문자열, 추출할 첫 문자 위치, 추출할 문자수)

**정의**

문자열에서 특정위치에서 지정한 문자수만큼의 글자를 추출한다.

**인수설명**

· 문자열 : 추출할 문자가 포함된 문자열을 말한다.
· 추출할 첫 문자 위치 : 추출할 문자열이 시작하는 첫 글자의 위치를 말한다.
· 추출할 문자수 : 추출할 문자수를 말하며, 0 이상의 숫자가 되어야 한다.

MID("김소영", 2, 2) = 소영
MID("부산시 수영구 수영동 352 613-830", 3, 5) = 시 수영구
MID("core data element", 2, 8) = ore data

- 전체 영문명에서 first name만 가져오기

  first name을 가져오는 것은 상당히 복잡하다. 일단 middle name이 있는 사람도 있고 없는 사람도 있어서 별도로 처리해야 한다. Middle name이 있는 Kim, So Young의 경우 first name은 So가 되나, middle name이 없는 Park, Sung-Min의 경우 first name은 Sung-Min이 된다.

### 1) middle name이 없는 사람(예 : Park, Sung-Min)

이 경우 middle name이 있는 사람보다는 간단하게 first name을 가져올 수 있다. 빈칸이 하나밖에 없고, 빈칸 이후의 모든 글자를 가져오면 된다. 현재 C4셀에는 Park, Sung-Min 영문명이 저장되어 있다.

- first name의 글자수 : LEN(C4)-FIND(" ", C4)

  전체 영문명 글자수에서 빈칸이 있는 글자까지의 수를 빼면 first name의 글자수가 된다. 이를 이용하여 middle name이 없는 경우는, 빈칸 다음의 글자부터 first name의 이 글자수만큼 문자열을 추출한다.

따라서 이 경우 빈칸(" ") 다음 글자부터 first name이 되므로, first name을 추출하는 최종 함수식은 다음과 같이 작성된다.

- MID(C4, FIND(" ", C4)+1, LEN(C4)-FIND(" ", C4))

### 2) middle name이 있는 사람(예 : Jung, Young In)

이 경우에는 첫 빈칸(" ") 다음 글자부터 다음 빈칸 전까지의 글자들을 가져오면 first name이 된다. C3셀에는 "Kim, So Young" 영문명이 저장되어 있다.

- first name 첫 글자의 위치 : FIND(" ", C3)+1

  first name 첫 글자인 S자의 위치, 즉 가져올 첫 글자의 위치를 말해 준다. 따라서 이것은 MID함수에서 두 번째 인수인 '추출할 첫 문자 위치'가 된다.
- 두 번째 괄호의 위치 : FIND(" ", C3, FIND(" ", C3)+1)

  첫 빈칸(" ") 글자에서 한 글자 후부터 있는 다음 빈칸을 찾는다. 그러면 첫 번째 빈칸이 아니라 두 번째 빈칸의 위치를 찾으며, 이 두 번째 빈칸 바로 전에 first name이 끝난다. 따라서 first name의 마지막 글자 위치는 이 위치에서

1을 뺀 위치가 된다.

- first name의 글자수 : FIND(" ", C3, FIND(" ", C3)+1)-1-FIND(" ", C3)
  지금 찾은 두 번째 빈칸의 글자 위치에서 말한 대로 1을 빼주고, 그 위치에서 첫 빈칸까지의 글자수를 빼 주면 first name의 글자수가 된다.

따라서 first name을 추출하는 최종 함수는 다음과 같이 작성된다.

- MID(C3, FIND(" ", C3)+1, FIND(" ", C3, FIND(" ", C3)+1)-1-FIND(" ", C3))

그런데 2)번의 middle name이 있는 경우의 함수식을 1)번의 middle name이 없는 사람에게 쓰면 두 번째 빈칸이 없기 때문에 에러(#VALUE)가 발생한다. 따라서 2)번의 middle name이 있는 경우를 IFERROR함수의 첫 번째 인수로 작성하여, 에러가 나지 않으면 그대로 first name을 쓰고, 그렇지 않고 이 함수식이 두 번째 빈칸 글자가 없어 에러가 나면 1)번의 middle name이 없는 경우의 함수식을 사용하게 한다. 따라서 1)번의 함수식을 IFERROR함수의 두 번째 인수로 하여 first name을 찾아 쓰게 하면, 두 경우 모두 정확한 first name을 에러 없이 추출해 낼 수 있다.

**= IFERROR(MID(C3, FIND(" ", C3)+1, FIND(" ", C3, FIND(" ", C3)+1)-1-FIND(" ", C3)), MID(C3, FIND(" ", C3)+1, LEN(C3)-FIND(" ", C3)))**

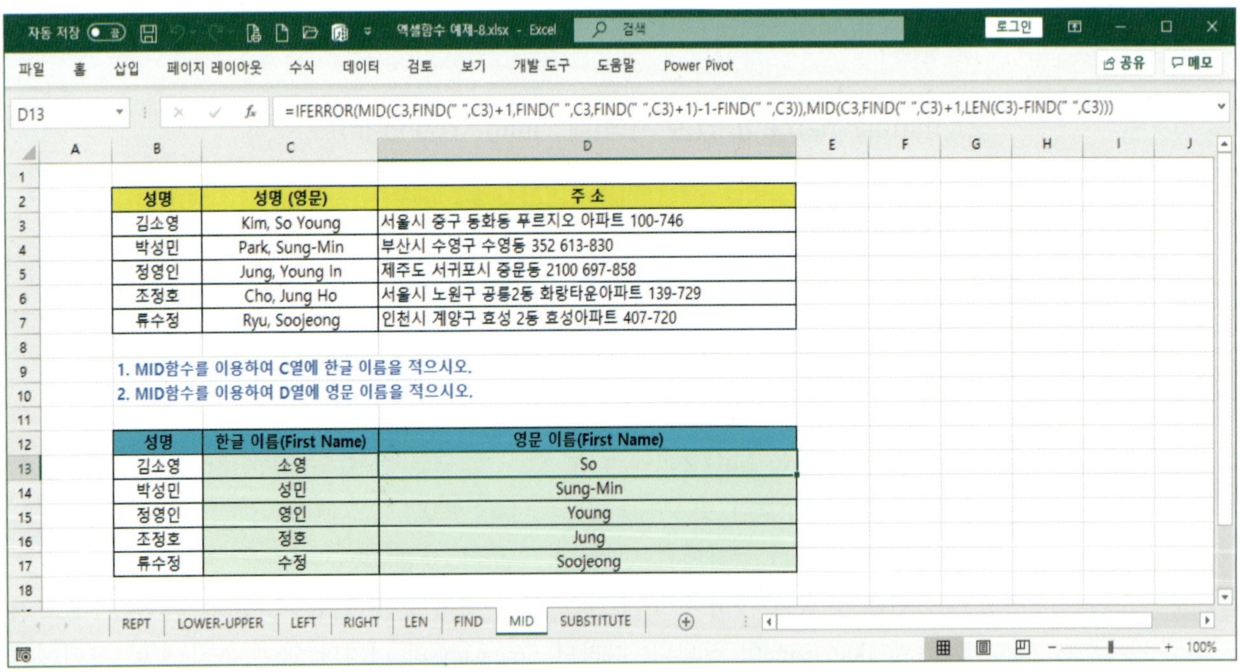

## (8) SUBSTITUTE(문자열, Old 문자열, New 문자열, instance_num)

정의

문자열에서 문자열 일부를 다른 문자열로 바꾼다.

인수설명

- 문자열 : 일부 문자열을 바꿀 문자열을 말한다.
- Old 문자열 : 바꿀 대상인 문자열을 말한다.
- New 문자열 : 바꿀 문자를 대신할 새 문자열을 말한다.
- instance_num : 몇 번째의 Old text를 바꿀 것인지를 지정한다. 생략하면 모든 Old 문자열이 New 문자열로 치환된다.

SUBSTITUTE("광화문 떡볶기를 떡볶기로", "떡볶기", "떡볶이")
= 광화문 떡볶이를 떡볶이로

SUBSTITUTE("광화문 떡볶기를 떡볶기로", "떡볶기", "떡볶이", 1)
= 광화문 떡볶이를 떡볶기로

SUBSTITUTE("광화문 떡볶기를 떡볶기로", "떡볶기", "떡볶이", 2)
= 광화문 떡볶기를 떡볶이로

# 9. 기타함수(엑셀함수 예제-9.xlsx)

본절에서는 올림함수와 수학함수, 난수함수, 그리고 상관계수함수를 설명한다.

## (1) 올림함수('올림함수' 시트)

| 함수명 | 설 명 |
|---|---|
| ROUND | 지정한 자릿수로 반올림한다. |
| ROUNDDOWN | 지정한 자릿수로 무조건 잘라버린다. |
| ROUNDUP | 지정한 자릿수로 무조건 올림한다. |

### 1) ROUND(숫자, 자릿수)

**정의**

숫자를 주어진 자릿수로 반올림한다.

**인수설명**

- 숫자 : 반올림 대상 숫자를 말한다.
- 자릿수 : 반올림 결과 숫자가 가지는 자릿수를 말한다. 즉 1이면 소수 첫째 자리까지 가지며, 따라서 소수 둘째 자리에서 반올림한다.

ROUND(3.75, 1) = 3.8

ROUND(3.74, 1) = 3.7

ROUND(3.749, 1) = 3.7

ROUND(3.74, 0) = 4

ROUND(14, -1) = 10
ROUND(15, -1) = 20
ROUND(49, -1) = 50
ROUND(49, -2) = 0

−(마이너스) 자릿수를 나타낼 경우는, 예를 들어 -1이면 숫자의 첫째 자리가 0이 되고, 그 자릿수에서 반올림한다. 따라서 ROUND(14, -1)의 경우 4에서 반올림이 되지 않으므로 결과는 10이 된다. ROUND(15, -1)의 경우 반올림이 되어 20이 된다. ROUND(49, -2)의 경우, 49를 두 번째 자리에서 반올림하면 4에서 반올림이 되지 않으므로 결과는 0이 된다.

ROUND(-3.75, 1) = -3.8
ROUND(-3.74, 1) = -3.7
ROUND(-15, -1) = -20

## 2) ROUNDDOWN(숫자, 자릿수)

정의

숫자를 주어진 자릿수로 무조건 내림한다.

인수설명

· 숫자 : 내림 대상 숫자를 말한다.
· 자릿수 : 내림 결과 소수가 가지는 자릿수를 말한다.

ROUNDDOWN(3.75, 1) = 3.7
ROUNDDOWN(3.74, 1) = 3.7
ROUNDDOWN(3.74, 0) = 3
ROUNDDOWN(14, -1) = 10
ROUNDDOWN(19, -1) = 10
ROUNDDOWN(-3.75, 1) = -3.7
ROUNDDOWN(-3.74, 1) = -3.7

### 3) ROUNDUP(숫자, 자릿수)

**정의**

숫자를 주어진 자릿수로 무조건 올림한다.

**인수설명**

· 숫자 : 올림 대상 숫자를 말한다.

· 자릿수 : 올림 결과 소수가 가지는 자릿수를 말한다.

ROUNDUP(3.75, 1) = 3.8

ROUNDUP(3.74, 1) = 3.8

ROUNDUP(3.74, 0) = 4

ROUNDUP(14, -1) = 20

ROUNDUP(19, -1) = 20

ROUNDUP(49, -2) = 100

ROUNDUP(-3.75, 1) = -3.8

ROUNDUP(-3.74, 1) = -3.8

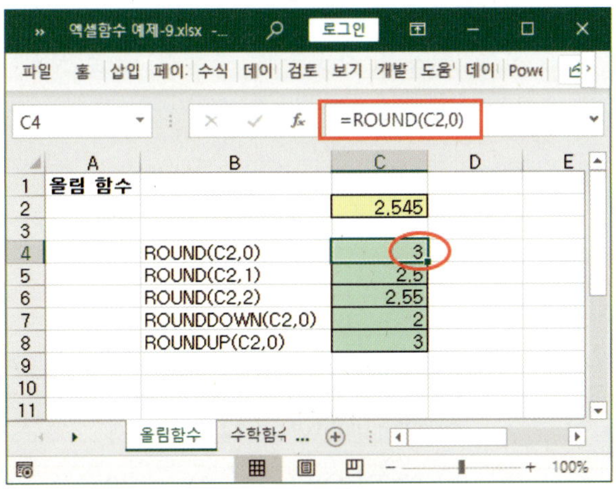


〈C2=2.545일 때〉

C4셀 : = ROUND(C2, 0) = 3

C5셀 : = ROUND(C2, 1) = 2.5

C6셀 : = ROUND(C2, 2) = 2.55

C7셀 : = ROUNDDOWN(C2, 0) = 2

C8셀 : = ROUNDUP(C2, 0) = 3

## (2) 기타 수학함수('수학함수' 시트)

아래에서는 수학 계산시 많이 사용되는 수학함수를 학습한다.

| 함수명 | 설 명 |
|---|---|
| QUOTIENT | 나눗셈 결과 몫을 구한다. |
| MOD | 나눗셈 결과 나머지를 구한다. |
| LOG10 | 밑수가 10인 로그함수를 표시한다. |
| LOG | 지정한 밑수에 대한 로그함수를 표시한다. |
| EXP | 자연수 e의 승(乘)을 구한다. |
| ^ | 숫자의 승(乘)을 구한다. (POWER함수도 같은 역할을 한다) |
| SQRT | 제곱근을 구한다. |
| ABS | 절대값을 나타낸다. |

### 1) QUOTIENT(숫자, 제수)

**정의**

주어진 숫자를 제수로 나눈 나음, 몫을 구한다.

**인수설명**

- 숫자 : 나누어지는 수, 즉 분자를 말한다.
- 제수 : 분모를 말하며, '0'이 되면 오류가 일어난다.

QUOTIENT(10, 3) = 3

QUOTIENT(50, 10) = 5

### 2) MOD(숫자, 제수)

**정의**

주어진 숫자를 제수로 나눈 다음, 나머지를 구한다.

**인수설명**

- 숫자 : 나누어지는 수, 즉 분자를 말한다.
- 제수 : 분모를 말하며, '0'이 되면 오류가 일어난다.

MOD(10, 3) = 1

MOD(50, 10) = 0

### 3) LOG10(숫자)

**정의**

주어진 숫자에 대하여 밑수가 10인 로그값을 구한다.

LOG10(5) = 0.699

LOG10(10) = 1

LOG10(100) = 2

### 4) LOG(숫자, 밑수)

**정의**

지정한 밑수를 가지는 로그값을 구한다.

**인수설명**

- 숫자 : 로그값을 구하는 양의 실수
- 밑수 : 로그함수의 밑수를 말하며 생략하면 10으로 간주한다.

LOG(100, 10) = 2

LOG(50, 3) = 3.5609

### 5) EXP(숫자)

**정의**

자연수 e의 승(乘)을 표시한다.

- 자연수 e는 2.7182828이다.

EXP(2) = 7.3891

## 6) ^

정의

수의 승(乘)을 구한다(a^b : a의 b승을 말함).

$5\text{\textasciicircum}2 = 5^2 = 25$

$2\text{\textasciicircum}3 = 2^3 = 8$

POWER함수로 수의 승을 구할 수 있다.

예) POWER(2, 3) = 8

첫 번째 인수가 밑수이며, 두 번째 인수가 지수이다.

즉, 2^3이 되며, 밑수^지수의 인수 구조를 가진다.

## 7) SQRT(숫자)

정의

수의 제곱근을 구한다.

- SQRT(A) → A^0.5 $= \sqrt{A}$
- 인수가 −(마이너스)값을 가지면 #NUM! 오류가 발생한다.

SQRT(100) = 10

SQRT(25) = 5

## 8) ABS(숫자)

정의

수의 절대값을 구한다.

ABS(-100) = 100

SQRT(ABS(-100)) = 10

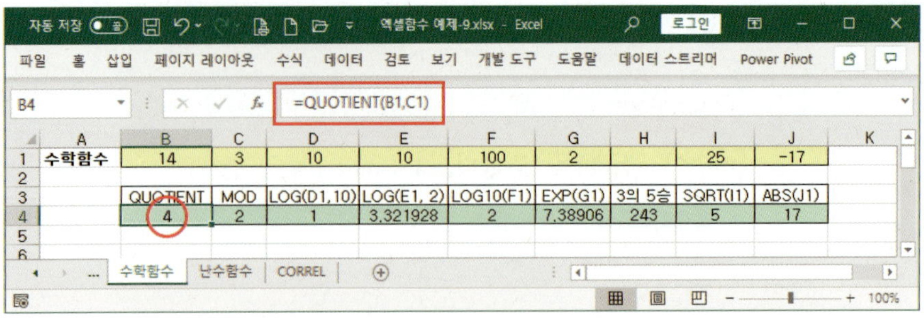


B4셀 : = QUOTIENT(B1, C1) = 4

C4셀 : = MOD(B1, C1) = 2

D4셀 : = LOG(D1, 10) = 1

E4셀 : = LOG(E1, 2) = 3.321928

F4셀 : = LOG10(F1) = 2

G4셀 : = EXP(G1) = 7.38906

H4셀 : = 3^5 = 243

I4셀 : = SQRT(I1) = 5

J4셀 : = ABS(J1) = 17

## (3) 난수함수('난수함수' 시트)

난수함수는 난수(random number)를 발생시키는 데 사용된다. 난수발생함수로는 rand()와 randbetween(a, b) 두 가지 함수가 있다.

| 함수명 | 설 명 |
|---|---|
| RAND() | 0과 1 사이의 소수점 난수를 발생시킨다. |
| RANDBETWEEN | 주어진 두 숫자 사이(포함)의 정수 난수를 발생시킨다. |

### 1) RAND()

**정의**

RAND()함수는 0과 1 사이의 소수점 난수를 생성하며 인수가 없다. 그러나 반드시 ()를 기입해야 한다. RAND()함수는 균일분포(uniform distribution)를 발생시키므로 0과 1 사이의 어떤 숫자든 발생할 확률은 똑같다.

난수함수는 연산이 수행될 때마다 계속 수행되므로 그때마다 다른 난수가 발생한다. 연산을 수행하는 F9 키를 눌러보면 다른 난수가 계속하여 발생하는 것을 알 수 있다.

### 2) RANDBETWEEN(a, b)

정의

a와 b 사이의 정수 난수를 생성한다(a, b를 포함하여 발생함).

RANDBETWEEN(1, 10) : 1과 10 사이(1과 10 포함)의 정수 난수를 생성한다.

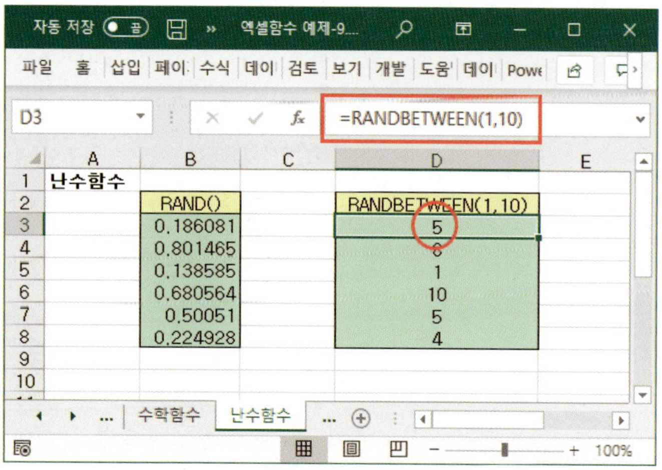


B3:B8의 식 : = RAND()

D3:D8의 식 : = RANDBETWEEN(1, 10)

## (4) CORREL함수(X변수 영역, Y변수 영역)-'CORREL' 시트

정의

한 변수가 다른 변수와 연관성이 있는지를 나타내는 지표로 '상관계수'(correlation)가 있다. 상관계수가 클수록 두 변수는 연관성이 높다고 할 수 있다. 보다 정확히 말하면 X변수가 커질 때 Y변수도 커지면 X, Y 변수는 '양의 상관관계'에 있다고 한다. X변수가 커질 때 Y변수가 작아지면 X, Y 변수는 '음의 상관관계'에 있다고 한다.

상관계수는 -1과 1 사이(-1, 1 포함)의 값을 가지며 절대값이 클수록(즉, 1이나 -1에 가까울수록) 상관관계가 크고 0에 가까울수록 상관관계가 없게 된다.

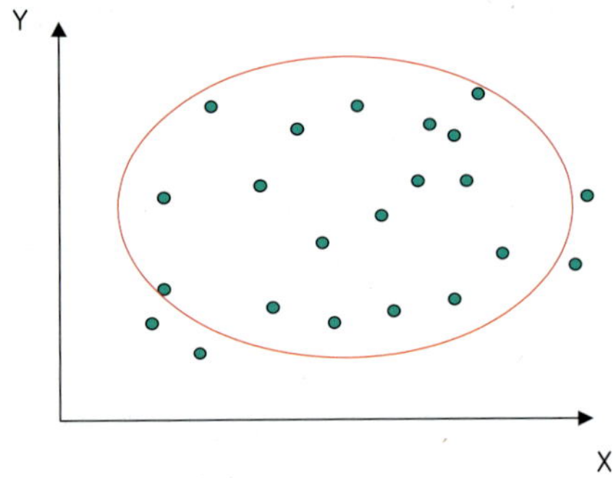


상관계수 = 0.06

X와 Y 변수가 관계가 거의 없음을 알 수 있다.

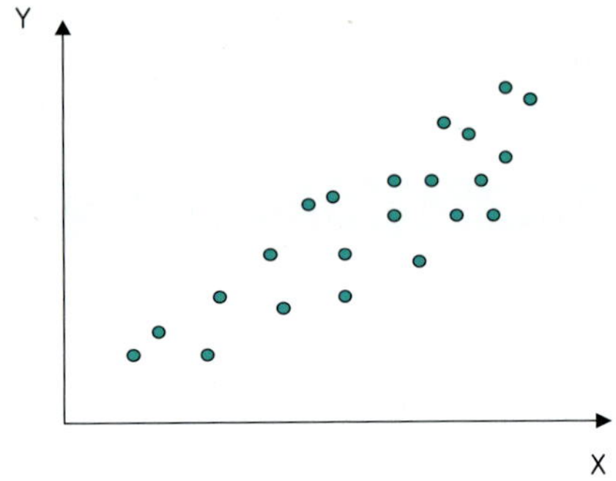


상관계수가 0.54인 경우 X, Y 변수의 산점도

X가 증가하면 Y도 직선의 방향으로 증가함을 알 수 있다.

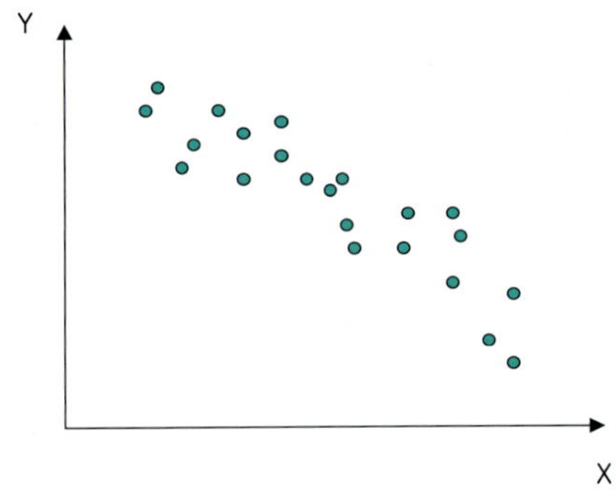


상관계수가 -0.69인 경우 X, Y 변수의 산점도

X가 증가하면 Y는 직선의 방향으로 감소함을 알 수 있다.

**인수설명**

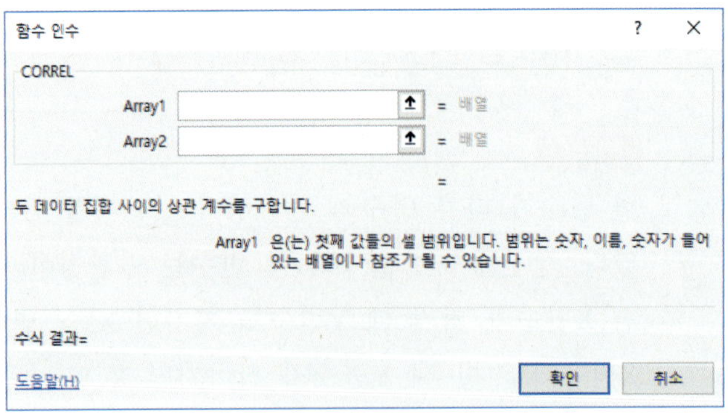


- 영역1(Array1), 영역2(Array2) : 각 변수의 영역을 입력한다.

〈주의사항〉

✔ 두 변수의 영역은 반드시 같은 수의 셀을 가져야 한다.

✔ X, Y 영역의 순서가 바뀌어도 상관계수의 값은 같다.

✔ CORREL함수는 X, Y 변수간의 직선의 상관관계를 말해준다.

### 'CORREL' 시트

G3셀에 광고비와 매출액의 상관계수 구하기

① CORREL함수를 통계범주에서 불러온다.

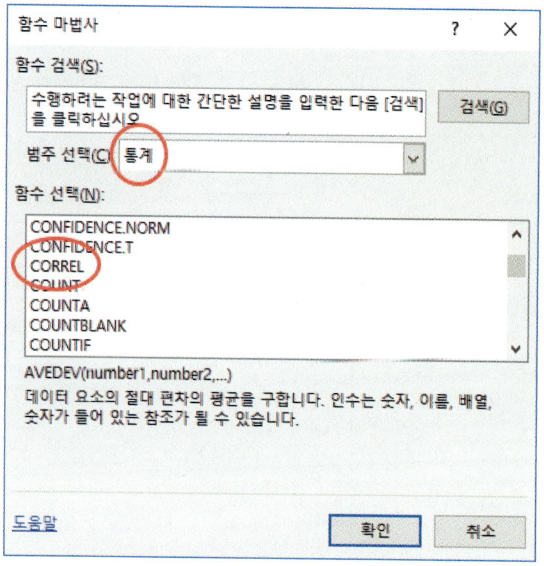


② 함수마법사를 이용하여 각 입력창에 광고비(B4:B12)와 매출액(C4:C12) 범위를 입력한다.

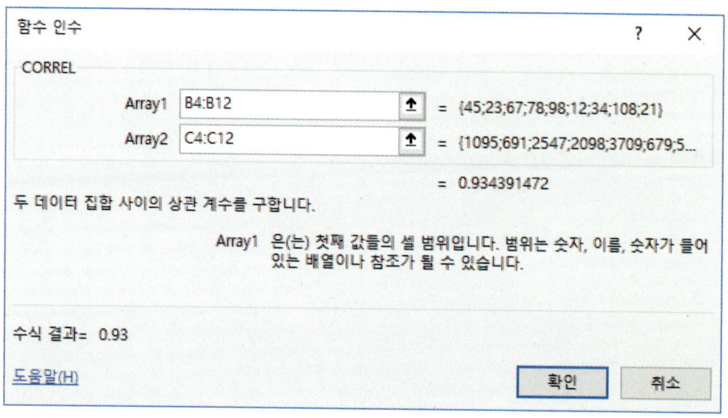

③ 상관계수의 값이 0.93으로 나타나 광고비와 매출액이 양의 방향으로 연관성이 매우 크다는 것을 알 수 있다.

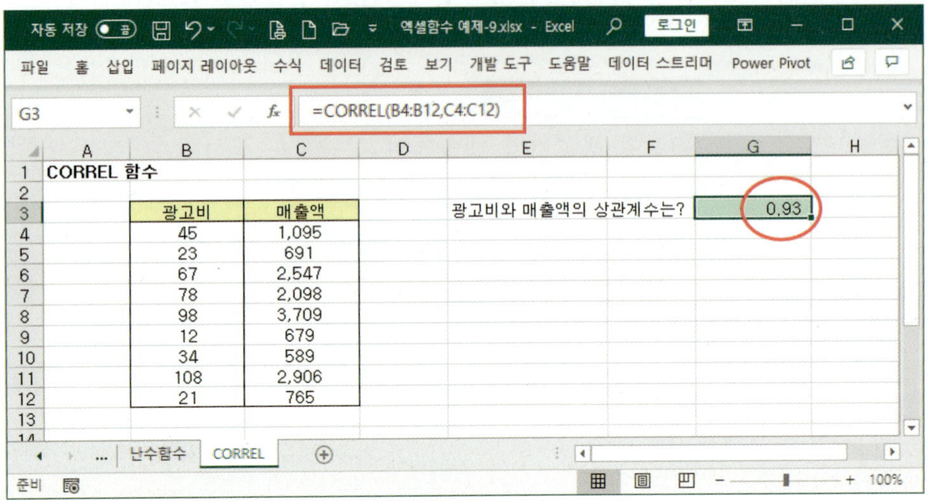


| 광고비 | 매출액 |
|---|---|
| 45 | 1,095 |
| 23 | 691 |
| 67 | 2,547 |
| 78 | 2,098 |
| 98 | 3,709 |
| 12 | 679 |
| 34 | 589 |
| 108 | 2,906 |
| 21 | 765 |

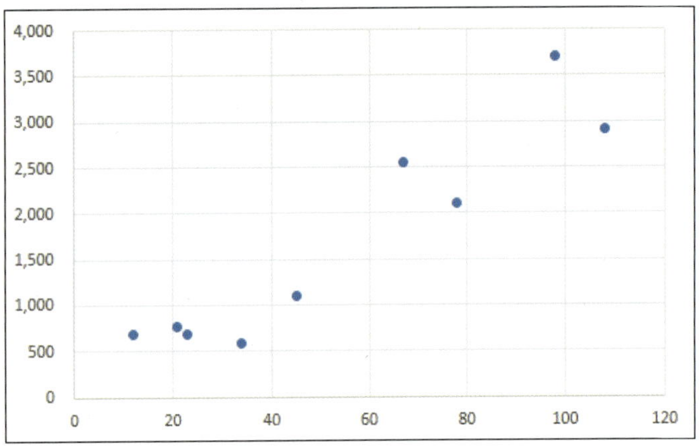

# 연습문제

Chapter 3

## A. 다음 중 가장 맞는 것을 고르시오.

**1.** AVERAGE, MIN, MAX 함수의 인수는 몇 개까지 가능한가? (　)

① 56
② 100
③ 255
④ 256

**2.** 다음 중 인수의 용법이 맞는 것은? (　)

① AVERAGE(array, k)
② SMALL(숫자1, 숫자2, ...)
③ RANK(해당 숫자, 범위, 차순)
④ LARGE(해당 숫자, 범위)

**3.** 다음 재무함수 중 용법이 틀린 것은? (　)

① PV함수-미래 금액의 현재가를 구해준다.
② DB함수-정액법에 의한 감가상각액을 구해준다.
③ NPER함수-정해진 금액을 불입할 경우 특정금액을 갚는 데 소요되는 기간을 구해준다.
④ PMT-특정금액을 정해진 기간에 갚기 위한 불입금액을 구해준다.

**4.** FV나 PV 함수에서 연이자율이 6%라고 한다. 정기불입액이 매월 10만원이라고 한다면 함수의 첫 번째 인수인 이자율은 얼마가 되어야 하는가? (　)

① 6%
② 6%/12
③ 0.6%
④ 1%

**5.** 다음 중 IF함수의 첫 번째 인수로 문법적으로 부적합한 것은? (　)
(각 참조 셀에는 적절한 값이 입력되어 있다고 가정함)

① A5*6-7〉=B5**2
② AB〈B5-C5-9
③ 5=3
④ B3〈〉"경영대학"

**6.** 다음 중 논리함수에 대한 설명으로 맞는 것은? (　)

① IF함수는 세 개의 인수로 구성되며, 첫 번째 인수는 테스트 결과 결국 TRUE 또는 FALSE 값을 가지게 된다.
② AND함수는 인수 중 하나만 TRUE이면 TRUE가 된다.
③ NOT함수의 인수는 255개까지 가능하다.
④ OR함수의 인수로 식은 될 수 없다.

**7.** 다음 중 VLOOKUP함수에 대한 설명으로 틀린 것은? (　)

① 마지막 인수의 값은 0 또는 1이다.
② 두 번째 인수인 검색테이블 영역의 열수보다 세 번째 인수인 열번호가 클 수 없다.
③ 마지막 인수인 검색논리값의 값이 1인 경우 검색테이블 영역의 가장 왼쪽 열이 반드시 내림차순으로 정렬되어 있어야 한다.
④ 아래로 가면서 값을 찾는다.

**8.** 다음 중 셀의 값이 NULL값인지를 확인하는 정보함수는? (　)

① ISTEXT
② ISNULL
③ ISREF
④ ISBLANK

**9.** 다음 중 SUMIFS함수의 인수 순서가 맞는 것은? (　)

① 합계 대상 데이터 영역, 조건 데이터 영역1, 조건1, ...
② 조건1, 조건 데이터 영역1, ... , 합계 대상 데이터 영역
③ 합계 대상 데이터 영역, 조건1, 조건 데이터 영역1, ...
④ 조건 데이터 영역1, 조건1, ... , 합계 대상 데이터 영역

**10.** 다음 중 SUMPRODUCT함수에 대한 설명으로 틀린 것은? (　)

① 행이나 열의 요소들간의 곱을 더한다.
② 반드시 곱하는 요소는 모두 행이면 행, 열이면 열로 구성되어야 한다.
③ 각 요소(행 또는 열)는 같은 수의 셀을 가져야 한다.
④ 인수로 들어가는 요소의 수는 2개이다.

## B. 실습 문제

다음 문제를 읽고 '**엑셀함수 연습문제.xlsx**'의 해당 워크시트를 참조하여 답을 구하시오.

**1.** 워크시트를 보고 다음 문제를 수행하시오. (1절)

(1) G열에서 I열까지의 점수 합계, 평균, 순위(RANK.EQ함수)를 계산하시오.
(2) 아래 L8, L9셀에 LARGE함수와 SMALL함수를 이용하여 H열 평균의 최고, 최하 점수를 구하시오.

**2.** 왼쪽 <표 1>은 10개 대리점의 연 매출을 나타내고 있다. RANK.EQ함수를 사용하여 D열에 매출 순위를 구하고, C열 아래의 최고 매출액 등의 항목을 적절한 엑셀함수를 이용하여 구하시오. (1절)

**3.** 워크시트를 보고 다음 문제를 수행하시오. (2절)

(1) 문제 1 : SUMIFS함수
S4, S6, S11셀 : 왼쪽 노란색 조건에 해당하는 사람들의 급여 합계를 구하시오.
(2) 문제 2 : COUNTIFS함수
W4, W6, W11셀 : 왼쪽 노란색 조건에 해당하는 사람들의 숫자를 구하시오.

**4.** 워크시트를 보고 다음 문제를 수행하시오. (2절)

(1) 문제 1 : AVERAGEIFS함수
왼쪽 판매 데이터에서, 2020년과 2021년에 팔린 가전제품의 판매금액 평균을 구하시오.
(2) 문제 2 : AVERAGEIFS함수
왼쪽 판매 데이터에서, 서울 판매점에서 판매한 건 중, 판매금액이 정확히 100,000원인 판매건을 제외한 판매건의 판매금액의 평균을 구하시오.

**5.** C2셀에 전체 과일의 재고의 가치를 구하시오(재고 가치=가격/박스 * 보유재고 박스수 * 보존율). (2절)

**6.** 워크시트의 아래 <표 1>, <표 2>에 과일을 판매하는 체인의 과일별 가격 및 점포별 판매량을 나타내었다. <표 3>의 빈칸에 각 지점별 매출액과 합계(총매출)를 계산하여 기입하되, 반드시 MMULT함수를 사용하시오. (2절)

**7.** 워크시트를 보고 다음 문제를 수행하시오. (1, 3, 4절)

(1) E열 : RANK.EQ함수를 이용하여 각 지점의 매출액 등수를 적으시오(가장 많은 매출액의 지점이 1위가 됨).
(2) F열 : IFS함수를 이용하여 <표 1>에 따라 매출액 등위에 대한 평가를 적으시오.
(3) G열 : VLOOKUP함수를 이용하여 <표 1>에 따라 매출액 등위에 대한 평가를 적으시오.

**8.** VLOOKUP함수를 이용하여 L6셀에 L5셀의 고객의 소유 차량(H열)의 가격을 '차량가격' 워크시트에서 구하여 적으시오. (3절)

**9.** 판매수량이

- 200개 이상이면 판매금액의 30%
- 100개 이상, 200개 미만이면 판매금액의 20%
- 100개 미만이면 판매금액의 10%

를 '지급률'로 하여 성과급을 지급하고자 한다.
VLOOKUP함수를 활용하여 G열에 '지급률'을 구하고, H열에 '성과급'을 계산하시오. (3절)

**10.** 아래 C5, C6셀의 선택에 따라 C8셀에 오른쪽 테이블에 보이는 대로 해당 차량의 가격을 나타내시오. (3절)

**11.** INDEX함수를 이용하여 C3셀 프로세스, C4셀 메모리 크기인 C2셀 컴퓨터의 가격(만원)을 아래 표를 보고 C6셀에 구하시오. (3절)

**12.** 워크시트를 보고 다음 문제를 수행하시오. (3절)

(1) XLOOKUP함수를 이용하여 M6셀의 왼쪽 테이블을 보고, 거래ID에 대한 고객, 담당을 구하시오(테이블을 수정할 수 없음).

(2) XLOOKUP함수를 이용하여 다음 고객을 아래에서부터 찾아 담당을 적되, 그런 고객이 없는 경우, "고객사가 아님"으로 나타나게 하시오.

**13.** 워크시트의 숫자는 각 시합에서의 선수들의 타율을 나타낸다. 각 선수의 가장 최근 3회 시합에서의 평균 타율을 N열에 구하시오(예를 들어, '송희현' 선수의 경우 시합 6-8이 최근 3회의 시합이 됨).
OFFSET, COUNT, AVERAGE 함수를 이용하시오. (3절)

**14.** I열 고과란에 IF함수를 이용하여 다음과 같이 판정하시오. (4절)

- H열 근무점수가 85점 이상 : 우수
- 84점-70점 : 평균
- 69점 이하 : 저조

**15.** 오른쪽 <이자율 표>를 이용하여 예금종류, 예금액에 따라 E4셀에 이에 맞는 연리를 적으시오. (3, 4절)
(즉 K열의 연리 중 해당하는 연리를 적음)

**16.** 왼쪽 '순위 결정' 테이블을 근거로 하여, H10셀 및 I10셀의 경기 결과에 따라 J10셀에 우승, 준우승, 3위, 4위의 경기 결과를 IF함수를 사용하여 기입하시오. (4절)
(예를 들어, 4강에서 '승'이고, 결승에서 '패'이면 '준우승'이 됨)

**17.** 다음 조건 중 하나에 해당하는 경우 "합격"이 된다.

(1) 외국대학을 졸업한 경우 합격
(2) 토플점수가 100점 이상인 경우 합격
(3) 토플점수가 100점 이상이 아니면 토익점수가 850점 이상이어야 합격
(4) 토익점수가 700점 이상이고 또한 자체 영어시험 성적이 90점 이상이어야 합격

H열 판정란에 각 수험생에 대한 판정을 "합격", "불합격"으로 기재하시오. (4절)

**18.** 워크시트의 설명을 읽고 IF, AND, OR 함수를 이용하여 J5:L14셀에 '합격', '불합격' 여부를 기입하시오. (4절)

**19.** 워크시트의 설명을 읽고 다음 문제를 수행하시오. (5절)

(1) B3셀이 글자이면 G6셀에 "글자"라고 쓰고 그렇지 않으면 "글자 아님"이라고 쓰시오.
(2) B9셀이 숫자이면 G12셀에 그 값을 제곱하여 쓰고, 그렇지 않으면 "계산 불가"라고 쓰시오.

**20.** C4셀에 고객명을 입력하면 오른쪽 고객명단을 찾아 D6셀에 해당 고객의 주소가 나오게 하시오. 만일 명단에 없으면 '새로운 고객입니다'라는 메시지가 나오게 하시오(고객명은 명단에 있든 없든 늘 정확하게 입력한다고 가정함). (4절)

**21.** A사는 10억원을 대출받은 후 매년 말에 1억원씩 갚아 나가려고 한다. 연이자율은 6%이다. 아래 경우로 각각 나누어 다 갚는 데 몇 년이 걸리는지 NPER함수를 사용하여 작성하시오. (6절)

(1) E3셀 : 은행에서 빌린 10억원에 대하여 정상적으로 연이자율 6%의 이자비용을 A사가 지불해야 하는 경우
(2) E7셀 : 중소기업 우대정책으로 A사에 은행이 10억원을 무이자로 빌려주는 경우

**22.** 워크시트 내의 지시에 따라 각 경우에 대한 매년의 감가상각액을 구하되, 감가상각총액이 900만원이 되게끔 마지막 연도의 감가상각액을 적절한 식을 사용하여 조정하시오. (6절)

**23.** 2021년 1월 1일 200만원의 목돈을 저금하였다. 그리고 2021년부터 해마다 매년 초에 한 번 20만원씩 5년 동안 저금하기로 하였다. 그렇다면 10년 후인 2030년 말에 모두 얼마를 받을 수 있겠는가? 이자율은 연 6%라고 가정한다. 1)~4)항에 적절한 식을 입력하여 답을 구하시오. (6절)

**24.** 연이율 6%의 확정금리 정기적금 상품을 통해 5년 동안 5억원을 모으려고 할 경우, 매달 얼마씩 적립해야 하는지 PMT함수를 사용하여 구하시오(매월 초 불입하는 것으로 가정하고 불입액은 ROUND함수를 사용하여 소수부분은 버리고 정수부분만 기록함). (6절, 9절)

**25.** 15명의 선수 테이블에서 1) 타율은 반드시 3할(0.3을 말함) 이상이면서, 2) 안타 100개 이상이거나, 홈런 50개 이상(즉 2)번 조건은 이 둘 중 하나만 충족하면 됨)을 기록한 선수는 MVP 후보 여부란(G열)에 "후보"라고 쓰고, 그렇지 않은 선수는 그냥 비워 두시오(IF, AND, OR 함수 사용). (4절)

- 타율 0.333, 안타 120개, 홈런 34개 : 후보
- 타율 0.271, 안타 160개, 홈런 76개 : 후보 아님
- 타율 0.301, 안타 30개, 홈런 51개 : 후보
- 타율 0.301, 안타 30개, 홈런 29개 : 후보 아님

**26.** 엑셀식을 작성하여 C9, C11셀에 $x^2-5x+6$의 두 근을 구하시오(엑셀에서 근의 방정식을 구하는 함수는 별도로 없으므로 직접 식을 작성하여 구해야 함).

| 2차 방정식 근의 공식 : $x=\dfrac{-b\pm\sqrt{b^2-4ac}}{2a}$ |
|---|

**27.** 워크시트의 설명을 읽고 다음을 수행하시오. (3절)

(1) AGGREGATE함수를 이용하여, 오른쪽 N2-R2셀에 M2셀의 함수에 따라 집계하시오(M2셀의 함수는 변할 수 있음. 아래 M,N열의 함수 및 함수번호를 참조).

(2) C12-C41셀에 테이블 정렬을 하여도 일련번호가 정렬되게끔 AGGREGATE함수식을 작성하시오.

**28.** 각 대리점별로 판매현황을 보여주고 있다. SUMPRODUCT함수를 사용하여 E10:G10셀에 각 대리점별 매출액을 기록하시오. (2절)

**29.** 오른쪽 '사원명부' 워크시트의 테이블을 대상으로 하여 다음 문제를 실행하시오(SUMIFS, COUNTIFS, AVERAGEIFS, VLOOKUP 함수 사용). (2, 3절)

(1) C9셀에 아래 조건을 모두 만족하는 사람들에 대한 급여총액의 합계를 구하시오.

(2) C18셀에 아래 조건을 모두 만족하는 사람들에 대한 인원수를 구하시오.

(3) C27셀에 아래 조건을 모두 만족하는 사람들에 대한 급여총액의 평균을 구하시오.

(4) VLOOKUP함수를 사용하여 B32셀의 사원에 대한 아래 각 정보를 C33~C36셀에 구하시오. 필요한 경우 '사원명부' 테이블을 수정해야 할 수도 있음.

**30.** 워크시트의 판매 테이블을 보고 I5:J6셀의 조건에 맞는 판매횟수, 판매금액 합계, 평균판매가, 그리고 최고 판매금액을 L6:O6셀에 데이터베이스함수를 사용하여 기입하시오. (7절)

**31.** 워크시트를 보고 다음 문제를 수행하시오. (7절)

(1) 문제 1 : DSUM함수
왼쪽 판매 데이터에서, 2020년 9월 1일부터(포함) 팔리거나 또는 가전제품 판매의 판매금액 합계를 구하시오.

(2) 문제 2 : DCOUNTA함수
왼쪽 판매 데이터에서, 서울 판매점에서 판매한 10만원 이상 판매건이거나, 화장품 제품 판매 중 판매금액이 정확히 100,000원인 판매건을 제외한 판매건의 판매금액의 건수를 구하시오.

**32.** 텍스트함수를 이용하여, 4행의 예와 같이 학교명을 E열 초록색 셀에 기재하시오. (8절)

**33.** 텍스트함수를 이용하여 C열의 성명 형식을 D열에 아래와 같은 형식으로 바꾸시오. (8절)

Kim, So Young → So Young Kim
Park, Sung-Min → Sung-Min Park

**34.** 적절한 텍스트함수를 이용하여 C3셀의 글에서 혜하를 모두 혜화로 고치시오. (8절)

**35.** 워크시트에 있는 안내대로 ROUND함수를 이용하여 나타내는 자릿수까지 반올림하시오. (9절)

**36.** 다음 계산 결과 몫과 나머지를 구하시오. (9절)

**37.** 2021년 1월 1일은 숫자로 44,197에 해당한다. 2025년 12월 31일은 숫자로 46,022에 해당한다. 아래에 2021년 1월 1일부터 2025년 12월 31일까지의 날짜를 100개 무작위로 생성하시오. (9절)

**38.** D22-F22셀에 매출액(C열)과 세 변수 간의 상관계수를 구하시오. (9절)

**39.** I3셀에 H3셀 직원의 부서 소재건물의 주소를 찾아 적으시오(다른 셀에 함수나 식을 적으면 안 됨). (3절)

**40.** 워크시트를 보고 데이터베이스함수를 이용하여 1, 2번 계산을 수행하시오. (7절)

CHAPTER

4

# 실무 예제-견적서 작성하기

1. 기본 견적서 만들기
2. 시트 및 파일 보호
3. 배 열
4. 가격체크 견적서 만들기
5. 홈쇼핑 주문서 작성하기

# 1. 기본 견적서 만들기('견적서.xlsx')

본절에서는 제3장 함수의 기능을 사용하여 일반 업무에서 자주 쓰이는 견적서를 작성해 보기로 한다.

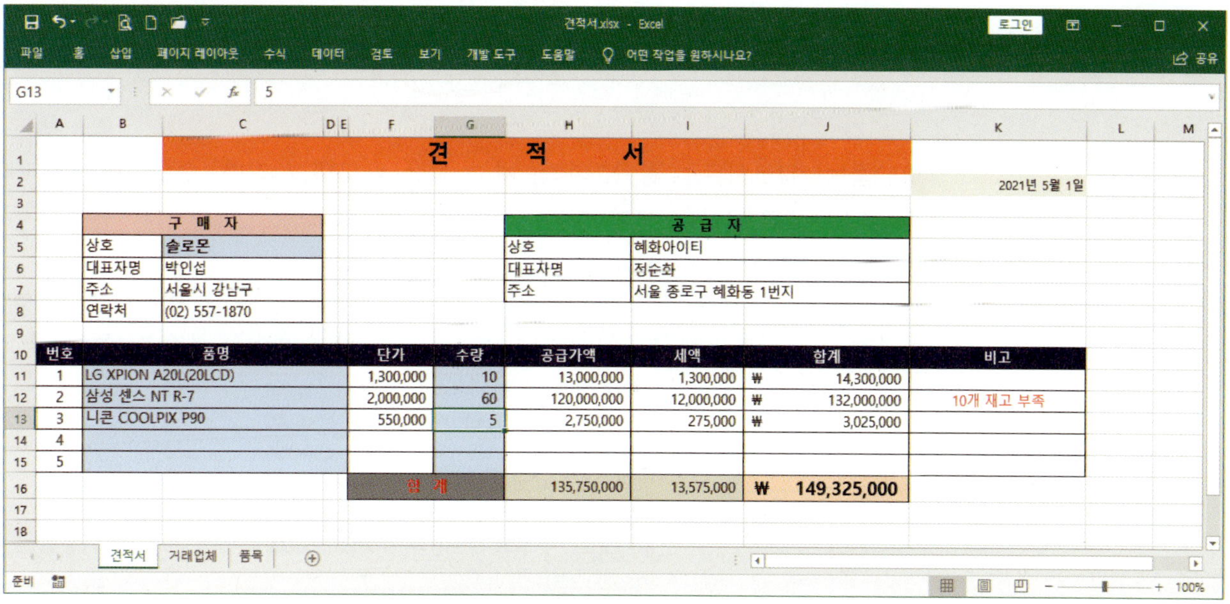


## (1) 워크시트와 영역이름

우선 견적서를 만들기 위해서는 여러 가지 기본 데이터가 필요하다. 즉 거래업체나 공급하는 품목에 대한 데이터가 필요하기 때문에 '거래업체', '품목'의 워크시트에 미리 필요한 데이터를 저장하였다. 또 VLOOKUP함수 등을 사용하여 정보를 찾아야 되므로 필요한 데이터 영역을 영역이름으로 미리 설정하고자 한다. 이를 설명하면 다음과 같다.

① '견적서' 워크시트 : 견적서를 작성하는 부분으로 사용자는 구매자의 상호, 주문품명, 그리고 수량(파란색 셀 부분)만 입력하면 견적서가 작성된다.

② '거래업체' 워크시트 : 상호, 대표자명, 주소와 연락처가 있는 부분이다. 그리고 순수한 데이터 부분을 '거래업체'라는 영역이름으로 지정한다.

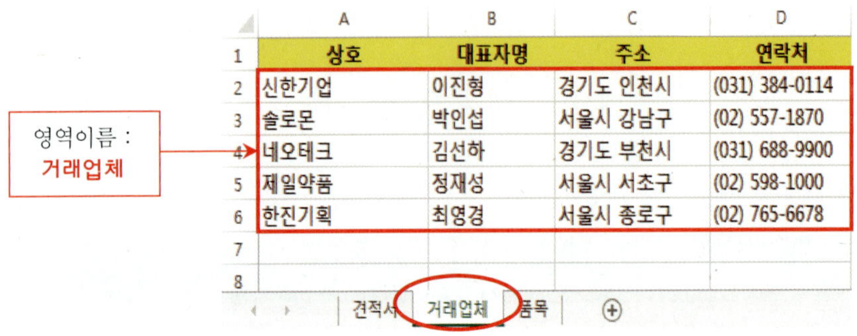

| | A | B | C | D |
|---|---|---|---|---|
| 1 | 상호 | 대표자명 | 주소 | 연락처 |
| 2 | 신한기업 | 이진형 | 경기도 인천시 | (031) 384-0114 |
| 3 | 솔로몬 | 박인섭 | 서울시 강남구 | (02) 557-1870 |
| 4 | 네오테크 | 김선하 | 경기도 부천시 | (031) 688-9900 |
| 5 | 제일약품 | 정재성 | 서울시 서초구 | (02) 598-1000 |
| 6 | 한진기획 | 최영경 | 서울시 종로구 | (02) 765-6678 |
| 7 | | | | |
| 8 | | | | |



③ '품목' 워크시트 : 품목, 가격, 재고 등을 나타내고 있다. 순수한 데이터 부분을 '품목'이라는 영역이름으로 지정한다.

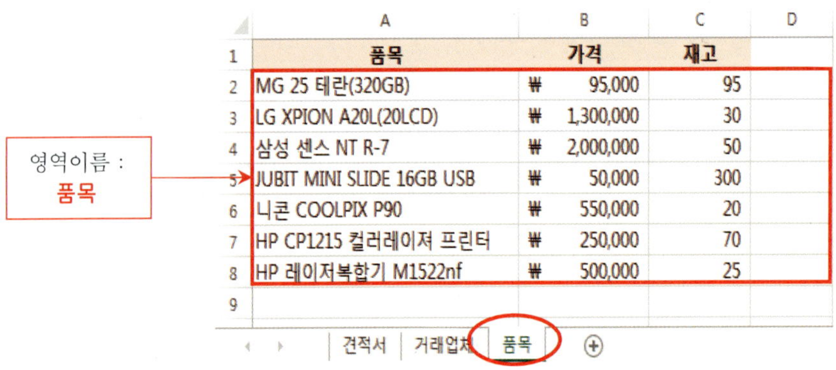

| | A | B | C | D |
|---|---|---|---|---|
| 1 | 품목 | 가격 | 재고 | |
| 2 | MG 25 테란(320GB) | ₩ 95,000 | 95 | |
| 3 | LG XPION A20L(20LCD) | ₩ 1,300,000 | 30 | |
| 4 | 삼성 센스 NT R-7 | ₩ 2,000,000 | 50 | |
| 5 | JUBIT MINI SLIDE 16GB USB | ₩ 50,000 | 300 | |
| 6 | 니콘 COOLPIX P90 | ₩ 550,000 | 20 | |
| 7 | HP CP1215 컬러레이져 프린터 | ₩ 250,000 | 70 | |
| 8 | HP 레이저복합기 M1522nf | ₩ 500,000 | 25 | |
| 9 | | | | |

## (2) 견적일자 작성

다음 K2셀에 '=TODAY()'라고 입력한다. 이는 오늘의 날짜를 나타내며 입력 후 적절하게 일자의 서식을 정해 준다.

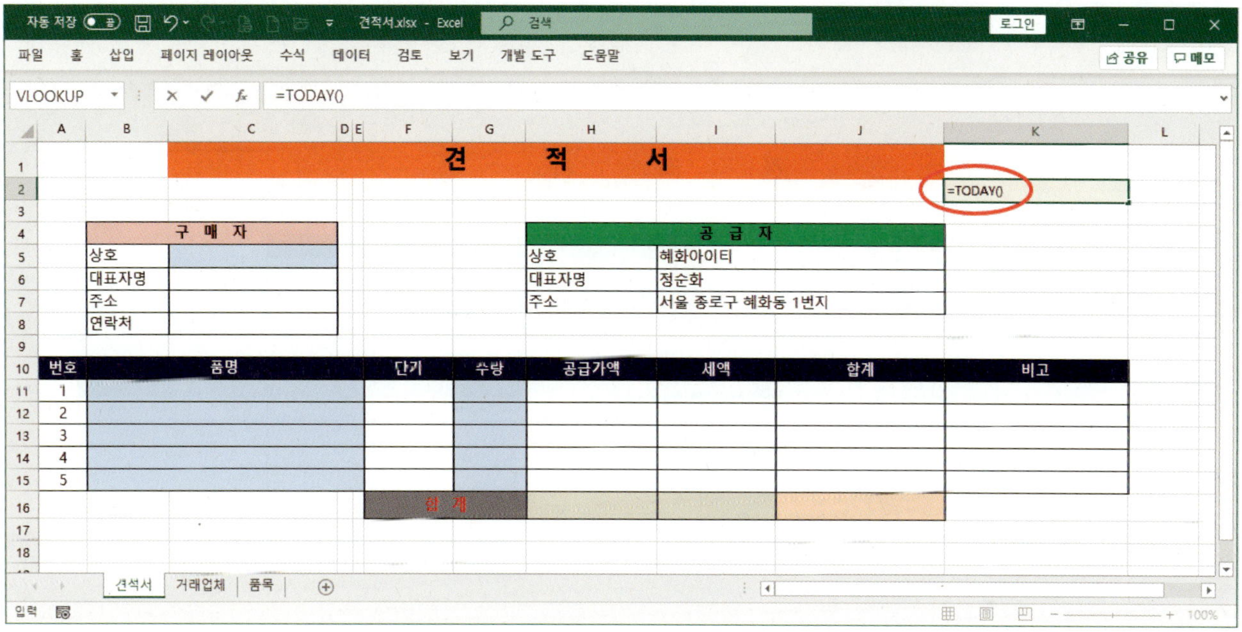

## (3) 구매자 입력

물품을 구매하고자 하는 구매자를 입력한다. '거래업체' 워크시트에 이미 저장되어 있는 업체만 입력대상이 되며, '[데이터]탭-데이터 유효성 검사'를 통하여 목록을 이용하여 입력한다.

① 구매자를 입력할 'C5'셀을 먼저 선택한다. 그리고 '데이터 유효성 검사' 메뉴를 클릭하여 '데이터 유효성 검사' 창이 나타나면 아래와 같이 입력한다.

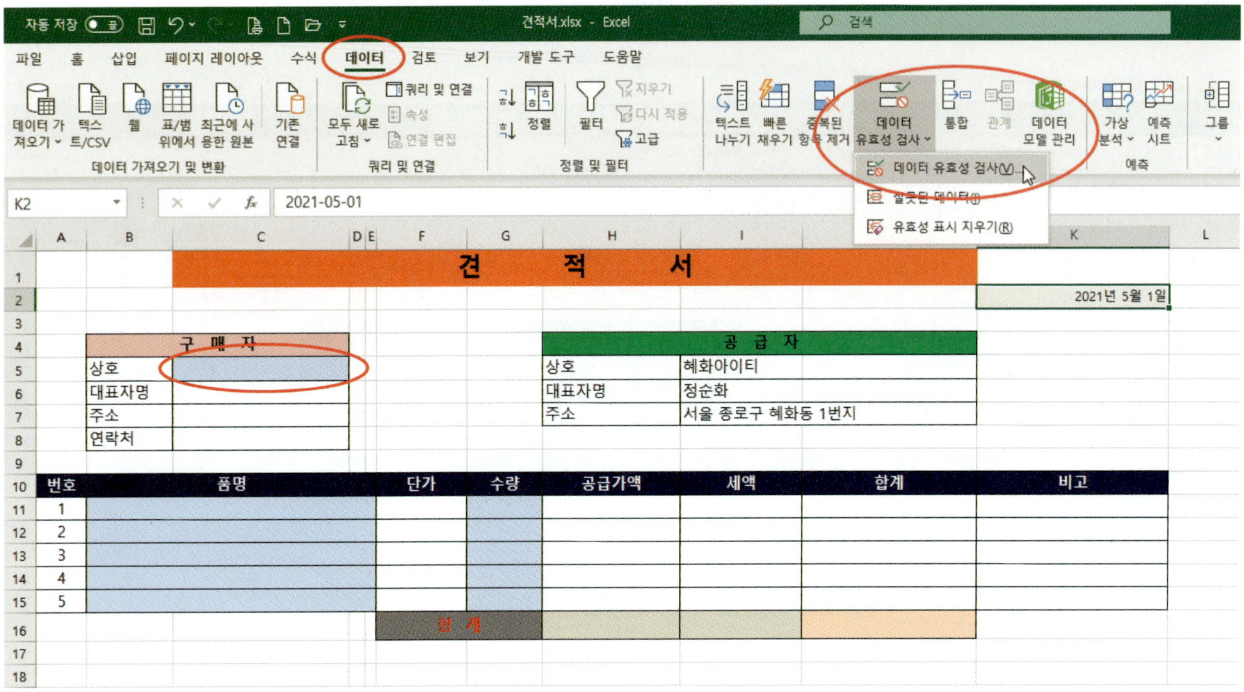

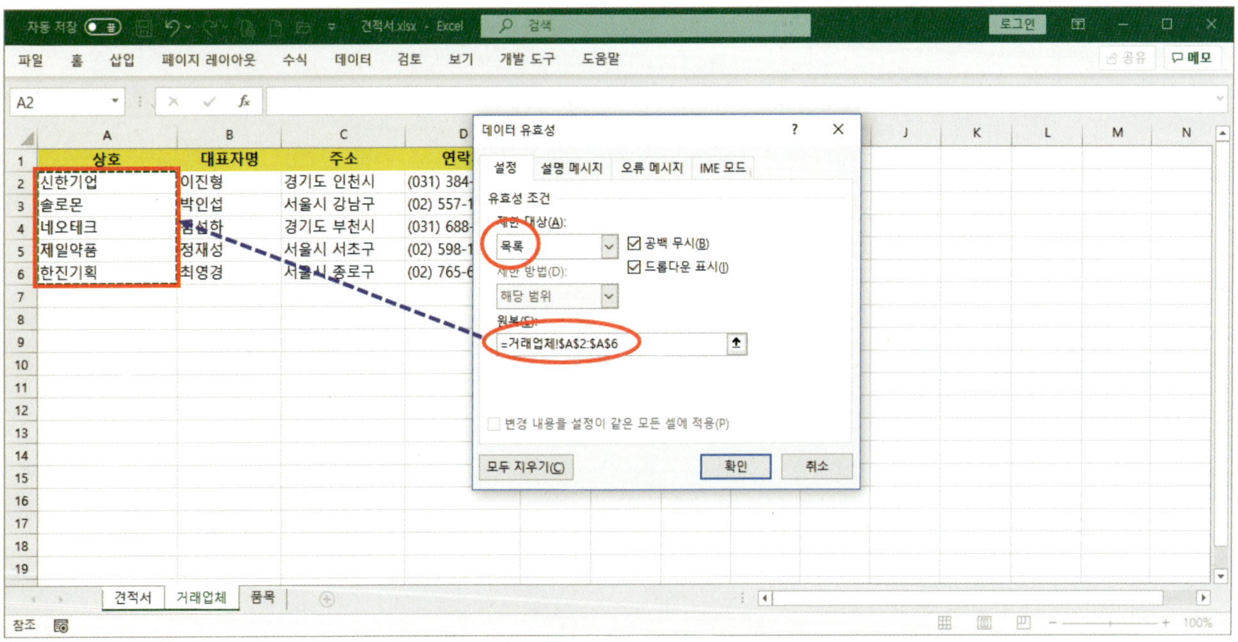

- 제한대상 : 목록 - 이는 아래 원본의 데이터에서 목록으로 입력대상을 가져오라는 의미이다.
- 원본 : =거래업체!$A$2:$A$6 - '거래업체' 워크시트를 클릭한 후 이전의 그림처럼 상호명 영역을 드래그하여 A2:A6의 영역을 입력한다. 이제 '확인' 버튼을 클릭한 후, 다음과 같이 C5셀 오른쪽의 화살표 버튼을 클릭하면 거래업체 목록으로부터 구매자를 입력할 수 있다.

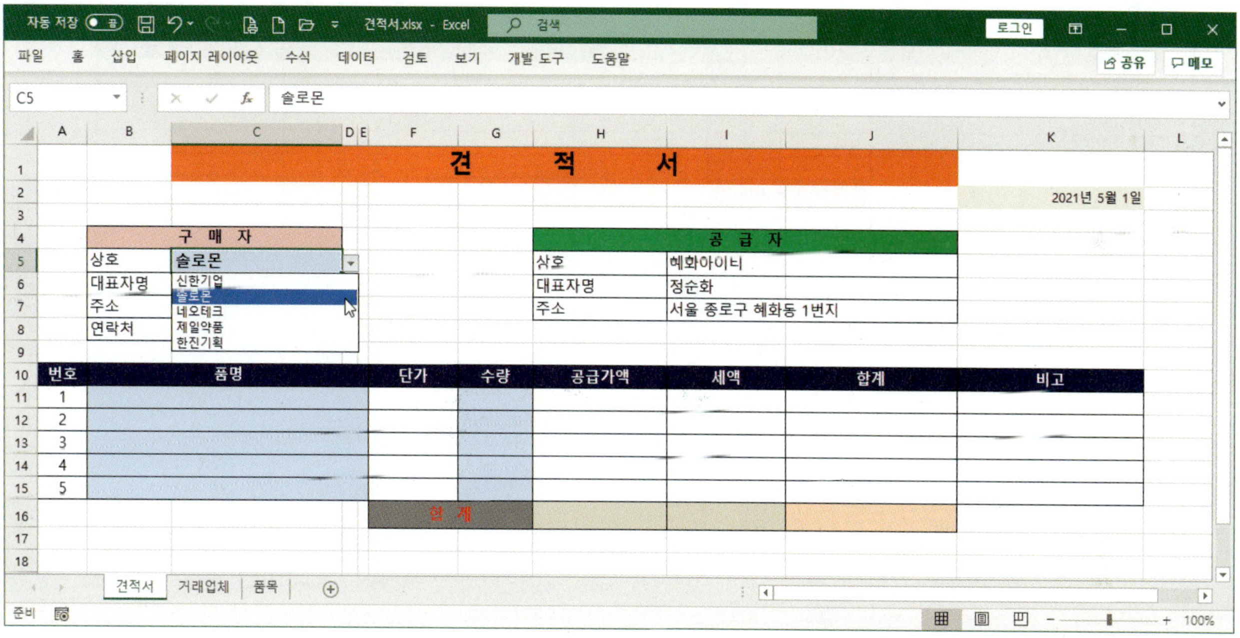

② 구매자 자료 입력 : 구매자가 정해지면 '거래업체' 워크시트로부터 대표자명, 주소, 연락처를 VLOOKUP함수를 사용하여 입력한다. 단 C5(상호)셀이 빈칸인 경우 '#N/A' 에러가 일어나므로 IFERROR함수를 사용하여 이를 방지한다. 즉 빈칸이 아닌 경우에만 데이터를 찾게 되며, 빈칸인 경우 ""으로 셀 값이 나타나지 않게 처리한다.

- 대표자명 찾기 : VLOOKUP(C5, 거래업체, 2, 0)

  주소 : = IFERROR(VLOOKUP(C5, 거래업체, 3, 0), "")

  연락처 : = IFERROR(VLOOKUP(C5, 거래업체, 4, 0), "")

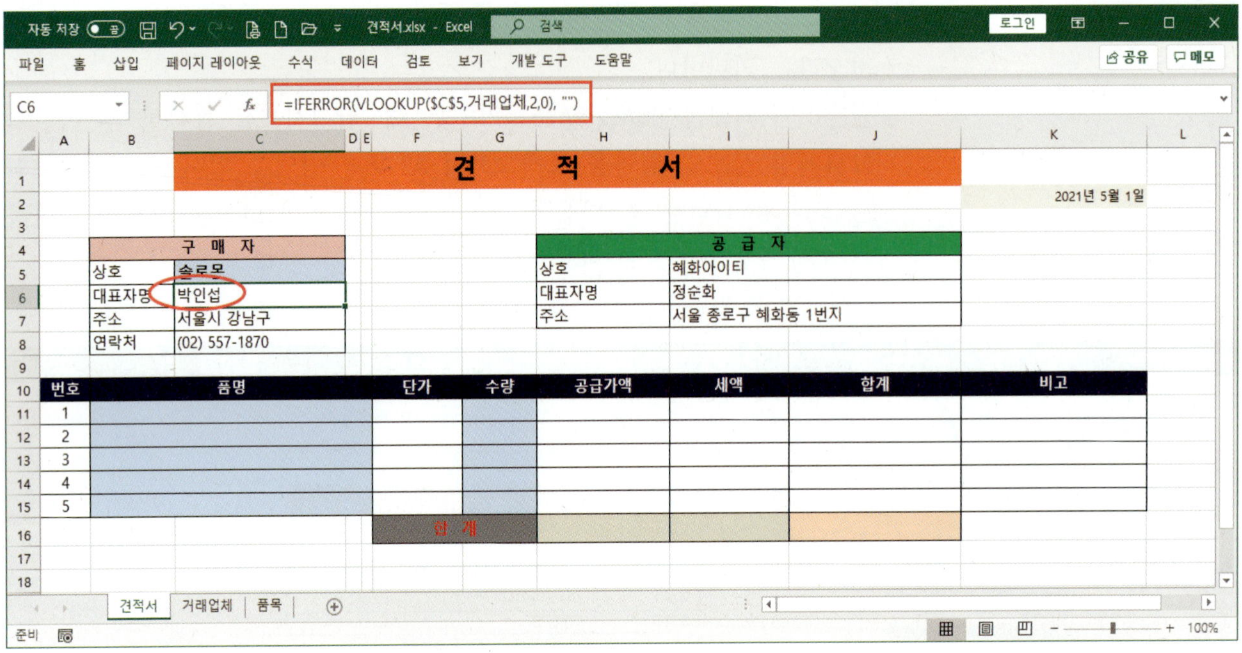

## (4) 품목 입력

이제 구매하고자 하는 물품을 입력한다. 같은 방법으로 '품목' 워크시트에 있는 품목만 입력대상이 되며 '[데이터]탭-데이터 유효성 검사'-'데이터 유효성 검사' 창을 통하여 입력한다.

현재 견적서에 품목은 5개까지 입력될 수 있는데, 입력란인 B11셀에서 B15셀까지 목록을 통하여 입력할 수 있도록 구매자와 같은 방법으로 '데이터 유효성 검사'를 설정한다.

① 첫 품목을 입력할 'B11'셀을 먼저 선택한다. 그리고 '데이터 유효성 검사' 메뉴를 클릭하여 '데이터 유효성 검사' 창이 나타나면 다음과 같이 입력한다.

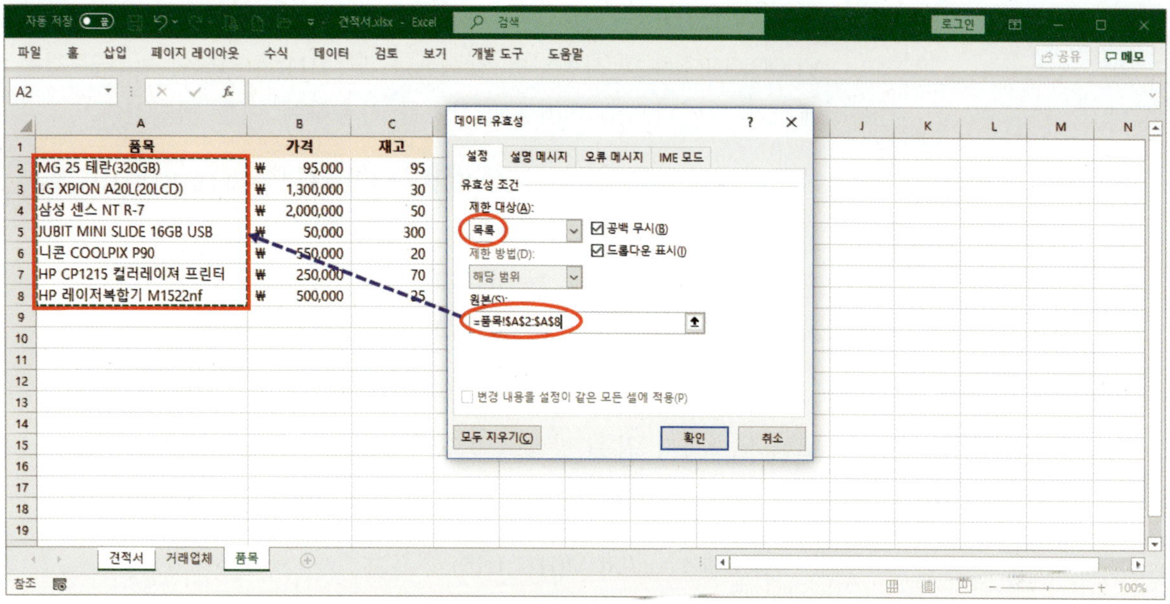

- 제한대상 : 목록 - 이는 아래 원본의 데이터에서 목록으로 입력대상을 가져오라는 의미이다. 따라서 품목의 제목이 된다.
- 원본 : =품목!$A$2:$A$8 - '품목' 워크시트에서 품목이 있는 A2:A8 영역을 드래그하여 품목 명단 영역으로 지정하면, 이들의 이름이 품목의 명단으로 견적서에서 보이게 된다. 이제 '확인' 버튼을 클릭한 후, 아래와 같이 B11셀 오른쪽의 화살표 버튼을 클릭하면 품목 명단에서 선택하여 입력할 수 있다.

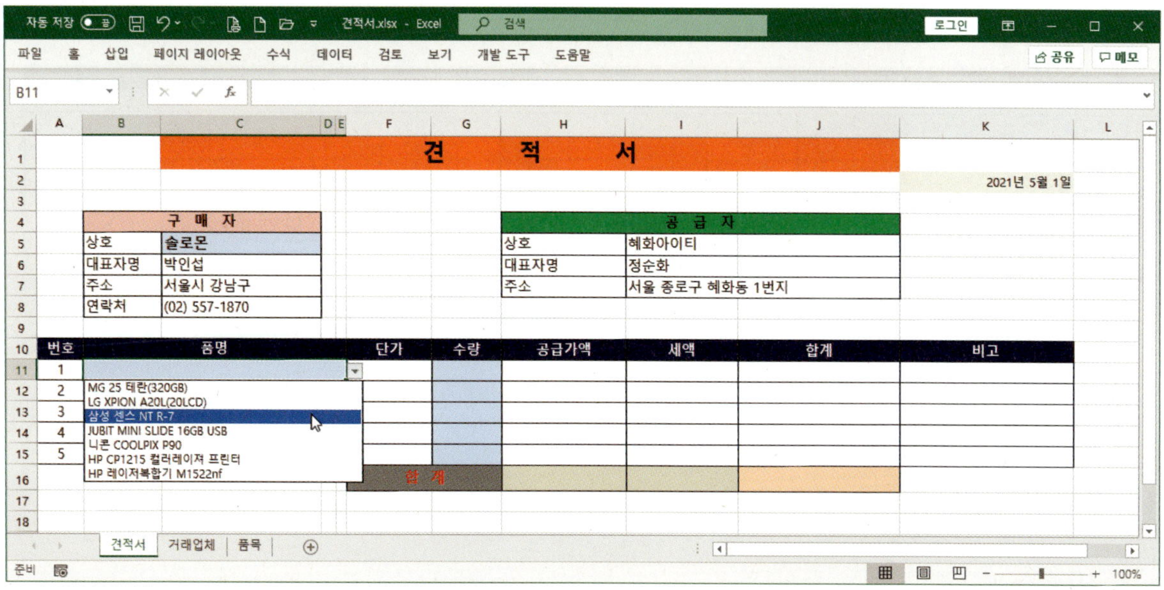

② 품목 자료 입력-11행 : 주문품목에 대하여 '품목' 워크시트로부터 단가를 VLOOKUP함수를 사용하여 입력한다. 단, B11(품명)셀이 빈칸인 경우 '#N/A' 에러가 일어나므로 ISBLANK함수를 사용하여 이를 방지한다.

단가(F11셀) : = IF(ISBLANK(B11),"", VLOOKUP(B11,품목,2,0))
수량(G11셀) : 사용자가 직접 입력함
공급가액(H11셀) : = IF(ISBLANK(B11),"", F11*G11)
세액(I11셀) : = IF(ISBLANK(B11),"", H11*0.1)
합계(J11셀) : = IF(ISBLANK(B11),"", SUM(H11:I11))

또한 15행까지 같은 방법으로 수식을 미리 입력한다.
그리고 합계를 위하여 H16, I16, J16셀에 다음과 같이 입력한다.

H16셀 : = SUM(H11:H15)
I16셀 : = SUM(I11:I15)
J16셀 : = SUM(J11:J15)

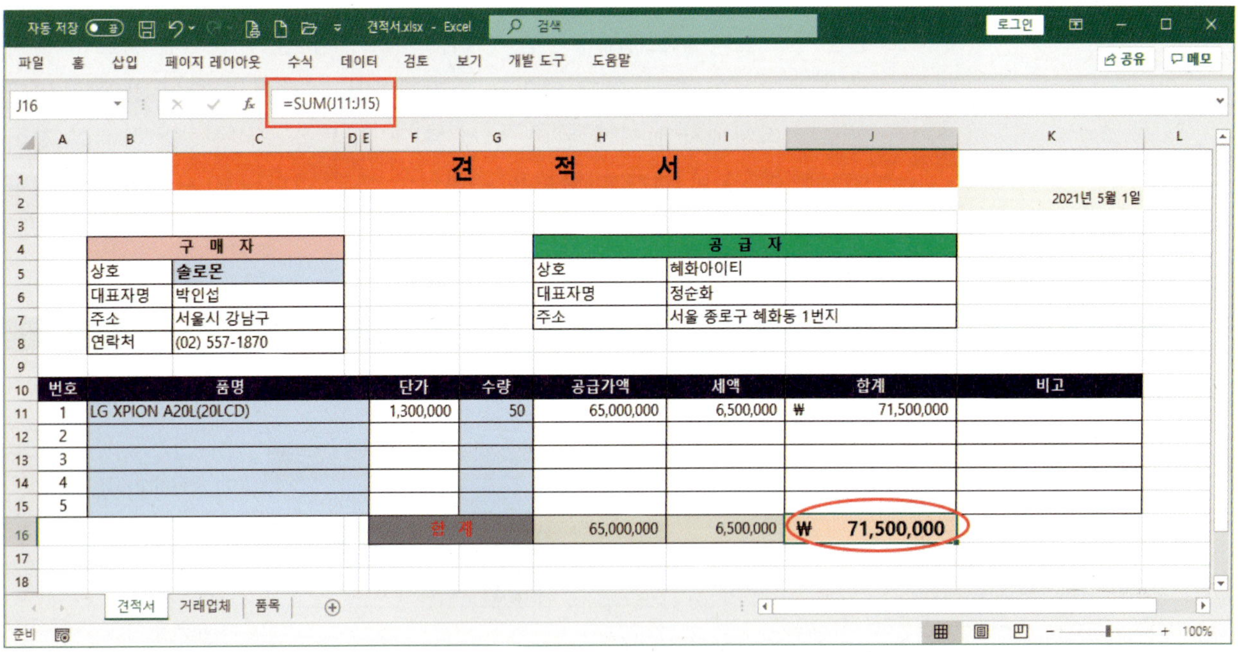

## (5) 재고 검사

'품목' 워크시트에는 세 번째 열에 품목의 현재 재고가 기록되어 있다. 그런데 견적서의 주문수량이 현재 창고 재고보다 많을 경우 재고 부족을 미리 알려주고 싶다고 한다. 따라서 비고란에 현 재고를 초과하는 주문수량을 적고자 한다. (즉, 현 품목의 재고가 10개인 경우 25개를 주문하면 15개가 부족하다고 비고란에서 알려줌)

### 1) 텍스트의 조합

&는 텍스트 데이터를 합하는 기호이다. 임의의 셀에 ="종로구 "&"명륜동"이라고 입력하면 '종로구 명륜동'이 입력된다.

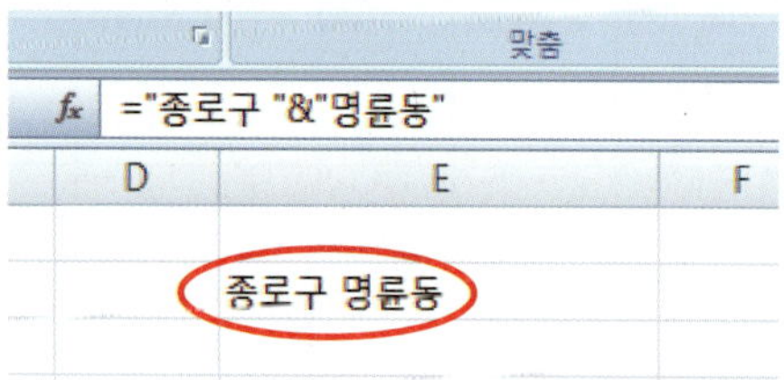


또한 셀의 값을 참조하여 합치기도 한다. 숫자도 텍스트처럼 연결할 수 있다.

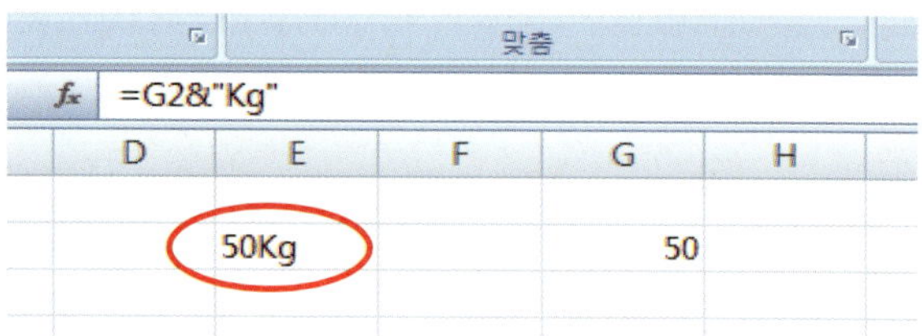


### 2) K11셀에 입력할 수식

= IF(ISBLANK(B11),"", IF(G11>VLOOKUP(B11,품목,3,0), G11-VLOOKUP(B11,품목,3,0)&"개 재고 부족!",""))

**함수설명**

- IF(G11>VLOOKUP(B11,품목,3,0) : 견적서의 주문수량(G11셀)이 주문품목의 재고(VLOOKUP(B11,품목,3,0))보다 크면 (이때 비고란에 명기함)
- G11-VLOOKUP(B11,품목,3,0)&"개 재고 부족!" : G11-VLOOKUP(B11,품목,3,0)은 견

적서 주문량과 현 재고의 차이인 숫자, 즉 재고가 부족한 숫자가 된다. 여기에 &로 "개 재고 부족!" 이라는 텍스트를 붙여주는 것이다. 따라서 결과는 '20개 재고 부족!'의 메시지가 나타나게 된다.

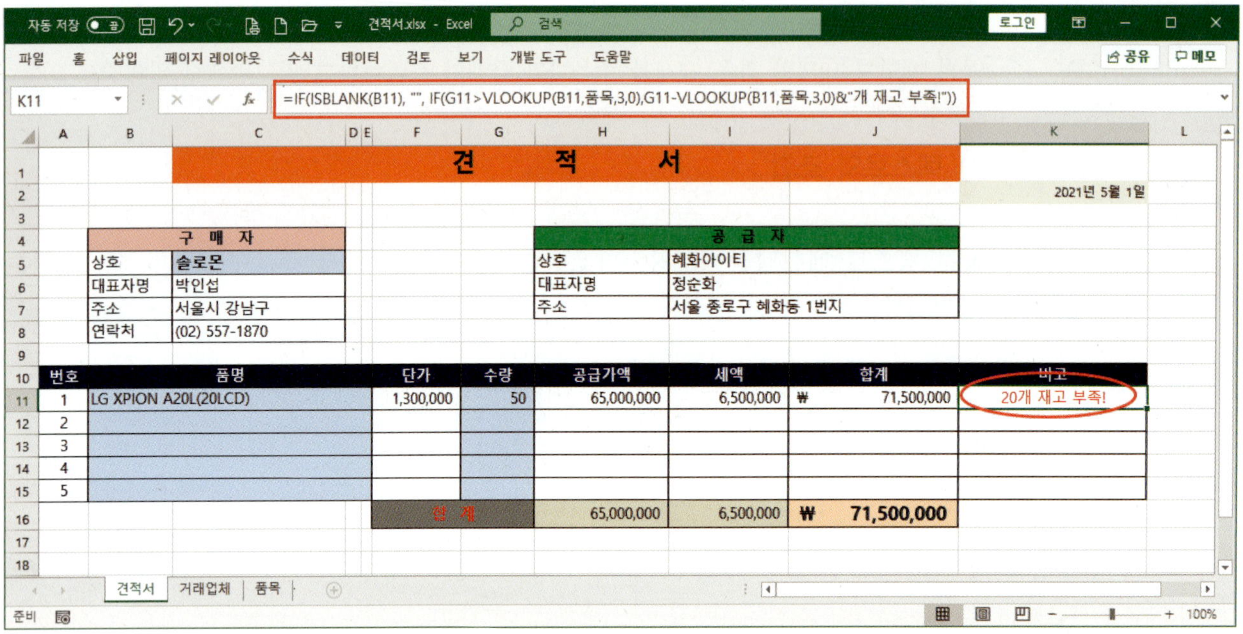


현재 'LG XPION A20L(20LCD)'의 재고가 품목 워크시트에서 보면 30개이므로 50개를 주문한 경우 20개가 부족하다는 것을 비고란에 보여주고 있다.

## (6) 이차목록 작성('이차목록.xlsx')

목록이 늘 같은 것이 아니라 특정값에 따라 달라져야 할 때가 있다. 이런 이차목록을 만드는 방법은 여러 가지 방법이 있으나 INDIRECT함수를 사용하면 편리하게 작성할 수 있다.

### 1) INDIRECT함수('INDIRECT' 워크시트)

INDIRECT함수는 예를 들어 "품목"과 같이 텍스트로 작성된 셀주소나 영역 등의 참조대상을 ""(quotation 기호)를 없애고, 바로 사용할 수 있는 참조대상으로 바꾸어 준다. 영역명이 셀에 적혀 있으면 텍스트가 되는데 이것은 함수에서 불러 바로 이용할 수가 없다. 예를 들면, 매출이라는 영역에 매출기록이 있을 때, 이 영역명을 A5셀에 적고 =SUM(A5)히게 되면 =SUM("매출")을 하는 것과 같이 된다. 그러나 =SUM(매출)이라고 하여야 매출 영역의 숫자들을 더하게 된다. 아래 그림에서 보는 바와 같이 D4:D7 영역을 '신세계'라는 영역명으로 부여하고 D12셀에 =SUM(D3)이라고 하면, =SUM("신세계")가 되어 0의 값으로 표시된다.

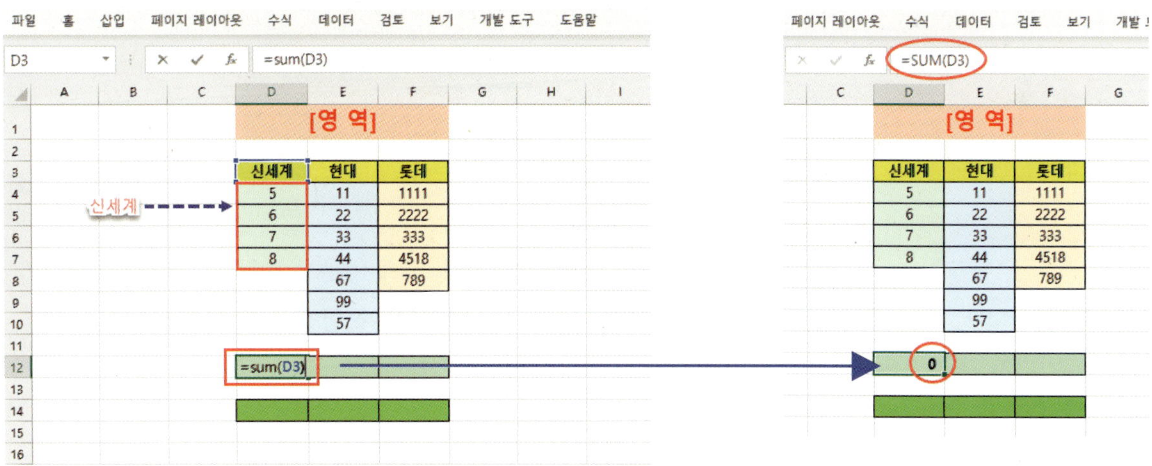


'신세계'라는 영역의 숫자를 합하고자 하면 =SUM(신세계)로 작성해야 한다. 이 때 셀에 적힌 텍스트 영역명에서 ""를 없애주는 함수가 INDIRECT함수이다. 따라서

= SUM(INDIRECT(D3))

이라고 하면,

= SUM(INDIRECT("신세계"))

가 되고, 여기에서 INDIRECT함수와 ""가 같이 없어져서,

= SUM(신세계)

가 된다. 그러면 이제 신세계 영역 내의 숫자들을 합산할 수 있다. 따라서 D12셀의 값이 26이 된 것을 알 수 있다.

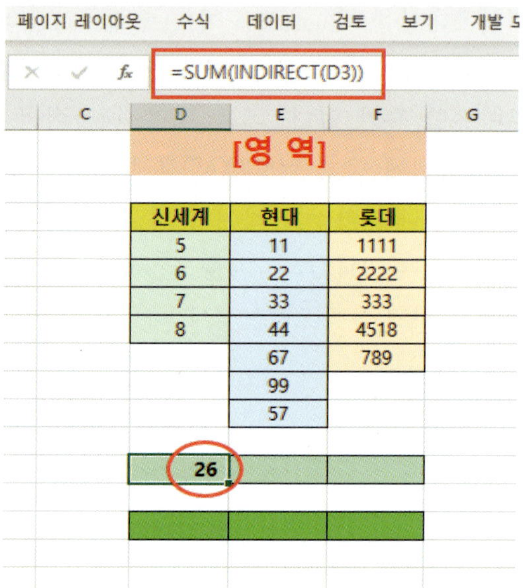


마찬가지로 현대, 롯데의 영역명을 아래 숫자 영역에 부여하고 이들의 합을 셀에 적힌 영역명과 INDIRECT함수를 이용하여 합산하면 아래와 같이 된다.

현대 영역 : E4:E10
롯데 영역 : F4:F8

으로 설정한다.

E12셀 : = SUM(INDIRECT(E3))
F12셀 : = SUM(INDIRECT(F3))

으로 하면 셀에 쓴 영역명을 이용하여 각 영역의 숫자 합계를 구할 수 있다.

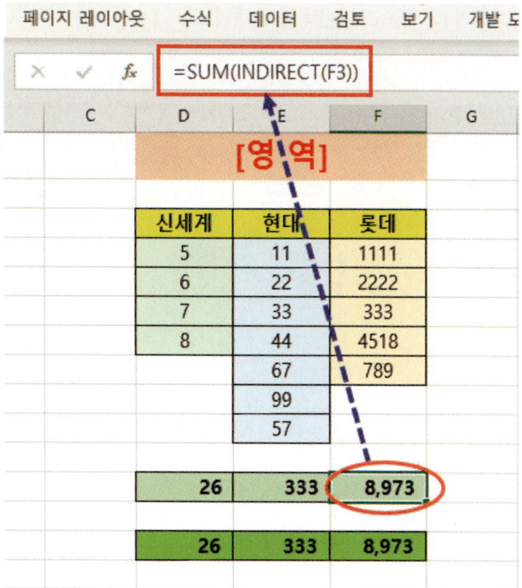


## 2) 이차목록 작성('이차목록 작성' 워크시트)

단과대학이 있고, 산하 소속 학과들이 있을 때, 각 단과대학에 따라 소속 학과의 목록이 작성되어야 한다. 따라서 신택한 단과대학에 따라 소속 학과들을 목록으로 작성하고자 한다.

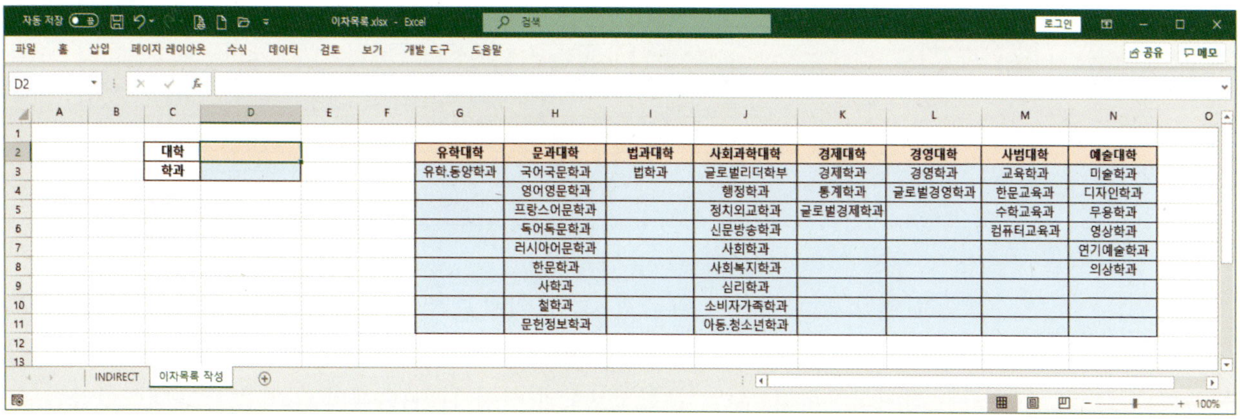


상기 그림에서 보는 대로 G열에서 N열까지 각 단과대학 별로 소속 학과들을 리스트하였다. 그리고 D2셀의 단과대학 명에 따라 D3셀에 소속 학과들을 목록으로 제시하고자 한다.

우선 D2셀에 단과대학들의 리스트를 목록으로 작성한다. D2셀을 선택하고 '[데이터]탭-데이터 유효성 검사'-'데이터 유효성 검사' 창을 통하여 G2:N2 영역의 단과대학 리스트를 아래와 같이 입력한다.

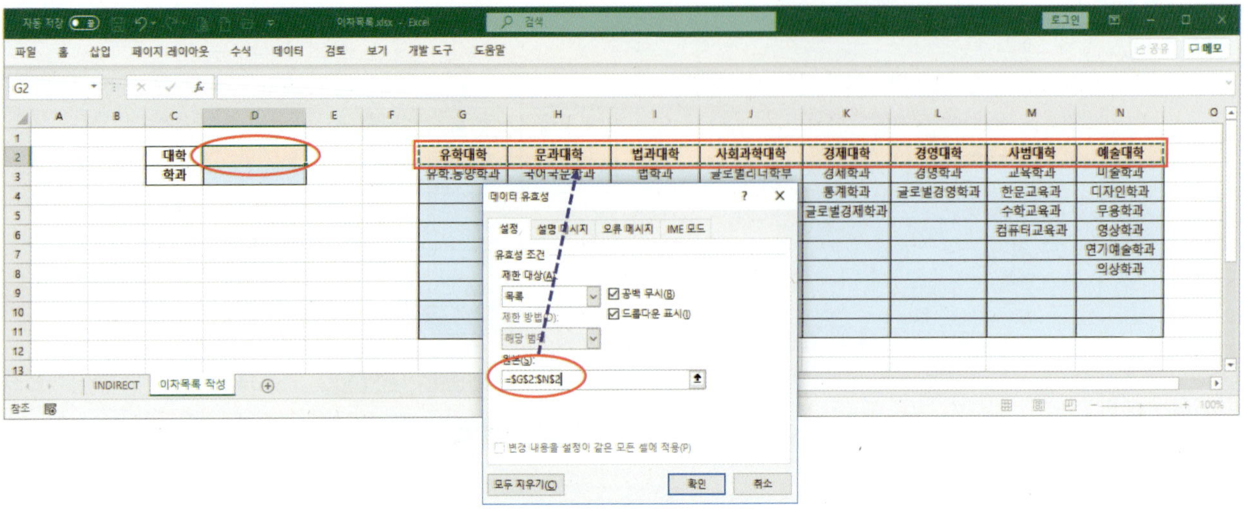

이제 D2셀에 단과대학 명이 목록으로 제시된다.

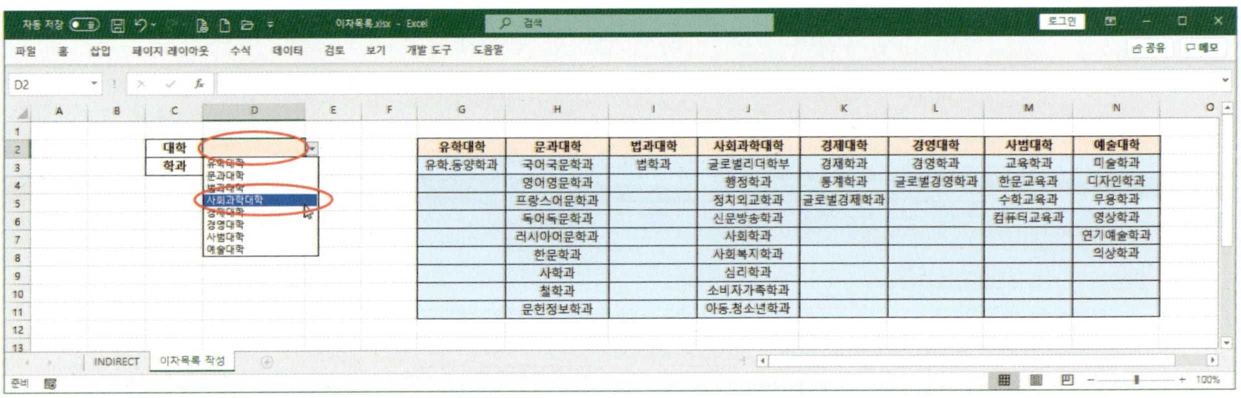

선택된 단과대학에 대하여 소속 학과들을 단과대학 명의 영역으로 지정하고 나중에 단과대학 명의 영역으로 목록을 만들고자 한다. 예를 들어, '문과대학'의 경우, '국어국문학과'부터 '문헌정보학과'까지 H3:H11셀의 영역을 문과대학이라는 영역명으로 지정한다. 이와 같이 각 단과대학의 소속 학과들에 대하여 모두 개별 영역을 작성한다.

이를 위하여 다음과 같이 일단 G2:N11셀 영역을 선택한다.

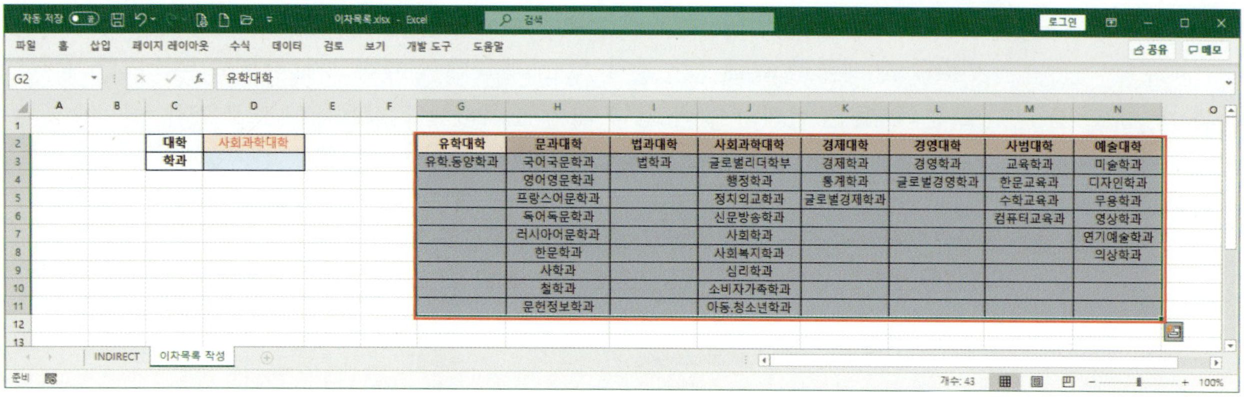


아래 그림과 같이 '[홈]탭-찾기 및 선택'-'표준'을 선택한다. 이동 옵션은 워크시트 내 빈칸이나, 또는 반대로 글자나 숫자가 입력된 셀, 그림, 도형 등의 오브젝트, 또는 메모가 있는 셀 등을 선택하고자 할 때 유용하게 사용할 수 있다.

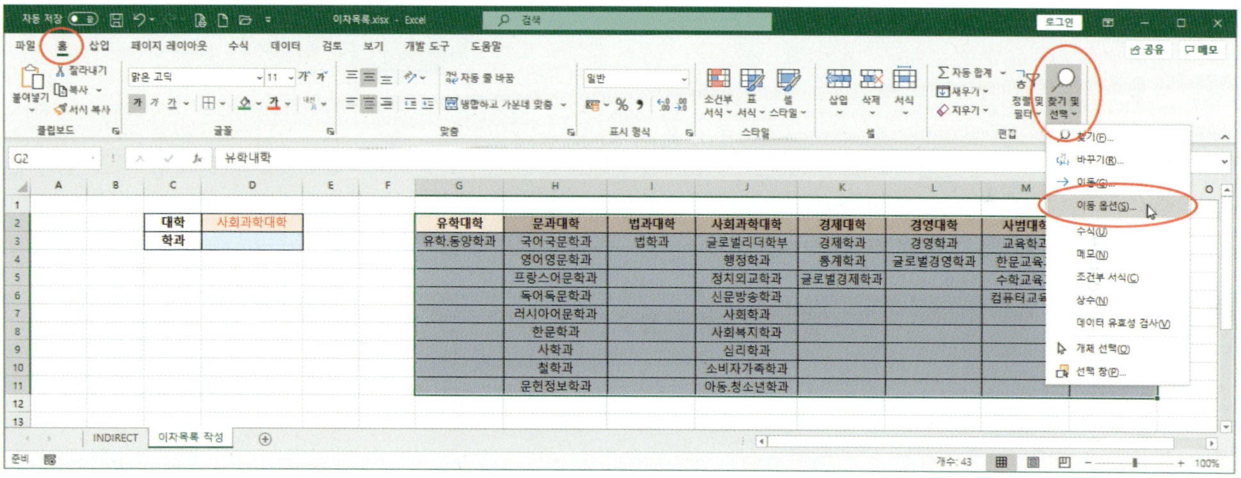

아래와 같이 이동 옵션 창이 나타나면 상수를 선택한다. 현재 선택 영역에서 빈칸들을 제외하고 글자가 들어 있는 셀들만 선택하고자 하므로 텍스트만 클릭으로 둔다. 물론 현재의 선택 영역 내에 숫자나 논리값은 없으므로 모두 클릭으로 두어도 상관은 없다.

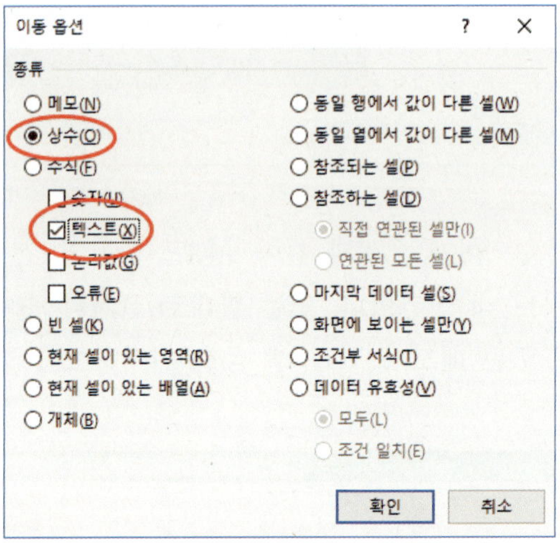


이제 선택 영역에서 아래 그림과 같이 비어 있는 셀은 제외하고 글자가 입력된 셀만 선택된다.

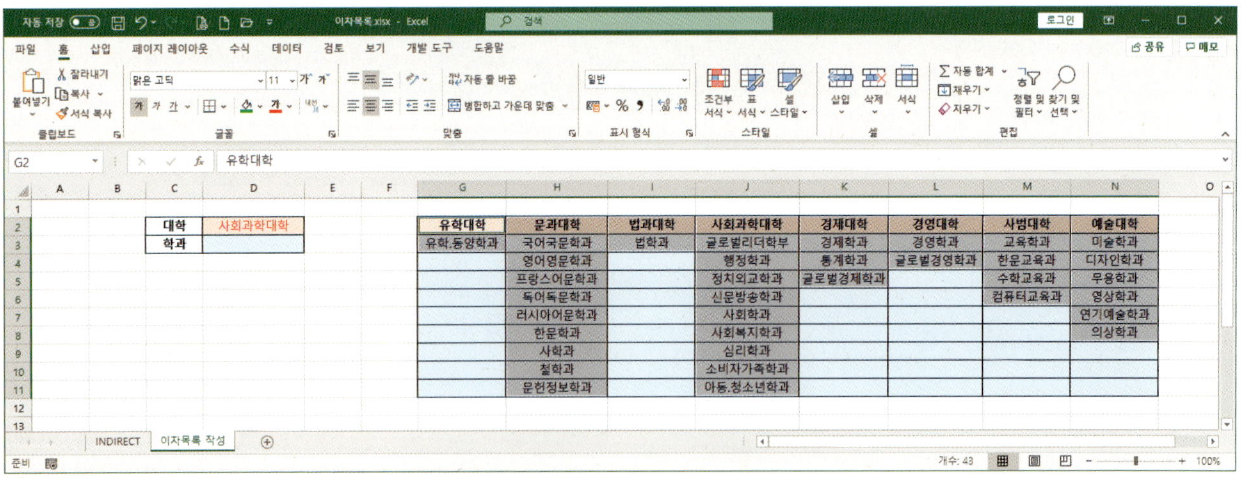

'[수식]탭-선택 영역에서 만들기'를 선택한다.

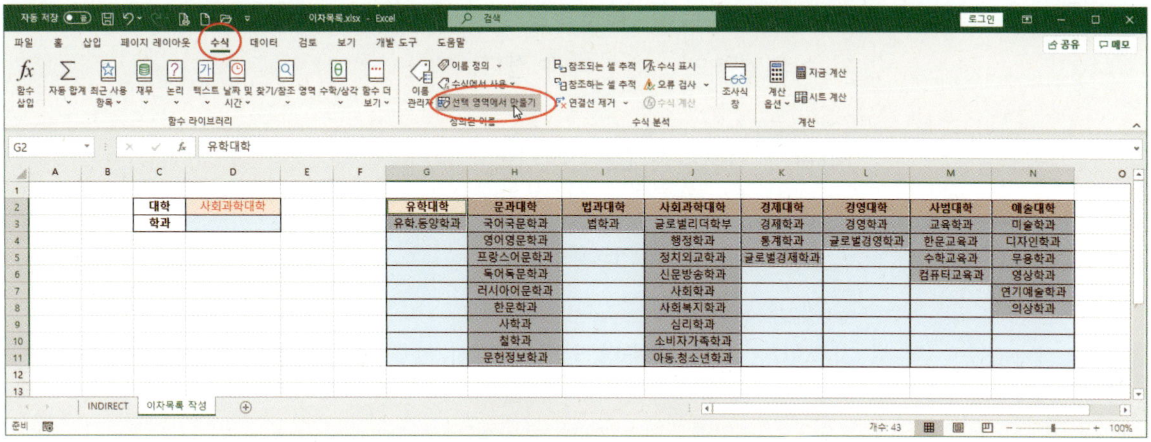


선택영역에서 첫 행의 단과대학 명을 아래 학과들 영역의 영역명으로 하고자 하는 것이므로, '이름 만들기'에서 다음과 같이 첫 행을 선택하고 '확인' 버튼을 클릭한다.

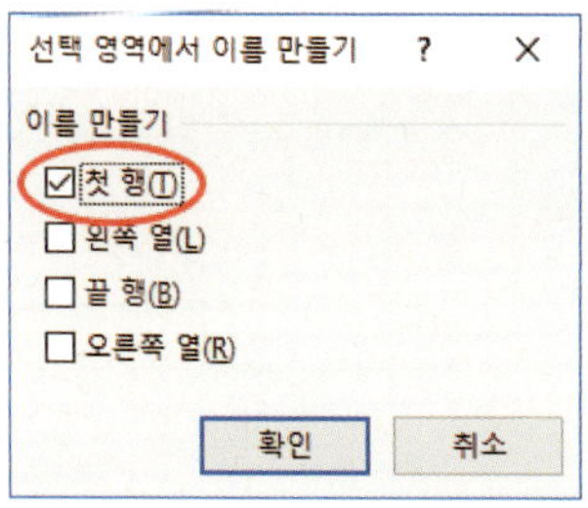


그러고 나서 왼쪽의 이름상자를 클릭하면, 아래 그림과 같이 단과대학 명으로 된 영역들이 만들어진 것을 확인할 수 있다.

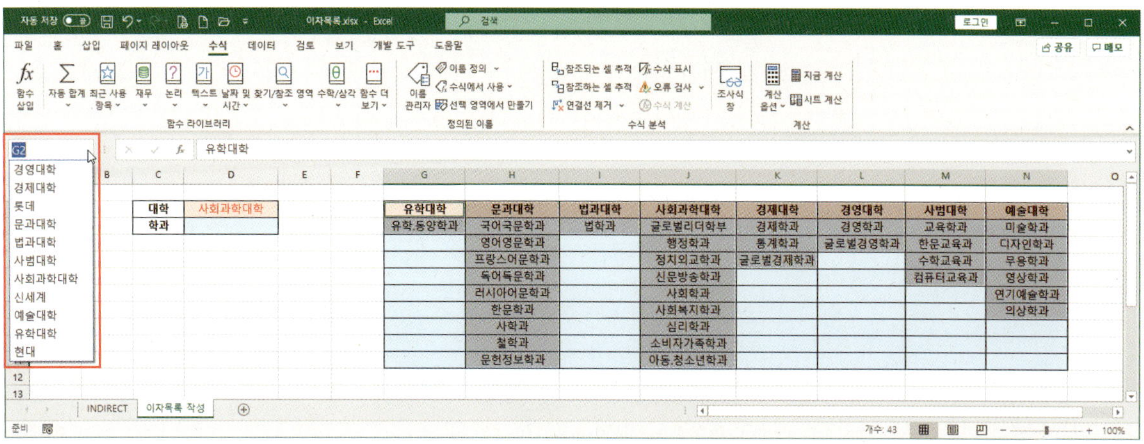

D3셀을 클릭하고, '[데이터]탭-데이터 유효성 검사'-'데이터 유효성 검사' 창을 이용하여 D2셀에 나타난 단과대학 명의 영역이 목록으로 나타나게 한다. 그러나 영역명이 D2셀에 텍스트로 기재된 것이므로 INDIRECT함수를 이용하여 실제 사용할 수 있는 영역명으로 변환되게 한다.

따라서 원본란에 D2가 아니라,

= INDIRECT(D2)

로 기재한다. 이때 함수명 앞에 반드시 =를 넣어야 함수가 작용하는 것에 유의한다.

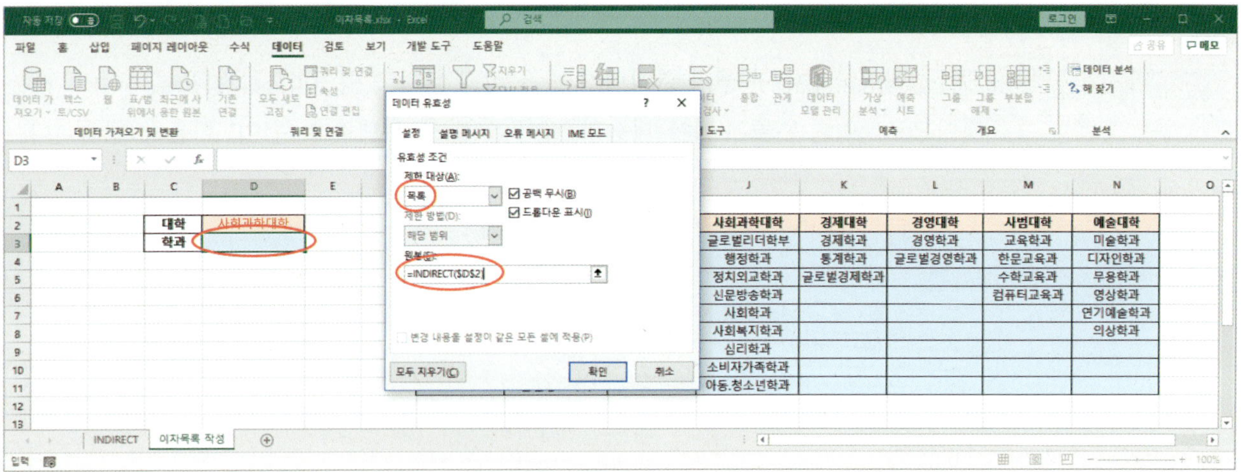

이제 D3셀을 클릭하면 D2셀에 있는 단과대학 소속 학과들이 목록으로 나타나는 것을 알 수 있다. 이때 주의할 점은 목록의 이름에 빈칸이 있어서는 에러가 난다는 것이다. 따라서 빈칸을 주어야 할 경우에는 밑줄 등으로 붙여서 표기해 주어야 한다. 즉, 예를 들면 '경영 대학'으로 하면 안 되고 '경영_대학'으로 해야 한다.

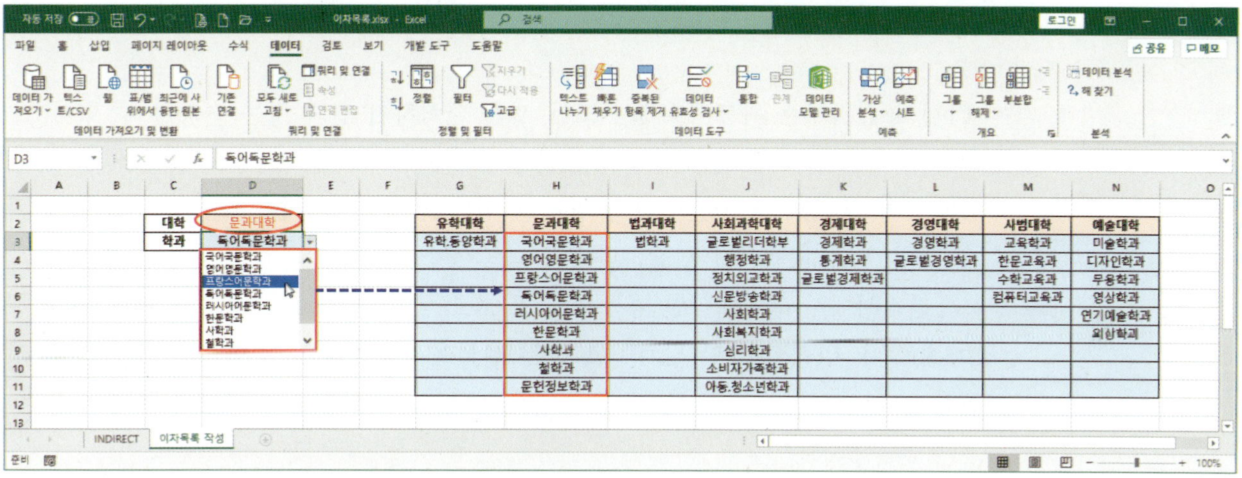

INDIRECT함수를 이용하면, 예를 들어 학과 내 소속 학생들까지 목록으로 나타내어야 할 때 해당 테이블을 작성한 후 3차 목록으로 작성할 수도 있다.

# 2. 시트 및 파일 보호('견적서-시트보호.xlsx')

제1절의 견적서는 워크시트에서 모든 셀을 클릭하여 입력 또는 수정할 수 있다. 그러나 수식이 입력된 셀은 사용자가 변경하거나 지워서 안 될 필요가 있을 수 있다. 따라서 이럴 경우에는 순수하게 입력할 셀만 남겨두고 다른 셀들은 클릭 조차 되지 않게 처리하는 것이 필요하다.

견적서에서 입력대상인 항목은 상호(C5셀), 품명(B11~B15셀), 그리고 수량(G11~G15셀)이다. 입력할 셀만 남겨두고 다른 셀들은 입력이나 수정이 되지 않도록 처리한다.

## (1) 입력대상 셀 잠금 해제

워크시트의 모든 셀들은 '잠금'으로 보호가 설정되어 있다. 그러나 또한 기본적으로 '잠금' 셀도 입력이 허용되게끔 설정되어 있으므로 모든 셀이 입력이 가능한 것이다.

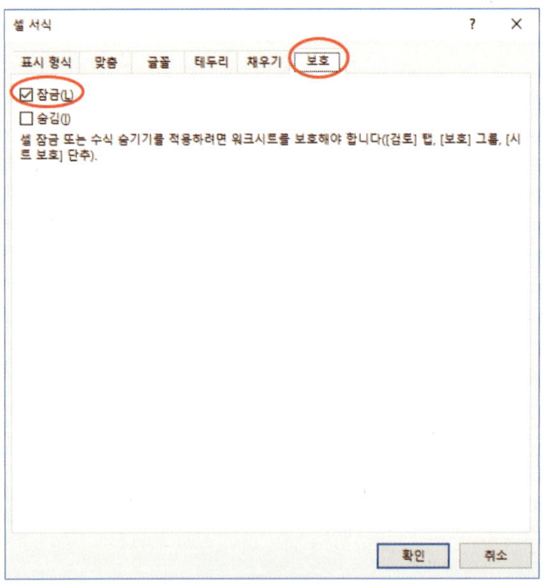

따라서 입력해야 할 셀들의 '잠금'을 풀어주고, 잠금이 해제된 이 셀들만 입력이 가능하게 시트보호 설정을 바꾸어 주도록 한다.

① 아래 그림에서 표기된 대로 상호(C5셀), 품명(B11~B15셀), 그리고 수량(G11~G15셀) 영역은 입력이 허용되어야 하는 셀들인데 우선 이들 영역을 동시에 선택한다.

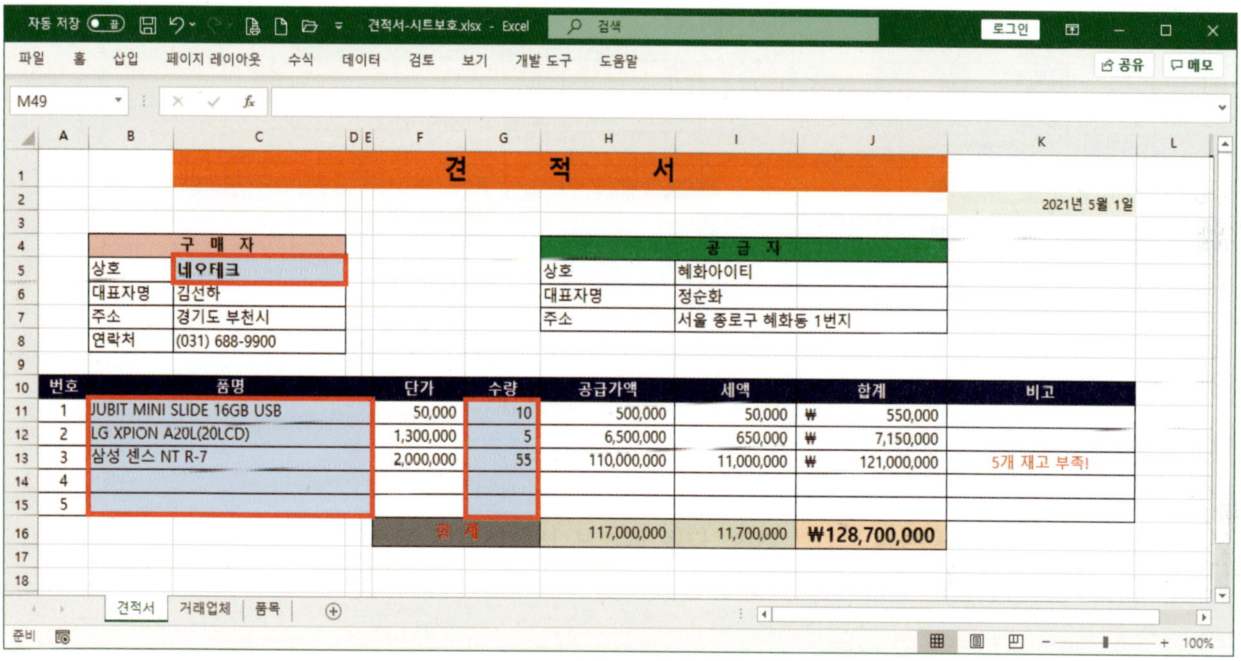

② 반드시 마우스 포인터를 이들 영역 중의 아무 곳이든 위치한 상태에서, 오른쪽 마우스 버튼을 클릭하여 단축메뉴를 불러 '셀 서식'을 선택한다.

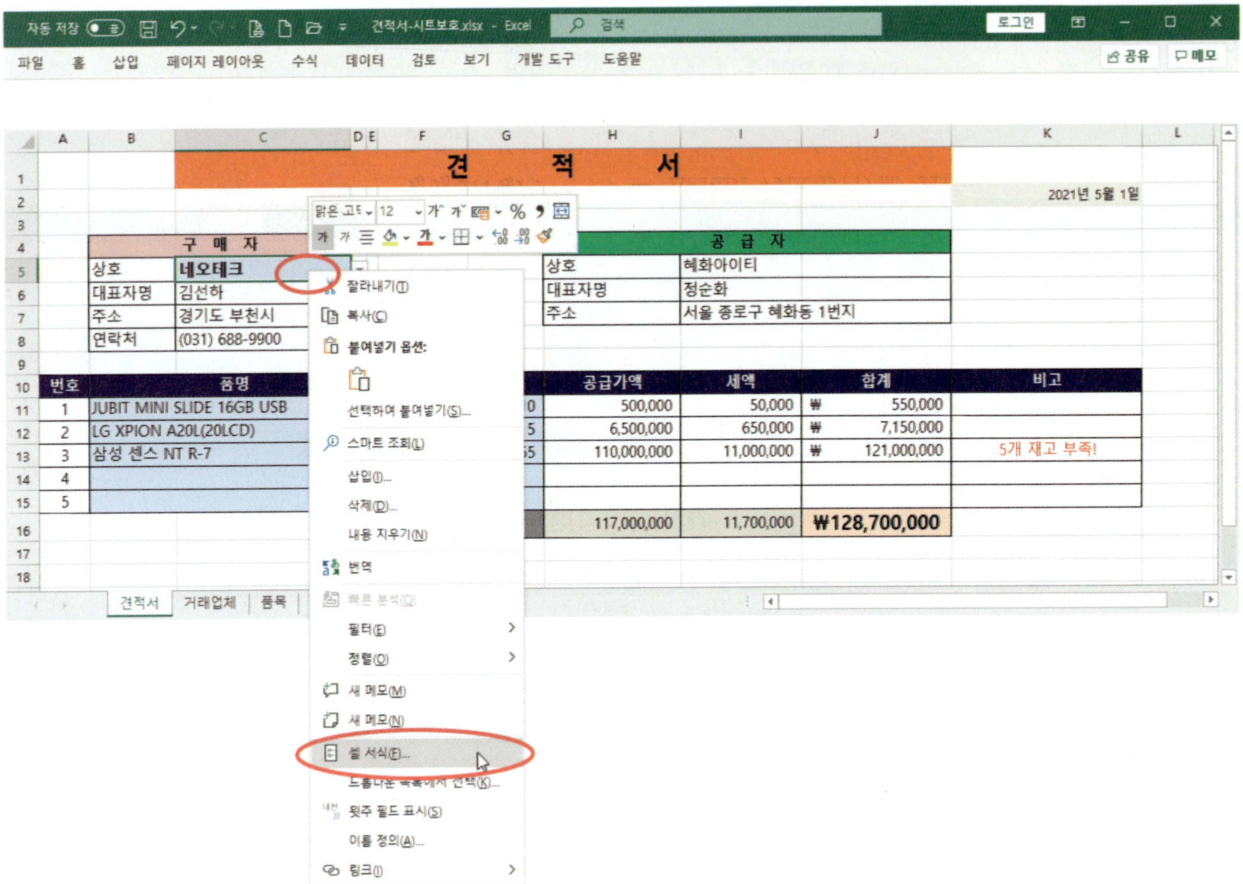

③ '셀 서식' 창이 나타나면 '보호' 탭을 클릭한다. 원래 '잠금'란에 ✓표가 되어 있는 것을 알 수 있다. 이는 시트 보호를 할 경우 이들 셀에 대하여 입력되지 않도록 잠금을 하겠다는 의미이다. 그러나 현재 선택한 셀들은 입력을 허용해야 하는 셀들이므로 구분하기 위하여 다음과 같이 '잠금'을 클릭하여 해제하도록 한다.

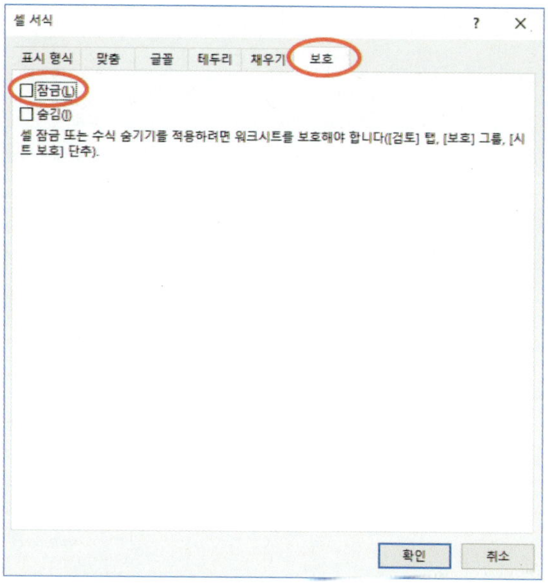

## (2) 시트 보호

이제 워크시트를 보호하여 잠금 상태인 셀들은 입력이 되지 않도록 해야 한다.

① 아래 그림에서 보는 바와 같이 '[검토]탭-시트 보호'를 클릭한다.

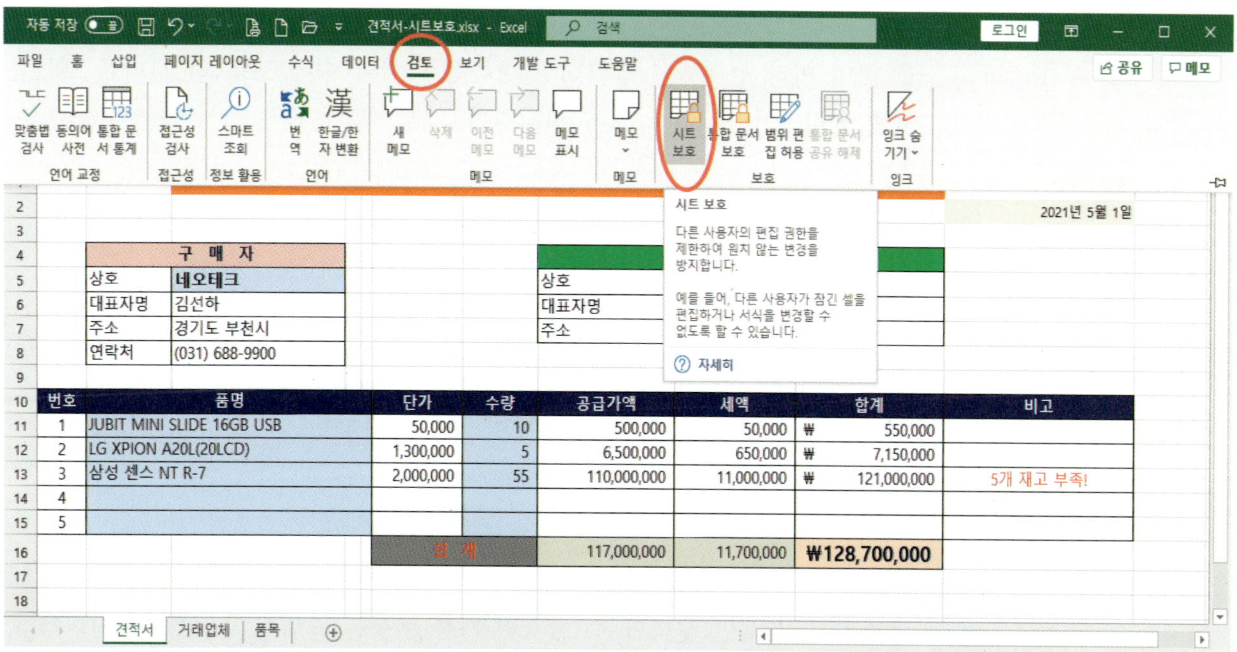

② '시트 보호' 창이 나타나면 다음과 같이 처리한다.

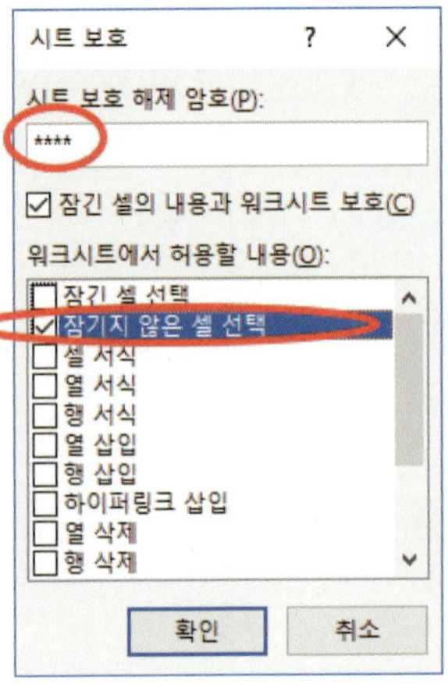


- 잠긴 셀 선택 : ✓표시를 클릭하여 해제한다. 이는 일반 셀인 '잠긴 셀'에 대하여 입력을 허용하지 않겠다는 뜻이다.
- 잠기지 않은 셀 선택 : ✓표시를 그대로 둔다. 이는 '잠기지 않은 셀'에 대한 변경을 허용하여 마음대로 입력할 수 있게 하겠다는 뜻이다.
- 시트 보호 해제 암호 : 나중에 필요한 경우 시트 보호를 해제해야 할 때 요구되는 암호를 입력한다. 본 견적서의 암호는 1111로 입력하였다. 그러나 입력하지 않아도 되는데 이때는 확인 없이 시트 보호 해제가 가능하다.
- 워크시트에서 허용할 내용 : 워크시트의 보호기능은 창의 하단에 명기된 대로 매우 세부적으로 지정할 수 있다. 여기에서는 '잠기지 않은 셀 선택'에만 ✓표를 하여 미리 선택했던 입력대상 셀들은 클릭할 수 있도록 하고 다른 셀들은 아예 클릭조차 할 수 없도록 지정한다.

③ 한 번 더 암호 확인을 하게 되는데, 같은 암호를 입력하도록 한다.

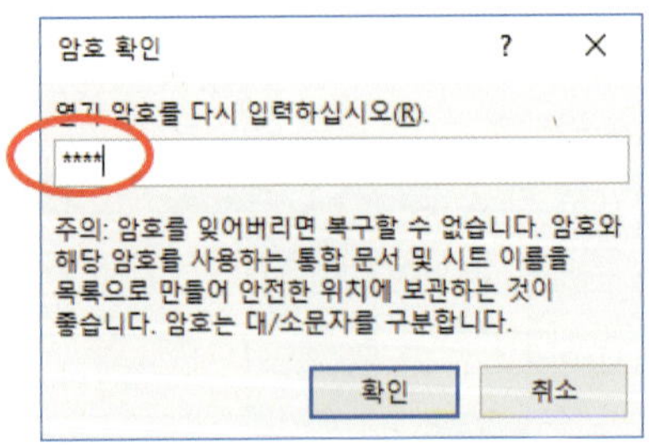


④ 이제 입력대상 셀만 선택할 수 있으며 다른 셀들은 클릭할 수 없게 처리되었다.

## (3) 시트 보호 취소

① 시트를 보호하고 나면 리본 메뉴에서 '시트 보호' 도구가 '시트 보호 해제'로 변한 것을 볼 수 있다. '시트 보호 해제'를 클릭한다.

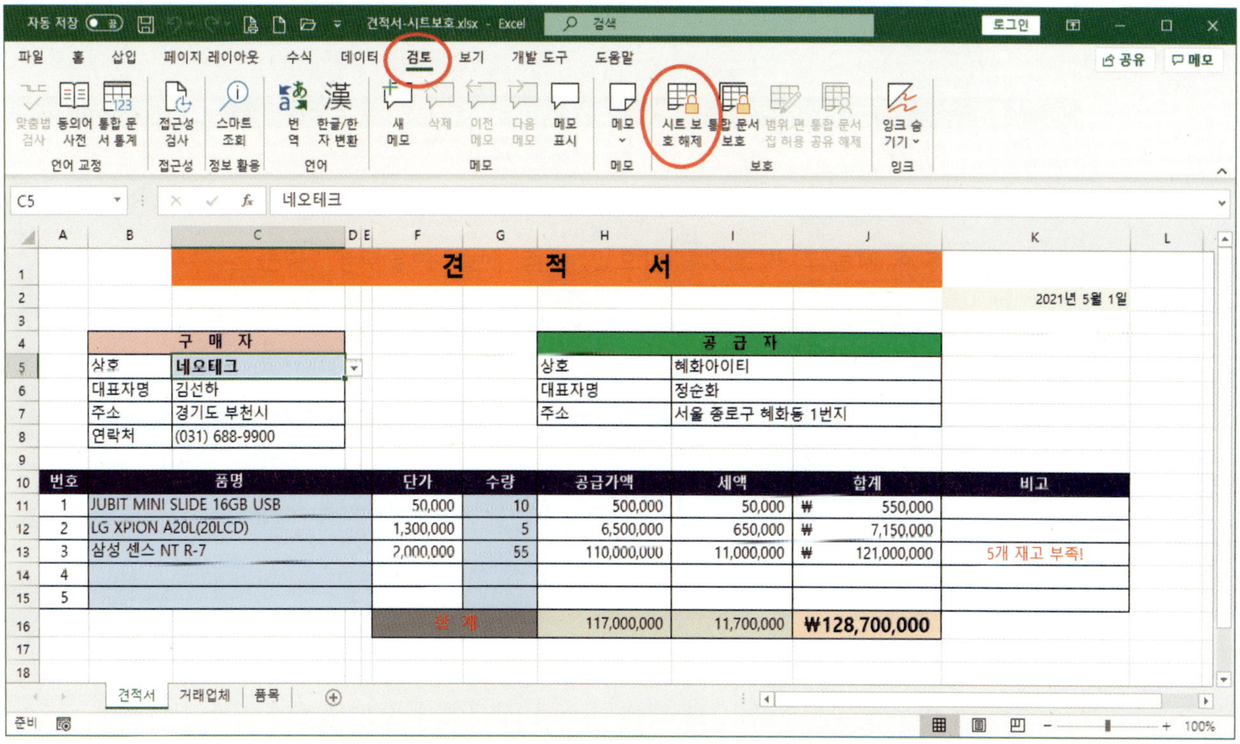


② '시트 보호 해제' 창이 나타나면 시트 보호 설정시 입력했던 암호를 입력하고 '확인' 버튼을 클릭한다.

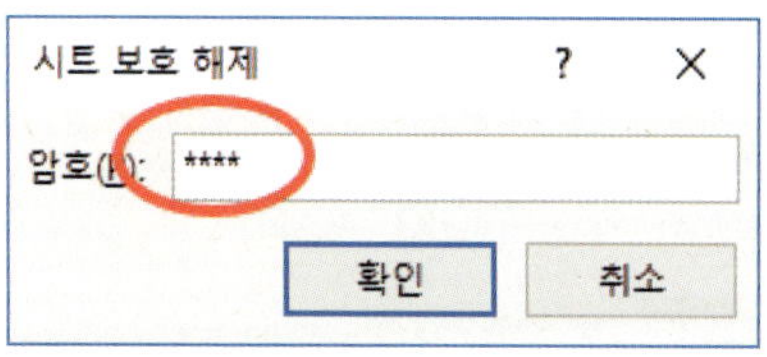


③ 이제 워크시트의 모든 셀을 클릭하고 셀의 내용을 변경할 수 있다.

## (4) 워크시트 숨기기

① 견적서 파일을 보면 아직 '견적서' 외의 워크시트가 아래에 나타난다. 이 워크시트들을 지울 수도 있기 때문에 이들을 보이지 않게 한다. 견적서의 처리는 '견적서' 워크시트만 보여지면 되므로 나머지 워크시트를 숨기도록 한다.

② '거래업체', '품목' 워크시트를 동시에 선택한다.

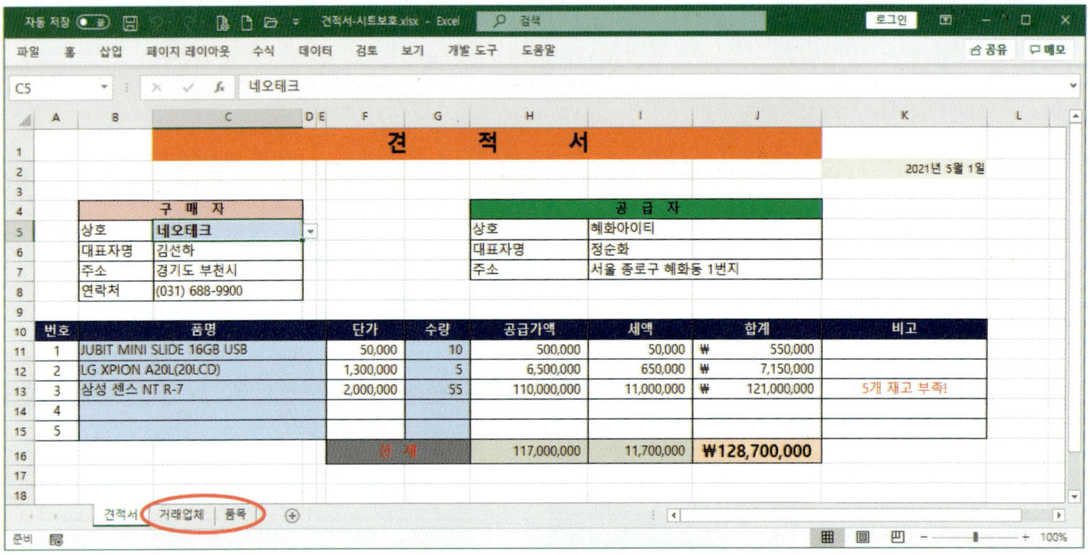


③ 마우스 포인터를 시트 탭에 위치한 상태에서 오른쪽 마우스를 클릭하여 단축메뉴를 불러 '숨기기'를 선택한다.

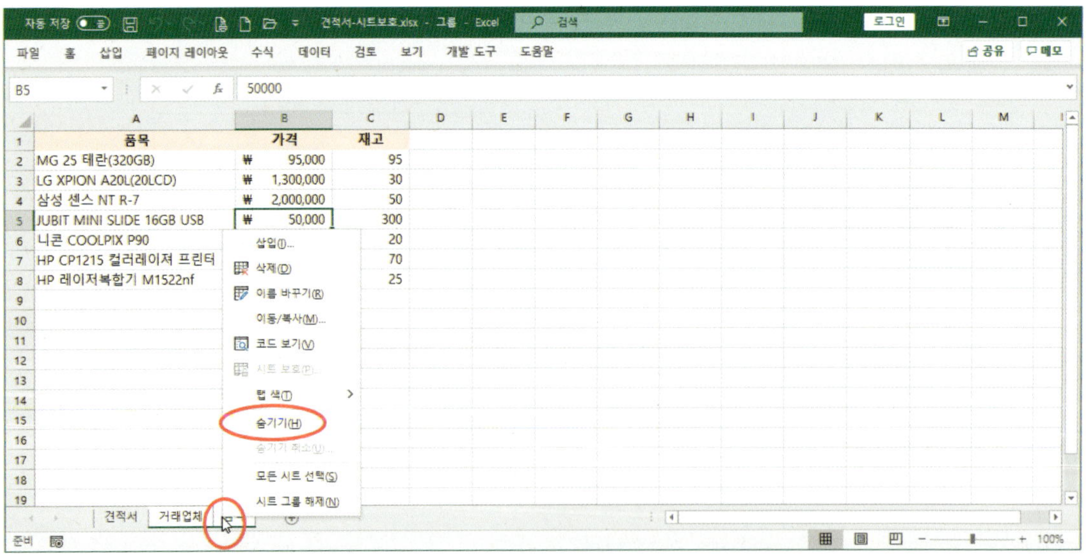

④ 이제 '견적서' 워크시트만 보이는 것을 알 수 있다.
숨겨진 워크시트의 경우 숨겨진 행, 열의 경우와 같이 보이지는 않지만 계산 등이 그대로 적용된다. 그러나 견적서의 경우 거래업체나 품목 등의 변화가 있으면 이들 데이터에 대한 수정을 해당 워크시트에 반영해야 한다.

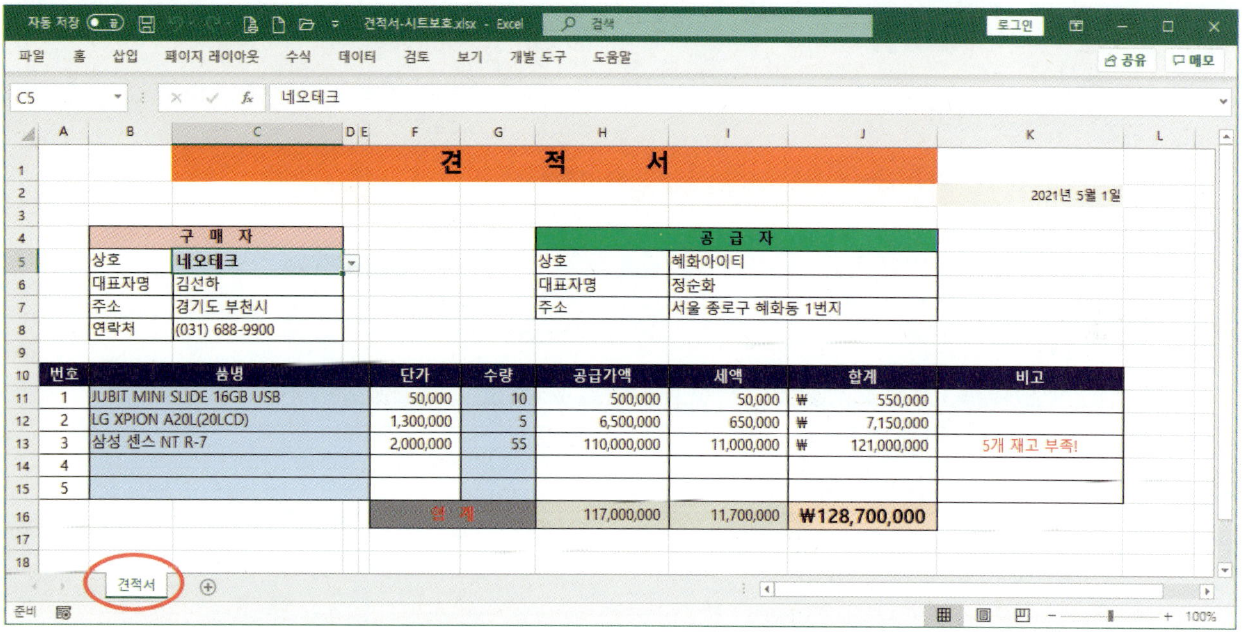

⑤ 현재의 숨겨진 워크시트를 다시 '숨기기 취소'를 통하여 보이게 할 수 있기 때문에, 이런 일이 없도록 '통합 문서 보호'를 실행한다. '[검토]탭-통합 문서 보호'를 클릭하면, '구조 및 창 보호' 창이 나타난다.

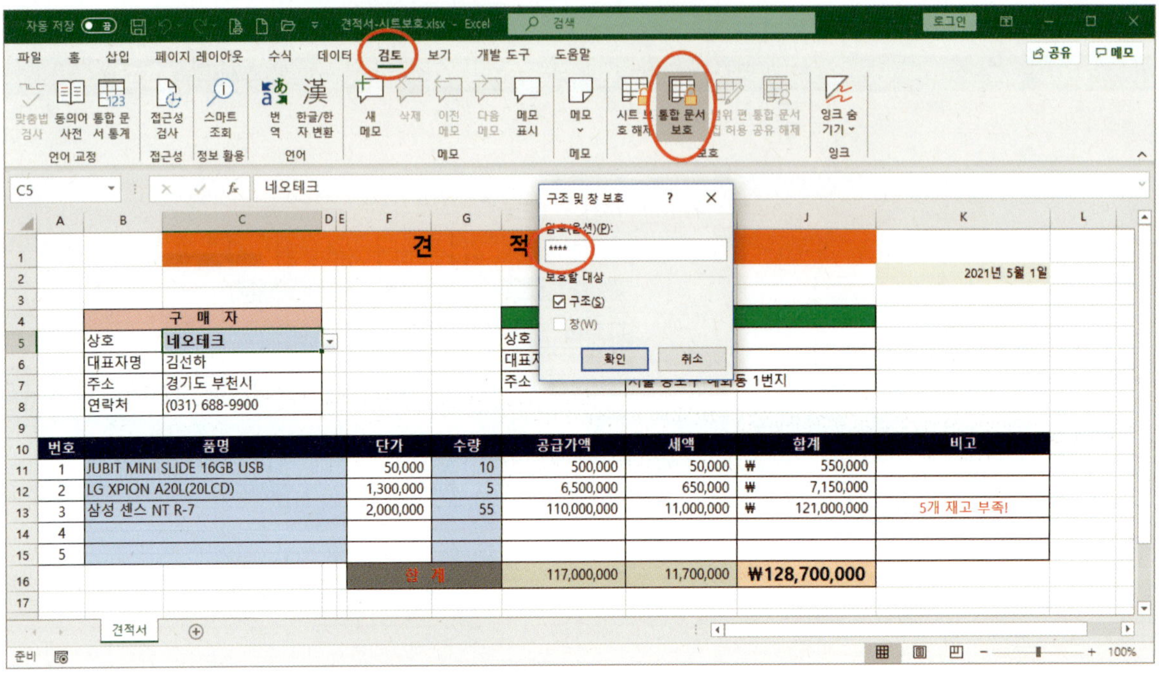


⑥ '구조 및 창 보호' 창에서 '구조'에 ✓표를 확인하고 암호를 입력한다. 본 견적서의 암호는 1111로 지정하였다. 그리고 다시 한 번 암호를 입력하여 문서보호를 완성한다.

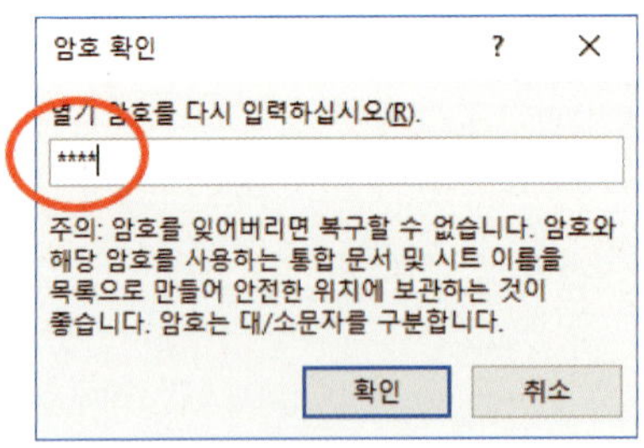

⑦ 이제 워크시트의 '숨기기 취소'가 비활성화되어 문서보호를 해제할 때까지는 워크시트의 숨기기 취소가 되지 않는 것을 알 수 있다.

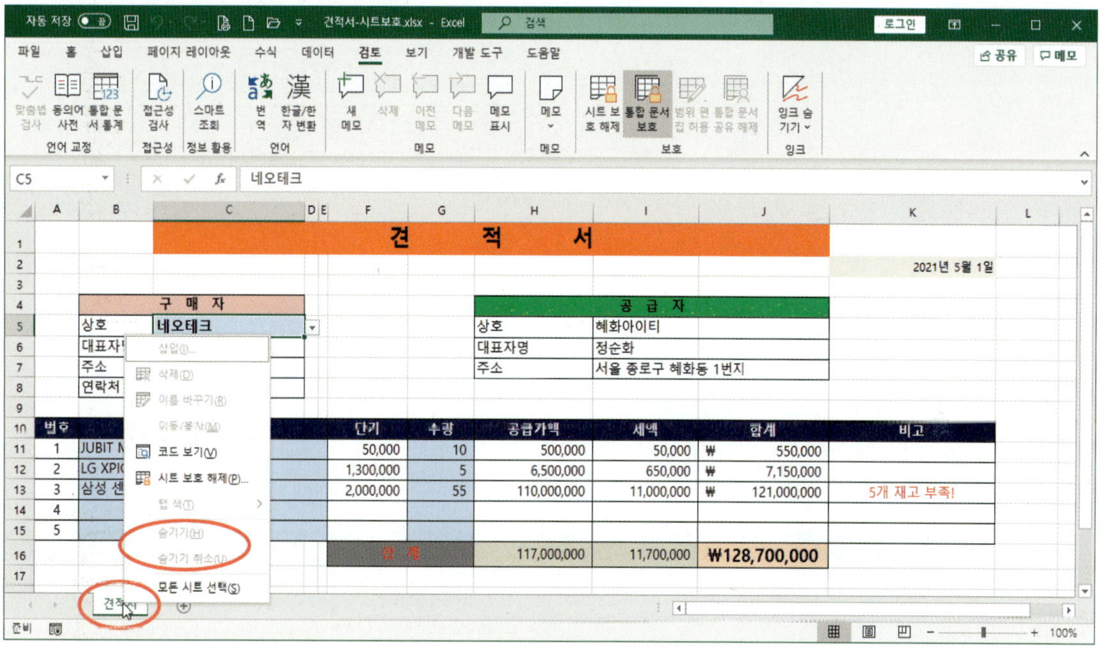


통합 문서 보호의 해제는 다시 리본 메뉴의 '통합 문서 보호' 도구를 클릭한 후 암호를 입력하여 실시한다.

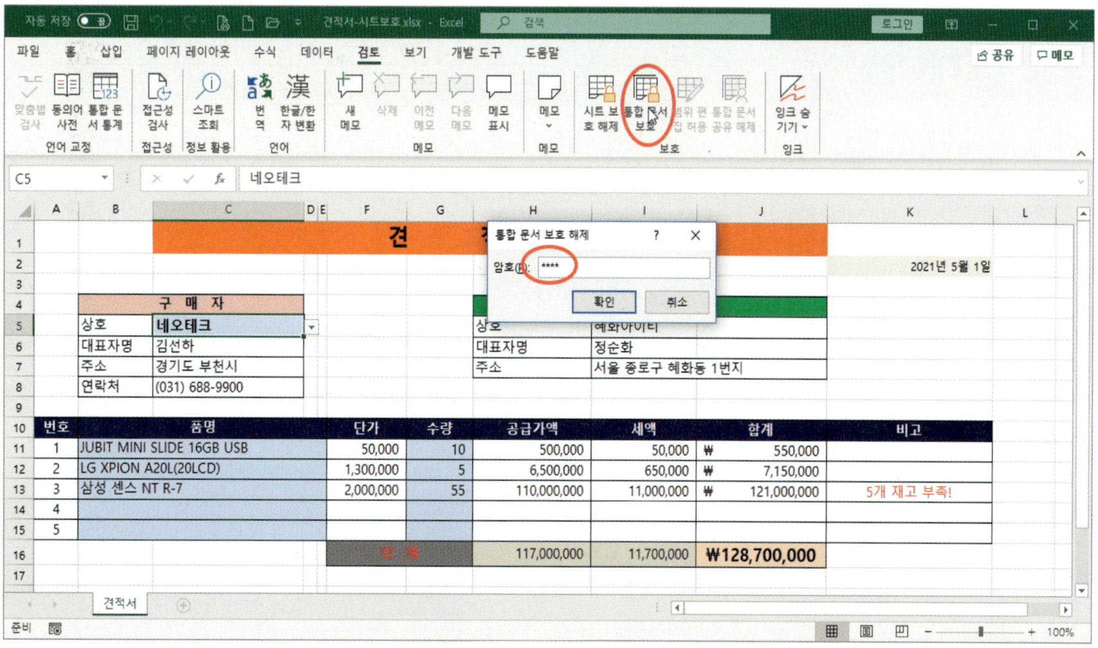

### 워크시트 숨기기 취소

- 단축메뉴에서 '숨기기 취소'를 클릭한다.

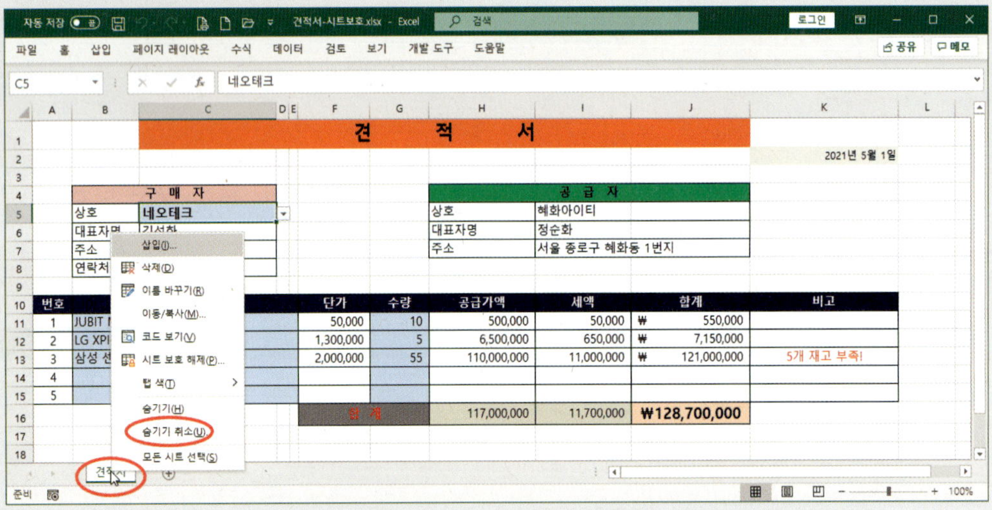

- '숨기기 취소' 창이 나타나면 다시 보여질 워크시트를 선택한 후 '확인' 버튼을 클릭한다.

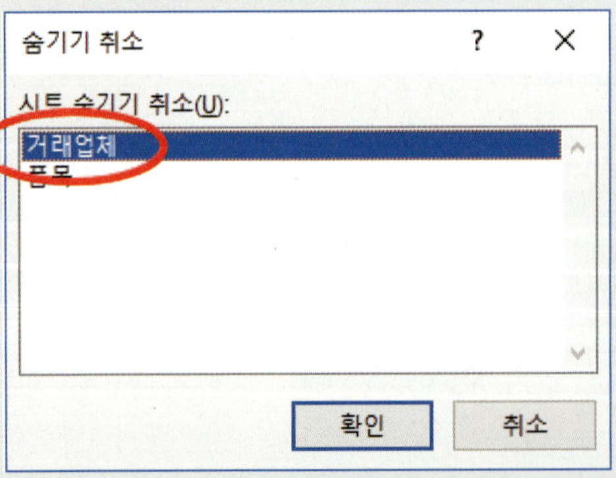

# 3. 배열('배열.xlsx')

배열은 여러 개의 셀(즉, 셀 집합)을 말한다. A1은 셀이고, A1:A5는 배열이다(또는 영역이라고도 함). A1:A5 배열(영역)과 B1:B5 배열의 같은 행의 셀들의 곱(즉, A1×B1)의 합을 C1셀에 넣으려 한다면 곱하기 기호(*)를 다섯 번 사용해야 한다. 이때 배열방식으로 입력하면 곱하기 기호를 한 번만 써도 된다. 이렇게 배열방식으로 수식을 입력하면 여러 번 함수를 쓸 것을 한 번만 쓸 수도 있고, 현재 엑셀함수로는 해결할 수 없는 것도 해결된다. 배열은 여러 셀에 동시에 작용하는 수식방식이라고 생각하면 된다.

배열수식은 수식의 양 끝에 중괄호({})를 붙여야 작용한다. 그러나 중괄호의 입력방식은 중괄호를 직접 입력하는 것이 아니고, 수식만 입력 후 Ctrl+Shift+Enter 키를 동시에 누르면 자동으로 양 끝에 {}가 입력된다. 배열은 조금은 어려운데 다음과 같은 점에 유의해야 한다.

① 배열수식 입력은 일반수식을 작성한 후, 수식 입력줄에 커서를 위치시키고 반드시 Ctrl+Shift+Enter 키를 동시에 눌러 양 끝에 {}가 입력되게 해야 한다.
② 배열수식은 한 셀에만 결과를 나타낼 수도 있고, 여러 개의 셀에 결과를 나타낼 수도 있다. 그리고 같은 배열수식의 일부만 수정하거나 삭제할 수는 없다.
③ 배열수식을 수정한 경우에는 반드시 다시 Ctrl+Shift+Enter 키를 눌러 입력해야 한다.

(주의) 2019 버전 또는 오피스365 버전에서는 배열식을 작성하고 굳이 Ctrl+Shift+Enter 키를 누르지 않고 Enter 키만 눌러도 배열이 생성된다. 그러나 2019 이전 버전들은 Ctrl+Shift+Enter 키를 눌러 수행해야 한다.

## (1) [단순 배열] 워크시트

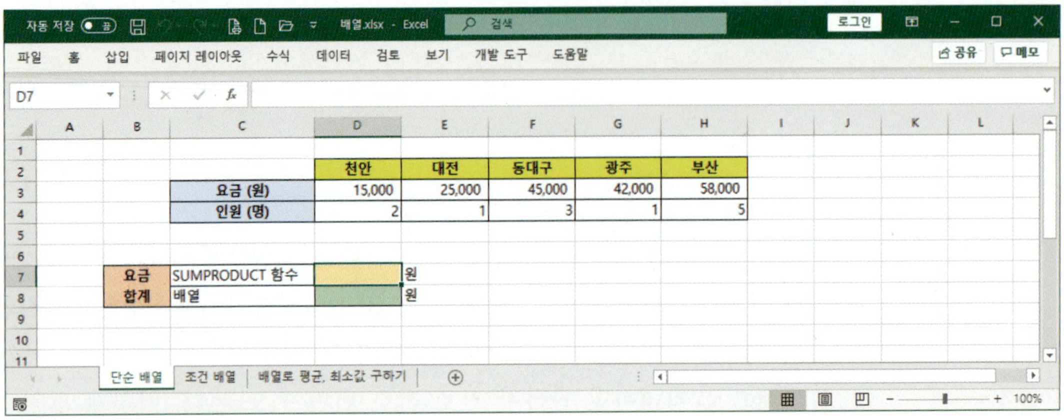


위의 워크시트에서 3행은 KTX의 각 도시별 주중 편도요금을 나타내고 있다. 출장 인원이 4행에 나타난 바와 같다고 하면 회사의 총편도 출장운임은 얼마가 되는지, SUMPRODUCT함수(D7셀)와 배열수식(D8셀)을 이용하여 나타내시오.

- SUMPRODUCT함수(D7셀)

  =SUMPRODUCT(D3:H3, D4:H4)로 입력하면 회사의 총편도 출장운임을 구해준다.

- 배열수식(D8셀)

  =SUM(D3:H3*D4:H4)로 입력한다. SUM함수 입력 후에 영역을 선택하면 D3:H3, D4:H4가 입력된다. 그리고 커서를 수식 입력줄에 위치시키고 Ctrl+Shift+Enter 키를 함께 누르면 식의 양 끝에 중괄호({})가 삽입되면서 배열식이 완성된다. 즉 **{=SUM(D3:H3*D4:H4)}**가 수식 입력줄에 입력되는 것이다. {}를 넣어 배열수식이 적용되면 D3:H3 배열과 D4:H4 배열의 같은 열의 셀들을 곱한 뒤, SUM함수에 따라 이들 전부의 합계를 낸다. 즉, SUMPRODUCT 함수와 같은 역할을 하게 된다.

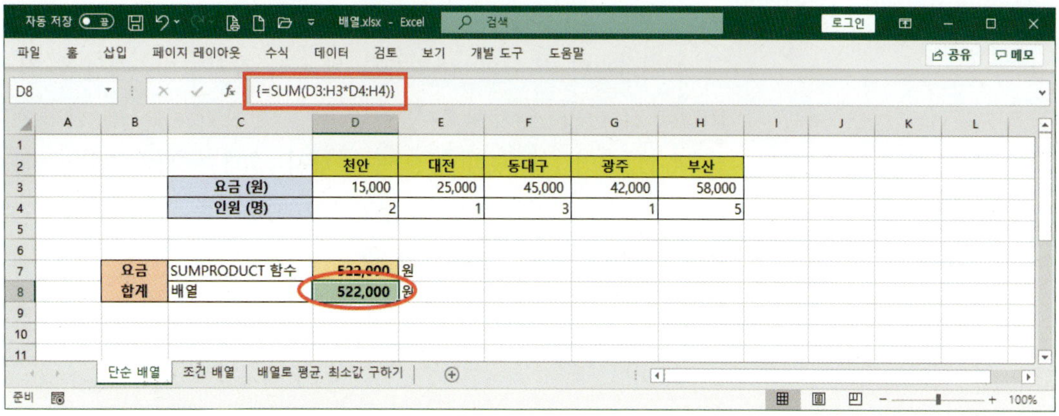


## (2) [조건 배열] 워크시트

① D2셀의 부서와 D3셀의 직급에 해당하는 인원수를 D5셀에 기입하시오.

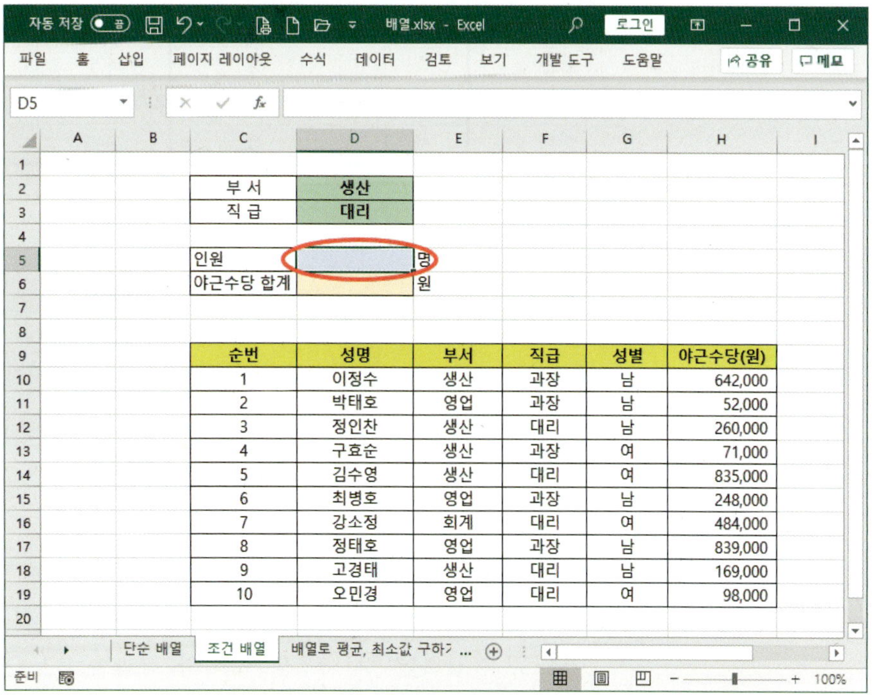


[단순 배열]의 경우와 같이 배열에 있는 모든 값을 더하거나 곱하는 것이 아니라, 조건에 해당하는 값만 더하거나 곱해야 할 때가 있다. 특정부서와 특정직급의 인원을 알고자 할 경우 COUNTIFS함수를 사용하여 구할 수 있다. 그러나 배열을 사용하면 이를 다음과 같이 구할 수 있다.

- 부서조건 : E10:E19=D2로 적어 준다. 그러면 부서 데이터 영역인 E10:E19의 각 셀이 D2의 부서와 같은지를 차례로 검사한다. 배열을 적용하면 자동으로 10번의 검사가 순서대로 일어난다. 우선 E10=D2를 검사한다. E10셀의 '생산'과 D2셀의 '생산'이 같으므로 검사 결과는 TRUE가 된다. 검사 결과는 논리값을 돌려주는데 항상 FALSE, TRUE 둘 중 하나가 되며, SUM함수 내에서는 FALSE는 0, TRUE는 1의 값으로 각각 변환된다. 따라서 순번 1번 이정수의 경우, 부서 비교 결과값은 1이 된다. 부서의 경우, 각 사원에 대하여 다음 그림과 같이 부서가 '생산'이면 1, 아니면 0의 조건식 결과값이 정해진다.

| 성 명 | 부 서 | 결과값 | 직 급 | 결과값 | **최종 결과값** |
|---|---|---|---|---|---|
| 이정수 | 생산 | **1 (TRUE)** | 과장 | **0 (FALSE)** | **0** |
| 박태호 | 영업 | **0** | 과장 | **0** | **0** |
| 정인찬 | 생산 | **1** | 대리 | **1** | **1** |
| 구효순 | 생산 | **1** | 과장 | **0** | **0** |
| 김수영 | 생산 | **1** | 대리 | **1** | **1** |
| 최병호 | 영업 | **0** | 과장 | **0** | **0** |
| 강소정 | 회계 | **0** | 대리 | **1** | **0** |
| 정태호 | 영업 | **0** | 과장 | **0** | **0** |
| 고경태 | 생산 | **1** | 대리 | **1** | **1** |
| 오민경 | 영업 | **0** | 대리 | **1** | **0** |
| | | | | 합 계 | **3명** |

- 직급조건 : F10:F19=D3으로 적어 준다. 마찬가지로 직급 데이터 영역인 F10:F19의 각 셀이 D3의 직급과 같은지를 차례로 검사한다. 우선 F10=D3을 검사한다. F10셀의 '과장'과 D3셀의 '대리'가 틀리므로 검사 결과는 FALSE가 된다. 따라서 이정수의 경우 직급 비교 결과값은 0이 된다. 직급의 경우 '대리'이면 1, 아니면 0의 결과값이 나타난다.

- 부서, 직급 모두 해당 : 주어진 부서와 직급을 모두 만족해야 하는데, 조건을 다 만족하게 하려면 곱하기(*)로 연결한다. 따라서 (E10:E19=D2)*(F10:F19=D3)으로 기입하면 각 사원의 부서와 직급이 D2, D3셀의 조건을 모두 만족하는지 알아보게 된다. 이때 배열 내에서 수식이 작용하는 메커니즘은, 이정수에 대하여 부서 조건의 결과값인 1과 직급 조건의 결과값인 0을 곱하여(즉, 1*0) 계산하는데, 결과는 0이 된다. 이런 방식으로 마지막 오민경까지 값을 구하면 위의 테이블의 '최종 결과값' 열에서 보는 바와 같이 계산된다. 따라서 수식의 최종 결과값은 (0;0;1;0;1;0;0;0;1;0)의 배열을 가지게 된다. '생산' 부

서이고 '대리' 직급을 만족하는 사람들은 모두 1의 값을 가지므로 최종값이 1이 되고, 두 조건을 모두 만족하지 못하는 사람들은 0의 값을 가지게 된다.

- 배열수식 : 두 조건을 만족하는 수를 더하는 것이므로 아래와 같이 SUM함수로 이들을 더한다.

= SUM((E10:E19=D2)*(F10:F19=D3))

그리고 Ctrl+Shift+Enter 키를 함께 눌러 배열수식을 작성하면 아래와 같은 수식이 수식 입력줄에 작성된다.

{=SUM((E10:E19=D2)*(F10:F19=D3))}

그러면 배열식이 수행되면 실제 다음 수식을 수행하게 되는 것이다.

= SUM((0;0;1;0;1;0;0;0;1;0))

따라서 D5셀에는 생산부에서 대리 직급인 사원의 수인 3이 나타난다. 다중 조건의 개수를 구하는 경우 {=SUM((조건1)*(조건2)*...*(조건n))}의 형식으로 작성한다.

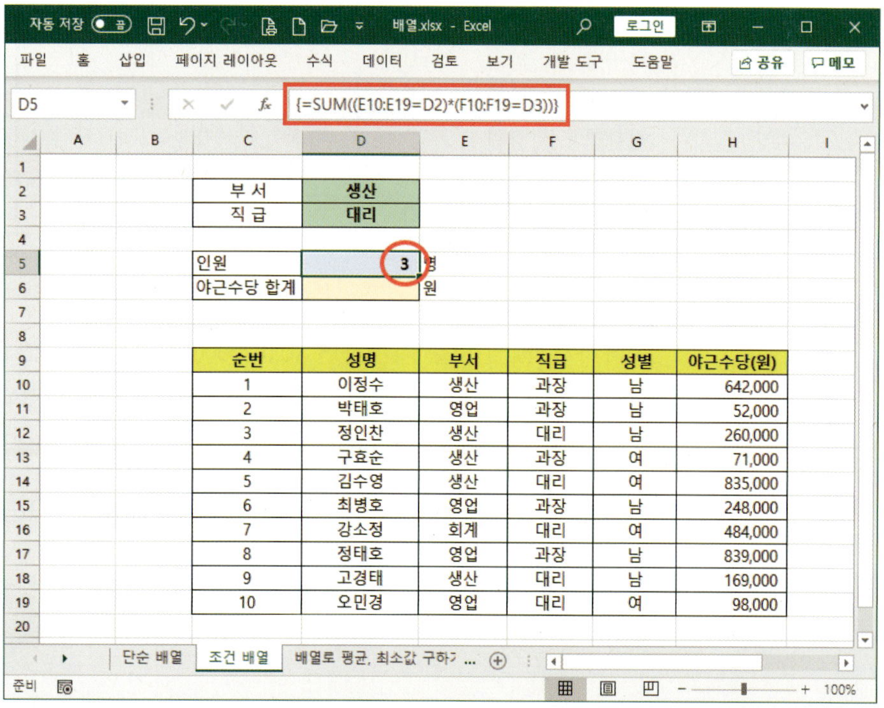

② D2셀의 부서와 D3셀의 직급에 해당하는 직원의 야근수당 합계를 D6셀에 기입하시오.

이제 같은 조건이지만 단순히 사원수만 구하는 것이 아니라 이 사원들의 야근수당 합계를 구해 보도록 한다. 따라서 먼저의 수식과 같이 작성하되 이들의 수당을 각기 곱해야 하므로, 수당 데이터 영역인 H10:H19를 곱해 주어야 한다. 따라서 D6셀에 다음과 같이 입력한다.

= SUM((E10:E19=D2)*(F10:F19=D3)*(H10:H19))

이정수 사원의 경우 앞의 부서, 직급 최종 검사 결과값이 0이므로 야근수당인 642,000원을 곱하면 0*642000이 되어 0이 산출된다. 즉 조건의 최종 결과값이 0인 사원은 야근수당을 곱해도 0이 되지만, 생산부의 대리인 경우에는 최종 결과값이 1이므로 야근수당 값이 그대로 남아 있게 된다.

| 성 명 | 부 서 | 결과값 | 직 급 | 결과값 | **최종 결과** | 야근수당 | **대상값** |
|---|---|---|---|---|---|---|---|
| 이정수 | 생산 | 1 | 과장 | 0 | 0 | 642,000 | 0 |
| 박태호 | 영업 | 0 | 과장 | 0 | 0 | 52,000 | 0 |
| 정인찬 | 생산 | **1** | 대리 | **1** | **1** | **260,000** | **260,000** |
| 구효순 | 생산 | 1 | 과장 | 0 | 0 | 71,000 | 0 |
| 김수영 | 생산 | **1** | 대리 | **1** | **1** | **835,000** | **835,000** |
| 최병호 | 영업 | 0 | 과장 | 0 | 0 | 248,000 | 0 |
| 강소정 | 회계 | 0 | 대리 | 1 | 0 | 484,000 | 0 |
| 정태호 | 영업 | 0 | 과장 | 0 | 0 | 839,000 | 0 |
| 고경태 | 생산 | **1** | 대리 | **1** | **1** | **169,000** | **169,000** |
| 오민경 | 영업 | 0 | 대리 | 1 | 0 | 98,000 | 0 |
| | | | | | | 합 계 | **1,264,000**원 |

따라서 배열식을 계산하면 (0;0;260000;0;835000;0;0;0;169000;0)의 결과가 산출된다. 이를 SUM함수를 이용하여 더하면 1,264,000원의 결과값이 D6셀에 산출된다.

작성한 수식에 Ctrl+Shift+Enter 키를 눌러 최종 배열식을 만들면 다음과 같다.

{=SUM( (E10:E19=D2)*(F10:F19=D3)*(H10:H19) )}

(주의) 위의 수식에서 space는 이해를 돕기 위한 것으로 실제 수식에서는 space를 넣지 않음.

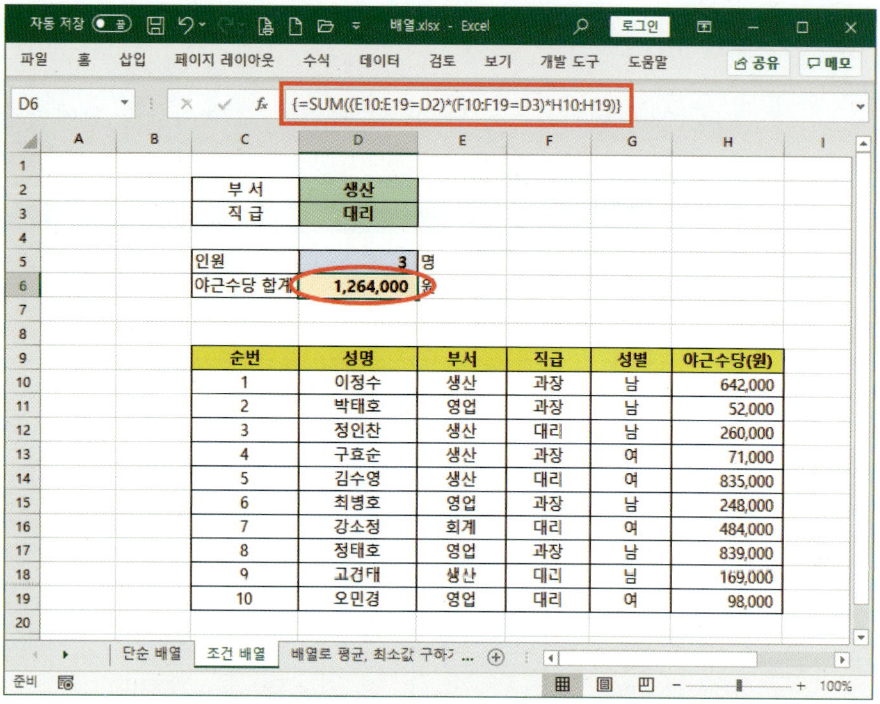


배열식이 수행되면 실제 다음 수식을 수행하게 되는 것이다.

= SUM((0;0;260000;0;835000;0;0;0;169000;0))

다중 조건의 합계를 구하는 경우 {=SUM((조건1)*(조건2)*...*(조건n)*(합계 데이터 영역))}의 형식으로 작성한다. 일반 함수를 이용하여 야근수당 합계를 구할 수도 있는데, SUMIFS함수를 이용하여 야근수당 합계를 구할 수 있다.

## (3) [배열로 평균, 최대값 구하기] 워크시트

아래 테이블은 지난 한 달 동안의 각 농작물별 판매현황을 나타낸다.

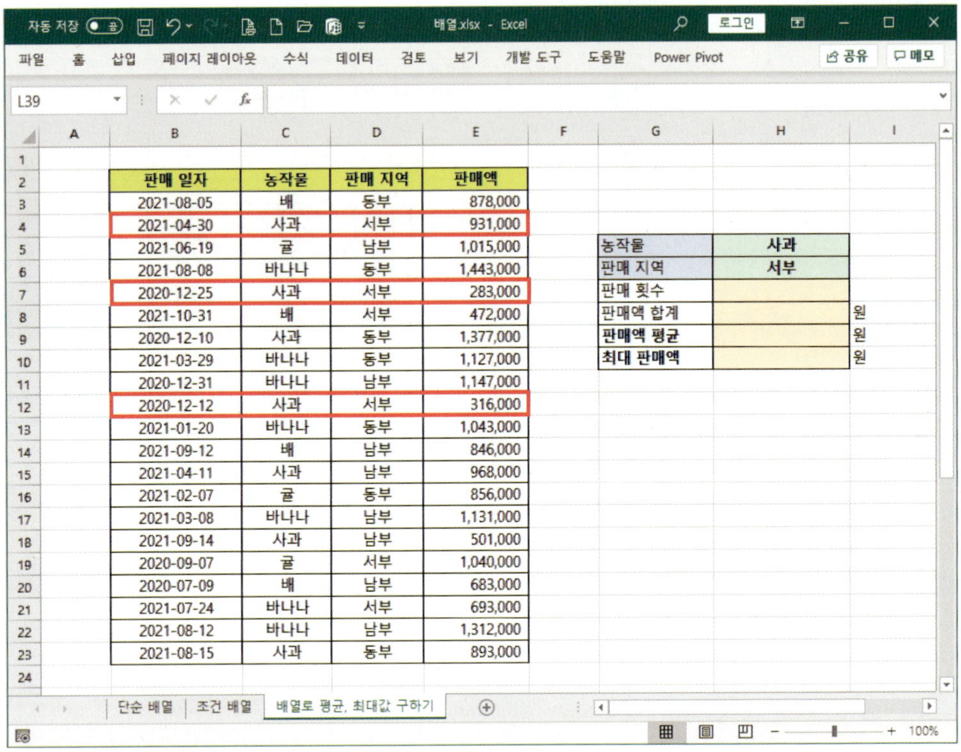

| 판매 일자 | 농작물 | 판매 지역 | 판매액 |
|---|---|---|---|
| 2021-08-05 | 배 | 동부 | 878,000 |
| 2021-04-30 | 사과 | 서부 | 931,000 |
| 2021-06-19 | 귤 | 남부 | 1,015,000 |
| 2021-08-08 | 바나나 | 동부 | 1,443,000 |
| 2020-12-25 | 사과 | 서부 | 283,000 |
| 2021-10-31 | 배 | 서부 | 472,000 |
| 2020-12-10 | 사과 | 동부 | 1,377,000 |
| 2021-03-29 | 바나나 | 동부 | 1,127,000 |
| 2020-12-31 | 바나나 | 남부 | 1,147,000 |
| 2020-12-12 | 사과 | 서부 | 316,000 |
| 2021-01-20 | 바나나 | 동부 | 1,043,000 |
| 2021-09-12 | 배 | 남부 | 846,000 |
| 2021-04-11 | 사과 | 남부 | 968,000 |
| 2021-02-07 | 귤 | 동부 | 856,000 |
| 2021-03-08 | 바나나 | 남부 | 1,131,000 |
| 2021-09-14 | 사과 | 남부 | 501,000 |
| 2020-09-07 | 귤 | 서부 | 1,040,000 |
| 2020-07-09 | 배 | 남부 | 683,000 |
| 2021-07-24 | 바나나 | 서부 | 693,000 |
| 2021-08-12 | 바나나 | 남부 | 1,312,000 |
| 2021-08-15 | 사과 | 동부 | 893,000 |

| 농작물 | 사과 | |
|---|---|---|
| 판매 지역 | 서부 | |
| 판매 횟수 | | |
| 판매액 합계 | | 원 |
| 판매액 평균 | | 원 |
| 최대 판매액 | | 원 |

① H7셀에 H5셀의 농작물(사과)과 H6셀의 판매지역(서부)에 해당하는 판매횟수를 나타내시오.

{=SUM((C3:C23=H5)*(D3:D23=H6))}

위의 경우 판매횟수는 3회가 된다.

② H8셀에 H5셀의 농작물과 H6셀의 판매지역에 해당하는 판매액 합계를 계산하시오.

{=SUM((C3:C23=H5)*(D3:D23=H6)*(E3:E23))}

위의 경우 판매액 합계는 1,530,000원이 된다.

③ H9셀에 H5셀의 농작물과 H6셀의 판매지역에 해당하는 판매액 평균을 계산하시오.

H9셀에 {=AVERAGE((C3:C23=H5)*(D3:D23=H6)*(E3:E23))}이라고 입력하면 틀린 답이 된다.

아래 예제 테이블을 대상으로 설명하면, 배열수식은 모든 경우, 즉 결과값이 0인 판매 경우까지 포함하여 6개 판매 모두에 대하여 평균값을 계산하므로 답은 (931,000+283,000)/6, 즉 202,333원의 값을 보여준다. 그러나 실제는 농작물이 '사과'이고 판매지역이 '서부'인 두 개 지역에만 판매액의 평균을 계산하고자 하는 것이다. 이런 경우만을 선택하여 평균에 반영해야 하는데, 그렇게 하기 위해서는 IF함수를 사용하여 해당 경우만을 대상으로 하여주어야 한다.

| 농작물 | 판매지역 | 농작물='사과' | 판매지역='서부' | 판매액 | **결 과** (a*b*c) |
|---|---|---|---|---|---|
| | | (a) | (b) | (c) | |
| 배 | 동부 | 0 | 0 | 878,000 | 0 |
| 사과 | 서부 | 1 | 1 | 931,000 | 931,000 |
| 귤 | 남부 | 0 | 0 | 1,015,000 | 0 |
| 바나나 | 동부 | 0 | 0 | 1,443,000 | 0 |
| 사과 | 서부 | 1 | 1 | 283,000 | 283,000 |
| 배 | 서부 | 0 | 1 | 472,000 | 0 |
| | | | | 합 계 | **202,333** |

③번 예제의 경우, 해당 농작물과 판매지역이 같아야 평균의 대상이 되게 해야 한다. 따라서 H9셀에,

IF( (C3:C23=H5)*(D3:D23=H6), E3:E23 )

으로 기입해야 한다.

(C3:C23=H5)*(D3:D23=H6)이 조건식이 되는데, 이 값이 TRUE일 경우에는 IF함수의 두 번째 인수로 해당(사과, 서부) 행만의 판매액을 가져오고, FALSE일 경우에는 위의 식과 같이 세 번째 인수를 생략하게 IF함수를 적어 줄 경우 FALSE 값을 반환한다.

다시 아래 예제를 설명하면, AVERAGE함수는 0과 같은 숫자값은 계산에 포함시키지만, FALSE와 같은 논리값은 아예 입력 데이터에서 없는 것으로 간주하기 때문에, IF함수를 사용하면 두 판매 경우만 AVERAGE의 입력 데이터로 처리된다.

즉, AVERAGE(FALSE, 931,000, FALSE, FALSE, 283,000, FALSE)의 식은, (931,000+283,000)/2 = 607,000원이 되는 것이다. 즉 FALSE 값은 함수식에서 아예 없는 것으로 간주한 것을 알 수 있다.

| 농작물 | 판매지역 | 농작물=<br>'사과' | 판매지역=<br>'서부' | 판매액 | **결 과** |
|---|---|---|---|---|---|
| 배 | 동부 | 0 | 0 | 878,000 | FALSE |
| 사과 | 서부 | 1 | 1 | **931,000** | 931,000 |
| 귤 | 남부 | 0 | 0 | 1,015,000 | FALSE |
| 바나나 | 동부 | 0 | 0 | 1,443,000 | FALSE |
| 사과 | 서부 | 1 | 1 | **283,000** | 283,000 |
| 배 | 서부 | 0 | 1 | 472,000 | FALSE |
| | | | | 합 계 | **607,000** |

이제 H9셀에 최종적으로 AVERAGE함수를 사용하여 배열수식을 작성하면,

{=AVERAGE (IF((C3:C23=H5)*(D3:D23=H6), E3:E23)) }

과 같다. 엑셀 문제 워크시트 전체 데이터를 대상으로 평균 판매액을 구하면 아래와 같이 510,000원으로 나타난다.

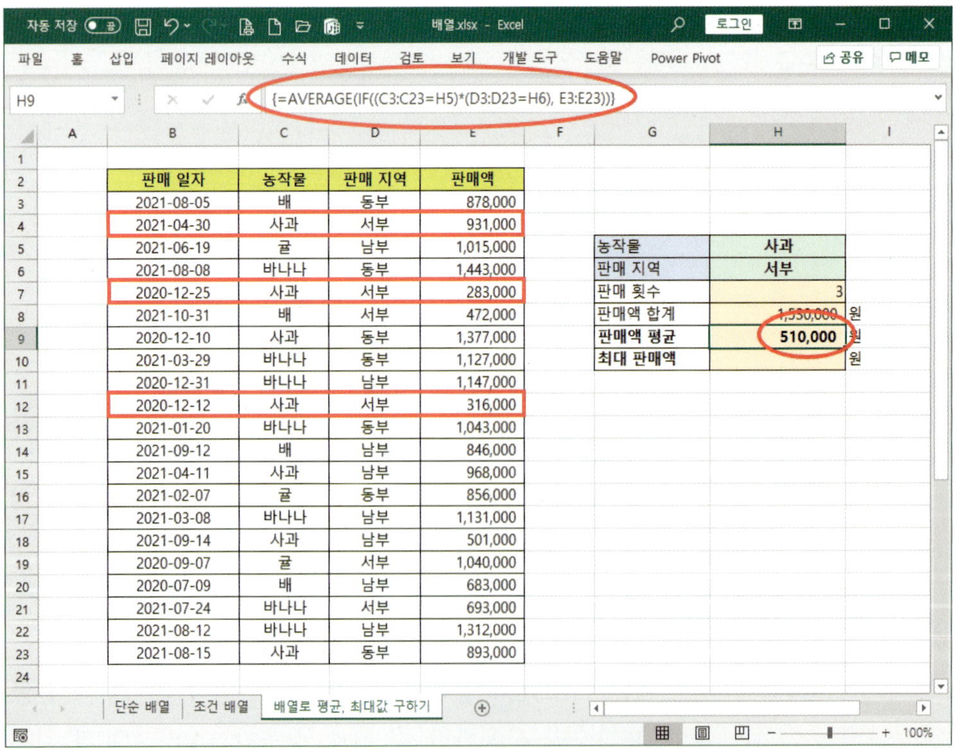

물론 이러한 판매액 평균을 AVERAGEIFS함수를 이용해서도 구할 수 있다.

④ H10셀에 H5셀의 농작물과 H6셀의 판매지역에 해당하는 판매액 중 최대 판매액을 찾으시오.

판매 평균을 구하는 문제와 같이 IF함수를 사용하여 조건에 맞는 판매 경우를 대상으로만 최대 판매액을 구해야 한다. 따라서 AVERAGE함수 대신에 MAX함수를 써서 다음과 같이 배열식을 작성하면 사과의 서부지역 최대 판매액은 931,000원이 됨을 알 수 있다.

{=MAX( IF((C3:C23=H5)*(D3:D23=H6), E3:E23) )}

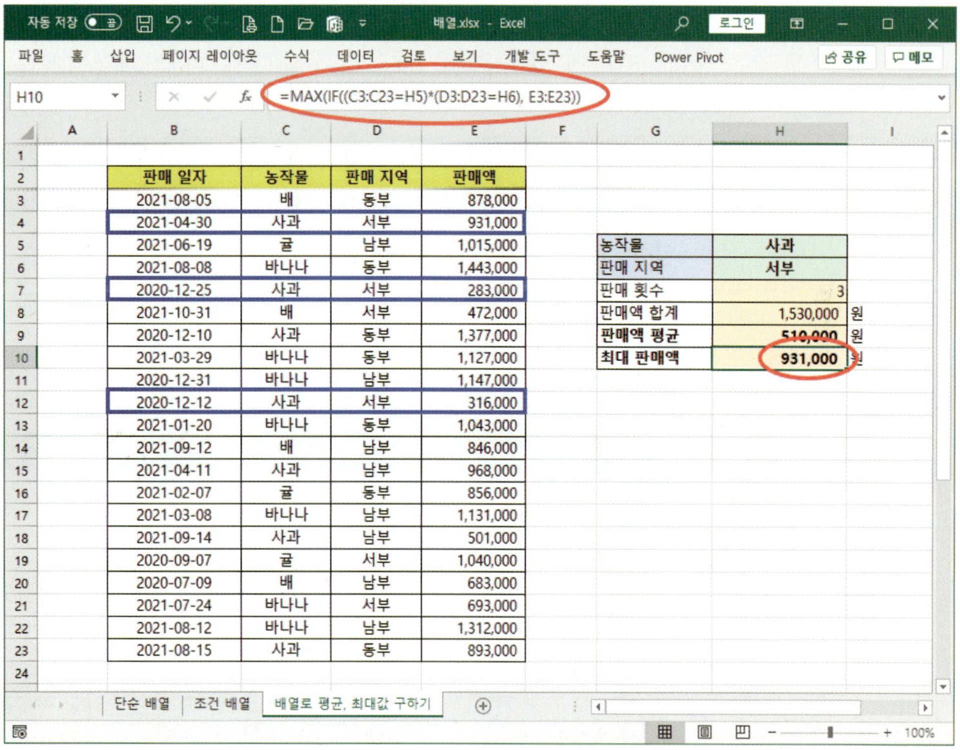


| 판매 일자 | 농작물 | 판매 지역 | 판매액 |
|---|---|---|---|
| 2021-08-05 | 배 | 동부 | 878,000 |
| 2021-04-30 | 사과 | 서부 | 931,000 |
| 2021-06-19 | 귤 | 남부 | 1,015,000 |
| 2021-08-08 | 바나나 | 동부 | 1,443,000 |
| 2020-12-25 | 사과 | 서부 | 283,000 |
| 2021-10-31 | 배 | 서부 | 472,000 |
| 2020-12-10 | 사과 | 동부 | 1,377,000 |
| 2021-03-29 | 바나나 | 동부 | 1,127,000 |
| 2020-12-31 | 바나나 | 남부 | 1,147,000 |
| 2020-12-12 | 사과 | 서부 | 316,000 |
| 2021-01-20 | 바나나 | 동부 | 1,043,000 |
| 2021-09-12 | 배 | 남부 | 846,000 |
| 2021-04-11 | 사과 | 남부 | 968,000 |
| 2021-02-07 | 귤 | 동부 | 856,000 |
| 2021-03-08 | 바나나 | 남부 | 1,131,000 |
| 2021-09-14 | 사과 | 남부 | 501,000 |
| 2020-09-07 | 귤 | 서부 | 1,040,000 |
| 2020-07-09 | 배 | 남부 | 683,000 |
| 2021-07-24 | 바나나 | 서부 | 693,000 |
| 2021-08-12 | 바나나 | 남부 | 1,312,000 |
| 2021-08-15 | 사과 | 동부 | 893,000 |

| 농작물 | 사과 | |
|---|---|---|
| 판매 지역 | 서부 | |
| 판매 횟수 | 3 | |
| 판매액 합계 | 1,530,000 | 원 |
| 판매액 평균 | 510,000 | 원 |
| 최대 판매액 | 931,000 | 원 |

# 4. 가격체크 견적서 만들기('견적서-가격.xlsx')

## (1) 가격 차별화('거래업체-품목' 워크시트)

품목의 가격은 '품목' 워크시트에 명시되어 있는 것처럼 고정되어 있으며 일반적으로 이러한 표준가격으로 제공된다. 그러나 혜화아이티의 영업사원들은 몇 개 품목에 대하여 일부 대량 구매고객의 경우 가격을 차별화하여 같은 품목이라도 고객에 따라 가격을 달리 책정하고 있다. 이러한 목적으로 '거래업체-품목' 워크시트를 만들고, 여기에 품목 별로 가격을 달리해야 하는 거래업체와 이때의 가격을 표시하였다.

'거래업체-품목' 워크시트 내의 '할인가격' 테이블 : 우대고객을 위하여 할인가격을 명기한 데이터 테이블이다. 나중에 MATCH함수를 사용하여 같은 업체, 품목이 있는가를 알아내기 위하여, 업체의 경우 '가격거래업체', 품목의 경우 '가격품목'이라는 이름으로 영역이름을 설정하도록 한다. 그리고 전체 데이터를 '할인가격'이라는 영역명으로 설정한다.

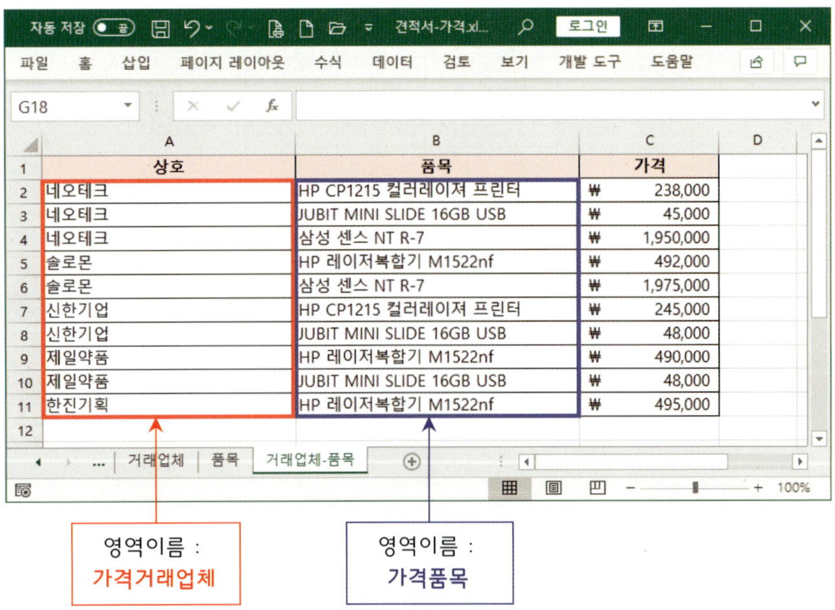

| 상호 | 품목 | 가격 |
|---|---|---|
| 네오테크 | HP CP1215 컬러레이저 프린터 | ₩ 238,000 |
| 네오테크 | JUBIT MINI SLIDE 16GB USB | ₩ 45,000 |
| 네오테크 | 삼성 센스 NT R-7 | ₩ 1,950,000 |
| 솔로몬 | HP 레이저복합기 M1522nf | ₩ 492,000 |
| 솔로몬 | 삼성 센스 NT R-7 | ₩ 1,975,000 |
| 신한기업 | HP CP1215 컬러레이저 프린터 | ₩ 245,000 |
| 신한기업 | JUBIT MINI SLIDE 16GB USB | ₩ 48,000 |
| 제일약품 | HP 레이저복합기 M1522nf | ₩ 490,000 |
| 제일약품 | JUBIT MINI SLIDE 16GB USB | ₩ 48,000 |
| 한진기획 | HP 레이저복합기 M1522nf | ₩ 495,000 |

## (2) 할인가격 결정

'거래업체-품목' 워크시트에서 보는 대로 특정 제품에 대한 할인을 할 거래업체와 품목을 같은 행에 등록하여 해당 거래업체-품목의 조합이 주문되면 품목 테이블의 표준가격이 아니라 세 번째 열의 할인된 가격으로 견적을 주는 것이다. 예를 들어 '삼성 센스' 노트북의 표준가격은 200만원이지만, '네오테크'에게는 195만원, '솔로몬'에게는 197만 5천원의 가격으로 주는 것이다. 다른 기업들에게는 표준가격인 200만원으로 제공된다.

따라서 견적서 워크시트의 B11셀의 함수식이 해야 할 것은 특정 품목에 대하여 주문한 거래업체와의 조합이 있는지를 '거래업체-품목' 워크시트의 할인가격 테이블에서 찾아, 그런 조합이 있으면 할인가격으로 가격을 설정하고, 그런 조합이 없으면 품목 테이블에서 표준가격으로 기입하는 것이다.

따라서 이러한 조합의 확인은 주문서 워크시트에서 품목 견적을 제시하는 각 행별로 행해지며, 각 행에서 '거래업체-품목' 워크시트 안에 있는 할인가격 테이블의 모든 행을 아래에까지 찾아서 확인하는 것이다. 거래기업과 품목의 조합을 위하여는 텍스트를 연결하는 & 기호를 사용한다.

우선 11행의 견적품목에 대하여 해당 거래기업(C5셀)과 품목(B11셀)에 대하여 '거래업체-품목' 워크시트 할인가격 테이블에 조합이 있는지를 MATCH함수를 이용하여 확인한다.

MATCH함수에서 첫 번째 인수인 찾는 값은 거래업체가 기입된 C5셀과 11행의 품목인 B11셀의 조합이 된다. 12행 이하로 복사해야 하므로 C5는 절대주소로 표기한다. 그래서 MATCH함수에서 첫 인수인 찾는 값은 $C$5&B11이 된다.

두 번째 인수인 데이터 영역은 '거래업체-품목' 워크시트의 가격거래업체와 가격품목 영역 데이터의 조합이므로 가격거래업체&가격품목이 된다. 이제 할인 가격 대상인지를 찾는 MATCH함수를 작성하면 다음과 같다.

= MATCH($C$5&B11, 가격거래업체&가격품목, 0)

그러면 다음 그림에서 보듯이 솔로몬-삼성 센스 조합의 경우, '거래업체-품목' 워크시트의 할인가격 테이블에서 5번째 행에 있다는 것을 알 수 있다. 만일 그런 조합이 없으면 MATCH함수가 찾을 수 없는 경우이므로 #N/A 에러가 발생하게 된다.

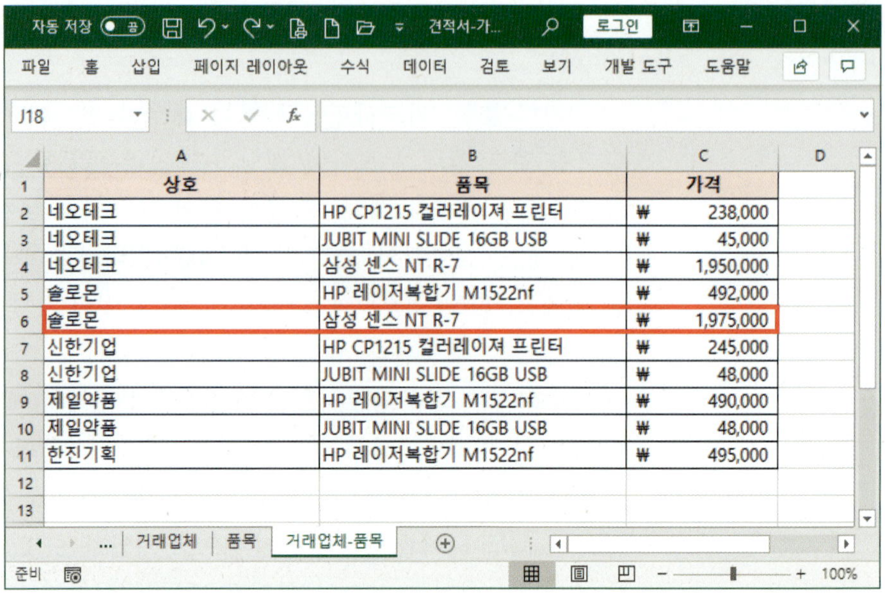

| | A | B | C |
|---|---|---|---|
| 1 | 상호 | 품목 | 가격 |
| 2 | 네오테크 | HP CP1215 컬러레이저 프린터 | ₩ 238,000 |
| 3 | 네오테크 | JUBIT MINI SLIDE 16GB USB | ₩ 45,000 |
| 4 | 네오테크 | 삼성 센스 NT R-7 | ₩ 1,950,000 |
| 5 | 솔로몬 | HP 레이저복합기 M1522nf | ₩ 492,000 |
| 6 | 솔로몬 | 삼성 센스 NT R-7 | ₩ 1,975,000 |
| 7 | 신한기업 | HP CP1215 컬러레이저 프린터 | ₩ 245,000 |
| 8 | 신한기업 | JUBIT MINI SLIDE 16GB USB | ₩ 48,000 |
| 9 | 제일약품 | HP 레이저복합기 M1522nf | ₩ 490,000 |
| 10 | 제일약품 | JUBIT MINI SLIDE 16GB USB | ₩ 48,000 |
| 11 | 한진기획 | HP 레이저복합기 M1522nf | ₩ 495,000 |

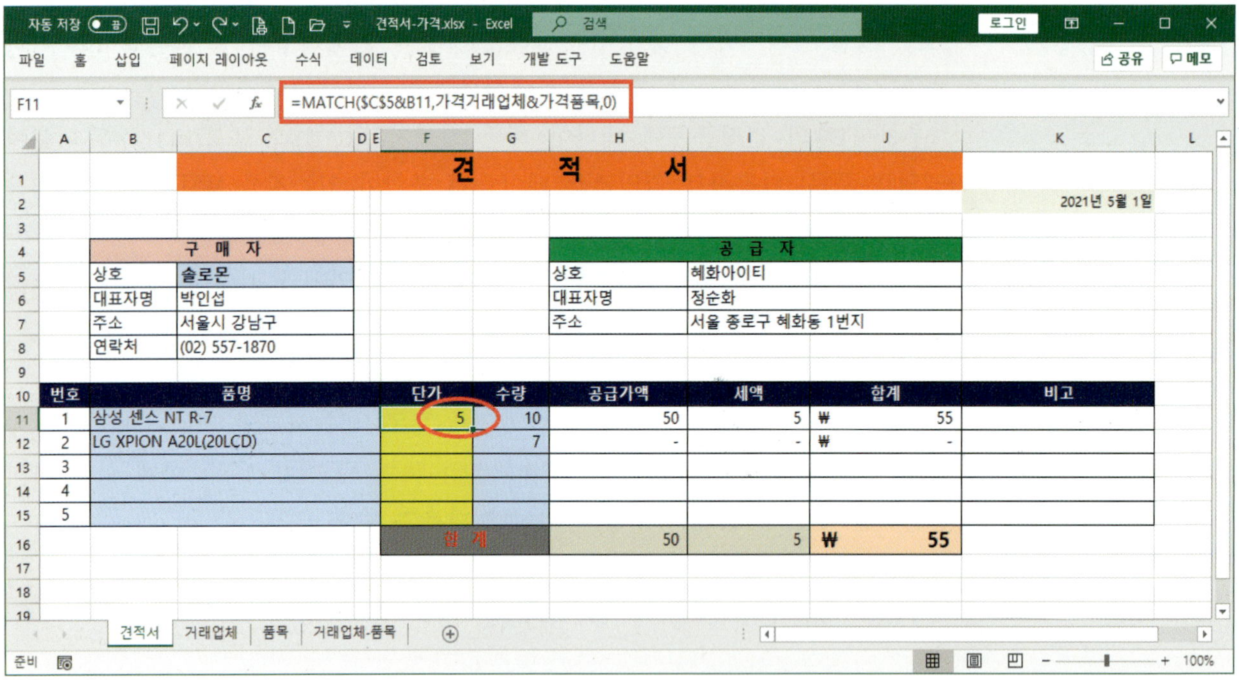

=MATCH($C$5&B11,가격거래업체&가격품목,0)

견 적 서

2021년 5월 1일

| 구 매 자 | |
|---|---|
| 상호 | 솔로몬 |
| 대표자명 | 박인섭 |
| 주소 | 서울시 강남구 |
| 연락처 | (02) 557-1870 |

| 공 급 자 | |
|---|---|
| 상호 | 혜화아이티 |
| 대표자명 | 정순화 |
| 주소 | 서울 종로구 혜화동 1번지 |

| 번호 | 품명 | 단가 | 수량 | 공급가액 | 세액 | 합계 | 비고 |
|---|---|---|---|---|---|---|---|
| 1 | 삼성 센스 NT R-7 | 5 | 10 | 50 | 5 | ₩ 55 | |
| 2 | LG XPION A20L(20LCD) | | 7 | - | - | ₩ - | |
| 3 | | | | | | | |
| 4 | | | | | | | |
| 5 | | | | | | | |
| | | 합 계 | | 50 | 5 | ₩ 55 | |

이제 할인가격의 행을 찾았으므로 INDEX함수를 이용하여 '거래업체-품목' 워크시트 테이블에서 3번째 열로 할인가격을 찾아오면 된다.

= INDEX(할인가격, MATCH($C$5&B11,가격거래업체&가격품목,0), 3)

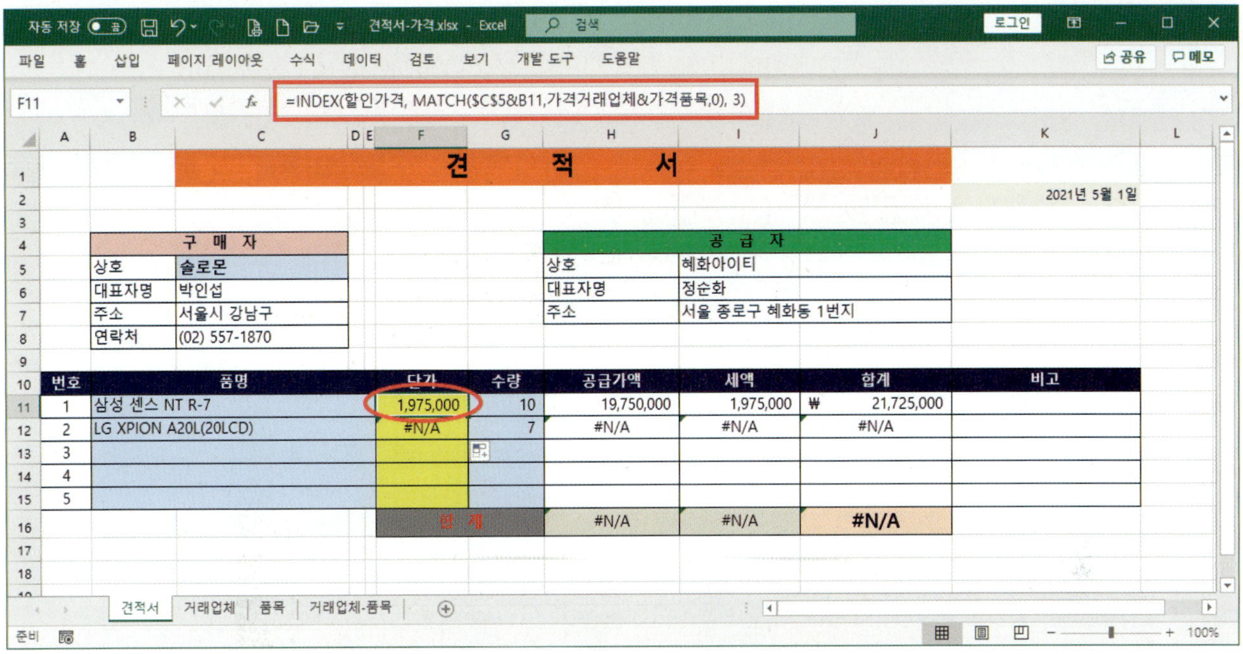


따라서 F11셀에 할인된 가격인 1,975,000원의 가격이 나타난 것을 알 수 있다. 그러나 이 함수식을 12행에 그대로 복사하면 #N/A 에러가 발생하는데, 이는 솔로몬-LG XPION의 조합이 할인가격 테이블에 없기 때문이다. 따라서 이 경우는 VLOOKUP함수를 이용하여 LG-XPION의 표준가격을 아래와 같이 품목 테이블에서 찾아 적도록 한다.

= VLOOKUP(B11, 품목, 2, 0)

할인되는 거래업체-품목 조합이 없는 경우에는 MATCH함수가 에러가 나는데, 이때는 표준가격을 찾기 위하여 VLOOKUP함수를 수행해야 하므로 다음과 같이 IFERROR함수를 이용하여 두 가지 함수식을 경우에 맞게 수행시킬 수 있다.

= IFERROR( INDEX(할인가격, MATCH($C$5&B11,가격거래업체&가격품목, 0), 3), VLOOKUP(B11,품목,2,0) )

이제 빈칸인 경우 함수를 작동시키지 않기 위하여 ISBLANK함수를 이용하여 최종 함수식을 작성하면 다음과 같다.

= IF( ISBLANK(B11), "", IFERROR(INDEX(할인가격, MATCH($C$5&B11, 가격거래업체&가격품목,0), 3), VLOOKUP(B11,품목,2,0)) )

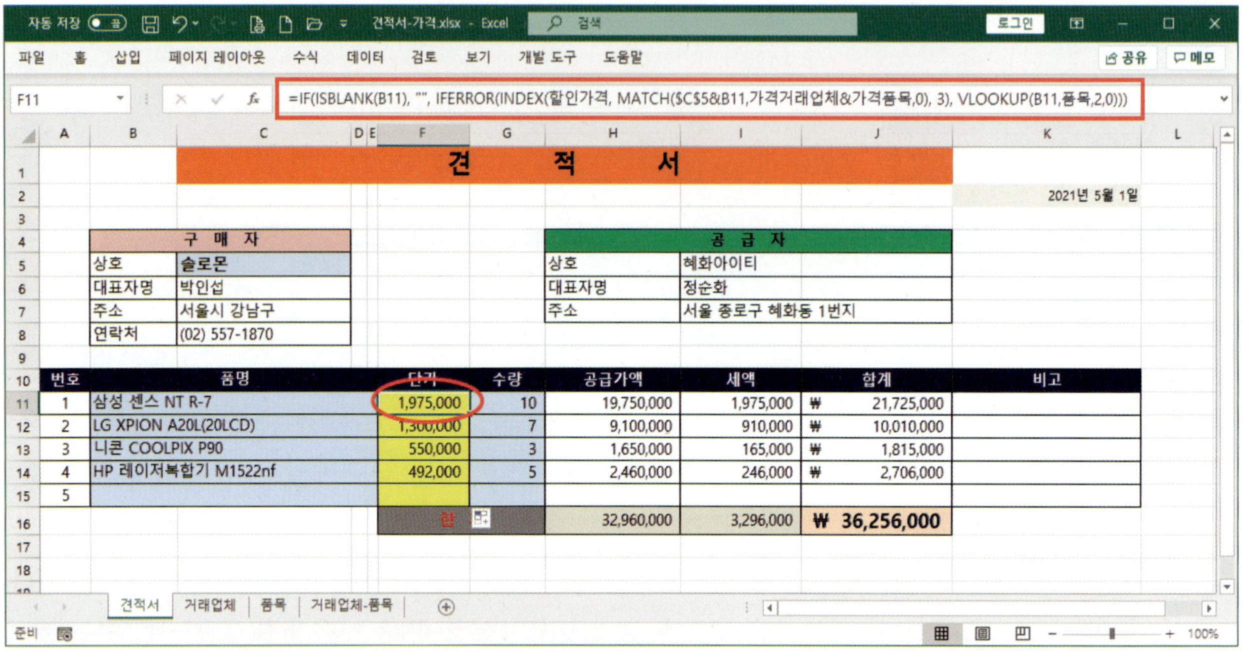

# 5. 홈쇼핑 주문서 작성하기('주문서.xlsx')

와룡홈쇼핑에서는 고객이 전화를 통하여 주문한 제품들에 대하여 엑셀로 주문서를 만들어 고객이 지불해야 할 제품금액과 배송료를 자동으로 산출하고자 한다. 현재 주문을 유인하기 위하여 와룡홈쇼핑에서는 다음과 같이 다소 복잡한 방식으로 주문금액을 할인하고 배송료를 계산하고 있다.

## (1) 금액 할인 및 배송료 계산

### 1) 금액 할인

각 주문제품별로 주문금액에 대하여 할인을 하고 있는데, 할인율은 아래 표와 같다. 그러나 주문금액 뿐만 아니라, 제품가격 별로 주문금액에 따라 다른 할인율이 정해진다.

〈제품가격 및 주문금액별 할인율〉

| 제품별 주문금액 | 제품가격 | | | | |
|---|---|---|---|---|---|
| | 0원~ 1만원 미만 | 1만원~ 2만 5천원 미만 | 2만 5천원~ 5만원 미만 | 5만원~ 10만원 미만 | 10만원 이상 |
| 5만원 미만 | 0% | 0% | 1% | 2% | 3% |
| 5만원~10만원 미만 | 0% | 1% | 2% | 3% | 4% |
| 10만원~50만원 미만 | 1% | 2% | 3% | 5% | 6% |
| 50만원~100만원 미만 | 2% | 4% | 5% | 7% | 8% |
| 100만원 이상 | 4% | 6% | 7% | 10% | 12% |

예를 들어, 가격이 3만 2천원인 제품을 10개 주문한 경우, 주문금액은 32만원이 되므로 이 주문에 대한 할인율은 3%가 된다. 따라서 할인금액은 9,600원(32만원×3%)이기 때문에 실제 고객이 지불하는 금액은 310,400원이 된다. 그런데 와룡홈쇼핑에서는 할인금액을 100원 단위에서 절상하고 있으므로 할인금액은 만원이 되

어 주문금액은 31만원이 된다.

### 2) 배송료

배송료는 이틀 후 배송되는 '일반배송'과 다음 날 배송되는 '급행배송', 그리고 당일 즉시 배송되는 '로켓배송'의 세 가지 종류가 있다. 배송료는 이들 '배송종류'(기간)와 '배송지역'(거리에 따라 다름)과 배송해야 할 상품의 '총중량'에 따라 배송료가 다르게 책정된다. 구체적인 지역별, 중량별 배송료는 택배사와의 협정에 따라 결정되었는데, 세부 배송료는 '배송 테이블' 워크시트에서 볼 수 있다. 다시 말하면, 배송료는 배송지역까지의 거리(시도별에 따라 결정됨), 상품 총중량, 그리고 배송기간의 세 가지 요소에 따라 결정된다.

## (2) 워크시트 설명

주문서를 작성하려면 필요한 워크시트들을 미리 만들어야 한다. '주문서' 워크시트 자체와 함께 견적서와 유사하게 주문한 사람들의 정보를 담고 있는 '고객', 홈쇼핑이 판매하는 제품정보를 저장한 '제품', 할인율 계산을 위한 '할인 테이블', 그리고 배송료 산정을 위한 '배송 테이블' 워크시트들을 미리 준비해야 한다. 또한 각 워크시트에서 필요한 데이터 영역을 영역이름으로 미리 설정하는 것도 사전에 실시하도록 한다. 다음은 주문서 작성에 필요한 각 워크시트와 데이터 영역들이다.

① '주문서' 워크시트 : 전화로 접수한 고객 주문을 작성하는 부분으로, 주문한 고객명, 주문 제품명, 그리고 주문수량, 배송구분만 입력하면 제품가격, 할인금액, 배송료, 그리고 실제 고객이 지불해야 하는 총액이 자동으로 계산된다.

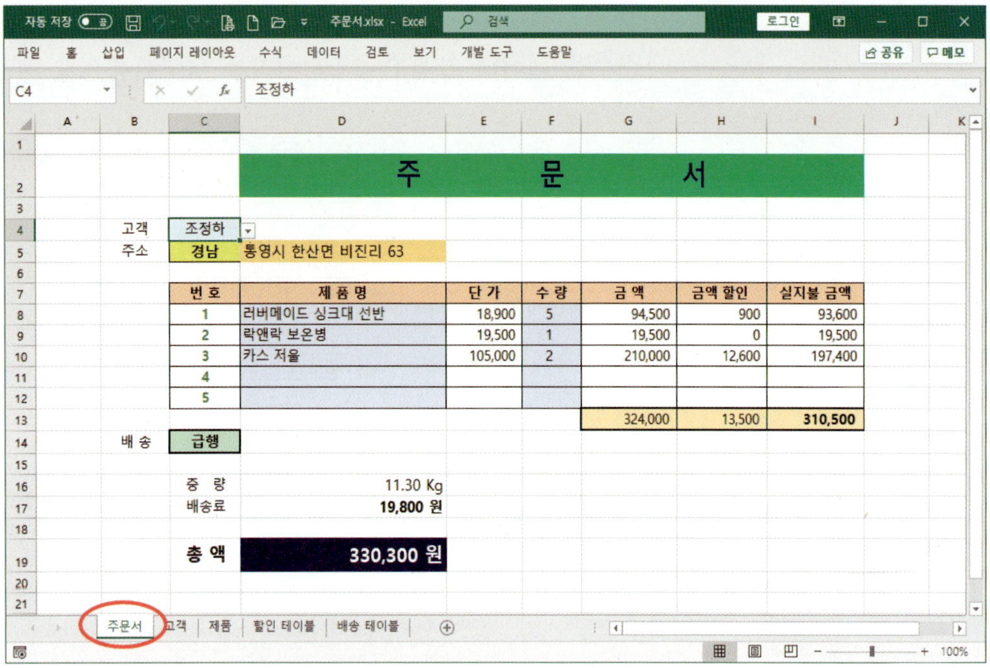


② '고객' 워크시트 : 고객명, 지역, 주소의 정보를 가진다. 특히 지역은 배송거리를 나타내는 것으로 배송료 산정에 필요하다. 빨간선 안의 순수한 데이터 부분을 '고객'이라는 영역이름으로 지정한다.

| | A | B | C |
|---|---|---|---|
| 1 | 고객명 | 지역 | 주 소 |
| 2 | 강수미 | 전북 | 고창군 고창읍 읍내리 751-3 |
| 3 | 김경태 | 대전 | 중구 대흥동 160 5호 |
| 4 | 김만수 | 서울 | 성북구 성북동 287 유엔빌라 3-203 |
| 5 | 김민성 | 인천 | 연수구 연수3동 577 |
| 6 | 김은미 | 울산 | 북구 효문동 12-83 |
| 7 | 박수경 | 대구 | 수성구 신매동 동부아파트 3-1507 |
| 8 | 송정규 | 전남 | 보성군 복내면 일봉리 35-7 |
| 9 | 오서경 | 광주 | 남구 방림1동 121 |
| 10 | 오진호 | 세종 | 장군면 송학리 26-5 |
| 11 | 유태경 | 경북 | 경주시 감포읍 팔조리 190 |
| 12 | 유하진 | 제주 | 서귀포시 대정읍 보성리 23 |
| 13 | 이수용 | 부산 | 해운대구 중1동 1347 |
| 14 | 이용민 | 경기 | 용인시 수지구 동천동 517-1 |
| 15 | 이지영 | 충남 | 아산시 도고면 덕암리 5-1 |
| 16 | 전명희 | 서울 | 용산구 원효로 2가 27 |
| 17 | 정호진 | 강원 | 태백시 황지동 491 |
| 18 | 조정하 | 경남 | 통영시 한산면 비진리 63 |
| 19 | 최재영 | 충북 | 충주시 연수동 주공아파트 103-1207 |
| 20 | 한영규 | 경기 | 가평군 가평읍 읍내7리 52 |

영역이름 : 고객

주문서 | 고객 | 제품 | 할인 테이블 | 배송 테이블

③ '제품' 워크시트 : 제품명, 가격(원), 무게(Kg) 열로 구성된다. 빨간선 안의 순수한 데이터 부분을 '제품'이라는 영역이름으로 지정한다.

| | 제 품 명 | 가격(원) | 무게(Kg) |
|---|---|---|---|
| 2 | 네스카페 캡슐 커피머신 | 16,000 | 2.50 |
| 3 | 대성 아트론 파워믹스기 | 87,000 | 5.30 |
| 4 | 락앤락 보온병 | 22,500 | 0.70 |
| 5 | 러버메이드 싱크대 선반 | 22,000 | 1.00 |
| 6 | 삼성 전자레인지 | 176,000 | 11.50 |
| 7 | 쉐프맘 항균도마 3종 세트 | 32,900 | 0.60 |
| 8 | 신일 전기주전자 | 53,500 | 1.00 |
| 9 | 아폴로 보온 도시락 | 31,300 | 1.20 |
| 10 | 여주 도자기 세트 | 856,000 | 3.50 |
| 11 | 위즈웰 멀티 전기오븐 | 215,000 | 6.20 |
| 12 | 카스 저울 | 165,000 | 2.80 |
| 13 | 쿠쿠 전동보온포트 | 82,900 | 2.60 |
| 14 | 키친아트 구이판 | 25,000 | 2.10 |
| 15 | 키친아트 찜솥 | 453,000 | 2.50 |
| 16 | 테팔 프라이팬 | 32,500 | 0.90 |
| 17 | 풍년 압력솥 | 53,000 | 2.30 |
| 18 | 필립스 토스트기 | 59,900 | 1.42 |
| 19 | 휴롬 원액기 | 315,000 | 3.75 |

④ '할인 테이블' 워크시트 : 제품가격과 주문금액에 따라 할인이 달리 이루어지므로 다음 그림과 같이 2개의 테이블을 작성하였다.

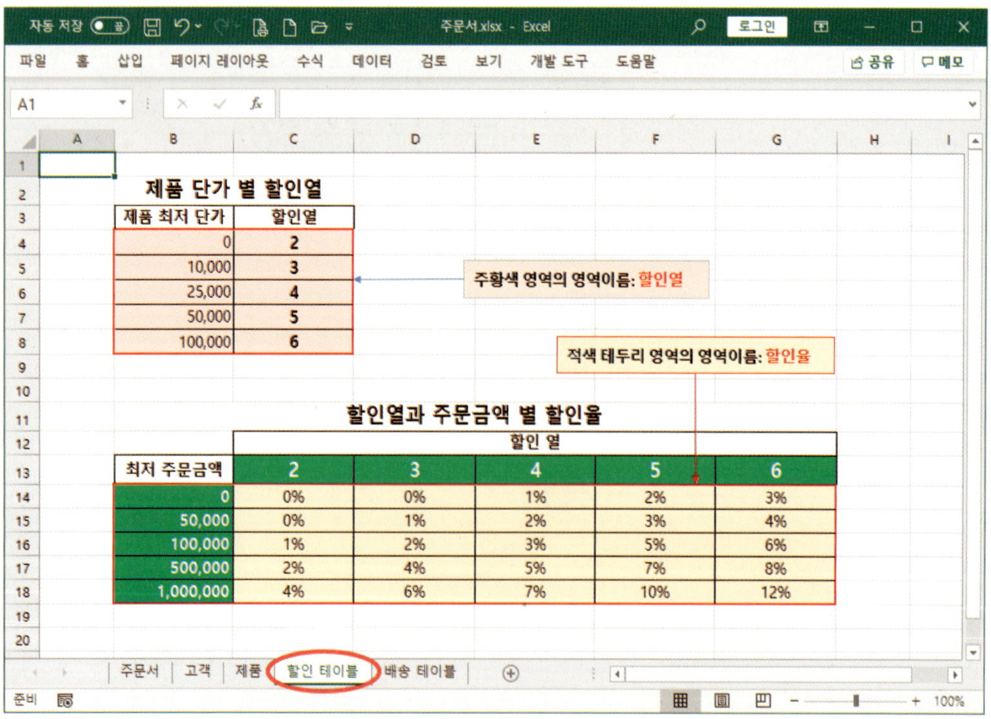


**제품 단가 별 할인열**

| 제품 최저 단가 | 할인열 |
|---|---|
| 0 | 2 |
| 10,000 | 3 |
| 25,000 | 4 |
| 50,000 | 5 |
| 100,000 | 6 |

**할인열과 주문금액 별 할인율**

| | 할인 열 | | | | |
|---|---|---|---|---|---|
| 최저 주문금액 | 2 | 3 | 4 | 5 | 6 |
| 0 | 0% | 0% | 1% | 2% | 3% |
| 50,000 | 0% | 1% | 2% | 3% | 4% |
| 100,000 | 1% | 2% | 3% | 5% | 6% |
| 500,000 | 2% | 4% | 5% | 7% | 8% |
| 1,000,000 | 4% | 6% | 7% | 10% | 12% |

우선 하단의 '할인율' 테이블은 각 행별로 주문제품의 주문금액(가격×수량)을 가지고, VLOOKUP함수를 이용하여 '할인율' 테이블 내에서 할인율을 정하기 위한 행을 찾기 위한 것이다. 예를 들어 주문서 워크시트의 G8셀의 주문금액이 120,000원이면 500,000원보다는 작으므로 구간값을 가지고 100,000원이 기입된 세 번째 행을 선택하게 된다. 여기에서는 이제 여러 열들이 있는데 몇 번째 열이 될지는 제품가격에 따라 상단의 할인열에 의거 결정된다. 빨간선 내의 영역을 '할인율'이라는 영역이름으로 지정한다.

상단의 '할인열' 테이블은 VLOOKUP함수를 이용하여 각 제품가격별로 최종 할인열을 가져오기 위한 테이블이다. 예를 들어 5만원에서 10만원 미만의 가격 제품은 할인열 '5'가 된다. 주문금액은 같더라도 할인열(즉, 제품가격)에 따라 할인율이 달라지는데, 아래 할인율 테이블에서 볼 수 있듯이 같은 주문금액이라도 제품가격이 큰 제품일수록 할인율이 커지는 정책을 회사가 시행하는 것을 알 수 있다. 상단 테이블의 빨간선 내의 영역을 '할인열'이라는 영역이름으로 지정한다.

⑤ '배송 테이블' 워크시트 : 배송은 '일반배송', '급행배송', 그리고 '로켓배송'의 구분에 따라 다른 테이블을 사용하며, 배송지역과 배송중량에 따라 배송료가 달리 책정된다. 다음 '배송 테이블' 워크시트에서 보는 바와 같이, 예를 들어 대전에서 한 주문의 총중량이 27Kg일 경우 일반배송은 11,500원, 급행배송은 20,700원, 로켓배송의 경우에는 32,000원의 배송료가 부가된다. INDEX, MATCH 함수를 사용하여 각 중량별 배송료를 가져오기 위하여 다음 '배송 테이블' 워크시트에서 보는 대로 '배송료' 테이블을 구성하였다. 그런데 총중량이 100Kg 이상인 경우에는 '배송 불가능'이라고 하여, 이 경우 테이블에서 배송료를 일억원으로 기입하여 주문이 불가능한 것으로 간주하게 처리하였다.

아래 그림에서 보는 바와 같이 각 배송 테이블의 빨간선 내 영역을 '일반', '급행', '로켓'의 영역이름으로 각각 지정한다.

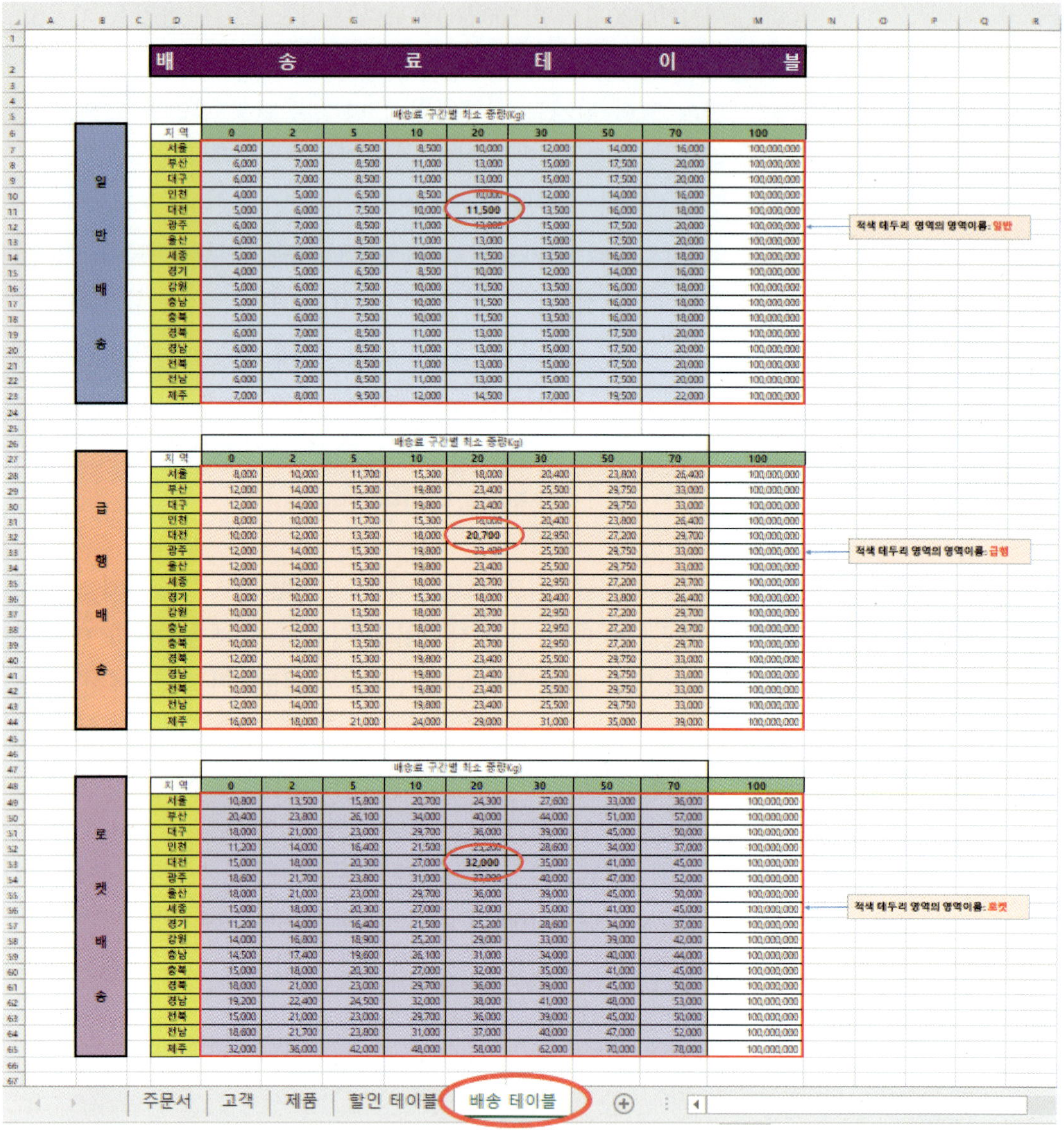

⑥ 영역 테이블 : 지금까지 각 워크시트에 만든 영역을 정리하면 다음과 같다.

| 영역명 | 위치한 워크시트 | 영역 주소 |
|---|---|---|
| 고객 | 고객 | A2:C20 |
| 제품 | 제품 | A2:C19 |
| 할인율 | 할인 테이블 | B14:G18 |
| 할인열 | 할인 테이블 | B4:C8 |
| 일반 | 배송 테이블 | E7:M23 |
| 급행 | 배송 테이블 | E28:M44 |
| 로켓 | 배송 테이블 | E49:M65 |

지금까지의 영역을 모두 설정한 후 이름상자를 클릭하면, 아래와 같이 영역명이 표시됨을 알 수 있다.

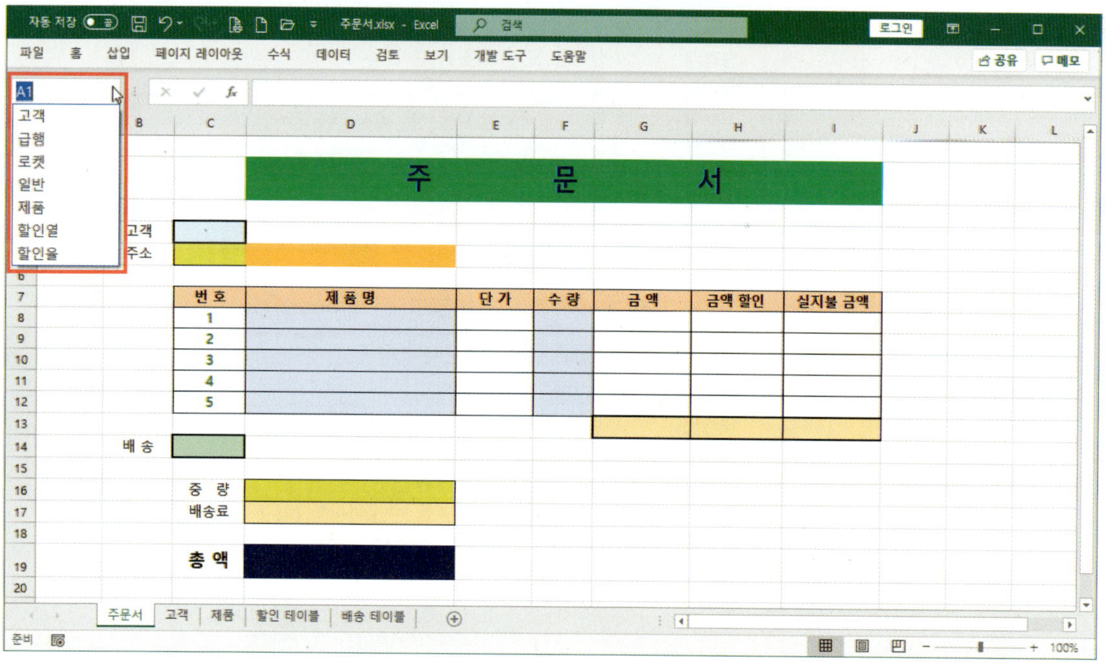

## (3) 고객사항 입력

제품을 주문한 고객명과 주소를 입력한다. 우선 고객명은 '고객' 테이블에 이미 저장되어 있으므로 '[데이터]탭-데이터 유효성 검사'를 적용하여 목록을 이용하여 입력한다.

① 고객명 입력 : 고객명을 입력할 C4셀을 클릭한 후, '[데이터]탭-데이터 유효성 검사' 창에서 아래와 같이 입력한다.

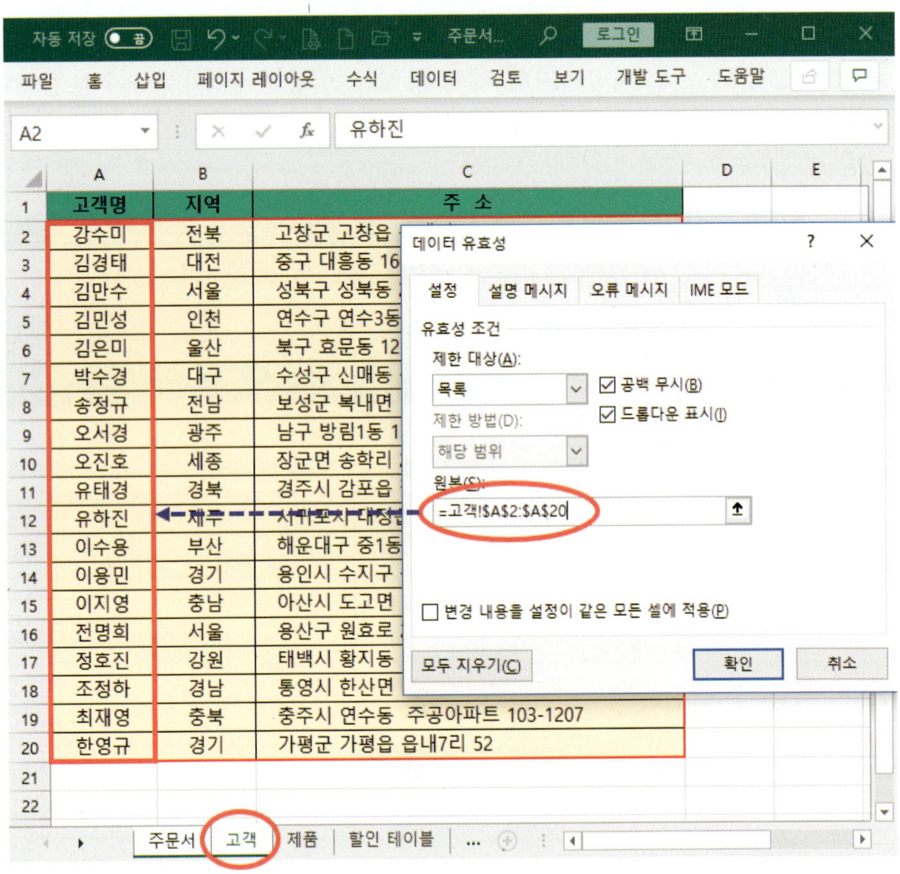

- 제한대상 : 목록 - 이는 그 아래 원본 데이터에서 목록으로 입력대상을 가져오라는 의미이다. 따라서 고객의 고객명 리스트가 목록이 된다.
- 원본 : ='고객' 테이블의 순수한 고객명 데이터인 A2:A20 영역을 드래그하여 원본란에 '=고객!A2:A20'이 입력되게 처리한다. 그러면 다음 그림과 같이 고객명을 명단에서 선택하여 입력할 수 있음을 알 수 있다.

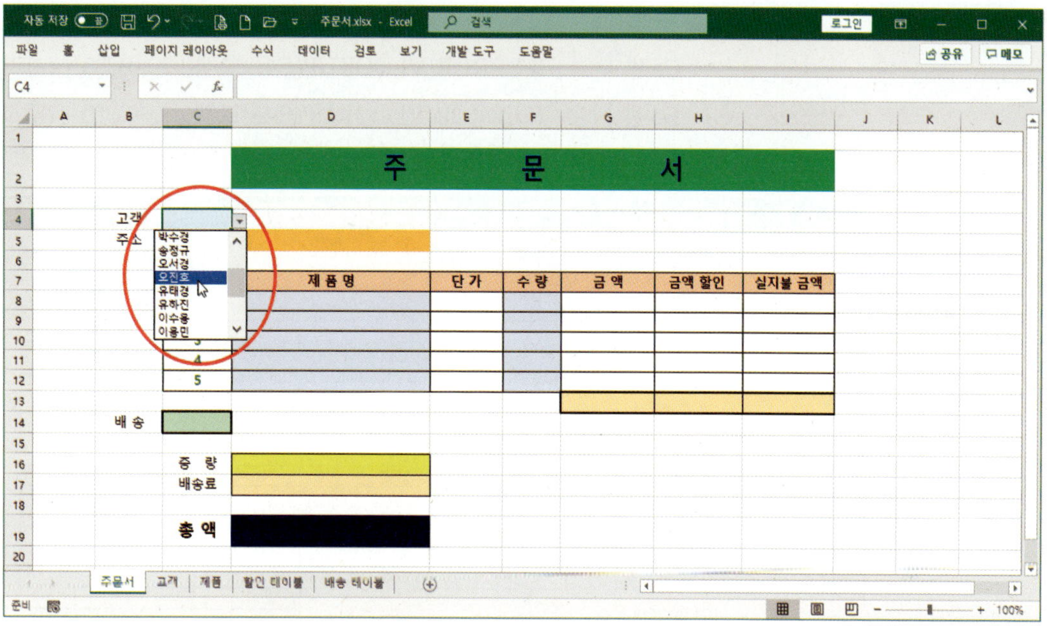

② 고객 주소 입력 : VLOOKUP함수를 이용하여 고객명을 가지고 '고객' 워크시트에서 지역, 주소를 찾아 입력한다. 단, C4(상호)셀이 빈칸일 때 VLOOKUP함수를 사용할 경우 '#N/A' 에러가 일어나므로 IFERROR함수를 사용하여 ""(빈칸)이 쓰이게끔 한다. 즉, C4셀이 빈칸이면 VLOOKUP함수 수행 결과 오류가 발생하므로, IFERROR함수를 사용하여 두 번째 인수를 ""으로 적어 셀의 값이 빈칸이 되게 처리하는 것이다.

### IFERROR함수

수식에서 수행 결과가 오류인 경우, 오류값이 직접 셀에 쓰이는 대신 사용자가 원하는 값을 지정할 수 있다. IFERROR함수는 2개의 인수로 구성된다.

- 형식 : IFERROR(수식, 식이 오류일 경우 나타낼 값 또는 식)
  - 수식 : 원래 수행하고자 하는 수식을 쓴다. 첫 번째 인수인 이 수식의 오류를 미리 검사해 보고, 수식의 결과가 정상이면 수식이 수행되고, 두 번째 인수는 무시된다.
  - 오류시의 값 또는 식 : 첫 번째 인수인 수식에 오류가 있으면 첫 번째 인수가 수행되지 않고 이 두 번째 인수가 수행된다.
- 예 : =IFERROR(5/0, "나누기 오류") : 5/0를 수행하면 #DIV/0! 오류가 일어나므로 두 번째 인수인 "나누기 오류"가 셀에 쓰여진다.
  =IFERROR(A1+B1, A2+B2) : 'A1+B1' 수식에 오류가 없으므로 'A1+B1' 식이 수행된다. 'A2+B2' 식은 수행되지 않고 무시된다(A1:B2는 숫자값으로 저장되었다고 가정함). A1 = 3, B1 = 7일 경우 함수 수행 결과는 10이 된다.

◑ 주소

C5셀 : = IFERROR(VLOOKUP(C4, 고객, 2, 0),"") (지역 가져옴)

D5셀 : = IFERROR(VLOOKUP(C4, 고객, 3, 0),"") (주소 가져옴)

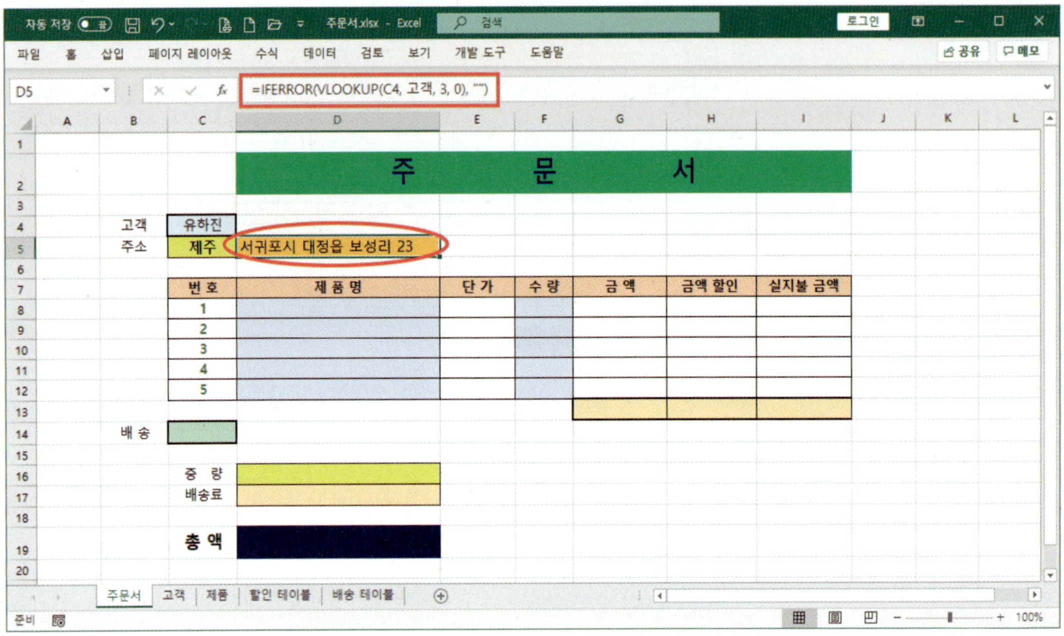

## (4) 제품 입력

고객이 주문한 제품과 수량을 입력하고 단가, 금액할인 등을 결정한다. '제품' 워크시트에 있는 제품만 입력대상이 되며, 입력란인 D8셀에서 D12셀까지 목록을 통하여 입력할 수 있도록 '데이터 유효성 검사'를 설정한다.

① 우선 주문제품을 입력할 'D8:D12'셀 영역을 모두 선택한다. 그리고 '데이터 유효성 검사' 메뉴를 열고 '데이터 유효성 검사' 창이 나타나면 다음과 같이 입력한다.

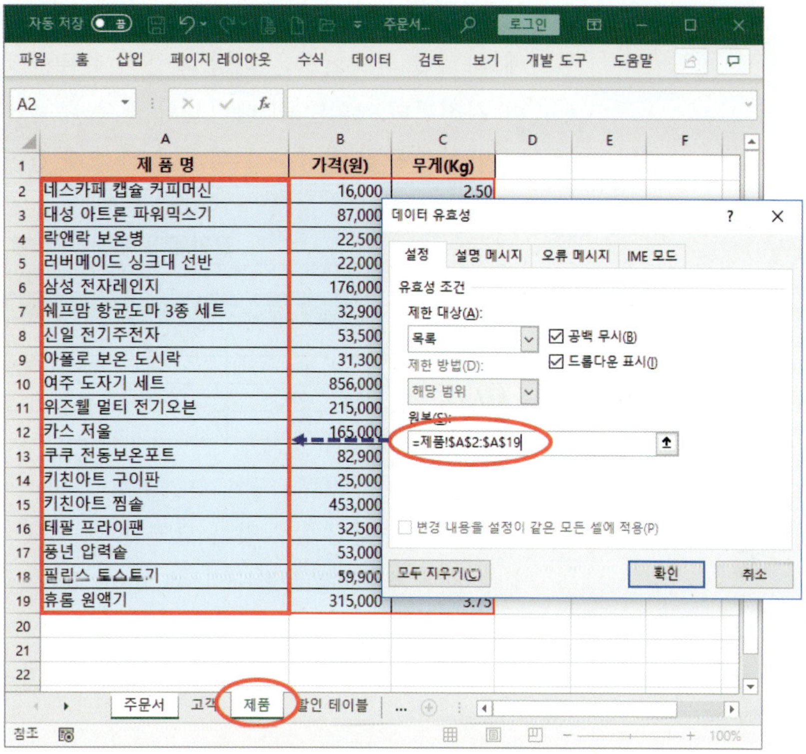

- 제한대상 : 목록
- 원본 : ='제품' 테이블의 순수한 제품명 데이터인 A2:A19 영역을 드래그하여 원본에 '=제품!A2:A19'가 입력되게 처리한다.

② 제품 정보 입력 : 우선 8행에 대하여 아래 수식을 입력하며, 이후 12행까지 복사한다. 주문제품(D8셀)에 대하여, VLOOKUP함수를 사용하여 '제품' 워크시트에서 가격을 찾아 E8셀에 단가를 입력한다. 단, 주문제품(D8셀)이 빈칸인 경우 '#N/A' 에러가 일어나므로 IFERROR함수를 사용하여 빈칸으로 남겨 놓는다.

- 단가(E8셀) : = IFERROR(VLOOKUP(D8, 제품, 2, 0),"")
- 수량(F8셀) : 사용자가 직접 입력함
- 금액(G8셀) : = IFERROR(E8*F8, "")

다음과 같이 입력할 수 있다.

| 번 호 | 제 품 명 | 단 가 | 수 량 | 금 액 | 금액 할인 | 실지불 금액 |
|---|---|---|---|---|---|---|
| 1 | 락앤락 보온병 | 22,500 | 5 | 112,500 | | |

- 금액할인(H8셀) : 403쪽에서 보여준 〈제품가격 및 주문금액별 할인율〉 표에 따르면 금액할인은 해당 제품의 주문금액에 따라 일단 아래 표에서 행이 결정된다. '할인율' 테이블의 행은 주문금액에 따라 결정되므로 주문금액별 할인율을 결정하기 위하여 다음과 같이 '할인율' 테이블을 작성한다.

영역이름 : 할인율

**할인열과 주문금액 별 할인율**

| | 할인 열 | | | | |
|---|---|---|---|---|---|
| 최저 주문금액 | 2 | 3 | 4 | 5 | 6 |
| 0 | 0% | 0% | 1% | 2% | 3% |
| 50,000 | 0% | 1% | 2% | 3% | 4% |
| 100,000 | 1% | 2% | 3% | 5% | 6% |
| 500,000 | 2% | 4% | 5% | 7% | 8% |
| 1,000,000 | 4% | 6% | 7% | 10% | 12% |

이제 우선 주문금액에 맞는 할인율 행을 찾기 위하여 다음과 같이 함수를 작성한다. VLOOKUP함수의 세 번째 인수인 열번호는 일단 5로 둔다.

**VLOOKUP(G8, 할인율, 5, 1)** : G8셀이 주문금액임

위의 표에서 예를 들어, 주문금액이 750,000원일 경우 5번 열의 할인율은 7%가 됨을 알 수 있다. 그러나 3번 열의 할인율은 4%가 되는 것을 알 수 있다.

열의 번호는 제품가격에 따라서 달라지는데, 이 열번호를 할인열 테이블에서 제품가격을 가지고 VLOOKUP함수를 이용하여 구할 수 있다. 위 테이블에서 1이 아닌 2로 시작하는 것은, 이 열번호를 VLOOKUP함수의 세 번째 인수인 열번호로 그대로 가져다 쓰기 위함이다.

이제 잠정적으로 5로 준 VLOOKUP함수의 세 번째 인수인 열번호를 정확히 구하기로 한다. 열번호는 제품가격에 따라 결정되는데, 할인열 테이블에서 보면 2에서 6까지 5개의 열번호가 있다. 말한 대로 2를 첫 번호로 준 것은 앞의 행을 구하는 VLOOKUP함수에서, 할인율의 첫 번째 열은 세 번째 인수인 열번호가 2가 되기 때문이다. 열번호 1은 주문금액의 구분 그 자체가 되어서이다.

영역이름 : 할인열

**제품 단가 별 할인열**

| 제품 최저 단가 | 할인열 |
|---|---|
| 0 | 2 |
| 10,000 | 3 |
| 25,000 | 4 |
| 50,000 | 5 |
| 100,000 | 6 |

주문제품의 가격이 10,000원 미만일 경우 할인열은 2번이 되고, 10,000원 이상 25,000원 미만일 경우 3번, 마지막 100,000원 이상일 경우에는 할인열은 6번이 된다. 따라서 앞서 임의로 5로 준 열번호를 다음과 같이 구하도록 한다. 제품가격을 찾는 값으로 하여 VLOOKUP함수를 이용하여, '할인열' 테이블에서 제품가격별 할인열을 구한다.

따라서 제품가격에 따른 할인열을 찾기 위하여 다음과 같이 VLOOKUP 함수를 작성한다.

**VLOOKUP(E8, 할인열, 2, 1)** : E8셀이 제품가격임

이제 앞서의 할인율 행을 구했던 VLOOKUP함수의 임의로 5로 주었던 열번호를 위의 함수식으로 대체하면 다음과 같이 최종 할인율을 정확히 구하는 함수식이 작성된다.

**VLOOKUP(G8, 할인율, VLOOKUP(E8, 할인열, 2, 1), 1)**

위와 같이 함수식을 작성하면 회사에서 정한 제품가격에 따른 할인율 정책을 정확하게 반영할 수 있게 된다.

이렇게 구한 할인율에 주문금액을 곱해주면 할인할 금액이 된다. 또한 할인할 금액은 100원 단위에서 절상하므로 이러한 내용을 포함하여 금액할인을 계산하는 완성식을 작성하면 다음과 같다.

= IFERROR(**ROUNDUP(G8*VLOOKUP(G8, 할인율, VLOOKUP(E8, 할인열, 2, 1), 1)**, **-3**), "")

이제 실제 지불금액은 금액에서 금액할인을 뺀 것이므로 다음과 같이 수식을 작성한다.

- 실지불 금액(I8셀) : = IFERROR(**G8-H8**, "")

9~12행에 8행의 식을 복사하고, G13~I13셀에 주문제품의 금액, 금액할인, 실지불 금액의 합계를 SUM함수를 이용하여 기입한다. 이렇게 되면 아래 그림에서 보는 바와 같이 주문제품 사항에 대한 주문서의 작성은 모두 끝나게 된다.

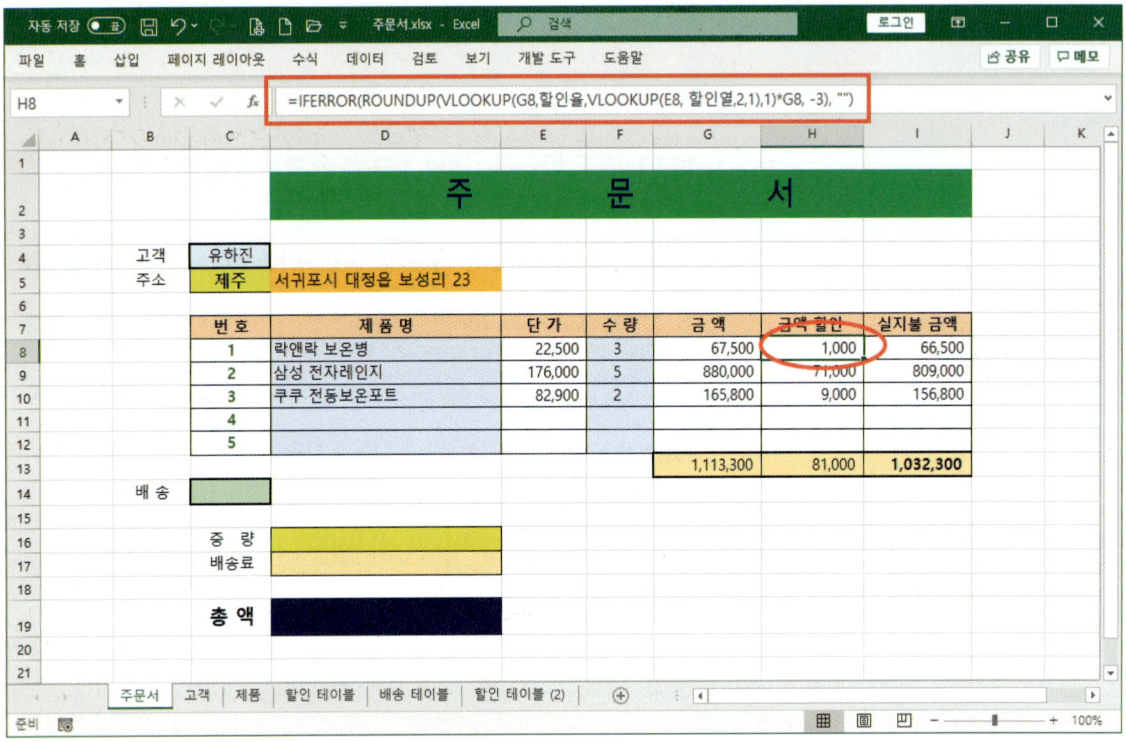


## (5) 배송료 산정

배송료는 배송구분(일반, 급행, 로켓), 배송할 지역(즉, 배송거리), 그리고 주문의 총중량에 따라 결정된다. 우선 일반배송, 급행배송, 로켓배송이냐에 따라 다른 배송료 테이블을 선택한다. 그리고 주문제품들의 중량을 계산하고, 배송지역과 중량에 따라 해당 테이블에서 배송료를 찾아 가져오게 된다.

① C14셀에서 '일반'배송, '급행'배송, 그리고 '로켓'배송을 목록으로 선택하게 한다. C14셀을 선택하고, '데이터 유효성 검사' 메뉴를 열어 '데이터 유효성 검사' 창이 나타나면 다음과 같이 입력한다. 목록은 따로 테이블에서 가져올 수도 있지만, 다음과 같이 원본란에 직접 입력하여 사용할 수도 있다.

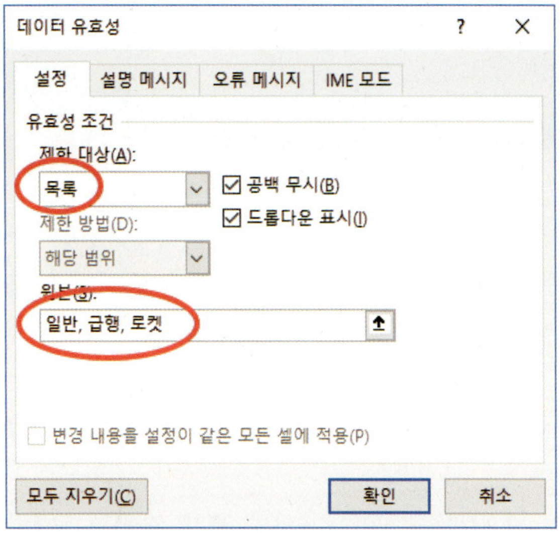


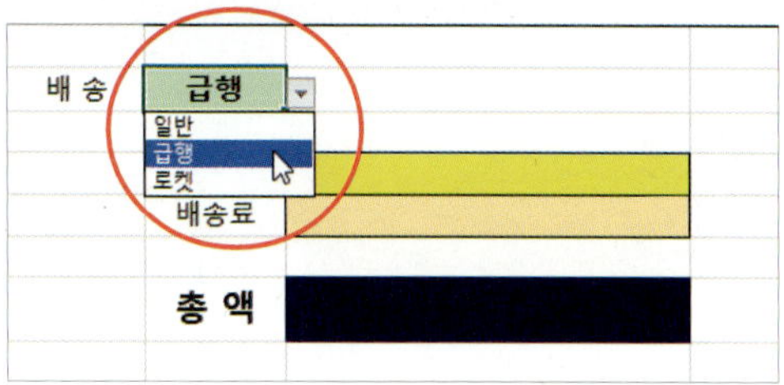


- 제한대상 : 목록
- 원본 : "일반, 급행, 로켓"으로 적는다. 이 3개가 목록이 된다.

② 중량 계산(D16셀)

중량은 주문서에 기재된 상품이 몇 개이든 모든 주문제품의 중량을 '제품' 테이블의 중량에서 가져와서, 주문수량을 곱한 후 그 총계를 구하는 것이다. 그런데 주문제품이 하나가 아니고 5개이므로 배열을 사용하여 이들의 합계를 구해야 한다. 배열을 사용하기 전에 계산식을 작성해야 하는데, 우선 SUMIFS함수를 사용하여 주문서에 있는 제품들의 중량을 찾아내도록 한다.

= SUMIFS(제품!C2:C19, 제품!A2:A19, **D8:D12**)

- 제품!C2:C19 : 제품의 무게가 있는 영역
- 제품!A2:A19 : 제품의 제품명이 있는 영역
- D8:D12 : 주문서 워크시트의 제품명 영역(배열의 수행 영역임)

- **D8:D12** : 주문서의 제품(들). SUMIFS함수의 경우 세 번째 인수가 셀 하나여야만 하지만, 배열을 사용하여 합하기 때문에 여러 개일 수 있는 것이다. 그리고 주문서에 2개의 제품만 있다면 나머지 아래 3개 셀(즉, D10~D12)은 빈칸이 된다. 제품명이 빈칸인 경우 SUMIFS함수를 수행하면 중량값은 0으로 처리된다.

이렇게 찾은 각 제품의 중량에 주문서의 주문수량을 곱하는 수식을 작성한다.

= SUMIFS(제품!C2:C19, 제품!A2:A19, D8:D12)***F8:F12**

나중에 배열로 처리하면 D8셀에서 D12셀까지 각 제품에 대하여, F8에서 F12까지 '중량×수량'의 다섯 번의 곱셈이 수행된다. 이렇게 곱셈이 수행된 5개의 결과를 SUM함수를 이용하여 더하도록 한다.

= **SUM(** SUMIFS(제품!C2:C19, 제품!A2:A19, D8:D12)*F8:F12 )

즉, 위의 수식에서 SUM함수는 이들 5번의 곱셈 결과를 모두 더하기 위한 것이다. 즉, 주문서의 5개 제품에 대하여 제품무게×주문수량 대로의 무게를 모두 더하게 된다. 그런데 이를 다섯 번 수행하려면 배열로 수행하게 만들어야 한다. 따라서 D16셀에 위와 같이 입력한 후, **Shift+Ctrl+Enter** 키를 함께 눌러 아래와 같이 { }가 수식에 입력되게 한다.

{=SUM(SUMIF(제품!A2:A19, D8:D12, 제품!C2:C19)*F8:F12)}

그러면 주문서의 첫째 제품의 무게를 찾아, 이를 주문수량과 곱하고, 계속하여 마지막 제품의 무게를 찾아 이를 주문수량과 곱한 후, 이들 5개 결과값을 모두 더하여 배송해야 할 전체 주문제품의 중량을 구하게 된다(부분배송은 없다고 가정함). 그리고 배열은 식을 수정하게 되면 반드시 다시 Shift+Ctrl+Enter 키를 함께 눌러 입력해 주어야 함을 유의해야 한다.

그리고 중량에 'Kg'을 나타내기 위하여 다음과 같이 셀 서식을 수정한다. D16셀을 선택하고 Ctrl+1 키를 눌러 셀 서식 창을 열어, 표시형식 탭에서 사용자 지정을 선택한 뒤, 형식란에 '#,##0.00 "Kg"'이라고 입력한다.

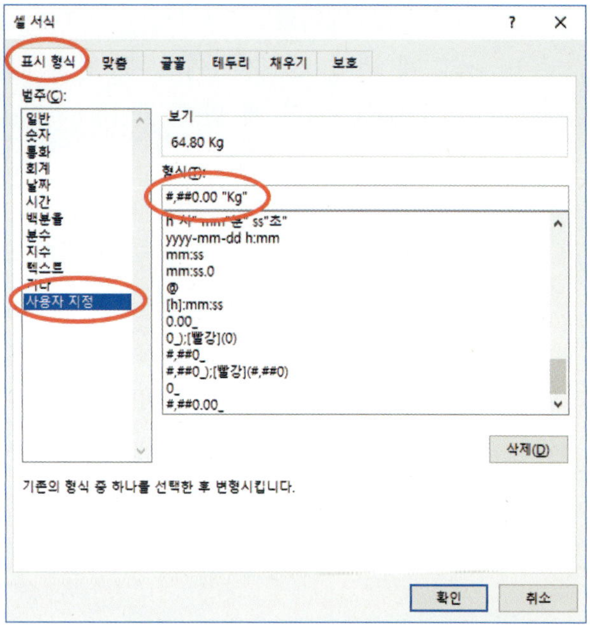


③ 배송료 찾아오기(D17셀)

배송료는 일반, 급행, 로켓으로 달리 테이블을 사용한다. 테이블이 여러 개일 경우 INDEX함수에서 테이블이 여러 개 있는 형식을 선택한다.

결과적으로 다음과 같은 수식을 작성하는데, 인수를 차례로 설명하면 다음과 같다.

= INDEX( (일반, 급행, 로켓), MATCH(C5, '배송 테이블'!D7:D23, 0),
MATCH(D16, '배송 테이블'!E6:M6, 1),
IF(C14="일반", 1, IF(C14="급행", 2, 3)) )

- (일반, 급행, 로켓) : 테이블이 여러 개일 경우, 테이블의 영역을 콤마(,)로 분리하여 나타낸다. 그리고 반드시 이를 괄호로 묶어서 하나의 인수(첫 번째 인수임)라는 것을 말해 주어야 한다. 여기에서 '일반', '급행', '로켓'은

'배송 테이블' 워크시트의 각 테이블 영역의 이름을 말한다. INDEX함수의 네 번째 인수가 1이면 첫 번째 테이블(일반)을, 2이면 두 번째 테이블(급행)을, 3이면 세 번째 테이블(로켓)을 사용하게 된다.

· MATCH(C5, '배송 테이블'!D7:D23, **0**) : 이제 테이블을 선택했으면 테이블 내의 행번호를 선택해야 하는데, 여기에서는 C5셀에 입력된 지역에 따라 행번호를 찾아낸다. 해당 지역의 행에 배송료가 입력되어 있어서 행번호만 찾으면 배송료를 구하게 되는 것이다. 지역은 일치하는 명칭을 찾으므로 MATCH함수의 세 번째 인수는 **0**이 된다. 즉, D7:D23에서 배송해야 할 지역이 몇 번째 있는가를 알아내는 것으로 이것이 배송료를 찾는 행번호가 된다.

· MATCH(D16, '배송 테이블'!E6:M6, **1**) : 배송지역별로 주문 총중량에 해당하는 배송료를 찾는다. 테이블의 구성에서 구간별 최저 중량에 해당 배송료를 기입하였기 때문에 세 번째 인수는 **1**이 된다.

· IF(C14="일반", 1, IF(C14="급행", 2, 3)) : 일반배송인 경우 1을 주어 첫 번째 테이블, 즉 일반배송 테이블을 이용하게 하고, 그렇지 않은 경우 다시 급행배송인가를 확인하여 2, 그렇지 않은 경우 3을 주어 로켓배송으로 C14셀의 선택에 맞는 배송 테이블을 이용하게 한다.

이를 종합하여 배송료를 찾는 수식을 완성하면 다음과 같다.
(전 페이지와 같은 식임)

= INDEX((일반, 급행, 로켓), MATCH(C5, '배송 테이블'!D7:D23, 0),
MATCH(D16, '배송 테이블'!E6:M6, 1),
IF(C14="일반", 1, IF(C14="급행", 2, 3)))

그리고 '원' 단위를 표시하기 위하여 D17셀을 선택한 후 셀 서식 창을 열어 사용자 지정을 선택한 뒤, 형식란에 '#,##0 "원"'이라고 입력한다.

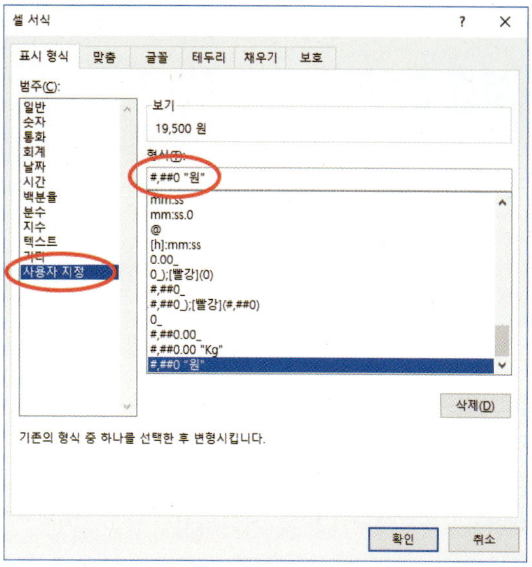

④ 총액 계산(D19셀) : 총액은 실지불 금액 합계와 배송료를 합한다.

**=I13+D17**

그리고 '원' 단위를 표시하기 위하여 D19셀을 선택한 후, 마찬가지 방법으로 셀 서식 창을 열어 사용자 지정, 형식란에 '#,##0 "원"'이라고 입력한다. 이렇게 하여 제품가격과 주문금액에 따라 달라지는 금액할인과, 배송기간, 배송지역, 그리고 중량에 따라 각기 다른 배송료를 책정하는 주문서를 아래와 같이 최종 완성하였다.

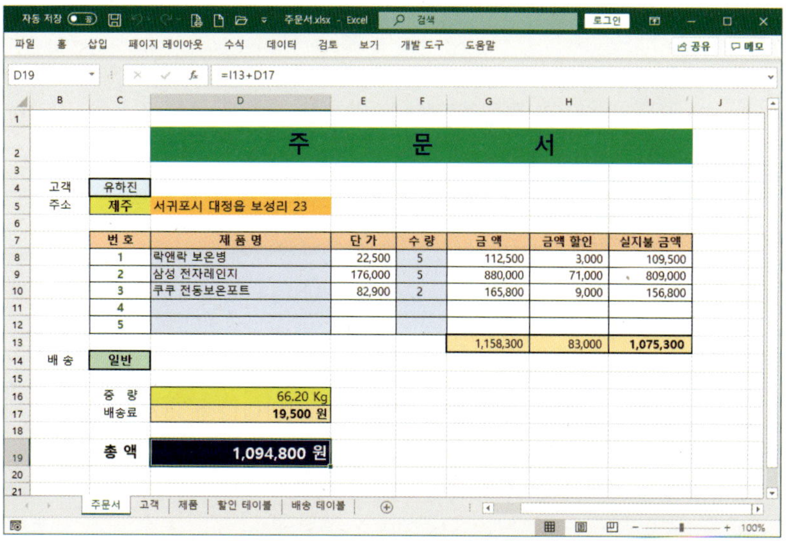

## 연습문제

Chapter 4

**1.** [견적서 연습문제-1.xlsx] 아래 지시에 따라 견적 내용을 작성하시오(단, ISBLANK함수는 생략해도 됨). (1절)

1) C3셀에 '재고' 워크시트의 제품명(TV, PC, ...)을 입력하되 견적서처럼 목록으로 입력되게 하시오. F3셀의 주문량은 임의의 숫자를 입력하시오.
2) VLOOKUP함수를 이용하여 F4셀에 '재고' 워크시트에 있는 해당 제품의 가격을 기입하시오.
3) F6셀의 금액란에 '주문량×가격'을 기입하시오.
4) 비고란인 F8셀에는, 주문량이 '재고' 워크시트의 해당 제품의 재고를 넘을 경우 몇 개가 초과된다는 것을 나타내시오(예를 들어 "12개 재고 부족!").

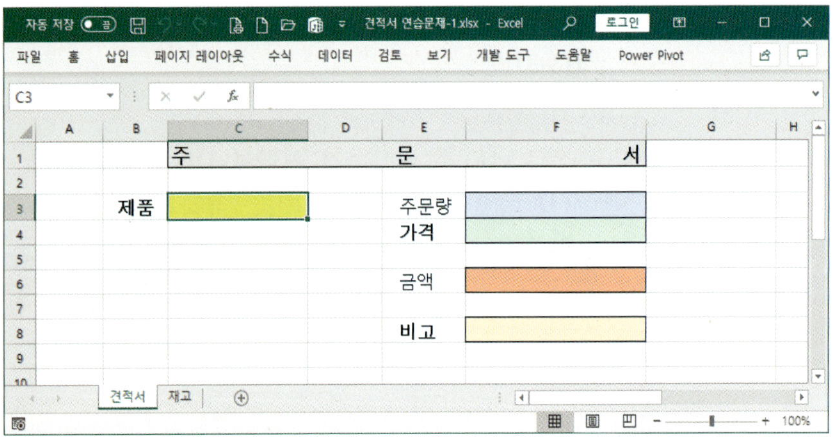


**2.** [견적서 연습문제-2.xlsx] 다음 문제에 따라 2차, 3차 목록을 작성하시오. (1절)

1) 2차 목록 워크시트

E4-E5셀에 다음과 같이 2차 목록을 작성하시오.

① E4셀에 노란색 H4:H9 영역의 대륙이 나타나게 하시오.

② E5셀에 E4셀의 대륙에 따른 도시명이 나타나게 하시오(파란색 I4:T9 영역 참조).

2) 3차 목록 워크시트

M2-M4셀에 다음과 같이 3차 목록을 작성하시오.

① M2셀에 〈표 1〉의 C2:H2 영역의 국가가 나타나게 하시오.

② M3셀에 〈표 1〉에 따라 국가별로 해당 도시가 나타나게 하시오.

③ M4셀에 〈표 2〉에 따라 각 도시별로 아래 관광 명소가 나타나게 하시오.

**3.** [견적서 연습문제-3.xlsx] '학점' 워크시트의 B3셀만 입력가능하게 보호하고, '학점 기준' 워크시트를 숨기시오. (2절)

**4.** [견적서 연습문제-4.xlsx] 왼쪽 테이블을 보고 다음 문제를 배열로 수행하시오. (3절)

1) 여자 직원의 총매출량(I열) 합계는?
2) 남자 영업1팀의 총매출량(I열) 합계는?
3) 여자 영업2팀의 판매 건수는?
4) 여자 영업2팀의 총매출량(I열) 평균은?
5) 남자 직원의 수는?

**5.** [견적서 연습문제-5.xlsx] 가격 차별화 (4절)

1) 서울에서 각 도시로 가는 표준 항공료가 〈표 1〉에 나타나 있다. 그러나 〈표 2〉의 여행사에 따라 어떤 도시는 할인가격으로 구매할 수 있는데, 그 자세한 판매 명세가 〈표 3〉에 나타나 있다. 〈표 3〉에서 할인가격으로 제공되지 않는 경우에는 표준 항공료 가격으로 구매해야 한다. C2셀의 도시로 가는 항공권을 C3셀의 여행사에서 구매할 때의 가격을 〈표 1〉과 〈표 3〉의 가격에 따라 F2셀에 구하시오(즉, 해당 도시로 가는 항공권의 가격을 표준가격, 또는 할인가격으로 구분하여 찾아내는 문제임).
2) 백화점의 4개 제품의 표준가격은 〈표 1〉에서 보는 바와 같다. 그러나 용산이나 구의동 전자상가에 가면 더 할인되게 살 수 있는데, 〈표 2〉는 이들 상가의 상점들에서의 각 제품들의 판매가격으로, 대개 백화점보다는 저렴하다. C1셀의 제품을 C2셀 상가에서 구매하고자 한다. 〈표 2〉에서 같은 상가의 판매점 중에서 해당 제품 중 가장 저렴한 제품 가격을 찾아 F1셀에 적으시오.

   즉 카메라의 경우, 용산상가 판매점 중 80만원과 75만원 판매점이 각각 있는데 이 경우 75만원을 찾아내는 것이다. 만일 〈표 2〉에서 C1셀의 제품이 C2셀의 상가에 없으면 F1셀에 〈표 1〉의 백화점 가격을 기재하시오.

   (F1셀 외의 다른 셀에 식이나 값을 기재하면 안 됨)
3) C2셀의 도시로 C3셀의 항공사 비행기로 가려고 하는데, 가장 가격이 저렴한 항공권을 구입하여 가려고 한다.

   C1셀이 비수기일 경우, 〈표 1-2〉에서 맞는 도시명-항공사 조합이 있는 경우에는 그중에서 가장 저렴한 항공권 가격을 F2셀에 쓰고, 맞는 도시명-항공사 조합이 없는 경우에는 〈표 1-1〉의 표준 항공료를 기재하시오.

   C1셀이 성수기일 경우, 〈표 2-2〉에서 맞는 도시명-항공사 조합이 있는 경우에는 그중에서 가장 저렴한 항공권 가격을 F2셀에 쓰고, 맞는 도시명-항공사 조합이 없는 경우에는 〈표 2-1〉의 표준 항공료를 기재하시오.

   (F2셀 외의 다른 셀에 식이나 값을 기재하면 안 됨)

**6.** [견적서 연습문제-6.xlsx] 가격 할인과 배열 합계 (5절)

1) G4셀의 금액과 E4셀의 가격에 따라 H4셀에 할인금액을 아래의 표에 따라 결정하고자 한다. 〈표 1〉은 F4셀의 수량이 10개 미만일 때의 할인율을, 〈표 2〉는 F4셀의 수량이 10개 이상일 때의 할인율을 나타낸다. 할인금액(H4셀)은 금액(G4셀)*할인율이다. 그리고 100원 자리에서 절상한다고 한다. H4셀에 할인금액을 구하시오(〈표 1〉, 〈표 2〉의 테이블은 수정가능하며, 새로운 표를 만들어도 됨).

2) C5-C9셀의 칸에 상품을 주문하려고 한다. 이때 주문수량은 D5-D9셀에 입력한다. 상품종류 수는 1개에서 5개까지 마음대로 주문할 수 있다. 〈표 3〉은 이 매장에서 취급하는 제품과 그 판매가격을 나타낸 표이다. D열의 주문수량에 따라 D12셀에 주문된 금액의 합계를 입력하고자 한다. 금액은 판매가*수량으로 구해진다. 배열식을 사용하여 D12셀에 금액 합계를 구하시오. (단, 다른 셀에 중간값을 구하거나 기재하면 안 됨)

## 7. [견적서 연습문제-7.xlsx] INDEX, MATCH 함수 (5절)

1) C4셀의 장소에 휴가를 가려고 한다. 호텔은 C6셀의 객실 종류로 C5셀의 View를 가지는 방으로 정하려고 한다. 각 장소, 객실 종류별 객실요금이 오른쪽의 테이블과 같을 때, INDEX, MATCH 함수를 이용하여 하루 객실요금을 C8셀에 구하시오.
2) D4셀의 시기(비수기, 성수기)에 항공편을 이용하여 D6셀의 좌석등급으로 D5셀의 도시로 가려고 한다. 오른쪽의 [가격표]를 참고하여 D8셀에 상황에 맞는 항공요금을 작성하시오.

## 8. [견적서 연습문제-8.xlsx] 가격할인

아래 지시에 따라 제품 견적 내용을 작성하시오(단, ISBLANK함수는 생략해도 됨). (4절, 5절)

정수마트는 각 지점별로 특정 세일제품을 정하여 이를 일반가격보다 할인하여 판매하고자 한다. 각 지점별 특정 세일제품과 할인가격은 '지점별 세일제품' 워크시트에 다음과 같이 지정하였다.

〈정상 가격〉

| | A | B | C |
|---|---|---|---|
| 1 | 제품명 | 가격 | 재고 |
| 2 | 3인용 카우치 소파 | 509,000 | 7 |
| 3 | i5 노트북 | 2,002,000 | 20 |
| 4 | LED TV 55인치 | 3,457,000 | 5 |
| 5 | 디지털 카메라 330 | 378,000 | 5 |
| 6 | 멀티 에어컨 | 2,019,300 | 20 |
| 7 | 믹서기 210 | 35,580 | 19 |
| 8 | 싸이클론 진공 청소기 | 379,000 | 16 |
| 9 | 차량용 블랙박스 | 277,000 | 11 |
| 10 | | | |

지점 | 제품 | 지점별 세 ...

〈세일 가격〉

| | A | B | C |
|---|---|---|---|
| 1 | 지점 | 제품 | 가격 |
| 2 | 검단점 | i5 노트북 | 1,801,800 |
| 3 | 계양점 | LED TV 55인치 | 3,364,400 |
| 4 | 광산점 | 3인용 카우치 소파 | 486,300 |
| 5 | 광주점 | 3인용 카우치 소파 | 470,000 |
| 6 | 구로점 | i5 노트북 | 1,801,800 |
| 7 | 구로점 | 멀티 에어컨 | 1,817,400 |
| 8 | 금정점 | 디지털 카메라 330 | 361,200 |
| 9 | 동광주점 | 믹서기 210 | 30,200 |
| 10 | 동인천점 | 디지털 카메라 330 | 361,200 |
| 11 | 동인천점 | 차량용 블랙박스 | 264,700 |
| 12 | 마산점 | 싸이클론 진공 청소기 | 362,100 |
| 13 | 만촌점 | i5 노트북 | 1,801,800 |
| 14 | 문현점 | 3인용 카우치 소파 | 486,300 |
| 15 | 문현점 | LED TV 55인치 | 3,364,400 |
| 16 | 반야월점 | 멀티 에어컨 | 1,817,400 |
| 17 | 별내점 | 3인용 카우치 소파 | 486,300 |
| 18 | 봉선점 | 3인용 카우치 소파 | 486,300 |
| 19 | 봉선점 | i5 노트북 | 1,801,800 |
| 20 | 부천점 | 3인용 카우치 소파 | 486,300 |
| 21 | 부평점 | 차량용 블랙박스 | 264,700 |
| 22 | 분당점 | 멀티 에어컨 | 1,817,400 |
| 23 | 사상점 | 디지털 카메라 330 | 361,200 |
| 24 | 사상점 | 싸이클론 진공 청소기 | 362,100 |
| 25 | 사천점 | LED TV 55인치 | 3,364,400 |
| 26 | 산본점 | 믹서기 210 | 30,200 |
| 27 | 상무점 | LED TV 55인치 | 3,364,400 |
| 28 | 상무점 | 멀티 에어컨 | 1,817,400 |
| 29 | 상봉점 | LED TV 55인치 | 3,364,400 |
| 30 | 상봉점 | 싸이클론 진공 청소기 | 362,100 |
| 31 | 서부산점 | 멀티 에어컨 | 1,817,400 |
| 32 | 성서점 | 믹서기 210 | 30,200 |

주문하기 | 지점 | 제품 | 지점별 세일제품

예를 들어 왼쪽 제품 워크시트의 가격 테이블에서 보듯이 ‘3인용 카우치 소파’는 일반가격이 509,000원이나, 광산점과 광주점에서는 이를 각각 486,300원, 470,000원에 판매하고 있다.

이렇게 특정제품의 가격이 판매점마다 다를 때의 주문서를 작성하시오.
다음 그림에서 B3셀에 지역, C3셀에 지점으로 이차목록을 작성하고, 이에 따라 다음과 같이 제품을 주문하는 주문서를 작성하시오.

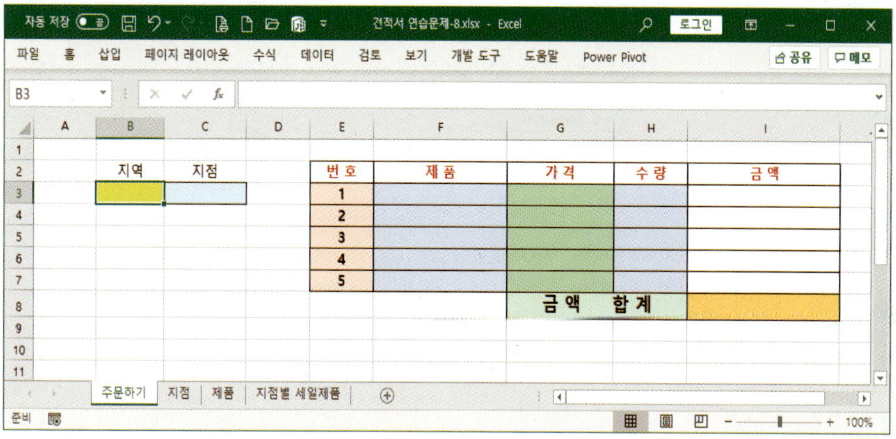


1) F3:F7 영역에 목록을 이용하여 ‘제품’ 워크시트에 있는 제품을 입력되게 하시오.
2) G3:G7 영역의 제품의 가격은 해당 지점의 할인 특정제품으로 등록되어 있으면 할인가격을 기입하고, 그렇지 않으면 ‘제품’ 워크시트의 일반가격을 기입하시오.
3) H3:H7 영역의 주문량은 임의의 숫자를 입력하시오.
4) I3:I7 영역의 금액은 ‘가격×수량’을 기입하시오.
5) I8셀에 금액의 합계를 적으시오.

**9.** [견적서 연습문제-9.xlsx] 아래 지시에 따라 지점으로의 왕복 출장교통비 총액을 작성하시오(단, ISBLANK함수는 생략해도 됨). (5절)

엘텔스 회사는 전국 주요 도시에 지점을 가지고 있다. 직원들은 서로 다른 지점으로의 출장이 잦은데 회사에서는 이들 지점으로의 왕복 출장교통비를 계산하고자 한다. 왕복 출장교통비는 지점간의 KTX 왕복 요금과, 지점에서 KTX역까지의 택시비인 시내교통비로 구성된다. 출장은 4명 이하로만 구성되어 같이 택시를 이용하게 한다. 지점이 있는 각 도시별 KTX 왕복 요금은 일반, 특실 등급별로 아래 엑셀 시트의 오른쪽 표에서 보는 바와 같다.

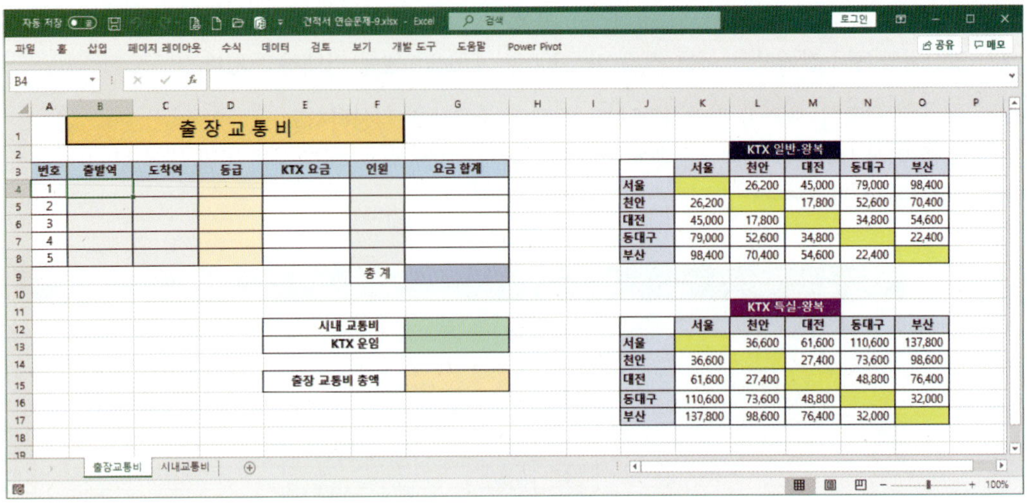


시내교통비인 택시비는 자신이 원래 근무하는 지점에서 출발역까지, 그리고 다시 도착역에서 출장지 지점까지의 택시비가 계상된다. 그리고 다시 출장은 항상 당일 돌아오므로 이 택시비의 2배가 시내교통비가 된다. 각 도시에서의 지점에서 KTX역까지의 택시비는 다음과 같다.

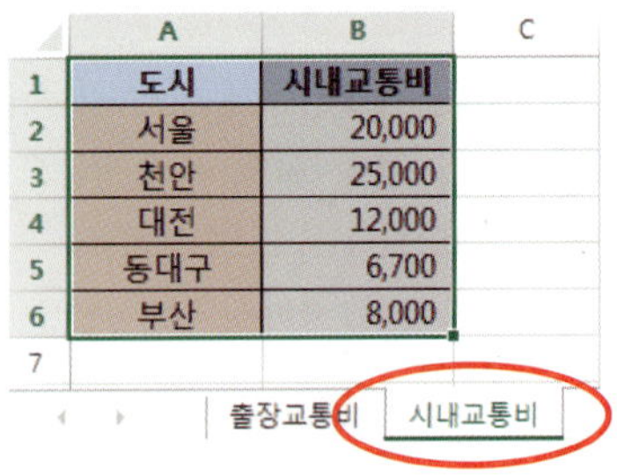


시내교통비의 예를 들면, 서울에서 동대구 지점으로 출장을 가는 경우, 편도 시내교통비는 위의 표에서 보듯이 근무지점에서 서울역까지의 택시비 20,000원과 동대구역에서 출장지 지점까지의 택시비 6,700원의 합계인 26,700원이 된다. 그리고 다시 돌아오므로 이의 두 배인 53,400원(26,700원×2)이 시내교통비가 된다. 이는 여러 사람(4명 이하)이 출장을 가도 택시를 이용하기 때문에 사람 수에 관계없이 동일하다.

이제 G15셀에 출장교통비 총액을 계산하기 위하여 아래와 같이 작업을 수행하시오.

1) B4:B8 영역에 목록을 이용하여 출발 도시를 입력하게 하시오.
2) C4:C8 영역에 목록을 이용하여 도착 도시를 입력하게 하시오.
3) D4:D8 영역에 목록을 이용하여 좌석 등급(일반, 특실)을 입력하시오.
4) E4:E8 영역에 해당 도시간 KTX 왕복 요금을 INDEX, MATCH 함수를 이용하여 입력하시오.
5) F4:F8 영역에 동행 출장 인원을 입력하되, '데이터 유효성 검사'를 이용하여 1명에서 4명까지만 입력되게 하시오.
6) G4:G8 영역에 요금 합계를 'KTX 요금×인원'으로 계산하여 입력하시오.
7) G9셀에 KTX 요금의 총계를 구하시오.
8) '시내교통비' 워크시트의 택시비를 기준으로, G12셀에 왕복 출장 시내교통비(택시비)를 배열, SUM함

수, SUMIF함수를 이용하여 4행에서 8행까지에서 기재된 모든 출장에 대하여 한꺼번에 구하시오.

9) KTX 운임(G13셀)은 G9셀의 값을 그대로 가져오시오.

10) 출장교통비 총액(G15셀)은 G12셀과 G13셀의 값을 더하여 구하시오.

**10.** [견적서 연습문제-10.xlsx] 아래 지시문을 읽고 수행하시오(초록색 셀이 식을 입력해야 하는 셀임). (5절)

D3셀의 월 전력사용량(KW)에 따라 D13셀의 실제 전기 사용료를 구하려고 한다. 실제 전기 사용료는 다음의 절차와 여러 요인에 따라 구해진다.

1) D4셀은 사용시기를 나타낸다(성수기, 준성수기, 비수기). D5셀은 사용목적을 나타낸다(가정용, 산업용, 특수목적). 이때 D7셀의 KW당 전기요금과 D8셀의 명목 전기 사용료를 구하시오.
   ① D7셀 KW당 전기요금 : 일반적으로 월 사용량이 클수록 높아지는데, 사용시기, 사용목적, 사용량에 따라 결정되며 이는 〈표 1〉에 나타나 있다.
   ② D8셀 명목 전기 사용료 : D3×D7

2) 사용 전력량과 그달에 가장 많이 쓴 시간대를 판정하여 D8셀의 명목 전기 사용료에서 차감, 또는 증액하게 된다. D10셀은 주 사용 시간대를 나타내는데, 이는 전력회사에서 월 가장 많이 사용한 시간대를 자동으로 판별하여 월별로 결정한다.
   D11셀은 D8셀의 명목 전기 사용료에 대한 차감/증액 조정률로, 〈표 2〉에 보이는 대로 월 사용 전력 KW(D3셀)와 주 사용 시간대(D10셀)에 따라 결정된다. '0시-6시'가 가장 전력을 많이 쓴 시간대가 되면 D8셀 명목 전기 사용료보다 사용료가 오히려 적어지며, 피크시간대인 '12시-18시' 등에 가장 많이 쓴 것으로 판정되면 D8셀 명목 전기 사용료보다 더 많이 내게 된다. 예를 들어 월 1,478KW를 사용하였는데 '12시-18시'에 가장 많이 쓴 것으로 판정되면 D8셀의 명목 전기 사용료의 20%를 더 내어야 한다.
   ① D11셀 차감/증액률 : 〈표 2〉를 참고하여 D3셀의 월 사용 전력 KW와 D10셀의 주 사용 시간대에 따라 구하시오.
   ② D13셀 실제 전기 사용료 : D8*(1+D11). 그리고 ROUND함수를 이용하여 100원 자리에서 반올림하시오.

CHAPTER

# 5

# 선형계획법

1. 선형계획법이란?
2. [예제 1] 한국전자의 이익최대화 문제
3. 선형계획법의 기본가정
4. [예제 2] 영양소 충족 식품 구입비 문제
5. [예제 3] 수산물 수송비용 문제
6. [예제 4] 최저 도급가 문제
7. [예제 5] 공장 라인 가동 문제

# 1. 선형계획법이란?

선형계획법(linear programming)은 수리적인 모형을 수립하여 계량적으로 경영문제를 해결하고자 하는 경영과학(management science)의 한 기법이다. 경영의 문제를 계량적으로 풀기 시작한 것은 20세기 들어 1915년 웨스팅하우스사의 F.W. Harris가 개발한 '경제적 주문량 모델'(economic order quantity(EOQ) model)이 처음이라고 할 수 있다. 그는 주문비용과 재고비용을 고려하여 총재고비용이 최소가 되는 주뮤량을 계산하는 모형을 만들어 내었다. 이러한 계량적 연구는 1, 2차 세계대전 동안 군사작전의 성과를 높이기 위하여 더욱 활발히 진행되었는데, 연합군 측에서 대잠수함 폭뢰의 폭발 수심을 조정하여 많은 독일 잠수함을 격침하게 된 연구가 대표적이라고 할 수 있다. 또한 군사물자를 어떻게 분배해야 전쟁 물자의 최적 효과를 거둘 수 있는가 등의 연구도 활발히 진행되었다. 이후 이러한 연구는 학문의 한 분야로 자리 잡아 기업의 문제를 계량적으로 풀이하는 데 많은 기여를 하였고, 대학에서는 학부뿐 아니라 MBA 과정에서도 중요한 과목으로 인정받았다. 경영과학은 공학에서는 Operations Research(OR)라고 불리는데, 경영의 의사결정에 있어서 선형대수, 통계 등 수학적 방안을 토대로 보다 과학적이고 계량적인 해법을 제시하여 경영자가 원하는 최적의 해결방법을 찾으려는 기법이다. 경영과학자들은 선형계획법 외에 비선형계획법(non-linear programming), 정수계획법(integer programming), 수송 모형, 네트워크 분석, PERT/CPM, 대기행렬 모형, 시뮬레이션 등 최적해를 찾아 주는 다양한 계량적 모형들을 개발하였다.

이 중에서 선형계획법은 관련된 변수들의 관계가 일차식으로만 정의되는 상황하의 문제를 해결하는 기법으로, 한정된 자원(constraints)하에서 매출, 이익, 효율 등을 최대화하거나 비용과 시간을 최소화하는 문제를 다룬다. 이미 기업체, 병원, 군대, 정부, 교육기관, 물류 분야 등에서 의사결정 문제를 수리적으로 해결하기 위하여 널리 사용되는 계량 경영기법이다. 특히 제한된 자원을 가진 기업이 경영활동에서 이익을 최대화하거나 비용을 최소화할 수 있는 방안을 제시해 주는 선형계획법은 기업의 생산, 재무, 인사, 마케팅 등 매우 다양한 분야에서 의사결정 문제를 과학적으로 해결할 수 있는 수단을 제공하고 있다. 선형계획법은 생산계획, 재고관리, 원료 혼합과정, 투자 포트폴리오 개발, 수송계획 수립, 광고계획 수립, 생산라인에

결할 수 있게 되었다. 본 교재에서는 엑셀에서 제공하는 해찾기(solver) 기능을 사용하여 선형계획법 문제를 풀이하고자 한다. 엑셀의 해찾기 기능은 마이크로소프트의 엑셀 스프레드시트에 내장되어 설치할 수 있는데, 500개의 변수까지 포함한 선형, 비선형, 그리고 정수 문제를 해결해 준다. 물론 Frontline Systems사의 Premium Solver를 구매할 경우 엑셀에서 수천개의 변수까지 포함한 문제들을 해결할 수 있다.

# 2. [예제 1] 한국전자의 이익최대화 문제 (선형계획법 예제-1.xlsx)

**예제 1 한국전자의 이익최대화 문제**

한국전자는 사무실용과 가정용 온풍기를 생산하고 있는데, 온풍기를 생산하려면 각 파트의 제작, 조립, 그리고 페인트칠의 세 가지 공정을 차례로 거쳐야 한다. 그런데 사무실용 온풍기와 가정용 온풍기는 제작과정과 이윤이 조금씩 다르다. 사무실용 온풍기 한 대를 생산하려면 파트제작에 4시간, 조립에 2시간, 페인트칠에 1시간이 소요되고, 가정용 온풍기의 경우는 파트제작에 7시간, 조립에 1시간, 페인트칠에 1시간이 소요된다.

한국전자는 사무실용 온풍기 한 대 판매시 5만원의 이윤을 얻고, 가정용 온풍기의 경우는 3만원의 이윤을 얻는다고 한다. 온풍기 제작에 필요한 기계와 인력의 제한으로 인하여 공정별로 월 최대 조업가능시간이 파트제작 공정 5,000시간, 조립 공정 1,500시간, 페인트칠 공정 1,000시간으로 제한되어 있다. 아래 표는 지금까지 설명한 각 공정별 소요시간과 월 최대 조업가능시간, 그리고 온풍기의 단위당 판매이익을 보여주고 있다.

| 공 정 | 소요시간 | | 월 최대 조업가능시간 |
|---|---|---|---|
| | 사무실용 온풍기 | 가정용 온풍기 | |
| 파트제작 | 4 | 7 | 5,000 |
| 조립 | 2 | 1 | 1,500 |
| 페인트칠 | 1 | 1 | 1,000 |
| 단위당 판매이익 | 5만원 | 3만원 | |

한국전자에서 온풍기를 판매하여 최대이익을 얻고자 한다면 사무실용과 가정용 온풍기를 각각 몇 대씩 생산해야 하는가? 한국전자에서 생산된 온풍기는 모두 판매된다고 가정한다.

[예제 1]은 선형계획법을 적용할 수 있는 가장 간단한 문제로, 몇 개를 만들면 최대이익을 얻을 수 있는가 하는 것인데, 많이 만들면 좋겠지만 문제는 자원(여기에서는 각 작업에 걸리는 총시간)의 제한이 있다는 것이다. 그 제한 내에서 어떻게 이익을 최대화할 것인가는 온풍기별로 단위당 판매이익이 다르기 때문에 잘 생각해야 한다. 일반적으로 선형계획법의 최적화는 이익이나 매출의 경우 최대화하고, 비용 같은 경우 최소화하는 것을 말한다.

이 문제는 변수 두 개와 제한식 세 개의 간단한 것이므로 제한식을 만족하는 한에서 변수의 여러 조합을 만들어 보면 어느 정도 시간은 걸리지만 가장 큰 이익을 가져다주는 각 온풍기의 생산대수를 수작업으로도 찾을 수 있다. 그러나 실제 변수와 제한식이 최소 수십개로만 늘어나도 이런 시도는 성공할 수 없다. 일일이 조합을 만들어 비교해 보면 최적해를 찾을 수는 있지만 컴퓨터로 시도해도 수일이 걸릴 것이다.

## (1) 선형계획모형 작성

이제 위의 문제를 선형계획법의 식으로 표현해 보자. 식으로 표현하면 엑셀로 풀기 위한 화면을 쉽게 구성할 수 있고 또한 문제를 보다 잘 이해할 수 있다.

사무실용 온풍기와 가정용 온풍기의 생산량을 각각 $x$, $y$로 두기로 하자.

$x$ : 사무실용 온풍기의 월 생산량

$y$ : 가정용 온풍기의 월 생산량

### 1) 목적식

이 문제는 한국전자의 월 이익을 최대로 하는 사무실용 온풍기의 생산량 $x$와 가정용 온풍기의 생산량 $y$를 구하는 것이다. 먼저 총이익을 구해보면, 사무실용 온풍기 한 대 판매시 5만원의 이익이 나고 가정용 온풍기 한 대 판매시 3만원의 이익이 나므로 온풍기 생산으로 한국전자가 얻는 총이익은 $(5x+3y)$만원이 된다.

총이익 $= 5x + 3y$ (단위 : 만원) $\Rightarrow$ 목적식

이것이 목적식으로 이익이므로 최대화의 대상이 된다.

### 2) 제한조건

총이익을 최대화하기 위해서는 사무실용 온풍기와 가정용 온풍기를 무한대로 많이 만들면 되겠지만, 기계와 인력은 제한이 있기 때문에 온풍기를 무한대로 만들 수는 없다. 즉, 각 공정별로 월 최대 조업가능시간이 제한되어 있으므로 이 제한시간 내에서 생산할 수밖에 없다. 첫 번째 파트제작 공정을 살펴보면, 사무실용 온풍기의 경우는 한 대당 4시간이 걸리고, 가정용 온풍기의 경우는 한 대당 7시간이 걸리므로 사무실용 온풍기 $x$대, 가정용 온풍기 $y$대를 생산하고자 한다면, 파트제작 총소

요시간은 $(4x+7y)$시간이 된다. 그런데 이 소요시간은 파트제작 공정의 총사용 가능시간인 5,000시간 이하이어야 하므로 이것을 식으로 표현하면 다음과 같다.

$$4x + 7y \leqq 5{,}000 \quad \text{(파트제작 공정의 제한식)}$$

같은 방법으로 조립 공정과 페인트칠 공정에 대한 제한식을 세우면 다음과 같다.

$$2x + y \leqq 1{,}500 \quad \text{(조립 공정의 제한식)}$$
$$x + y \leqq 1{,}000 \quad \text{(페인트칠 공정의 제한식)}$$

## 3) 변수의 조건

생산단위인 $x$와 $y$는 0(zero)보다 크거나 최소한 같아야 할 것이다(변수의 비음수 조건). 또한 사무실용 온풍기와 가정용 온풍기의 생산은 대수 단위이므로 $x$와 $y$는 소수 이하의 부분이 없는 정수(즉, 1, 2, 3, …)가 되어야 한다(변수의 정수 조건). 사무실용 온풍기를 201.7대, 가정용 온풍기를 165.3대 생산하는 것이 최적이라는 말은 물론 근사치를 생산하면 되겠지만 정확히 맞지 않을 수 있으므로 선형계획법의 해 자체에서 정수를 구해야 한다.

일반적으로 선형계획법에서 비음수 조건은 모든 경우에 해당되나, 정수 조건은 변수가 정수를 가지는 상황에서만 조건으로 주어져야 한다. 예를 들어 우유를 생산하는 문제에서는 정수 조건이 해당되지 않을 수 있다.

이제 위의 두 가지 변수 조건을 표현하면 다음과 같다.

$$x,\ y \geqq 0$$
$$x,\ y : \text{정수}$$

위의 조건들을 종합하여 한국전자의 온풍기 생산시 이익최대화 문제를 다음과 같이 수식 모형으로 표현할 수 있다.

| | | |
|---|---|---|
| **최 대 화** | $5x + 3y$ | |
| **제한조건** | $4x + 7y \leqq 5{,}000$ | (파트제작 공정) |
| | $2x + y \leqq 1{,}500$ | (조립 공정) |
| | $x + y \leqq 1{,}000$ | (페인트칠 공정) |
| **변수조건** | $x,\ y \geqq 0$ | (생산대수) |
| | $x,\ y$ : 정수 | |
| | ($x$ : 사무실용 온풍기의 생산대수, $y$ : 가정용 온풍기의 생산대수) | |

이제 이익최대화 문제를 풀기 위하여, 이 식을 엑셀 화면에 옮기고 해찾기 기능을 사용해 보기로 하자.

## (2) 엑셀의 해찾기 기능을 이용한 최적해 구하기

### 1) 엑셀 서식 작성

문제를 풀기 전에 아래와 같이 미리 위의 선형계획 모형을 엑셀시트에서 적절하게 표현해야 한다.

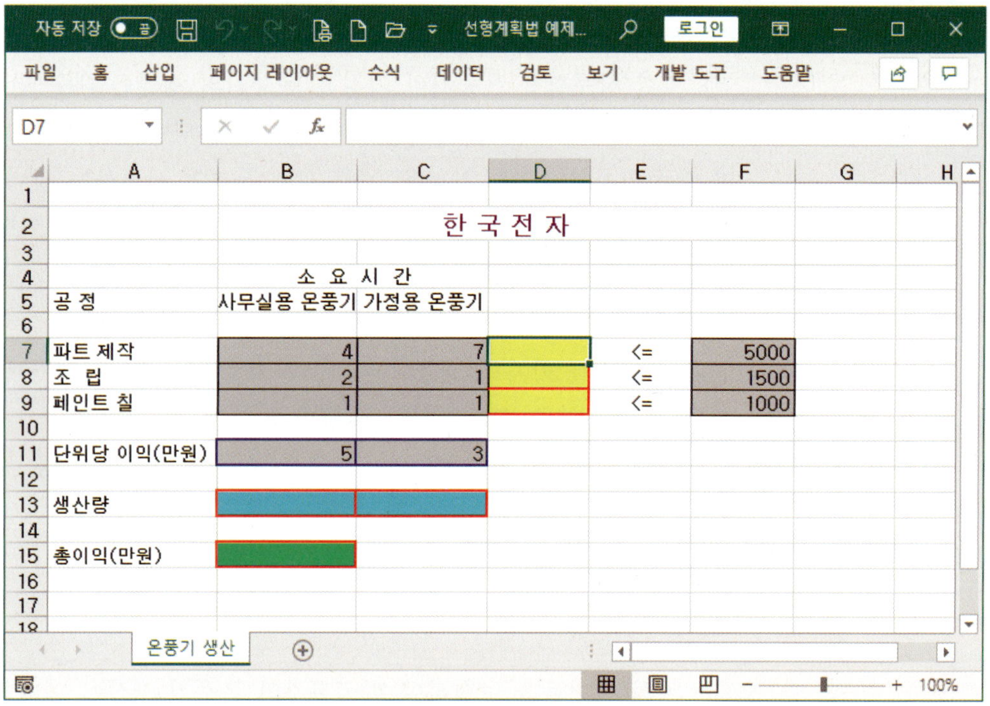


① 우선 각 공정별로 한 행씩 제한조건을 표시한다. B7셀에 사무실용 온풍기 한 대를 생산하기 위하여 필요한 파트제작 시간(4시간)을 입력하고, C7셀에 가정용 온풍기 한 대를 생산하기 위하여 필요한 파트제작 시간(7시간)을 입력한다. 그리고 D7셀에는 온풍기 생산시 파트제작 총소요시간이 들어간다. 온풍기 생산에 들어가는 실제 파트제작 시간은 수식으로 입력되는데, 뒤에서 설명하기로 하고 우선은 빈칸으로 둔다. 그리고 F7셀에 파트제작에 소요될 수 있는 최대시간인 5,000시간을 입력한다. 나머지 공정에 대해서도 같

은 방법으로 8, 9 행에 각각 조립과 페인트칠에 해당하는 제한식을 입력한다. 시트에서 회색으로 된 부분은 상수가 입력된 부분이다. 즉 각 온풍기별로 파트제작에 들어가는 시간이나 파트제작에 사용될 수 있는 총시간 등은 이미 주어진 값들이다.

② 사무실용 온풍기와 가정용 온풍기 한 대를 생산 판매할 때 벌어들이는 이익을 각각 B11셀과 C11셀에 표시한다. 이 역시 이미 주어진 값이므로 상수이다.

③ B13셀과 C13셀의 생산량은 사무실용 온풍기와 가정용 온풍기의 실제 생산 대수를 말한다. 해찾기를 실행하면 제한식을 만족하면서 최대이익을 가져다주는 생산대수를 채워준다. 그리고 이것이 최적 생산량이 된다. 그러나 해찾기를 실행하기 전에는 아직 얼마인지 모르므로 그냥 비워두거나, 또는 각각 300, 300 등으로 적절한 근사치를 임의로 입력해 두어도 된다.

④ B15셀의 총이익은 해찾기를 실행하였을 때, 최적해(즉, 최대이익을 가져오는 각 온풍기의 생산대수)가 가져다주는 최대이익을 구하는 셀이다. 총이익은 생산량과 단위당 이익의 함수이므로 식으로 입력하며 뒤에서 설명하기로 한다. 일단은 비워두면 된다. 이렇게 하여 일단 기본 서식이 작성되었다.

## 2) 수식의 입력

기본 서식이 작성되었으면 각 공정별 소요시간과 이익에 대한 계산식을 입력해야 한다.

### ① 공정별 실소요시간 계산식 입력(D7~D9셀)

- D7셀-파트제작 총소요시간 : 공정별 총소요시간은 '각 온풍기의 생산대수×단위당 소요시간'이 된다. 온풍기 종류별로 파트제작에 들어가는 단위당 소요시간은 B7셀과 C7셀에 있다. 사무실용 온풍기의 생산량은 B13셀에 있고, 가정용 온풍기의 생산량은 C13셀에 있으므로 이 수량대로 생산할 경우 파트제작에 들어가는 실제 총소요시간은 다음과 같다.

  = SUMPRODUCT(B7:C7, $B$13:$C$13)

  B13셀과 C13셀을 절대주소로 표기한 것은 자동채우기 핸들 기능을 이용하여 D7셀에서 아래 D8셀과 D9셀로 식을 쉽게 복사하기 위해서이다.
- D8셀-조립 총소요시간 : = SUMPRODUCT(B8:C8, $B$13:$C$13)
- D9셀-페인트칠 총소요시간 : = SUMPRODUCT(B9:C9, $B$13:$C$13)

② 총이익 계산식 입력(B15셀)

총이익은 각 '온풍기의 생산대수×단위당 이익'이 된다. 따라서 B15셀에 들어갈 총이익은 다음 식으로 구해진다.

= SUMPRODUCT(B11:C11, B13:C13)

이렇게 계산식을 입력함으로써 해찾기를 수행하여 최적해를 구할 준비가 되었다.

### 3) 실행가능해와 실행불능해

① 실행가능해

사무실용 온풍기를 200대, 가정용 온풍기를 100대 생산하면 그때의 이익은 1,300만원이 되고, 파트제작, 조립, 페인트칠의 각 공정에 들어간 시간은 각각 1,500시간, 500시간, 300시간이 되어 월 조업가능시간 제한조건을 만족하기 때문에, 200대, 100대 생산은 조업이 가능한 생산대수가 된다. 사무실용 온풍기 300대, 가정용 온풍기 200대를 만들 경우에도 조업가능시간 제한식을 만족하는데, 이러한 조합의 수는 아주 많다고 할 수 있다. 이렇게 조업이 가능한, 즉 모든 조업가능시간 제한식을 만족하는 해를 실행가능해(feasible solution)라고 하는데, 최적해는 이러한 실행가능해 중에서 가장 큰 이익을 가져다주는 해이다. 최적해는 수많은 실행가능해를 모두 조사해 보아야 알 수 있는데, 컴퓨터라고 해도 모든 가능해를 다 조사한다면 많은 시간이 걸릴 것이다. 해찾기 소프트웨어는 가능해의 이익을 모두 비교해 보는 것이 아니라 이익이 상당히 큰 소수의 가능해만을 조사해 보고 그중에서 최적해를 찾아낸다.

**엑셀에서의 최적화 해법**

엑셀에서 최적화 문제들을 해결하기 위한 해법은 모두 네 가지가 있다. 실수해를 찾는 대상으로 하는 선형계획의 '심플렉스법'(simplex method), 비선형문제를 풀기 위한 'GRG2법'(generalized reduced gradient method), 본 문제와 같이 정수해를 대상으로 한 '분지한계법'(branch and bound method), 그리고 이들 세 가지 해법으로 풀 수 없는 최적화 문제를 해결하기 위한 '진화해법'(evolutionary method)을 들 수 있다. 진화해법은 2010년 버전부터 엑셀에 도입되어 사용되고 있다.

② 실행불능해

사무실용 온풍기를 800대, 가정용 온풍기를 600대 생산하면 이익은 5,800만원으로 커지지만, 모든 공정에서 조업가능시간을 넘어서게 된다. 이렇게 제한식의 조건을 만족하지 못하는 해를 실행불능해(infeasible solution)라고 한다.

아래 표는 몇 가지 실행가능해, 실행불능해의 예와 이때 각 제한조건의 만족, 불만족 여부 및 이익을 보여준다.

| 온풍기 생산대수 | | 공정별 제한시간 만족여부 | | | 판 정 | 이 익 |
|---|---|---|---|---|---|---|
| 사무실용 | 가정용 | 파트제작 | 조 립 | 페인트칠 | | |
| 100 | 100 | ○ | ○ | ○ | 실행가능해 | 800 |
| 300 | 200 | ○ | ○ | ○ | 실행가능해 | 2,100 |
| 500 | 400 | ○ | ○ | ○ | 실행가능해 | 3,700 |
| 500 | 500 | × | ○ | ○ | 실행불능해 | 4,000 |
| 800 | 600 | × | × | × | 실행불능해 | 5,800 |

## (3) 해찾기 실행

해찾기를 수행하기 위해서는 리본 메뉴의 '[데이터]탭'에서 '해찾기' 기능을 이용한다.

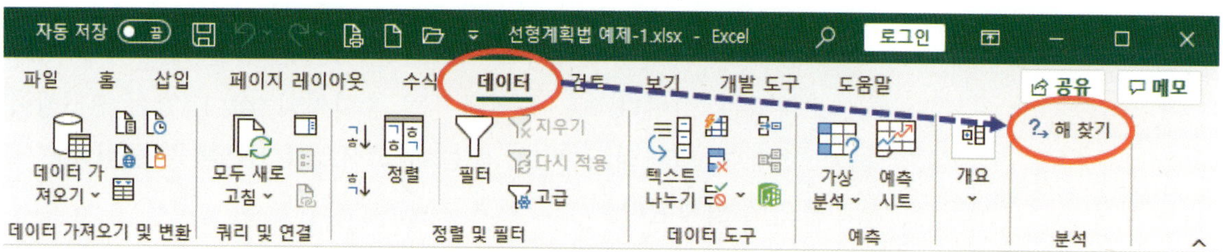

### 1) 해찾기 대화상자 완성

해찾기를 선택하면 아래와 같은 해찾기 대화상자가 나타난다.

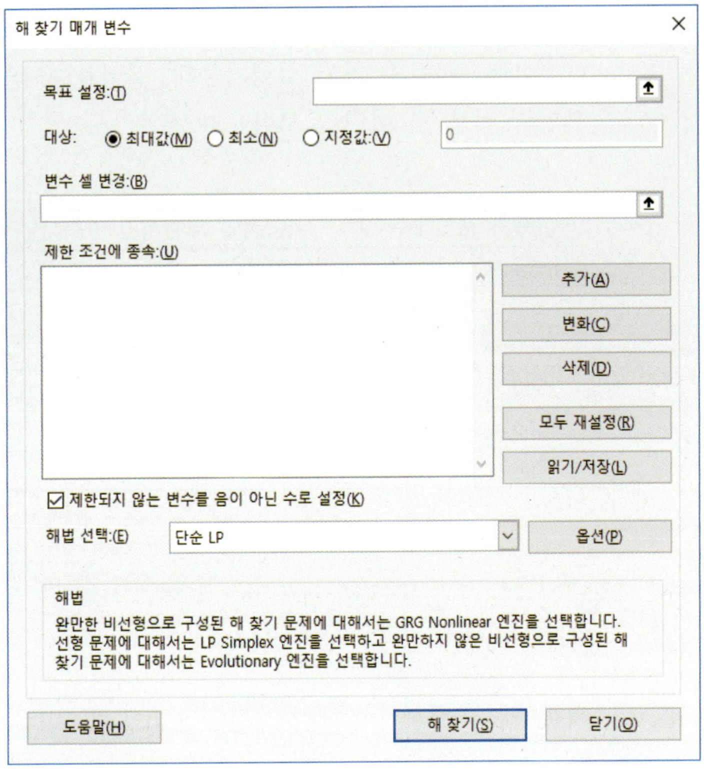


- 목표 설정 : 선형계획에서 목적식을 가지는 셀을 말하며 최대화 또는 최소화되는 셀이다. 본 문제에서는 총이익의 식이 있는 B15셀이다. 직접 'B15'라고 입력해도 되고, 또는 워크시트의 B15셀을 클릭해도 주소가 자동으로 입력된다.
- 대상 : 온풍기 판매시의 총이익을 최대화하는 문제이므로 '최대값'을 클릭한다.
- 변수 셀 변경 : 문제에서의 변수를 설정해 주는 곳으로 변수의 셀 주소를 입력한다. 이 셀의 값을 변경하여 목표식 셀의 값을 최적화하게 되는데 원래의 값이 숫자 값으로 입력됨에 유의한다. 변경할 변수는 각 온풍기의 생산대수이므로 'B13:C13'셀의 영역이 된다.
- 제한조건에 종속 : 선형계획의 모형에서 제한식 부분을 입력하는 곳이다. 셀 간의 크기 관계를 입력한다. 우선 처음에는 아무런 제한조건도 입력되어 있지 않으므로 추가(A)... 버튼을 눌러 새 제한식을 입력한다. 그러면

아래와 같이 빈 '제한조건 추가' 창이 나타난다.

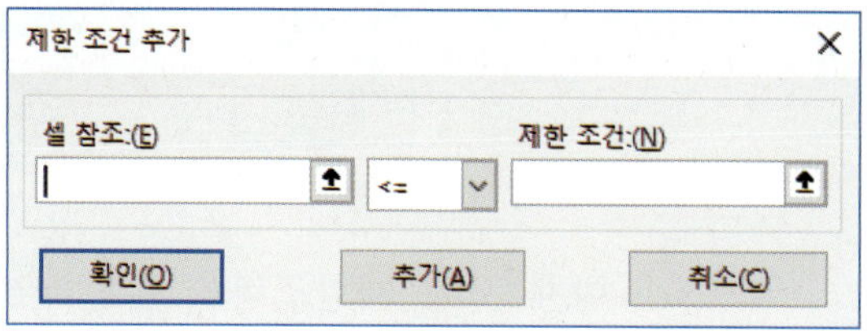


- 우선 공정별로 "실제 생산시간이 주어진 최대 작업가능시간 이하이어야 한다"는 제한식을 입력한다. 실제 공정별 소요시간은 D7~D9셀에 있다. 그리고 상수항으로 되어 있는 공정별 최대 작업가능시간은 F7~F9셀에 있으므로 아래와 같이 입력한다.

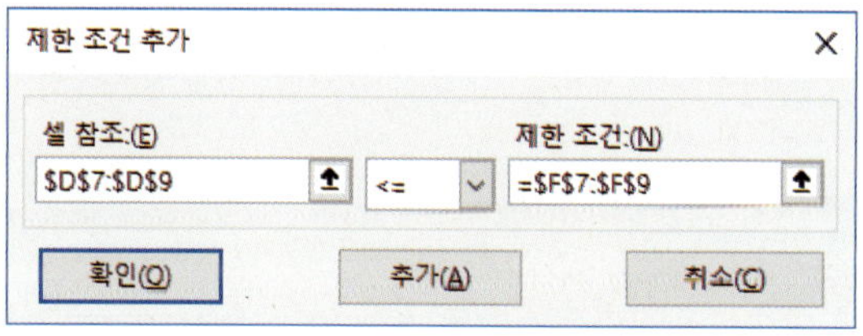


이때 입력하는 방법은 창의 입력부분을 클릭한 다음 해당하는 엑셀시트의 셀 영역을 드래그하면 셀 주소가 자동으로 입력된다. 즉 왼쪽의 '셀 참조영역'의 입력칸을 클릭하고 나서, 워크시트의 D7:D9의 영역을 드래그하면 위와 같이 '$D$7:$D$9'가 자동으로 입력된다. 중간의 부등호는 실제 생산시간이 최대 작업가능시간보다 작아야 하므로 그대로 둔다. 그렇지 않을 경우는 화살표 부분을 클릭하여 부등호의 방향을 바꾸거나 다른 부호로 변경할 수 있다. 오른쪽의 '제한조건'도 같은 방법으로 F7:F9의 영역을 드래그하여 최대 가용시간을 입력하도록 한다.

- 다음으로 "생산대수는 정수이어야 한다"는 조건을 입력한다. '제한조건 추가' 창에서 추가(A)... 버튼을 클릭하면 새로운 제한식을 입력할 수 있다. 본 시트에서는 각 온풍기의 생산량이 B13셀과 C13셀에 입력되어 있으므로 이를 정수값으로 제한해야 한다. 가운데 화살표 버튼을 눌러 'int' 옵션을 선택하면 다음과 같이 정수 조건이 설정된다.

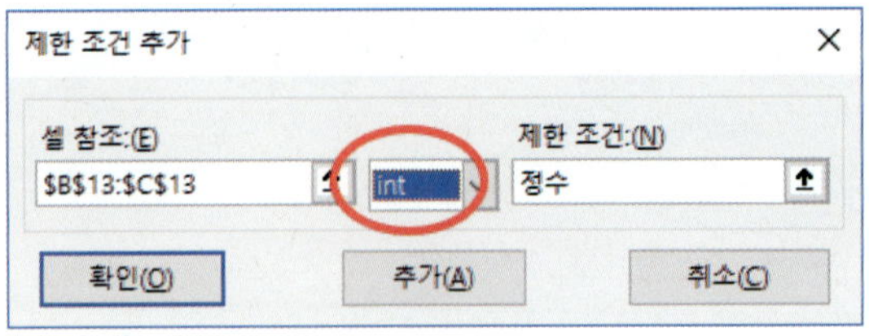


이제 모든 제한조건을 설정하였으므로 '확인' 버튼을 눌러 제한조건 추가 창을 닫도록 한다.

- 변수의 비음수 조건 : 온풍기는 음수(minus)로 생산하지 않으므로 해찾기 창의 중간에 있는 ☑ 제한되지 않는 변수를 음이 아닌 수로 설정(K) 에 체크 표시를 하여 '변수의 비음수 조건'을 충족하게 한다. 그리고 본 문제에서 각 변수들간의 관계가 선형이라는 것을 지정해 주어야 한다. 따라서 '해법 선택'에서 '단순 LP'를 선택하여 엑셀의 SIMPLEX 알고리듬으로 최적해를 구하게끔 한다.

그러면 이제 해찾기의 모양이 아래와 같이 표시된다.

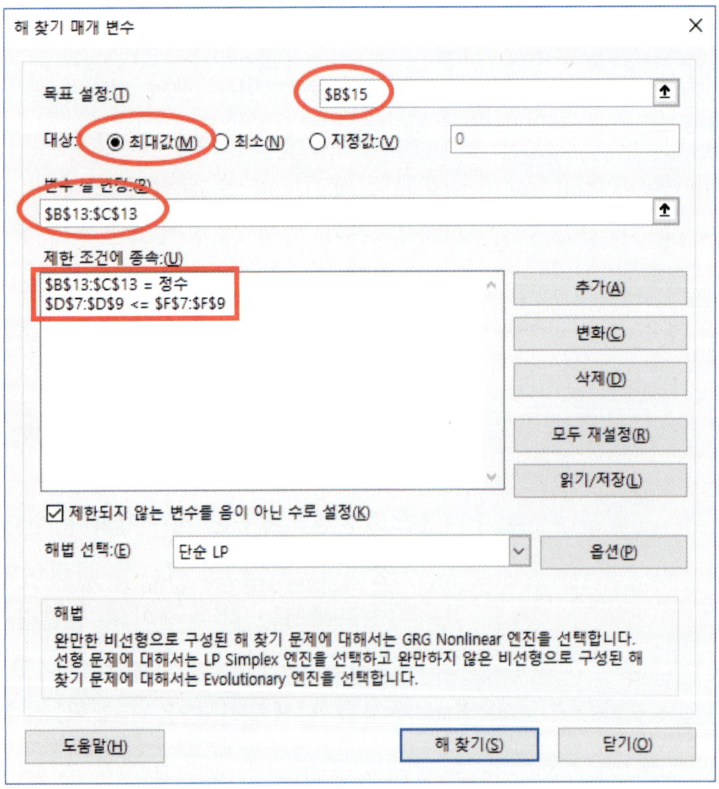

## 2) 옵션 완성

이제 정수 조건을 더 지정하기 위하여 오른쪽 아래의 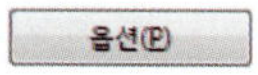

버튼을 클릭하면 아래와 같이 옵션 창이 나타난다.

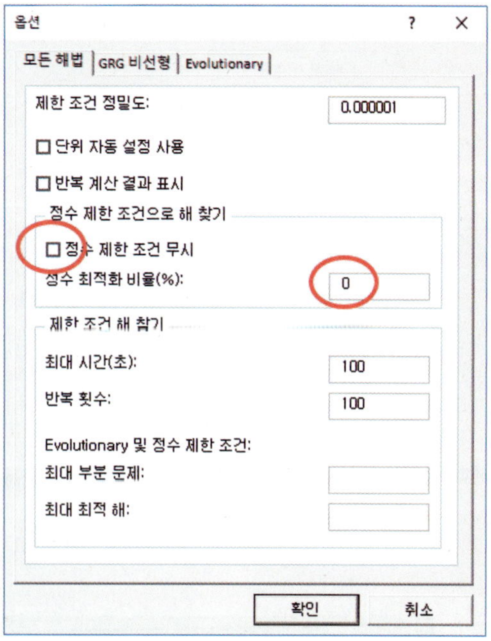


옵션 창에서는 변수를 정수로 제한해야 하므로 '정수 제한조건 무시'에 체크 표시를 해제해야 한다. 그리고 가장 정수화된 값을 찾고자 하므로 '정수 최적화 비율(%)'란을 0 값으로 지정한다.

이제 '확인' 버튼을 눌러 처음의 해찾기 대화상자로 돌아온다.

### 3) 해찾기 실행

해찾기 대화상자에서 [해 찾기(S)] 버튼을 클릭하여 해찾기를 실행한다. 그러면 해찾기 실행 결과가 나타나는데, '해 찾기 해 보존'을 선택한 후 '확인' 버튼을 클릭하면 아래 그림과 같이 스프레드시트에 최적해가 표시된다.

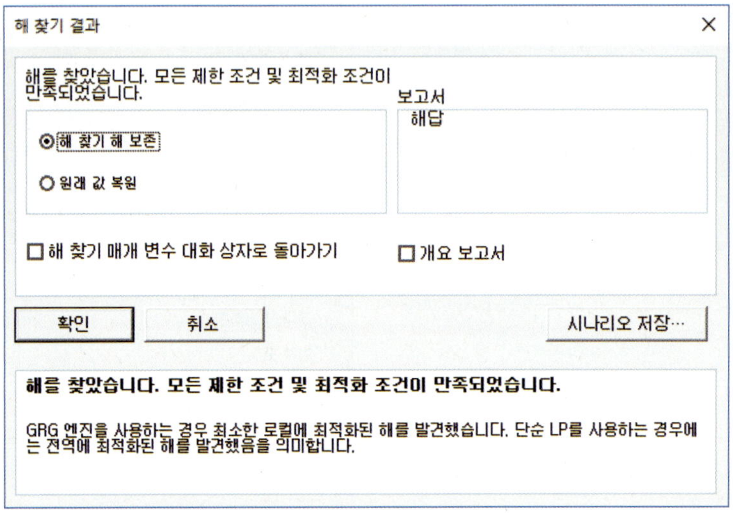


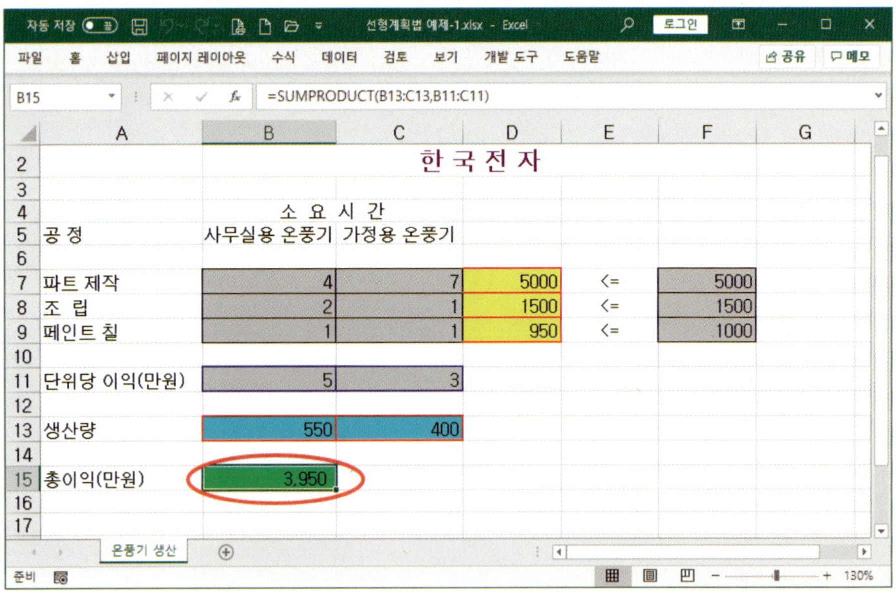


해찾기 실행 결과를 해석해 보면 한국전자가 온풍기 생산에서 최대이익을 얻으려면, 사무실용 온풍기는 550대, 가정용 온풍기는 400대를 생산해야 하며 그때의 이익, 즉 최대이익은 3,950만원이 됨을 알 수 있다.

# 3. 선형계획법의 기본가정

선형계획법은 수리적으로 해법이 잘 개발된 문제해결 방법이지만 몇 가지 기본적인 가정을 전제로 하고 있다. 따라서 문제해결 담당자는 이러한 가정을 잘 이해하고 있어야 한다. 가정이 맞지 않는 상황에서 성립된 선형계획법의 최적해는 기업에 잘못된 문제해결 방안을 제시하는 것이므로, 가정들이 성립될 수 없는 상황이라면 의사결정자는 다른 수리적 해법을 모색해야 한다.

## (1) 일차성(linearity)

선형계획법의 식들은 변수의 일차식으로 표현된다. 온풍기 생산문제에서 목적함수는 '이익$=5x+3y$'의 일차식으로 나타난다. 제한조건식도 '$4x+7y \leq 5{,}000$(파트제작 공정)'의 일차식으로 표현된다($x$ : 사무실용 온풍기의 생산대수, $y$ : 가정용 온풍기의 생산대수).

그러나 선형관계는 생산대수가 증가하여도, 단위당 이익이나 대당 소요되는 생산시간이 증가하거나 감소하지 않고 여전히 일정하다는 것을 의미한다. 이것은 현실에서 맞지 않는 가정일 수도 있기 때문에 실무에서 선형계획법의 적용시 주의를 요한다.

## (2) 확실성(certainty)

선형계획법에서 표현되는 모든 상수(온풍기 단위당 이익, 조립시 걸리는 시간 등)는 확정적이라는 말이다. 현실세계에서 얻을 수 있는 단위당 이익이나 조립시간 등은 실제로는 100% 확실한 값들이 아니거나, 또는 추정되거나 확률적인 변동값일 수 있다. 그러나 선형계획법에서는 추정값을 그대로 가져오거나 변동을 가질 수 있는 값들은 평균을 취하여 해를 구하게 된다.

## (3) 연속성(divisibility)

원칙적으로 선형계획법에서 변수의 값은 정수가 아닌 소수의 값을 가진다. 즉 변수가 연속된 값을 가질 수 있다는 것이며 그러한 소수값에서 최적해가 결정된다는 것이다. 이것이 선형계획법의 연속성 가정이다.

그러나 [예제 1]의 경우와 같이 이 조건이 현실적으로 맞지 않을 수 있다. 예를 들어 사무실용 온풍기를 550.7대 생산하고 가정용 온풍기를 399.8대 생산할 때 최고의 이익이 난다고 하자. 그러나 온풍기를 0.7대 만드는 것은 현실세계에서 없는 일이므로 온풍기의 생산대수는 정수로 정해 주어야 한다. 따라서 해찾기 제한조건에서 int(정수, integer)값으로 한정하여 변수값을 지정함으로써 온풍기 생산대수가 정수값을 가지는 조건하에서 최대이익을 구하는 것이 맞다. 엄격히 말하면 이것은 정수계획법(integer programming)이지만 엑셀은 int 조건을 사용하여 손쉽게 풀 수 있는 수단을 제공하고 있다.

# 4. [예제 2] 영양소 충족 식품 구입비 문제 (선형계획법 예제-2.xlsx)

**예제 2 영양소 충족 식품 구입비 문제**

영양사는 한 주에 각 영양소를 다음과 같이 공급하도록 식단을 구성해야 한다.

| 영양소 | 단백질(g) | 칼슘(mg) | 비타민E(mg) |
|---|---|---|---|
| 최소 섭취량 | 1,200 | 100 | 100 |

그리고 지방도 섭취하지만 해로우므로 주당 65g을 넘어서면 안 된다.

네 가지 식품을 구입하여 한 주의 식단을 꾸미고자 하는데, 식품은 박스로 구입하며 식품별로 박스에 들어 있는 영양소의 양과 각 식품별 박스당 구입가격은 다음과 같다.

| 식 품 | 영양소 | | | | 박스당 가격(원) |
|---|---|---|---|---|---|
| | 단백질(g) | 칼슘(mg) | 비타민E(mg) | 지방(g) | |
| 식품1 | 45 | 3 | 4 | 2 | 7,000 |
| 식품2 | 20 | 2 | 3 | 0 | 3,500 |
| 식품3 | 15 | 15 | 1 | 2 | 7,000 |
| 식품4 | 90 | 0 | 3 | 8 | 10,000 |

각 영양소를 최소 섭취량 이상 공급하고, 지방은 최대 섭취량 이하로 제한하면서 총식품 구입비용을 최소화하려면 어떤 식품을 얼마나 구입해야 하는가? 구입은 박스 단위로만 가능하다고 한다.

## (1) 선형계획모형 작성

결정해야 할 변수가 각 식품별 구입 박스 수이므로 이를 각각 $x_1$, $x_2$, $x_3$, $x_4$라고 하자.

$x_1$ : 식품1의 구입 박스 수

$x_2$ : 식품2의 구입 박스 수

$x_3$ : 식품3의 구입 박스 수

$x_4$ : 식품4의 구입 박스 수

### 1) 목적식

이 문제는 단백질, 칼슘, 비타민E 세 영양소의 주당 최소 섭취량을 충족시키고 지방은 최대 섭취량인 65g을 넘지 않는 선에서 총식품 구입비용을 최소화하는 각 식품별 구입량을 구하는 것이다. [예제 1]은 이익을 최대화하는 문제였으나 본 [예제 2]는 비용의 최소화(minimize)를 목적으로 하는 문제이다. 총식품 구입비용을 살펴보면 각 식품별로 박스당 구입가격이 7,000원, 3,500원, 7,000원, 10,000원으로 나타나는데, 이들을 각각 $x_1$, $x_2$, $x_3$, $x_4$박스씩 구입할 경우 총비용은 아래와 같다.

$$\text{총비용} = 7{,}000x_1 + 3{,}500x_2 + 7{,}000x_3 + 10{,}000x_4 \quad (\text{단위 : 원}) \Rightarrow \text{목적식}$$

이것이 목적식으로 비용을 최소화하는 것이므로 최소화의 대상이 된다.

### 2) 제한조건

네 영양소의 최소 또는 최대 섭취량 조건을 충족해야 하는 것이 제한조건이 된다. 따라서 제한식은 각 영양소의 섭취량 조건에 따라 주어지므로 네 개의 제한식이 존재하게 된다. 우선 단백질은 각 식품별로 45, 20, 15, 90g이 존재하는데, 이들 식품을 각각 $x_1$, $x_2$, $x_3$, $x_4$박스씩 구입할 경우 섭취하는 단백질의 총량은 $45x_1+20x_2+15x_3+90x_4$(g)가 된다. 그리고 이들의 총량이 1,200(g)보다 커야 하므로 단백질에 대한 제한식을 변수인 식품의 구입량으로 표시하면 아래와 같이 나타난다.

$$45x_1 + 20x_2 + 15x_3 + 90x_4 \geqq 1{,}200 \quad (\text{단백질 섭취량에 대한 제한식})$$

같은 방법으로, 칼슘과 비타민E의 섭취량 조건에 대한 제한식을 세우면 다음과 같다.

$$3x_1 + 2x_2 + 15x_3 + 0x_4 \geqq 100 \quad (\text{칼슘 섭취량에 대한 제한식})$$
$$4x_1 + 3x_2 + 1x_3 + 3x_4 \geqq 100 \quad (\text{비타민E 섭취량에 대한 제한식})$$

지방의 경우 65g을 넘으면 안 되는데, 이의 섭취량 조건에 대한 제한식을 세우면 다음과 같이 부호는 반대 방향이 된다.

$$2x_1 + 0x_2 + 2x_3 + 8x_4 \leqq 65 \quad (\text{지방 섭취량에 대한 제한식})$$

### 3) 변수의 조건

각 식품의 구입량은 0(zero)보다 크거나 최소한 같아야 할 것이다(변수의 비음수 조건). 또한 식품을 박스 단위로 구입한다고 하였기 때문에 $x_1 \sim x_4$의 값은 정수이어야 한다(변수의 정수 조건). 이제 위의 두 가지 변수 조건을 표현하면 다음과 같다.

$$x_1 \sim x_4 \geqq 0$$

$$x_1 \sim x_4 : \text{정수}$$

따라서 각 영양소를 최적으로 섭취하기 위한 식품의 구입비 문제를 식으로 표시하면 다음과 같다.

| | | | |
|---|---|---|---|
| **최 소 화** | 식품 구입비 $= 7{,}000x_1 + 3{,}500x_2 + 7{,}000x_3 + 10{,}000x_4$ | | (원) |
| **제한조건** | $45x_1 + 20x_2 + 15x_3 + 90x_4 \geqq$ | 1,200 | (단백질 섭취량에 대한 제한식) |
| | $3x_1 + 2x_2 + 15x_3 \geqq$ | 100 | (칼슘 섭취량에 대한 제한식) |
| | $4x_1 + 3x_2 + 1x_3 + 3x_4 \geqq$ | 100 | (비타민E 섭취량에 대한 제한식) |
| | $2x_1 + 2x_3 + 8x_4 \leqq$ | 65 | (지방 섭취량에 대한 제한식) |
| **변수조건** | $x_1 \sim x_4 \geqq 0$ | | |
| | $x_1 \sim x_4$ : 정수 | | ($x_i$ : 식품$i$의 구입 박스 수, $i$=1 to 4) |

식품 구입비를 최소화하기 위한 엑셀 시트를 작성하고 해찾기의 식을 완성하면 다음과 같다.

## (2) 엑셀 스프레드시트 모형 완성

### 1) 엑셀 서식 작성

① 각 영양소별로 한 열씩 제한조건을 표시한다. D열에 단백질, E열에 칼슘, F열에 비타민E, 그리고 G열에 지방의 섭취 제한식을 작성한다. D열의 경우, 각 식품 한 박스에 포함된 단백질의 양에 따라 D6:D9셀의 값은 아래 그림과 같이 45, 20, 15, 90이 된다. 회색으로 된 셀의 바탕색은 영양소 포함량이 정해진 상수값이라는 것을 나타낸다. 마찬가지 방법으로 칼슘, 비타민E, 지방의 포함량을 E6:E9, F6:F9, G6:G9 셀에 작성한다.

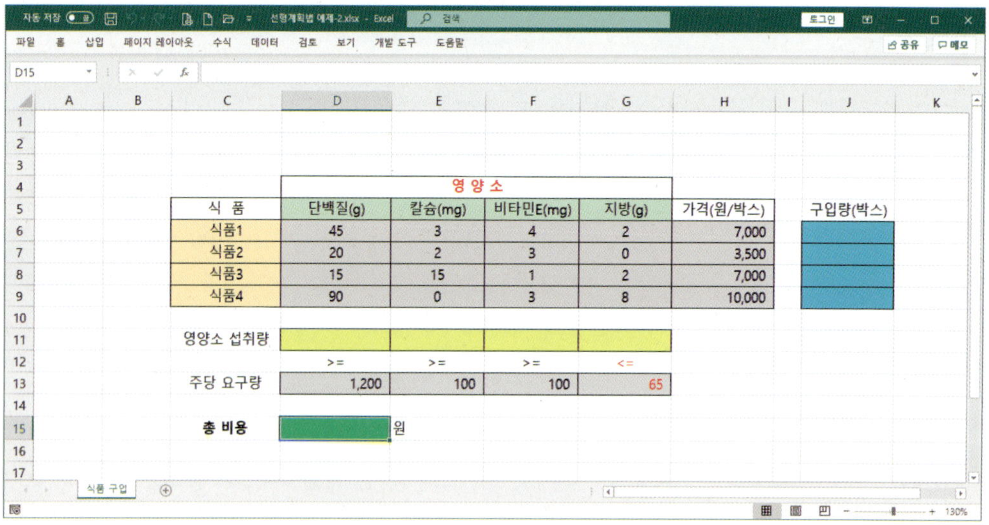

| 식 품 | 단백질(g) | 칼슘(mg) | 비타민E(mg) | 지방(g) | 가격(원/박스) | 구입량(박스) |
|---|---|---|---|---|---|---|
| | 영 양 소 | | | | | |
| 식품1 | 45 | 3 | 4 | 2 | 7,000 | |
| 식품2 | 20 | 2 | 3 | 0 | 3,500 | |
| 식품3 | 15 | 15 | 1 | 2 | 7,000 | |
| 식품4 | 90 | 0 | 3 | 8 | 10,000 | |
| 영양소 섭취량 | | | | | | |
| | >= | >= | >= | <= | | |
| 주당 요구량 | 1,200 | 100 | 100 | 65 | | |
| 총 비용 | | 원 | | | | |

그리고 각 식품의 가격을 H6:H9셀에 입력한다. 이들 역시 선형계획법에서는 상수로 주어진다.

② J6:J9셀에 식품의 구입 박스 수이자 문제의 변수값인 $x_1 \sim x_4$를 입력하도록 배치한다. 해찾기 수행 결과 식품 구입비를 최저로 하는 최적 구입량을 찾아준다. 해찾기 수행 시 J6:J9셀에 입력된 값인 초기치는 선형 문제일 경우 글로벌 최적해를 찾아주므로 어떤 값을 주더라도 관계는 없다.

③ D11:G11셀은 각 식품을 J6:J9셀만큼 구입하였을 때의 각 영양소의 섭취량을 말해 준다. 따라서 이 섭취량이 D13:G13셀의 최소 또는 최대 섭취량의 조건을 충족해야 한다.

④ D15셀의 총비용은 해찾기를 실행하였을 때 최소 구입비를 가져다주는 각 식품 구입 박스 수를 찾아 최적해를 찾아주는 역할을 한다. 총비용은 가격

과 구입 수량의 함수이므로 SUMPRODUCT함수를 이용하여 입력한다.

## 2) 수식의 입력

① 영양소별 섭취량 계산식 입력(D11~G11셀)

- D11셀-단백질의 섭취량 : 단백질의 섭취량은 '각 식품별 구입량(박스 수)× 식품별 단백질 함유량'이 된다. 단백질의 함유량은 D6:D9셀에 있고, 식품의 구입량은 J6:J9셀에 있으므로 이들을 각각 곱하여 합을 구하면 된다. 따라서 이를 SUMPRODUCT함수를 이용하여 구하면 다음과 같이 작성된다.

  = SUMPRODUCT(D6:D9, $J$6:$J$9)

  $J$6:$J$9셀을 절대주소로 표기한 것은 자동채우기 핸들 기능을 이용하여 D11셀에서 G11셀까지의 식을 쉽게 복사하기 위해서이다.
- E11셀-칼슘의 섭취량 : = SUMPRODUCT(E6:E9, $J$6:$J$9)
- F11셀-비타민E의 섭취량 : = SUMPRODUCT(F6:F9, $J$6:$J$9)
- G11셀-지방의 섭취량 : = SUMPRODUCT(G6:G9, $J$6:$J$9)

② 총비용 계산식 입력(D15셀)

식품의 총구입비는 '각 식품의 구입 박스 수×각 식품의 박스당 구입 가격'이 된다. 따라서 D15셀에 들어갈 총비용은 다음 함수식으로 구해진다.

= SUMPRODUCT(H6:H9, J6:J9)

이제 워크시트의 함수식을 모두 입력하였으므로 해찾기를 이용하여 최적해를 구하도록 한다.

## (3) 해찾기 실행

리본 메뉴의 '[데이터]탭'에서 '해찾기' 기능을 이용한다.

### 1) 해찾기 대화상자 완성

해찾기를 선택하면 아래와 같은 해찾기 대화상자가 나타난다.

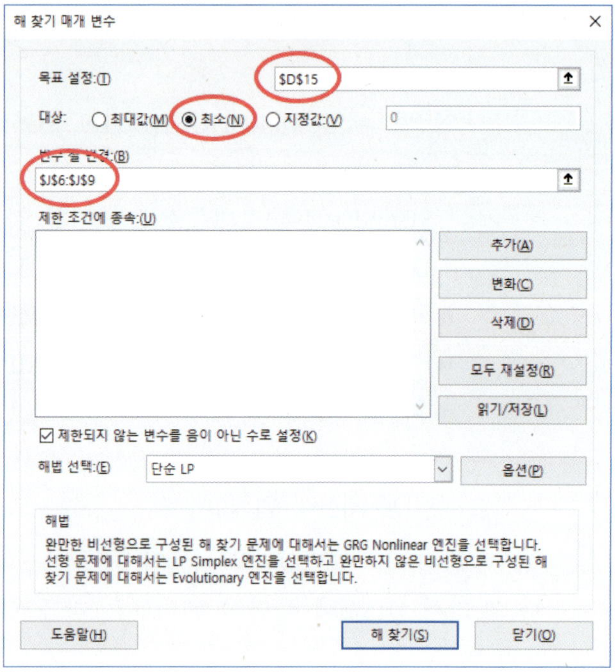


- 목표 설정 : 목적식을 가지는 엑셀 워크시트의 셀 주소를 말한다. 본 문제에서는 총구입비용인 D15셀이다. D15셀을 클릭하면 셀 주소가 입력된다.
- 대상 : 목적식의 대상이 최대화인지 최소화인지를 지정한다. 현재 총구입비용을 최소화하고자 하는 문제이므로 '최소'를 클릭한다.
- 변수 셀 변경 : 변수의 셀 주소를 지정한다. 본 문제에서 사용자가 정하여 마음대로 정할 수 있는 변수는 각 식품의 구입 박스 수이므로 'J6:J9'셀의 영역이 된다.
- 제한조건에 종속 : 제한식은 영양소 섭취에 관한 조건들이 된다. [추가(A)] 버튼을 눌러 새 제한식을 입력한다. 그러면 다음과 같이 빈 '제한조건 추가' 창이 나타난다.

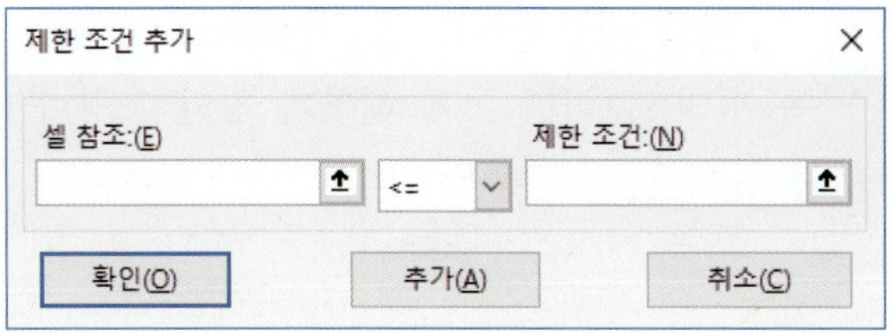


• 첫 번째로 단백질, 칼슘, 비타민E와 같이 요구되는 섭취량을 초과하는 경우의 제한식을 입력한다. J6:J9셀과 같이 구입할 경우 각 영양소의 섭취량은 D11:F11셀에 있고, 이들의 주당 최소 요구량은 D13:F13셀에 있으므로 화살표의 방향을 바꾸어 아래와 같이 입력한다.

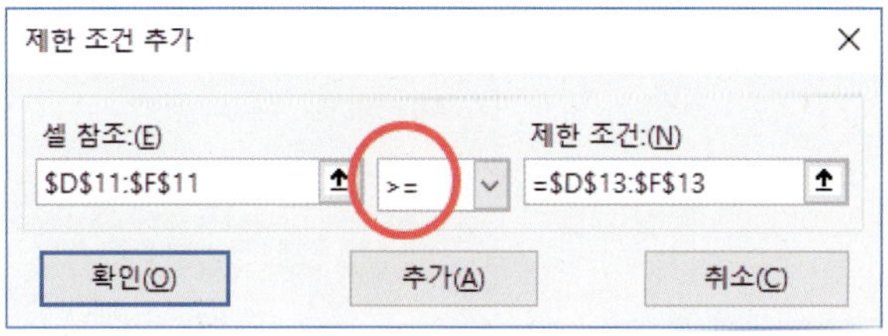


• 두 번째로 지방은 요구되는 양보다 작아야 하므로 별도로 입력해야 한다. 지방의 섭취량은 G11셀에 있고, 주당 최대 제한량은 G13셀(65g)에 있으므로 추가(A) 버튼을 눌러 아래와 같이 입력한다.

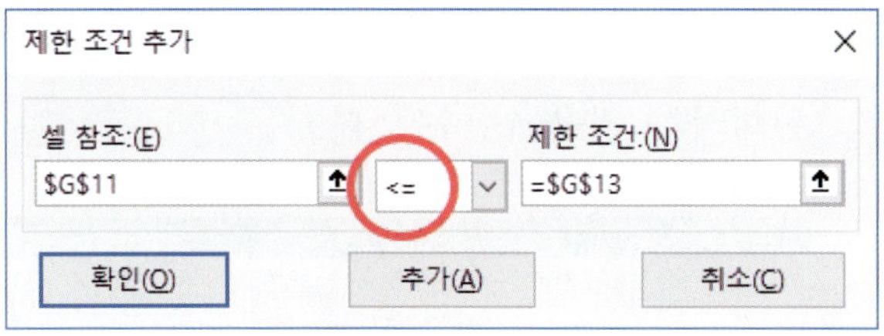


• 구입 식품량의 비음수 조건 : 그리고 식품은 음수(minus)로 구입하지 않으므로 해찾기 창의 중간에 있는 ☑ 제한되지 않는 변수를 음이 아닌 수로 설정(K) 에 체크 표시를 하여 '변수의 비음수 조건'을 충족하게 한다. 그리고 본 문제에서 각 변수들간의 관계는 선형이라는 것을 지정해 주어야 한다. 따라서 '해법 선택'에서 '단순 LP'를 선택하여 엑셀의 SIMPLEX 알고리듬으로 최적해를 구하게끔 한다.

이제 제한조건을 설정하였으므로 '확인' 버튼을 눌러 제한조건 추가 창을 닫도록 한다. 그러면 이제 해찾기 창의 모양이 아래와 같이 표시된다.

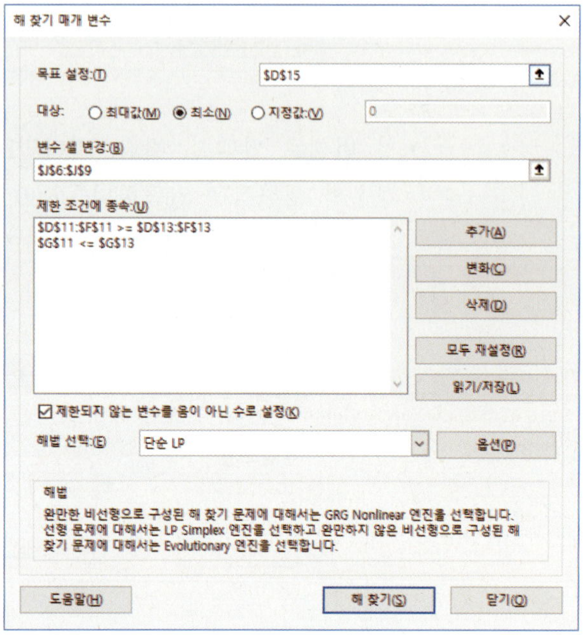


## 2) 해찾기 실행

해찾기 대화상자에서 해 찾기(S) 버튼을 클릭하여 해찾기를 실행한다. 그러면 각 식품의 구입량이 각각 0.00, 25.00, 3.33, 7.22 박스이고, 그때의 구입비용은 183,055.6 원이라는 것을 알 수 있다.

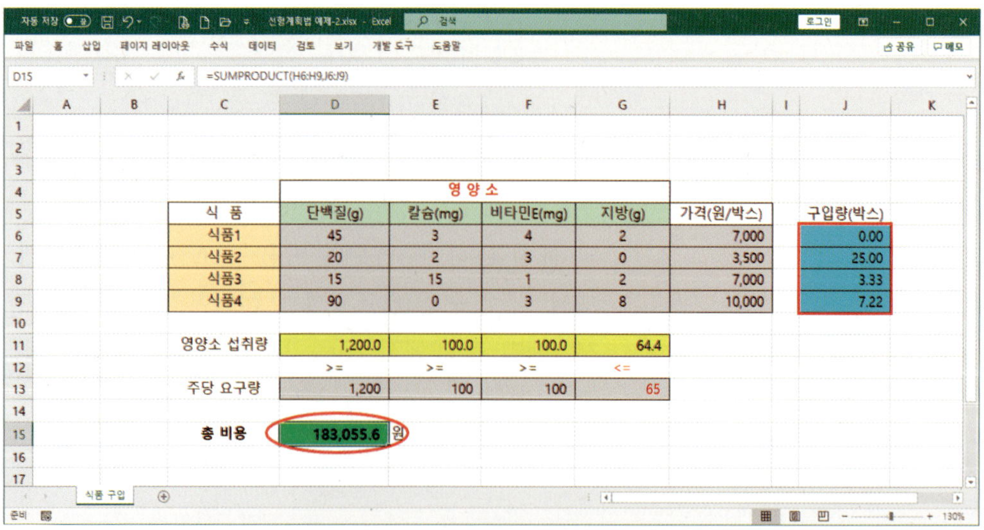

### 3) 해의 정수 조건

[예제 1]에서 지정한 정수 조건을 추가하지 않을 경우 해찾기는 최소비용을 구하기 위하여 소수점의 해를 구해 준다. 그러나 구입 수는 박스 단위이므로 정수이어야 한다. 따라서 다음과 같이 정수 조건을 지정해 준다.

① 구입 식품량의 정수 조건 : 이제 '식품의 구입량은 정수이어야 한다'는 조건을 입력한다. '제한조건 추가' 창에서 추가(A) 버튼을 클릭하면 새로운 제한식을 입력할 수 있다. 본 시트에서는 식품 구입량은 J6:J9셀에 입력하므로 가운데 화살표 버튼을 눌러 'int' 옵션을 선택하면 아래와 같이 정수 조건이 설정된다.

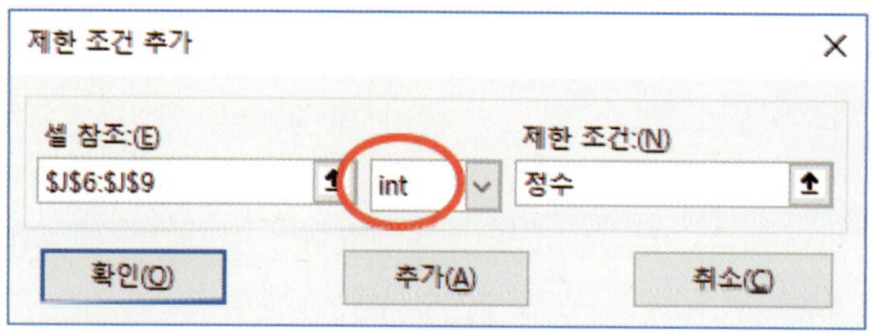


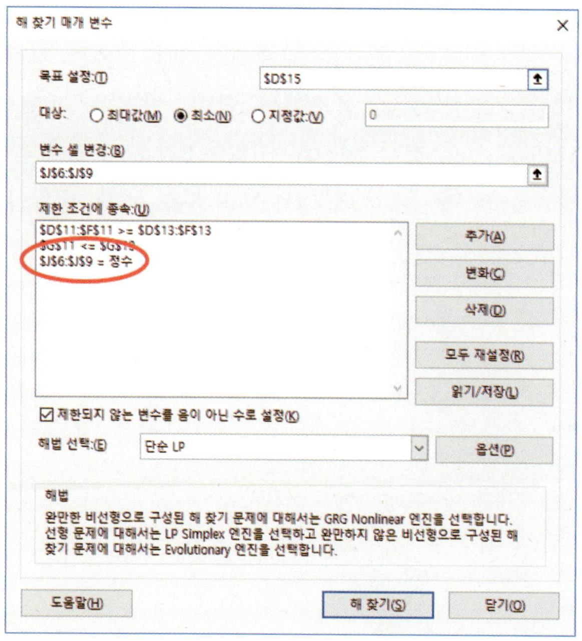

② 옵션 완성 : 정수 조건을 더 지정하기 위하여 오른쪽의 옵션(P) 버튼을 클릭하면 아래와 같이 옵션 창이 나타난다.

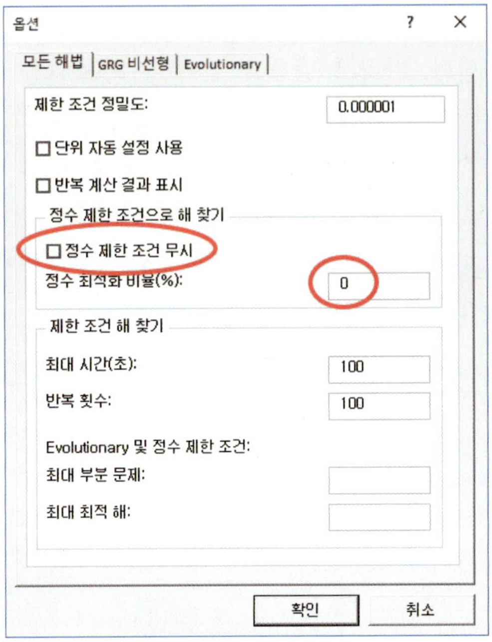


옵션 창에서는 변수를 정수로 제한해야 하므로 '정수 제한조건 무시'에 체크 표시를 해제해야 한다. 옵션 창에서 정수 최적화 비율(%)은 기본적으로 5%로 설정되어 있다. 그러나 가장 최적해에 가까운 해를 찾고자 하므로 '정수 최적화 비율(%)'란을 0 값으로 지정한다.

이제 '확인' 버튼을 눌러 처음의 해찾기 대화상자로 돌아온다.

해찾기 대화상자에서 [해 찾기(S)] 버튼을 클릭하여 해찾기를 실행한다. 그러면 각 식품의 구입량이 각각 5, 20, 3, 6 박스이고, 그때의 구입비용은 186,000원이라는 것을 알 수 있다.

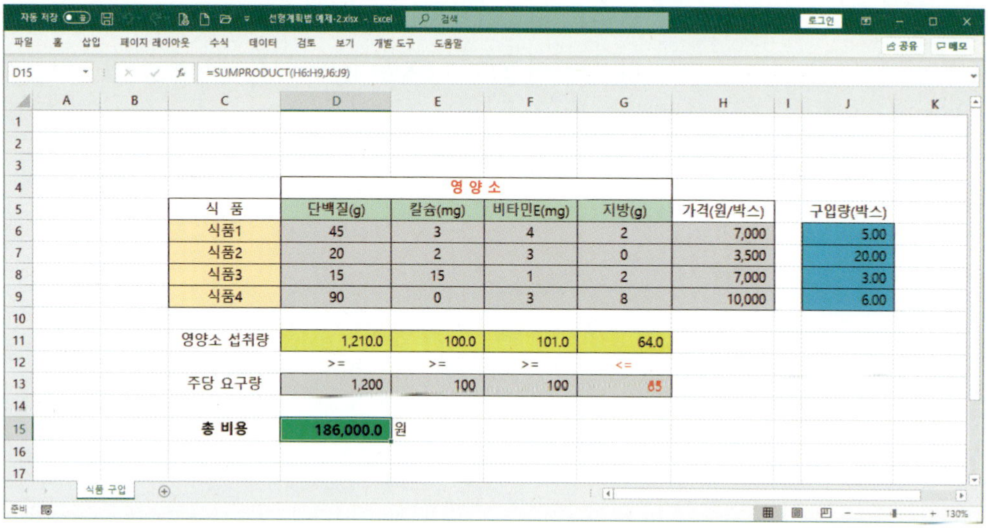

| 식 품 | 단백질(g) | 칼슘(mg) | 비타민E(mg) | 지방(g) | 가격(원/박스) | 구입량(박스) |
|---|---|---|---|---|---|---|
| | 영 양 소 | | | | | |
| 식품1 | 45 | 3 | 4 | 2 | 7,000 | 5.00 |
| 식품2 | 20 | 2 | 3 | 0 | 3,500 | 20.00 |
| 식품3 | 15 | 15 | 1 | 2 | 7,000 | 3.00 |
| 식품4 | 90 | 0 | 3 | 8 | 10,000 | 6.00 |
| 영양소 섭취량 | 1,210.0 | 100.0 | 101.0 | 64.0 | | |
| | >= | >= | >= | <= | | |
| 주당 요구량 | 1,200 | 100 | 100 | 65 | | |
| 총 비용 | 186,000.0 원 | | | | | |

## 4) 정수해의 해찾기에서의 풀이

구입량을 정수가 아닌 소수로 했을 때 최저 비용은 183,055.6원이 되었으나, 정수로 제한할 경우 186,000원으로 높아져 더 나쁜 값이 나온 것을 알 수 있다. 정수 문제에서 정수 제약조건을 없앤 것을 LP 완화(relaxation) 문제라고 하는데, 이 경우 항상 정수 문제보다 더 좋거나 최소한 같은 최적해를 얻게 된다.

즉, 정수해의 최적값 ≦ LP 완화해의 최적값

정수 조건이 없는 문제의 경우는 SIMPLEX법을 사용하므로 빨리 최적해를 계산해 내나, 정수해의 경우에는 분지한계법(branch and bound method)을 사용하여 나열식으로 해를 찾아가므로 시간이 더 오래 걸린다. 분지한계법은 해의 집합을 여러 개의 부분으로 분할하여 이 중에서 최적해를 찾아가는 방법이다.

① 정수 최적화 비율(%) : 해찾기 옵션에서의 정수 최적화 비율의 기본값은 5%로 설정되어 있다. 분지한계법은 먼저 정수 제한조건을 없앤 LP 완화 문제에 대한 해를 구한다. 그리고 정수해가 최적화된 값을 찾아 나간다. 이때 수

많은 부분집합을 대상으로 계산을 되풀이하여 수시간, 또는 수일까지도 시간이 소요될 수 있기 때문에, 5%로 설정하면 LP 완화 최적해의 95% 이상 값을 보이면 그때의 해로 최적값을 신속하게 찾겠다는 것이다.

② 분지한계법 알고리듬 사용 : 분지한계법은 해찾기에서 제시되는 해법 중의 하나는 아니나, 정수의 제한조건이 설정되면 해찾기는 정수 최적해를 구하기 위하여 SIMPLEX법이 아닌 분지한계법 알고리듬의 엔진을 사용한다.

# 5. [예제 3] 수산물 수송비용 문제 (선형계획법 예제-3.xlsx)

**예제 3 수산물 수송비용 문제**

정수수산물(주)는 평택, 묵호, 통영의 세 항구에서 수산물을 수집하여 서울, 대전, 대구, 광주의 대도시에 수산물을 공급하고 있다. 이를 위하여 물류센터 역할을 하는 중간 집하지 두 곳을 두고 항구에서 대도시로 수산물을 공급하고 있다. 아래 그림은 각 항구에서 집하지와 도시로의 수송경로를 보여주고 있다. 화살표가 없는 경로는 수송이 되지 않는 경로이다. 중간 집하지를 거치지 않고 항구에서 도시로의 직접 수송은 평택에서 서울로의 수송을 제외하면 현재 이루어지지 않고 있다.

항구 왼쪽의 숫자는 현재 각 항구에서 공급할 수 있는 수산물의 공급량이고, 도시 오른쪽의 숫자는 각 도시에서 필요로 하는 수산물의 수요량이다.

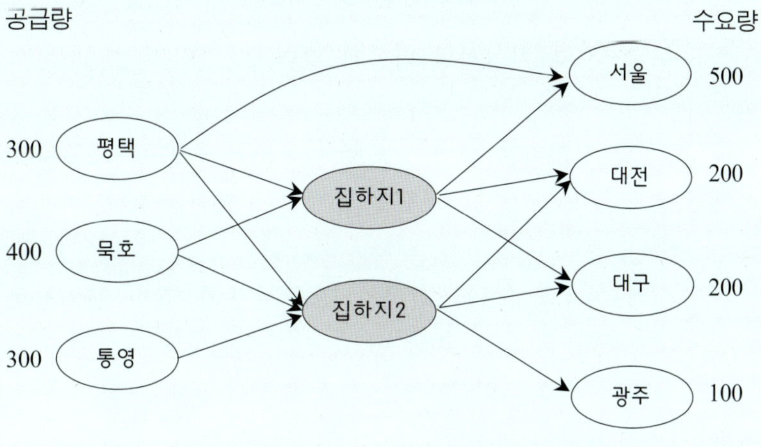


다음 표는 각 항구와 집하지, 그리고 도시 간의 수송비용을 나타낸다. 숫자가 없는 곳은 수송이 불가능한 경로를 나타낸다.

(단위 : 천원)

| | | TO | | | | | |
|---|---|---|---|---|---|---|---|
| | | 집하지1 | 집하지2 | 서 울 | 대 전 | 대 구 | 광 주 |
| FROM | 평 택 | 5 | 30 | 13 | – | – | – |
| | 묵 호 | 20 | 25 | – | – | – | – |
| | 통 영 | – | 5 | – | – | – | – |
| | 집하지1 | – | – | 10 | 8 | 16 | – |
| | 집하지2 | – | – | – | 12 | 10 | 10 |

각 수송경로에서 얼마를 수송하는 것이 총수송비용을 가장 작게 하겠는가?

## (1) 선형계획모형 작성

결정해야 할 변수는 위의 화살표에서 정해진 수송경로에서의 수송량이다. 이를 각각 $x_{ij}$라고 하면 $i$는 출발지를 말하는데, 1에서 5의 값을 가지고 1은 평택, 2는 묵호, 3은 통영, 4는 집하지1, 5는 집하지2가 된다. $j$는 도착지로 1에서 6의 값을 가지며, 1은 집하지1, 2는 집하지2, 3은 서울, 4는 대전, 5는 대구, 6은 광주가 된다. $x_{45}$라고 하면 집하지1에서 대구로 가는 수산물의 수송량을 말한다.

### 1) 목적식

각 항구 또는 집하지에서 집하지와 도시로 가는 수송비용을 $a_{ij}$라고 하면 $a_{32}$는 통영에서 집하지2로 가는 수산물 수송비용 5가 된다. 따라서 총수송비용은 각 이동경로의 수송비용×수송량을 모두 합한 값이 된다.

$$\text{총수송비용} = \sum\sum a_{ij}x_{ij} \quad (i=1 \text{ to } 5,\ j=1 \text{ to } 6)$$

구체적으로 기입하면 다음과 같다.

$$\begin{aligned}\text{총수송비용} = &\ 5x_{11}+30x_{12}+13x_{13}+20x_{21}+25x_{22}+5x_{32}+10x_{43}+8x_{44}\\ &+16x_{45}+12x_{54}+10x_{55}+10x_{56}\end{aligned}$$

실제로는 통영에서 집하지1로의 수송과 같이 불가능한 경로의 수송비용(즉, $a_{31}$)은 충분히 큰 값을 주어 이 경로로 수송이 이루어지지 않게 한다.

그리고 총수송비용은 최소화의 대상이 된다.

### 2) 제한조건

수산물이 항구에서 출하지나 도시로 수송되는데, 각 항구에서 출하된 총수산물 양은 각 항구에서 공급가능한 양보다는 작아야 한다. $\sum x_{1j}$는 평택에서 출하된 수산물의 총량을 말하는데, 이것은 평택에서 공급가능한 양인 300보다는 작아야 한다.

$$\sum x_{1j} \leqq 300\ (\text{평택}) \quad (j=1 \text{ to } 6,\ j\text{는 도착지임})$$

$$\sum x_{2j} \leqq 400\ (\text{묵호}) \quad (j=1 \text{ to } 6)$$

$$\sum x_{3j} \leqq 300\ (\text{통영}) \quad (j=1 \text{ to } 6)$$

반면에 공급받는 도시의 경우에는 어디에서 수송되었건 총합은 해당 도시의 수요량보다 커야 한다.

$\sum x_{i3} \geqq 500$ (서울) ($i=1$ to 5, $i$는 출발지임)
$\sum x_{i4} \geqq 200$ (대전) ($i=1$ to 5)
$\sum x_{i5} \geqq 200$ (대구) ($i=1$ to 5)
$\sum x_{i6} \geqq 100$ (광주) ($i=1$ to 5)

그리고 집하지의 경우 입하된 양과 출하된 양이 같아야 한다.

$\sum x_{4j}$(집하지1의 출하량) $= \sum x_{i1}$(집하지1의 입하량) ($i=1$ to 5, $j=1$ to 6)
$\sum x_{5j}$(집하지2의 출하량) $= \sum x_{i2}$(집하지2의 입하량) ($i=1$ to 5, $j=1$ to 6)

## 3) 변수의 조건

수송량은 수산물을 포장하여 수송한다면 0(zero)보다 크거나 최소한 같아야 하고(변수의 비음수 조건), 또 정수이어야 한다(변수의 정수 조건). 이제 위의 두 가지 변수 조건을 표현하면 다음과 같다.

$x_{ij} \geqq 0$, 정수 ($i=1$ to 5, $j=1$ to 6)

이 문제를 식으로 표시하면 다음과 같다.

**최 소 화** 수산물 수송비 $= \sum\sum a_{ij}x_{ij}$ ($i=1$ to 5, $j=1$ to 6)

**제한조건**

항구 : $\sum x_{1j} \leqq 300$(평택), $\sum x_{2j} \leqq 400$(묵호), $\sum x_{3j} \leqq 300$(통영)

도시 : $\sum x_{i3} \geqq 500$(서울), $\sum x_{i4} \geqq 200$(대전), $\sum x_{i5} \geqq 200$(대구)
$\sum x_{i6} \geqq 100$(광주)

집하지 : $\sum x_{4j}$(집하지1의 출하량) $=$ $\sum x_{i1}$(집하지1의 입하량)
$\sum x_{5j}$(집하지2의 출하량) $=$ $\sum x_{i2}$(집하지2의 입하량)

**변수조건** 모든 $x_{ij} \geqq 0$
모든 $x_{ij}$ : 정수

## (2) 엑셀 스프레드시트 모형 완성

### 1) 엑셀 서식 작성

① 수송비용(D4:I8셀) : 각 항구, 집하지에서 집하지, 도시로의 수송비용을 기재하되, 경로가 없는 경우는 큰 수(여기에서는 5,000으로 입력함)로 설정한다.

② 수송량(D14:I18셀) : 해찾기 수행 결과 수송비용이 최소가 되는 각 항구와 집하지, 도시 간의 수송량을 말한다. 이것이 본 문제에서의 변수가 된다.

③ 총수송비용(D23셀) : 각 수송량에 수송비용을 곱한 것의 총합으로 해찾기 수행 결과 최소값을 찾아준다.

## 2) 수식의 입력

① 항구, 집하지로부터 총출하량 계산식 입력(공급한 양)(J14~J18셀)

- J14셀-평택에서의 총출하량 : 평택에서 출하되어 모든 집하지와 도시로 수송된 수산물의 총량을 구한다. = SUM(D14:I14)
- J15셀-묵호에서의 총출하량 : = SUM(D15:I15)
- J16셀-통영에서의 총출하량 : = SUM(D16:I16)
- J17셀-집하지1에서의 총출하량 : = SUM(D17:I17)
- J18셀-집하지2에서의 총출하량 : = SUM(D18:I18)

② 집하지, 도시로의 총유입량 계산식 입력(공급받은 양)(D19~I19셀)

- D19셀-집하지1로의 총유입량 : 어디에서 왔든 집하지1로 유입된 수산물의 총량을 구한다. = SUM(D14:D18)
- E19셀-집하지2로의 총유입량 : = SUM(E14:E18)
- F19셀-서울로의 총유입량 : = SUM(F14:F18)
- G19셀-대전으로의 총유입량 : = SUM(G14:G18)
- H19셀-대구로의 총유입량 : = SUM(H14:H18)
- I19셀-광주로의 총유입량 : = SUM(I14:I18)

③ 총수송비용 입력(D23셀)

- D23셀-총수송비용 : 총수송비용은 각 경로에서의 수송비용과 수송량을 곱한 금액이 된다. = SUMPRODUCT(D4:I8, D14:I18)

## (3) 해찾기 실행

### 1) 해찾기 대화상자 완성

- 목표 설정 : 총수송비용 셀은 D23셀이다.
- 대상 : 총수송비용을 최소화하고자 하는 문제이므로 '최소'를 클릭한다.
- 변수 셀 변경 : 수송하고자 하는 양을 입력하는 셀 주소를 지정한다. 따라서 파란색 영역인 D14:I18셀이 된다.

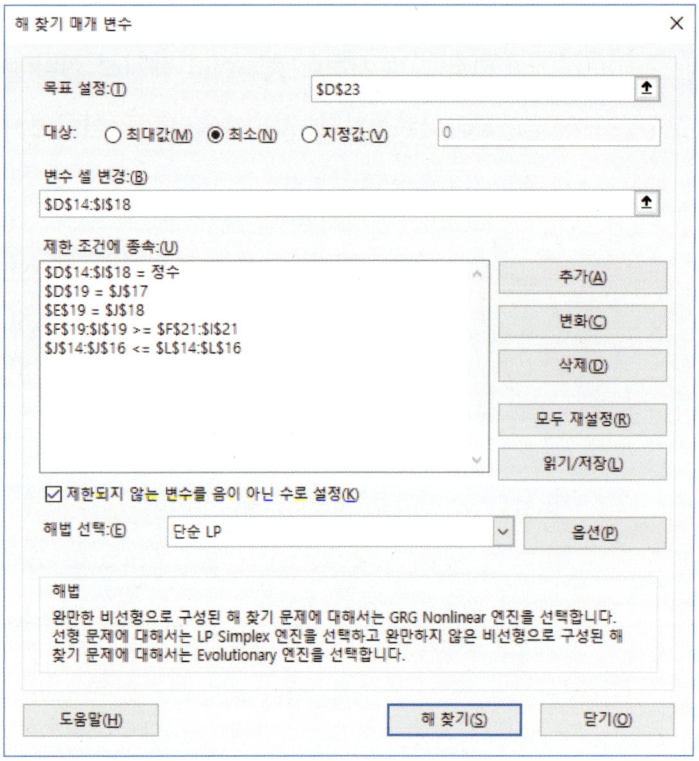


- 제한조건에 종속 :
  - 공급량 한도 조건 : 각 도시에서의 출하량은 각 항구에서의 생산량인 각각 300, 400, 300 이하이어야 한다.

J14:J16 ≦ L14:L16

• 수요량 만족 조건 : 서울, 대전, 대구, 광주의 각 도시에서 요구하는 수량인 500, 200, 200, 100 이상이 공급되어야 한다.

F19:I19 ≧ F21:I21

• 집하지의 유입량=집하지의 출하량 : 집하지는 유입량과 유출량이 동일해야 한다. 따라서 집하지1에서의 유입량인 D19셀과 출하량인 J17셀이 같아야 한다.

D19 = J17

• 집하지2에서의 유입량인 E19셀과 출하량인 J18셀 역시 동일해야 한다.

E19 = J18

• 수송량의 정수 조건 : 수산물은 포장 단위로 수송되므로 모든 수송량은 정수로 지정되어야 한다.

D14:I18 = 정수

• 수송량의 비음수 조건 : 수송량은 0(zero) 이상의 값을 가져야 하므로 ☑ 제한되지 않는 변수를 음이 아닌 수로 설정(K) 에 체크 표시를 하여 '변수의 비음수 조건'을 충족하게 한다.

그리고 본 문제에서 각 변수들간의 관계가 선형이라는 것을 지정해 주어야 한다. 따라서 '해법 선택'에서 '단순 LP'를 선택하여 최적해를 구하게끔 한다.

## 2) 옵션 완성

이제 정수 조건을 더 지정하기 위하여 오른쪽의 [옵션(P)] 버튼을 클릭한 후, 다음과 같이 지정한다.

'정수 제한조건 무시'에 체크 표시를 해제하고, 최적화된 값을 찾고자 하므로 '정수 최적화 비율(%)'란을 0 값으로 지정한다.

### 3) 해찾기 실행

해찾기를 실행하면 총수송비용을 최소로 하는 각 항구와 집하지, 도시 간의 수송량을 알 수 있으며, 이때 총수송비용은 20,000천원이 되는 것을 알 수 있다.

선형계획법 예제-3.xlsx - Excel

D23 =SUMPRODUCT(D4:I8,D14:I18)

| FROM | 집하지1 | 집하지2 | 서울 | 대전 | 대구 | 광주 | 공급량 |
|---|---|---|---|---|---|---|---|
| 평택 | 5 | 30 | 13 | 5000 | 5000 | 5000 | 300 |
| 묵호 | 20 | 25 | 5000 | 5000 | 5000 | 5000 | 400 |
| 통영 | 5000 | 5 | 5000 | 5000 | 5000 | 5000 | 300 |
| 집하지1 | 5000 | 5000 | 10 | 8 | 16 | 5000 | |
| 집하지2 | 5000 | 5000 | 5000 | 12 | 10 | 10 | |
| 수요량 | | | 500 | 200 | 200 | 100 | |

| FROM | 집하지1 | 집하지2 | 서울 | 대전 | 대구 | 광주 | 공급량 | | |
|---|---|---|---|---|---|---|---|---|---|
| 평택 | 0 | 0 | 300 | 0 | 0 | 0 | 300 | <= | 300 |
| 묵호 | 400 | 0 | 0 | 0 | 0 | 0 | 400 | <= | 400 |
| 통영 | 0 | 300 | 0 | 0 | 0 | 0 | 300 | <= | 300 |
| 집하지1 | 0 | 0 | 200 | 200 | 0 | 0 | 400 | | |
| 집하지2 | 0 | 0 | 0 | 0 | 200 | 100 | 300 | | |
| 공급 받은 양 | 400 | 300 | 500 | 200 | 200 | 100 | | | |
| | | | >= | >= | >= | >= | | | |
| 수요량 | | | 500 | 200 | 200 | 100 | | | |

총 비용 20,000 천원

# 6. [예제 4] 최저 도급가 문제 (선형계획법 예제-4.xlsx)

**예제 4 최저 도급가 문제**

영홍기계공업은 차량용 제품을 생산하고 있는데, 이달 완성차 업체로부터 대형 주문을 받았다. 이를 위하여 다섯 개의 기계부품을 외주업체에 도급을 주려고 하는데, 각 업체별 부품의 도급가(천원)는 아래와 같다.

| | Air Spring | Bushing | Axle Spacer | Shock Absorber | Sleeve |
|---|---|---|---|---|---|
| 영산실업 | 6 | 19 | 6 | 15 | 6 |
| 동일기업 | 7 | 20 | 7 | 16 | 5 |
| 반도기계 | 6 | 19 | 6 | 17 | 4 |

그리고 이번 대형 주문에 필요한 각 부품의 수요(개)는 다음과 같다.

| 부품명 | Air Spring | Bushing | Axle Spacer | Shock Absorber | Sleeve |
|---|---|---|---|---|---|
| 수요(개) | 2,000 | 1,500 | 3,000 | 1,250 | 2,000 |

또한 각 업체별로 부품 제조에 걸리는 시간(분)이 약간씩 다른데, 이는 아래와 같다.

| | Air Spring | Bushing | Axle Spacer | Shock Absorber | Sleeve |
|---|---|---|---|---|---|
| 영산실업 | 16 | 100 | 25 | 90 | 30 |
| 동일기업 | 15 | 110 | 29 | 85 | 35 |
| 반도기계 | 17 | 130 | 27 | 100 | 35 |

도급업체의 제조라인 사정상, 이번 도급을 위하여 사용할 수 있는 총시간(분)은 각 업체별로 다음과 같다.

| 업체명 | 영산실업 | 동일기업 | 반도기계 |
|---|---|---|---|
| 작업가능시간(분) | 220,000 | 90,000 | 165,000 |

이때 어느 도급업체에 각 부품을 몇 개씩 생산하도록 하는 것이 영홍기계공업의 부품 수요를 맞추면서 도급가 총액을 가장 작게 하는지 알아보시오.

## (1) 선형계획모형 작성

[예제 4]는 어떤 도급업체에서 어떤 부품을 몇 개 생산하는 것이 각 업체별로 생산 가능한 시간 내에서 생산하게 하면서 총도급가를 가장 작게 할 수 있는가 하는 문제이다.

### 1) 목적식

목적식은 각 업체별로 부품의 도급수와 도급가의 곱의 전체 합이 된다. 그리고 비용을 최소화하려는 것이므로 최소화의 대상이 된다.

### 2) 제한조건

부품을 생산할 때 시간이 걸리는데, 업체별로 도급에 사용할 수 있는 라인의 사용시간 내이어야 한다.

### 3) 변수의 조건

도급수는 0 이상이어야 하고, 또 정수이어야 한다.

## (2) 엑셀 스프레드시트 모형 완성

### 1) 엑셀 서식 작성

① 도급가(D5:H7셀) : 같은 부품이라도 도급가는 도급업체에 따라 약간씩 다르다. 따라서 가장 낮은 도급가의 업체에 먼저 생산을 의뢰해야 한다.

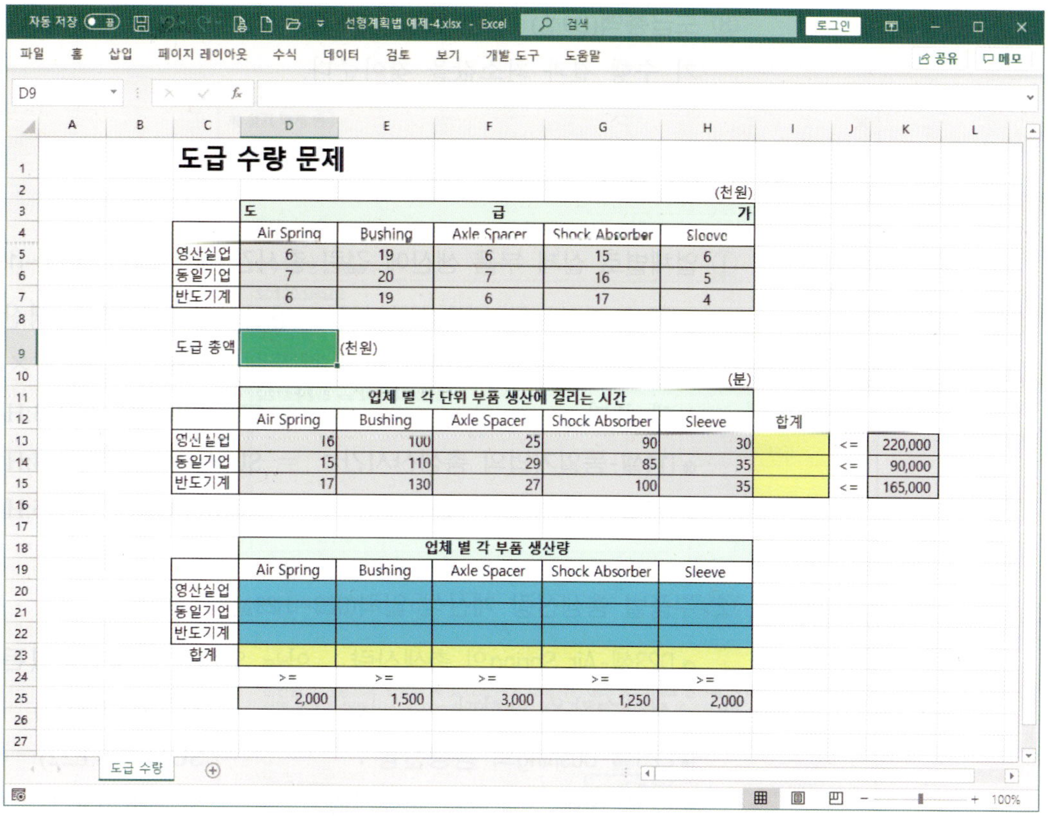

**도급 수량 문제**

(천원)

| | 도급가 | | | | |
|---|---|---|---|---|---|
| | Air Spring | Bushing | Axle Spacer | Shock Absorber | Sleeve |
| 영산실업 | 6 | 19 | 6 | 15 | 6 |
| 동일기업 | 7 | 20 | 7 | 16 | 5 |
| 반도기계 | 6 | 19 | 6 | 17 | 4 |

도급 총액 (천원)

(분)

| | 업체 별 각 단위 부품 생산에 걸리는 시간 | | | | | 합계 | | |
|---|---|---|---|---|---|---|---|---|
| | Air Spring | Bushing | Axle Spacer | Shock Absorber | Sleeve | | | |
| 영신실업 | 16 | 100 | 25 | 90 | 30 | | <= | 220,000 |
| 동일기업 | 15 | 110 | 29 | 85 | 35 | | <= | 90,000 |
| 반도기계 | 17 | 130 | 27 | 100 | 35 | | <= | 165,000 |

| | 업체 별 각 부품 생산량 | | | | |
|---|---|---|---|---|---|
| | Air Spring | Bushing | Axle Spacer | Shock Absorber | Sleeve |
| 영산실업 | | | | | |
| 동일기업 | | | | | |
| 반도기계 | | | | | |
| 합계 | | | | | |
| | >= | >= | >= | >= | >= |
| | 2,000 | 1,500 | 3,000 | 1,250 | 2,000 |

② 생산시간(D13:H15셀) : 도급단가뿐만 아니라 같은 부품의 생산시간 역시 업체에 따라 조금씩 차이가 난다. 이는 도급업체의 총생산가용시간과 함께 해당 업체에서 생산할 수 있는 생산량에 영향을 주게 된다.

③ 업체별 도급부품 생산량(D20:H22셀) : 총도급가를 최소로 하는 각 업체별 부품 생산량을 말하며, 이것이 이 문제에서 구하고자 하는 변수가 된다. 따라서 본 문제에서는 각 업체의 생산가용시간 제한하에서 총도급가를 최소화하는 이들 15개 생산량 수가 본 문제의 해가 된다.

④ 업체별 생산가용시간(K13:K15셀) : 업체별로 도급생산에 사용가능한 총생산가용시간을 말한다. 부품별로 생산가용시간이 별도로 존재하지는 않는다.

• 생산량이 수요를 충족하는 조건 : 부품의 생산량은 D25:H25셀에 명기된 수요를 충족해야 한다.

D23:H23 ≧ D25:H25

• 생산량의 정수 조건 : 생산량은 개수로 생산되므로 정수이어야 한다.

D20:H22 = 정수

• 생산량의 비음수 조건 : 생산량은 0(zero) 이상의 값을 가져야 하므로 ☑ 제한되지 않는 변수를 음이 아닌 수로 설정(K) 에 체크 표시를 하여 '변수의 비음수 조건'을 충족하게 한다.

그리고 본 문제에서 각 변수들간의 관계가 선형이라는 것을 지정해 주어야 한다. 따라서 '해법 선택'에서 '단순 LP'를 선택하여 최적해를 구하게끔 한다.

## 2) 옵션 완성

이제 정수 조건을 더 지정하기 위하여 오른쪽의 [옵션(P)] 버튼을 클릭한 후, 다음과 같이 지정한다.

'정수 제한조건 무시'에 체크 표시를 해제하고, 가장 정수화된 값을 찾고자 하므로 '정수 최적화 비율(%)'란을 0 값으로 지정한다.

## 3) 해찾기 실행

해찾기를 실행하면 도급 총액을 최소로 하는 각 업체별 부품의 생산량을 알 수 있으며, 이때 도급 총액은 85,861천원이 되는 것을 알 수 있다.

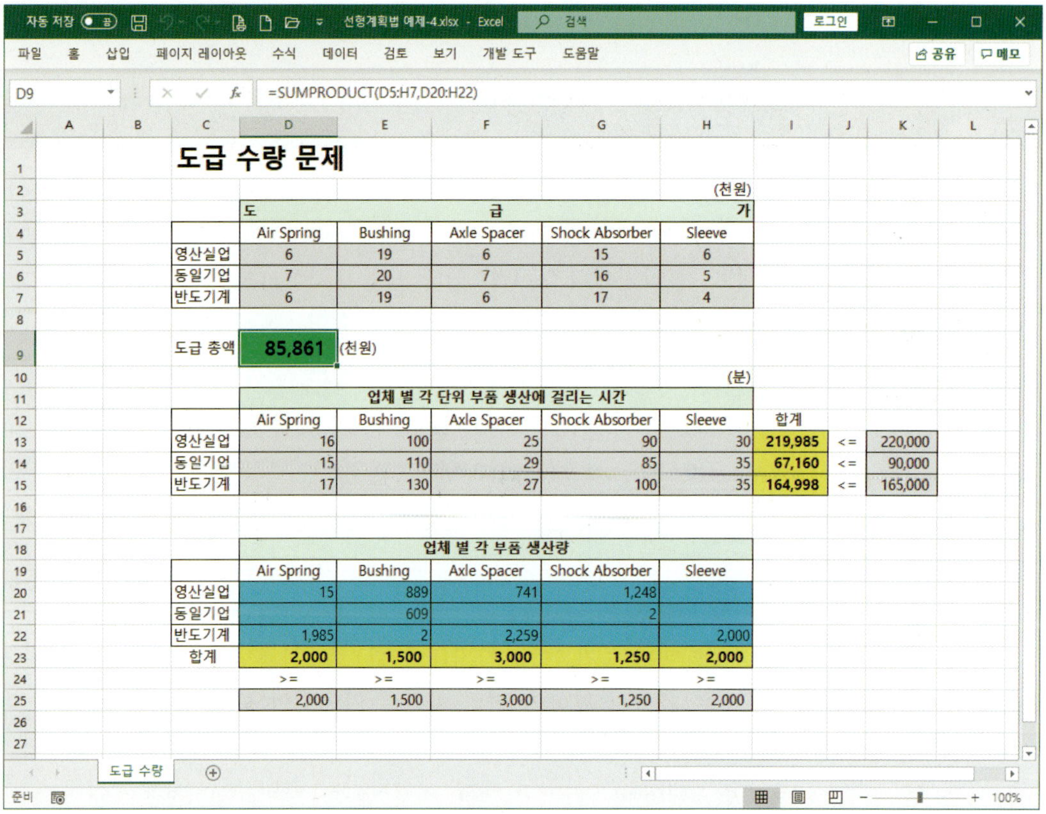


(천원)

| 도급가 | Air Spring | Bushing | Axle Spacer | Shock Absorber | Sleeve |
|---|---|---|---|---|---|
| 영산실업 | 6 | 19 | 6 | 15 | 6 |
| 동일기업 | 7 | 20 | 7 | 16 | 5 |
| 반도기계 | 6 | 19 | 6 | 17 | 4 |

도급 총액 85,861 (천원)

(분)

| 업체 별 각 단위 부품 생산에 걸리는 시간 | Air Spring | Bushing | Axle Spacer | Shock Absorber | Sleeve | 합계 | | |
|---|---|---|---|---|---|---|---|---|
| 영산실업 | 16 | 100 | 25 | 90 | 30 | 219,985 | <= | 220,000 |
| 동일기업 | 15 | 110 | 29 | 85 | 35 | 67,160 | <= | 90,000 |
| 반도기계 | 17 | 130 | 27 | 100 | 35 | 164,998 | <= | 165,000 |

| 업체 별 각 부품 생산량 | Air Spring | Bushing | Axle Spacer | Shock Absorber | Sleeve |
|---|---|---|---|---|---|
| 영산실업 | 15 | 889 | 741 | 1,248 | |
| 동일기업 | | 609 | | 2 | |
| 반도기계 | 1,985 | 2 | 2,259 | | 2,000 |
| 합계 | 2,000 | 1,500 | 3,000 | 1,250 | 2,000 |
| | >= | >= | >= | >= | >= |
| | 2,000 | 1,500 | 3,000 | 1,250 | 2,000 |

# 7. [예제 5] 공장 라인 가동 문제 (선형계획법 예제-5.xlsx)

**예제 5 공장 라인 가동 문제**

A기계산업은 산업용 굴착기를 생산하고 있다. 시장수요 확대를 목표로 신모델을 개발하여 생산에 착수하려고 한다. 월간 15,000대의 총수요가 발생할 것으로 보고 가격은 50만원으로 책정하였다. 이 회사의 가동가능한 생산라인은 5개로 각 라인마다 굴착기 대당 생산재료비, 라인 셋업비, 각 라인의 최대 생산가능량, 그리고 굴착기 한 대당 소요되는 인건비는 아래 표와 같다.

| 생산라인 | 생산재료비(천원/개) | 라인 셋업비(천원) | 최대 생산 가능량(대) | 인건비(천원/대) |
|---|---|---|---|---|
| 1 | 300 | 590,000 | 7,200 | 50 |
| 2 | 250 | 330,000 | 3,900 | 80 |
| 3 | 350 | 290,000 | 4,800 | 65 |
| 4 | 280 | 600,000 | 5,200 | 55 |
| 5 | 310 | 350,000 | 4,200 | 70 |

상기 내용을 중심으로 회사는 월간 이익이 최대가 되도록 가동할 라인과 가동 라인에서의 생산량을 결정하려고 한다. 이익을 최대화하기 위하여 어떤 라인을 가동해야 할지 결정하고, 가동 라인에서의 생산량을 구하시오. 라인을 가동하지 않으면 라인 셋업비는 발생하지 않는다. 그리고 라인이 가동될 때 해당 라인에서의 굴착기 생산량은 0(zero)에서부터 해당 생산라인의 최대 생산 용량까지의 값을 가진다. 각 라인의 가동여부(B23:B27)는 0과 1의 2진수(binary) 변수로 설정해야 함을 유의한다. 그리고 수요는 15,000개로 생산량은 이보다 작으면 안 된다.

## (1) 선형계획모형 작성

이익을 최대화하기 위하여 어떤 라인을 가동해야 할 것인가 하는 문제이다. 본 문제에서 가장 유의할 사항은 라인의 가동여부를 2진수(bin) 변수로 설정해야 한다는 것이다. 이는 해찾기에서 변수를 2진수 변수로 설정함으로써 가능하다. 그리고 이때 가동하는 라인의 생산량은 최대 생산량 이하에서 얼마의 양이든 가능함에 유의하도록 한다.

그리고 판매량은 수요를 넘을 수 없으므로 얼마를 생산하든 수요의 15,000대와 일치하게 된다. 따라서 가능하면 생산량을 수요에 맞추는 것이 비용을 최소화하여 이익을 최대화하게 된다.

### 1) 목적식

본 문제는 이익최대화 문제이나 실제는 비용최소화 문제라고 할 수 있다. 왜냐하면 판매량은 수요 이상 발생하지 않으므로 최대 15,000대를 판매할 수 있으며 이때의 가격 역시 500,000원으로 정해져 있기 때문이다. 따라서 해찾기에서 B14셀의 이익을 최대화하는 것으로 설정하나, 내용상으로는 생산재료비, 라인의 총셋업비, 그리고 인건비의 합을 최소화하는 것이 된다.

### 2) 제한조건

제한조건은 각 라인에서의 생산량이 라인의 생산용량 이하여야 한다는 것과 총생산량이 수요를 맞추어야 하므로 수요보다 커야 한다는 것이다.

### 3) 변수의 조건

본 문제에서 변수는 두 종류가 있는데, 첫째는 라인별 가동여부 변수로, 이는 0 또는 1의 2진수로 설정된다. 둘째는 라인 가동시 해당 라인에서의 생산량으로, 이는 그 라인의 생산용량 이하이어야 한다. 물론 가동하지 않는 라인의 경우 생산량은 0이 된다. 그리고 두 종류의 변수 모두 정수 조건과 비음수 조건을 만족해야 한다.

## (2) 엑셀 스프레드시트 모형 완성

### 1) 엑셀 서식 작성

① 이익(B14셀) : 본 문제는 이익을 최대화하고자 하는 문제이다. 이익은 판매액에서 생산재료비, 총셋업비, 그리고 인건비를 뺀 금액이다.

② 판매액(B16셀) : 판매액은 판매수량에 따라 달라져야 하지만 본 문제에서는 실제 판매량이 15,000대로 정해져 있다. 왜냐하면 수요량을 맞추기 위해서는 수요량 이상 생산해야 하는데, 결국 판매할 수 있는 대수는 수요량이므로 얼마를 생산하든 판매량은 수요량이 되기 때문이다. 가격 또한 500,000

원으로 이미 고정되어 있으므로 판매액은 수요량(15,000대)×가격(500,000원)이 된다.

③ 총생산재료비(B17셀) : 생산재료비는 실제 생산하는 대수에 각 라인별 생산비를 곱해 준다. 가동하지 않는 라인의 경우 생산대수가 0이 되므로 이들 라인의 생산재료비는 당연히 0이 된다.

④ 총셋업비(B18셀) : 가동하는 라인의 셋업비를 합계한 것을 말한다. 가동여부 변수는 가동하는 라인의 경우 1이 되고, 가동하지 않는 경우 0이 되므로, 가동여부 변수와 라인 셋업비를 곱해 주면 된다.

⑤ 총인건비(B19셀) : 각 라인마다 대당 생산 인건비가 차이가 난다. 각 라인의 총생산대수와 각 라인별 인건비를 곱해 준다.

⑥ 가동여부(B23:B27셀) : 각 라인의 가동여부로 본 문제에서의 변수가 된다. 해찾기에서 2진수 및 정수로 설정하여 가동시 1, 가동하지 않을 경우 0의 값을 가지게 한다.

⑦ 가동시 생산량(대)(C23:C27셀) : 실제 가동시 생산할 생산량으로 0 이상, 그리고 해당 라인의 생산용량 이하의 값을 가진다. 가동시 생산량 역시 이 문제

에서 변수로 설정된다. 가동하지 않는 라인의 경우 0의 값을 가진다.

⑧ 가동시 라인 생산용량(대)(E23:E27셀) : 가동할 경우 라인의 생산총량, 그리고 가동하지 않을 경우 0의 값을 가진다. 각 라인의 가동여부(B23:B27)와 생산용량(대)(D4:D8)을 곱하여 구한다.

⑨ 총생산량(C30셀) : C23:C27셀의 가동시 생산량을 모두 합한 것으로 실제 생산량이 된다. 이것이 수요량을 넘을 경우 판매는 하지 못하고 비용만 발생하게 되므로 가능한 한 수요량과 같게 되는 것이 이익을 최대화하게 된다.

## 2) 수식의 입력

① 이익 관련 계산식 입력(B14, B16～B19셀)

- B14셀-이익 : 판매액에서 비용을 모두 제한 것이므로 아래와 같이 입력한다.

  = B16-B17-B18-B19

- B16셀-판매액 : 판매액은 판매량(=수요량)×가격이 된다.

  = B11*E30

- B17셀-총생산재료비 : 실제 각 라인의 생산량(C23:C27)과 대당 생산재료비(B4:B8)를 곱한 금액이 된다.

  = SUMPRODUCT(B4:B8, C23:C27)

- B18셀-총셋업비 : 각 라인의 가동여부(B23:B27)와 라인 셋업비(C4:C8)를 곱한 금액이 된다.

  = SUMPRODUCT(C4:C8, B23:B27)

- B19셀-총인건비 : 각 라인에서의 생산투입 인건비로 각 라인의 대당 인건비(E4:E8)와 가동시 생산량(C23:C27)을 곱하여 계산한다.

  = SUMPRODUCT(E4:E8, C23:C27)

② 생산용량 계산식 입력(E23～E27셀)

- E23:E27셀-가동시 생산용량 : 라인이 가동하면 해당 라인의 생산용량이 되지만 가동하지 않을 경우 0이 된다. 따라서 라인별 생산용량(D4:D8)과 각 라인의 가동여부(B23:B27)의 각 셀을 곱해 준다.

  E23셀의 식 = D4*B23
  E24셀의 식 = D5*B24
  E25셀의 식 = D6*B25
  E26셀의 식 = D7*B26

### 3) 해찾기 실행

해찾기를 실행하면 가동해야 할 라인은 1, 2, 5 라인으로 나타나며, 이때 이들 라인의 생산량은 7,200대(전량 생산), 3,900대(전량 생산), 그리고 3,900대(일부 생산)가 되고, 이때 이익은 941,000천원이 됨을 알 수 있다. 그리고 이때의 생산량은 수요와 같은 15,000대로 판매되지 않는 생산량이 없는 경우임을 알 수 있다.

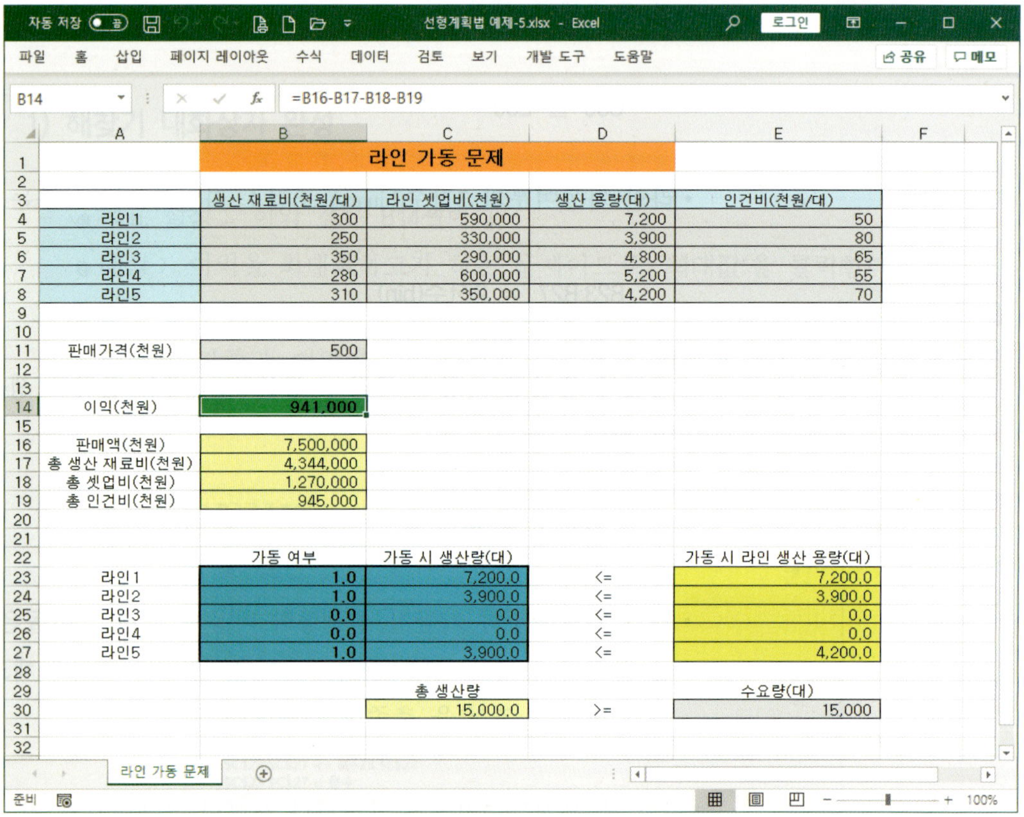

B14 =B16-B17-B18-B19

라인 가동 문제

| | 생산 재료비(천원/대) | 라인 셋업비(천원) | 생산 용량(대) | 인건비(천원/대) |
|---|---|---|---|---|
| 라인1 | 300 | 590,000 | 7,200 | 50 |
| 라인2 | 250 | 330,000 | 3,900 | 80 |
| 라인3 | 350 | 290,000 | 4,800 | 65 |
| 라인4 | 280 | 600,000 | 5,200 | 55 |
| 라인5 | 310 | 350,000 | 4,200 | 70 |

| | |
|---|---|
| 판매가격(천원) | 500 |
| 이익(천원) | 941,000 |
| 판매액(천원) | 7,500,000 |
| 총 생산 재료비(천원) | 4,344,000 |
| 총 셋업비(천원) | 1,270,000 |
| 총 인건비(천원) | 945,000 |

| | 가동 여부 | 가동 시 생산량(대) | | 가동 시 라인 생산 용량(대) |
|---|---|---|---|---|
| 라인1 | 1.0 | 7,200.0 | <= | 7,200.0 |
| 라인2 | 1.0 | 3,900.0 | <= | 3,900.0 |
| 라인3 | 0.0 | 0.0 | <= | 0.0 |
| 라인4 | 0.0 | 0.0 | <= | 0.0 |
| 라인5 | 1.0 | 3,900.0 | <= | 4,200.0 |
| | | 총 생산량 | | 수요량(대) |
| | | 15,000.0 | >= | 15,000 |

# 연습문제

Chapter 5

**1.** [선형계획법 연습문제-1.xlsx] 숙소 예약 문제

중소 소프트웨어 기업인 A사는 회사창립일을 맞아 전 직원이 2박 3일 동안 등산 및 MT를 가기로 하여 숙소를 예약하려고 한다. 가려고 하는 장소로는 휴양림, 콘도, 펜션의 숙박시설이 있다. 숙박시설별 숙박 인원과 비용은 다음 표와 같다. 비용은 숙박비(2박) 외에 3일간의 사용료와 일인당 식사비(3일간)가 드는 것으로 나타났다.

| 숙소 | 숙박 수용인원(숙소당) | 숙박비(원/2박) | 사용료(원/3일) | 식사비(원/3일, 인) |
|---|---|---|---|---|
| 휴양림 | 5명 | 350,000 | 65,000 | 70,000 |
| 콘도 | 7명 | 400,000 | 50,000 | 60,000 |
| 펜션 | 6명 | 300,000 | 35,000 | 50,000 |

그리고 '휴양림'의 경우 희망자들이 다수 있어 최소 2개를 예약하기로 하였다. 이번 행사를 위하여 A사가 배정한 예산은 숙박비로 300만원, 그리고 사용료와 식사비를 합하여 350만원이다. 예산을 만족하면서 가장 많은 인원이 행사에 참여하려면 각 숙소에 몇 개를 예약해야 하는가?

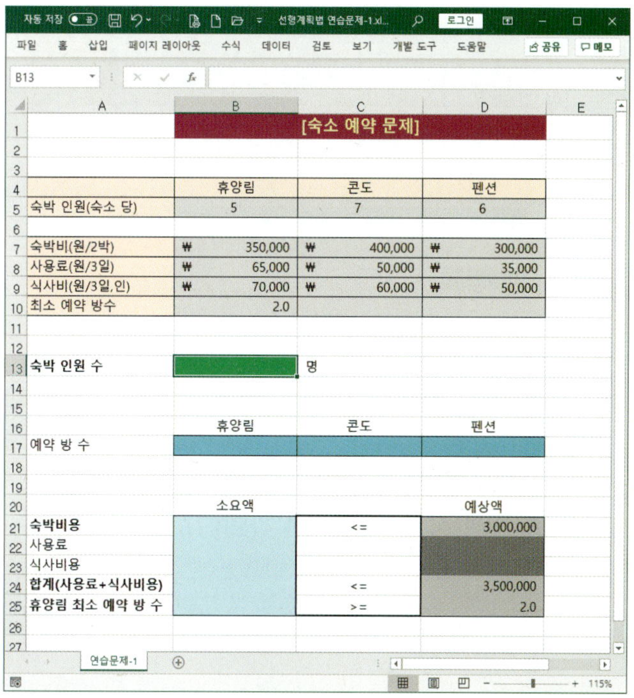

## 2. [선형계획법 연습문제-2.xlsx] 구내식당의 식단비용 최소화 문제

1) ('식단 작성' 시트) 구내식당의 영양사는 필요한 영양소가 주당 섭취 권장량을 넘게끔 식사를 준비해야 한다. 필요한 영양소는 칼슘, 비타민A, 비타민C, 그리고 비타민 E로, 각각 주당 칼슘은 10단위, 비타민A는 20단위, 비타민C는 50단위, 비타민 E는 30단위 이상을 섭취해야 한다. 각 식품별 100g당 함유된 영양소의 단위와 가격은 다음 표와 같다. 식품1을 100g 섭취하면 비타민A 1단위와 비타민C 2단위를 섭취하게 된다. 최소비용으로 주당 최소 영양소 섭취조건을 만족하려면 각 식품별로 얼마를 구입하여 식단을 만들어야 하는가? 구입은 g단위로도 할 수 있다고 한다. (즉 정수 조건이 아님)

| 영양소 | 식품1 | 식품2 | 식품3 | 식품4 | 식품5 | 최소 섭취 권장량(단위) |
|---|---|---|---|---|---|---|
| 칼슘 | | | 1 | | 1 | 10 |
| 비타민A | 1 | | | | 1 | 20 |
| 비타민C | 2 | 1 | 1 | | 1 | 50 |
| 비타민E | | 2 | | 2 | | 30 |
| 식품가격 (100g당) | 200원 | 270원 | 190원 | 230원 | 210원 | |

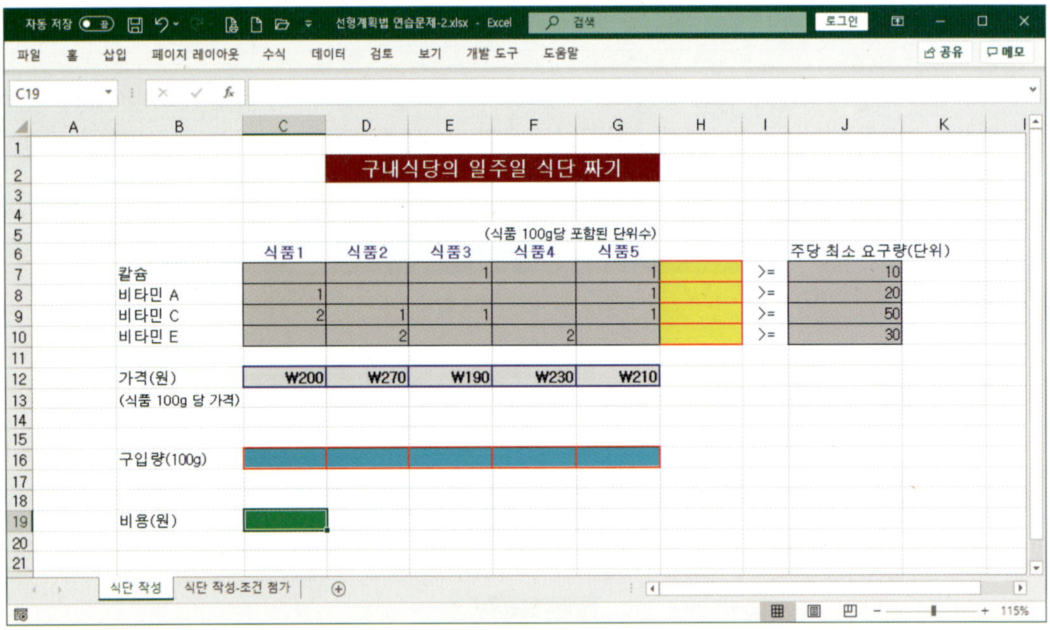


2) ('식단 작성-조건 첨가' 시트) 식품1은 주당 1,000g 이하로 섭취해야 하고, 식품2는 1,200g 이하로 섭취해야 한다고 한다. 1)에서 언급한 각 영양소의 최소 섭취조건과 이러한 조건까지 만족하려면 각 식품별로 얼마를 구입하여 식단을 만들어야 하는가?

**3.** [선형계획법 연습문제-3.xlsx] 화훼의 수송비용 최소화 문제

네덜란드, 이탈리아, 스페인에서는 날씨가 좋아 화훼를 재배하여 미국, 영국, 독일, 프랑스로 수출하고 있다. 아래 표는 각 재배국가에서 하루에 공급가능한 화훼의 양(Kg)과, 수입하는 각 국가에서 매일 필요로 하는 화훼의 양(Kg)을 나타내고 있다.

| 수출국 | 총공급가능량(Kg) |
|---|---|
| 네덜란드 | 600 |
| 이탈리아 | 500 |
| 스페인 | 700 |

| 수입국 | 수요량(Kg) |
|---|---|
| 미국 | 700 |
| 영국 | 300 |
| 독일 | 400 |
| 프랑스 | 400 |

또한 각 수출국가에서 수입국가로의 화훼 1Kg당 배송비(유로)는 다음과 같다고 한다.

| | | 수입국 | | | |
|---|---|---|---|---|---|
| | | 미국 | 영국 | 독일 | 프랑스 |
| 수출국 | 네덜란드 | 15 | 10 | 5 | 5 |
| | 이탈리아 | 24 | 17 | 9 | 7 |
| | 스페인 | 20 | 14 | 8 | 5 |

각 수출국가에서 각 수입국가로 화훼를 얼마만큼 배성하여 수송하면 전체 화훼의 수송비용이 최소가 되는가?

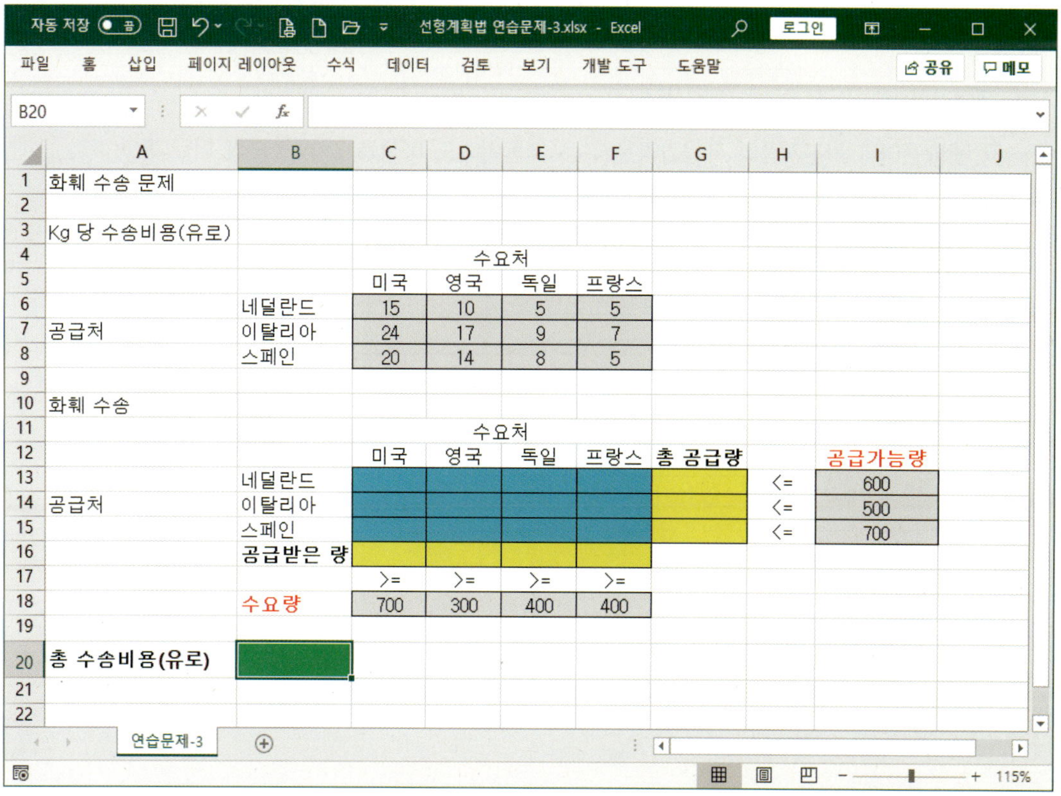

**4.** [선형계획법 연습문제-4.xlsx] 주문량 할당 문제

서울가전(주)는 판매점에서 주문을 받아 가전제품들을 공급하고 있다. 아래와 같이 판매점으로부터 전자레인지, 선풍기, 그리고 에어컨을 주문받아 공급하고자 한다. 각 판매점으로부터의 주문량은 다음과 같다. 그런데 서울가전(주)가 가진 재고보유량은 각각 전자레인지 150대, 선풍기 125대, 그리고 에어컨 105대라고 한다.

| | 주문대수 | | |
|---|---|---|---|
| 판매점 | 전자레인지 | 선풍기 | 에어컨 |
| A상사 | 50 | 15 | 30 |
| B상사 | 60 | 100 | 25 |
| C상사 | 30 | 15 | 12 |
| D상사 | 55 | 50 | 70 |
| E상사 | 25 | 30 | 45 |
| 창고 보유량 | 150대 | 125대 | 105대 |

주문은 일단 외상으로 이루어지며 60일 후에 판매점은 가전제품의 금액을 서울가전(주)로 입금한다. 판매가 외상으로 이루어지므로 서울가전(주)는 각 판매점마다 신용금액을 설정하여 그 이상은 제품을 공급하지 않는다. 각 판매점의 신용(만원)은 아래와 같다.

| 판매점 | 신용(만원) |
|---|---|
| A상사 | 3,000 |
| B상사 | 2,500 |
| C상사 | 900 |
| D상사 | 4,000 |
| E상사 | 5,300 |

각 판매점마다 가전제품의 제공가격은 같은 제품이라도 아래와 같이 조금씩 다르다.

| | 가격(만원) | | |
|---|---|---|---|
| 판매점 | 전자레인지 | 선풍기 | 에어컨 |
| A상사 | 25 | 12 | 100 |
| B상사 | 26 | 11.5 | 95 |
| C상사 | 26 | 11.7 | 97 |
| D상사 | 27 | 10.5 | 98 |
| E상사 | 25.5 | 11.5 | 102 |

각 전자제품은 판매점에서 주문한 숫자보다는 작게 제공되어야 한다. 그리고 각 제품의 전체 할당량은 서울가전(주)의 재고보유량보다 작아야 한다. 각 판매점의 주문금액은 판매점에 주어진 신용금액 이하이어야 하는 조건을 만족시키면서 서울가전(주)의 총판매금액을 최대화하려면, 각 판매점별로 각 가전제품을 얼마씩 할당하여 공급해야 하는가?

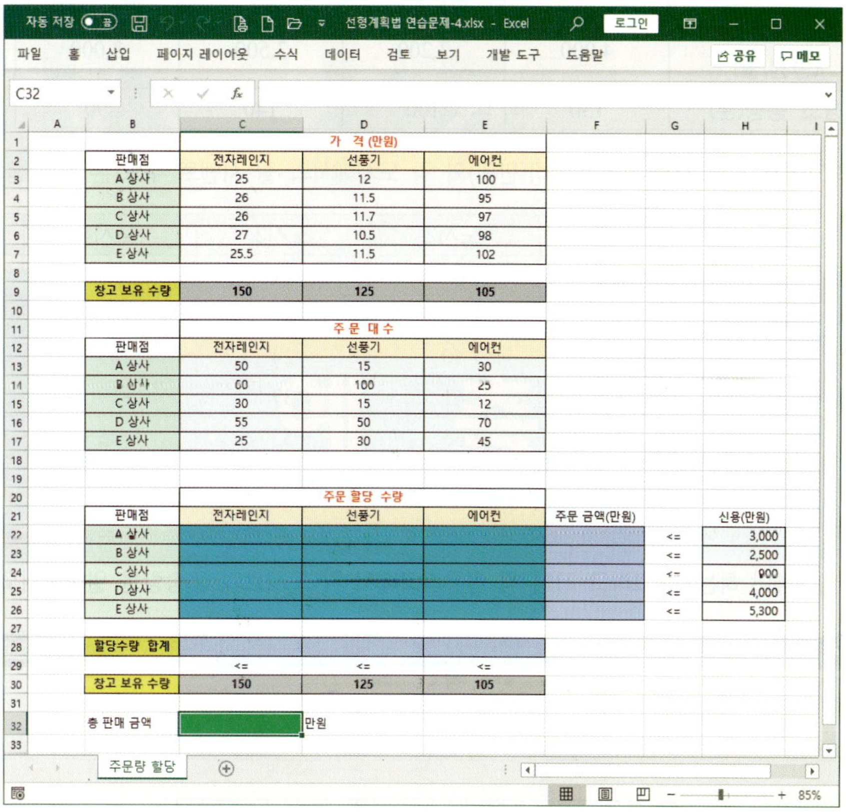

| 판매점 | 가 격 (만원) 전자레인지 | 선풍기 | 에어컨 |
|---|---|---|---|
| A 상사 | 25 | 12 | 100 |
| B 상사 | 26 | 11.5 | 95 |
| C 상사 | 26 | 11.7 | 97 |
| D 상사 | 27 | 10.5 | 98 |
| E 상사 | 25.5 | 11.5 | 102 |
| 창고 보유 수량 | 150 | 125 | 105 |

| 판매점 | 주문 대수 전자레인지 | 선풍기 | 에어컨 |
|---|---|---|---|
| A 상사 | 50 | 15 | 30 |
| B 상사 | 60 | 100 | 25 |
| C 상사 | 30 | 15 | 12 |
| D 상사 | 55 | 50 | 70 |
| E 상사 | 25 | 30 | 45 |

| 판매점 | 주문 할당 수량 전자레인지 | 선풍기 | 에어컨 | 주문 금액(만원) | | 신용(만원) |
|---|---|---|---|---|---|---|
| A 상사 | | | | | <= | 3,000 |
| B 상사 | | | | | <= | 2,500 |
| C 상사 | | | | | <= | 900 |
| D 상사 | | | | | <= | 4,000 |
| E 상사 | | | | | <= | 5,300 |
| 할당수량 합계 | | | | | | |
| | <= | <= | <= | | | |
| 창고 보유 수량 | 150 | 125 | 105 | | | |

총 판매 금액 ______ 만원

# 1. 예측의 종류

기업경영에서 의사결정의 핵심은 미래에 대한 예측에 있다고 해도 과언은 아닐 것이다. 향후 경제상황이 어떻게 될지, 자사제품의 매출전망은 어떨지, 또는 환율이 오를지 내릴지, 원자재의 값은 어떻게 될지, 경쟁기업은 어떻게 행동할 것인지 등 미래상황에 대한 정보와 이에 대한 정확한 예측이 있어야 올바른 의사결정이 가능한 때가 많다.

예측(forecasting)은 향후 발생할 미래의 상황에 대하여 예견하는 것이다. 정확한 예측은 기업에 많은 혜택을 가져다준다. 제품 수요에 대한 정확한 예측으로 설비증설을 통하여 대규모의 매출신장을 가져올 수 있는 반면에, 예측의 잘못으로 인하여 과다한 설비투자를 하게 되고 이로 인한 재고비용과 금융비용으로 실패한 기업도 부지기수이다. 기업의 경영활동은 적절한 예측과 전망 없이는 원하는 결과를 얻기가 쉽지 않다.

예측은 과거의 진단과 분석으로부터 온다. 과거 자료를 면밀히 조사하여 과거의 경향과 변화 형태, 반복적인 움직임을 포착하고 이것을 현재 상황과 미래에 적용함으로써 가능해진다. 그러나 과거의 자료로부터 이러한 규칙적인 변화와 움직임을 찾아내는 것은 쉬운 작업이 아니다. 많은 확률과 무작위의 변동 속에서 규칙적인 움직임을 포착해 내는 것은 과학적인 분석방법을 필요로 하기 때문이다. 그래서 의사결정을 하는 위치에 있는 경영자나 실무자는 예측을 위한 분석기법의 숙련을 위해 노력하지 않으면 안 된다. 그러나 많은 과학적 기법은 과거가 미래에도 그대로 연장된다는 가정하에 성립된 것이 많다. 이러한 관점에서 미래의 예측을 어렵게 만드는 가장 큰 이유는 과거의 경향이 미래에도 그대로 지속되지 않을 수 있다는 것이다. 갑자기 새로운 기술이 개발되어 현재의 인기 있는 제품과 기술이 시장에서 사라질 수도 있고, 소비자의 취향이 급속히 변화하는 등 여러 가지 이유로 말미암아 과거의 흐름이 향후에도 그대로 지속되리라는 보장이 없기 때문이다. 따라서 100% 정확한 예측이란 존재하지 않는다고 볼 수 있다. 그러나 현재의 최상의 예측기법을 활용하여 보다 정확하고 신뢰성 있는 예측을 하는 기업일수록 성공할 가능성은 크기 때문에 기업은 미래의 예측에 적극적인 노력을 기울여야 한다.

예측방법은 크게 다음 세 가지로 나누어진다. 정성적 방법, 시계열분석방법, 그리고 인과분석방법이 그것이다. 이 중에서 정성적 방법(qualitative methods)은 전문가나 소비자들의 의견을 조사하여 미래의 방향을 예측하는 여론조사방법으로, 본장에서는 학습의 대상이 아니므로 제외하기로 한다.

시계열분석방법(time series methods)은 시간의 경과에 따라 나타나는 변동과 추세를 조사하는 방법으로, 이동평균법(moving average method), 지수평활법(exponential smoothing method), 추세변동분석(trend analysis), 계절요인분석(seasonality analysis) 등이 있다.

시계열분석방법의 대상인 시계열자료는 일(日), 월(月), 분기(分期), 연(年) 등의 일정한 시간간격 단위에 따라 일어나는 과거 관측치들을 순서대로 모아놓은 것이다. 이들을 살펴보아 어떤 추세와 규칙적 변동이 있으며, 또한 계절적 요인이 포함되었는지를 조사하게 된다.

인과분석방법(causal methods)은 독립변수와 종속변수 간의 연관관계를 살펴보는 것으로 회귀분석방법이 대표적인데, 독립변수가 하나일 때를 '단순회귀분석'이라고 하고, 2개 이상일 때를 '다중회귀분석'이라고 한다.

회귀분석은 다음 장에서 자세히 공부하기로 하고 본장에서는 시계열분석방법인 이동평균법, 지수평활법, 추세변동분석, 그리고 계절요인분석을 중심으로 살펴보도록 한다.

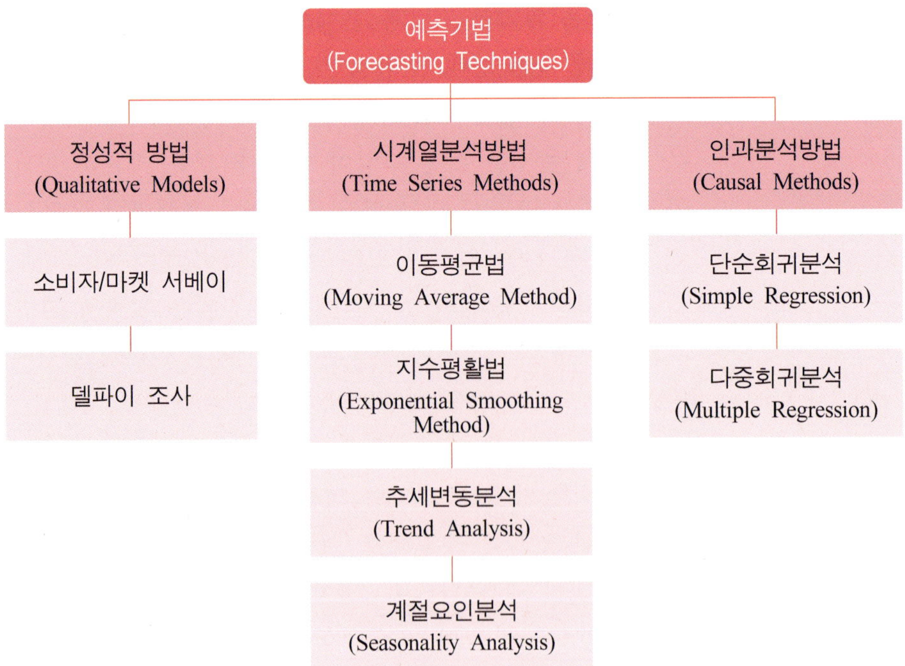


〈예측기법의 종류〉

# 2. 이동평균법

이동평균법(moving average method)은 최근의 추세가 가까운 미래에도 계속될 것이라는 가정하에 사용하는 단순하면서도 매우 유용한 예측방법이다. 이동평균법에서는 최근 M개 기간의 자료를 평균하여 바로 다음 기간의 예측값으로 삼는다. 그 다음 기의 예측은 또 바로 전의 M개 기간의 평균을 사용하면서 평균이 계속 이동해 가기 때문에 이동평균법이라고 한다.

만일 이전 3개월의 자료를 가지고 이동평균법을 실시한다면 4월의 예측값은 1월에서 3월까지 실제값의 평균이 되며, 5월의 예측값은 2월에서 4월까지 실제값의 평균이 된다. 즉,

M기간 예측값(이동평균) = $\sum$(그 이전 M개 기간 동안의 실제값) / M

따라서 이동평균법을 사용하기 위해서는 먼저 평균해야 할 기간 M을 결정해야 한다. 2개월 정도로 평균하는 기간이 작을수록 바로 이전의 하나의 큰 변화에 많은 영향을 받기 때문에 변화가 날카로워지고 최근 변화를 반영한다. 한편, 평균하는 기간이 길수록 하나의 과거 값에 많은 영향을 받지 않아 움직임이 둔한 그래프를 만들고 최근의 변화는 잘 반영하지 못하게 된다. 따라서 M의 값을 얼마로 하느냐가 관건이 되는데, 최근의 변동이 심한 경우 평균기간을 크게 하지 않는다. 일반적으로 평균절대오차(mean absolute error : MAE)를 산출하고, 이 평균절대오차가 가장 작게 되는 M을 최적의 평균기간(M)으로 결정한다.

**예제 1** **예측 예제-1.xlsx**

다음 테이블은 1972년에서 2013년까지 우리나라의 연 강수량(단위 : mm)을 보여준다.

(1) 이동평균법을 이용하여 평균기간이 3년일 때 2014년의 강수량을 예측하시오. 그리고 이때의 평균절대오차(MAE)를 구하시오.

(2) 이동평균법을 이용하여 평균기간이 7년일 때 2014년의 강수량을 예측하시오. 그리고 이때의 평균절대오차(MAE)를 구하시오.

(3) 어떤 평균기간(Year)이 보다 적절한 기간인지 판단하시오.

(4) 실제 강수량 및 평균기간이 3년일 때와 7년일 때 이동평균의 그래프를 작성하시오.

| | A | B | C | D | E | F | G |
|---|---|---|---|---|---|---|---|
| 1 | 년도 | 년 강수량(mm) | Y=3 | 오차 절대값 | Y=7 | 오차 절대값 | |
| 2 | 1972 | 1,548 | | | | | |
| 3 | 1973 | 1,065 | | | | | |
| 4 | 1974 | 1,383 | | | | | |
| 5 | 1975 | 1,342 | | | | | |
| 6 | 1976 | 1,105 | | | | | |
| 7 | 1977 | 1,007 | | | | | |
| 8 | 1978 | 1,220 | | | | | |
| 9 | 1979 | 1,422 | | | | | |
| 10 | 1980 | 1,496 | | | | | |
| 11 | 1981 | 1,305 | | | | | |
| 12 | 1982 | 1,001 | | | | | |
| 13 | 1983 | 1,206 | | | | | |
| 14 | 1984 | 1,285 | | | | | |
| 15 | 1985 | 1,736 | | | | | |
| 16 | 1986 | 1,252 | | | | | |
| 17 | 1987 | 1,555 | | | | | |
| 18 | 1988 | 1,055 | | | | | |
| 19 | 1989 | 1,511 | | | | | |
| 20 | 1990 | 1,611 | | | | | |
| 21 | 1991 | 1,398 | | | | | |
| 22 | 1992 | 1,142 | | | | | |
| 23 | 1993 | 1,430 | | | | | |
| 24 | 1994 | 953 | | | | | |
| 25 | 1995 | 1,122 | | | | | |
| 26 | 1996 | 1,107 | | | | | |
| 27 | 1997 | 1,387 | | | | | |
| 28 | 1998 | 1,804 | | | | | |
| 29 | 1999 | 1,718 | | | | | |
| 30 | 2000 | 1,290 | | | | | |
| 31 | 2001 | 997 | | | | | |
| 32 | 2002 | 1,471 | | | | | |
| 33 | 2003 | 1,861 | | | | | |
| 34 | 2004 | 1,457 | | | | | |
| 35 | 2005 | 1,286 | | | | | |
| 36 | 2006 | 1,424 | | | | | |
| 37 | 2007 | 1,450 | | | | | |
| 38 | 2008 | 989 | | | | | |
| 39 | 2009 | 1,205 | | | | | |
| 40 | 2010 | 1,402 | | | | | |
| 41 | 2011 | 1,623 | | | | | |
| 42 | 2012 | 1,479 | | | | | |
| 43 | 2013 | 1,163 | | | | | |
| 44 | | | | | | | |
| 45 | | | | | | | |
| 46 | | | MAE | | | | |
| 47 | | | | | | | |
| 48 | | | | | | | |

우선 풀이를 위한 주요 사항을 정리하면 다음과 같다.

① Y=3(년)일 때

C5셀의 1975년의 이동평균에 의한 예측치는 (1,548+1,065+1,383) / 3=1,332(mm)가 된다. 그때 실제 강수량은 1,342였으므로 오차(실제값-예측치)는 (1,342-1,332)=10이 된다. 그리고 1972년에서 1974년의 예측치는 그 이전 3개의 실제값이 없으므로 구할 수 없다. 계속하여 구해 나가면 2014년의 예측치는 (1,623+1,479+1,163) / 3=1,422(mm)가 된다. 그리고 2014년의 경우 실제 강수량 값이 없으므로 오차는 구할 수 없다.

② Y=7(년)일 때

예측치를 구할 수 있는 최초의 연도는 1979년이 된다. 왜냐하면 7년 이동평균을 구하므로 최소한 지난 7년간의 강수량 데이터가 있어야 하기 때문이다. 1979년의 예측치는 (1,548+1,065+1,383+1,342+1,105+1,007+1,220) / 7=1,239(mm)가 된다. 그때 실제 강수량은 1,422였으므로 오차(실제값-예측치)는 (1,422-1,239)=183이 된다. 2014년의 예측치는 2007년부터 2013년까지의 강수량 평균인 (1,450+989+1,205+1,402+1,623+1,479+1,163) / 7=1,330(mm)이 된다. 마찬가지로 2014년의 실제 강수량 값이 없으므로 2014년의 오차는 구할 수 없다.

③ 평균절대오차(MAE)의 계산

Y=3일 때 1975년의 오차는 +10이고, 1976년의 오차는 -158이 된다. 그런데 이 오차값들을 그냥 더하면 양수값과 음수값이 상쇄되어 정당한 오차합을 구할 수 없으므로 이들의 절대값을 사용한다. Y=3일 때, 1975년의 오차는 +10이므로 그대로 10이 되고, 1976년의 오차는 -158이 아니라 158이 된다. 그런 후 전체 기간에 걸쳐 이 오차절대값들의 평균을 구하여 평균절대오차(mean absolute error : MAE)로 한다.

| | A | B | C | D |
|---|---|---|---|---|
| 1 | 년도 | 년 강수량(mm) | Y=3 | 오차 절대값 |
| 2 | 1972 | 1,548 | | |
| 3 | 1973 | 1,065 | | |
| 4 | 1974 | 1,383 | | |
| 5 | 1975 | 1,342 | 1,332 | 10 |
| 6 | 1976 | 1,105 | 1,263 | 158 |
| 7 | 1977 | 1,007 | 1,277 | 270 |
| 8 | 1978 | 1,220 | 1,151 | 69 |
| 9 | 1979 | 1,422 | 1,111 | 311 |

## (2) 평균기간이 7년일 때(Y=7)의 이동평균과 평균절대오차

① 평균기간이 7년일 경우 처음 이동평균을 구할 수 있는 해는 1979년이다. 같은 방법으로 E열에 1979년부터 2014년까지의 이동평균을 구한다. 1979년의 이동평균은 1972년에서 1978년까지의 평균이 된다. 따라서 E9셀에는 다음과 같이 수식을 입력한다.

E9셀 : = AVERAGE(B2:B8)

그리고 자동채우기 핸들을 이용하여 2014년인 E44셀까지 채워나간다.

E44셀 : = AVERAGE(B37:B43)

② F열에 각 연도의 절대오차를 구한다. 1979년의 오차를 나타내는 F9셀에는 ABS함수를 이용하여 다음과 같이 입력한다.

F9셀 : = ABS(B9－E9)

그러면 오차는 183mm가 된다. 그리고 나머지 연도에도 같은 방법으로 자동채우기 핸들을 이용하여 구한다. 그러나 2014년(F44셀)은 실제값이 없으므로 오차를 구할 수 없다.

③ 이제 F46셀에 다음과 같은 식을 입력하여 1979년부터 2013년까지 오차의 절대값 평균을 구하면 211mm가 됨을 알 수 있다.

F46셀(Y＝7일 때의 MAE) : = AVERAGE(F9:F43)

그러면 다음과 같이 Y＝7(년)일 때의 이동평균을 완성하게 된다.

| | A | B | C | D | E | F |
|---|---|---|---|---|---|---|
| 1 | 년도 | 년 강수량(mm) | Y=3 | 오차 절대값 | Y=7 | 오차 절대값 |
| 2 | 1972 | 1,548 | | | | |
| 3 | 1973 | 1,065 | | | | |
| 4 | 1974 | 1,383 | | | | |
| 5 | 1975 | 1,342 | 1,332 | 10 | | |
| 6 | 1976 | 1,105 | 1,263 | 158 | | |
| 7 | 1977 | 1,007 | 1,277 | 270 | | |
| 8 | 1978 | 1,220 | 1,151 | 69 | | |
| 9 | 1979 | 1,422 | 1,111 | 311 | 1,239 | 183 |
| 10 | 1980 | 1,496 | 1,216 | 280 | 1,221 | 275 |
| 11 | 1981 | 1,305 | 1,379 | 74 | 1,282 | 23 |
| 12 | 1982 | 1,001 | 1,408 | 407 | 1,271 | 270 |
| 13 | 1983 | 1,206 | 1,267 | 61 | 1,222 | 16 |
| 14 | 1984 | 1,285 | 1,171 | 114 | 1,237 | 48 |
| 15 | 1985 | 1,736 | 1,164 | 572 | 1,276 | 460 |
| 16 | 1986 | 1,252 | 1,409 | 157 | 1,350 | 98 |
| 17 | 1987 | 1,555 | 1,424 | 131 | 1,326 | 229 |
| 18 | 1988 | 1,055 | 1,514 | 459 | 1,334 | 279 |
| 19 | 1989 | 1,511 | 1,287 | 224 | 1,299 | 212 |
| 20 | 1990 | 1,611 | 1,374 | 237 | 1,371 | 240 |
| 21 | 1991 | 1,398 | 1,392 | 6 | 1,429 | 31 |
| 22 | 1992 | 1,142 | 1,507 | 365 | 1,445 | 303 |
| 23 | 1993 | 1,430 | 1,384 | 46 | 1,361 | 69 |
| 24 | 1994 | 953 | 1,323 | 370 | 1,386 | 433 |
| 25 | 1995 | 1,122 | 1,175 | 53 | 1,300 | 178 |
| 26 | 1996 | 1,107 | 1,168 | 61 | 1,310 | 203 |
| 27 | 1997 | 1,387 | 1,061 | 326 | 1,252 | 135 |
| 28 | 1998 | 1,804 | 1,205 | 599 | 1,220 | 584 |
| 29 | 1999 | 1,718 | 1,433 | 285 | 1,278 | 440 |
| 30 | 2000 | 1,290 | 1,636 | 346 | 1,360 | 70 |
| 31 | 2001 | 997 | 1,604 | 607 | 1,340 | 343 |
| 32 | 2002 | 1,471 | 1,335 | 136 | 1,346 | 125 |
| 33 | 2003 | 1,861 | 1,253 | 608 | 1,396 | 465 |
| 34 | 2004 | 1,457 | 1,443 | 14 | 1,504 | 47 |
| 35 | 2005 | 1,286 | 1,596 | 310 | 1,514 | 228 |
| 36 | 2006 | 1,424 | 1,535 | 111 | 1,440 | 16 |
| 37 | 2007 | 1,450 | 1,389 | 61 | 1,398 | 52 |
| 38 | 2008 | 989 | 1,387 | 398 | 1,421 | 432 |
| 39 | 2009 | 1,205 | 1,288 | 83 | 1,420 | 215 |
| 40 | 2010 | 1,402 | 1,215 | 187 | 1,382 | 20 |
| 41 | 2011 | 1,623 | 1,199 | 424 | 1,316 | 307 |
| 42 | 2012 | 1,479 | 1,410 | 69 | 1,340 | 139 |
| 43 | 2013 | 1,163 | 1,501 | 338 | 1,367 | 204 |
| 44 | | | 1,422 | | 1,330 | |
| 45 | | | | | | |
| 46 | | | MAE | 239 | | 211 |

## (3) 적절한 평균기간(Y)의 산정

평균기간이 3년일 때의 평균절대오차는 239mm이고, 평균기간이 7년일 때의 평균절대오차는 211mm이므로, 큰 차이는 아니지만 이동평균의 평균기간을 7년으로 하는 것이 보다 적절하다.

## (4) 그래프 그리기

이제 완성된 워크시트를 이용하여 실제 종합지수와 Y=3, Y=7일 때의 이동평균 그래프를 그리기로 한다. 셀이 완전히 빈칸(null 값이라고 함. 또는 셀에 '#N/A' 값을 입력하면 빈칸 셀과 같은 값을 가짐)인 경우에는 엑셀이 데이터가 없는 것으로 인식하고 그 시점에서의 그래프는 작성하지 않는다. 빈칸과 숫자 0(zero)은 다른 것임을 잘 인식해야 한다. 셀의 값이 0일 경우에는 그래프를 0의 값으로 작성하게 된다.

차트를 그리기 위해서는 '[삽입]탭'을 사용하여 차트를 삽입하는데, 아래에서 보는 바와 같이 상단의 빨간 사각형 오른쪽 하단의 '차트 삽입' 버튼을 클릭하면 '차트 삽입' 창이 나타나 사용하는 차트의 모든 종류를 알 수 있다. 그러나 보통은 빨간 사각형 내의 차트 아이콘 중 하나를 선택하여 작성할 차트의 종류를 선택한다.

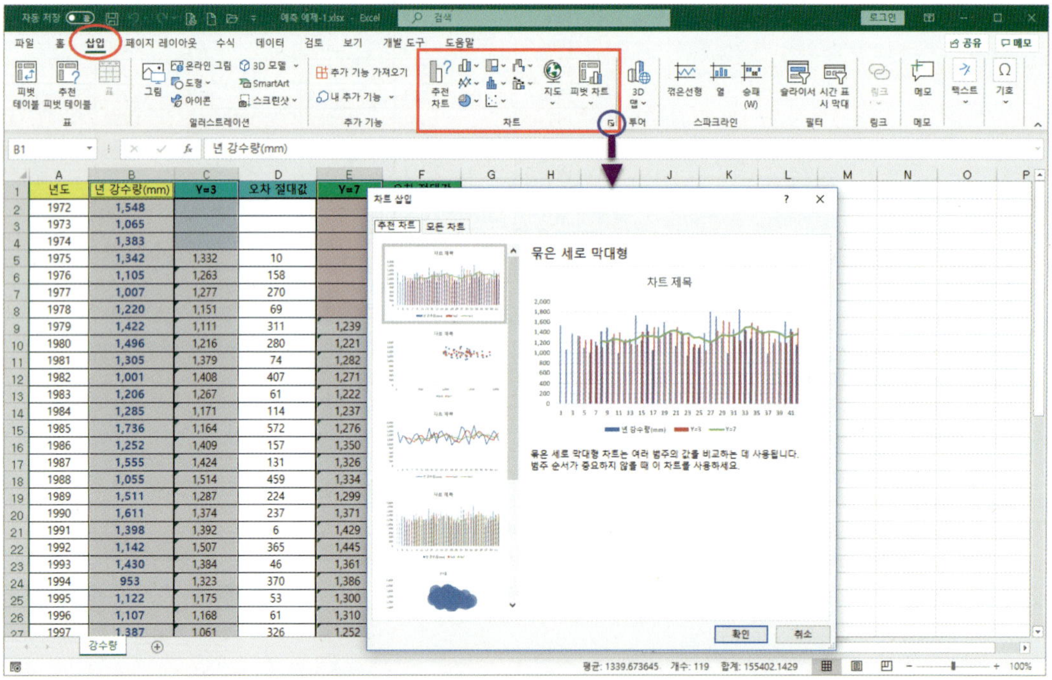

차트의 작성은 보통 다음 4단계로 진행된다.

1단계 : 데이터 범위 설정. 차트를 그릴 대상 데이터를 미리 드래그하여 선택한다. 이때 보통 데이터 계열의 제목도 함께 선택하는데, 데이터 계열의 제목은 계열의 제일 첫 셀에 텍스트 데이터로 기입되어 있어야 한다. 물론 아래 2단계에서 차트의 종류를 선택하고 난 뒤에 제목을 설정해도 된다. 그러나 제목이 있는 경우에는 미리 선택하면 차트 마법사가 자동으로 제목을 나타내 주므로 편리한 면이 많다.

2단계 : '[삽입]탭-차트' 그룹에서 차트 선택. 차트의 종류는 분석하고자 하는 데이터의 종류에 따라 결정된다. 강수량 데이터와 같이 일정기간 동안의 자료의 추이를 볼 때에는 일반적으로 '꺾은선형' 차트( )를 선택한다.

3단계 : 차트의 위치 결정. 차트는 자동으로 현재 자료가 있는 워크시트 내에 삽입된 작은 차트로 작성된다. 이를 크게 하고 싶으면 '[차트 디자인]탭-차트 이동'을 이용하여 별도의 워크시트로 위치시킬 수도 있다.

4단계 : 차트의 옵션 설정. 차트를 작성하면 자동으로 '[차트 디자인]탭'과 '[서식]탭'이 새로이 생성된다. 이 중 '[차트 디자인]탭'에서 왼쪽에 있는 '차트 요소 추가'를 선택하면 차트 제목, 축 제목, 범례 설정 등 차트의 다양한 옵션을 설정해 줄 수 있다.

## 1) 1단계 : 데이터 선택

대상 데이터는 1972년에서 2014년까지의 강수량 실제 데이터(2014년의 실제 데이터는 없음), Y=3, Y=7일 때의 이동평균 데이터이다. 먼저 B1:C44 영역을 선택하고, Ctrl 키를 누른 다음 E1:E44 영역을 동시에 선택한다. 열의 제목인 B1, C1, E1셀을 선택한 것은 나중에 그래프에서 자동으로 데이터 계열(시트에서는 '열'임)의 제목이 되기 때문이다.

| | A | B | C | D | E | F |
|---|---|---|---|---|---|---|
| 1 | 년도 | 년 강수량(mm) | Y=3 | 오차 절대값 | Y=7 | 오차 절대값 |
| 2 | 1972 | 1,548 | | | | |
| 3 | 1973 | 1,065 | | | | |
| 4 | 1974 | 1,383 | | | | |
| 5 | 1975 | 1,342 | 1,332 | 10 | | |
| 6 | 1976 | 1,105 | 1,263 | 158 | | |
| 7 | 1977 | 1,007 | 1,277 | 270 | | |
| 8 | 1978 | 1,220 | 1,151 | 69 | | |
| 9 | 1979 | 1,422 | 1,111 | 311 | 1,239 | 183 |
| 10 | 1980 | 1,496 | 1,216 | 280 | 1,221 | 275 |
| 11 | 1981 | 1,305 | 1,379 | 74 | 1,282 | 23 |
| 12 | 1982 | 1,001 | 1,408 | 407 | 1,271 | 270 |
| 13 | 1983 | 1,206 | 1,267 | 61 | 1,222 | 16 |
| 14 | 1984 | 1,285 | 1,171 | 114 | 1,237 | 48 |
| 15 | 1985 | 1,736 | 1,164 | 572 | 1,276 | 460 |
| 16 | 1986 | 1,252 | 1,409 | 157 | 1,350 | 98 |
| 17 | 1987 | 1,555 | 1,424 | 131 | 1,326 | 229 |
| 18 | 1988 | 1,055 | 1,514 | 459 | 1,334 | 279 |
| 19 | 1989 | 1,511 | 1,287 | 224 | 1,299 | 212 |
| 20 | 1990 | 1,611 | 1,374 | 237 | 1,371 | 240 |
| 21 | 1991 | 1,398 | 1,392 | 6 | 1,429 | 31 |
| 22 | 1992 | 1,142 | 1,507 | 365 | 1,445 | 303 |
| 23 | 1993 | 1,430 | 1,384 | 46 | 1,361 | 69 |
| 24 | 1994 | 953 | 1,323 | 370 | 1,386 | 433 |
| 25 | 1995 | 1,122 | 1,175 | 53 | 1,300 | 178 |
| 26 | 1996 | 1,107 | 1,168 | 61 | 1,310 | 203 |
| 27 | 1997 | 1,387 | 1,061 | 326 | 1,252 | 135 |
| 28 | 1998 | 1,804 | 1,205 | 599 | 1,220 | 584 |
| 29 | 1999 | 1,718 | 1,433 | 285 | 1,278 | 440 |
| 30 | 2000 | 1,290 | 1,636 | 346 | 1,360 | 70 |
| 31 | 2001 | 997 | 1,604 | 607 | 1,340 | 343 |
| 32 | 2002 | 1,471 | 1,335 | 136 | 1,346 | 125 |
| 33 | 2003 | 1,861 | 1,253 | 608 | 1,396 | 465 |
| 34 | 2004 | 1,457 | 1,443 | 14 | 1,504 | 47 |
| 35 | 2005 | 1,286 | 1,596 | 310 | 1,514 | 228 |
| 36 | 2006 | 1,424 | 1,535 | 111 | 1,440 | 16 |
| 37 | 2007 | 1,450 | 1,389 | 61 | 1,398 | 52 |
| 38 | 2008 | 989 | 1,387 | 398 | 1,421 | 432 |
| 39 | 2009 | 1,205 | 1,288 | 83 | 1,420 | 215 |
| 40 | 2010 | 1,402 | 1,215 | 187 | 1,382 | 20 |
| 41 | 2011 | 1,623 | 1,199 | 424 | 1,316 | 307 |
| 42 | 2012 | 1,479 | 1,410 | 69 | 1,340 | 139 |
| 43 | 2013 | 1,163 | 1,501 | 338 | 1,367 | 204 |
| 44 | | | 1,422 | | 1,330 | |
| 45 | | | | | | |
| 46 | | | MAE | 239 | | 211 |
| 47 | | | | | | |

## 2) 2단계 : 차트종류 선택

'꺾은선형' 중 '표식이 있는 꺾은선형'을 선택한다. 선택과 동시에 아래와 같이 해당 차트가 작성됨을 알 수 있다.

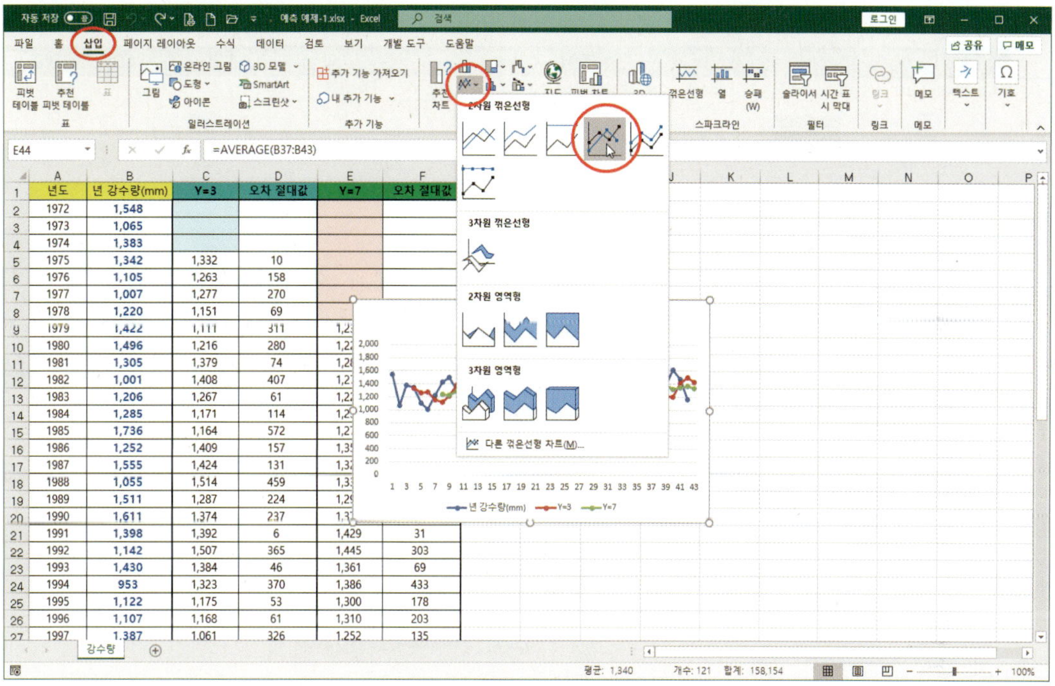


그러나 이 차트는 기본형이므로 축의 제목도 표시되지 않고, 사용자가 원하는 대로의 세부적인 그림을 그려주지 않는 경우가 대부분이다. 따라서 '[차트 디자인] 탭-차트 요소 추가'를 이용하여 원하는 대로 차트 제목, 축 제목, 범례 설정, 배경색, 글자색 등을 나중에 적절하게 지정하도록 한다.

### 3) 3단계 : 차트의 위치 결정

차트는 자동으로 현재 데이터가 있는 워크시트에 삽입된다. 그러나 차트의 크기가 작아 보기가 쉽지 않으므로 원하는 경우 새로운 워크시트에 크게 그릴 수도 있다. '[차트 디자인]탭-차트 이동'을 선택한다.

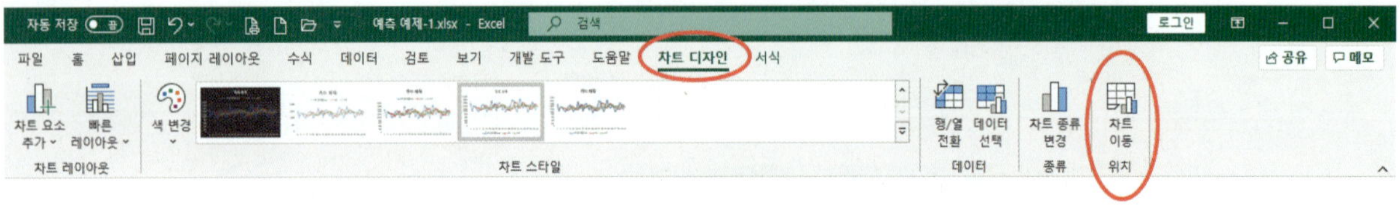

'차트 이동' 창이 나타나면 아래와 같이 '새 시트' 난을 클릭하고, 원하는 경우 default 이름인 'Chart1' 대신에 새 워크시트 이름을 지정할 수 있는데, 여기에서는 '강수량 이동평균 차트'라고 입력한다. '확인' 버튼을 클릭하면, 최종적으로 아래와 같이 그래프가 새로운 시트에 작성된다.

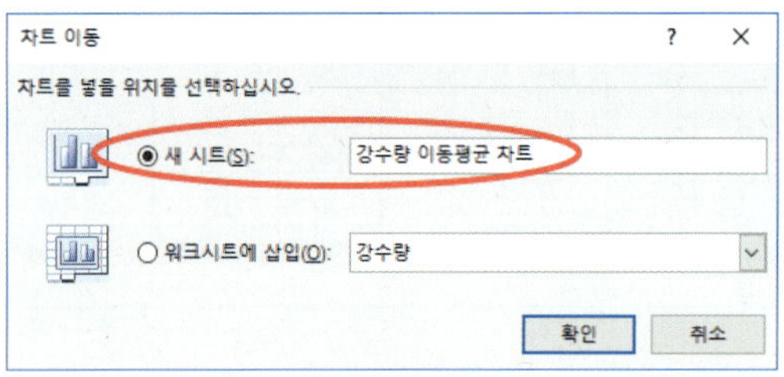


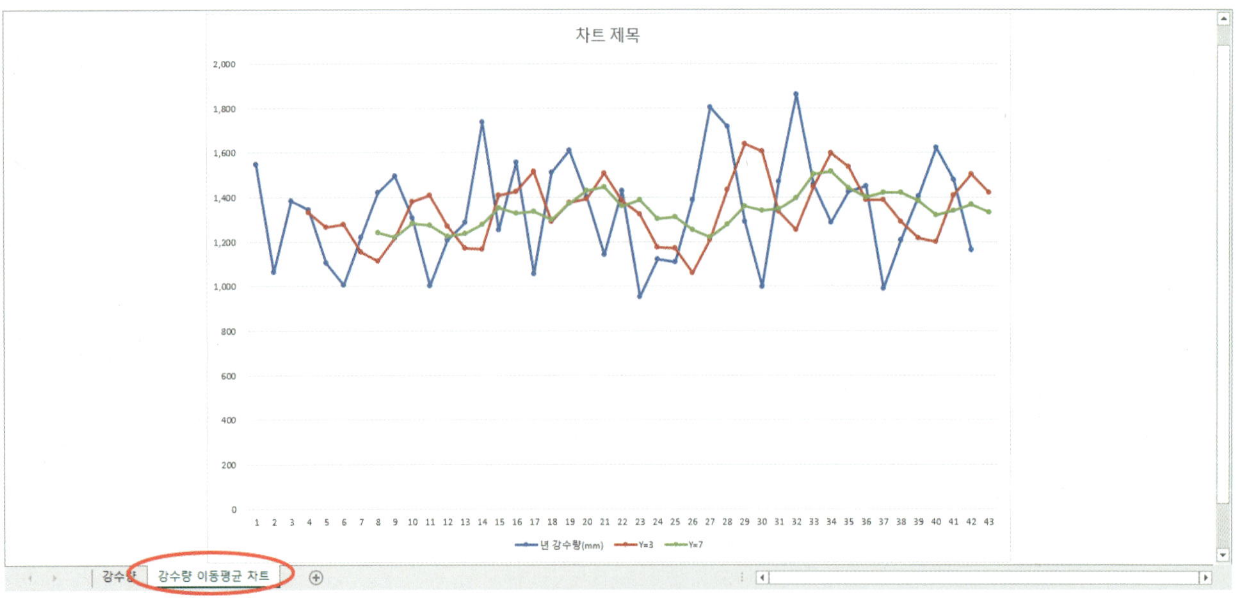

### 4) 4단계 : 차트의 옵션(차트 제목, 축 제목, 범례 설정 등)

● 가로축(X축) 레이블 지정

처음 차트가 작성되면 가로축 레이블은 1, 2, 3, ...의 자료 순서로 나타나 있다. 그러나 본 차트에서는 해당 강수량의 연도가 표시되어야 하므로 오른쪽의 '데이터 선택' 아이콘을 클릭하여 연도를 지정하도록 한다.

'[차트 디자인]탭-데이터 선택'을 클릭하면, '데이터 원본 선택' 창에서 왼쪽편에 있는 '범례 항목(계열)(S)'에 이미 선택한 제목인 년 강수량(mm), Y=3, Y=7이 입력되어 있음을 알 수 있다.

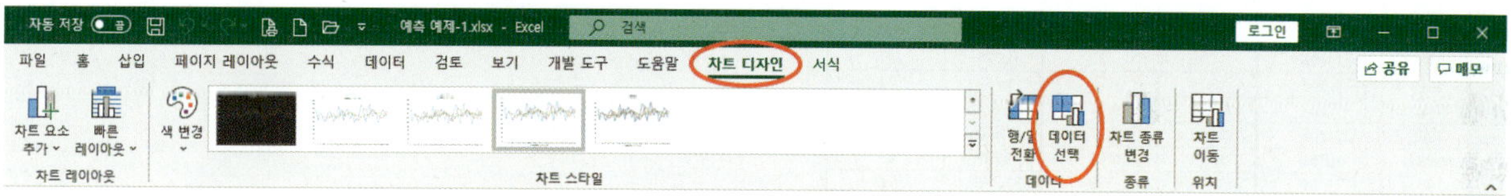


이것은 1단계에서 열의 제목을 포함하여 데이터 영역을 선택하고 차트 삽입을 시작하였기 때문에, 엑셀의 차트가 자동으로 해당 데이터를 인식하여 차트를 작성할 대상 데이터로 설정하였을 뿐 아니라, 데이터 계열의 제목을 열의 제목으로 자동 지정하였기 때문이다.

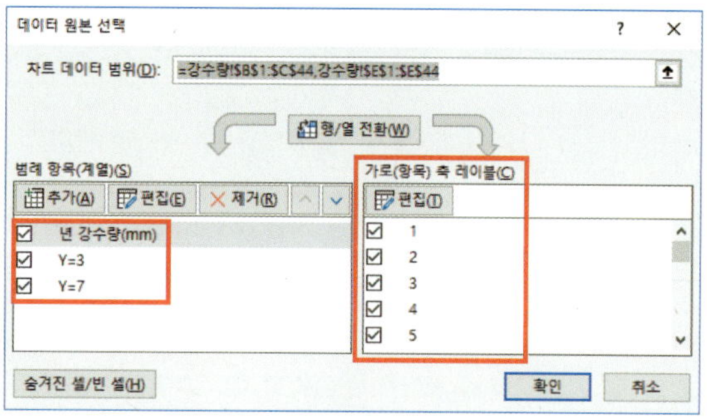


한편 작성된 차트를 보면, 오른쪽 아래의 '가로(항목)축 레이블'이 강수량의 시점(즉, 연도)이어야 차트를 제대로 이해할 수 있는데 차트에는 1, 2, 3, ...으로 된 것을 알 수 있다. 이것은 앞에서 언급한 대로 가로축 레이블을 설정해 주지 않았기 때문인데, 레이블 설정은 위의 '데이터 원본 선택' 창 내의 오른쪽에 있는 '가로(항목)축 레이블'의 [편집(T)] 버튼을 이용하여 실행한다. [편집(T)] 버튼을 클릭하면 '축 레이블' 창이 나타나는데, A2셀인 1972년부터 A44셀인 2014년까지를 드래그하면 자동으로 입력된다. 이때 주의할 것은 A1셀('년도')

은 실제 기간이 아니고 제목이기 때문에 입력대상에서 제외해야 한다는 것이다.

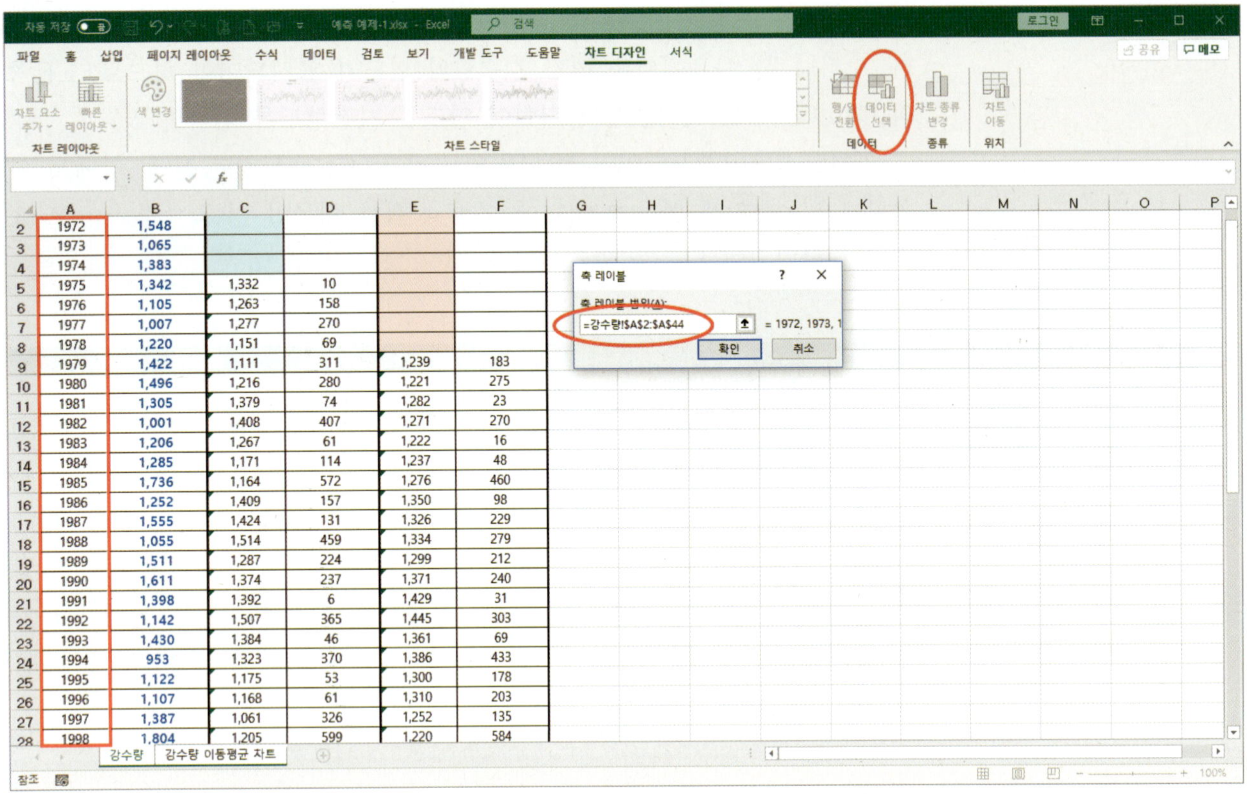

'가로(항목)축 레이블' 난에 해당 자료의 연도의 데이터 영역이 입력된 것을 확인한 후 '확인' 버튼을 클릭하면 아래와 같이 가로축에 연도가 표시된 차트가 나타나게 된다.

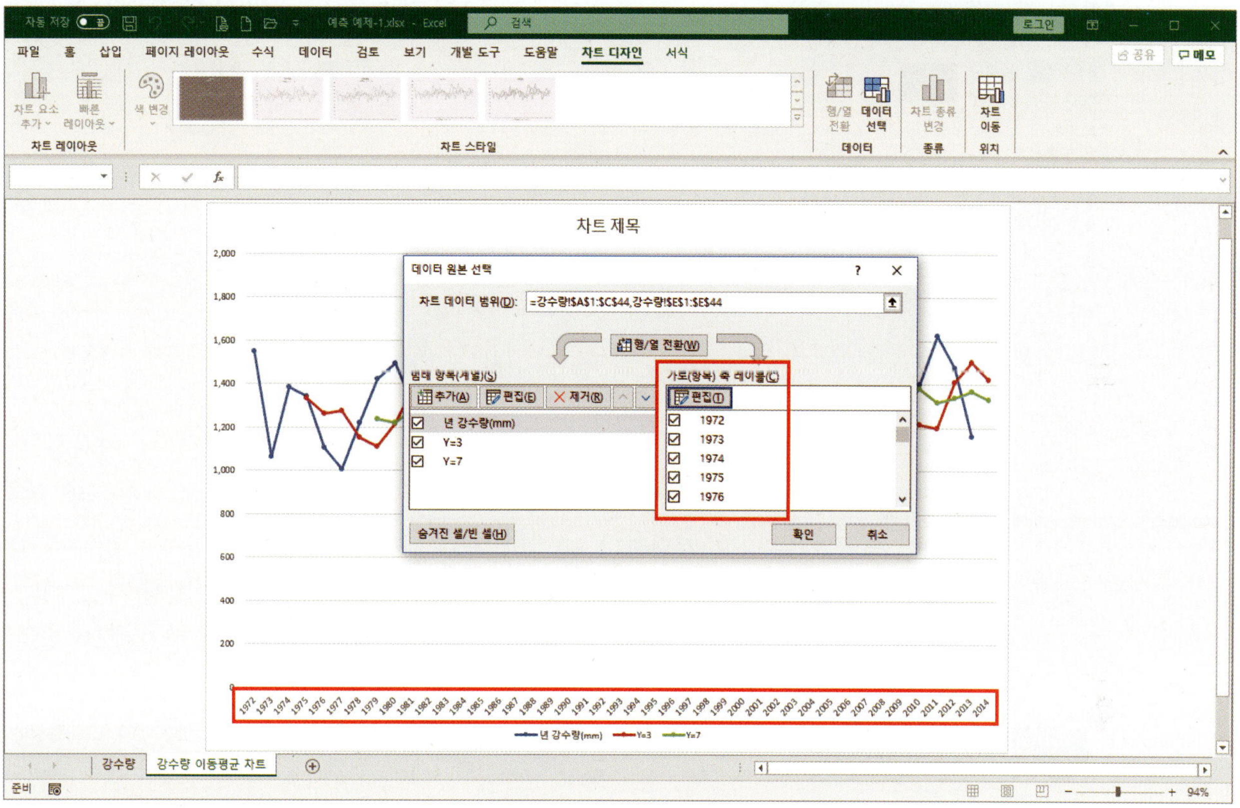

◑ 차트의 '[차트 디자인]탭-차트 요소 추가' 사용

차트의 디자인은 '[차트 디자인]탭-차트 요소 추가'에서 지정한다.

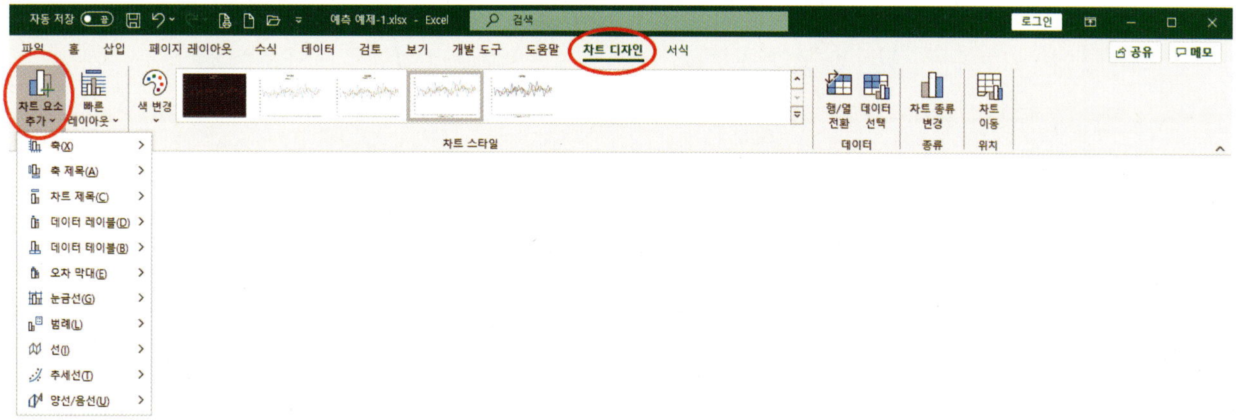

• 차트 제목

'차트 제목' 버튼을 클릭한다. 그러면 아래와 같이 오른쪽에 하위메뉴가 나타나는데, 이 중에서 '차트 위'를 선택한다.

그러면 차트의 위에 '차트 제목'이라고 된 제목항이 나타나는데, 글씨를 드래그한 뒤 데이터에 맞는 차트 제목을 기입한다. 여기에서는 '강수량 이동평균 차트'라고 기입한다. 그리고 차트 제목 항에 오른쪽 마우스 버튼을 클릭하면 단축메뉴가 나타나는데, 여기에서 제목을 다시 수정할 수도 있고 '글꼴' 메뉴를 선택하면 제목의 글꼴, 색깔, 글자 크기 등을 변경할 수 있다.

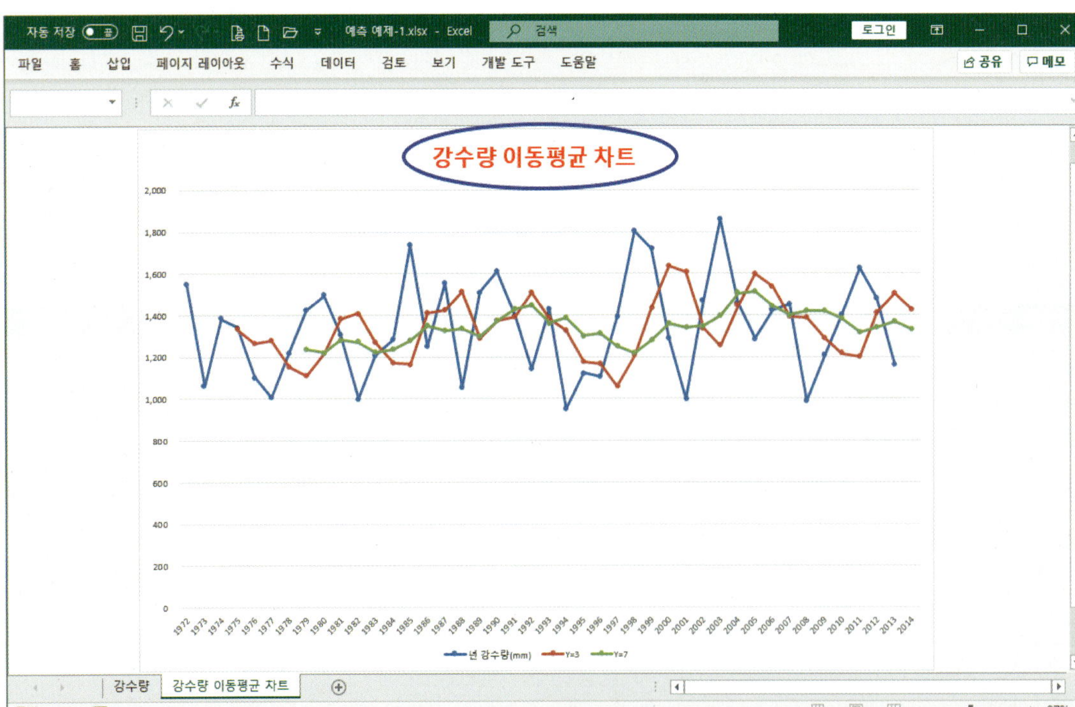

- 범례 설정

범례는 현 차트에서 꺾은선으로 된 데이터 계열의 그래프가 어떤 계열(실제 데이터, Y=3, 또는 Y=7)인가를 설명하는 안내문과 같은데, 차트를 그리면 자동으로 아래쪽에 나타난다. 그러나 '차트 요소 추가'에서 '범례' 메뉴를 이용하여 범례를 다른 위치에 나타나게 할 수도 있고 아예 안 보이게 할 수도 있다. 여기에서는 범례를 보다 잘 보이도록 '위쪽'에 배치한다.

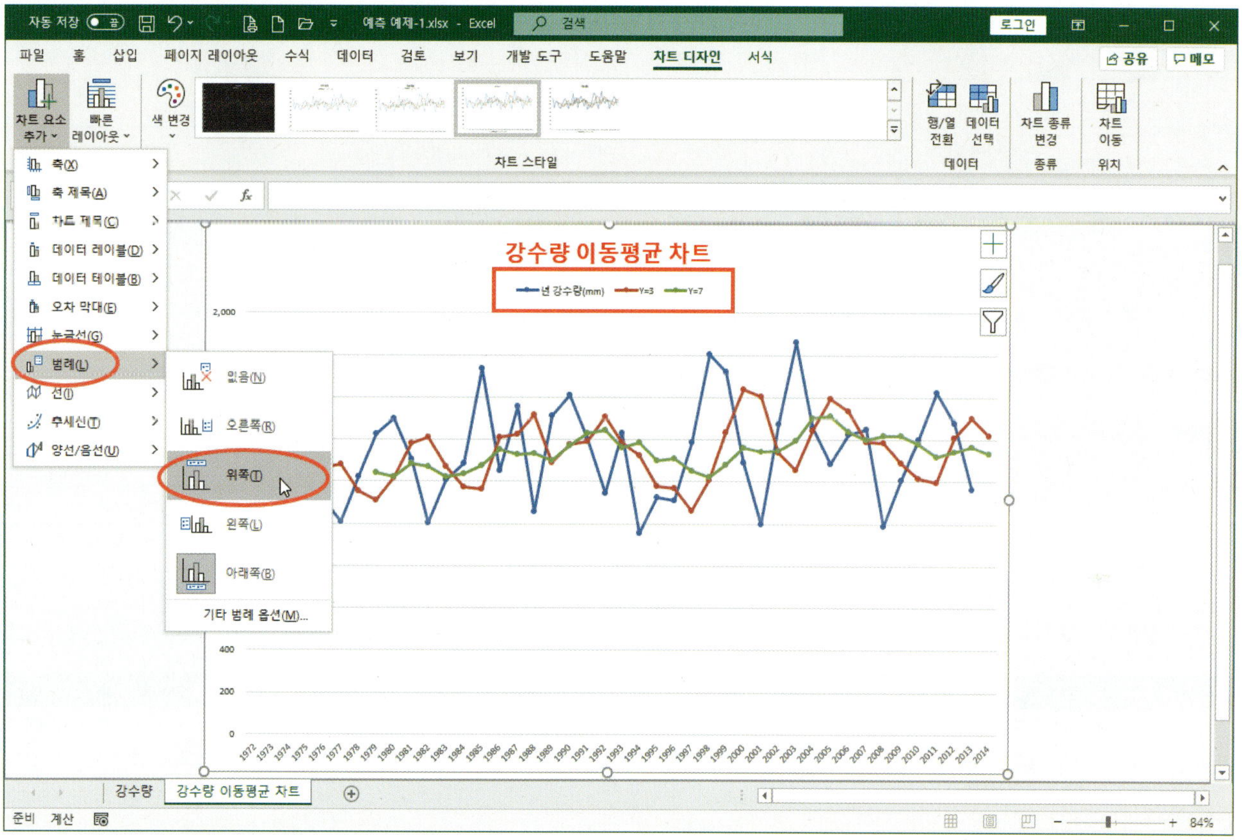

• 축 제목 : 가로축 제목과 세로축 제목 입력

우선 가로축 제목을 설정하기 위하여 '**차트 요소 추가**'에서 '**축 제목-기본 가로**' 메뉴를 클릭한다.

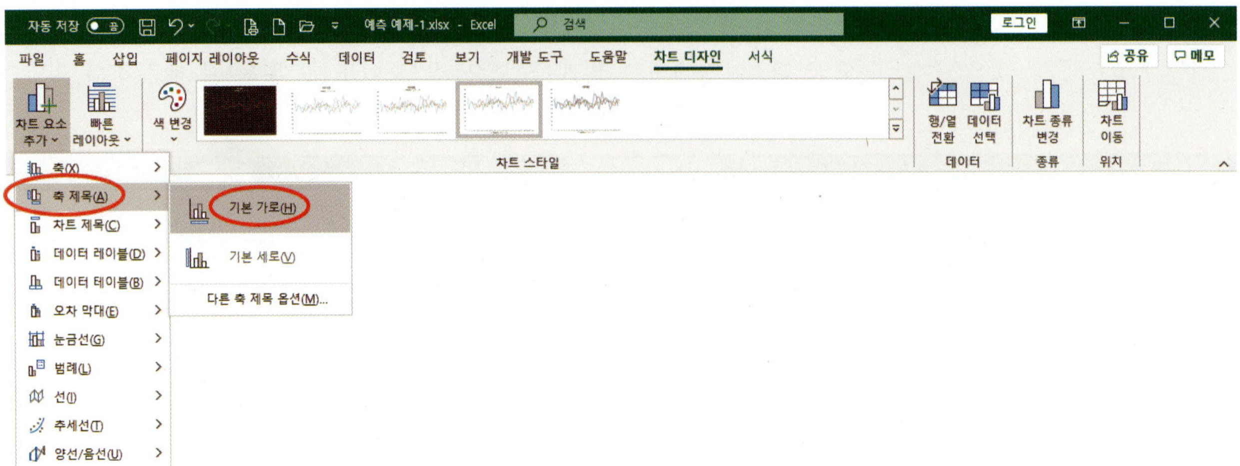

그러면 차트의 제일 아래에 '**축 제목**'이라고 적힌 항목이 나타나는데, 이를 드래그하여 '**연도**'로 가로축 제목을 기입하고 단축메뉴의 '**글꼴**'을 이용하여 적절하게 글자 크기, 색깔 등을 조정한다.

세로축 제목을 설정하기 위하여 마찬가지로 '**축 제목-기본 세로**' 메뉴를 클릭한다.

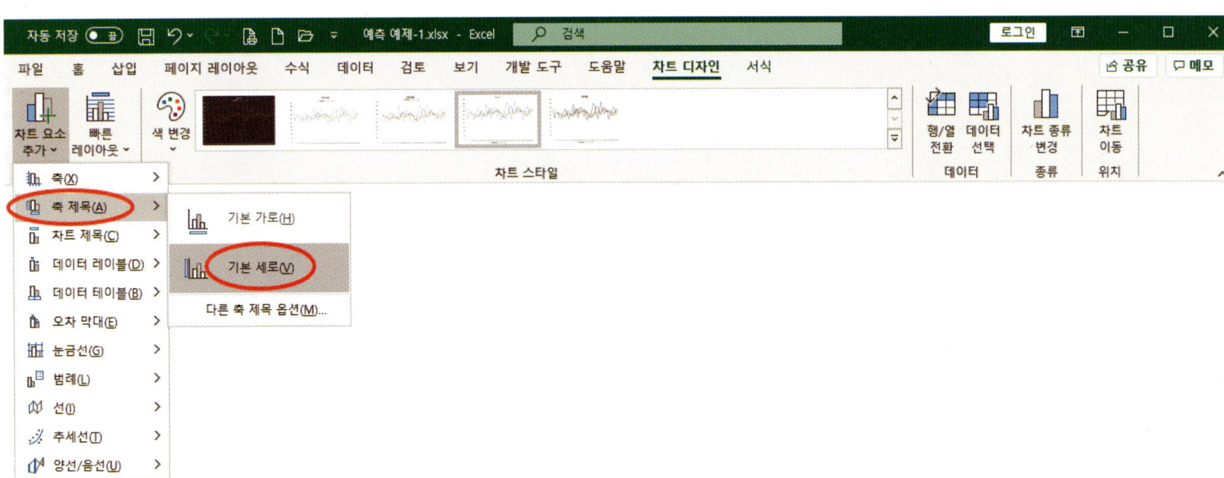

세로 '축 제목' 항목이 왼쪽에 나타나면 '강수량(mm)'이라고 기입하고 단축 메뉴의 '글꼴'을 이용하여 마찬가지로 적절하게 글자 크기, 색깔 등을 조정한다.

이제 아래쪽에 가로축 제목이, 그리고 왼쪽에 세로축 제목이 나타난 것을 알 수 있다.

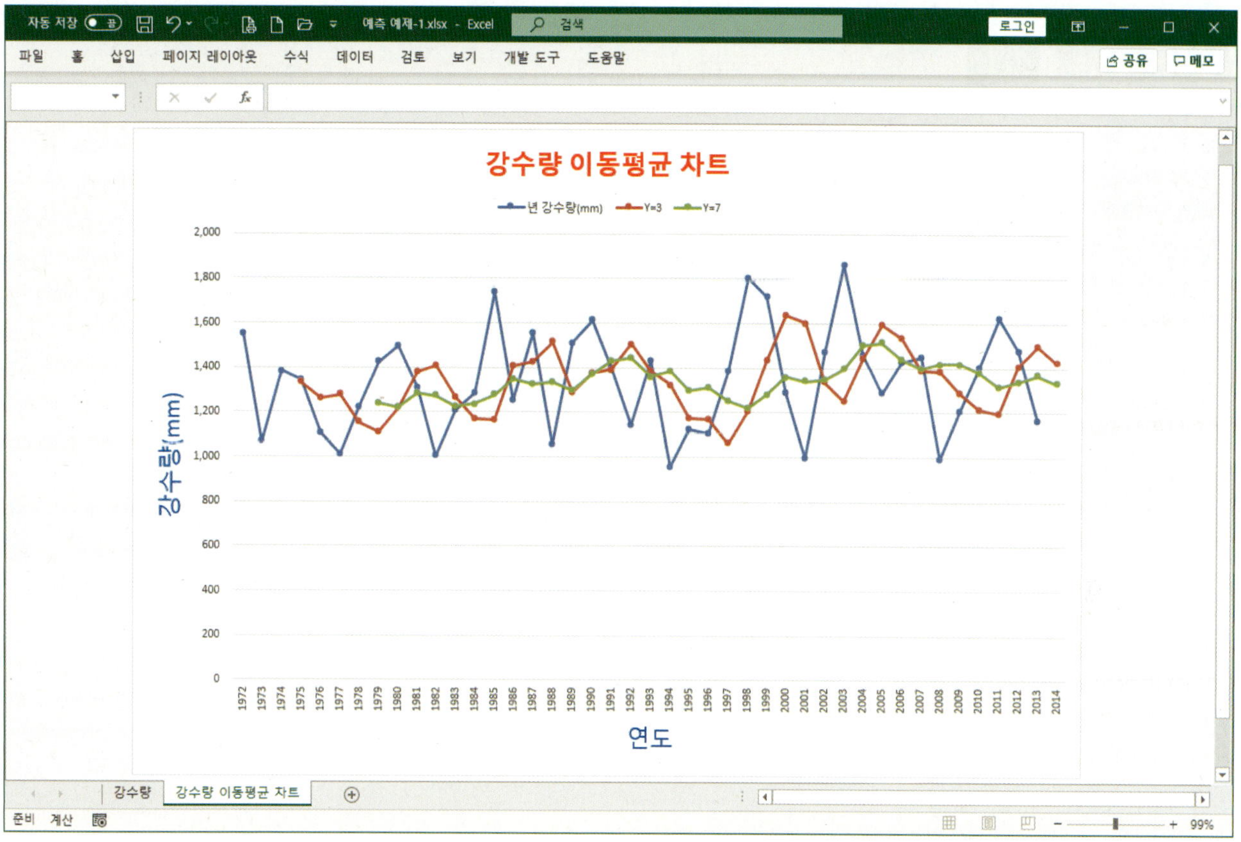

- 데이터 레이블과 데이터 표 표시
  '데이터 레이블'과 '데이터 표' 버튼을 사용하면 다음 차트에서 보는 바와 같이 데이터 레이블(그래프의 각 단계에서 직접 데이터 값을 함께 표시)을 나타낼 수 있고, 또 실제 데이터 표를 아래쪽에 그래프와 같이 보여줄 수 있다.

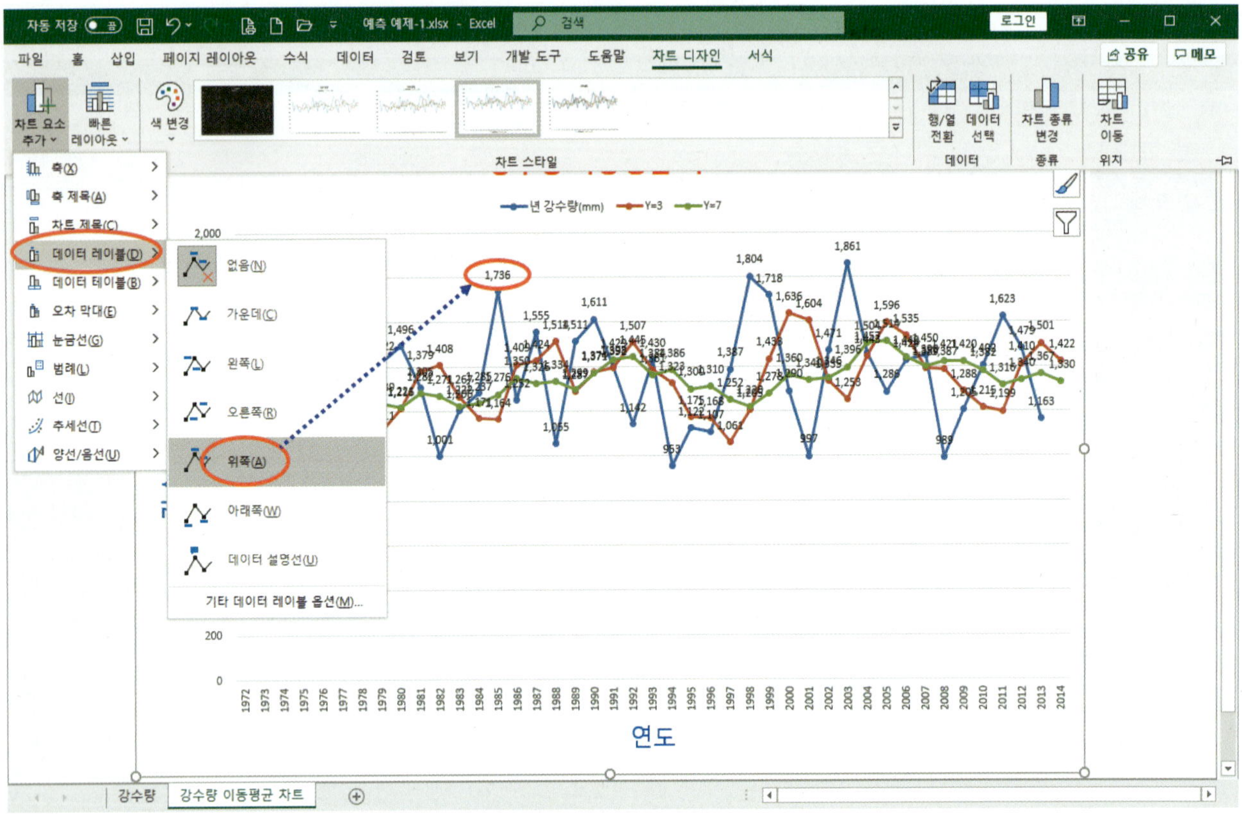

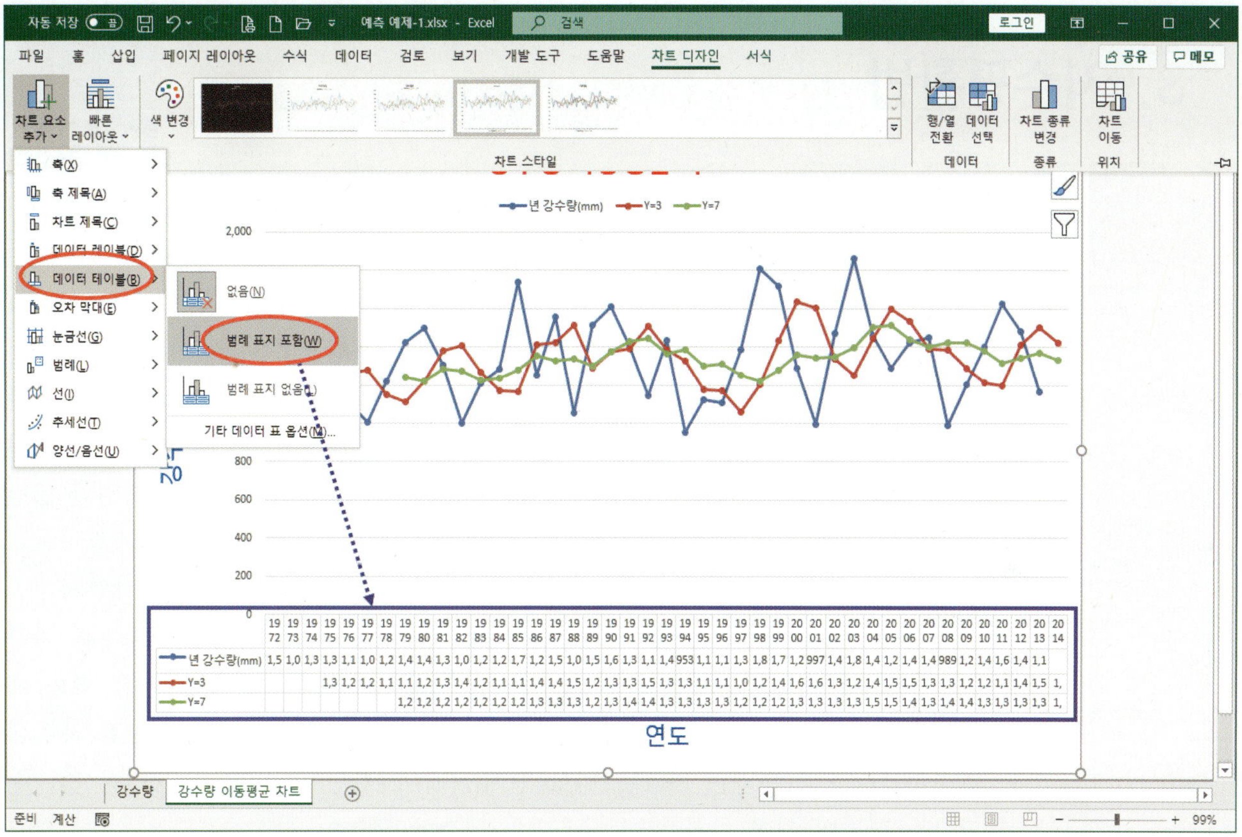


위의 그래프를 살펴보면 기간(Y)이 짧을수록 이동평균 그래프는 실제값과 유사하게 되며 날카로운 모습을 가진다. 기간이 길수록 완만한 형태의 그래프를 보여준다. 오랜 기간의 자료를 반영하였으므로 일시적인 변화에 크게 좌우되지 않기 때문이다. 즉 기간이 길수록 전체적인 추세를 나타낸다. 그러나 변화의 반영은 실제 변화가 일어나고 나서야 알 수 있다는 것을 볼 수 있다. 그리고 기간(Y)이 길수록 실제 변화가 일어난 후에 예측으로 반영되는 데 더 많은 시간이 걸린다는 것을 알 수 있다.

일반적으로 이동평균 그래프는 변화의 시점에 알지 못하고 이후에 알게 된다는 단점이 있다. 또한 자료가 어떤 변화 추세를 가지고 있다면 정확한 예측방법이 될 수 없다. 따라서 이동평균법은 예측의 목적보다는 다른 요인(랜덤 변동과 계절에 따른 변동을 말함)에 의한 변동을 제거하고 전체적인 추세를 살펴보는 것에 보다 중점을 두어야 할 때가 많다.

# 3. 지수평활법

과거의 자료를 미래의 예측에 반영하고자 할 때 이동평균법은 유용한 방법이긴 하지만, ① 최근 M개의 자료만을 반영하게 되며, ② 그 비중도 동일하게 두는 단점을 가지고 있다. 또 자료의 수가 많지 않을 때 M의 크기가 커지면 좋은 예측치를 얻을 수 없다. 이러한 단점을 보완하고 모든 자료를 전부 예측에 고려하기 위한 방법이 지수평활법(exponential smoothing method)이다.

지수평활법은 바로 직전 기(期)의 데이터만 가지고 다음 기(期)를 예측하지만 실제 모든 기의 자료를 전부 활용하면서 예측을 하게 된다. 최근 자료일수록 가중치를 크게 할 수도 있고 작게도 할 수 있도록 가중치를 조정하여 부여함으로써 예측치를 탄력성 있게 계산하는 방법이다. 지수평활법은 과거의 모든 자료를 예측에 반영하면서도 사용하는 자료는 바로 전기(前期) 자료만 있으면 간단히 계산할 수 있다는 장점이 있어 가장 많이 사용되는 예측방법이다.

평활지수(지수평활계수)를 $\alpha$라고 할 때 시점 $t$에서의 지수평활값(예측치)을 $F_t$라고 하면 다음과 같이 나타낼 수 있다.

$$F_t = \alpha A_{t-1} + (1-\alpha)F_{t-1}$$

$F_t$ : $t$시점에서의 예측치
$A_{t-1}$ : $(t-1)$시점에서의 실제값
$F_{t-1}$ : $(t-1)$시점에서의 예측치
$\alpha$ : 평활지수 $(0 \le \alpha \le 1)$

식에서 보는 바와 같이 지수평활법에 의한 $t$시점에서의 예측치 $F_t$는 바로 전기의 실제값 $A_{t-1}$과 예측치 $F_{t-1}$로써 계산이 가능하다. 그리고 $F_t$는 전기의 실제값과 예측치의 가중평균임을 알 수 있다(각각 $\alpha$와 $1-\alpha$의 비중을 가짐).

### ◑ 지수평활법에서 $F_t$는 어떻게 모든 기간의 자료를 다 고려할 수 있는가?

$$\begin{aligned} F_t &= aA_{t-1} + (1-a)F_{t-1} \\ &= aA_{t-1} + (1-a)[aA_{t-2} + (1-a)F_{t-2}] \\ &= aA_{t-1} + a(1-a)A_{t-2} + (1-a)^2 F_{t-2} \\ &= aA_{t-1} + a(1-a)A_{t-2} + (1-a)^2 [aA_{t-3} + (1-a)F_{t-3}] \\ &= aA_{t-1} + a(1-a)A_{t-2} + a(1-a)^2 A_{t-3} + (1-a)^3 F_{t-3} \\ &\ \vdots \\ &= aA_{t-1} + a(1-a)A_{t-2} + a(1-a)^2 A_{t-3} + \cdots\cdots + a(1-a)^{t-2} A_1 \\ &\quad + (1-a)^{t-1} F_1 \end{aligned}$$

그런데 $F_1$은 존재하지 않으므로 결국 $t$시점에서의 예측치 $F_t$는

$$F_t = aA_{t-1} + a(1-a)A_{t-2} + a(1-a)^2 A_{t-3} + \cdots\cdots + a(1-a)^{t-2} A_1$$

이 되어 모든 기간에서의 실제값을 고려하게 되는 것이다.

### ◑ 평활지수의 차이에 따른 예측값의 변화

그러면 평활지수는 예측치에 어떤 영향을 미치는가?

- 평활지수($a$)가 작은 경우(0.1) : $t$시점에서의 예측치 $F_t$는 과거자료일수록 전개식의 $(1-a)$, $(1-a)^2$, $(1-a)^3$, ... 계수에 의해 영향을 받기 때문에 $a$값이 작을수록 $(1-a)$가 커져서 과거의 값을 많이 반영하고, 따라서 과거의 값에 의해 영향을 많이 받는다.

- 평활지수($a$)가 큰 경우(0.9) : 이 경우 $(1-a)$가 작아져 $(1-a)^3$만 되어도 거의 0이 되므로 과거의 값을 잘 반영하지 않는다. 따라서 예측치는 바로 최근의 값에 의해 주로 영향을 많이 받는다.

아래와 같이 매출이 4월부터 현저하게 줄어드는 자료가 있다. 7월의 매출을 예측하고자 한다.

| | | $a$ = 0.1 | $a$ = 0.9 |
|---|---|---|---|
| 기 간 | 매출(Actual) | $F_t$ | $F_t$ |
| 1월 | 550 | – | – |
| 2월 | 510 | 550.0 | 550.0 |
| 3월 | 500 | 546.0 | 514.0 |
| 4월 | **120** | 541.4 | 501.0 |
| 5월 | **100** | 499.3 | 158.1 |
| 6월 | **90** | 459.3 | 105.8 |
| 7월 | ? | 422.4 | 91.6 |

위 표에서 알 수 있듯이 평활지수를 작게 한 경우($a$=0.1)에는 $F_7$ =422.4이어서 과거 값의 영향을 많이 받았음을 알 수 있고, 평활지수를 크게 한 경우($a$=0.9)에는 $F_7$ =91.6이어서 과거 먼 시점의 값은 무시되고 바로 최근 값들의 영향을 많이 받았음을 알 수 있다.

따라서 평활지수를 작게 하면 먼 과거의 값을 반영하여 장기적인 추세를 반영하는 데 유용하나, 자료의 변동이 심한 경우 최근의 변화를 적절하게 반영하지 못하는 단점이 있다. 한편 평활지수를 크게 하면 바로 최근 값의 변화가 예측치에 잘 반영되나 먼 과거의 값은 상대적으로 무시된다고 할 수 있다.

지수평활법은 당기의 실제값을 평활지수($a$)만큼 고려하고 당기의 예측치를 (1−평활지수)만큼 고려하여 차기의 예측치로 삼겠다는 뜻이다. 그러면 평활지수의 값을 얼마로 하는 것이 적절한가? 평활지수의 값은 예측의 상황에 맞게 설정되어야 하는데, 예를 들어 수요가 안정된 제품의 예측에는 작은 평활지수를 사용하고, 수요의 변동이 심하거나 성장률이 높은 제품의 예측에는 큰 평활지수를 적용한다. 특별히 정해진 수치는 없으나 일반적으로 작은 평활지수는 0.01～0.3 사이의 값을 적용하고, 큰 평활지수는 0.5～0.9 사이의 값을 적용한다. 예측을 평활하게 하기 위해서는 통상 0.005～0.3 사이의 작은 평활지수값을 이용한다.

또한 평균절대오차(MAE)의 값을 최소로 하는 평활지수를 사용하기도 한다. 엑셀에서 해찾기를 이용하면 평균절대오차를 최소로 하는 최적의 평활지수를 구할 수 있다.

**예제 2** 예측 예제-2.xlsx의 '아로아 닷컴 매출' 워크시트 사용

다음 표는 한국전자가 2년 전 개설한 온라인 전문점인 아로아 닷컴의 지난 18개월간의 매출을 나타내고 있다. 아로아 닷컴을 관리하는 영업팀장은 19개월째의 정확한 매출액의 예측을 원하고 있다.

(단위 : 백만원)

| 월 | 매출액 | 월 | 매출액 | 월 | 매출액 |
|---|---|---|---|---|---|
| 1 | 295 | 7 | 320 | 13 | 420 |
| 2 | 279 | 8 | 401 | 14 | 551 |
| 3 | 228 | 9 | 432 | 15 | 602 |
| 4 | 303 | 10 | 330 | 16 | 421 |
| 5 | 346 | 11 | 419 | 17 | 589 |
| 6 | 360 | 12 | 460 | 18 | 630 |

19개월째의 매출액을 지수평활법을 이용하여 예측해 보기로 한다.

(1) 평활지수를 0.2($\alpha=0.2$)로 하였을 때의 19개월째의 매출을 예상해 보시오.

(2) 평활지수를 0.7($\alpha=0.7$)로 하였을 때의 19개월째의 매출을 예상해 보시오.

(3) 평활지수가 각각 0.2와 0.7일 때의 평균절대오차(MAE)를 각각 구하고, 이 기준에 의해 어떤 평활지수가 더 나은 것인지 판단하시오.

(4) 평활지수가 0.2일 때와 0.7일 때의 변동의 차이를 그래프를 그려 비교하시오.

(5) 최적 평활지수를 구하고, 이 경우 지수평활의 그래프를 작성하시오.

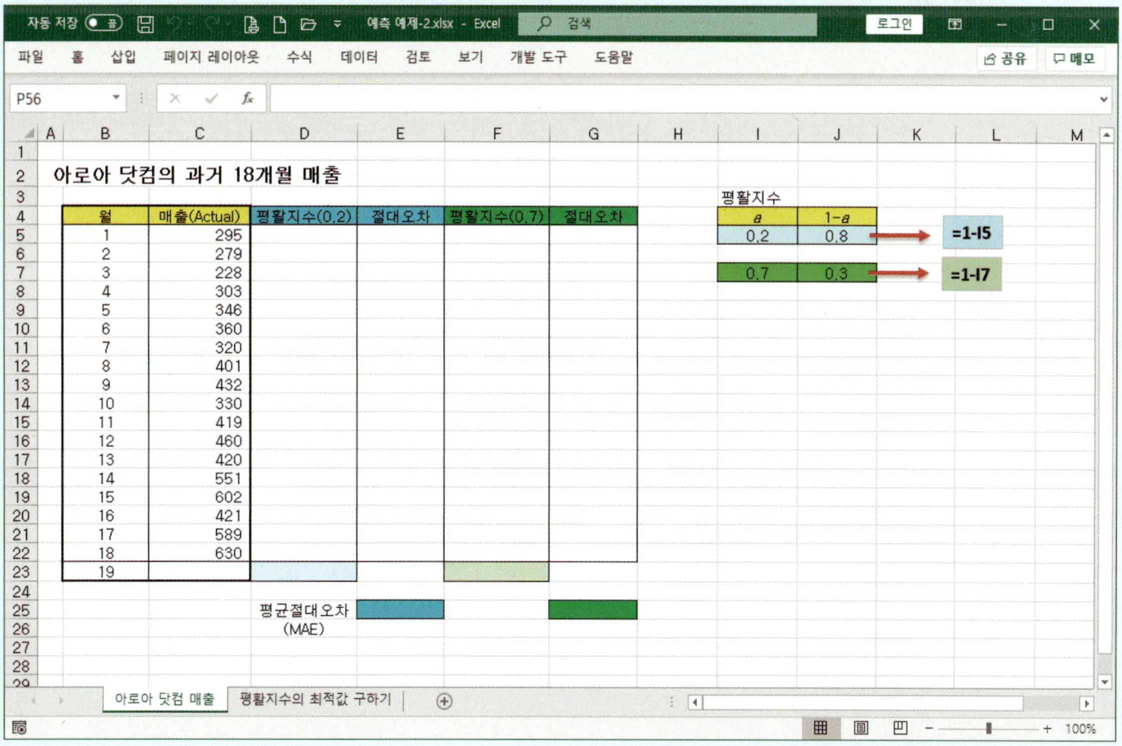

## (1) 평활지수표 작성

지수평활법은 처음에 적절한 평활지수를 정할 수 없다는 단점은 있으나, 나중에 평균절대오차를 이용하여 보다 나은 평활지수를 판단할 수 있고, 또 해찾기를 이용하여 최적의 평활지수를 구할 수도 있다.

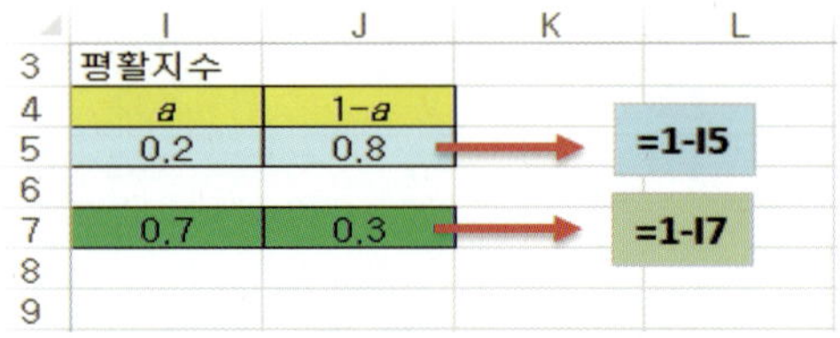


우선 지수평활을 수행하기 위하여 평활지수표를 오른쪽의 I4:J7 영역에 작성한다. 위의 I5셀은 평활지수가 0.2일 때를 나타내며 I7셀은 평활지수가 0.7일 때를 나타낸다. J5, J7셀의 값은 1에서 각각 I5셀, I7셀의 값(평활지수)을 뺀 것으로 값이 아니라 식(즉, =**1**−**I5**)으로 입력한다.

## (2) 평활지수를 0.2로 하였을 때의 지수평활값 작성

① 지수평활은 그 전의 실제값과 예측치인 평활값을 사용하는데, 2월의 평활값(D6셀)은 1월의 지수평활값(예측치)이 없으므로 존재하지 않는다. 따라서 2월의 지수평활 값으로는 1월의 실제값을 대신 사용한다. 따라서 다음과 같이 D6셀에 1월의 실제 매출을 입력한다.

D6셀 : = C5 (295.0)

② 지수평활은 바로 전기(前期)의 실제값과 평활값, 그리고 평활지수를 가지고 현기(現期)의 예측값을 산출한다. 따라서 3월의 지수평활값(D7셀)은 다음과 같이 계산된다.

3월의 지수평활값 = 평활지수 × 2월의 실제 매출
+ (1 − 평활지수) × 2월의 지수평활값(예측치)

따라서 D7셀에 다음과 같이 식을 입력한다.

D7셀 : = C6*$I$5+D6*$J$5　　(291.8)

이제 자동채우기 핸들을 이용하여 19개월째인 D23셀까지 지수평활값을 구하도록 한다. 평활지수를 0.2로 하였을 때 19개월째의 예측값은 508.1이 된다.

| | A | B | C | D |
|---|---|---|---|---|
| 1 | | | | |
| 2 | | 아로아 닷컴의 과거 18개월 매출 | | |
| 3 | | | | |
| 4 | | 월 | 매출(Actual) | 평활지수(0.2) |
| 5 | | 1 | 295 | |
| 6 | | 2 | 279 | 295.0 |
| 7 | | 3 | 228 | 291.8 |
| 8 | | 4 | 303 | 279.0 |
| 9 | | 5 | 346 | 283.8 |
| 10 | | 6 | 360 | 296.3 |
| 11 | | 7 | 320 | 309.0 |
| 12 | | 8 | 401 | 311.2 |
| 13 | | 9 | 432 | 329.2 |
| 14 | | 10 | 330 | 349.7 |
| 15 | | 11 | 419 | 345.8 |
| 16 | | 12 | 460 | 360.4 |
| 17 | | 13 | 420 | 380.3 |
| 18 | | 14 | 551 | 388.3 |
| 19 | | 15 | 602 | 420.8 |
| 20 | | 16 | 421 | 457.1 |
| 21 | | 17 | 589 | 449.8 |
| 22 | | 18 | 630 | 477.7 |
| 23 | | 19 | | 508.1 |

③ 평균절대오차 구하기 : E6셀에 2월의 오차의 절대값을 다음과 같이 입력한다.

E6셀 : = ABS(C6−D6)

자동채우기 핸들을 이용하여 18개월째인 E22셀까지 절대오차를 구하도록 한다. 그리고 E25셀에 2월에서 18월까지의 절대오차값의 평균을 다음과 같이 입력하면 평균절대오차가 78.6이 됨을 알 수 있다.

E25셀 : = AVERAGE(E6:E22)

| | A | B | C | D | E |
|---|---|---|---|---|---|
| 1 | | | | | |
| 2 | 아로아 닷컴의 과거 18개월 매출 | | | | |
| 3 | | | | | |
| 4 | | 월 | 매출(Actual) | 평활지수(0.2) | 절대오차 |
| 5 | | 1 | 295 | | |
| 6 | | 2 | 279 | 295.0 | 16.0 |
| 7 | | 3 | 228 | 291.8 | 63.8 |
| 8 | | 4 | 303 | 279.0 | 24.0 |
| 9 | | 5 | 346 | 283.8 | 62.2 |
| 10 | | 6 | 360 | 296.3 | 63.7 |
| 11 | | 7 | 320 | 309.0 | 11.0 |
| 12 | | 8 | 401 | 311.2 | 89.8 |
| 13 | | 9 | 432 | 329.2 | 102.8 |
| 14 | | 10 | 330 | 349.7 | 19.7 |
| 15 | | 11 | 419 | 345.8 | 73.2 |
| 16 | | 12 | 460 | 360.4 | 99.6 |
| 17 | | 13 | 420 | 380.3 | 39.7 |
| 18 | | 14 | 551 | 388.3 | 162.7 |
| 19 | | 15 | 602 | 420.8 | 181.2 |
| 20 | | 16 | 421 | 457.1 | 36.1 |
| 21 | | 17 | 589 | 449.8 | 139.2 |
| 22 | | 18 | 630 | 477.7 | 152.3 |
| 23 | | 19 | | 508.1 | |
| 24 | | | | | |
| 25 | | | | 평균절대오차 | 78.6 |

**참조**

I5셀과 J5셀의 주소를 절대주소로 둔 것은 자동채우기 핸들을 이용하여 D23셀까지 입력하기 위해서이다. 실제 '$I$5'라고 입력하는 것이 아니라 I5셀을 클릭하면 'I5'가 수식입력줄에 입력이 되는데, 이때 F4 키를 눌러주면 '$J$5'인 절대주소로 변하게 된다.

### (3) 평활지수를 0.7로 하였을 때의 지수평활값 작성

① 마찬가지로 2월의 평활값은 존재하지 않으므로 2월에는 대체값으로 1월의 실제값을 사용한다. 따라서 다음과 같이 F6셀에 1월의 실제 매출을 다음과 같이 입력한다.

F6셀 : = C5

② 지수평활은 전기의 실제값과 예측치, 그리고 평활지수를 가지고 현기의 예측치를 산출하므로 3월의 지수평활값(F7셀)은 다음과 같이 계산된다.

3월의 지수평활값 = 평활지수×2월의 실제 매출
+ (1−평활지수)×2월의 지수평활값(예측치)

따라서 F7셀에 다음과 같이 식을 입력한다.

F7셀 : = C6*$I$7+F6*$J$7

그리고 자동채우기 핸들을 이용하여 19개월째인 F23셀까지 지수평활값을 구하도록 한다. 평활지수를 0.7로 하였을 때 19개월째의 예측값은 606.8이 된다.

③ 평균절대오차 구하기 : G6셀에 2월의 오차의 절대값을 다음과 같이 입력한다.

G6셀 : = ABS(C6−F6)

자동채우기 핸들을 이용하여 18개월째인 G22셀까지 절대오차를 구하도록 한다. 그리고 G25셀에는 다음과 같이 2월에서 18월까지의 절대오차값의 평균을 입력하면 평균절대오차가 69.1이 됨을 알 수 있다.

G25셀 : = AVERAGE(G6:G22)

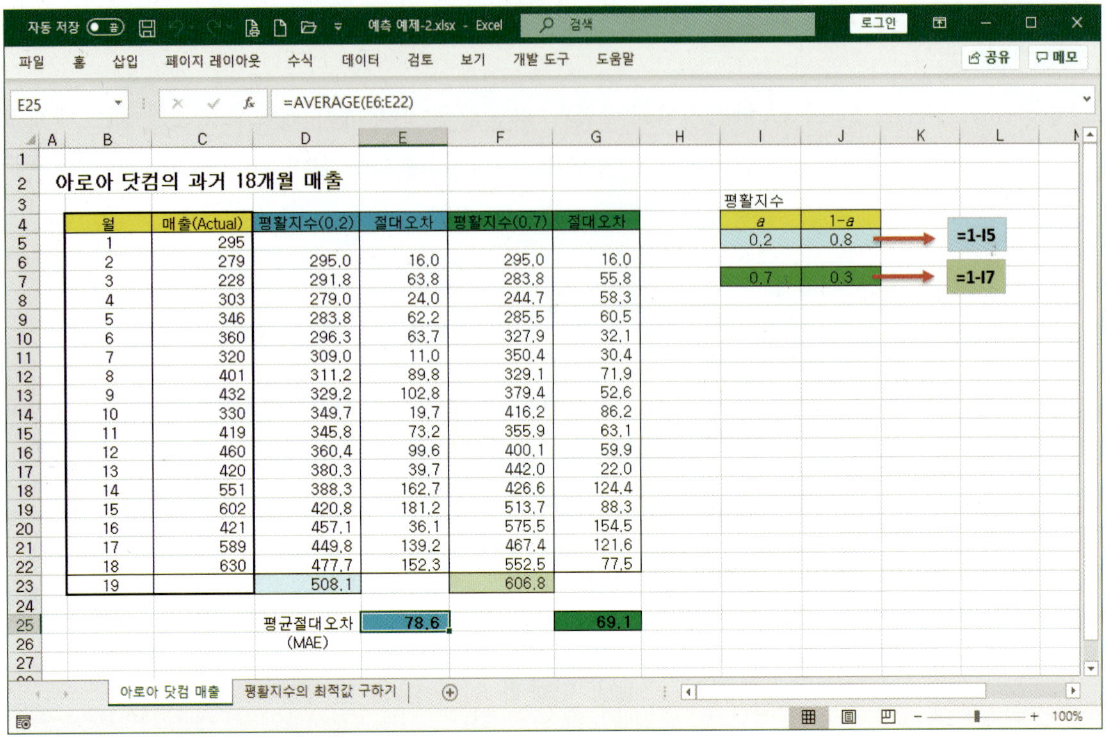

| 월 | 매출(Actual) | 평활지수(0.2) | 절대오차 | 평활지수(0.7) | 절대오차 |
|---|---|---|---|---|---|
| 1 | 295 | | | | |
| 2 | 279 | 295.0 | 16.0 | 295.0 | 16.0 |
| 3 | 228 | 291.8 | 63.8 | 283.8 | 55.8 |
| 4 | 303 | 279.0 | 24.0 | 244.7 | 58.3 |
| 5 | 346 | 283.8 | 62.2 | 285.5 | 60.5 |
| 6 | 360 | 296.3 | 63.7 | 327.9 | 32.1 |
| 7 | 320 | 309.0 | 11.0 | 350.4 | 30.4 |
| 8 | 401 | 311.2 | 89.8 | 329.1 | 71.9 |
| 9 | 432 | 329.2 | 102.8 | 379.4 | 52.6 |
| 10 | 330 | 349.7 | 19.7 | 416.2 | 86.2 |
| 11 | 419 | 345.8 | 73.2 | 355.9 | 63.1 |
| 12 | 460 | 360.4 | 99.6 | 400.1 | 59.9 |
| 13 | 420 | 380.3 | 39.7 | 442.0 | 22.0 |
| 14 | 551 | 388.3 | 162.7 | 426.6 | 124.4 |
| 15 | 602 | 420.8 | 181.2 | 513.7 | 88.3 |
| 16 | 421 | 457.1 | 36.1 | 575.5 | 154.5 |
| 17 | 589 | 449.8 | 139.2 | 467.4 | 121.6 |
| 18 | 630 | 477.7 | 152.3 | 552.5 | 77.5 |
| 19 | | 508.1 | | 606.8 | |
| | | 평균절대오차 (MAE) | 78.6 | | 69.1 |



## (4) 평활지수 0.2와 0.7의 비교

본 문제에서는 평활지수가 0.2일 때 평균절대오차의 값이 78.6이었으며, 평활지수가 0.7일 때 평균절대오차의 값이 69.1이었기 때문에 평활지수 0.7을 사용하는 것이 더 좋은 예측을 가져온다고 할 수 있다.

## (5) 지수평활의 그래프 작성

### 1) 대상 데이터의 선택

그리고자 하는 대상 데이터는 1월에서 19월까지의 실제 매출(Actual)(C5:C23 영역), 평활지수가 0.2일 때의 지수평활값(D5:D23 영역), 평활지수가 0.7일 때의 지수평활값(F5:F23 영역)이다. 데이터 계열인 열의 제목 행인 4행을 포함하지 않는 것은 차트가 일단 완성된 후 데이터 계열의 제목을 표시하는 방법을 이용하기 위해서이다. 아래와 같이 먼저 C5:D23 영역을 선택하고, Ctrl 키를 누른 다음 F5:F23 영역을 선택한다.

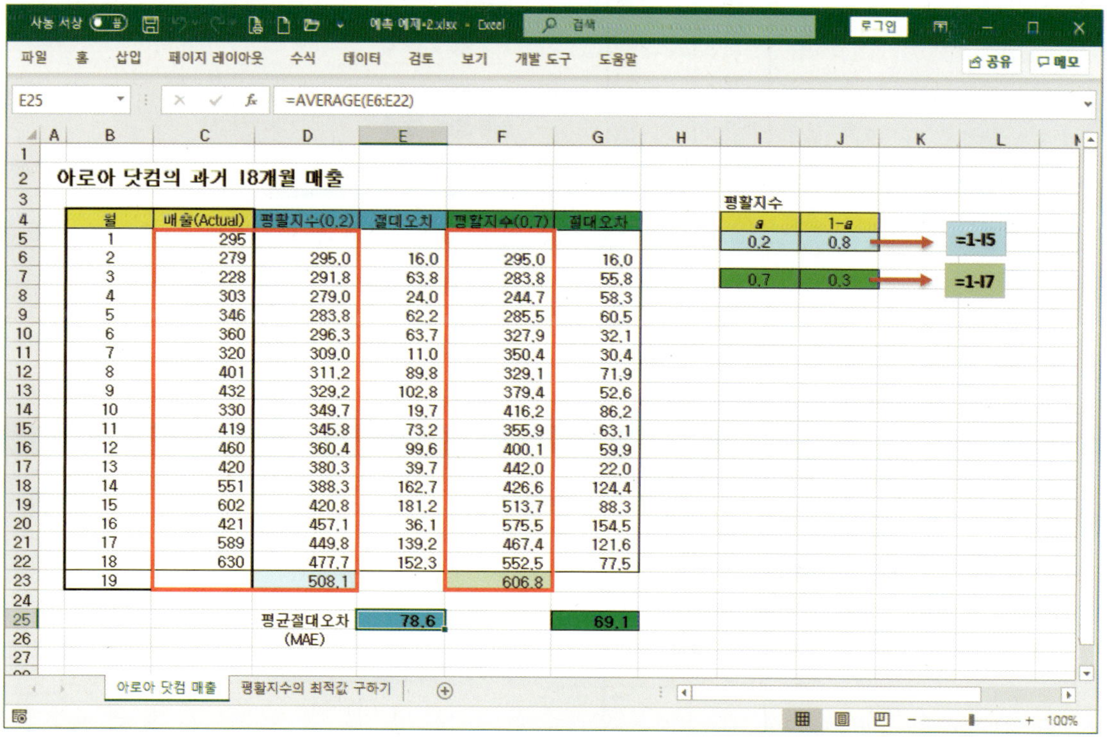

E25 =AVERAGE(E6:E22)

아로아 닷컴의 과거 18개월 매출

| 월 | 매출(Actual) | 평활지수(0.2) | 절대오차 | 평활지수(0.7) | 절대오차 |
|---|---|---|---|---|---|
| 1 | 295 | | | | |
| 2 | 279 | 295.0 | 16.0 | 295.0 | 16.0 |
| 3 | 228 | 291.8 | 63.8 | 283.8 | 55.8 |
| 4 | 303 | 279.0 | 24.0 | 244.7 | 58.3 |
| 5 | 346 | 283.8 | 62.2 | 285.5 | 60.5 |
| 6 | 360 | 296.3 | 63.7 | 327.9 | 32.1 |
| 7 | 320 | 309.0 | 11.0 | 350.4 | 30.4 |
| 8 | 401 | 311.2 | 89.8 | 329.1 | 71.9 |
| 9 | 432 | 329.2 | 102.8 | 379.4 | 52.6 |
| 10 | 330 | 349.7 | 19.7 | 416.2 | 86.2 |
| 11 | 419 | 345.8 | 73.2 | 355.9 | 63.1 |
| 12 | 460 | 360.4 | 99.6 | 400.1 | 59.9 |
| 13 | 420 | 380.3 | 39.7 | 442.0 | 22.0 |
| 14 | 551 | 388.3 | 162.7 | 426.6 | 124.4 |
| 15 | 602 | 420.8 | 181.2 | 513.7 | 88.3 |
| 16 | 421 | 457.1 | 36.1 | 575.5 | 154.5 |
| 17 | 589 | 449.8 | 139.2 | 467.4 | 121.6 |
| 18 | 630 | 477.7 | 152.3 | 552.5 | 77.5 |
| 19 | | 508.1 | | 606.8 | |
| | | 평균절대오차 (MAE) | 78.6 | | 69.1 |

평활지수

| a | 1-a | |
|---|---|---|
| 0.2 | 0.8 | =1-I5 |
| 0.7 | 0.3 | =1-I7 |

## 2) 차트삽입

'[삽입]탭-표식이 있는 꺾은선형'의 차트 유형을 선택하여 삽입한다.

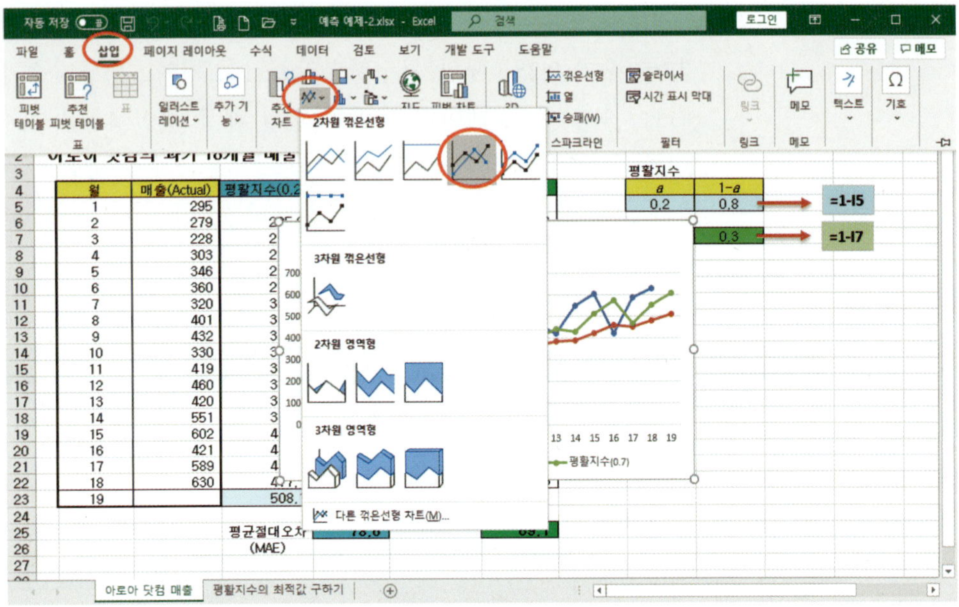

클릭과 동시에 아래와 같이 '꺾은선형' 그래프가 나타나게 된다.

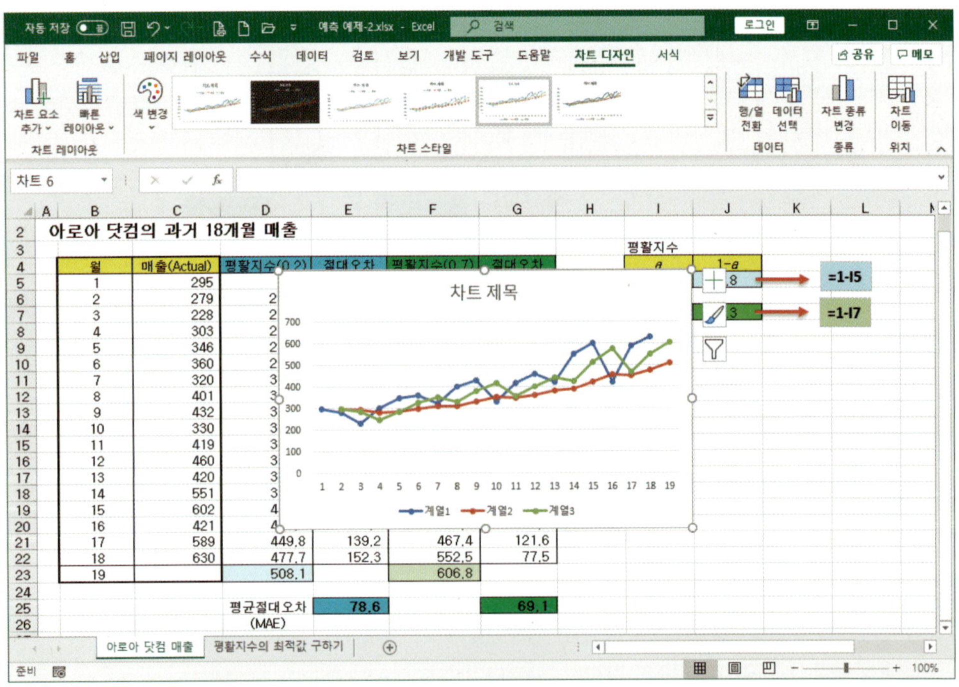

3) '데이터 선택'을 이용하여 데이터 계열의 제목을 기입하고, 가로축 레이블을 표시하도록 한다. '[차트 디자인]탭-데이터 선택' 버튼을 클릭한다.

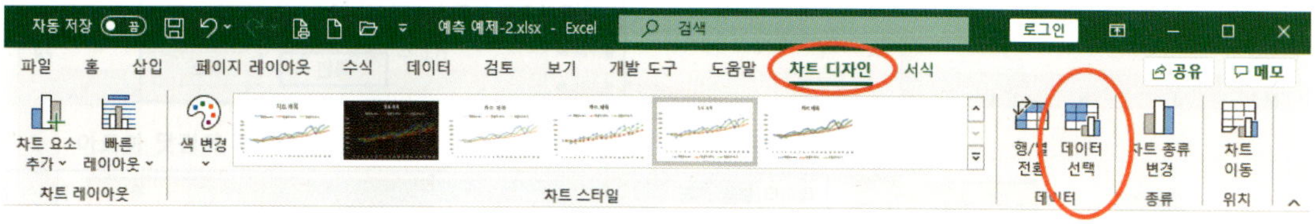


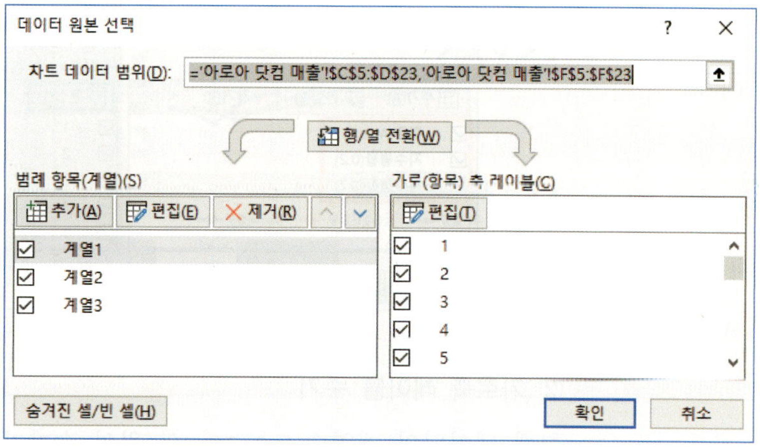


① 계열 제목 주기

먼저 데이터 원본 선택에서 각 계열을 선택한 후, '범례항목(계열)(S)-편집'을 클릭하여 계열 제목을 지정한다. '계열 편집' 창이 나타나면 계열1 자료의 제목을 '매출(Actual)', 계열2 자료의 제목을 '지수평활(0.2)', 계열3 자료의 제목을 '지수평활(0.7)'로 각각 기입한다.

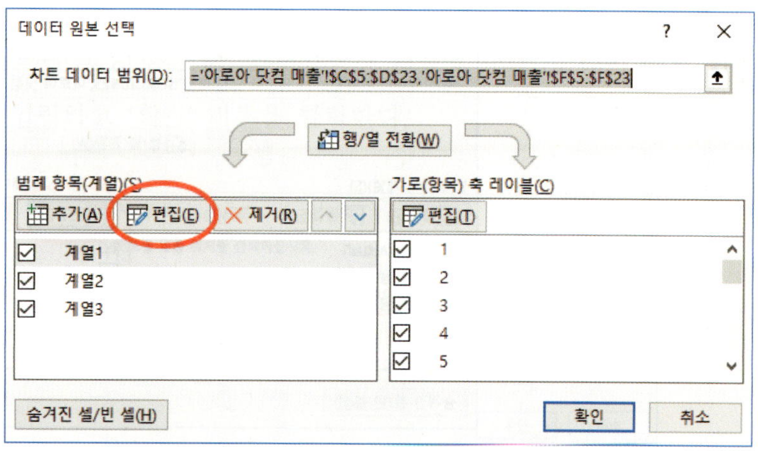

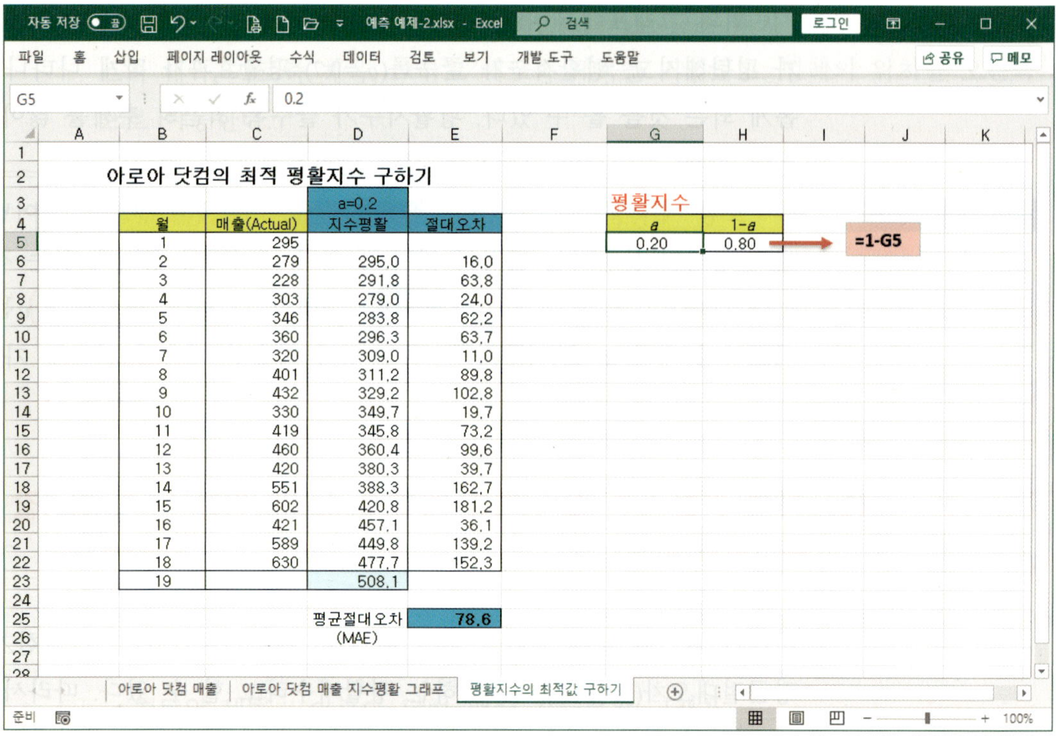

아로아 닷컴의 최적 평활지수 구하기

| 월 | 매출(Actual) | a=0.2 지수평활 | 절대오차 |
|---|---|---|---|
| 1 | 295 | | |
| 2 | 279 | 295.0 | 16.0 |
| 3 | 228 | 291.8 | 63.8 |
| 4 | 303 | 279.0 | 24.0 |
| 5 | 346 | 283.8 | 62.2 |
| 6 | 360 | 296.3 | 63.7 |
| 7 | 320 | 309.0 | 11.0 |
| 8 | 401 | 311.2 | 89.8 |
| 9 | 432 | 329.2 | 102.8 |
| 10 | 330 | 349.7 | 19.7 |
| 11 | 419 | 345.8 | 73.2 |
| 12 | 460 | 360.4 | 99.6 |
| 13 | 420 | 380.3 | 39.7 |
| 14 | 551 | 388.3 | 162.7 |
| 15 | 602 | 420.8 | 181.2 |
| 16 | 421 | 457.1 | 36.1 |
| 17 | 589 | 449.8 | 139.2 |
| 18 | 630 | 477.7 | 152.3 |
| 19 | | 508.1 | |
| | | 평균절대오차 (MAE) | 78.6 |

평활지수

| a | 1-a |
|---|---|
| 0.20 | 0.80 |

=1-G5

② 최적인 평활지수는 평균절대오차를 최소화하는 평활지수이다. 따라서 목표함수는 평균절대오차(MAE)가 되며 이때의 최적화 조건은 '최소화'가 된다. 따라서 '평활지수의 최적값 구하기' 워크시트에서 최소화할 셀은 E25셀이 된다.

③ 이 문제의 제약조건은 평활지수의 값이 0 이상이고 1 이하라는 조건이다.

$$0 \leq a \leq 1$$

이것을 시트에 나타내면, 평활지수를 나타내는 셀인 G5셀의 조건으로 나타난다.

$$G5 \geq 0,\ \text{그리고}\ G5 \leq 1$$

이 조건을 만족시키면서 평균절대오차를 최소화하는 평활지수($a$)를 구하면 된다.

## 2) 해찾기 실행

① 해찾기를 수행하기 위해서는 엑셀 메뉴의 '[데이터]탭-분석 그룹-해찾기' 기능을 선택한다.

② 해찾기를 선택하여 해찾기 대화상자가 나타나면 다음과 같이 설정한다.

- 목표 설정 : 목표 셀을 클릭한 뒤 최소화하고자 하는 평균절대오차 셀인 E25셀을 클릭하면 '$E$25'가 입력된다.
- 대상 : 평균절대오차를 최소화하는 문제이므로 '최소'를 클릭한다.
- 변수 셀 변경 : 평균절대오차가 최소화되도록 평활지수를 변경해가므로 '변수 셀 변경'란에는 평활지수값을 입력한 G5셀을 클릭한다.

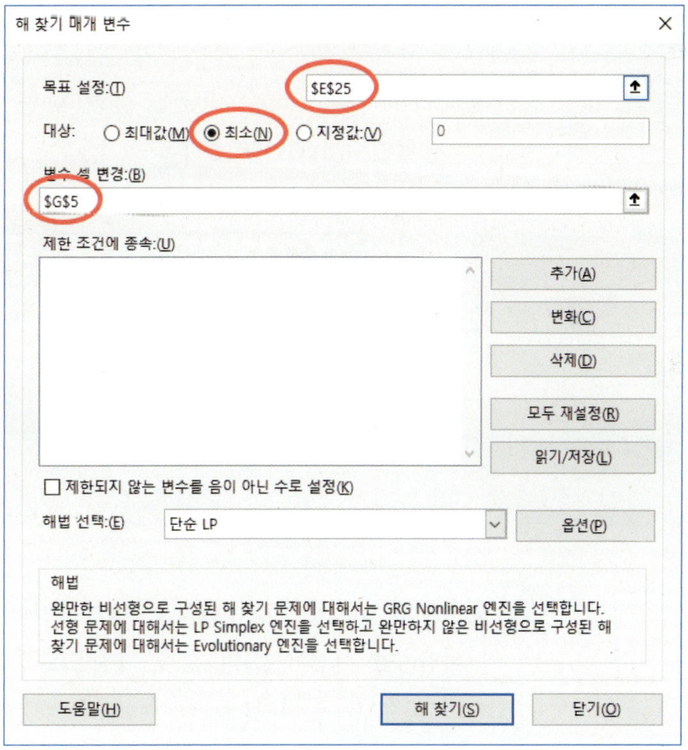

③ 제한조건 등을 입력 또는 설정한다. 여기서의 제한조건은 평활지수가 0 이상, 1 이하의 조건이 된다. 제한조건에서 '추가' 버튼을 눌러 제한조건을 입력한다. 그러면 아래와 같이 '제한 조건 추가' 창이 나타난다.

- 제한조건 :
  - 평활지수($a$)(G5셀) ≥ 0

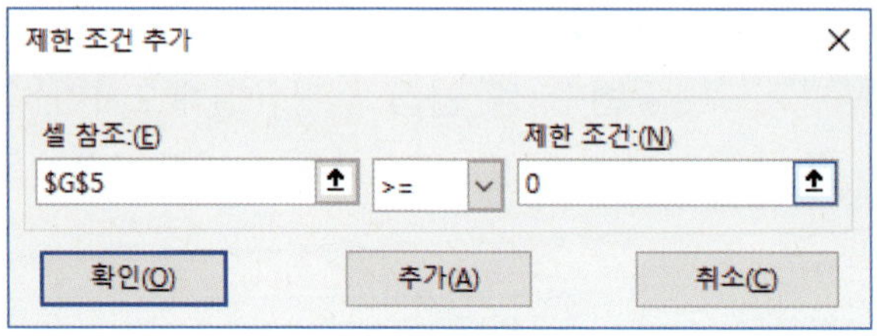


그리고 다시 '추가' 버튼을 눌러 평활지수가 1 이하인 조건을 입력한다.
- 평활지수($a$)(G5셀) ≤ 1

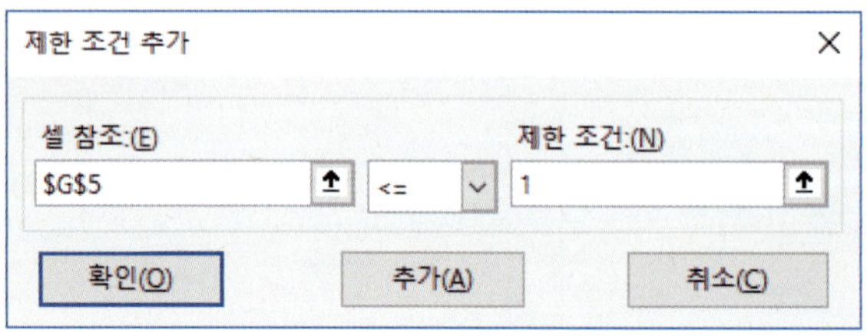


이제 '확인' 버튼을 눌러 해찾기 창으로 돌아온다.

- 변수의 비음수 조건 지정 : 제한조건에서 이미 지정하였지만 평활지수는 비음수(0 이상의 값)의 값을 가지므로 '제한되지 않는 변수를 음이 아닌 수로 설정'을 클릭한다.

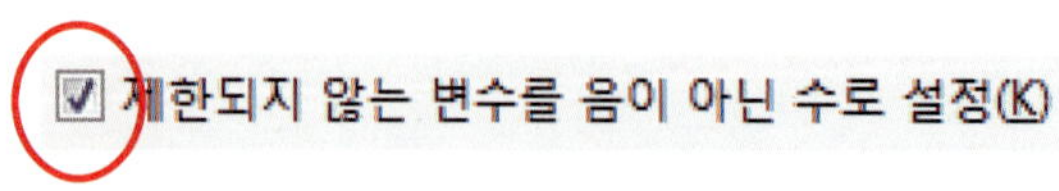


- 해법 선택 : 본 문제는 절대함수를 적용하였기 때문에 선형의 조건을 위반하여 비선형 문제가 된다. 따라서 '해법 선택'에서 '단순 LP'가 아닌 'GRG 비선형'을 선택하여 비선형 알고리듬으로 문제의 해를 구한다.

◑ 옵션 지정 : '옵션' 버튼을 클릭한 다음 '옵션' 창에서 아래와 같이 '정수 제한 조건 무시'를 클릭하여 해가 정수가 아닌 소수값을 가지게 지정한다.

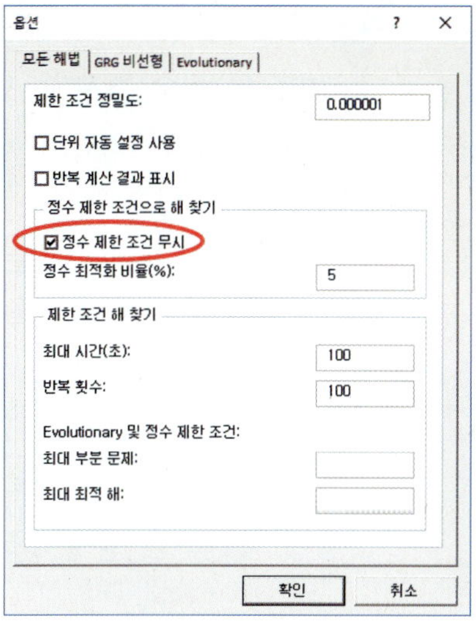


또한 아래와 같이 'GRG 비선형' 탭에서 'Multistart 사용'과 '변수의 필수 경계'에 체크 표시한다.

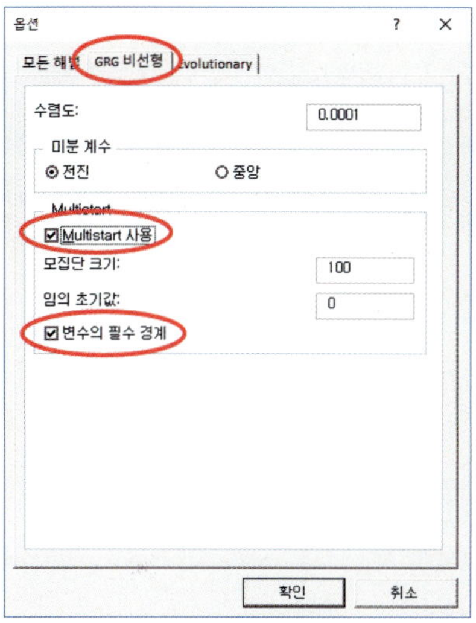

'Multistart 사용'은 변수의 초기값을 여러 가지로 시도하여 비선형 문제의 경우에 변수의 주어진 초기값에 관계 없이 최적값을 찾겠다는 의미이다. 그렇지 않을 경우 비선형 문제의 경우 초기값에 따라 최적값이 아닌 값을 찾을 수도 있다.

'변수의 필수 경계'는 변수의 범위를 제한조건에서 지정해 주어야 한다는 뜻인데, 제한조건에서 변수인 G5셀의 범위를 0에서 1까지로 지정하였다. 그러나 '변수의 필수 경계'는 이 문제에서는 굳이 체크 표시하지 않아도 해찾기 수행에 문제는 없다.

이제 최종 설정된 해찾기 창을 살펴보면 아래와 같다.

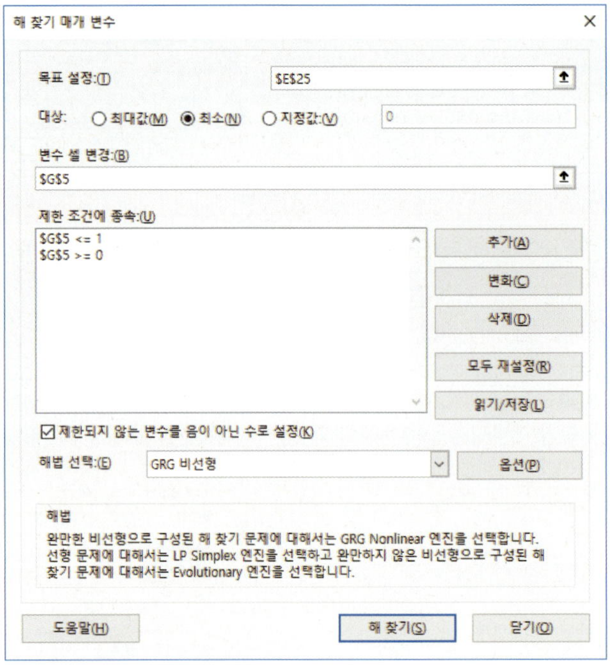

④ 창 아래의 '해찾기' 버튼을 눌러 해찾기를 실행하면 아래와 같이 해찾기 결과가 나타난다. 해찾기 실행을 완료하면 평활지수가 최적값으로 변화되어 있음을 알 수 있다. 그리고 그때의 평균절대오차는 67.8이 된다.

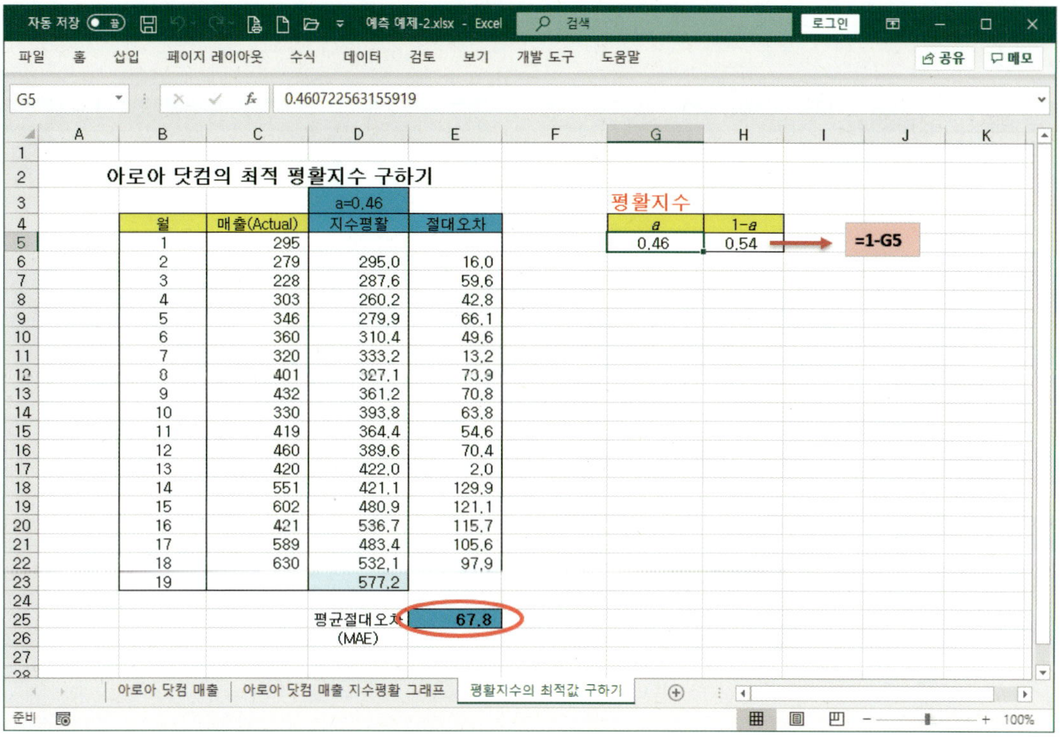


| 월 | 매출(Actual) | 지수평활 (a=0.46) | 절대오차 |
|---|---|---|---|
| 1 | 295 | | |
| 2 | 279 | 295.0 | 16.0 |
| 3 | 228 | 287.6 | 59.6 |
| 4 | 303 | 260.2 | 42.8 |
| 5 | 346 | 279.9 | 66.1 |
| 6 | 360 | 310.4 | 49.6 |
| 7 | 320 | 333.2 | 13.2 |
| 8 | 401 | 327.1 | 73.9 |
| 9 | 432 | 361.2 | 70.8 |
| 10 | 330 | 393.8 | 63.8 |
| 11 | 419 | 364.4 | 54.6 |
| 12 | 460 | 389.6 | 70.4 |
| 13 | 420 | 422.0 | 2.0 |
| 14 | 551 | 421.1 | 129.9 |
| 15 | 602 | 480.9 | 121.1 |
| 16 | 421 | 536.7 | 115.7 |
| 17 | 589 | 483.4 | 105.6 |
| 18 | 630 | 532.1 | 97.9 |
| 19 | | 577.2 | |
| | | 평균절대오차 (MAE) | 67.8 |

| a | 1-a |
|---|---|
| 0.46 | 0.54 |

해찾기 수행 결과, 최소 평균절대오차를 가져다주는 최적의 평활지수는 0.46이며, 따라서 평활지수값을 0.46으로 해야 가장 정확한 예측을 할 수 있다는 것을 알게 되었다. 또한 D3셀의 평활지수값은 그 값을 G5셀에서 가져왔으므로 자동으로 0.46의 값으로 변화되어 있는 것을 알 수 있다. 이때의 지수평활 그래프를 그리면 아래와 같다.

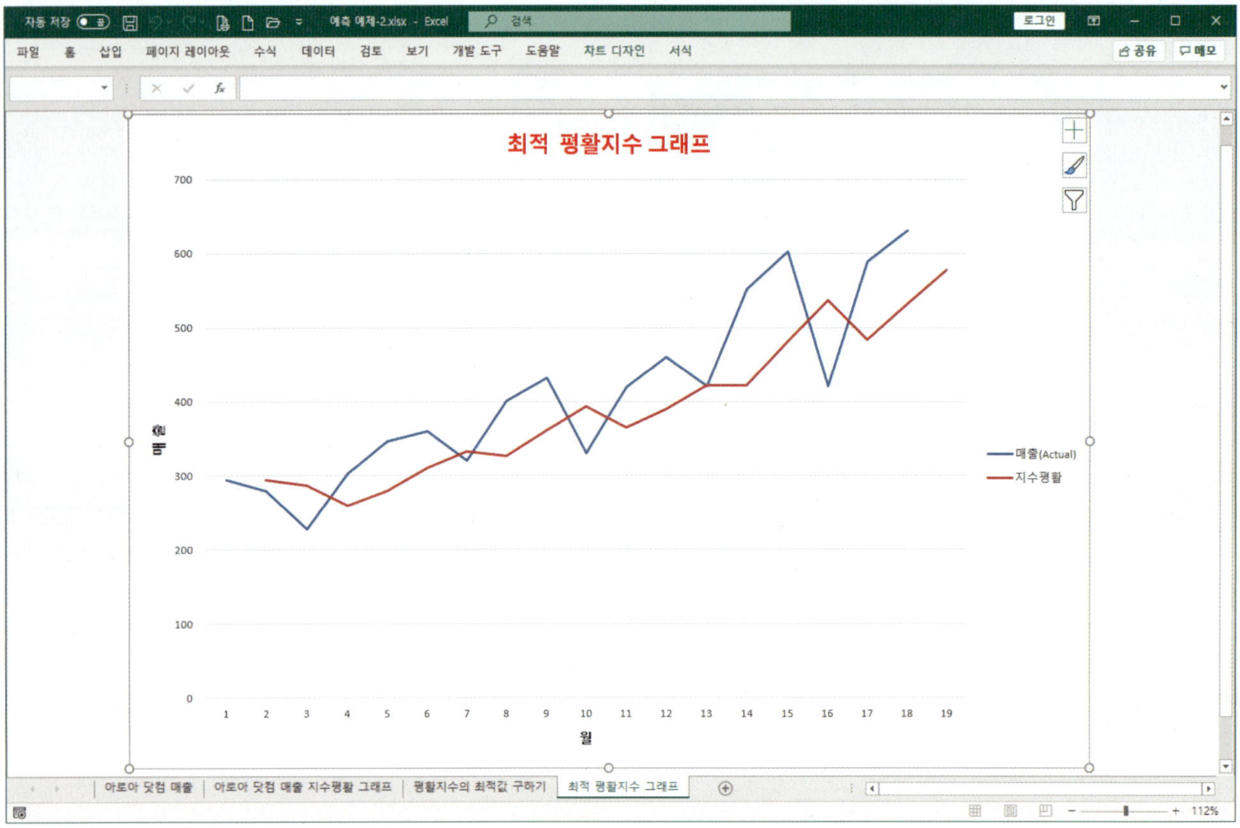

# 4. 추세변동과 계절요인 분석

시계열자료에는 일정한 흐름을 나타내는 추세변동과 계절에 따라 주기적으로 나타나는 계절요인에 의한 변동, 그리고 무작위에 의한 변동(random variation)이 숨어 있다. 추세변동과 계절요인에 의한 변동은 규칙적인 형태를 보이는 것이므로 이것을 찾아 미래의 예측에 활용할 수 있다. 본절에서는 추세변동과 계절요인을 함께 고려하여 미래의 예측을 가능하게 하는 방법을 살펴보고자 한다.

## (1) 추세변동

추세변동은 시간에 따라 일정한 증가나 감소가 있는 것을 찾아내는 것을 말한다. 만일 매출이 선형으로 일정하게 증가한다면 일반적으로 다음 일차식에 의해 추세를 반영할 수 있다.

$$Y = a + b \times X$$

$a$ : $Y$의 절편(또는 상수항이라고도 함)
$b$ : 기울기
$X$ : 시간의 순서(1, 2, 3, ...의 시간적 순서를 말함)

만일 24개월 간의 매출 추세를 찾아보려 한다면 다음과 같이 추세식을 만들 수 있을 것이다.

매출 = $a + b \times$ 시간순서

'시간순서'는 처음 데이터가 1이 되며 가장 나중인 24개월째의 데이터가 24가 된다. 주의할 점은 순서는 절대적인 시점에 관계없이 발생한 순서에 따라 일련번호로 붙여진다는 것이다. 만일, 한 조사에서 2014년 3월에서 2015년 10월까지의 자료를 분석한다고 하면 2014년 3월의 순서가 1이 되고 2015년 10월의 순서는 20이 된다. 또 다른 조사에서 2014년 1/4분기부터 2015년 4/4분기까지의 자료를 분석한다고 하면, 2014년 1/4분기의 순서는 1이 되고 2015년 4/4분기의 순서는 8이 된다.

**예제 3** 예측 예제 – 3.xlsx

인터넷의 보급으로 기존의 오프라인에서 온라인으로 유통채널의 변화가 크게 일어나고 있다. 따라서 한국전자도 온라인을 통한 매출의 신장에 노력하고 있는데, 다음은 작년 한 해 동안의 전국의 온라인 쇼핑몰을 통하여 판매된 한국전자 제품의 매출을 월별로 나타내고 있다. 매출의 추세변동을 알아보고 온라인 쇼핑몰을 통한 판매가 증가하고 있는지 또는 감소하고 있는지 판단하고, 평균 얼마의 속도로 증가 또는 감소하는지 판단하시오.

(단위 : 억원)

| 월 | 매 출 |
|---|---|
| 1 | 34 |
| 2 | 45 |
| 3 | 34 |
| 4 | 50 |
| 5 | 42 |
| 6 | 45 |
| 7 | 58 |
| 8 | 43 |
| 9 | 53 |
| 10 | 45 |
| 11 | 58 |
| 12 | 65 |

우선 아래와 같은 워크시트를 준비한다.

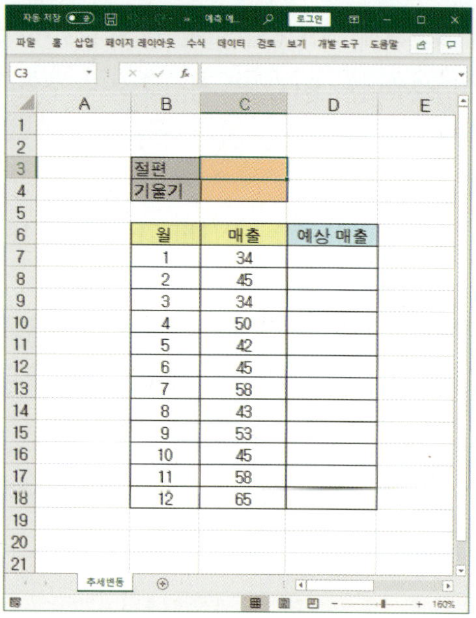

| 절편 | |
|---|---|
| 기울기 | |

| 월 | 매출 | 예상 매출 |
|---|---|---|
| 1 | 34 | |
| 2 | 45 | |
| 3 | 34 | |
| 4 | 50 | |
| 5 | 42 | |
| 6 | 45 | |
| 7 | 58 | |
| 8 | 43 | |
| 9 | 53 | |
| 10 | 45 | |
| 11 | 58 | |
| 12 | 65 | |

## 1) 추세식의 설정

매출 데이터의 그래프를 그려보면 선형의 추세선이 적당하다는 것을 알 수 있다. 따라서 한국전자의 매출을 예측하기 위한 추세식은 일차식으로 표현한다. 일차식이 유용한 것은 일반적으로 2차식이나 지수식 등도 변수 변환을 통해 일차식으로 변경할 수 있기 때문이다.

한국전자의 온라인 시장 판매의 추세식은 다음과 같다.

매출($Y$) = $Y$의 절편 + 기울기$\times X$

$Y$ : 매출, $X$ : 시간의 순서

① 절편(intercept) 구하기(INTERCEPT함수 사용)

$Y$변수는 매출(C7:C18 영역)이 되고 $X$변수는 시간의 순서(B7:B18 영역)가 되므로 C3셀에 INTERCEPT함수를 사용하여 다음과 같이 입력한다. 여기에서 주의할 점은 B7셀에서 B18셀의 시간순서가 우연히 월과 일치하나 원래의 정의는 1부터의 시계열자료 순서를 말하는 것임을 명심해야 한다.

C3셀 : = INTERCEPT(C7:C18, B7:B18)

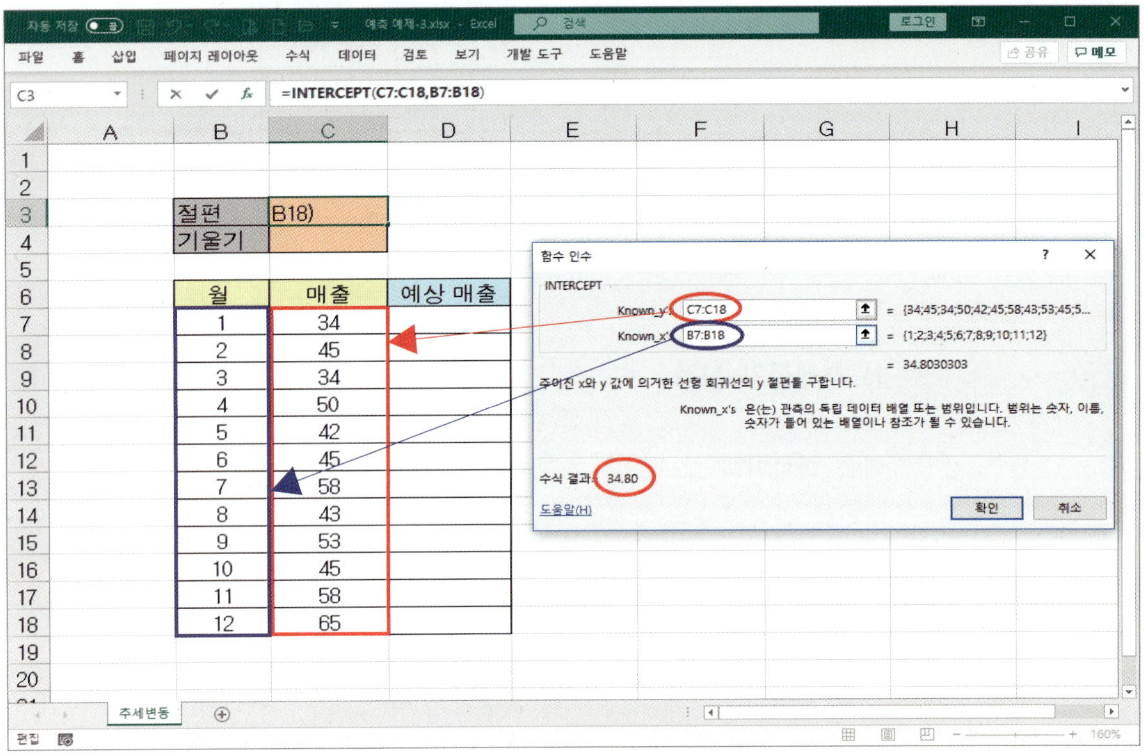

② 기울기(slope) 구하기(SLOPE함수 사용)

같은 방법으로 SLOPE함수 역시 $Y$변수는 매출(C7:C18 영역)이 되고 $X$변수는 시간의 순서(B7:B18 영역)가 되므로 C4셀에 SLOPE함수를 사용하여 다음과 같이 입력한다.

C4셀 : = SLOPE(C7:C18, B7:B18)

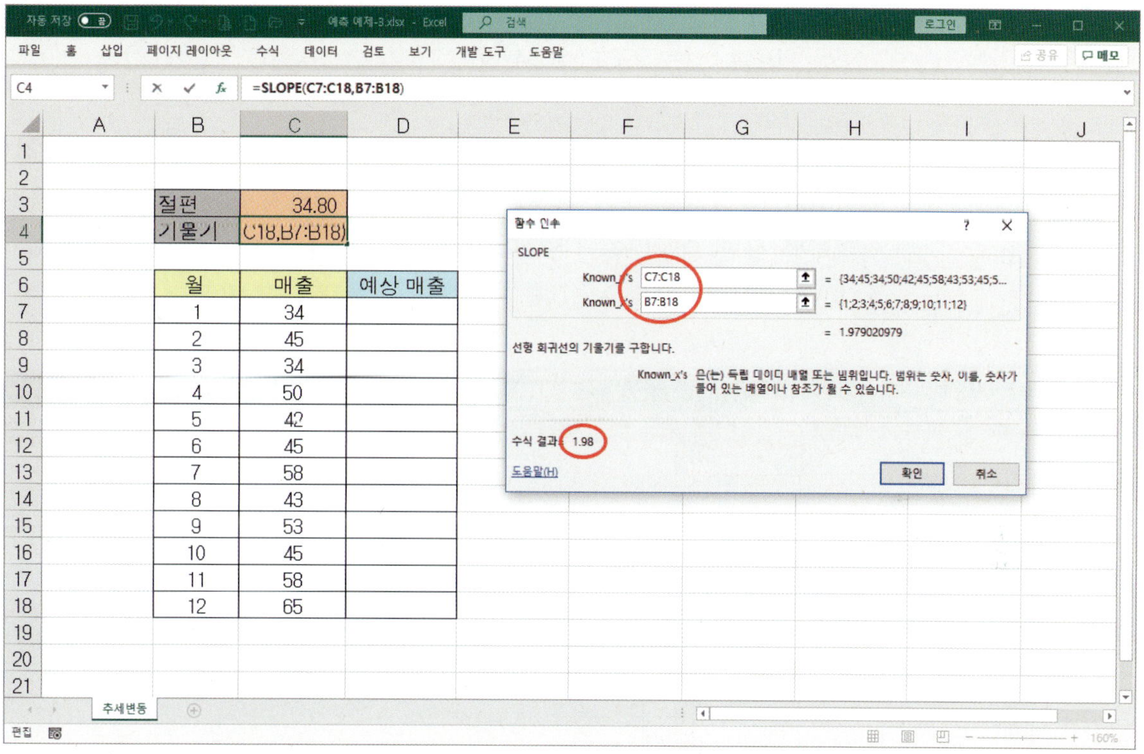

③ 추세식의 설정

$Y$절편과 기울기의 계산 결과 절편은 34.80, 기울기는 1.98이므로 추세식은 다음과 같다.

온라인 시장 매출 = 34.80 + 1.98 × 시간순서

따라서 기울기 1.98의 값이 양수이므로 온라인 매출은 점차 증가하고 있음을 알 수 있으며, 금액 단위가 억원이므로 매월 약 1.98억원의 속도로 증가하는 것으로 나타났다.

### 2) 추세분석에 의한 매출액의 예측(D7:D18 영역)

추세에 의한 1월의 예상매출액은 다음과 같이 계산된다.

1월의 예상매출액 = 34.80 + 1.98 × (1)

따라서 D7셀에 들어갈 함수식은 다음과 같다.

D7셀 : = $C$3+$C$4*B7

절편(C3셀)과 기울기(C4셀)는 자동채우기 핸들을 사용해야 하므로 절대주소로 입력한다. 12월의 예상매출액을 나타내는 D18셀까지 자동채우기 핸들을 이용하여 입력하면 월별 예상매출액은 아래와 같이 나타난다. D19셀의 13개월째의 예상매출은 61억원이 됨을 알 수 있다.

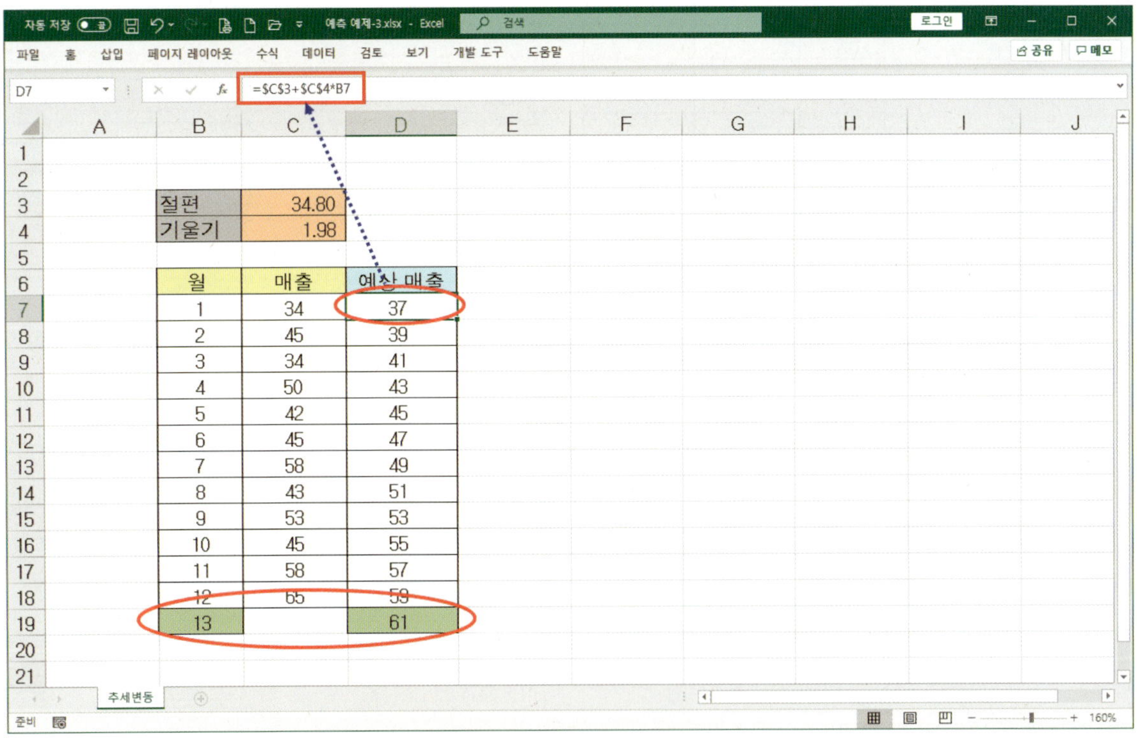

이제 매출과 예상매출의 그래프를 작성해 보면 아래와 같이 추세를 알 수 있다.

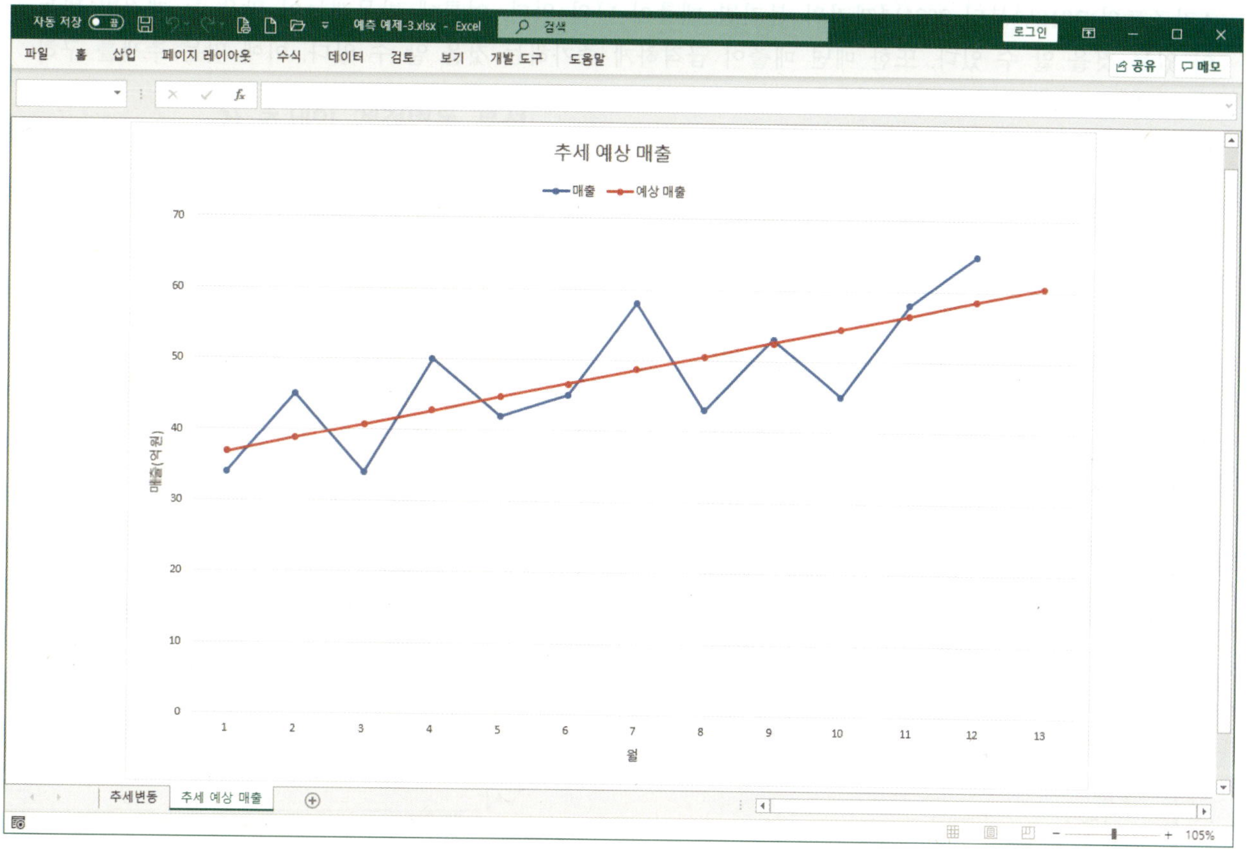


## (2) 추세식과 이동평균 계절지수를 이용한 추세분석

시계열자료에는 계절성(월, 분기 등)이 있는 경우가 많다. 계절적인 변화가 자료에 포함되어 있는 경우, 이러한 계절적 변동을 감안해야 정확한 예측이 가능하다. 가정용 석유나 에어컨의 경우 겨울과 초여름에 각각 많은 수요가 발생한다. 계절지수를 반영하기 위해서는 과거 자료에 의하여 각 계절(월, 분기 등)별로 계절지수(seasonal index)를 구하고 이에 따라 자료의 변동을 조정해야 한다. 이제 추세와 계절요인이 같이 있는 경우의 예측분석을 실시한다.

- 작성된 추세선에 마우스를 대고, 오른쪽 마우스 버튼을 눌러 단축메뉴가 나타나면, 추세선 추가를 선택한다.

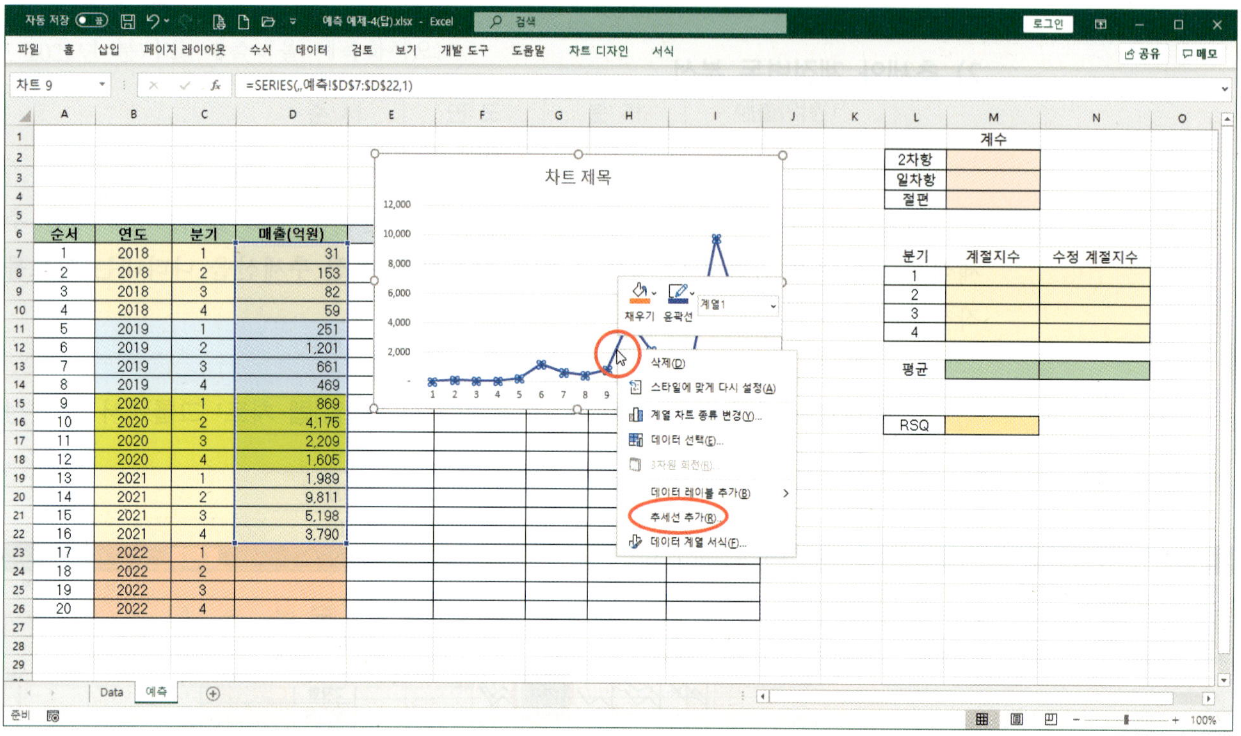

- 아래 그림과 같이 다항식을 선택하고 차수는 2차식으로 한다. 이 추세선 옵션은 사람이 데이터의 추세를 보고 결정한다. 앞으로에 2구간을 두어 이후 2구간의 추세가 보이게 하고, 수식을 차트에 표시에 체크 표시하여 추세식을 알 수 있게 한다. 추세식의 형태는 선형, 지수형, 로그형, 다항식 여러 가지가 있는데, 데이터의 형태에 따라 먼저 선정해 주어야 한다. 그러면 아래와 같이 데이터를 가장 잘 나타내는 추세식이 자동으로 작성된다. 그리고 이는 변동을 상쇄하여 데이터의 중앙을 지나므로 자료의 평균을 나타내는 선이라고 할 수 있다.

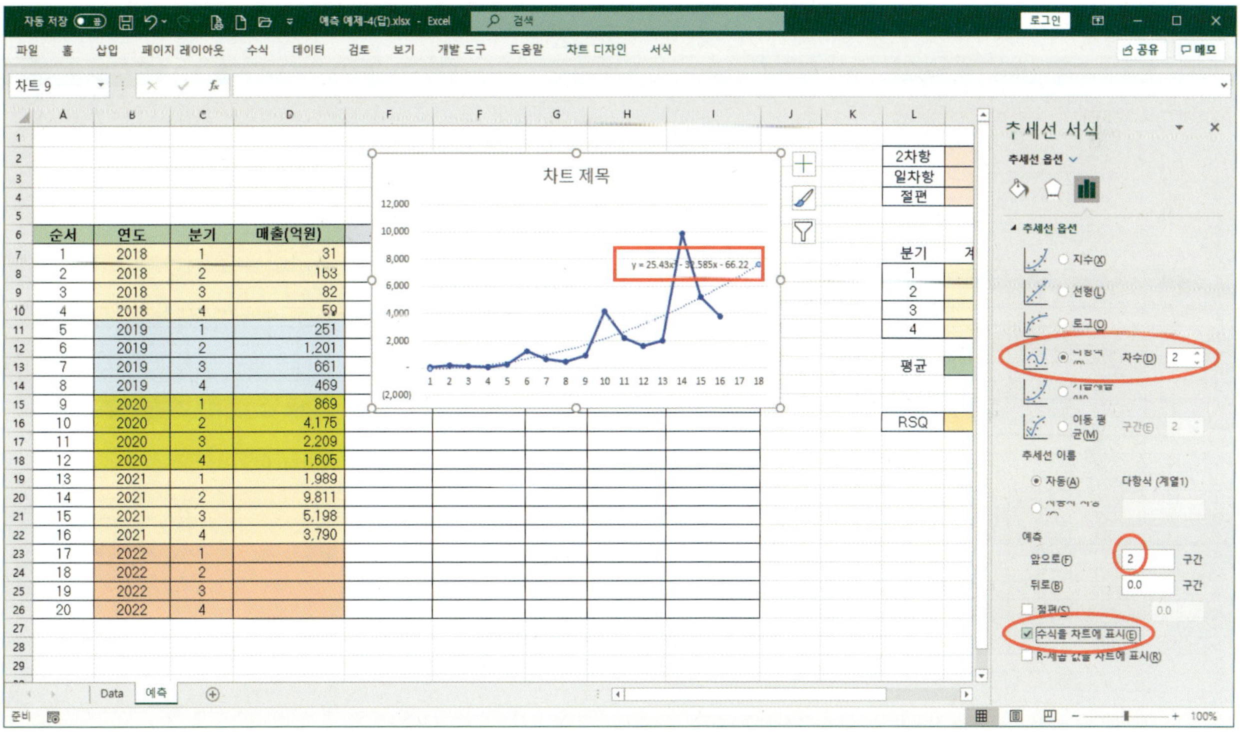


매출의 추세는 선형이 아니고 이차식으로 설정한 경우, 추세식은 다음과 같다.

$$매출 = 25.43*매출^2 - 32.585*매출 - 66.22$$

◐ 이제 아래 그림과 같이 M2:M4셀에 추세식의 계수를 기입하고, 이를 이용하여 E7셀에 2018년 1분기의 추세식을 작성한다.

= $M$2*A7^2+$M$3*A7+$M$4

이때 X의 값은 자료의 순서로 A열의 1, 2, 3, ...이 된다. 분기의 값이 아님에 유의한다. 그리고 예측치를 포함하는 2022년 4분기인 E26셀까지 복사한다. 이렇게 하여 추세식이 작성되었고, 이것으로 이제 추세선 차트를 작성할 수 있다.

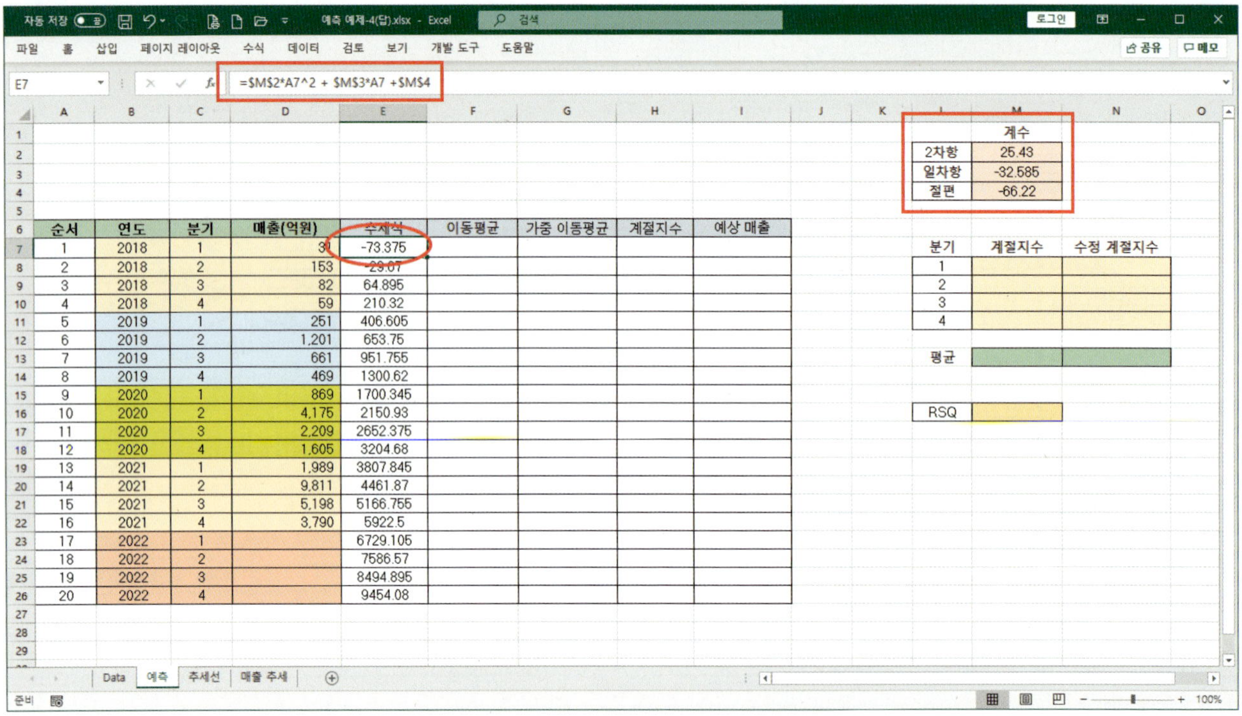


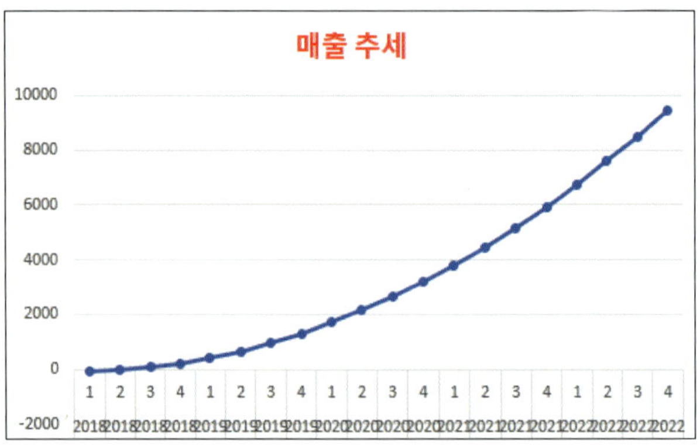

② 계절지수 작성

- 아래 그림과 같이 2018년 2분기에 해당하는 F8셀에 2018년의 분기 매출평균을 구한다.

F8셀 : = AVERAGE(D7:D10)

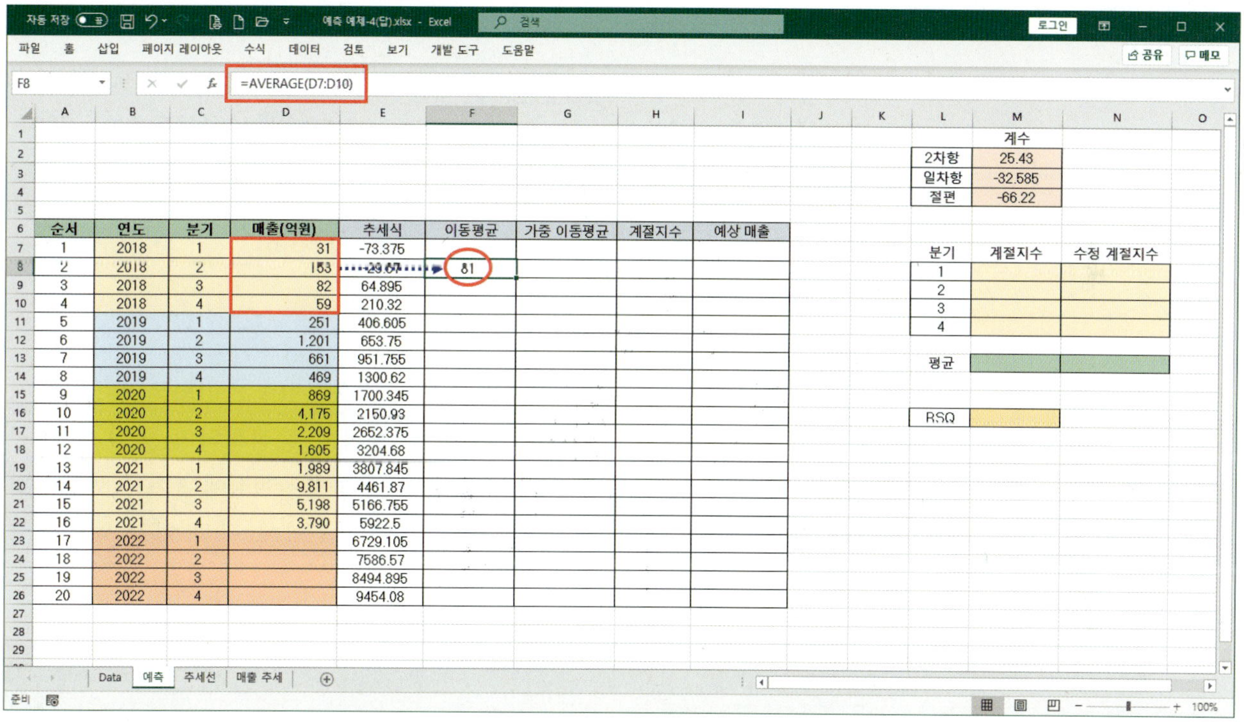

◑ 아래 그림에서 보는 대로, 한 해의 분기의 개수는 짝수개이므로 평균을 하면 2분기와 3분기 사이가 되어 2.5분기에 위치한다(81). 그리고 2018년 2분기에서 2019년 1분기까지를 평균하면 2018년 3.5분기에 위치하게 된다(136). 따라서 이 둘을 평균하면 (2.5+3.5)/2로, 위치는 2.5분기와 3.5분기의 중심이 되어 3분기에 위치하게 된다(109).

1. 2018년 1분기 31
2. 2018년 2분기 153
3. 2018년 3분기 82
4. 2018년 4분기 59
5. 2019년 1분기 251
6. 2019년 2분기 1,201

=AVERAGE(1,2,3,4) 81
=AVERAGE(2,3,4,5) 136
→ =AVERAGE(2.5, 3.5) 109

즉, 아래 그림에서 F8셀의 이동평균(81)은 2.5분기에 중심화되어 있다. 같은 방법으로 F9셀의 이동평균(136)은 3.5분기에 중심화되어 있다. 따라서 G9셀에서와 같이 F8셀과 F9셀의 평균을 구하면, G9셀에 3분기에 중심화된 이동평균 값(109)을 구할 수 있다. 따라서 G열에 구한 가중 이동평균 값이 각 분기의 이동평균 값이 되는 것이다.

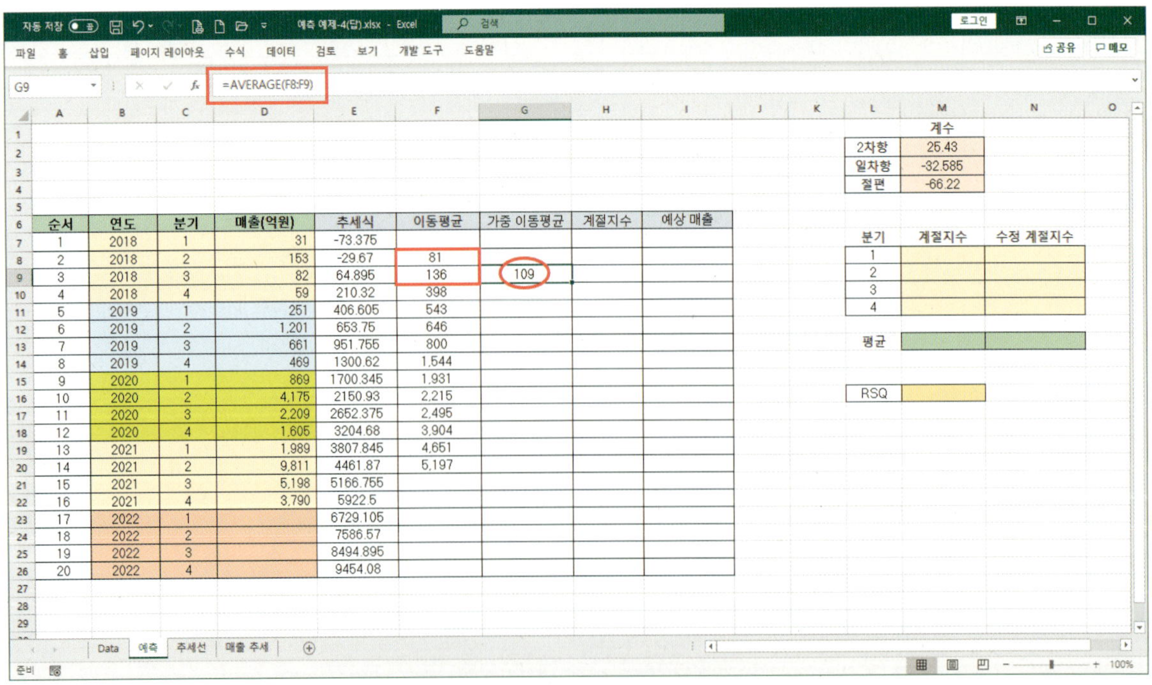


| 순서 | 연도 | 분기 | 매출(억원) | 추세식 | 이동평균 | 가중 이동평균 | 계절지수 | 예상 매출 |
|---|---|---|---|---|---|---|---|---|
| 1 | 2018 | 1 | 31 | -73.375 | | | | |
| 2 | 2018 | 2 | 153 | -29.67 | 81 | | | |
| 3 | 2018 | 3 | 82 | 64.895 | 136 | 109 | | |
| 4 | 2018 | 4 | 59 | 210.32 | 398 | | | |
| 5 | 2019 | 1 | 251 | 406.605 | 543 | | | |
| 6 | 2019 | 2 | 1,201 | 653.75 | 646 | | | |
| 7 | 2019 | 3 | 661 | 951.755 | 800 | | | |
| 8 | 2019 | 4 | 469 | 1300.62 | 1,544 | | | |
| 9 | 2020 | 1 | 869 | 1700.345 | 1,931 | | | |
| 10 | 2020 | 2 | 4,175 | 2150.93 | 2,215 | | | |
| 11 | 2020 | 3 | 2,209 | 2652.375 | 2,495 | | | |
| 12 | 2020 | 4 | 1,605 | 3204.68 | 3,904 | | | |
| 13 | 2021 | 1 | 1,989 | 3807.845 | 4,651 | | | |
| 14 | 2021 | 2 | 9,811 | 4461.87 | 5,197 | | | |
| 15 | 2021 | 3 | 5,198 | 5166.755 | | | | |
| 16 | 2021 | 4 | 3,790 | 5922.5 | | | | |
| 17 | 2022 | 1 | | 6729.105 | | | | |
| 18 | 2022 | 2 | | 7586.57 | | | | |
| 19 | 2022 | 3 | | 8494.895 | | | | |
| 20 | 2022 | 4 | | 9454.08 | | | | |

| | 계수 |
|---|---|
| 2차항 | 25.43 |
| 일차항 | -32.585 |
| 절편 | -66.22 |

| 분기 | 계절지수 | 수정 계절지수 |
|---|---|---|
| 1 | | |
| 2 | | |
| 3 | | |
| 4 | | |
| 평균 | | |

| RSQ | |
|---|---|

이제 G9셀의 값을 G21셀까지 복사하여 2021년 3분기까지의 가중 이동평균을 구한다.

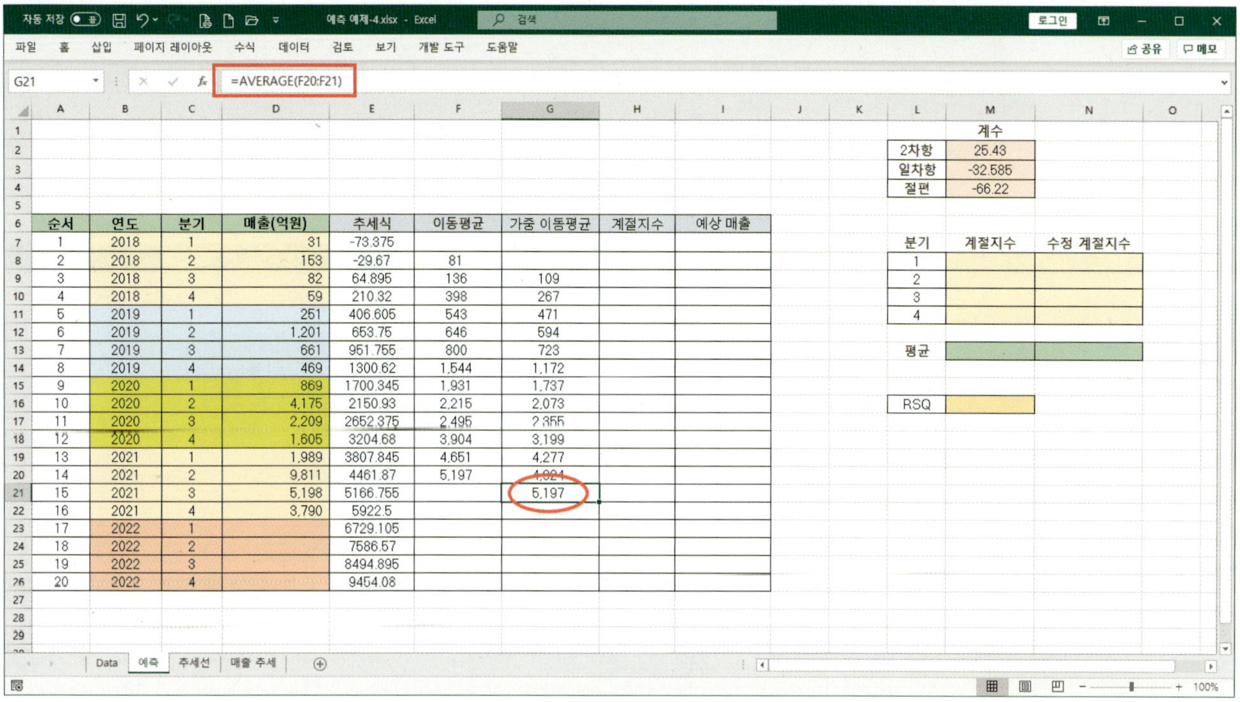


| 순서 | 연도 | 분기 | 매출(억원) | 추세식 | 이동평균 | 가중 이동평균 | 계절지수 | 예상 매출 |
|---|---|---|---|---|---|---|---|---|
| 1 | 2018 | 1 | 31 | -73.375 | | | | |
| 2 | 2018 | 2 | 153 | -29.67 | 81 | | | |
| 3 | 2018 | 3 | 82 | 64.895 | 136 | 109 | | |
| 4 | 2018 | 4 | 59 | 210.32 | 398 | 267 | | |
| 5 | 2019 | 1 | 251 | 406.605 | 543 | 471 | | |
| 6 | 2019 | 2 | 1,201 | 653.75 | 646 | 594 | | |
| 7 | 2019 | 3 | 661 | 951.755 | 800 | 723 | | |
| 8 | 2019 | 4 | 469 | 1300.62 | 1,544 | 1,172 | | |
| 9 | 2020 | 1 | 869 | 1700.345 | 1,931 | 1,737 | | |
| 10 | 2020 | 2 | 4,175 | 2150.93 | 2,215 | 2,073 | | |
| 11 | 2020 | 3 | 2,209 | 2652.375 | 2,495 | 2,355 | | |
| 12 | 2020 | 4 | 1,605 | 3204.68 | 3,904 | 3,199 | | |
| 13 | 2021 | 1 | 1,989 | 3807.845 | 4,651 | 4,277 | | |
| 14 | 2021 | 2 | 9,811 | 4461.87 | 5,197 | 4,924 | | |
| 15 | 2021 | 3 | 5,198 | 5166.755 | | 5,197 | | |
| 16 | 2021 | 4 | 3,790 | 5922.5 | | | | |
| 17 | 2022 | 1 | | 6729.105 | | | | |
| 18 | 2022 | 2 | | 7586.57 | | | | |
| 19 | 2022 | 3 | | 8494.895 | | | | |
| 20 | 2022 | 4 | | 9454.08 | | | | |

| | 계수 |
|---|---|
| 2차항 | 25.43 |
| 일차항 | -32.585 |
| 절편 | -66.22 |

| 분기 | 계절지수 | 수정 계절지수 |
|---|---|---|
| 1 | | |
| 2 | | |
| 3 | | |
| 4 | | |
| 평균 | | |

| RSQ | |
|---|---|

◑ 계절지수는 해당 분기의 실제 매출액을 그 분기의 평균으로 나눈 것이므로, 계절지수를 구할 수 있는 첫 분기인 2018년 3분기의 계절지수를 H9셀에 기입한다.

= D9/G9

그리고 H21셀까지 복사하여 해당 분기의 계절지수를 구한다.

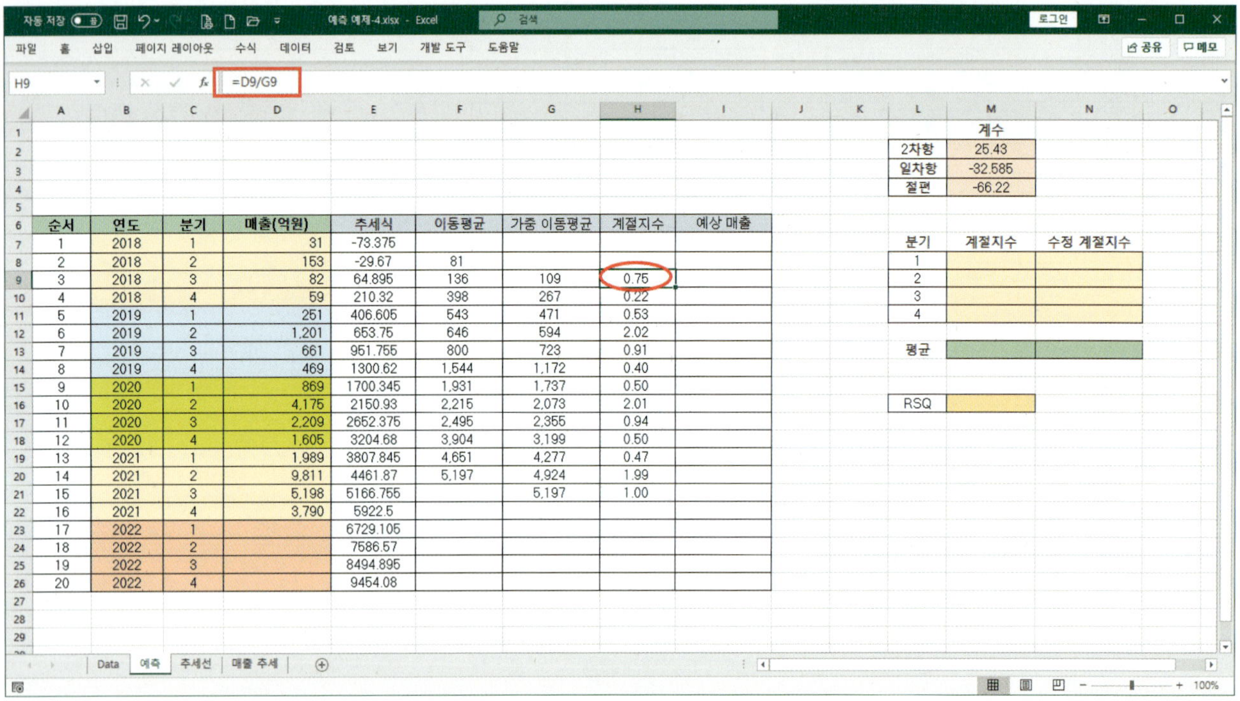


| 순서 | 연도 | 분기 | 매출(억원) | 추세식 | 이동평균 | 가중 이동평균 | 계절지수 | 예상 매출 |
|---|---|---|---|---|---|---|---|---|
| 1 | 2018 | 1 | 31 | -73.375 | | | | |
| 2 | 2018 | 2 | 153 | -29.67 | 81 | | | |
| 3 | 2018 | 3 | 82 | 64.895 | 136 | 109 | 0.75 | |
| 4 | 2018 | 4 | 59 | 210.32 | 398 | 267 | 0.22 | |
| 5 | 2019 | 1 | 251 | 406.605 | 543 | 471 | 0.53 | |
| 6 | 2019 | 2 | 1,201 | 653.75 | 646 | 594 | 2.02 | |
| 7 | 2019 | 3 | 661 | 951.755 | 800 | 723 | 0.91 | |
| 8 | 2019 | 4 | 469 | 1300.62 | 1,544 | 1,172 | 0.40 | |
| 9 | 2020 | 1 | 869 | 1700.345 | 1,931 | 1,737 | 0.50 | |
| 10 | 2020 | 2 | 4,175 | 2150.93 | 2,215 | 2,073 | 2.01 | |
| 11 | 2020 | 3 | 2,209 | 2652.375 | 2,495 | 2,355 | 0.94 | |
| 12 | 2020 | 4 | 1,605 | 3204.68 | 3,904 | 3,199 | 0.50 | |
| 13 | 2021 | 1 | 1,989 | 3807.845 | 4,651 | 4,277 | 0.47 | |
| 14 | 2021 | 2 | 9,811 | 4461.87 | 5,197 | 4,924 | 1.99 | |
| 15 | 2021 | 3 | 5,198 | 5166.755 | | 5,197 | 1.00 | |
| 16 | 2021 | 4 | 3,790 | 5922.5 | | | | |
| 17 | 2022 | 1 | | 6729.105 | | | | |
| 18 | 2022 | 2 | | 7586.57 | | | | |
| 19 | 2022 | 3 | | 8494.895 | | | | |
| 20 | 2022 | 4 | | 9454.08 | | | | |

| | 계수 |
|---|---|
| 2차항 | 25.43 |
| 일차항 | -32.585 |
| 절편 | -66.22 |

| 분기 | 계절지수 | 수정 계절지수 |
|---|---|---|
| 1 | | |
| 2 | | |
| 3 | | |
| 4 | | |
| 평균 | | |

| RSQ | |
|---|---|

- 그러나 같은 분기에 연도에 따라 여러 계절지수가 있으므로, 이를 평균하여 M8:M11셀에 각 분기의 계절지수를 기입한다. 이때 AVERAGEIFS함수를 사용한다.

M8셀 : = AVERAGEIFS($H$9:$H$21, $C$9:$C$21, L8)

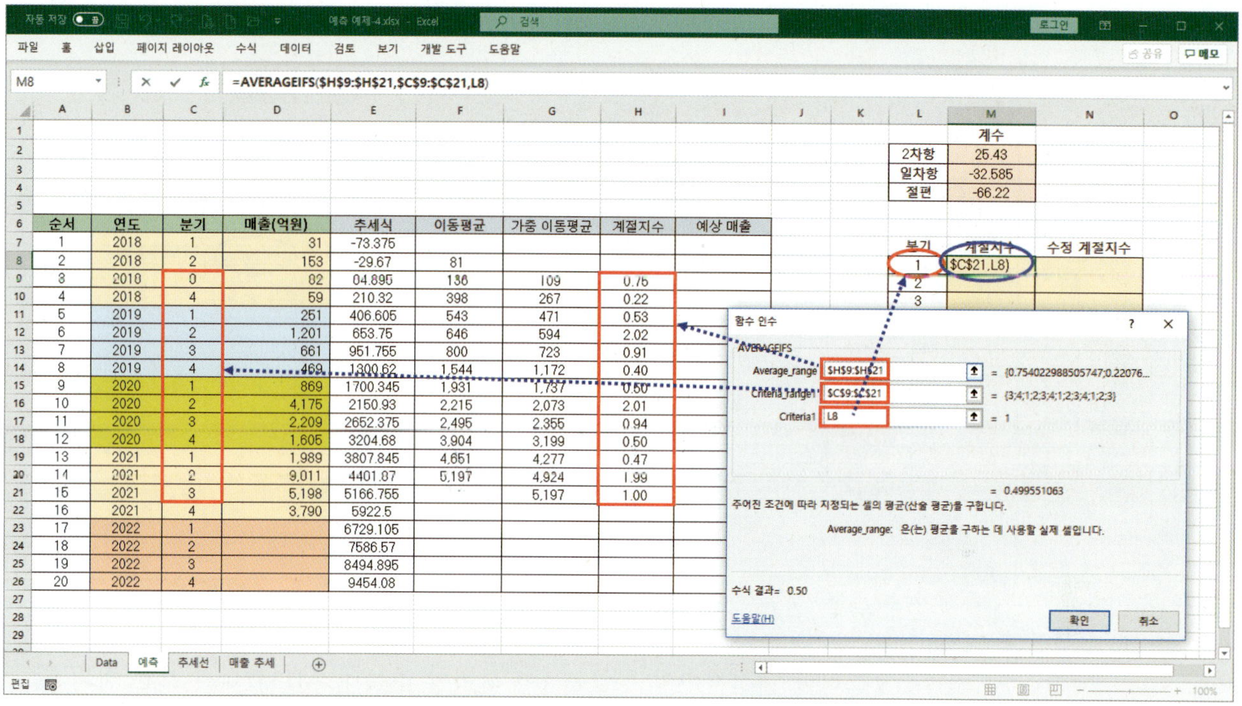

- M8셀 식을 모든 분기에 복사하면, M8:M11셀의 계절지수가 바로 데이터에서 산출해 낸 계절지수로 아래와 같이 계산된다. 또한 M13셀에 계절지수의 평균이 0.95로 나타난 것을 볼 수 있다.

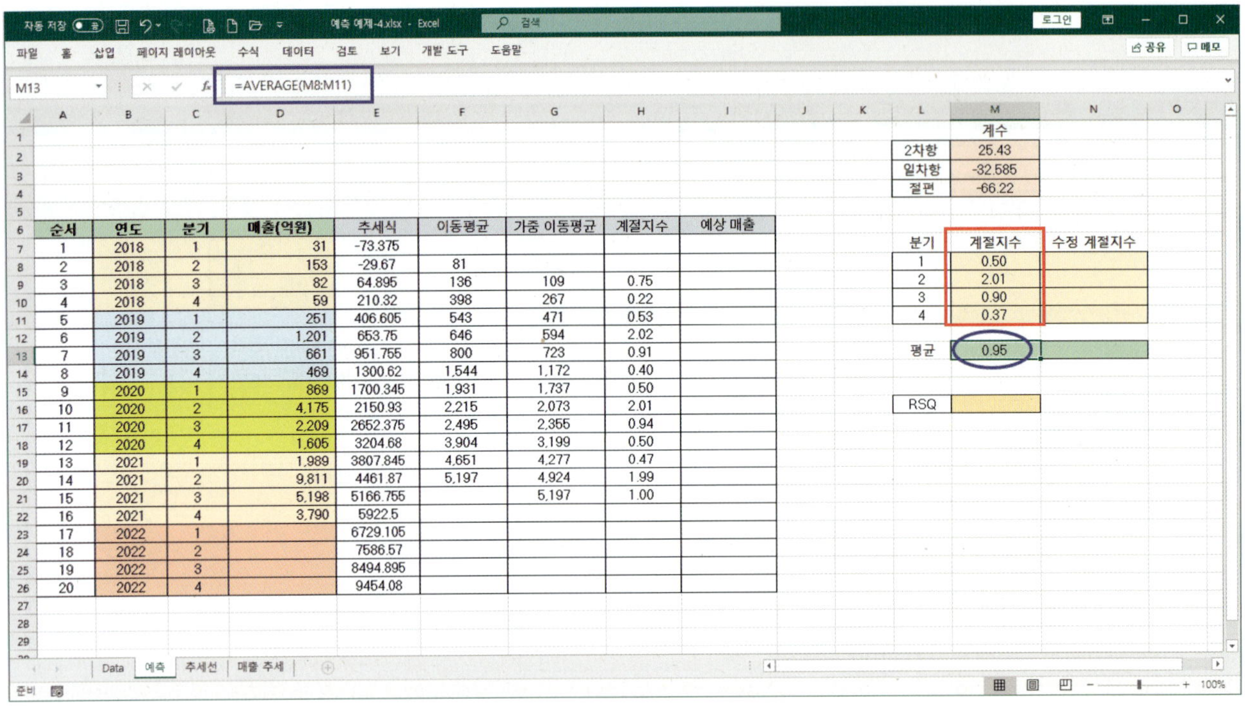

M13 =AVERAGE(M8:M11)

| 순서 | 연도 | 분기 | 매출(억원) | 추세식 | 이동평균 | 가중 이동평균 | 계절지수 | 예상 매출 |
|---|---|---|---|---|---|---|---|---|
| 1 | 2018 | 1 | 31 | -73.375 | | | | |
| 2 | 2018 | 2 | 153 | -29.67 | 81 | | | |
| 3 | 2018 | 3 | 82 | 64.895 | 136 | 109 | 0.75 | |
| 4 | 2018 | 4 | 59 | 210.32 | 398 | 267 | 0.22 | |
| 5 | 2019 | 1 | 251 | 406.605 | 543 | 471 | 0.53 | |
| 6 | 2019 | 2 | 1,201 | 653.75 | 646 | 594 | 2.02 | |
| 7 | 2019 | 3 | 661 | 951.755 | 800 | 723 | 0.91 | |
| 8 | 2019 | 4 | 469 | 1300.62 | 1,544 | 1,172 | 0.40 | |
| 9 | 2020 | 1 | 869 | 1700.345 | 1,931 | 1,737 | 0.50 | |
| 10 | 2020 | 2 | 4,175 | 2150.93 | 2,215 | 2,073 | 2.01 | |
| 11 | 2020 | 3 | 2,209 | 2652.375 | 2,495 | 2,355 | 0.94 | |
| 12 | 2020 | 4 | 1,605 | 3204.68 | 3,904 | 3,199 | 0.50 | |
| 13 | 2021 | 1 | 1,989 | 3807.845 | 4,651 | 4,277 | 0.47 | |
| 14 | 2021 | 2 | 9,811 | 4461.87 | 5,197 | 4,924 | 1.99 | |
| 15 | 2021 | 3 | 5,198 | 5166.755 | | 5,197 | 1.00 | |
| 16 | 2021 | 4 | 3,790 | 5922.5 | | | | |
| 17 | 2022 | 1 | | 6729.105 | | | | |
| 18 | 2022 | 2 | | 7586.57 | | | | |
| 19 | 2022 | 3 | | 8494.895 | | | | |
| 20 | 2022 | 4 | | 9454.08 | | | | |

| | 계수 |
|---|---|
| 2차항 | 25.43 |
| 일차항 | -32.585 |
| 절편 | -66.22 |

| 분기 | 계절지수 | 수정 계절지수 |
|---|---|---|
| 1 | 0.50 | |
| 2 | 2.01 | |
| 3 | 0.90 | |
| 4 | 0.37 | |
| 평균 | 0.95 | |
| RSQ | | |

- 그러나 계절지수의 평균은 1이 되어야 하는데, M13셀에서 보는 바와 같이 0.95로 1이 되지 못하므로, N8:N11셀에서 다음과 같이 M8:M11셀의 계절지수를 M13셀의 값으로 나누어 보정하도록 한다.

N8셀 : = M8/$M$13

그리고 이를 N11셀까지 복사하여 최종 계절지수를 산출한다. 즉 N8:N11 셀의 수정 결정계수가 구하고자 하는 계절지수가 된다. 그러면 N13셀에서 계절지수의 평균이 1이 된 것을 알 수 있다. A리조트의 경우 2분기의 계절 지수 값이 2.12로 이때 가장 매출이 큰 것을 알 수 있다.

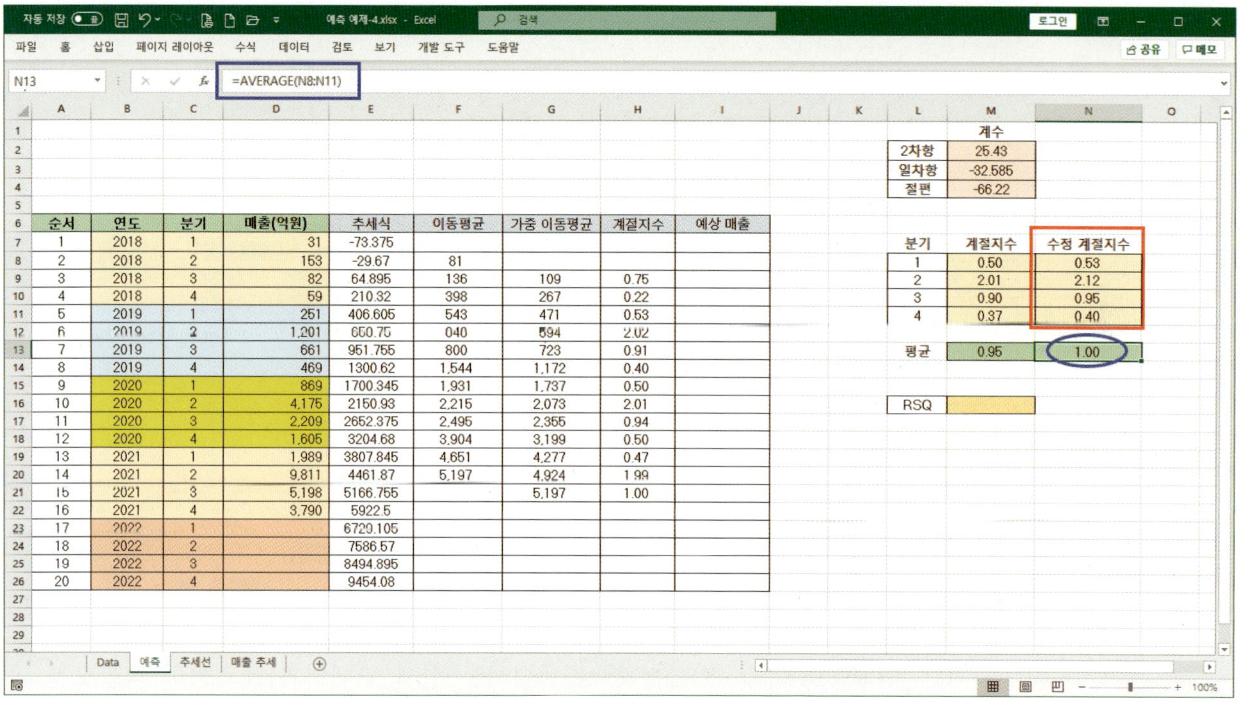


| 순서 | 연도 | 분기 | 매출(억원) | 추세식 | 이동평균 | 가중 이동평균 | 계절지수 | 예상 매출 |
|---|---|---|---|---|---|---|---|---|
| 1 | 2018 | 1 | 31 | -73.375 | | | | |
| 2 | 2018 | 2 | 153 | -29.67 | 81 | | | |
| 3 | 2018 | 3 | 82 | 64.895 | 136 | 109 | 0.75 | |
| 4 | 2018 | 4 | 59 | 210.32 | 398 | 267 | 0.22 | |
| 5 | 2019 | 1 | 251 | 406.605 | 543 | 471 | 0.53 | |
| 6 | 2019 | 2 | 1,201 | 650.75 | 040 | 594 | 2.02 | |
| 7 | 2019 | 3 | 661 | 951.755 | 800 | 723 | 0.91 | |
| 8 | 2019 | 4 | 469 | 1300.62 | 1,544 | 1,172 | 0.40 | |
| 9 | 2020 | 1 | 869 | 1700.345 | 1,931 | 1,737 | 0.50 | |
| 10 | 2020 | 2 | 4,175 | 2150.93 | 2,215 | 2,073 | 2.01 | |
| 11 | 2020 | 3 | 2,209 | 2652.375 | 2,495 | 2,355 | 0.94 | |
| 12 | 2020 | 4 | 1,605 | 3204.68 | 3,904 | 3,199 | 0.50 | |
| 13 | 2021 | 1 | 1,989 | 3807.845 | 4,651 | 4,277 | 0.47 | |
| 14 | 2021 | 2 | 9,811 | 4461.87 | 5,197 | 4,924 | 1.99 | |
| 15 | 2021 | 3 | 5,198 | 5166.755 | | 5,197 | 1.00 | |
| 16 | 2021 | 4 | 3,790 | 5922.5 | | | | |
| 17 | 2022 | 1 | | 6720.105 | | | | |
| 18 | 2022 | 2 | | 7586.57 | | | | |
| 19 | 2022 | 3 | | 8494.895 | | | | |
| 20 | 2022 | 4 | | 9454.08 | | | | |

| | 계수 |
|---|---|
| 2차항 | 25.43 |
| 일차항 | -32.585 |
| 절편 | -66.22 |

| 분기 | 계절지수 | 수정 계절지수 |
|---|---|---|
| 1 | 0.50 | 0.53 |
| 2 | 2.01 | 2.12 |
| 3 | 0.90 | 0.95 |
| 4 | 0.37 | 0.40 |
| 평균 | 0.95 | 1.00 |

| RSQ | |
|---|---|

③ 예상매출 계산

예측치는 평균을 나타내는 추세식(E열)에 계절의 변동을 나타내는 계절지수를 곱한 것이 된다. 따라서 2022년 1분기의 예상매출인 I23셀의 값은 다음과 같이 계산된다. 계절지수는 VLOOKUP함수를 이용하여 C열의 분기의 값을 가져오는데, 1분기이므로 N8셀의 값을 가져온다.

I23셀 : = E23*VLOOKUP(C23, $L$8:$N$11, 3, 0)

그리고 모든 분기에 복사하면 아래 그림과 같이 2022년도의 분기별 예상매출이 작성된 것을 알 수 있다.

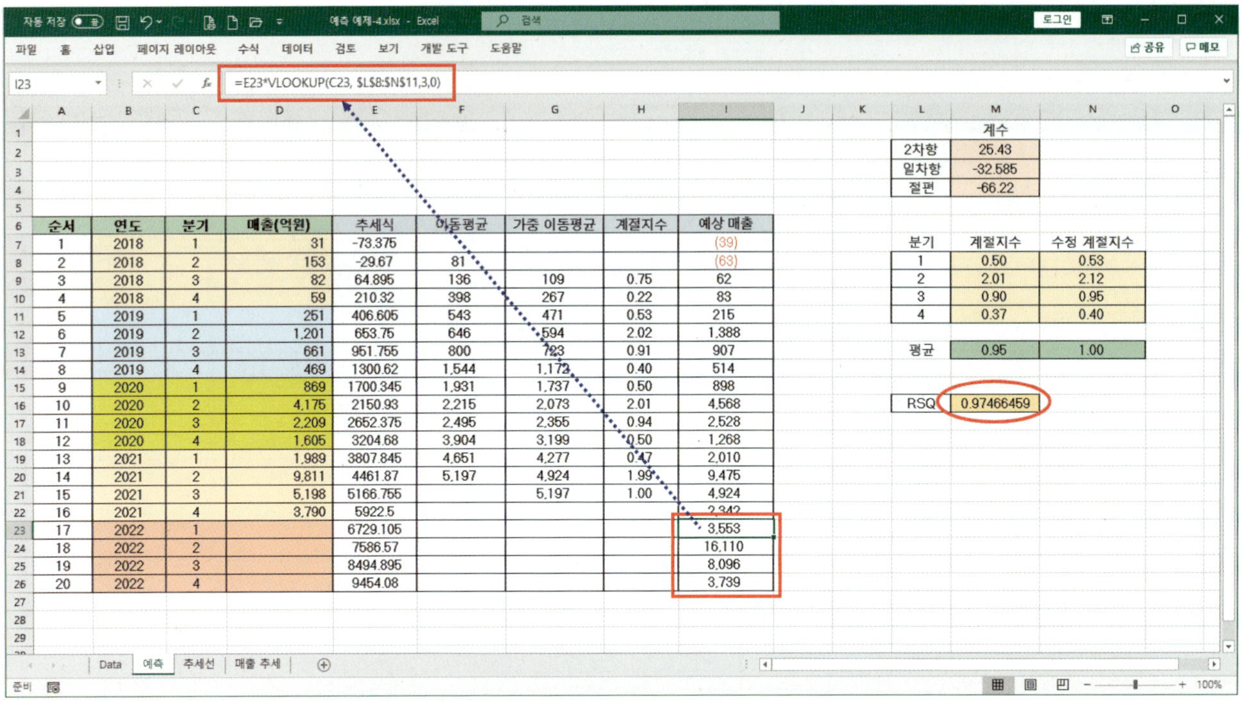

=E23*VLOOKUP(C23, $L$8:$N$11,3,0)

| 순서 | 연도 | 분기 | 매출(억원) | 추세식 | 이동평균 | 가중 이동평균 | 계절지수 | 예상 매출 |
|---|---|---|---|---|---|---|---|---|
| 1 | 2018 | 1 | 31 | -73.375 | | | | (39) |
| 2 | 2018 | 2 | 153 | -29.67 | 81 | | | (63) |
| 3 | 2018 | 3 | 82 | 64.895 | 136 | 109 | 0.75 | 62 |
| 4 | 2018 | 4 | 59 | 210.32 | 398 | 267 | 0.22 | 83 |
| 5 | 2019 | 1 | 251 | 406.605 | 543 | 471 | 0.53 | 215 |
| 6 | 2019 | 2 | 1,201 | 653.75 | 646 | 594 | 2.02 | 1,388 |
| 7 | 2019 | 3 | 661 | 951.755 | 800 | 723 | 0.91 | 907 |
| 8 | 2019 | 4 | 469 | 1300.62 | 1,544 | 1,172 | 0.40 | 514 |
| 9 | 2020 | 1 | 869 | 1700.345 | 1,931 | 1,737 | 0.50 | 898 |
| 10 | 2020 | 2 | 4,175 | 2150.93 | 2,215 | 2,073 | 2.01 | 4,568 |
| 11 | 2020 | 3 | 2,209 | 2652.375 | 2,495 | 2,355 | 0.94 | 2,528 |
| 12 | 2020 | 4 | 1,605 | 3204.68 | 3,904 | 3,199 | 0.50 | 1,268 |
| 13 | 2021 | 1 | 1,989 | 3807.845 | 4,651 | 4,277 | 0.47 | 2,010 |
| 14 | 2021 | 2 | 9,811 | 4461.87 | 5,197 | 4,924 | 1.99 | 9,475 |
| 15 | 2021 | 3 | 5,198 | 5166.755 | | 5,197 | 1.00 | 4,924 |
| 16 | 2021 | 4 | 3,790 | 5922.5 | | | | 2,342 |
| 17 | 2022 | 1 | | 6729.105 | | | | 3,553 |
| 18 | 2022 | 2 | | 7586.57 | | | | 16,110 |
| 19 | 2022 | 3 | | 8494.895 | | | | 8,096 |
| 20 | 2022 | 4 | | 9454.08 | | | | 3,739 |

| | 계수 |
|---|---|
| 2차항 | 25.43 |
| 일차항 | -32.585 |
| 절편 | -66.22 |

| 분기 | 계절지수 | 수정 계절지수 |
|---|---|---|
| 1 | 0.50 | 0.53 |
| 2 | 2.01 | 2.12 |
| 3 | 0.90 | 0.95 |
| 4 | 0.37 | 0.40 |
| 평균 | 0.95 | 1.00 |

| RSQ | 0.97466459 |
|---|---|

◑ RSQ 계산 : RSQ는 본 예제에서는 실제 판매액과 예측치의 적합도를 알아본다. RSQ는 실제치와 예측치가 얼마나 잘 일치하는가를 말해 준다. RSQ함수는 결정계수(R-Square) 값을 계산해 주며, 0에서 1 사이의 값을 가진다. 예측식이 과거의 실제치와 완전히 일치하는 경우 1의 값을 가진다. 0에 가까울수록 두 값이 일치하지 않는 것을 의미하며, 따라서 해당 예측식이 미래를 잘 예측하지 않는다고 판단한다. 즉 1에 가까울수록 좋은 예측을 할 수 있다는 뜻이다.

RSQ함수는 통계범주에 있으며 2개의 인수가 있는데, 다음과 같이 입력한다. 실제 매출액(D열)과 예상 매출(I열)이 범위가 되며, 인수가 서로 바뀌어도 같은 값을 준다.

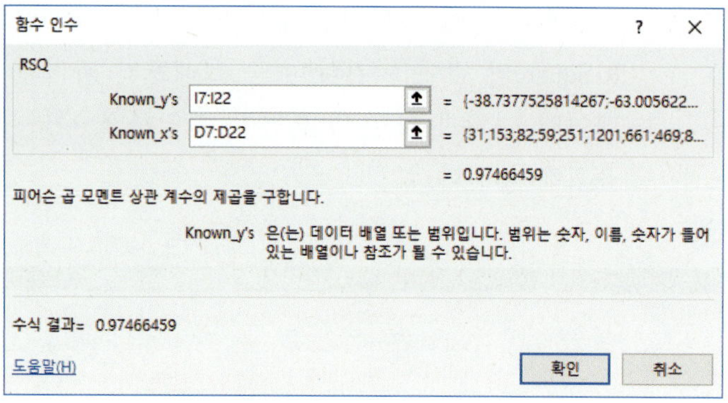


이제 R-Square의 값이 0.9747로, 과거의 경우에 비추어 볼 때 예상매출이 매우 잘 예측되었다는 것을 말해 준다. 그리고 실제매출과 예상매출, 그리고 추세선의 그래프를 작성하면 아래와 같다. 아래 D6:E26, 그리고 I6:I26 영역을 동시에 선택하여 주세선 차트를 작성한다.

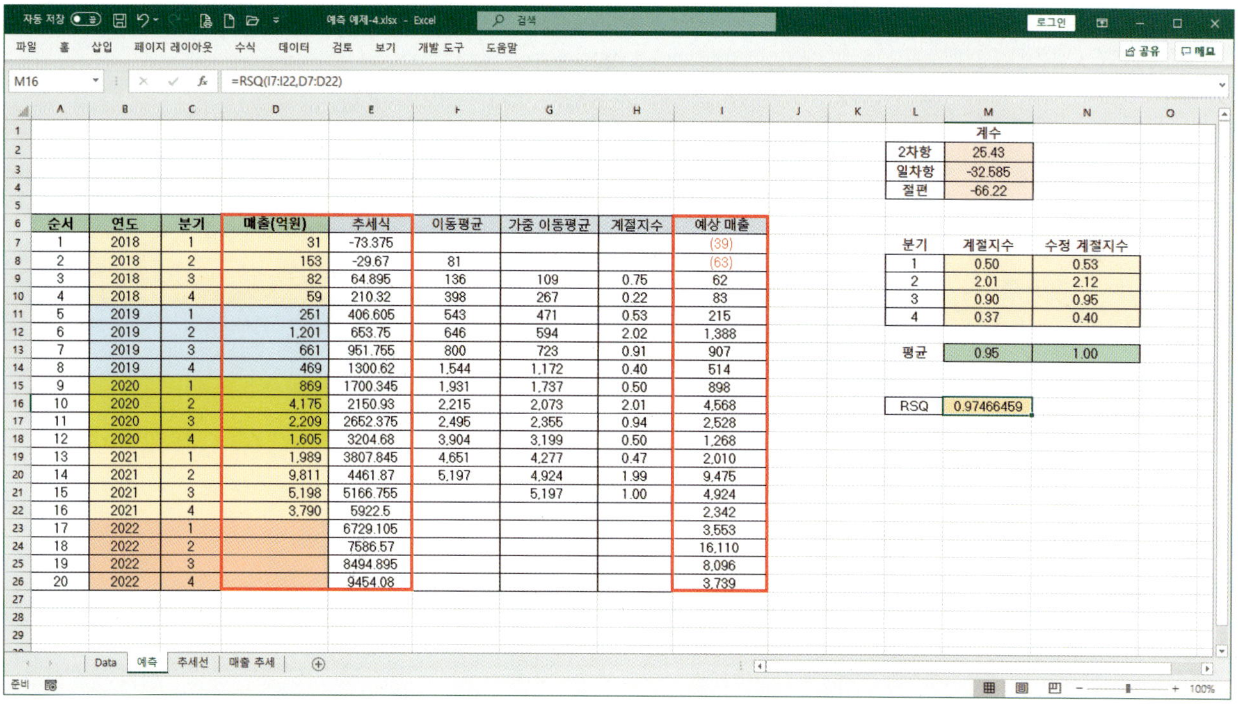

| 순서 | 연도 | 분기 | 매출(억원) | 추세식 | 이동평균 | 가중 이동평균 | 계절지수 | 예상 매출 |
|---|---|---|---|---|---|---|---|---|
| 1 | 2018 | 1 | 31 | -73.375 | | | | (39) |
| 2 | 2018 | 2 | 153 | -29.67 | 81 | | | (63) |
| 3 | 2018 | 3 | 82 | 64.895 | 136 | 109 | 0.75 | 62 |
| 4 | 2018 | 4 | 59 | 210.32 | 398 | 267 | 0.22 | 83 |
| 5 | 2019 | 1 | 251 | 406.605 | 543 | 471 | 0.53 | 215 |
| 6 | 2019 | 2 | 1,201 | 653.75 | 646 | 594 | 2.02 | 1,388 |
| 7 | 2019 | 3 | 661 | 951.755 | 800 | 723 | 0.91 | 907 |
| 8 | 2019 | 4 | 469 | 1300.62 | 1,544 | 1,172 | 0.40 | 514 |
| 9 | 2020 | 1 | 869 | 1700.345 | 1,931 | 1,737 | 0.50 | 898 |
| 10 | 2020 | 2 | 4,175 | 2150.93 | 2,215 | 2,073 | 2.01 | 4,568 |
| 11 | 2020 | 3 | 2,209 | 2652.375 | 2,495 | 2,355 | 0.94 | 2,528 |
| 12 | 2020 | 4 | 1,605 | 3204.68 | 3,904 | 3,199 | 0.50 | 1,268 |
| 13 | 2021 | 1 | 1,989 | 3807.845 | 4,651 | 4,277 | 0.47 | 2,010 |
| 14 | 2021 | 2 | 9,811 | 4461.87 | 5,197 | 4,924 | 1.99 | 9,475 |
| 15 | 2021 | 3 | 5,198 | 5166.755 | | 5,197 | 1.00 | 4,924 |
| 16 | 2021 | 4 | 3,790 | 5922.5 | | | | 2,342 |
| 17 | 2022 | 1 | | 6729.105 | | | | 3,553 |
| 18 | 2022 | 2 | | 7586.57 | | | | 16,110 |
| 19 | 2022 | 3 | | 8494.895 | | | | 8,096 |
| 20 | 2022 | 4 | | 9454.08 | | | | 3,739 |

| | 계수 |
|---|---|
| 2차항 | 25.43 |
| 일차항 | -32.585 |
| 절편 | -66.22 |

| 분기 | 계절지수 | 수정 계절지수 |
|---|---|---|
| 1 | 0.50 | 0.53 |
| 2 | 2.01 | 2.12 |
| 3 | 0.90 | 0.95 |
| 4 | 0.37 | 0.40 |
| 평균 | 0.95 | 1.00 |

| RSQ | 0.97466459 |
|---|---|

오른쪽 빨간 사각형 안의 회색선이 2022년의 분기별 예상매출을 보여준다. 혹, R-Square의 값이 낮거나 예측 그래프가 과거의 실제매출 그래프와 잘 맞지 않으면 데이터 자체가 계절적 요인이 분명하게 나타나지 않는 경우일 수 있으므로 이에 유의해야 한다.

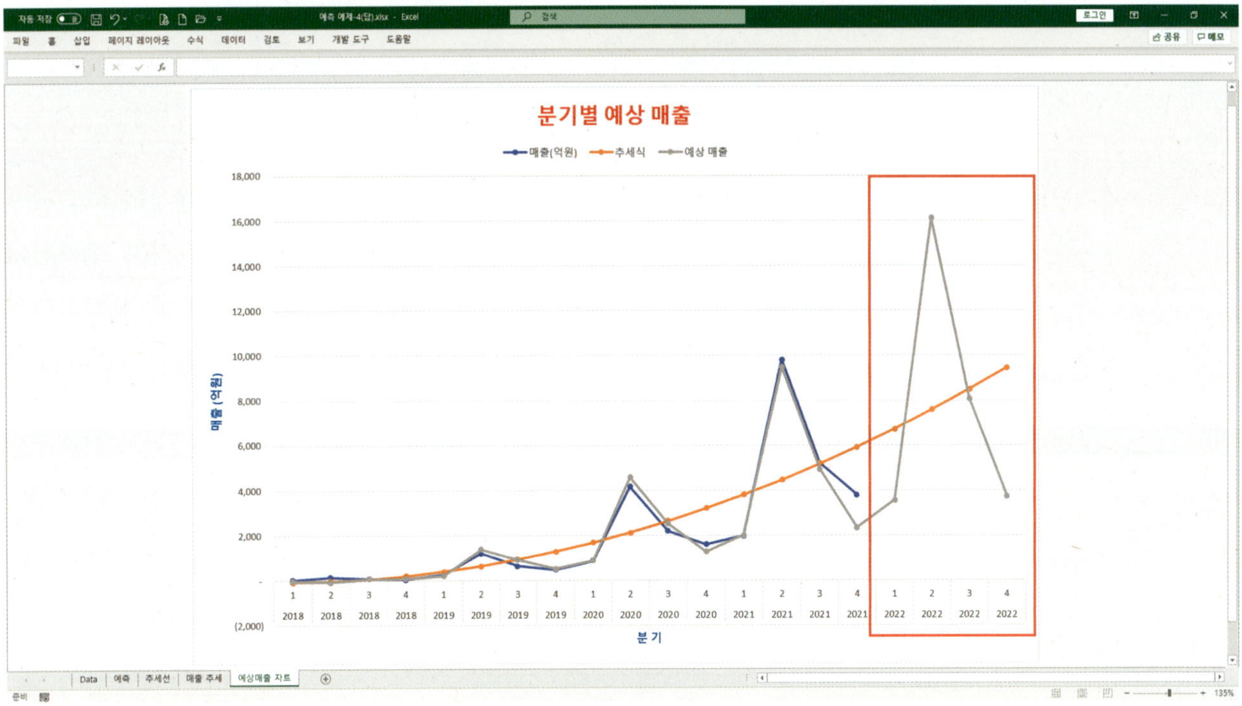

## (3) 해찾기를 이용한 가산모형(Additive Model) 분석

**예제 5** **예측 예제 - 5.xlsx**

다음 자료는 통계청 자료에서 발췌한 2015년 1월에서 2018년 12월까지 서울지역 백화점 전체의 판매액을 나타낸다. 여름 시즌에 매출이 낮고, 12월을 비롯한 겨울에 비교적 매출이 높은 것을 알 수 있다. 수요가 계절적으로 얼마의 변동이 있는지, 그리고 장기적으로 백화점 매출이 얼마나 증가, 또는 감소하고 있는지 알아보고자 한다.

(1) 실제치와 예측치의 오차를 최소화하는 가산모형을 작성하시오.
(2) 이와 함께, 각 월별로 계절지수를 산출하고, 이에 근거하여 추세변동과 계절요인을 함께 고려한 2019년 월별 판매액을 산정하시오.
(3) 2015~2018년의 실제 매출액과, 추세변동과 계절요인을 함께 고려한 2015~2019년 예상매출액의 그래프를 작성하시오.

가산모형(additive model)은 추세변동이 선형으로 일차식으로 표현될 수 있을 때 사용 가능하다. 기본적으로 추세식에 계절변동을 다음과 같이 더해 준다. 아래 식에서 계절변동은 곧 계절지수가 되며, 이는 계절 평균에 대한 차이가 된다. 추세항은 판매액의 월별 증가 또는 감소액을 말한다. 절편+추세항이 바로 일차식으로 된 추세식이 된다.

$$Y = \text{절편} + \text{추세항} + \text{계절변동(seasonality)}$$
$$= a + b*X + \text{계절지수}$$

$a$ : 추세선의 절편
$b$ : 추세선의 기울기
$X$ : 시간의 순서(1, 2, 3, ...)

- 계절지수 : 가산모형에서는 이 값이 곧 계절변동이다. 각 기간(분기 또는 월)별로 계절지수가 있는데, 가산모형에서는 계절지수가 해당 기간의 판매액이 연 평균 판매액에 대하여 얼마나 높거나 또는 낮은지를 말해 주는 숫자이다. 예를 들어 2월의 계절지수가 +100이면 2월에는 월 평균보다 100만큼 더 많이 팔린다는 뜻이다. −78이면 월 평균보다 78만큼 덜 팔린다는 뜻이다.

### 1) 워크시트 작성

가산모형에서는 우선 추세식을 작성하고, 여기에 각 월의 계절변동을 더한 값으로 예측식을 작성한다. 그리고 실제치와 예측치의 오차제곱을 구한 후, 이를 다 합산한 오차제곱합(sum of squares error : SSE)을 최소화하는 추세식과 각 월의 계절지수를 산출한다. 그리고 이를 찾기 위하여 해찾기를 사용한다.

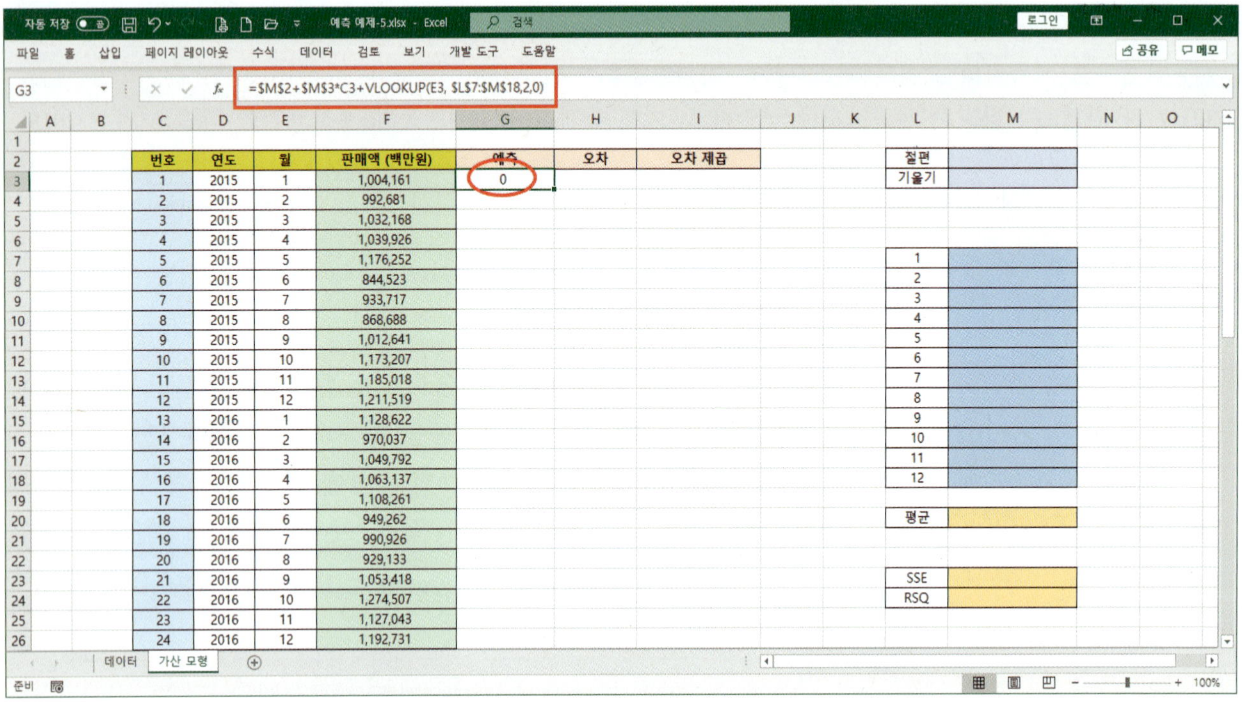

G3 =$M$2+$M$3*C3+VLOOKUP(E3, $L$7:$M$18,2,0)

| 번호 | 연도 | 월 | 판매액 (백만원) | 예측 | 오차 | 오차 제곱 |
|---|---|---|---|---|---|---|
| 1 | 2015 | 1 | 1,004,161 | 0 | | |
| 2 | 2015 | 2 | 992,681 | | | |
| 3 | 2015 | 3 | 1,032,168 | | | |
| 4 | 2015 | 4 | 1,039,926 | | | |
| 5 | 2015 | 5 | 1,176,252 | | | |
| 6 | 2015 | 6 | 844,523 | | | |
| 7 | 2015 | 7 | 933,717 | | | |
| 8 | 2015 | 8 | 868,688 | | | |
| 9 | 2015 | 9 | 1,012,641 | | | |
| 10 | 2015 | 10 | 1,173,207 | | | |
| 11 | 2015 | 11 | 1,185,018 | | | |
| 12 | 2015 | 12 | 1,211,519 | | | |
| 13 | 2016 | 1 | 1,128,622 | | | |
| 14 | 2016 | 2 | 970,037 | | | |
| 15 | 2016 | 3 | 1,049,792 | | | |
| 16 | 2016 | 4 | 1,063,137 | | | |
| 17 | 2016 | 5 | 1,108,261 | | | |
| 18 | 2016 | 6 | 949,262 | | | |
| 19 | 2016 | 7 | 990,926 | | | |
| 20 | 2016 | 8 | 929,133 | | | |
| 21 | 2016 | 9 | 1,053,418 | | | |
| 22 | 2016 | 10 | 1,274,507 | | | |
| 23 | 2016 | 11 | 1,127,043 | | | |
| 24 | 2016 | 12 | 1,192,731 | | | |

| L | M |
|---|---|
| 절편 | |
| 기울기 | |
| 1 | |
| 2 | |
| 3 | |
| 4 | |
| 5 | |
| 6 | |
| 7 | |
| 8 | |
| 9 | |
| 10 | |
| 11 | |
| 12 | |
| 평균 | |
| SSE | |
| RSQ | |

① M2셀, M3셀에 추세식의 절편 및 기울기를 입력한다. INTERCEPT, SLOPE 함수가 아니라 숫자로 입력하며, 나중에 해찾기로 SSE가 최소화되는 절편 및 기울기를 찾아낸다. 초기값은 빈 셀로 두어도 되고 아무 값이나 주어도 된다.

② M7:M18셀 : 각 월의 계절지수로 반드시 숫자로 입력되며, 나중에 해찾기로 SSE가 최소화되는 각 월의 계절지수를 찾아낸다. 계절지수는 판매액 평균에 대한 차이로 +값, 또는 −값을 가지게 된다. 초기값은 빈 셀로 두어도 되고 아무 값이나 주어도 된다.

③ M20셀 : 1월에서 12월까지 계절지수의 평균이며 0이 되어야 한다. 나중에 이 조건을 해찾기를 이용한 비선형모형 작성에서 제한조건으로 입력한다.

④ G3셀 : 가산모형을 작성한다. 가산모형에서 식은 절편+추세항+계절변동의 형태를 가진다.

G3셀 : = $M$2+$M$3*C3+VLOOKUP(E3, $L$7:$M$18, 2, 0)

- $M$2 : 나중에 최적으로 정해질 추세선의 절편을 말한다. 다른 월에도 복사하므로 절대주소로 표기하였다.
- $M$3 : 나중에 최적으로 정해질 추세선의 기울기를 말한다. 다른 월에도 복사하므로 절대주소로 표기하였다.
- C3 : 추세선에서 시간의 순서를 말한다. 반드시 일련번호로 작성되어야 한다. 각 월마다 해당하는 시간의 순서를 가져와야 하므로 상대주소로 표기하였다.
- VLOOKUP(E3, $L$7:$M$18, 2, 0) : E3셀은 판매데이터의 해당 월을 말하는데, 이를 찾는 값으로 하여 해당 월의 계절지수를 가져온다. L, M열의 계절지수 영역은 아래 다른 월에 복사해야 하므로 절대주소로 표기하였다.

이제 G3셀의 자동채우기 핸들을 더블클릭하여 2018년 12월까지의 예측치를 산출한다.

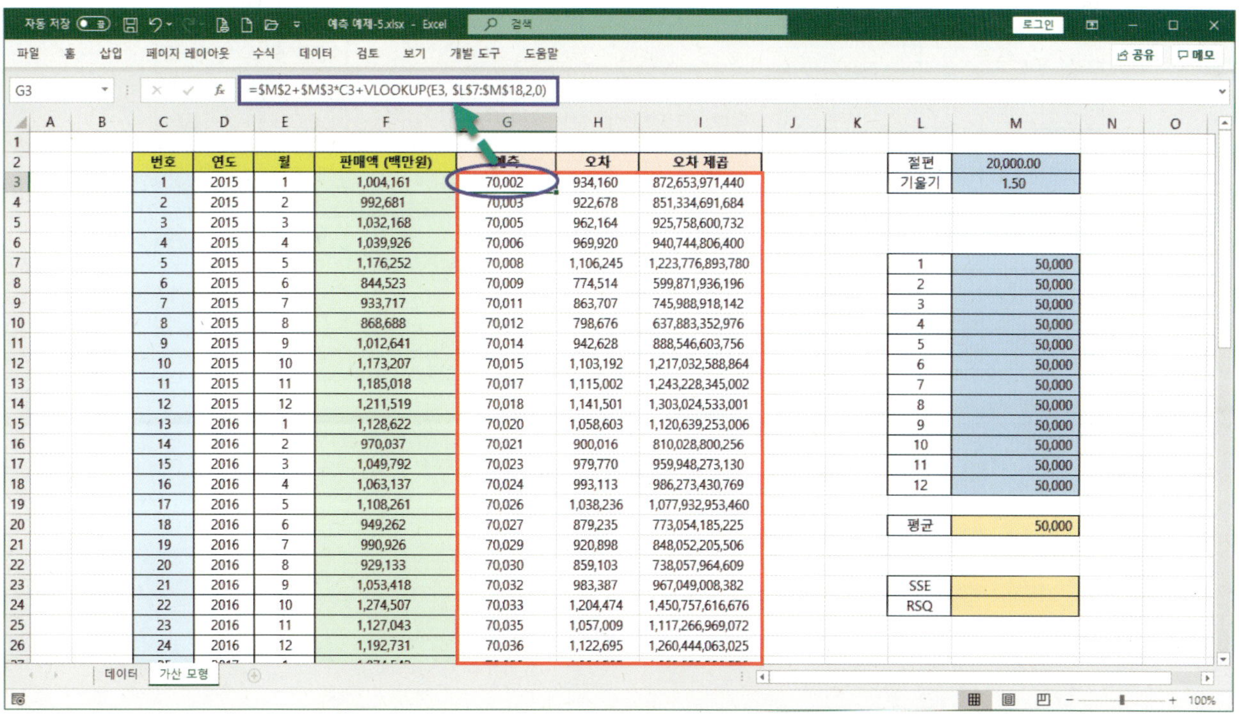

G3 =$M$2+$M$3*C3+VLOOKUP(E3, $L$7:$M$18,2,0)

| 번호 | 연도 | 월 | 판매액 (백만원) | 예측 | 오차 | 오차 제곱 |
|---|---|---|---|---|---|---|
| 1 | 2015 | 1 | 1,004,161 | 70,002 | 934,160 | 872,653,971,440 |
| 2 | 2015 | 2 | 992,681 | 70,003 | 922,678 | 851,334,691,684 |
| 3 | 2015 | 3 | 1,032,168 | 70,005 | 962,164 | 925,758,600,732 |
| 4 | 2015 | 4 | 1,039,926 | 70,006 | 969,920 | 940,744,806,400 |
| 5 | 2015 | 5 | 1,176,252 | 70,008 | 1,106,245 | 1,223,776,893,780 |
| 6 | 2015 | 6 | 844,523 | 70,009 | 774,514 | 599,871,936,196 |
| 7 | 2015 | 7 | 933,717 | 70,011 | 863,707 | 745,988,918,142 |
| 8 | 2015 | 8 | 868,688 | 70,012 | 798,676 | 637,883,352,976 |
| 9 | 2015 | 9 | 1,012,641 | 70,014 | 942,628 | 888,546,603,756 |
| 10 | 2015 | 10 | 1,173,207 | 70,015 | 1,103,192 | 1,217,032,588,864 |
| 11 | 2015 | 11 | 1,185,018 | 70,017 | 1,115,002 | 1,243,228,345,002 |
| 12 | 2015 | 12 | 1,211,519 | 70,018 | 1,141,501 | 1,303,024,533,001 |
| 13 | 2016 | 1 | 1,128,622 | 70,020 | 1,058,603 | 1,120,639,253,006 |
| 14 | 2016 | 2 | 970,037 | 70,021 | 900,016 | 810,028,800,256 |
| 15 | 2016 | 3 | 1,049,792 | 70,023 | 979,770 | 959,948,273,130 |
| 16 | 2016 | 4 | 1,063,137 | 70,024 | 993,113 | 986,273,430,769 |
| 17 | 2016 | 5 | 1,108,261 | 70,026 | 1,038,236 | 1,077,932,953,460 |
| 18 | 2016 | 6 | 949,262 | 70,027 | 879,235 | 773,054,185,225 |
| 19 | 2016 | 7 | 990,926 | 70,029 | 920,898 | 848,052,205,506 |
| 20 | 2016 | 8 | 929,133 | 70,030 | 859,103 | 738,057,964,609 |
| 21 | 2016 | 9 | 1,053,418 | 70,032 | 983,387 | 967,049,008,382 |
| 22 | 2016 | 10 | 1,274,507 | 70,033 | 1,204,474 | 1,450,757,616,676 |
| 23 | 2016 | 11 | 1,127,043 | 70,035 | 1,057,009 | 1,117,266,969,072 |
| 24 | 2016 | 12 | 1,192,731 | 70,036 | 1,122,695 | 1,260,444,063,025 |

| | |
|---|---|
| 절편 | 20,000.00 |
| 기울기 | 1.50 |

| | |
|---|---|
| 1 | 50,000 |
| 2 | 50,000 |
| 3 | 50,000 |
| 4 | 50,000 |
| 5 | 50,000 |
| 6 | 50,000 |
| 7 | 50,000 |
| 8 | 50,000 |
| 9 | 50,000 |
| 10 | 50,000 |
| 11 | 50,000 |
| 12 | 50,000 |

| | |
|---|---|
| 평균 | 50,000 |

| | |
|---|---|
| SSE | |
| RSQ | |

데이터 가산 모형

⑤ H3셀 : =판매액(F3셀)－예측(G3셀)을 기입하고 아래 셀들에 복사한다.

⑥ I3셀 : 오차제곱으로 =H3^2를 기입하고 아래 셀에 복사한다.

⑦ M23셀 : 오차제곱합(SSE)을 계산한다. =SUM(I3:I50)을 기입한다. 이 오차제곱합을 최소화하는 추세식 및 계절지수를 구한다.

⑧ M24셀 : RSQ함수는 통계범주에 있으며, 실제 매출액과 예측치 범위가 인수가 된다.

= RSQ(F3:F50, G3:G50)

이제 아래와 같이 최적 추세식과 계절지수를 산정하기 위한 워크시트에서의 입력이 완료되었다. 다음은 해찾기를 이용하여 오차제곱합을 최소화하는 비선형계획모형을 수립하고 이를 수행하도록 한다.

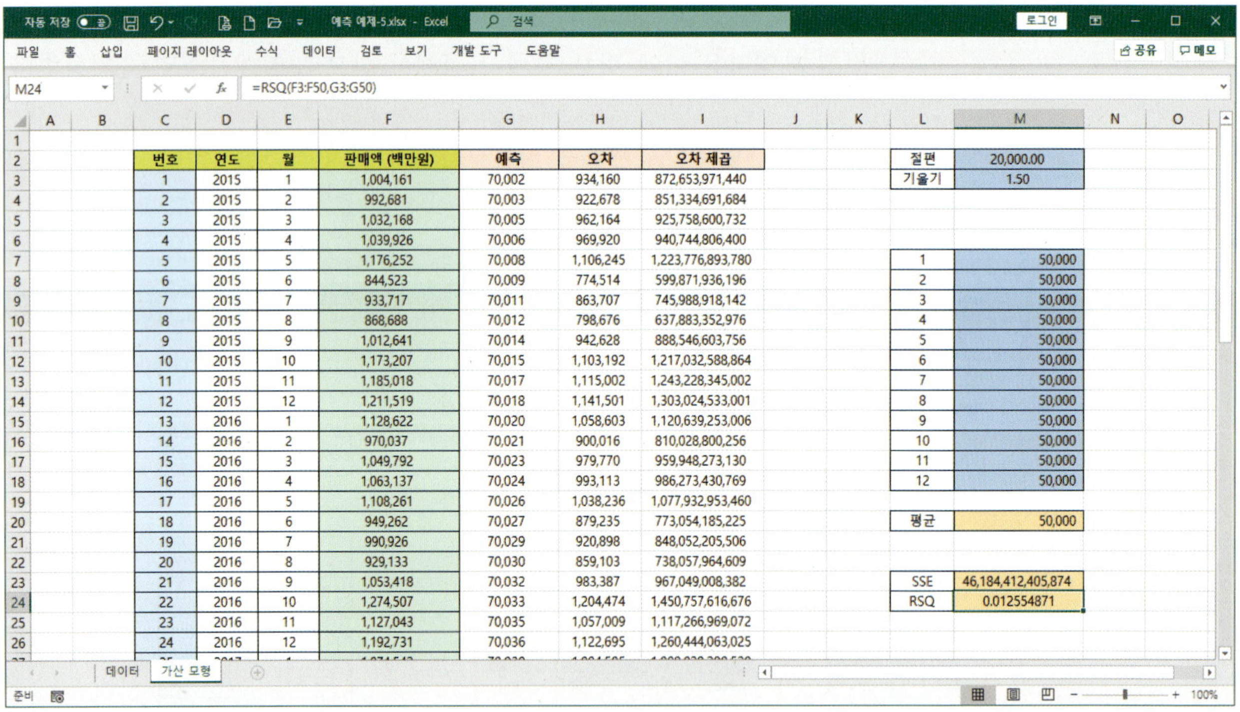


| 번호 | 연도 | 월 | 판매액 (백만원) | 예측 | 오차 | 오차 제곱 |
|---|---|---|---|---|---|---|
| 1 | 2015 | 1 | 1,004,161 | 70,002 | 934,160 | 872,653,971,440 |
| 2 | 2015 | 2 | 992,681 | 70,003 | 922,678 | 851,334,691,684 |
| 3 | 2015 | 3 | 1,032,168 | 70,005 | 962,164 | 925,758,600,732 |
| 4 | 2015 | 4 | 1,039,926 | 70,006 | 969,920 | 940,744,806,400 |
| 5 | 2015 | 5 | 1,176,252 | 70,008 | 1,106,245 | 1,223,776,893,780 |
| 6 | 2015 | 6 | 844,523 | 70,009 | 774,514 | 599,871,936,196 |
| 7 | 2015 | 7 | 933,717 | 70,011 | 863,707 | 745,988,918,142 |
| 8 | 2015 | 8 | 868,688 | 70,012 | 798,676 | 637,883,352,976 |
| 9 | 2015 | 9 | 1,012,641 | 70,014 | 942,628 | 888,546,603,756 |
| 10 | 2015 | 10 | 1,173,207 | 70,015 | 1,103,192 | 1,217,032,588,864 |
| 11 | 2015 | 11 | 1,185,018 | 70,017 | 1,115,002 | 1,243,228,345,002 |
| 12 | 2015 | 12 | 1,211,519 | 70,018 | 1,141,501 | 1,303,024,533,001 |
| 13 | 2016 | 1 | 1,128,622 | 70,020 | 1,058,603 | 1,120,639,253,006 |
| 14 | 2016 | 2 | 970,037 | 70,021 | 900,016 | 810,028,800,256 |
| 15 | 2016 | 3 | 1,049,792 | 70,023 | 979,770 | 959,948,273,130 |
| 16 | 2016 | 4 | 1,063,137 | 70,024 | 993,113 | 986,273,430,769 |
| 17 | 2016 | 5 | 1,108,261 | 70,026 | 1,038,236 | 1,077,932,953,460 |
| 18 | 2016 | 6 | 949,262 | 70,027 | 879,235 | 773,054,185,225 |
| 19 | 2016 | 7 | 990,926 | 70,029 | 920,898 | 848,052,205,506 |
| 20 | 2016 | 8 | 929,133 | 70,030 | 859,103 | 738,057,964,609 |
| 21 | 2016 | 9 | 1,053,418 | 70,032 | 983,387 | 967,049,008,382 |
| 22 | 2016 | 10 | 1,274,507 | 70,033 | 1,204,474 | 1,450,757,616,676 |
| 23 | 2016 | 11 | 1,127,043 | 70,035 | 1,057,009 | 1,117,266,969,072 |
| 24 | 2016 | 12 | 1,192,731 | 70,036 | 1,122,695 | 1,260,444,063,025 |

| | |
|---|---|
| 절편 | 20,000.00 |
| 기울기 | 1.50 |
| 1 | 50,000 |
| 2 | 50,000 |
| 3 | 50,000 |
| 4 | 50,000 |
| 5 | 50,000 |
| 6 | 50,000 |
| 7 | 50,000 |
| 8 | 50,000 |
| 9 | 50,000 |
| 10 | 50,000 |
| 11 | 50,000 |
| 12 | 50,000 |
| 평균 | 50,000 |
| SSE | 46,184,412,405,874 |
| RSQ | 0.012554871 |

## 2) 해찾기 작성 및 수행

① 해찾기 모형 작성

최종적으로 아래와 같은 해찾기 모형을 작성한다.

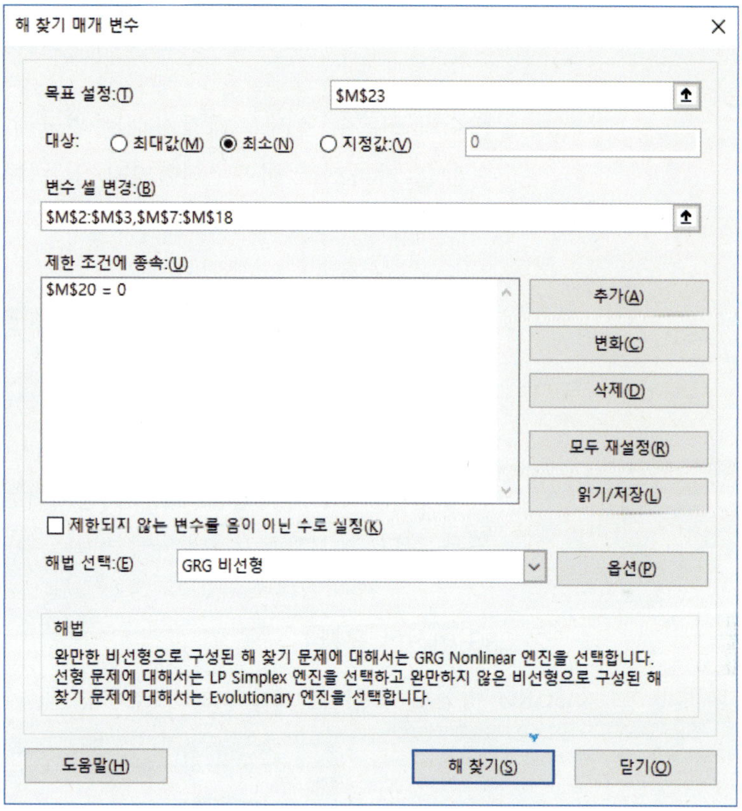


- 목표 설정 : 오차제곱합(SSE)을 최소화하는 것이 목적식이므로, 목표셀은 오차제곱합의 계산식을 입력한 M23셀에 된다.
- 대상 : 오차제곱합을 최소화하는 것이 문제의 목적식이므로, '최소'를 클릭한다.
- 변수 셀 변경 : 찾고자 하는 최적값은 추세식과 각 계절지수이다. 따라서 추세식의 절편인 'M2'셀, 기울기인 'M3'셀을 변수 셀로 지정한다. 그리고 계절지수인 'M7:M18'셀을 지정한다. 이때 인접하지 않은 셀들은 comma(,)로 구분한다.

- **제한조건에 종속**: 가산모형에서 계절지수의 합은 0이 되어야 한다. 따라서 이 조건을 아래와 같이 입력한다.

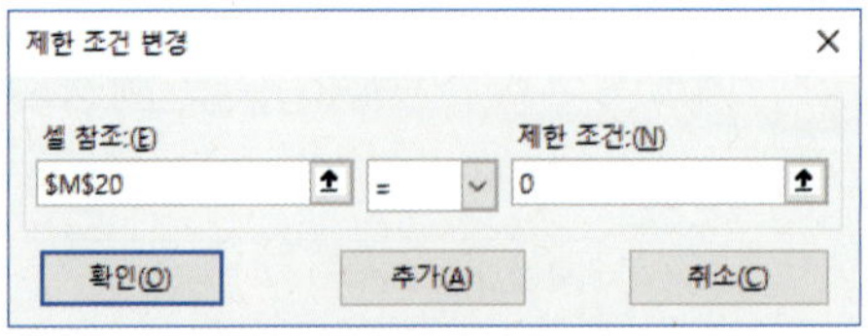


- **변수의 비음수 조건**: 계절지수는 평균에 대한 상대값이므로 +값과 함께 −값을 가지므로 아래 '제한되지 않는 변수를 음이 아닌 수로 설정(K)'에 체크 표시를 하지 않는다.

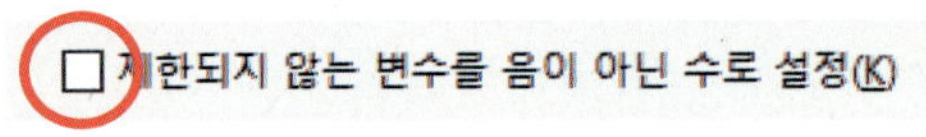


- **해법 선택**: 본 문제는 오차제곱을 계산하는 과정에서 변수의 제곱 계산이 포함되어 선형 조건을 위배하게 된다. 따라서 '해법 선택'에서 'GRG 비선형'을 선택하여 엑셀의 비선형 알고리듬으로 추세식과 계절지수를 구하도록 한다.

② GRG 비선형 옵션

GRG 비선형 옵션 중 'Multistart 사용'에 체크 표시한다.

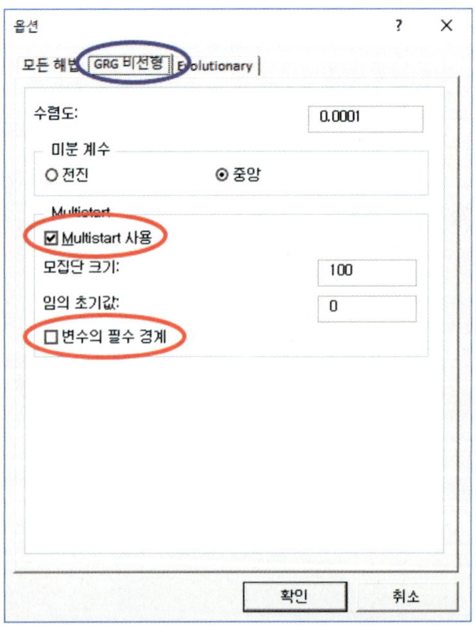

선형모형의 경우에는 변수의 초기값에 관계없이 최적값의 산출이 보장되나, 비선형모형의 경우에는 초기값에 따라 전체최적값(global optimum)이 아닌 부분최적값(local optimum)이 산출될 수 있다. 즉 아래 그림에서 초기값이 B이면 전체최적값을 찾을 확률이 크나, A나 C인 경우 부분최적값을 찾을 확률이 높게 된다.

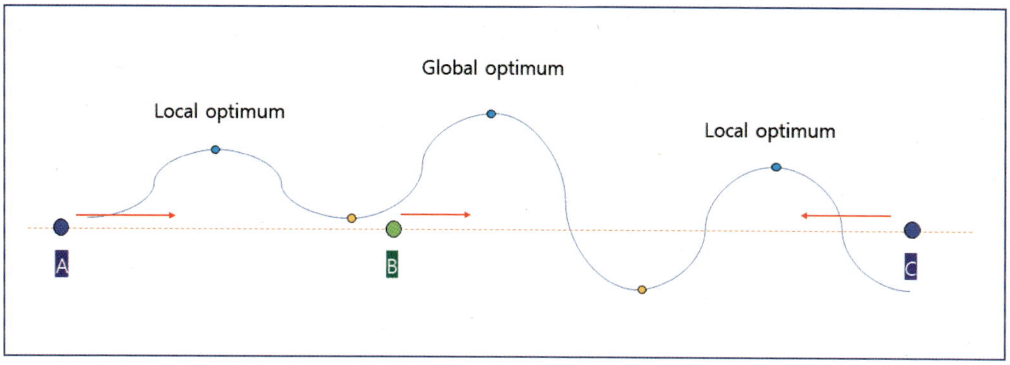


따라서 'Multistart 사용'에 체크 표시하면 여러 초기값을 사용하여 전체최적값을 산출하게 한다. 한편 '변수의 필수 경계'는 변수의 상한, 하한값을 주어야 하므로 체크 표시하지 않도록 한다.

이제 해찾기를 수행하면, 아래와 같이 전체최적해가 도출되었다는 중간 메시지를 볼 수 있다.

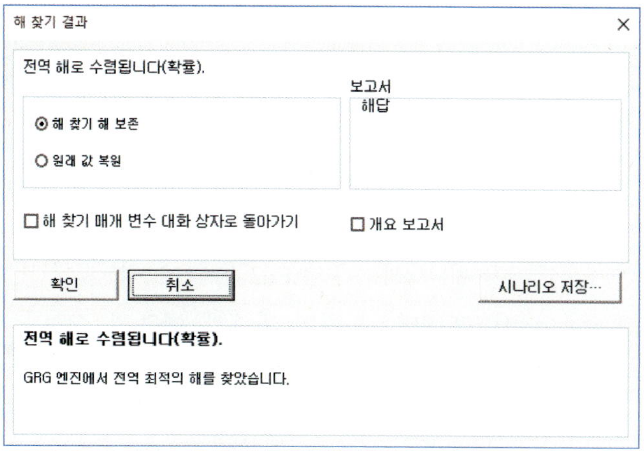

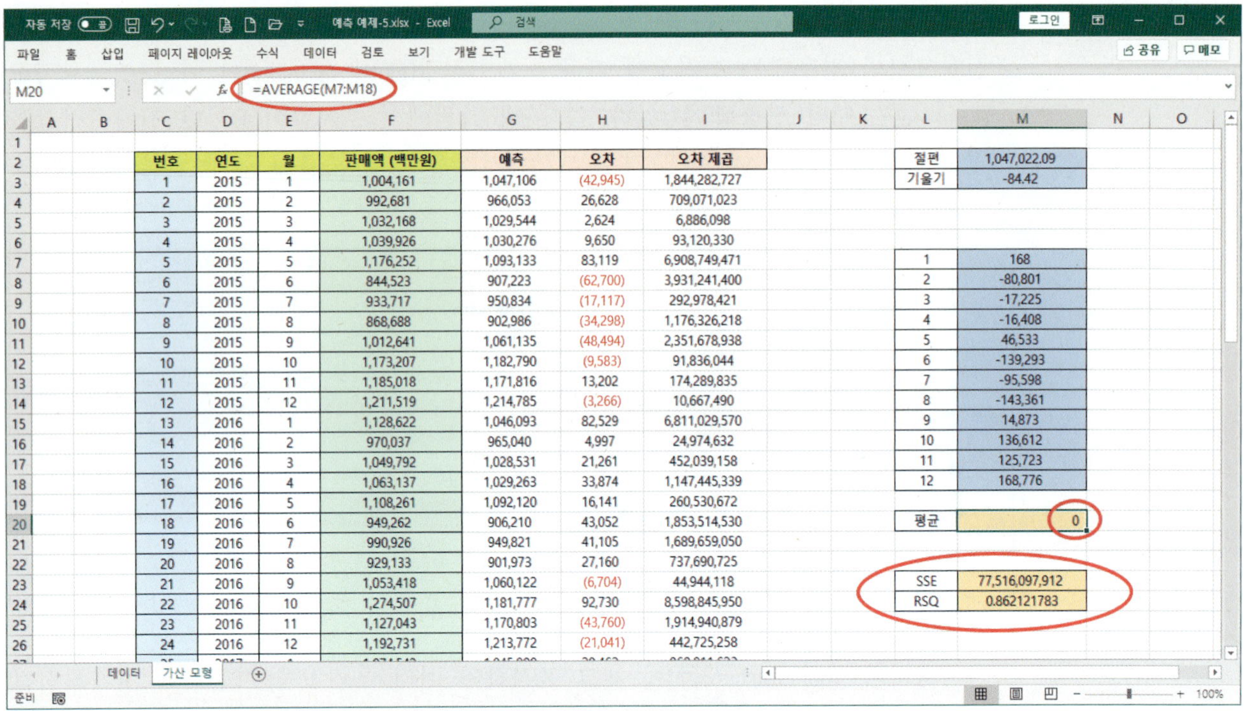


| 번호 | 연도 | 월 | 판매액 (백만원) | 예측 | 오차 | 오차 제곱 |
|---|---|---|---|---|---|---|
| 1 | 2015 | 1 | 1,004,161 | 1,047,106 | (42,945) | 1,844,282,727 |
| 2 | 2015 | 2 | 992,681 | 966,053 | 26,628 | 709,071,023 |
| 3 | 2015 | 3 | 1,032,168 | 1,029,544 | 2,624 | 6,886,098 |
| 4 | 2015 | 4 | 1,039,926 | 1,030,276 | 9,650 | 93,120,330 |
| 5 | 2015 | 5 | 1,176,252 | 1,093,133 | 83,119 | 6,908,749,471 |
| 6 | 2015 | 6 | 844,523 | 907,223 | (62,700) | 3,931,241,400 |
| 7 | 2015 | 7 | 933,717 | 950,834 | (17,117) | 292,978,421 |
| 8 | 2015 | 8 | 868,688 | 902,986 | (34,298) | 1,176,326,218 |
| 9 | 2015 | 9 | 1,012,641 | 1,061,135 | (48,494) | 2,351,678,938 |
| 10 | 2015 | 10 | 1,173,207 | 1,182,790 | (9,583) | 91,836,044 |
| 11 | 2015 | 11 | 1,185,018 | 1,171,816 | 13,202 | 174,289,835 |
| 12 | 2015 | 12 | 1,211,519 | 1,214,785 | (3,266) | 10,667,490 |
| 13 | 2016 | 1 | 1,128,622 | 1,046,093 | 82,529 | 6,811,029,570 |
| 14 | 2016 | 2 | 970,037 | 965,040 | 4,997 | 24,974,632 |
| 15 | 2016 | 3 | 1,049,792 | 1,028,531 | 21,261 | 452,039,158 |
| 16 | 2016 | 4 | 1,063,137 | 1,029,263 | 33,874 | 1,147,445,339 |
| 17 | 2016 | 5 | 1,108,261 | 1,092,120 | 16,141 | 260,530,672 |
| 18 | 2016 | 6 | 949,262 | 906,210 | 43,052 | 1,853,514,530 |
| 19 | 2016 | 7 | 990,926 | 949,821 | 41,105 | 1,689,659,050 |
| 20 | 2016 | 8 | 929,133 | 901,973 | 27,160 | 737,690,725 |
| 21 | 2016 | 9 | 1,053,418 | 1,060,122 | (6,704) | 44,944,118 |
| 22 | 2016 | 10 | 1,274,507 | 1,181,777 | 92,730 | 8,598,845,950 |
| 23 | 2016 | 11 | 1,127,043 | 1,170,803 | (43,760) | 1,914,940,879 |
| 24 | 2016 | 12 | 1,192,731 | 1,213,772 | (21,041) | 442,725,258 |

| | |
|---|---|
| 절편 | 1,047,022.09 |
| 기울기 | -84.42 |

| | |
|---|---|
| 1 | 168 |
| 2 | -80,801 |
| 3 | -17,225 |
| 4 | -16,408 |
| 5 | 46,533 |
| 6 | -139,293 |
| 7 | -95,598 |
| 8 | -143,361 |
| 9 | 14,873 |
| 10 | 136,612 |
| 11 | 125,723 |
| 12 | 168,776 |

| | |
|---|---|
| 평균 | 0 |

| | |
|---|---|
| SSE | 77,516,097,912 |
| RSQ | 0.862121783 |

M20셀의 계절지수 평균이 0이 된 것을 알 수 있다. 그리고 결정계수(RSQ)의 값이 0.862로 과거의 실제치와 예측치가 근사한 것을 알 수 있고, 따라서 미래의 예측도 잘 맞을 것으로 판단된다.

### 3) 2019년 판매액 예측 및 그래프 작성

다음과 같이 G51:G62 영역에 2019년도의 예측 데이터를 준비한다.

① 시간순서 작성 : C51:C62 영역에 연장하여 49에서 60까지 작성한다.
② 연도 작성 : D51:D62 영역에 모두 2019로 표기한다.
③ 월 작성 : E51:E62 영역에 각 셀에 맞게 월을 작성한다.
④ 2019년 각 월별 판매액 예측치 작성 : G51:G62 영역에 G50셀의 식을 복사하여 2019년의 월별 판매액 예측치를 작성한다.

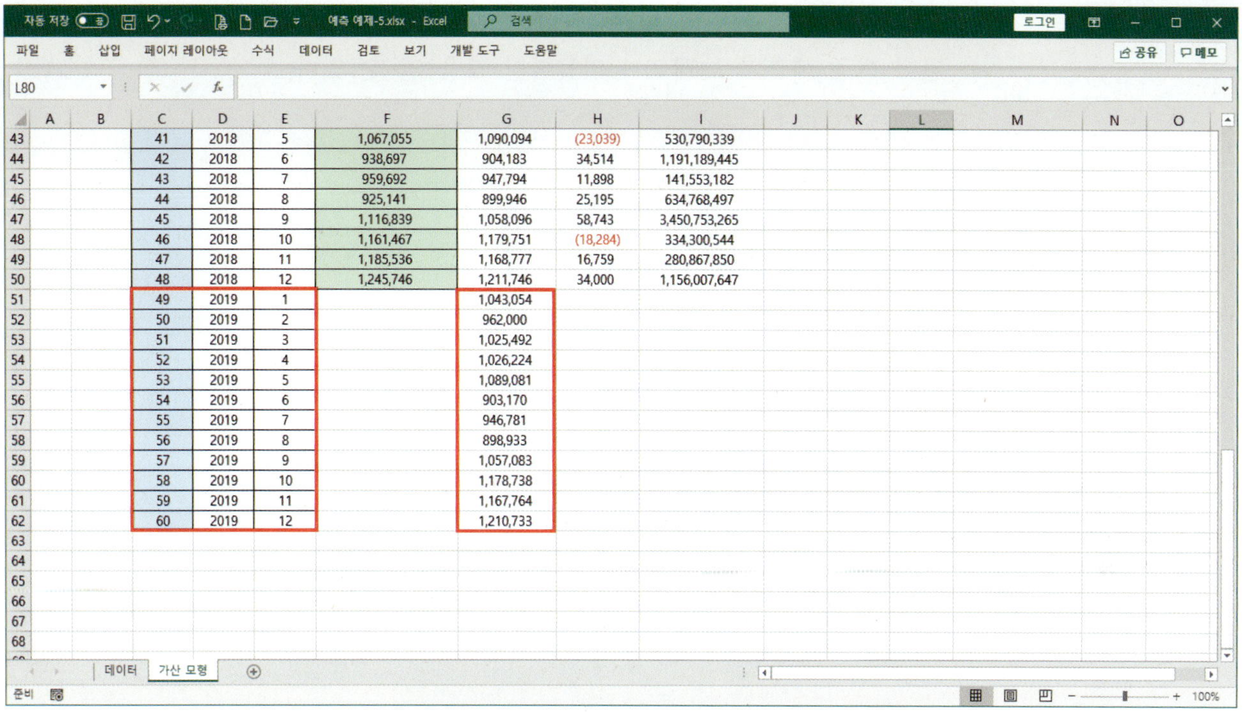

| | C | D | E | F | G | H | I |
|---|---|---|---|---|---|---|---|
| 43 | 41 | 2018 | 5 | 1,067,055 | 1,090,094 | (23,039) | 530,790,339 |
| 44 | 42 | 2018 | 6 | 938,697 | 904,183 | 34,514 | 1,191,189,445 |
| 45 | 43 | 2018 | 7 | 959,692 | 947,794 | 11,898 | 141,553,182 |
| 46 | 44 | 2018 | 8 | 925,141 | 899,946 | 25,195 | 634,768,497 |
| 47 | 45 | 2018 | 9 | 1,116,839 | 1,058,096 | 58,743 | 3,450,753,265 |
| 48 | 46 | 2018 | 10 | 1,161,467 | 1,179,751 | (18,284) | 334,300,544 |
| 49 | 47 | 2018 | 11 | 1,185,536 | 1,168,777 | 16,759 | 280,867,850 |
| 50 | 48 | 2018 | 12 | 1,245,746 | 1,211,746 | 34,000 | 1,156,007,647 |
| 51 | 49 | 2019 | 1 | | 1,043,054 | | |
| 52 | 50 | 2019 | 2 | | 962,000 | | |
| 53 | 51 | 2019 | 3 | | 1,025,492 | | |
| 54 | 52 | 2019 | 4 | | 1,026,224 | | |
| 55 | 53 | 2019 | 5 | | 1,089,081 | | |
| 56 | 54 | 2019 | 6 | | 903,170 | | |
| 57 | 55 | 2019 | 7 | | 946,781 | | |
| 58 | 56 | 2019 | 8 | | 898,933 | | |
| 59 | 57 | 2019 | 9 | | 1,057,083 | | |
| 60 | 58 | 2019 | 10 | | 1,178,738 | | |
| 61 | 59 | 2019 | 11 | | 1,167,764 | | |
| 62 | 60 | 2019 | 12 | | 1,210,733 | | |

이제 F2:G62셀 영역을 선택하고 판매액의 실제치와 예측치의 그래프를 작성한다.

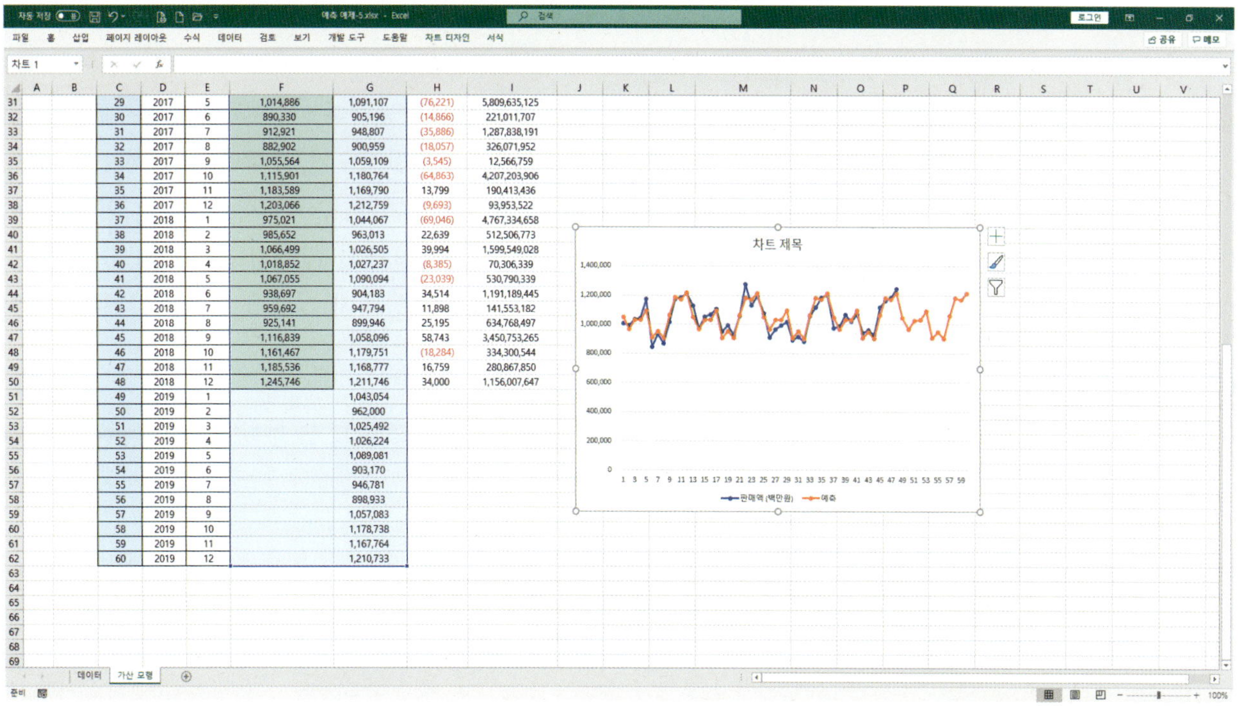


| | C | D | E | F | G | H | I |
|---|---|---|---|---|---|---|---|
| 31 | 29 | 2017 | 5 | 1,014,886 | 1,091,107 | (76,221) | 5,809,635,125 |
| 32 | 30 | 2017 | 6 | 890,330 | 905,196 | (14,866) | 221,011,707 |
| 33 | 31 | 2017 | 7 | 912,921 | 948,807 | (35,886) | 1,287,838,191 |
| 34 | 32 | 2017 | 8 | 882,902 | 900,959 | (18,057) | 326,071,952 |
| 35 | 33 | 2017 | 9 | 1,055,564 | 1,059,109 | (3,545) | 12,566,759 |
| 36 | 34 | 2017 | 10 | 1,115,901 | 1,180,764 | (64,863) | 4,207,203,906 |
| 37 | 35 | 2017 | 11 | 1,183,589 | 1,169,790 | 13,799 | 190,413,436 |
| 38 | 36 | 2017 | 12 | 1,203,066 | 1,212,759 | (9,693) | 93,953,522 |
| 39 | 37 | 2018 | 1 | 975,021 | 1,044,067 | (69,046) | 4,767,334,658 |
| 40 | 38 | 2018 | 2 | 985,652 | 963,013 | 22,639 | 512,506,773 |
| 41 | 39 | 2018 | 3 | 1,066,499 | 1,026,505 | 39,994 | 1,599,549,028 |
| 42 | 40 | 2018 | 4 | 1,018,852 | 1,027,237 | (8,385) | 70,306,339 |
| 43 | 41 | 2018 | 5 | 1,067,055 | 1,090,094 | (23,039) | 530,790,339 |
| 44 | 42 | 2018 | 6 | 938,697 | 904,183 | 34,514 | 1,191,189,445 |
| 45 | 43 | 2018 | 7 | 959,692 | 947,794 | 11,898 | 141,553,182 |
| 46 | 44 | 2018 | 8 | 925,141 | 899,946 | 25,195 | 634,768,497 |
| 47 | 45 | 2018 | 9 | 1,116,839 | 1,058,096 | 58,743 | 3,450,753,265 |
| 48 | 46 | 2018 | 10 | 1,161,467 | 1,179,751 | (18,284) | 334,300,544 |
| 49 | 47 | 2018 | 11 | 1,185,536 | 1,168,777 | 16,759 | 280,867,850 |
| 50 | 48 | 2018 | 12 | 1,245,746 | 1,211,746 | 34,000 | 1,156,007,647 |
| 51 | 49 | 2019 | 1 | | 1,043,054 | | |
| 52 | 50 | 2019 | 2 | | 962,000 | | |
| 53 | 51 | 2019 | 3 | | 1,025,492 | | |
| 54 | 52 | 2019 | 4 | | 1,026,224 | | |
| 55 | 53 | 2019 | 5 | | 1,089,081 | | |
| 56 | 54 | 2019 | 6 | | 903,170 | | |
| 57 | 55 | 2019 | 7 | | 946,781 | | |
| 58 | 56 | 2019 | 8 | | 898,933 | | |
| 59 | 57 | 2019 | 9 | | 1,057,083 | | |
| 60 | 58 | 2019 | 10 | | 1,178,738 | | |
| 61 | 59 | 2019 | 11 | | 1,167,764 | | |
| 62 | 60 | 2019 | 12 | | 1,210,733 | | |

그래프를 새로운 워크시트에 작성하고 적절히 차트구성 요소를 추가하면, 아래와 같이 최종 예측치 그래프가 만들어진 것을 알 수 있다.

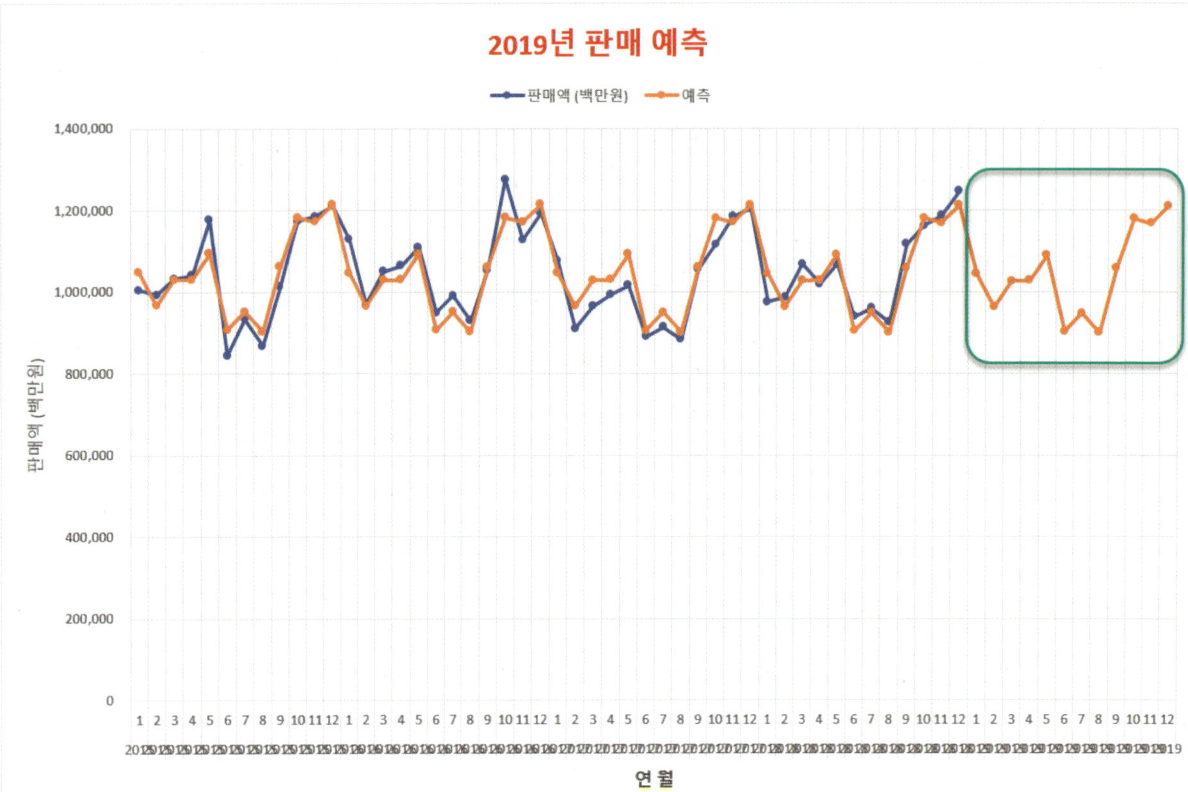


가산모형의 경우 추세가 선형인 경우에만 가능하다. 왜냐하면 같은 계절의 경우 계절지수가 매년 동일하기 때문이다. 매년 계절지수가 같다면, 비선형으로 매년 계절지수가 달라질 경우에는 정확한 예측이 불가능하다. 추세식이 일차식인 경우에는 매년 계절지수가 동일하나, 비선형인 경우에는 매년 계절지수가 달라질 수 있으므로 가산모형을 이용하여서는 적합한 예측이 가능하지 않음을 유의해야겠다. 이를 연습문제 8번에서 확인할 수 있다.

# 연습문제

Chapter 6

1. [예측 연습문제-1.xlsx] 워크시트의 자료는 2014년 1월부터 5월까지의 일(日)별 종합지수를 나타낸다. 5일 이동평균과 20일 이동평균을 구하고, 종합지수, 5일 이동평균, 20일 이동평균의 그래프를 한 차트에 작성하시오.

2. [예측 연습문제-2.xlsx] 아래 자료는 2012년 1월부터 2014년 12월까지 한국전자 서울지역대리점의 월매출을 나타낸다.

| 년 월 | 매출액(억원) |
|---|---|
| 2012년 1월 | 75 |
| 2012년 2월 | 83 |
| 2012년 3월 | 69 |
| 2012년 4월 | 78 |
| 2012년 5월 | 86 |
| 2012년 6월 | 89 |
| 2012년 7월 | 95 |
| 2012년 8월 | 83 |
| 2012년 9월 | 97 |
| 2012년 10월 | 115 |
| 2012년 11월 | 97 |
| 2012년 12월 | 138 |
| 2013년 1월 | 83 |
| 2013년 2월 | 102 |
| 2013년 3월 | 115 |
| 2013년 4월 | 120 |
| 2013년 5월 | 132 |
| 2013년 6월 | 106 |
| 2013년 7월 | 128 |
| 2013년 8월 | 109 |
| 2013년 9월 | 154 |
| 2013년 10월 | 134 |
| 2013년 11월 | 129 |
| 2013년 12월 | 157 |
| 2014년 1월 | 130 |
| 2014년 2월 | 123 |

| | |
|---|---|
| 2014년 3월 | 110 |
| 2014년 4월 | 98 |
| 2014년 5월 | 110 |
| 2014년 6월 | 103 |
| 2014년 7월 | 125 |
| 2014년 8월 | 117 |
| 2014년 9월 | 134 |
| 2014년 10월 | 123 |
| 2014년 11월 | 133 |
| 2014년 12월 | 140 |

지점장은 재고관리를 위하여 이동평균법에 의하여 2015년 1월의 매출을 예상하려고 한다.

1) 지난 3년간의 대리점 매출의 변화 추세를 잘 알 수 있게 적절한 그래프로 나타내 보시오.
2) 평균 구간을 3개월과 6개월로 하였을 때 각각 이동평균법에 의하여 2015년 1월의 매출을 예상해 보시오.
3) 실제 매출액과 3개월 이동평균, 그리고 6개월 이동평균의 그래프를 한 차트에 그려보시오.
4) 3개월 이동평균과 6개월 이동평균 중 어떤 것이 더 적절한지 평균절대오차(MAE)를 기준으로 판단해 보시오.

**3.** [예측 연습문제-3.xlsx] 아래 표는 한국전자의 지난 20주간의 소비자 불만 접수건수를 나타낸다. 향후 지수평활법을 사용하여 불만 접수건수를 예측하고자 한다.

| 주(wk) | 불만 접수건수 |
|---|---|
| 1 | 32 |
| 2 | 37 |
| 3 | 34 |
| 4 | 40 |
| 5 | 39 |
| 6 | 43 |
| 7 | 35 |
| 8 | 41 |
| 9 | 46 |
| 10 | 43 |
| 11 | 47 |
| 12 | 45 |
| 13 | 48 |
| 14 | 56 |
| 15 | 53 |
| 16 | 57 |
| 17 | 53 |
| 18 | 55 |
| 19 | 61 |
| 20 | 58 |

1) 평활지수를 0.1과 0.9로 하여 각각 주별로 지수평활값을 구하고, 어떤 평활지수가 더 좋은 인수인지 답하시오.
2) 평활지수를 0.1과 0.9로 하여 지수평활 그래프를 그리고, 평활지수의 크기가 예측에 어떤 영향을 미치는지 판단하시오.
3) 평균절대오차(MAE)를 최소화하는 최적의 평활지수를 구하고, 이때의 지수평활 그래프를 작성하시오.

**4.** [예측 연습문제-4.xlsx] 헤드셋 생산라인에서는 작년 한 해 6시그마 운동을 대대적으로 전개하여 불량제품의 발생건수를 낮추려고 노력하였다. 다음은 작년 한 해 동안의 월별 불량제품의 생산건수이다.

| 월 | 불량제품 수 |
|---|---|
| 1 | 12 |
| 2 | 13 |
| 3 | 11 |
| 4 | 9 |
| 5 | 10 |
| 6 | 7 |
| 7 | 7 |
| 8 | 8 |
| 9 | 9 |
| 10 | 6 |
| 11 | 7 |
| 12 | 5 |

1) 선형으로 추세를 가정하고 추세를 분석하기 위하여 절편과 기울기를 구하시오.
2) 1)의 추세식에 의하여 D열에 월별로 예상 불량제품 발생건수를 산출하고, 13개월째의 예상치를 구하시오.
3) 실제값과 예상치의 그래프를 작성하시오.

**5.** [예측 연습문제-5.xlsx] 서울의 중부대리점은 4년간의 분기별 PC 판매자료를 분석하였다. 1/4분기나 4/4분기에 많은 매출이 발생하는 것은 시즌이라고 할 수 있는 졸업과 크리스마스가 포함되어 있기 때문인 것으로 판단되었다. 다음 표를 보고 PC 판매에 대한 분기별 계절지수를 구하고, 이에 따라 가장 매출이 많이 일어나는 분기별로 나열하시오.

(단위 : 억원)

| 연 도 | 분 기 | 판매액 |
|---|---|---|
| 2019 | 1/4 | 81.5 |
| | 2/4 | 35.6 |
| | 3/4 | 47.2 |
| | 4/4 | 69.9 |
| 2020 | 1/4 | 86.2 |
| | 2/4 | 43.2 |
| | 3/4 | 59.3 |
| | 4/4 | 70.6 |

| 2021 | 1/4 | 89.1 |
|---|---|---|
| | 2/4 | 54.8 |
| | 3/4 | 71.3 |
| | 4/4 | 82.5 |
| 2022 | 1/4 | 95.0 |
| | 2/4 | 65.7 |
| | 3/4 | 63.5 |
| | 4/4 | 83.1 |

**6.** [예측 연습문제-6.xlsx] 예측 연습문제-5에 대하여

1) 선형의 추세식을 가정하고, 추세분석과 계절적 요인을 함께 고려한 분석을 실시하고, 계절적 요인을 고려하여 2023년 분기별로 PC 예상매출을 산출하시오.
2) 실제매출, 추세분석과 계절적 요인을 고려한 예상매출의 그래프를 작성하시오.

**7.** [예측 연습문제-7.xlsx]

1) 이동평균법으로, 평균기간이 5개월일 때의 이동평균과 평균절대오차를 구하고 2015년 1월의 매출을 예측하시오.
2) 지수평활법으로, 평활지수를 0.8으로 하였을 때의 각 월의 예측치와 평균절대오차를 구하고 2015년 1월의 매출을 예측하시오.
3) 1)과 2)의 방법 중 어떤 것이 더 적정한 예측방법인지 살펴보시오.
4) 2)에서 평활지수를 0.3으로 설정할 경우 현재 데이터의 성격으로 보아 더 적절한 예측이 이루어지겠는지 알아보시오.

**8.** [예측 연습문제-8.xlsx] 예측 예제-5에서는 해찾기를 이용한 가산모형을 이용하여 2019년의 월 매출을 예상하였다. 이번에는 추세식과 이동평균을 이용한 계절지수를 사용하여 2019년의 월 매출을 산정해 보고, RSQ 등 예제-5의 결과와 비교해 보시오.

**9.** [예측 연습문제-9.xlsx] 예측 예제-4에서는 추세식과 이동평균을 이용한 계절지수를 이용하여 2022년의 분기 매출을 예상하였다. 이번에는 가산모형을 이용한 계절지수를 사용하여 2022년의 분기 매출을 산정해 보고, 예제-4의 결과와 비교해 보시오.

**10.** [예측 연습문제-10.xlsx] 한국문화예술위원회가 조사한 2015년부터 2018년까지의 분기별 연극공연 건수를 가지고 2019년 분기별 연극공연 건수를 예상해 보시오.

1) 해찾기와 가산모형을 이용한 계절지수를 이용하여 예측하시오.
2) 추세식과 이동평균을 이용한 계절지수를 이용하여 예측하시오.

CHAPTER

# 7

# 회귀분석

1. 회귀분석이란?
2. 독립변수가 한 개일 때의 회귀분석
3. 독립변수가 여러 개일 때의 회귀분석
4. 회귀분석에 명목변수를 포함하는 경우

# 1. 회귀분석이란?

## (1) 회귀분석의 소개

앞서 공부한 시계열분석이란 특정 데이터가 시간에 따라 어떻게 변동하는가를 관측하고 조사하는 것을 말한다. 그런데 기업의 의사결정에서는 단순히 시간의 경과에 따른 변동이 아니라 변수간의 연관관계를 알아야 할 때가 많다. 가격과 품질이 과연 소비자의 브랜드 인지도에 영향을 미치는지, 또는 광고를 하면 얼마나 매출이 올라갈 수 있는지 등 변수간의 관계에 대한 정보가 있어야 올바른 의사결정을 할 수 있다.

이렇게 변수와 변수 간에 어떠한 연관관계가 있는지를 알아낼 수 있는 방법이 바로 회귀분석(regression analysis)이다. 회귀분석은 하나 이상의 독립변수(independent variable)가 하나의 종속변수(dependent variable)에 어떻게 영향을 미치는가를 조사하는 것이다. 회귀분석은 종속변수가 독립변수의 선형(일차)식에 의해 정해진다고 가정하고 두 변수간의 관계를 탐색한다. 즉 종속변수에 영향을 주는 독립변수가 $n$개 있다고 할 때 기본적인 회귀식은 다음과 같다.

$$y = b_0 + b_1 x_1 + b_2 x_2 + \cdots + b_n x_n$$

$y$ : 종속변수
$x_1 \sim x_n$ : 독립변수
$b_0$ : 상수항(절편)
$b_1 \sim b_n$ : 회귀계수(독립변수의 기울기)

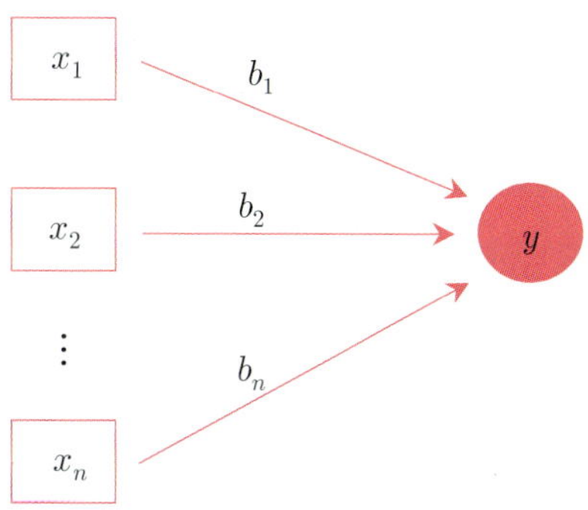

예를 들어, 한국전자의 대리점별로 세일안내 광고비가 매출에 얼마나 영향을 주는가에 대한 회귀식을 알아보고자 한다면 우선 기본 회귀식(일차식)은 다음과 같을 것이다.

$$\text{매출} = b_0 + b_1 \times \text{광고비}$$

여기서 $b_0$와 $b_1$을 회귀분석을 통하여 알아내야 한다. 이를 위해 우선 전국의 20개 대리점을 대상으로 세일을 한 후 광고비와 매출을 각각 조사한다.

| 대리점 | 광고비(만원) | 매출(만원) |
|---|---|---|
| 1 | 49 | 5,067 |
| 2 | 82 | 7,907 |
| 3 | 79 | 8,521 |
| 4 | 67 | 6,999 |
| 5 | 95 | 9,938 |
| 6 | 56 | 5,498 |
| 7 | 98 | 9,692 |
| 8 | 91 | 9,986 |
| 9 | 67 | 6,489 |
| 10 | 90 | 9,282 |
| 11 | 83 | 8,117 |
| 12 | 46 | 5,114 |
| 13 | 58 | 5,683 |
| 14 | 52 | 5,589 |
| 15 | 99 | 9,643 |
| 16 | 75 | 7,836 |
| 17 | 93 | 9,693 |
| 18 | 95 | 9,821 |
| 19 | 101 | 9,816 |
| 20 | 86 | 8,758 |

광고비와 매출을 점으로 표시하면 다음과 같다. 광고비와 매출의 관계를 가장 잘 나타내는 선형식, 즉 직선은 점들에 가장 근접한 직선이 될 것이다. 회귀분석에서는 각 점에서 직선까지의 수직거리의 총합이 최소인 직선을 구하게 되는데, 여기서는 '매출=283.5+98.5×광고비'의 직선이 된다(본 회귀식에서는 매출에 영향을 주는 다른 요소들은 고려하지 않고 단지 광고비만 고려하였음).

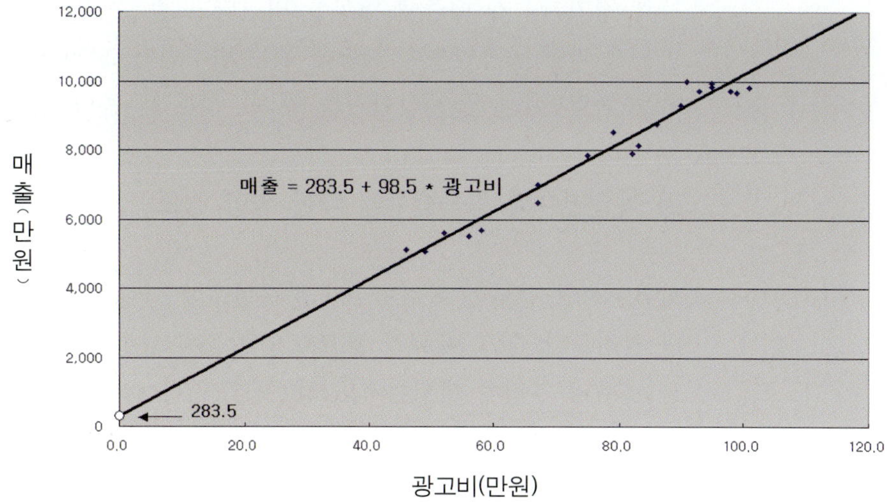


〈광고비와 매출 회귀분석〉

절편 283.5와 직선의 기울기 98.5는 엑셀에서 INTERCEPT함수와 SLOPE함수, 또는 회귀분석 기능을 수행하거나, SPSS와 같은 통계 전용 프로그램을 사용하면 쉽게 구할 수 있다. 여기에서 직선이 점들에 매우 가깝게 있으므로 광고비가 매출에 영향을 줄 것이라는 점을 유추할 수 있는데, 나중에 보다 '객관적으로 독립변수가 종속변수에 영향을 주는가'를 아는 방법을 공부하게 된다. 독립변수가 여러 개인 경우도 같은 원리가 적용된다.

회귀분석을 공부하면 이제 다음 세일에서 매출을 1억원 올리기 위하여 투입해야 하는 광고비를 알 수 있을 것이며, 또한 75만원의 광고비를 사용하면 매출이 얼마 정도 될지도 알 수 있게 된다.

## (2) 회귀분석의 목적

회귀분석의 결과 다음 세 가지 사항을 알 수 있다.

### 1) 종속변수에 영향을 주는 독립변수의 파악

회귀분석의 일차 목적은 종속변수에 영향을 주는 독립변수들이 무엇인가를 알아내는 것이다. 앞의 예에서 직선을 그려 본 결과 확실하진 않지만 광고비는 대리점의 매출에 영향을 주는 독립변수임을 유추할 수 있었다. 그렇다면 지역주민들의 소득수준은 과연 매출에 영향을 미칠 것인가? 또는 소비는 경기에 많이 좌우되므로 그때의 경기지수가 매출에 영향을 미친다고 할 수 있는가? 회귀분석은 이렇게 독립변수가 과연 종속변수에 영향을 주는 변수인지, 달리 말하면 종속변수에 영향을 미치는 독립변수들은 무엇인지를 알 수 있게 해 준다.

### 2) 독립변수의 종속변수에 대한 영향 정도

회귀분석의 결과는 독립변수가 종속변수에 영향을 미친다고 할 때 그 영향의 정도를 알려준다. 앞의 예에서 광고비가 매출에 영향을 미친다는 것도 알 수 있지만 또한 얼마나 영향을 미치는지도 알 수 있다(광고비 1만원 추가 지출시 매출은 평균 98만 5천원 증가함). 즉 직선에서의 기울기가 바로 종속변수에 대한 독립변수의 영향 정도를 나타내는 것으로, 독립변수 1단위 변동시 종속변수의 변화 정도를 알 수 있게 해 준다. 회귀분석 결과 산출되는 해당 독립변수의 회귀계수($b_i$)가 종속변수에 대한 독립변수의 영향 정도가 된다.

### 3) 종속변수값의 예측

최종적으로 회귀분석을 실시하면 회귀식을 알 수 있는데, 회귀식에 특정 독립변수의 값을 대입하면 그때의 종속변수의 예측값을 추정할 수 있다. 따라서 회귀분석의 결과 특정 독립변수값에 대한 종속변수값의 예측이 가능하다.

# 2. 독립변수가 한 개일 때의 회귀분석

이제 독립변수가 한 개일 때의 회귀분석을 공부해 보기로 하자. 독립변수가 한 개일 때와 여러 개일 때를 구분하여 공부하는 이유는, 기본원리는 공통적으로 적용되나 독립변수가 한 개일 때가 훨씬 회귀분석의 기본원리를 이해하기 쉽기 때문이다.

**예제 1 최고기온이 아이스크림 판매수에 주는 영향 파악하기 (회귀분석 예제-1.xlsx)**

아이스크림 판매가게에서는 재료 준비를 위하여 판매량의 정확한 예측이 중요하다. 따라서 아이스크림 판매량을 생각해 본바, 날이 더우면 많이 팔리고 그렇지 않은 날에는 적게 팔릴 것으로 생각하였다. 이를 보다 구체적으로 알아보기 위하여 그날의 최고기온에 따라 아이스크림의 판매수가 영향을 받을 것으로 생각하고, 아래와 같이 과거 3개월 중에서 30일을 대상으로 최고기온과 판매수를 조사하였다.
우선 그날의 최고기온이 아이스크림 판매수에 영향을 주는 것인지 알아보고자 한다.

1) 과연 일별 최고기온이 아이스크림 판매수에 영향을 준다고 볼 수 있는가?
2) 만약 영향을 미친다면 최고기온이 1도 올라가면 아이스크림 판매수는 얼마 더 증가하는가?
3) 내일 최고기온이 섭씨 31도로 예보되었다. 얼마의 판매량을 생각하고 재료를 준비하는 것이 좋은가?
4) 봄, 여름을 대상으로 조사한 이번 조사 결과를 겨울철에도 적용할 수 있는가?

| 최고기온 | 아이스크림 판매수 |
|---|---|
| 29 | 74 |
| 28 | 69 |
| 19 | 47 |
| 31 | 92 |
| 25 | 69 |
| 12 | 41 |
| 32 | 65 |
| 31 | 75 |
| 24 | 41 |
| 33 | 80 |
| 35 | 40 |
| 31 | 73 |
| 26 | 78 |
| 30 | 81 |

| 16 | 59 |
|---|---|
| 10 | 26 |
| 34 | 92 |
| 21 | 37 |
| 29 | 76 |
| 13 | 38 |
| 18 | 33 |
| 19 | 52 |
| 32 | 76 |
| 26 | 55 |
| 29 | 81 |
| 19 | 37 |
| 29 | 68 |
| 17 | 29 |
| 22 | 49 |
| 23 | 42 |

## (1) 회귀분석 전 두 변수간의 개략적인 관계 판단

[예제 1]은 최고기온이 아이스크림 판매수에 미치는 영향을 알아보는 것이므로 독립변수($X$변수)는 최고기온이 되고, 종속변수($Y$변수)는 아이스크림 판매수가 된다. 일반적으로 회귀분석을 하기 전에 회귀분석의 전단계로 독립변수와 종속변수가 어느 정도 연관이 있는지를 개략적으로 먼저 파악하는 것이 필요한데, 이를 위해서는 두 가지의 방법이 있다. 첫 번째는 두 변수간의 상관계수($r$)를 통해 알아보는 방법이며, 두 번째는 독립변수와 종속변수 간의 관계를 산점도를 그려 판단해 보는 방법이다.

### 1) 상관계수를 통해 알아보는 방법 - 상관계수의 계산

두 변수간의 상관관계를 나타내는 CORREL함수를 이용한다. CORREL함수는 통계범주에 있다.

① CORREL함수를 이용하여 상관계수를 구한다. 아래 함수마법사에서, Array1은 '최고기온'(C6에서 C35)이며, Array2는 '아이스크림 판매수'(D6에서 D35)가 된다. 이때 순수 데이터만 입력하므로 열의 제목은 포함하지 않으며, Array1이 '아이스크림 판매수', Array2가 '최고기온'으로 서로 바뀌어도 상관없다.

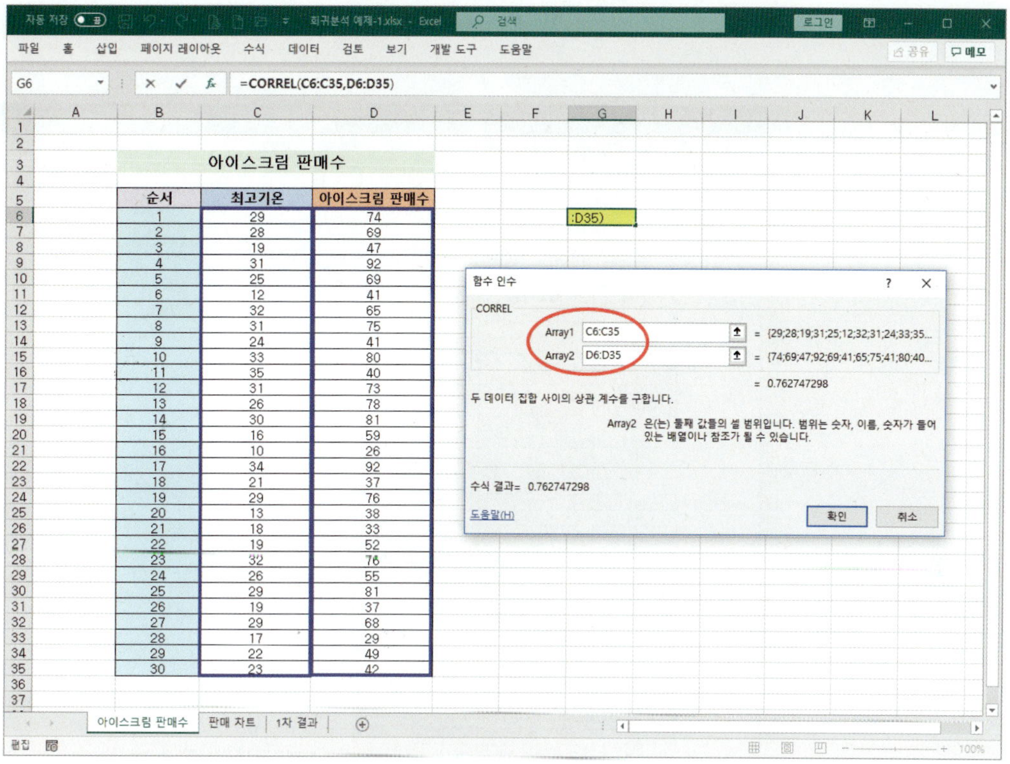


② CORREL함수의 실행 결과, 두 변수간의 상관관계는 0.762747로 나타나 매우 상관관계가 높음을 알 수 있다. 실질적인 상관의 정도는 각 변수의 자료수에 따라 달리 나타나지만, 일반적으로 상관계수가 0.5 이상이면 두 변수가 서로 관계가 있는 것으로 알려져 있다. 따라서 본격적인 회귀분석을 하기 전에 최고기온이 아이스크림 판매수에 상당히 큰 영향을 미치는 변수임을 알 수 있다.

## 2) 산점도의 작성(회귀분석 예제-1.xlsx 이용)

산점도는 $X$, $Y$ 변수를 이차원에서 점으로 나타내어 두 변수간의 관계를 파악하는 방법이다.

① '차트의 종류'를 선택한다.

우선 데이터의 범위를 선택하고 차트를 그리는 것이 나중에 데이터의 범위를 설정해 주는 것보다 더 편리하다. 따라서 먼저 자료의 범위를 선택하는데(B5에서 C35까지 선택), 이때 자료의 제목 셀도 같이 포함하는 것이 좋다. '[삽입]탭-차트 그룹'에서 차트의 종류를 선택한다. 산점도를 그리기 위해서는 '분산형'을 선택하고 '분산형' 중에서 '기본 분산형'을 선택한다.

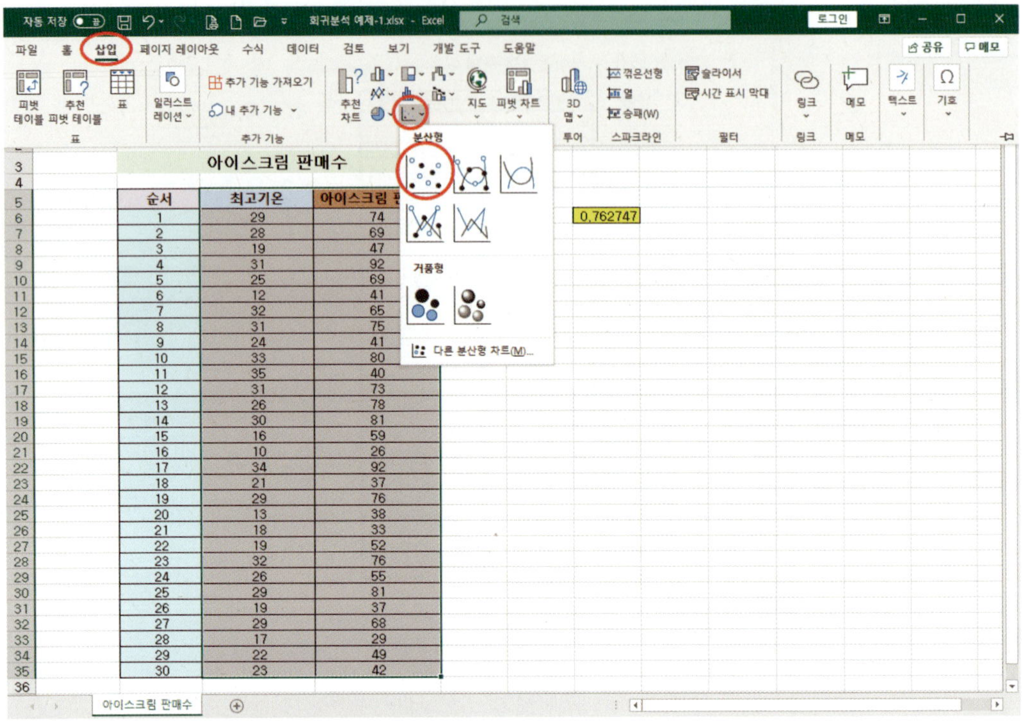


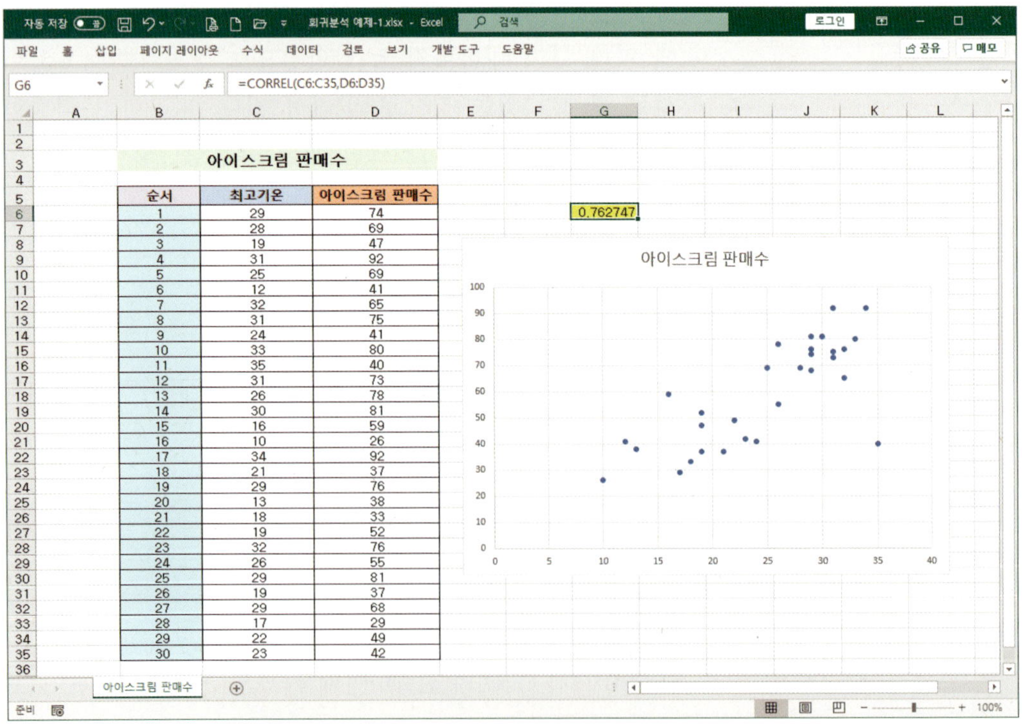


| 순서 | 최고기온 | 아이스크림 판매수 |
|---|---|---|
| 1 | 29 | 74 |
| 2 | 28 | 69 |
| 3 | 19 | 47 |
| 4 | 31 | 92 |
| 5 | 25 | 69 |
| 6 | 12 | 41 |
| 7 | 32 | 65 |
| 8 | 31 | 75 |
| 9 | 24 | 41 |
| 10 | 33 | 80 |
| 11 | 35 | 40 |
| 12 | 31 | 73 |
| 13 | 26 | 78 |
| 14 | 30 | 81 |
| 15 | 16 | 59 |
| 16 | 10 | 26 |
| 17 | 34 | 92 |
| 18 | 21 | 37 |
| 19 | 29 | 76 |
| 20 | 13 | 38 |
| 21 | 18 | 33 |
| 22 | 19 | 52 |
| 23 | 32 | 76 |
| 24 | 26 | 55 |
| 25 | 29 | 81 |
| 26 | 19 | 37 |
| 27 | 29 | 68 |
| 28 | 17 | 29 |
| 29 | 22 | 49 |
| 30 | 23 | 42 |

② 차트의 위치를 새로운 워크시트로 만들어 크게 한다. 차트의 외곽 부분을 클릭하여 차트를 선택한다. 그러면 '[차트 디자인]탭'이 나타나는데, '[차트 디자인]탭-차트 이동'을 선택한다.

'차트 이동' 창이 나타나면 '새 시트'를 선택하고, 필요한 경우 차트의 이름을 기입한다.

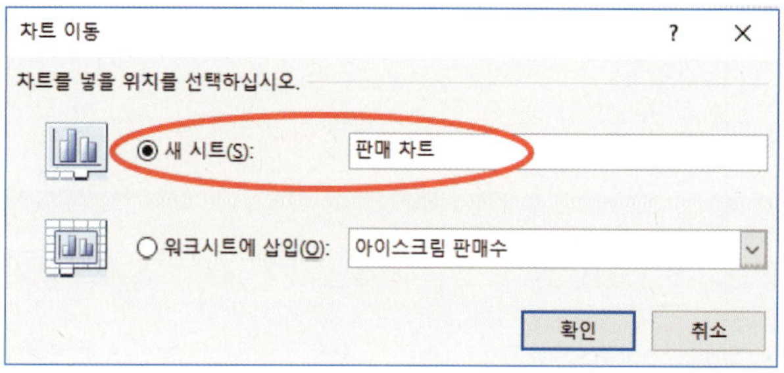


이제 '판매 차트'라는 새로운 워크시트에 차트가 만들어졌음을 알 수 있다.

③ 차트의 제목과 $X$축 이름, $Y$축 이름 등을 기입하고 필요한 차트의 옵션을 정한다.

아래의 '[차트 디자인]탭-차트 요소 추가' 도구를 사용하면 가로축·세로축 설정, 가로축·세로축 제목 표기, 차트 제목, 범례 설정 등 여러 가지 옵션을 다양하게 지정해 줄 수 있다.

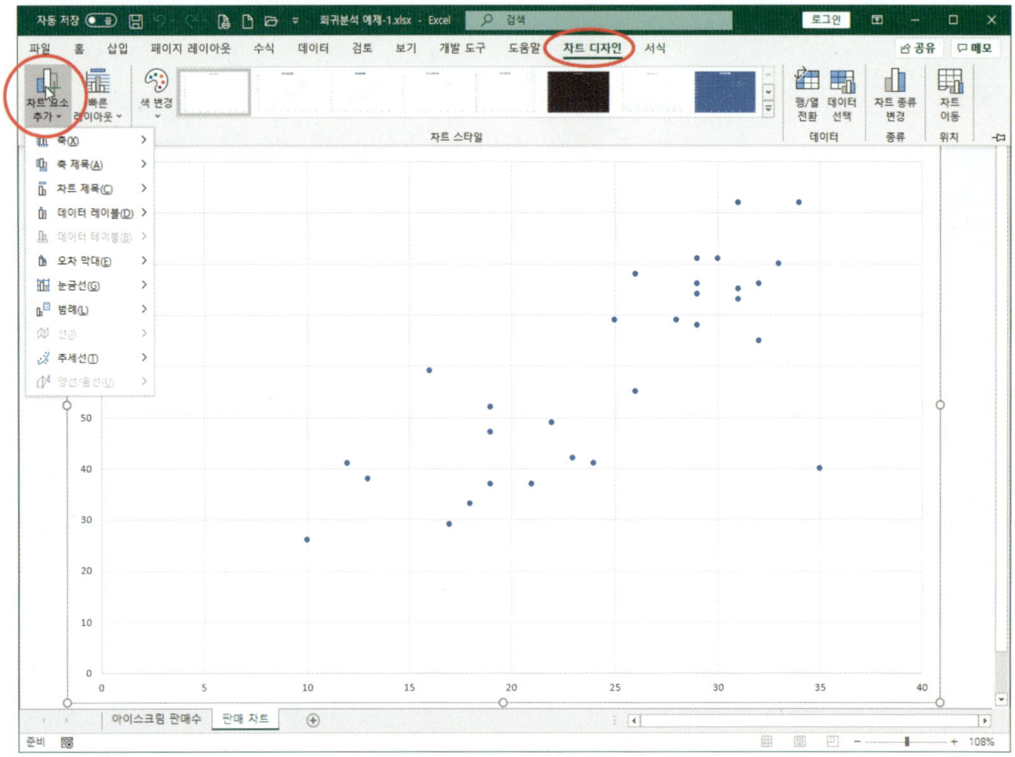


'차트 제목' 메뉴를 클릭하여 차트의 제목을 '판매 차트'라고 기입하고, '축 제목' 메뉴를 클릭하여 기본 가로축 제목을 '최고기온', 기본 세로축 제목을 '아이스크림 판매수'로 표시한다. 자료 데이터의 두 열 중에서 왼쪽 열이 가로축($X$축)이 되고, 오른쪽 열이 세로축($Y$축)이 됨에 유의한다.

그러면 이제 아래 그림과 같이 차트 시트에 최고기온과 아이스크림 판매수를 나타내는 산점도가 그려진다. 산점도 위에 점들과 가장 가까운 직선을 그려본 결과 많은 점들이 일직선상 근처에 위치하는 것으로 보아, 산점도에서 아이스크림 판매수는 최고기온과 상당히 큰 관계가 있다는 것을 짐작할 수 있다.

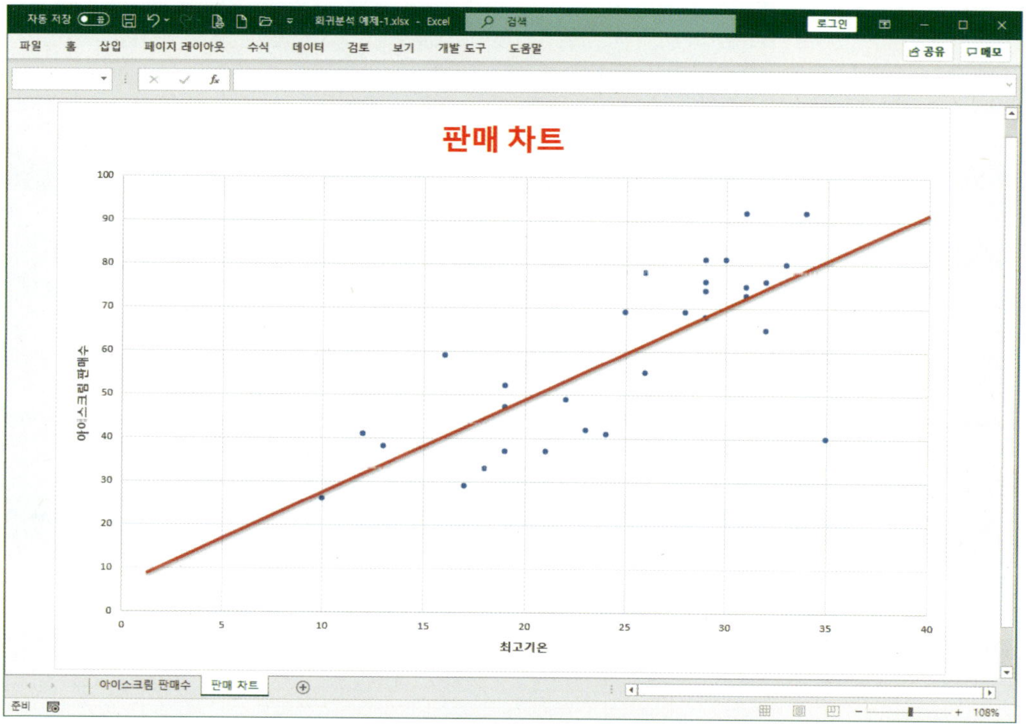


**[차트 눈금 범위 조정] - 회귀분석(차트축의 눈금조정).xlsx**

산점도를 그릴 때 점들이 다음 그림에서 보듯이 화면의 일부에만 작게 나타나 그래프 보기가 불편할 경우가 있다. 이때에는 가로축과 세로축의 눈금의 범위를 조정하여 점들을 그래프 전체에 나타나도록 조정할 수 있다.

광고비와 매출액의 관계

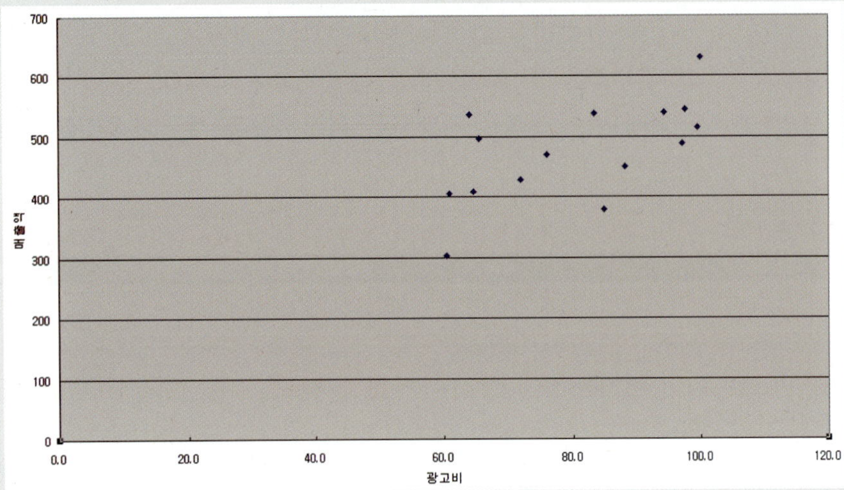


우선 '회귀분석(차트축의 눈금조정).xlsx' 파일을 열어 데이터 워크시트를 선택한다. 그리고 자료의 범위를 선택하여(열 제목도 포함함) 그래프를 작성한다.

① 그래프 그리기

앞에서 그린 바와 같이 차트의 제목과 가로축, 세로축의 제목을 기입하고 이름을 '처음의 산점도'라고 입력한다. 차트를 그리기 위해서는 B5:C20의 데이터 부분을 먼저 선택해야 한다.

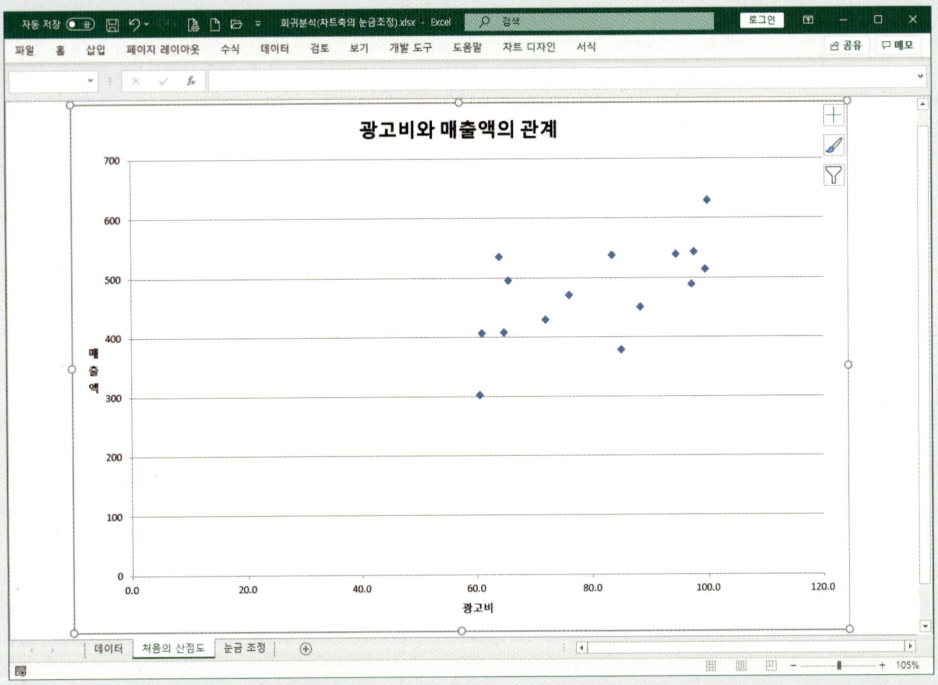


그러나 앞에서 언급한 바와 같이 위의 산점도는 오른쪽 상단으로 데이터가 치우쳐 있어 데이터의 분포를 화면 전체에 나타내 주지는 못하고 있다. 물론 그래프의 원점(0, 0)이 나타나 있으므로 전체적인 시각을 가지는 데는 더 도움이 될 수 있으나, 자료가 나타난 부분을 중점적으로 살펴보고자 할 때에는 $X, Y$축의 눈금을 조정하여 데이터 부분을 확대하여 나타나게 하는 것이 더 바람직할 수 있다.

② 가로축($X$축) 눈금 조정

가로축의 눈금을 조정하기 위하여 그래프의 제일 아래 눈금선에 아래 그림과 같이 마우스 포인터를 위치시킨 후, 오른쪽 버튼을 눌러 '축 서식'을 선택하고 '축 옵션'에서 최소값을 50으로 수정한다.

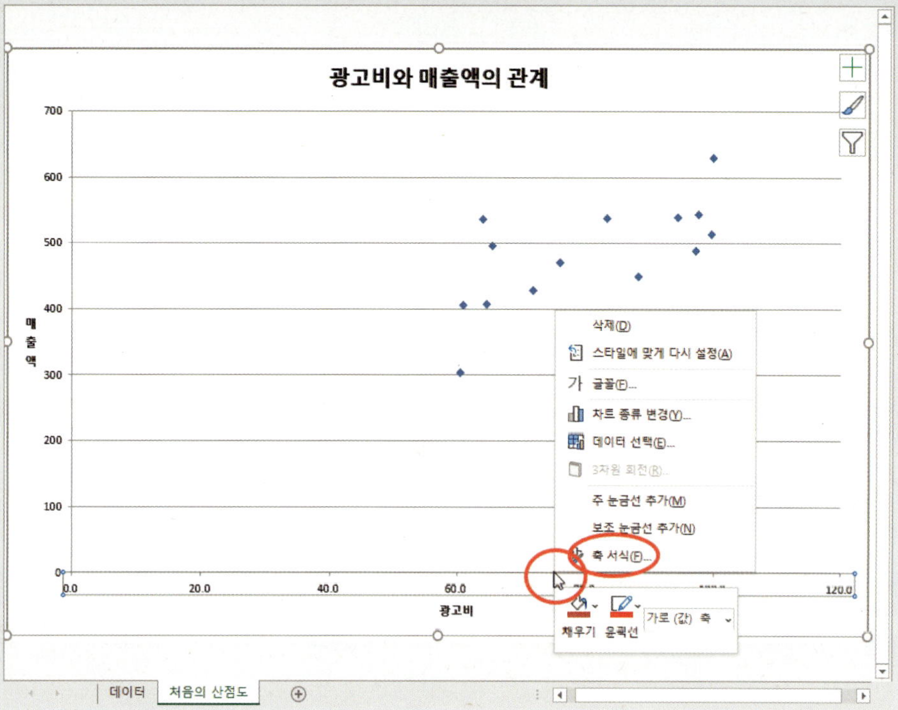


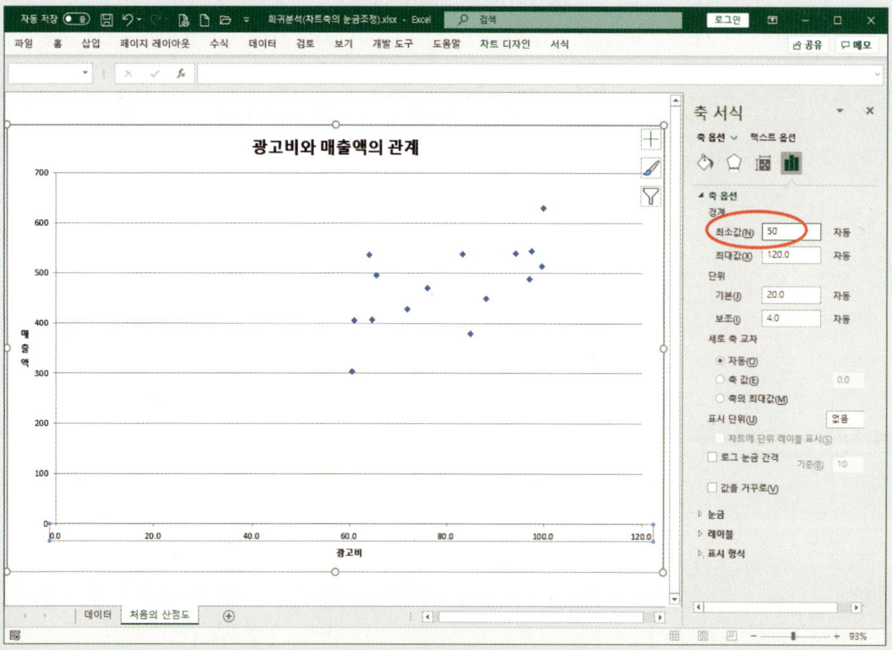

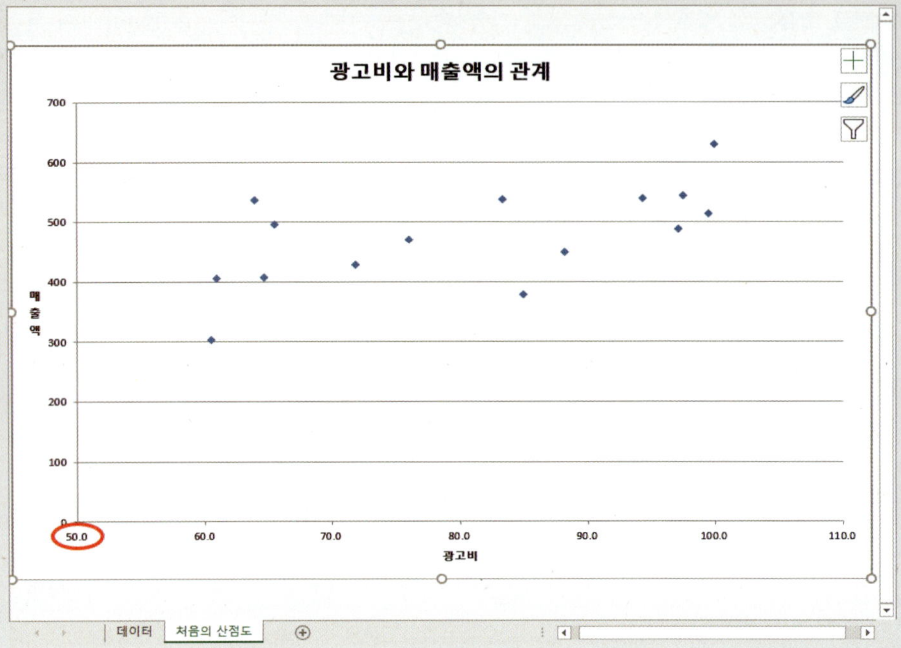


③ 세로축($Y$축) 눈금 조정

세로축의 눈금 범위를 조정한다. 세로축의 눈금은 그림에서 보는 바와 같이 그래프 제일 상단에서 두 번째 가로축 눈금(현 파일에서는 $Y$값이 600인 선)에 마우스 포인터를 위치시킨 후 오른쪽 버튼을 눌러 '축 서식'을 선택하여 조정한다.

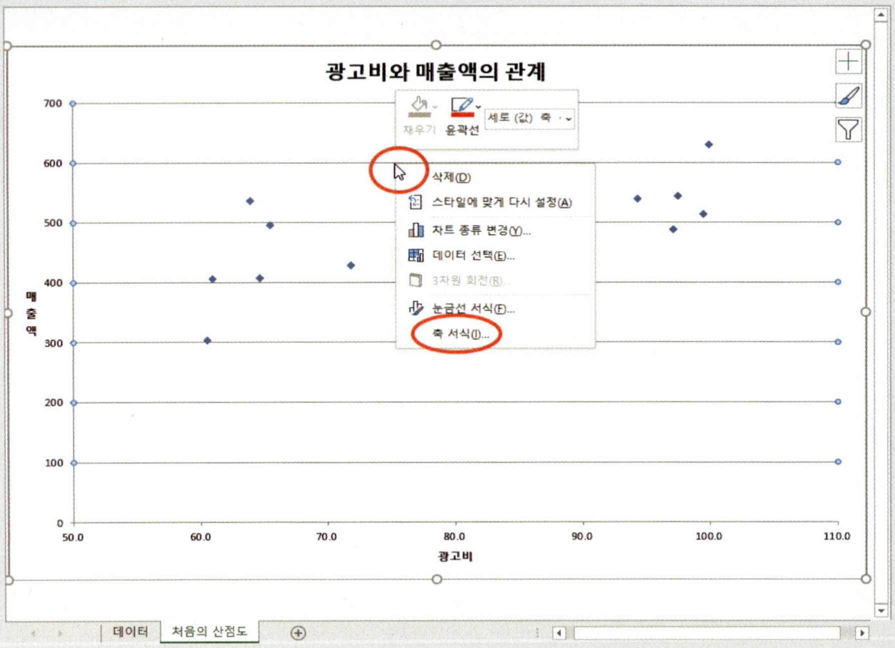

'축 서식'을 클릭하면 아래와 같은 창이 뜨는데, 최소값을 250으로 수정한다.

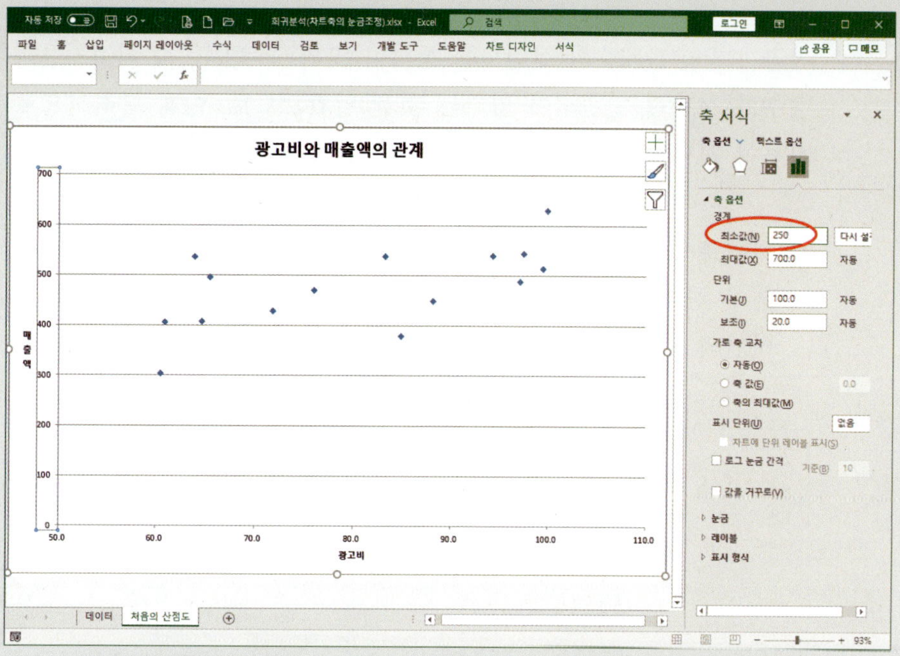


축 서식 창을 닫으면 가로, 세로로 균형 있는 산점도가 작성된다. 이제 가로축의 최소값은 50, 세로축의 최소값은 250으로 조정되어 있음을 알 수 있다. 이제 표시된 점들이 전체 그래프 화면을 차지하고 있음을 알 수 있다.

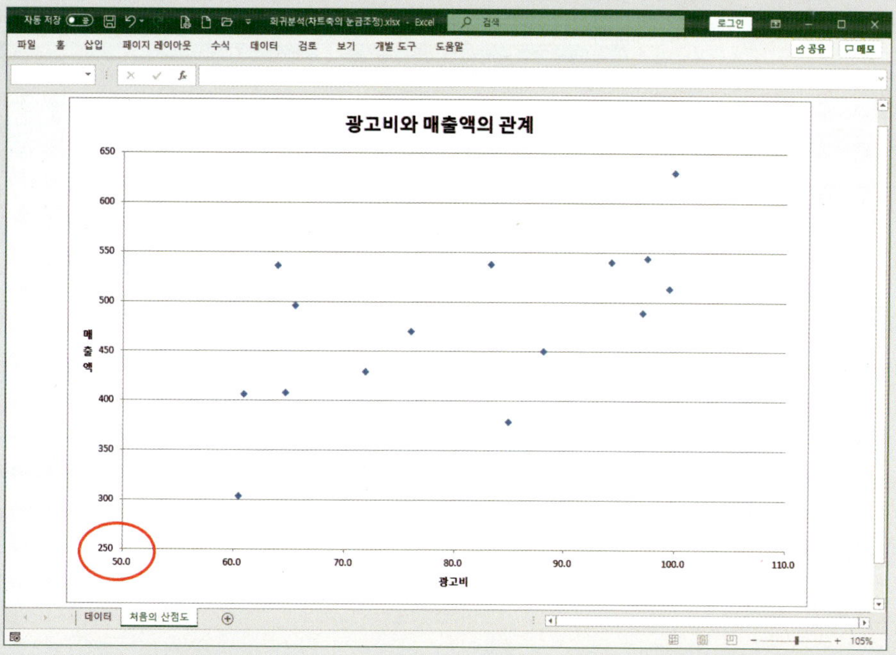

## (2) 회귀분석 실시

지금까지 상관계수와 산점도를 통하여 $X$와 $Y$ 변수, 즉 최고기온과 아이스크림 판매수가 상당히 연관되어 있다는 것을 알았으므로, 이제 본격적으로 회귀분석을 실시하여 보다 구체적인 $X$, $Y$ 변수의 관계를 도출한다.

1) 회귀분석을 실시하기 위해서는 우선 통계분석을 위한 데이터 분석 도구를 설치해야 한다. 엑셀 옵션 창에서 '추가 기능'을 선택한 후 '분석 도구'를 선택하고, 하단의 관리에서 'EXCEL 추가 기능'을 선택한 다음 '이동' 버튼을 클릭한다.

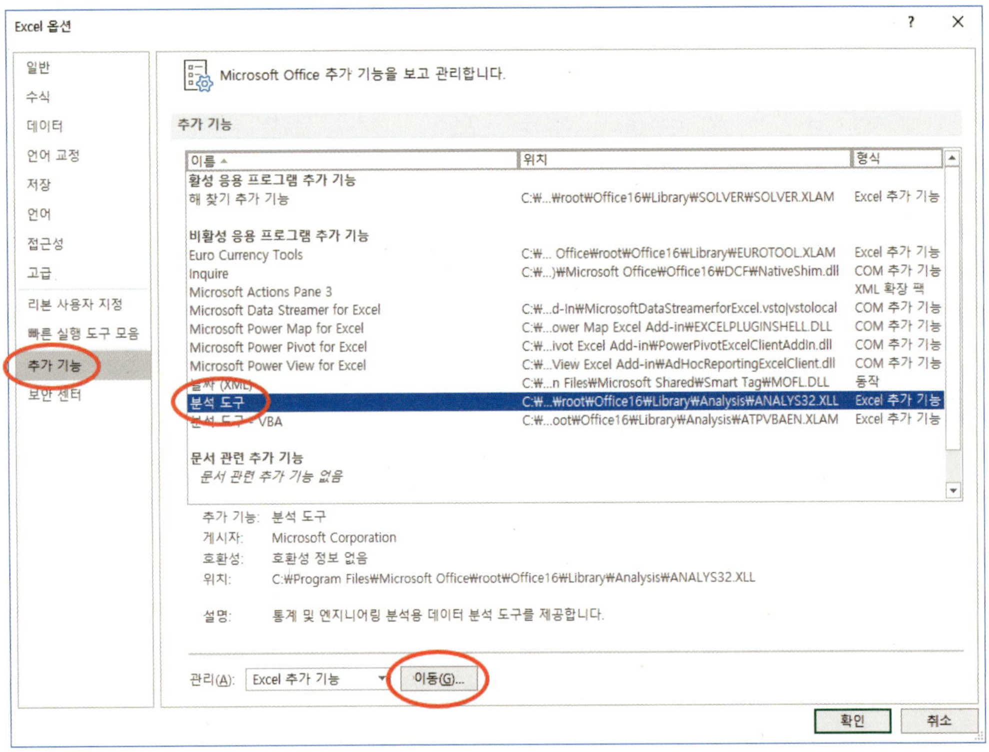

'추가 기능' 창이 나타나면 '분석 도구'를 클릭한 후 '확인' 버튼을 클릭한다.

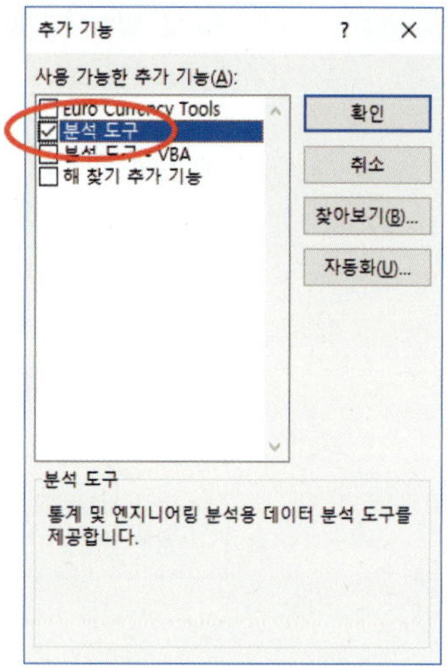


아래와 같이 '[데이터]탭'에 '데이터 분석' 도구가 설치된 것을 알 수 있다.

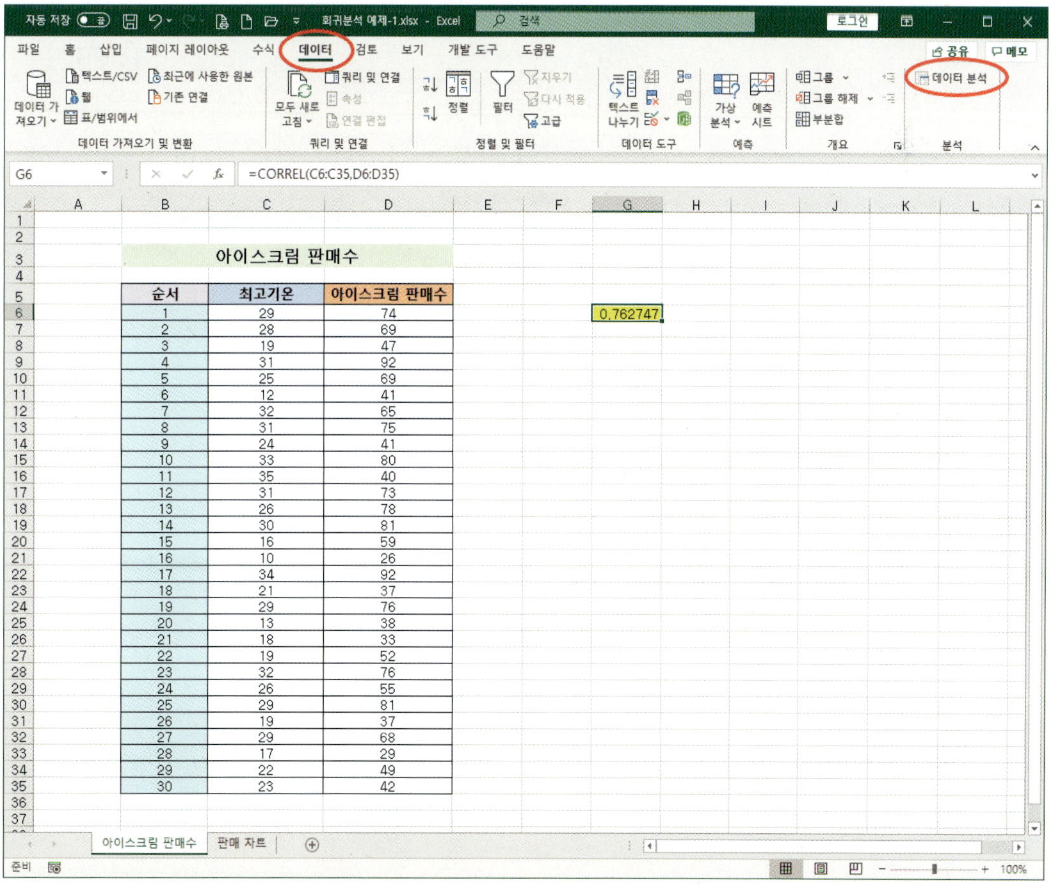

회귀분석을 수행하기 위하여 리본메뉴의 '[데이터]탭-데이터 분석'을 선택한다. '데이터 분석'을 클릭하면 아래와 같이 '통계 데이터 분석' 창이 나타나는데, '회귀분석'은 '난수 생성'의 아래에 위치해 있다.

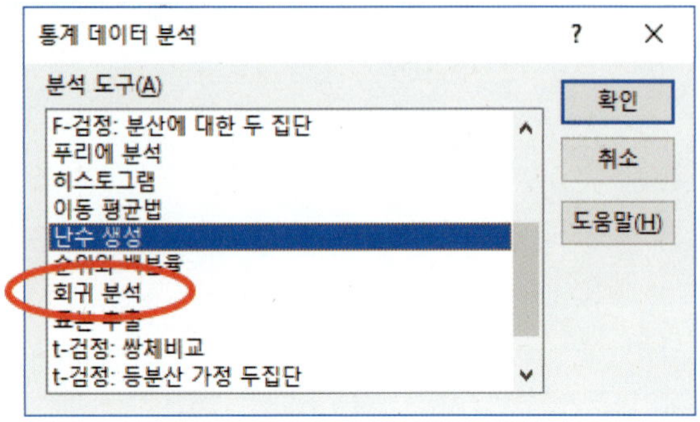


여기에서 '회귀분석'을 선택한 후 '확인' 버튼을 누르면 '회귀분석' 창이 나타난다.

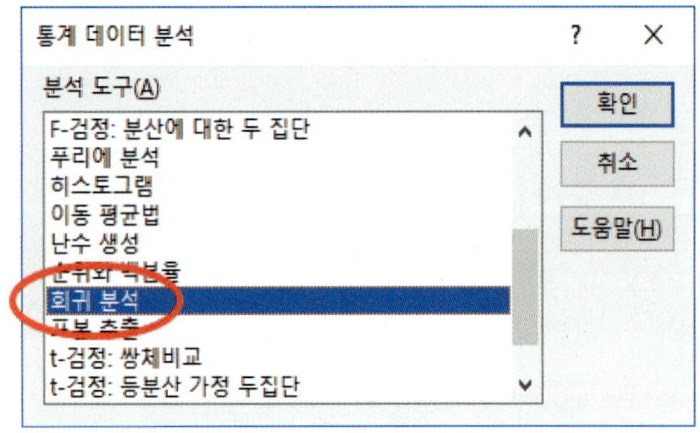

'회귀분석' 창에서는 아래와 같이 입력, 출력 옵션, 잔차, 정규확률의 네 가지 옵션이 나타난다. 여기에서 우선적으로 처리하는 부분은 '입력' 부분과 '출력 옵션' 부분이다.

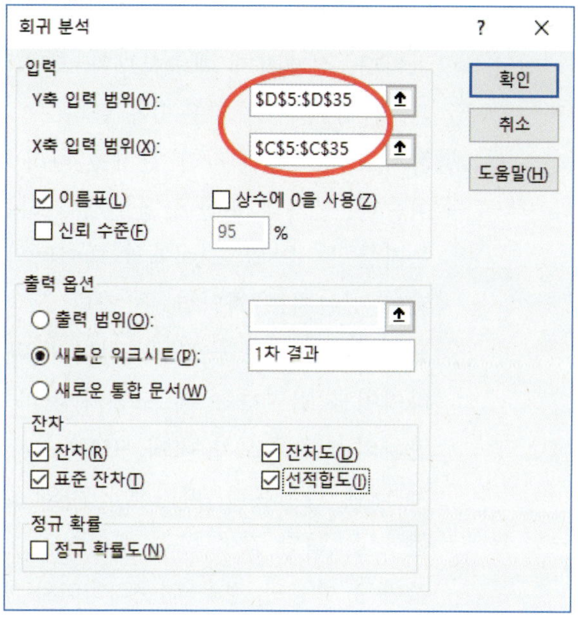


① 입력 : '회귀분석' 창에서 가장 중요한 부분으로 데이터의 입력범위를 설정한다. 우선 $Y$축 입력범위를 설정하는데, 이때 셀의 주소를 직접 기입할 수도 있고 또는 시트의 데이터 범위를 드래그하면 입력범위가 입력란에 들어오게 된다. 본 예제의 경우에는 아이스크림 판매수가 $Y$변수가 되므로 아이스크림 판매수의 범위인 D5에서 D35셀〈D5:D35 영역〉까지를 선택해 준다. 이때 자료의 제목인 D5셀을 포함할 수도 있고 하지 않을 수도 있는데, 만일 포함하게 되면 아래 이름표를 선택하여 체크 표시를 해 주어야 한다. 본 경우는 축의 제목(D5셀)을 포함하여 $Y$축의 입력범위로 설정하였다. $X$축도 같은 방법으로 최고기온을 나타내는 C5에서 C35셀〈C5:C35 영역〉까지를 선택해 준다.

이름표는 입력범위에 이름표가 들어간 경우에 체크 표시한다. 그리고 '상수에 0을 사용'은 회귀분석 식에서 상수항을 '0'으로 할 때 사용한다. 그러나 일반적으로 상수항이 '0'이 되는 것은 적절한 회귀식이 아니므로 선택하지 않고 그대로 둔다. 신뢰수준은 일반적으로 사용하는 95%를 그대로 사용한다.

② 출력 범위 : 차트와 마찬가지로 어떤 시트에 출력할 것인지를 정해주는 옵션이다. 일반적으로 회귀분석 결과는 한 시트 전체를 차지하므로 '새로운 워크시트'를 선택해 준다. 그리고 주고자 하는 워크시트의 이름을 오른쪽 괄호에 기입할 수 있다.

③ 잔차 : 잔차는 자료의 관측치별로 $Y$의 실제값－회귀식에 의한 $Y$의 예측값이다. 실제치가 예측치보다 크면 양수가 되고, 작을 경우에는 음수가 된다. 전체 잔차의 합은 0이 된다.

④ 잔차도 : $X$축에 따라 잔차를 나타내어 잔차의 분포와 모형의 적합성을 보여준다. 잔차의 분산은 동일해야 하는데 $X$값에 따라 잔차의 분산이 달라지는가를 볼 수 있고, 시계열 데이터의 경우 $X$값에 따라 잔차의 값이 자기상관이 있는지도 파악할 수 있다.

⑤ 표준잔차 : 잔차를 정규화하여 나타낸 값으로, 지나친 편차를 가지는 아웃라이어를 판별하는 데 도움이 된다. 회귀선에서 종속변수 예상치의 68%는 잔차의 1 표준오차 내에, 95%는 2 표준오차 내에, 그리고 99%는 3 표준오차 내에 들어온다. 따라서 잔차의 값을 표준화한 표준잔차값이 3보다 크다는 것은 해당 값이 아주 예외적인 1%에 든다는 것이어서, 표준잔차의 절대값이 3 이상인 경우 아웃라이어로 판단한다. 표준오차의 값은 회귀분석 결과의 B7셀에서 알 수 있다.

⑥ 선적합도 : 최적 추정값을 선 그래프로 나타낸 그림이다.

선택을 마치고 '확인' 버튼을 누르면 새로운 시트에 회귀분석의 결과가 아래와 같이 나타난다.

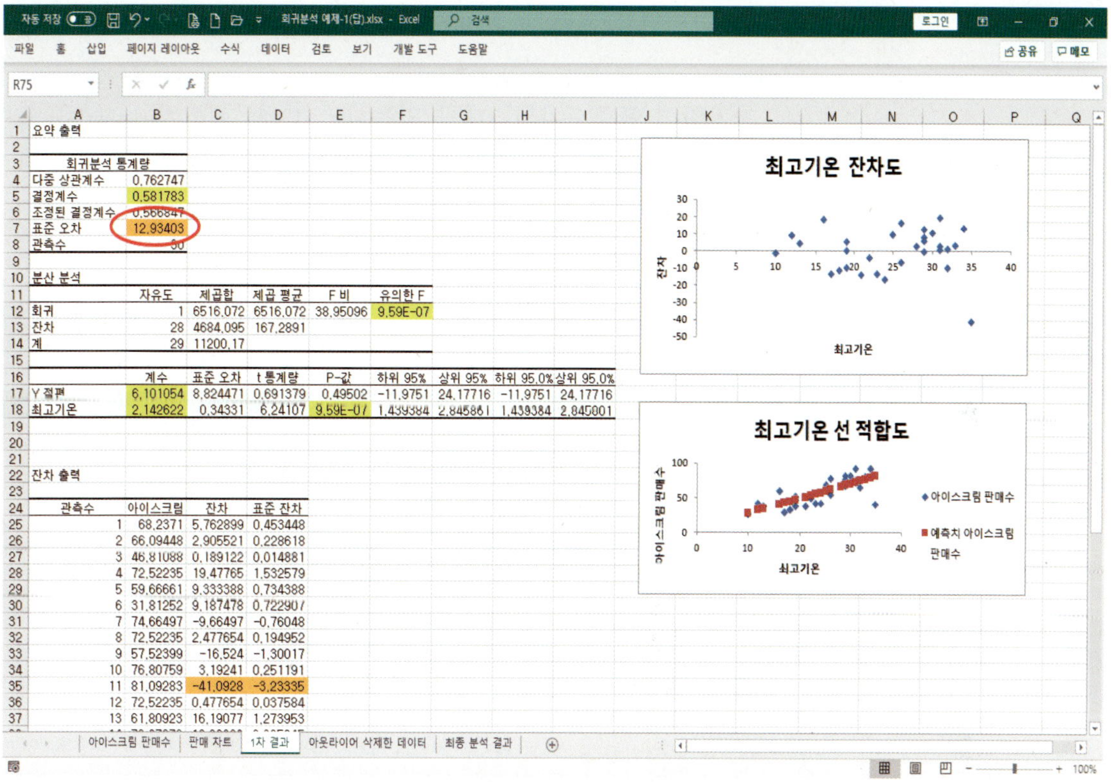


2) 아웃라이어의 제거 : B7셀의 표준오차는 잔차들의 평균 개념이라고 보면 된다. 편차가 아니라 오차라는 용어를 쓰는 것은 실제치와 예측치 간의 차이를 의미하기 때문이다. 표준오차는 데이터들이 얼마나 회귀직선으로부터 떨어져 있는가를 나타내는 지표이며, 이것이 작을수록 좋은 회귀예측을 할 수 있다. 모든 데이터들이 회귀직선상에 있다면 표준오차는 0이 된다.

표준오차는 실제치에서 예측치를 뺀 차이들을 제곱한 값들의 합계를 '데이터 수−2'로 나눈 값의 제곱근이다.

$$\text{즉, 표준오차} = \sqrt{\frac{\sum(y-\hat{y})^2}{n-2}}$$

$n$이 아닌 $n-2$로 나누는 것은 추정치인 $\hat{y}$를 얻기 위하여 $y$절편($b_0$)과 기울기($b_1$)를 사용하여 자유도가 박탈된 것으로 이해하면 된다.

표준오차가 작을수록 산점도의 점들이 회귀식에 가깝게 분포되는데, 일반적으로 표준오차가 작을수록 추정된 회귀식이 적합하다고 판단할 수 있다. 그러나 얼마 이하이어야 회귀모형이 적합한지를 말해주는 객관적인 기준은 없고, 동일 데이터인 경우 아웃라이어 등을 제거하여 이를 줄여 나가는 것이 바람직하다.

잔차값이 표준오차의 3배를 넘는다면 1%의 예외치(outlier)에 들어가는 것이므로 분석자료에서 제외하는 것이 좋다. 따라서 각 데이터에서 잔차의 절대값이 표준오차 12.934의 3배인 39를 넘거나, 또는 표준잔차의 값에서 절대값이 3을 상회하는 경우 이를 아웃라이어라고 보고 제거하는 것이 바람직하다. 이는 같은 결과를 가져오므로 한 가지 방법으로만 아웃라이어를 제거하면 된다.

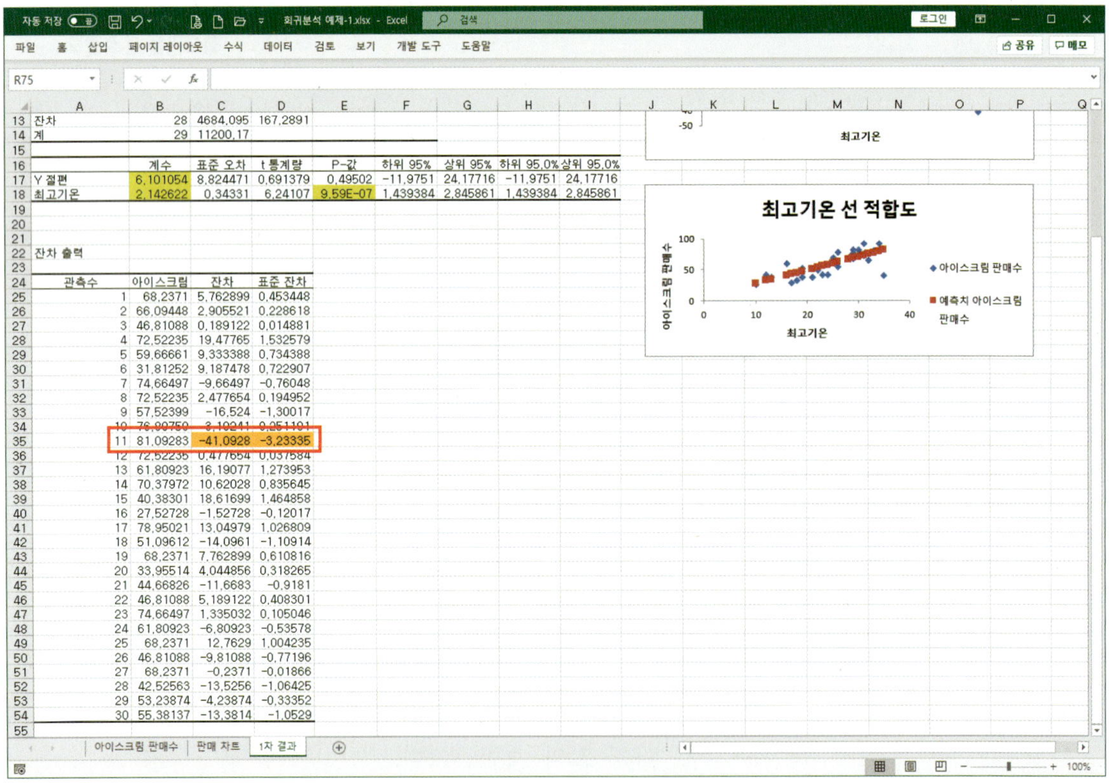


위의 잔차 출력표에서 보듯이 11번 데이터의 경우 잔차의 값이 -41.09로 절대값이 39를 상회하며, 표준잔차값 역시 -3.23으로 절대값이 3을 상회하여 이 결과를 확인할 수 있다. 11번 데이터를 아웃라이어로 데이터에서 삭제하도록 한다.

11번 데이터를 찾아보면 최고기온이 35도였는데, 40개의 아이스크림만 판매되었다. 최고기온이 35도인 날의 판매수 추정치는 81개가 되어야 하는데, 이 최고기온으로서는 아주 적게 팔린 것이므로 아웃라이어로 판단하게 되는 것이다. 이제 이 11번째 데이터를 제거하고 다시 회귀분석을 실시하도록 한다.

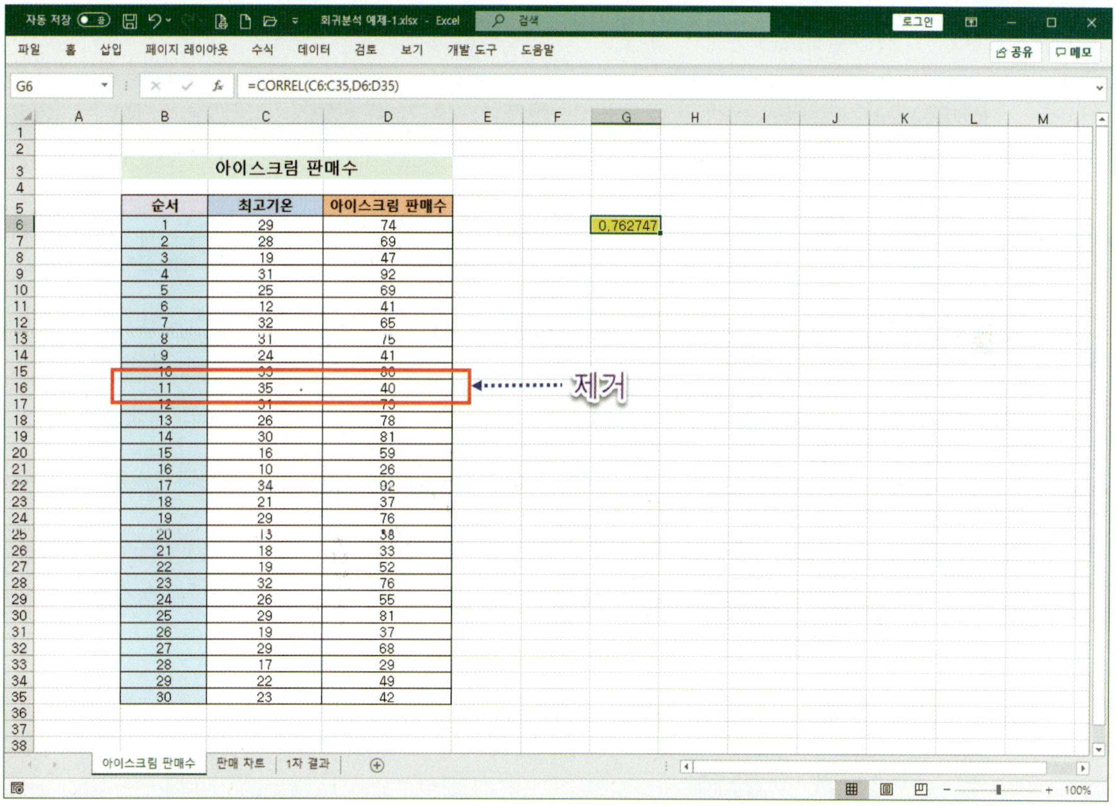

아래 회귀분석 결과는 11번째 데이터를 제거하고 29개의 데이터만으로 회귀분석을 실시한 결과를 보여준다. 결정계수가 0.7419로 이전의 0.5818보다 상당히 높아진 것을 알 수 있다. 특히 아웃라이어는 회귀식에서 회귀계수의 값을 많이 왜곡시키는 것으로 알려져 있다. 그러나 기계적으로 아웃라이어를 삭제할 것이 아니라 데이터를 잘 살펴볼 필요가 있으며, 데이터의 성격에 따라 표준잔차의 값이 3 미만인 경우에 삭제하기도 한다.

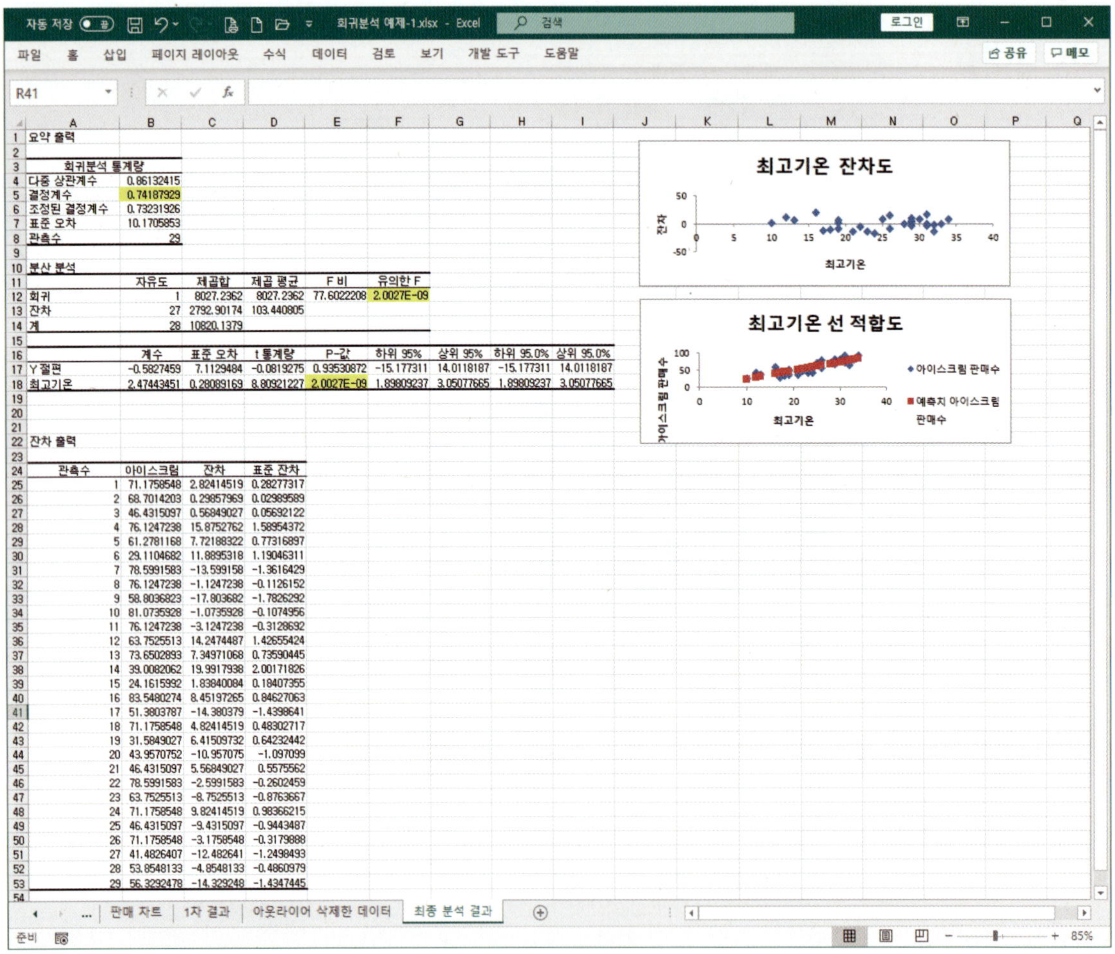


요약 출력

| 회귀분석 통계량 | |
|---|---|
| 다중 상관계수 | 0.86132415 |
| 결정계수 | 0.74187929 |
| 조정된 결정계수 | 0.73231926 |
| 표준 오차 | 10.1705853 |
| 관측수 | 29 |

분산 분석

| | 자유도 | 제곱합 | 제곱 평균 | F 비 | 유의한 F |
|---|---|---|---|---|---|
| 회귀 | 1 | 8027.2362 | 8027.2362 | 77.6022208 | 2.0027E-09 |
| 잔차 | 27 | 2792.90174 | 103.440805 | | |
| 계 | 28 | 10820.1379 | | | |

| | 계수 | 표준 오차 | t 통계량 | P-값 | 하위 95% | 상위 95% | 하위 95.0% | 상위 95.0% |
|---|---|---|---|---|---|---|---|---|
| Y 절편 | -0.5827459 | 7.1129484 | -0.0819275 | 0.93530872 | -15.177311 | 14.0118187 | -15.177311 | 14.0118187 |
| 최고기온 | 2.47443451 | 0.28089169 | 8.80921227 | 2.0027E-09 | 1.89809237 | 3.05077665 | 1.89809237 | 3.05077665 |

잔차 출력

| 관측수 | 아이스크림 | 잔차 | 표준 잔차 |
|---|---|---|---|
| 1 | 71.1758548 | 2.82414519 | 0.28277317 |
| 2 | 68.7014203 | 0.29857969 | 0.02989589 |
| 3 | 46.4315097 | 0.56849027 | 0.05692122 |
| 4 | 76.1247238 | 15.8752762 | 1.58954372 |
| 5 | 61.2781168 | 7.72188322 | 0.77316897 |
| 6 | 29.1104682 | 11.8895318 | 1.19046311 |
| 7 | 78.5991583 | -13.599158 | -1.3616429 |
| 8 | 76.1247238 | -1.1247238 | -0.1126152 |
| 9 | 58.8036823 | -17.803682 | -1.7826292 |
| 10 | 81.0735928 | -1.0735928 | -0.1074956 |
| 11 | 76.1247238 | -3.1247238 | -0.3128692 |
| 12 | 63.7525513 | 14.2474487 | 1.42655424 |
| 13 | 73.6502893 | 7.34971068 | 0.73590445 |
| 14 | 39.0082062 | 19.9917938 | 2.00171826 |
| 15 | 24.1615992 | 1.83840084 | 0.18407355 |
| 16 | 83.5480274 | 8.45197265 | 0.84627063 |
| 17 | 51.3803787 | -14.380379 | -1.4398641 |
| 18 | 71.1758548 | 4.82414519 | 0.48302717 |
| 19 | 31.5849027 | 6.41509732 | 0.64232442 |
| 20 | 43.9570752 | -10.957075 | -1.097099 |
| 21 | 46.4315097 | 5.56849027 | 0.5575562 |
| 22 | 78.5991583 | -2.5991583 | -0.2602459 |
| 23 | 63.7525513 | -8.7525513 | -0.8763667 |
| 24 | 71.1758548 | 9.82414519 | 0.98366215 |
| 25 | 46.4315097 | -9.4315097 | -0.9443487 |
| 26 | 71.1758548 | -3.1758548 | -0.3179888 |
| 27 | 41.4826407 | -12.482641 | -1.2498493 |
| 28 | 53.8548133 | -4.8548133 | -0.4860979 |
| 29 | 56.3292478 | -14.329248 | -1.4347445 |

3) 단순 회귀분석에서 도출하는 회귀식은 일차식으로 $\hat{y}_i = b_0 + b_1 x_i$의 형태를 가진다. $x_i$는 데이터의 $i$번째 최고기온을 나타내고, $\hat{y}_i$는 이 최고기온에 대한 아이스크림 판매수의 회귀분석에 의한 추정치를 나타낸다. 즉 $\hat{y}_i$는 회귀선이 나타내는 값이 된다. 일차식이 아닌 비선형 회귀분석도 있으나 이는 독립변수, 또는 종속변수를 변환하여 선형 회귀분석으로 처리한다.

$b_0$와 $b_1$이 결정되면 회귀식이 결정되는데, 이 값은 모든 실제치에서 한 직선(결국 이것이 회귀선이 됨)까지 수직거리(이를 잔차라 함)의 합이 최소가 되는 직선의 $b_0$(절편)와 $b_1$(기울기)이다. 즉, 실제치가 추정치보다 크면 잔차는 양수가 되고 그렇지 않은 경우 음수가 되어 서로 합하면 상쇄되어 크기가 없어지므로, 일반적으로 잔차의 자승을 더한 값이 최소가 되는 직선을 택한다. 아래 그림에서 보는 바와 같이 모든 잔차의 합이 가장 작게 되는 직선이 회귀선이 된다. 주황색 회귀선의 절편은 $b_0$이고, 기울기는 $b_1$이다. 그리고 이 회귀선은 $X$값의 평균과 $Y$값의 평균이 되는 점을 지난다.

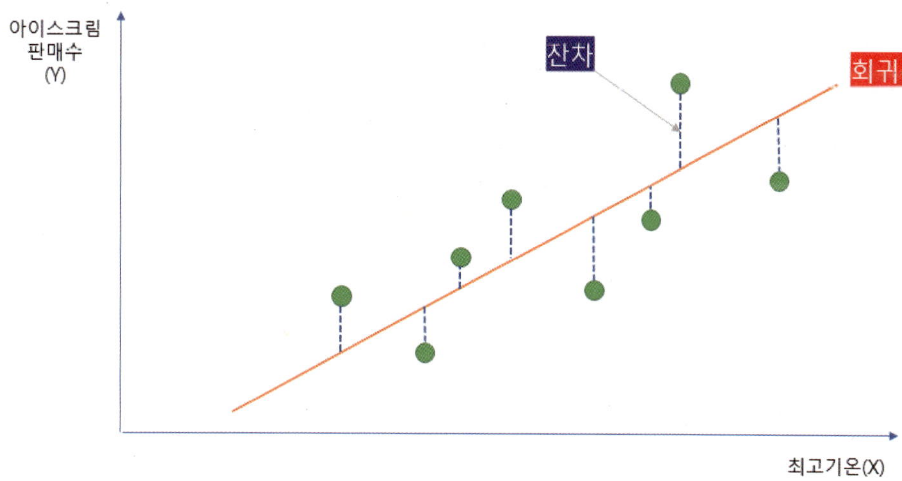


4) 회귀분석 결과에서 회귀식을 해석하기 위하여 살펴보아야 할 것은 ① 결정계수, ② 유의한 F, ③ $X$변수의 $P$-값, 그리고 ④ 상수항 및 회귀계수이다.

① 결정계수($R^2$)(B5셀) : 일반적으로 $X$와 $Y$의 연관관계를 알아보기 위하여 결정계수를 살펴보는데, 이 값이 클수록 $Y$변수가 더 많이 $X$변수에 의해 결정된다고 보면 된다. 본 회귀결과에서는 0.7419의 값이 나왔는데, 이는 $X$가 $Y$를 상당히 잘 결정해 주는 변수라는 것을 나타낸다.

② 유의한 F(F12셀) : 독립변수들이 총합적으로 종속변수에 영향을 미치는가를 알아보는 통계량이다. 회귀식 자체의 의미가 있는지를 나타내며, 일반적으

로 0.05보다 작을 경우 회귀식이 의미가 있다고 본다. 본 회귀결과에서는 '2.003E-09'가 나왔는데 이는 '$2.003 \times 10^{-9}$'의 값을 가지는 것이다. 이때의 E는 10의 몇 승을 나타내는데, E+05는 10의 5승, 즉 100,000을 나타내는 것이다. 따라서 '2.003E-09'는 0.05보다 아주 작은 값이므로 본 회귀식은 의미가 있는 것으로 해석된다.

③ *X*변수의 *P*-값(E18셀) : *X*변수의 *P*-값은 회귀식에서 개별 *X*변수가 포함되어야 하는 것인지를 말해주는 계수이다. *P*-값은 *X*변수가 회귀식에 포함되어야 한다고 할 때 샘플링이 잘못되는 등의 이유로 그것이 틀릴 확률이라고 보면 된다. 이 값이 상당히 작은 경우 *X*변수는 유의한 회귀변수가 되는데, 통상 0.05(유의수준 95%시)보다 작을 경우 *X*변수를 회귀식에 포함시킨다. 그런데 본 예제에서는 '2.003E-09'의 값을 가지므로 *X*변수는 *Y*변수의 예측에 있어 매우 유용한 변수임을 알 수 있다. 여기에서 E-09는 $10^{-9}$을 나타내는 것이므로 *P*-값은 거의 0이라고 보면 된다. 독립변수가 하나인 경우에는 유의한 F값과 *X*변수의 *P*-값은 항상 같은 값을 나타낸다.

### 회귀분석 결과 해석시의 주요 내용들

① 결정계수($R^2$) : '결정계수($R^2$)'는 *Y*변수를 예측하는 데 있어 *X*변수가 얼마나 쓸모가 있는지를 나타낸다. 일반적으로 *X*변수가 얼마나 *Y*변수를 잘 설명하는지를 표현한다. 0에서 1 사이의 값을 가지는데($0 \leq R^2 \leq 1$), 값이 클수록 *X*가 *Y*를 잘 설명한다고 볼 수 있다. 값이 0일 때에는 *X*가 *Y*를 전혀 설명하지 못함을 의미하는데, 이 말은 *X*의 값을 알아도 *Y*의 값이 얼마인지를 알 수 없다는 것이다. $R^2$가 1일 때에는 *X*에 의해서 *Y*가 완전히 결정됨을 의미한다. 즉 *X*의 값을 알면 *Y*의 값을 정확히 알 수 있다는 것이다. 이 값은 회귀분석의 중요한 기능인 *Y*변수값의 예측 정도를 나타내는데, 이 값이 클수록 해당 *X*변수들이 *Y*변수의 값을 예측하는 데 우수한 변수라고 생각하면 된다.

한편, '결정계수'는 입력자료(즉 샘플)만을 대상으로 하였을 때의 값인데, 현재의 자료를 이용하여 모집단을 추정하는 목적이라면 이것을 모집단에 맞게 수정해 줄 필요가 있다. 이러한 수정에 따라 계산된 것이 '조정된 결정계수'로 '결정계수'보다 항상 약간 작은 값을 가진다.

② 유의한 F : 이 값은 회귀식 자체가 의미가 있는지를 말해준다. 즉, 회귀식을 설정하여 *X*변수들에 의해 집합적으로 *Y*변수를 예측하는 것이 타당한 것인지를 말해준다. 통상 유의수준을 95%로 하므로 이 값이 0.05보다 작을 때 회귀식 자체가 의미 있게 된다. 따라서 '유의한 F'값이 0.05보다 크면 *X*변수들과 *Y*변수는 서로 연관이 없는 것으로 생각하면 된다.

③ *X*변수의 *P*-값 : '*X*변수의 *P*-값'은 *Y*변수값의 예측에 있어 개별 *X*변수가 영향이 있는 것인지를 판단해 주는 기준이다. 유의수준을 95%로 한다고 하면, 이 값이 0.05보다 작을 때 해당 *X*변수는 *Y*변수의 예측에 적절한 변수가 된다. 만약 이 값이 0.05보다 크면 회귀식에서 이 *X*변수를 제외하고 다시 회귀분석을 실시해야 한다. 회귀식에서 *X*변수가 하나일 때 이 값은 항상 유의한 F값과 동일하게 된다. 여기에서 한 가지 주의할 것은 상수항의 *P*-값은 의미가 없으므로 살펴보지 않는다는 점이다. 상수항의 *P*-값이 0.05보다 크다고 하여 상수항이 '0'이 되는 것은 아니다. 이 값에 관계없이 상수항은 항상 '*Y*-절편의 계수'의 값을 가진다.

④ 상수항 및 회귀계수 : 이것은 회귀식을 결정해 주는 항목들이다. 각 행별로 상수항과 *X*변수의 기울기를 나타내 주는 값이다. 물론 *X*변수의 *P*-값이 0.05보다 클 경우는 *X*-변수 자체가 회귀식에서 제외되므로 회귀계수 자체가 무의미해진다.

④ 상수항 및 회귀계수(B17셀, B18셀) : 이것은 회귀식을 결정해 주는 항목들이다. $Y$절편(B17셀)은 INTERCEPT함수를 사용하여 구한 결과와 같고, 기울기(B18셀)는 SLOPE함수를 사용하여 구한 결과와 동일하다. 위의 ③번에서 $X$변수가 유의한 것으로 나타났으므로 $X$변수의 항이 회귀식에 포함된다. 따라서 본 회귀분석 결과, 최고기온과 아이스크림 판매수는 다음의 회귀식을 가진다.

아이스크림 판매수 $= -0.5827 + 2.4744 \times$ 최고기온

### 5) 문제의 풀이

문제 1) 과연 일별 최고기온이 아이스크림 판매수에 영향을 준다고 볼 수 있는가?

회귀분석 수행 결과 $X$변수의 $P$-값이 0.05보다 작으므로 일별 최고기온이 아이스크림 판매수에 영향을 준다고 결론짓는다.

문제 2) 만약 영향을 미친다면 최고기온이 1도 올라가면 아이스크림 판매수가 얼마 더 증가하는가?

이는 회귀계수 $b_1$의 값을 말한다. 최고기온이 1도 높은 날의 아이스크림 판매수는 평균 2.4744개 더 증가하게 된다.

문제 3) 내일 최고기온이 섭씨 31도로 예보되었다. 얼마의 판매량을 생각하고 재료를 준비하는 것이 좋은가?

내일의 아이스크림 판매수 추정치는 $-0.5827 + 2.4744 \times 31$(도)이므로 약 76개가 된다.

문제 4) 봄, 여름을 대상으로 조사한 이번 조사 결과를 겨울철에도 적용할 수 있는가?

회귀분석 대상 데이터인 최고기온의 최저값은 10도이고 최고값은 34도이다. 최고기온이 10도에서 34도 사이의 날씨에는 이 결과를 적용할 수 있으나, 최고기온이 10도 미만이거나 34도를 넘어서는 날에는 본 회귀분석 결과를 적용할 수 없게 된다. 즉 이런 경우 상기의 회귀식에 의해 아이스크림 판매수를 예측하거나, 최고기온이 1도 올라가면 판매량이 얼마가 증가할지 추정하면 안 된다. 따라서 최고기온이 주로 10도 아래인 겨울철에는 본 회귀분석 결과를 적용할 수 없다.

# 3. 독립변수가 여러 개일 때의 회귀분석

실무적으로 회귀분석은 종속변수에 영향을 미치는 독립변수가 하나일 때보다 여러 개일 때 실행하는 경우가 더 많고 조사자에게 더 좋은 결과를 제공한다. 독립변수가 하나일 때를 단순회귀분석, 두 개 이상일 때를 다중회귀분석이라고 한다. 독립변수가 두 개 이상 포함되면 조금 더 복잡한 내용들이 있지만 단순회귀분석이나 다중회귀분석이나 원리는 동일하다.

앞에서 부분적으로 이미 설명하였지만 특히 다중회귀분석의 경우 그 목적을 다음 세 가지로 요약할 수 있다.

① 회귀분석을 통하여 특정 독립변수가 종속변수의 예측에 유용한 변수인가를 알 수 있다. 기업활동에서 경영자는 매출, 생산량, 불량률 등 향상하고자 하는 많은 성과변수를 가지고 있다. 이때 경영자가 알고자 하는 것은 무엇이 이들 성과변수에 영향을 미치는가이다. 가령 전자제품의 '매출'에는 광고비, 제품가격, 제품의 품질, 디자인 등이 영향을 미치리라고 생각할 것이다. 그러나 과연 경영자의 생각대로 이들 관련 변수들이 매출신장에 도움을 주는지 아니면 이들 중 일부 변수만이 영향을 주는지는 회귀분석을 통하여 가려낼 수 있다. 즉 회귀분석의 결과 우리는 종속변수에 영향을 미친다고 생각하는 여러 독립변수들 중 실제 종속변수에 영향을 주는 독립변수들을 찾아낼 수 있다.

② 회귀분석의 두 번째 목적은 종속변수의 예측이다. 즉 종속변수의 예측에 필요한 독립변수의 값을 알 때 종속변수의 값이 얼마가 될지 알 수 있다. 만일 '불량률'에 영향을 주는 변수가 '작업자의 숙련도'와 '기계와 작업장의 청결상태'라고 할 때 이들 값을 알면 불량률이 얼마가 될 것인가를 알 수 있다.

③ 마지막으로, 회귀분석 결과 경영자는 각 독립변수가 종속변수에 미치는 구체적인 영향을 알 수 있다. 만일 광고를 늘리면 매출이 늘어난다고 할 때, 경영자는 광고비를 백만원 올리면 매출이 얼마나 늘어날지 알고 싶을 것이다. 품질이 올라가면 매출이 늘어난다고 했을 때 품질 1단위 상승마다(예를 들면, 불량률 1% 감소시) 품질의 상승효과로 인하여 매출이 얼마나 증가될지

알 수 있다.

또 다른 예로는 가격과 전체 매출액의 관계를 들 수 있을 것이다. 가격을 내리는 경우 판매수량은 늘어날 것이다. 그러나 가격이 줄었기 때문에 전체적으로 과연 매출액이 증가할 것인지는 의문이다. 하지만 회귀분석을 이용하면 전체적으로 제품 단가를 내릴 경우 매출액이 증가할 것인지 감소할 것인지, 그리고 얼마나 증가하거나 감소할 것인지를 알 수 있게 된다. 회귀분석을 이용하여 총매출액의 입장에서 과연 가격을 인하하는 것이 좋을지, 아니면 현 상태로 두는 것이 좋을지 등을 결정할 수 있게 된다.

### 예제 2 인터넷 쇼핑몰 구매영향 변수 찾기 (회귀분석 예제-2.xlsx)

한국전자는 몇 년 전 인터넷을 통하여 자신들의 제품을 홍보하고 판매하기 위하여 '아로아 닷컴'이라는 인터넷 쇼핑몰을 구축하였다. 한국전자의 쇼핑몰 영업과 기획을 담당하고 있는 박 과장은 올해 말에 쇼핑몰 구매에 영향을 주는 변수가 무엇인가를 알아보고자 하였다. 우선 나이, 급여, 그리고 남녀의 차이 등이 구매액에 영향을 미칠 것이라고 보고 총 250명에 대한 자료를 수집하였다. 이를 토대로 구매와 관련이 있는 다른 영향변수도 함께 수집하여 회귀분석을 실시해 보고자 하였다. 박 과장이 구매와 관련이 있다고 보아 수집한 변수는 총 6개로 나이, 성별(남/녀), 자녀의 수, 올해의 월 급여 금액, 작년 구매총액, 그리고 개인이 올해 받은 세일안내 광고메일 횟수이다.

즉, 구매총액=F(나이, 성별, 자녀의 수, 급여, 작년 구매총액, 세일안내 광고메일 횟수)

〈변수의 종류〉

변수는 일반적으로 성격에 따라 크게 다음 세 가지로 나눌 수 있다.

① 첫 번째는 명목변수(nominal variable)로 숫자가 아닌 종류로 구분되는 값을 가지는 것들이다. 성별(남자/여자), 직급(사원/대리/과장/부장/경영진), 지역(중부/남부/서부/북부/동부) 등은 사실 변수의 값이 종류가 다른 것들이다. 회귀분석에서 이들 변수가 독립변수로 포함되는 경우에는 더미변수(dummy variable)를 도입하여 이들을 표시해 주어야 한다. 더미변수가 있는 경우의 회귀분석은 다음 절에서 설명하고자 한다.

② 두 번째는 서열변수(ordinal variable)로 데이터의 값이 순서나 랭킹으로 표현되는 경우이다. 소비자가 선정한 제품별 선호도 순위, 반 석차 등이 서열변수의 대표적 예라고 할 수 있다. 이들 서열값은 순위만 있을 뿐 값 사이의 거리는 일정하지 않다. 소비자 선호도 1위와 2위 간의 차이는 2위와 3위 간의 차이와 같다고 말할 수 없다. 이는 회귀분석의 기본조건에 어긋나기 때문에 엄밀하게 말하면 이들 서열변수는 회귀분석에서 독립변수값으로 사용할 수 없다. 명목변수와 서열변수는 사칙연산을 적용할 수 없다.

③ 세 번째는 비율변수(ratio variable)로 이것이 우리가 가장 많이 접하는 숫자 변수이다. 매출, 급여, 1,000대 생산당 불량률, 차의 운행거리 등 가장 많이 사용하는 변수이며, 이들은 회귀분석의 종속변수 및 독립변수로 사용될 수 있다. 비율변수는 모든 사칙연산을 적용할 수 있다.

회귀분석의 자료는 일단 숫자여야만 하므로 성별 명목변수는 다음과 같이 숫자로 변환하여 코딩하였다.

성별 : 남자-1, 여자-0 (남자를 0, 여자를 1로 코딩하여도 됨)

이렇게 변환한 엑셀 데이터 시트를 보면 아래와 같다. 엑셀시트의 메모를 참조해 보면 위와 같이 명목변수를 변환하였음을 알 수 있다. 여기에서 독립변수($X$)는 나이 등 6개이며, 종속변수($Y$)는 '금년 구매총액'이다.

일차적으로 박 과장은 이들 6개의 변수 중 어떤 변수들이 쇼핑몰에서의 구매총액에 영향을 미치는가를 알아보고자 한다.

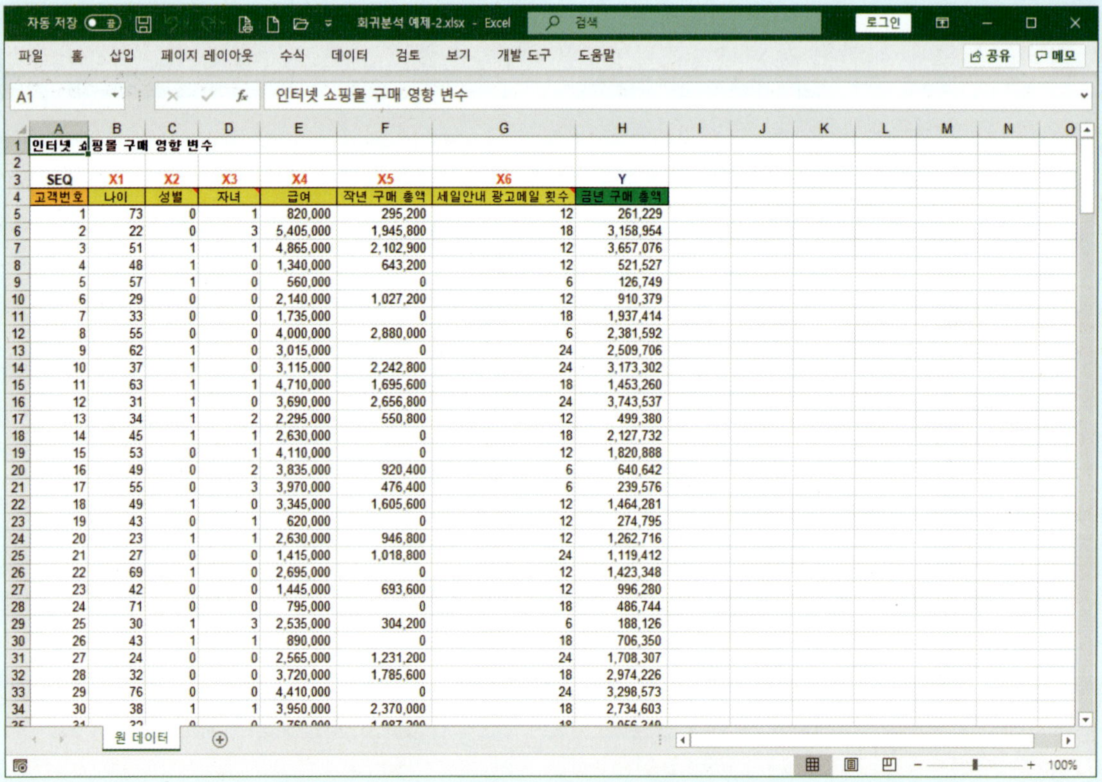

인터넷 쇼핑몰 구매 영향 변수

| SEQ | X1 | X2 | X3 | X4 | X5 | X6 | Y |
|---|---|---|---|---|---|---|---|
| 고객번호 | 나이 | 성별 | 자녀 | 급여 | 작년 구매 총액 | 세일안내 광고메일 횟수 | 금년 구매 총액 |
| 1 | 73 | 0 | 1 | 820,000 | 295,200 | 12 | 261,229 |
| 2 | 22 | 0 | 3 | 5,405,000 | 1,945,800 | 18 | 3,158,954 |
| 3 | 51 | 1 | 1 | 4,865,000 | 2,102,900 | 12 | 3,657,076 |
| 4 | 48 | 1 | 0 | 1,340,000 | 643,200 | 12 | 521,527 |
| 5 | 57 | 1 | 0 | 560,000 | 0 | 6 | 126,749 |
| 6 | 29 | 0 | 0 | 2,140,000 | 1,027,200 | 12 | 910,379 |
| 7 | 33 | 0 | 0 | 1,735,000 | 0 | 18 | 1,937,414 |
| 8 | 55 | 0 | 0 | 4,000,000 | 2,880,000 | 6 | 2,381,592 |
| 9 | 62 | 1 | 0 | 3,015,000 | 0 | 24 | 2,509,706 |
| 10 | 37 | 1 | 0 | 3,115,000 | 2,242,800 | 24 | 3,173,302 |
| 11 | 63 | 1 | 1 | 4,710,000 | 1,695,600 | 18 | 1,453,260 |
| 12 | 31 | 1 | 0 | 3,690,000 | 2,656,800 | 24 | 3,743,537 |
| 13 | 34 | 1 | 2 | 2,295,000 | 550,800 | 12 | 499,380 |
| 14 | 45 | 1 | 1 | 2,630,000 | 0 | 18 | 2,127,732 |
| 15 | 53 | 0 | 1 | 4,110,000 | 0 | 12 | 1,820,888 |
| 16 | 49 | 0 | 2 | 3,835,000 | 920,400 | 6 | 640,642 |
| 17 | 55 | 0 | 3 | 3,970,000 | 476,400 | 6 | 239,576 |
| 18 | 49 | 1 | 0 | 3,345,000 | 1,605,600 | 12 | 1,464,281 |
| 19 | 43 | 0 | 1 | 620,000 | 0 | 12 | 274,795 |
| 20 | 23 | 1 | 1 | 2,630,000 | 946,800 | 12 | 1,262,716 |
| 21 | 27 | 0 | 0 | 1,415,000 | 1,018,800 | 24 | 1,119,412 |
| 22 | 69 | 1 | 0 | 2,695,000 | 0 | 12 | 1,423,348 |
| 23 | 42 | 0 | 0 | 1,445,000 | 693,600 | 12 | 996,280 |
| 24 | 71 | 0 | 0 | 795,000 | 0 | 18 | 486,744 |
| 25 | 30 | 1 | 3 | 2,535,000 | 304,200 | 6 | 188,126 |
| 26 | 43 | 1 | 1 | 890,000 | 0 | 18 | 706,350 |
| 27 | 24 | 0 | 0 | 2,565,000 | 1,231,200 | 24 | 1,708,307 |
| 28 | 32 | 0 | 0 | 3,720,000 | 1,785,600 | 18 | 2,974,226 |
| 29 | 76 | 0 | 0 | 4,410,000 | 0 | 24 | 3,298,573 |
| 30 | 38 | 1 | 1 | 3,950,000 | 2,370,000 | 18 | 2,734,603 |

['원 데이터' 워크시트]

## 1) 상관계수 분석

독립변수가 여러 개이므로 데이터 분석 도구의 상관분석을 이용하여 각 독립변수와 종속변수 간의 상관계수를 구해 본다. 그리고 상관분석 창이 나타나면 아래와 같이 입력한다.

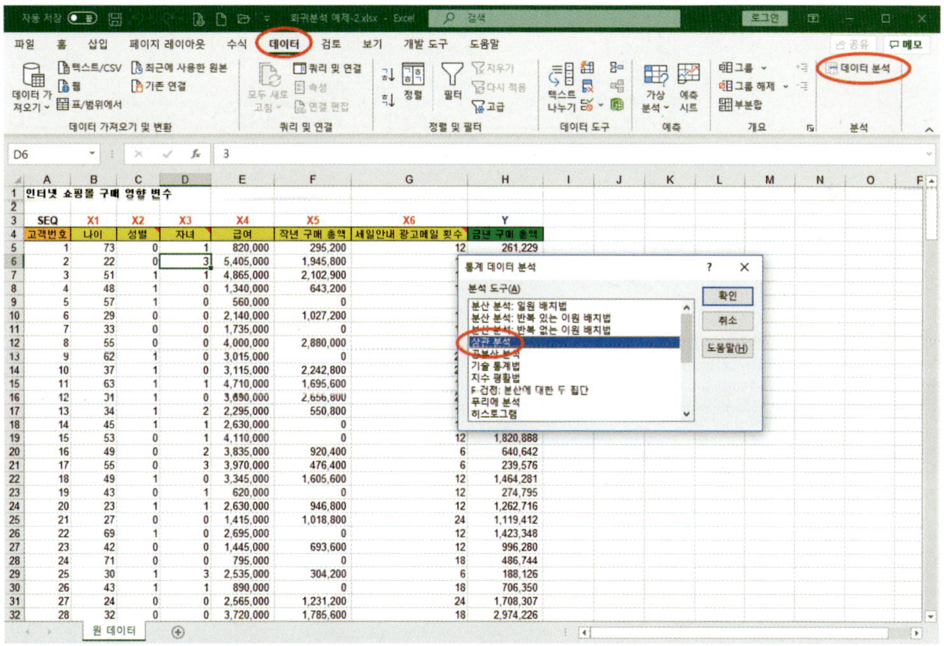

① 입력범위 : 모든 독립변수 및 종속변수를 포함하므로 B4:H254셀 영역이 된다. 이때 변수의 이름 행 부분을 포함한다.

B4셀을 클릭하고 Shift 키 + Ctrl 키 + →(오른쪽 화살표)를 누른 뒤, 다시 ↓(아래쪽 화살표)를 눌러 B4:H254 영역을 선택한다.

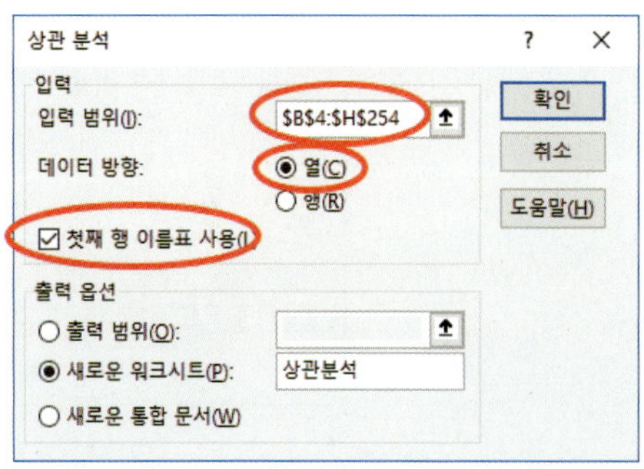

② 데이터 방향 : 변수들이 서로 다른 열에 있으므로 열을 선택한다.

③ 4행의 B4:H4셀 영역의 변수의 이름을 입력범위에 포함하였으므로 첫째 행 이름표 사용에 체크 표시를 한다. 이렇게 하면 변수명이 결과표에 나오므로 쉽게 판별할 수 있다.

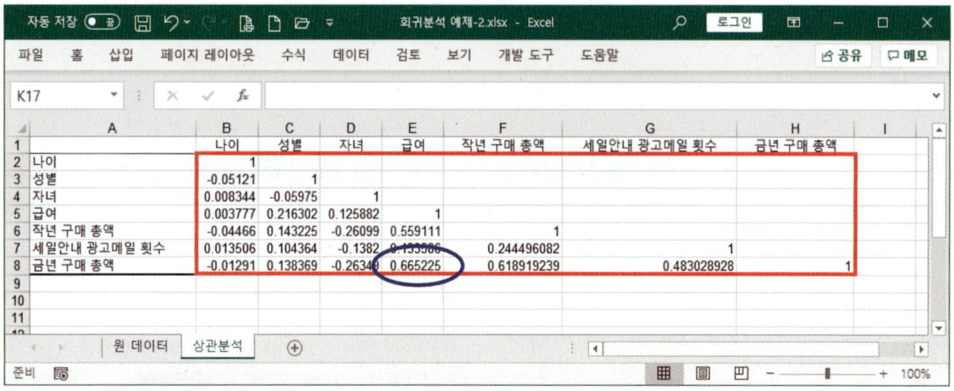

| | 나이 | 성별 | 자녀 | 급여 | 작년 구매 총액 | 세일안내 광고메일 횟수 | 금년 구매 총액 |
|---|---|---|---|---|---|---|---|
| 나이 | 1 | | | | | | |
| 성별 | -0.05121 | 1 | | | | | |
| 자녀 | 0.008344 | -0.05975 | 1 | | | | |
| 급여 | 0.003777 | 0.216302 | 0.125882 | 1 | | | |
| 작년 구매 총액 | -0.04466 | 0.143225 | -0.26099 | 0.559111 | 1 | | |
| 세일안내 광고메일 횟수 | 0.013506 | 0.104364 | -0.1382 | [illegible] | 0.244496082 | 1 | |
| 금년 구매 총액 | -0.01291 | 0.138369 | -0.2634[illegible] | 0.665225 | 0.618919239 | 0.483028928 | 1 |

예를 들어 '급여'와 '금년 구매총액'의 상관계수는 0.665225임을 알 수 있다. 이것은 CORREL함수로 구한 상관계수값과 동일하다. 대각선 셀은 같은 변수끼리의 상관계수이므로 1이 된다.

## 2) 회귀분석 수행

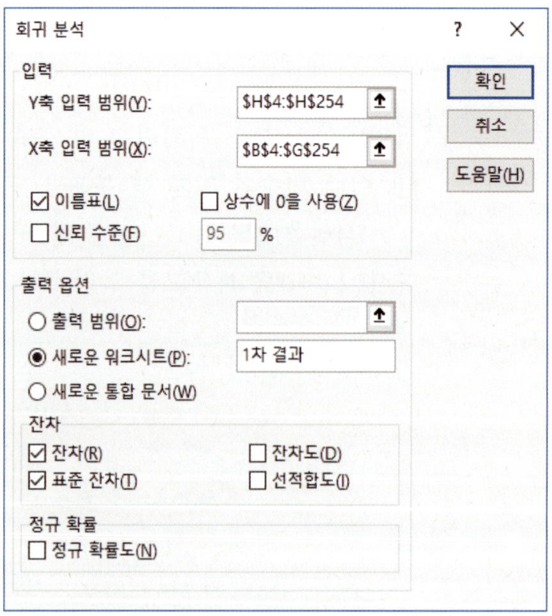

회귀분석을 실시하기 위하여 '[데이터]탭'의 '데이터 분석'을 선택한다. 회귀분석을 선택하면 회귀분석 창이 앞의 그림과 같이 나타난다. 이때 종속변수($Y$)와 독립변수들의 범위를 기입한다. 종속변수의 범위는 '금년 구매총액'의 열 이름이 있는 H4셀부터 마지막 데이터의 셀인 H254셀까지〈$H$4:$H$254〉가 되며, 독립변수의 범위는 '나이'의 이름표 셀인 B4셀부터 세일안내 광고메일 횟수의 제일 아래 데이터 셀인 G254셀까지〈$B$4:$G$254〉가 된다. 독립변수 데이터는 연속되어 같이 모여 있는 데이터라야 한다. 그리고 자료의 범위로 열의 이름 셀을 포함하였기 때문에 이름표에 체크 표시를 하며, 보다 정확한 예측을 할 수 있도록 자료를 가장 잘 설명하는 회귀식을 도출하기 위해 상수항을 '0'으로 설정하지 않는다. 그리고 '확인'을 누르면 아래와 같이 회귀분석의 결과가 새로운 시트에 나타난다.

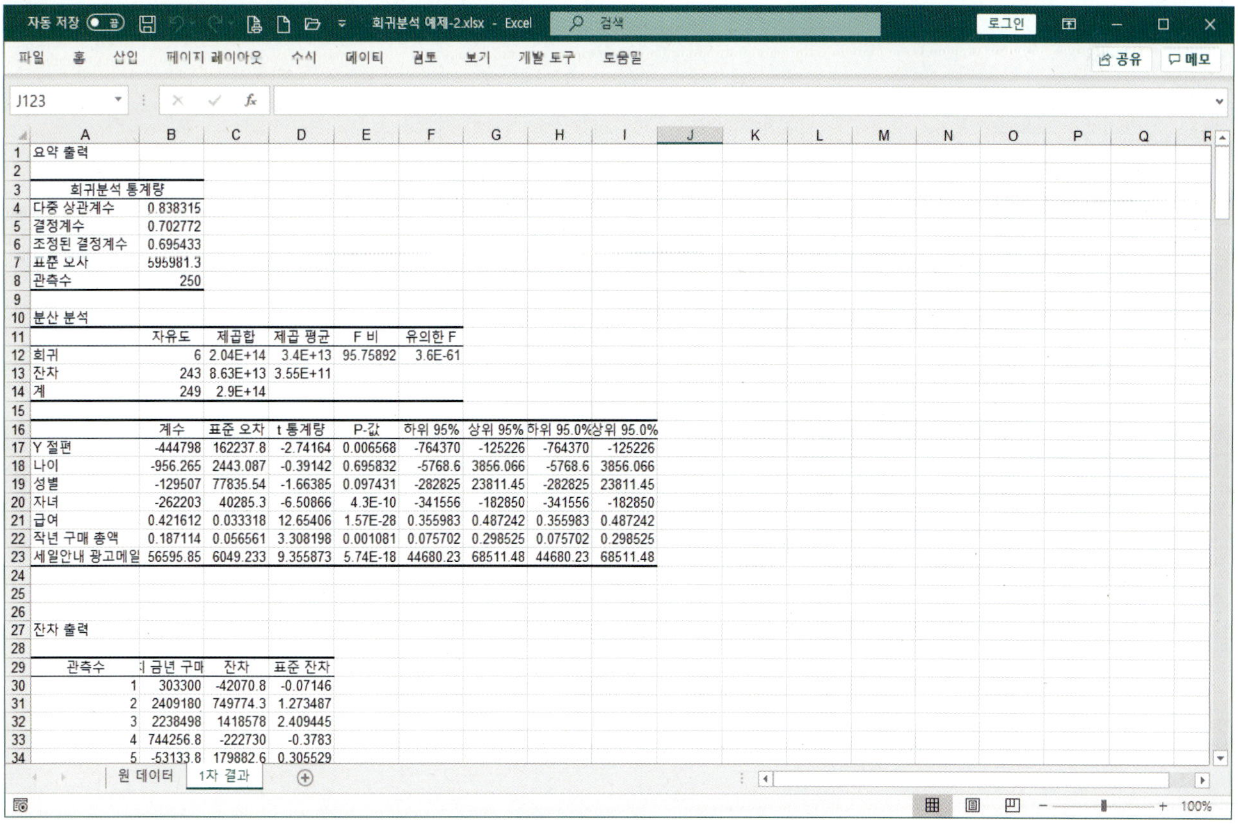

요약 출력

| 회귀분석 통계량 | |
|---|---|
| 다중 상관계수 | 0.838315 |
| 결정계수 | 0.702772 |
| 조정된 결정계수 | 0.695433 |
| 표준 오차 | 595981.3 |
| 관측수 | 250 |

분산 분석

| | 자유도 | 제곱합 | 제곱 평균 | F 비 | 유의한 F |
|---|---|---|---|---|---|
| 회귀 | 6 | 2.04E+14 | 3.4E+13 | 95.75892 | 3.6E-61 |
| 잔차 | 243 | 8.63E+13 | 3.55E+11 | | |
| 계 | 249 | 2.9E+14 | | | |

| | 계수 | 표준 오차 | t 통계량 | P-값 | 하위 95% | 상위 95% | 하위 95.0% | 상위 95.0% |
|---|---|---|---|---|---|---|---|---|
| Y 절편 | -444798 | 162237.8 | -2.74164 | 0.006568 | -764370 | -125226 | -764370 | -125226 |
| 나이 | -956.265 | 2443.087 | -0.39142 | 0.695832 | -5768.6 | 3856.066 | -5768.6 | 3856.066 |
| 성별 | -129507 | 77835.54 | -1.66385 | 0.097431 | -282825 | 23811.45 | -282825 | 23811.45 |
| 자녀 | -262203 | 40285.3 | -6.50866 | 4.3E-10 | -341556 | -182850 | -341556 | -182850 |
| 급여 | 0.421612 | 0.033318 | 12.65406 | 1.57E-28 | 0.355983 | 0.487242 | 0.355983 | 0.487242 |
| 작년 구매 총액 | 0.187114 | 0.056561 | 3.308198 | 0.001081 | 0.075702 | 0.298525 | 0.075702 | 0.298525 |
| 세일안내 광고메일 | 56595.85 | 6049.233 | 9.355873 | 5.74E-18 | 44680.23 | 68511.48 | 44680.23 | 68511.48 |

잔차 출력

| 관측수 | 금년 구마 | 잔차 | 표준 잔차 |
|---|---|---|---|
| 1 | 303300 | -42070.8 | -0.07146 |
| 2 | 2409180 | 749774.3 | 1.273487 |
| 3 | 2238498 | 1418578 | 2.409445 |
| 4 | 744256.8 | -222730 | -0.3783 |
| 5 | -53133.8 | 179882.6 | 0.305529 |

이제 표준잔차의 절대값이 3을 넘는 데이터를 삭제하도록 한다.

결과를 살펴보면 86번째와 238번째의 데이터가 표준잔차의 절대값이 3을 상회하는 것으로 나타나 삭제하도록 한다. 즉 원 데이터 워크시트에서 90행과 242행의 데이터를 삭제하고, 다시 회귀분석을 실시한다.

〈1차 결과 워크시트〉

| 115 | 86 | 3935090 | 2741862 | 4.657036 |
|---|---|---|---|---|
| 267 | 238 | 1581234 | 1940618 | 3.296126 |

← 표준잔차

〈삭제할 데이터-원 데이터 워크시트에서〉

| 90 | 86 | 40 | 0 | 0 | 5,500,000 | 3,960,000 | 24 | 6,676,952 |
|---|---|---|---|---|---|---|---|---|
| 242 | 238 | 42 | 1 | 2 | 3,230,000 | 0 | 24 | 3,521,851 |

아래 다시 수행한 회귀분석 결과에서 우선 $X$변수의 $P$-값을 살펴보아 $Y$변수에 영향을 미치는 $X$변수를 찾아내도록 한다.

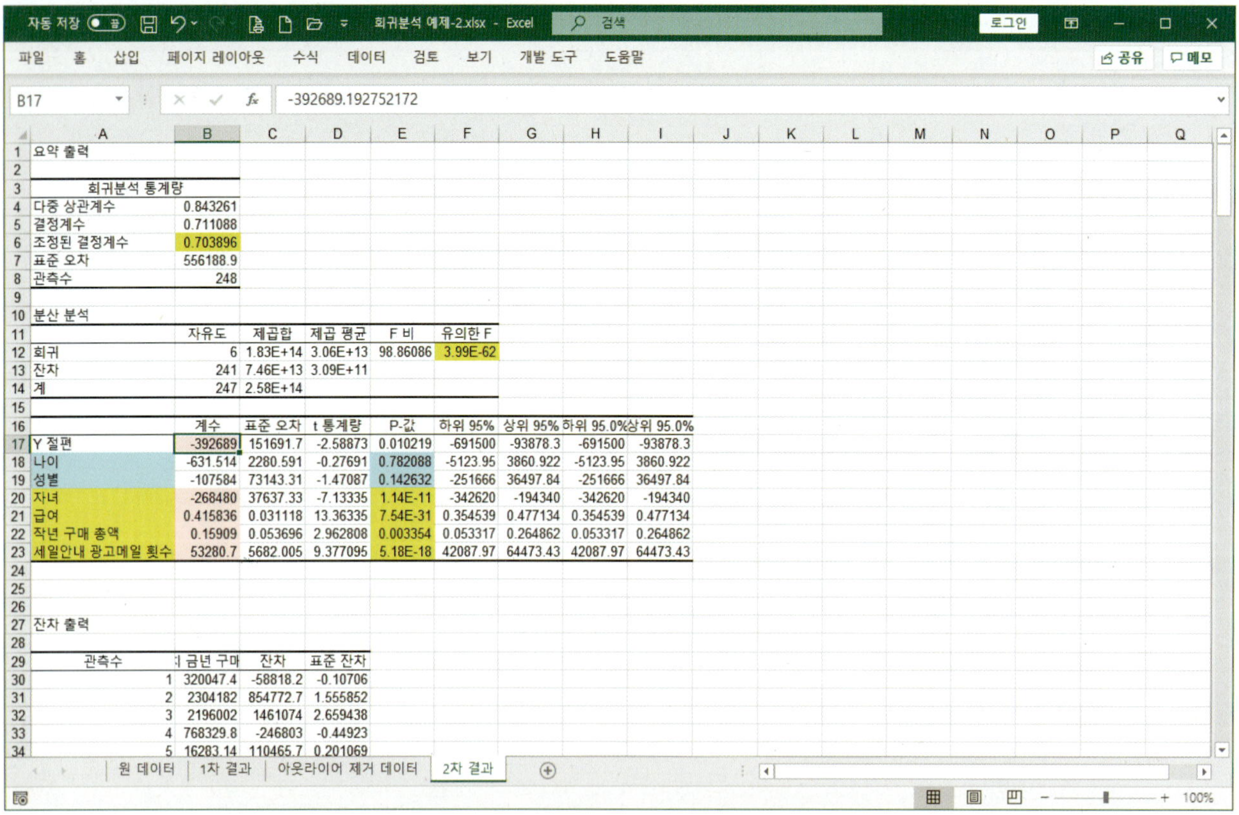

B17 -392689.192752172

요약 출력

| 회귀분석 통계량 | |
|---|---|
| 다중 상관계수 | 0.843261 |
| 결정계수 | 0.711088 |
| 조정된 결정계수 | 0.703896 |
| 표준 오차 | 556188.9 |
| 관측수 | 248 |

분산 분석

| | 자유도 | 제곱합 | 제곱 평균 | F 비 | 유의한 F |
|---|---|---|---|---|---|
| 회귀 | 6 | 1.83E+14 | 3.06E+13 | 98.86086 | 3.99E-62 |
| 잔차 | 241 | 7.46E+13 | 3.09E+11 | | |
| 계 | 247 | 2.58E+14 | | | |

| | 계수 | 표준 오차 | t 통계량 | P-값 | 하위 95% | 상위 95% | 하위 95.0% | 상위 95.0% |
|---|---|---|---|---|---|---|---|---|
| Y 절편 | -392689 | 151691.7 | -2.58873 | 0.010219 | -691500 | -93878.3 | -691500 | -93878.3 |
| 나이 | -631.514 | 2280.591 | -0.27691 | 0.782088 | -5123.95 | 3860.922 | -5123.95 | 3860.922 |
| 성별 | -107584 | 73143.31 | -1.47087 | 0.142632 | -251666 | 36497.84 | -251666 | 36497.84 |
| 자녀 | -268480 | 37637.33 | -7.13335 | 1.14E-11 | -342620 | -194340 | -342620 | -194340 |
| 급여 | 0.415836 | 0.031118 | 13.36335 | 7.54E-31 | 0.354539 | 0.477134 | 0.354539 | 0.477134 |
| 작년 구매 총액 | 0.15909 | 0.053696 | 2.962808 | 0.003354 | 0.053317 | 0.264862 | 0.053317 | 0.264862 |
| 세일안내 광고메일 횟수 | 53280.7 | 5682.005 | 9.377095 | 5.18E-18 | 42087.97 | 64473.43 | 42087.97 | 64473.43 |

잔차 출력

| 관측수 | 금년 구매 | 잔차 | 표준 잔차 |
|---|---|---|---|
| 1 | 320047.4 | -58818.2 | -0.10706 |
| 2 | 2304182 | 854772.7 | 1.555852 |
| 3 | 2196002 | 1461074 | 2.659438 |
| 4 | 768329.8 | -246803 | -0.44923 |
| 5 | 16283.14 | 110465.7 | 0.201069 |



$X$변수의 $P$-값 : $X$변수의 $P$-값은 개별 독립변수별로 회귀식에서 해당 $X$변수가 포함되어야 하는 것인지를 말해주는 계수이다. 이 값이 0.05(유의수준 95%시)보다 작을 경우 $X$변수는 회귀식에 포함되는데, 각 변수들의 값을 분석해 보면 다음과 같이 나이와 성별은 $P$-값이 0.05보다 크므로 쇼핑몰에서의 구매액에 영향을 미치지 못함을 알 수 있다.

| 변 수 | 변수명 | *P*-값 | 종속변수에 대한 영향력 |
|---|---|---|---|
| 1 | 나이 | 0.7821 | 영향력 없음 |
| 2 | 성별 | 0.1426 | 영향력 없음 |
| 3 | 자녀 | 1.14E-11 | 영향 미침 |
| 4 | 급여 | 7.54E-31 | 영향 미침 |
| 5 | 작년 구매총액 | 0.0034 | 영향 미침 |
| 6 | 세일안내 광고메일 횟수 | 5.18E-18 | 영향 미침 |

회귀분석 결과 총 6개의 독립변수 중 4개의 변수만이 구매액에 영향을 미친다는 것을 알아내었다. 상기 4개의 변수는 모두 *P*-값이 0.05 이하로 매출액의 예측에 유효한 변수임을 알 수 있다.

이제 자녀, 급여, 작년 구매총액, 세일안내 광고메일 횟수의 매출액에 유의한 4개의 독립변수로만 하여 새로이 회귀분석을 실시한다. 따라서 이제 독립변수 데이터의 범위는 아웃라이어 제거 데이터 워크시트에서 D4:G252 범위가 된다.

아래에 4개의 독립변수로만 다시 회귀분석을 실시한 결과를 나타내었다.

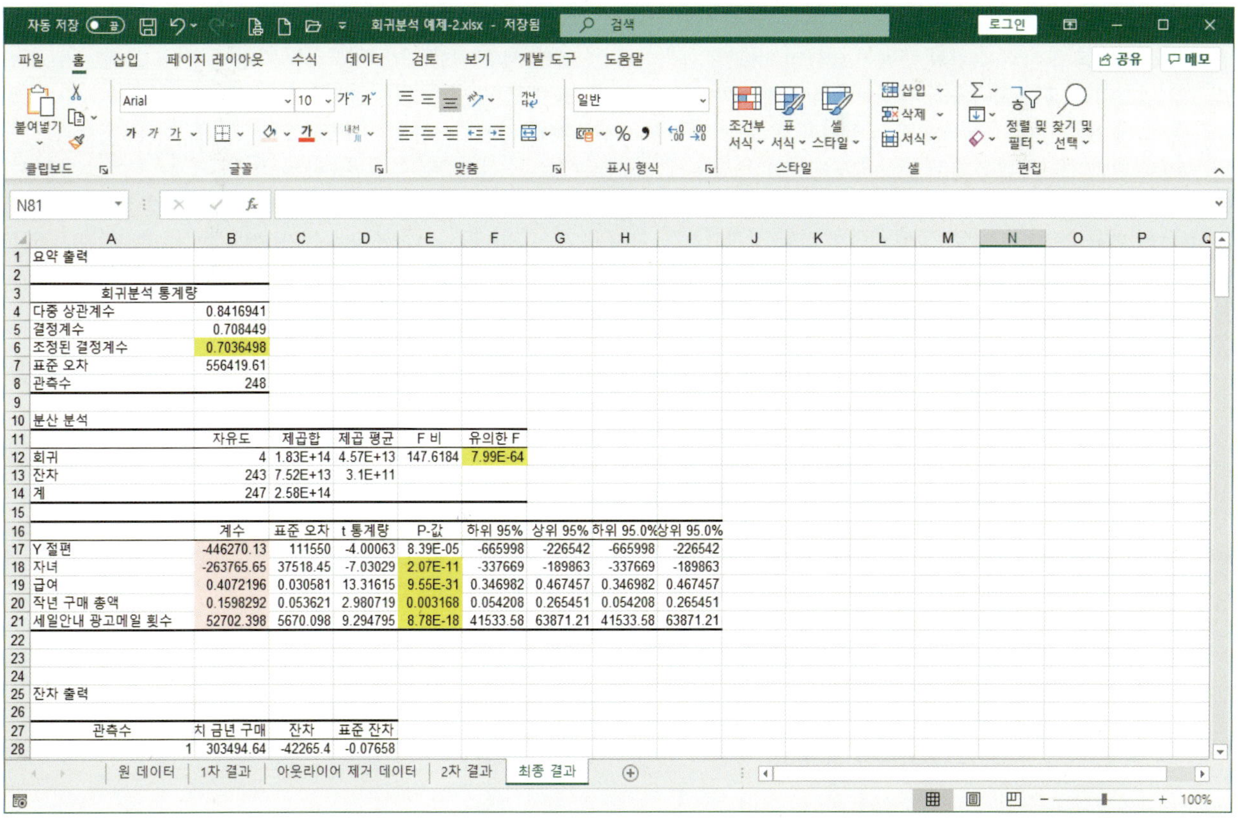

상기 회귀분석 결과에서 ① 조정된 결정계수, ② 유의한 F, ③ $X$변수의 $P$-값, 그리고 ④ 상수항 및 회귀계수를 살펴보도록 한다.

### 노트 : 독립변수간의 상관계수가 높은 경우 - 다중공선성(多重共線性)의 문제

한 독립변수값의 증감이 종속변수에 미치는 영향 정도는 앞서 말한 바와 같이 독립변수의 상수항(이를 회귀계수라고 함) 크기에 의하여 결정된다. 앞의 예에서 보듯이 급여가 1원 많은 사람은 0.4276(급여 변수의 회귀계수임)원만큼 더 쇼핑몰에서 구매한다는 것이다. 그런데 엄밀히 말하면, 다중회귀분석에서 한 독립변수의 회귀계수는 '다른 독립변수의 변화를 중지시켜 놓은 상태에서' 해당 독립변수의 값만이 증가 또는 감소할 때 종속변수에 미치는 영향 정도를 의미한다. 이 말은 독립변수가 어느 정도는 서로 상관관계가 없어야 한다는 것을 의미하고, 이것은 회귀분석을 위한 독립변수를 선정할 때 고려해야 하는 전제조건 중의 하나이다. 그러나 현실의 회귀분석 모형에서는 독립변수끼리 서로 연관성이 있는, 즉 상관계수가 높은 것들이 포함되게 마련이다. 즉 한 가정의 지출을 예측하고자 할 때 독립변수로 가장의 수입, 나이, 교육 정도를 독립변수로 선정한다면 이들은 모두 상관관계가 높은 것들이다. 따라서 나이, 교육 정도를 고정한 채 수입만 변동시킬 수가 없게 된다. 이 경우 데이터 자체에서 특정 독립변수의 값을 변화시키면 이미 다른 독립변수의 값이 변화해 버리기 때문에 회귀계수가 다른 변수와의 상관 정도에 영향을 받아 분석 결과 얻는 회귀계수가 정확하지 않게 된다. 즉, 다중회귀에서 한 변수의 회귀계수는 어떤 변수가 독립변수로 포함되었느냐에 따라 심하게 영향을 받을 수 있다. 심지어는 매우 낮은 $P$-값으로 유의했던 독립변수가 회귀식에 자신과 상관관계가 높은 다른 독립변수를 추가하면 유의하지 않은 변수로 나타나기도 한다.

두 독립변수가 과도한 상관관계를 가지는 것을 공선성(collinearity)이라고 하는데, 이렇게 부르는 이유는 상관관계가 크다는 것은 두 독립변수가 서로 직선의 관계(co-linear)를 가지기 때문이다. 즉, 두 변수의 상관계수(정확히는 상관계수의 절대값)가 클수록 산점도를 그리면 직선의 관계에 있는데, 상관계수가 1 또는 -1일 때 완전한 직선의 관계를 가지게 된다. 문제는 두 독립변수가 직선의 관계를 가질수록 회귀분석의 결과 독립변수의 회귀계수를 신뢰할 수 없는 문제점이 발생한다는 것이다. 또한 회귀모형에 세 개 이상의 독립변수가 포함되고 이들이 서로 큰 상관관계를 가질 때 이를 다중공선성(multicollinearity)이라고 한다. 변수간의 상관관계만으로 다중공선성의 발생 유무를 정확히 판정할 수는 없으나, 독립변수간의 상관관계가 아주 크거나($r$이 0.8, 0.9 이상), 또는 종속변수와 독립변수의 상관관계 정도보다 독립변수간의 상관관계가 더 클 때 통상 다중공선성의 문제가 발생한다. 다음 두 예에서 두 독립변수가 전혀 상관관계를 가지지 않는 경우($r$=0)와, 상관관계가 매우 높은 경우($r$=0.932)를 대비하여 살펴봄으로써 다중공선성의 문제를 보다 잘 이해할 수 있다.

① 두 독립변수간에 상관관계가 전혀 없는 경우($r$=0)-'1) 상관계수가 0일 때.xlsx'[1)]

| 변 수 | 1 | 2 | 3 | 4 | 5 | 6 | 7 | 8 |
|---|---|---|---|---|---|---|---|---|
| Y | 42 | 39 | 48 | 51 | 49 | 53 | 61 | 60 |
| X1 | 4 | 4 | 4 | 4 | 6 | 6 | 6 | 6 |
| X2 | 2 | 2 | 3 | 3 | 2 | 2 | 3 | 3 |

X1과 X2 간의 상관관계를 CORREL함수를 사용하여 계산하면 0이라는 것을 알 수 있다. 이때 우선 X1만을 독립변수로 하여 회귀식을 구하면 X1의 회귀계수는 5.375가 되며 $P$-값이 0.035로 95% 유의수준에서 유의한 것을 알 수 있다.

Y=23.5+5.375×X1

| | 계수 | 표준 오차 | t 통계량 | P-값 |
|---|---|---|---|---|
| Y 절편 | 23.5 | 10.11136 | 2.324119 | 0.059115 |
| X1 | 5.375 | 1.983001 | 2.710539 | 0.035081 |

이제 X2를 독립변수로 추가하여 회귀식을 구하면 다음과 같이 나타난다.

1) Neter, J., W. Wasserman, and M. Kutner, *Applied Linear Statistical Models*, Irwin, 1985.

① 조정된 결정계수(Adjusted $R^2$) : 결정계수는 독립변수가 종속변수의 변동을 얼마나 잘 설명하는가를 보여준다. 그런데 결정계수는 독립변수가 종속변수에 실제 별 영향이 없더라도 독립변수의 수만 많아지면 커져서 좋은 모형으

Y=0.375+5.375×X1+9.25×X2

| | 계수 | 표준 오차 | t 통계량 | P-값 |
|---|---|---|---|---|
| Y 절편 | 0.375 | 4.740451 | 0.079106 | 0.940016 |
| X1 | 5.375 | 0.663796 | 8.097368 | 0.000466 |
| X2 | 9.25 | 1.327592 | 6.967503 | 0.000937 |

상관계수가 0인 독립변수를 회귀식에 포함하여도 상관계수는 5.375로 변하지 않는데, 이는 상관관계가 없는 독립변수가 포함되는 경우에는 회귀계수가 안정적이라는 것을 보여준다. 그리고 독자들은 X2만을 독립변수로 하여 회귀식을 만든 경우 X2의 회귀계수는 여전히 9.25임을 확인해 보자.

그러나 다음과 같이 두 독립변수의 상관관계가 매우 큰 경우에는 회귀계수는 다른 독립변수의 유무에 따라 크게 달라진다.

② 두 독립변수간의 상관관계가 매우 큰 경우($r$=0.932)-'2) 다중공선성.xlsx'

| 변 수 | 1 | 2 | 3 | 4 | 5 | 6 | 7 | 8 | 9 | 10 |
|---|---|---|---|---|---|---|---|---|---|---|
| 기말시험 성적(Y) | 96 | 71 | 85 | 59 | 90 | 99 | 35 | 54 | 95 | 75 |
| 공부시간(hr.)(X1) | 15 | 7 | 10 | 6 | 12 | 17 | 1 | 5 | 15 | 8 |
| 출석률(%)(X2) | 95 | 65 | 78 | 50 | 70 | 100 | 40 | 30 | 89 | 60 |

Y와 X1, X2 간의 상관계수는 각각 0.969, 0.920으로 매우 높기 때문에 두 변수 모두 Y의 예측에 유의한 변수로 추정된다. 그러나 두 독립변수의 상관관계 역시 매우 높기 때문에($r$=0.932) 두 독립변수를 모두 포함하여 회귀식을 구한 경우는 다중공선성이 발생하여 X2는 유의하지 않은 변수로 나타난다. 실제 회귀분석을 실행하여 다음과 같음을 확인해 보기 바란다.

〈회귀분석의 실행 결과〉

| 회귀식 | 독립변수 | 조정된 결정계수 | 변 수 | $P$-값 | 회귀계수(기울기) |
|---|---|---|---|---|---|
| 1 | X1만 포함 | 0.93092 | X1 | 3.99E-06 | 4.00846 |
| 2 | X2만 포함 | 0.82704 | X2 | 0.00016 | 0.83414 |
| 3 | X1과 X2 모두 포함 | 0.92376 | X1 | 0.01243 | 3.51870 |
| | | | X2 | 0.63344 | 0.11511 |

X1의 경우 X2가 회귀식에 포함되어도 $P$-값은 크게 변화가 없다고 할 수 있다. 그러나 X2의 경우 혼자만의 경우는 $P$-값이 0.00016으로 종속변수에 매우 유의한 영향을 미치는 변수로 판명되었으나 X1을 함께 포함하여 회귀식을 구하면 $P$-값 자체가 0.63344로 종속변수를 예측하는 데 필요 없는 변수가 되어 버린다. 앞서 언급한 바와 같이 Y와 X2 간의 상관계수가 0.920으로 매우 높으므로 X2 역시 Y의 예측에 매우 유용한 변수임에는 틀림이 없으나, 이는 두 독립변수 간의 높은 상관관계(Y와 X2 간의 상관관계보다 높은 0.932)로 말미암아 발생하는 다중공선성의 영향 때문이라고 할 수 있다.

다중공선성의 문제와 관련하여 우리가 알아야 할 두 가지 중요한 사항은 첫째, 다중공선성이 발생할 경우 치료법은 여러 가지가 있으나 모델에서 문제되는 독립변수를 제거하는 것이 일반적으로 효과가 있는 방법이라는 것이다. 둘째는 어떤 독립변수가 종속변수의 예측에 필요한 것인지를 알아내는 데에는 다중공선성이 문제가 되나 종속변수의 예측에는 상관이 없다는 것이다. 즉 상관관계가 높은 독립변수를 모델에 포함하면 결정계수가 크게 높아지지 않아 종속변수의 예측에 크게 도움은 되지 못하지만 문제가 되지는 않는다. 즉, 회귀분석의 목적이 종속변수의 예측일 경우에는 독립변수간의 높은 상관관계, 즉 다중공선성이 문제가 되지 않는다는 것을 알아야겠다.

로 오해를 주기 때문에, 독립변수 수가 증가하면 그 수가 늘어남에 따라 패널티를 주어 회귀모형의 설명력을 계산할 필요가 있으며, 이렇게 계산한 값이 바로 조정된 결정계수이다. 따라서 독립변수의 수가 2개 이상인 다중회귀분석의 경우에는 결정계수보다 조정된 결정계수를 이용하여 모형의 설명력을 판단하는 것이 바람직하다. 본 회귀분석에서 조정된 결정계수는 0.7036으로 종속변수에 대한 독립변수의 설명력이 70.36%임을 나타내며 독립변수들이 집단적으로 종속변수를 잘 설명한다고 볼 수 있다.

② 유의한 F : 앞서 단순회귀의 설명에서 F값은 회귀식 자체가 의미가 있는지를 나타낸다고 하였는데, 다중회귀에서도 역시 F값이 0.05보다 작을 경우 회귀식이 의미가 있다고 볼 수 있다. 이는 전반적으로 독립변수의 그룹들이 집단적으로 종속변수를 유의하게 설명하는지를 나타내는데, 이 값이 '7.99E-64'로 독립변수의 그룹들이 종속변수를 아주 잘 설명한다고 볼 수 있다.

③ $X$변수의 $P$-값 : 모든 독립변수들이 0.05 미만의 유의한 $P$-값을 가지는 것을 알 수 있다.

④ 상수항 및 회귀계수 : B17셀의 상수항은 $P$-값에 관계없이 회귀식에 포함한다(현재는 마침 0.05 미만 값임). B18~B21셀의 회귀계수는 회귀식에서 해당 독립변수의 기울기가 된다.

따라서 이제 최종적으로 유의한 4개의 독립변수로만 구성된 회귀식을 작성하면 다음과 같다.

$$\text{매출액} = -446{,}270 - 263{,}766 \times \text{자녀수} + 0.4072 \times \text{급여} + 0.1598 \times \text{작년 구매총액} + 52{,}702 \times \text{안내 광고메일 횟수}$$

각 독립변수의 회귀계수는 각 독립변수가 종속변수에 미치는 영향의 정도를 알 수 있게 해 준다. 즉 회귀계수는 독립변수를 1단위 증가시킬 때 변동되는 종속변수의 변화를 나타낸다. 위의 회귀식에 따라 회귀계수를 살펴보면 다음과 같은 결론을 도출할 수 있다. 우선 자녀의 수가 많아질수록 일인당 구매금액은 낮아지며 평균적으로 자녀가 한 명 늘어날 때마다 263,766원의 구매액이 감소한다고 볼 수 있다. 이는 자녀의 수가 많아질수록 교육 등 다른 용도로 지출이 늘어남에 따라 일어나는 현상으로 볼 수 있을 것이다.

급여가 증가할수록 구매액은 증가하는데, 급여 1원당 0.4072원만큼 더 쇼핑몰에서 구매한다고 볼 수 있다. 또한 작년의 구매액도 금년의 구매액에 관계가 있는데, 작년에 1원 더 구매한 사람은 1원 덜 구매한 사람보다 금년에 0.1598원만큼 더 구매하였다고 보면 된다. 그리고 세일안내 광고메일을 얼마나 보냈는지도 구매액에 영향을 미치는데, 사람들은 평균적으로 광고메일을 1회 더 받을 때마다 평균적으로 52,702원어치만큼의 상품을 더 구매한 것을 알 수 있다. 이는 회사가 한 사람에게 광고메일을 하나 더 보낼 때마다 52,702원만큼의 매출이 늘어난다는 결과를 보여주고 있다.

# 4. 회귀분석에 명목변수를 포함하는 경우 (더미변수의 사용)

## (1) 명목변수

명목변수는 이미 설명한 바와 같이 성별, 직급 등 실제 숫자로 표현되지 못하는 값을 가지는 변수를 의미한다. 그러나 명목변수를 이용한 회귀분석은 실제 기업에서 많이 활용되고 있다. 가령 대학을 졸업하는 것이 급여에 차이를 가져오는 것인지, 몇 개의 다른 공장에서 같은 제품을 생산할 때 공장별로 생산성이나 불량률에 차이가 있는지, 또는 계절별로 판매액에 차이가 나는지 등을 살펴볼 필요가 있기 때문이다.

그러나 회귀분석은 독립변수와 종속변수 모두 비율변수여야 하므로, 이러한 명목상의 값(즉, '결혼', '대리', '구미공장', '겨울' 등)을 그대로 사용할 수 없기 때문에 이를 숫자로 변환해 주어야 한다. 즉, 명목변수의 값을 숫자값으로 바꾸어 주어야 한다. 이때 명목변수의 값을 표현하기 위하여 다른 변수를 도입해야 하는데, 이것을 더미변수(dummy variable)라고 한다.

앞의 [예제 2]에서 성별의 명목변수를 회귀분석에 사용하였다. 성별 외에 계절, 학년, 직업, 지역 등 많은 경우가 있다. [예제 2]의 성별에서는 성별 변수를 더미변수로 보고 단순히 남성인 경우에 값을 1로 하고, 여성인 경우에 0으로 하여 별도의 더미변수를 만들지 않고 코딩을 하였으나, 변수 내 종류의 값이 3개 이상이 되면 별도의 더미변수를 만들어야 한다.

## (2) 더미변수의 도입

더미변수는 명목변수 하나에 대하여 1개 이상을 도입한다. 1개의 명목변수에 대하여 도입하는 더미변수의 개수는 그 '명목변수의 값이 가지는 종류(level)의 수'에 따라 달라진다. 값이 가지는 종류는 결혼여부의 경우는 두 가지(기혼/미혼)이며, 주택보유도 마찬가지로 두 가지 종류의 값(보유/미보유)만을 가진다고 할 수 있다. 직급의 경우는 사원, 대리, 과장, 부장, 경영진으로 나눈다면 다섯 종류의 값을 가진다고 할 수 있다.

하나의 명목변수에 대하여 도입하는 더미변수의 수는

'명목변수의 값이 가지는 종류의 수－1' (개)

가 된다(즉, level 수－1). 성별과 결혼여부에 대한 더미변수는 종류가 2개이므로 각각 하나가 된다. 그러나 직급의 경우는 가지는 값의 종류가 5가지이므로 4(즉, 5－1)개의 더미변수를 도입해야 한다. 그리고 회귀분석에서 원 명목변수는 빠지고, 새로 만든 더미변수들이 이제 독립변수가 된다.

이렇게 종류의 수에서 하나를 빼는 이유는 가능한 한 적은 수의 독립변수를 회귀분석에 사용하는 것이 자유도를 높여 모형의 신뢰도를 높이므로 최소한의 더미변수를 사용하는 것이 좋기 때문이다. 따라서 명목변수의 수준 중 하나를 기준으로 하고, 나머지는 이 기순이 되는 수준과 구별되게 설정하여 더미변수를 하나 줄일 수 있는 것이다.

사계절의 경우에 3개의 더미변수를 만들 필요 없이, 더미변수를 하나만 만들어 봄 0, 여름 1, 가을 2, 겨울 3으로 실정하면 안 되는 이유는, 이렇게 설정할 경우 각 계질의 수준 차이는 1이 되고, 가을은 여름의 2배라는 것을 뜻하게 된다. 그러나 계절은 종류만 다른 것을 말하므로, 이렇게 설정하면 올바른 분석결과를 얻을 수 없기 때문에 별도로 더미변수를 도입해야 한다.

## (3) 더미변수값의 숫자화(코딩)

그러면 도입한 더미변수의 값은 어떻게 주어질까? 각 더미변수는 항상 0 또는 1의 값을 가지는 이항변수의 형태로 표시한다. 즉, 항상 더미변수=0, 또는 1의 값으로만 지정하는 것을 더미변수의 코딩 방법으로 한다.

예를 들어, 결혼여부의 코딩을 보면 다음과 같이 두 가지 방법으로 할 수 있다.

| | D1 |
|---|---|
| 기혼 | 0 |
| 미혼 | 1 |

또는

| | D1 |
|---|---|
| 기혼 | 1 |
| 미혼 | 0 |

어떤 방법이든 각각 기혼과 미혼에 대한 회귀식의 결과는 같으므로 어떤 방법으로 코딩하든지 관계는 없다.

그러나 종류의 수가 세 가지 이상이 되면 기존의 변수가 아니라 더미변수를 별도로 만들어 데이터를 작성해야 한다. 공장에서 기계의 노후화 정도, 일일 평균 가동시간 등과 함께 기계의 종류 자체에 따라 불량률이 달라진다고 생각하면, 그 여부를 회귀분석의 결과 판단할 수 있다. 기계가 다이마루, 도니어, S&T의 세 종류라고 할 때, 도입하는 더미변수의 수는 '기계의 종류 수−1'개, 즉 2개가 된다. 다음과 같이 더미변수의 값을 정하는데, 한 가지 경우(여기에서는 다이마루)를 기본으로 하여 다른 경우를 이와 다르게 값을 취한다. 따라서 이때 더미변수의 코딩은 다음과 같이 할 수 있다.

D1 = 1 : if 도니어　　　D2 = 1 : if S&T
　　= 0 : 다른 기계일 경우　　　= 0 : 다른 기계일 경우

이렇게 정할 경우 더미변수의 코딩은 아래와 같이 된다.

| | D1 | D2 |
|---|---|---|
| 다이마루 | 0 | 0 |
| 도니어 | 1 | 0 |
| S&T | 0 | 1 |

다이마루의 경우에는 모든 더미변수의 값이 0으로 지정된다. 이제 명목변수인 기계 독립변수를 대신한 2개의 더미변수의 코딩은 아래와 같이 수행된다.

'기계' 변수 대신 새로 만든 더미변수

| 순서 | 불량율 | 기계년수 | 일 가동 평균시간 | 기계 | D1 | D2 |
|---|---|---|---|---|---|---|
| 1 | 6.2% | 5 | 17 | 다이마루 | 0 | 0 |
| 2 | 3.4% | 1 | 14 | S&T | 0 | 1 |
| 3 | 4.3% | 8 | 16 | S&T | 0 | 1 |
| 4 | 3.6% | 5 | 12 | 다이마루 | 0 | 0 |
| 5 | 13.1% | 4 | 18 | S&T | 0 | 1 |
| 6 | 9.6% | 2 | 17 | 도니어 | 1 | 0 |
| 7 | 10.3% | 1 | 19 | 도니어 | 1 | 0 |
| 8 | 1.6% | 2 | 20 | S&T | 0 | 1 |
| 9 | 15.0% | 2 | 18 | 다이마루 | 0 | 0 |
| 10 | 10.7% | 6 | 20 | 도니어 | 1 | 0 |
| 11 | 9.6% | 2 | 22 | 다이마루 | 0 | 0 |
| 12 | 9.6% | 8 | 17 | 다이마루 | 0 | 0 |
| 13 | 11.4% | 3 | 10 | 도니어 | 1 | 0 |
| 14 | 14.6% | 2 | 19 | S&T | 0 | 1 |
| 15 | 6.2% | 4 | 18 | 다이마루 | 0 | 0 |
| 16 | 6.8% | 8 | 19 | 도니어 | 1 | 0 |
| 17 | 7.4% | 2 | 21 | 도니어 | 1 | 0 |
| 18 | 3.9% | 4 | 13 | 도니어 | 1 | 0 |
| 19 | 4.4% | 6 | 15 | S&T | 0 | 1 |
| 20 | 9.5% | 8 | 15 | S&T | 0 | 1 |

기계 변수의 원 값은 두 더미변수인 D1, D2에 이미 반영되었기 때문에 기계 변수는 독립변수에서 제외되고, 대신 D1, D2의 더미변수가 독립변수에 포함된다. 즉 아래 그림에서 보듯이 이제 H열의 원 기계 데이터는 독립변수에 포함되지 않고, 새로운 독립변수는 기계년수, 일 가동 평균시간, D1, D2 더미변수가 되며, 워크시트에서 D열에서 G열까지의 데이터가 된다.

| 순서 | 불량율 | 기계년수 | 일 가동 평균시간 | D1 | D2 | 기계 |
|---|---|---|---|---|---|---|
| 1 | 6.2% | 5 | 17 | 0 | 0 | 다이마루 |
| 2 | 3.4% | 1 | 14 | 0 | 1 | S&T |
| 3 | 4.3% | 8 | 16 | 0 | 1 | S&T |
| 4 | 3.6% | 5 | 12 | 0 | 0 | 다이마루 |
| 5 | 13.1% | 4 | 18 | 0 | 1 | S&T |
| 6 | 9.6% | 2 | 17 | 1 | 0 | 도니어 |
| 7 | 10.3% | 1 | 19 | 1 | 0 | 도니어 |
| 8 | 1.6% | 2 | 20 | 0 | 1 | S&T |
| 9 | 15.0% | 2 | 18 | 0 | 0 | 다이마루 |
| 10 | 10.7% | 6 | 20 | 1 | 0 | 도니어 |
| 11 | 9.6% | 2 | 22 | 0 | 0 | 다이마루 |
| 12 | 9.6% | 8 | 17 | 0 | 0 | 다이마루 |
| 13 | 11.4% | 3 | 10 | 1 | 0 | 도니어 |
| 14 | 14.6% | 2 | 19 | 0 | 1 | S&T |
| 15 | 6.2% | 4 | 18 | 0 | 0 | 다이마루 |
| 16 | 6.8% | 8 | 19 | 1 | 0 | 도니어 |
| 17 | 7.4% | 2 | 21 | 1 | 0 | 도니어 |
| 18 | 3.9% | 4 | 13 | 1 | 0 | 도니어 |
| 19 | 4.4% | 6 | 15 | 0 | 1 | S&T |
| 20 | 9.5% | 8 | 15 | 0 | 1 | S&T |

종속변수(Y) 영역

독립변수(X) 영역

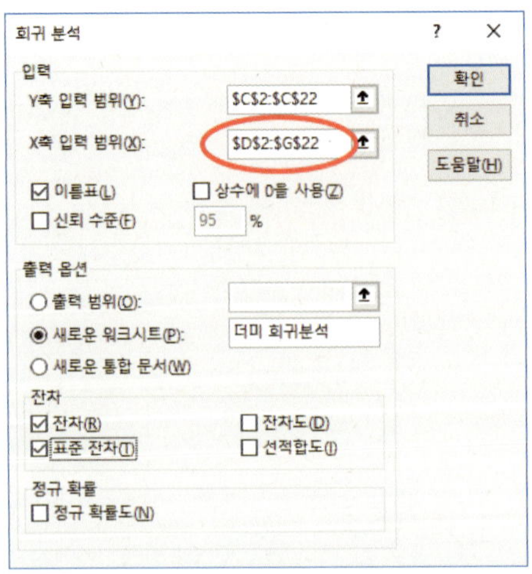

**예제 3 에어컨의 유무가 중고자동차 가격에 주는 영향의 파악 (회귀분석 예제-3.xlsx)**

아래 표는 중고자동차 시장에서의 X자동차 가격을 보여주고 있다.

(출처 : 통계학개론, 박명섭 · 박광태, 홍문사, 1994)

| 자동차 | 가격(천원) | 연수(년) | 에어컨 유무 |
|---|---|---|---|
| 1 | 4,000 | 1 | 무 |
| 2 | 3,050 | 2 | 무 |
| 3 | 4,350 | 1 | 유 |
| 4 | 3,900 | 1 | 무 |
| 5 | 1,950 | 3 | 무 |
| 6 | 3,000 | 2 | 무 |
| 7 | 1,400 | 4 | 유 |
| 8 | 4,500 | 1 | 유 |
| 9 | 2,950 | 2 | 무 |
| 10 | 900 | 4 | 무 |
| 11 | 3,600 | 2 | 유 |
| 12 | 4,100 | 1 | 무 |
| 13 | 2,100 | 3 | 무 |
| 14 | 1,000 | 4 | 무 |
| 15 | 2,400 | 3 | 유 |
| 16 | 4,000 | 1 | 무 |
| 17 | 4,400 | 1 | 유 |
| 18 | 2,900 | 2 | 무 |
| 19 | 4,450 | 1 | 유 |
| 20 | 2,050 | 3 | 무 |

1) 우선 자동차의 연수가 가격에 영향을 미치는가를 알아보고자 한다. 연수가 증가함에 따라 과연 자동차 가격이 감소하는지 확인하시오. 그리고 만일 가격이 감소한다면 연수가 1년 증가함에 따라 가격이 얼마나 줄어드는지 알아보시오.
2) 같은 연수일 때 에어컨의 유무가 가격에 영향을 주는가를 조사하고자 한다. 만일 에어컨의 유무가 가격에 영향을 미친다면 같은 연수에서 에어컨이 있는 차는 없는 차보다 얼마나 더 비싼지 알아보시오.

이상을 알아보기 위하여 다음과 같이 회귀분석을 실시한다. 그 전에 에어컨의 유무는 명목변수이므로 더미변수를 도입한다. 그런데 에어컨 유무의 데이터 종류는 두 가지이므로 도입하는 더미변수의 수는 1개이다. 더미변수의 값은 에어컨이 있을 때 '1'을 지정하고, 없을 때 '0'을 지정하면 다음과 같이 다시 코딩되고 이것이 회귀분석의 기초자료로 사용된다.

더미변수 코딩(에어컨 유무) : '0'-없음, '1'-있음

| 자동차 | 가격(천원) | 연수(년) | D1(에어컨 유무) |
|---|---|---|---|
| 1 | 4,000 | 1 | 0 |
| 2 | 3,050 | 2 | 0 |
| 3 | 4,350 | 1 | 1 |
| 4 | 3,900 | 1 | 0 |
| 5 | 1,950 | 3 | 0 |
| 6 | 3,000 | 2 | 0 |
| 7 | 1,400 | 4 | 1 |
| 8 | 4,500 | 1 | 1 |
| 9 | 2,950 | 2 | 0 |
| 10 | 900 | 4 | 0 |
| 11 | 3,600 | 2 | 1 |
| 12 | 4,100 | 1 | 0 |
| 13 | 2,100 | 3 | 0 |
| 14 | 1,000 | 4 | 0 |
| 15 | 2,400 | 3 | 1 |
| 16 | 4,000 | 1 | 0 |
| 17 | 4,400 | 1 | 1 |
| 18 | 2,900 | 2 | 0 |
| 19 | 4,450 | 1 | 1 |
| 20 | 2,050 | 3 | 0 |

이제 아래 그림과 같이 회귀분석을 수행한다.

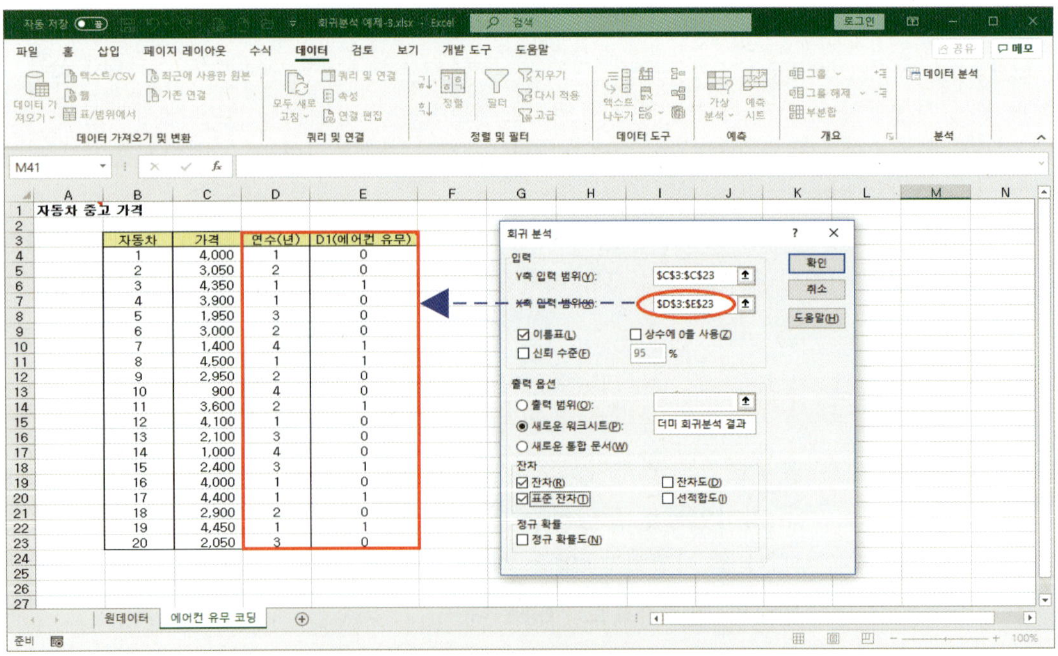

Y축 입력 범위 – C3:C23
X축 입력 범위 – D3:E23

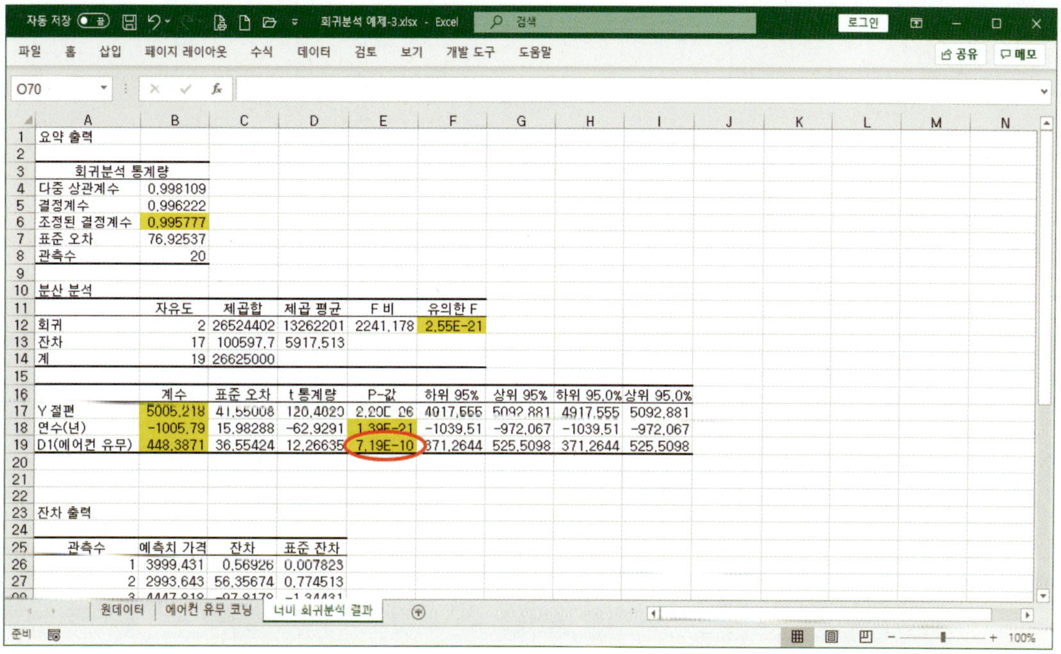

요약 출력

| 회귀분석 통계량 | |
|---|---|
| 다중 상관계수 | 0,998109 |
| 결정계수 | 0,996222 |
| 조정된 결정계수 | 0,995777 |
| 표준 오차 | 76,92537 |
| 관측수 | 20 |

분산 분석

| | 자유도 | 제곱합 | 제곱 평균 | F 비 | 유의한 F |
|---|---|---|---|---|---|
| 회귀 | 2 | 26524402 | 13262201 | 2241,178 | 2,55E-21 |
| 잔차 | 17 | 100597,7 | 5917,513 | | |
| 계 | 19 | 26625000 | | | |

| | 계수 | 표준 오차 | t 통계량 | P-값 | 하위 95% | 상위 95% | 하위 95,0% | 상위 95,0% |
|---|---|---|---|---|---|---|---|---|
| Y 절편 | 5005,218 | 41,55008 | 120,4620 | 2,20E-26 | 4917,555 | 5092,881 | 4917,555 | 5092,881 |
| 연수(년) | -1005,79 | 15,98288 | -62,9291 | 1,39E-21 | -1039,51 | -972,067 | -1039,51 | -972,067 |
| D1(에어컨 유무) | 448,3871 | 36,55424 | 12,26635 | 7,19E-10 | 371,2644 | 525,5098 | 371,2644 | 525,5098 |

잔차 출력

| 관측수 | 예측치 가격 | 잔차 | 표준 잔차 |
|---|---|---|---|
| 1 | 3999,431 | 0,56926 | 0,007823 |
| 2 | 2993,643 | 56,35674 | 0,774513 |

위의 회귀분석 결과 조정된 결정계수는 0.9958로 독립변수가 종속변수를 99.58% 설명하고 있으므로 설명력이 매우 높은 것으로 나타났고, 각 독립변수(연수, 에어컨 유무 더미변수)의 $P$-값도 0.05보다 훨씬 낮은 값을 나타내어 종속변수의 설명에 유의한 변수로 나타났다. 따라서 두 독립변수가 모두 유효하므로 일반적인 회귀식을 작성하면 다음과 같다.

더미변수 : 0-에어컨 없는 자동차
1-에어컨 있는 자동차

자동차 가격 = 5,005.22 − 1,005.79 × 연수 + 448.39 × 더미변수 (일반식)

위의 중고자동차 가격에 대한 일반 회귀식을 해석하면 자동차 가격은 1년의 연수가 증가함에 따라 1,005.79천원씩 감소하며, 에어컨이 있을 경우에는 없을 때보다 448.39천원만큼 더 가격이 높다는 것을 의미한다. 그런데 더미변수의 값은 에어컨이 있는 경우 '1'이며, 없는 경우 '0'이므로 에어컨의 유무에 따라 다음과 같이 각

각 독립적인 회귀식으로 나타내어 표시해야 한다.

● 에어컨이 없는 경우(D1=0)

| |
|---|
| 중고자동차 가격 = 5,005.22 − 1,005.79×연수 + 448.39×(0)<br>= 5,005.22 − 1,005.79×연수<br><br>즉, 중고자동차 가격 = 5,005.22 − 1,005.79×연수 |

**참고 : 명목변수의 의미**

더미변수의 $P$-값이 0.05보다 작다는 의미는 더미변수가 종속변수에 영향을 준다는 것을 의미한다. 그렇다면 명목변수로 돌아가서 살펴보자. 우리는 위의 회귀분석에서 중고자동차의 경우 같은 연수라고 하더라도 에어컨이 있는 차가 없는 차보다 가격이 더 높게 책정되는 것을 알 수 있었다. 그리고 그 차이는 448.39(천원)가 된다. 그런데 에어컨의 유무를 분석에 포함하지 않고 그냥 중고차의 연수만 독립변수로 하여 회귀식을 산정한 것과 어떤 차이가 있는가? 에어컨의 유무를 회귀식에 포함하지 않고 회귀분석을 실행하면 아래와 같은 결과가 도출된다.

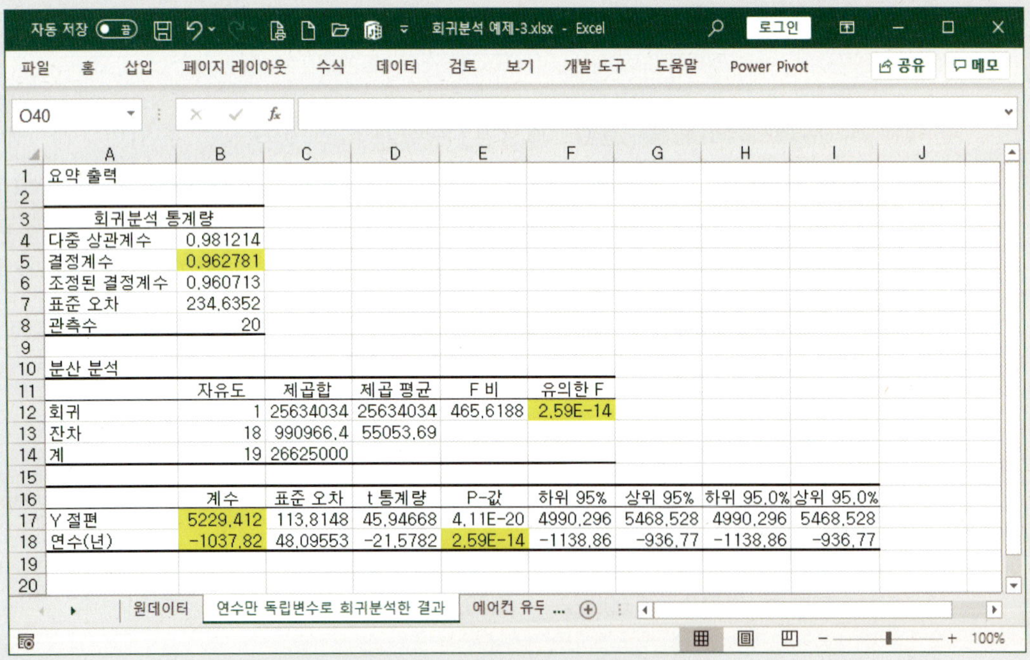

요약 출력

| 회귀분석 통계량 | |
|---|---|
| 다중 상관계수 | 0.981214 |
| 결정계수 | 0.962781 |
| 조정된 결정계수 | 0.960713 |
| 표준 오차 | 234.6352 |
| 관측수 | 20 |

분산 분석

| | 자유도 | 제곱합 | 제곱 평균 | F 비 | 유의한 F |
|---|---|---|---|---|---|
| 회귀 | 1 | 25634034 | 25634034 | 465.6188 | 2.59E-14 |
| 잔차 | 18 | 990966.4 | 55053.69 | | |
| 계 | 19 | 26625000 | | | |

| | 계수 | 표준 오차 | t 통계량 | P-값 | 하위 95% | 상위 95% | 하위 95.0% | 상위 95.0% |
|---|---|---|---|---|---|---|---|---|
| Y 절편 | 5229.412 | 113.8148 | 45.94668 | 4.11E-20 | 4990.296 | 5468.528 | 4990.296 | 5468.528 |
| 연수(년) | -1037.82 | 48.09553 | -21.5782 | 2.59E-14 | -1138.86 | -936.77 | -1138.86 | -936.77 |

이 회귀식 역시 모든 면에서 아주 좋은 결과를 보여주며 연수 하나만으로 중고차의 가격을 96.07% 설명하고 있음을 알 수 있다. 상수항과 기울기를 구하여 산출된 회귀식을 구하면 다음과 같다.

중고자동차 가격 = 5,229.41 − 1,037.82 × 연수(년)

◑ 에어컨이 있는 경우(D1=1)

| |
|---|
| 중고자동차 가격 = 5,005.22 − 1,005.79×연수 + 448.39×(1)<br>= 5,453.61 − 1,005.79×연수<br><br>즉, 중고자동차 가격 = 5,453.61 − 1,005.79×연수 |

이제 이 그래프를 차트에 그리면 아래와 같다.

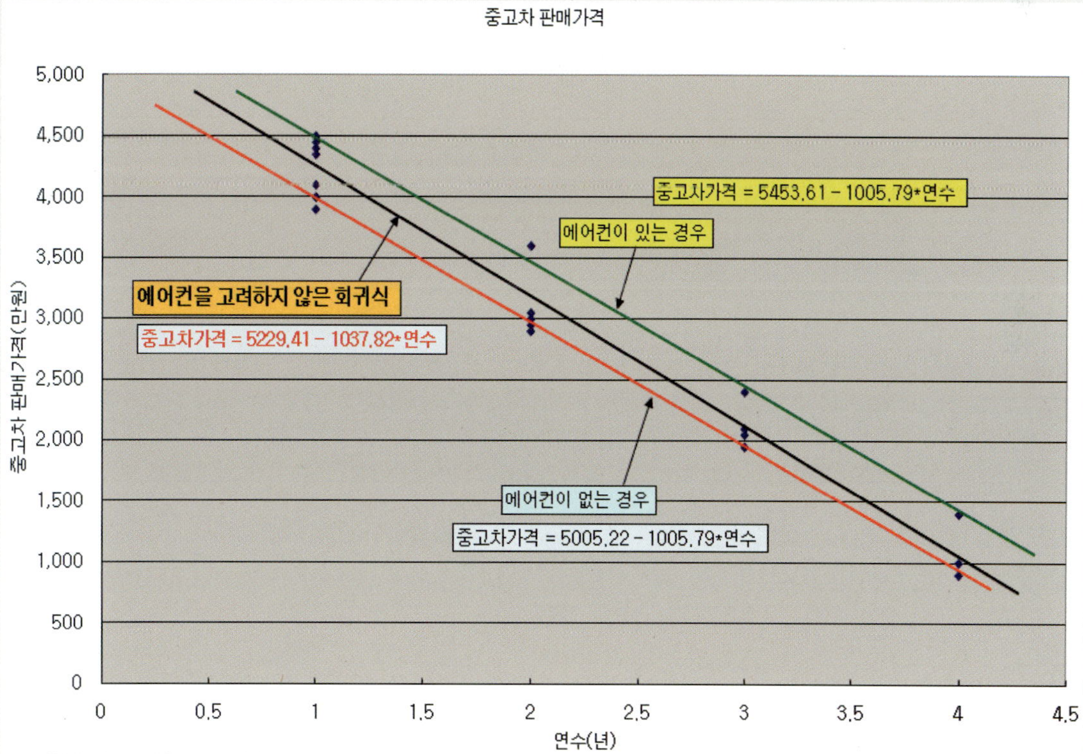


가운데 굵은 청색선이 에어컨을 고려하지 않은 경우의 회귀식이다. 기울기가 −1,037.82로, 에어컨을 고려하였을 때의 기울기인 −1,005.79보다 약간 가파름을 알 수 있다. 에어컨의 유무를 더미변수로 하여 회귀분석한 결과 더미변수가 유의하다는 의미는, 중고차 가격의 경우 연수 하나만을 독립변수로 하여 에어컨의 유무에 관계없이 중고차 가격을 예측하는 것보다 에어컨이 있는 차와 없는 차를 따로 구분하여 두 개의 회귀식으로 중고차의 가격을 예측하는 것이 더 정확하다는 것을 의미한다.

이제 두 회귀식을 그림으로 나타내면 아래와 같이 기울기는 같고 $Y$의 절편만 다른 두 개의 그래프로 나누어진다. 위의 초록색 그래프가 에어컨이 있는 경우의 회귀식이 되며, 아래의 빨간 그래프는 에어컨이 없는 경우의 회귀식을 나타낸다. 이렇게 명목변수를 대신한 더미변수가 통계적으로 유의한 경우, 종속변수의 값은 명목변수가 가지는 종류에 따라 절편값만 달라지며 다른 독립변수의 회귀계수는 동일한 형태의 회귀식을 가지게 된다. 따라서 종류에 따라 아래와 같이 회귀식을 달리 나타내면 절편만 달라지는 회귀식을 작성하게 된다.

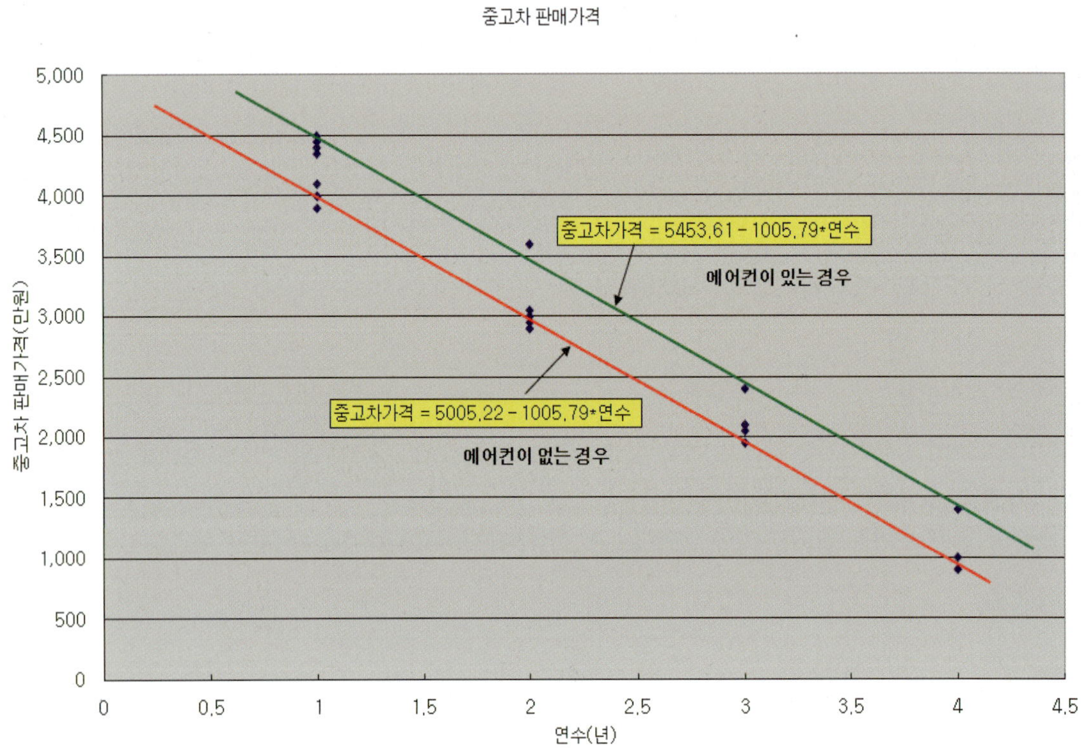

# 연습문제

Chapter 7

**1.** [회귀분석 연습문제-1.xlsx] TV 시청자 수 對 고속도로 주행대수

다음은 지난 6주간의 토요일 오후에 하는 TV 인기 연예프로의 케이블 TV 시청자 수와 같은 날 서울 외곽 한 고속도로의 자동차 주행대수를 보여준다. 산점도, 상관분석을 통하여 아래 자료로부터 무엇을 추측할 수 있는지 알아보시오.

| 연예프로 시청자 수(천명) | 고속도로 주행대수 |
|---|---|
| 367 | 28,391 |
| 783 | 15,213 |
| 569 | 18,920 |
| 234 | 21,409 |
| 853 | 12,930 |
| 456 | 21,032 |

**2.** [회귀분석 연습문제-2.xlsx] 전원주택 대지가격

경기도 한 지역의 강가에 전원주택을 짓고자 대지를 구입하려고 한다. 매매가는 위치, 전망, 기반시설 조성 정도 등과 함께 우선 대지면적에 크게 영향을 받는다고 한다. 한 지역 부동산에서 매물을 조사한 바 대지면적($m^2$)과 매매가격(백만원)은 다음과 같았다.

| 대지면적($m^2$) | 매매가격(백만원) |
|---|---|
| 1,050 | 210 |
| 720 | 130 |
| 1,610 | 280 |
| 1,320 | 200 |
| 1,150 | 190 |
| 550 | 100 |
| 890 | 170 |
| 2,010 | 350 |
| 1,850 | 290 |

1) 매매가격의 변동을 대지면적이 얼마나 설명하는가?
2) 대지면적이 $1m^2$ 늘어나면 매매가격은 평균 얼마가 상승하는가?
3) 하나의 매물이 더 나온바, 대지면적이 $1,200m^2$인데 매매가격은 280백만원이라고 한다. 기존 매물정보에 있는 건들과 비교했을 때 비정상적으로 높은 가격인지 판단해 보시오.

**3.** [회귀분석 연습문제-3.xlsx] 학생선발을 위한 입학사정

'갑 대학교'와 '을 대학교'의 경영대학원에서는 면접점수, 직장경력, 학부 때의 평균학점, 공부에 대한 열의 등 다양한 사항을 고려하여 학생을 선발하고 있다. 이를 종합하여 최종적으로 입학사정 점수를 산출하며, 이 점수에 의거해 학생을 선발하게 된다. 따라서 좋은 학생을 선발하기 위해서는 입학사정 점수의 산정이 정확해야 한다. 또 입학사정 점수는 입학 후 학생의 학업성취 결과를 예측해 주는 척도가 되어야 한다.

'갑 대학교'와 '을 대학교'에서는 나름대로 학생의 평가항목을 정하고 이를 종합하여 입학성적을 산정하고 있다. 아래 표는 올해 졸업하는 '갑 대학교'와 '을 대학교' 경영대학원 학생들의 입학시 산출된 입학사정 점수($X$변수)와 졸업 평균학점(평점)($Y$변수)을 나타내고 있다. 다음 문제와 같이 입학사정시 어느 대학교가 학생들의 평가를 더 잘하였는가를 알아보시오.

1) 우선 각 대학교의 입학사정 점수($X$변수)와 졸업평점($Y$변수) 간의 산점도를 그려보시오. 산점도에 의하여 각 대학교별 입학점수와 졸업평점 간의 관계를 개략적으로 판단해 보시오.
2) 갑, 을 대학교에 대하여 각각 졸업평점($Y$변수)과 입학사정 점수($X$변수)의 관계를 회귀분석을 통하여 판단해 보시오.
3) 회귀분석 결과에 의거하여 갑, 을 대학교 중 어느 대학교가 입학사정을 보다 정확히 하였는지 답해 보시오. 만일 입학할 때의 학생에 대한 평가가 학생의 학업성취도(졸업평점)와 관계없는 대학교가 있다면 이를 답하고, 그 이유를 간단히 설명하시오.

갑 대학교

| ($X$변수) 입학점수 | ($Y$변수) 졸업평점 |
|---|---|
| 90 | 3.6 |
| 82 | 3.3 |
| 83 | 3.4 |
| 87 | 3.5 |
| 90 | 3.3 |
| 88 | 3.5 |
| 87 | 3.6 |
| 96 | 3.9 |
| 90 | 4.0 |
| 80 | 3.2 |
| 79 | 3.8 |
| 83 | 3.5 |
| 82 | 3.1 |
| 83 | 3.8 |
| 92 | 3.2 |
| 84 | 3.2 |
| 85 | 3.6 |
| 86 | 4.0 |
| 90 | 3.8 |

을 대학교

| ($X$변수) 입학점수 | ($Y$변수) 졸업평점 |
|---|---|
| 79 | 3.0 |
| 89 | 3.4 |
| 85 | 3.6 |
| 86 | 3.1 |
| 92 | 4.2 |
| 81 | 3.5 |
| 93 | 4.2 |
| 91 | 4.1 |
| 83 | 3.0 |
| 93 | 3.9 |
| 88 | 3.5 |
| 80 | 3.1 |
| 85 | 3.6 |
| 82 | 3.6 |
| 94 | 3.8 |
| 89 | 3.4 |
| 92 | 4.2 |
| 94 | 3.5 |
| 90 | 4.3 |

| | |
|---|---|
| 87 | 3.8 |
| 93 | 3.2 |
| 88 | 3.5 |
| 80 | 3.7 |
| 96 | 3.8 |
| 92 | 3.0 |
| 80 | 3.1 |
| 82 | 3.9 |
| 84 | 3.6 |
| 89 | 3.2 |
| 91 | 3.5 |
| 88 | 3.6 |
| 78 | 3.6 |
| 88 | 3.6 |
| 83 | 3.5 |
| 82 | 3.2 |
| 97 | 3.7 |
| 86 | 2.9 |
| 81 | 3.1 |
| 81 | 3.6 |
| 85 | 3.8 |
| 90 | 3.6 |
| 82 | 3.3 |
| 87 | 3.5 |
| 86 | 3.8 |
| 88 | 3.4 |
| 94 | 3.9 |
| 90 | 3.9 |
| 89 | 3.0 |
| 89 | 3.8 |
| 95 | 3.5 |

| | |
|---|---|
| 91 | 3.7 |
| 87 | 3.3 |
| 85 | 3.4 |
| 80 | 3.1 |
| 82 | 3.6 |
| 81 | 3.1 |
| 88 | 3.4 |
| 93 | 4.0 |
| 94 | 4.1 |
| 92 | 3.8 |
| 85 | 3.3 |
| 85 | 3.1 |
| 79 | 2.9 |
| 85 | 3.0 |
| 82 | 3.6 |
| 81 | 3.4 |
| 90 | 3.6 |
| 87 | 3.2 |
| 91 | 3.7 |
| 84 | 3.4 |
| 94 | 4.1 |
| 92 | 3.8 |
| 92 | 3.7 |
| 87 | 3.3 |
| 89 | 3.9 |
| 90 | 3.6 |
| 93 | 4.0 |
| 80 | 3.1 |
| 82 | 3.6 |
| 81 | 3.3 |
| 86 | 3.2 |

**4.** [회귀분석 연습문제-4.xlsx] 지역별 테블릿 판매현황

한국전자판매(주)는 최신형 테블릿을 유통하고 있다. 아래 표는 올 1/4분기 동안 지역별로 판매된 테블릿의 판매대수와 소요된 광고비용, 현지 지점의 인건비를 포함한 영업비용을 나타내고 있다.

| 지 역 | 판매대수 | 광고비용(만원) | 영업비용(만원) | 매출(만원) |
|---|---|---|---|---|
| A | 2,000 | 3,960 | 5,100 | 52,000 |
| B | 2,000 | 3,920 | 4,200 | 54,000 |
| C | 3,000 | 5,270 | 2,570 | 81,000 |
| D | 1,250 | 2,460 | 5,200 | 36,000 |
| E | 1,750 | 2,590 | 3,200 | 53,000 |
| F | 2,750 | 6,100 | 5,620 | 88,000 |
| G | 2,500 | 3,650 | 10,500 | 80,000 |
| H | 1,000 | 2,530 | 2,200 | 32,000 |
| I | 3,500 | 3,060 | 2,300 | 81,000 |
| J | 1,750 | 2,910 | 4,720 | 63,000 |
| K | 2,250 | 4,700 | 5,600 | 83,000 |
| L | 2,500 | 6,250 | 3,910 | 95,000 |

1) 각 독립변수와 종속변수 간의 상관계수를 구하시오.
2) 매출에 영향을 주는 변수를 찾아보시오. 그리고 1)번의 상관계수와 분석 결과를 비교하시오.
3) 최종 회귀식을 작성하시오.
4) 다음을 알아보시오.
   ① 판매대수가 하나 더 증가하면 평균적으로 매출은 얼마가 더 늘어나는가?
   ② 영업비용을 만원 더 증가시키면 평균적으로 매출은 얼마가 더 늘어나는가?

**5.** [회귀분석 연습문제-5.xlsx] 전국 지점별 매출 차이 분석

다음 표는 A기업의 전국 25개 지점의 연매출과 지역별 광고비, 그리고 지점의 크기(영업직원수)와 지점이 위치한 지역(중부, 서부, 남부)을 나타내고 있다. 한 지역의 지점장이 자신의 지점은 경제수준이 비교적 낮은 남부지역에 위치하고 있기 때문에 같은 광고비와 영업직원의 수를 가지고도 다른 지역에 비하여 매출이 작을 수 있다고 하면서 이러한 사정을 지점장 능력 평가시에 고려해야 한다고 건의하였다. 이제 당신은 각 지점장의 능력을 평가하는 본사 중역으로서 지점장의 이러한 건의가 수용할 만한 가치가 있는 것인지 판단해 보시오.

그리고 같은 상황에서 서부와 남부는 연매출에서 얼마나 차이가 있는지 알아보시오.

| 지점번호 | 연매출(억원) | 광고비(백만원) | 영업직원수 | 지 역 |
|---|---|---|---|---|
| 1 | 117 | 89 | 71 | 중부 |
| 2 | 23 | 31 | 9 | 서부 |
| 3 | 21 | 16 | 8 | 남부 |
| 4 | 56 | 76 | 22 | 서부 |
| 5 | 23 | 35 | 8 | 남부 |
| 6 | 58 | 67 | 31 | 서부 |
| 7 | 89 | 105 | 51 | 중부 |
| 8 | 7 | 15 | 9 | 남부 |
| 9 | 67 | 59 | 36 | 중부 |
| 10 | 19 | 28 | 8 | 남부 |
| 11 | 21 | 27 | 15 | 남부 |
| 12 | 54 | 62 | 26 | 서부 |
| 13 | 87 | 74 | 35 | 중부 |
| 14 | 91 | 86 | 45 | 중부 |
| 15 | 49 | 59 | 21 | 서부 |
| 16 | 75 | 83 | 39 | 중부 |
| 17 | 12 | 17 | 7 | 남부 |
| 18 | 45 | 56 | 31 | 서부 |
| 19 | 76 | 51 | 39 | 중부 |
| 20 | 32 | 29 | 17 | 남부 |
| 21 | 65 | 53 | 29 | 중부 |
| 22 | 32 | 29 | 21 | 서부 |
| 23 | 86 | 70 | 38 | 중부 |
| 24 | 43 | 52 | 25 | 서부 |
| 25 | 9 | 14 | 3 | 남부 |

**6.** [회귀분석 연습문제-6.xlsx] 작업생산성 영향요인 분석

아래 표는 한국전자의 생산작업 조별 평균 경력연수와 작업조(주간조, 야간조), 그리고 생산시 사용하는 설비의 타입을 나타낸다. 과연 주·야간 조별과 사용하는 생산설비의 타입에 따라 작업생산성이 차이가 나는지 분석해 보시오.

| 조 | 생산량 | 조별 평균 경력(연수) | 작업조 구분 | 설비 타입 |
|---|---|---|---|---|
| 1 | 320 | 5 | 야간 | A |
| 2 | 335 | 5 | 주간 | A |
| 3 | 369 | 7 | 주간 | A |
| 4 | 354 | 6 | 야간 | A |
| 5 | 327 | 4 | 야간 | A |
| 6 | 342 | 4 | 주간 | A |
| 7 | 341 | 5 | 주간 | A |
| 8 | 351 | 6 | 야간 | A |
| 9 | 367 | 6 | 주간 | A |
| 10 | 352 | 7 | 야간 | A |
| 11 | 349 | 5 | 주간 | A |
| 12 | 334 | 5 | 야간 | A |
| 13 | 351 | 5 | 주간 | A |
| 14 | 336 | 6 | 야간 | A |
| 15 | 379 | 10 | 주간 | A |
| 16 | 322 | 5 | 야간 | A |
| 17 | 343 | 6 | 주간 | A |
| 18 | 328 | 4 | 야간 | B |
| 19 | 336 | 6 | 주간 | B |
| 20 | 321 | 3 | 야간 | B |
| 21 | 339 | 4 | 주간 | B |
| 22 | 341 | 8 | 주간 | B |
| 23 | 324 | 6 | 야간 | B |
| 24 | 339 | 6 | 주간 | B |
| 25 | 340 | 6 | 주간 | B |
| 26 | 326 | 7 | 야간 | B |
| 27 | 312 | 3 | 주간 | B |
| 28 | 324 | 6 | 야간 | B |
| 29 | 345 | 7 | 주간 | B |
| 30 | 357 | 9 | 야간 | B |
| 31 | 323 | 5 | 야간 | B |
| 32 | 362 | 8 | 주간 | B |
| 33 | 330 | 5 | 야간 | B |
| 34 | 347 | 6 | 야간 | B |
| 35 | 348 | 6 | 주간 | B |
| 36 | 360 | 7 | 주간 | B |

**7.** [회귀분석 연습문제-7.xlsx] 매출액 영향요인 분석

다음 자료에서 광고비, 판매비용, 제품가격 중, 매출액(Y)에 영향을 주는 모든 독립변수를 파악하고, 회귀식을 작성하시오.

그리고 광고비가 100, 판매비용이 500, 제품가격이 130이 되면 매출액은 얼마가 예상되는지 알아보시오.

| 지 점 | 매출액(Y) | 광고비 | 판매비용 | 제품가격 |
|---|---|---|---|---|
| 1 | 9,792 | 90 | 424 | 114 |
| 2 | 9,579 | 72 | 389 | 119 |
| 3 | 8,738 | 71 | 414 | 119 |
| 4 | 8,964 | 80 | 351 | 125 |
| 5 | 10,834 | 129 | 460 | 129 |
| 6 | 10,271 | 144 | 349 | 129 |
| 7 | 8,975 | 99 | 400 | 133 |
| 8 | 10,452 | 87 | 492 | 134 |
| 9 | 9,546 | 137 | 475 | 140 |
| 10 | 10,139 | 120 | 420 | 139 |
| 11 | 10,630 | 90 | 541 | 146 |
| 12 | 9,995 | 84 | 486 | 147 |
| 13 | 10,807 | 175 | 500 | 147 |
| 14 | 10,911 | 162 | 517 | 151 |
| 15 | 10,323 | 95 | 598 | 155 |
| 16 | 9,962 | 121 | 490 | 156 |
| 17 | 10,981 | 142 | 590 | 160 |
| 18 | 10,784 | 174 | 523 | 162 |

**8.** [회귀분석 연습문제-8.xlsx] 제작기계별 불량률 차이 분석

아래 표는 한 생산공장의 A, B, C 제작기계별 불량률을 나타내고 있다. 제작기계의 사용연수가 오래되면 불량률이 높아질 것으로 판단하여 제작기계의 사용연수 데이터를 같이 포함하였다. 같은 사용연수일 때 제작기계별로 불량률이 다르다고 할 수 있는지 알아보고, 각 기계별로 불량률을 예측하기 위한 회귀식을 작성하시오.

| 불량률 | 사용연수 | 제작 기계 |
|---|---|---|
| 11% | 8 | A |
| 2% | 4 | B |
| 1% | 3 | C |
| 4% | 6 | B |
| 1% | 3 | C |
| 8% | 9 | A |
| 3% | 5 | B |
| 5% | 4 | A |
| 14% | 12 | C |
| 3% | 5 | B |
| 4% | 8 | B |
| 3% | 2 | A |
| 7% | 9 | A |
| 9% | 7 | C |
| 12% | 15 | B |
| 2% | 3 | B |
| 5% | 7 | C |
| 7% | 9 | A |

**9.** [회귀분석 연습문제-9.xlsx] 프랜차이즈 가맹점 매출액 분석

다음 표는 2017년 우리나라 프랜차이즈 업종의 가맹점 수(개), 종사자 수(명), 그리고 매출액(십억원)의 통계청 자료를 나타낸다.

| 업 종 | 가맹점 수 | 종사자 수 | 매출액 |
|---|---|---|---|
| 문구점 | 1,856 | 4,840 | 710 |
| 의약품 | 3,893 | 12,758 | 3,799 |
| 안경 | 2,925 | 8,232 | 1,002 |
| 한식 | 28,240 | 114,657 | 8,006 |
| 일식/서양식 | 3,824 | 22,065 | 1,361 |
| 제빵/제과 | 7,815 | 36,199 | 3,171 |
| 피자/햄버거 | 11,755 | 59,788 | 3,077 |
| 치킨 | 24,654 | 60,536 | 3,685 |
| 분식/김밥 | 11,856 | 38,743 | 2,075 |
| 주점 | 12,026 | 30,296 | 1,721 |
| 커피전문점 | 16,795 | 71,445 | 2,947 |
| 자동차수리 | 7,629 | 26,497 | 2,967 |
| 두발미용 | 3,459 | 17,320 | 848 |
| 가정용세탁 | 4,222 | 8,108 | 359 |
| 기타프랜차이즈 | 26,017 | 98,563 | 8,434 |

1) 매출액을 종속변수로 하고, 가맹점 수와 종사자 수 2개의 독립변수로 하여 회귀분석을 수행하시오.
2) 매출액을 종속변수로 하고, 가맹점 수만 독립변수로 하여 회귀분석을 수행하시오.
3) 매출액을 종속변수로 하고, 종사자 수만 독립변수로 하여 회귀분석을 수행하시오.
4) 1)번과 2), 3)번의 결과를 비교하고 그 원인을 파악하시오.
5) 모든 변수간의 상관계수를 파악하시오.

**10.** [회귀분석 연습문제-10.xlsx] 미국 메이저 리그 타자 분석

'타격 데이터' 워크시트는 타점, 홈런, WAR 등, 2019년 미국 메이저 리그의 타율 상위 100명의 선수를 대상으로 한 타격 데이터이다. 추신수는 타율 2할 6푼 5리로 타격 72위를 하였다.

1) 단타, 2루타, 3루타, 홈런 중 D열 타율에 가장 영향을 미치는 것은 어떤 것인지 알아보시오.
2) 단타, 2루타, 3루타, 홈런 중 I열 타점에 가장 영향을 미치는 것은 어떤 것인지 알아보시오.
3) 단타, 2루타, 3루타, 홈런 중 Q열 WAR에 가장 영향을 미치는 것은 어떤 것인지 알아보시오.
(WAR는 '대체선수 대비 승리 기여도'로 'Wins Above Replacement'의 약자이다. 대체선수에 비해 얼마나 많이 승리를 가져다주었느냐를 말해주며, 타자, 투수 등 모든 포지션의 선수를 같이 비교할 수 있게 한다)
4) L열 삼진 데이터를 대상으로 '홈런 타자들이 삼진이 많다'라는 속설을 알아보시오. 그리고 1)번 문제 결과를 근거로 '홈런 타자는 타율이 높은 선수들이 많지 않다'라는 주장을 판단해 보시오.

CHAPTER

# 8

# 의사결정모델

1. [예제 1] 이동식 디스크 생산
2. [예제 2] 컴퓨터 PCB 보조기판 생산
3. [예제 3] 제품발주 의사결정

기업의 경영활동은 의사결정의 끊임없는 반복이라고 할 수 있다. 한순간의 판단 미스가 기업을 파산으로 몰고 갈 수 있는 반면에 또 다른 의사결정은 기업을 성공의 반석 위에 올려놓는 분기점을 마련하기도 한다. 그렇다면 좋은 의사결정을 할 수 있는 핵심요소는 무엇인가? 때로는 경험과 능력을 갖춘 경영자의 직감과 판단이 의사결정에 중요한 역할을 하기도 하지만, 현대와 같이 복잡하고 빨리 변화하는 경영환경에서는 과학적이고 합리적인 의사결정기법을 도입해야 보다 바람직한 의사결정을 할 수 있고 기업을 성공으로 이끌 수 있다.

변수간 관계 모델의 설정은 대표적인 과학적 의사결정기법의 하나라 할 수 있다. 대개의 의사결정모델(decision making model)에서 의사결정변수(가격, 비용, 매출, 이윤 등)들은 서로 상호연관성이 있는 경우가 많다. 하나의 변수값을 변화시키면 이 변화가 다른 변수들에 영향을 미쳐 다양한 파급효과를 불러오게 된다. 서로의 영향력이 체인 형태로 구성되어 꼬리에 꼬리를 무는 형태로 나타나기도 하고, 또는 한 변수에 정반대의 영향을 동시에 주어 상쇄효과를 불러일으키기도 한다. 가격을 올리면 매출이 늘어나는 요인이 되지만, 수요가 감소하기 때문에 또한 매출이 감소하는 이유가 되기도 한다. 수요가 늘어나면 매출도 증가하지만 비용도 증가하기 때문에 이익에 어떻게 영향을 줄지는 비용함수나 매출함수에 따라 달라진다.

따라서 가격이 변화할 때 수익이나 매출, 그리고 이윤은 어떻게 변화하는지를 정확하게 파악해야 올바른 의사결정을 할 수 있다. 이것을 'What-If' 분석이라고 하는데, 한 변수의 변화가 다른 결정변수들이나 특히 수익이나 이윤과 같은 최종 의사결정변수에 어떻게 영향을 주는가를 살펴보는 데 유용하다. 스프레드시트의 이용은 이렇게 변수들의 상호작용이나 'What-If' 분석에 매우 유용하다. 현재의 어떤 소프트웨어를 사용하더라도 비즈니스 모델의 광범위한 응용분야에서 스프레드시트만큼 모델 분석에 유용한 도움을 주지 못한다. 의사결정자가 모델을 세우고 이것을 분석하는 과정은 다음과 같다.

모델은 다음 그림에서 보듯이 입력변수와 출력변수, 그리고 이들이 상호작용하는 블랙박스(black box)로 구성되어 있다.

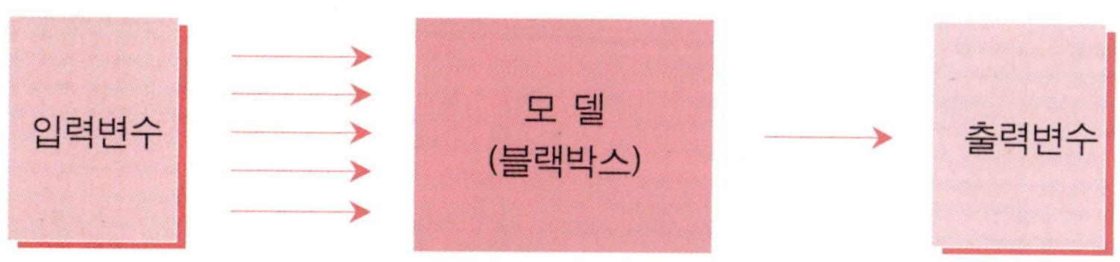


이 블랙박스는 내부에서 관련 변수들이 복잡하게 연관되어 서로 영향을 미치고 있는 모델의 핵심요소라고 할 수 있다. 의사결정자의 역할은 미로처럼 엮여 있

는 블랙박스의 내부를 분석하여 밝혀내는 것이라고 할 수 있다.

- 모델에서의 입력변수와 출력변수를 설정한다. 입력변수는 고정비, 부품가격 같은 상수 및 가격 등과 같이 의사결정자가 결정해야 하는 의사결정변수로 나누어진다. 출력변수는 주로 성과변수로서 매출, 이익, 시장점유율 등이 해당된다.
- 모델 내부에서의 변수들간의 상호작용을 파악한다. 이들이 모두 파악되면 변수간의 영향관계를 나타내는 영향도(influence diagram)를 작성한다.
- 변수와 영향도에 의거하여 엑셀 시트에 모델을 구현한다.
- 입력변수의 값에 의거하여 출력변수의 값을 산출하고, 필요한 경우 'What-If' 분석 등을 실시한다.

본장에서는 엑셀을 사용하여 이렇게 여러 변수들이 서로 상호작용을 하는 상황에서 최적 의사결정을 하기 위한 내용을 예제를 통하여 공부하고자 한다.

# 1. [예제 1] 이동식 디스크 생산 (의사결정모델 예제-1.xlsx)

한국전자의 생산 1공장에서는 플래시 메모리를 이용한 256GB 이동식 SSD 디스크를 생산하고 있다. 통상 수요만큼 생산하여 전량 판매하는 방식의 전략을 선택하고 있다. 수요는 가격에 따라 결정되는데, 가격이 상승하면 수요가 감소하고 가격이 하락하면 수요는 증가한다. 한국전자 경영진의 관심은 가장 이익을 많이 내는 데 있으며, 이익은 총수익과 총비용의 차이를 말한다.

아래 그림은 한국전자의 이동식 디스크 판매과정의 영향도(influence diagram)를 보여주고 있다. 영향도는 서로 관련된 변수들의 영향관계를 화살표로 나타내어 내·외부 변수간의 복잡한 인과관계를 쉽게 알아볼 수 있도록 할 뿐만 아니라 스프레드시트 모델을 보다 용이하게 개발할 수 있도록 도와줌으로써 의사결성과정을 도와주는 역할을 수행한다.

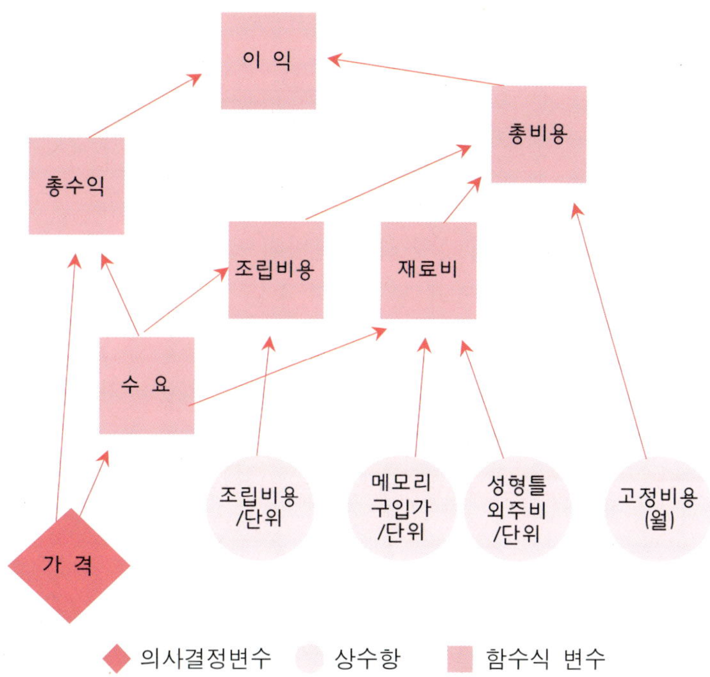


〈한국전자 이동식 디스크 영향도(influence diagram)〉

가격은 수요에 영향을 미친다. 가격이 상승하면 수요는 감소하며 가격이 하락하면 수요는 증가한다. 본 문제에서 수요는 가격의 특정한 일차함수에 의해서 정해진다. '조립비용/단위'는 이동식 디스크를 조립할 때 드는 인건비 성격의 비용으로 총조립비용에 영향을 미친다. 그리고 총조립비용은 단위당 조립비용과 수요, 즉 생산량에 따라 결정된다. 재료비는 원자재를 말하는데, 플래시 메모리 구입가와 성형틀 외주비용을 말한다. 총재료비도 생산량(수요)과 단위당 재료비용에 의하여 결정된다.

총수익은 수요에 가격을 곱한 액수이며 총비용은 조립비용, 재료비, 그리고 기존 생산시설의 사용료 등을 의미하는 고정비용을 합한 금액이다. 마지막으로 이익은 '총수익−총비용'이 된다.

이동식 SSD 디스크의 원자재는 삼성전자에서 구입하는 플래시 메모리와 외주가공업체에서 구입하는 디스크의 성형틀이 있는데, 이들을 조립공정에서 조립하여 이동식 디스크를 생산하고 있다. 이동식 디스크의 단위당 조립비용은 1만 2천원이고, 256GB 플래시 메모리 구입가는 5만원이며, 성형틀 외주비용은 8천원이다. 그리고 전체 조립공정에 대하여 생산라인 시설과 전기료, 공구의 사용 등으로 인한 고정비용이 월 2,500만원 소요된다.

| 비용항목 | 단위당 비용 또는 구입원가 |
|---|---|
| 플래시 메모리 | 50,000원 |
| 성형틀(외부 케이스) | 8,000원 |
| 조립비용 | 12,000원 |
| 월 고정비용 | 25,000,000원 |

가격이 상승하면 일반적으로 수요는 감소하는데, 시장조사기관의 조사결과 이동식 디스크의 월 수요함수는 다음과 같은 일차식으로 나타난다고 한다.

$$월\ 수요(개수) = 30{,}000 - 220 \times 가격$$

현재 대리점에서 이동식 디스크의 판매가격은 개당 8만원이다.

## (1) 기본분석 : 총수익(B18셀), 총비용(B19셀), 이익(B24셀) 구하기

**'1) 기본분석' 워크시트**

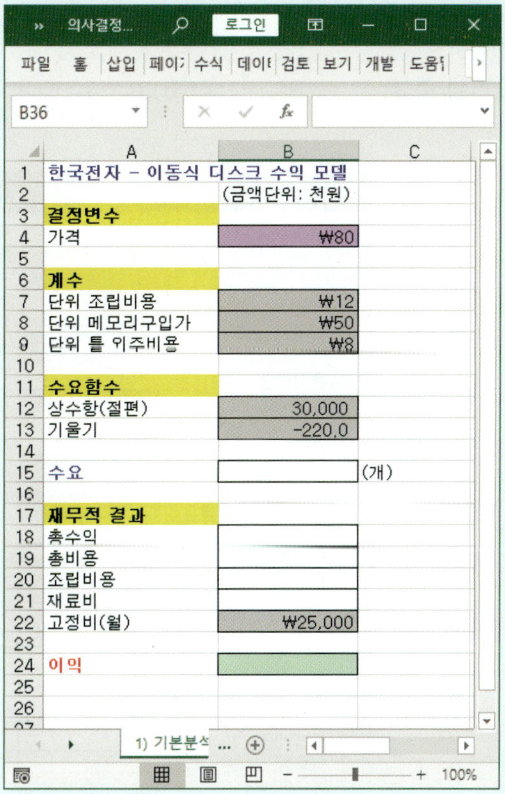


우선 위의 '1) 기본분석' 워크시트에서 보는 바와 같은 서식을 준비한다. 회색으로 된 부분은 한국전자의 결정이나 시장상황 등 이미 결정된 상수항을 의미하고 있다. 즉 이동식 디스크 가격은 8만원이고, 단위당 조립비용은 1만 2천원이며, 단위당 메모리 구입가는 5만원, 성형틀 외주비용은 8천원이다. 그리고 월 생산라인의 고정비용은 2,500만원이다. 워크시트에서 모든 금액의 단위는 천원으로 하였다.

### 1) 수요(B15셀)

이동식 디스크의 수요는 가격의 일차함수이며 상수항과 기울기는 B12, B13셀에 각각 나타나 있다. 수요는 '상수항－기울기×가격'이므로 B15셀에 다음 식으로 입력되며, 가격(B4셀)이 8만원일 때 B15셀의 결과값은 12,400개로 나타난다.

B15셀(수요) : ＝ B12＋B4 * B13

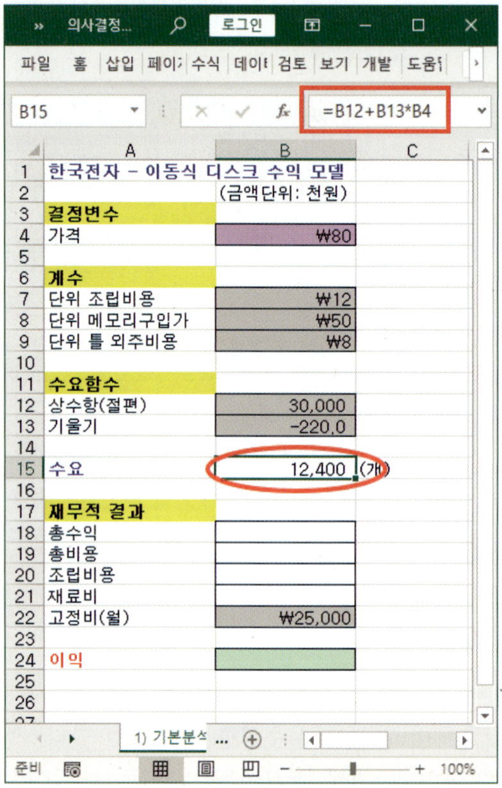


### 2) 총수익(B18셀)

수요만큼 생산해서 모두 판매하는 것이므로 수익은 '가격×수요'가 된다. 따라서 B18셀의 총수익은 다음 식에 의해 계산된다. 결과는 9억 9,200만원이 된다.

B18셀(총수익) : ＝ B4 * B15

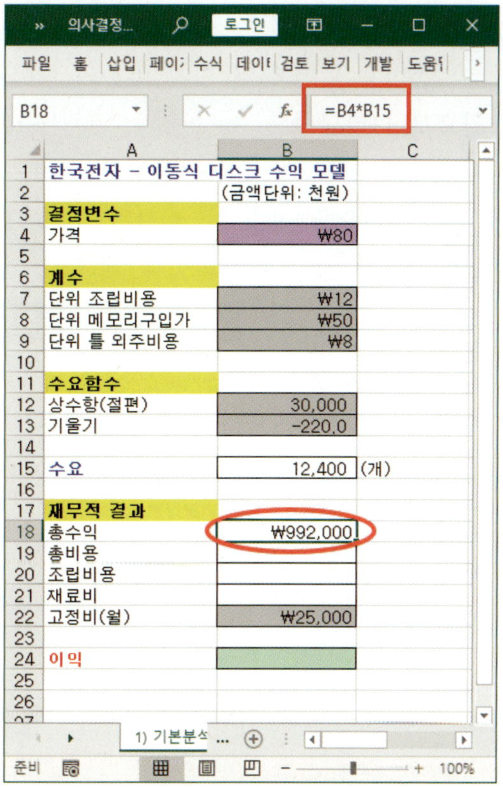


## 3) 총비용

① 조립비용(B20셀)

조립비용은 '단위당 조립비용×수요'이므로 단위당 조립비용인 B7셀과 수요인 B15셀의 곱이 된다. 조립비용은 전체 1억 4,880만원이 됨을 알 수 있다.

B20셀(조립비용) :  = B7 * B15

② 재료비(B21셀)

이동식 디스크의 생산시 부품으로는 플래시 메모리와 성형틀이 있다. 따라서 재료비는 '(단위당 메모리 구입가+단위당 성형틀 외주비용)×수요'가 되며 B21셀에 다음과 같이 입력하는데, 결과값은 7억 1,920만원이 된다.

B21셀(재료비) :  = (B8+B9) * B15

③ 총비용(B19셀)

총비용은 전체 세 가지 비용의 합이므로 이를 합산한다. 총비용은 8억 9,300만 원으로 나타난다.

B19셀(총비용) : = B20+B21+B22

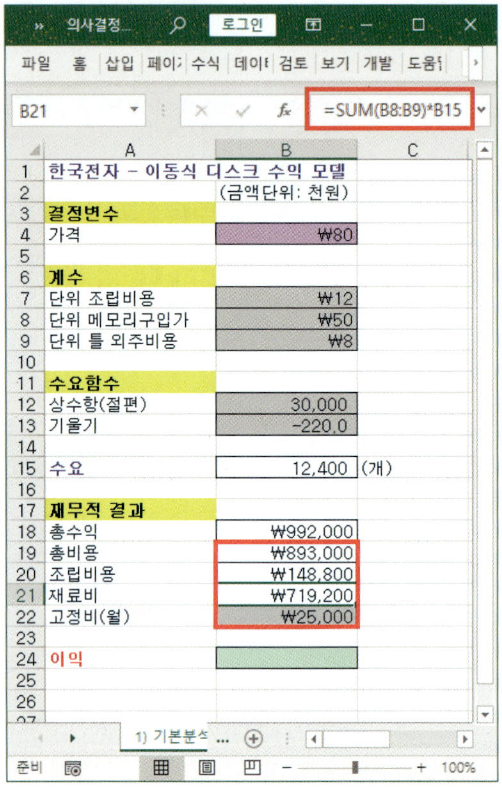


## 4) 이익(B24셀)

이익은 '총수익－총비용'이므로 B18셀에서 B19셀의 값을 빼주면 된다.

B24셀(이익) : = B18－B19

이제 가격을 8만원으로 책정하였을 때 매월 이동식 디스크의 판매로 얻는 이익은 9,900만원임을 알 수 있다.

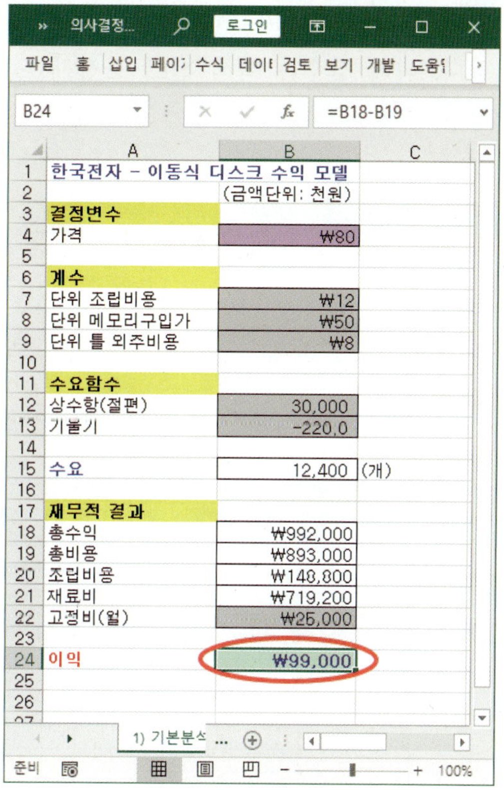


## (2) What-If 분석 : 디스크 가격의 변동

**'2) What If 분석' 워크시트**

현재 이동식 디스크를 단위당 8만원에 판매하여 매월 9,900만원의 이익을 벌어들이고 있다. 경영진은 가격을 올리면 더 많은 이익이 발생하지 않을까 생각하고 있다. 그럼 이제 경영진의 생각이 맞는지를 확인해 보기로 한다. 13만원 가격대까지 분석하기로 하고, 가격을 인하하면 수요가 많이 발생하여 이익이 증가할 수 있으므로 7만원의 가격도 분석대상에 포함하기로 한다. 가격을 7만원에서부터 13만원까지 만원 단위로 변화시켰을 때 총수익, 총비용, 그리고 이익 간의 관계를 살펴보고, 이를 그래프를 통하여 분석하시오.

### 1) 워크시트의 작성

What-If 분석을 위하여 '2) What-If 분석' 워크시트에서 보는 바와 같이 '기본분석' 시트를 확장하여 B열의 가격 7만원에서 H열의 13만원까지의 열을 가지도록 작성한다. 이때 상수는 회색 셀로 표시하였는데 가격을 제외하면 모든 상수는 이전과 동일하다.

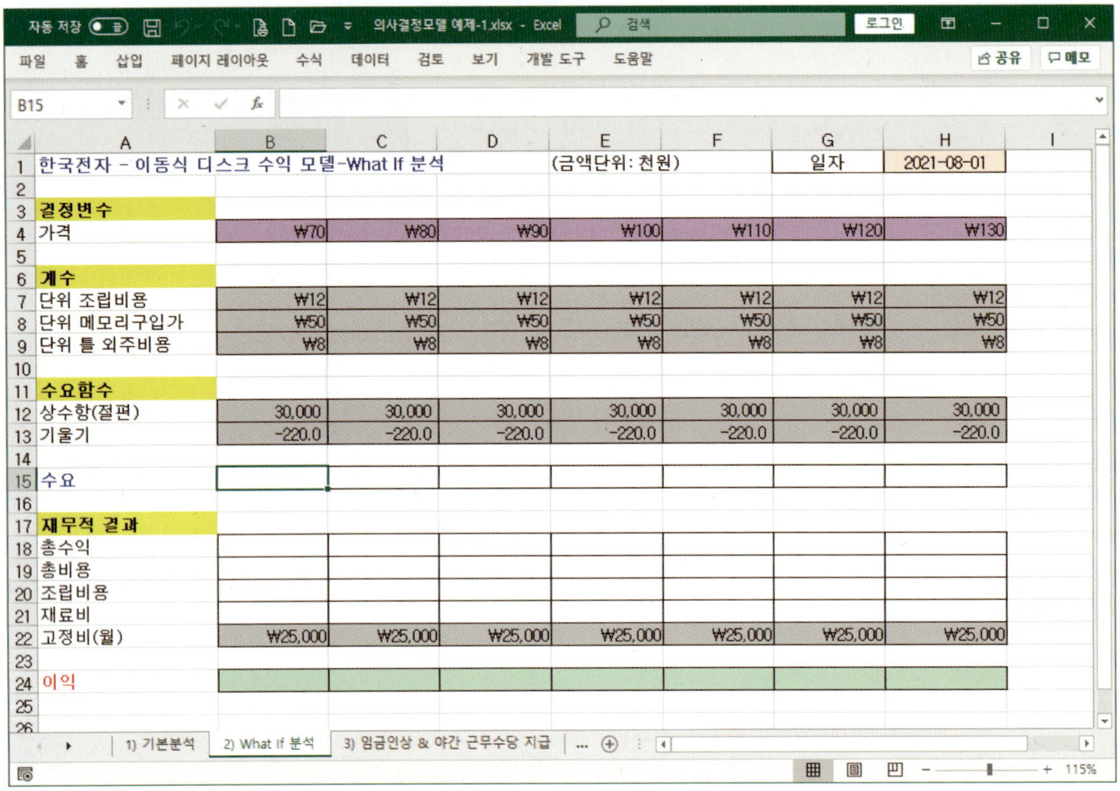

| | A | B | C | D | E | F | G | H |
|---|---|---|---|---|---|---|---|---|
| 1 | 한국전자 - 이동식 디스크 수익 모델-What If 분석 | | | | (금액단위: 천원) | | 일자 | 2021-08-01 |
| 2 | | | | | | | | |
| 3 | 결정변수 | | | | | | | |
| 4 | 가격 | ₩70 | ₩80 | ₩90 | ₩100 | ₩110 | ₩120 | ₩130 |
| 5 | | | | | | | | |
| 6 | 계수 | | | | | | | |
| 7 | 단위 조립비용 | ₩12 | ₩12 | ₩12 | ₩12 | ₩12 | ₩12 | ₩12 |
| 8 | 단위 메모리구입가 | ₩50 | ₩50 | ₩50 | ₩50 | ₩50 | ₩50 | ₩50 |
| 9 | 단위 틀 외주비용 | ₩8 | ₩8 | ₩8 | ₩8 | ₩8 | ₩8 | ₩8 |
| 10 | | | | | | | | |
| 11 | 수요함수 | | | | | | | |
| 12 | 상수항(절편) | 30,000 | 30,000 | 30,000 | 30,000 | 30,000 | 30,000 | 30,000 |
| 13 | 기울기 | -220.0 | -220.0 | -220.0 | -220.0 | -220.0 | -220.0 | -220.0 |
| 14 | | | | | | | | |
| 15 | 수요 | | | | | | | |
| 16 | | | | | | | | |
| 17 | 재무적 결과 | | | | | | | |
| 18 | 총수익 | | | | | | | |
| 19 | 총비용 | | | | | | | |
| 20 | 조립비용 | | | | | | | |
| 21 | 재료비 | | | | | | | |
| 22 | 고정비(월) | ₩25,000 | ₩25,000 | ₩25,000 | ₩25,000 | ₩25,000 | ₩25,000 | ₩25,000 |
| 23 | | | | | | | | |
| 24 | 이익 | | | | | | | |

① 수요(B15~H15셀)

수요는 가격의 함수이므로 같은 방법으로 12행의 상수항(절편)과 13행의 기울기를 이용하여 각 셀별로 다음과 같이 입력한다. 수요함수는 '월 수요(개수)=30,000−220×가격'으로 전과 동일하다. B15셀에 수요식을 입력한 후 나머지 셀들은 H15셀까지 자동채우기 핸들을 사용하여 입력한다.

B15셀(7만원) : = B12+B4 * B13
C15셀(8만원) : = C12+C4 * C13
D15셀(9만원) : = D12+D4 * D13
E15셀(10만원) : = E12+E4 * E13
F15셀(11만원) : = F12+F4 * F13
G15셀(12만원) : = G12+G4 * G13
H15셀(13만원) : = H12+H4 * H13

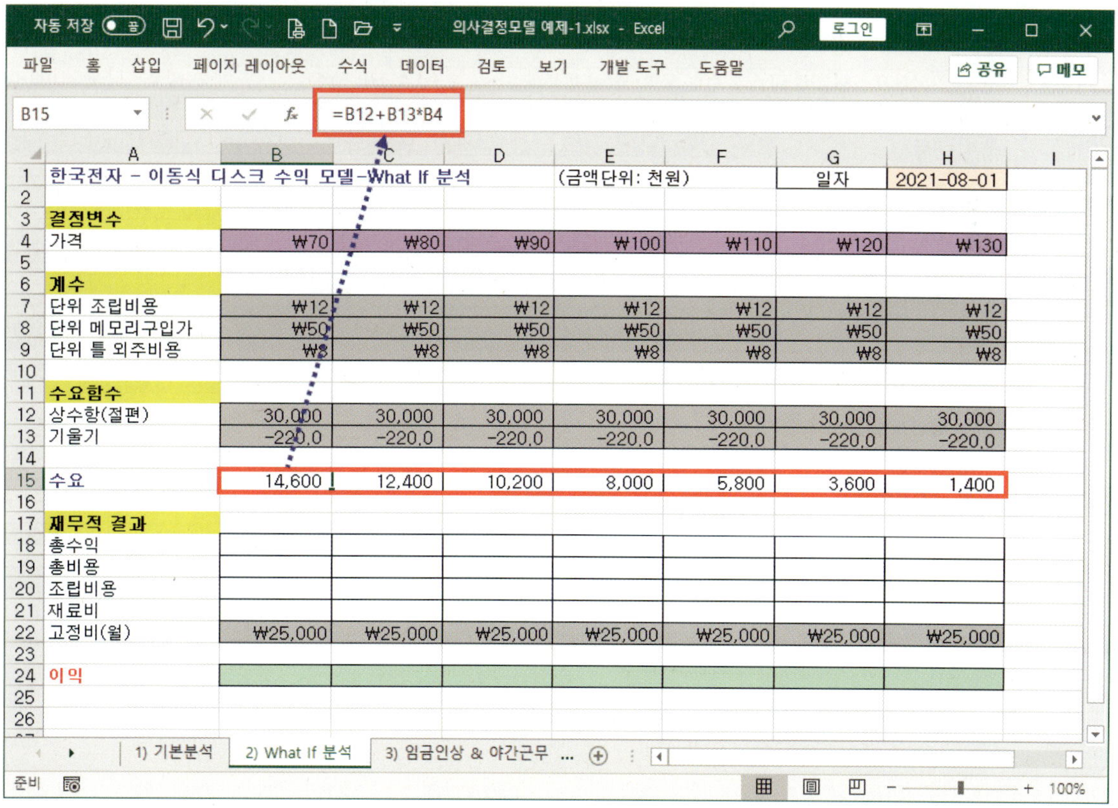

B15 =B12+B13*B4

| | A | B | C | D | E | F | G | H |
|---|---|---|---|---|---|---|---|---|
| 1 | 한국전자 – 이동식 디스크 수익 모델–What If 분석 | | | | (금액단위: 천원) | | 일자 | 2021-08-01 |
| 2 | | | | | | | | |
| 3 | 결정변수 | | | | | | | |
| 4 | 가격 | ₩70 | ₩80 | ₩90 | ₩100 | ₩110 | ₩120 | ₩130 |
| 5 | | | | | | | | |
| 6 | 계수 | | | | | | | |
| 7 | 단위 조립비용 | ₩12 | ₩12 | ₩12 | ₩12 | ₩12 | ₩12 | ₩12 |
| 8 | 단위 메모리구입가 | ₩50 | ₩50 | ₩50 | ₩50 | ₩50 | ₩50 | ₩50 |
| 9 | 단위 틀 외주비용 | ₩8 | ₩8 | ₩8 | ₩8 | ₩8 | ₩8 | ₩8 |
| 10 | | | | | | | | |
| 11 | 수요함수 | | | | | | | |
| 12 | 상수항(절편) | 30,000 | 30,000 | 30,000 | 30,000 | 30,000 | 30,000 | 30,000 |
| 13 | 기울기 | -220.0 | -220.0 | -220.0 | -220.0 | -220.0 | -220.0 | -220.0 |
| 14 | | | | | | | | |
| 15 | 수요 | 14,600 | 12,400 | 10,200 | 8,000 | 5,800 | 3,600 | 1,400 |
| 16 | | | | | | | | |
| 17 | 재무적 결과 | | | | | | | |
| 18 | 총수익 | | | | | | | |
| 19 | 총비용 | | | | | | | |
| 20 | 조립비용 | | | | | | | |
| 21 | 재료비 | | | | | | | |
| 22 | 고정비(월) | ₩25,000 | ₩25,000 | ₩25,000 | ₩25,000 | ₩25,000 | ₩25,000 | ₩25,000 |
| 23 | | | | | | | | |
| 24 | 이익 | | | | | | | |

1) 기본분석 | 2) What If 분석 | 3) 임금인상 & 야간근무 ...

② 총수익(B18~H18셀)

총수익은 이전과 같이 '가격×수요'가 된다. 따라서 각 셀의 총수익은 다음 식에 의해 계산된다.

B18셀(7만원) : = B4 * B15
C18셀(8만원) : = C4 * C15
D18셀(9만원) : = D4 * D15
E18셀(10만원) : = E4 * E15
F18셀(11만원) : = F4 * F15
G18셀(12만원) : = G4 * G15
H18셀(13만원) : = H4 * H15

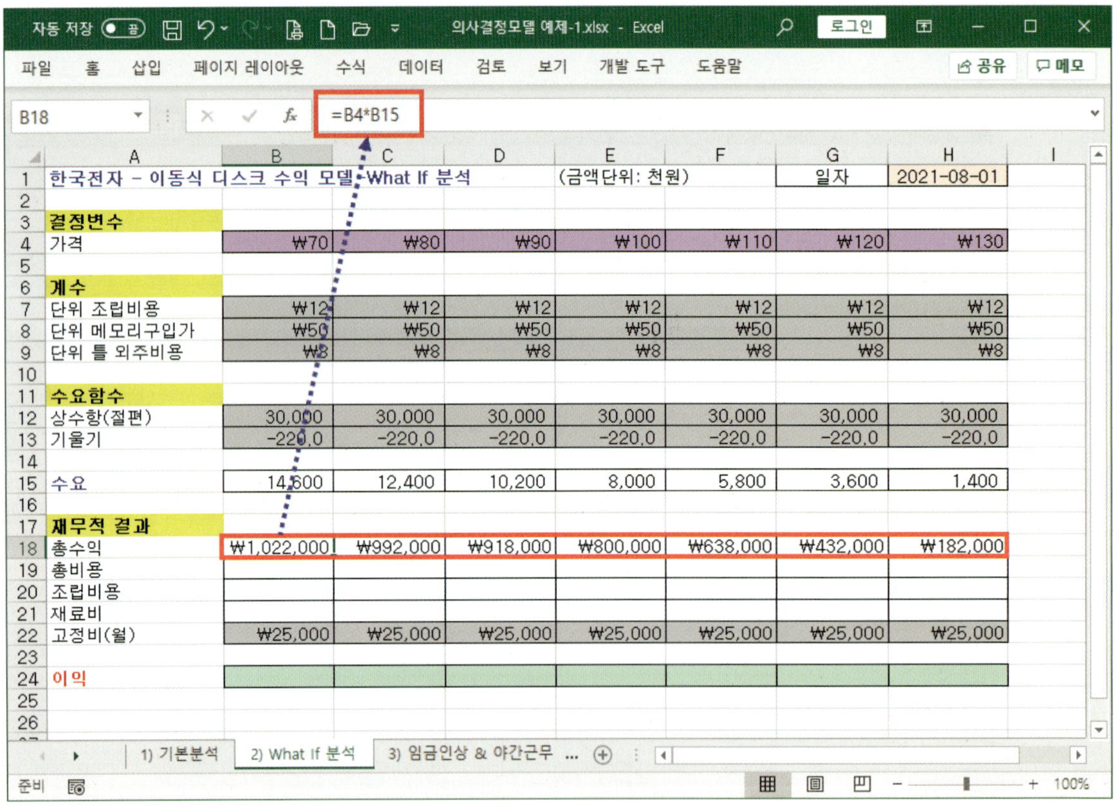

③ 총비용

- 조립비용(B20~H20셀)

총 조립비용은 '단위당 조립비용×수요'이므로 다음과 같이 각 셀에 입력하며 그 결과는 오른쪽과 같다.

B20셀(7만원) : = B7 * B15
C20셀(8만원) : = C7 * C15
D20셀(9만원) : = D7 * D15
E20셀(10만원) : = E7 * E15
F20셀(11만원) : = F7 * F15
G20셀(12만원) : = G7 * G15
H20셀(13만원) : = H7 * H15

- 재료비(B21~H21셀)

총 재료비는 '(단위당 메모리 구입가+단위당 성형틀 외주비용)×수요'가 되며 B21셀에서 H21셀에 다음과 같이 입력한다.

B21셀(7만원) : = (B8+B9) * B15
C21셀(8만원) : = (C8+C9) * C15
D21셀(9만원) : = (D8+D9) * D15
E21셀(10만원) : = (E8+E9) * E15
F21셀(11만원) : = (F8+F9) * F15
G21셀(12만원) : = (G8+G9) * G15
H21셀(13만원) : = (H8+H9) * H15

- 총비용(B19~H19셀)

총비용은 고정비를 포함하여 전체 세 가지 비용의 합이다. 아래 시트에서 비용 관련 입력 결과를 볼 수 있다.

B19셀(7만원) : = SUM(B20:B22)
C19셀(8만원) : = SUM(C20:C22)
D19셀(9만원) : = SUM(D20:D22)
E19셀(10만원) : = SUM(E20:E22)
F19셀(11만원) : = SUM(F20:F22)

G19셀(12만원) : = SUM(G20:G22)

H19셀(13만원) : = SUM(H20:H22)

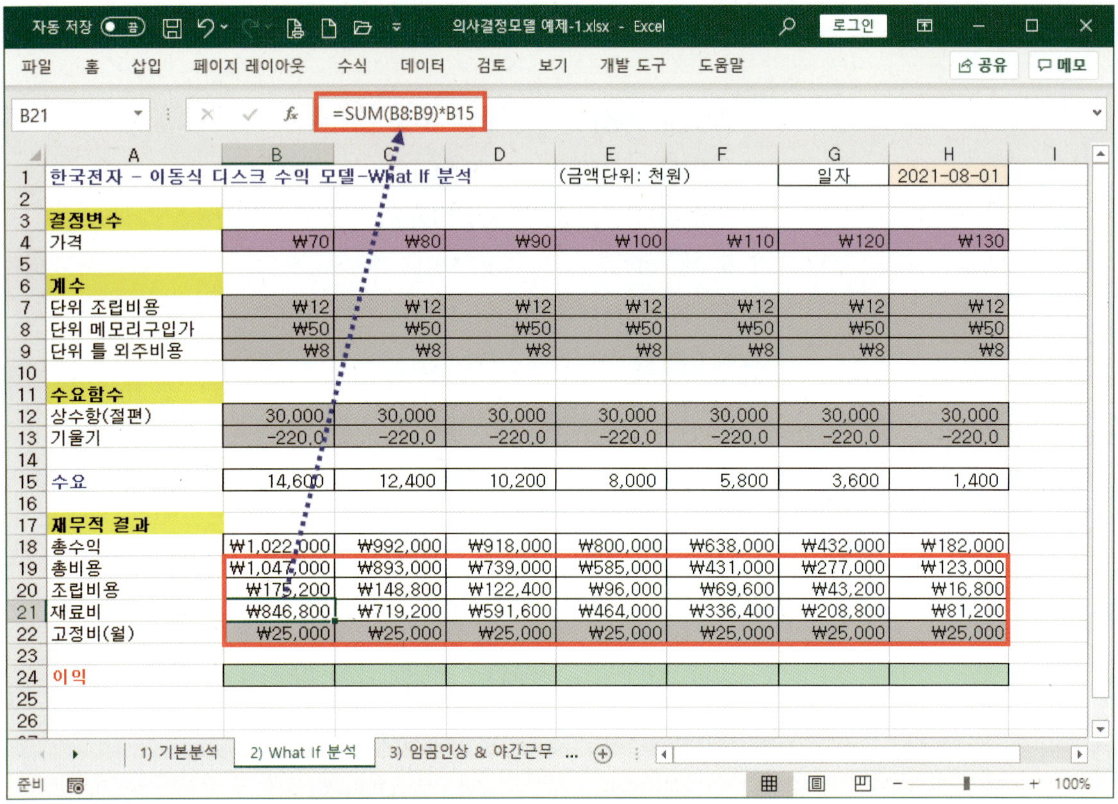


| | A | B | C | D | E | F | G | H |
|---|---|---|---|---|---|---|---|---|
| 1 | 한국전자 – 이동식 디스크 수익 모델–What If 분석 | | | | (금액단위: 천원) | | 일자 | 2021-08-01 |
| 2 | | | | | | | | |
| 3 | 결정변수 | | | | | | | |
| 4 | 가격 | ₩70 | ₩80 | ₩90 | ₩100 | ₩110 | ₩120 | ₩130 |
| 5 | | | | | | | | |
| 6 | 계수 | | | | | | | |
| 7 | 단위 조립비용 | ₩12 | ₩12 | ₩12 | ₩12 | ₩12 | ₩12 | ₩12 |
| 8 | 단위 메모리구입가 | ₩50 | ₩50 | ₩50 | ₩50 | ₩50 | ₩50 | ₩50 |
| 9 | 단위 틀 외주비용 | ₩8 | ₩8 | ₩8 | ₩8 | ₩8 | ₩8 | ₩8 |
| 10 | | | | | | | | |
| 11 | 수요함수 | | | | | | | |
| 12 | 상수항(절편) | 30,000 | 30,000 | 30,000 | 30,000 | 30,000 | 30,000 | 30,000 |
| 13 | 기울기 | -220.0 | -220.0 | -220.0 | -220.0 | -220.0 | -220.0 | -220.0 |
| 14 | | | | | | | | |
| 15 | 수요 | 14,600 | 12,400 | 10,200 | 8,000 | 5,800 | 3,600 | 1,400 |
| 16 | | | | | | | | |
| 17 | 재무적 결과 | | | | | | | |
| 18 | 총수익 | ₩1,022,000 | ₩992,000 | ₩918,000 | ₩800,000 | ₩638,000 | ₩432,000 | ₩182,000 |
| 19 | 총비용 | ₩1,047,000 | ₩893,000 | ₩739,000 | ₩585,000 | ₩431,000 | ₩277,000 | ₩123,000 |
| 20 | 조립비용 | ₩175,200 | ₩148,800 | ₩122,400 | ₩96,000 | ₩69,600 | ₩43,200 | ₩16,800 |
| 21 | 재료비 | ₩846,800 | ₩719,200 | ₩591,600 | ₩464,000 | ₩336,400 | ₩208,800 | ₩81,200 |
| 22 | 고정비(월) | ₩25,000 | ₩25,000 | ₩25,000 | ₩25,000 | ₩25,000 | ₩25,000 | ₩25,000 |
| 23 | | | | | | | | |
| 24 | 이익 | | | | | | | |
| 25 | | | | | | | | |
| 26 | | | | | | | | |

④ 이익(B24~H24셀)

이익은 '총수익－총비용'이므로 각 열별로 18행에서 19행의 값을 빼주면 된다.

B24셀(7만원) : = B18－B19

C24셀(8만원) : = C18－C19

D24셀(9만원) : = D18－D19

E24셀(10만원) : = E18－E19

F24셀(11만원) : = F18－F19

G24셀(12만원) : = G18－G19

H24셀(13만원) : = H18－H19

그러면 이제 최종적으로 What-If 워크시트가 완성되었다.

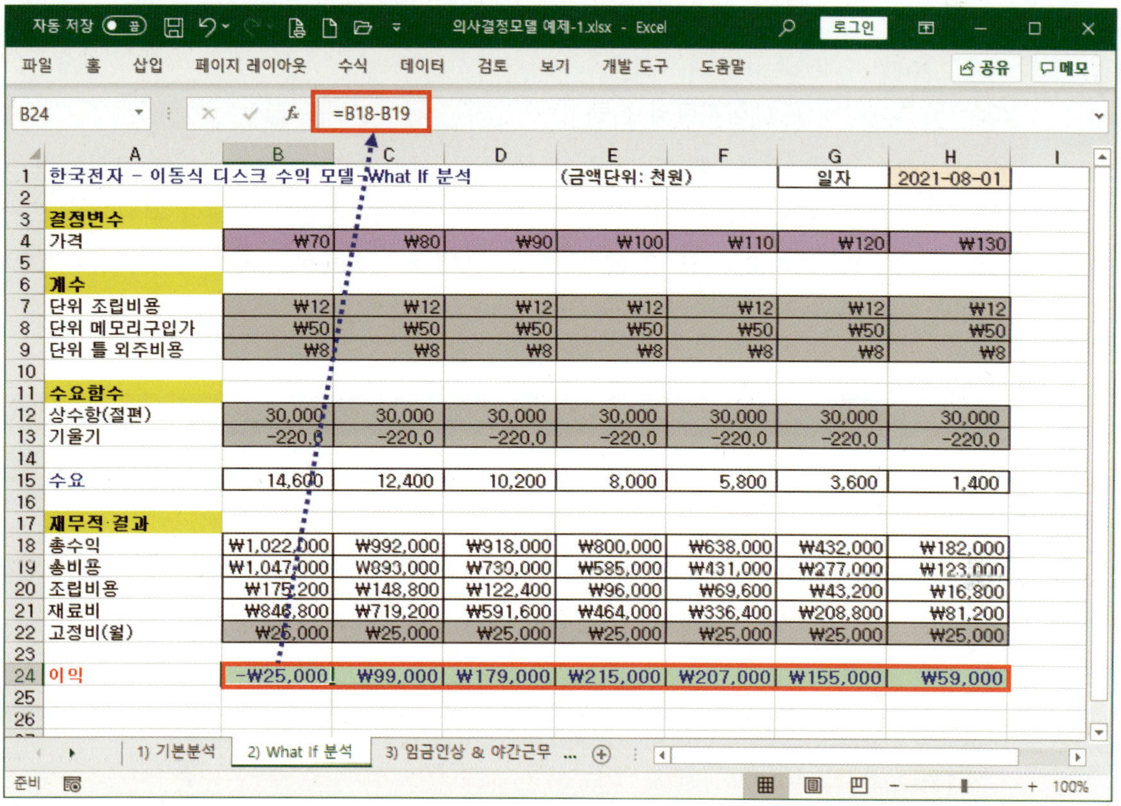

| | A | B | C | D | E | F | G | H |
|---|---|---|---|---|---|---|---|---|
| 1 | 한국전자 – 이동식 디스크 수익 모델-What If 분석 | | | | (금액단위: 천원) | | 일자 | 2021-08-01 |
| 2 | | | | | | | | |
| 3 | 결정변수 | | | | | | | |
| 4 | 가격 | ₩70 | ₩80 | ₩90 | ₩100 | ₩110 | ₩120 | ₩130 |
| 5 | | | | | | | | |
| 6 | 계수 | | | | | | | |
| 7 | 단위 조립비용 | ₩12 | ₩12 | ₩12 | ₩12 | ₩12 | ₩12 | ₩12 |
| 8 | 단위 메모리구입가 | ₩50 | ₩50 | ₩50 | ₩50 | ₩50 | ₩50 | ₩50 |
| 9 | 단위 틀 외주비용 | ₩8 | ₩8 | ₩8 | ₩8 | ₩8 | ₩8 | ₩8 |
| 10 | | | | | | | | |
| 11 | 수요함수 | | | | | | | |
| 12 | 상수항(절편) | 30,000 | 30,000 | 30,000 | 30,000 | 30,000 | 30,000 | 30,000 |
| 13 | 기울기 | -220.0 | -220.0 | -220.0 | -220.0 | -220.0 | -220.0 | -220.0 |
| 14 | | | | | | | | |
| 15 | 수요 | 14,600 | 12,400 | 10,200 | 8,000 | 5,800 | 3,600 | 1,400 |
| 16 | | | | | | | | |
| 17 | 재무적 결과 | | | | | | | |
| 18 | 총수익 | ₩1,022,000 | ₩992,000 | ₩918,000 | ₩800,000 | ₩638,000 | ₩432,000 | ₩182,000 |
| 19 | 총비용 | ₩1,047,000 | ₩893,000 | ₩739,000 | ₩585,000 | ₩431,000 | ₩277,000 | ₩123,000 |
| 20 | 조립비용 | ₩175,200 | ₩148,800 | ₩122,400 | ₩96,000 | ₩69,600 | ₩43,200 | ₩16,800 |
| 21 | 재료비 | ₩846,800 | ₩719,200 | ₩591,600 | ₩464,000 | ₩336,400 | ₩208,800 | ₩81,200 |
| 22 | 고정비(월) | ₩25,000 | ₩25,000 | ₩25,000 | ₩25,000 | ₩25,000 | ₩25,000 | ₩25,000 |
| 23 | | | | | | | | |
| 24 | 이익 | -₩25,000 | ₩99,000 | ₩179,000 | ₩215,000 | ₩207,000 | ₩155,000 | ₩59,000 |



각 가격대별로 24행에 있는 이익을 살펴보면, 가격이 7만원일 때에는 수요는 크지만 가격이 낮아 손해를 보는 것을 알 수 있다. 10만원까지 가격을 인상하면 수요는 줄지만 가격의 상승분이 더 반영되어 이익은 증가하여 10만원에서 최대의 이익을 가져다준다. 그러나 11만원 이상으로 가격을 인상하면 수요의 감소로 전체 이익이 오히려 줄어드는 것을 알 수 있다. 따라서 최대의 이익은 가격을 10만원으로 하였을 때 발생하며, 가격을 8만원으로 하였을 때보다 1억 1,600만원의 추가이익을 가져오게 된다.

이제 가격대별로 총수익, 총비용, 그리고 이익의 그래프를 작성하여 이들이 어떻게 서로 상호작용을 하는지 살펴보도록 한다.

## 2) 그래프의 작성

① 대상자료의 선택

작성할 자료는 총수익, 총비용, 이익이므로 행의 제목을 포함하면 A18:H19 영역과 A24:H24 영역이 된다. 연속하지 않은 셀들을 선택할 때에는 Ctrl 키를 사용한다. 그리고 이때 각 행의 제목인 A열을 포함하므로 차트마법사에서 따로 자료 계열의 제목을 기입하지 않아도 된다.

| | A | B | C | D | E | F | G | H |
|---|---|---|---|---|---|---|---|---|
| 1 | 한국전자 - 이동식 디스크 수익 모델-What If 분석 | | | | (금액단위: 천원) | | 일자 | 2021-08-01 |
| 2 | | | | | | | | |
| 3 | 결정변수 | | | | | | | |
| 4 | 가격 | ₩70 | ₩80 | ₩90 | ₩100 | ₩110 | ₩120 | ₩130 |
| 5 | | | | | | | | |
| 6 | 계수 | | | | | | | |
| 7 | 단위 조립비용 | ₩12 | ₩12 | ₩12 | ₩12 | ₩12 | ₩12 | ₩12 |
| 8 | 단위 메모리구입가 | ₩50 | ₩50 | ₩50 | ₩50 | ₩50 | ₩50 | ₩50 |
| 9 | 단위 틀 외주비용 | ₩8 | ₩8 | ₩8 | ₩8 | ₩8 | ₩8 | ₩8 |
| 10 | | | | | | | | |
| 11 | 수요함수 | | | | | | | |
| 12 | 상수항(절편) | 30,000 | 30,000 | 30,000 | 30,000 | 30,000 | 30,000 | 30,000 |
| 13 | 기울기 | -220.0 | -220.0 | -220.0 | -220.0 | -220.0 | -220.0 | -220.0 |
| 14 | | | | | | | | |
| 15 | 수요 | 14,600 | 12,400 | 10,200 | 8,000 | 5,800 | 3,600 | 1,400 |
| 16 | | | | | | | | |
| 17 | 재무적 결과 | | | | | | | |
| 18 | 총수익 | ₩1,022,000 | ₩992,000 | ₩918,000 | ₩800,000 | ₩638,000 | ₩432,000 | ₩182,000 |
| 19 | 총비용 | ₩1,047,000 | ₩893,000 | ₩739,000 | ₩585,000 | ₩431,000 | ₩277,000 | ₩123,000 |
| 20 | 조립비용 | ₩175,200 | ₩148,800 | ₩122,400 | ₩96,000 | ₩69,600 | ₩43,200 | ₩16,800 |
| 21 | 재료비 | ₩846,800 | ₩719,200 | ₩591,600 | ₩464,000 | ₩336,400 | ₩208,800 | ₩81,200 |
| 22 | 고정비(월) | ₩25,000 | ₩25,000 | ₩25,000 | ₩25,000 | ₩25,000 | ₩25,000 | ₩25,000 |
| 23 | | | | | | | | |
| 24 | 이익 | -₩25,000 | ₩99,000 | ₩179,000 | ₩215,000 | ₩207,000 | ₩155,000 | ₩59,000 |
| 25 | | | | | | | | |
| 26 | | | | | | | | |

② 그래프 선택

'[삽입]탭'을 선택하고, 추세를 관찰하기 위한 것이므로 추세 차트의 종류 중에서 '꺾은선형' 중 '표식이 있는 꺾은선형'을 선택한다. 그러면 자동으로 데이터 워크시트 안에 차트가 작게 작성된다.

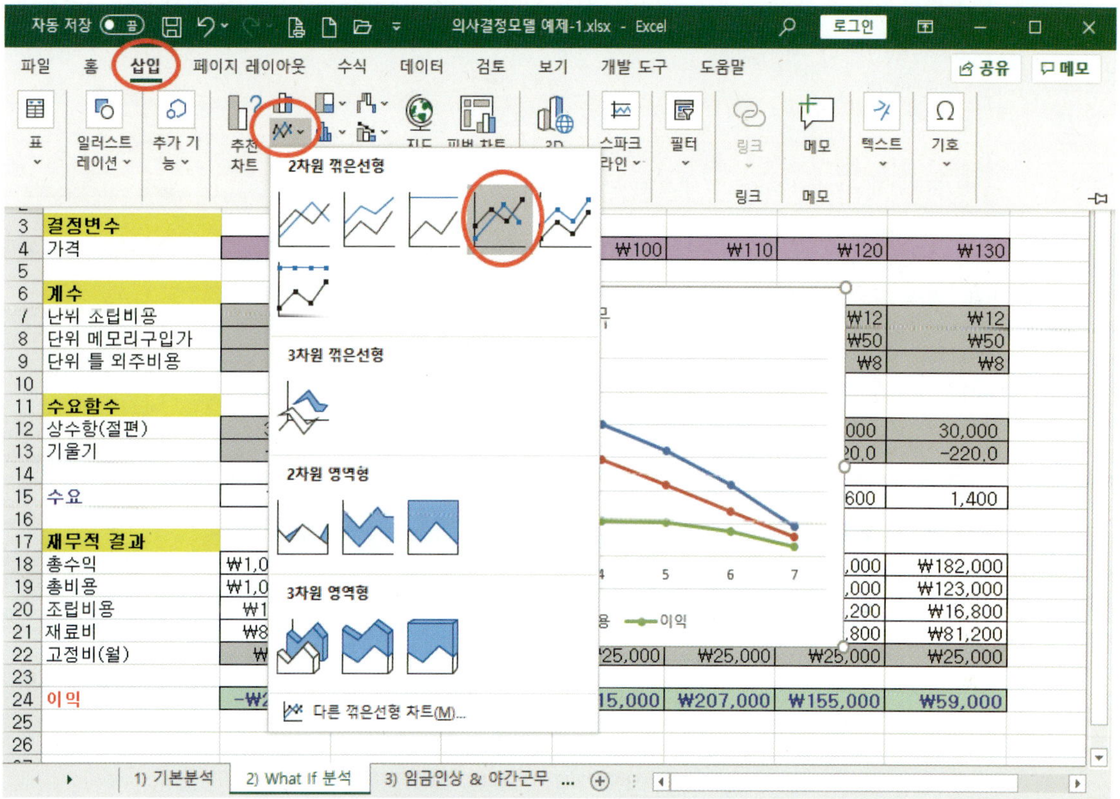

차트가 작성되면 오른쪽에 '[차트 디자인]탭'과 '[서식]탭'이 새로이 형성되는데, 이들 탭을 이용하여 다양하게 차트의 디자인과 모양을 바꿀 수 있다.

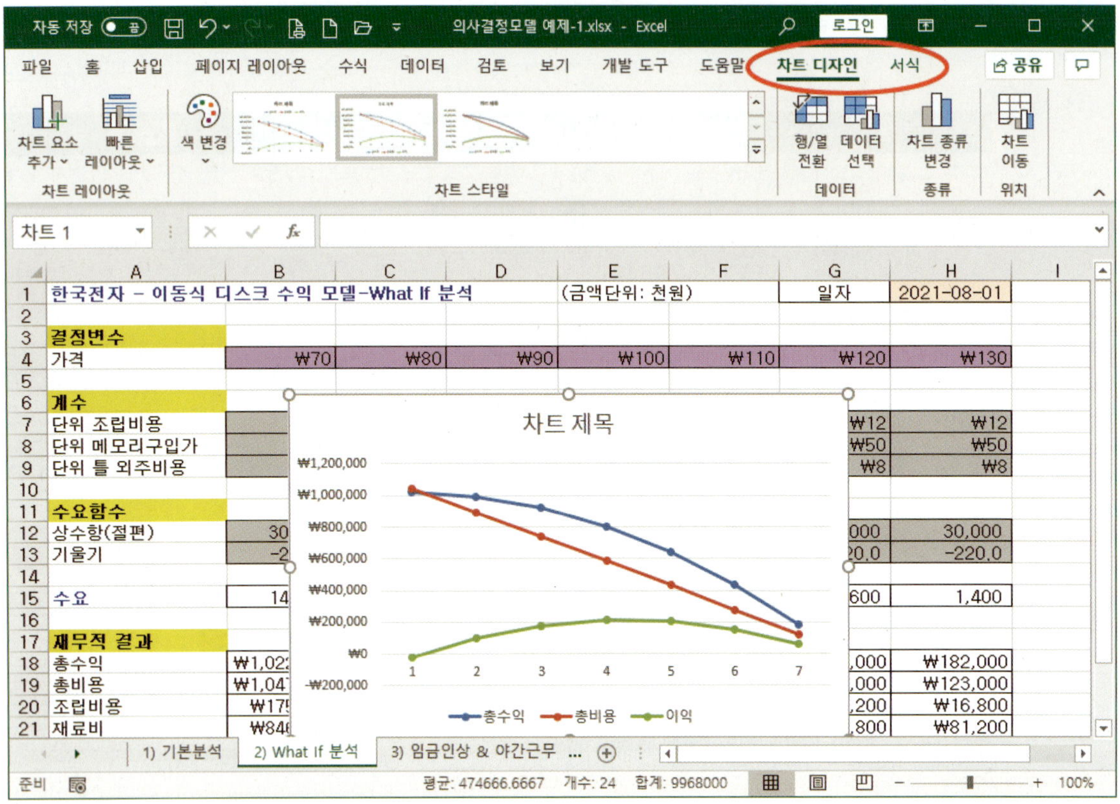

③ 계열 이름 및 가로(항목)축 레이블 설정

차트를 선택하고 '[차트 디자인]탭'의 '데이터 선택'을 클릭한다.

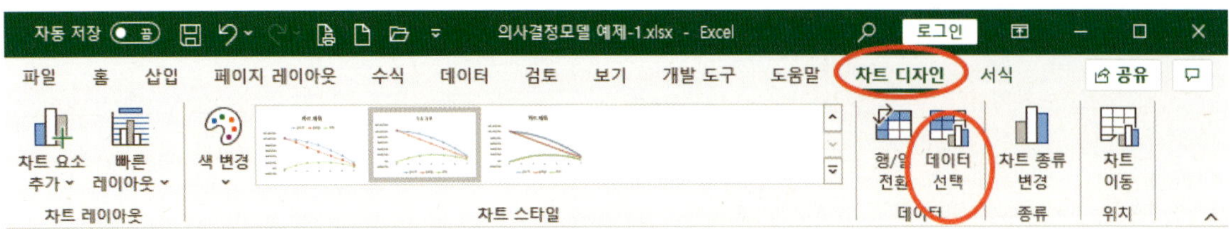

그러면 아래와 같이 '데이터 원본 선택' 창이 나타나 데이터에 대한 지정을 할 수 있다.

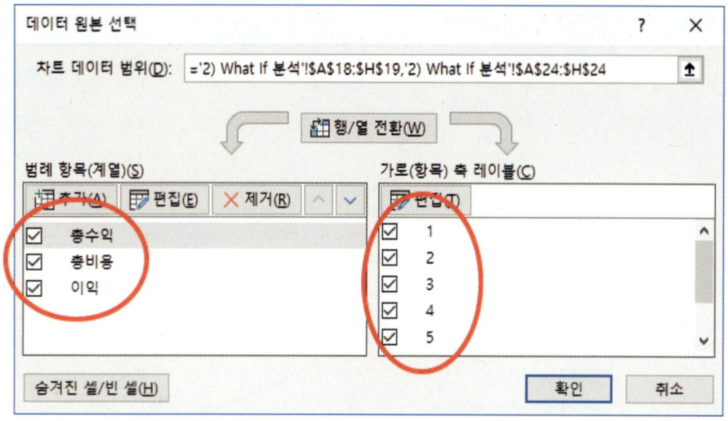


데이터 계열(총수익, 총비용, 이익을 각각 말함)의 제목은 왼쪽 '범례 항목(계열)' 창에서 보듯이 행 제목을 선택하여 차트를 삽입하였으므로 계열의 제목이 이미 표시되어 있어 여기에서 따로 입력할 필요가 없다. 그러나 가로축 레이블의 경우에는 오른쪽의 '가로(항목)축 레이블' 창에서 보듯이 자료의 순서대로 **1, 2, 3**, ...으로 되어 있어 어떤 가격에서의 총수익, 총비용, 이익인가를 알 수 없기 때문에 당연히 가로축 레이블(즉, 가격)을 구체적으로 나타내어야 한다. '가로(항목)축 레이블'은 가격이 되어야 하므로 '편집' 버튼을 클릭하고 아래와 같이 'B4:H4' 영역을 드래그하여 입력한다. 이때에는 가로축의 단위인 가격만 입력되어야 하므로 행의 제목인 A4셀은 포함하지 않는다.

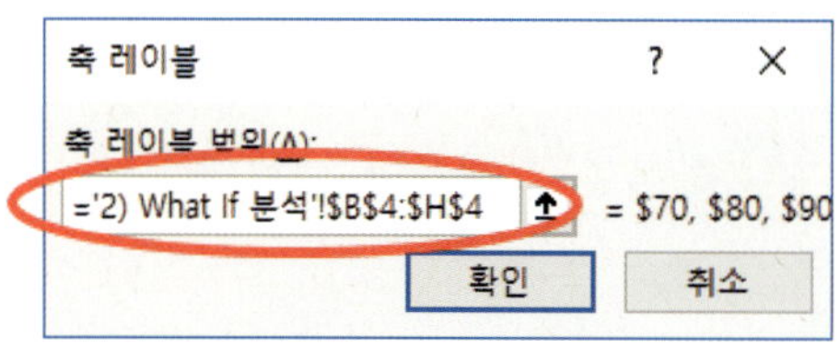


④ 차트 제목 및 축 이름 지정

다음과 같이 차트 제목과 축 이름을 입력한다.

- 차트 제목 : 이익 분석
- 가로축 제목 : 가격(1,000원)
- 세로축 제목 : 금액(1,000원)

⑤ 차트의 위치 설정

아래와 같이 '2-1) What If 분석 차트' 시트를 만들고 차트를 삽입한다.

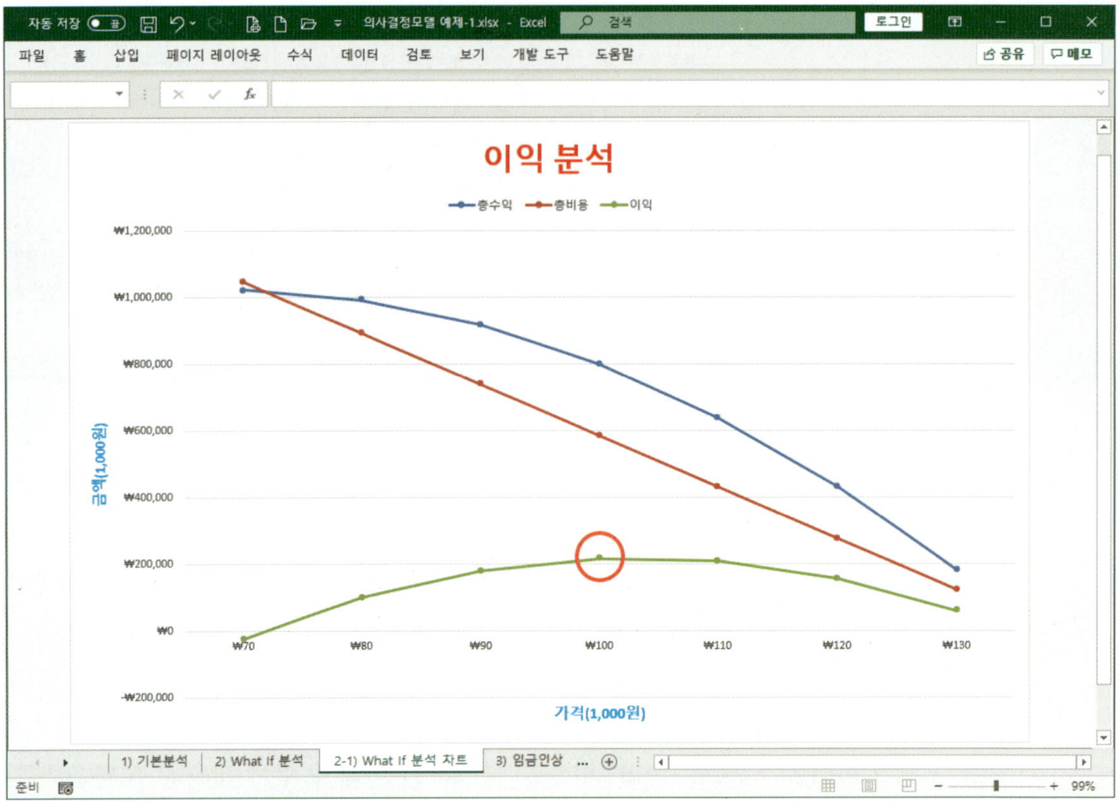


⑥ 그래프 분석

- 총수익 : 위 그래프에서 총수익은 아래와 같이 가격의 이차함수이므로 곡선을 그리는 것을 알 수 있다. 그리고 이차항의 상수항이 음수값이므로 위로 볼록한 그래프를 그린다.

$$
\begin{aligned}
\text{총수익} &= \text{수요} \times \text{가격} \\
&= (30{,}000 - 220 \times \text{가격}) \times \text{가격} \\
&= 30{,}000 \times \text{가격} - 220 \times \text{가격}^2
\end{aligned}
$$

총수익 식에서 가격이 30,000/440천원, 즉 68.182천원일 때 총수익이 최대의 값을 가지는 것을 알 수 있다.

- 총비용 : 반면에 비용은 수요의 일차함수이고, 수요는 가격의 일차함수이므로, 비용과 가격은 서로 일차함수를 나타낸다. 그런데 가격이 증가하면 수요가 감소하므로 비용은 기울기가 음수값인 직선을 나타낸다. 두 그래프가 만날 때의 가격이 바로 이익이 '0'이 되는 가격수준이다.
- 이익 : 이제 이익의 그래프를 살펴보면, 총수익에서 총비용을 뺀 크기라는 것을 알 수 있다. 이익은 가격이 7만원을 약간 넘어서면 순익으로 전환하여 10만원 정도에서 최대의 이익을 내게 된다. 또 가격이 13만원을 넘어서면 다시 7만원대에서와 같이 손실이 발생할 것이라는 것을 보여준다. 이렇게 What-If 분석과 그래프 분석을 통하여 이동식 디스크의 가격은 현재의 원가와 비용 구조에서 10만원이 최적 가격이라는 것을 알 수 있다.

## (3) What-If 분석 : 임금인상과 야간 근무수당 지급시

**'3) 임금인상 & 야간 근무수당 지급' 워크시트 사용**

최근 노사의 임금협상 결과 생산라인에서의 조립임금이 단위당 1만 2천원에서 1만 5천원으로 인상되었다. 그리고 지금까지는 야간에 작업해도 추가수당의 지불이 없었지만 앞으로는 야간에 근무하게 될 경우 야근수당을 지급하기로 결정하였으며, 야근할 경우 주간 조립임금의 50%를 추가지급하기로 하였다. 현재 생산인원으로 보아 월 7,000개까지는 야근 없이 생산할 수 있으나 7,000개를 넘어설 경우에는 야근이 불가피한 것으로 조사되었다. 따라서 월 7,000개 이상 생산할 경우, 초과 생산분에 대하여 야근수당(즉, 단위당 7천5백원 추가지급)을 지급하기로 하였다. 그리고 고정비도 전기료, 공공요금 등 기타 물가의 인상으로 인하여 월 2천5백만원에서 3천만원으로 인상되었다. 이제 이동식 디스크의 최적 가격은 얼마인가? 그리고 그때의 이익은 얼마인지 알아보시오.

### 1) 워크시트의 작성

인상된 조립비용과 야근수당의 설정, 그리고 고정비 증가를 반영한 워크시트를 다음과 같이 작성하였다. B8:H8 영역의 단위 메모리 구입가, B9:H9 영역의 성형틀 외주비용, B15:H15 영역의 수요, 그리고 B22:H22 영역의 총수익은 (2)의 문제에서와 동일한 방법으로 입력하였다. 그리고 새로이 18행에 주간근무로만 생산할 수 있는 생산 한계량인 7,000을 입력하였고, 19행에는 주간 임금의 1.5배를 의미하는 야간임금비율을 입력하였다.

24행의 전체 조립비용을 제외한 모든 계산식은 미리 입력해 놓았다.

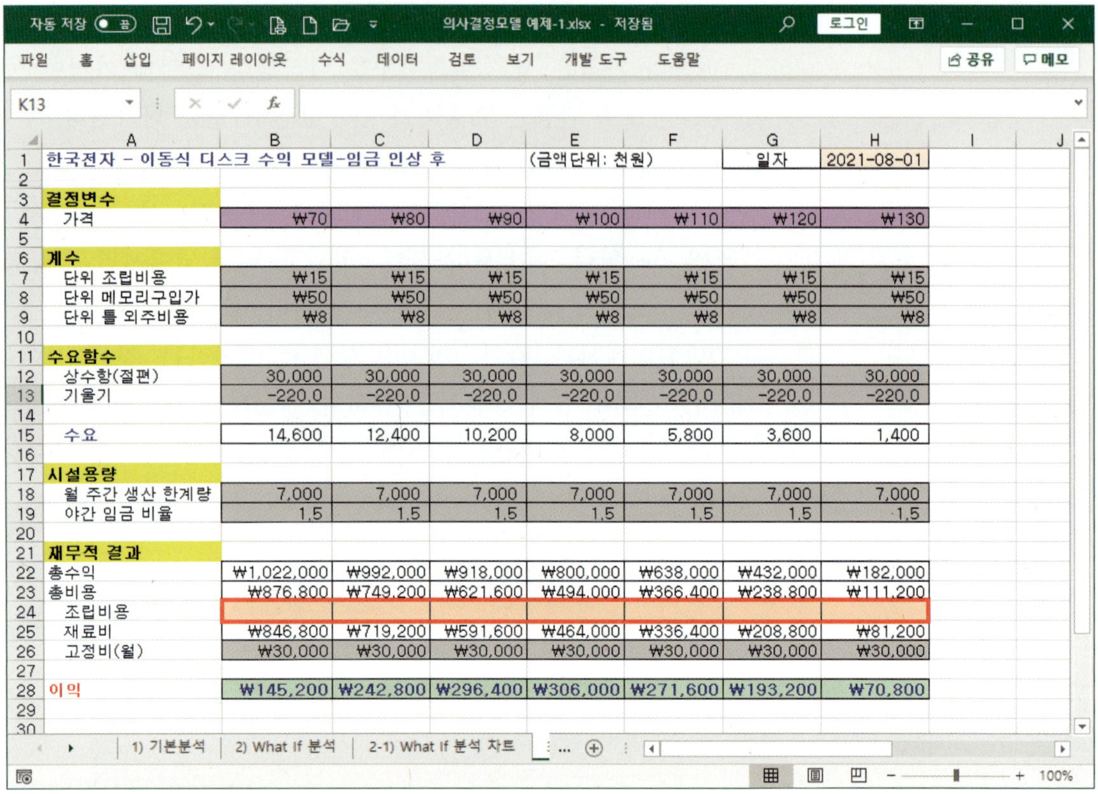

| | A | B | C | D | E | F | G | H |
|---|---|---|---|---|---|---|---|---|
| 1 | 한국전자 – 이동식 디스크 수익 모델-임금 인상 후 | | | | (금액단위: 천원) | | 일자 | 2021-08-01 |
| 2 | | | | | | | | |
| 3 | 결정변수 | | | | | | | |
| 4 | 가격 | ₩70 | ₩80 | ₩90 | ₩100 | ₩110 | ₩120 | ₩130 |
| 5 | | | | | | | | |
| 6 | 계수 | | | | | | | |
| 7 | 단위 조립비용 | ₩15 | ₩15 | ₩15 | ₩15 | ₩15 | ₩15 | ₩15 |
| 8 | 단위 메모리구입가 | ₩50 | ₩50 | ₩50 | ₩50 | ₩50 | ₩50 | ₩50 |
| 9 | 단위 틀 외주비용 | ₩8 | ₩8 | ₩8 | ₩8 | ₩8 | ₩8 | ₩8 |
| 10 | | | | | | | | |
| 11 | 수요함수 | | | | | | | |
| 12 | 상수항(절편) | 30,000 | 30,000 | 30,000 | 30,000 | 30,000 | 30,000 | 30,000 |
| 13 | 기울기 | -220.0 | -220.0 | -220.0 | -220.0 | -220.0 | -220.0 | -220.0 |
| 14 | | | | | | | | |
| 15 | 수요 | 14,600 | 12,400 | 10,200 | 8,000 | 5,800 | 3,600 | 1,400 |
| 16 | | | | | | | | |
| 17 | 시설용량 | | | | | | | |
| 18 | 월 주간 생산 한계량 | 7,000 | 7,000 | 7,000 | 7,000 | 7,000 | 7,000 | 7,000 |
| 19 | 야간 임금 비율 | 1.5 | 1.5 | 1.5 | 1.5 | 1.5 | 1.5 | 1.5 |
| 20 | | | | | | | | |
| 21 | 재무적 결과 | | | | | | | |
| 22 | 총수익 | ₩1,022,000 | ₩992,000 | ₩918,000 | ₩800,000 | ₩638,000 | ₩432,000 | ₩182,000 |
| 23 | 총비용 | ₩876,800 | ₩749,200 | ₩621,600 | ₩494,000 | ₩366,400 | ₩238,800 | ₩111,200 |
| 24 | 조립비용 | | | | | | | |
| 25 | 재료비 | ₩846,800 | ₩719,200 | ₩591,600 | ₩464,000 | ₩336,400 | ₩208,800 | ₩81,200 |
| 26 | 고정비(월) | ₩30,000 | ₩30,000 | ₩30,000 | ₩30,000 | ₩30,000 | ₩30,000 | ₩30,000 |
| 27 | | | | | | | | |
| 28 | 이익 | ₩145,200 | ₩242,800 | ₩296,400 | ₩306,000 | ₩271,600 | ₩193,200 | ₩70,800 |

- 총비용 중 조립비용

◑ 조립비용(B24~H24셀)

조립비용은 월 생산량이 7,000개 이상일 때와 이하일 때로 나누어 계산된다.

- 월 생산량이 7,000개 이하일 때 : '생산량×15천원'이 된다.
- 월 생산량이 7,000개 이상일 때 : 월 생산량 7,000개까지는 단위당 15천원의 조립비용이 들고, 7,000개를 초과하는 생산량에 대하여는 단위당 '15천원×야간임금비율(1.5)'의 조립비용이 더 소요된다. 따라서 조립비용(천원)은

$$=7{,}000 \times 15 + (\text{생산량} - 7{,}000) \times 15 \times \text{야간임금비율}(1.5)$$

이 된다. 그런데 한국전자는 수요만큼만 생산하므로 월 수요가 곧 생산량이 된다. 따라서 가격 7만원일 때의 조립비용을 나타내는 B24셀에 들어갈 식을 작성하면 다음과 같다.

B24셀(7만원) : = IF(B15>=B18, B18 * B7+(B15−B18) * (B7 * B19), B15* B7)

여기에서 생산량이 7,000개를 초과할 경우인 두 번째 인수를 설명하면 다음과 같다.

- B18 * B7 : 7,000개까지의 총조립비용을 의미한다. 7,000개까지는 그냥 15천원의 임금을 지급하므로 7,000개분의 생산량의 총조립비용은 '7,000×15'천원이 됨을 나타낸다.
- (B15－B18) * (B7 * B19) : 7,000개를 초과하는 생산량분에 대한 총조립비용을 의미한다. (B15－B18)은 '생산량(수요)－7,000'개를 의미하며, (B7 * B19)는 '15×1.5'천원인 야간의 단위당 조립비용을 나타낸다.

따라서 위의 두 항목을 합하면 생산수량이 7,000개가 넘을 때의 총조립비용을 구하게 된다. 같은 방법으로 C24셀에서 H24셀에 식을 입력하면 다음과 같다.

C24셀(8만원) : ＝IF(C15>＝C18, C18 * C7＋(C15－C18) * (C7 * C19), C15 * C7)
D24셀(9만원) : ＝IF(D15>＝D18, D18 * D7＋(D15－D18) * (D7 * D19), D15 * D7)
E24셀(10만원) : ＝IF(E15>＝E18, E18 * E7＋(E15－E18) * (E7 * E19), E15 * E7)
F24셀(11만원) : ＝IF(F15>＝F18, F18 * F7＋(F15－F18) * (F7 * F19), F15 * F7)
G24셀(12만원) : ＝IF(G15>＝G18, G18 * G7＋(G15－G18) * (G7 * G19), G15 * G7)
H24셀(13만원) : ＝IF(H15>＝H18, H18 * H7＋(H15－H18) * (H7 * H19), H15 * H7)

다른 입력식은 이미 모두 기입되어 있으므로 28행에 최종적으로 각 가격에 따른 이익이 나타나 있음을 알 수 있다. 따라서 이제 최종적으로 임금협상에 의하여 달라진 단위당 조립비용, 야근수당의 지불, 그리고 고정비의 증가로 인한 변화를 고려한 최종적인 What-If 분석이 완료되었다.

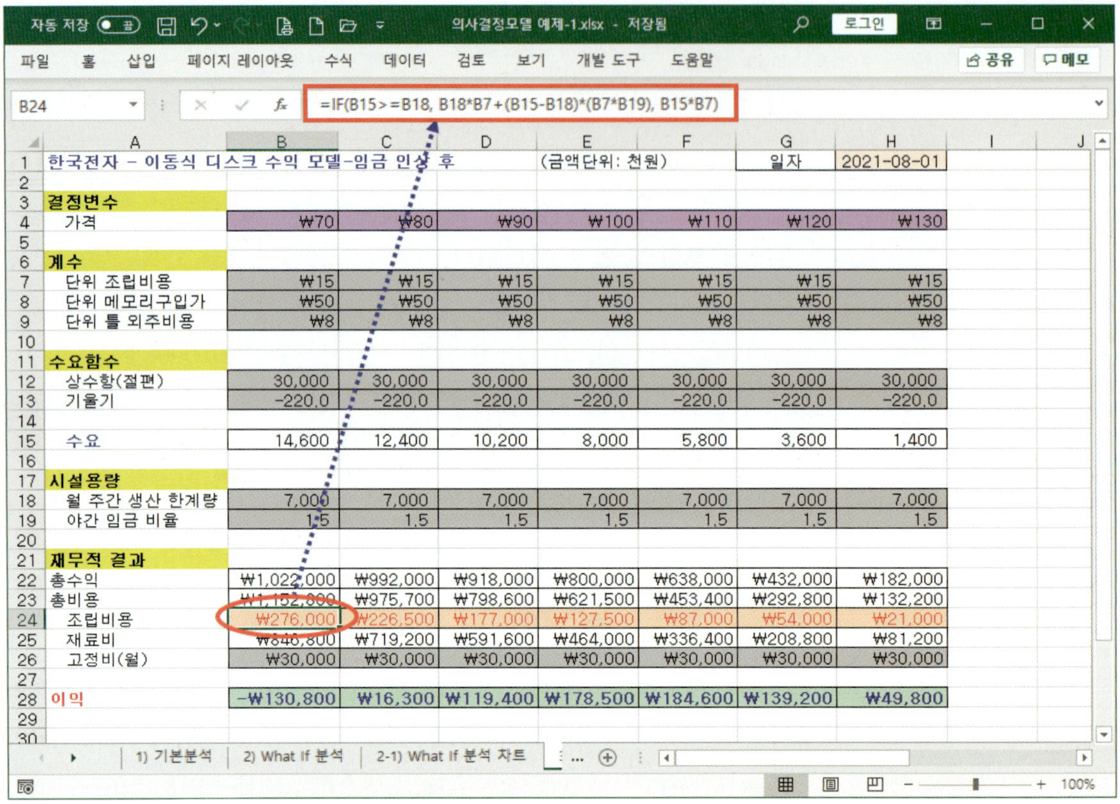

B24: =IF(B15>=B18, B18*B7+(B15-B18)*(B7*B19), B15*B7)

| | A | B | C | D | E | F | G | H |
|---|---|---|---|---|---|---|---|---|
| 1 | 한국전자 – 이동식 디스크 수익 모델–임금 인상 후 | | | | (금액단위: 천원) | | 일자 | 2021-08-01 |
| 2 | | | | | | | | |
| 3 | 결정변수 | | | | | | | |
| 4 | 가격 | ₩70 | ₩80 | ₩90 | ₩100 | ₩110 | ₩120 | ₩130 |
| 5 | | | | | | | | |
| 6 | 계수 | | | | | | | |
| 7 | 단위 조립비용 | ₩15 | ₩15 | ₩15 | ₩15 | ₩15 | ₩15 | ₩15 |
| 8 | 단위 메모리구입가 | ₩50 | ₩50 | ₩50 | ₩50 | ₩50 | ₩50 | ₩50 |
| 9 | 단위 틀 외주비용 | ₩8 | ₩8 | ₩8 | ₩8 | ₩8 | ₩8 | ₩8 |
| 10 | | | | | | | | |
| 11 | 수요함수 | | | | | | | |
| 12 | 상수항(절편) | 30,000 | 30,000 | 30,000 | 30,000 | 30,000 | 30,000 | 30,000 |
| 13 | 기울기 | -220.0 | -220.0 | -220.0 | -220.0 | -220.0 | -220.0 | -220.0 |
| 14 | | | | | | | | |
| 15 | 수요 | 14,600 | 12,400 | 10,200 | 8,000 | 5,800 | 3,600 | 1,400 |
| 16 | | | | | | | | |
| 17 | 시설용량 | | | | | | | |
| 18 | 월 주간 생산 한계량 | 7,000 | 7,000 | 7,000 | 7,000 | 7,000 | 7,000 | 7,000 |
| 19 | 야간 임금 비율 | 1.5 | 1.5 | 1.5 | 1.5 | 1.5 | 1.5 | 1.5 |
| 20 | | | | | | | | |
| 21 | 재무적 결과 | | | | | | | |
| 22 | 총수익 | ₩1,022,000 | ₩992,000 | ₩918,000 | ₩800,000 | ₩638,000 | ₩432,000 | ₩182,000 |
| 23 | 총비용 | ₩1,152,800 | ₩975,700 | ₩798,600 | ₩621,500 | ₩453,400 | ₩292,800 | ₩132,200 |
| 24 | 조립비용 | ₩276,000 | ₩226,500 | ₩177,000 | ₩127,500 | ₩87,000 | ₩54,000 | ₩21,000 |
| 25 | 재료비 | ₩846,800 | ₩719,200 | ₩591,600 | ₩464,000 | ₩336,400 | ₩208,800 | ₩81,200 |
| 26 | 고정비(월) | ₩30,000 | ₩30,000 | ₩30,000 | ₩30,000 | ₩30,000 | ₩30,000 | ₩30,000 |
| 27 | | | | | | | | |
| 28 | 이익 | -₩130,800 | ₩16,300 | ₩119,400 | ₩178,500 | ₩184,600 | ₩139,200 | ₩49,800 |

임금협상 결과 이전에 비하여 아래와 같이 가격대별로 이익이 변하였음을 알 수 있다.

(단위 : 천원)

| 이익 \ 가격 | 70 | 80 | 90 | 100 | 110 | 120 | 130 |
|---|---|---|---|---|---|---|---|
| 임금인상 전 | −25,000 | 99,000 | 179,000 | **215,000** | 207,000 | 155,000 | 59,000 |
| 임금인상 후 | −130,800 | 16,300 | 119,400 | 178,500 | **184,600** | 139,200 | 49,800 |

임금인상 전과 다르게 가격이 11만원에서 184,600천원의 최대 이익이 발생하고 있음을 알 수 있다. 그러나 임금인상 후에는 임금인상 전과 달리, 가격이 9만원에서 이익이 이전에 비해 상당히 줄어든 것을 볼 수 있다. 그러나 가격을 8만원으로 인하하거나 또는 13만원으로 인상할 때에는 이전과 같이 이익에 급격한 감소가 온다는 것을 알 수 있다.

## 2) 그래프의 작성

**완성된 '3) 임금인상 & 야간 근무수당 지급' 워크시트 사용**

① 대상자료의 선택

What-If 분석에서와 같이 작성할 자료는 총수익, 총비용, 이익이므로 A22:H23 영역과 A28:H28 영역이 된다. Ctrl 키를 사용하여 이들 영역을 한꺼번에 선택한다.

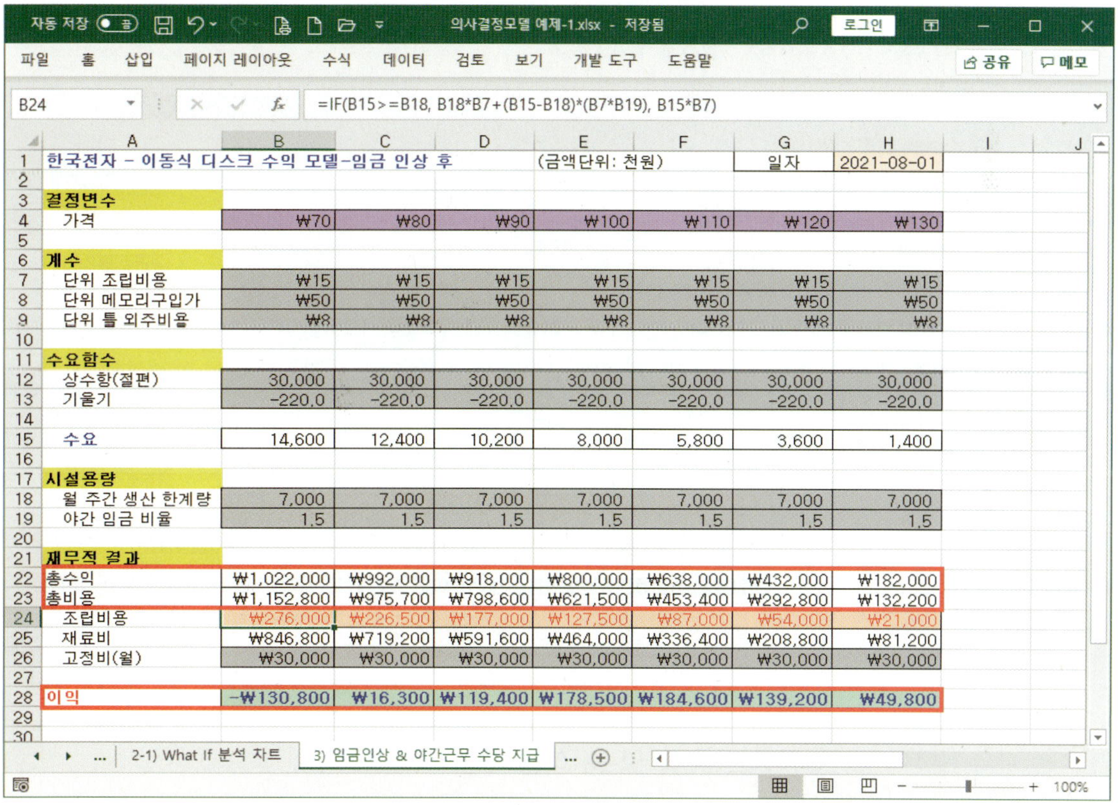

B24 =IF(B15>=B18, B18*B7+(B15-B18)*(B7*B19), B15*B7)

| | A | B | C | D | E | F | G | H |
|---|---|---|---|---|---|---|---|---|
| 1 | 한국전자 – 이동식 디스크 수익 모델-임금 인상 후 | | | | (금액단위: 천원) | | 일자 | 2021-08-01 |
| 2 | | | | | | | | |
| 3 | 결정변수 | | | | | | | |
| 4 | 가격 | ₩70 | ₩80 | ₩90 | ₩100 | ₩110 | ₩120 | ₩130 |
| 5 | | | | | | | | |
| 6 | 계수 | | | | | | | |
| 7 | 단위 조립비용 | ₩15 | ₩15 | ₩15 | ₩15 | ₩15 | ₩15 | ₩15 |
| 8 | 단위 메모리구입가 | ₩50 | ₩50 | ₩50 | ₩50 | ₩50 | ₩50 | ₩50 |
| 9 | 단위 틀 외주비용 | ₩8 | ₩8 | ₩8 | ₩8 | ₩8 | ₩8 | ₩8 |
| 10 | | | | | | | | |
| 11 | 수요함수 | | | | | | | |
| 12 | 상수항(절편) | 30,000 | 30,000 | 30,000 | 30,000 | 30,000 | 30,000 | 30,000 |
| 13 | 기울기 | -220.0 | -220.0 | -220.0 | -220.0 | -220.0 | -220.0 | -220.0 |
| 14 | | | | | | | | |
| 15 | 수요 | 14,600 | 12,400 | 10,200 | 8,000 | 5,800 | 3,600 | 1,400 |
| 16 | | | | | | | | |
| 17 | 시설용량 | | | | | | | |
| 18 | 월 주간 생산 한계량 | 7,000 | 7,000 | 7,000 | 7,000 | 7,000 | 7,000 | 7,000 |
| 19 | 야간 임금 비율 | 1.5 | 1.5 | 1.5 | 1.5 | 1.5 | 1.5 | 1.5 |
| 20 | | | | | | | | |
| 21 | 재무적 결과 | | | | | | | |
| 22 | 총수익 | ₩1,022,000 | ₩992,000 | ₩918,000 | ₩800,000 | ₩638,000 | ₩432,000 | ₩182,000 |
| 23 | 총비용 | ₩1,152,800 | ₩975,700 | ₩798,600 | ₩621,500 | ₩453,400 | ₩292,800 | ₩132,200 |
| 24 | 조립비용 | ₩276,000 | ₩226,500 | ₩177,000 | ₩127,500 | ₩87,000 | ₩54,000 | ₩21,000 |
| 25 | 재료비 | ₩846,800 | ₩719,200 | ₩591,600 | ₩464,000 | ₩336,400 | ₩208,800 | ₩81,200 |
| 26 | 고정비(월) | ₩30,000 | ₩30,000 | ₩30,000 | ₩30,000 | ₩30,000 | ₩30,000 | ₩30,000 |
| 27 | | | | | | | | |
| 28 | 이익 | -₩130,800 | ₩16,300 | ₩119,400 | ₩178,500 | ₩184,600 | ₩139,200 | ₩49,800 |

② 그래프 선택

추세를 관찰하기 위한 것이므로 '꺾은선형' 중 '표식이 있는 꺾은선형'을 선택한다.

③ 계열 이름 및 가로(항목)축 레이블 설정

계열 이름은 이미 행 제목인 A열을 선택하였으므로 따로 입력할 필요는 없다. 단, '가로(항목)축 레이블'은 가격이 되어야 하므로 B4:H4 영역을 드래그하여 입력한다. 이때에는 가로축의 단위인 가격만 입력되어야 하므로 행의 제목인 A4셀은 포함하지 않는다.

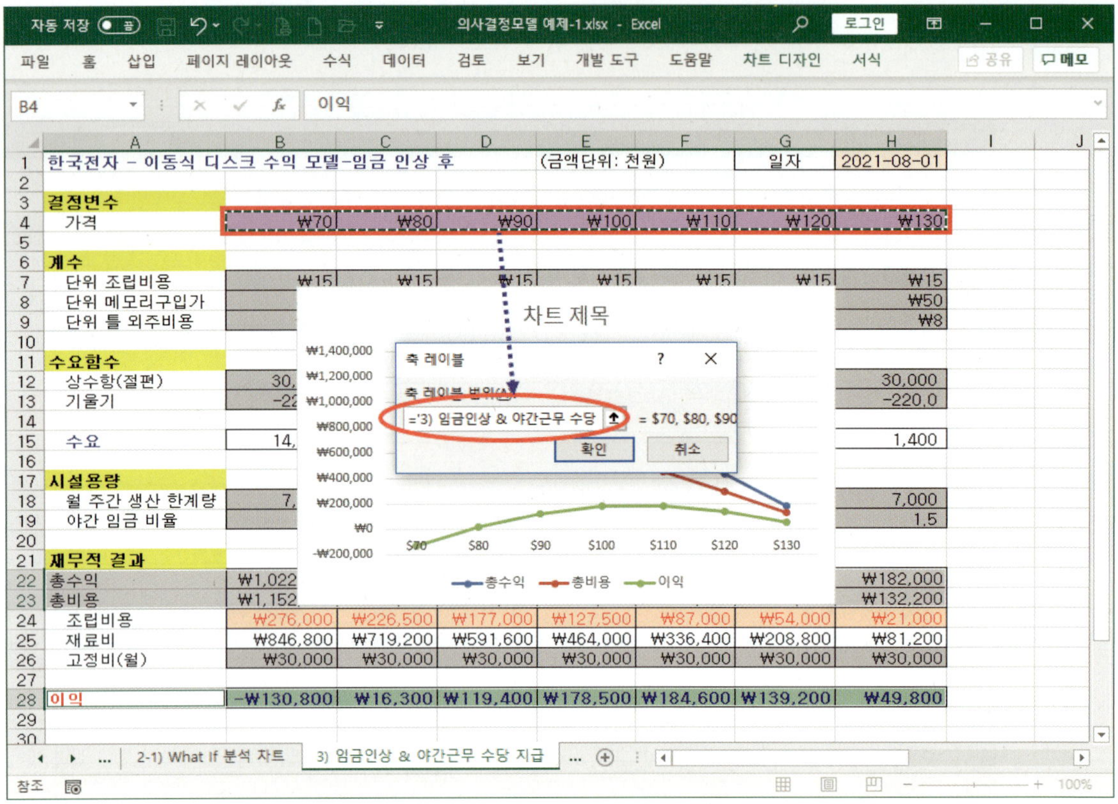


④ 차트 제목 및 축 이름 지정

다음과 같이 차트 제목과 축 이름을 입력한다.

- 차트 제목 : 임금인상 & 야간 근무수당 지급시
- X축 제목 : 가격(1,000원)
- Y축 제목 : 금액(1,000원)

⑤ 차트의 위치 설정

아래와 같이 '3-1) 임금인상 & 야간 근무수당 지급시 차트' 시트를 만들고 차트를 삽입한다.

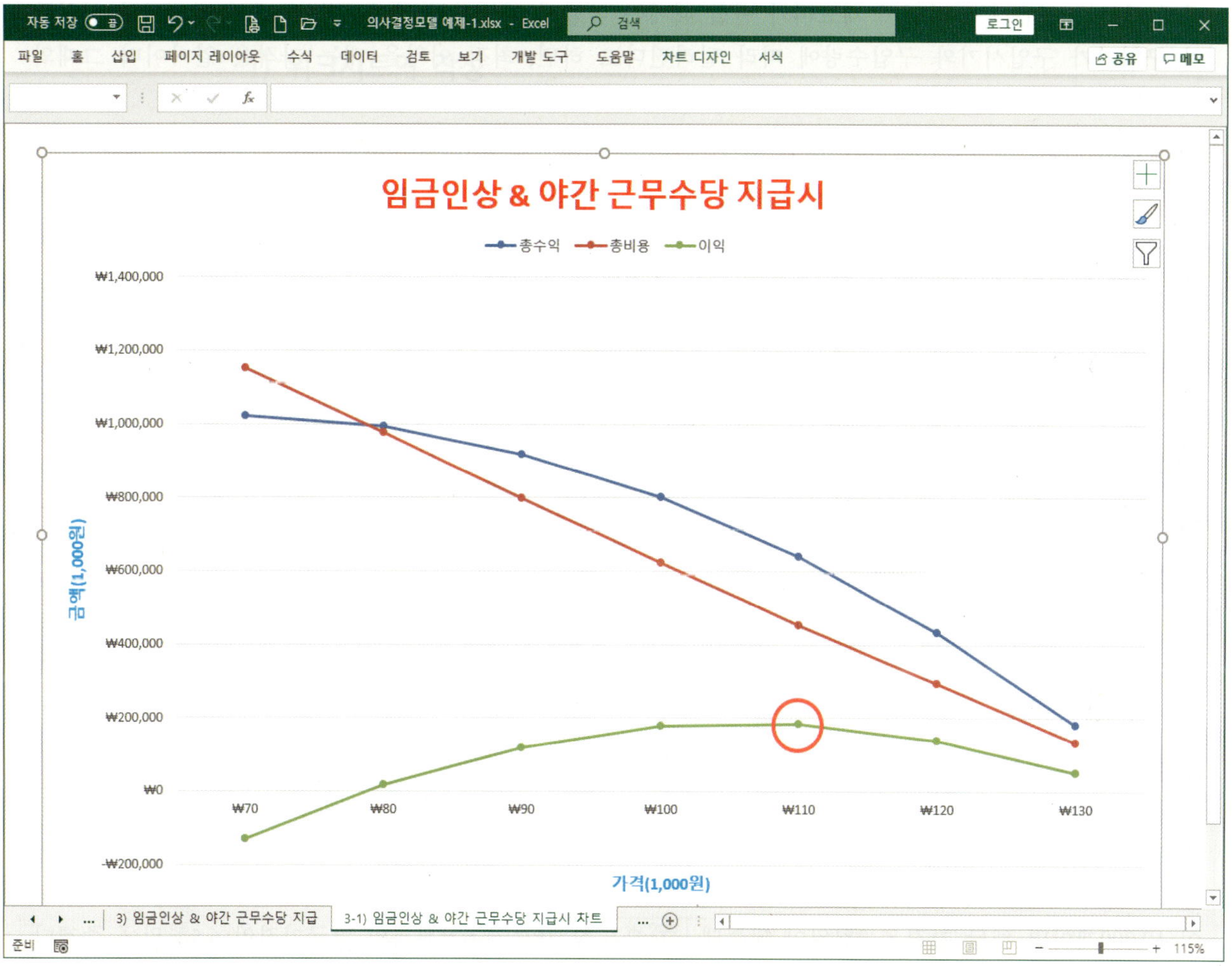


이익은 9만원에서 급격하게 증가하여 11만원에서 최고점에 이른다. 그리고 다시 13만원에서는 많이 줄어듦을 알 수 있다. 노사와의 새로운 임금협상 결과, 이전과 비교하여 최대 이익을 가져다주는 이동식 디스크의 판매가격이 10만원에서 11만원으로 변하게 되었고 이익도 많이 줄어든 것을 알 수 있다.

그리고 재료비를 아래와 같이 '4) 재료 가격' 워크시트에 정리하였다.

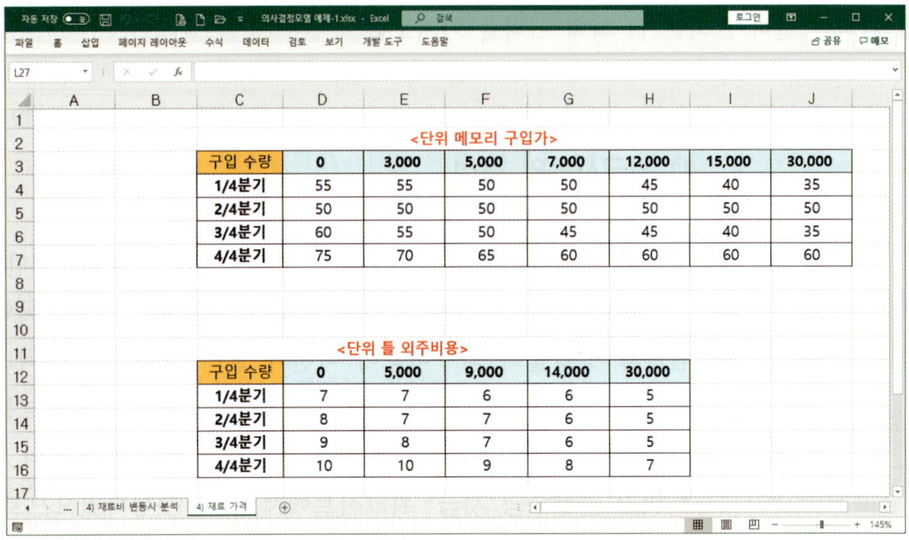

<단위 메모리 구입가>

| 구입 수량 | 0 | 3,000 | 5,000 | 7,000 | 12,000 | 15,000 | 30,000 |
|---|---|---|---|---|---|---|---|
| 1/4분기 | 55 | 55 | 50 | 50 | 45 | 40 | 35 |
| 2/4분기 | 50 | 50 | 50 | 50 | 50 | 50 | 50 |
| 3/4분기 | 60 | 55 | 50 | 45 | 45 | 40 | 35 |
| 4/4분기 | 75 | 70 | 65 | 60 | 60 | 60 | 60 |

<단위 틀 외주비용>

| 구입 수량 | 0 | 5,000 | 9,000 | 14,000 | 30,000 |
|---|---|---|---|---|---|
| 1/4분기 | 7 | 7 | 6 | 6 | 5 |
| 2/4분기 | 8 | 7 | 7 | 6 | 5 |
| 3/4분기 | 9 | 8 | 7 | 6 | 5 |
| 4/4분기 | 10 | 10 | 9 | 8 | 7 |

그리고 '4) 재료 가격' 워크시트에서 코딩의 편의를 위하여 아래와 같이 영역명을 부여하였다. 이는 복사를 위하여 절대주소를 주어야 하는 불편을 영역명으로 처리하고자 한 것으로, 영역명 없이 셀의 절대주소로 주어도 실제 함수의 수행에는 상관은 없다.

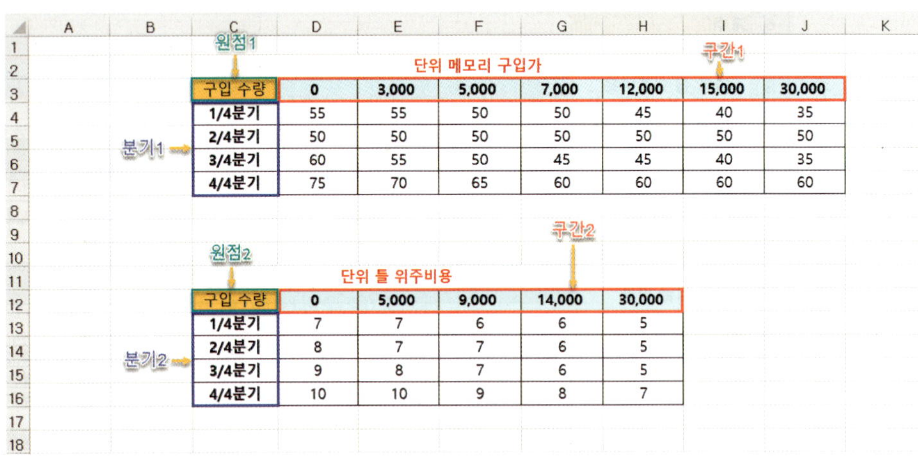


단위 메모리 구입가

| 구입 수량 | 0 | 3,000 | 5,000 | 7,000 | 12,000 | 15,000 | 30,000 |
|---|---|---|---|---|---|---|---|
| 1/4분기 | 55 | 55 | 50 | 50 | 45 | 40 | 35 |
| 2/4분기 | 50 | 50 | 50 | 50 | 50 | 50 | 50 |
| 3/4분기 | 60 | 55 | 50 | 45 | 45 | 40 | 35 |
| 4/4분기 | 75 | 70 | 65 | 60 | 60 | 60 | 60 |

단위 틀 외주비용

| 구입 수량 | 0 | 5,000 | 9,000 | 14,000 | 30,000 |
|---|---|---|---|---|---|
| 1/4분기 | 7 | 7 | 6 | 6 | 5 |
| 2/4분기 | 8 | 7 | 7 | 6 | 5 |
| 3/4분기 | 9 | 8 | 7 | 6 | 5 |
| 4/4분기 | 10 | 10 | 9 | 8 | 7 |

〈단위 메모리 구입가〉 표

- C3 - 원점1
- D3:J3 - 구간1
- C4:C7 - 분기1

〈단위 틀 외주비용〉 표

- C12 - 원점2
- D12:H12 - 구간2
- C13:C16 - 분기2

① 단위 메모리 구입가(B8~H8셀)

한국전자의 입장에서 플래시 메모리의 구입가는 구입수량에 따라 달라지는데, 한국전자는 수요만큼만 생산하기 때문에 월 구입수량은 결국 그달의 수요와 같다고 본다. 따라서 플래시 메모리의 구입가격은 분기와 수요에 따라 〈단위 메모리 구입가〉 표와 같이 변한다.

위와 같이 분기와 수요에 따라 달라지는 구입가격을 OFFSET함수를 사용하여 나타낼 수 있다. 디스크 판매가격을 7만원으로 하였을 때의 메모리 구입가격을 나타내는 B8셀에 아래와 같이 입력한다.

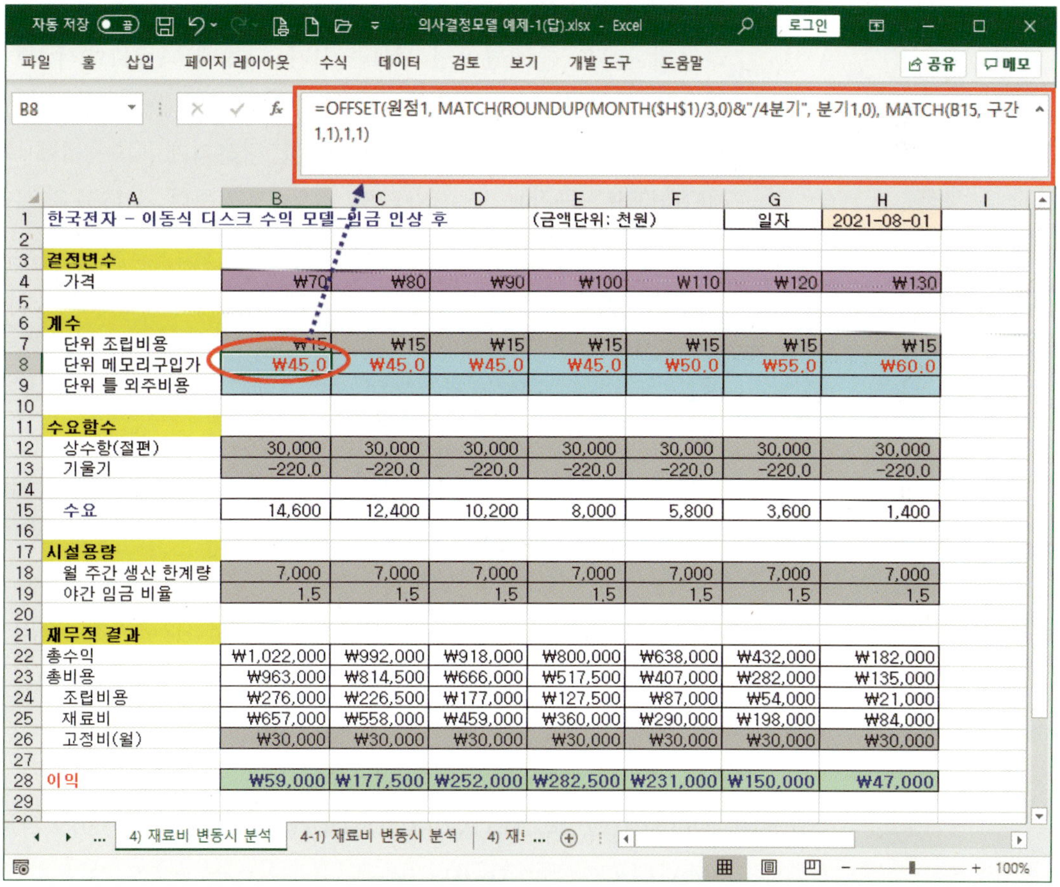


| | A | B | C | D | E | F | G | H |
|---|---|---|---|---|---|---|---|---|
| 1 | 한국전자 - 이동식 디스크 수익 모델-임금 인상 후 | | | | (금액단위: 천원) | | 일자 | 2021-08-01 |
| 2 | | | | | | | | |
| 3 | 결정변수 | | | | | | | |
| 4 | 가격 | ₩70 | ₩80 | ₩90 | ₩100 | ₩110 | ₩120 | ₩130 |
| 5 | | | | | | | | |
| 6 | 계수 | | | | | | | |
| 7 | 단위 조립비용 | ₩15 | ₩15 | ₩15 | ₩15 | ₩15 | ₩15 | ₩15 |
| 8 | 단위 메모리구입가 | ₩45.0 | ₩45.0 | ₩45.0 | ₩45.0 | ₩50.0 | ₩55.0 | ₩60.0 |
| 9 | 단위 틀 외주비용 | | | | | | | |
| 10 | | | | | | | | |
| 11 | 수요함수 | | | | | | | |
| 12 | 상수항(절편) | 30,000 | 30,000 | 30,000 | 30,000 | 30,000 | 30,000 | 30,000 |
| 13 | 기울기 | -220.0 | -220.0 | -220.0 | -220.0 | -220.0 | -220.0 | -220.0 |
| 14 | | | | | | | | |
| 15 | 수요 | 14,600 | 12,400 | 10,200 | 8,000 | 5,800 | 3,600 | 1,400 |
| 16 | | | | | | | | |
| 17 | 시설용량 | | | | | | | |
| 18 | 월 주간 생산 한계량 | 7,000 | 7,000 | 7,000 | 7,000 | 7,000 | 7,000 | 7,000 |
| 19 | 야간 임금 비율 | 1.5 | 1.5 | 1.5 | 1.5 | 1.5 | 1.5 | 1.5 |
| 20 | | | | | | | | |
| 21 | 재무적 결과 | | | | | | | |
| 22 | 총수익 | ₩1,022,000 | ₩992,000 | ₩918,000 | ₩800,000 | ₩638,000 | ₩432,000 | ₩182,000 |
| 23 | 총비용 | ₩963,000 | ₩814,500 | ₩666,000 | ₩517,500 | ₩407,000 | ₩282,000 | ₩135,000 |
| 24 | 조립비용 | ₩276,000 | ₩226,500 | ₩177,000 | ₩127,500 | ₩87,000 | ₩54,000 | ₩21,000 |
| 25 | 재료비 | ₩657,000 | ₩558,000 | ₩459,000 | ₩360,000 | ₩290,000 | ₩198,000 | ₩84,000 |
| 26 | 고정비(월) | ₩30,000 | ₩30,000 | ₩30,000 | ₩30,000 | ₩30,000 | ₩30,000 | ₩30,000 |
| 27 | | | | | | | | |
| 28 | 이익 | ₩59,000 | ₩177,500 | ₩252,000 | ₩282,500 | ₩231,000 | ₩150,000 | ₩47,000 |

B8셀(7만원) :

= OFFSET(원점1, MATCH(ROUNDUP(MONTH($H$1)/3,0)&"/4분기", 분기1,0), MATCH(B15, 구간1, 1),1,1)

· 원점1 : '4) 재료 가격' 워크시트의 B3셀로 OFFSET함수의 시작점이 된다.
· ROUNDUP( MONTH(H1)/3, 0 ) : MONTH(H1)를 3으로 나누고 무조건 올림하면 그달의 분기가 된다.

MONTH(2021-8-1) = 8 (월) → 8/3=2.67 → ROUNDUP(2.67,0)=3 (분기)

· ROUNDUP(MONTH($H$1)/3,0)&"/4분기" : 예를 들면, 3의 경우 3/4분기라는 텍스트로 만든다.
· MATCH(ROUNDUP(MONTH($H$1)/3,0)&"/4분기", 분기1, 0) : OFFSET함수에서 아래로 몇 행 내려가는지를 정한다. 결국 원점1에서 해당 분기수만큼 내려가게 한다. 즉 8월이면 '3/4분기'가 되는데, 원점1에서 세 번째 셀이라는 것을 말해준다. 따라서 함수 실행시 원점1에서 3행만큼 가면 3/4분기의 가격 행이 된다. 이때 1이면 원점1에서 1칸 내려가게 되는 것에 유의한다.
· MATCH(B15, 구간1, 1) : 가격의 열을 정해준다. B15셀은 수요를 나타낸다. 즉, 수요에 해당하는 가격 열을 말해준다. 함수 실행시 오른쪽으로 가야 하는 열의 수로, 구입량에 대한 가격 열을 정해 주게 된다.
· 1, 1 : OFFSET함수에서 이동한 위치에서 몇 개의 행과 몇 개의 열의 데이터를 가져오는가를 정해주는데, 이동한 셀 자체이므로 행과 열 모두 1로 정해준다. 즉 셀 하나만 가져오며, 결과적으로 이 셀에 있는 가격을 가져오게 된다. 그 자리에서 몇 개의 행 또는 열을 가져오는가를 알려주는 것에 유의한다.

그리고 자동채우기 핸들을 사용하여 C8셀에서 H8셀까지 구입가격을 입력하도록 한다. H8셀의 경우, 다음과 같이 입력한다.

H8셀(13만원) :
= OFFSET(원점1, MATCH(ROUNDUP(MONTH($H$1)/3,0)&"/4분기", 분기1, 0),
MATCH(H15, 구간1, 1),1,1)

결국 B15가 아니라 H15셀이 되는 것만 다른 것을 알 수 있다. 분기는 같으므로 이동하는 행의 수는 같다. 그러나 수요인 H15셀에 따라 가격의 열이 달라지는데, H15셀의 수요로 MATCH함수를 이용하여 이동하는 열의 수를 정하게 된다.

② 단위 성형틀 외주비용(B9~H9셀)

성형틀의 외주비용도 같은 방법으로 〈단위 틀 외주비용〉 표를 대상으로 OFFSET함수를 사용하여 구하도록 한다. 다만 가져오는 셀의 수가 수평으로 2개이며, 이를 평균한 것임에 유의한다. 디스크 판매가격을 7만원으로 하였을 때의 성형틀 외주비용을 위하여 가져올 2개의 셀은 다음과 같다.

B9셀(7만원) :
= OFFSET(원점2, MATCH(ROUNDUP(MONTH($H$1)/3,0)&"/4분기", 분기2, 0), MATCH(B15, 구간2, 1), 1, 2)

메모리 가격을 구할 때와 단지 영역만 달라지고, 마지막 인수를 2로 하여 가져올 셀은 자신과 그 오른쪽 열의 셀로 하여 2개의 셀로 지정하였다. 그리고 이를 평균하기 위하여 다음과 같은 식을 작성하였다.

= AVERAGE( OFFSET(원점2, MATCH(ROUNDUP(MONTH($H$1)/3,0)&"/4분기", 분기2,0), MATCH(B15, 구간2, 1), 1, 2) )

가격이 13만원일 때의 성형틀 외주비용을 구하는 식은 다음과 같다. 마찬가지로 행은 동일하므로, 외주수량에 따라 열만 바뀌어서 B15셀이 H15셀로만 바뀐 것을 알 수 있다.

H9셀(13만원) :
= AVERAGE( OFFSET(원점2, MATCH(ROUNDUP(MONTH($H$1)/3,0)&"/4분기", 분기2,0), MATCH(H15, 구간2, 1), 1, 2) )

구매수량이 30,000개 이상이면 그 오른쪽 셀 구입가와의 평균이 되나, 오른쪽 셀이 빈칸(blank 셀)이므로, 아래에서 보는 바와 같이 AVERAGE함수가 이를 무시하기 때문에, 굳이 IF함수를 이용하여 식을 따로 작성할 필요 없이 그냥 두면 된다.

= AVERAGE(5, 빈칸) → AVERAGE(5) → 5

이제 최종적으로 플래시 메모리 구입가와 성형틀의 외주비용이 구입시기와 구입수량에 따라 달라질 때의 시트가 아래와 같이 완성되었다.

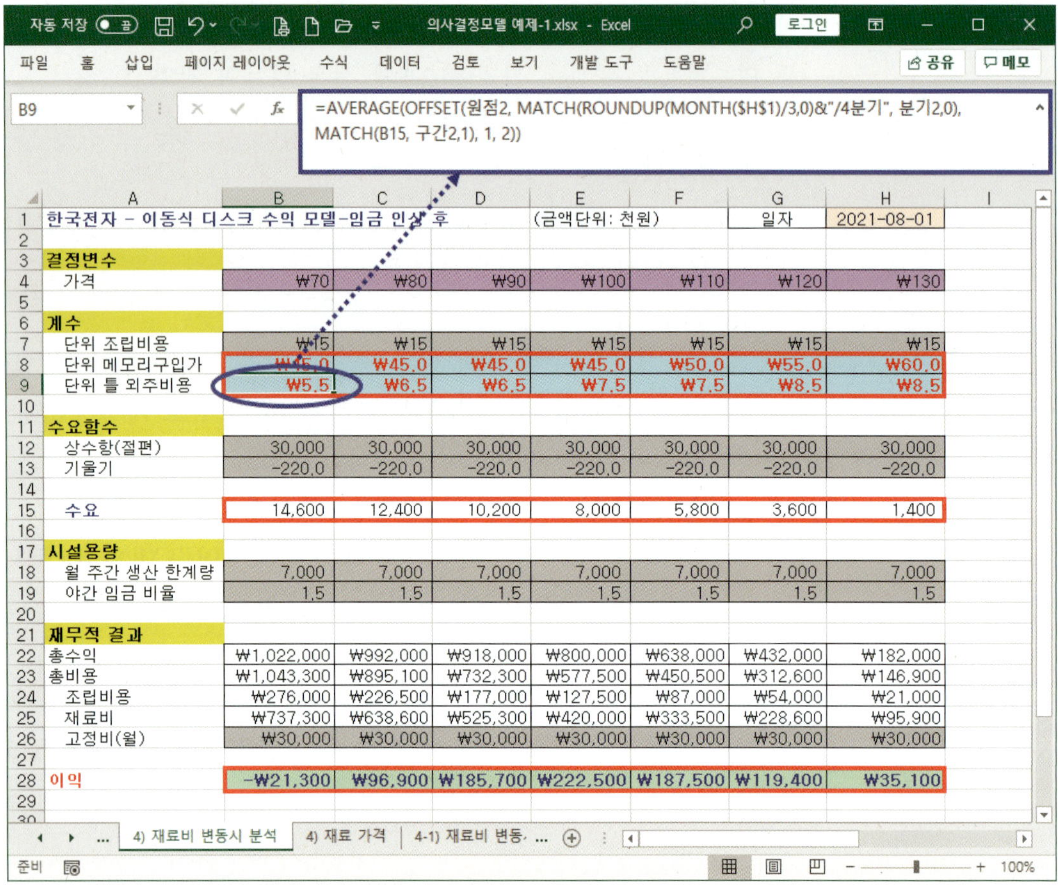


| | A | B | C | D | E | F | G | H |
|---|---|---|---|---|---|---|---|---|
| 1 | 한국전자 - 이동식 디스크 수익 모델-임금 인상 후 | | | | (금액단위: 천원) | | 일자 | 2021-08-01 |
| 2 | | | | | | | | |
| 3 | 결정변수 | | | | | | | |
| 4 | 가격 | ₩70 | ₩80 | ₩90 | ₩100 | ₩110 | ₩120 | ₩130 |
| 5 | | | | | | | | |
| 6 | 계수 | | | | | | | |
| 7 | 단위 조립비용 | ₩15 | ₩15 | ₩15 | ₩15 | ₩15 | ₩15 | ₩15 |
| 8 | 단위 메모리구입가 | ₩45.0 | ₩45.0 | ₩45.0 | ₩45.0 | ₩50.0 | ₩55.0 | ₩60.0 |
| 9 | 단위 틀 외주비용 | ₩5.5 | ₩6.5 | ₩6.5 | ₩7.5 | ₩7.5 | ₩8.5 | ₩8.5 |
| 10 | | | | | | | | |
| 11 | 수요함수 | | | | | | | |
| 12 | 상수항(절편) | 30,000 | 30,000 | 30,000 | 30,000 | 30,000 | 30,000 | 30,000 |
| 13 | 기울기 | -220.0 | -220.0 | -220.0 | -220.0 | -220.0 | -220.0 | -220.0 |
| 14 | | | | | | | | |
| 15 | 수요 | 14,600 | 12,400 | 10,200 | 8,000 | 5,800 | 3,600 | 1,400 |
| 16 | | | | | | | | |
| 17 | 시설용량 | | | | | | | |
| 18 | 월 주간 생산 한계량 | 7,000 | 7,000 | 7,000 | 7,000 | 7,000 | 7,000 | 7,000 |
| 19 | 야간 임금 비율 | 1.5 | 1.5 | 1.5 | 1.5 | 1.5 | 1.5 | 1.5 |
| 20 | | | | | | | | |
| 21 | 재무적 결과 | | | | | | | |
| 22 | 총수익 | ₩1,022,000 | ₩992,000 | ₩918,000 | ₩800,000 | ₩638,000 | ₩432,000 | ₩182,000 |
| 23 | 총비용 | ₩1,043,300 | ₩895,100 | ₩732,300 | ₩577,500 | ₩450,500 | ₩312,600 | ₩146,900 |
| 24 | 조립비용 | ₩276,000 | ₩226,500 | ₩177,000 | ₩127,500 | ₩87,000 | ₩54,000 | ₩21,000 |
| 25 | 재료비 | ₩737,300 | ₩638,600 | ₩525,300 | ₩420,000 | ₩333,500 | ₩228,600 | ₩95,900 |
| 26 | 고정비(월) | ₩30,000 | ₩30,000 | ₩30,000 | ₩30,000 | ₩30,000 | ₩30,000 | ₩30,000 |
| 27 | | | | | | | | |
| 28 | 이익 | -₩21,300 | ₩96,900 | ₩185,700 | ₩222,500 | ₩187,500 | ₩119,400 | ₩35,100 |
| 29 | | | | | | | | |

8월의 경우, 10만원으로 가격을 정할 때 이익이 222,500천원(E28셀)으로 가장 높게 나타나는 것을 알 수 있다.

## 2) 그래프의 작성

이전과 같은 방법으로 '4-1) 재료비 변동시 분석'이란 시트 이름으로 그래프를 작성하면 아래와 같다.

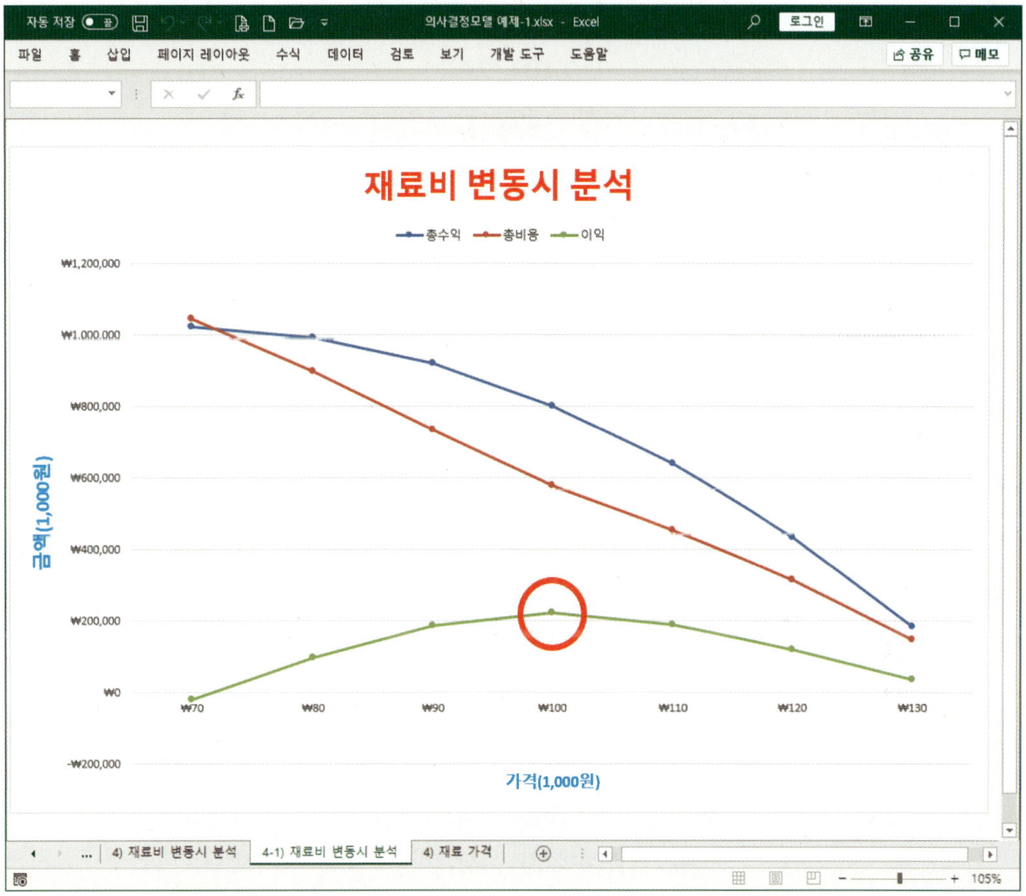


## 3) 최적 가격의 작성

현재의 재료비 변동 상황에서 최적 가격은 10만원으로 나타났다. 그러나 5천원 단위로 가격을 책정했을 때, 95,000원이 더 높은 이익을 줄지, 105,000원이 더 나은 이익을 줄지는 알 수 없다. 또는, 1원 단위로 최고의 이익을 가져다주는 가격을 정하고자 한다면 얼마로 해야 할까?

이를 알아보기 위하여 해찾기를 수행하기로 한다. 기존의 '4) 재료비 변동시 분석' 워크시트를 제일 오른쪽으로 복사하고, '4-2) 재료비 변동시 분석-최적 가격'이란 이름으로 워크시트를 만든다.

B열에서 H열 중 하나의 열을 선택하여 최적 가격을 알아볼 수 있는데, 여기에서는 B열을 대상으로 최적 가격을 해찾기로 알아보기로 한다.

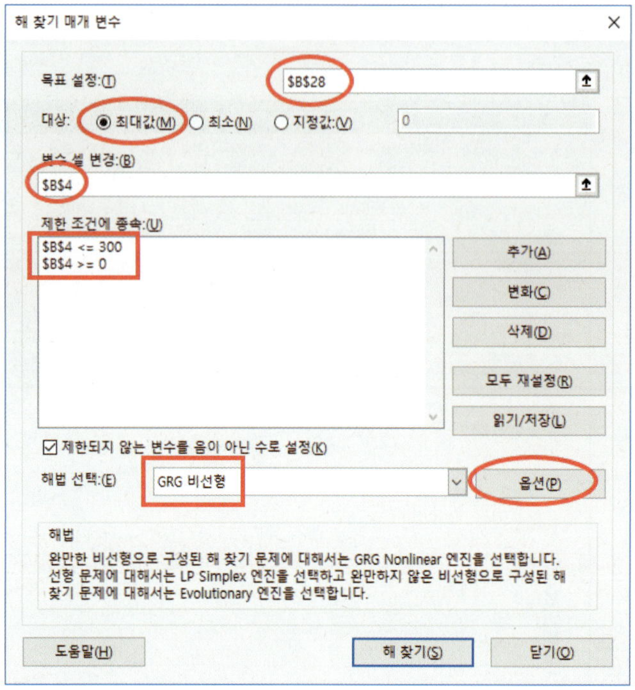


- 목표 설정 : 이익이 있는 B28셀이 된다. 그리고 이 이익을 최대화하고자 한다.
- 변수셀 변경 : 가격이 있는 B4셀이 된다. 이익을 최대화하는 가격을 구하고자 하는 것이다.
- 제한조건 : 다른 제한조건은 이미 워크시트의 수식에 있는 것이므로 특별히 없으나, 가격의 상한, 하한 값을 제한한다. 비선형, 또는 진화(Evolutionary) 해법을 사용할 경우 변수값의 범위를 주어, 너무 크거나 작은 비정상적인 변수값에서 최적값이 얻어지지 않도록 한다. 따라서 변수인 가격(B4셀)에 아래와 같은 제한식을 둔다. 상한값은 임의로 300(천원)으로 두었다. 더 크게 주어도 된다.

**B4 >= 0**

**B4 <= 300**

- 제한되지 않는 변수를 음이 아닌 수로 설정 : 가격은 0 이상이므로 체크 표시한다. 위의 제한조건에서 하한값을 0으로 주어 이미 조건이 설정되어 체크 표시하지 않아도 상관은 없다.
- 해법 선택 : 가격의 제곱식이 포함되어 모형은 비선형이 되며, 따라서 비선형 문제를 해결하는 GRG 비선형 해법을 선택한다.
- 옵션 : 옵션을 클릭하여 아래 'GRG 비선형' 탭에서 'Multistart 사용'에 체크 표시를 한다. 그래야 전체 최적해를 찾아낼 수 있다.

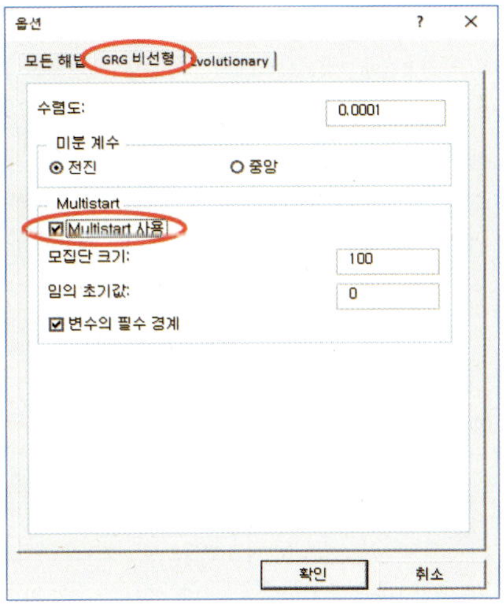

이제 해찾기의 설정이 완료되어 해찾기를 실행하면, 다음과 같은 원 단위에서 최대 이익을 가져다주는 최적 가격을 찾아낼 수 있다. 아래 그림에서 보는 바와 같이, 104,545원의 최적 가격에서 229,318천원의 최고 이익을 달성함을 알 수 있다. 이때 이전 최고 이익인 222,500천원보다 6,818천원 더 많은 이익을 얻는 것을 알 수 있다.

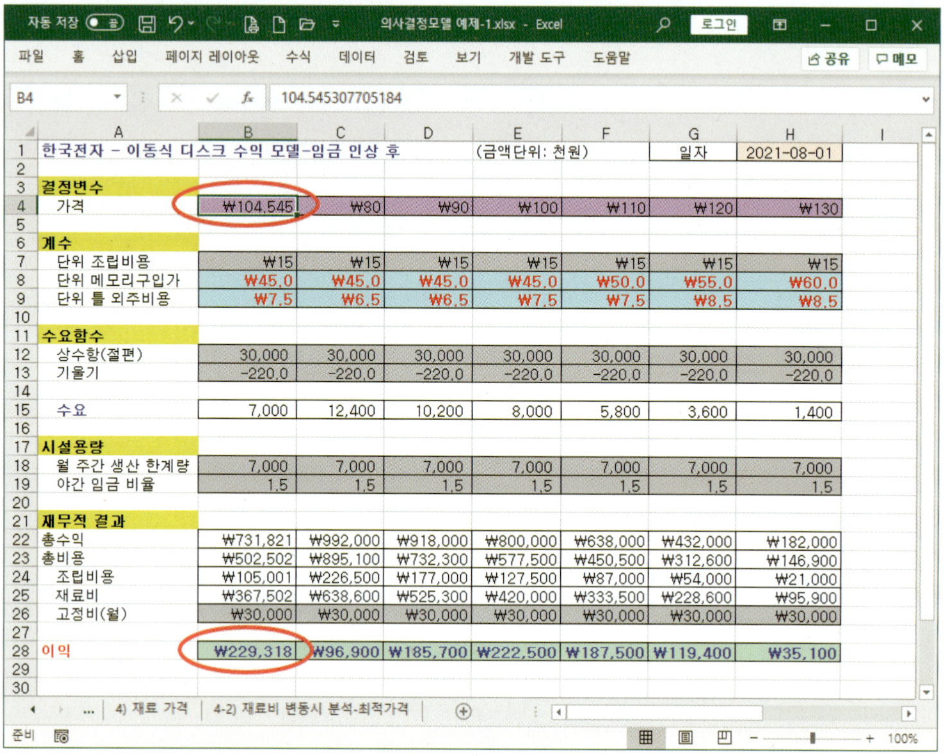


| | A | B | C | D | E | F | G | H |
|---|---|---|---|---|---|---|---|---|
| 1 | 한국전자 - 이동식 디스크 수익 모델-임금 인상 후 | | | | (금액단위: 천원) | | 일자 | 2021-08-01 |
| 2 | | | | | | | | |
| 3 | 결정변수 | | | | | | | |
| 4 | 가격 | ₩104,545 | ₩80 | ₩90 | ₩100 | ₩110 | ₩120 | ₩130 |
| 5 | | | | | | | | |
| 6 | 계수 | | | | | | | |
| 7 | 단위 조립비용 | ₩15 | ₩15 | ₩15 | ₩15 | ₩15 | ₩15 | ₩15 |
| 8 | 단위 메모리구입가 | ₩45.0 | ₩45.0 | ₩45.0 | ₩45.0 | ₩50.0 | ₩55.0 | ₩60.0 |
| 9 | 단위 틀 외주비용 | ₩7.5 | ₩6.5 | ₩6.5 | ₩7.5 | ₩7.5 | ₩8.5 | ₩8.5 |
| 10 | | | | | | | | |
| 11 | 수요함수 | | | | | | | |
| 12 | 상수항(절편) | 30,000 | 30,000 | 30,000 | 30,000 | 30,000 | 30,000 | 30,000 |
| 13 | 기울기 | -220.0 | -220.0 | -220.0 | -220.0 | -220.0 | -220.0 | -220.0 |
| 14 | | | | | | | | |
| 15 | 수요 | 7,000 | 12,400 | 10,200 | 8,000 | 5,800 | 3,600 | 1,400 |
| 16 | | | | | | | | |
| 17 | 시설용량 | | | | | | | |
| 18 | 월 주간 생산 한계량 | 7,000 | 7,000 | 7,000 | 7,000 | 7,000 | 7,000 | 7,000 |
| 19 | 야간 임금 비율 | 1.5 | 1.5 | 1.5 | 1.5 | 1.5 | 1.5 | 1.5 |
| 20 | | | | | | | | |
| 21 | 재무적 결과 | | | | | | | |
| 22 | 총수익 | ₩731,821 | ₩992,000 | ₩918,000 | ₩800,000 | ₩638,000 | ₩432,000 | ₩182,000 |
| 23 | 총비용 | ₩502,502 | ₩895,100 | ₩732,300 | ₩577,500 | ₩450,500 | ₩312,600 | ₩146,900 |
| 24 | 조립비용 | ₩105,001 | ₩226,500 | ₩177,000 | ₩127,500 | ₩87,000 | ₩54,000 | ₩21,000 |
| 25 | 재료비 | ₩367,502 | ₩638,600 | ₩525,300 | ₩420,000 | ₩333,500 | ₩228,600 | ₩95,900 |
| 26 | 고정비(월) | ₩30,000 | ₩30,000 | ₩30,000 | ₩30,000 | ₩30,000 | ₩30,000 | ₩30,000 |
| 27 | | | | | | | | |
| 28 | 이익 | ₩229,318 | ₩96,900 | ₩185,700 | ₩222,500 | ₩187,500 | ₩119,400 | ₩35,100 |
| 29 | | | | | | | | |
| 30 | | | | | | | | |

또한 일반적으로 엑셀함수가 포함한 최적해를 구하는 데 진화(Evolutionary)해법을 주로 사용하는데, 이를 이용하여 값을 구하면 다음과 같다. 해찾기에서 해법 선택을 아래와 같이 Evolutionary로 지정한다.

옵션에서 'Evolutionary' 탭을 열되, 아래와 같이 확인한다. Evolutionary 해법의 경우에도 가능하면 '변수의 필수 경계'에 체크 표시하고, 제한조건에서 변수의 상한, 하한값을 정해주는 것이 좋다.

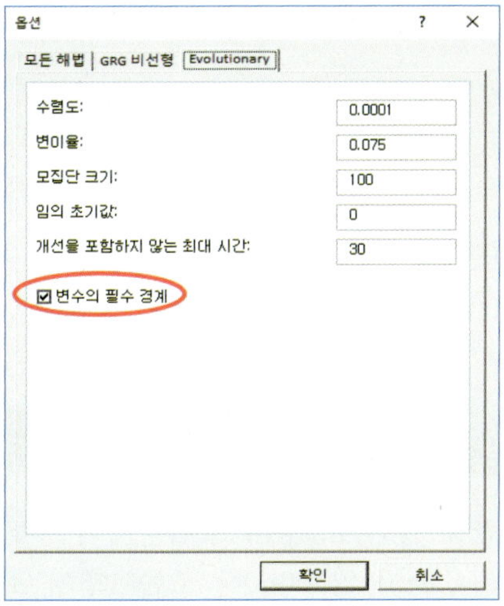


아래와 같이 GRG 비선형 해법으로 최고 이익을 찾은 것과 같은 결과를 가져다주는 것을 알 수 있다.

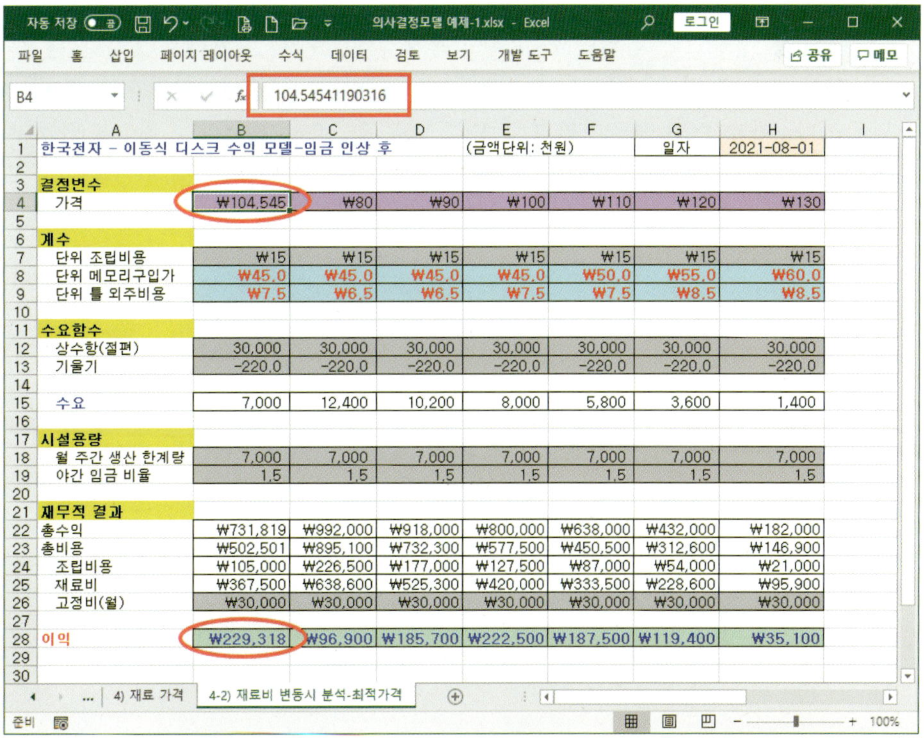


| | A | B | C | D | E | F | G | H |
|---|---|---|---|---|---|---|---|---|
| 1 | 한국전자 - 이동식 디스크 수익 모델-임금 인상 후 | | | | (금액단위: 천원) | | 일자 | 2021-08-01 |
| 2 | | | | | | | | |
| 3 | 결정변수 | | | | | | | |
| 4 | 가격 | ₩104,545 | ₩80 | ₩90 | ₩100 | ₩110 | ₩120 | ₩130 |
| 5 | | | | | | | | |
| 6 | 계수 | | | | | | | |
| 7 | 단위 조립비용 | ₩15 | ₩15 | ₩15 | ₩15 | ₩15 | ₩15 | ₩15 |
| 8 | 단위 메모리구입가 | ₩45.0 | ₩45.0 | ₩45.0 | ₩45.0 | ₩50.0 | ₩55.0 | ₩60.0 |
| 9 | 단위 틀 외주비용 | ₩7.5 | ₩6.5 | ₩6.5 | ₩7.5 | ₩7.5 | ₩8.5 | ₩8.5 |
| 10 | | | | | | | | |
| 11 | 수요함수 | | | | | | | |
| 12 | 상수항(절편) | 30,000 | 30,000 | 30,000 | 30,000 | 30,000 | 30,000 | 30,000 |
| 13 | 기울기 | -220.0 | -220.0 | -220.0 | -220.0 | -220.0 | -220.0 | -220.0 |
| 14 | | | | | | | | |
| 15 | 수요 | 7,000 | 12,400 | 10,200 | 8,000 | 5,800 | 3,600 | 1,400 |
| 16 | | | | | | | | |
| 17 | 시설용량 | | | | | | | |
| 18 | 월 주간 생산 한계량 | 7,000 | 7,000 | 7,000 | 7,000 | 7,000 | 7,000 | 7,000 |
| 19 | 야간 임금 비율 | 1.5 | 1.5 | 1.5 | 1.5 | 1.5 | 1.5 | 1.5 |
| 20 | | | | | | | | |
| 21 | 재무적 결과 | | | | | | | |
| 22 | 총수익 | ₩731,819 | ₩992,000 | ₩918,000 | ₩800,000 | ₩638,000 | ₩432,000 | ₩182,000 |
| 23 | 총비용 | ₩502,501 | ₩895,100 | ₩732,300 | ₩577,500 | ₩450,500 | ₩312,600 | ₩146,900 |
| 24 | 조립비용 | ₩105,000 | ₩226,500 | ₩177,000 | ₩127,500 | ₩87,000 | ₩54,000 | ₩21,000 |
| 25 | 재료비 | ₩367,500 | ₩638,600 | ₩525,300 | ₩420,000 | ₩333,500 | ₩228,600 | ₩95,900 |
| 26 | 고정비(월) | ₩30,000 | ₩30,000 | ₩30,000 | ₩30,000 | ₩30,000 | ₩30,000 | ₩30,000 |
| 27 | | | | | | | | |
| 28 | 이익 | ₩229,318 | ₩96,900 | ₩185,700 | ₩222,500 | ₩187,500 | ₩119,400 | ₩35,100 |
| 29 | | | | | | | | |
| 30 | | | | | | | | |

# 2. [예제 2] 컴퓨터 PCB 보조기판 생산 (의사결정모델 예제-2.xlsx)

한국전자는 컴퓨터의 PCB 보조기판을 월 3만개 생산하여 한 개당 7,000원에 PC 제조업체에 납품하고 있다. 기판에 들어가는 원부자재의 구입원가는 보조기판당 5,000원으로 계상되고 있다.

### 문제 1 수작업 생산 ('1) 수작업 생산' 워크시트)

현재 한국전자는 이 기판을 생산 1공장의 조립장에서 수작업으로 생산하고 있는데, 전체를 총괄하는 관리책임자(대리) 아래 5개의 조가 있으며, 각 조는 1명의 조장과 생산라인 직원 8명으로 구성되어 있다.

| 직 급 | 월 급여(단위 : 천원) | 직급별 총인원(명) |
|---|---|---|
| 관리책임자 | 3,000 | 1 |
| 관리조장 | 2,000 | 5 |
| 생산라인 직원 | 1,500 | 40 |

작업은 생산라인 직원만 하고 관리책임자와 조장은 전체 총괄, 라인 관리와 문제해결에만 책임을 질 뿐, 직접 생산에 참여하지 않는다. 그리고 작업반 전체의 생산관련 소모품비, 전기료 등의 경비는 월 500만원이다. 이때 PCB 보조기판의 총수익, 총비용, 그리고 이익을 각각 계산하시오.

수작업 생산에서의 총수익, 총비용, 이익을 계산하기 위하여 다음과 같이 워크시트를 준비한다.

**'1) 수작업 생산' 워크시트**

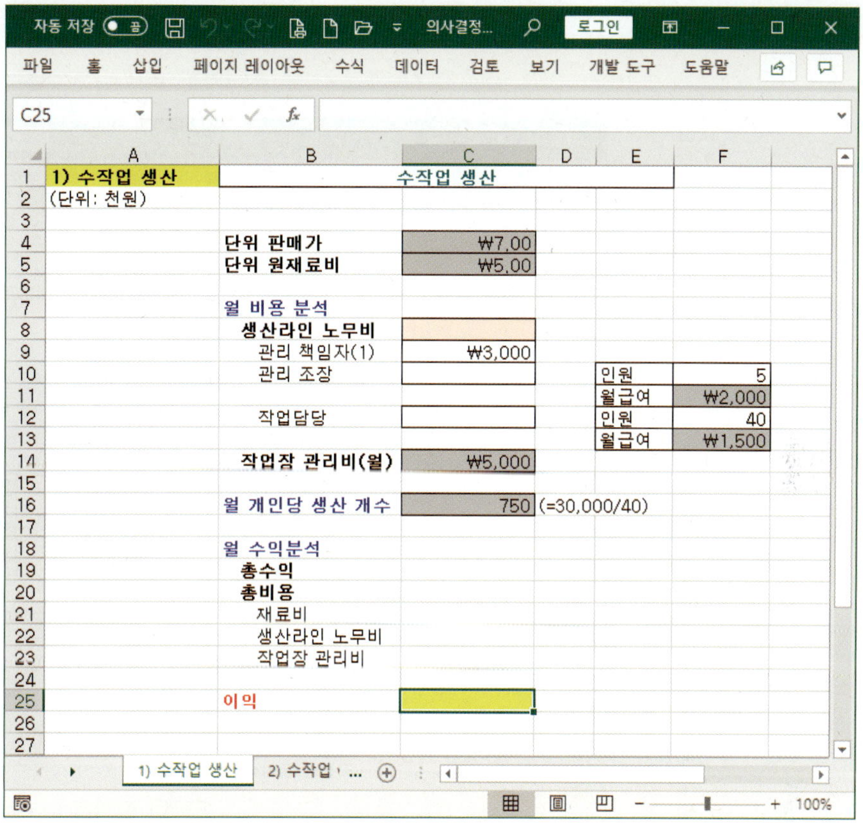


## 1) 생산라인 노무비

① 관리책임자(C9셀) : 관리책임자의 임금이 300만원이므로 금액단위인 1,000원에 맞추어 3,000을 입력한다.

C9셀 : = 3000

② 관리조장(C10셀) : 조장당 월 급여가 F11셀에 있고 총인원수가 F10셀에 있으므로 입력식은 다음과 같다.

C10셀 : = F10 * F11

③ 작업담당(C12셀) : 작업원당 월 급여가 F13셀에 있고 총인원수가 F12셀에 있으므로 입력식은 다음과 같다.

C12셀 : = F12 * F13

④ 생산라인 노무비(C8셀) : 전체 노무비의 합계로 C9, C10, 그리고 C12 셀의 합계가 된다.

C8셀 : = SUM(C9, C10, C12)

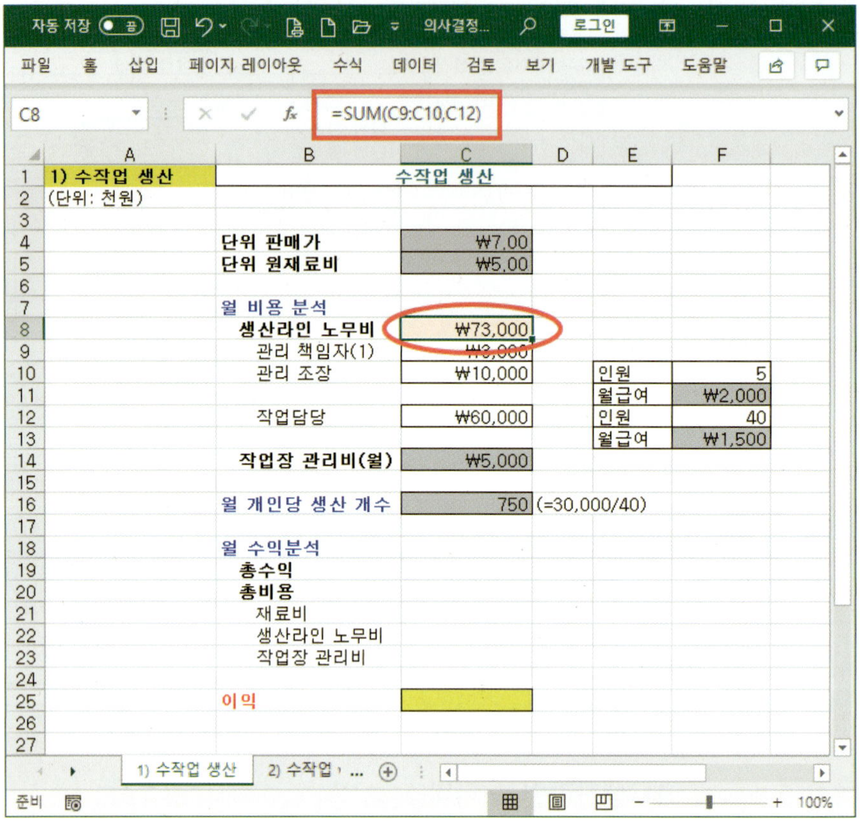


### 2) 월 작업장 관리비(C14셀)

작업장 관리비는 500만원이 된다.

### 3) 월 개인당 생산개수(C16셀)

40명의 인원이 총 3만개의 기판을 생산하므로 일인당 생산량은 월 750개가 된다. (30,000개 / 40명 = 750)

### 4) 총수익(C19셀)

총수익은 '일인당 생산개수×작업인원수×판매가'이므로 다음과 같이 입력한다. 이때 관리책임자와 조장은 생산에 직접 참여하지 않는 것에 유의한다.

C19셀 : = C16 * F12 * C4

### 5) 총비용(C20셀)

① 재료비(C21셀) : 재료비는 '일인당 생산개수×작업인원수×원재료비'이므로 계산식은 다음과 같다.

C21셀 : = C16 *F12 *C5

② 생산라인 노무비(C22셀) : 노무비는 이미 C8셀에 합계하여 계산해 놓았으므로 C8셀을 참조함으로써 이 값을 그대로 가져온다.

C22셀 : = C8

③ 작업장 관리비(C23셀) : 작업장 관리비는 C14셀에 이미 기입되어 있으므로 C14셀을 참조한다.

C23셀 : = C14

④ 총비용(C20셀) : 총비용은 C21～C23셀의 합계이므로 SUM함수를 사용하여 다음과 같이 입력한다.

C20셀 : = SUM(C21:C23)

### 6) 이익(C25셀)

이익은 '총수익－총비용'이므로 다음과 같이 C19셀의 값에서 C20셀의 값을 제하여 계산한다.

C25셀 : = C19－C20

수작업으로 PCB 보조기판을 생산할 경우 총수익 2억 1,000만원, 총비용 2억 2,800만원이 발생하여 한국전자는 월 1,800만원의 손실을 보는 것을 알 수 있다.

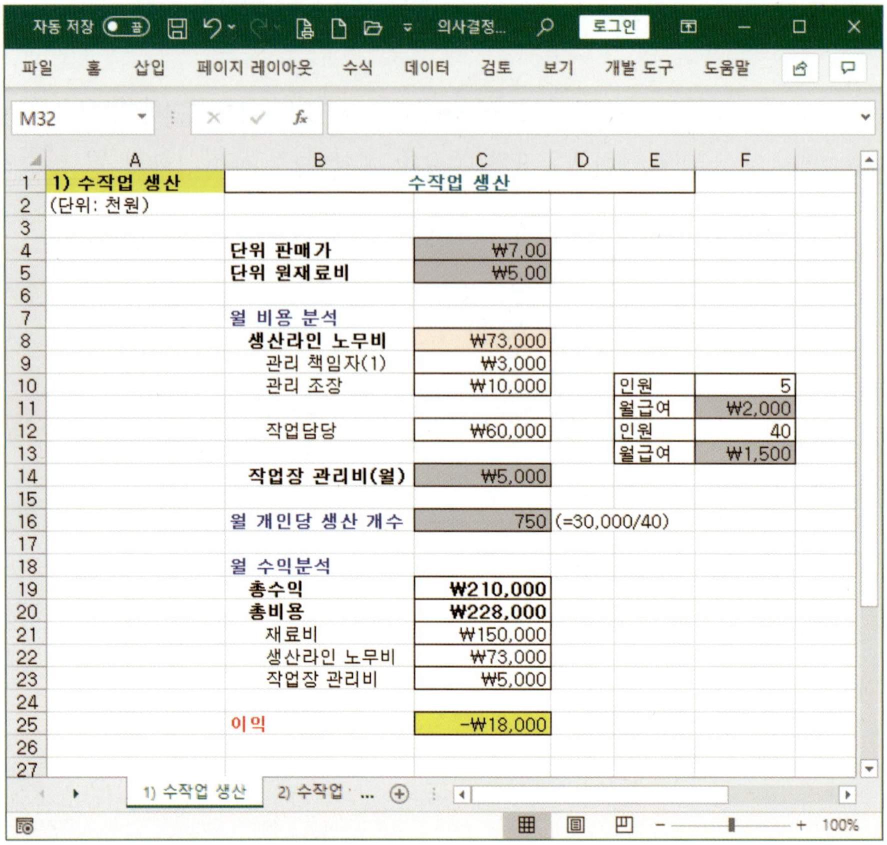


## 문제 2 수작업 vs 자동화 비교 ('2) 수작업 vs 자동화 생산' 워크시트)

문제 1의 분석 결과 수작업 생산시 한 달에 1,800만원의 손실이 나는 것으로 판명됨에 따라 한국전자의 경영진은 현재의 생산인원을 새로 확장하는 비디오 카드 생산라인으로 배치하고, 대신 자동생산 기계 10대를 도입하여 생산공정을 자동화하려고 한다.

이때 아래에서 보는 바와 같이, 생산을 위한 인력으로는 관리책임자 1명과 생산라인 관리담당기술자 2명이 투입되어야 한다. 관리책임자의 월 급여는 350만원이며, 관리담당기술자의 월 급여는 200만원이다.

| 분 류 | 비용(단위 : 천원) | 총인원 또는 기계대수 |
|---|---|---|
| 인건비 | | |
| 관리책임자－1명 | 3,500 | 1명 |
| 생산라인 관리담당기술자－2명 | 2,000 | 2명 |
| 기계 리스료 · 운영비/월 | | |
| 리스료(기계당) | 3,000 | 10대 |
| 유지보수비(기계당) | 500 | |
| 소모품비, 전기료(기판당) | 0.1 | |

기계는 리스를 통하여 도입하려고 하며, 월 리스료는 기계당 300만원, 월 유지보수비는 기계당 50만원이다. 그리고 기계의 소모품비와 전기료 등으로 평균 기판 1개당 100원의 비용이 들게 된다. 기계당 월 생산기판 수는 3,000개이며, 기판의 판매가는 개당 7,000원, 원부자재의 구입원가는 개당 5,000원으로 수작업 때와 동일하다. 이때 한 달의 총수익, 총비용, 이익을 계산하시오. PCB 보조기판의 생산라인을 자동화하는 것이 유리한지 문제 1의 결과와 비교하여 판단하시오.

수작업 생산과 기계에 의한 자동화 생산의 수익성을 비교하기 위하여 다음과 같이 워크시트를 준비한다.

### '2) 수작업 vs 자동화 생산' 워크시트

왼쪽에는 두 생산방식의 수익성을 쉽게 비교하기 위하여 문제 1에서 완성한 시트를 복사해 놓았다.

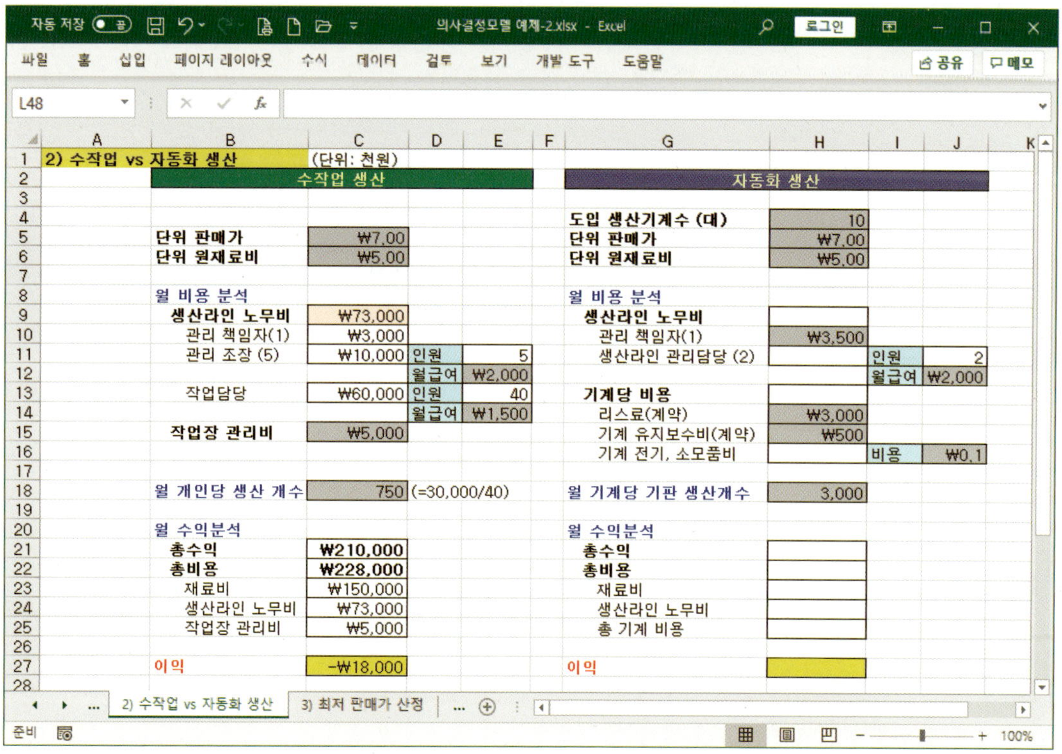

| | A | B | C | D | E | F | G | H | I | J |
|---|---|---|---|---|---|---|---|---|---|---|
| 1 | 2) 수작업 vs 자동화 생산 | | (단위: 천원) | | | | | | | |
| 2 | | 수작업 생산 | | | | | 자동화 생산 | | | |
| 3 | | | | | | | | | | |
| 4 | | | | | | | 도입 생산기계수 (대) | 10 | | |
| 5 | | 단위 판매가 | ₩7.00 | | | | 단위 판매가 | ₩7.00 | | |
| 6 | | 단위 원재료비 | ₩5.00 | | | | 단위 원재료비 | ₩5.00 | | |
| 7 | | | | | | | | | | |
| 8 | | 월 비용 분석 | | | | | 월 비용 분석 | | | |
| 9 | | 생산라인 노무비 | ₩73,000 | | | | 생산라인 노무비 | | | |
| 10 | | 관리 책임자(1) | ₩3,000 | | | | 관리 책임자(1) | ₩3,500 | | |
| 11 | | 관리 조장 (5) | ₩10,000 | 인원 | 5 | | 생산라인 관리담당 (2) | | 인원 | 2 |
| 12 | | | | 월급여 | ₩2,000 | | | | 월급여 | ₩2,000 |
| 13 | | 작업담당 | ₩60,000 | 인원 | 40 | | 기계당 비용 | | | |
| 14 | | | | 월급여 | ₩1,500 | | 리스료(계약) | ₩3,000 | | |
| 15 | | 작업장 관리비 | ₩5,000 | | | | 기계 유지보수비(계약) | ₩500 | | |
| 16 | | | | | | | 기계 전기, 소모품비 | | 비용 | ₩0.1 |
| 17 | | | | | | | | | | |
| 18 | | 월 개인당 생산 개수 | 750 | (=30,000/40) | | | 월 기계당 기판 생산개수 | 3,000 | | |
| 19 | | | | | | | | | | |
| 20 | | 월 수익분석 | | | | | 월 수익분석 | | | |
| 21 | | 총수익 | ₩210,000 | | | | 총수익 | | | |
| 22 | | 총비용 | ₩228,000 | | | | 총비용 | | | |
| 23 | | 재료비 | ₩150,000 | | | | 재료비 | | | |
| 24 | | 생산라인 노무비 | ₩73,000 | | | | 생산라인 노무비 | | | |
| 25 | | 작업장 관리비 | ₩5,000 | | | | 총 기계 비용 | | | |
| 26 | | | | | | | | | | |
| 27 | | 이익 | -₩18,000 | | | | 이익 | | | |

### 1) 생산라인 노무비

① 관리책임자(H10셀) : 관리책임자의 월 급여는 350만원이다.

② 생산라인 관리담당(H11셀) : 관리담당기술자의 월 급여가 J12셀에 있고 총인원수가 J11셀에 있으므로 입력식은 다음과 같다.

H11셀 : = J12 * J11

③ 생산라인 노무비(H9셀) : 전체 노무비의 합계로 H10, H11 셀의 합계가 된다.

H9셀 : = SUM(H10:H11)

### 2) 기계당 비용

① 리스료(H14셀) : 기계당 월 리스료는 300만원이다.

② 기계 유지보수비(H15셀) : 기계당 월 유지보수비는 50만원이다.

③ 기계 전기, 소모품비(H16셀) : 보조기판 1개 생산시 100원의 비용(J16셀)이 발생하는데, 기계당 월 생산량은 H18셀(3,000개)에 있으므로 H18셀과 J16셀을 곱해 준다.

H16셀 : = H18 * J16

④ 기계당 비용(H13셀) : 기계당 비용은 H14~H16셀의 합계이므로 SUM함수를 사용하여 다음과 같이 입력한다.

H13셀 : = SUM(H14:H16)

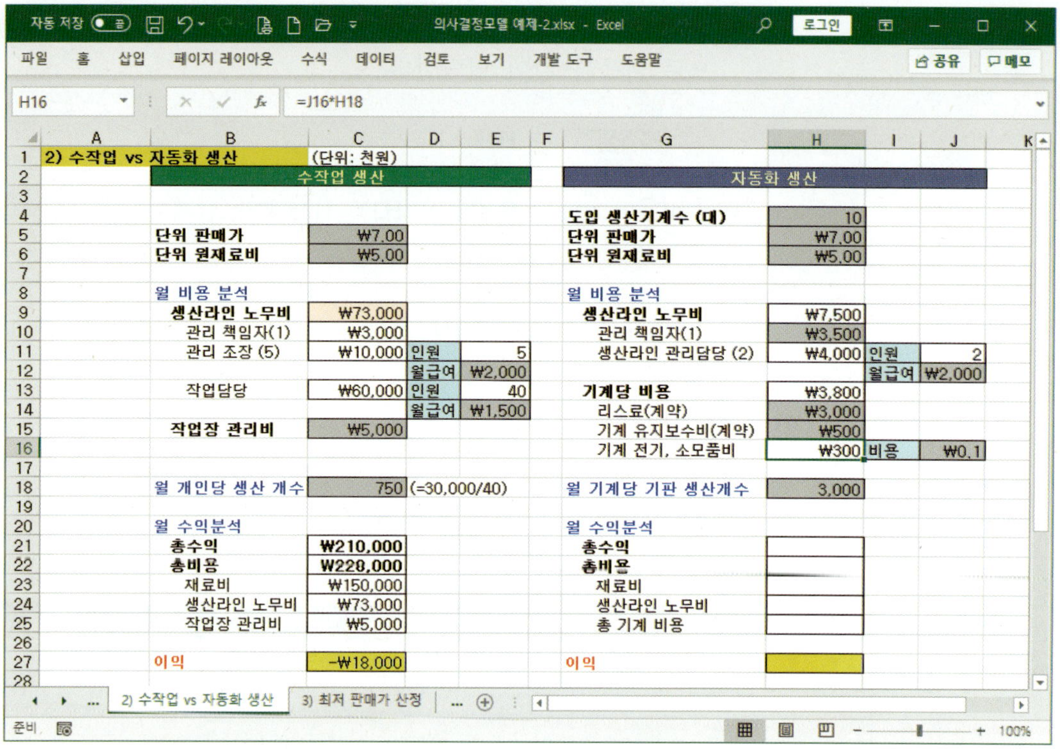


| | A | B | C | D | E | F | G | H | I | J |
|---|---|---|---|---|---|---|---|---|---|---|
| 1 | 2) 수작업 vs 자동화 생산 | | (단위: 천원) | | | | | | | |
| 2 | | 수작업 생산 | | | | | 자동화 생산 | | | |
| 3 | | | | | | | | | | |
| 4 | | | | | | | 도입 생산기계수 (대) | 10 | | |
| 5 | | 단위 판매가 | ₩7.00 | | | | 단위 판매가 | ₩7.00 | | |
| 6 | | 단위 원재료비 | ₩5.00 | | | | 단위 원재료비 | ₩5.00 | | |
| 7 | | | | | | | | | | |
| 8 | | 월 비용 분석 | | | | | 월 비용 분석 | | | |
| 9 | | 생산라인 노무비 | ₩73,000 | | | | 생산라인 노무비 | ₩7,500 | | |
| 10 | | 관리 책임자(1) | ₩3,000 | | | | 관리 책임자(1) | ₩3,500 | | |
| 11 | | 관리 조장 (5) | ₩10,000 | 인원 | 5 | | 생산라인 관리담당 (2) | ₩4,000 | 인원 | 2 |
| 12 | | | | 월급여 | ₩2,000 | | | | 월급여 | ₩2,000 |
| 13 | | 작업담당 | ₩60,000 | 인원 | 40 | | 기계당 비용 | ₩3,800 | | |
| 14 | | | | 월급여 | ₩1,500 | | 리스료(계약) | ₩3,000 | | |
| 15 | | 작업장 관리비 | ₩5,000 | | | | 기계 유지보수비(계약) | ₩500 | | |
| 16 | | | | | | | 기계 전기, 소모품비 | ₩300 | 비용 | ₩0.1 |
| 17 | | | | | | | | | | |
| 18 | | 월 개인당 생산 개수 | 750 | (=30,000/40) | | | 월 기계당 기판 생산개수 | 3,000 | | |
| 19 | | | | | | | | | | |
| 20 | | 월 수익분석 | | | | | 월 수익분석 | | | |
| 21 | | 총수익 | ₩210,000 | | | | 총수익 | | | |
| 22 | | 총비용 | ₩228,000 | | | | 총비용 | | | |
| 23 | | 재료비 | ₩150,000 | | | | 재료비 | | | |
| 24 | | 생산라인 노무비 | ₩73,000 | | | | 생산라인 노무비 | | | |
| 25 | | 작업장 관리비 | ₩5,000 | | | | 총 기계 비용 | | | |
| 26 | | | | | | | | | | |
| 27 | | 이익 | -₩18,000 | | | | 이익 | | | |

## 3) 총수익(H21셀)

기계당 3,000개(H18셀)의 보조기판을 생산하며, 10대(H4셀)의 기계를 도입하였으므로 총생산 보조기판의 수는 'H18 * H4'가 된다. 그런데 보조기판당 판매가는 7,000원(H5셀)이므로 총수익은 'H18 * H4 * H5'가 된다.

H21셀 : = H18 * H4 * H5

## 4) 총비용

① 재료비(H23셀) : 총재료비는 '총생산 보조기판수(H18 * H4) × 보조기판당 원재료비(H6)'이므로 H18 * H4 * H6이 된다.

H23셀 : = H18 * H4 * H6

② 생산라인 노무비(H24셀) : 노무비는 이미 H9셀에서 합계하여 계산해 놓았으므로 H9셀을 참조함으로써 이 값을 그대로 가져온다.

H24셀 : = H9

③ 총기계비용(H25셀) : 총기계비용은 '기계당 비용(H13) × 도입 기계수(H4)'이므로 다음과 같이 입력한다.

H25셀 : = H13 * H4

④ 총비용(H22셀) : 총비용은 H23~H25셀의 합계이므로 SUM함수를 사용하여 다음과 같이 입력한다.

H22셀 : = SUM(H23:H25)

## 5) 이익(H27셀)

H27셀 : = H21－H22

PCB 보조기판의 생산을 자동화할 경우 월 1,450만원의 이익(H27셀)이 발생하여 수작업으로 생산할 때 월 1,800만원의 손실에 비하면 엄청난 이익으로의 전환이므로 수작업 생산에서 자동화 생산으로 전환해야 한다는 결론을 얻는다.

## 문제 3 가격별 이익 분석 ('3) 최저 판매가 산정' 워크시트)

다른 경쟁사와의 경쟁으로 인하여 한국전자는 PCB 보조기판의 가격을 내려야 할 상태에 있다. PC업체가 더 싼 가격에 납품을 받고 싶어 하므로 한국전자의 경영진은 우선 한국전자가 제시할 수 있는 최저 가격이 얼마인지 알고 싶어 한다. 경영진은 손해를 보면서까지 판매할 수는 없다고 생각한다.

1) 현재 기계당 생산량 3,000개를 납품한다고 가정하면, 한국전자가 줄 수 있는 최저 가격은 얼마인지 알아보시오.
2) 판매가격을 6,100원에서 7,500원으로 변경함에 따라 총수익, 총비용, 그리고 이익이 어떻게 변화하는지 살펴보시오. 판매가를 얼마로 하든지 생산하는 것은 모두 납품할 수 있다고 가정한다. 또한 자동생산 기계는 대당 최고 월 12,000개까지 PCB 보조기판을 생산할 수 있는 능력이 있다고 한다.

우선 문세풀이를 위하여 문제 2에서 완성한 자동화 생산의 차트를 새로운 워크시트에 그대로 복사하였다.

**'3) 최저 판매가 산정' 워크시트**

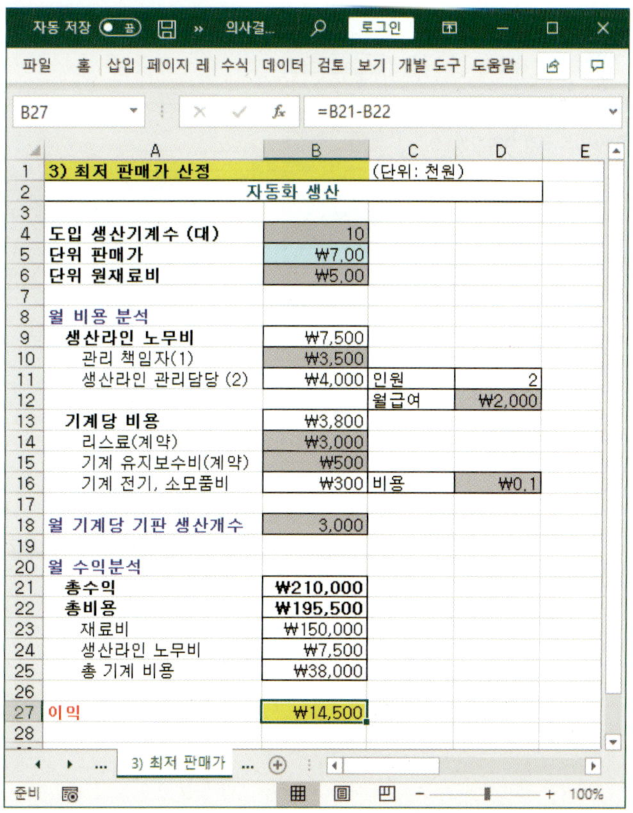

### 1) 손익분기점 찾기(이익이 0일 때의 판매가 찾기)

한국전자가 줄 수 있는 최저 가격은 이익이 '0'이 되는 판매가라고 할 수 있다. 그렇다면 판매가를 얼마로 하였을 때 이익의 값이 '0'이 되는가? 이는 What-If 분석을 통하여 여러 판매가격을 비교하면 알 수 있을 것이다. 그러나 이런 경우 시간과 노력이 많이 들 수 있으므로 엑셀의 '목표값 찾기' 기능을 이용하면 보다 쉽게 처리할 수 있다.

① 목표값은 리본 메뉴에서 '[데이터]탭-가상분석-목표값 찾기' 기능을 이용한다.

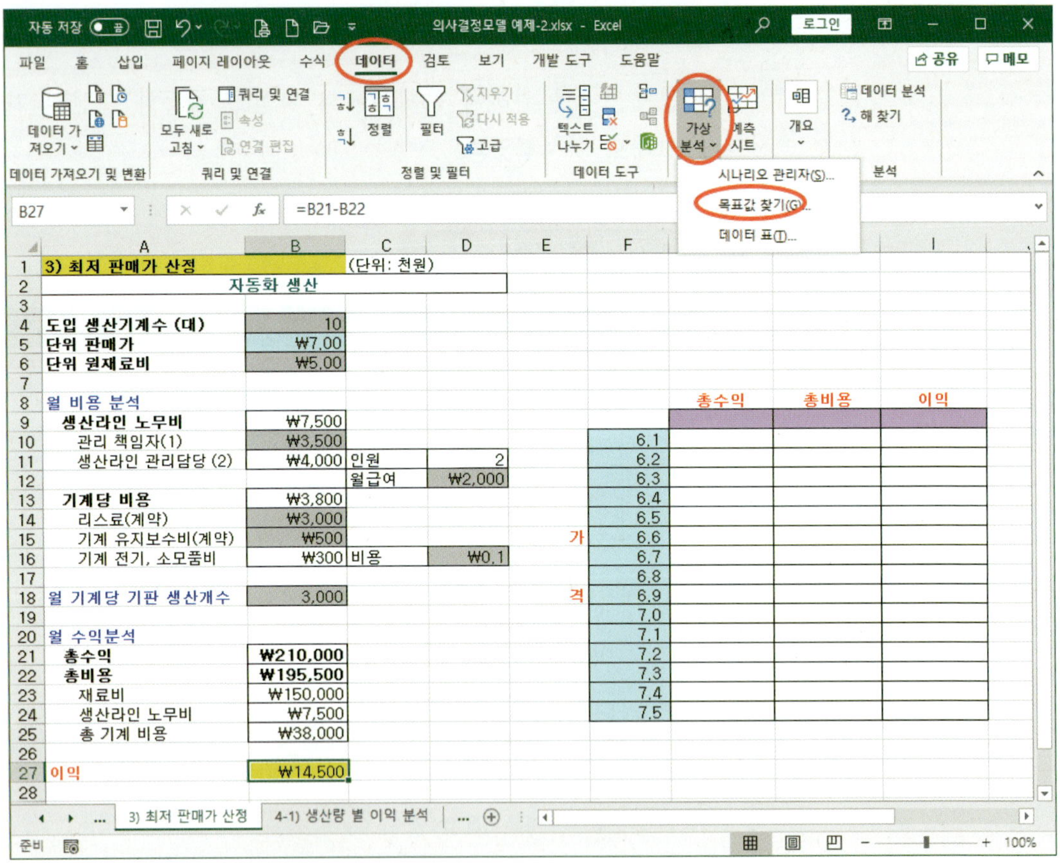

② '목표값 찾기' 창이 나타나면 아래와 같이 입력한다.

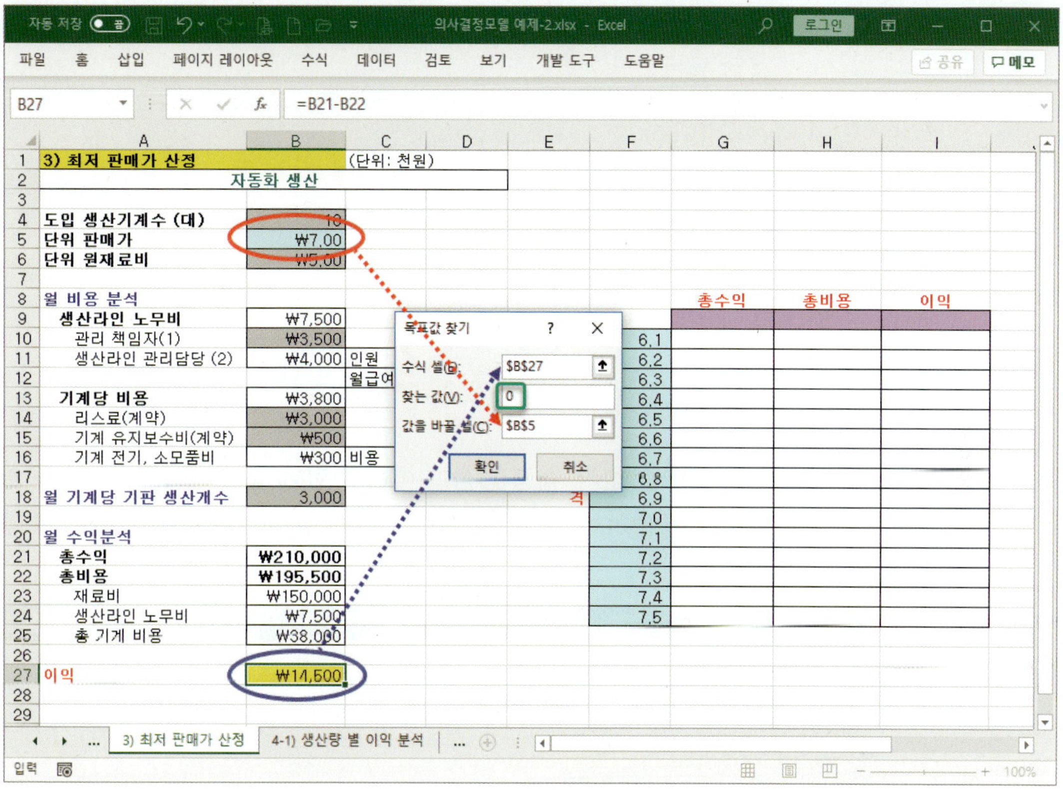

- 수식셀 : 현재 목표값을 가지는 변수가 된다. 즉 일정값을 주었을 때 다른 변수가 어떻게 변하는지를 보고자 하는 변수이다. 이익이 0값이 될 때 판매가가 어떻게 되는가를 알고 싶어 하므로 수식셀은 이익이 된다. 따라서 이익을 나타내는 셀인 B27셀을 클릭하면 'B27'이 입력된다.
- 찾는 값 : 이익을 0값으로 하려고 하므로 찾는 값은 '0'이 된다. 여기에서는 셀을 지정하여 입력할 수 없고 키보드로 직접 '0'을 입력해야 한다.
- 값을 바꿀 셀 : 수식셀의 변화 결과값이 바뀌는 변수로 여기에서는 단위 판매가가 된다. 따라서 단위 판매가를 나타내는 셀인 B5셀을 클릭하여 'B5'를 입력한다. 그리고 '목표값 찾기' 창의 '확인' 버튼을 클릭한다.

③ '목표값 찾기 상태' 창 : 이제 '목표값 찾기 상태' 창이 나타나 목표값 찾기 실행 결과를 보여준다. 여기에서 '취소' 버튼을 클릭하면 목표값 실행이 취소되어 이전으로 돌아간다. 목표값 찾기 실행을 완성하려면 '확인' 버튼을 클릭한다.

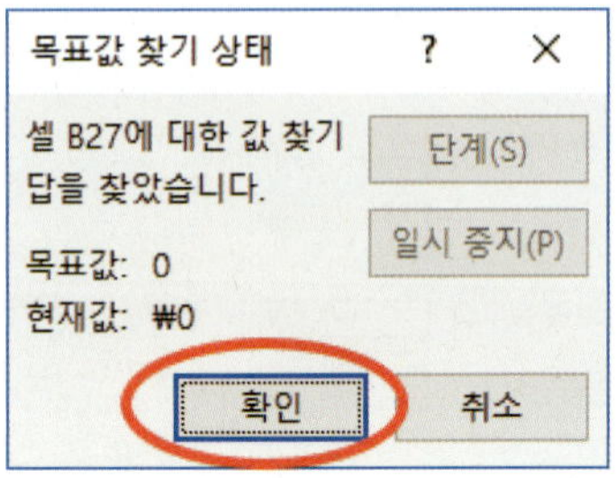


④ '목표값 찾기' 실행 완성 : 아래 그림과 같이 '목표값 찾기'가 완성되어, B5셀에 이익을 '0'으로 하는 보조기판의 판매가가 6,520원이라는 것을 보여준다.

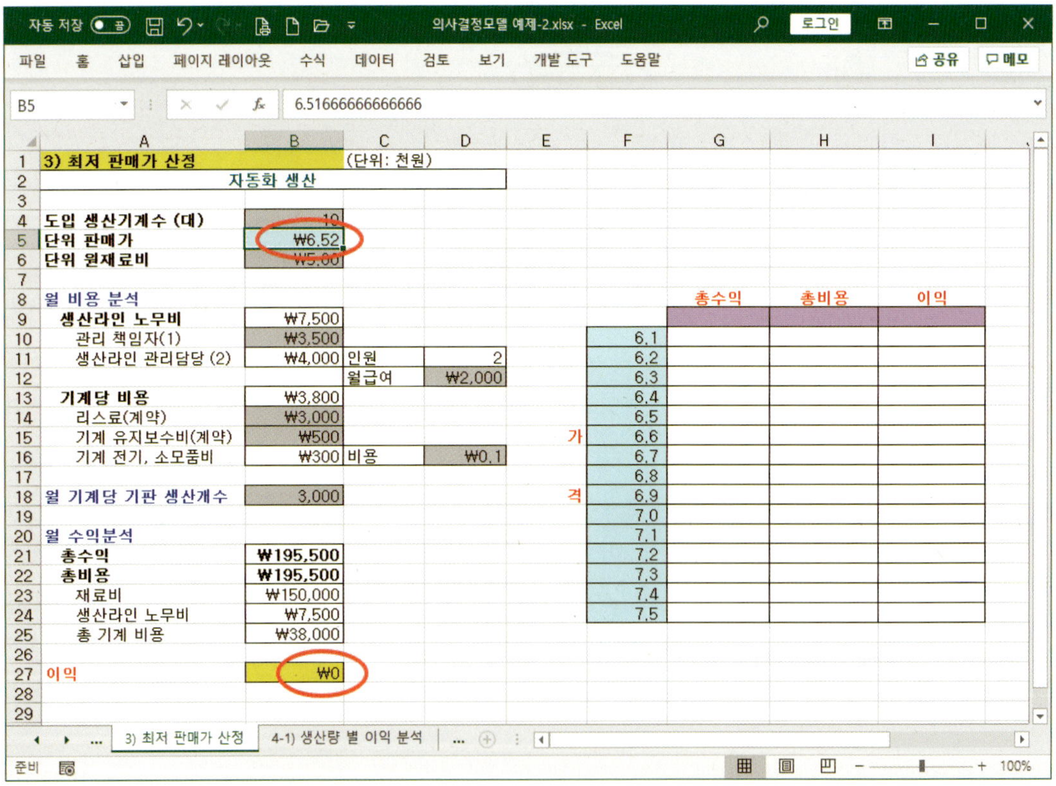

## 2) 판매가격의 변동에 따른 총수익, 총비용, 이익의 변화

이제 이익이 '0'이 되는 판매가격은 6,520원이라는 것을 알았다. 위의 '목표값 찾기' 실행 결과 워크시트는 그때의 총수익과 총비용이 모두 1억 9,550만원으로 동일하다는 것을 보여준다. 그렇다면 만일 가격을 6,520원 이하로 내리거나 현재의 7,000원 이상으로 올린다면 총수익, 총비용, 그리고 이익의 관계는 어떻게 될까?

이것을 알기 위하여 마찬가지로 여러 열을 이용하여 What-If 분석을 실시할 수도 있으나, 더 간편한 방법으로 '데이터 표' 기능을 사용하여 가격이 변화할 때 총수익, 총비용, 그리고 이익의 관계를 알아보기로 한다.

'데이터 표' 기능을 수행하기 위하여 현재의 '3) 최저 판매가 산정' 워크시트의 'F9:I24' 영역에 아래와 같이 작성한다.

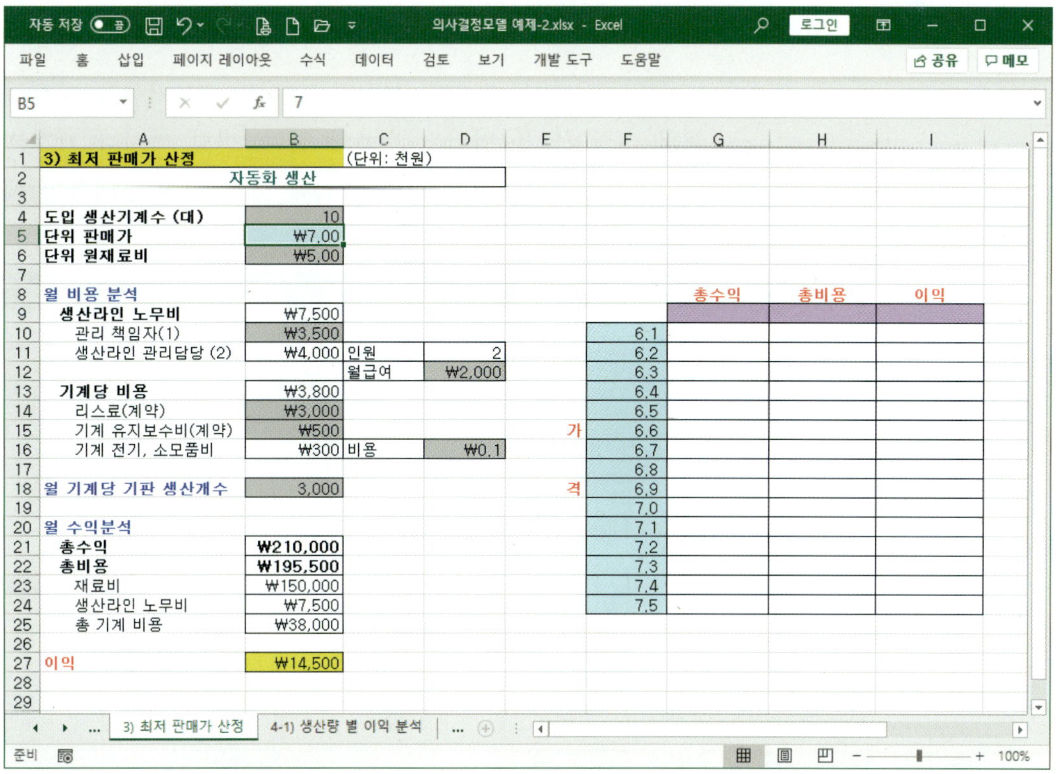


① G9셀에서 I9셀에 현재의 총수익, 총비용, 그리고 이익을 워크시트에서 계산된 셀을 참조하여 입력한다. 왜냐하면 '데이터 표' 기능은 현재의 판매가를 기준으로 워크시트에서의 가격, 비용 등의 입력식들을 참조하여 가격이 변화할 때 총수익, 총비용, 이익이 어떻게 변화하는지를 추적해내기 때문이다.

◐ 총수익(G9셀) : G9셀에 현재의 총수익이 얼마인가를 입력하는데, 반드시 현재 계산된 총수익이 있는 셀을 참조해야 한다. 직접 숫자를 기입해서는 '데이터 표' 기능이 수행되지 않으므로 유의해야 한다. 따라서 계산된 총수익이 있는 셀인 B21셀을 참조한다.

총수익(G9셀) : = B21

◐ 총비용(H9셀) : H9셀에 현재의 총비용이 얼마인가를 입력하는데, 같은 방법으로 총비용이 계산된 셀을 참조해야 한다. 따라서 B22셀을 참조한다.

총비용(H9셀) : = B22

◐ 이익(I9셀) : I9셀에 현재의 계산된 이익을 입력하는데, 같은 방법으로 이익이 계산된 셀인 B27셀을 참조한다.

이익(I9셀) : = B27

② '데이터 표' 대상 데이터 선택 : '데이터 표' 기능을 수행하기 전에 반드시 표의 대상영역을 먼저 선택해야 한다. 변화 가격과 각 금액들을 포함하는 영역인 F9:I24셀을 드래그하여 아래 빨간선 내 영역을 전체 선택한다.

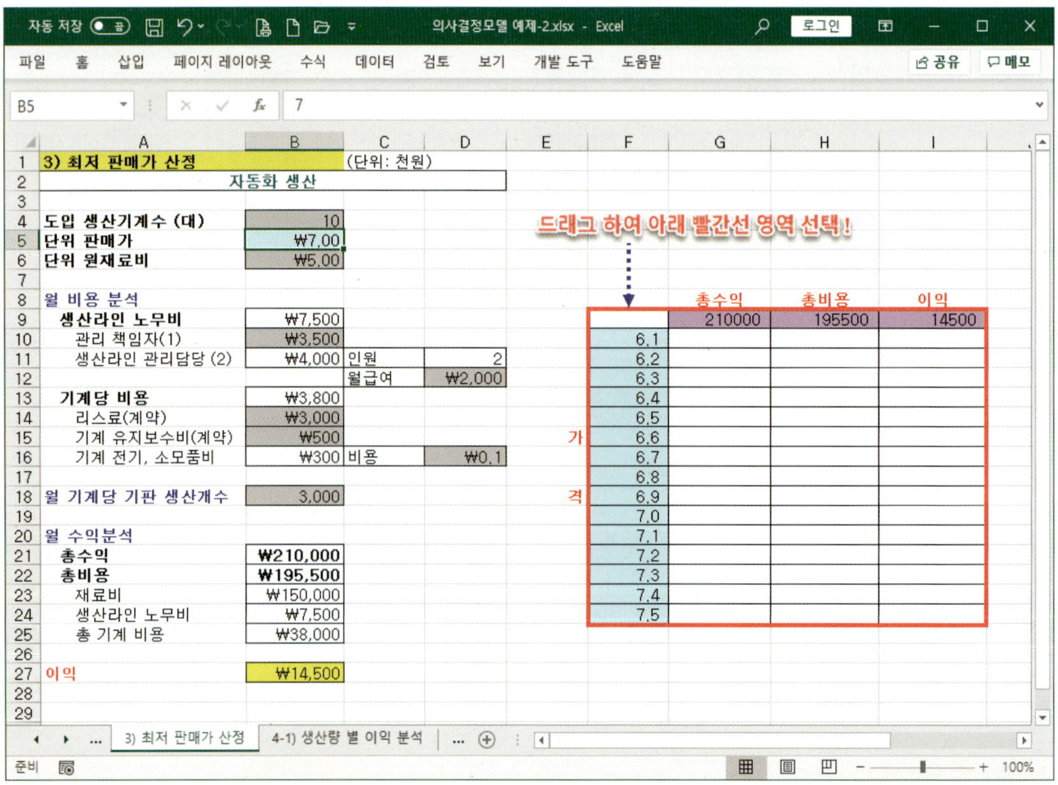

③ '데이터 표' 기능 수행 : 아래와 같이 '데이터 표' 영역을 지정한 상태에서, '[데이터]탭-가상분석-데이터 표'를 선택하여 '데이터 표' 기능을 수행한다.

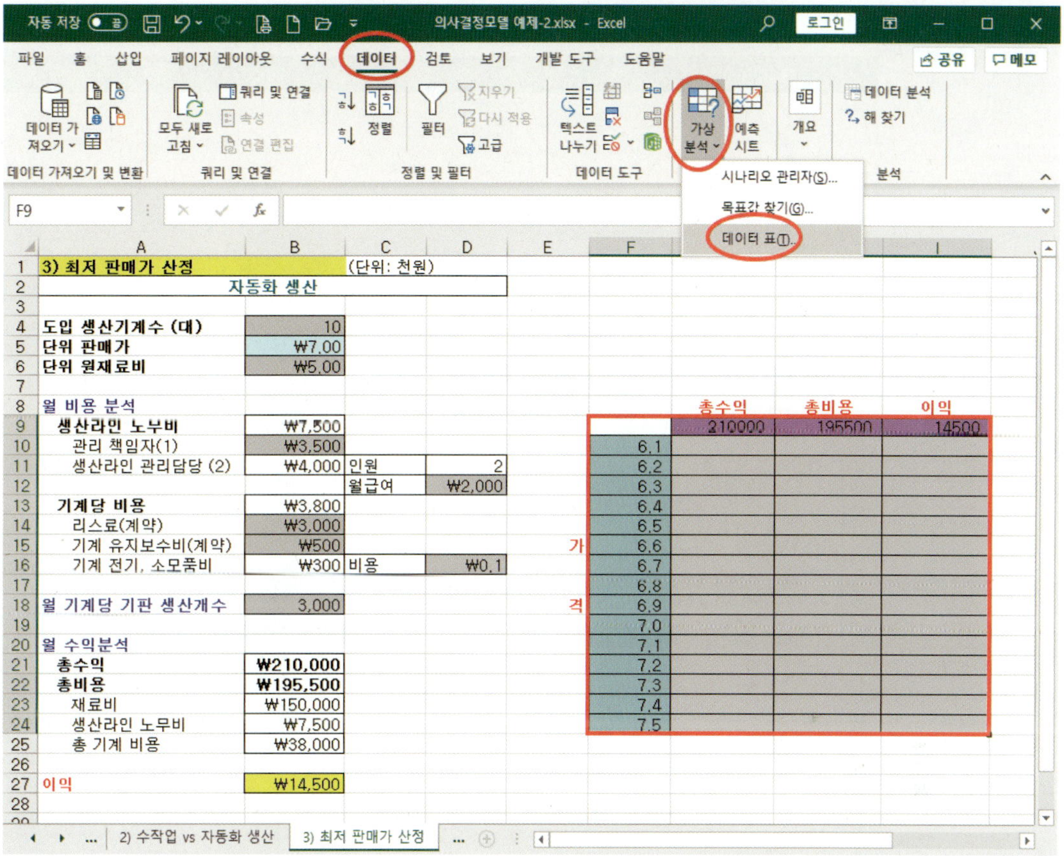

④ '데이터 표' 기능 창이 나타나면 아래와 같이 '열 입력 셀'의 빈칸을 클릭하고, 현재의 판매가를 입력하는 셀인 'B5'를 클릭하면 '열 입력 셀'에 자동으로 'B5'의 셀 주소가 입력된다.

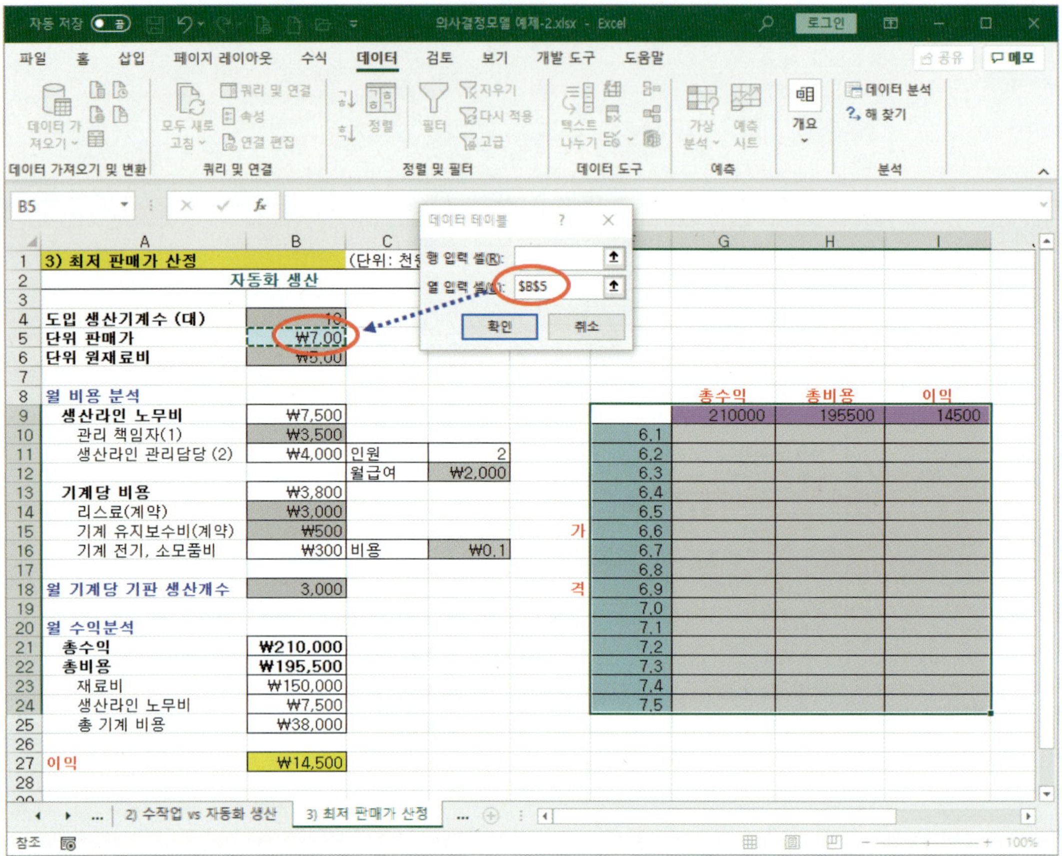

현재 표에서 판매가의 변화가 한 열인 F10셀에서 F24셀까지 구성되어 있기 때문에 '행 입력 셀'이 아닌 '열 입력 셀'에 현재 판매가를 입력해 주어야 한다. 입력하는 방법은 주소를 직접 입력할 수도 있고, '열 입력 셀'의 빈칸을 클릭한 후 B5셀을 선택하면 B5의 절대주소가 입력된다. 주의할 점은 '행 입력 셀'은 절대 다른 셀의 값을 넣으면 안 되고 빈칸으로 남겨 두어야 한다는 점이다. 이제 '확인' 버튼을 눌러 판매가가 변화할 때 총수익, 총비용, 이익이 어떻게 변화하는가를 살펴보도록 한다.

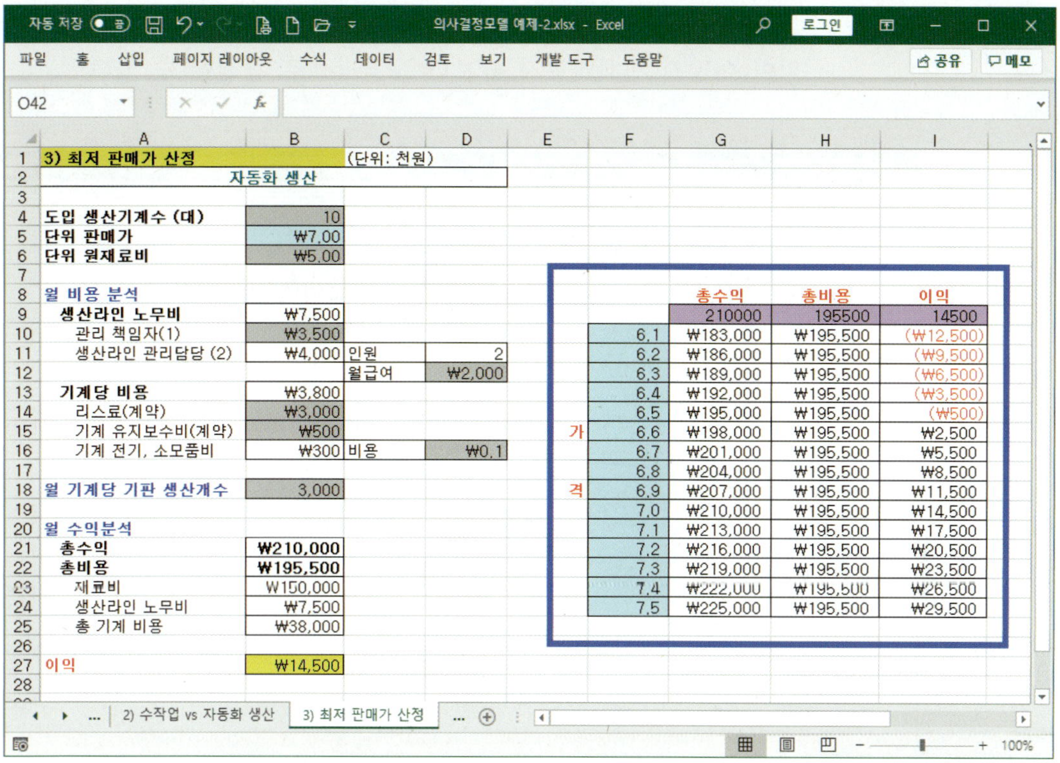

| 행 | A | B | C | D |
|---|---|---|---|---|
| 1 | 3) 최저 판매가 산정 | | (단위: 천원) | |
| 2 | 자동화 생산 | | | |
| 3 | | | | |
| 4 | 도입 생산기계수 (대) | 10 | | |
| 5 | 단위 판매가 | ₩7.00 | | |
| 6 | 단위 원재료비 | ₩5.00 | | |
| 7 | | | | |
| 8 | 월 비용 분석 | | | |
| 9 | 생산라인 노무비 | ₩7,500 | | |
| 10 | 관리 책임자(1) | ₩3,500 | | |
| 11 | 생산라인 관리담당 (2) | ₩4,000 | 인원 | 2 |
| 12 | | | 월급여 | ₩2,000 |
| 13 | 기계당 비용 | ₩3,800 | | |
| 14 | 리스료(계약) | ₩3,000 | | |
| 15 | 기계 유지보수비(계약) | ₩500 | | |
| 16 | 기계 전기, 소모품비 | ₩300 | 비용 | ₩0.1 |
| 17 | | | | |
| 18 | 월 기계당 기판 생산개수 | 3,000 | | |
| 19 | | | | |
| 20 | 월 수익분석 | | | |
| 21 | 총수익 | ₩210,000 | | |
| 22 | 총비용 | ₩195,500 | | |
| 23 | 재료비 | ₩150,000 | | |
| 24 | 생산라인 노무비 | ₩7,500 | | |
| 25 | 총 기계 비용 | ₩38,000 | | |
| 26 | | | | |
| 27 | 이익 | ₩14,500 | | |
| 28 | | | | |

| 가격 | 총수익 | 총비용 | 이익 |
|---|---|---|---|
| | 210000 | 195500 | 14500 |
| 6.1 | ₩183,000 | ₩195,500 | (₩12,500) |
| 6.2 | ₩186,000 | ₩195,500 | (₩9,500) |
| 6.3 | ₩189,000 | ₩195,500 | (₩6,500) |
| 6.4 | ₩192,000 | ₩195,500 | (₩3,500) |
| 6.5 | ₩195,000 | ₩195,500 | (₩500) |
| 6.6 | ₩198,000 | ₩195,500 | ₩2,500 |
| 6.7 | ₩201,000 | ₩195,500 | ₩5,500 |
| 6.8 | ₩204,000 | ₩195,500 | ₩8,500 |
| 6.9 | ₩207,000 | ₩195,500 | ₩11,500 |
| 7.0 | ₩210,000 | ₩195,500 | ₩14,500 |
| 7.1 | ₩213,000 | ₩195,500 | ₩17,500 |
| 7.2 | ₩216,000 | ₩195,500 | ₩20,500 |
| 7.3 | ₩219,000 | ₩195,500 | ₩23,500 |
| 7.4 | ₩222,000 | ₩195,500 | ₩26,500 |
| 7.5 | ₩225,000 | ₩195,500 | ₩29,500 |

H10:H24셀에서 총비용은 판매가에 관계없이 항상 같은 값을 가지는 것을 알 수 있다. 반면에 G10:G24셀에서 총수익은 판매가가 100원 상승할 때 300만원씩 증가한다. 보조기판의 총생산량이 3만개이므로 판매가가 100원 상승하면 총수익은 300만원이 증가하게 되는 것이다.

I열의 이익에서 괄호 안의 빨간 숫자들은 손실을 의미한다. 이익은 판매가가 6,500원일 때까지는 적자였으나, 6,600원보다 높게 될 경우 가격이 100원 오를 때마다 300만원씩 증가하는 것을 알 수 있다.

그리고 '데이터 표' 기능을 수행할 때 B5셀의 가격이 꼭 7,000원으로 되어 있을 필요는 없다. '데이터 표' 기능에서 가져오는 것은 가격에서 이익으로까지 연결되는 수식들이므로 실제 수식 관계에서 입력되어 있는 가격이 얼마이든 '데이터 표'에서는 가격에 해당하는 이익을 찾아 준다.

이것을 아래와 같이 그래프로 그려보면 가격이 변화할 때 총수익, 총비용, 이익이 어떻게 변화하는지를 보다 포괄적으로 관찰할 수 있다.

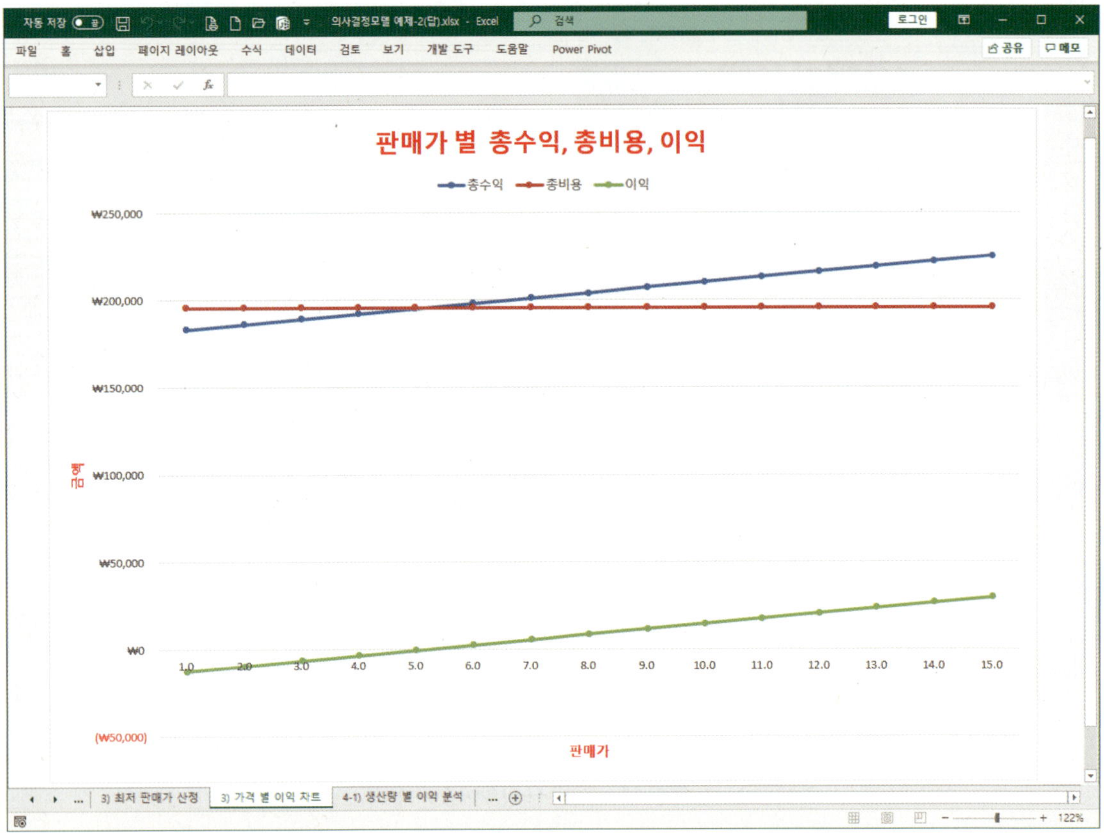


## 문제 4 생산량별 이익 분석 – 생산량 증가시, 그리고 가격–생산량이 동시에 증가할 경우

한국전자의 경영진은 자동화로 전환한 후 만일 현재의 납품가 7,000원을 유지하면서 납품물량을 좀더 많이 확보할 경우 보다 많은 이익이 창출되리라고 예상하고 있다. 그리고 추후 생산량의 증가와 함께 납품하는 가격이 올라가면 상당히 큰 이익을 창출할 수 있을 것으로 판단하고 있다. 가격과 생산량이 증가해도 생산라인 인건비, 리스료, 기계유지 보수비는 현재와 같다고 가정한다.

1) 기계당 기판 생산량이 2,000, 3,000, 4,000, 5,000, 6,000, 7,000, 8,000, 9,000, 10,000개로 늘어날 때 총수익, 총비용, 이익을 각각 구하고, 그래프를 작성하여 이를 살펴보시오. ('4-1) 생산량별 이익 분석' 워크시트)
2) 이제 기계당 기판 생산량이 2,000, 3,000, 4,000, 5,000, 6,000, 7,000, 8,000, 9,000, 10,000개로 늘어날 때, 그리고 동시에 가격이 6,000원에서 8,000원까지 100원 단위로 변경될 때의 총수익, 총비용, 이익이 각각 어떻게 되는지 알아보고, 이를 그래프로 나타내시오. ('4-2) 가격–생산량별 이익 분석' 워크시트)

### 1) 생산량 증가시 이익 분석

생산량을 현재의 3,000개에서 더 늘릴 경우 얼마의 이익이 더 창출되는지를 알아보고자 한다. 이를 위해서 생산량당 하나의 열로 구성하여 What-If 분석을 할 수도 있겠으나 '데이터 표' 기능을 사용하면 보다 간단하게 생산량이 변할 때의 이익을 알아볼 수 있다. '데이터 표' 기능의 수행을 위하여 아래와 같이 시트를 준비한다. 생산량이 3,000개일 때의 이익을 계산한 B열은 이미 문제 2에서 설명하였으므로 참조하기 바라며 여기에서는 생산량을 증가시킬 때 이익의 변화를 조사하기 위하여 다음과 같이 표를 구성하였다. 20행에 기계당 생산량의 증가치 테이블을 만들어 그 아래 행들에서 총수익, 총비용, 이익 등 이에 따른 금액 변화를 살펴볼 수 있게 하였다.

**'4-1) 생산량별 이익 분석' 워크시트**

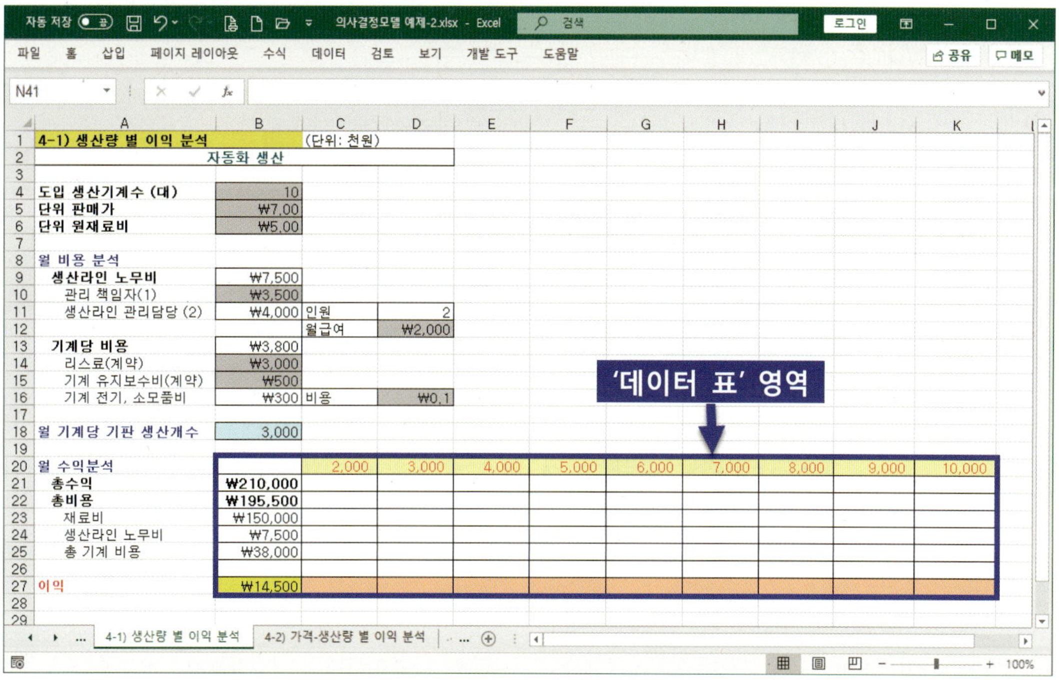


① 표 대상 데이터 선택 : '데이터 표' 기능을 수행하기 위하여 먼저 표의 대상 영역을 선택해야 한다. 우선 현재의 분석 열인 B열을 포함하는 것을 잊어서는 안 된다. 왜냐하면 현재의 분석 열(B열)에서 생산량과 이익의 관계를 연결지어 다른 생산량일 때의 이익을 산출해내기 때문이다. 따라서 B열과 생

산량의 변화를 나타낸 20행을 포함하여 B20:K27 영역을 선택한다.

② '데이터 표' 기능 수행 : 메뉴에서 '[데이터]탭-가상분석-데이터 표'를 선택하여 '데이터 표' 기능을 수행한다.

③ '데이터 표' 기능 창이 나타나면 아래와 같이 '행 입력 셀'의 빈칸을 클릭한 다음, 현재의 생산량이 있는 'B18'셀을 클릭하면 '행 입력 셀'의 빈칸에 'B18'의 셀 주소가 자동으로 입력된다.

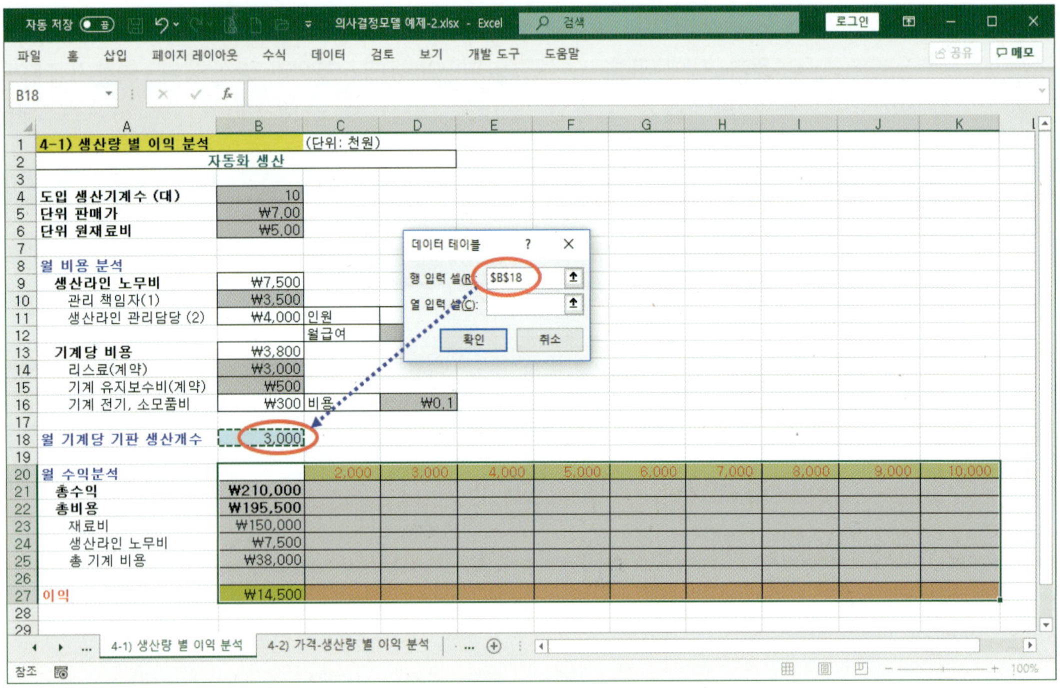

생산량의 증가가 동일 행(20행, C20:K20셀)에 작성되었으므로 '열 입력 셀'은 비워두고 '행 입력 셀'에 현재의 생산량이 입력된 B18셀의 주소를 입력한다. 주의할 점은 '열 입력 셀'은 다른 셀의 값을 넣으면 안 되고 빈칸으로 남겨두어야 한다는 점이다. 이제 '확인' 버튼을 눌러 다음 그림과 같이 생산량이 변화할 때 총수익, 총비용, 이익이 어떻게 변화하는가를 살펴본다.

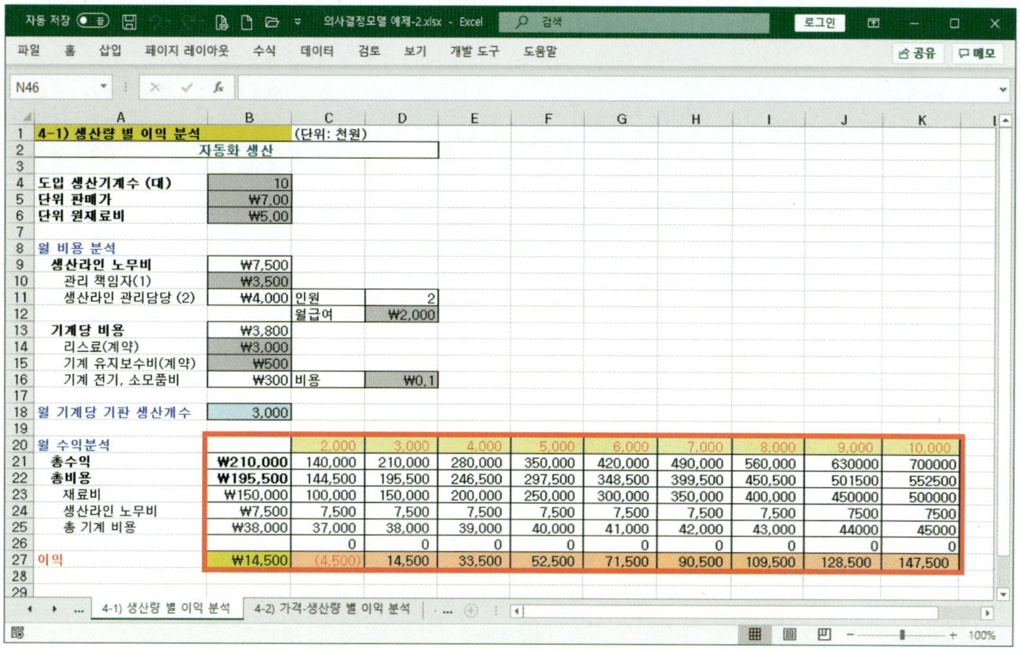

| | A | B | C | D | E | F | G | H | I | J | K |
|---|---|---|---|---|---|---|---|---|---|---|---|
| 1 | 4-1) 생산량 별 이익 분석 | | (단위: 천원) | | | | | | | | |
| 2 | 자동화 생산 | | | | | | | | | | |
| 3 | | | | | | | | | | | |
| 4 | 도입 생산기계수 (대) | 10 | | | | | | | | | |
| 5 | 단위 판매가 | ₩7.00 | | | | | | | | | |
| 6 | 단위 원재료비 | ₩5.00 | | | | | | | | | |
| 7 | | | | | | | | | | | |
| 8 | 월 비용 분석 | | | | | | | | | | |
| 9 | 생산라인 노무비 | ₩7,500 | | | | | | | | | |
| 10 | 관리 책임자(1) | ₩3,500 | | | | | | | | | |
| 11 | 생산라인 관리담당 (2) | ₩4,000 | 인원 | 2 | | | | | | | |
| 12 | | | 월급여 | ₩2,000 | | | | | | | |
| 13 | 기계당 비용 | ₩3,800 | | | | | | | | | |
| 14 | 리스료(계약) | ₩3,000 | | | | | | | | | |
| 15 | 기계 유지보수비(계약) | ₩500 | | | | | | | | | |
| 16 | 기계 전기, 소모품비 | ₩300 | 비용 | ₩0.1 | | | | | | | |
| 17 | | | | | | | | | | | |
| 18 | 월 기계당 기판 생산개수 | 3,000 | | | | | | | | | |
| 19 | | | | | | | | | | | |
| 20 | 월 수익분석 | | 2,000 | 3,000 | 4,000 | 5,000 | 6,000 | 7,000 | 8,000 | 9,000 | 10,000 |
| 21 | 총수익 | ₩210,000 | 140,000 | 210,000 | 280,000 | 350,000 | 420,000 | 490,000 | 560,000 | 630000 | 700000 |
| 22 | 총비용 | ₩195,500 | 144,500 | 195,500 | 246,500 | 297,500 | 348,500 | 399,500 | 450,500 | 501500 | 552500 |
| 23 | 재료비 | ₩150,000 | 100,000 | 150,000 | 200,000 | 250,000 | 300,000 | 350,000 | 400,000 | 450000 | 500000 |
| 24 | 생산라인 노무비 | ₩7,500 | 7,500 | 7,500 | 7,500 | 7,500 | 7,500 | 7,500 | 7,500 | 7500 | 7500 |
| 25 | 총 기계 비용 | ₩38,000 | 37,000 | 38,000 | 39,000 | 40,000 | 41,000 | 42,000 | 43,000 | 44000 | 45000 |
| 26 | | | 0 | 0 | 0 | 0 | 0 | 0 | 0 | 0 | 0 |
| 27 | 이익 | ₩14,500 | (4,500) | 14,500 | 33,500 | 52,500 | 71,500 | 90,500 | 109,500 | 128,500 | 147,500 |

표를 통하여 생산량의 변화에 따라 총수익, 총비용, 그리고 이익이 어떻게 변화하는지를 알 수 있게 되었다. 기계당 생산량이 1,000개씩 증가할 때마다 이익은 1,900만원씩 증가함을 알 수 있다. 그리고 생산량의 증가에 따른 총수익, 총비용, 그리고 이익의 변화를 그래프로 그려보면 이들간의 관계와 생산량의 증가에 따른 추세를 이해할 수 있다.

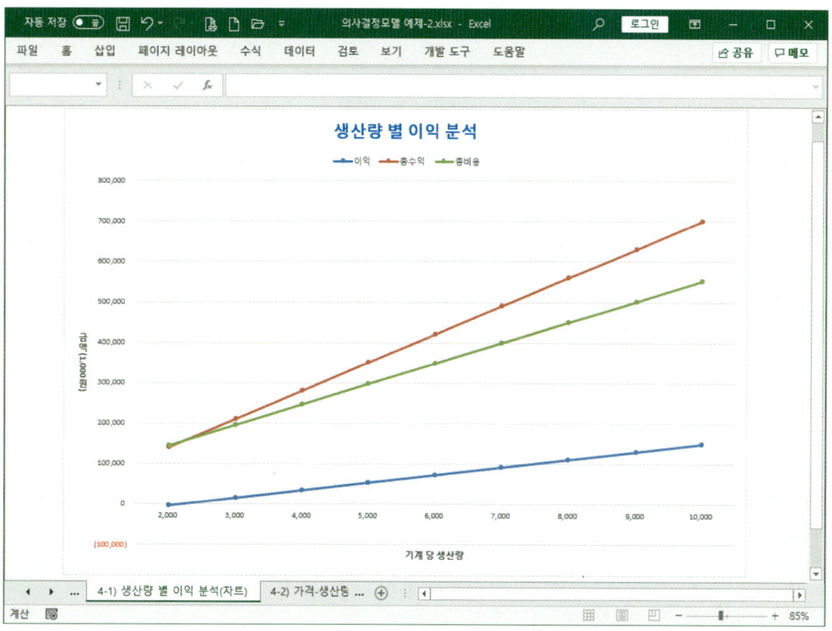

## 2) 가격-생산량 동시 증가시 이익 분석

생산량과 가격이 동시에 변할 때 이익이 어떻게 변동되는가를 '데이터 표' 기능을 통하여 보려면 지금까지 하나의 항목(가격 또는 생산량)이 변화할 때와는 다르게 2차원 '데이터 표' 기능이 필요하다. 2차원 '데이터 표'는 4-2) 워크시트에서 보는 것처럼 서로 직각되게 변화되는 항목의 변화수치를 배치해야 한다. 따라서 기계당 생산수량의 변화수치는 G6:O6셀에 나타내었고, 가격의 변화수치는 F7:F27셀에 나타내었다.

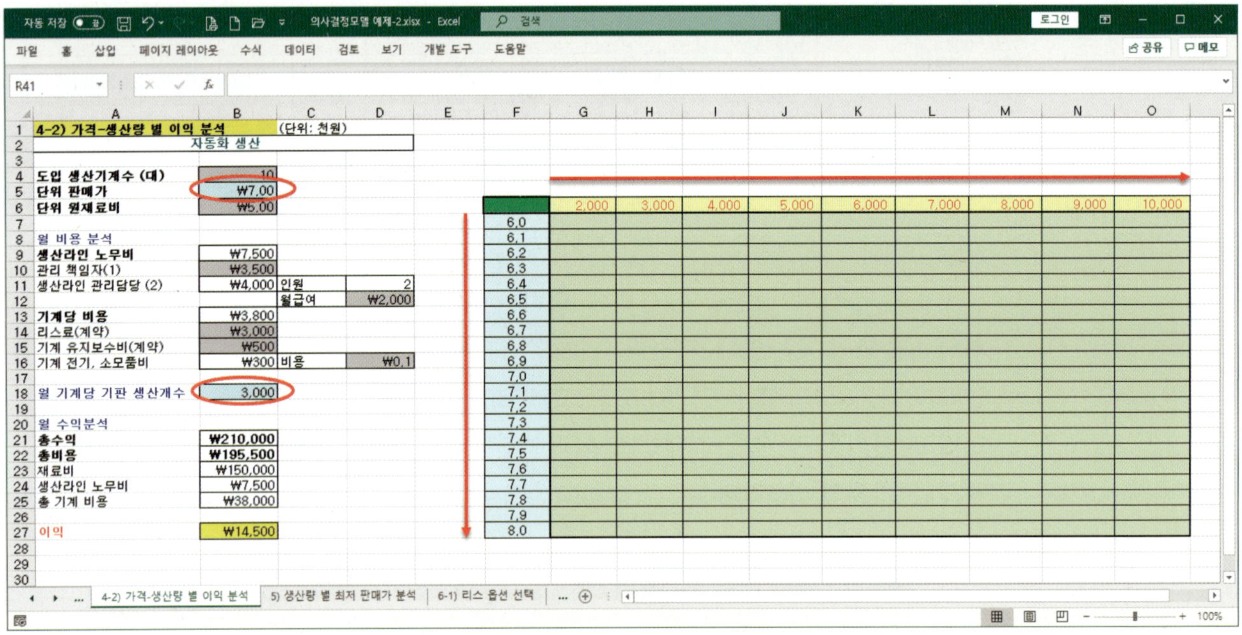


그리고 가장 중요한 것은, 엑셀 수식 모델(즉, 본 워크시트에서는 B열의 수식들)의 이익(B27셀)과 데이터 표의 영역 내에 이 이익의 수식을 연결시켜야 하는데, 현재의 2차원 '데이터 표'의 경우 교차 지점인 F6셀에 B27의 이익 셀을 기입함으로써 원래의 엑셀 수식 모델과 데이터 표를 연결시킨다. 따라서 워크시트의 F6셀에 다음과 같이 입력한다.

F6셀 : = B27

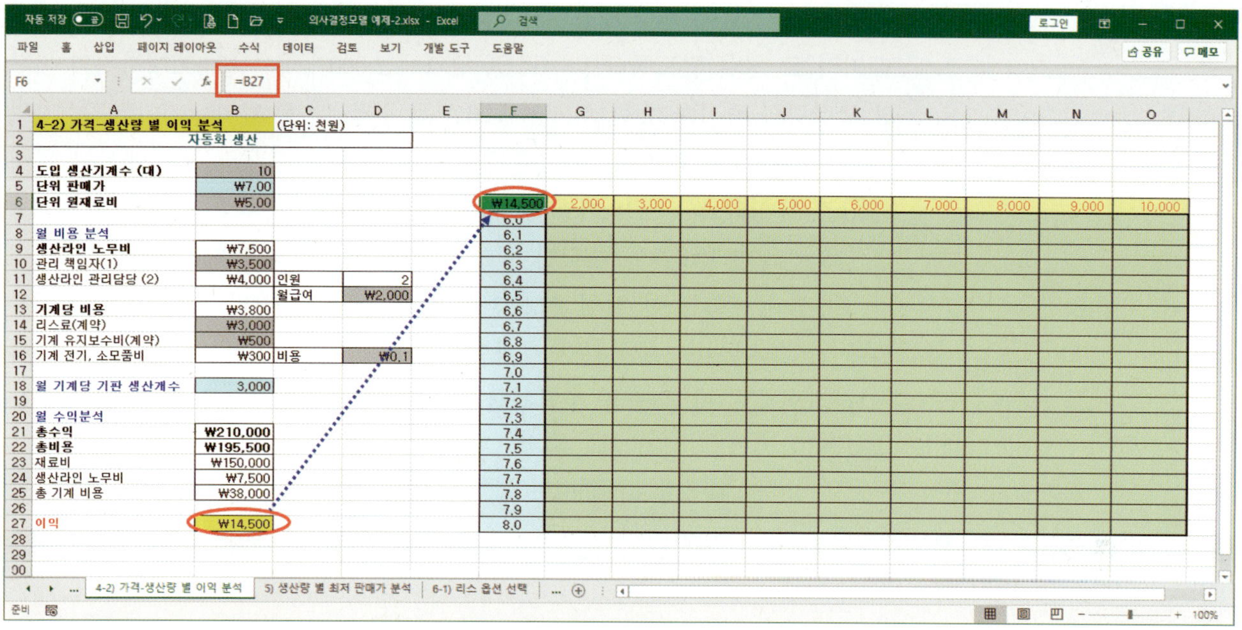


① 표 대상 데이터 선택 : '데이터 표' 기능을 수행하기 위하여 먼저 표의 영역을 선택한다. 아래와 같은 2차원 '데이터 표'의 경우 생산량과 가격 변화를 모두 포함하는 F6:O27셀이 표 영역이 된다. 이를 선택한 후 '데이터 표' 창을 열도록 한다.

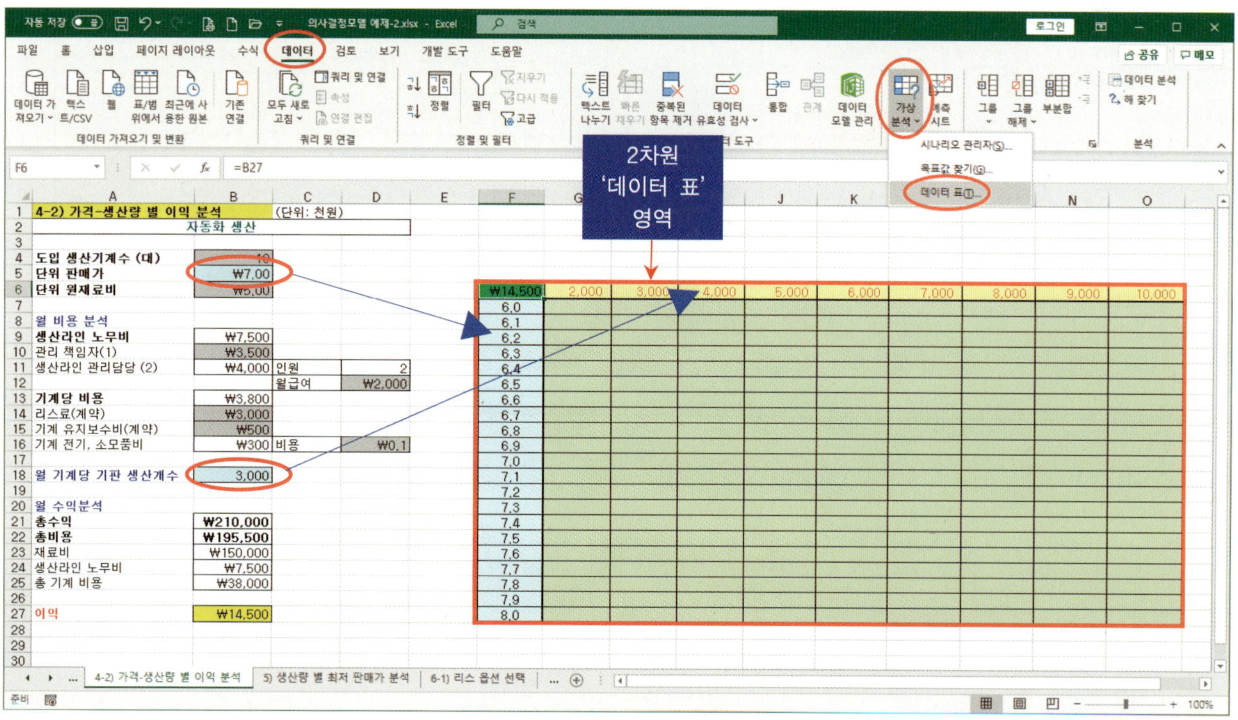

② '데이터 표' 기능 수행 : 메뉴에서 '[데이터]탭-가상분석-데이터 표'를 선택하여 '데이터 표' 창을 열도록 한다. G6:O6 영역에 2,000개에서 10,000개까지의 기판당 생산량의 증가치가 한 행(6행)에 표시된 것을 알 수 있다. '데이터 표' 창의 '행 입력 셀'에는 이렇게 같은 행에 증감을 표시한 항목의 모델에서의 원래 항목(즉, 여기에서는 기계당 기판 생산개수)의 셀 주소를 기입한다. 따라서 기계당 생산개수 셀인 B18셀을 클릭하여 그 주소를 '행 입력 셀'에 기입한다.

가격의 변화는 한 열인 F7:F27 영역에 표시되어 있다. 이렇게 증감이 한 열에 기입되어 있는 항목의 모델에서의 주소를 '열 입력 셀'에 표기한다. 따라서 가격의 주소인 B5셀을 클릭하면 그 주소가 입력된다. 이제 '확인' 버튼을 클릭하면 가격과 생산량이 함께 변할 때의 이익을 표시해 준다.

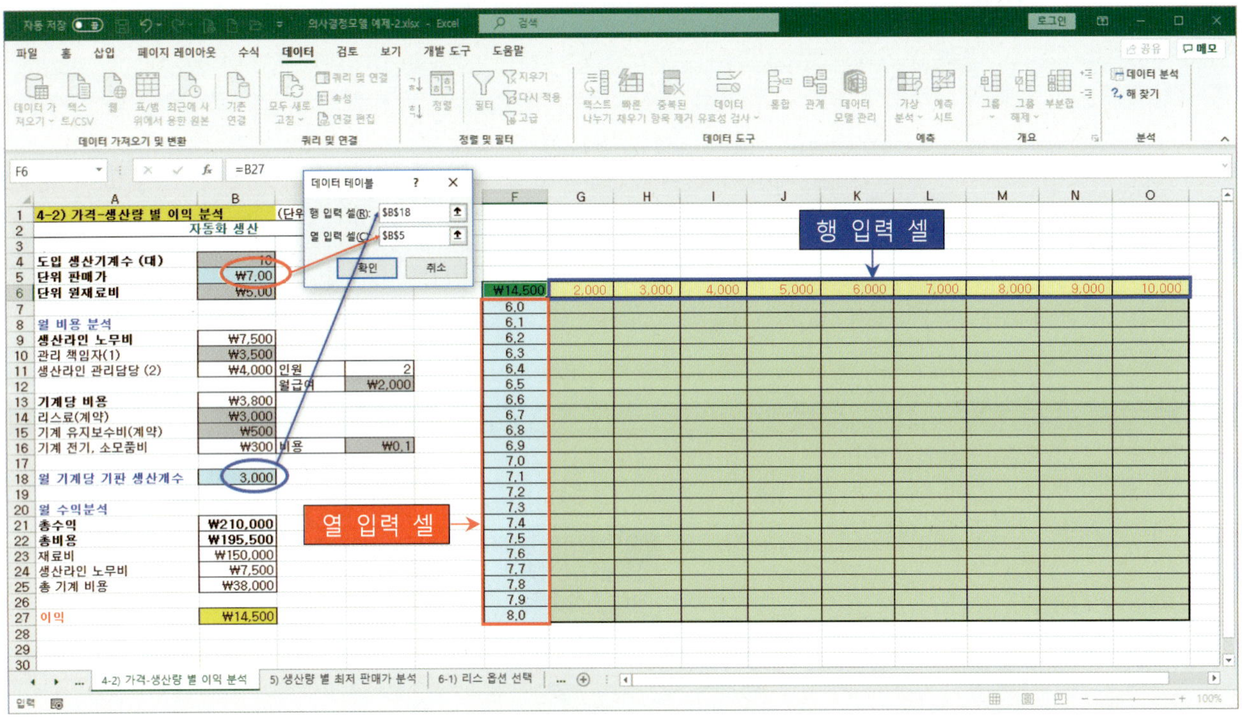

③ 아래 그림에서 보는 바와 같이 빨간선 내에, 6천원에서 8천원까지의 가격별로, 그리고 동시에 기계당 기판 생산개수가 2,000개에서 10,000개로 증가할 때의 이익이 어떻게 되는가를 알 수 있다.

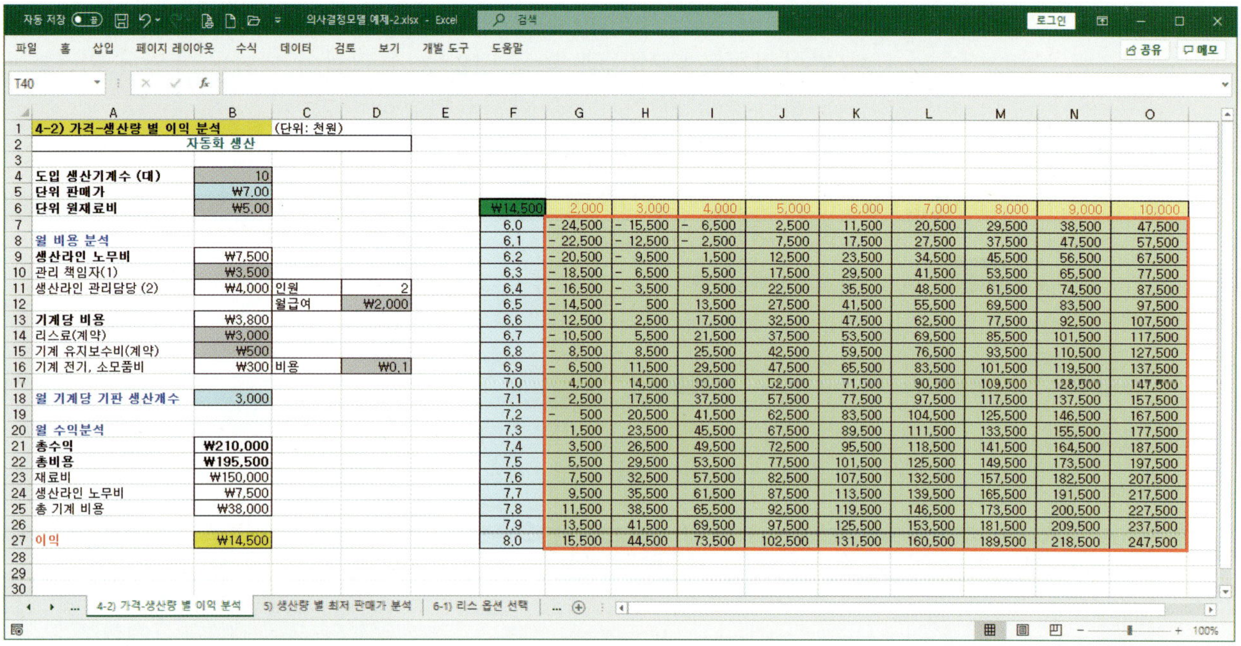

| 4-2) 가격-생산량 별 이익 분석 | | (단위: 천원) | |
|---|---|---|---|
| 자동화 생산 | | | |
| 도입 생산기계수 (대) | 10 | | |
| 단위 판매가 | ₩7.00 | | |
| 단위 원재료비 | ₩5.00 | | |
| 월 비용 분석 | | | |
| 생산라인 노무비 | ₩7,500 | | |
| 관리 책임자(1) | ₩3,500 | | |
| 생산라인 관리담당 (2) | ₩4,000 | 인원 | 2 |
| | | 월급여 | ₩2,000 |
| 기계당 비용 | ₩3,800 | | |
| 리스료(계약) | ₩3,000 | | |
| 기계 유지보수비(계약) | ₩500 | | |
| 기계 전기, 소모품비 | ₩300 | 비용 | ₩0.1 |
| 월 기계당 기판 생산개수 | 3,000 | | |
| 월 수익분석 | | | |
| 총수익 | ₩210,000 | | |
| 총비용 | ₩195,500 | | |
| 재료비 | ₩150,000 | | |
| 생산라인 노무비 | ₩7,500 | | |
| 총 기계 비용 | ₩38,000 | | |
| 이익 | ₩14,500 | | |

| ₩14,500 | 2,000 | 3,000 | 4,000 | 5,000 | 6,000 | 7,000 | 8,000 | 9,000 | 10,000 |
|---|---|---|---|---|---|---|---|---|---|
| 6.0 | - 24,500 | - 15,500 | - 6,500 | 2,500 | 11,500 | 20,500 | 29,500 | 38,500 | 47,500 |
| 6.1 | - 22,500 | - 12,500 | - 2,500 | 7,500 | 17,500 | 27,500 | 37,500 | 47,500 | 57,500 |
| 6.2 | - 20,500 | - 9,500 | 1,500 | 12,500 | 23,500 | 34,500 | 45,500 | 56,500 | 67,500 |
| 6.3 | - 18,500 | - 6,500 | 5,500 | 17,500 | 29,500 | 41,500 | 53,500 | 65,500 | 77,500 |
| 6.4 | - 16,500 | - 3,500 | 9,500 | 22,500 | 35,500 | 48,500 | 61,500 | 74,500 | 87,500 |
| 6.5 | - 14,500 | - 500 | 13,500 | 27,500 | 41,500 | 55,500 | 69,500 | 83,500 | 97,500 |
| 6.6 | - 12,500 | 2,500 | 17,500 | 32,500 | 47,500 | 62,500 | 77,500 | 92,500 | 107,500 |
| 6.7 | - 10,500 | 5,500 | 21,500 | 37,500 | 53,500 | 69,500 | 85,500 | 101,500 | 117,500 |
| 6.8 | - 8,500 | 8,500 | 25,500 | 42,500 | 59,500 | 76,500 | 93,500 | 110,500 | 127,500 |
| 6.9 | - 6,500 | 11,500 | 29,500 | 47,500 | 65,500 | 83,500 | 101,500 | 119,500 | 137,500 |
| 7.0 | 4,500 | 14,500 | 00,500 | 52,500 | 71,500 | 90,500 | 109,500 | 128,500 | 147,500 |
| 7.1 | - 2,500 | 17,500 | 37,500 | 57,500 | 77,500 | 97,500 | 117,500 | 137,500 | 157,500 |
| 7.2 | - 500 | 20,500 | 41,500 | 62,500 | 83,500 | 104,500 | 125,500 | 146,500 | 167,500 |
| 7.3 | 1,500 | 23,500 | 45,500 | 67,500 | 89,500 | 111,500 | 133,500 | 155,500 | 177,500 |
| 7.4 | 3,500 | 26,500 | 49,500 | 72,500 | 95,500 | 118,500 | 141,500 | 164,500 | 187,500 |
| 7.5 | 5,500 | 29,500 | 53,500 | 77,500 | 101,500 | 125,500 | 149,500 | 173,500 | 197,500 |
| 7.6 | 7,500 | 32,500 | 57,500 | 82,500 | 107,500 | 132,500 | 157,500 | 182,500 | 207,500 |
| 7.7 | 9,500 | 35,500 | 61,500 | 87,500 | 113,500 | 139,500 | 165,500 | 191,500 | 217,500 |
| 7.8 | 11,500 | 38,500 | 65,500 | 92,500 | 119,500 | 146,500 | 173,500 | 200,500 | 227,500 |
| 7.9 | 13,500 | 41,500 | 69,500 | 97,500 | 125,500 | 153,500 | 181,500 | 209,500 | 237,500 |
| 8.0 | 15,500 | 44,500 | 73,500 | 102,500 | 131,500 | 160,500 | 189,500 | 218,500 | 247,500 |

④ 가격별로 기계당 생산량이 증가할 때의 이익의 그래프를 그리면 다음과 같이 작성된다.

- 대상영역인 G7:O27 영역을 선택한다. 그리고 꺾은선형 차트를 선택하여 삽입한다.
- 처음에는 데이터 계열이 생산량별로 설정되어 그래프가 그려지므로, 아래와 같이 '[차트 디자인]탭-행/열 전환'을 클릭하여 데이터 계열이 가격별이 되게 한다.

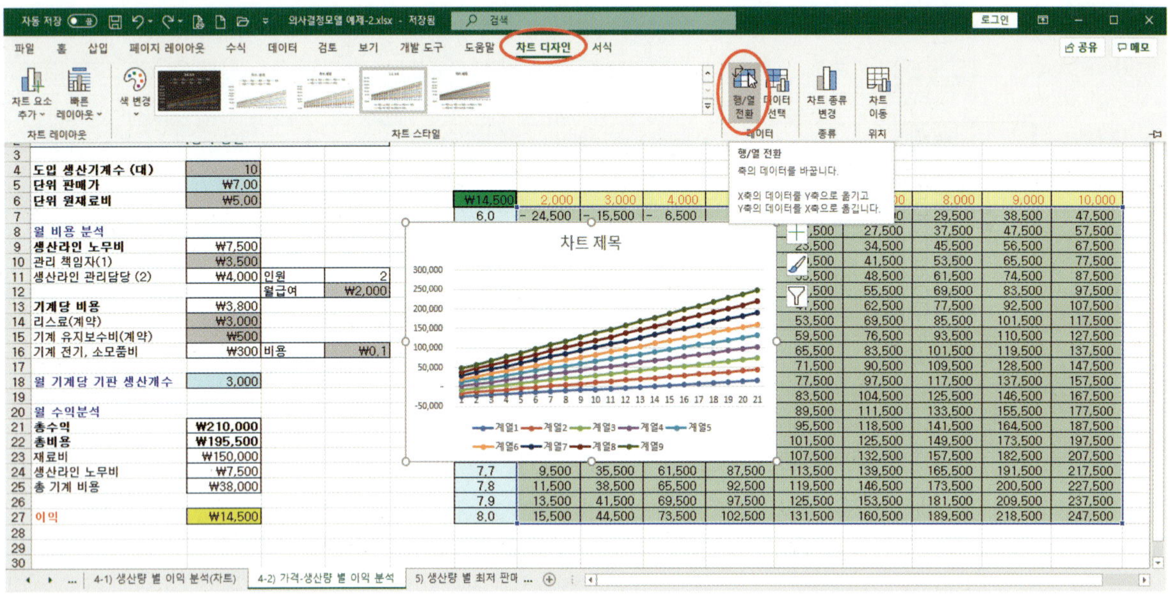

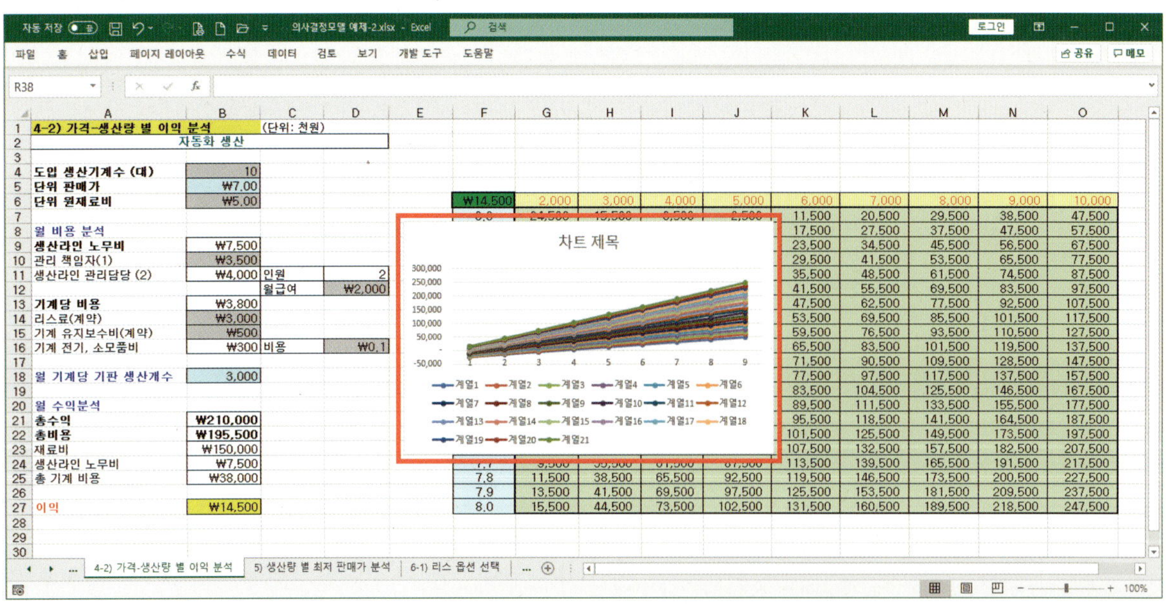

데이터 계열의 제목을 지정하고 축 제목을 삽입한 후, 그래프를 새 차트로 하여 완성하면 아래와 같이 최종 그래프가 작성된다.

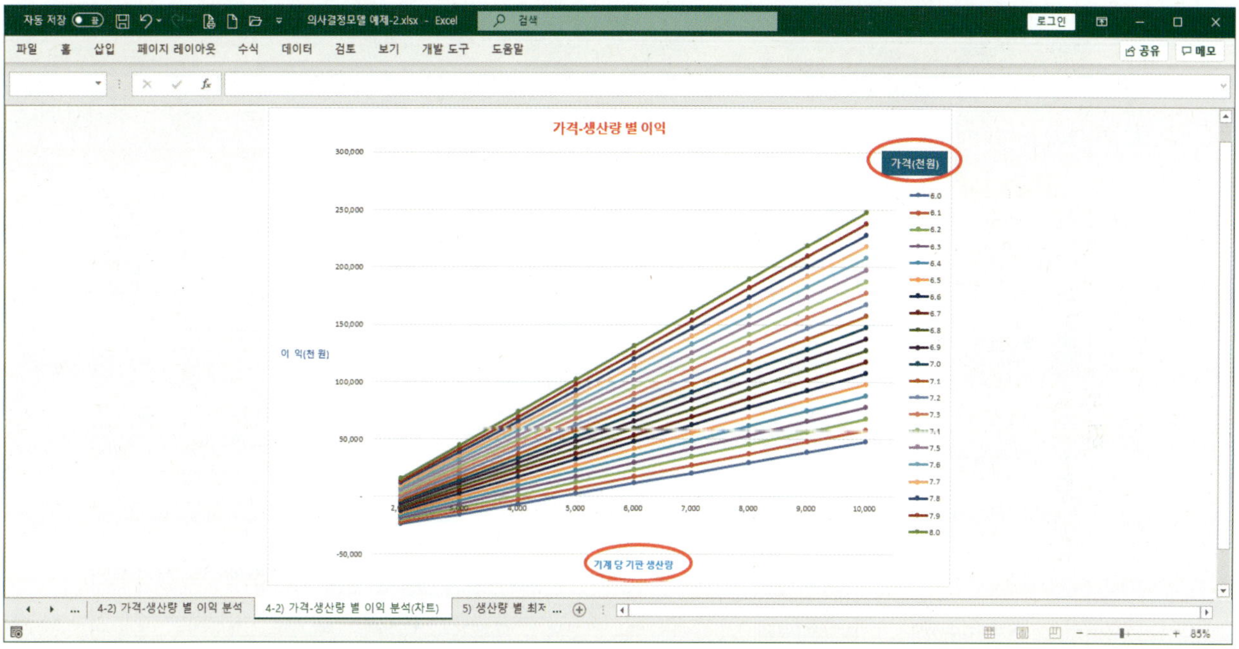


### 문제 5 생산량별 최저 판매가 분석 – 손익분기점이 되는 판매가 ('5) 생산량별 최저 판매가 분석' 워크시트)

한국전자는 납품물량이 늘어날 경우, 규모의 경제가 발생하여 현재 7,000원인 보조기판의 납품가를 더 인하할 수 있을 것으로 생각하고 있다. 몇 개의 PC 제조사들은 한국전자가 충분하게 납품가격을 내릴 경우 더 많은 물량을 구입하겠다고 예전부터 의사를 표시해 오고 있다. 그러나 과연 납품물량이 늘어날 때 얼마만큼 가격을 더 인하할 수 있는지 아직 구체적으로 조사하지 못하여 PC 제조업체와 협의하지 못하고 있다. 납품량이 늘어나서 기계당 생산량이 3,500, 4,000, 4,500, 5,000, 5,500, 6,000개로 늘어날 때, 각 생산량에서 손해 보지 않는 전제하에서 한국전자가 줄 수 있는 최저 가격은 얼마인지 알아보시오.

문제 3에서 생산량이 3,000개일 때 한국전자가 손해를 보지 않고 줄 수 있는 최저의 판매가는 6,520원이라는 것을 알았다. 즉 기계당 생산을 3,000개 할 경우의 손익분기점이 되는 판매가격이 6,520원인 것이다. 그렇다면 생산량을 3,500개, 4,000개, … 등으로 올릴 경우 손익분기점이 되는 판매가는 얼마가 될 것인가? 문제 4에서 살펴본 바와 같이 생산량이 증가할 경우 이익도 증가하기 때문에 손익분기점이 되는 판매가는 생산량이 커질수록 더 내려갈 것으로 판단해 볼 수 있다. 이를 보다 자세히 알아보기 위하여 다음과 같이 E열에서 J열에 생산량이 3,500개에서 6,000개가 되도록 설정하고 모든 계산식을 미리 입력한 워크시트를 준비하였다.

**'5) 생산량별 최저 판매가 분석' 워크시트**

B27 =B21-B22

| | A | B | C | D | E | F | G | H | I | J |
|---|---|---|---|---|---|---|---|---|---|---|
| 1 | 5) 생산량 별 최저 판매가 분석 | | (단위: 천원) | | | | | | | |
| 2 | 자동화 생산 | | | | | | | | | |
| 3 | | | | | | | | | | |
| 4 | 도입 생산기계수 (대) | 10 | | | 10 | 10 | 10 | 10 | 10 | 10 |
| 5 | 단위 판매가 | ₩7.00 | | | ₩7.00 | ₩7.00 | ₩7.00 | ₩7.00 | ₩7.00 | ₩7.00 |
| 6 | 단위 원재료비 | ₩5.00 | | | ₩5.00 | ₩5.00 | ₩5.00 | ₩5.00 | ₩5.00 | ₩5.00 |
| 7 | | | | | | | | | | |
| 8 | 월 비용 분석 | | | | | | | | | |
| 9 | 생산라인 노무비 | ₩7,500 | | | ₩7,500 | ₩7,500 | ₩7,500 | ₩7,500 | ₩7,500 | ₩7,500 |
| 10 | 관리 책임자(1) | ₩3,500 | | | ₩3,500 | ₩3,500 | ₩3,500 | ₩3,500 | ₩3,500 | ₩3,500 |
| 11 | 생산라인 관리담당(2) | ₩4,000 | 인원 | 2 | ₩4,000 | ₩4,000 | ₩4,000 | ₩4,000 | ₩4,000 | ₩4,000 |
| 12 | | | 월급여 | ₩2,000 | | | | | | |
| 13 | 가계당 비용 | ₩3,800 | | | ₩3,850 | ₩3,900 | ₩3,950 | ₩4,000 | ₩4,050 | ₩4,100 |
| 14 | 리스료 | ₩3,000 | | | ₩3,000 | ₩3,000 | ₩3,000 | ₩3,000 | ₩3,000 | ₩3,000 |
| 15 | 기계 유지보수비(계약) | ₩500 | | | ₩500 | ₩500 | ₩500 | ₩500 | ₩500 | ₩500 |
| 16 | 기계 전기, 소모품비 | ₩300 | 비용 | ₩0.1 | ₩350 | ₩400 | ₩450 | ₩500 | ₩550 | ₩600 |
| 17 | | | | | | | | | | |
| 18 | 월 기계당 기판 생산개수 | 3,000 | | | 3,500 | 4,000 | 4,500 | 5,000 | 5,500 | 6,000 |
| 19 | | | | | | | | | | |
| 20 | 월 수익분석 | | | | | | | | | |
| 21 | 총수익 | ₩210,000 | | | ₩245,000 | ₩280,000 | ₩315,000 | ₩350,000 | ₩385,000 | ₩420,000 |
| 22 | 총비용 | ₩195,500 | | | ₩221,000 | ₩246,500 | ₩272,000 | ₩297,500 | ₩323,000 | ₩348,500 |
| 23 | 재료비 | ₩150,000 | | | ₩175,000 | ₩200,000 | ₩225,000 | ₩250,000 | ₩275,000 | ₩300,000 |
| 24 | 생산라인 노무비 | ₩7,500 | | | ₩7,500 | ₩7,500 | ₩7,500 | ₩7,500 | ₩7,500 | ₩7,500 |
| 25 | 총 기계 비용 | ₩38,000 | | | ₩38,500 | ₩39,000 | ₩39,500 | ₩40,000 | ₩40,500 | ₩41,000 |
| 26 | | | | | | | | | | |
| 27 | 이익 | ₩14,500 | | | ₩24,000 | ₩33,500 | ₩43,000 | ₩52,500 | ₩62,000 | ₩71,500 |

5) 생산량 별 최저 판매가 분석 | 6-1) 리스 옵션 선택

## 1) 각 생산량에서의 손익분기점 판매가 산정

각 생산량에서의 손익분기점 판매가격을 산정하기 위하여 '목표값 찾기' 기능을 이용한다. 이를 이용하여 E열의 손익분기점이 얼마가 되는가를 찾아보기로 한다.

'목표값 찾기' 기능을 실행하여 '목표값 찾기' 창이 나타나면 아래와 같이 입력한다.

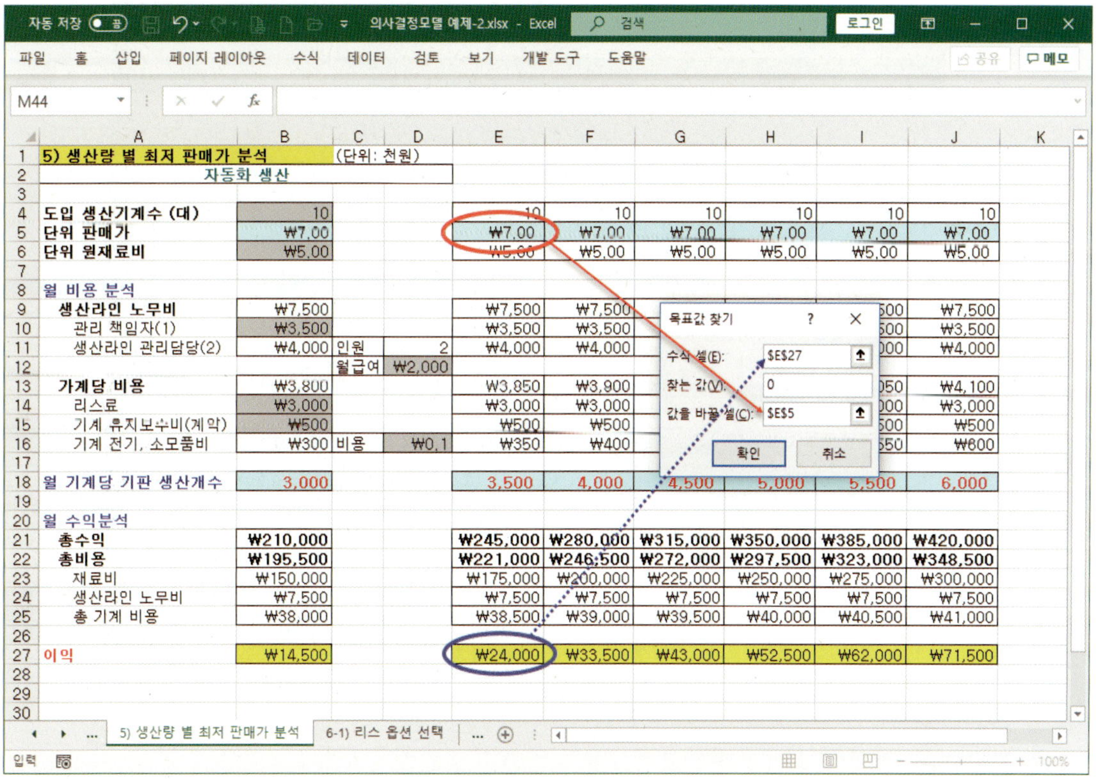


- 수식셀 : 이익이 0이 될 때 판매가가 어떻게 되는지를 알고 싶어 하므로 수식셀은 이익의 셀이 되고, 따라서 3,500개 생산량에서 이익을 나타내는 셀인 E27셀을 클릭하면 'E27'값이 입력된다.
- 찾는 값 : 이익을 0으로 하려고 하므로 찾는 값은 '0'이 된다. 직접 '0'을 입력한다.
- 값을 바꿀 셀 : 수식셀의 변화 결과값이 바뀌는 변수로 여기에서는 단위 판매가가 된다. 따라서 단위 판매가를 나타내는 셀인 E5셀을 클릭하여 입력한다. 그리고 '목표값 찾기' 창의 '확인' 버튼을 클릭한다. 같은 방법으로 F열에서 J열까지 '목표값 찾기'를 각각 수행하여 각 생산량에서 손익분기점이 되는 판

매가를 산출한다.

'목표값 찾기'를 J열까지 실행하고 나면 아래와 같이 각 생산량에서의 손익분기점이 되는 판매가를 알 수 있다.

| 생산량(개) | 3,000 | 3,500 | 4,000 | 4,500 | 5,000 | 5,500 | 6,000 |
|---|---|---|---|---|---|---|---|
| 판매가(천원) | ₩6.52 | ₩6.31 | ₩6.16 | ₩6.04 | ₩5.95 | ₩5.87 | ₩5.81 |

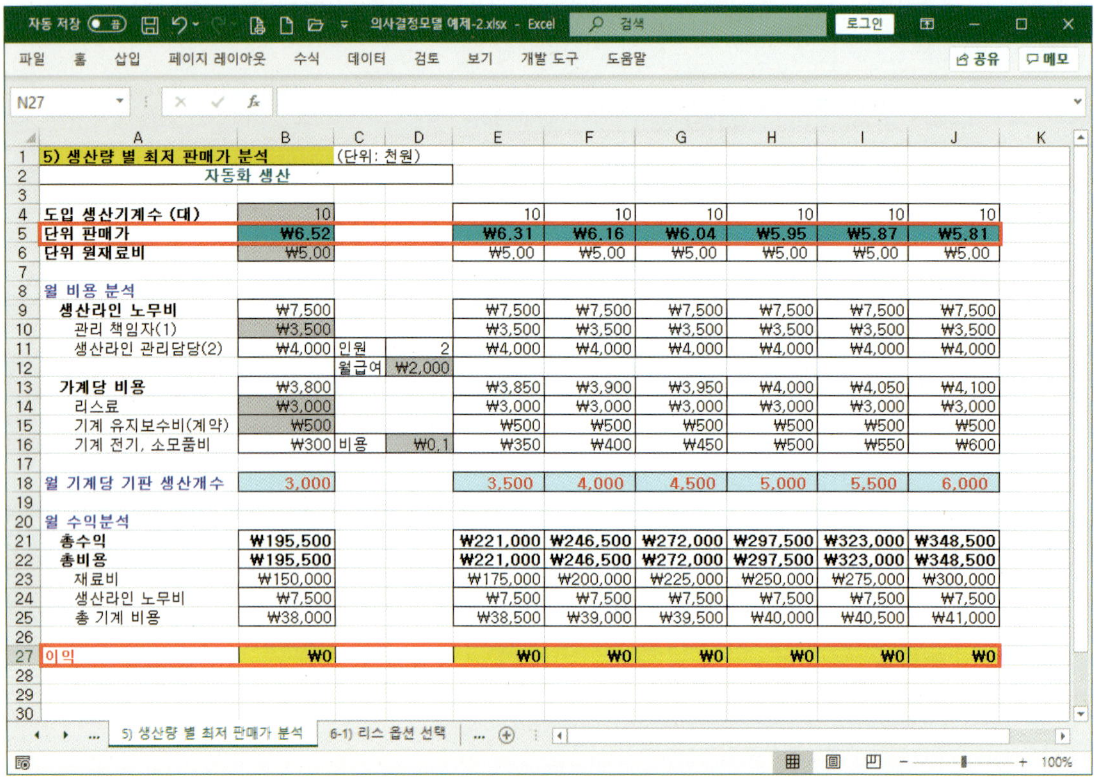

| | A | B | C | D | E | F | G | H | I | J |
|---|---|---|---|---|---|---|---|---|---|---|
| 1 | 5) 생산량 별 최저 판매가 분석 | | (단위: 천원) | | | | | | | |
| 2 | 자동화 생산 | | | | | | | | | |
| 3 | | | | | | | | | | |
| 4 | 도입 생산기계수 (대) | 10 | | | 10 | 10 | 10 | 10 | 10 | 10 |
| 5 | 단위 판매가 | ₩6.52 | | | ₩6.31 | ₩6.16 | ₩6.04 | ₩5.95 | ₩5.87 | ₩5.81 |
| 6 | 단위 원재료비 | ₩5.00 | | | ₩5.00 | ₩5.00 | ₩5.00 | ₩5.00 | ₩5.00 | ₩5.00 |
| 7 | | | | | | | | | | |
| 8 | 월 비용 분석 | | | | | | | | | |
| 9 | 생산라인 노무비 | ₩7,500 | | | ₩7,500 | ₩7,500 | ₩7,500 | ₩7,500 | ₩7,500 | ₩7,500 |
| 10 | 관리 책임자(1) | ₩3,500 | | | ₩3,500 | ₩3,500 | ₩3,500 | ₩3,500 | ₩3,500 | ₩3,500 |
| 11 | 생산라인 관리담당(2) | ₩4,000 | 인원 | 2 | ₩4,000 | ₩4,000 | ₩4,000 | ₩4,000 | ₩4,000 | ₩4,000 |
| 12 | | | 월급여 | ₩2,000 | | | | | | |
| 13 | 가계당 비용 | ₩3,800 | | | ₩3,850 | ₩3,900 | ₩3,950 | ₩4,000 | ₩4,050 | ₩4,100 |
| 14 | 리스료 | ₩3,000 | | | ₩3,000 | ₩3,000 | ₩3,000 | ₩3,000 | ₩3,000 | ₩3,000 |
| 15 | 기계 유지보수비(계약) | ₩500 | | | ₩500 | ₩500 | ₩500 | ₩500 | ₩500 | ₩500 |
| 16 | 기계 전기, 소모품비 | ₩300 | 비용 | ₩0.1 | ₩350 | ₩400 | ₩450 | ₩500 | ₩550 | ₩600 |
| 17 | | | | | | | | | | |
| 18 | 월 기계당 기판 생산개수 | 3,000 | | | 3,500 | 4,000 | 4,500 | 5,000 | 5,500 | 6,000 |
| 19 | | | | | | | | | | |
| 20 | 월 수익분석 | | | | | | | | | |
| 21 | 총수익 | ₩195,500 | | | ₩221,000 | ₩246,500 | ₩272,000 | ₩297,500 | ₩323,000 | ₩348,500 |
| 22 | 총비용 | ₩195,500 | | | ₩221,000 | ₩246,500 | ₩272,000 | ₩297,500 | ₩323,000 | ₩348,500 |
| 23 | 재료비 | ₩150,000 | | | ₩175,000 | ₩200,000 | ₩225,000 | ₩250,000 | ₩275,000 | ₩300,000 |
| 24 | 생산라인 노무비 | ₩7,500 | | | ₩7,500 | ₩7,500 | ₩7,500 | ₩7,500 | ₩7,500 | ₩7,500 |
| 25 | 총 기계 비용 | ₩38,000 | | | ₩38,500 | ₩39,000 | ₩39,500 | ₩40,000 | ₩40,500 | ₩41,000 |
| 26 | | | | | | | | | | |
| 27 | 이익 | ₩0 | | | ₩0 | ₩0 | ₩0 | ₩0 | ₩0 | ₩0 |

## 2) 손익분기점 판매가의 그래프

자료가 인접해 있지 않기 때문에 Ctrl 키를 사용하여 아래 B5, E5:J5 빨간색 영역을 선택한다.

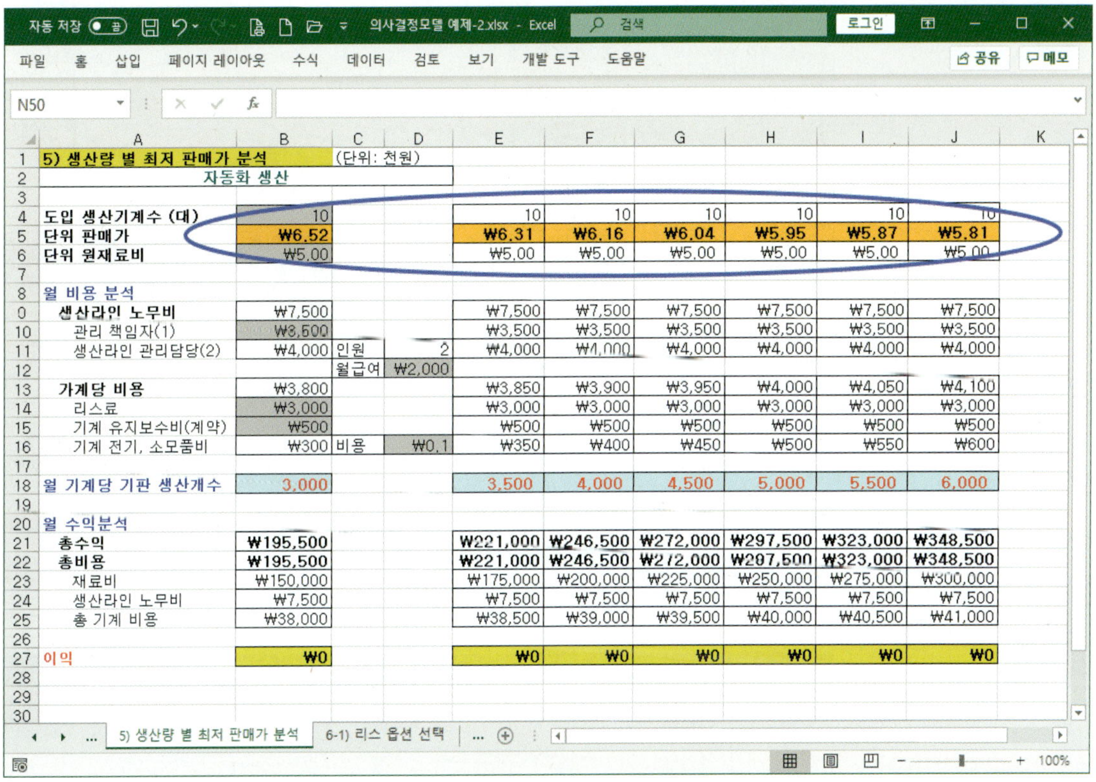

|  | A | B | C | D | E | F | G | H | I | J |
|---|---|---|---|---|---|---|---|---|---|---|
| 1 | 5) 생산량 별 최저 판매가 분석 |  | (단위: 천원) |  |  |  |  |  |  |  |
| 2 | 자동화 생산 |  |  |  |  |  |  |  |  |  |
| 3 |  |  |  |  |  |  |  |  |  |  |
| 4 | 도입 생산기계수 (대) | 10 |  |  | 10 | 10 | 10 | 10 | 10 | 10 |
| 5 | 단위 판매가 | ₩6.52 |  |  | ₩6.31 | ₩6.16 | ₩6.04 | ₩5.95 | ₩5.87 | ₩5.81 |
| 6 | 단위 원재료비 | ₩5.00 |  |  | ₩5.00 | ₩5.00 | ₩5.00 | ₩5.00 | ₩5.00 | ₩5.00 |
| 7 |  |  |  |  |  |  |  |  |  |  |
| 8 | 월 비용 분석 |  |  |  |  |  |  |  |  |  |
| 0 | 생산라인 노무비 | ₩7,500 |  |  | ₩7,500 | ₩7,500 | ₩7,500 | ₩7,500 | ₩7,500 | ₩7,500 |
| 10 | 관리 책임자(1) | ₩3,500 |  |  | ₩3,500 | ₩3,500 | ₩3,500 | ₩3,500 | ₩3,500 | ₩3,500 |
| 11 | 생산라인 관리담당(2) | ₩4,000 | 인원 | 2 | ₩4,000 | ₩4,000 | ₩4,000 | ₩4,000 | ₩4,000 | ₩4,000 |
| 12 |  |  | 월급여 | ₩2,000 |  |  |  |  |  |  |
| 13 | 가계당 비용 | ₩3,800 |  |  | ₩3,850 | ₩3,900 | ₩3,950 | ₩4,000 | ₩4,050 | ₩4,100 |
| 14 | 리스료 | ₩3,000 |  |  | ₩3,000 | ₩3,000 | ₩3,000 | ₩3,000 | ₩3,000 | ₩3,000 |
| 15 | 기계 유지보수비(계약) | ₩500 |  |  | ₩500 | ₩500 | ₩500 | ₩500 | ₩500 | ₩500 |
| 16 | 기계 전기, 소모품비 | ₩300 | 비용 | ₩0.1 | ₩350 | ₩400 | ₩450 | ₩500 | ₩550 | ₩600 |
| 17 |  |  |  |  |  |  |  |  |  |  |
| 18 | 월 기계당 기판 생산개수 | 3,000 |  |  | 3,500 | 4,000 | 4,500 | 5,000 | 5,500 | 6,000 |
| 19 |  |  |  |  |  |  |  |  |  |  |
| 20 | 월 수익분석 |  |  |  |  |  |  |  |  |  |
| 21 | 총수익 | ₩195,500 |  |  | ₩221,000 | ₩246,500 | ₩272,000 | ₩297,500 | ₩323,000 | ₩348,500 |
| 22 | 총비용 | ₩195,500 |  |  | ₩221,000 | ₩246,500 | ₩272,000 | ₩297,500 | ₩323,000 | ₩348,500 |
| 23 | 재료비 | ₩150,000 |  |  | ₩175,000 | ₩200,000 | ₩225,000 | ₩250,000 | ₩275,000 | ₩300,000 |
| 24 | 생산라인 노무비 | ₩7,500 |  |  | ₩7,500 | ₩7,500 | ₩7,500 | ₩7,500 | ₩7,500 | ₩7,500 |
| 25 | 총 기계 비용 | ₩38,000 |  |  | ₩38,500 | ₩39,000 | ₩39,500 | ₩40,000 | ₩40,500 | ₩41,000 |
| 26 |  |  |  |  |  |  |  |  |  |  |
| 27 | 이익 | ₩0 |  |  | ₩0 | ₩0 | ₩0 | ₩0 | ₩0 | ₩0 |

꺾은선 차트를 작성하고, 다음과 같이 차트 제목, 축 제목을 삽입한 후, 가로축 레이블(즉, 3,000, 3,500, 4,000, ...)을 입력한다. 이를 위하여, '[차트 디자인]탭-데이터 선택'을 클릭하여 '데이터 원본 선택' 창이 나타나면 그 안에서 오른쪽 '가로축 레이블'의 '편집' 버튼을 클릭한다. 이제 '축 레이블' 창이 나타나면 '축 레이블 범위' 칸을 선택한 후, 워크시트의 B18셀을 클릭한다. 그리고 쉼표(,)를 입력한 후 다시 E18:J18 영역을 드래그한다. 즉 레이블 영역은 'B18, E18:J18' 영역이 된다. 이제 '확인' 버튼을 눌러 차트로 다시 돌아온다.

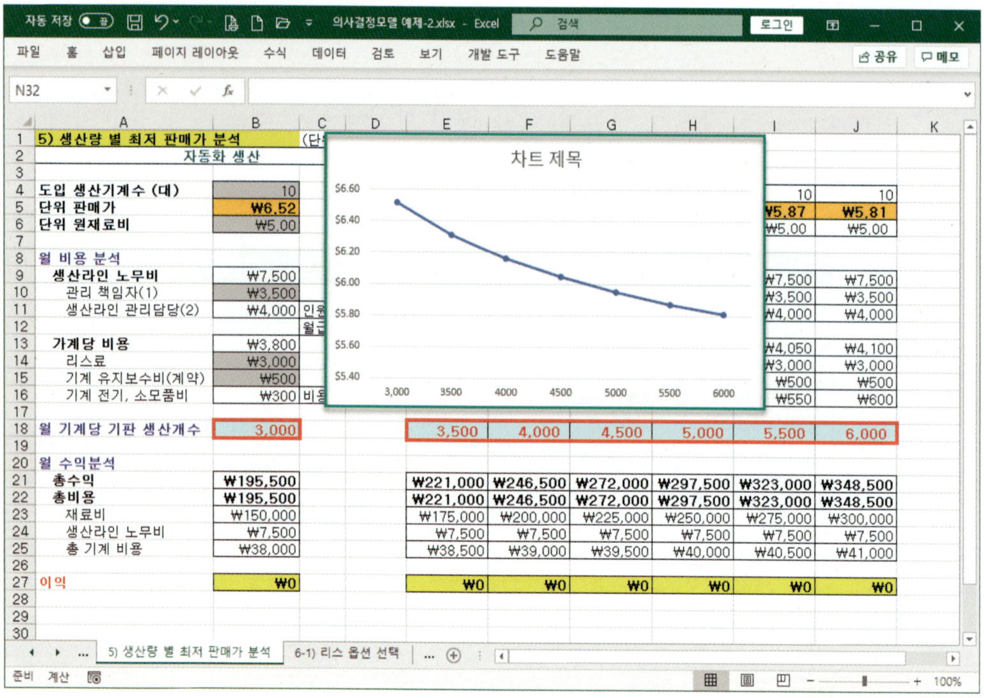


그리고 차트 이동을 하여 새 시트로 지정하면 아래와 같이 최종 차트가 독립된 시트에 완성된다.

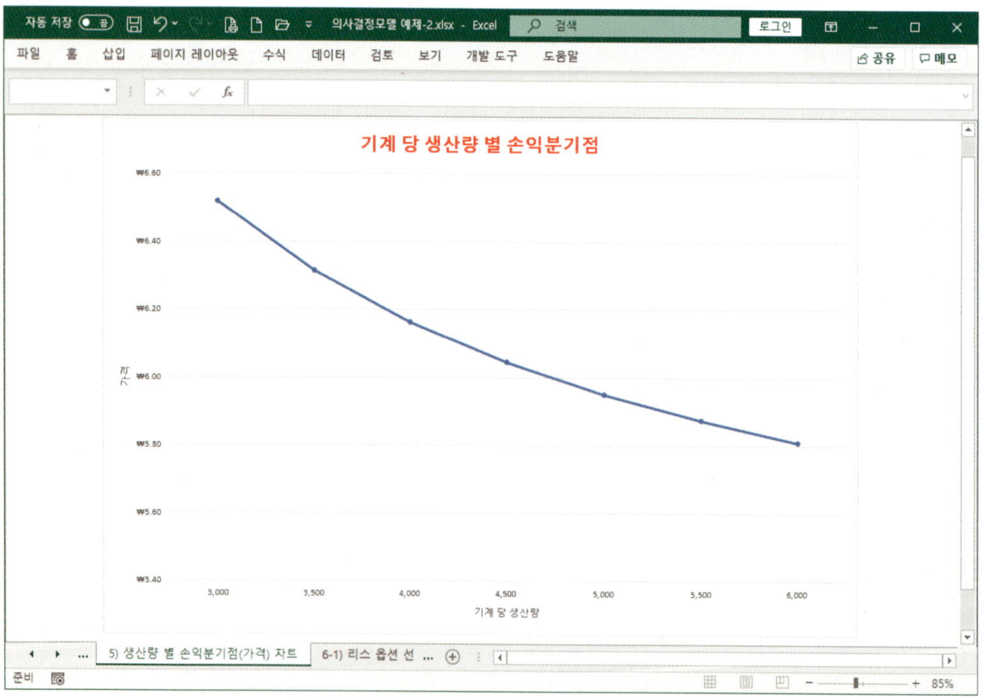

그래프를 그려보면 보다 정확하게 생산량의 증가에 따른 손익분기점 판매가의 변화를 알 수 있다. 생산량이 5,000개까지는 손익분기점이 되는 가격이 가파르게 떨어지지만 생산량이 증가할수록 그 감소의 폭은 작아질 것이라는 것을 그래프의 모양을 통하여 감지할 수 있다. 그래프의 형태상 납품량을 10만개(기계당 기판 생산량은 10,000개)로 늘려도 약 5,500원 정도가 한국전자가 PC 제조업체에 줄 수 있는 보조기판의 최저 공급가격으로 판단된다.

**문제 6 리스옵션 비교 – 최적의 리스옵션 ('6-1) 리스옵션 선택' 워크시트)**

리스회사에서 통보한 바에 따르면 다음 달부터 리스료를 기계당 현재의 월 300만원에서 350만원으로 인상할 것이라고 한다. 또한 향후 기계 리스방법을 다양화하여 고정 리스료 이외에 다음과 같이 두 가지 리스방법을 더 선택할 수 있게 할 것이라고 한다. 그렇게 되면 한국전자는 기존의 고정 리스료 옵션을 포함하여 세 가지의 리스옵션을 가지는 셈이다.

'리스옵션1'은 종전 방안대로 고정적으로 기계 1대당 월 350만원을 지불하는 것이며, '리스옵션2'는 리스료를 월 100만원만 지불하되, PCB 보조기판 1개 생산시마다 400원의 로열티를 별도로 지불하는 것이다. '리스옵션3'은 리스료를 월 150만원으로 하고 대신 기계당 보조기판의 생산량이 월 2,500개를 넘을 경우 보조기판 1개당 500원의 로열티를 지불하는 것이다. 물론 이 경우 기계당 기판 생신량이 월 2,500개를 넘지 않는 경우에는 로열티를 지불하지 않는다.

| | 리스옵션1(종전 방법) | 리스옵션2 | 리스옵션3 |
|---|---|---|---|
| 리스료 | 월 350만원 | 월 100만원 | 월 150만원 |
| 생산 기판당 로열티 | 없음 | 기판당 400원 | 2,500개 넘을 경우 기판당 500원 |

1) 현재와 같이 판매가 7,000원으로 기계당 3,000개씩 생산한다고 하면, 한국전자는 리스옵션을 바꾸는 것이 유리한가? 만일 바꾼다면 어떤 안이 가장 유리한가?
2) 향후 2년 내에 한국전자는 PCB 보조기판의 판매를 지금의 3배인 9,000개까지 증가시키려고 한다. 그때의 최적 리스옵션을 찾아보시오. 판매가격은 판매량에 관계없이 7,000원으로 고정한다.
3) 각 리스옵션에 대하여 생산량이 3,000개에서 12,000개로 변화할 때(1,000개씩 변화)의 그래프를 그려 생산량이 기계당 3,000, 4,000 … 12,000개로 변화할 때 가장 유리한 리스옵션을 판단해 보시오.
4) 2)에서 생산량이 9,000개일 때 가장 좋은 옵션은 '리스옵션1'인 '고정 리스료' 옵션이었다. 3)에서 작성한 그래프에서 이를 확인해 보시오. 그리고 만일 리스회사가 2년 후 '리스옵션1'의 리스료를 현재 월 350만원에서 600만원으로, '리스옵션2'의 리스료를 현재 월 100만원에서 150만원으로, '리스옵션3'의 리스료를 현재 월 150만원에서 월 200만원으로 인상하려고 한다면, 판매량 9,000개일 때 어떤 리스옵션이 가장 유리할 것인지 위의 3)에서 작성한 워크시트와 그래프를 이용하여 살펴보시오. 이때 '리스옵션2'에서 생산 보조기판 1개당 지불하는 로열티는 600원으로 인상되고, '리스옵션3'의 로열티는 900원이 되며 이제 기계당 생산 기판수가 1,500개를 넘으면 로열티를 지급하게 된다고 한다.

한국전자는 리스회사가 현재의 리스료를 월 350만원으로 인상하고 대신 다른 리스옵션을 제시하였으므로 이 중 최적의 리스옵션을 골라 선택해야 한다. 각 옵션마다의 이익을 계산하기 위하여 아래와 같이 워크시트를 준비한다.

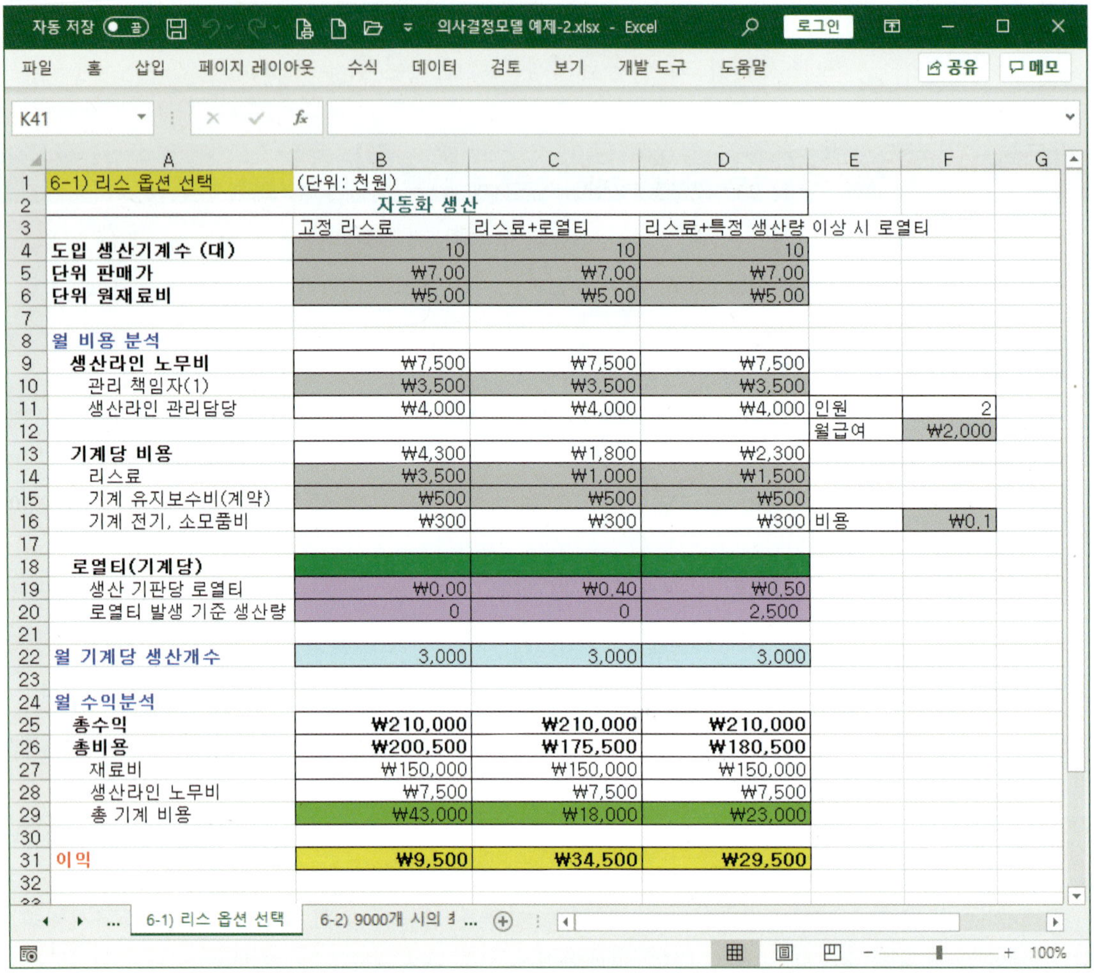

| | A | B | C | D | E | F |
|---|---|---|---|---|---|---|
| 1 | 6-1) 리스 옵션 선택 | (단위: 천원) | | | | |
| 2 | | 자동화 생산 | | | | |
| 3 | | 고정 리스료 | 리스료+로열티 | 리스료+특정 생산량 이상 시 로열티 | | |
| 4 | 도입 생산기계수 (대) | 10 | 10 | 10 | | |
| 5 | 단위 판매가 | ₩7.00 | ₩7.00 | ₩7.00 | | |
| 6 | 단위 원재료비 | ₩5.00 | ₩5.00 | ₩5.00 | | |
| 7 | | | | | | |
| 8 | 월 비용 분석 | | | | | |
| 9 | 생산라인 노무비 | ₩7,500 | ₩7,500 | ₩7,500 | | |
| 10 | 관리 책임자(1) | ₩3,500 | ₩3,500 | ₩3,500 | | |
| 11 | 생산라인 관리담당 | ₩4,000 | ₩4,000 | ₩4,000 | 인원 | 2 |
| 12 | | | | | 월급여 | ₩2,000 |
| 13 | 기계당 비용 | ₩4,300 | ₩1,800 | ₩2,300 | | |
| 14 | 리스료 | ₩3,500 | ₩1,000 | ₩1,500 | | |
| 15 | 기계 유지보수비(계약) | ₩500 | ₩500 | ₩500 | | |
| 16 | 기계 전기, 소모품비 | ₩300 | ₩300 | ₩300 | 비용 | ₩0.1 |
| 17 | | | | | | |
| 18 | 로열티(기계당) | | | | | |
| 19 | 생산 기판당 로열티 | ₩0.00 | ₩0.40 | ₩0.50 | | |
| 20 | 로열티 발생 기준 생산량 | 0 | 0 | 2,500 | | |
| 21 | | | | | | |
| 22 | 월 기계당 생산개수 | 3,000 | 3,000 | 3,000 | | |
| 23 | | | | | | |
| 24 | 월 수익분석 | | | | | |
| 25 | 총수익 | ₩210,000 | ₩210,000 | ₩210,000 | | |
| 26 | 총비용 | ₩200,500 | ₩175,500 | ₩180,500 | | |
| 27 | 재료비 | ₩150,000 | ₩150,000 | ₩150,000 | | |
| 28 | 생산라인 노무비 | ₩7,500 | ₩7,500 | ₩7,500 | | |
| 29 | 총 기계 비용 | ₩43,000 | ₩18,000 | ₩23,000 | | |
| 30 | | | | | | |
| 31 | 이익 | ₩9,500 | ₩34,500 | ₩29,500 | | |

## 1) 최적 리스옵션의 선택

최적 리스옵션을 알아내기 위하여 각 옵션을 B, C, D 열에 계산하도록 한다. 워크시트를 완성하기 위하여 각 리스옵션에 대하여 입력할 식은 다음과 같다.

## '6-1) 리스옵션 선택' 워크시트

① 고정 리스료(B열)

| | A | B | C |
|---|---|---|---|
| 1 | 6-1) 리스 옵션 선택 | (단위: 천원) | (단위: 천원) |
| 2 | | | 자동화 생산 |
| 3 | | 고정 리스료 | 고정 리스료 |
| 4 | 도입 생산기계수 (대) | 10 | 10 |
| 5 | 단위 판매가 | ₩7,00 | ₩7,00 |
| 6 | 단위 원재료비 | ₩5,00 | ₩5,00 |
| 7 | | | |
| 8 | 월 비용 분석 | | |
| 9 | 생산라인 노무비 | ₩7,500 | =SUM(B10:B11) |
| 10 | 관리 책임자(1) | ₩3,500 | ₩3,500 |
| 11 | 생산라인 관리담당 | ₩4,000 | =$F$11*$F$12 |
| 12 | | | |
| 13 | 기계당 비용 | ₩4,300 | =SUM(B14:B16) |
| 14 | 리스료 | ₩3,500 | ₩3,500 |
| 15 | 기계 유지보수비(계약) | ₩500 | ₩500 |
| 16 | 기계 전기, 소모품비 | ₩300 | =B22*$F$16 |
| 17 | | | |
| 18 | 로열티(기계당) | ₩0,00 | ₩0,00 |
| 19 | 생산 기판당 로열티 | ₩0,00 | ₩0,00 |
| 20 | 로열티 발생 기준 생산량 | 0 | 0 |
| 21 | | | |
| 22 | 월 기계당 생산개수 | 3,000 | 3,000 |
| 23 | | | |
| 24 | 월 수익분석 | | |
| 25 | 총수익 | ₩210,000 | =B5*B22*B4 |
| 26 | 총비용 | ₩200,500 | =SUM(B27:B29) |
| 27 | 재료비 | ₩150,000 | =B4*B6*B22 |
| 28 | 생산라인 노무비 | ₩7,500 | =B9 |
| 29 | 총 기계 비용 | ₩43,000 | =(B13+B18)*B4 |
| 30 | | | |
| 31 | 이익 | ₩9,500 | =B25-B26 |

- B19셀(생산 기판당 로열티) : 고정 리스료의 경우 리스료가 없으므로 생산 기판당 로열티는 '0'이 된다.
- B20셀(로열티 발생 기준 생산량) : 기준 생산량은 생산물량이 이 수량을 초과할 경우 로열티가 발생하는 수량을 의미한다. 그런데 고정 리스료의 경우 생산 기판당 로열티를 0으로 설정하였으므로 이 값은 어떻게 설정하든 상관없다. 여기에서는 0으로 설정하였다.
- B18셀(로열티(기계당)) : 고정 리스료로 생산 기판당 로열티는 없으므로 0으로 입력한다.
- B29셀(총기계비용) : 형식상 B18셀의 기계당 로열티(0임)를 기계당 비용(B13셀)과 함께 합산한다. 그리고 이 합산한 값에 기계대수(B4셀)를 곱해 준다.

② 리스료+로열티(C열)

| | A | B | C | D |
|---|---|---|---|---|
| 1 | 6-1) 리스 옵션 선택 | (단위: 천원) | | |
| 2 | | | 자동화 생산 | |
| 3 | | 고정 리스료 | 리스료+로열티 | |
| 4 | **도입 생산기계수 (대)** | 10 | 10 | 10 |
| 5 | **단위 판매가** | ₩7.00 | ₩7.00 | ₩7.00 |
| 6 | **단위 원재료비** | ₩5.00 | ₩5.00 | ₩5.00 |
| 7 | | | | |
| 8 | 월 비용 분석 | | | |
| 9 | **생산라인 노무비** | ₩7,500 | ₩7,500 | =SUM(C10:C11) |
| 10 | 관리 책임자(1) | ₩3,500 | ₩3,500 | ₩3,500 |
| 11 | 생산라인 관리담당 | ₩4,000 | ₩4,000 | =$F$11*$F$12 |
| 12 | | | | |
| 13 | **기계당 비용** | ₩4,300 | ₩1,800 | =SUM(C14:C16) |
| 14 | 리스료 | ₩3,500 | ₩1,000 | ₩1,000 |
| 15 | 기계 유지보수비(계약) | ₩500 | ₩500 | ₩500 |
| 16 | 기계 전기, 소모품비 | ₩300 | ₩300 | =C22*$F$16 |
| 17 | | | | |
| 18 | **로열티(기계당)** | ₩0.00 | ₩1,200.00 | =C19*C22 |
| 19 | 생산 기판당 로열티 | ₩0.00 | ₩0.40 | ₩0.40 |
| 20 | 로열티 발생 기준 생산량 | 0 | 0 | 0 |
| 21 | | | | |
| 22 | 월 기계당 생산개수 | 3,000 | 3,000 | 3,000 |
| 23 | | | | |
| 24 | 월 수익분석 | | | |
| 25 | **총수익** | **₩210,000** | **₩210,000** | **=C5*C22*C4** |
| 26 | **총비용** | **₩200,500** | **₩187,500** | **=SUM(C27:C29)** |
| 27 | 재료비 | ₩150,000 | ₩150,000 | =C4*C6*C22 |
| 28 | 생산라인 노무비 | ₩7,500 | ₩7,500 | =C9 |
| 29 | 총 기계 비용 | ₩43,000 | ₩30,000 | =SUM(C13, C18)*C4 |
| 30 | | | | |
| 31 | 이익 | ₩9,500 | ₩22,500 | =C25-C26 |

- C19셀(생산 기판당 로열티) : 생산 기판당 로열티가 400원이므로 0.4를 입력한다(단위 : 천원).
- C20셀(로열티 발생 기준 생산량) : 생산 기판당 모두 로열티를 지불하므로 기준 생산량은 0이 된다.
- C18셀(로열티(기계당)) : 기준 생산량이 0이므로 생산한 모든 기판에 대하여 400원의 로열티를 지불하게 된다. 따라서 기계당 로열티는 400원을 현재 한 기계당 생산수인 3,000개에 곱해야 하므로 '=C19*C22'가 된다.

③ 리스료+특정 생산량 이상시 로열티(D열)

| | A | B | C | D | E |
|---|---|---|---|---|---|
| 1 | 6-1) 리스 옵션 선택 | (단위: 천원) | | | |
| 2 | | 자동화 생산 | | | |
| 3 | | 고정 리스료 | 리스료+로열티 | 리스료+특정 생산량 이상 시 로열티 | |
| 4 | **도입 생산기계수 (대)** | 10 | 10 | 10 | 10 |
| 5 | **단위 판매가** | ₩7,00 | ₩7,00 | ₩7,00 | ₩7,00 |
| 6 | **단위 원재료비** | ₩5,00 | ₩5,00 | ₩5,00 | ₩5,00 |
| 7 | | | | | |
| 8 | 월 비용 분석 | | | | |
| 9 | **생산라인 노무비** | ₩7,500 | ₩7,500 | ₩7,500 | =SUM(D10:D11) |
| 10 | 관리 책임자(1) | ₩3,500 | ₩3,500 | ₩3,500 | ₩3,500 |
| 11 | 생산라인 관리담당 | ₩4,000 | ₩4,000 | ₩4,000 | =$F$11*$F$12 |
| 12 | | | | | |
| 13 | **기계당 비용** | ₩4,300 | ₩1,800 | ₩2,300 | =SUM(D14:D16) |
| 14 | 리스료 | ₩3,500 | ₩1,000 | ₩1,500 | ₩1,500 |
| 15 | 기계 유지보수비(계약) | ₩500 | ₩500 | ₩500 | ₩500 |
| 16 | 기계 전기, 소모품비 | ₩300 | ₩300 | ₩300 | =D22*$F$16 |
| 17 | | | | | |
| 18 | **로열티(기계당)** | ₩0,00 | ₩1,200,00 | ₩250,00 | =MAX((D22-D20),0)*D19 |
| 19 | 생산 기판당 로열티 | ₩0,00 | ₩0,40 | ₩0,50 | ₩0,50 |
| 20 | 로열티 발생 기준 생산량 | 0 | 0 | 2,500 | 2,500 |
| 21 | | | | | |
| 22 | 월 기계당 생산개수 | 3,000 | 3,000 | 3,000 | 3,000 |
| 23 | | | | | |
| 24 | 월 수익분석 | | | | |
| 25 | **총수익** | **₩210,000** | **₩210,000** | **₩210,000** | **=D5*D22*D4** |
| 26 | **총비용** | **₩200,500** | **₩187,500** | **₩183,000** | **=SUM(D27:D29)** |
| 27 | 재료비 | ₩150,000 | ₩150,000 | ₩150,000 | =D4*D6*D22 |
| 28 | 생산라인 노무비 | ₩7,500 | ₩7,500 | ₩7,500 | =D9 |
| 29 | 총 기계 비용 | ₩43,000 | ₩30,000 | ₩25,500 | =SUM(D13, D18)*D4 |
| 30 | | | | | |
| 31 | 이익 | ₩9,500 | ₩22,500 | ₩27,000 | =D25-D26 |

- D19셀(생산 기판당 로열티) : 생산 기판당 로열티가 500원이므로 0.5를 입력한다(단위 : 천원).
- D20셀(로열티 발생 기준 생산량) : 기계당 월 생산 기판의 수가 2,500개를 넘을 때 그 초과분에 대하여 로열티를 지불하므로 '2500'을 입력한다.
- D18셀(로열티(기계당)) : 기준 생산량이 2,500개이므로 2,500개를 초과하여 생산하는 기판에 대하여 1개당 500원의 로열티를 지불한다. 로열티는 기준 생산량(D20셀 기입)을 넘으면 그 넘는 생산량분에 대하여 기판 1개당 로열티(D19셀, 0.5천원)를 지불해야 한다. 따라서 기준 초과 생산량은 생산량이 기준 생산량보다 클 때에는 'D22－D20'이 된다. 그러나 실제 생산량이 기준 생산량보다 작을 때에는 음수의 값을 가져오게 되므로 이때에는 0이 되어야 타당하다. 따라서 기준 생산량을 넘는 초과 생산량을 하나의 식에 의해 표현하면 '＝MAX(D22－D20, 0)'이 된다. 따라서 여기에 1개 생산당 로열티 D19를 곱하면 기계당 로열티는 '＝MAX(D22－D20, 0) ∗ D19'가 된다.

④ 완성된 워크시트

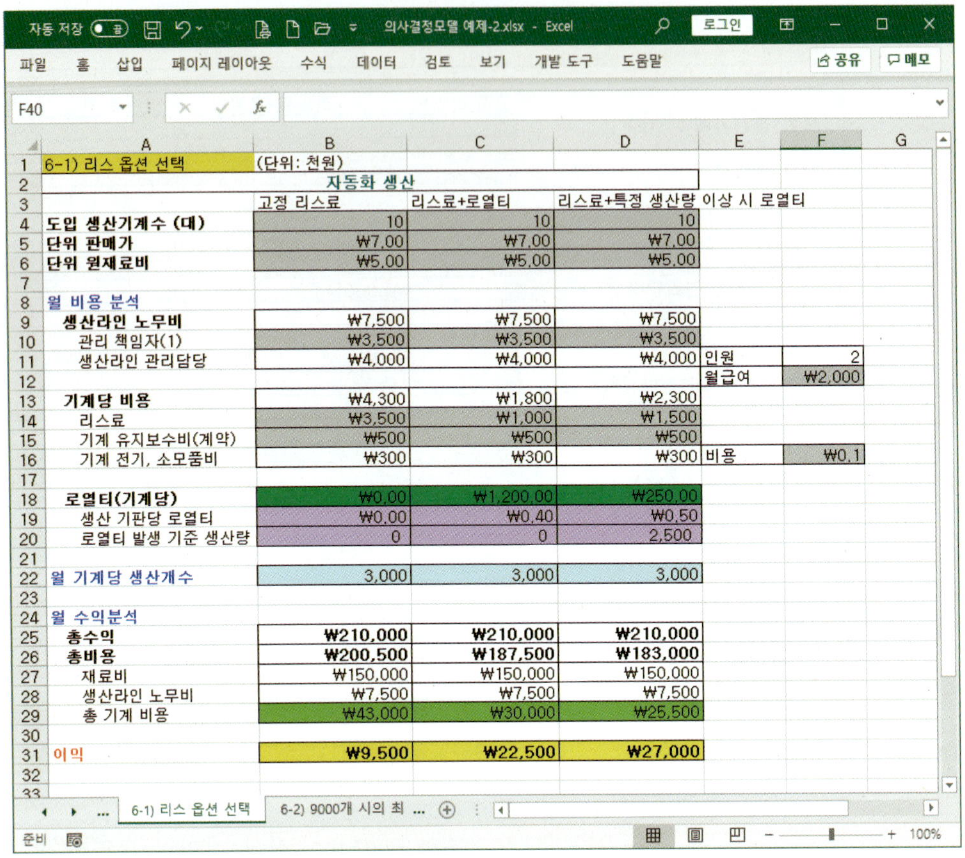

| | A | B | C | D | E | F |
|---|---|---|---|---|---|---|
| 1 | 6-1) 리스 옵션 선택 | (단위: 천원) | | | | |
| 2 | | 자동화 생산 | | | | |
| 3 | | 고정 리스료 | 리스료+로열티 | 리스료+특정 생산량 이상 시 로열티 | | |
| 4 | **도입 생산기계수 (대)** | 10 | 10 | 10 | | |
| 5 | **단위 판매가** | ₩7.00 | ₩7.00 | ₩7.00 | | |
| 6 | **단위 원재료비** | ₩5.00 | ₩5.00 | ₩5.00 | | |
| 7 | | | | | | |
| 8 | 월 비용 분석 | | | | | |
| 9 | **생산라인 노무비** | ₩7,500 | ₩7,500 | ₩7,500 | | |
| 10 | 관리 책임자(1) | ₩3,500 | ₩3,500 | ₩3,500 | | |
| 11 | 생산라인 관리담당 | ₩4,000 | ₩4,000 | ₩4,000 | 인원 | 2 |
| 12 | | | | | 월급여 | ₩2,000 |
| 13 | **기계당 비용** | ₩4,300 | ₩1,800 | ₩2,300 | | |
| 14 | 리스료 | ₩3,500 | ₩1,000 | ₩1,500 | | |
| 15 | 기계 유지보수비(계약) | ₩500 | ₩500 | ₩500 | | |
| 16 | 기계 전기, 소모품비 | ₩300 | ₩300 | ₩300 | 비용 | ₩0.1 |
| 17 | | | | | | |
| 18 | **로열티(기계당)** | ₩0.00 | ₩1,200.00 | ₩250.00 | | |
| 19 | 생산 기판당 로열티 | ₩0.00 | ₩0.40 | ₩0.50 | | |
| 20 | 로열티 발생 기준 생산량 | 0 | 0 | 2,500 | | |
| 21 | | | | | | |
| 22 | 월 기계당 생산개수 | 3,000 | 3,000 | 3,000 | | |
| 23 | | | | | | |
| 24 | 월 수익분석 | | | | | |
| 25 | **총수익** | **₩210,000** | **₩210,000** | **₩210,000** | | |
| 26 | **총비용** | **₩200,500** | **₩187,500** | **₩183,000** | | |
| 27 | 재료비 | ₩150,000 | ₩150,000 | ₩150,000 | | |
| 28 | 생산라인 노무비 | ₩7,500 | ₩7,500 | ₩7,500 | | |
| 29 | 총 기계 비용 | ₩43,000 | ₩30,000 | ₩25,500 | | |
| 30 | | | | | | |
| 31 | 이익 | **₩9,500** | **₩22,500** | **₩27,000** | | |

완성된 워크시트에서 알 수 있듯이 리스옵션에 대한 이익은 다음과 같다.

- 고정 리스료(B열) : 9,500천원
- 리스료+로열티(C열) : 22,500천원
- 리스료+특정 생산량 이상시 로열티(D열) : 27,000천원

따라서 현 생산량(기계당 3,000개)하에서는 세 번째 옵션인 '리스료+특정 생산량 이상시 로열티'가 27,000천원의 이익을 가져오는 가장 좋은 리스옵션이 된다.

## 2) 기계당 9,000개 생산시의 최적 리스옵션 선택

**'6-2) 9,000개시의 최적 옵션 선택' 워크시트**

B22셀에서 D22셀까지를 현재의 생산량 3,000개에서 9,000개로 바꾸면 아래와 같이 각 리스옵션에 대하여 이익이 산출된다.

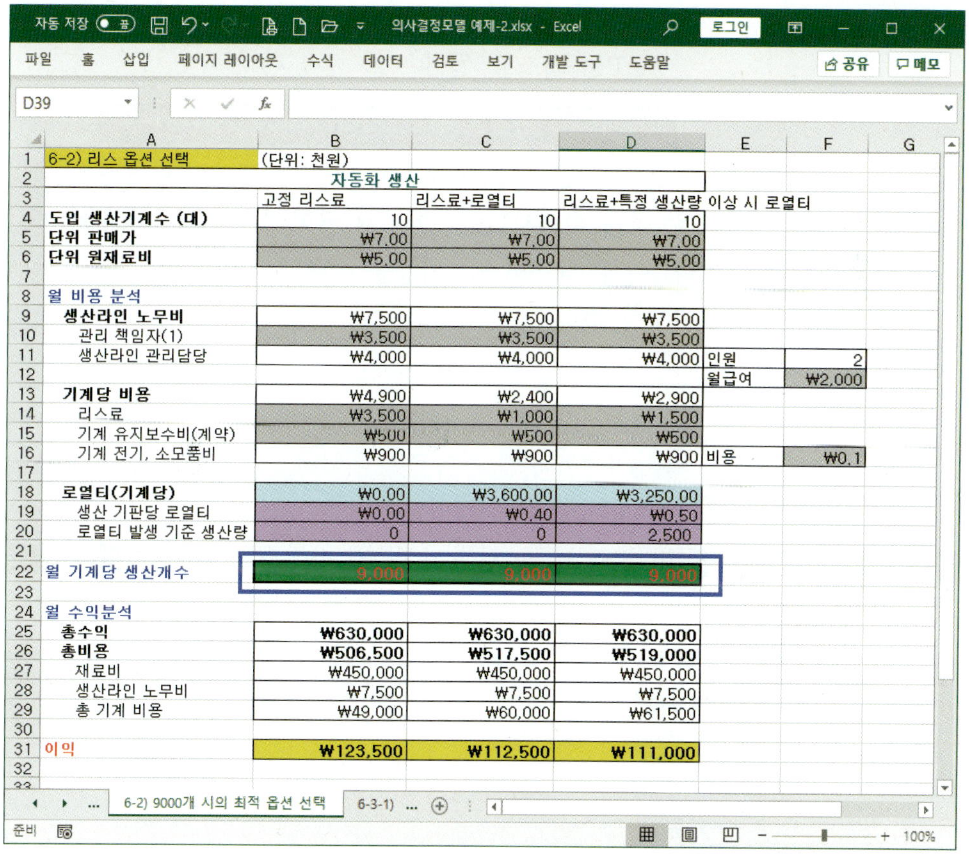

| | A | B | C | D | E | F |
|---|---|---|---|---|---|---|
| 1 | 6-2) 리스 옵션 선택 | (단위: 천원) | | | | |
| 2 | | 자동화 생산 | | | | |
| 3 | | 고정 리스료 | 리스료+로열티 | 리스료+특정 생산량 이상 시 로열티 | | |
| 4 | 도입 생산기계수 (대) | 10 | 10 | 10 | | |
| 5 | 단위 판매가 | ₩7.00 | ₩7.00 | ₩7.00 | | |
| 6 | 단위 원재료비 | ₩5.00 | ₩5.00 | ₩5.00 | | |
| 7 | | | | | | |
| 8 | 월 비용 분석 | | | | | |
| 9 | 생산라인 노무비 | ₩7,500 | ₩7,500 | ₩7,500 | | |
| 10 | 관리 책임자(1) | ₩3,500 | ₩3,500 | ₩3,500 | | |
| 11 | 생산라인 관리담당 | ₩4,000 | ₩4,000 | ₩4,000 | 인원 | 2 |
| 12 | | | | | 월급여 | ₩2,000 |
| 13 | 기계당 비용 | ₩4,900 | ₩2,400 | ₩2,900 | | |
| 14 | 리스료 | ₩3,500 | ₩1,000 | ₩1,500 | | |
| 15 | 기계 유지보수비(계약) | ₩500 | ₩500 | ₩500 | | |
| 16 | 기계 전기, 소모품비 | ₩900 | ₩900 | ₩900 | 비용 | ₩0.1 |
| 17 | | | | | | |
| 18 | 로열티(기계당) | ₩0.00 | ₩3,600.00 | ₩3,250.00 | | |
| 19 | 생산 기판당 로열티 | ₩0.00 | ₩0.40 | ₩0.50 | | |
| 20 | 로열티 발생 기준 생산량 | 0 | 0 | 2,500 | | |
| 21 | | | | | | |
| 22 | 월 기계당 생산개수 | 9,000 | 9,000 | 9,000 | | |
| 23 | | | | | | |
| 24 | 월 수익분석 | | | | | |
| 25 | 총수익 | ₩630,000 | ₩630,000 | ₩630,000 | | |
| 26 | 총비용 | ₩506,500 | ₩517,500 | ₩519,000 | | |
| 27 | 재료비 | ₩450,000 | ₩450,000 | ₩450,000 | | |
| 28 | 생산라인 노무비 | ₩7,500 | ₩7,500 | ₩7,500 | | |
| 29 | 총 기계 비용 | ₩49,000 | ₩60,000 | ₩61,500 | | |
| 30 | | | | | | |
| 31 | 이익 | ₩123,500 | ₩112,500 | ₩111,000 | | |

- 고정 리스료(B열) : 123,500천원
- 리스료+로열티(C열) : 112,500천원
- 리스료+특정 생산량 이상시 로열티(D열) : 111,000천원

따라서 생산량이 3,000개일 때에는 세 번째 옵션인 '리스료+특정 생산량 이상시 로열티'가 가장 좋은 리스옵션이었으나, 생산량이 9,000개로 증가하면 첫 번째 옵션인 '고정 리스료'가 최적의 리스옵션이 됨을 알 수 있다. 즉 생산량이 증가할수록 로열티를 지불하는 리스옵션들은 월 리스료는 작지만 로열티의 증가에 따라 총비용이 증가하고 따라서 이익은 낮아지게 됨을 알 수 있다.

### 3) 생산량이 증가할 때의 리스옵션 비교

우선 각 옵션마다 생산량이 증가할 때 어떻게 되는지를 기계당 생산량이 12,000개까지 증가할 때 이익의 변화를 관찰하고자 한다. 생산량 12,000개까지는 관리를 위한 인건비나 고정 리스료, 유지보수비 등의 비용은 별도로 발생하지 않는다고 가정한다.

#### ① '고정 리스료' 옵션

**'6-3-1) 리스옵션1-생산량별 분석' 워크시트**

첫째 '고정 리스료' 옵션에 대하여 생산량의 증가와 이익의 변화를 살펴보고자 한다. 아래 워크시트의 C24:L24 영역에 생산량 3,000개부터 12,000개까지를 표시하였다. 이제 '데이터 표' 기능을 이용하여 각 생산량에 대한 총수익, 총비용, 이익을 구하도록 한다.

- B24:L31의 영역을 선택한다.
- '[데이터]탭-가상분석-데이터 표' 기능을 실행한다.

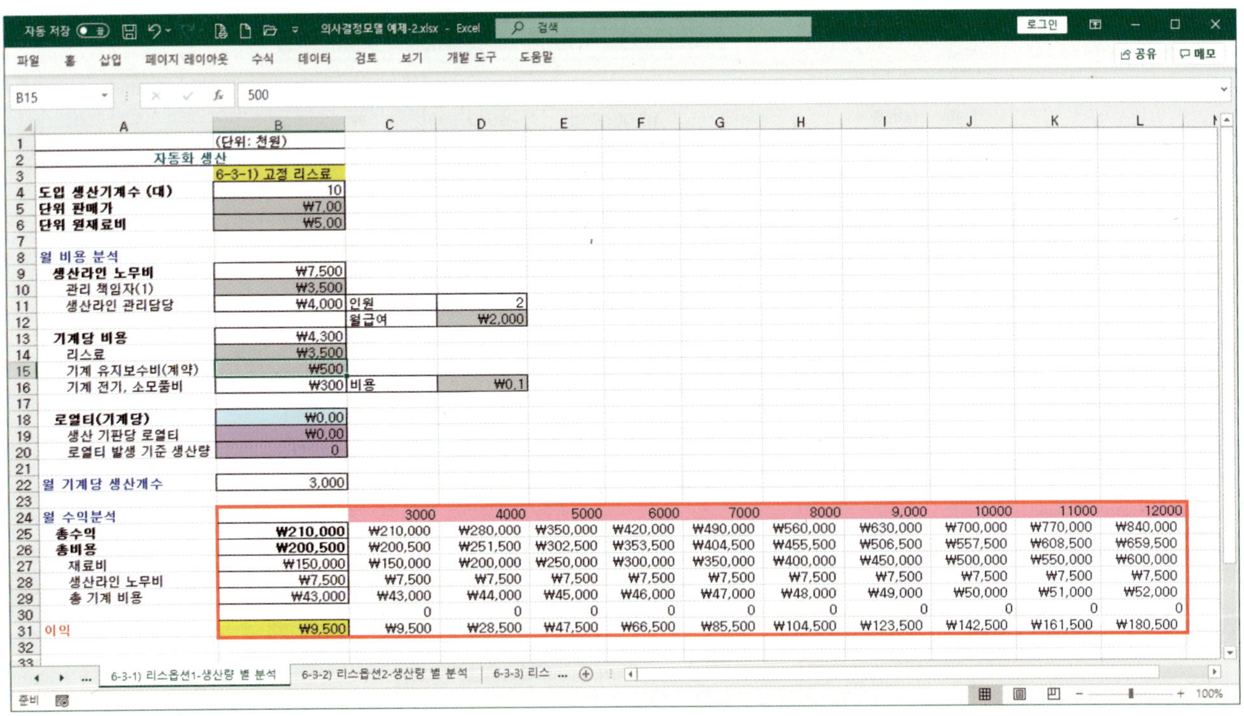

| | A | B | C | D | E | F | G | H | I | J | K | L |
|---|---|---|---|---|---|---|---|---|---|---|---|---|
| 1 | | (단위: 천원) | | | | | | | | | | |
| 2 | 자동화 생산 | | | | | | | | | | | |
| 3 | | 6-3-1) 고정 리스료 | | | | | | | | | | |
| 4 | 도입 생산기계수 (대) | 10 | | | | | | | | | | |
| 5 | 단위 판매가 | ₩7,00 | | | | | | | | | | |
| 6 | 단위 원재료비 | ₩5,00 | | | | | | | | | | |
| 7 | | | | | | | | | | | | |
| 8 | 월 비용 분석 | | | | | | | | | | | |
| 9 | 생산라인 노무비 | ₩7,500 | | | | | | | | | | |
| 10 | 관리 책임자(1) | ₩3,500 | | | | | | | | | | |
| 11 | 생산라인 관리담당 | ₩4,000 | 인원 | 2 | | | | | | | | |
| 12 | | | 월급여 | ₩2,000 | | | | | | | | |
| 13 | 기계당 비용 | ₩4,300 | | | | | | | | | | |
| 14 | 리스료 | ₩3,500 | | | | | | | | | | |
| 15 | 기계 유지보수비(계약) | ₩500 | | | | | | | | | | |
| 16 | 기계 전기, 소모품비 | ₩300 | 비용 | ₩0,1 | | | | | | | | |
| 17 | | | | | | | | | | | | |
| 18 | 로열티(기계당) | ₩0,00 | | | | | | | | | | |
| 19 | 생산 기판당 로열티 | ₩0,00 | | | | | | | | | | |
| 20 | 로열티 발생 기준 생산량 | 0 | | | | | | | | | | |
| 21 | | | | | | | | | | | | |
| 22 | 월 기계당 생산개수 | 3,000 | | | | | | | | | | |
| 23 | | | | | | | | | | | | |
| 24 | 월 수익분석 | | 3000 | 4000 | 5000 | 6000 | 7000 | 8000 | 9,000 | 10000 | 11000 | 12000 |
| 25 | 총수익 | ₩210,000 | ₩210,000 | ₩280,000 | ₩350,000 | ₩420,000 | ₩490,000 | ₩560,000 | ₩630,000 | ₩700,000 | ₩770,000 | ₩840,000 |
| 26 | 총비용 | ₩200,500 | ₩200,500 | ₩251,500 | ₩302,500 | ₩353,500 | ₩404,500 | ₩455,500 | ₩506,500 | ₩557,500 | ₩608,500 | ₩659,500 |
| 27 | 재료비 | ₩150,000 | ₩150,000 | ₩200,000 | ₩250,000 | ₩300,000 | ₩350,000 | ₩400,000 | ₩450,000 | ₩500,000 | ₩550,000 | ₩600,000 |
| 28 | 생산라인 노무비 | ₩7,500 | ₩7,500 | ₩7,500 | ₩7,500 | ₩7,500 | ₩7,500 | ₩7,500 | ₩7,500 | ₩7,500 | ₩7,500 | ₩7,500 |
| 29 | 총 기계 비용 | ₩43,000 | ₩43,000 | ₩44,000 | ₩45,000 | ₩46,000 | ₩47,000 | ₩48,000 | ₩49,000 | ₩50,000 | ₩51,000 | ₩52,000 |
| 30 | | | 0 | 0 | 0 | 0 | 0 | 0 | 0 | 0 | 0 | 0 |
| 31 | 이익 | ₩9,500 | ₩9,500 | ₩28,500 | ₩47,500 | ₩66,500 | ₩85,500 | ₩104,500 | ₩123,500 | ₩142,500 | ₩161,500 | ₩180,500 |
| 32 | | | | | | | | | | | | |

- 먼저 데이터 표 영역인 'B24 : L31'셀을 선택한 후 데이터 표 기능을 실행한다. 생산량의 변화가 '행'에 있으므로 '행 입력 셀' 난을 클릭한 다음, B22셀을 클릭하여 B22셀의 주소를 입력한다. 이때 '열 입력 셀'은 빈칸으로 남겨 둔다.

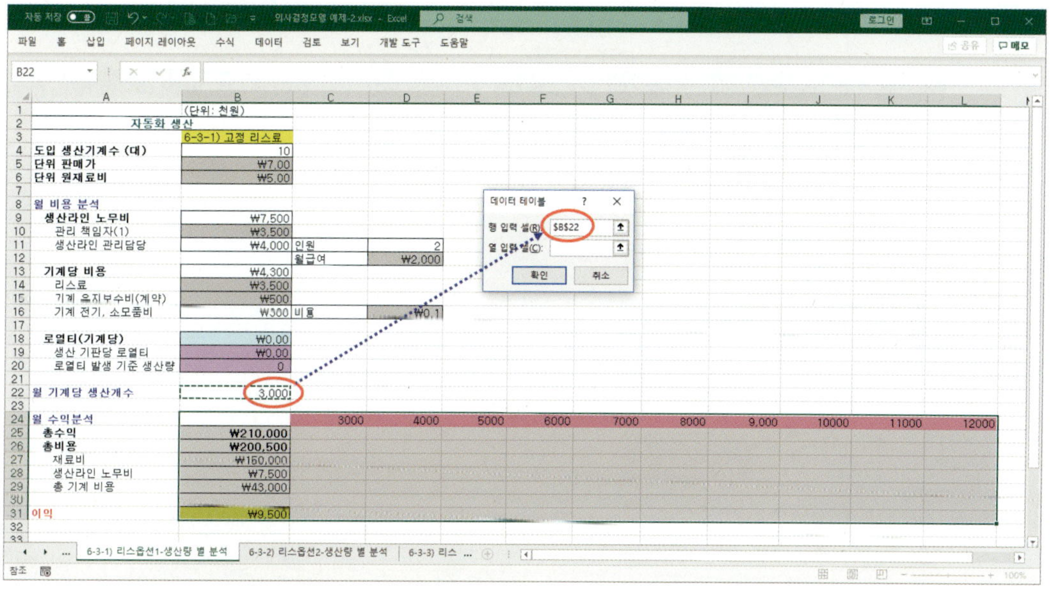


- 이제 '데이터 표' 기능 창의 '확인' 버튼을 눌러 각 생산량에 대하여 아래와 같이 총수익, 총비용, 이익이 계산되도록 한다.

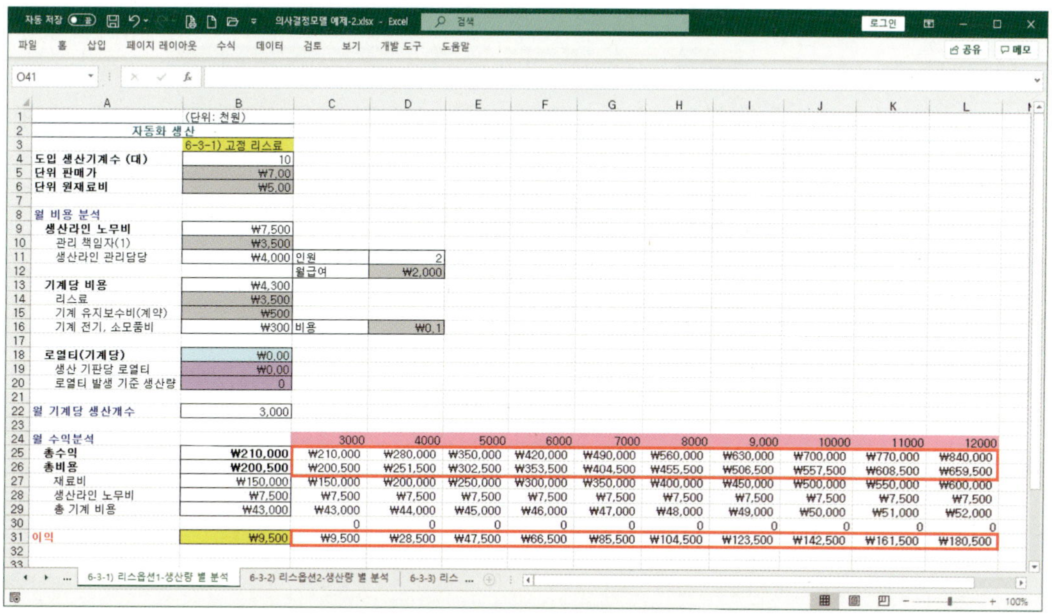

② '리스료+로열티' 옵션

**'6-3-2) 리스옵션2-생산량별 분석' 워크시트**

이제 '리스료+로열티' 옵션에 대하여 생산량의 증가와 이익의 변화를 살펴본다. 같은 방법으로 '데이터 표' 기능을 이용하여 각 생산량에 대한 총수익, 총비용, 이익을 구하면 아래와 같다.

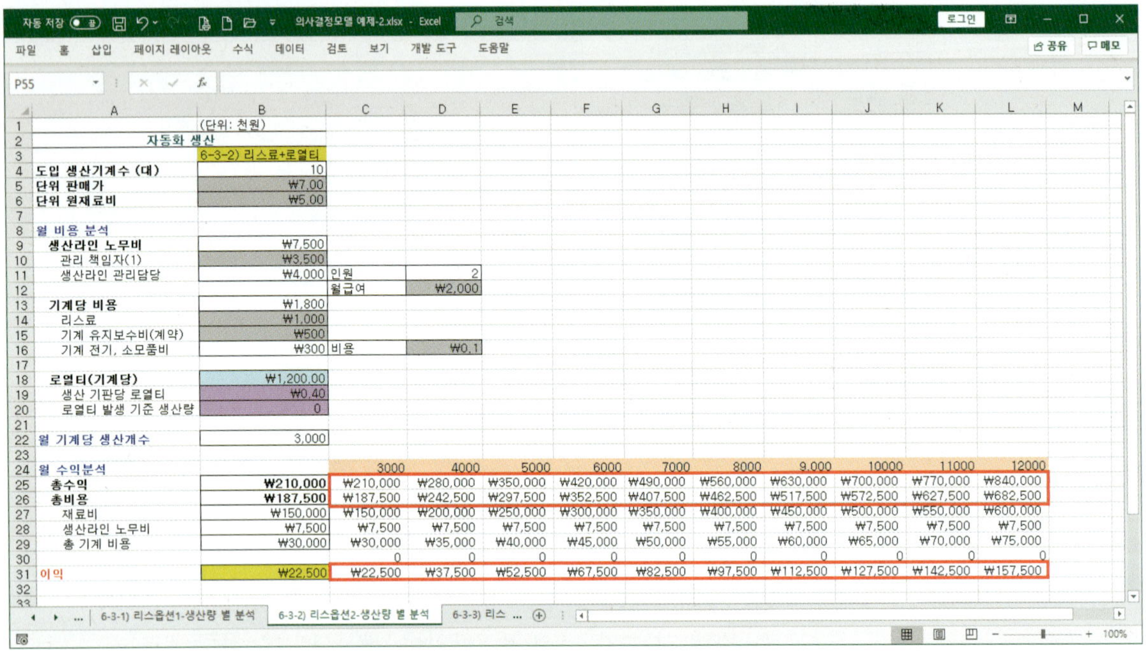

| | A | B | C | D | E | F | G | H | I | J | K | L |
|---|---|---|---|---|---|---|---|---|---|---|---|---|
| 1 | | (단위: 천원) | | | | | | | | | | |
| 2 | 자동화 생산 | | | | | | | | | | | |
| 3 | | 6-3-2) 리스료+로열티 | | | | | | | | | | |
| 4 | 도입 생산기계수 (대) | 10 | | | | | | | | | | |
| 5 | 단위 판매가 | ₩7.00 | | | | | | | | | | |
| 6 | 단위 원재료비 | ₩5.00 | | | | | | | | | | |
| 7 | | | | | | | | | | | | |
| 8 | 월 비용 분석 | | | | | | | | | | | |
| 9 | 생산라인 노무비 | ₩7,500 | | | | | | | | | | |
| 10 | 관리 책임자(1) | ₩3,500 | | | | | | | | | | |
| 11 | 생산라인 관리담당 | ₩4,000 | 인원 | 2 | | | | | | | | |
| 12 | | | 월급여 | ₩2,000 | | | | | | | | |
| 13 | 기계당 비용 | ₩1,800 | | | | | | | | | | |
| 14 | 리스료 | ₩1,000 | | | | | | | | | | |
| 15 | 기계 유지보수비(계약) | ₩500 | | | | | | | | | | |
| 16 | 기계 전기, 소모품비 | ₩300 | 비용 | ₩0.1 | | | | | | | | |
| 17 | | | | | | | | | | | | |
| 18 | 로열티(기계당) | ₩1,200.00 | | | | | | | | | | |
| 19 | 생산 기판당 로열티 | ₩0.40 | | | | | | | | | | |
| 20 | 로열티 발생 기준 생산량 | 0 | | | | | | | | | | |
| 21 | | | | | | | | | | | | |
| 22 | 월 기계당 생산개수 | 3,000 | | | | | | | | | | |
| 23 | | | | | | | | | | | | |
| 24 | 월 수익분석 | | 3000 | 4000 | 5000 | 6000 | 7000 | 8000 | 9,000 | 10000 | 11000 | 12000 |
| 25 | 총수익 | ₩210,000 | ₩210,000 | ₩280,000 | ₩350,000 | ₩420,000 | ₩490,000 | ₩560,000 | ₩630,000 | ₩700,000 | ₩770,000 | ₩840,000 |
| 26 | 총비용 | ₩187,500 | ₩187,500 | ₩242,500 | ₩297,500 | ₩352,500 | ₩407,500 | ₩462,500 | ₩517,500 | ₩572,500 | ₩627,500 | ₩682,500 |
| 27 | 재료비 | ₩150,000 | ₩150,000 | ₩200,000 | ₩250,000 | ₩300,000 | ₩350,000 | ₩400,000 | ₩450,000 | ₩500,000 | ₩550,000 | ₩600,000 |
| 28 | 생산라인 노무비 | ₩7,500 | ₩7,500 | ₩7,500 | ₩7,500 | ₩7,500 | ₩7,500 | ₩7,500 | ₩7,500 | ₩7,500 | ₩7,500 | ₩7,500 |
| 29 | 총 기계 비용 | ₩30,000 | ₩30,000 | ₩35,000 | ₩40,000 | ₩45,000 | ₩50,000 | ₩55,000 | ₩60,000 | ₩65,000 | ₩70,000 | ₩75,000 |
| 30 | | | 0 | 0 | 0 | 0 | 0 | 0 | 0 | 0 | 0 | 0 |
| 31 | 이익 | ₩22,500 | ₩22,500 | ₩37,500 | ₩52,500 | ₩67,500 | ₩82,500 | ₩97,500 | ₩112,500 | ₩127,500 | ₩142,500 | ₩157,500 |

③ '리스료+특정 생산량 이상시 로열티' 옵션

**'6-3-3) 리스옵션3-생산량별 분석' 워크시트**

마지막으로 '리스료+특정 생산량 이상시 로열티' 옵션에 대하여 생산량의 증가와 이익의 변화를 살펴본다. 같은 방법으로 '데이터 표' 기능을 이용하여 각 생산량에 대한 총수익, 총비용, 이익을 구하면 다음과 같다.

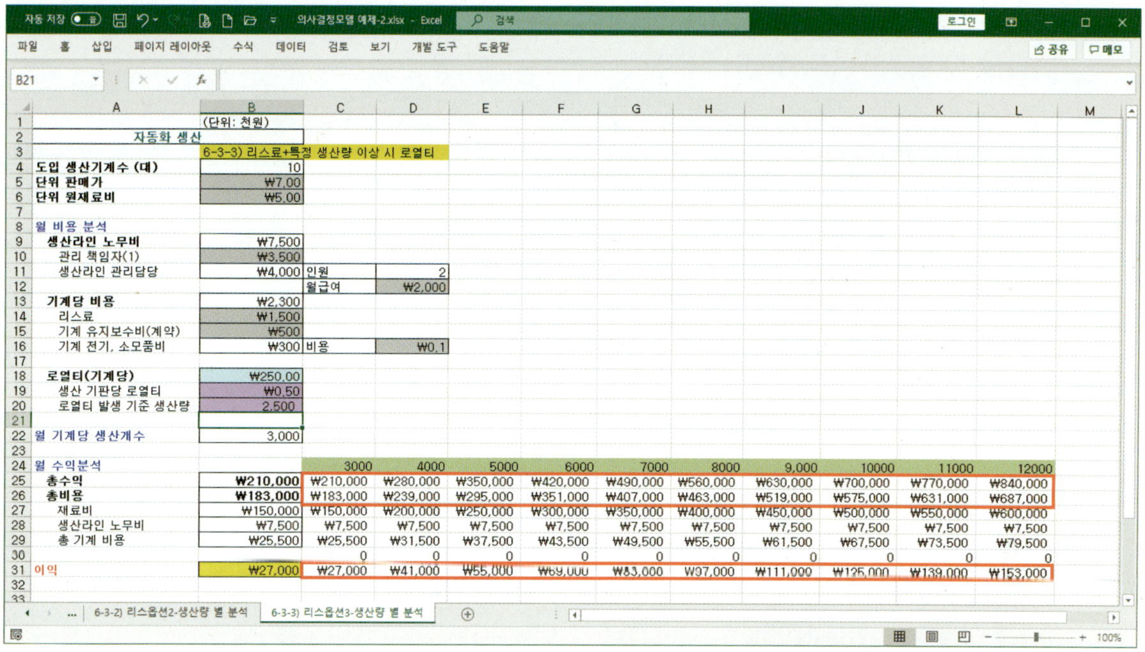


④ 생산량 증가에 따른 리스옵션의 비교

생산량 증가에 따른 각 리스옵션을 비교하기 위하여 세 가지 옵션의 그래프를 그리도록 한다. 아래 그림과 같이 6-3-1) 워크시트의 이익 데이터 부분(C31:L31 영역)을 선택한다.

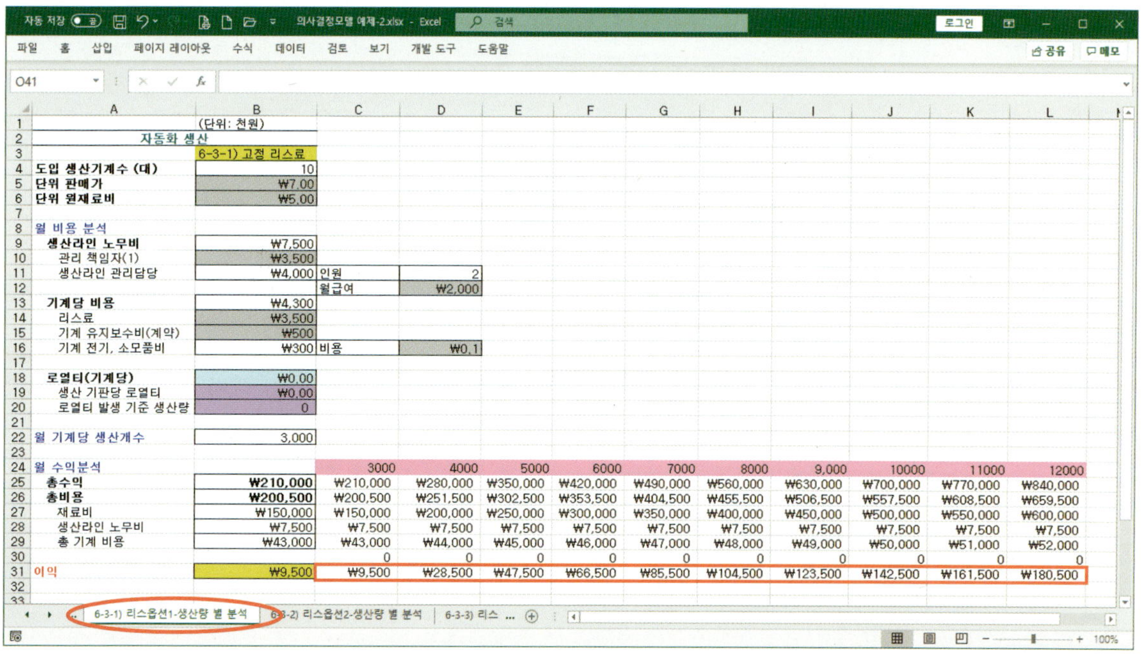

'[삽입]탭-차트-표식이 있는 꺾은선형'을 클릭하여 '고정 리스료' 옵션의 이익 차트를 우선 작성한다.

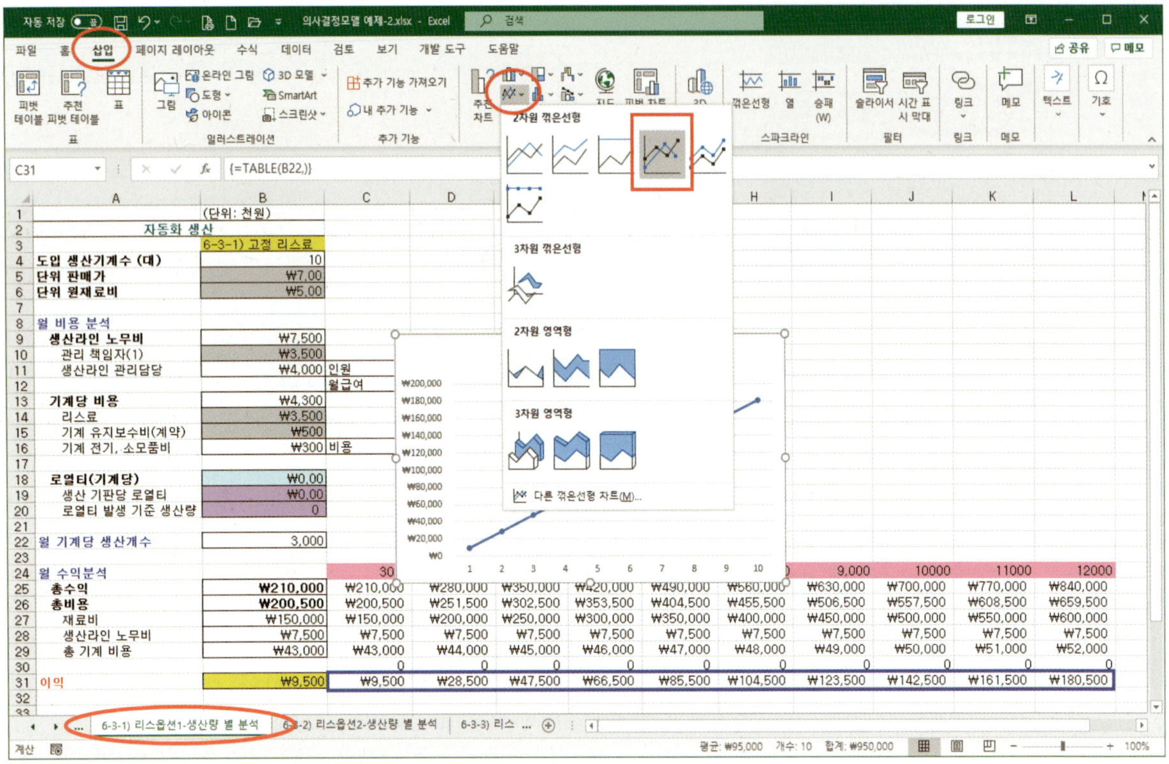

그래프가 작성되면 '[차트 디자인]탭-데이터 선택'을 클릭하여 '가로축 레이블'을 기계당 기판 생산량으로 표시하여 완성한다.

축 레이블 창에서 분홍색 부분인 C24:L24 영역을 지정하면 3,000개에서 12,000개의 생산량 숫자가 '가로축 레이블'로 지정된다.

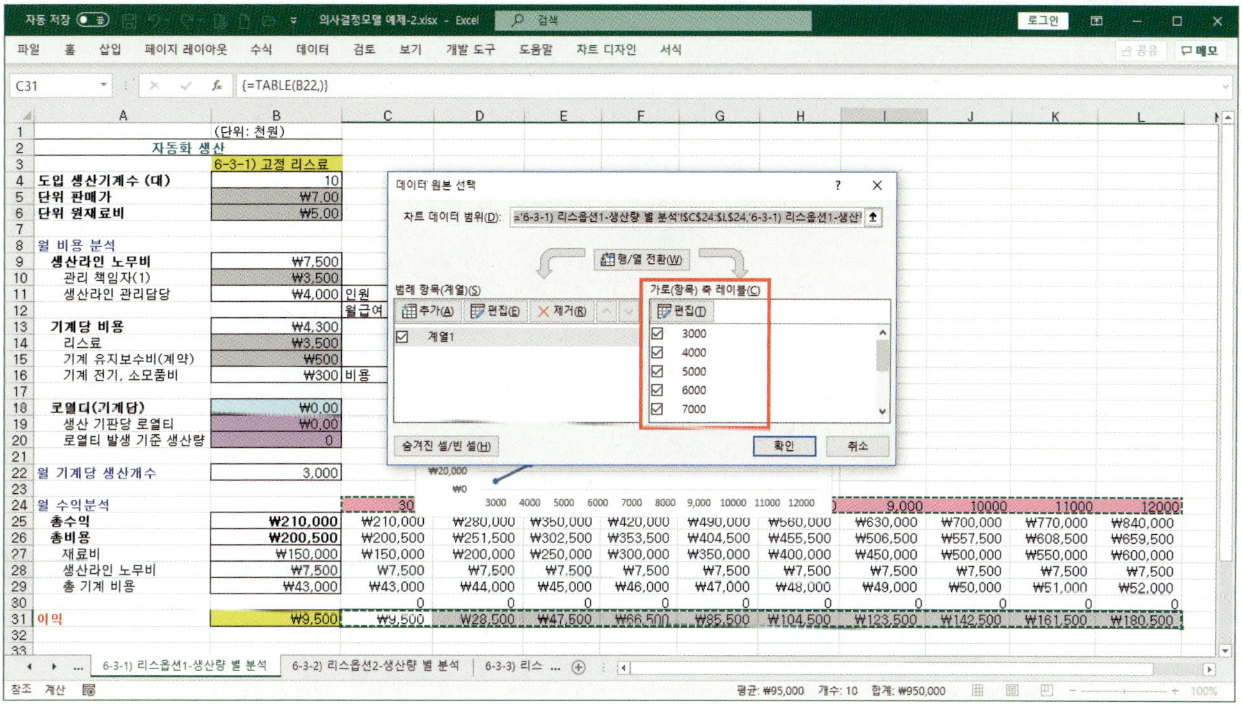

아래와 같이 '계열1' 데이터를 선택하고 '편집' 버튼을 클릭하여 계열의 이름을 지정한다.

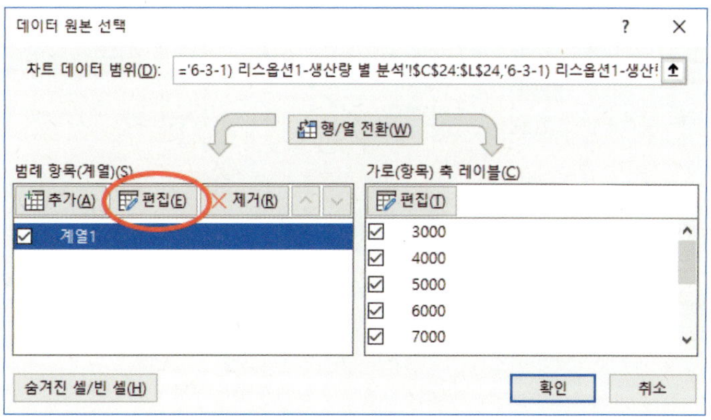

'계열 이름'난에 직접 '고정 리스료'와 같이 입력할 수도 있고, 리스옵션명이 있는 워크시트의 셀을 클릭하여 지정할 수도 있다. '고정 리스료'란 제목이 6-3-1) 워크시트의 B3셀에 있으므로 B3셀을 클릭하면 아래와 같이 자동으로 워크시트명과 셀 주소가 입력된다.

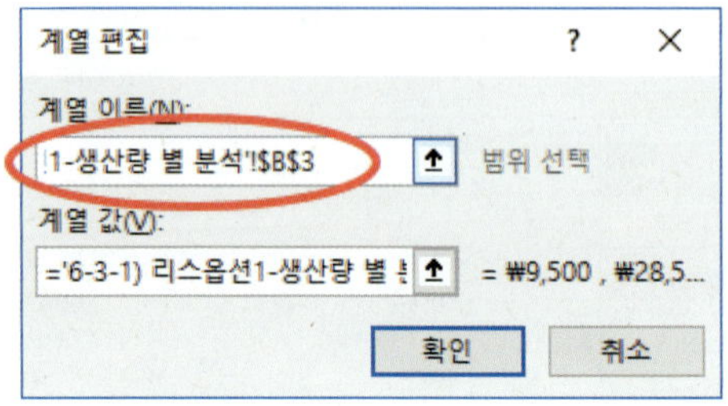


그러고 나서 '[차트 디자인]탭-차트 요소 추가-범례-오른쪽'을 선택하여 데이터 계열의 제목이 차트의 오른쪽에 보이게 한다.

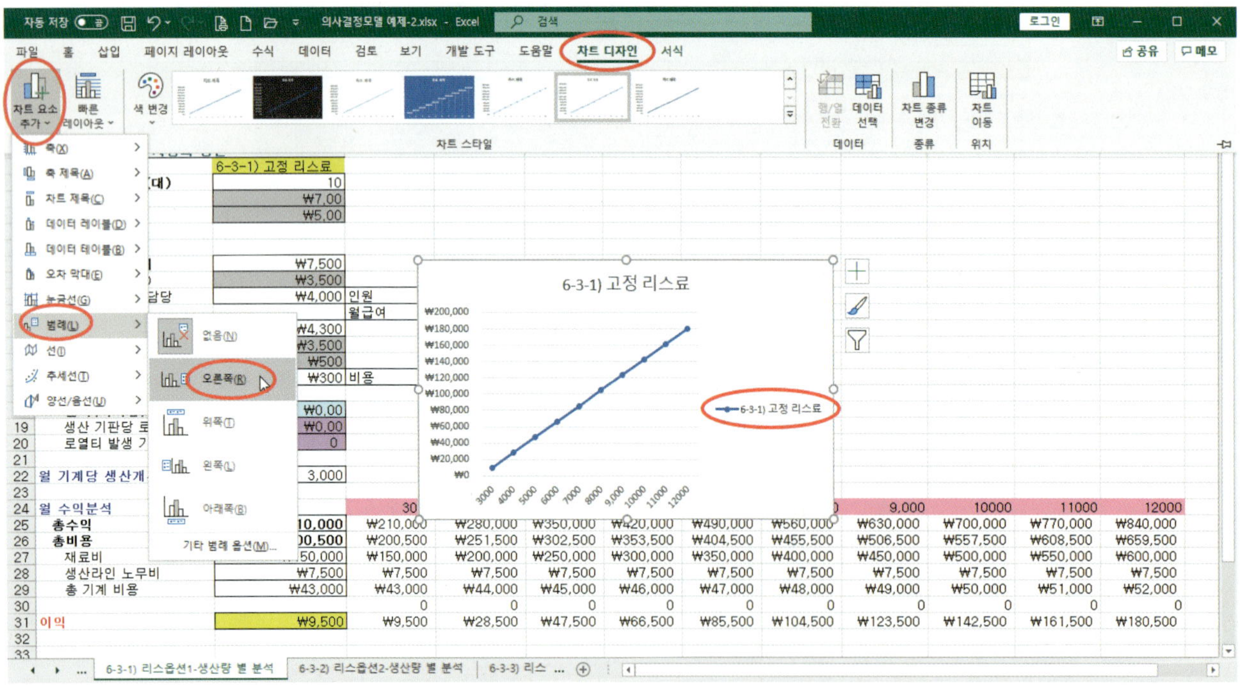

이제 '[차트 디자인]탭-데이터 선택' 창에서 두 번째 옵션인 '리스료+로열티' 옵션시의 생산량별 이익 데이터를 선택하여 이 옵션시의 이익 그래프를 작성하도록 한다. 다음 [데이터 선택] 창에서 '추가' 버튼을 클릭한다.

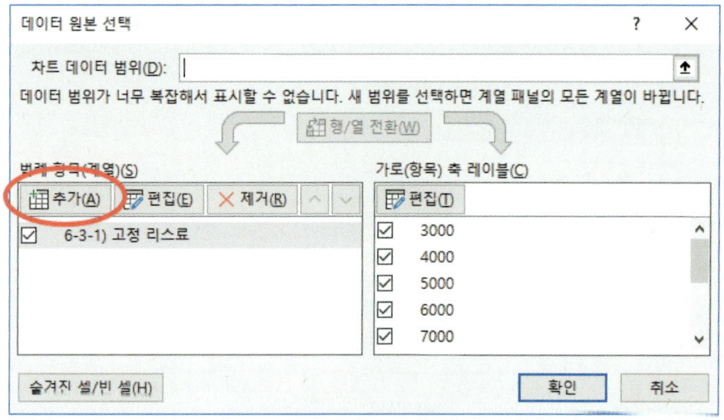


그리고 아래와 같이 계열 편집 창이 나타나면, 6-3-2) 워크시트로 이동하여, '계열 이름'에는 B3셀을 클릭하여 입력하고, 아래의 '계열 값'에는 C31:L31 영역을 드래그하여 지정한다.

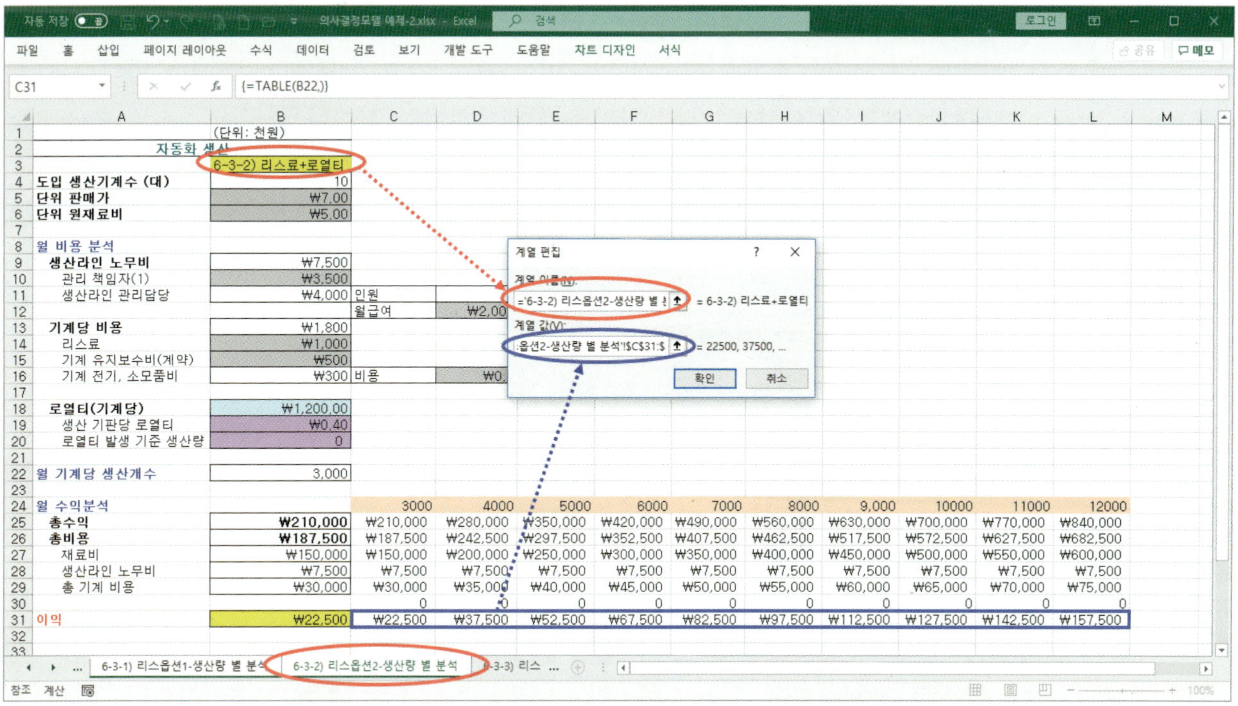

그러면 아래와 같이 '고정 리스료'와 함께 '리스료+로열티' 옵션시의 이익을 포함한 그래프가 작성된다.

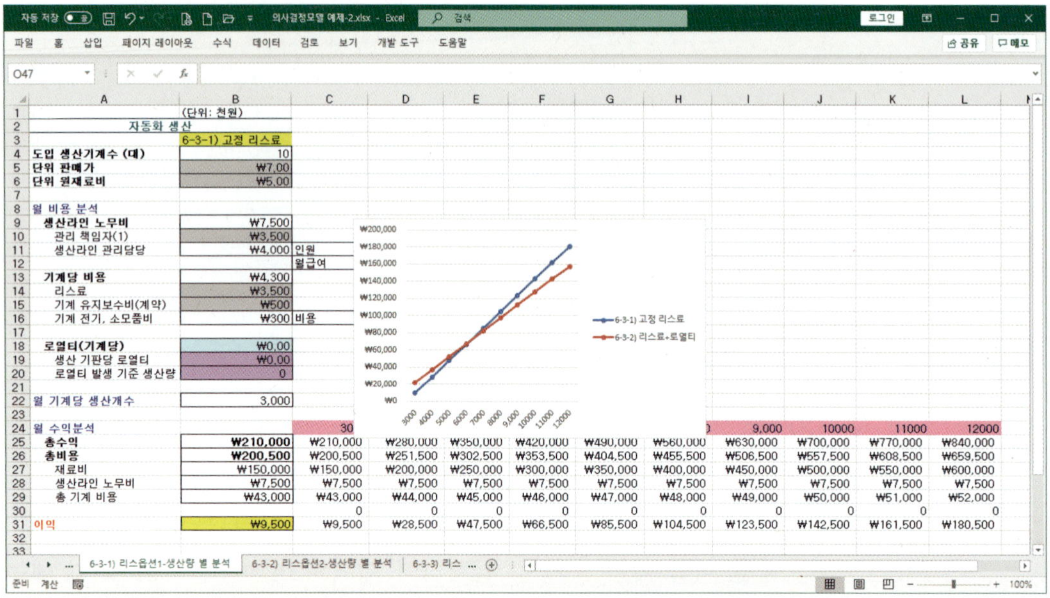


이제 마지막으로 6-3-3) 워크시트에 있는 '리스료+특정 생산량 이상시 로열티' 옵션시의 이익 데이터에 대한 그래프를 삽입한다. 같은 방법으로 하되 계열 편집 창이 나타나면, 6-3-3) 워크시트로 이동하여, '계열 이름'에는 B3셀을 입력하고, 아래의 '계열 값'에는 C31:L31 영역을 드래그하여 지정한다.

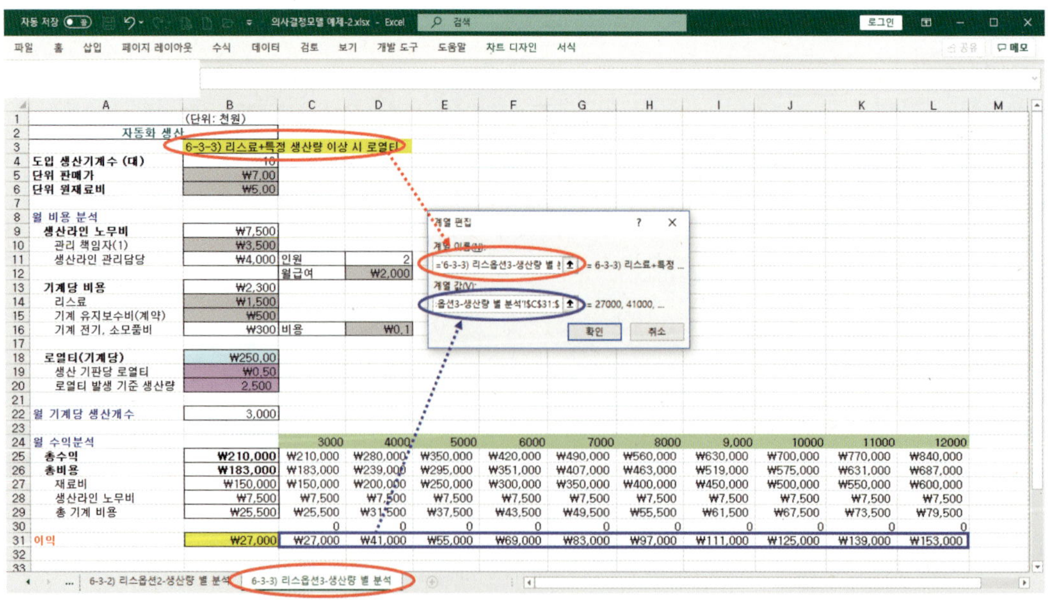

그러면 아래와 같이 세 개의 리스옵션에 대한 생산량별 이익을 나타내는 그래프가 완성된다.

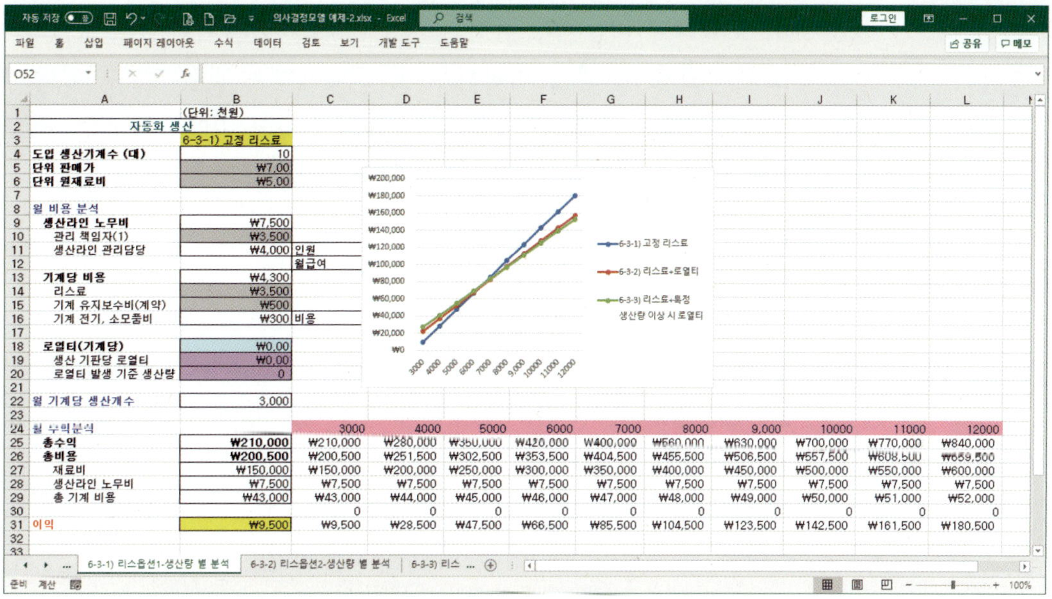


차트를 이동하여 새로운 워크시트에 나타내고, 축 제목 등을 지정하면 아래와 같이 그래프가 최종 작성된다.

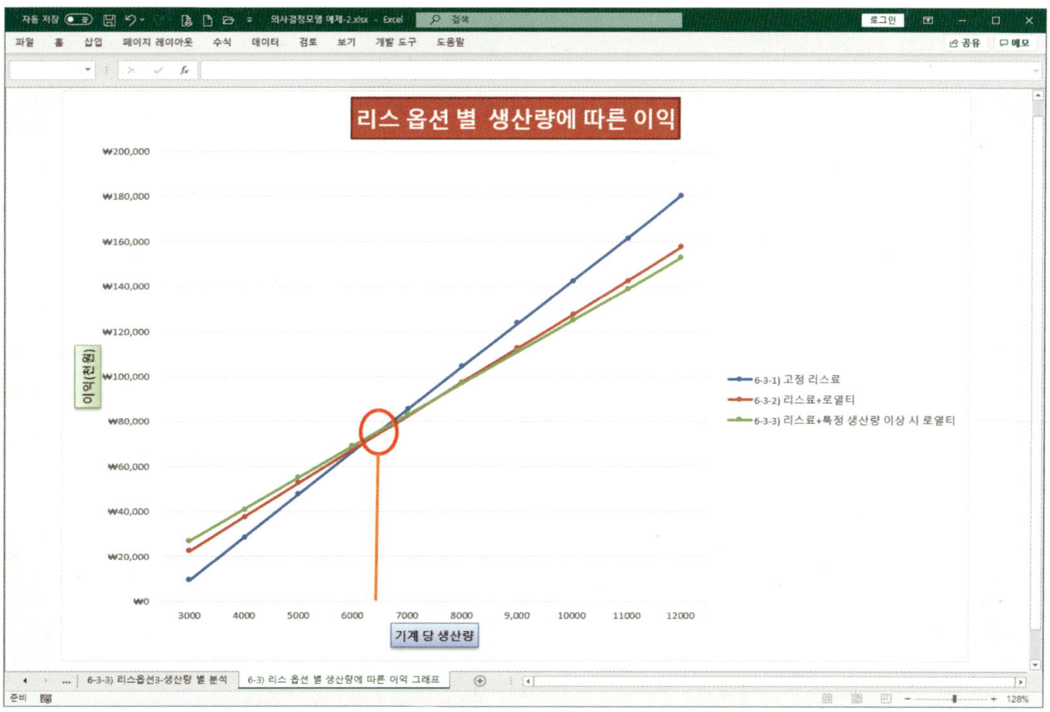

기계당 생산량이 약 6,500개(즉 총납품량은 65,000개가 된다)까지는 세 번째 리스옵션인 '리스료+특정 생산량 이상시 로열티' 옵션이 가장 좋고, 기계당 생산량이 그 이상일 때에는 '고정 리스료' 옵션이 가장 이익을 많이 가져오는 것을 알 수 있다. 로열티를 내는 리스옵션의 경우 생산량이 늘어날수록 로열티의 증가로 인하여 '고정 리스료' 옵션에 비하여 이익이 낮아지는 것을 알 수 있다. 또한 그래프에서 '리스료+로열티' 옵션과 '리스료+특정 생산량 이상시 로열티' 옵션은 생산량의 변화에 따른 차이가 크게 없음을 볼 수 있다.

### 4) 리스료의 상승과 그때의 이익 비교

'6-3-1) 리스옵션1-생산량별 분석', '6-3-2) 리스옵션2-생산량별 분석', '6-3-3) 리스옵션3-생산량별 분석' 워크시트에 대하여 각각 현재의 리스료가 다음과 같이 6,000천원, 1,500천원, 2,000천원으로 인상된다고 한다. 그리고 '6-3-2) 리스옵션2-생산량별 분석'의 경우 '생산 기판당 로열티'가 0.6천원으로 인상되고, '6-3-3) 리스옵션3-생산량별 분석'의 경우 '생산 기판당 로열티'가 0.9천원으로 인상되며 '로열티 발생 기준 생산량'은 1,500개로 낮아졌다고 한다. 이때 기계당 생산량에 따라 각 리스옵션별로 이익이 어떻게 달라지는지 알아보고, 만일 한국전자가 PCB 보조기판을 90,000개 납품하게 된다면 어떤 리스옵션이 가장 유리한지 알아보시오.

위의 내용대로 아래와 같이 각 워크시트의 해당 데이터를 수정한다.

① 6-3-1) 리스옵션1-생산량별 분석 워크시트

| | A | B |
|---|---|---|
| 13 | **기계당 비용** | ₩6,800 |
| 14 | 리스료 | ₩6,000 |
| 15 | 기계 유지보수비(계약) | ₩500 |
| 16 | 기계 전기, 소모품비 | ₩300 |

② 6-3-2) 리스옵션2-생산량별 분석 워크시트

| | A | B |
|---|---|---|
| 13 | **기계당 비용** | ₩2,300 |
| 14 | 리스료 | ₩1,500 |
| 15 | 기계 유지보수비(계약) | ₩500 |
| 16 | 기계 전기, 소모품비 | ₩300 |
| 17 | | |
| 18 | **로열티(기계당)** | ₩1,800.00 |
| 19 | 생산 기판당 로열티 | ₩0.60 |
| 20 | 로열티 발생 기준 생산량 | 0 |

③ 6-3-3) 리스옵션3-생산량별 분석 워크시트

| | A | B |
|---|---|---|
| 13 | **기계당 비용** | ₩2,800 |
| 14 | 리스료 | ₩2,000 |
| 15 | 기계 유지보수비(계약) | ₩500 |
| 16 | 기계 전기, 소모품비 | ₩300 |
| 17 | | |
| 18 | **로열티(기계당)** | ₩1,350.00 |
| 19 | 생산 기판당 로열티 | ₩0.90 |
| 20 | 로열티 발생 기준 생산량 | 1,500 |

원래 시트의 데이터가 변하면 이를 기반으로 작성한 그래프는 자동으로 변경됨을 알 수 있다. 위의 그래프에서 리스료와 기타 비용이 인상되면 기계당 생산량 7,500개까지는 이제 '리스료+로열티' 옵션이 가장 유리하고, 그 이상의 생산량에서는 '고정 리스료' 옵션이 가장 유리함을 볼 수 있다. 또한 납품량이 9만개이면 기계당 기판 생산량이 9,000개의 경우인데, 아래 그래프에서 이때 '고정 리스료' 옵션이 가장 큰 이익을 가져다주는 것을 알 수 있다. 이렇게 생산량과 리스료의 변화를 워크시트와 함께 그래프로 분석해 보면 이들간의 연관관계를 보다 잘 이해할 수 있는 장점이 있다.

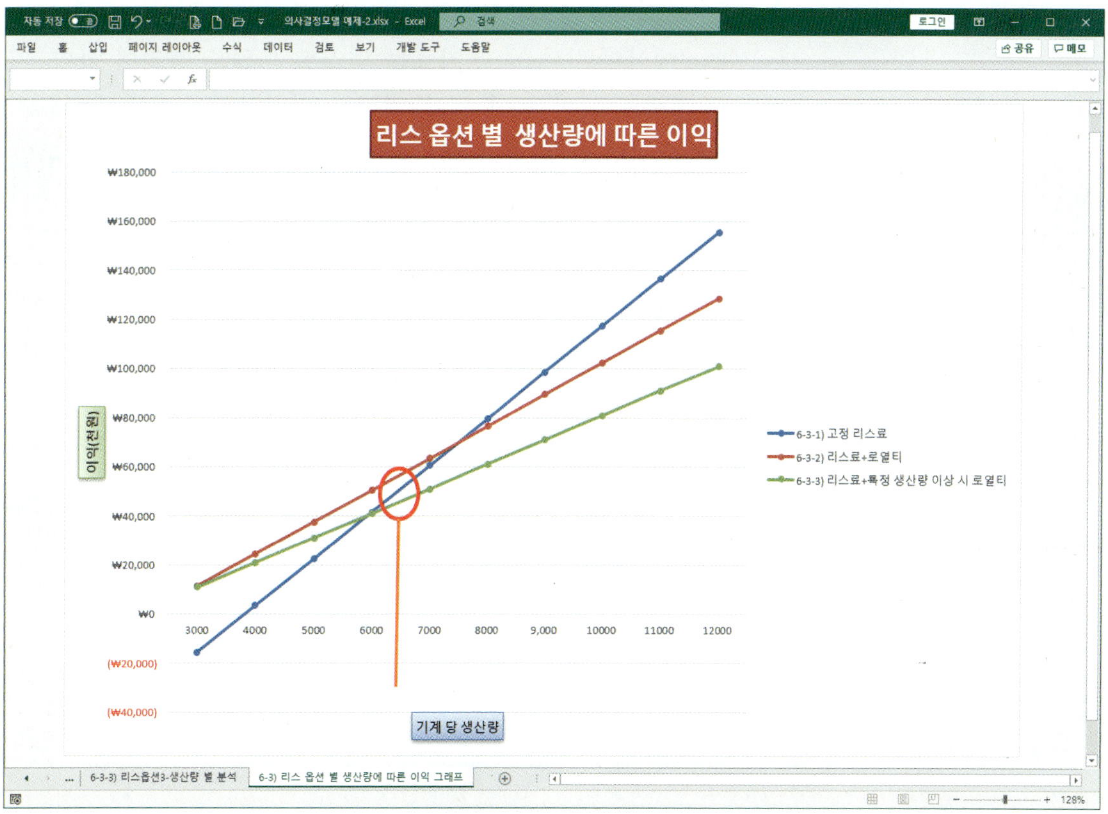

# 3. [예제 3] 제품발주 의사결정 (의사결정모델 예제-3.xlsx)

각종 전기 · 전자제품을 판매하는 오프라인 상점인 '에이마트'의 종로대리점에서는 제품별로 재고를 점검하여 본사로 재고보충을 위한 발주를 해야 하는지 여부를 알아보고자 한다. 우선 발주에 관한 규칙을 세우고, 엑셀 워크시트를 만들어 주문해야 할 제품들이 무엇인지 알아보고자 한다.

**문제 1　텍스트 파일에서 데이터 불러오기 ('1) 원자료' 워크시트)**

엑셀로 원자료.txt 또는 원자료.prn 텍스트 파일을 열고, 발주 검토를 하기 위한 재고 현황을 엑셀 파일로 저장하시오.

지금까지 '에이마트'의 재고 자료는 텍스트 파일로 관리해 왔다. 따라서 이 텍스트 파일을 엑셀로 읽어 들여 엑셀 파일로 저장하고자 한다. 엑셀은 텍스트뿐만 아니라 엑세스를 비롯한 다양한 데이터베이스의 데이터들을 읽어 들일 수 있다.

텍스트 파일의 경우 서로 다른 성격의 데이터들을 각기 다른 엑셀 열 데이터로 저장하기 위해서는 구분 기호가 있어야 하는데, 탭, 쉼표(,), 공백, 세미콜론(;) 등 여러 문자가 구분 기호가 될 수 있다. 따라서 엑셀 파일로 변환하기 위해서는 텍스트 파일에 이런 구분 기호를 다른 성격의 데이터 사이마다 삽입해 놓아야 한다. 그러나 이러한 문자들이 데이터에 있으면 없어지므로 데이터 자체에는 포함되지 말아야 한다. 또한 데이터들의 너비가 일정하여 동일한 위치에 데이터가 자리할 때에는 구분 기호 없이도 각 데이터를 분리하여 엑셀의 서로 다른 열에 저장할 수 있다.

원자료.txt 파일은 다음 그림과 같이 쉼표로 데이터가 분리되어 있다('8장 의사결정모델' 폴더에 있음). 우선 메모장을 이용하여 원자료.txt 파일을 열어 보면 다음과 같은 내용을 확인할 수 있다.

```
원자료.txt - 메모장
파일(F) 편집(E) 서식(O) 보기(V) 도움말(H)
국내,TV,LG TV LED 42(840000),한국,15,5,2 ,있음,101852623,
국내,TV,삼성 TV LED 50(1400000),한국,8,5,2 ,있음,,시즌
국내,디지털,닌텐도 wii 본체(280000),중국,15,5,2 ,있음,211853245,
국내,디지털,디지털 카메라(500000),중국,4,5,1 ,없음,,
국내,생활가전,LG 드럼 서탁기(600000),한국,3,2,5 ,있음,,
국내,생활가전,LG 진공청소기(150000),베트남,9,3,2 ,있음,120853698,
국내,생활가전,룸바 로봇청소기(560000),중국,7,3,2 ,있음,,시즌
국내,생활가전,신일 전기 히터(55000),중국,8,3,2 ,있음,,
국내,생활가전,아이리브 오디오(180000),중국,7,5,2 ,있음,,
국내,생활가전,장수 황토 매트 3인용(120000),한국,5,3,2 ,있음,106853217,
국내,생활가전,필립스 전기면도기(350000),네덜란드,3,5,1 ,없음,,
국내,생활가전,필립스 커피머신(50000),중국,5,5,2 ,없음,,
국내,생활가전,하우젠 에어컨(950000),한국,5,3,3 ,있음,120852325,시즌
국내,생활가전,휘센 에어컨(1200000),한국,8,3,3 ,있음,,시즌
국내,주방가전,BSW 토스트기(20000),한국,6,3,3 ,없음,,
국내,주방가전,린나이 가스레인지(350000),한국,2,3,2 ,있음,206817865,
국내,주방가전,양문형 냉장고(1500000),한국,1,2,5 ,있음,,시즌
국내,주방가전,쿠쿠 밥솥(105000),한국,0,3,2 ,있음,,
국내,컴퓨터,HP 레이저젯(450000),중국,15,5,2 ,없음,,
국내,컴퓨터,LG 엑스피온 일체형 PC(1150000),한국,2,5,2 ,있음,,
국내,컴퓨터,갤럭시 노트 32G(700000),한국,15,7,1 ,있음,120852325,
국내,컴퓨터,삼성 SCX복합기(250000),중국,8,5,2 ,있음,,
국내,컴퓨터,삼성 아티브탭 노트북(1400000),중국,2,5,1 ,있음,135850325,
국내,컴퓨터,아이패드 레티나 32G(600000),중국,6,10,1 ,있음,,
해외,생활가전,Maytag 서탁기(1250000),미국,0,0,30 ,있음,,
해외,주방가전,GE 냉장고(2500000),멕시코,0,0,30 ,있음,,시즌
해외,주방가전,월풀 냉장고(3500000),멕시코,0,0,60 ,없음,,
```

〈원자료.txt 파일〉

반면에 원자료.prn 파일은 데이터 사이의 너비가 일정함을 알 수 있다.

```
원자료.prn - 메모장
파일(F) 편집(E) 서식(O) 보기(V) 도움말(H)
국내  TV        LG TV LED 42(840000)          한국      15    5    2 있음   101852623
국내  TV        삼성 TV LED 50(1400000)       한국       8    5    2 있음                시즌
국내  디지털    닌텐도 wii 본체(280000)       중국      15    5    2 있음   211853245
국내  디지털    디지털 카메라(500000)         중국       4    5    1 없음
국내  생활가전  LG 드럼 서탁기(600000)        한국       3    2    5 있음
국내  생활가전  LG 진공청소기(150000)         베트남     9    3    2 있음   120853698
국내  생활가전  룸바 로봇청소기(560000)       중국       7    3    2 있음                시즌
국내  생활가전  신일 전기 히터(55000)         중국       8    3    2 있음
국내  생활가전  아이리브 오디오(180000)       중국       7    5    2 있음
국내  생활가전  장수 황토 매트 3인용(120000)  한국       5    3    2 있음   106853217
국내  생활가전  필립스 전기면도기(350000)     네덜란드   3    5    1 없음
국내  생활가전  필립스 커피머신(50000)        중국       5    5    2 없음
국내  생활가전  하우젠 에어컨(950000)         한국       5    3    3 있음   120852325  시즌
국내  생활가전  휘센 에어컨(1200000)          한국       8    3    3 있음                시즌
국내  주방가전  BSW 토스트기(20000)           한국       6    3    3 없음
국내  주방가전  린나이 가스레인지(350000)     한국       2    3    2 있음   206817865
국내  주방가전  양문형 냉장고(1500000)        한국       1    2    5 있음                시즌
국내  주방가전  쿠쿠 밥솥(105000)             한국       0    3    2 있음
국내  컴퓨터    HP 레이저젯(450000)           중국      15    5    2 없음
국내  컴퓨터    LG 엑스피온 일체형 PC(1150000) 한국      2    5    2 있음
국내  컴퓨터    갤럭시 노트 32G(700000)       한국      15    7    1 있음   120852325
국내  컴퓨터    삼성 SCX복합기(250000)        중국       8    5    2 있음
국내  컴퓨터    삼성 아티브탭 노트북(1400000) 중국       2    5    1 있음   135850325
국내  컴퓨터    아이패드 레티나 32G(600000)   중국       6   10    1 있음
해외  생활가전  Maytag 서탁기(1250000)        미국       0    0   30 있음
해외  주방가전  GE 냉장고(2500000)            멕시코     0    0   30 있음                시즌
해외  주방가전  월풀 냉장고(3500000)          멕시코     0    0   60 없음
```

〈원자료.prn 파일〉

여기에서는 원자료.txt 파일의 데이터를 엑셀 파일로 불러온다. 엑셀에서 열기( )를 한 후, 텍스트 마법사를 이용하여 다음 순서대로 원자료.txt 파일의 데이터를 엑셀로 불러들인다.

① 엑셀에서 열기(📂)를 실행하고, 파일 종류로 '모든 파일(*.*)'을 선택한다. 그러면 원자료.txt 파일이 보이는데, 이를 선택한 후 '열기' 버튼을 클릭한다.

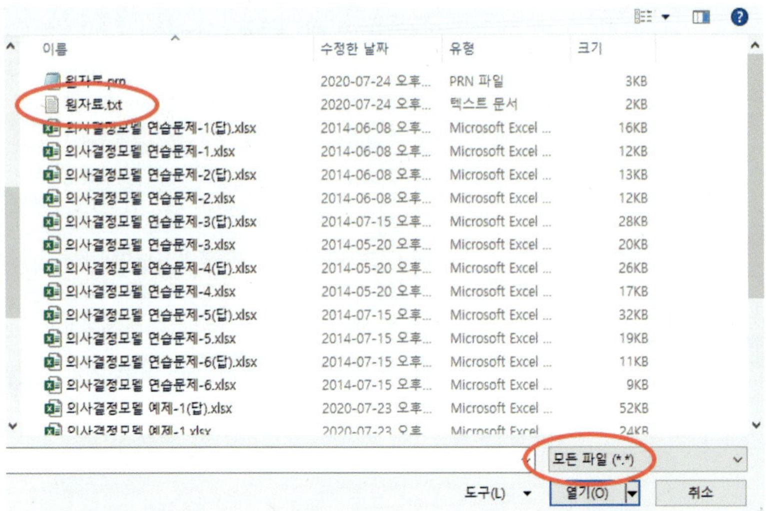


② 텍스트 마법사

- 1단계 : 데이터가 쉼표로 나누어져 있으므로 '구분 기호로 분리됨'을 선택하고 '다음' 버튼을 클릭한다. 내 데이터에 머리글 표시는 첫 행이 필드명인가를 묻는 것으로, 현재 데이터는 첫째 줄이 필드명이 아니므로 체크 표시를 하지 않는다.

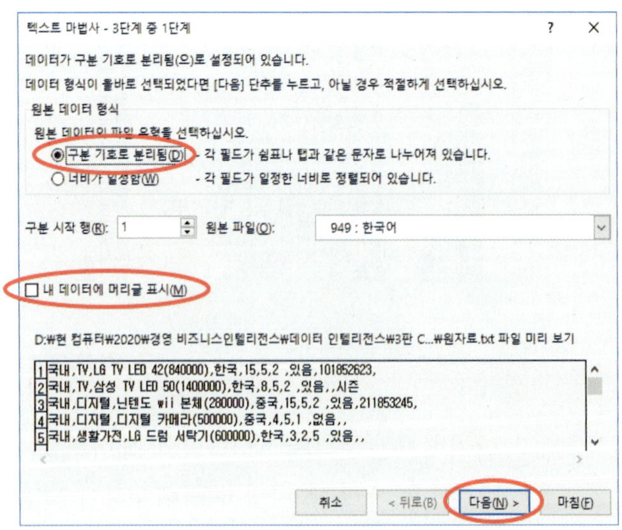

- 2단계 : 구분 기호를 '쉼표'로 선택하고 다른 선택은 모두 취소한 후 '다음' 버튼을 클릭한다. 쉼표가 없어지는 대신 열이 바뀌게 된다. 따라서 실제 데이터인 글자나 기호는 구분 기호로 사용할 수 없다.

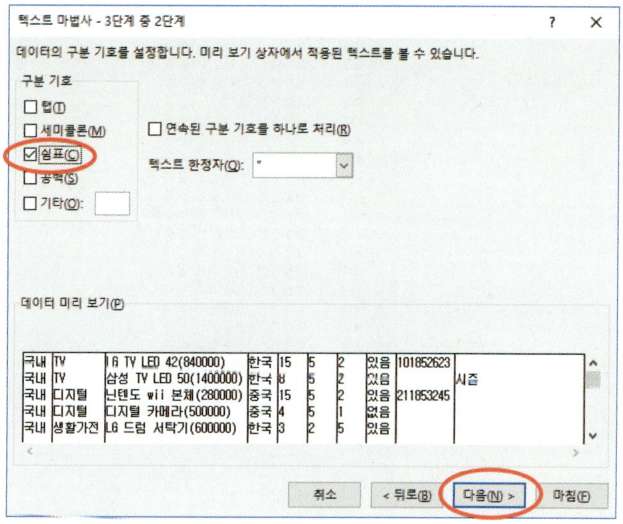


- 3단계 : 열 데이터 서식을 '일반'으로 선택한다. 일반을 선택할 경우 숫자는 숫자, 날짜는 날짜 서식으로 변환되고, 나머지 데이터는 텍스트로 변환된다. 그러나 만일 필요하다면 아래 데이터 미리보기의 각 열을 선택하여 개별적으로 각 열에 데이터 서식을 직접 지정할 수 있다.

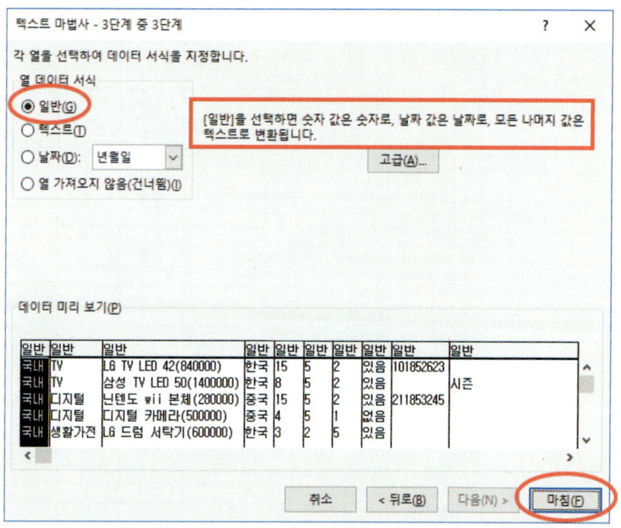

'마침' 버튼을 클릭하면 아래와 같이 엑셀 형식으로 데이터가 나타난다.

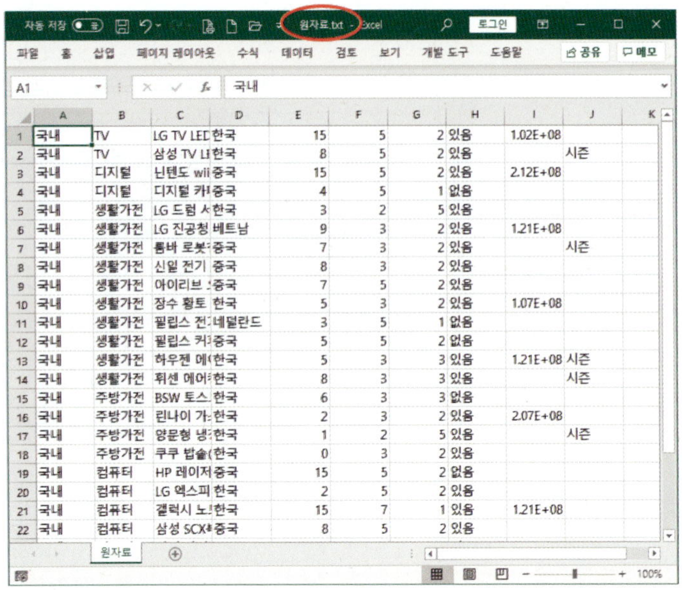


그러나 이 파일은 텍스트 파일 형식을 가지고 있으므로 반드시 엑셀 파일(.xlsx) 형식으로 저장해야 한다. 그리고 아래에서 보는 바와 같이 워크시트 제목과 테이블의 첫 행에 노란색의 열 제목을 삽입하여 재고 데이터 워크시트를 작성한다(2행의 파란 셀 워크시트 제목은 셀 서식-맞춤-가로 맞춤-균등 분할(들여쓰기)로 지정함).

발 주 검 토 서

| 지 역 | 그 룹 | 제 품 명 | 원 산 지 | 재 고 | 안전재고 | 배송기간 | 주 거래처 | 사업자 등록번호 | 시즌 제품 여부 |
|---|---|---|---|---|---|---|---|---|---|
| 국내 | TV | LG TV LED 42(840000) | 한국 | 15 | 5 | 2 | 있음 | 1018526232 | |
| 국내 | TV | 삼성 TV LED 50(1400000) | 한국 | 8 | 5 | 2 | 있음 | | 시즌 |
| 국내 | 디지털 | 닌텐도 wii 본체(280000) | 중국 | 15 | 5 | 2 | 있음 | 2118532451 | |
| 국내 | 디지털 | 디지털 카메라(500000) | 중국 | 4 | 5 | 1 | 없음 | | |
| 국내 | 생활가전 | LG 드럼 세탁기(600000) | 한국 | 3 | 2 | 5 | 있음 | | |
| 국내 | 생활가전 | LG 진공청소기(150000) | 베트남 | 9 | 3 | 2 | 있음 | 1208536982 | |
| 국내 | 생활가전 | 룸바 로봇청소기(560000) | 중국 | 7 | 3 | 2 | 있음 | | 시즌 |
| 국내 | 생활가전 | 신일 전기 히터(55000) | 중국 | 8 | 3 | 2 | 있음 | | |
| 국내 | 생활가전 | 아이리브 오디오(180000) | 중국 | 7 | 5 | 2 | 있음 | | |
| 국내 | 생활가전 | 장수 황토 매트 3인용(120000) | 한국 | 5 | 3 | 2 | 있음 | 1068532177 | |
| 국내 | 생활가전 | 필립스 전기면도기(350000) | 네덜란드 | 3 | 5 | 1 | 없음 | | |
| 국내 | 생활가전 | 필립스 커피머신(50000) | 중국 | 5 | 5 | 2 | 없음 | | |
| 국내 | 생활가전 | 하우젠 에어컨(950000) | 한국 | 5 | 3 | 3 | 있음 | 1208523253 | 시즌 |
| 국내 | 생활가전 | 휘센 에어컨(1200000) | 한국 | 8 | 3 | 3 | 있음 | | 시즌 |
| 국내 | 주방가전 | BSW 토스트기(20000) | 한국 | 6 | 3 | 3 | 없음 | | |
| 국내 | 주방가전 | 린나이 가스레인지(350000) | 한국 | 2 | 3 | 2 | 있음 | 2068178658 | |
| 국내 | 주방가전 | 양문형 냉장고(1500000) | 한국 | 1 | 2 | 5 | 있음 | | 시즌 |
| 국내 | 주방가전 | 쿠쿠 밥솥(105000) | 한국 | 0 | 3 | 2 | 있음 | | |
| 국내 | 컴퓨터 | HP 레이저젯(450000) | 중국 | 15 | 5 | 2 | 없음 | | |
| 국내 | 컴퓨터 | LG 엑스피온 일체형 PC(1150000) | 한국 | 2 | 5 | 2 | 있음 | | |
| 국내 | 컴퓨터 | 갤럭시 노트 32G(700000) | 한국 | 15 | 7 | 1 | 있음 | 1208523253 | |
| 국내 | 컴퓨터 | 삼성 SCX복합기(250000) | 중국 | 8 | 5 | 2 | 있음 | | |
| 국내 | 컴퓨터 | 삼성 아티브탭 노트북(1400000) | 중국 | 2 | 5 | 1 | 있음 | 1358503256 | |
| 국내 | 컴퓨터 | 아이패드 레티나 32G(600000) | 중국 | 6 | 10 | 1 | 있음 | | |
| 해외 | 생활가전 | Maytag 세탁기(1250000) | 미국 | 0 | 0 | 30 | 있음 | | |
| 해외 | 주방가전 | GE 냉장고(2500000) | 멕시코 | 0 | 0 | 30 | 있음 | | 시즌 |
| 해외 | 주방가전 | 월풀 냉장고(3500000) | 멕시코 | 0 | 0 | 60 | 없음 | | |

**문제 2 제품명과 가격 분리하기 ('2) 재고 테이블-제품명, 가격' 워크시트)**

1) C열의 제품명 데이터는 제품명과 가격이 혼재되어 있다. 제품명과 가격을 별도의 열로 분리하시오.
2) 제품명 중 '서탁기' 오타를 모두 '세탁기'로 수정하시오.

## 1) 제품명과 가격 분리(C열)

본 워크시트의 C열에는 다음과 같이 제품명과 가격이 혼재되어 있는데, 이를 다음 예에서 보는 바와 같이 제품명과 가격 열로 분리하여 저장하고자 한다.

쿠쿠 밥솥(105000) → 쿠쿠 밥솥, 105000

C열의 제품명과 가격을 분리하기 위하여 다음과 같이 여러 텍스트 함수를 사용한다.

① 제품명 분리 : 제품명과 원산지 열 사이에 새 열(D열이 됨)을 삽입하여 제품명을 기입한다. 제품명은 전체 데이터에서 가격 부분 전의 글자를 가져오면 되는데, 모든 가격 직전에 '(' 문자가 있으므로 '(' 문자 전의 모든 글자들을 가져오면 된다. 가져오는 글자수는 FIND함수를 사용하여 알아낼 수 있는데, '(' 바로 전까지의 글자수이므로 '(' 자까지의 글자수에서 1을 빼 주면 제품명의 글자수가 된다. 따라서 D5셀에 다음과 같이 수식을 작성한다. 그리고 왼쪽의 글자들을 가져오기 때문에 LEFT함수를 사용한다.

= LEFT(C5, FIND("(", C5)-1)

그리고 이 수식을 D31셀까지 복사한다.

② 가격 분리 : 제품명 열과 원산지 열 사이에 새 열(E열이 됨)을 삽입하여 가격을 기입한다. 가격은 데이터의 중간에서 시작되는데, 시작 글자수는 제품에 따라 일정치는 않으나 반드시 '(' 자 다음에 시작한다. 따라서 MID함수를 이용하여 가격을 가져올 수 있다.

- 가격의 시작 글자수 : 가격은 C5셀 데이터의 '(' 자까지의 글자수에 1을 더한 글자수에서 시작하므로 FIND함수를 이용하여 다음과 같이 작성하여 가격의 시작 글자수를 찾는다.

FIND("(", C5) + 1

- 가격의 글자수 : C5셀 데이터의 마지막에 ')'가 있으므로 가격의 글자수는 C5셀 데이터의 전체 글자수에서 '('까지의 글자수를 빼고, 1(')' 자수)을 더 빼 주면 된다. 따라서 가격의 글자수는 다음과 같이 작성된다.

LEN(C5) - FIND("(", C5) - 1

- 이제 C5셀의 데이터에서 가격을 가져오기 위하여 다음과 같이 종합적으로 MID함수를 사용하여 수식을 작성한다. 그리고 MID함수는 결과값의 서식으로 텍스트 형식을 지정하기 때문에, 1을 곱하여(*1) MID함수 수행 결과 서식을 숫자로 지정한다.

= MID( C5, FIND("(", C5)+1, LEN(C5)-FIND("(", C5)-1 ) * 1

*1을 하는 것은 숫자 계산의 하나인 곱하기를 하여 단순히 텍스트 서식을 숫자 서식으로 변환하기 위한 것이다. 1을 사용한 것은 같은 가격이 나오게끔 한 것으로 *2를 하면 가격이 두 배가 되는 것을 알 수 있다.

아래와 같이 이 수식을 E31셀까지 복사한다.

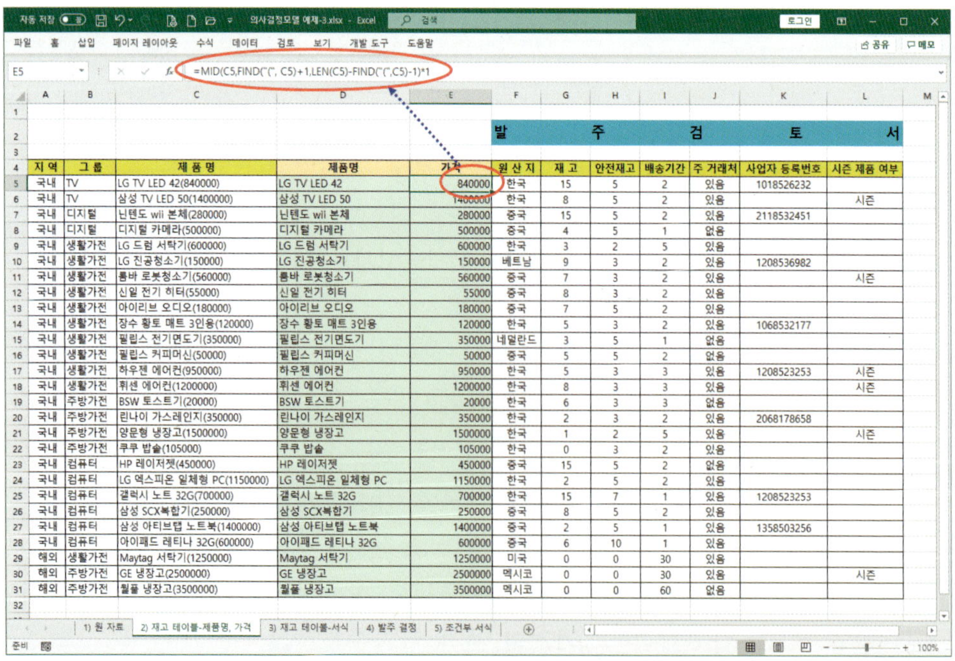


| 지 역 | 그 룹 | 제 품 명 | 제품명 | 가격 | 원 산 지 | 재 고 | 안전재고 | 배송기간 | 주 거래처 | 사업자 등록번호 | 시즌 제품 여부 |
|---|---|---|---|---|---|---|---|---|---|---|---|
| 국내 | TV | LG TV LED 42(840000) | LG TV LED 42 | 840000 | 한국 | 15 | 5 | 2 | 있음 | 1018526232 | |
| 국내 | TV | 삼성 TV LED 50(1400000) | 삼성 TV LED 50 | 1400000 | 한국 | 8 | 5 | 2 | 있음 | | 시즌 |
| 국내 | 디지털 | 닌텐도 wii 본체(280000) | 닌텐도 wii 본체 | 280000 | 중국 | 15 | 5 | 2 | 있음 | 2118532451 | |
| 국내 | 디지털 | 디지털 카메라(500000) | 디지털 카메라 | 500000 | 중국 | 4 | 5 | 1 | 없음 | | |
| 국내 | 생활가전 | LG 드럼 서탁기(600000) | LG 드럼 서탁기 | 600000 | 한국 | 3 | 2 | 5 | 있음 | | |
| 국내 | 생활가전 | LG 진공청소기(150000) | LG 진공청소기 | 150000 | 베트남 | 9 | 3 | 2 | 있음 | 1208536982 | |
| 국내 | 생활가전 | 룸바 로봇청소기(560000) | 룸바 로봇청소기 | 560000 | 중국 | 7 | 3 | 2 | 있음 | | 시즌 |
| 국내 | 생활가전 | 신일 전기 히터(55000) | 신일 전기 히터 | 55000 | 중국 | 8 | 3 | 2 | 있음 | | |
| 국내 | 생활가전 | 아이리브 오디오(180000) | 아이리브 오디오 | 180000 | 중국 | 7 | 5 | 2 | 있음 | | |
| 국내 | 생활가전 | 장수 황토 매트 3인용(120000) | 장수 황토 매트 3인용 | 120000 | 한국 | 5 | 3 | 2 | 있음 | 1068532177 | |
| 국내 | 생활가전 | 필립스 전기면도기(350000) | 필립스 전기면도기 | 350000 | 네덜란드 | 3 | 5 | 1 | 없음 | | |
| 국내 | 생활가전 | 필립스 커피머신(50000) | 필립스 커피머신 | 50000 | 중국 | 5 | 5 | 2 | 없음 | | |
| 국내 | 생활가전 | 하우젠 에어컨(950000) | 하우젠 에어컨 | 950000 | 한국 | 5 | 3 | 3 | 있음 | 1208523253 | 시즌 |
| 국내 | 생활가전 | 휘센 에어컨(1200000) | 휘센 에어컨 | 1200000 | 한국 | 8 | 3 | 3 | 있음 | | 시즌 |
| 국내 | 주방가전 | BSW 토스트기(20000) | BSW 토스트기 | 20000 | 한국 | 6 | 3 | 3 | 없음 | | |
| 국내 | 주방가전 | 린나이 가스레인지(350000) | 린나이 가스레인지 | 350000 | 한국 | 2 | 3 | 2 | 있음 | 2068178658 | |
| 국내 | 주방가전 | 양문형 냉장고(1500000) | 양문형 냉장고 | 1500000 | 한국 | 1 | 2 | 5 | 있음 | | 시즌 |
| 국내 | 주방가전 | 쿠쿠 밥솥(105000) | 쿠쿠 밥솥 | 105000 | 한국 | 0 | 3 | 2 | 있음 | | |
| 국내 | 컴퓨터 | HP 레이저젯(450000) | HP 레이저젯 | 450000 | 중국 | 15 | 5 | 2 | 없음 | | |
| 국내 | 컴퓨터 | LG 엑스피온 일체형 PC(1150000) | LG 엑스피온 일체형 PC | 1150000 | 한국 | 2 | 5 | 2 | 있음 | | |
| 국내 | 컴퓨터 | 갤럭시 노트 32G(700000) | 갤럭시 노트 32G | 700000 | 한국 | 15 | 7 | 1 | 있음 | 1208523253 | |
| 국내 | 컴퓨터 | 삼성 SCX복합기(250000) | 삼성 SCX복합기 | 250000 | 중국 | 8 | 5 | 2 | 있음 | | |
| 국내 | 컴퓨터 | 삼성 아티브탭 노트북(1400000) | 삼성 아티브탭 노트북 | 1400000 | 중국 | 2 | 5 | 1 | 있음 | 1358503256 | |
| 국내 | 컴퓨터 | 아이패드 레티나 32G(600000) | 아이패드 레티나 32G | 600000 | 중국 | 6 | 10 | 1 | 있음 | | |
| 해외 | 생활가전 | Maytag 서탁기(1250000) | Maytag 서탁기 | 1250000 | 미국 | 0 | 0 | 30 | 있음 | | |
| 해외 | 주방가전 | GE 냉장고(2500000) | GE 냉장고 | 2500000 | 멕시코 | 0 | 0 | 30 | 있음 | | 시즌 |
| 해외 | 주방가전 | 월풀 냉장고(3500000) | 월풀 냉장고 | 3500000 | 멕시코 | 0 | 0 | 60 | 없음 | | |

## 2) '서탁기'를 '세탁기'로 수정

원자료의 제품명에는 'LG 드럼 서탁기'나 'Maytag 서탁기'와 같이 제품명에 오타가 난 것이 있다. 서탁기를 세탁기로 수정하여 제품명을 새로운 열인 M열에 아래와 같이 다시 저장한다.

= SUBSTITUTE(D5, "서탁기", "세탁기")

발 주 검 토 서

| | A | B | C | D | E | F | G | H | I | J | K | L | M |
|---|---|---|---|---|---|---|---|---|---|---|---|---|---|
| 4 | 지 역 | 그 룹 | 제 품 명(가격) | 제 품 명 | 가격 | 원 산 지 | 재 고 | 안전재고 | 배송기간 | 주 거래처 | 사업자 등록번호 | 시즌 제품 여부 | 제 품 명(substitute) |
| 5 | 국내 | TV | LG TV LED 42(840000) | LG TV LED 42 | 840000 | 한국 | 15 | 5 | 2 | 있음 | 1018526232 | | LG TV LED 42 |
| 6 | 국내 | TV | 삼성 TV LED 50(1400000) | 삼성 TV LED 50 | 1400000 | 한국 | 8 | 5 | 2 | 있음 | | 시즌 | 삼성 TV LED 50 |
| 7 | 국내 | 디지털 | 닌텐도 wii 본체(280000) | 닌텐도 wii 본체 | 280000 | 중국 | 15 | 5 | 2 | 있음 | 2118532451 | | 닌텐도 wii 본체 |
| 8 | 국내 | 디지털 | 디지털 카메라(500000) | 디지털 카메라 | 500000 | 중국 | 4 | 5 | 1 | 없음 | | | 디지털 카메라 |
| 9 | 국내 | 생활가전 | LG 드럼 서탁기(600000) | LG 드럼 서탁기 | 600000 | 한국 | 3 | 2 | 5 | 있음 | | | LG 드럼 세탁기 |
| 10 | 국내 | 생활가전 | LG 진공청소기(150000) | LG 진공청소기 | 150000 | 베트남 | 9 | 3 | 2 | 있음 | 1208536982 | | LG 진공청소기 |
| 11 | 국내 | 생활가전 | 룸바 로봇청소기(560000) | 룸바 로봇청소기 | 560000 | 중국 | 7 | 3 | 2 | 있음 | | 시즌 | 룸바 로봇청소기 |
| 12 | 국내 | 생활가전 | 신일 전기 히터(55000) | 신일 전기 히터 | 55000 | 중국 | 8 | 3 | 2 | 있음 | | | 신일 전기 히터 |
| 13 | 국내 | 생활가전 | 아이리브 오디오(180000) | 아이리브 오디오 | 180000 | 중국 | 7 | 5 | 2 | 있음 | | | 아이리브 오디오 |
| 14 | 국내 | 생활가전 | 장수 황토 매트 3인용(120000) | 장수 황토 매트 3인용 | 120000 | 한국 | 5 | 3 | 2 | 있음 | 1068532177 | | 장수 황토 매트 3인용 |
| 15 | 국내 | 생활가전 | 필립스 전기면도기(350000) | 필립스 전기면도기 | 350000 | 네덜란드 | 3 | 5 | 1 | 없음 | | | 필립스 전기면도기 |
| 16 | 국내 | 생활가전 | 필립스 커피머신(50000) | 필립스 커피머신 | 50000 | 중국 | 5 | 5 | 2 | 없음 | | | 필립스 커피머신 |
| 17 | 국내 | 생활가전 | 하우젠 에어컨(950000) | 하우젠 에어컨 | 950000 | 한국 | 5 | 3 | 3 | 있음 | 1208523253 | 시즌 | 하우젠 에어컨 |
| 18 | 국내 | 생활가전 | 휘센 에어컨(1200000) | 휘센 에어컨 | 1200000 | 한국 | 0 | 3 | 3 | 있음 | | 시즌 | 휘센 에어컨 |
| 19 | 국내 | 주방가전 | BSW 토스트기(20000) | BSW 토스트기 | 20000 | 한국 | 6 | 3 | 3 | 없음 | | | BSW 토스트기 |
| 20 | 국내 | 주방가전 | 린나이 가스레인지(350000) | 린나이 가스레인지 | 350000 | 한국 | 2 | 3 | 2 | 있음 | 2068178658 | | 린나이 가스레인지 |
| 21 | 국내 | 주방가전 | 양문형 냉장고(1500000) | 양문형 냉장고 | 1500000 | 한국 | 1 | 2 | 5 | 있음 | | 시즌 | 양문형 냉장고 |
| 22 | 국내 | 주방가전 | 쿠쿠 밥솥(105000) | 쿠쿠 밥솥 | 105000 | 한국 | 0 | 3 | 2 | 있음 | | | 쿠쿠 밥솥 |
| 23 | 국내 | 컴퓨터 | HP 레이저젯(450000) | HP 레이저젯 | 450000 | 중국 | 15 | 5 | 2 | 없음 | | | HP 레이저젯 |
| 24 | 국내 | 컴퓨터 | LG 엑스피온 일체형 PC(1150000) | LG 엑스피온 일체형 PC | 1150000 | 한국 | 2 | 5 | 2 | 있음 | | | LG 엑스피온 일체형 PC |
| 25 | 국내 | 컴퓨터 | 갤럭시 노트 32G(700000) | 갤럭시 노트 32G | 700000 | 한국 | 15 | 7 | 1 | 있음 | 1208523253 | | 갤럭시 노트 32G |
| 26 | 국내 | 컴퓨터 | 삼성 SCX복합기(250000) | 삼성 SCX복합기 | 250000 | 중국 | 8 | 5 | 2 | 있음 | | | 삼성 SCX복합기 |
| 27 | 국내 | 컴퓨터 | 삼성 아티브탭 노트북(1400000) | 삼성 아티브탭 노트북 | 1400000 | 중국 | 2 | 5 | 1 | 있음 | 1358503256 | | 삼성 아티브탭 노트북 |
| 28 | 국내 | 컴퓨터 | 아이패드 레티나 32G(600000) | 아이패드 레티나 32G | 600000 | 중국 | 6 | 10 | 1 | 있음 | | | 아이패드 레티나 32G |
| 29 | 해외 | 생활가전 | Maytag 서탁기(1250000) | Maytag 서탁기 | 1250000 | 미국 | 0 | 0 | 30 | 있음 | | | Maytag 세탁기 |
| 30 | 해외 | 주방가전 | GE 냉장고(2500000) | GE 냉장고 | 2500000 | 멕시코 | 0 | 0 | 30 | 있음 | | 시즌 | GE 냉장고 |
| 31 | 해외 | 주방가전 | 월풀 냉장고(3500000) | 월풀 냉장고 | 3500000 | 멕시코 | 0 | 0 | 60 | 없음 | | | 월풀 냉장고 |

**문제 3 사용자 지정서식 만들기 ('3) 재고 테이블-서식' 워크시트)**

셀 서식의 사용자 지정서식을 이용하여 다음을 행하시오.

1) E열 가격의 천원 단위마다 구분 기호로 쉼표(,)를 삽입하고 끝에 "원"자를 붙이시오.
2) F, G열의 재고 숫자 뒤에 "개"가 표시되게 하시오. (예를 들어 17개)
3) H열의 배송기간 뒤에 "일"이 표시되게 하시오. (예를 들어 2일)
4) J열 사업자등록번호를 000-00-00000의 형식으로 나타내시오.
5) K열 "시즌"의 경우 "이것은 시즌제품입니다"로 나타내시오.

## 1) E열 가격의 천원 단위마다 쉼표(,) 삽입

① E5:E31셀의 가격 영역을 선택한다.
② 오른쪽 마우스 버튼을 클릭하여 단축메뉴가 나타나면 셀 서식을 선택한다. 또는 Ctrl 키+1을 동시에 누른다.
③ 셀 서식 창에서 아래와 같이 사용자 지정을 선택하고, 형식란에 #,##0 원을 입력한 후 '확인' 버튼을 클릭한다. 원은 한글인 경우 그냥 글자만 기입해도 되나, 영문인 경우 "won"처럼 ""를 붙여야 한다.

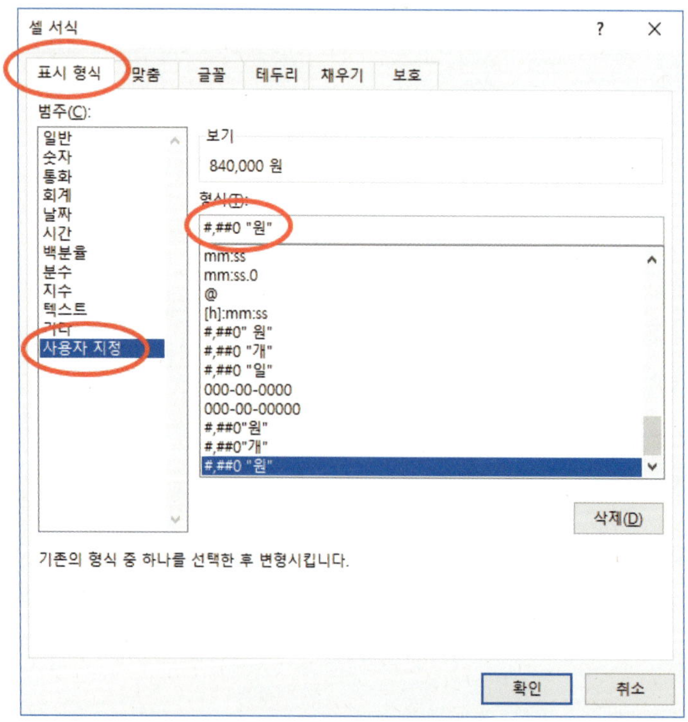

〈참고〉

- 숫자 서식
  - #은 숫자가 0이 아니면 표시하고, 0이면 표시하지 않는다.
  - 0은 숫자가 0이어도 표시한다.
- 텍스트 서식
  - @을 사용하며 앞, 뒤로 글자를 붙일 수 있다.

| 데이터 종류 | 실제 셀 값 | 셀 서식의 표시 형식 | 보이는 결과 |
|---|---|---|---|
| 숫 자 | 12 | #,##0.00 | 12.00 |
| | 789 | 0,000.# | 0,789. |
| | 0 | #,### | 빈칸으로 보임 |
| | 0 | #,##0.0 | 0.0 |
| | 30157 | #,##0 “원” | 30,157 원 |
| 텍스트 | 신영사 | @“ 귀하” | 신영사 귀하 |
| | 신영사 | “TO: ”@ | TO: 신영사 |
| | 인사동 | “여기는 ”@“입니다.” | 여기는 인사동입니다. |

### 2) F, G열의 재고 숫자 뒤에 “개” 문자 삽입

① F5:G31셀의 영역을 선택하고, Ctrl 키+1을 동시에 눌러 셀 서식을 적용한다.

② 셀 서식 창에서 사용자 지정을 선택하고, 형식란에 #,##0 개로 입력한 후 ‘확인’ 버튼을 클릭한다.

### 3) H열의 배송기간 뒤에 “일” 문자 삽입

① H5:H31셀의 영역을 선택하고, Ctrl 키+1을 동시에 눌러 셀 서식을 적용한다.

② 셀 서식 창에서 사용자 지정을 선택하고, 형식란에 #,##0 일로 입력한 후 ‘확인’ 버튼을 클릭한다.

### 4) J열 사업자등록번호를 000-00-00000 형식으로 표시

① J5:J31셀의 영역을 선택하고, Ctrl 키+1을 동시에 눌러 셀 서식을 적용한다.

② 셀 서식 창에서 사용자 지정을 선택하고, 형식란에 000-00-00000로 입력한 후 ‘확인’ 버튼을 클릭한다(0은 영문자 O가 아니라 숫자 0(zero)임).

## 5) K열 "시즌"을 "이것은 시즌제품입니다" 형식으로 표시

① K5:K31셀의 영역을 선택하고, Ctrl 키+1을 동시에 눌러 셀 서식을 적용한다.

② 셀 서식 창에서 사용자 지정을 선택하고, 형식란에 이것은 @제품입니다로 입력한 후 '확인' 버튼을 클릭한다.

이제 아래 그림과 같이 연두색 영역 부분에 앞의 셀 서식이 적용된 것을 볼 수 있다.

발 주 검 토 서

| 지 역 | 그 룹 | 제 품 명 | 원 산 지 | 가격 | 재 고 | 안전재고 | 배송기간 | 주 거래처 | 사업자 등록번호 | 시즌 제품 여부 |
|---|---|---|---|---|---|---|---|---|---|---|
| 국내 | TV | LG TV LED 42 | 한국 | 840,000 원 | 15 개 | 5 개 | 2 일 | 있음 | 101-85-26232 | |
| 국내 | TV | 삼성 TV LED 50 | 한국 | 1,400,000 원 | 8 개 | 5 개 | 2 일 | 있음 | | 이것은 시즌제품입니다 |
| 국내 | 디지털 | 닌텐도 wii 본체 | 중국 | 280,000 원 | 15 개 | 5 개 | 2 일 | 있음 | 211-85-32451 | |
| 국내 | 디지털 | 디지털 카메라 | 중국 | 500,000 원 | 4 개 | 5 개 | 1 일 | 없음 | | |
| 국내 | 생활가전 | LG 드럼 세탁기 | 한국 | 600,000 원 | 3 개 | 2 개 | 5 일 | 있음 | | |
| 국내 | 생활가전 | LG 진공청소기 | 베트남 | 150,000 원 | 9 개 | 3 개 | 2 일 | 있음 | 120-85-36982 | |
| 국내 | 생활가전 | 룸바 로봇청소기 | 중국 | 560,000 원 | 7 개 | 3 개 | 2 일 | 있음 | | 이것은 시즌제품입니다 |
| 국내 | 생활가전 | 신일 전기 히터 | 중국 | 55,000 원 | 8 개 | 3 개 | 2 일 | 있음 | | |
| 국내 | 생활가전 | 아이리브 오디오 | 중국 | 180,000 원 | 7 개 | 5 개 | 2 일 | 있음 | | |
| 국내 | 생활가전 | 장수 황토 매트 3인용 | 한국 | 120,000 원 | 5 개 | 3 개 | 2 일 | 있음 | 106-85-32177 | |
| 국내 | 생활가전 | 필립스 전기면도기 | 네덜란드 | 350,000 원 | 3 개 | 5 개 | 1 일 | 없음 | | |
| 국내 | 생활가전 | 필립스 커피머신 | 중국 | 50,000 원 | 5 개 | 5 개 | 2 일 | 없음 | | |
| 국내 | 생활가전 | 하우젠 에어컨 | 한국 | 950,000 원 | 5 개 | 3 개 | 3 일 | 있음 | 120-85-23253 | 이것은 시즌제품입니다 |
| 국내 | 생활가전 | 휘센 에어컨 | 한국 | 1,200,000 원 | 8 개 | 3 개 | 3 일 | 있음 | | 이것은 시즌제품입니다 |
| 국내 | 주방가전 | BSW 토스트기 | 한국 | 20,000 원 | 6 개 | 3 개 | 3 일 | 없음 | | |
| 국내 | 주방가전 | 린나이 가스레인지 | 한국 | 350,000 원 | 2 개 | 3 개 | 2 일 | 있음 | 206-81-78658 | |
| 국내 | 주방가전 | 양문형 냉장고 | 한국 | 1,500,000 원 | 1 개 | 2 개 | 5 일 | 있음 | | 이것은 시즌제품입니다 |
| 국내 | 주방가전 | 쿠쿠 밥솥 | 한국 | 105,000 원 | 0 개 | 3 개 | 2 일 | 있음 | | |
| 국내 | 컴퓨터 | HP 레이저젯 | 중국 | 450,000 원 | 15 개 | 5 개 | 2 일 | 없음 | | |
| 국내 | 컴퓨터 | LG 엑스피온 일체형 PC | 한국 | 1,150,000 원 | 2 개 | 5 개 | 2 일 | 있음 | | |
| 국내 | 컴퓨터 | 갤럭시 노트 32G | 한국 | 700,000 원 | 15 개 | 7 개 | 1 일 | 있음 | 120-85-23253 | |
| 국내 | 컴퓨터 | 삼성 SCX복합기 | 중국 | 250,000 원 | 8 개 | 5 개 | 2 일 | 있음 | | |
| 국내 | 컴퓨터 | 삼성 아티브탭 노트북 | 중국 | 1,400,000 원 | 2 개 | 5 개 | 1 일 | 있음 | 135-85-03256 | |
| 국내 | 컴퓨터 | 아이패드 레티나 32G | 중국 | 600,000 원 | 6 개 | 10 개 | 1 일 | 있음 | | |
| 해외 | 생활가전 | Maytag 세탁기 | 미국 | 1,250,000 원 | 0 개 | 0 개 | 30 일 | 있음 | | |
| 해외 | 주방가전 | GE 냉장고 | 멕시코 | 2,500,000 원 | 0 개 | 0 개 | 30 일 | 있음 | | 이것은 시즌제품입니다 |
| 해외 | 주방가전 | 월풀 냉장고 | 멕시코 | 3,500,000 원 | 0 개 | 0 개 | 60 일 | 없음 | | |

## 문제 4 발주 결정하기 ('4) 발주 결정' 워크시트)

'에이마트'에서는 현 재고와 안전재고 수량, 국내발주 제품과 해외발주 제품의 여부, 시즌 제품의 여부, 배송기간, 주 거래처가 있는 경우 등의 다소 복잡한 규칙에 따라 자동으로 발주를 하거나, 또는 담당자의 검토를 거쳐 발주여부를 결정하는 검토 결정을 내리고 있다. 이 과정을 다음 그림의 L열에서 P열까지의 판단1～판단5 열에 저장하고, Q열에서 최종 발주 또는 검토 결정을 내리고자 한다. 아래에서 '에이마트'에서 발주 또는 검토 결정을 위한 5개의 판단 규칙을 명시하고 있다.

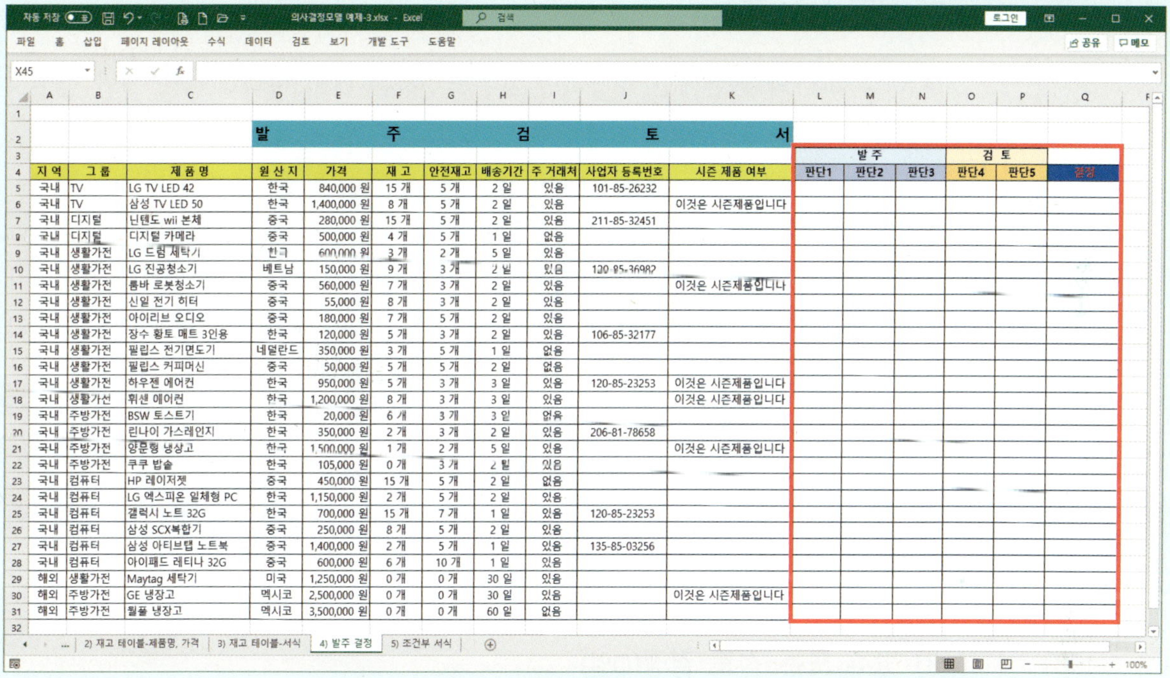

발 주 검 토 서

| 지 역 | 그 룹 | 제 품 명 | 원 산 지 | 가격 | 재 고 | 안전재고 | 배송기간 | 주 거래처 | 사업자 등록번호 | 시즌 제품 여부 | 판단1 | 판단2 | 판단3 | 판단4 | 판단5 | 결정 |
|---|---|---|---|---|---|---|---|---|---|---|---|---|---|---|---|---|
| 국내 | TV | LG TV LED 42 | 한국 | 840,000 원 | 15 개 | 5 개 | 2 일 | 있음 | 101-85-26232 | | | | | | | |
| 국내 | TV | 삼성 TV LED 50 | 한국 | 1,400,000 원 | 8 개 | 5 개 | 2 일 | 있음 | | 이것은 시즌제품입니다 | | | | | | |
| 국내 | 디지털 | 닌텐도 wii 본체 | 중국 | 280,000 원 | 15 개 | 5 개 | 2 일 | 있음 | 211-85-32451 | | | | | | | |
| 국내 | 디지털 | 디지털 카메라 | 중국 | 500,000 원 | 4 개 | 5 개 | 1 일 | 없음 | | | | | | | | |
| 국내 | 생활가전 | LG 드럼 세탁기 | 한국 | 600,000 원 | 3 개 | 2 개 | 5 일 | 있음 | | | | | | | | |
| 국내 | 생활가전 | LG 진공청소기 | 베트남 | 150,000 원 | 9 개 | 3 개 | 2 일 | 있음 | 120-85-36982 | | | | | | | |
| 국내 | 생활가전 | 룸바 로봇청소기 | 중국 | 560,000 원 | 7 개 | 3 개 | 2 일 | 있음 | | 이것은 시즌제품입니다 | | | | | | |
| 국내 | 생활가전 | 신일 전기 히터 | 중국 | 55,000 원 | 8 개 | 3 개 | 2 일 | 있음 | | | | | | | | |
| 국내 | 생활가전 | 아이리브 오디오 | 중국 | 180,000 원 | 7 개 | 5 개 | 2 일 | 있음 | | | | | | | | |
| 국내 | 생활가전 | 장수 황토 매트 3인용 | 한국 | 120,000 원 | 5 개 | 3 개 | 2 일 | 있음 | 106-85-32177 | | | | | | | |
| 국내 | 생활가전 | 필립스 전기면도기 | 네덜란드 | 350,000 원 | 3 개 | 5 개 | 1 일 | 없음 | | | | | | | | |
| 국내 | 생활가전 | 필립스 커피머신 | 중국 | 50,000 원 | 5 개 | 5 개 | 2 일 | 없음 | | | | | | | | |
| 국내 | 생활가전 | 하우젠 에어컨 | 한국 | 950,000 원 | 5 개 | 3 개 | 3 일 | 있음 | 120-85-23253 | 이것은 시즌제품입니다 | | | | | | |
| 국내 | 생활가전 | 휘센 에어컨 | 한국 | 1,200,000 원 | 8 개 | 3 개 | 3 일 | 있음 | | 이것은 시즌제품입니다 | | | | | | |
| 국내 | 주방가전 | BSW 토스트기 | 한국 | 20,000 원 | 6 개 | 3 개 | 3 일 | 없음 | | | | | | | | |
| 국내 | 주방가전 | 린나이 가스레인지 | 한국 | 350,000 원 | 2 개 | 3 개 | 2 일 | 있음 | 206-81-78658 | | | | | | | |
| 국내 | 주방가전 | 양문형 냉장고 | 한국 | 1,500,000 원 | 1 개 | 2 개 | 5 일 | 있음 | | 이것은 시즌제품입니다 | | | | | | |
| 국내 | 주방가전 | 쿠쿠 밥솥 | 한국 | 105,000 원 | 0 개 | 3 개 | 2 일 | 있음 | | | | | | | | |
| 국내 | 컴퓨터 | HP 레이저젯 | 중국 | 450,000 원 | 15 개 | 5 개 | 2 일 | 없음 | | | | | | | | |
| 국내 | 컴퓨터 | LG 엑스피온 일체형 PC | 한국 | 1,150,000 원 | 2 개 | 5 개 | 2 일 | 있음 | | | | | | | | |
| 국내 | 컴퓨터 | 갤럭시 노트 32G | 한국 | 700,000 원 | 15 개 | 7 개 | 1 일 | 있음 | 120-85-23253 | | | | | | | |
| 국내 | 컴퓨터 | 삼성 SCX복합기 | 중국 | 250,000 원 | 8 개 | 5 개 | 2 일 | 있음 | | | | | | | | |
| 국내 | 컴퓨터 | 삼성 아티브탭 노트북 | 중국 | 1,400,000 원 | 2 개 | 5 개 | 1 일 | 있음 | 135-85-03256 | | | | | | | |
| 국내 | 컴퓨터 | 아이패드 레티나 32G | 중국 | 600,000 원 | 6 개 | 10 개 | 1 일 | 있음 | | | | | | | | |
| 해외 | 생활가전 | Maytag 세탁기 | 미국 | 1,250,000 원 | 0 개 | 0 개 | 30 일 | 있음 | | | | | | | | |
| 해외 | 주방가전 | GE 냉장고 | 멕시코 | 2,500,000 원 | 0 개 | 0 개 | 30 일 | 있음 | | 이것은 시즌제품입니다 | | | | | | |
| 해외 | 주방가전 | 월풀 냉장고 | 멕시코 | 3,500,000 원 | 0 개 | 0 개 | 60 일 | 없음 | | | | | | | | |

### 1) 발주 판단 규칙

다음 중 하나의 판단에만 해당하면 자동발주한다. 발주 수량은 시즌 제품인 경우 안전재고의 3배, 그렇지 않은 경우 안전재고의 2배 수량으로 자동결정되어 발주된다.

① 국내발주 제품인 경우(A열-지역)

- 판단1(L열) : 현 재고(F열)가 안전재고(G열)보다 적을 경우
- 판단2(M열) : '컴퓨터' 그룹(B열)이면서 현 재고가 안전재고의 150%보다 적거나, 또는 배송기간(H열)이 3일 이상이고 주 거래처(I열)가 없으면서 현 재고가 안전재고의 150%보다 적을 경우

- 판단3(N열) : 시즌 제품(K열)이면서 현 재고가 안전재고의 250%보다 적을 경우

② 해외발주 제품인 경우(A열-지역)

- 해외발주 제품인 경우 자동발주 없음.

## 2) 검토 판단 조건

다음 중 하나의 판단에만 해당하면 자동발주하는 것이 아니라, 담당자가 발주 관련 자료를 검토한 후 발주를 결정한다.

① 국내발주 제품인 경우(A열-지역)

- 판단4(O열) : 현 재고가 안전재고의 250%보다 적으면서 원산지(D열)가 한국이 아니거나, 또는 시즌 제품이면서 현 재고가 안전재고의 350%보다 적은 경우

② 해외발주 제품인 경우(A열-지역)

- 판단5(P열) : 시즌 제품이거나, 또는 주 거래처가 없으면서 배송기간이 50일 이상인 경우

## 3) 발주 또는 검토 결정(Q열)

- 발주 : 판단1～판단3 중 하나의 조건만 만족하면 자동발주한다.
- 검토 : 판단4와 판단5 중 하나의 조건만 만족하면 담당자가 발주여부를 검토하도록 결정한다.

발주와 검토 모두 해당하는 경우 발주로 결정한다. 이 결과를 Q열 결정란에 발주 또는 검토 중 하나로 기입한다. 발주도 검토도 아닐 경우에는 빈칸으로 남겨 둔다.

이제 각 열별로 발주 또는 검토 여부를 함수식으로 작성한다.

① 발주 결정

- 판단1(L열) : 국내발주 제품(A열)으로, 현 재고(F열)가 안전재고(G열)보다 적을 경우

판단1은 두 가지 경우를 모두 만족해야 하므로 AND함수를 사용한다. 논리함수의 수행 결과는 TRUE 또는 FALSE 중 하나가 되는 것을 확인하도록 한다. TRUE 값인 경우 조건을 만족하는 것이 된다.

AND(A5="국내", F5<G5)

이제 IF함수를 사용하여 "발주"라고 입력하고 그렇지 않으면 빈칸으로 남겨 둔다.

= IF(AND(A5="국내", F5<G5), "발주", "")

L5셀에 위의 수식을 작성하고, L31셀까지 복사한다.

- 판단2(M열) : 국내발주 제품(A열)으로,
  - 컴퓨터 그룹(B열)이면서 현 재고가 안전재고의 150%보다 적거나,
  - 또는, 배송기간(H열)이 3일 이상이고 주 거래처(I열)가 없으면서 현 재고가 안전재고의 150%보다 적을 경우

판단2의 값이 TRUE가 되기 위해서는, 두 가지 조건 중 하나는 만족되어야 한다. 그리고 각 조건은 AND조건을 만족해야 한다. 따라서 전체의 조건의 구조를 세우는 것이 중요한데 다음과 같이 할 수 있다.

= OR( AND( , , ), AND( , , , ) )

'국내발주 제품(A열)' 조건은 두 AND조건에 모두 포함되어야 한다. 첫 번째 조건을 식으로 작성하면, 세 가지 경우를 모두 만족해야 하므로 AND함수를 사용하여 다음과 같이 작성한다.

AND(A5="국내", B5="컴퓨터", F5<G5*1.5)

두 번째 조건은 네 가지 경우를 동시에 모두 만족해야 한다. 이 조건은 AND함수를 사용하여 다음과 같이 작성된다.

AND(A5="국내", H5>=3, I5="없음", F5<G5*1.5)

그러나 이 둘 중 하나의 조건만 만족하면 되므로, OR함수로 이들을 묶으면 다음과 같이 작성된다.

OR( AND(A5="국내", B5="컴퓨터", F5<G5*1.5),
 AND(A5="국내", H5>=3, I5="없음", F5<G5*1.5) )

따라서 최종적으로 IF함수를 이용하여 아래와 같이 발주여부를 기입한다.

= IF(OR(AND(A5="국내", B5="컴퓨터", F5<G5*1.5),
 AND(A5="국내", H5>=3, I5="없음", F5<G5*1.5)), "발주", "")

M5셀에 위의 수식을 작성하고, M31셀까지 복사한다.

- 판단3(N열) : 국내발주 제품(A열)으로, 시즌 제품(K열)이면서 현 재고가 안전재고의 250%보다 적을 경우

판단3은 세 가지 경우에 모두 해당되어야 하므로, AND함수를 사용하여 N5셀에 다음과 같이 조건식을 작성한다.

= IF(AND(A5="국내", K5="시즌", F5<G5*2.5), "발주", "")

위와 같이 수식을 작성하고, N31셀까지 식을 복사한다.

이렇게 하여 아래 그림에서 보는 바와 같이 자동발주를 위한 판단에 대한 결정을 내릴 수 있다. 셀의 값이 "발주"인 경우, 해당 제품이 발주에 대한 각 판단 규칙 조건을 만족하는 것이 된다.

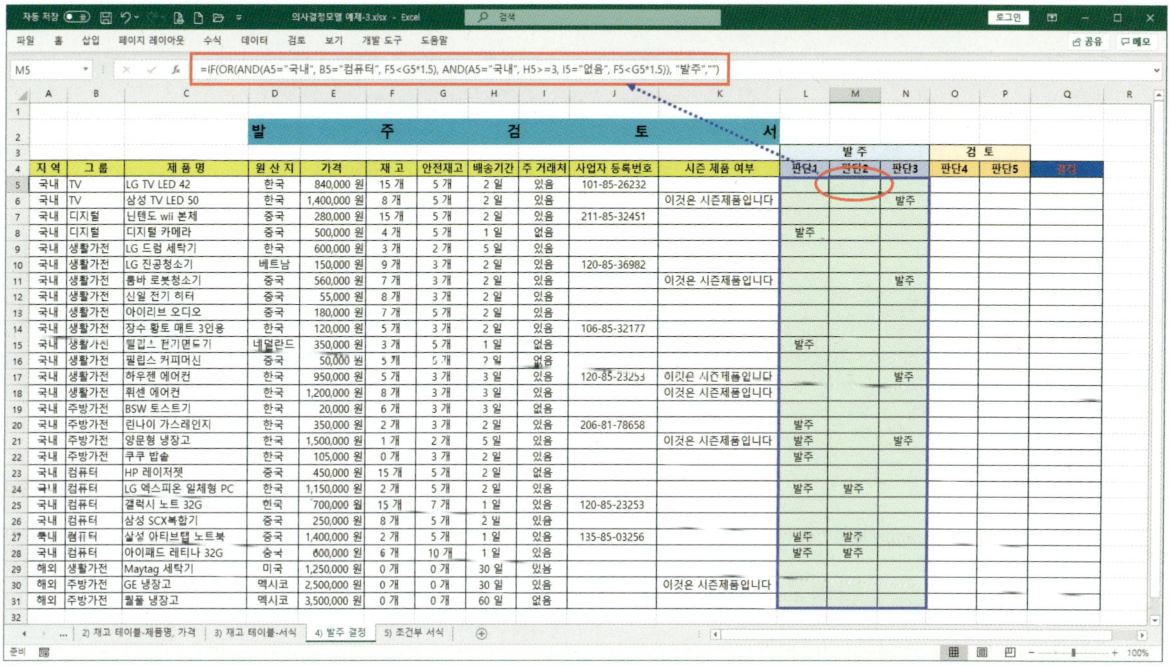


| 지 역 | 그 룹 | 제 품 명 | 원 산 지 | 가격 | 재 고 | 안전재고 | 배송기간 | 주 거래처 | 사업자 등록번호 | 시즌 제품 여부 | 판단1 | 판단2 | 판단3 | 판단4 | 판단5 | 결정 |
|---|---|---|---|---|---|---|---|---|---|---|---|---|---|---|---|---|
| 국내 | TV | LG TV LED 42 | 한국 | 840,000 원 | 15 개 | 5 개 | 2 일 | 있음 | 101-85-26232 | | | | | | | |
| 국내 | TV | 삼성 TV LED 50 | 한국 | 1,400,000 원 | 8 개 | 5 개 | 2 일 | 있음 | | 이것은 시즌제품입니다 | | | 발주 | | | |
| 국내 | 디지털 | 닌텐도 wii 본체 | 중국 | 280,000 원 | 15 개 | 5 개 | 2 일 | 있음 | 211-85-32451 | | | | | | | |
| 국내 | 디지털 | 디지털 카메라 | 중국 | 500,000 원 | 4 개 | 5 개 | 1 일 | 없음 | | | 발주 | | | | | |
| 국내 | 생활가전 | LG 드럼 세탁기 | 한국 | 600,000 원 | 3 개 | 2 개 | 5 일 | 있음 | | | | | | | | |
| 국내 | 생활가전 | LG 진공청소기 | 베트남 | 150,000 원 | 9 개 | 3 개 | 2 일 | 있음 | 120-85-36982 | | | | | | | |
| 국내 | 생활가전 | 룸바 로봇청소기 | 중국 | 560,000 원 | 7 개 | 3 개 | 2 일 | 있음 | | 이것은 시즌제품입니다 | | | 발주 | | | |
| 국내 | 생활가전 | 신일 전기 히터 | 중국 | 55,000 원 | 8 개 | 3 개 | 2 일 | 있음 | | | | | | | | |
| 국내 | 생활가전 | 아이리브 오디오 | 중국 | 180,000 원 | 7 개 | 5 개 | 2 일 | 있음 | | | | | | | | |
| 국내 | 생활가전 | 장수 황토 매트 3인용 | 한국 | 120,000 원 | 5 개 | 3 개 | 2 일 | 있음 | 106-85-32177 | | | | | | | |
| 국내 | 생활가전 | 필립스 전기면도기 | 네덜란드 | 350,000 원 | 3 개 | 5 개 | 1 일 | 없음 | | | 발주 | | | | | |
| 국내 | 생활가전 | 필립스 커피머신 | 중국 | 50,000 원 | 5 개 | 5 개 | 2 일 | 없음 | | | | | | | | |
| 국내 | 생활가전 | 하우젠 에어컨 | 한국 | 950,000 원 | 5 개 | 3 개 | 3 일 | 있음 | 120-85-23253 | 이것은 시즌제품입니다 | | | 발주 | | | |
| 국내 | 생활가전 | 휘센 에어컨 | 한국 | 1,200,000 원 | 8 개 | 3 개 | 3 일 | 있음 | | 이것은 시즌제품입니다 | | | | | | |
| 국내 | 주방가전 | BSW 토스트기 | 한국 | 20,000 원 | 6 개 | 3 개 | 3 일 | 없음 | | | | | | | | |
| 국내 | 주방가전 | 린나이 가스레인지 | 한국 | 350,000 원 | 2 개 | 3 개 | 2 일 | 있음 | 206-81-78658 | | 발주 | | | | | |
| 국내 | 주방가전 | 양문형 냉장고 | 한국 | 1,500,000 원 | 1 개 | 2 개 | 5 일 | 있음 | | 이것은 시즌제품입니다 | 발주 | | 발주 | | | |
| 국내 | 주방가전 | 쿠쿠 밥솥 | 한국 | 105,000 원 | 0 개 | 3 개 | 2 일 | 있음 | | | 발주 | | | | | |
| 국내 | 컴퓨터 | HP 레이저젯 | 중국 | 450,000 원 | 15 개 | 5 개 | 2 일 | 없음 | | | | | | | | |
| 국내 | 컴퓨터 | LG 엑스피온 일체형 PC | 한국 | 1,150,000 원 | 2 개 | 5 개 | 2 일 | 있음 | | | 발주 | 발주 | | | | |
| 국내 | 컴퓨터 | 갤럭시 노트 32G | 한국 | 700,000 원 | 15 개 | 7 개 | 1 일 | 있음 | 120-85-23253 | | | | | | | |
| 국내 | 컴퓨터 | 삼성 SCX복합기 | 중국 | 250,000 원 | 8 개 | 5 개 | 2 일 | 있음 | | | | | | | | |
| 국내 | 컴퓨터 | 삼성 아티브탭 노트북 | 중국 | 1,400,000 원 | 2 개 | 5 개 | 1 일 | 있음 | 135-85-03256 | | 발주 | 발주 | | | | |
| 국내 | 컴퓨터 | 아이패드 레티나 32G | 중국 | 600,000 원 | 6 개 | 10 개 | 1 일 | 있음 | | | 발주 | 발주 | | | | |
| 해외 | 생활가전 | Maytag 세탁기 | 미국 | 1,250,000 원 | 0 개 | 0 개 | 30 일 | 있음 | | | | | | | | |
| 해외 | 주방가전 | GE 냉장고 | 멕시코 | 2,500,000 원 | 0 개 | 0 개 | 30 일 | 있음 | | 이것은 시즌제품입니다 | | | | | | |
| 해외 | 주방가전 | 월풀 냉장고 | 멕시코 | 3,500,000 원 | 0 개 | 0 개 | 60 일 | 없음 | | | | | | | | |

② 검토 결정

◑ 판단4(O열) : 국내발주 제품(A열)으로,

- 현 재고가 안전재고의 250%보다 적으면서 원산지(D열)가 한국이 아니거나,
- 또는, 시즌 제품이면서 현 재고가 안전재고의 350%보다 적은 경우

판단4는 국내발주 제품으로, 두 가지 조건 중 하나를 만족하는 경우를 말한다. 판단2와 같은 구조로, 여기에서도 국내발주 여부를 각 조건에 묶어 조건식을 작성하도록 한다. 따라서 전체적으로는 두 가지 조건 중 하나를 만족하는가를 알아보는 OR조건식이 된다. 우선 첫 번째 조건은 국내발주 경우를 포함하여 모두 세 가지 경우를 만족해야 하므로 AND함수를 사용하여 다음과 같이 식을 작성할 수 있다.

AND(A5="국내", F5<G5*2.5, NOT(D5="한국"))

두 번째 조건 역시 국내발주 경우를 포함하여 모두 세 가지 경우를 만족해야 하므로 AND함수를 사용하여 다음과 같이 식을 작성한다.

```
AND(A5="국내", K5="시즌", F5<G5*3.5)
```

이제 이 두 가지 조건 중 하나일 경우 검토 대상이므로 이 두 가지 조건을 OR 함수를 이용하여 연결하여 조건식을 완성한다.

```
OR(AND(A5="국내", F5<G5*2.5, NOT(D5="한국")),
   AND(A5="국내", K5="시즌", F5<G5*3.5))
```

그리고 IF함수를 이용하여 최종 "검토" 값을 기입한다.

```
= IF(OR(AND(A5="국내", F5<G5*2.5, NOT(D5="한국")),
        AND(A5="국내", K5="시즌", F5<G5*3.5)), "검토", "")
```

그리고 위의 수식을 O31셀까지 복사한다.

판단5(P열) : 해외발주 제품으로,

- 시즌 제품이거나,
- 또는 주 거래처가 없으면서 배송기간이 50일 이상인 경우

판단4의 경우처럼 큰 조건 두 개를 OR함수를 사용하여 검토 여부를 결정하는 것이므로 같은 방식으로 수식을 작성한다. 우선 첫 번째 조건의 만족 결정 수식은 다음과 같다.

```
AND(A5="해외", K5="시즌")
```

두 번째 조건의 경우 세 가지 경우를 모두 만족해야 하는데, 이를 조건식으로 작성하면 다음과 같다.

```
AND(A5="해외", I5="없음", H5>=50)
```

그리고 이 중 하나만 만족하면 판단5의 조건을 만족하게 되므로 OR함수를 사용하여 이들을 연결하면 다음과 같이 조건식이 작성된다.

OR(AND(A5="해외", K5="시즌"),
AND(A5="해외", I5="없음", H5>=50))

그리고 IF함수를 이용하여 최종 "검토" 값을 기입한다.

= IF(OR(AND(A5="해외", K5="시즌"),
AND(A5="해외", I5="없음", H5>=50)), "검토", "")

마찬가지로, 아래 테이블과 같이 위의 수식을 P31셀까지 복사하여 판단5에 대한 조건식을 완성한다.

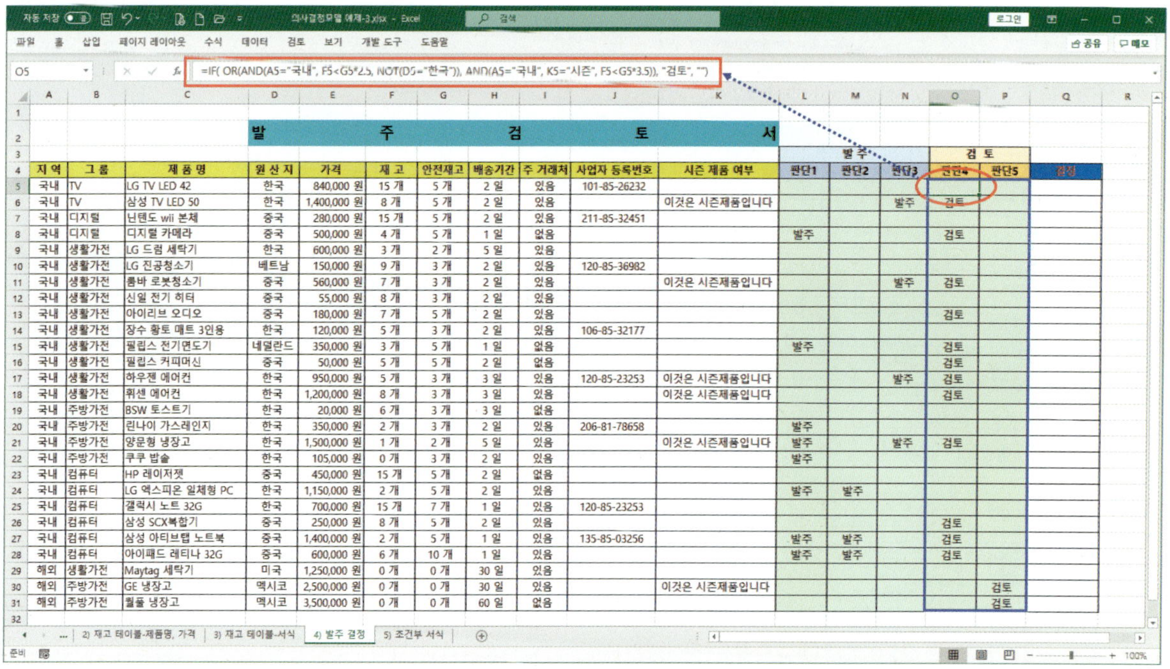


발 주 검 토 서

| 지 역 | 그 룹 | 제 품 명 | 원 산 지 | 가격 | 재 고 | 안전재고 | 배송기간 | 주 거래처 | 사업자 등록번호 | 시즌 제품 여부 | 발주 판단1 | 발주 판단2 | 발주 판단3 | 검토 판단4 | 검토 판단5 | 결정 |
|---|---|---|---|---|---|---|---|---|---|---|---|---|---|---|---|---|
| 국내 | TV | LG TV LED 42 | 한국 | 840,000 원 | 15 개 | 5 개 | 2 일 | 있음 | 101-85-26232 | | | | | | | |
| 국내 | TV | 삼성 TV LED 50 | 한국 | 1,400,000 원 | 8 개 | 5 개 | 2 일 | 있음 | | 이것은 시즌제품입니다 | | | 발주 | 검토 | | |
| 국내 | 디지털 | 닌텐도 wii 본체 | 중국 | 280,000 원 | 15 개 | 5 개 | 2 일 | 있음 | 211-85-32451 | | | | | | | |
| 국내 | 디지털 | 디지털 카메라 | 중국 | 500,000 원 | 4 개 | 5 개 | 1 일 | 없음 | | | 발주 | | | 검토 | | |
| 국내 | 생활가전 | LG 드럼 세탁기 | 한국 | 600,000 원 | 3 개 | 2 개 | 5 일 | 있음 | | | | | | | | |
| 국내 | 생활가전 | LG 진공청소기 | 베트남 | 150,000 원 | 9 개 | 3 개 | 2 일 | 있음 | 120-85-36982 | | | | | | | |
| 국내 | 생활가전 | 룸바 로봇청소기 | 중국 | 560,000 원 | 7 개 | 3 개 | 2 일 | 있음 | | 이것은 시즌제품입니다 | | | 발주 | 검토 | | |
| 국내 | 생활가전 | 신일 전기 히터 | 중국 | 55,000 원 | 8 개 | 3 개 | 2 일 | 있음 | | | | | | | | |
| 국내 | 생활가전 | 아이리브 오디오 | 중국 | 180,000 원 | 7 개 | 5 개 | 2 일 | 있음 | | | | | | 검토 | | |
| 국내 | 생활가전 | 장수 황토 매트 3인용 | 한국 | 120,000 원 | 5 개 | 3 개 | 2 일 | 있음 | 106-85-32177 | | | | | | | |
| 국내 | 생활가전 | 필립스 전기면도기 | 네덜란드 | 350,000 원 | 3 개 | 5 개 | 1 일 | 없음 | | | 발주 | | | 검토 | | |
| 국내 | 생활가전 | 필립스 커피머신 | 중국 | 50,000 원 | 5 개 | 5 개 | 2 일 | 없음 | | | | | | 검토 | | |
| 국내 | 생활가전 | 하우젠 에어컨 | 한국 | 950,000 원 | 5 개 | 3 개 | 3 일 | 있음 | 120-85-23253 | 이것은 시즌제품입니다 | | | 발주 | 검토 | | |
| 국내 | 생활가전 | 휘센 에어컨 | 한국 | 1,200,000 원 | 8 개 | 3 개 | 3 일 | 있음 | | 이것은 시즌제품입니다 | | | | 검토 | | |
| 국내 | 주방가전 | BSW 토스트기 | 한국 | 20,000 원 | 6 개 | 3 개 | 3 일 | 없음 | | | | | | | | |
| 국내 | 주방가전 | 린나이 가스레인지 | 한국 | 350,000 원 | 2 개 | 3 개 | 2 일 | 있음 | 206-81-78658 | | 발주 | | | | | |
| 국내 | 주방가전 | 양문형 냉장고 | 한국 | 1,500,000 원 | 1 개 | 2 개 | 5 일 | 있음 | | 이것은 시즌제품입니다 | 발주 | | 발주 | 검토 | | |
| 국내 | 주방가전 | 쿠쿠 밥솥 | 한국 | 105,000 원 | 0 개 | 3 개 | 2 일 | 있음 | | | 발주 | | | | | |
| 국내 | 컴퓨터 | HP 레이저젯 | 중국 | 450,000 원 | 15 개 | 5 개 | 2 일 | 없음 | | | | | | | | |
| 국내 | 컴퓨터 | LG 엑스피온 일체형 PC | 한국 | 1,150,000 원 | 2 개 | 5 개 | 2 일 | 있음 | | | 발주 | 발주 | | | | |
| 국내 | 컴퓨터 | 갤럭시 노트 32G | 한국 | 700,000 원 | 15 개 | 7 개 | 1 일 | 있음 | 120-85-23253 | | | | | | | |
| 국내 | 컴퓨터 | 삼성 SCX복합기 | 중국 | 250,000 원 | 8 개 | 5 개 | 2 일 | 있음 | | | | | | 검토 | | |
| 국내 | 컴퓨터 | 삼성 아티브탭 노트북 | 중국 | 1,400,000 원 | 2 개 | 5 개 | 1 일 | 있음 | 135-85-03256 | | 발주 | 발주 | | 검토 | | |
| 국내 | 컴퓨터 | 아이패드 레티나 32G | 중국 | 600,000 원 | 6 개 | 10 개 | 1 일 | 있음 | | | 발주 | 발주 | | 검토 | | |
| 해외 | 생활가전 | Maytag 세탁기 | 미국 | 1,250,000 원 | 0 개 | 0 개 | 30 일 | 있음 | | | | | | | | |
| 해외 | 주방가전 | GE 냉장고 | 멕시코 | 2,500,000 원 | 0 개 | 0 개 | 30 일 | 있음 | | 이것은 시즌제품입니다 | | | | | 검토 | |
| 해외 | 주방가전 | 월풀 냉장고 | 멕시코 | 3,500,000 원 | 0 개 | 0 개 | 60 일 | 없음 | | | | | | | 검토 | |

③ 발주 또는 검토 여부 최종 결정(Q열)

- 발주의 경우, 판단1(L열)~판단3(N열)의 조건 중 하나만 만족하면 되므로 이를 조건식으로 작성하면 다음과 같다.

OR(L5="발주", M5="발주", N5="발주")

- 그리고 검토의 경우에는, 판단4(O열)와 판단5(P열)의 두 조건 중 하나만 만족하면 되므로 이를 조건식으로 작성하면 다음과 같다.

OR(O5="검토", P5="검토")

발주와 검토 모두 해당하는 경우 발주로 결정한다. 이제, 아래와 같이 중첩 IF 함수를 사용하여 Q열에 발주 또는 검토 결정을 기입하도록 한다.

= IF(OR(L5="발주", M5="발주", N5="발주"), "발주", IF(OR(O5="검토", P5="검토"), "검토", ""))

이 수식을 Q31셀까지 복사하면 아래 그림에서 보는 바와 같이 Q열에 각 제품에 대한 발주 또는 검토의 최종 결정이 완성된 것을 알 수 있다.

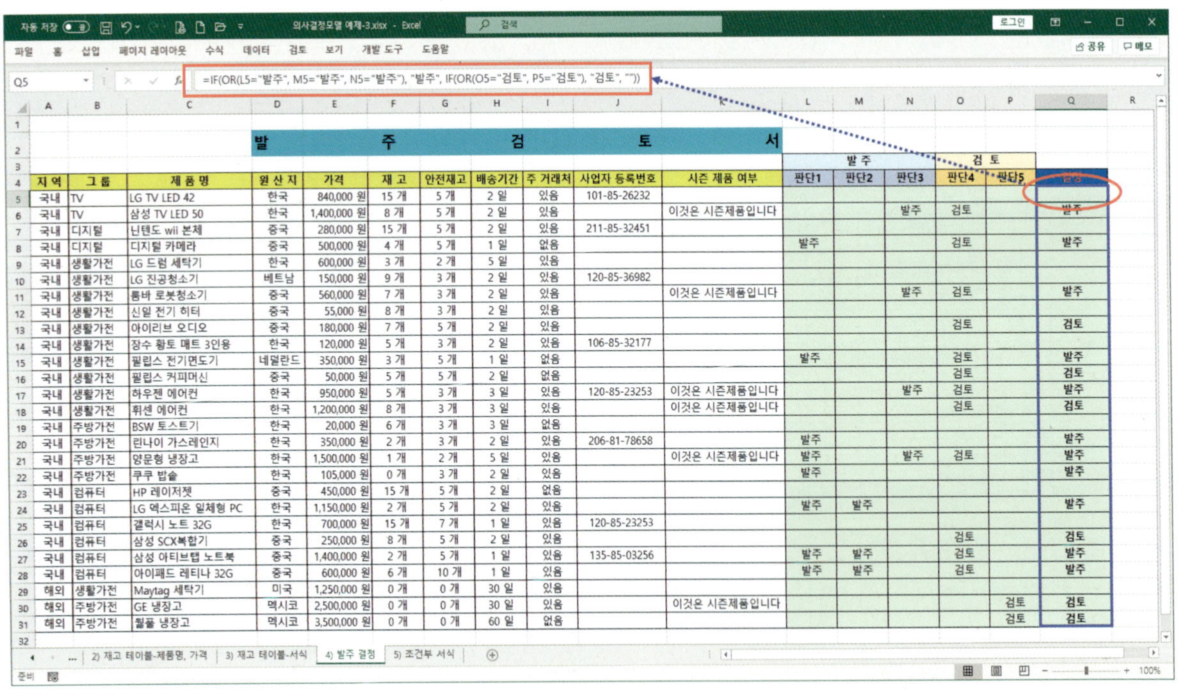


| | | | | | | | | | | 발 주 | | | 검 토 | | |
|---|---|---|---|---|---|---|---|---|---|---|---|---|---|---|---|
| 지 역 | 그 룹 | 제 품 명 | 원 산 지 | 가격 | 재 고 | 안전재고 | 배송기간 | 주 거래처 | 사업자 등록번호 | 시즌 제품 여부 | 판단1 | 판단2 | 판단3 | 판단4 | 판단5 | |
| 국내 | TV | LG TV LED 42 | 한국 | 840,000 원 | 15 개 | 5 개 | 2 일 | 있음 | 101-85-26232 | | | | | | | |
| 국내 | TV | 삼성 TV LED 50 | 한국 | 1,400,000 원 | 8 개 | 5 개 | 2 일 | 있음 | | 이것은 시즌제품입니다 | | | 발주 | 검토 | | 발주 |
| 국내 | 디지털 | 닌텐도 wii 본체 | 중국 | 280,000 원 | 15 개 | 5 개 | 2 일 | 있음 | 211-85-32451 | | | | | | | |
| 국내 | 디지털 | 디지털 카메라 | 중국 | 500,000 원 | 4 개 | 5 개 | 1 일 | 없음 | | | 발주 | | | 검토 | | 발주 |
| 국내 | 생활가전 | LG 드럼 세탁기 | 한국 | 600,000 원 | 3 개 | 2 개 | 5 일 | 있음 | | | | | | | | |
| 국내 | 생활가전 | LG 진공청소기 | 베트남 | 150,000 원 | 9 개 | 3 개 | 2 일 | 있음 | 120-85-36982 | | | | | | | |
| 국내 | 생활가전 | 룸바 로봇청소기 | 중국 | 560,000 원 | 7 개 | 3 개 | 2 일 | 있음 | | 이것은 시즌제품입니다 | | | 발주 | 검토 | | 발주 |
| 국내 | 생활가전 | 신일 전기 히터 | 중국 | 55,000 원 | 8 개 | 3 개 | 2 일 | 있음 | | | | | | | | |
| 국내 | 생활가전 | 아이리브 오디오 | 중국 | 180,000 원 | 7 개 | 5 개 | 2 일 | 있음 | | | | | | 검토 | | 검토 |
| 국내 | 생활가전 | 장수 황토 매트 3인용 | 한국 | 120,000 원 | 5 개 | 3 개 | 2 일 | 있음 | 106-85-32177 | | | | | | | |
| 국내 | 생활가전 | 필립스 전기면도기 | 네덜란드 | 350,000 원 | 3 개 | 5 개 | 1 일 | 없음 | | | 발주 | | | 검토 | | 발주 |
| 국내 | 생활가전 | 필립스 커피머신 | 중국 | 50,000 원 | 5 개 | 5 개 | 2 일 | 없음 | | | | | | 검토 | | 검토 |
| 국내 | 생활가전 | 하우젠 에어컨 | 한국 | 950,000 원 | 5 개 | 3 개 | 3 일 | 있음 | 120-85-23253 | 이것은 시즌제품입니다 | | | 발주 | 검토 | | 발주 |
| 국내 | 생활가전 | 휘센 에어컨 | 한국 | 1,200,000 원 | 8 개 | 3 개 | 3 일 | 있음 | | 이것은 시즌제품입니다 | | | | 검토 | | 검토 |
| 국내 | 주방가전 | BSW 토스트기 | 한국 | 20,000 원 | 6 개 | 3 개 | 3 일 | 없음 | | | | | | | | |
| 국내 | 주방가전 | 린나이 가스레인지 | 한국 | 350,000 원 | 2 개 | 3 개 | 2 일 | 있음 | 206-81-78658 | | 발주 | | | | | 발주 |
| 국내 | 주방가전 | 양문형 냉장고 | 한국 | 1,500,000 원 | 1 개 | 2 개 | 5 일 | 있음 | | 이것은 시즌제품입니다 | 발주 | | 발주 | 검토 | | 발주 |
| 국내 | 주방가전 | 쿠쿠 밥솥 | 한국 | 105,000 원 | 0 개 | 3 개 | 2 일 | 있음 | | | 발주 | | | | | 발주 |
| 국내 | 컴퓨터 | HP 레이저젯 | 중국 | 450,000 원 | 15 개 | 5 개 | 2 일 | 없음 | | | | | | | | |
| 국내 | 컴퓨터 | LG 엑스피온 일체형 PC | 한국 | 1,150,000 원 | 2 개 | 5 개 | 2 일 | 있음 | | | 발주 | 발주 | | | | 발주 |
| 국내 | 컴퓨터 | 갤럭시 노트 32G | 한국 | 700,000 원 | 15 개 | 7 개 | 1 일 | 있음 | 120-85-23253 | | | | | | | |
| 국내 | 컴퓨터 | 삼성 SCX복합기 | 중국 | 250,000 원 | 8 개 | 5 개 | 2 일 | 있음 | | | | | | 검토 | | 검토 |
| 국내 | 컴퓨터 | 삼성 아티브탭 노트북 | 중국 | 1,400,000 원 | 2 개 | 5 개 | 1 일 | 있음 | 135-85-03256 | | 발주 | 발주 | | 검토 | | 발주 |
| 국내 | 컴퓨터 | 아이패드 레티나 32G | 중국 | 600,000 원 | 6 개 | 10 개 | 1 일 | 있음 | | | 발주 | 발주 | | 검토 | | 발주 |
| 해외 | 생활가전 | Maytag 세탁기 | 미국 | 1,250,000 원 | 0 개 | 0 개 | 30 일 | 있음 | | | | | | | | |
| 해외 | 주방가전 | GE 냉장고 | 멕시코 | 2,500,000 원 | 0 개 | 0 개 | 30 일 | 있음 | | 이것은 시즌제품입니다 | | | | | 검토 | 검토 |
| 해외 | 주방가전 | 월풀 냉장고 | 멕시코 | 3,500,000 원 | 0 개 | 0 개 | 60 일 | 없음 | | | | | | | 검토 | 검토 |

**문제 5** **조건부 서식 지정하기 ('5) 조건부 서식' 워크시트)**

1) Q열의 결정이 발주일 경우, C열의 제품명 색을 빨간색으로 표시하시오.
2) Q열의 결정이 검토일 경우, C열의 제품명 색을 파란색으로 표시하시오.
3) E열(가격)을 '데이터 막대-단색 채우기(녹색)'를 이용하여 표시하시오.
4) F열(재고)을 '아이콘 집합-추천(평점5)'을 이용하여 표시하시오.
5) D열(원산지)의 셀 색을 E열의 제품가격에 따라 아래와 같이 표시하시오.
   가격이 100만원 이상 : 초록색, 50만원 이상 100만원 미만 : 주황색, 50만원 미만 : 파란색
6) G열(안전재고)의 하위 30%의 글자색을 빨간색으로 표시하시오.

### 1) 발주 대상 제품명의 색을 빨간색으로 변경

① 먼저 C5:C31의 제품명 영역을 드래그하여 선택한다.

② '[홈]탭-조건부 서식-새 규칙'을 클릭하여 새 서식 규칙 창을 연다.

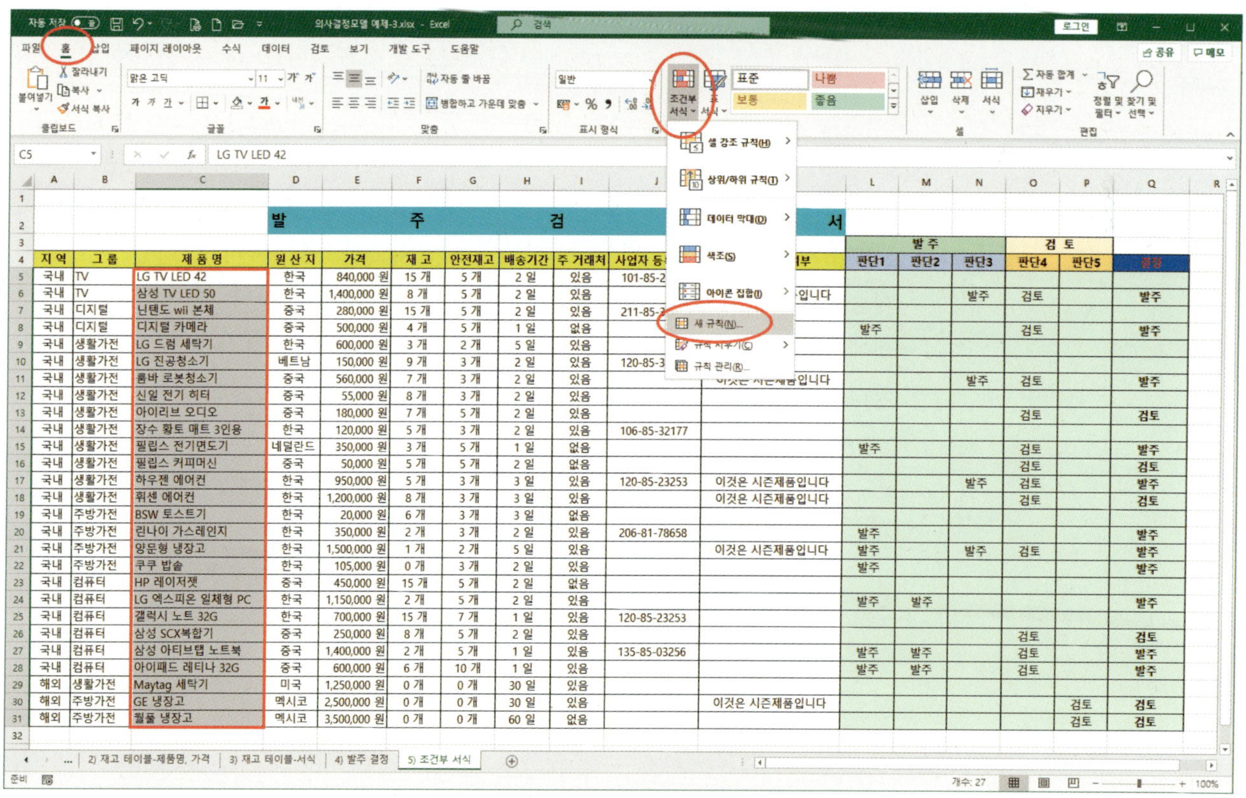

③ 아래와 같이 규칙 유형 중, '수식을 사용하여 서식을 지정할 셀 결정'을 선택하고, 그 밑의 규칙 설명 편집에 =$Q5="발주"라고 입력한 후 '서식' 버튼을 클릭한다. 우선 Q5셀을 클릭하면 '=$Q$5'가 되는데 F4 키를 두 번 눌러 '=$Q5'로 만든 후, 식의 나머지 부분(="발주")을 입력하면 된다. Q5셀을 클릭하면 =이 자동으로 앞에 붙지만, 반드시 수식의 제일 앞에 =이 있어야 수식이 작동함에 유의한다.

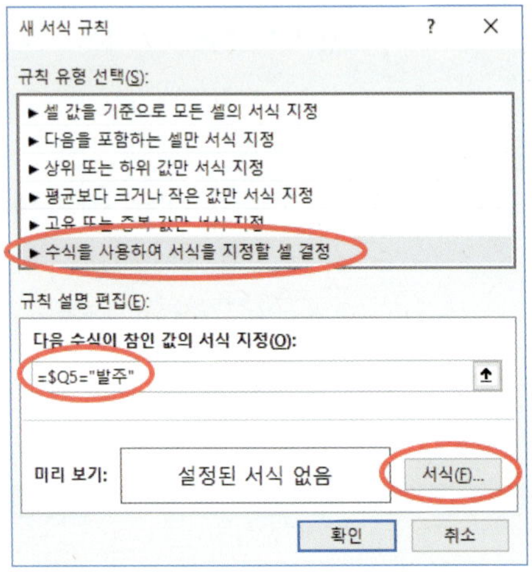


'수식을 사용하여 서식을 지정할 셀 결정'을 사용하면 원하는 대로 수식을 만들어 조건을 지정해 줄 수 있다. $Q5라고 적은 것은 열은 Q열로 고정하되($의 절대주소 기능임), 행은 선택한 C열의 5행부터 마지막 행인 31행까지 제품의 행에 적용한다는 것을 의미한다. 즉 Q5:Q31 영역 중 발주라고 적힌 셀에 대하여 C열의 같은 행의 셀에 다음에 지정하는 서식을 적용한다는 것이다.

④ 아래와 같이 셀 서식 창에서 글꼴 스타일을 '굵게'로, 글자색을 '빨간색'으로 선택한다. 주의할 점은 조건부 서식을 통해 글꼴이나 글자의 크기는 지정할 수 없다는 점이다.

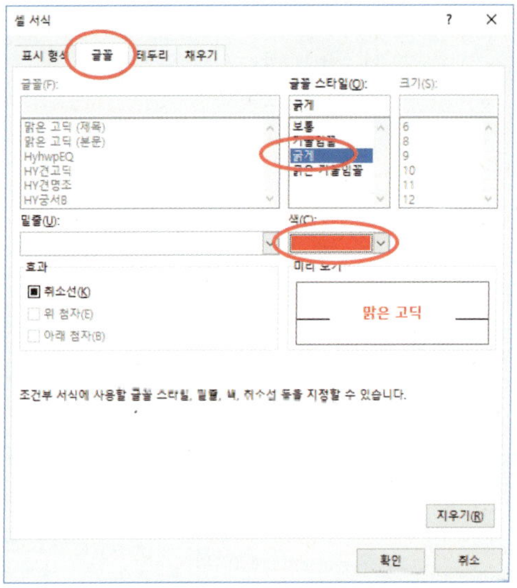


그러면 아래와 같이 발주 대상인 제품명의 색이 빨간색으로 바뀌어 있음을 알 수 있다.

| | A | B | C | Q |
|---|---|---|---|---|
| 1 | | | | |
| 2 | | | | |
| 3 | | | | |
| 4 | 지 역 | 그 룹 | 제 품 명 | 결정 |
| 5 | 국내 | TV | LG TV LED 42 | |
| 6 | 국내 | TV | **삼성 TV LED 50** | 발주 |
| 7 | 국내 | 디지털 | 닌텐도 wii 본체 | |
| 8 | 국내 | 디지털 | **디지털 카메라** | 발주 |
| 9 | 국내 | 생활가전 | LG 드럼 세탁기 | |
| 10 | 국내 | 생활가전 | LG 진공청소기 | |
| 11 | 국내 | 생활가전 | **룸바 로봇청소기** | 발주 |
| 12 | 국내 | 생활가전 | 신일 전기 히터 | |
| 13 | 국내 | 생활가전 | 아이리브 오디오 | 검토 |
| 14 | 국내 | 생활가전 | 장수 황토 매트 3인용 | |
| 15 | 국내 | 생활가전 | **필립스 전기면도기** | 발주 |
| 16 | 국내 | 생활가전 | 필립스 커피머신 | 검토 |
| 17 | 국내 | 생활가전 | **하우젠 에어컨** | 발주 |
| 18 | 국내 | 생활가전 | 휘센 에어컨 | 검토 |
| 19 | 국내 | 주방가전 | BSW 토스트기 | |
| 20 | 국내 | 주방가전 | **린나이 가스레인지** | 발주 |
| 21 | 국내 | 주방가전 | **양문형 냉장고** | 발주 |
| 22 | 국내 | 주방가전 | **쿠쿠 밥솥** | 발주 |
| 23 | 국내 | 컴퓨터 | HP 레이저젯 | |
| 24 | 국내 | 컴퓨터 | **LG 엑스피온 일체형 PC** | 발주 |
| 25 | 국내 | 컴퓨터 | 갤럭시 노트 32G | |
| 26 | 국내 | 컴퓨터 | 삼성 SCX복합기 | 검토 |
| 27 | 국내 | 컴퓨터 | **삼성 아티브탭 노트북** | 발주 |
| 28 | 국내 | 컴퓨터 | **아이패드 레티나 32G** | 발주 |
| 29 | 해외 | 생활가전 | Maytag 세탁기 | |
| 30 | 해외 | 주방가전 | GE 냉장고 | 검토 |
| 31 | 해외 | 주방가전 | 월풀 냉장고 | 검토 |

## 2) 검토 대상 제품명의 색을 파란색으로 변경

① 같은 방법으로, 먼저 C5:C31의 제품명 영역을 드래그하여 선택한다.
② '[홈]탭-조건부 서식-새 규칙'을 클릭하여 새 서식 규칙 창을 연다.
③ 규칙 유형 중, '수식을 사용하여 서식을 지정할 셀 결정'을 선택하고, 아래의 규칙 설명 편집에 =$Q5="검토"라고 입력한 후 '서식' 버튼을 클릭한다.

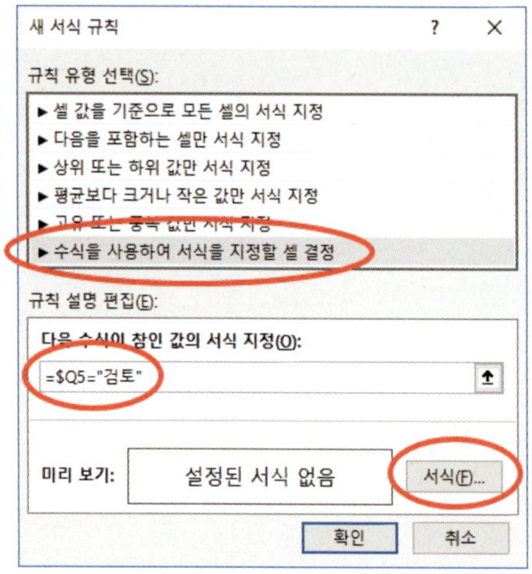


Q5:Q31 영역에서 검토라고 적힌 행의 경우 C열의 같은 행의 셀에 다음에서 지정하는 서식을 지정하는 것이다.

④ 아래와 같이, 셀 서식 창에서 글꼴 스타일을 '굵게'로, 글자색을 '파란색'으로 선택한다.

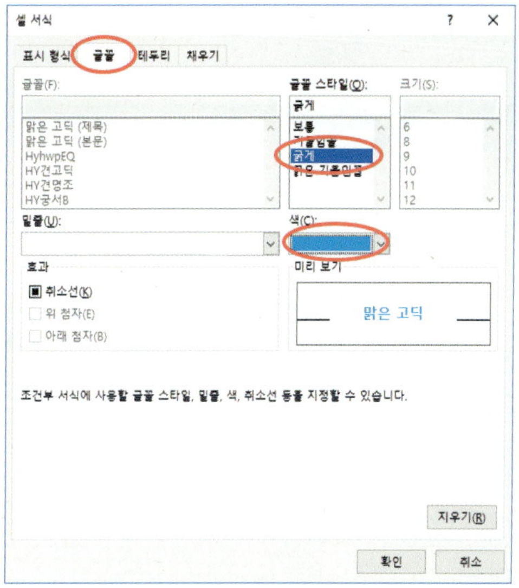


그러면 아래와 같이 검토 대상인 제품명의 색이 파란색으로 바뀌어 있음을 알 수 있다.

| | A | B | C | D | E | F | G | H | I | J | K | L | M | N | O | P | Q |
|---|---|---|---|---|---|---|---|---|---|---|---|---|---|---|---|---|---|
| 1 | | | | | | | | | | | | | | | | | |
| 2 | | | | 발 | | 주 | | 검 | | 토 | 서 | | | | | | |
| 3 | | | | | | | | | | | | 발 주 | | | 검 토 | | |
| 4 | 지 역 | 그 룹 | 제 품 명 | 원 산 지 | 가격 | 재 고 | 안전재고 | 배송기간 | 주 거래처 | 사업자 등록번호 | 시즌 제품 여부 | 판단1 | 판단2 | 판단3 | 판단4 | 판단5 | 결정 |
| 5 | 국내 | TV | LG TV LED 42 | 한국 | 840,000 원 | 15 개 | 5 개 | 2 일 | 있음 | 101-85-2623 | | | | | | | |
| 6 | 국내 | TV | 삼성 TV LED 50 | 한국 | 1,400,000 원 | 8 개 | 5 개 | 2 일 | 있음 | | 시즌 | | | 발주 | 검토 | | 발주 |
| 7 | 국내 | 디지털 | 닌텐도 wii 본체 | 중국 | 280,000 원 | 15 개 | 5 개 | 2 일 | 있음 | 211-85-3245 | | | | | | | |
| 8 | 국내 | 디지털 | 디지털 카메라 | 중국 | 500,000 원 | 4 개 | 5 개 | 1 일 | 없음 | | | 발주 | | | 검토 | | 발주 |
| 9 | 국내 | 생활가전 | LG 드럼 세탁기 | 한국 | 600,000 원 | 3 개 | 2 개 | 5 일 | 있음 | | | | | | | | |
| 10 | 국내 | 생활가전 | LG 진공청소기 | 베트남 | 150,000 원 | 9 개 | 3 개 | 2 일 | 있음 | 120-85-3698 | | | | | | | |
| 11 | 국내 | 생활가전 | 룸바 로봇청소기 | 중국 | 560,000 원 | 7 개 | 3 개 | 2 일 | 있음 | | 시즌 | | | 발주 | 검토 | | 발주 |
| 12 | 국내 | 생활가전 | 신일 전기 히터 | 중국 | 55,000 원 | 8 개 | 3 개 | 2 일 | 있음 | | | | | | | | |
| 13 | 국내 | 생활가전 | 아이리브 오디오 | 중국 | 180,000 원 | 7 개 | 5 개 | 2 일 | 있음 | | | | | | 검토 | | 검토 |
| 14 | 국내 | 생활가전 | 장수 황토 매트 3인용 | 한국 | 120,000 원 | 5 개 | 3 개 | 2 일 | 있음 | 106-85-3217 | | | | | | | |
| 15 | 국내 | 생활가전 | 필립스 전기면도기 | 네덜란드 | 350,000 원 | 3 개 | 5 개 | 1 일 | 없음 | | | 발주 | | | 검토 | | 발주 |
| 16 | 국내 | 생활가전 | 필립스 커피머신 | 중국 | 50,000 원 | 5 개 | 5 개 | 2 일 | 없음 | | | | | | 검토 | | 검토 |
| 17 | 국내 | 생활가전 | 하우젠 에어컨 | 한국 | 950,000 원 | 5 개 | 3 개 | 3 일 | 있음 | 120-85-2325 | 시즌 | | | 발주 | 검토 | | 발주 |
| 18 | 국내 | 생활가전 | 휘센 에어컨 | 한국 | 1,200,000 원 | 8 개 | 3 개 | 3 일 | 있음 | | 시즌 | | | | 검토 | | 검토 |
| 19 | 국내 | 주방가전 | BSW 토스트기 | 한국 | 20,000 원 | 6 개 | 3 개 | 3 일 | 없음 | | | | | | | | |
| 20 | 국내 | 주방가전 | 린나이 가스레인지 | 한국 | 350,000 원 | 2 개 | 3 개 | 2 일 | 있음 | 206-81-7865 | | 발주 | | | | | 발주 |
| 21 | 국내 | 주방가전 | 양문형 냉장고 | 한국 | 1,500,000 원 | 1 개 | 2 개 | 5 일 | 있음 | | 시즌 | 발주 | | 발주 | 검토 | | 발주 |
| 22 | 국내 | 주방가전 | 쿠쿠 밥솥 | 한국 | 105,000 원 | 0 개 | 3 개 | 2 일 | 있음 | | | 발주 | | | | | 발주 |
| 23 | 국내 | 컴퓨터 | HP 레이저젯 | 중국 | 450,000 원 | 15 개 | 5 개 | 2 일 | 없음 | | | | | | | | |
| 24 | 국내 | 컴퓨터 | LG 엑스피온 일체형 PC | 한국 | 1,150,000 원 | 2 개 | 5 개 | 2 일 | 있음 | | | 발주 | 발주 | | | | 발주 |
| 25 | 국내 | 컴퓨터 | 갤럭시 노트 32G | 한국 | 700,000 원 | 15 개 | 7 개 | 1 일 | 있음 | 120-85-2325 | | | | | | | |
| 26 | 국내 | 컴퓨터 | 삼성 SCX복합기 | 중국 | 250,000 원 | 8 개 | 5 개 | 2 일 | 있음 | | | | | | 검토 | | 검토 |
| 27 | 국내 | 컴퓨터 | 삼성 아티브탭 노트북 | 중국 | 1,400,000 원 | 2 개 | 5 개 | 1 일 | 있음 | 135-85-0325 | | 발주 | 발주 | | 검토 | | 발주 |
| 28 | 국내 | 컴퓨터 | 아이패드 레티나 32G | 중국 | 600,000 원 | 6 개 | 10 개 | 1 일 | 있음 | | | 발주 | 발주 | | 검토 | | 발주 |
| 29 | 해외 | 생활가전 | Maytag 세탁기 | 미국 | 1,250,000 원 | 0 개 | 0 개 | 30 일 | 있음 | | | | | | | | |
| 30 | 해외 | 주방가전 | GE 냉장고 | 멕시코 | 2,500,000 원 | 0 개 | 0 개 | 30 일 | 있음 | | 시즌 | | | | | 검토 | 검토 |
| 31 | 해외 | 주방가전 | 월풀 냉장고 | 멕시코 | 3,500,000 원 | 0 개 | 0 개 | 60 일 | 없음 | | | | | | | 검토 | 검토 |
| 32 | | | | | | | | | | | | | | | | | |

### 3) E열의 가격을 '데이터 막대-단색 채우기(녹색)'를 이용하여 표시

① 우선 가격이 있는 영역인 E5:E31 영역을 드래그하여 선택한다.

② '[홈]탭-조건부 서식-데이터 막대-단색 채우기-녹색'을 클릭한다.

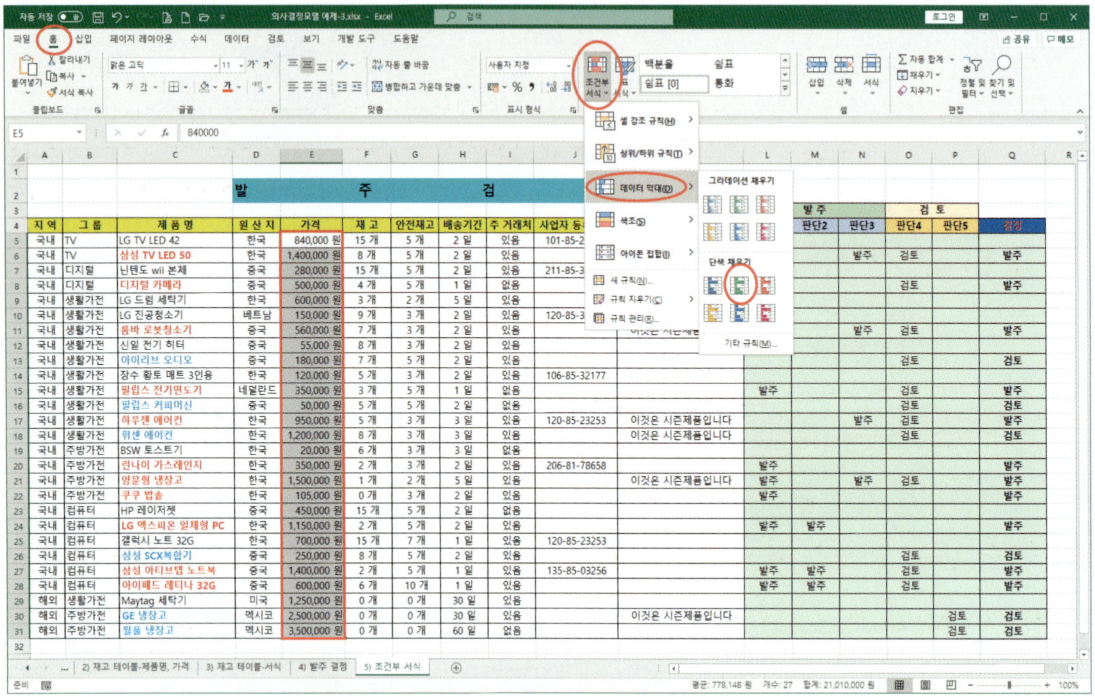

③ 이제 오른쪽 그림과 같이 가격의 고저에 따라 막대가 그려진 것을 볼 수 있다. 가장 높은 값에 대하여 열 너비 전체를 차지하는 막대가 그려지며, 값이 0일 경우 막대의 길이가 0이 되어 막대가 나타나지 않는다. 데이터 막대 메뉴의 아래에 있는 기타 규칙을 이용하면 보다 자유롭게 데이터 막대를 표현할 수 있다.

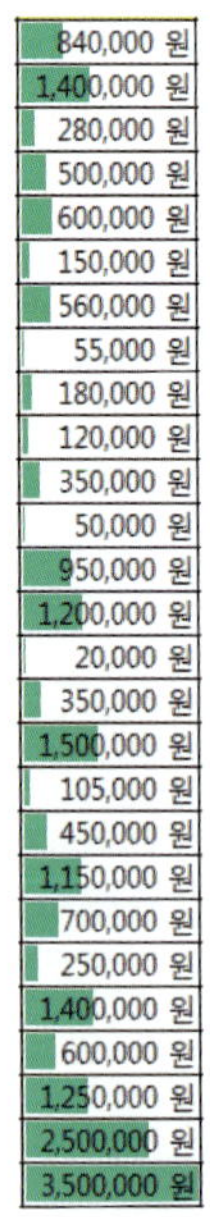

### 4) F열의 재고를 '아이콘 집합-추천(평점5)'을 이용하여 표시

① 우선 재고 데이터 영역인 F5:F31 영역을 드래그하여 선택한다.

② '[홈]탭-조건부 서식-아이콘 집합-추천-평점5'를 클릭한다.

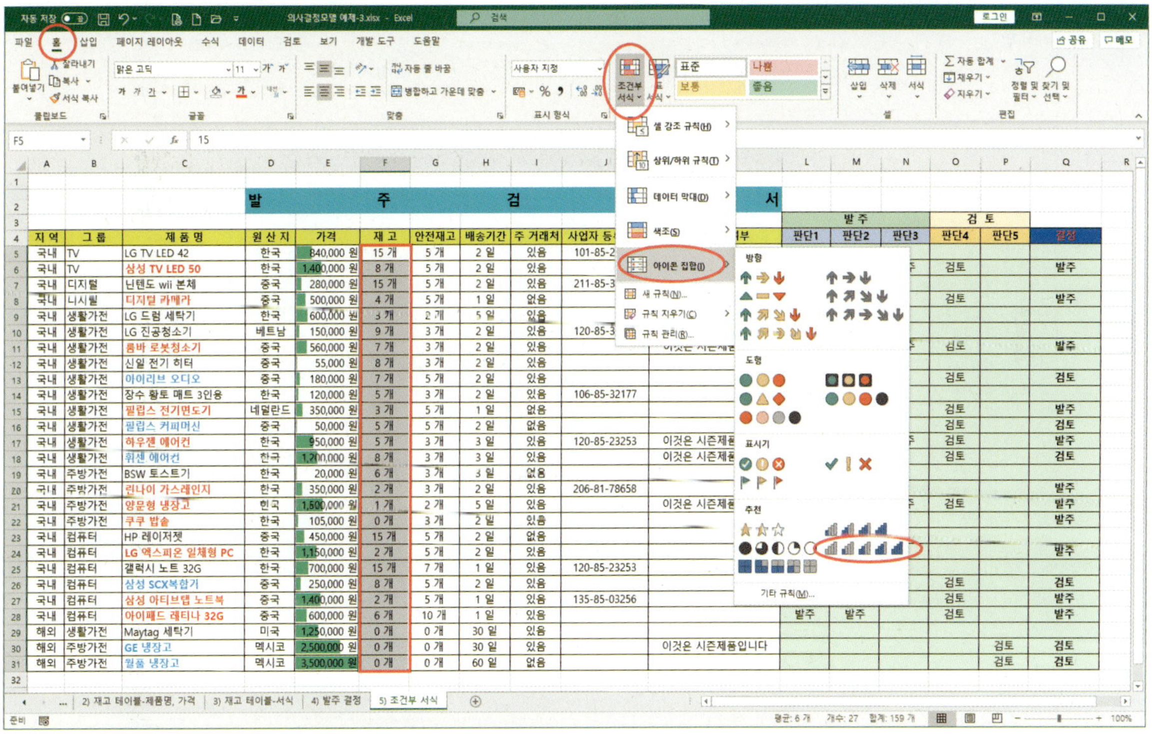

③ 아래 그림과 같이 재고의 수량에 따라 5개의 평점 아이콘이 표시된 것을 알 수 있다. 평점은 재고값의 크기에 따라 20퍼센타일 구간으로 나누어 표시된 것이다.

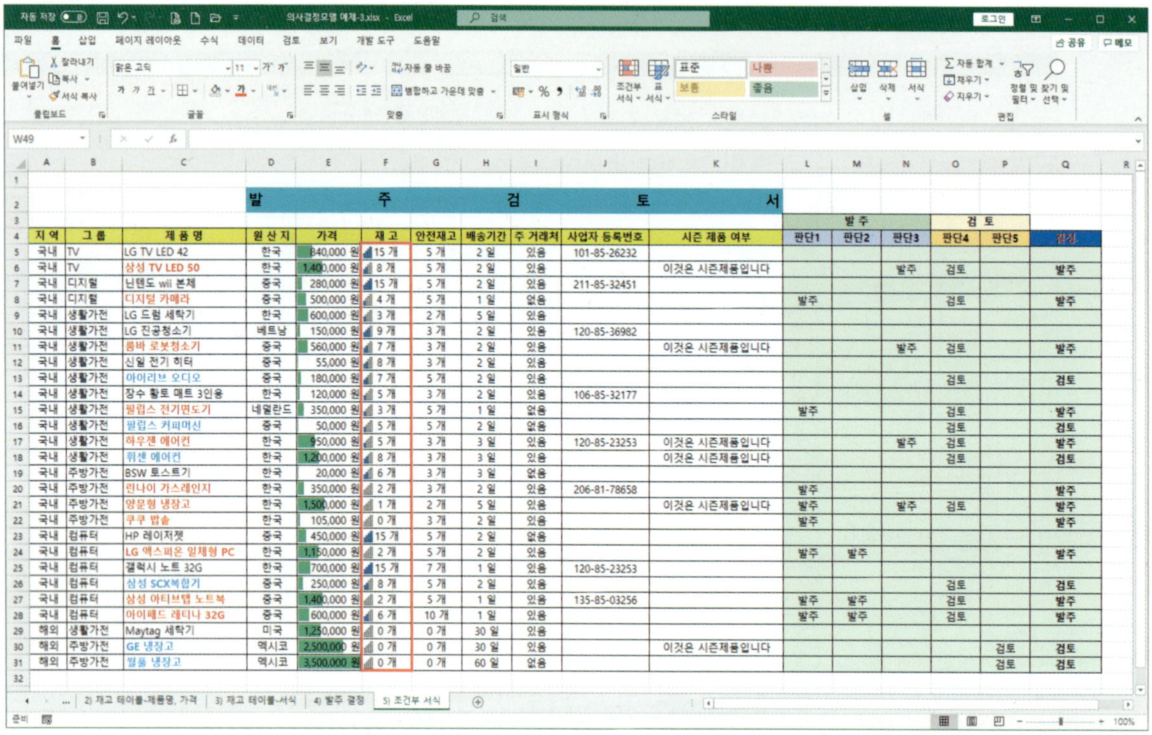

발 주 검 토 서

| 지 역 | 그 룹 | 제 품 명 | 원 산 지 | 가격 | 재 고 | 안전재고 | 배송기간 | 주 거래처 | 사업자 등록번호 | 시즌 제품 여부 | 판단1 | 판단2 | 판단3 | 판단4 | 판단5 | 결정 |
|---|---|---|---|---|---|---|---|---|---|---|---|---|---|---|---|---|
| 국내 | TV | LG TV LED 42 | 한국 | 840,000 원 | 15 개 | 5 개 | 2 일 | 있음 | 101-85-26232 | | | | | | | |
| 국내 | TV | 삼성 TV LED 50 | 한국 | 1,400,000 원 | 8 개 | 5 개 | 2 일 | 있음 | | 이것은 시즌제품입니다 | | | 발주 | 검토 | | 발주 |
| 국내 | 디지털 | 닌텐도 wii 본체 | 중국 | 280,000 원 | 15 개 | 5 개 | 2 일 | 있음 | 211-85-32451 | | | | | | | |
| 국내 | 디지털 | 디지털 카메라 | 중국 | 500,000 원 | 4 개 | 5 개 | 1 일 | 없음 | | | 발주 | | | 검토 | | 발주 |
| 국내 | 생활가전 | LG 드럼 세탁기 | 한국 | 600,000 원 | 3 개 | 2 개 | 5 일 | 있음 | | | | | | | | |
| 국내 | 생활가전 | LG 진공청소기 | 베트남 | 150,000 원 | 9 개 | 3 개 | 2 일 | 있음 | 120-85-36982 | | | | | | | |
| 국내 | 생활가전 | 룸바 로봇청소기 | 중국 | 560,000 원 | 7 개 | 3 개 | 2 일 | 있음 | | 이것은 시즌제품입니다 | | | 발주 | 검토 | | 발주 |
| 국내 | 생활가전 | 신일 전기 히터 | 중국 | 55,000 원 | 8 개 | 3 개 | 2 일 | 있음 | | | | | | | | |
| 국내 | 생활가전 | 아이리브 오디오 | 중국 | 180,000 원 | 7 개 | 5 개 | 2 일 | 있음 | | | | | | 검토 | | 검토 |
| 국내 | 생활가전 | 장수 황토 매트 3인용 | 한국 | 120,000 원 | 5 개 | 3 개 | 2 일 | 있음 | 106-85-32177 | | | | | | | |
| 국내 | 생활가전 | 필립스 전기면도기 | 네덜란드 | 350,000 원 | 3 개 | 5 개 | 1 일 | 없음 | | | 발주 | | | 검토 | | 발주 |
| 국내 | 생활가전 | 필립스 커피머신 | 중국 | 50,000 원 | 5 개 | 5 개 | 2 일 | 없음 | | | | | | 검토 | | 검토 |
| 국내 | 생활가전 | 하우젠 에어컨 | 한국 | 950,000 원 | 5 개 | 3 개 | 3 일 | 있음 | 120-85-23253 | 이것은 시즌제품입니다 | | | 발주 | 검토 | | 발주 |
| 국내 | 생활가전 | 휘센 에어컨 | 한국 | 1,200,000 원 | 8 개 | 3 개 | 3 일 | 있음 | | 이것은 시즌제품입니다 | | | | 검토 | | 검토 |
| 국내 | 주방가전 | BSW 토스트기 | 한국 | 20,000 원 | 6 개 | 3 개 | 3 일 | 없음 | | | | | | | | |
| 국내 | 주방가전 | 린나이 가스레인지 | 한국 | 350,000 원 | 2 개 | 3 개 | 2 일 | 있음 | 206-81-78658 | | 발주 | | | | | 발주 |
| 국내 | 주방가전 | 양문형 냉장고 | 한국 | 1,500,000 원 | 1 개 | 2 개 | 5 일 | 있음 | | 이것은 시즌제품입니다 | 발주 | | 발주 | 검토 | | 발주 |
| 국내 | 주방가전 | 쿠쿠 밥솥 | 한국 | 105,000 원 | 0 개 | 3 개 | 2 일 | 있음 | | | 발주 | | | | | 발주 |
| 국내 | 컴퓨터 | HP 레이저젯 | 중국 | 450,000 원 | 15 개 | 5 개 | 2 일 | 없음 | | | | | | | | |
| 국내 | 컴퓨터 | LG 엑스피온 일체형 PC | 한국 | 1,150,000 원 | 2 개 | 5 개 | 2 일 | 있음 | | | 발주 | 발주 | | | | 발주 |
| 국내 | 컴퓨터 | 갤럭시 노트 32G | 한국 | 700,000 원 | 15 개 | 7 개 | 1 일 | 있음 | 120-85-23253 | | | | | | | |
| 국내 | 컴퓨터 | 삼성 SCX복합기 | 중국 | 250,000 원 | 8 개 | 5 개 | 2 일 | 있음 | | | | | | 검토 | | 검토 |
| 국내 | 컴퓨터 | 삼성 아티브탭 노트북 | 중국 | 1,400,000 원 | 2 개 | 5 개 | 1 일 | 있음 | 135-85-03256 | | 발주 | 발주 | | 검토 | | 발주 |
| 국내 | 컴퓨터 | 아이패드 레티나 32G | 중국 | 600,000 원 | 6 개 | 10 개 | 1 일 | 있음 | | | 발주 | 발주 | | 검토 | | 발주 |
| 해외 | 생활가전 | Maytag 세탁기 | 미국 | 1,250,000 원 | 0 개 | 0 개 | 30 일 | 있음 | | | | | | | | |
| 해외 | 주방가전 | GE 냉장고 | 멕시코 | 2,500,000 원 | 0 개 | 0 개 | 30 일 | 있음 | | 이것은 시즌제품입니다 | | | | | 검토 | 검토 |
| 해외 | 주방가전 | 월풀 냉장고 | 멕시코 | 3,500,000 원 | 0 개 | 0 개 | 60 일 | 없음 | | | | | | | 검토 | 검토 |

## 5) 원산지 셀의 색을 제품가격에 따라 지정

- 100만원 이상 : 초록색
- 50만원 이상, 100만원 미만 : 주황색
- 50만원 미만 : 파란색

① 먼저 D5:D31의 원산지 영역을 드래그하여 선택한다.

② '[홈]탭-조건부 서식-새 규칙'을 클릭하여 새 서식 규칙 창을 연다.

③ 규칙 유형 중, '수식을 사용하여 서식을 지정할 셀 결정'을 선택하고, 그 밑의 규칙 설명 편집에 =$E5>=1000000라고 입력한 후 '서식' 버튼을 클릭한다.

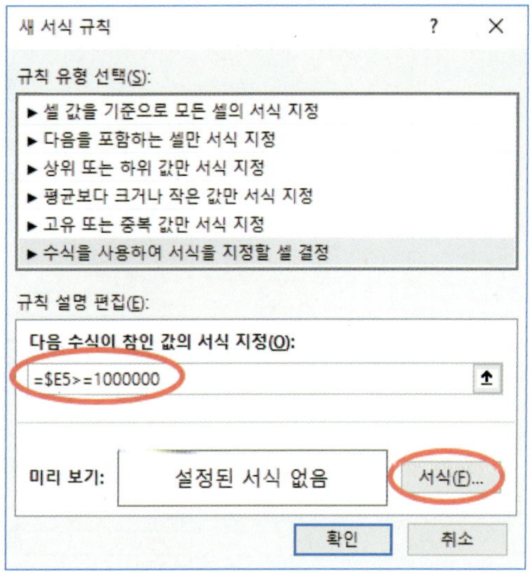


④ 아래와 같이 셀 서식 창의 채우기 탭에서 셀의 색을 초록색으로 지정한다.

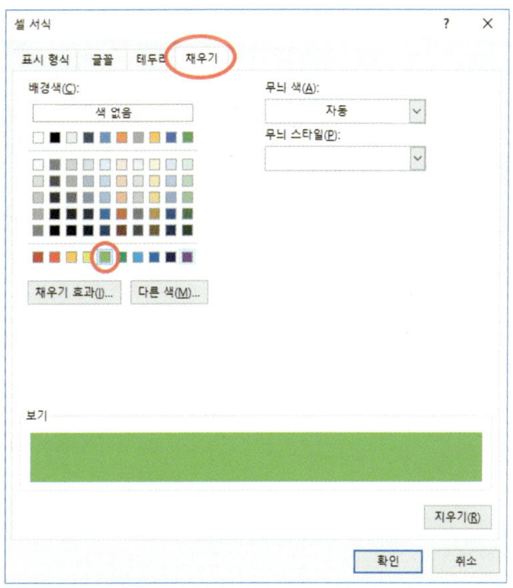

아래와 같이 가격이 100만원 이상인 경우 원산지 셀의 색이 초록색으로 바뀌어 있음을 알 수 있다.

| C | D | E | F |
|---|---|---|---|
| | 발 | | 주 |
| 제 품 명 | 원 산 지 | 가격 | 재 고 |
| LG TV LED 42 | 한국 | 840,000 원 | 15 개 |
| 삼성 TV LED 50 | 한국 | 1,400,000 원 | 8 개 |
| 닌텐도 wii 본체 | 중국 | 280,000 원 | 15 개 |
| 디지털 카메라 | 중국 | 500,000 원 | 4 개 |
| LG 드럼 세탁기 | 한국 | 600,000 원 | 3 개 |
| LG 진공청소기 | 베트남 | 150,000 원 | 9 개 |
| 룸바 로봇청소기 | 중국 | 560,000 원 | 7 개 |
| 신일 전기 히터 | 중국 | 55,000 원 | 8 개 |
| 아이리브 오디오 | 중국 | 180,000 원 | 7 개 |
| 장수 황토 매트 3인용 | 한국 | 120,000 원 | 5 개 |
| 필립스 전기면도기 | 네덜란드 | 350,000 원 | 3 개 |
| 필립스 커피머신 | 중국 | 50,000 원 | 5 개 |
| 하우젠 에어컨 | 한국 | 950,000 원 | 5 개 |
| 휘센 에어컨 | 한국 | 1,200,000 원 | 8 개 |
| BSW 토스트기 | 한국 | 20,000 원 | 6 개 |
| 린나이 가스레인지 | 한국 | 350,000 원 | 2 개 |
| 양문형 냉장고 | 한국 | 1,500,000 원 | 1 개 |
| 쿠쿠 밥솥 | 한국 | 105,000 원 | 0 개 |
| HP 레이저젯 | 중국 | 450,000 원 | 15 개 |
| LG 엑스피온 일체형 PC | 한국 | 1,150,000 원 | 2 개 |
| 갤럭시 노트 32G | 한국 | 700,000 원 | 15 개 |
| 삼성 SCX복합기 | 중국 | 250,000 원 | 8 개 |
| 삼성 아티브탭 노트북 | 중국 | 1,400,000 원 | 2 개 |
| 아이패드 레티나 32G | 중국 | 600,000 원 | 6 개 |
| Maytag 세탁기 | 미국 | 1,250,000 원 | 0 개 |
| GE 냉장고 | 멕시코 | 2,500,000 원 | 0 개 |
| 월풀 냉장고 | 멕시코 | 3,500,000 원 | 0 개 |

⑤ 규칙 설명 편집에 아래와 같이 AND함수를 이용하여 =AND($E5>=500000, $E5<1000000) 식으로 입력한 후 '서식' 버튼을 클릭한다.

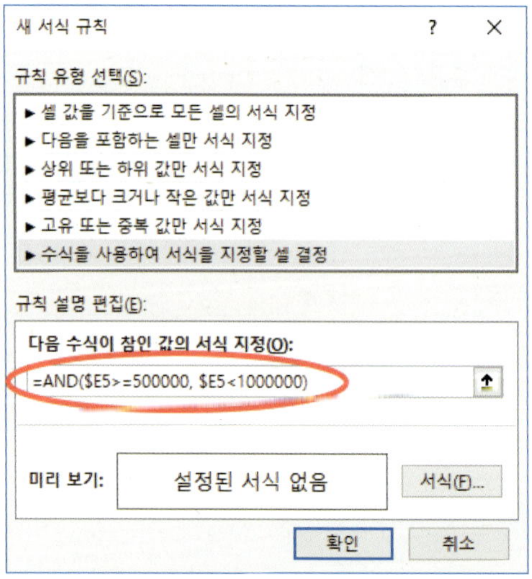

이때 주의할 것은 함수식이므로 먼저 “=”을 반드시 입력한 후 AND함수식을 기입해야 한다는 것이다.

⑥ 아래와 같이 셀서식 창의 채우기 탭에서 셀의 색을 주황색으로 지정한다.

⑦ 최종적으로 규칙 설명 편집에 아래와 같이 =$E5<500000으로 입력한 후 '서식' 버튼을 클릭하고 셀 색을 파란색으로 지정한다. 그러면 아래와 같이 제품가격에 따라 원산지의 셀 색이 구분되어 표시된다.

| 제 품 명 | 원 산 지 | 가격 |
|---|---|---|
| LG TV LED 42 | 한국 | 840,000 원 |
| 삼성 TV LED 50 | 한국 | 1,400,000 원 |
| 닌텐도 wii 본체 | 중국 | 280,000 원 |
| 디지털 카메라 | 중국 | 500,000 원 |
| LG 드럼 세탁기 | 한국 | 600,000 원 |
| LG 진공청소기 | 베트남 | 150,000 원 |
| 룸바 로봇청소기 | 중국 | 560,000 원 |
| 신일 전기 히터 | 중국 | 55,000 원 |
| 아이리브 오디오 | 중국 | 180,000 원 |
| 장수 황토 매트 3인용 | 한국 | 120,000 원 |
| 필립스 전기면도기 | 네덜란드 | 350,000 원 |
| 필립스 커피머신 | 중국 | 50,000 원 |
| 하우젠 에어컨 | 한국 | 950,000 원 |
| 휘센 에어컨 | 한국 | 1,200,000 원 |
| BSW 토스트기 | 한국 | 20,000 원 |
| 린나이 가스레인지 | 한국 | 350,000 원 |
| 양문형 냉장고 | 한국 | 1,500,000 원 |
| 쿠쿠 밥솥 | 한국 | 105,000 원 |
| HP 레이저젯 | 중국 | 450,000 원 |
| LG 엑스피온 일체형 PC | 한국 | 1,150,000 원 |
| 갤럭시 노트 32G | 한국 | 700,000 원 |
| 삼성 SCX복합기 | 중국 | 250,000 원 |
| 삼성 아티브탭 노트북 | 중국 | 1,400,000 원 |
| 아이패드 레티나 32G | 중국 | 600,000 원 |
| Maytag 세탁기 | 미국 | 1,250,000 원 |
| GE 냉장고 | 멕시코 | 2,500,000 원 |
| 월풀 냉장고 | 멕시코 | 3,500,000 원 |

## 6) G열 안전재고 하위 30%의 글자색을 빨간색으로 변경

① 먼저 G5:G31의 안전재고 영역을 드래그하여 선택한다.

② '[홈]탭-조건부 서식-상위/하위 규칙-하위 10%'를 클릭하여 하위 10% 창을 연다.

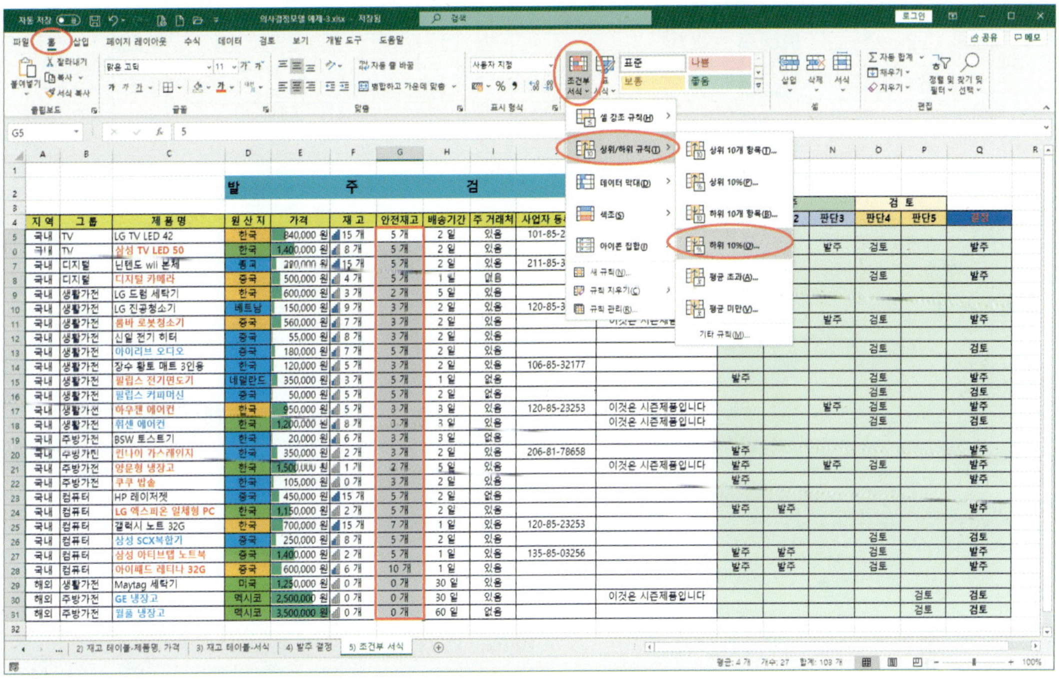


③ 그리고 %를 30으로 수정하고, 빨강 텍스트를 선택한다.

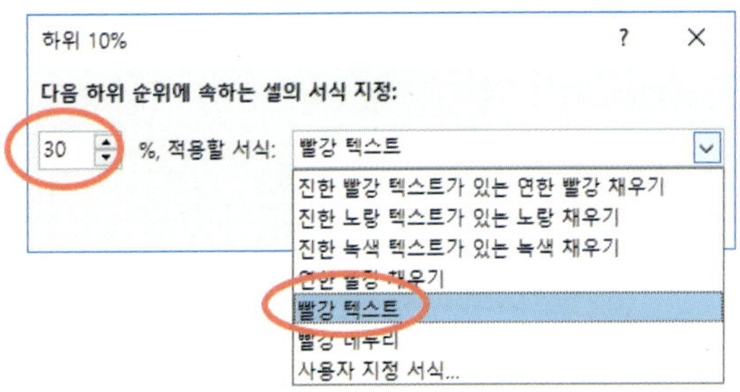

이제 최종 작성된 워크시트는 아래와 같이 나타난다.

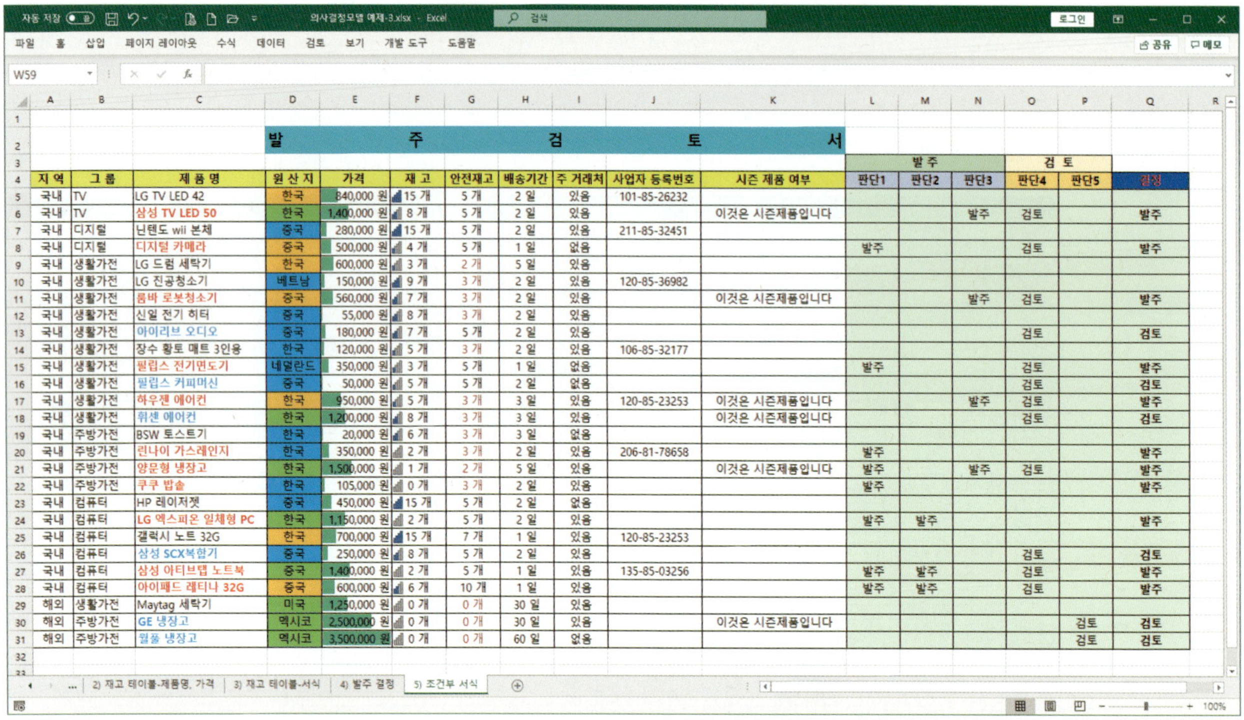

발 주 검 토 서

| 지 역 | 그 룹 | 제 품 명 | 원 산 지 | 가격 | 재 고 | 안전재고 | 배송기간 | 주 거래처 | 사업자 등록번호 | 시즌 제품 여부 | 발 주 | | | 검 토 | | |
|---|---|---|---|---|---|---|---|---|---|---|---|---|---|---|---|---|
| | | | | | | | | | | | 판단1 | 판단2 | 판단3 | 판단4 | 판단5 | 결정 |
| 국내 | TV | LG TV LED 42 | 한국 | 840,000 원 | 15 개 | 5 개 | 2 일 | 있음 | 101-85-26232 | | | | | | | |
| 국내 | TV | 삼성 TV LED 50 | 한국 | 1,400,000 원 | 8 개 | 5 개 | 2 일 | 있음 | | 이것은 시즌제품입니다 | | | 발주 | 검토 | | 발주 |
| 국내 | 디지털 | 닌텐도 wii 본체 | 중국 | 280,000 원 | 15 개 | 5 개 | 2 일 | 있음 | 211-85-32451 | | | | | | | |
| 국내 | 디지털 | 디지털 카메라 | 중국 | 500,000 원 | 4 개 | 5 개 | 1 일 | 없음 | | | 발주 | | | 검토 | | 발주 |
| 국내 | 생활가전 | LG 드럼 세탁기 | 한국 | 600,000 원 | 3 개 | 2 개 | 5 일 | 있음 | | | | | | | | |
| 국내 | 생활가전 | LG 진공청소기 | 베트남 | 150,000 원 | 9 개 | 3 개 | 2 일 | 있음 | 120-85-36982 | | | | | | | |
| 국내 | 생활가전 | 룸바 로봇청소기 | 중국 | 560,000 원 | 7 개 | 3 개 | 2 일 | 있음 | | 이것은 시즌제품입니다 | | | 발주 | 검토 | | 발주 |
| 국내 | 생활가전 | 신일 전기 히터 | 중국 | 55,000 원 | 8 개 | 3 개 | 2 일 | 있음 | | | | | | | | |
| 국내 | 생활가전 | 아이리브 오디오 | 중국 | 180,000 원 | 7 개 | 5 개 | 2 일 | 있음 | | | | | | 검토 | | 검토 |
| 국내 | 생활가전 | 장수 황토 매트 3인용 | 한국 | 120,000 원 | 5 개 | 3 개 | 2 일 | 있음 | 106-85-32177 | | | | | | | |
| 국내 | 생활가전 | 필립스 전기면도기 | 네덜란드 | 350,000 원 | 3 개 | 5 개 | 1 일 | 없음 | | | 발주 | | | 검토 | | 발주 |
| 국내 | 생활가전 | 필립스 커피머신 | 중국 | 50,000 원 | 5 개 | 5 개 | 2 일 | 없음 | | | | | | 검토 | | 검토 |
| 국내 | 생활가전 | 하우젠 에어컨 | 한국 | 950,000 원 | 5 개 | 3 개 | 3 일 | 있음 | 120-85-23253 | 이것은 시즌제품입니다 | | | 발주 | 검토 | | 발주 |
| 국내 | 생활가전 | 휘센 에어컨 | 한국 | 1,200,000 원 | 8 개 | 3 개 | 3 일 | 있음 | | 이것은 시즌제품입니다 | | | | 검토 | | 검토 |
| 국내 | 주방가전 | BSW 토스트기 | 한국 | 20,000 원 | 6 개 | 3 개 | 3 일 | 없음 | | | | | | | | |
| 국내 | 주방가전 | 린나이 가스레인지 | 한국 | 350,000 원 | 2 개 | 3 개 | 2 일 | 있음 | 206-81-78658 | | 발주 | | | | | 발주 |
| 국내 | 주방가전 | 양문형 냉장고 | 한국 | 1,500,000 원 | 1 개 | 2 개 | 5 일 | 있음 | | 이것은 시즌제품입니다 | 발주 | | 발주 | 검토 | | 발주 |
| 국내 | 주방가전 | 쿠쿠 밥솥 | 한국 | 105,000 원 | 0 개 | 3 개 | 2 일 | 있음 | | | 발주 | | | | | 발주 |
| 국내 | 컴퓨터 | HP 레이저젯 | 중국 | 450,000 원 | 15 개 | 5 개 | 2 일 | 없음 | | | | | | | | |
| 국내 | 컴퓨터 | LG 엑스피온 일체형 PC | 한국 | 1,150,000 원 | 2 개 | 5 개 | 2 일 | 있음 | | | 발주 | 발주 | | | | 발주 |
| 국내 | 컴퓨터 | 갤럭시 노트 32G | 한국 | 700,000 원 | 15 개 | 7 개 | 1 일 | 있음 | 120-85-23253 | | | | | | | |
| 국내 | 컴퓨터 | 삼성 SCX복합기 | 중국 | 250,000 원 | 8 개 | 5 개 | 2 일 | 있음 | | | | | | 검토 | | 검토 |
| 국내 | 컴퓨터 | 삼성 아티브탭 노트북 | 중국 | 1,400,000 원 | 2 개 | 5 개 | 1 일 | 있음 | 135-85-03256 | | 발주 | 발주 | | 검토 | | 발주 |
| 국내 | 컴퓨터 | 아이패드 레티나 32G | 중국 | 600,000 원 | 6 개 | 10 개 | 1 일 | 있음 | | | 발주 | 발주 | | 검토 | | 발주 |
| 해외 | 생활가전 | Maytag 세탁기 | 미국 | 1,250,000 원 | 0 개 | 0 개 | 30 일 | 있음 | | | | | | | | |
| 해외 | 주방가전 | GE 냉장고 | 멕시코 | 2,500,000 원 | 0 개 | 0 개 | 30 일 | 있음 | | 이것은 시즌제품입니다 | | | | | 검토 | 검토 |
| 해외 | 주방가전 | 월풀 냉장고 | 멕시코 | 3,500,000 원 | 0 개 | 0 개 | 60 일 | 없음 | | | | | | | 검토 | 검토 |

## 문제 6 테이블 관리 ('6) 테이블 관리' 워크시트)

1) '6) 테이블 관리' 워크시트에 있는 모든 조건부 서식을 삭제하시오.
2) 조건부 서식을 이용하여 E열 가격 필드에 같은 가격의 셀의 색을 주황색으로 하시오. 같은 가격이 없는 고유한 가격이면 셀의 색을 파란색으로 하시오.
3) 조건부 서식을 이용하여 테이블의 세 번째 행마다 셀의 색을 연두색으로 하시오.
4) 유효성 검사를 이용하여 C열 제품명 필드에 같은 제품명이 입력되지 않게 하시오.
5) 이름상자를 이용하여 T2셀에 제품가격의 평균을 기입하시오. 단, 새로운 제품이 계속 입력되어도 이를 자동으로 반영하게 하시오(동적범위 참조).

## 1) 조건부 서식 삭제

① '[홈]탭-조건부 서식-규칙 관리'를 클릭한다.

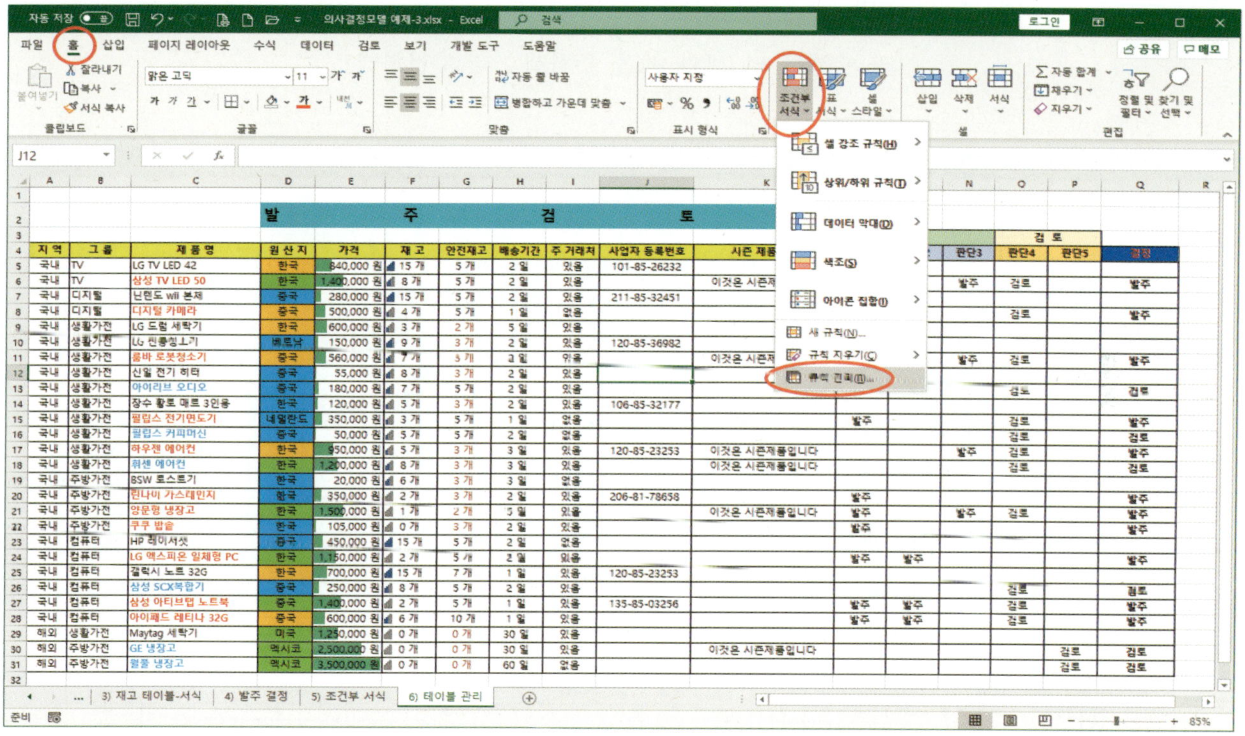


② 현재 선택영역을 현재 워크시트로 바꾸어 주면 '6) 테이블 관리' 워크시트의 모든 조건부 서식이 나타난다. 이를 '규칙 편집' 버튼을 통하여 편집할 수도 있다.

이제 '규칙 삭제' 버튼을 클릭하여 모든 조건부 서식을 삭제한다.

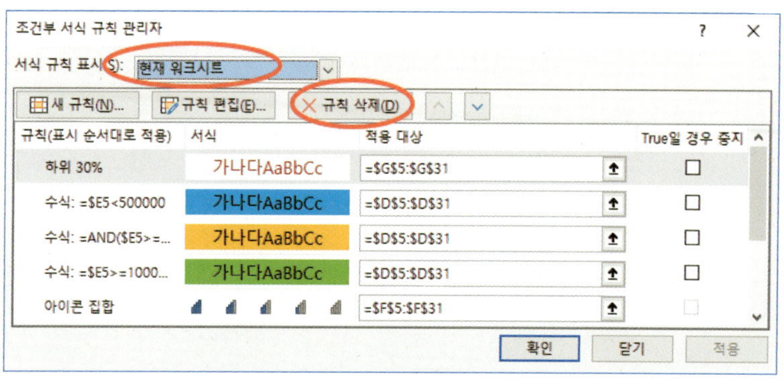

## 2) 가격이 같은 것 표시

① 먼저 E5:E31의 가격 영역을 드래그하여 선택한다.

② '[홈]탭-조건부 서식-새 규칙'을 클릭하여 새 서식 규칙 창을 연다.

③ 규칙 유형 중, '고유 또는 중복 값만 서식 지정'을 선택하고, 선택을 '중복'으로 지정한 뒤 셀의 색을 주황색으로 지정한다.

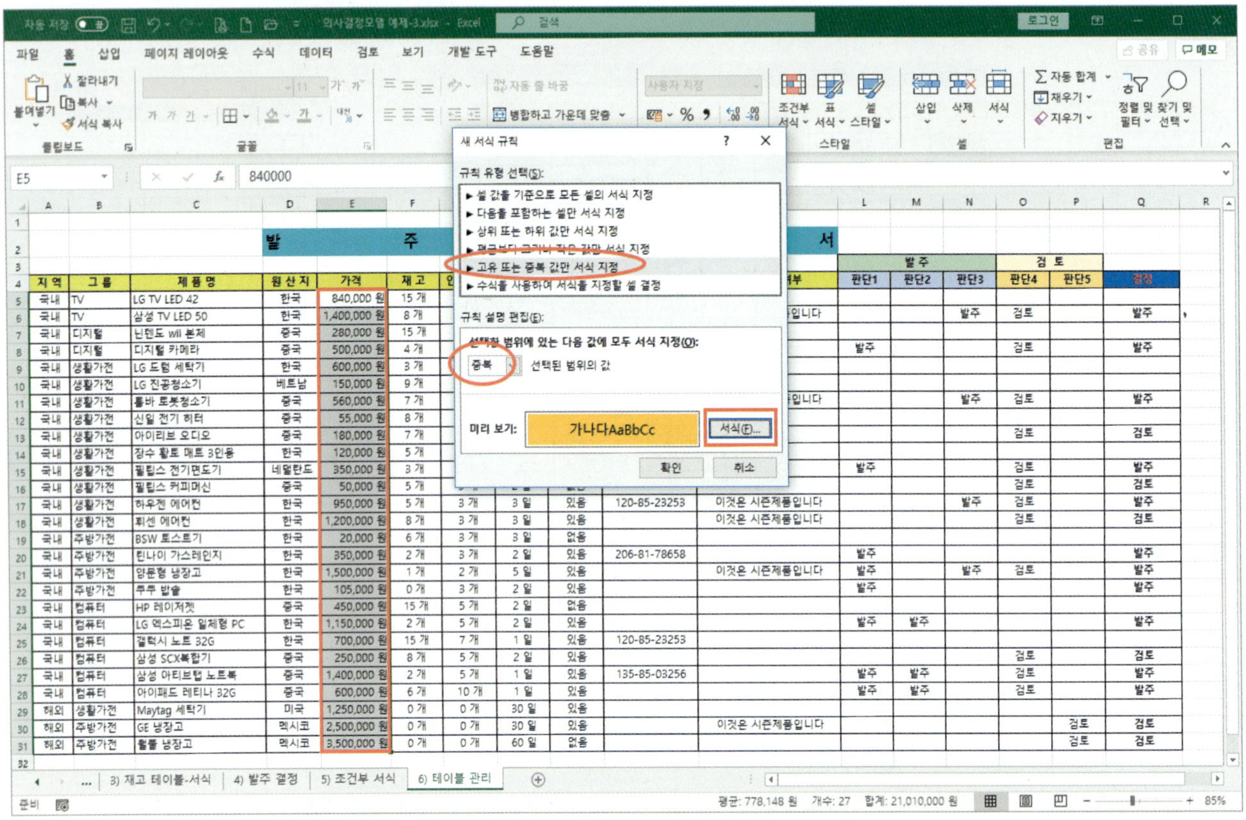

④ 다음에는 아래와 같이 선택을 '고유'로 지정한 뒤, 셀의 색을 파란색으로 지정한다.

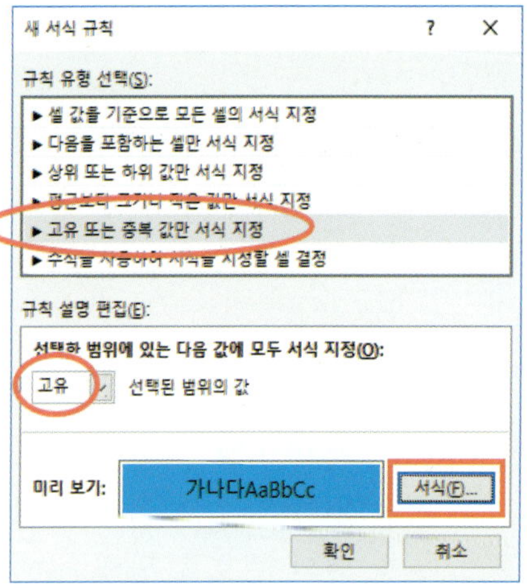


이제 아래와 같이 중복, 또는 고유한 가격의 셀의 색이 주황색, 또는 파란색으로 다르게 표시됨을 알 수 있다.

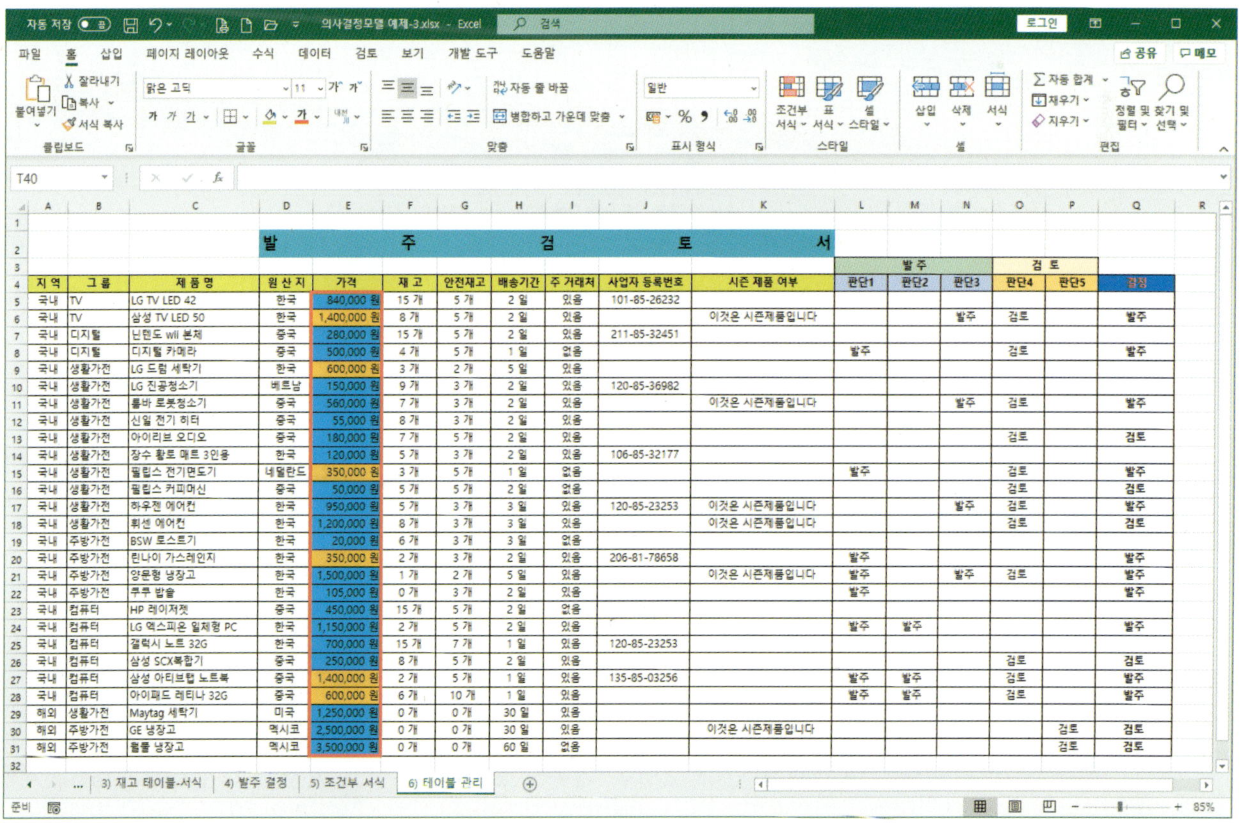

| 지 역 | 그 룹 | 제 품 명 | 원 산 지 | 가격 | 재 고 | 안전재고 | 배송기간 | 주 거래처 | 사업자 등록번호 | 시즌 제품 여부 | 판단1 | 판단2 | 판단3 | 판단4 | 판단5 | 결정 |
|---|---|---|---|---|---|---|---|---|---|---|---|---|---|---|---|---|
| 국내 | TV | LG TV LED 42 | 한국 | 840,000 원 | 15 개 | 5 개 | 2 일 | 있음 | 101-85-26232 | | | | | | | |
| 국내 | TV | 삼성 TV LED 50 | 한국 | 1,400,000 원 | 8 개 | 5 개 | 2 일 | 있음 | | 이것은 시즌제품입니다 | | | 발주 | 검토 | | 발주 |
| 국내 | 디지털 | 닌텐도 wii 본체 | 중국 | 280,000 원 | 15 개 | 5 개 | 2 일 | 있음 | 211-85-32451 | | | | | | | |
| 국내 | 디지털 | 디지털 카메라 | 중국 | 500,000 원 | 4 개 | 5 개 | 1 일 | 없음 | | | 발주 | | | 검토 | | 발주 |
| 국내 | 생활가전 | LG 드럼 세탁기 | 한국 | 600,000 원 | 3 개 | 2 개 | 5 일 | 있음 | | | | | | | | |
| 국내 | 생활가전 | LG 진공청소기 | 베트남 | 150,000 원 | 9 개 | 3 개 | 2 일 | 있음 | 120-85-36982 | | | | | | | |
| 국내 | 생활가전 | 룸바 로봇청소기 | 중국 | 560,000 원 | 7 개 | 3 개 | 2 일 | 있음 | | 이것은 시즌제품입니다 | | | 발주 | 검토 | | 발주 |
| 국내 | 생활가전 | 신일 전기 히터 | 중국 | 55,000 원 | 8 개 | 3 개 | 2 일 | 있음 | | | | | | | | |
| 국내 | 생활가전 | 아이리브 오디오 | 중국 | 180,000 원 | 7 개 | 5 개 | 2 일 | 있음 | | | | | | 검토 | | 검토 |
| 국내 | 생활가전 | 장수 황토 매트 3인용 | 한국 | 120,000 원 | 5 개 | 3 개 | 2 일 | 있음 | 106-85-32177 | | | | | | | |
| 국내 | 생활가전 | 필립스 전기면도기 | 네덜란드 | 350,000 원 | 3 개 | 5 개 | 1 일 | 없음 | | | 발주 | | | 검토 | | 발주 |
| 국내 | 생활가전 | 필립스 커피머신 | 중국 | 50,000 원 | 5 개 | 5 개 | 2 일 | 없음 | | | | | | 검토 | | 검토 |
| 국내 | 생활가전 | 하우젠 에어컨 | 한국 | 950,000 원 | 5 개 | 3 개 | 3 일 | 있음 | 120-85-23253 | 이것은 시즌제품입니다 | | | 발주 | 검토 | | 발주 |
| 국내 | 생활가전 | 휘센 에어컨 | 한국 | 1,200,000 원 | 8 개 | 3 개 | 3 일 | 있음 | | 이것은 시즌제품입니다 | | | | 검토 | | 검토 |
| 국내 | 주방가전 | BSW 토스트기 | 한국 | 20,000 원 | 6 개 | 3 개 | 3 일 | 없음 | | | | | | | | |
| 국내 | 주방가전 | 린나이 가스레인지 | 한국 | 350,000 원 | 2 개 | 3 개 | 2 일 | 있음 | 206-81-78658 | | 발주 | | | | | 발주 |
| 국내 | 주방가전 | 양문형 냉장고 | 한국 | 1,500,000 원 | 1 개 | 2 개 | 5 일 | 있음 | | 이것은 시즌제품입니다 | 발주 | | 발주 | 검토 | | 발주 |
| 국내 | 주방가전 | 쿠쿠 밥솥 | 한국 | 105,000 원 | 0 개 | 3 개 | 2 일 | 있음 | | | 발주 | | | | | 발주 |
| 국내 | 컴퓨터 | HP 레이저젯 | 중국 | 450,000 원 | 15 개 | 5 개 | 2 일 | 없음 | | | | | | | | |
| 국내 | 컴퓨터 | LG 엑스피온 일체형 PC | 한국 | 1,150,000 원 | 2 개 | 5 개 | 2 일 | 있음 | | | 발주 | 발주 | | | | 발주 |
| 국내 | 컴퓨터 | 갤럭시 노트 32G | 한국 | 700,000 원 | 15 개 | 7 개 | 1 일 | 있음 | 120-85-23253 | | | | | | | |
| 국내 | 컴퓨터 | 삼성 SCX복합기 | 중국 | 250,000 원 | 8 개 | 5 개 | 2 일 | 있음 | | | | | | 검토 | | 검토 |
| 국내 | 컴퓨터 | 삼성 아티브탭 노트북 | 중국 | 1,400,000 원 | 2 개 | 5 개 | 1 일 | 있음 | 135-85-03256 | | 발주 | 발주 | | 검토 | | 발주 |
| 국내 | 컴퓨터 | 아이패드 레티나 32G | 중국 | 600,000 원 | 6 개 | 10 개 | 1 일 | 있음 | | | 발주 | 발주 | | 검토 | | 발주 |
| 해외 | 생활가전 | Maytag 세탁기 | 미국 | 1,250,000 원 | 0 개 | 0 개 | 30 일 | 있음 | | | | | | | | |
| 해외 | 주방가전 | GE 냉장고 | 멕시코 | 2,500,000 원 | 0 개 | 0 개 | 30 일 | 있음 | | 이것은 시즌제품입니다 | | | | | 검토 | 검토 |
| 해외 | 주방가전 | 월풀 냉장고 | 멕시코 | 3,500,000 원 | 0 개 | 0 개 | 60 일 | 없음 | | | | | | | 검토 | 검토 |

### 3) 세 번째 행마다 셀의 색을 연두색으로 변경

① 테이블의 특정 행이 세 번째 행인 것을 알기 위하여 MOD함수와 ROW함수를 알아야 한다.

- = MOD(분자, 분모) : '분자/분모' 수식의 나머지를 말해 준다.
  = MOD(10, 3) → 1, =MOD(21, 3) → 0
  몫을 나타내는 함수는 QUOTIENT함수이다.

- = ROW(셀주소) : 셀주소의 행번호를 말해 준다.
  = ROW(C9) → 9, =ROW(Z3) → 3
  = ROW() → 현재 함수가 기입된 셀의 행번호를 말해준다.
  열의 번호를 말해주는 함수는 COLUMN함수이다.

② 먼저 A5:Q31의 테이블 전체 영역을 드래그하여 선택한다.
③ '[홈]탭-조건부 서식-새 규칙'을 클릭하여 새 서식 규칙 창을 연다.
④ 규칙 유형 중, '수식을 사용하여 서식을 지정할 셀 결정'을 선택하고, 수식을 아래 그림과 같이 입력한다.

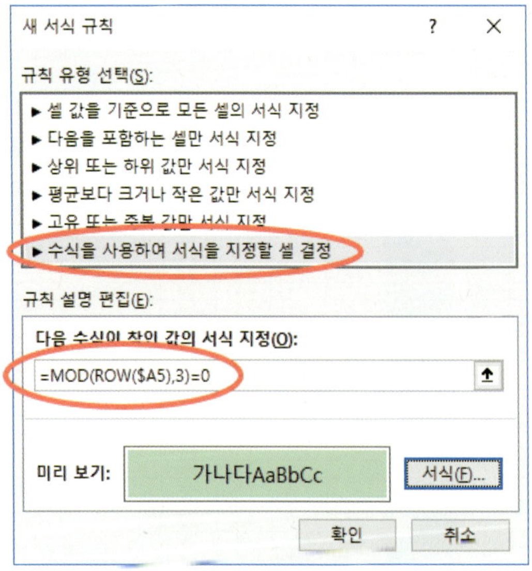


- ROW($A5) : 테이블의 제일 왼쪽 위의 행인 A5셀부터 행의 번호를 알아내고자 하였다. A열을 기준으로 하여 열번호 A는 절대주소로 주었고, 행

번호는 행마다 자신의 행번호를 찾아야 하므로 5는 상대주소로 주었다.

- MOD(ROW($A5), 3) = 0 : 행번호를 3으로 나눈 나머지를 구하여, 이것이 0이 되면 셀의 색을 연두색으로 바꾸도록 한다.

이제 세 번째 행마다 셀의 색이 연두색으로 바뀐 것을 알 수 있다.

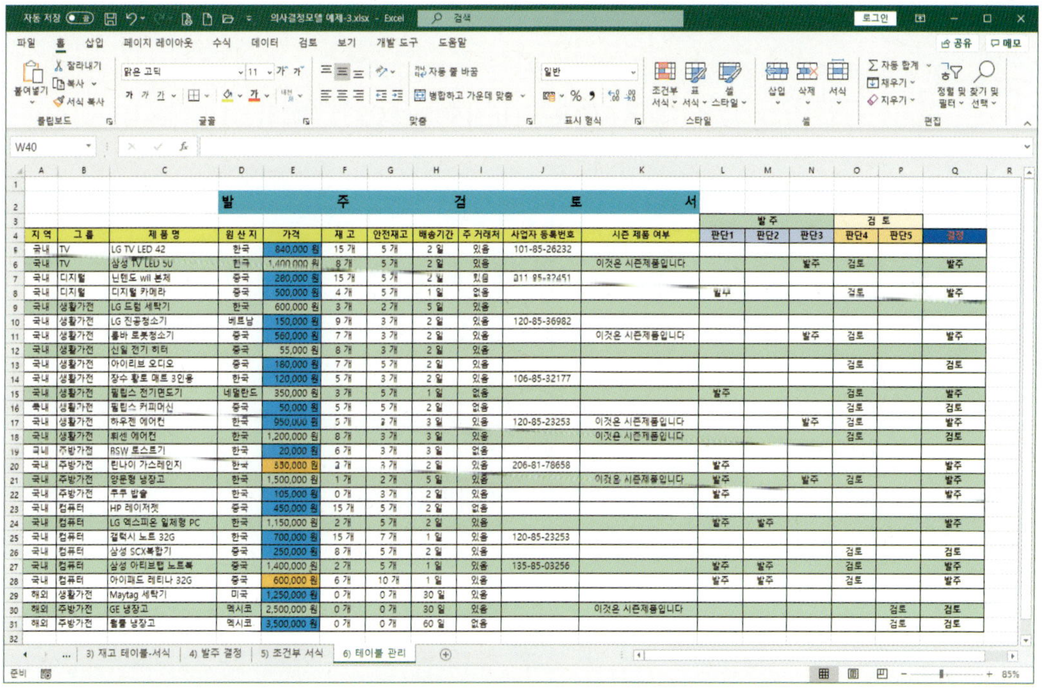

같은 셀에 중복 적용하는 조건부 서식은 나중에 기입한 것이 우선한다. 조건부 서식 편집 창에서 보면 이 조건이 위쪽에 있게 되는데, 위에 있는 규칙이 작동하며 아래의 것은 작동되지 않는다. 그러나 이동버튼으로 순서를 바꾸어 아래의 규칙을 위로 올리면 아래에 있던 규칙이 작동한다.

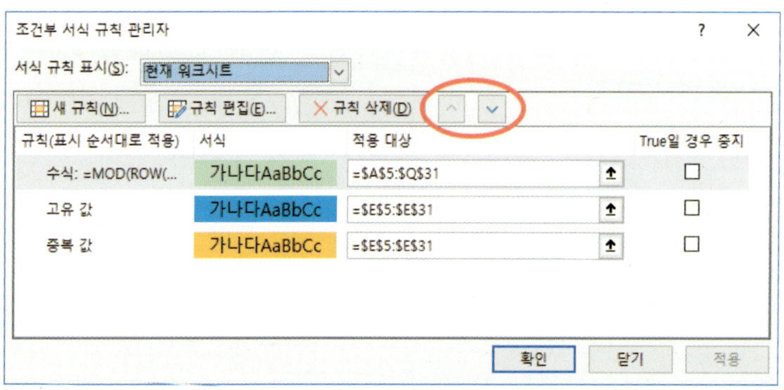

### 4) 데이터 유효성 검사를 이용하여 동일제품 이중등록 방지

① 제품명이 같으면 동일제품이 된다.

② C5:C31 제품명 영역을 선택한다.

③ '[데이터]탭-데이터 유효성 검사'를 클릭하여 데이터 유효성 창을 연다. 그리고 '제한대상'에 사용자 지정, '수식'에 아래와 같이 COUNTIFS함수식을 입력한다.

= COUNTIFS($C$5:$C$31, $C5)=1

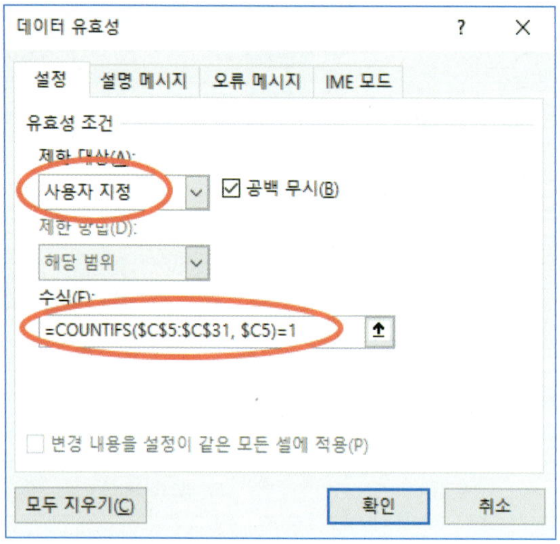


- $C$5:$C$31 : 제품명 영역을 말한다. 이동하면 안 되므로 절대주소로 표기한다.
- $C5 : 첫 행의 제품명을 말하며, 행을 상대주소로 주어 해당 행의 행번호를 가져오게 한다. 즉 해당 행의 제품명이 된다.
- COUNTIFS($C$5:$C$31, $C5)=1 : 전체 제품명 영역에서 모든 행의 제품명이 한 번만 나와야 한다는 것을 의미한다. 따라서 같은 제품명을 입력하면 이 조건을 위배하게 되어 입력이 불가능하게 된다. 함수식 앞에 = 을 반드시 붙여 주어야 한다.

이제 C5셀에 C30셀에 이미 있는 GE냉장고를 입력하려고 하면 아래와 같은 에러 메시지가 나타난다.

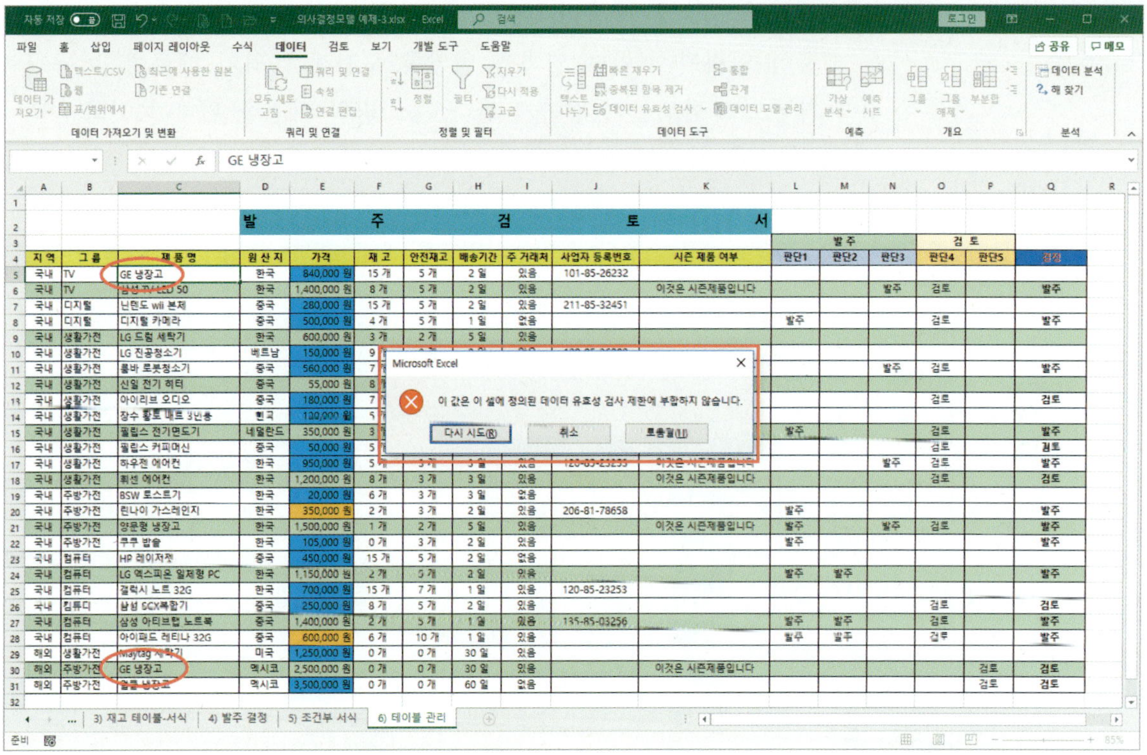

### 5) 이름상자를 이용한 동적범위 참조

테이블의 부분이나 전체를 영역명으로 주면 함수식을 쓸 때 편리하게 사용할 수 있다. 그러나 새로운 제품이 입력되면 다시 영역 범위를 수정해야 한다. 매번 새로운 제품이 입력될 때마다 영역의 범위를 수정해야 되기 때문에, 이를 동적범위로 주어 자동으로 범위를 설정하게 한다. 동적범위 지정을 위하여 이름 정의 상자에서 OFFSET함수를 사용한다.

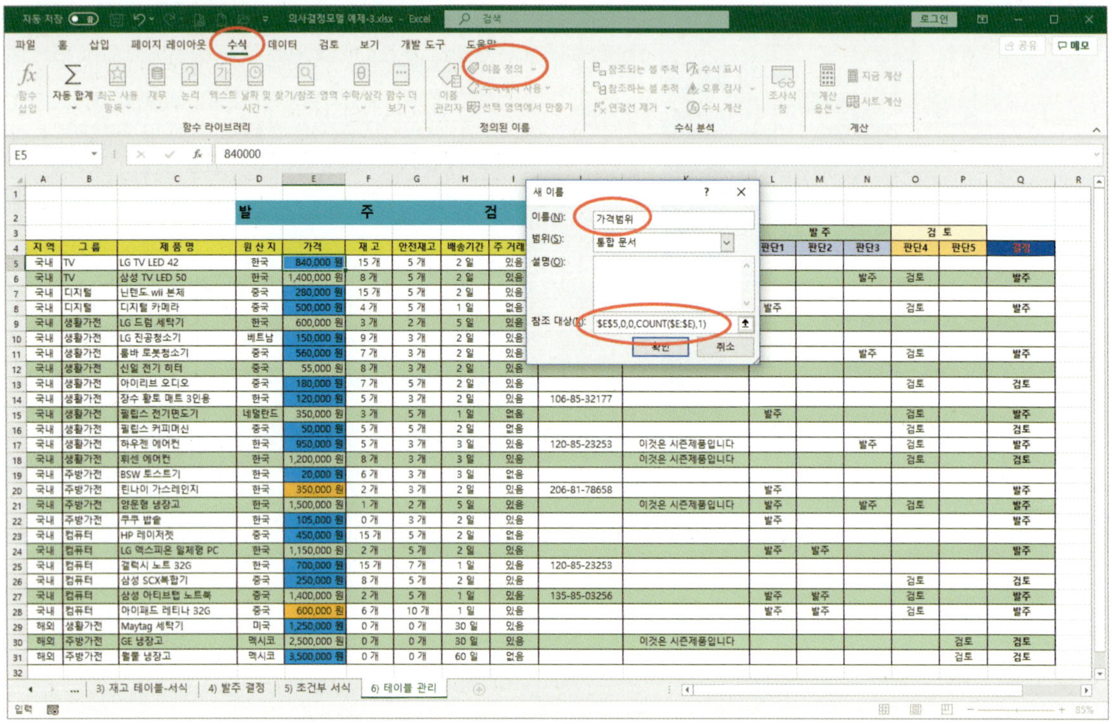


① '[수식]탭-이름 정의'를 클릭하여 새 이름 창을 연다.

② 영역명을 가격범위로 준다. 영역명은 빈칸을 허용하지 않으므로 밑줄(_)이나 글자를 붙여서 주도록 한다.

③ 참조대상에 다음과 같이 식을 기입한다.

= OFFSET($E$5, 0, 0, COUNT($E:$E), 1)

- $E$5 : 가격의 첫 행부터 범위가 되어야 하므로 가격열의 첫 행인 E5셀을 지정한다. 그리고 0, 0을 주어 지정위치를 이동하지 않는다. 그렇게 하여, E5셀에서 OFFSET함수를 가져오는 셀 지정이 시작되도록 한다.

- COUNT($E:$E) : COUNT함수는 숫자의 개수를 센다. $E:$E는 E열 전체를 말한다. A열 전체를 지정하려면 A:A라고 하면 된다. 행의 경우, 5~7행 전체를 지정하려면 5:7로 범위를 주면 된다. 즉 =SUM(5:7)이라고 하면 5행에서 7행의 모든 숫자합을 구하게 된다. $부호는 필요에 따라서 주면 된다. 따라서 COUNT($E:$E)는 E열에 있는 숫자의 개수가 되며, 따라서 OFFSET함수식은 E5셀부터 아래로 있는 숫자 개수만큼 셀을 가져온다. 즉 모든 숫자의 수만큼 셀을 가져오므로 모든 숫자 셀을 다 가져오게 된다. 그리고 열의 범위는 1로 주어 가져올 열의 범위는 가격열 하나가 된다.

이것을 영역명으로 주었으므로 새로운 행이 추가되어도 E열에 가격을 적게 되면, 첫 가격 셀인 E5셀부터 마지막 입력된 가격 셀의 범위를 가져오게 된다.

④ T2셀에 다음과 같이 입력한다.

= AVERAGE(가격범위)

가격범위 영역은 E열 5행에서 31행까지의 가격을 포함하는 영역이므로 아래와 같이 778,148원의 제품가격 평균이 나온 것을 알 수 있다.

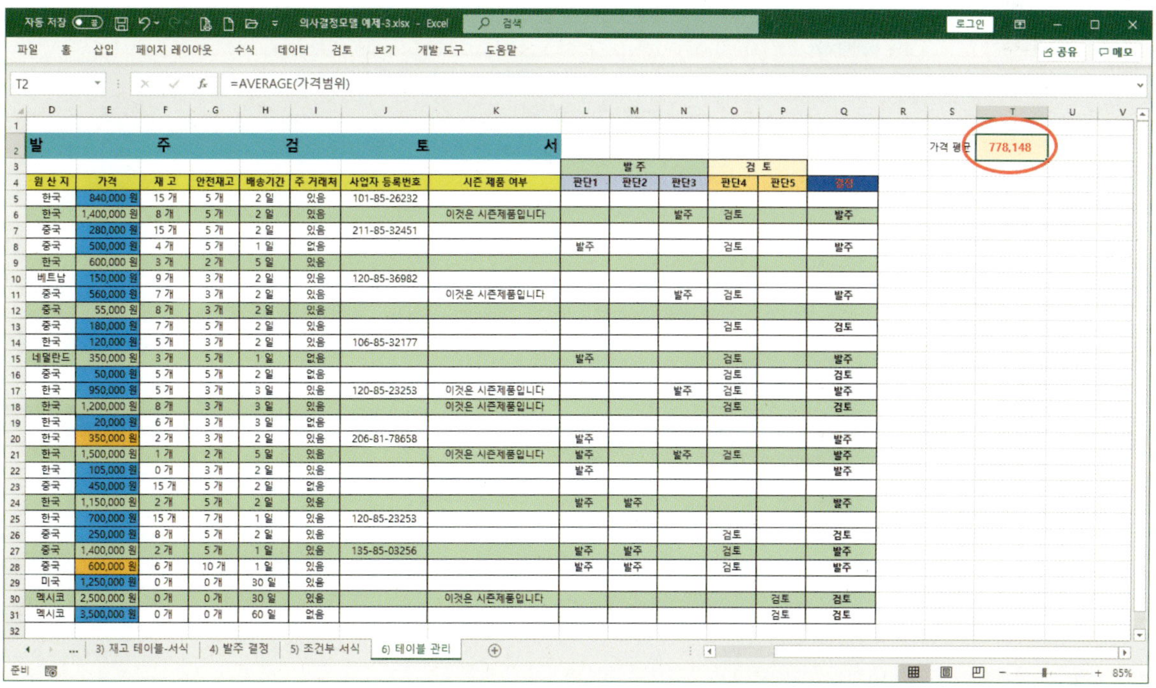

그러나 32행에 가격 11,926,000원의 새로운 TV 제품을 입력한 결과, 범위 영역의 변경 없이 T2셀의 평균 가격이 1,176,286원으로 자동으로 변경된 것을 알 수 있다. 가격범위 영역은 새로 제품이 추가되어도 E열에 가격이 입력되면 가격 셀의 숫자만큼 셀을 가져오므로 새로운 제품의 가격 셀을 포함하게 된다. 따라서 새로이 제품이 추가로 입력되어도 가격범위 영역은 항상 새로 추가된 제일 아래의 가격 셀을 포함하게 된다.

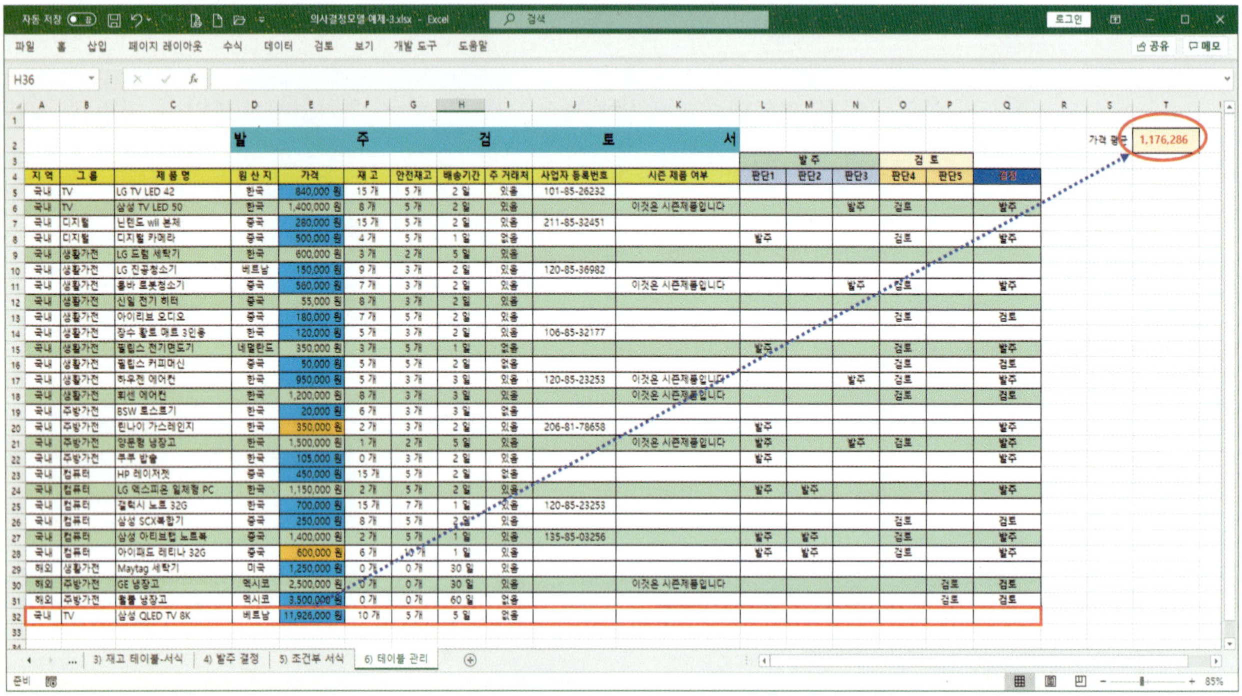

# 연습문제

Chapter 8

**1.** [의사결정모델 연습문제-1.xlsx] 플래시 메모리 공급사인 삼성전자의 플래시 메모리 영업담당과장으로부터 플래시 메모리의 가격에 대한 선택 옵션을 다음 달부터 시행하겠다는 연락이 왔다. 즉 많이 구입할 경우에는 현재 가격보다 인하해 주고 적게 구입할 경우에는 현재 공급가보다 올리겠다는 것이다. 현재 개당 5만원에 공급하는 플래시 메모리에 대하여 구입수량에 따라 공급가를 차별화하겠다는 것이다. 또한 성형틀 외주업체 역시 현재 개당 8천원에 일괄적으로 공급하는 성형틀을 구입수량에 따라 다음과 같이 다르게 제공할 수 있다고 제시하고 있다. 두 회사의 수량에 따른 공급가는 다음과 같다. (1절)

| 구입개수 / 구분 | 월 5,000개 미만일 때 | 월 5,000개 이상, 10,000개 미만일 때 | 월 10,000개 이상일 때 |
|---|---|---|---|
| 플래시 메모리 공급가 | ₩55,000 | ₩50,000 | ₩45,000 |
| 성형틀 공급가 | ₩9,000 | ₩8,000 | ₩7,000 |

수요는 가격의 함수인데, 수요(개) = 32,000 − 230 × 가격(천원)이며, 생산라인에서의 조립임금은 단위당 2만원이다. 그리고 지금까지는 야간에 작업해도 추가수당의 지불이 없었지만 앞으로는 야간에 근무하게 될 경우 야근수당을 지급하기로 결정하였으며, 야근할 경우 주간 조립임금의 50%를 추가지급하기로 하였다. 현재 생산인원으로 보아 월 8,000개까지는 야근 없이 생산할 수 있으나 8,000개를 넘어 설 경우에는 야근이 불가피한 것으로 조사되었다. 따라서 월 8,000개 이상 생산할 경우 초과 생산분에 대하여 야근수당(즉, 단위당 1만원 추가지급)을 지급하기로 하였다. 고정비는 월 4천만원이다.

1) 최대 이익을 내는 이동식 디스크의 가격은 얼마인가? 그리고 그때의 이익은 얼마인지 알아보시오.
2) 만일 수요의 함수가 수요(개) = 45,000 − 350 × 가격(천원)이라면 이때 가장 큰 이익을 내는 가격은 얼마인가? 그리고 그때의 이익은 얼마인가?

**2.** [의사결정모델 연습문제-2.xlsx] 2018년 워크시트의 3~12월 불량률과 2019년 워크시트의 3~12월 불량률을 한 차트에 그리시오. (2절)

1) 가로축 레이블을 반드시 월로 나타내시오.
2) 연도(2018, 2019)를 범례로 위쪽에 표시하시오.
3) 차트 제목을 '2018-2019 불량률'로 작성하시오.

**3.** [의사결정모델 연습문제-3.xlsx] 한국전자는 PCB 보조기판의 생산시 기계당 리스료를 월 200만원으로 하고 대신 기계당 보조기판의 생산량이 월 1,000개를 넘을 경우, 1,000개를 넘는 생산량에 대하여만 보조기판 1개당 500원의 로열티를 지불하기로 하였다. 따라서 기계당 기판 생산량이 월 1,000개를 넘지 않는 경우에는 로열티를 지불하지 않는다. 생산을 위한 인력으로는 관리책임자 1명과 생산라인 관리기술자 2명이 투입

되어야 한다. 관리책임자의 월 급여는 400만원이며, 관리기술자의 월 급여는 200만원이다.

기계 유지보수비는 기계당 월 50만원이다. 그리고 기계의 소모품비와 전기료 등으로 평균 기판 1개당 200원의 비용이 들게 된다. 현재 기계당 월 생산기판 수는 3,000개이며, 기판의 판매가는 개당 8,000원, 원부자재의 구입원가는 개당 5,000원이다. (2절)

1) 이때 한 달의 총수익, 총비용, 이익을 계산하시오.
2) 2차원 '데이터 표' 기능을 이용하여 가격을 6,000원에서 10,000원까지 500원 단위로 증가시키고, 동시에 기계당 월 생산기판 수를 1,000개에서 10,000개까지 1,000개 단위로 증가시키면서 이때의 각 이익을 구해 보시오.
3) 2)의 결과를 가지고 각 가격대별로 기계당 생산기판 수에서의 이익을 보여주는 그래프를 작성하시오(가로축 : 기계당 생산기판 수, 세로축 : 이익, 가격대마다 하나의 그래프가 그려지게 함).

**4.** [의사결정모델 연습문제-4.xlsx] 성북케이블은 TV케이블과 인터넷 서비스를 제공하는 업체이다. 성북케이블의 사장은 서비스 가격을 얼마로 해야 할지에 고민이 많다. 현재 TV케이블과 인터넷 서비스를 합쳐 45천원에 제공하고 있다. 수요조사 결과 가입자수는 '7,000－125×서비스 가격(천원)'으로 나타났다.

성북케이블의 경우 매월 고정비용은 은행상환금 20,000천원과 서비스고정비 10,000천원을 합하여 30,000천원이며 가입자당 변동비용은 10천원이다. (2절)

1) '데이터 표' 기능을 이용하여, 서비스 가격을 5천원에서 70천원까지 5천원 단위로 변화시켜 보고, 이 중 어떤 서비스 가격이 가장 큰 이익을 가져오는지 알아보시오.
2) 총수익, 총비용, 이익의 그래프를 작성하시오. 또한 그래프의 제목, x-축 레이블, x, y-축 제목을 모두 기입하시오.
3) '연습문제 4번' 워크시트를 복사하여 해찾기 기능을 이용하여 가장 큰 이익을 가져오는 서비스 가격을 구하시오.

**5.** [의사결정모델 연습문제-5.xlsx] 주성산업의 김 사장은 커피자판기를 이용하여 커피를 판매하는 사업을 하려고 한다. 커피자판기는 혜화동 주변의 사람이 많이 다니는 장소나 건물을 대상으로 설치하려고 한다. 자판기는 총 30대를 설치할 예정이며, 커피자판기당 월 소요비용은 다음과 같다. (2절)

- 수금, 재료 공급 등 관리인 인건비 : 15,000원
- 기타 고정비용 : 10,000원
- 설치장소 임대료 : 50,000원

그리고 커피의 가격은 500원으로 책정하였으며 한 잔당 원료비는 150원으로 예상되고 있다.
커피자판기 회사를 접촉해 본 결과 자판기는 다음과 같은 세 가지 조건 중 하나로 임대할 수 있었다.

- 임대방안1 : 매월 600,000원을 임대료로 지불함.
- 임대방안2 : 매월 250,000원을 임대료로 지불하고, 판매 커피 한 잔당 50원의 커미션을 지불함.
- 임대방안3 : 매월 350,000원을 임대료로 지불하고, 한 기계에서 월 1,200잔 이상을 판매할 경우 그 초과분에 대하여 커피 한 잔당 100원의 커미션을 지불함.

이제 김 사장은 어떤 자판기 임대방안을 선택할지 고민하고 있다. 그리고 그는 최종 선택을 하기 전에 다음과 같이 여러 가지 사항에 대하여 생각해 보려고 한다. 당신은 경영 컨설턴트로서 엑셀을 이용하여 김 사장의 고민을 풀어 줄 수 있는 모델을 만들고, 아래 그의 질문에 답하도록 하시오.

1) 워크시트의 각 난에 적절한 엑셀 식을 기입하여 월 자판기당 커피 판매량을 2,000잔이라고 하였을 때 각 임대방안별로 이익을 계산하시오.
2) 임대방안별로 자판기당 판매량이 2,000잔에서 100잔 단위로 3,000잔까지 변화할 경우, 그때의 수익, 비용, 이익은 어떻게 되는지 '데이터 표'를 이용하여 보여주시오. 그리고 각 임대방안별로 이익 변화 그래프를 모두 한 그래프 안에 그리시오.
3) 1)에서 완성된 '커피자판기 사업분석' 워크시트의 내용을 그대로 복사하시오. 그리고 '목표값 찾기'를 사용하여 월 자판기당 커피 판매량이 2,000잔일 때, 임대방안별로 이익이 0(zero)이 되는 커피 가격을 찾아보시오.

**6.** [의사결정모델 연습문제-6.xlsx] D3셀은 제품의 구입가격(원), D4셀은 구입수량(개)을 나타낸다. H, I열에서 보듯이 A사, B사, C사에서는 구입가격, 구입수량, 구입액에 따라 제각기 다른 할인 정책으로 구입액 할인을 해 주고 있다. 예를 들어, A사의 경우 150원 가격인 제품에 대하여는 계산된 구입액의 93%만 지불하게 한다. 반면에 B사는 구입수량에 따라 구입액 할인을 해 주고 있다. C사는 구입액 합계가 500,000원 미만이면 구입액 합계의 95%를 받고, 그 이상이면 80%만 받는다. (2절)

1) D3, D4셀의 가격과 수량에 대하여 H, I열의 기준에 따라 각 회사의 할인된 실제 구입액 합계를 D7~F7셀에 적으시오(VLOOKUP, IF 함수 등을 사용).
2) '데이터 표' 기능을 사용하여 구입가격이(구입수량은 고려하지 않음) 50원에서 400원까지 50원 단위로 변할 때, 각 기업의 할인된 구입액 합계는 각각 어떻게 변하는지 알아보시오(즉 50원, 100원, 150원, …, 400원의 구입가격에 대하여 데이터 표 기능을 사용함).
3) 2)번의 각 회사별 구입액 합계를 구입가격대별(즉 50원에서 400원까지)로 그래프를 작성하시오(즉 가로축이 구입가격이며, 한 그래프에 세 회사를 모두 작성함).

**7.** [의사결정모델 연습문제-7.xlsx] 일동, 세영, 한영, 미라지 4개의 회사가 공동으로 마케팅을 실시하기 위하여 우선 사무실을 확보하고, 사무실 안에 설치할 가전제품과 업무용 컴퓨터 등을 백화점에서 구입하기로 하였다. 그런데 회사별로 회사의 크기 등 여건이 다르므로, 자본금(4행)과 신용도(5행)에 따라 〈표1〉에서 기업별 건전성 점수(6행)를 찾아내고 이에 따른 비율로 부담하기로 하였다. 예를 들면 일동은 D6셀의 값처럼, 총구매비용의 3/'4개사 건전성 점수 합'을 부담하게 된다. (2절)

D8셀 : 〈표2〉는 4개사가 구매할 제품을 나타낸다. 현재 6개의 제품을 구매하고자 하나 일반적으로 〈표2〉에는 1~10개 제품까지 입력이 가능하다. D8셀에는 이들 제품의 가격을 '제품가격' 워크시트의 〈표3〉에서 일일이 찾아 〈표2〉의 R열의 수량을 곱하여 합한 총제품구입비를 적절한 엑셀함수를 이용하여 나타낸다.

D11셀 기업 : 4개 기업 중 하나를 표시한다.

D12셀 부담금 : D11셀 기업의 구입비 부담금을 나타낸다. 부담금 비율은 앞에서 예를 든 바와 같다. D8셀×D11셀 기업의 건전성 점수 비율

D14셀 백화점 구매 할인율 : 12%로 그냥 둔다.

D15셀 할인된 부담금 : D12*(1−D14)

D11셀 기업별로, 그리고 D14셀의 백화점에서 제공하는 구매 할인율이 8%에서 15%로 1%씩 증가할 때 D15셀 할인된 부담금은 각각 얼마가 되는지 2차원 표를 이용하여 알아보시오.

**8.** [의사결정모델 연습문제-8.xlsx] 회사에서 출장을 가려고 한다. D4:G4셀에 각 직급별 출장인원이 나와 있다. 출장지의 왕복교통비(〈표1〉)와 직급별 교통비를 제외한 하루 출장비(〈표2〉)를 오른쪽 표에서 볼 수 있다. 왕복 교통비는 직급에 관계 없이 공통적으로 적용되며, 출장기간 동안 한 번만 계상된다. (2절)

1) D6셀의 출장지, D7셀의 출장일 수에 대하여 D8셀에 D4:G4셀의 출장인원에 대한 왕복교통비 포함 전체 출장비를 기입하시오.
2) 출장인원이 D4:G4셀과 같다고 하면, 출장일 수가 1, 2, 3, 4, 5, 6, 7일일 때, 그리고 출장지는 〈표1〉의 모든 도시에 대하여 왕복교통비 포함 전체 출장비를 2차원 데이터 표를 이용하여 나타내시오.

**9.** [의사결정모델 연습문제-9.xlsx] 워크시트의 표에 F열 판매장별, B열 제품그룹별로 I열 판매금액 합계를 구하시오. (2절)

반드시 데이터 표 기능과 적절한 함수를 사용해야 한다. 필요한 함수식이 있으면 작성하여 진행하면 된다. 피벗으로도 작성하여 보고 비교하시오.

**10.** [의사결정모델 연습문제-10.xlsx] 한국보일러의 종로대리점은 겨울철 수요함수가 수요(대수) = 2,000 − 2.3×가격(천원)이다. 종로대리점은 수요만큼을 모두 본사로부터 공급받아 판매할 수 있다. 총변동비는 설치 인건비와 기자재, 그리고 보일러 공급가를 포함하여 보일러 대당 390,000원이며, 월 총고정비용은 급여, 판매관리비와 임대료를 포함하여 총 55,500,000원이다. 워크시트 오른쪽의 각 항목은 다음과 같이 산출된다. (2절)

| 매출총액 | 가격×판매대수 |
|---|---|
| 세전이익 | 매출총액－총비용 |
| 세 액 | 세전이익×세율 |
| 순 익 | 세전이익－세액 |
| 세전이익률 | 세전이익/매출총액 |
| 순익이익률 | 순익/매출총액 |

세율은 세전이익의 크기에 따라 다음과 같이 계산된다고 한다(적절하게 테이블을 작성하고 반드시 세율(E16셀)은 VLOOKUP함수를 사용하여 얻어야 한다).

| 세전이익 | 세 율 |
|---|---|
| 손실 또는 2,000만원 미만 | 0% |
| 2,000만원 이상~3,000만원 미만 | 10% |
| 3,000만원 이상~5,000만원 미만 | 15% |
| 5,000만원 이상~7,000만원 미만 | 20% |
| 7,000만원 이상~1억원 미만 | 30% |
| 1억원 이상 | 45% |

1) 이때 보일러 대당 가격을 600,000원에 판매하는 경우 순익과 세전이익률, 순익이익률을 구하시오.
2) ‘데이터 표’ 기능을 이용하여, 가격을 400,000원부터 1,000,000원까지 100,000원 단위로 변화시키면서 이때의 매출총액, 총비용, 그리고 순익을 구하시오. 그리고 최대 순익을 가져다주는 가격을 구하시오.

**11.** [의사결정모델 연습문제-11.xlsx] 다음은 해외거래 기업의 명세를 나타내고 있다. 다음 순서대로 작업하여 완성하시오. (3절)

1) B열의 '대표자명-연락처'를 분리하여, C열에 '대표자명', D열에 '연락처'를 적절한 텍스트함수를 사용하여 구분하여 나타내시오.
2) E열의 자본금을 '사용자 지정' 서식을 이용하여 '$200,000'의 형태로 나타나게 하시오.
3) 조건부 서식을 이용하여, F열의 신용등급에 따라 A열 업체명의 글자색을 다음과 같이 변경하시오. High-초록색, Mid-파란색, Low-주황색
4) 조건부 서식을 이용하여, 자본금의 규모에 따라 D열 연락처의 셀 배경 색을 다음과 같이 변경하시오. 30만 달러 미만-노란색, 30만 달러 이상 & 100만 달러 미만-파란색, 100만 달러 이상-초록색
5) 조건부 서식을 이용하여, E열 자본금 셀에 '데이터 막대-그라데이션 채우기'를 이용하여 막대가 자본금 규모를 나타내게 표시하시오(막대의 색은 적절히 선택함).

**12.** [의사결정모델 연습문제-12.xlsx] 20개 중소기업에 대한 다음 테이블에 대하여 다음 사항을 수행하시오. (3절)

1) 조건부 서식을 사용하여 왼쪽 테이블의 3행마다 전체 행의 셀의 색을 연두색으로 바꾸시오.
2) 동적범위를 이용하여 기업이 더 추가되어도, M4셀에 자동으로 종업원 수 합계가 나타나게 하시오.
3) 동적범위를 이용하여 기업이 더 추가되어도, 자동으로 L7셀의 기업의 위치(I열)가 M7셀에, 기업성과(H열)가 M10셀에 나타나게 하시오.

# 찾아보기

## 저자약력

**김 종 욱**　서울대학교 산업공학과 졸업
미국 Georgia State University 경영정보학 박사
현, 성균관대학교 경영대학/전문대학원 교수

Do We Fully Understand Information Systems Failure? An Exploratory Study of the Cognitive Schema of IS Professionals(Information Systems Frontiers, 2018)
The Effects of Perceived Value, Website Trust and Hotel Trust on Online Hotel Booking Intention(Sustainability, 2017)
감성분석 기반의 게임 소비자 온라인 구전효과 연구(융복합연구, 2017)
Understanding Overbidding Behavior in C2C Auctions: An escalation theory perspective (European Journal of Information Systems, 2012)

**Excel 2019를 활용한 데이터 분석**

2020년 8월 25일 제 1 판 1쇄 인쇄
2020년 8월 30일 제 1 판 1쇄 발행

저　　자　김 종 욱
발 행 인　권 영 섭
발 행 처　(주)신 영 사

경기도 파주시 심학산로 12(출판문화단지)
등　　록 : 1988. 5. 2 / 제406-1988-000020호
전　　화 : 031-946-2894(代)
F A X : 031-946-0799
e - mail : sys28945@naver.com
홈페이지 : http://www.shinyoungsa.co.kr

㈜신영사

정가 37,000원　　ISBN 978-89-5501-736-6